D1687139

//

Riyâd-us-Sâlihîn

(Gärten der Tugendhaften)

رياض الصالحين باللغة الألمانية

Teil I

zusammengestellt von

Imâm Abu Zakarîyâ Yahyâ ibn Scharaf an-Nawawi

Herausgeber: Tilmann Schaible
Übersetzung aus dem Arabischen von Najat Gaston und Tilmann Schaible,
unter Zuhilfenahme einer revidierten Übersetzung aus dem Englischen
Satz: Dâr-us-Salâm
Umschlag: Astrid Aida Franzke

Alle Rechte vorbehalten
© Tilmann Schaible und Abdul-Halim Khafagy

Garching und München 1996

ISBN 3-932129-91-1
ISBN 3-932129-90-3 (Teil I und II)

Dâr-us-Salâm
Tilmann Schaible
Postfach 1733
D-85741 Garching

Tel.: 089-3262048
Fax: 089-3262048

SKD Bavaria
Verlag & Handel GmbH
Franz-Joseph-Str. 31
D-80801 München

Tel.: 089-333567
Fax: 089-3401411

بِسْمِ اللَّهِ الرَّحْمَٰنِ الرَّحِيمِ

Im Namen Allah, des Allerbarmers, des Barmherzigen!

بسم الله الرحمن الرحيم

كلمة الناشر

بعد أن أتم الله نعمته علينا في مؤسسة بافاريا بإصدار الترجمة الوافية لمعاني القرآن الكريم باللغة الألمانية في خمس مجلدات بعد ثلاثة عشر عاما من الجهود المتواصلة بلغت أكثر من ثلاثة آلاف صفحة إشتملت على أقوال المفسرين في جميع العصور مما أتاح للقارىء الألماني معرفة واضحة بالسيرة والفقه وأسباب النزول، كان من الطبيعي أن تكون الخطوة التالية هي أحاديث الرسول الكريم لقوله صلى الله عليه وسلم: "تركت فيكم ما إن تمسكتم به لن تضلوا بعدي أبدا كتاب الله وسنتي".

واخترنا لذلك الكتاب المجمع على قيمته وهو "رياض الصالحين" للإمام النووي رضي الله عنه وأرضاه. وبهذا يكتمل فهم الرسالة الخاتمة التي ختم الله بها جميع الرسالات السماوية، وأنزلها للناس كافة في كل زمان ومكان وإلى يوم الدين تحقيقا لقوله تعالى: "قولوا آمنا بالله وما أنزل إلينا وما أنزل إلى إبراهيم وإسماعيل وإسحق ويعقوب والأسباط وما أوتي موسى وعيسى وما أوتي النبيون من ربهم لا نفرق بين أحد منهم ونحن له مسلمون". وقد قامت مجموعة مباركة بالترجمة من اللغة الإنجليزية وبالتصحيح والمراجعة بدأ من الأخت الألمانية حليمة كراوزن فالدكتور غريب محمد فالأخ تلمان شايله وزوجته المغربية الأخت نجاة كسطون.

جزا الله الجميع عن الإسلام والمسلمين خير الجزاء .. آمين.

الناشر

عبد الحليم خفاجي

Ergänzend zu unserer Qur'ânübersetzung mit Kommentar, die nach 13 Jahren intensiver Arbeit in unserem Verlag in fünf Bänden herausgegeben wurde, veröffentlicht SKD Bavaria nun die Hadithsammlung "Gärten der Tugendhaften" (Riyâd-us-Sâlihîn), ein Grundlagenwerk für jeden, der sich für die Tradition des Propheten interessiert.

Und so erfüllt der Verlag seine religiöse Aufgabe, die er hier in Allahs Worten bestätigt fühlt: "Sprich: Wir glauben fest an Allah und an das, was Er uns herabgesandt hat und was Er Abraham, Ismael, Isaak, Jakob und dessen Nachkommen herabgesandt hat und (ebenso fest glauben wir an das) was Moses, Jesus und den (anderen) Propheten von ihrem Herrn offenbart worden ist. Wir machen zwischen keinem von ihnen einen Unterschied, und sind Ihm völlig ergeben." (Sure 3:84)

Es bleibt dem Verlag hier noch die Aufgabe, an alle am Zustandekommen dieses Hadithwerkes beteiligten Übersetzer und Korrektoren ein herzliches Wort des Dankes zu richten: Schwester Halima Krausen, Dr. Gharieb Muhammad, Bruder Tilmann Schaible und seine Frau, Schwester Najat Gaston.

Abdul-Halim Khafagy

VORWORT

Wir freuen uns sehr, Ihnen hier den ersten Teil von *Riyâd-us-Sâlihîn* vorlegen zu können. *Riyâd-us-Sâlihîn* ("Gärten der Tugendhaften") ist eines der wichtigsten islamischen Grundlagenwerke und umfasst, thematisch geordnet, einschlägige Qur'ânverse und Berichte aus dem Leben des Propheten Muhammad (s)[1]. Diese Sammlung wurde im 13. Jahrhundert durch den großen islamischen Gelehrten An-Nawawi zusammengestellt und zeichnet sich dadurch aus, dass sie aus dem reichen Schatz an Überlieferungen aus der Zeit des Propheten die wichtigsten herausgefiltert, klassifiziert und einer breiten Leserschicht zugänglich gemacht hat.

Mit unserer Übersetzung der "Gärten der Tugendhaften" ins Deutsche soll nun auch dem deutschsprachigen Leser Zugang zu diesem einzigartigen Kompendium islamischen Wissens ermöglicht werden. Die vorliegende Übersetzung beruht auf der arabischen Originalfassung, wobei auf die von Dr. Gharieb überarbeitete Fassung der Übersetzung aus dem Englischen von Schwester Halima Krausen zurückgegriffen werden konnte. Die Qur'ânverse wurden übernommen aus der Übersetzung des SKD Bavaria-Verlags *"Die Bedeutung des Korans"*, München 1983-1996.

Wir wünschen uns, dass Ihnen dieses Werk den Blick in eine Lebenswelt öffnet, die im Abendland leider bis heute nicht unbefangen wahrgenommen wird.

Treten Sie also ein in die "Gärten der Tugendhaften", und machen Sie sich ein eigenes Bild von dem, was den Glaubensalltag von Muslimen in aller Welt beeinflusst.

Möge Allah unseren bescheidenen Beitrag dazu annehmen.

München, den 2. April 1996

Der Herausgeber

---

[1] Der muslimische Leser wird gebeten, entsprechend der islamischen Tradition bei der Erwähnung des Propheten Muhammad den Segenswunsch *"salla-llâhu alaihi wa sallam"* (das bedeutet auf Deutsch: "Allahs Segen und Heil auf ihm") zu sprechen.

EINFÜHRUNG[2]

Die Bedeutung der Aussprüche und Überlieferungen des Propheten des Islam, Muhammad (s), ganz zu schweigen von ihrem allgemeinen moralischen Wert, kann man erst dann völlig abschätzen, wenn man sich vergegenwärtigt, dass das gesamte religiöse, moralische, soziale und politische System von nahezu einem Drittel der Menschheit auf dem heiligen Qur'ân, dem Wort Gottes, und den Aussprüchen und Taten (oder der *Sunna*[3]) des Propheten Muhammad (s) beruhen.

Die Lebensweise des Propheten Muhammad (s) und seine Aussprüche gelten als authentische Interpretation des Qur'ân und ergänzen diesen. Die Bedeutung der Aussprüche und Taten des Propheten Muhammad (s) und ihr Unterschied zu denen anderer Religionsführer besteht darin, dass Zitate anderer Führer zwar verehrt oder bewundert werden, ihre Durchsetzung jedoch aufgrund fehlender Sanktionsmöglichkeiten zu wünschen übrig lässt, während Überlieferungen und Lebensweise (*Sunna*) des Propheten des Islam (s) bereits Gesetzeskraft erlangt haben. Ein Gläubiger mag zwar die Zuverlässigkeit einer bestimmten Aussage oder *Sunna* in Frage stellen, wenn ihre Echtheit allerdings erst einmal nachgewiesen ist, wird sie für ihn so verbindlich wie ein Qur'ânvers.

Der Qur'ân ist mit den Überlieferungen und der *Sunna* des Propheten (s) Quelle der *Scharî'a*[4] oder der islamischen Rechtsprechung. Der Qur'ân ist das Wort Gottes, das dem Propheten Muhammad (s) offenbart wurde. Er ist für Muslime jeglicher Ausrichtung die unbestrittene Hauptquelle und oberste Autorität des religiösen und zivilen Rechts sowie des Strafrechts.

Der Prophet Muhammad (s) ist der letzte Gesandte Allahs und seine Botschaft ist die letzte Botschaft Allahs, des Allmächtigen, an Seine Diener. Nach ihm wird es keinen weiteren Propheten geben. Daher offenbarte ihm Allah nicht nur Seine abschließende Botschaft, Er ließ ihn auch zum perfekten Vorbild für die Menschen werden und beauftragte ihn, letzter Gesandter, Warner und Führer für die Menschheit zu sein. Der Prophet (s) verband in sich das Beste an Moral und guten Manieren und war die echte Verkörperung dessen, was der Qur'ân im folgenden Vers predigt und festgelegt: "Ihr habt fürwahr im Gesandten Allahs ein schönes Vorbild..." (Sure 33:21)

---

[2] Diese Einführung ist eine Übersetzung des Vorworts zur englischsprachigen Übersetzung von S.M. Madni Abbasi, New Delhi, 1984.
[3] Unter *Sunna* versteht man die echten verbalen Äußerungen (*Hadîth*), Bestätigungen und Handlungen des Propheten Muhammad.
[4] Unter *Scharî'a* versteht man das islamische Rechtssystem.

Der Prophet Muhammad (s) war ein perfektes Vorbild, dem nachzueifern und zu folgen ist; mit anderen Worten: er war ein "lebender Qur'ân". Jeder Aspekt, jede seiner Taten, sein Verhalten im Kreis der Familie und außerhalb wurde bis ins kleinste Detail aufgezeichnet und bewahrt, damit es als Leitschnur und Vorbild für die Menschheit diene.

Der große indische Führer Mahatma Gandhi schreibt in seinem Vorwort zu Sir Abdullâh al-Ma'mûn al-Suhrawardy's *The Sayings of Muhammad*: "Sie (die Aussprüche) gehören zu den Schätzen der Menschheit, nicht nur der Muslime." Graf Leo Tolstoi, der berühmte russische Schriftsteller und Denker, schätzte und pries die erhabene Persönlichkeit Muhammads (s) durch dieses Buch, das die Aussprüche des Propheten (s) enthielt und das er immer bei sich trug. Eine Ausgabe dieses Buches fand man in dem großen Ausgehmantel, in den er sich gehüllt hatte, bevor er sich zu seinem letzten Spaziergang durch die von ihm bestellten Felder aufmachte.

Der heilige Qur'ân ist zweifellos die Hauptquelle des islamischen Rechts. Manche Fälle jedoch, die nicht ausdrücklich durch den Qur'ân festgelegt wurden, können gelöst werden, indem man auf Worte oder Taten des Propheten (s), oder auf Worten oder Taten seiner Gefährten, die von ihm gebilligt wurden, Bezug nimmt. Taten und Worte des Propheten (s) wurden von seinen Familienangehörigen und Gefährten aufmerksam gehört und beobachtet; sie merkten sich jedes Wort und jede Tat und überlieferten sie unversehrt den folgenden Generationen.

Sie gingen zurecht davon aus, dass jedes Wort, das er sprach, und jede seiner Handlungen von Allah inspiriert wurde. Dieser Glaube wird auch durch den Qur'ân bekräftigt, in dem es heißt:

"Der an Kraft Mächtige hat ihn gelehrt..." (Sure 53:5)

und:

"Wahrlich, diejenigen, die dir gegenüber den Treueschwur ablegten, haben fürwahr Allah Treue geschworen. Die Hand Allahs ist über ihren Händen." (Sure 48:10).

Im Hinblick auf die Bedeutung der Ansprachen und Aussprüche des Propheten für unser heutiges Handeln ist es notwendig, dass ein Muslim sein Wissen aus dem Qur'ân durch Aussprüche des Propheten (s) ergänzt. Tatsache ist, dass der Qur'ân, im Gegensatz zu Hadithen und *Sunna*, das Wort Allahs ist. Beide sind in der Sprache des Propheten (s), unterscheiden sich jedoch im Stil, und wer sich in der arabischen Sprache auskennt kann sie anhand ihrer Ausdrucksweise auseinanderhalten. Der heilige Qur'ân ist zweifelsohne ein unübertreffliches und einzigartiges Meisterwerk. Niemand kann ihn nachahmen, oder auch nur eine einzige

Zeile wie ihn hervorbringen - so eine offene Herausforderung, die in den letzten 1400 Jahren unbeantwortet blieb. Der Qur'ân ist ein lebendes Wunder und ein Beweis für die Wahrheit und Wahrhaftigkeit des Prophetentums Muhammads (s) und des Islam. Nichtsdestoweniger übertrifft auch der Stil der Überlieferungen jedes andere literarische Werk in Aufbau und Redegewandtheit, auch wenn er in keiner Weise an den Stil des Qur'ân heranreicht. Sie werden als hervorragend klassifiziert und stellen einen ausgezeichneten Beitrag arabischer Literatur dar.

Nach dem Qur'ân spielen Hadithe (Überlieferungen) und *Sunna* des Propheten (s) eine sehr wichtige Rolle für die Entstehung und Entwicklung des Rechts der islamischen *Scharî'a*. Sie werden als Grundprinzipien des muslimischen Glaubens betrachtet und enthalten unerschöpfliches Material und Leitlinien für alle Lebenslagen der Muslime. Daher wäre es schwer für einen Muslim, die Probleme des Lebens ohne eine gewisse Kenntnis von Überlieferungen und *Sunna* anzugehen und seine Rechte und Pflichten im Alltagsleben zu kennen.

Überlieferungen und *Sunna* enthalten Stoff zu allen Lebenslagen und sie sind wirklich ein Schatzkästchen guter Manieren und ausgezeichneter Sittlichkeit zur Vervollkommnung spirituellen und materiellen Lebens eines jeden Menschen. Das Ziel eines Muslims, um Erfolg und Heil in Diesseits und Jenseits zu erlangen, sollte es daher sein, in die Fußstapfen des Propheten (s) zu treten. Allah fordert uns in einem Qur'ânvers auf: "Wenn ihr Allah (wahrhaft) liebt, so folgt mir, dann wird Allah euch lieben..." (Sure 3:31)

Sammlung und Bewahrung der Aussprüche des Propheten Muhammad (s):

Nun einiges über Sammlung und Bewahrung dieser Überlieferungen und der *Sunna*. In der vor-islamischen arabischen Gesellschaft gab es kaum drei Dutzend Mekkaner, die lesen und schreiben konnten. In dieser Zeit war die systematische Buchherstellung oder jegliche Publikationsbranche unbekannt. Der ungarische Orientalist Ignaz Goldziher schreibt: "Die Araber mochten nicht lesen und schreiben und waren bei der Wiedergabe völlig von ihrem bemerkenswerten Erinnerungsvermögen abhängig." Professor Nicholson schreibt in seinem Buch *Eine Literaturgeschichte der Araber*: "Schreiben wurde von den Arabern spärlich gebraucht, und die vor-islamische Dichtkunst, die einen ausgezeichneten Standard erreicht hatte, wurde nur durch mündliche Überlieferung bewahrt." Dieser Zustand begünstigte das Entstehen eine Berufsgruppe, die ihr Erinnerungsvermögen zu einem einträglichen Geschäft machten. Einer dieser Berufsüberlieferer, Hammad[5], behauptete und bewies, dass er zu jedem Buchstaben des Alphabets 100 lange Gedichte, die sich auf den jeweiligen Buchstaben reimten, rezitieren konnte. Er versicherte weiter, 27 000 Gedichte auswendig zu kennen. Abu Zamzam, ein anderer Überlieferer, rezitierte einmal Gedichte von 100 Dichtern, die den Namen "Umar" tragen. Ein weiterer Berufsüberlieferer, Rawîya, betonte, er könne einen Monat lang fortlaufend Gedichte vortragen, ohne irgendetwas zu wiederholen. Interessant ist es, ein jüngeres Beispiel anzuführen: Hasan al-Banna[6], berühmtes ägyptisches Genie und Gelehrter, wurde einmal aufgefordert, einige Reimpaare aus einem bestimmten Diwan[7] zu rezitieren. Daraufhin verlas er aus dem Stegreif 1000 Reimpaare aus jenem Diwan und sagte, er könne sogar noch mehr nennen. Ebenso kannte er auch die Namen von 300 000 Mitgliedern der Muslimbruderschaft auswendig.

Anfangs wurden die Gewohnheiten des Propheten (s) und seine *Sunna* von seinen Familienangehörigen und Gefährten, die ihm sehr nahe standen und das Privileg genossen, ständig in seiner Gesellschaft zu sein, auswendig gelernt. Daher wären diese Menschen besser in der Lage, die Handlungsweise dieser ausgezeichneten Persönlichkeiten hören und miterleben zu können.

Die Sammler und Überlieferer der Überlieferungen und der *Sunna* waren äußerst fromme Menschen von ausgezeichneter und unnachahmlicher Charakterstärke. Diese ehrenhaften und gottesfürchtigen Menschen pflegten die Überlieferungen und *Sunna* des Propheten (s) entweder aufzuschreiben oder im Gedächtnis zu behalten. Als Hadithe und *Sunna* immer stärker Verbreitung fanden, wurden sie von denjenigen, die sie kannten und sich an sie erinnerten, auf verschiedenen öffentlichen Plätzen, in Moscheen und auf Versammlungen erzählt. Obwohl eine ganze Menge von Überlieferungen wiedergegeben wurden, bewahrten enge Anhänger des Propheten (s) eine beträchtliche Anzahl von Überlieferungen im Gedächtnis.

Infolge politischer Rivalitäten unter den Anhängern Alîs und Mu'âwiyas begann nach einiger Zeit jede der beiden Gruppen, Aussprüche, Gebote

---

[5] Hammad ibn Adschrad (gest. 773 n.Chr.) war der größte Überlieferer vor-islamischer Dichtung und Lehrer der großen Überlieferer aus Kûfa und Basra.

[6] Hasan al-Banna, der Gründer der Muslimbruderschaft, wurde 1906 geboren. Er starb 1949 durch einen Mordanschlag der ägyptischen Geheimpolizei.

[7] *Diwân* ist eine Sammlung von Gedichten.

und Anweisungen des Propheten (s) zu erfinden, um ihren Standpunkt zu verteidigen. Gleichzeitig erfanden Heuchler und Feinde des Islam gefälschte Überlieferungen und falsche Berichte über Leben und Botschaft des Propheten (s). Sie vermischten zahlreiche gefälschte Überlieferungen mit wahren. Um diesen Betrug einzuschränken, hielten es muslimische Gelehrte und Theologen für notwendig, sich eine Methode auszudenken, mit der gefälschte und falsche Berichte nachgeprüft, und wahre Überlieferungen von falschen ausgesondert werden könnten.

Im Jahre 101 nach der *Hidschra* ordnete der fromme und tugendhafte Kalif Umar ibn Abdul-Azîz (717-720) an, dass einige gelehrte Theologen (*Ulamâ'*) die echten Überlieferungen herausfinden sollten. Diese Gelehrten entwarfen Regeln, nach denen die Quellen der Überlieferungen und die biographischen Daten der Überlieferer, unter besonderer Berücksichtigung ihrer religiösen Ansichten, festgestellt werden sollten. Aus ihren Bemühungen gingen Entstehung und Entwicklung kritischer Wissenschaften, wie *Ilmul-Hadîth*, *Ilmur-Ridschâl* und *Ilmul-Asmâ*[8] hervor. Infolge dessen wurde jegliche Überlieferung ernsthaftester Prüfung und Nachforschung unterworfen, was ihre Sprache, Stil, Form, Abfassung und Vokabular betrifft. Dann wurden Gedanke oder Gegenstand der Überlieferung minutiös geprüft, was ihre Übereinstimmung mit dem Qur'ân und anderen Überlieferungen, sowie ihre Bedeutung zu anderen gesicherten historischen Fakten betrifft. Inhalt oder Gegenstand wurden außerdem auf Einsicht und Vernunft hin überprüft. Schließlich wurde jedes Glied der Überliefererkette (*Isnâd*) genauesten Prüfungen hinsichtlich der historischen Richtigkeit und Bestätigung unterworfen, in Übereinstimmung mit den im *Ilmur-Ridschâl* zugrunde gelegten Prinzipien, oder der kritischen Prüfung der kleinsten Details des persönlichen Lebens Tausender von Gefährten und Zeitgenossen des Propheten (s). Dies ist die Vorgehensweise bei einer Überprüfung, die von muslimischen Gelehrten vor über 1000 Jahren entwickelt wurde, um die Zuverlässigkeit etc. einer historischen Begebenheit festzustellen. Zu jener Zeit wussten die westlichen Länder über diese hochentwickelten Kunst- und Wissenschaftszweige noch überhaupt nichts. Diese islamische Kritik oder Prüfung war eine objektive und wissenschaftliche Textforschung von einzigartiger und beispielloser Art, wie sie die Welt bis dahin noch nie gesehen hatte und wahrscheinlich auch nie wieder sehen wird.

---

[8] Dies sind die klassischen Hadith-Wissenschaften, die sich mit der Erforschung des Inhalts der Hadithe, ihren Überlieferern und deren Zuverlässigkeit beschäftigen.

Infolge der Forschung und Arbeit jener gelehrten Theologen (*Ulamâ'*) wurden viele Standardwerke, die sich mit dem Leben der Überlieferer, insbesondere ihrem Charakter und ihrem Verhalten im Alltagsleben und ihrem Leumund beschäftigen, geschrieben und veröffentlicht. So wurden Erzählstil der Überlieferer und Gegenstand der Überlieferung vollständig überprüft. Unter den ehrwürdigen Überlieferern oder Sammlern, die systematisch nach dieser Methode arbeiteten, waren Ibn Schihab az-Zuhari und Abu Bakr ibn Hazm.[9] Einen Eindruck von der Sorgfalt und der Arbeitsweise, die für die Sammlung und Sichtung von Überlieferungen aufgewandt wurde, kann man aus den folgenden Beispielen gewinnen:
Abu Ayyûb Khâlid al-Ansâri reiste beispielsweise von Medina nach Ägypten, nur um eine einzige Überlieferung zu sammeln; ebenso handelte Dschâbir ibn Abdullâh, der einen Monat auf einer Reise verbrachte, um ein Hadith von Abdullâh ibn Anas zu erhalten. Ein anderer Sammler von Überlieferungen erfuhr, dass eine bestimmte Person eine Überlieferung wusste. Demzufolge reiste er weit, um diese Person zu treffen. Als er seinen Bestimmungsort erreichte, stellte er Nachforschungen über besagte Person an. Jemand wies auf diese Person, die gerade ihr weggelaufenes Lasttier einfangen wollte, indem sie ihm einen leeren Eimer zeigte, als ob sie für das Tier etwas zu essen hätte. Als der Sammler sah, wie die Person auf diese Weise ein Tier köderte, dachte er, dass eine solche Person nicht zuverlässig genug sei, und folglich ihre Version eines Hadithes nicht akzeptiert werden könne, und er kehrte heim, ohne mit der besagten Person gesprochen zu haben.
Im 2. Jahrhundert nach der *Hidschra* (9. Jahrhundert n.Chr.) und danach arbeitete eine große Zahl von Hadith-Wissenschaftlern in diesem Bereich und hinterließ wertvolles Dokumentationsmaterial ihrer wunderbaren Forschungsarbeit und der Kodifizierung von Überlieferungen. Unter diesen Lumineszenzen waren Abu Dschuraidsch in Mekka, Imam Mâlik in Medina, Imam Sufyân ath-Thauri in Kûfa, Imam Hammad ibn Salama in Basra, Imam Abdullâh ibn Mubârak in Khorasan, Imam Al-Auzâi in Syrien und Imam Abu Hanîfa im Iraq. Imam Abu Hanîfa (699-767 n.Chr.) gilt als Begründer der hanafitischen Rechtsschule, Imam Mâlik (715-795) als Gründer der malikitischen, Imam Asch-Schâfi'i (767-820) als Gründer der schafi'itischen und Imam Ahmad ibn Hanbal (780-855) als Gründer der hanbalitischen Rechtsschule.

---

[9] Ibn Schihab az-Zuhari war nach Ibn Hadschar, der die Hadith-Überlieferer in zwölf Klassen aufgliedert, ein wichtiger Überlieferer der vierten Klasse. Abu Bakr ibn Hazm war ein berühmter andalusischer Gelehrter, Literat, Jurist und Politiker; gest. 1064 n.Chr.

Die bis dahin geleistete Arbeit des Sammelns und der Kodifizierung von Überlieferungen war nicht sehr umfassend. So enthielt beispielsweise das Buch *Al-Muwatta'* von Imam Mâlik lediglich 1700 Aussprüche des Propheten (s), die nur wenige Themen behandelten, wie Gebet, Fasten, *Zakât*, Pilgerfahrt etc.. Daher wurde es für notwendig erachtet, solche Sammlungen umfassender und repräsentativer zu gestalten, indem alle Themenbereiche mit aufgenommen und ihr Umfang ausgeweitet wurde, um die gesamte muslimische Welt mit einzuschließen. Um dieses Ziel zu erreichen, betrieben hervorragende Wissenschaftler wie Imam Muslim (gest. 181 n.H./ 875 n.Chr.) und Imam Al-Bukhâri (gest. 256 n.H./ 870 n.Chr.) in größerem Ausmaß auch minutiös-kritische Überlieferungsforschung.

Das Hauptmerkmal dieser Arbeit war es, jeder Überlieferung eine lückenlose Reihe ihrer Überlieferer oder Gewährsleuten hinzuzufügen, die bis zum ursprünglichen Erzähler zurückreicht. Daneben wurden sehr gründliche und detaillierte Untersuchungen angestellt über den moralischen Charakter, die Aufrichtigkeit, religiöse Ansichten und Gedächtnisvermögen eines Überlieferers. Al-Bukhâri verwandte viel Aufmerksamkeit auf die sorgfältige Prüfung einer jeden Überlieferung und das Herausfinden der zuverlässigsten unter Tausenden von Überlieferungen, die in Umlauf waren. Aus einer Masse von 600 000 Überlieferungen, die ihm zur Verfügung standen, wählte er nur 7275 aus und übernahm sie in sein Buch *Sahîh al-Bukhâri*, welches ein Meisterwerk an Forschungsgelehrsamkeit und harter Arbeit ist. Ähnlich wählte Muslim nur 9200 Überlieferungen aus 300 000 aus. Die Sammlungen der Imame Al-Bukhâri und Muslim werden von den Muslimen besonders geschätzt und folgen in ihrer Bedeutung dem heiligen Qur'ân.

Ergänzt wurden diese beiden Bücher durch vier weitere Sammlungen, nämlich die *Sunân* von Imam Abu Dâwûd (gest. 275 n.H./ 889 n.Chr.), Imam At-Tirmidhi (gest. 279 n.H./ 892 n.Chr.), Imam Ibn Mâdscha (gest. 273 n.H./ 273 n.Chr.) und Imam An-Nasâi (gest. 303 n.H./ 915 n.Chr.). Neben diesen ist auch die Sammlung von Imam Ahmad ibn Hanbal (gest. 241 n.H./ 855 n.Chr.) sehr wichtig.

Diese Sammlungen von Aussprüchen und Berichten des Propheten (s) sind, neben ihren religiösen und moralischen Werten, die zuverlässigste und genaueste Wiedergabe von Ereignissen und Vorkommnissen aus den frühen Tagen des Islam. Sie bieten Historikern und Biographen sehr nützliches Quellenmaterial. Der ungarische Gelehrte Ignaz Goldziher bemerkt im zweiten Band seines Buches *Muhammedanische Studien*, dass

diese Überlieferungen viel Licht auf die Entwicklung und Ausbreitung des Islam in seinen frühen Phasen und auf die politischen, sozialen und regionalen Bewegungen dieser Zeit werfen.
Die Sammlungen von Hadithen sind so umfangreich und voluminös, dass es nicht jedermann möglich ist, sie zu lesen, zu verstehen, oder gar danach zu handeln. Daher wurde es notwendig, einen zusammengefassten Band zusammenzutragen, der wichtige und ausgewählte Überlieferungen enthält, für diejenigen, die nicht genug Zeit finden, die umfangreichen Bände zu lesen. Ein solches Buch ist das zweibändige Werk *Riyâd-us-Sâlihîn* (oder "Gärten der Tugendhaften") des Gelehrten und Überlieferers Imam Muhyid-Dîn Abu Zakarîyâ Yahyâ ibn Scharaf an-Nawawi, der aus Nawa in Syrien stammte und von 631-676 n.H. (1233-1278 n.Chr.) lebte.
Imam An-Nawawi hat sich bemüht, an die 1900 Überlieferungen von Al-Bukhâri, Muslim und ein paar anderen Hadith-Standardwerken, wie *Al-Muwatta'* von Imam Mâlik, auszuwählen und ordnete diese Überlieferungen nach verschiedenen Themen. Der gebildete Autor ergänzte diese Überlieferungen mit passenden Versen aus dem Qur'ân, die er zu Beginn jedes Kapitels, das Überlieferungen zu einem bestimmten Thema enthält, aufführt. Dies verschafft dem Leser einen ungeheuren Respekt und bekräftigt die Auffassung, dass die Überlieferungen Anmerkungen und Ergänzungen zum heiligen Qur'ân darstellen. Im arabischen Originaltext werden einige Punkte, die zu mehr als einem Kapitel gehören, wiederholt. In der vorliegenden Übersetzung wurden solche Wiederholungen ausgelassen.
Das vorliegende Werk ist eine wortgetreue Übersetzung des ersten Teils der arabischen Ausgabe. Es wurde darauf Acht gegeben, den Originaltext so genau wie möglich wiederzugeben.
Imam An-Nawawi hat zahlreiche Bücher geschrieben, besonders über Überlieferungen und Kommentare dazu. *Riyâd-us-Sâlihîn* jedoch ist eines seiner wichtigsten, sehr nützlich und allgemein verständlich. Die vergangenen Jahrhunderte hindurch diente es muslimischen Gelehrten (*Ulamâ'*) und Theologen als Leitschnur und Handbuch nützlicher Information, und half ihnen dabei, den Islam und seine Glaubensausübung zu predigen.
Da das Originalwerk auf Arabisch geschrieben ist, war es für eine große Anzahl von nicht-arabischsprachigen Muslimen nicht möglich, irgendeinen Nutzen daraus zu ziehen. Obwohl jetzt viele Übersetzungen solch nützlicher Bücher in anderen Sprachen, wie Urdu, Türkisch und Persisch, zur Verfügung stehen, gibt es noch nicht viele in Englisch und anderen Sprachen, die im Westen gesprochen werden. Diese deutsche Übersetzung

des *Riyâd-us-Sâlihîn* richtet sich nun an die deutschsprachigen Menschen[10], besonders die Muslime. Dieses Buch wird ebenfalls der jungen Generation von Muslimen und den neuen Brüdern im Islam, die in Europa, Amerika und anderen Teilen der Welt leben, von großer Hilfe sein und ihnen ermöglichen, ihr Leben in Übereinstimmung mit der islamischen Sittenlehre zu gestalten. Man sollte nicht vergessen, dass echte islamische Erziehung die Aufmerksamkeit für die Bedeutung und den Wert des Lebens weckt, sie belebt und sie in all ihrer Arbeit leitet. Islam ist eine in jeder Hinsicht vollkommene Religion und das letzte Wort Allahs, des Allmächtigen. Er ist eine klare und systematische menschliche Philosophie, eine natürliche Lebensweise und ein praktischer Glaube.

Die in nicht-muslimischen Ländern lebenden Muslime, sehen sich einer Anzahl von Problemen gegenüber; sie leben nicht nur in einer fremden Umgebung, sondern sind umgeben von unislamischen und fremden Sitten und Gebräuchen. Das Leben in diesen Ländern ist ohne Zweifel aufregend und interessant, doch ist es insgesamt eine Täuschung, letztlich führt sie zu Frustration, Mutlosigkeit und Verderben. In einer solchen Lage ist es sehr schwer für einen Muslim, seine islamische Identität aufrecht zu erhalten, wenn er nicht entsprechend gerüstet ist und unterwiesen in islamischen Umgangsformen und islamischer Lebensweise.

Wir hoffen dass dieses Buch diesen Muslimen helfen wird, ihren muslimischen Charakter zu bewahren, gleich was andere um sie herum tun mögen.

5. Januar 1983

S.M.Madni Abbasi

---

[10] Im Vorwort zur englischsprachigen Übersetzung heißt es: "Diese englische Übersetzung des *Riyâd-us-Sâlihîn* richtet sich nun an die englischsprachigen Menschen..."

Kurze Übersicht über das Leben von Imam An-Nawawi

Imam Muhyid-Dîn Abu Zakarîyâ Yahyâ ibn Scharaf an-Nawawi ad-Damaschqi asch-Schâfi'i, ist bekannt unter dem Namen Imam An-Nawawi. Sein Vorname ist Muhyid-Dîn. Nach seinem Vorfahren Hazam an-Nawawi wird er auch Hazami genannt.
Imam An-Nawawi wurde im Monat Muharram des Jahres 631 n.H. (1233 n.Chr.) in einer frommen Familie aus Nawa, einem Dorf südlich von Damaskus, geboren. Imam An-Nawawi verbrachte seine ganze Jugend in diesem Dorf, wo er auch den heiligen Qur'ân auswendig lernte.
Al-Maraqischi, ein Gelehrter aus Nawa, sagt hierzu: "Ich sah Scheich An-Nawawi in Nawa, als er etwa 10 Jahre alt war. Andere Jungen seines Alters pflegten ihn zu drängen, mit ihnen zu spielen, doch der Scheich wollte nie mit ihnen spielen, sondern sich immer nur mit seinen Studien zu beschäftigen. Sobald sie aber darauf bestanden, dass er sich ihren Spielen anschließe, fing er (aus Widerwillen) an zu weinen." Der Gelehrte Al-Maraqischi sagte weiter: "Von diesem Augenblick an begann ich (den Imam) An-Nawawi unheimlich gern zu haben."
Der Vater Imam An-Nawawis wollte, dass sein Sohn in seinem Geschäft mitarbeite, doch aufgrund seiner außergewöhnlichen Veranlagung mochte dies letzterer nicht. Er war zu einer vortrefflicheren Aufgabe bestimmt. Daher zeigte er keine Neigung zum Geschäften. In dieser Zeit vollendete er sein Qur'ân-Studium und entlastete sich tüchtig mit dieser ersten Etappe seines Studiums.
Von nun an erkannte An-Nawawis Vater die himmlische intellektuelle Begabung seines Sohns. Um den Wissensdurst seinen Sohnes zu stillen beschloss der Vater, für eine angemessene und geziemende Erziehung seines Sohnes zu sorgen. Daher brachte er ihn nach Damaskus, welches damals eine Wiege der Gelehrsamkeit war. In Damaskus begann Imam An-Nawawi seine Studien bei dem bekannten Lehrer Kamâl ibn Ahmad.
Imam An-Nawawi erzählte: "Als ich 19 Jahre alt war, brachte mich mein Vater nach Damaskus, wo ich mich der *Rawâhîya*-Medresse anschloss.[11]
In diesem Lehrinstitut studierte ich zwei Jahre lang. Während ich die *Rawâhîya*-Medresse besuchte, lebte ich von der Nahrung, die in der Schule verteilt wurde. Bereits nach achtzehn Wochen konnte ich das Buch

---

[11] Gemeint ist die von Hibatullâh ibn Muhammad al-Ansâri, bekannt als "Ibn Rawâha", in der Nähe der Umayyaden-Moschee gegründete Schule für die Schafi'iten. Er wohnte in jener Schule, schloss sich dann dem *Dârul-Hadîth*, einer wissenschaftlichen Stiftung des Wohltäters Abdullâh ibn Muhammad ibn Abi Asrun at-Tamimi al-Musili (gest. 585 n.H.), an. Siehe: Zuhair asch-Schâwisch, Vorwort des *Riyâd-us-Sâlihîn*; Bearbeitung von Nâsirud-Dîn al-Albâni.

At-Tanbîh auswendig. Danach lernte ich noch ein paar Teile des Buches *Al-Muhaddab* auswendig, doch den Großteil meiner Zeit brachte ich für das Studium von Kommentaren mit der Korrektur von Büchern. Als mein Lehrer Ishâq al-Maghribi (rA)[12] mein Interesse und den Fortschritt in meinen Studien sah, begann er mich unheimlich gern zu haben, und er schenkte meiner Erziehung noch größere Aufmerksamkeit. Im Jahre 650 n.H. vollzog ich mit meinem Vater die Pilgerfahrt (*Haddsch*), und blieb sechs Wochen lang in Medina."

Seine Beschäftigung mit seinen Studien

Atâ-ud-Dîn ibn al-Attâr berichtet, dass Scheich An-Nawawi ihm erzählte, dass er bei seinen Lehrern jeden Tag zwölf verschiedene Fächer studierte, darunter das Studium des Buches *Sahîh Muslim*, Syntax und Etymologie, Logik und Grundlagen der islamischen Rechtswissenschaft (*Fiqh*) u.a.. Imam An-Nawawi erzählte weiter: "Allah, der Allmächtige, hat meine Zeit und mein Gedächtnis gesegnet, und Er befähigte mich, meine Studien zu vollenden." Er enthüllte auch die Tatsache, dass er "einst dachte, ich solle Medizin studieren, und für diesen Zweck erwarb ich sogar ein Buch über dieses Thema. Doch bald danach empfand ich Düsternis und Lustlosigkeit, als ob mein Herz in Finsternis gefallen wäre,; so sehr, dass ich sogar Interesse und Beherrschung über meine Lieblingsfächer verlor. Dieser Zustand hielt einige Zeit an, bis mir plötzlich das Licht aufging, meine Medizinstudien seien mir von keinem Nutzen. Daher verkaufte ich sofort das Medizinbuch und entfernte alle Literatur zu diesem Fach aus meinem Haus. Dies verschaffte mir Entlastung und erleichterte mein Herz."

Seine Lehrer und Meister

Imam An-Nawawi lernte Hadith-Wissenschaften bei den berühmtesten Hadith-Gelehrten seiner Zeit und wurde von den größten Gelehrten in islamischer Rechtswissenschaft und ihren Grundlagen sowie in Logik unterrichtet. Zu seinen Lehrern zählten:

1. Abu Ibrâhîm Ishâq ibn Ahmad al-Maghribi
2. Abu Muhammad Abdur-Rahmân ibn Nûh al-Maqdisi
3. Abu Hafs Umar ibn As'ad ar-Rabî'a
4. Abul-Hasan al-Arbali

---

[12] Es ist üblich, bei der Erwähnung verdienter Muslime "*rahimahu-llâh*" (Auf Deutsch: "Allah erbarme sich seiner") zu wünschen.

5. Abu Ishâq Ibrâhîm al-Murâdi
6. Abul-Baqâ Khâlid ibn Yûsuf an-Nablusi
7. Ad-Diyâ ibn Tasam al-Hanafi
8. Abul-Abbâs Ahmad al-Misri
9. Abu Abdullâh al-Dschiyani
10. Abul-Fath Umar ibn Bandar
11. Abu Ishâq al-Wâsiti
12. Abu Abbâs al-Maghribi
13. Abu Muhammad at-Tanukhi
14. Abu Muhammad Abdur-Rahmân al-Anbari
15. Abul-Faradsch al-Maqdisi
16. Abu Muhammad al-Ansâri
etc.

Seine Schüler

Ebenso lang wie die Liste seiner Lehrer ist auch die seiner Schüler:

1. Alâ-ud-Dîn ibn al-Attâr
2. Abul-Abbâs Ahmad ibn Ibrâhîm
3. Abul-Abbâs al-Dscha'fari
4. Abul-Abbâs Ahmad ibn Faradsch
5. Raschîd Ismâ'îl ibn Mu'allim al-Hanafi
6. Abu Abdullâh al-Hanbali
7. Abul-Abbâs al-Wâsiti
8. Dschamâl-ud-Dîn Sulaimân ibn Umar ad-Dâri'i
9. Abul-Faradsch al-Maqdisi
10. Badr Muhammad ibn Ibrâhîm
11. Schams Muhammad ibn Abi Bakr
12. Schihâb Muhammad ibn Abdul-Khâliq
13. Scharaf Hibbullâh
14. Abul-Haddschâdsch al-Mazini
etc.

Seine Frömmigkeit

Imam An-Nawawi war nicht nur ein vorzüglicher Gelehrter, Wissenschaftler und Literat par excellence, er war ebenso äußerst frommer Mensch, hingebungsvoll im Gebet und ein demütiger Derwisch. Er folgte

streng der *Sunna* bzw. den Überlieferungen und Praktiken des Propheten Muhammad (s). Er pflegte nur einfache, grobe Nahrung zu essen, und lehnte Einladungen zu aufwendigen Essen und Festen ab. Er trug stets Kleidung aus grobem Stoff, und so lebte er bis zu seinem Lebensende.[13]
Die gebildeten Personen, die Elite der Gesellschaft und die einfachen Menschen jener Zeit respektierten Imam An-Nawawi sehr, vor allem wegen seiner Frömmigkeit, seiner Bildung, und seines ausgezeichneten Charakters. Sie hielten stets nach Gelegenheit Ausschau, ihm etwas zukommen zu lassen, doch niemals nahm er etwas von irgendjemandem als Gabe oder Geschenk an, da er ein Leben in völliger Zurückgezogenheit von der Welt führte, und jeglichen Pomp und jede Zurschaustellung und weltlichen Reichtum ablehnte. Der Imam lehnte jegliches Taschengeld, jede Unterstützung oder Gunst des jeweiligen Herrscher ab. Man sagt, dass Imam An-Nawawi nur einmal ein kleines Wassergefäß von einem Armen annahm, und weil dieser darauf bestand, aß er einfache und grobe Nahrung eines religiösen Gelehrten, die dieser ihm nach Hause geschickt hatte. Mit Ausnahme dieser beiden Vorkommnisse nahm er niemals irgendetwas von irgendjemandem an, noch aß er irgendetwas, das ihm von irgendjemandem geschickt wurde. Ebenso aß er nie Obst, einfach deshalb, weil die Gärten von Damaskus, aus denen das Obst kam, Lehensbesitz waren bzw. aus widerrechtlicher oder verbotener Anteilspacht kamen.[14]
Imam An-Nawawi verbrachte seine meiste Zeit mit der Verbreitung und Erweiterung seines religiösen Wissens, sowie mit Gebeten und Bußübungen. Er pflegte sich nur wenig auszuruhen und nahm täglich nur eine Mahlzeit zu sich, und trank auch nur einmal am Tag.

Seine Werke

Imam An-Nawawi lebte nur etwa 45 Jahre, doch selbst in dieser kurzen Zeit schrieb er eine große Anzahl von Büchern zu unterschiedliche Themen, von denen jedes einzelne ein Meisterwerk und einen Schatz voll dauerhaften Wissens und Kenntnis darstellt.
Einige seiner Werke seien nachfolgend aufgeführt:

1. Kommentar zu "*Sahîh al-Bukhâri*". Über dieses Buch sagte Imam An-Nawawi selbst: "In diesem Kommentar habe ich beträchtliches und wertvolles Wissen dargeboten."

---

[13] Er starb im Jahre 676 n.H. im Alter von erst 45 Jahren.
[14] Über die verbotene Art der Anteilspacht und Nutzung von Ackerland im Islam siehe Jusuf Al-Qaradawi: Erlaubtes und Verbotenes im Islam". München 1989, S. 235-6.

2. Kommentar zu Sahîh Muslim "*Al-Minhâdsch fî scharhi Muslim ibn al-Haddschâdsch*". Über diesen Kommentar sagte Imam An-Nawawi: "Hätte ich nicht mangelndes Durchhaltevermögen und geringe Anzahl von Lesern befürchtet, wäre ich ein wenig ausführlicher geworden und hätte das Werk auf mehr als 100 Bände ausgedehnt, doch (aus diesem Grunde) habe ich mich an einen mittleren Umfang gehalten." Dieses Kommentarwerk umfasst derzeit lediglich zwei Bände. Der Gelehrte Schams-ud-Dîn Muhammad ibn Yûsuf al-Qanawi al-Hanafi (gest. 788 n.H.) hat diese Arbeit unter dem Titel "*Mukhtasar*" zusammengefasst.

3. "*Riyâd-us-Sâlihîn, min Kalâmi Sayyid-il-Mursalîn*", eine Sammlung von nahezu 2000 ausgewählten, doch zuverlässigen Überlieferungen, bestätigt durch relevante Qur'ânverse, und nach Themen geordnet.

4. "*Kitâb-ur-Rauda*", eine Zusammenfassung von "*Scharh Kabîr ar-Rafî*".

5. Kommentar zu "*Al-Muhaddab*".

6. "*Tahdhîb-ul-Asmâi was-Sifât*".

7. "*Kitâb-ul-Azhâr*".

8. "*Al-Arba'în*".[15]

9. "*At-Taqrîb*".

10. "*Al-Irschâd fî Ulum-ul-Hadîth*".

11. "*Al-Maqâsid*".

12. "*Hilyat-ul-Abrâr*" oder "*Al-Adkâr*".[16]

13. "*Kitâb-ul-Mubhamât*".

14. "*At-Tibyân fî Adâbi Hamalat-ul-Qur'ân*".

15. "*Raudat-ut-Tâlibîn*".

16. "*Al-Fatâwâ*".

17. "*Scharh Sunân Abi Dâwûd*".

18. "*Tabaqât Fuqahâ asch-Schâfi'îya*".

19. "*Risâla fis-Tihbâbil-Qiyâmi li-Ahlil-Fadl*".

20. "*Risâla fîl-Qiyâmi alâl-Ghanâim*".

21. "*Dschamâ'at-us-Sunna*".

22. "*Khulâsat-ul-Ahkâm*".

23. "*Manâqib asch-Schâfi'îya*".

24. "*Bustan-ul-Ârifîn*".

25. "*Mukhtasar Usd-ul-Ghâba*".

und weitere Werke.

---

[15] Ins Deutsche übersetzt unter dem Titel: "Al-Nawawi: Vierzig Hadite". München 1990.
[16] Nach Zuhair asch-Schâwisch sind nicht alle Hadithe dieses Werkes einwandfrei.

Sein Tod

Im Jahre 676 n.H. (d.i. 1279 n.Chr.) gab Imam An-Nawawi alle Bücher, die er sich geliehen hatte, ihren rechtmäßigen Besitzern zurück und besuchte die Gräber seiner Lehrer und Vorfahren und betete für sie. Dabei war er so bewegt, dass er zu weinen begann. Danach verabschiedete er sich von seinen Freunden und Verehrern, und begab sich in seine Heimatstadt Nawa. Einige seiner Bekannten begleitete ihn bis vor Damaskus, um ihm Lebewohl zu sagen. Sie fragten ihn: "Wann sehen wir uns wieder?" Der Imam sagte: "In zweihundert Jahren." Diejenigen, die dabei waren, verstanden das so, dass der Imam meinte, am Tage des Jüngsten Gerichts.

Sodann begab der Imam sich nach Jerusalem (*Bait-ul-Maqdis*) und besuchte die Grabstätte des Propheten Abraham (as)[17], dann kehrte er in seine Heimatstadt Nawa zurück. Bald nach seiner Ankunft dort erkrankte er und verstarb in der Nacht zum Mittwoch, den 14. Radschab 676 (d.i. 1279 n.Chr.), noch zu Lebzeiten seines Vaters.

Als die Nachricht von seinem Tode Damaskus erreichte, versanken Stadt und Umland in tiefe Trauer, und die Muslime wurden von Kummer überwältigt. Der oberste Qadi von Damaskus, Izz-ud-Dîn Muhammad ibn as-Sâigh, besuchte das Grab von Imam An-Nawawi in Nawa, mitsamt einer Delegation von Würdenträgern, und betete für ihn. Zahlreiche Dichter verfassten Elegien, die den Imam lobpreisen und sein Dahinscheiden beklagen. Der Gelehrte Walî-ud-Dîn ibn al-Khâtib (rA), der Verfasser des *Mischkât-ul-Anwâr* widmete dem Imam An-Nawawi sein Buch *Al-Ikmâl fî Asmâ-ir-Ridschâl*.

---

[17] Bei der Nennung von Propheten pflegt der Muslim den Segenswunsch "*Alaihis-salâm*" (auf Deutsch: "Friede sei mit ihm") hinzuzufügen.

ANMERKUNGEN

Um dem nicht-arabischsprachigen Leser die Aussprache der arabischen Texte zu ermöglichen, wurden diese in einer vereinfachten Umschrift wiedergegeben.

Abkürzungen:

(s) *"salla-llâhu alaihi wa sallam"*: Allahs Segen und Heil auf ihm.

(r) *"radiya-llâhu 'anhu"*: Allahs Wohlgefallen auf ihm.[18]

(as) *"alaihis-salâm"*: Friede sei mit ihm.

(rA) *"rahimahu-llâh"*: Allah erbarme sich seiner.

---

[18] Je nach Person kommen auch die Formen *'anha, 'anhuma, 'anhum* oder *'anhunna* vor, das heißt: ...auf ihr bzw. ...auf ihnen.)

بسم الله الرحمن الرحيم

١ - كتاب المأمورات

١ - ١ - باب الإخلاص وإحضار النيّة
في جميع الأعمال والأقوال البارزة والخفية.

قَالَ اللَّهُ تَعَالَى: ﴿وَمَا أُمِرُوا إِلَّا لِيَعْبُدُوا اللَّهَ مُخْلِصِينَ لَهُ الدِّينَ حُنَفَاءَ وَيُقِيمُوا الصَّلَاةَ، وَيُؤْتُوا الزَّكَاةَ، وَذَٰلِكَ دِينُ الْقَيِّمَةِ﴾ [البينة: ٥] وقال الله تَعَالَى: ﴿لَنْ تَنَالُوا الْبِرَّ حَتَّى تُنْفِقُوا مِمَّا تُحِبُّونَ﴾ [آل عمران: ٩٢] وَقَالَ تَعَالَى: ﴿لَنْ يَنَالَ اللَّهَ لُحُومُهَا وَلَا دِمَاؤُهَا وَلَٰكِنْ يَنَالُهُ التَّقْوَىٰ مِنْكُمْ﴾ [الحج: ٣٧] وَقَالَ تَعَالَى: ﴿قُلْ إِنْ تُخْفُوا مَا فِي صُدُورِكُمْ أَوْ تُبْدُوهُ يَعْلَمْهُ اللَّهُ﴾ [آل عمران: ٢٩].

١ - وَعَنْ أَمِيرِ الْمُؤْمِنِينَ أَبِي حَفْصٍ عُمَرَ بْنِ الْخَطَّابِ بْنِ نُفَيْلِ بْنِ عَبْدِ الْعُزَّى بْنِ رَبَاحِ بْنِ عَبْدِ اللَّهِ بْنِ قُرْطِ بْنِ رَزَاحِ بْنِ عَدِيِّ بْنِ كَعْبِ بْنِ لُؤَيِّ بْنِ غَالِبٍ الْقُرَشِيِّ الْعَدَوِيِّ رضي الله عنه قال: سَمِعْتُ رَسُولَ اللَّهِ ﷺ يَقُولُ: «إِنَّمَا الْأَعْمَالُ بِالنِّيَّاتِ، وَإِنَّمَا لِكُلِّ امْرِئٍ مَا نَوَى فَمَنْ كَانَتْ هِجْرَتُهُ إِلَى اللَّهِ وَرَسُولِهِ فَهِجْرَتُهُ إِلَى اللَّهِ وَرَسُولِهِ، وَمَنْ كَانَتْ هِجْرَتُهُ لِدُنْيَا يُصِيبُهَا، أَوِ امْرَأَةٍ يَنْكِحُهَا فَهِجْرَتُهُ إِلَى مَا هَاجَرَ إِلَيْهِ» مُتَّفَقٌ عَلَى صِحَّتِهِ. رواه إماما المُحَدِّثينَ: أَبُو عَبْدِ اللَّهِ مُحَمَّدُ بْنُ إِسْمَاعِيلَ بْنِ إِبْرَاهِيمَ بْنِ الْمُغِيرَةِ بْنِ بَرْدِزْبَةَ الْجُعْفِيُّ الْبُخَارِيُّ، وَأَبُو الْحُسَيْنِ مُسْلِمُ بْنُ الْحَجَّاجِ بْنِ مُسْلِمٍ الْقُشَيْرِيُّ النَّيْسَابُورِيُّ رَضِيَ اللَّهُ عَنْهُمَا فِي صَحِيحَيْهِمَا اللَّذَيْنِ هُمَا أَصَحُّ الْكُتُبِ الْمُصَنَّفَةِ.

Im Namen Allahs, des Allerbarmers, des Barmherzigen!

I. BUCH DER GEBOTE

Kapitel 1
Aufrichtigkeit und gute Absicht (Niyya) in allen offenbaren und geheimen Taten und Äußerungen

Qur'ân: Allah, der Erhabene, spricht:
"Und es ist ihnen nichts anderes geboten worden, als dass sie Allah dienen sollen, aufrichtig Ihm gegenüber in der Religion und Rechtgläubig, und das Gebet verrichten und die *Zakât* geben; und das ist die rechte Religion." (98:5)
"Niemals werdet ihr Frömmigkeit erlangen, ehe ihr nicht von dem spendet, was ihr liebt. Und was immer ihr spendet, Allah weiß wahrlich darüber Bescheid." (3:92)
"Weder ihr Fleisch noch ihr Blut erreicht Allah, sondern es erreicht Ihn allein die Gottesfurcht, die ihr Ihm entgegenbringt." (22:37)[19]
"Sprich (zu ihnen): 'Ob ihr verbergt, was in euren Herzen ist, oder ob ihr es kundtut, Allah weiß es; Er weiß, was in den Himmeln ist und was auf Erden; und Allah hat Macht über alle Dinge.'" (3:29)

Hadith 1: Umar ibn al-Khattâb (r) berichtet: Ich hörte den Gesandten Allahs (s) sagen: "Die Taten sind entsprechend den Absichten, und jedem Menschen (gebührt), was er beabsichtigt hat. Wer also seine Auswanderung um Allahs und seines Gesandten Willen unternahm, dessen Auswanderung war für Allah und dessen Gesandten, und wer seine Auswanderung unternahm, um im Diesseits etwas zu erreichen oder um eine Frau zu heiraten, dessen Auswanderung war für das, dessentwegen er auswanderte."
(Al-Bukhâri und Muslim)
Dies ist ein gesunder Hadith (*sahîh*).

---

[19] Die vor-islamischen Araber bzw. Heiden betrachteten das Fleisch und das Blut des Opfertieres als Speise der Götter und pflegten die Ka'ba damit zu besprengen. Der Qur'ân lehnt dies ab und erklärt hier den Sinn des Opfers.

٢ - وَعَنْ أُمِّ الْمُؤْمِنِينَ أُمِّ عَبْدِ اللَّهِ عَائِشَةَ رَضِيَ اللَّهُ عَنْهَا قَالَتْ: قَالَ رَسُولُ اللَّهِ ﷺ: «يَغْزُو جَيْشٌ الْكَعْبَةَ فَإِذَا كَانُوا بِبَيْدَاءَ مِنَ الْأَرْضِ يُخْسَفُ بِأَوَّلِهِمْ وَآخِرِهِمْ». قَالَتْ: قُلْتُ: يَا رَسُولَ اللَّهِ، كَيْفَ يُخْسَفُ بِأَوَّلِهِمْ وَآخِرِهِمْ، وَفِيهِمْ أَسْوَاقُهُمْ وَمَنْ لَيْسَ مِنْهُمْ؟! قَالَ: «يُخْسَفُ بِأَوَّلِهِمْ وَآخِرِهِمْ، ثُمَّ يُبْعَثُونَ عَلَى نِيَّاتِهِمْ» مُتَّفَقٌ عَلَيْهِ. هَذَا لَفْظُ الْبُخَارِيِّ.

٣ - وَعَنْ عَائِشَةَ رَضِيَ اللَّهُ عَنْهَا قَالَتْ: قَالَ النَّبِيُّ ﷺ: «لَا هِجْرَةَ بَعْدَ الْفَتْحِ، وَلَكِنْ جِهَادٌ وَنِيَّةٌ، وَإِذَا اسْتُنْفِرْتُمْ فَانْفِرُوا» مُتَّفَقٌ عَلَيْهِ.

•مَعْنَاهُ: لَا هِجْرَةَ مِنْ مَكَّةَ لِأَنَّهَا صَارَتْ دَارَ إِسْلَامٍ.

٤ - وَعَنْ أَبِي عَبْدِ اللَّهِ جَابِرِ بْنِ عَبْدِ اللَّهِ الْأَنْصَارِيِّ رَضِيَ اللَّهُ عَنْهُمَا قَالَ: كُنَّا مَعَ النَّبِيِّ ﷺ فِي غَزَاةٍ فَقَالَ: «إِنَّ بِالْمَدِينَةِ لَرِجَالًا مَا سِرْتُمْ مَسِيرًا، وَلَا قَطَعْتُمْ وَادِيًا إِلَّا كَانُوا مَعَكُمْ حَبَسَهُمُ الْمَرَضُ» وَفِي رِوَايَةٍ: «إِلَّا شَرِكُوكُمْ فِي الْأَجْرِ» رَوَاهُ مُسْلِمٌ.

وَرَوَاهُ الْبُخَارِيُّ عَنْ أَنَسٍ رَضِيَ اللَّهُ عَنْهُ قَالَ: رَجَعْنَا مِنْ غَزْوَةِ تَبُوكَ مَعَ النَّبِيِّ ﷺ فَقَالَ: «إِنَّ أَقْوَامًا بِالْمَدِينَةِ خَلْفَنَا مَا سَلَكْنَا شِعْبًا وَلَا وَادِيًا إِلَّا وَهُمْ مَعَنَا فِيهِ، حَبَسَهُمُ الْعُذْرُ».

٥ - وَعَنْ أَبِي يَزِيدَ مَعْنِ بْنِ يَزِيدَ بْنِ الْأَخْنَسِ رَضِيَ اللهُ عَنْهُمْ، وَهُوَ وَأَبُوهُ

1. Buch der Gebote

Hadith 2: Âischa (r) berichtet, dass der Gesandte Allahs (s) sagte: "Ein Heer wird die Ka'ba überfallen wollen. Wenn es in die Wüste einmarschiert, wird das gesamte Heer vom Erdboden verschlungen werden." Sie sagte: Ich fragte ihn: "Oh Gesandter Allahs! Wie sollten sie allesamt verschlungen werden, wo doch unter jenen Menschen auch Unschuldige sind (die nicht zum Heer gehören)?" Er sagte: "Sie werden allesamt (von der Erde) verschlungen werden, doch (am Jüngsten Tag wird jeder von ihnen) auferstehen und seinen Absichten gemäß behandelt werden."
(Al-Bukhâri und Muslim)
Die zitierte Fassung stammt von Al-Bukhâri.

Hadith 3: Âischa (r) überliefert, dass der Prophet (s) sagte: "Nach der Einnahme von Mekka gibt es keine Auswanderung mehr, allerdings bleiben *Dschihâd*[20] und die Absichtserklärung (*Niyya*), und wenn ihr zum *Dschihâd* aufgerufen werdet, sollt ihr folgen."
(Al-Bukhâri und Muslim)

Hadith 4: Dschâbir ibn Abdullâh al-Ansâri (r) berichtet: Einmal waren wir mit dem Propheten (s) auf einem Kriegszug, da sagte er: "Es gibt in Medina einige Männer, die (im Geiste) bei euch sind, wohin ihr auch immer marschiert und welches Tal ihr auch immer durchschreitet. Nur aus gesundheitlichen Gründen sind sie verhindert, (leibhaftig) bei euch zu sein."
Nach einer anderen Version fuhr er fort: "Sie teilen mit euch die Belohnung (für den *Dschihâd*)."
(Muslim)
Bei Al-Bukhâri wird von Anas (r) berichtet: Wir kehrten mit dem Propheten (s) von der Schlacht bei Tabûk[21] zurück, als er sagte: "Gewiss sind in Medina einige Leute geblieben, die bei uns sind, wohin wir auch gehen, ob wir ein Gebirge überqueren oder einen Fluss überschreiten. Nur ein (zwingender) Grund hat sie verhindert."

Hadith 5: Ma'n ibn Yazîd ibn al-Akhnas (r) berichtet: Mein Vater Yazîd hatte einige Dinare, die er als *Sadaqa*[22] geben wollte, bei einem Mann in

---

[20] Unter *Dschihâd* versteht man eine "Anstrengung" auf dem Wege Allahs, im Verteidigungsfall auch unter Anwendung von Gewalt.
[21] Der Feldzug nach Tabûk ereignete sich im Jahre 630 n.Chr., also im Jahre 9 nach der Hidschra.
[22] *Sadaqa* ist ein freiwillig gegebenes Almosen.

وَجَدُّهُ صَحَابِيُّونَ، قَالَ: كَانَ أَبِي يَزِيدُ أَخْرَجَ دَنَانِيرَ يَتَصَدَّقُ بِهَا فَوَضَعَهَا عِنْدَ رَجُلٍ فِي الْمَسْجِدِ فَجِئْتُ فَأَخَذْتُهَا فَأَتَيْتُهُ بِهَا، فَقَالَ: وَاللَّهِ مَا إِيَّاكَ أَرَدْتُ، فَخَاصَمْتُهُ إِلَى رَسُولِ اللَّهِ ﷺ فَقَالَ: «لَكَ مَا نَوَيْتَ يَا يَزِيدُ، وَلَكَ مَا أَخَذْتَ يَا مَعْنُ» رَوَاهُ الْبُخَارِيُّ.

٦ - وَعَنْ أَبِي إِسْحَاقَ سَعْدِ بْنِ أَبِي وَقَّاصٍ مَالِكِ بْنِ أُهَيْبِ بْنِ عَبْدِ مَنَافِ بْنِ زُهْرَةَ بْنِ كِلَابِ بْنِ مُرَّةَ بْنِ كَعْبِ بْنِ لُؤَيٍّ الْقُرَشِيِّ الزُّهْرِيِّ رَضِيَ اللَّهُ عَنْهُ، أَحَدِ الْعَشَرَةِ الْمَشْهُودِ لَهُمْ بِالْجَنَّةِ رَضِيَ اللَّهُ عَنْهُمْ، قَالَ: «جَاءَنِي رَسُولُ اللَّهِ ﷺ يَعُودُنِي عَامَ حَجَّةِ الْوَدَاعِ مِنْ وَجَعٍ اشْتَدَّ بِي فَقُلْتُ: يَا رَسُولَ اللَّهِ إِنِّي قَدْ بَلَغَ بِي مِنَ الْوَجَعِ مَا تَرَى، وَأَنَا ذُو مَالٍ وَلَا يَرِثُنِي إِلَّا ابْنَةٌ لِي، أَفَأَتَصَدَّقُ بِثُلُثَيْ مَالِي؟ قَالَ: «لَا»، قُلْتُ: فَالشَّطْرُ يَا رَسُولَ اللَّهِ؟ فَقَالَ: «لَا»، قُلْتُ: فَالثُّلُثُ يَا رَسُولَ اللَّهِ؟ قَالَ: «الثُّلُثُ وَالثُّلُثُ كَثِيرٌ - أَوْ كَبِيرٌ - إِنَّكَ أَنْ تَذَرَ وَرَثَتَكَ أَغْنِيَاءَ خَيْرٌ مِنْ أَنْ تَذَرَهُمْ عَالَةً يَتَكَفَّفُونَ النَّاسَ، وَإِنَّكَ لَنْ تُنْفِقَ نَفَقَةً تَبْتَغِي بِهَا وَجْهَ اللَّهِ إِلَّا أُجِرْتَ عَلَيْهَا حَتَّى مَا تَجْعَلُ فِي فِي امْرَأَتِكَ». قَالَ: فَقُلْتُ: يَا رَسُولَ اللَّهِ أُخَلَّفُ بَعْدَ أَصْحَابِي؟ قَالَ: «إِنَّكَ لَنْ تُخَلَّفَ فَتَعْمَلَ عَمَلًا تَبْتَغِي بِهِ وَجْهَ اللَّهِ إِلَّا ازْدَدْتَ بِهِ دَرَجَةً وَرِفْعَةً، وَلَعَلَّكَ أَنْ تُخَلَّفَ حَتَّى يَنْتَفِعَ بِكَ أَقْوَامٌ وَيُضَرَّ بِكَ آخَرُونَ. اللَّهُمَّ أَمْضِ لِأَصْحَابِي هِجْرَتَهُمْ، وَلَا تَرُدَّهُمْ عَلَى أَعْقَابِهِمْ، لَكِنِ الْبَائِسُ سَعْدُ بْنُ خَوْلَةَ» يَرْثِي لَهُ رَسُولُ اللَّهِ ﷺ أَنْ مَاتَ بِمَكَّةَ. مُتَّفَقٌ عَلَيْهِ.

٧ - وَعَنْ أَبِي هُرَيْرَةَ عَبْدِ الرَّحْمَنِ بْنِ صَخْرٍ رَضِيَ اللَّهُ عَنْهُ قَالَ: قَالَ رَسُولُ اللَّهِ ﷺ: «إِنَّ اللَّهَ لَا يَنْظُرُ إِلَى أَجْسَامِكُمْ، وَلَا إِلَى صُوَرِكُمْ، وَلَكِنْ يَنْظُرُ إِلَى قُلُوبِكُمْ» رَوَاهُ مُسْلِمٌ.

der Moschee gelassen. Ich nahm das Geld und brachte es meinem Vater. Mein Vater sagte zu mir: "Bei Allah, ich wollte diese Dinare nicht dir geben!" Ich wendete mich an den Gesandten Allahs (s), der entschied: "Oh Yazîd! Du bekommst (Belohnung dafür), was du beabsichtigt hattest. Oh Ma'n, du bekommst, was du hast."
(Al-Bukhâri)

Hadith 6: Abu Ishâq Sa'd ibn Abi Waqqâs (r), einer der zehn, denen die frohe Botschaft zuteil wurde, ins Paradies zu gelangen, sagte: Im Jahr der Abschiedspilgerfahrt lag ich ernsthaft krank darnieder. Da kam der Gesandte Allahs (s), um nach mir zu schauen. Ich sagte zu ihm: "Oh Gesandter Allahs! Du siehst, wie krank ich bin, und ich bin vermögend. Ich habe aber nur eine Tochter als Erbin. Ist es nicht angebracht, dass ich zwei Drittel meines Vermögens als *Sadaqa* gebe?" Er sagte: "Nein!" Ich sagte: "Dann die Hälfte, oh Gesandter Allahs?" Wieder sagte er: "Nein!" Erneut wandte ich ein: "Nun, dann ein Drittel, oh Gesandter Allahs?" Darauf sagte er: "Ein Drittel ist genug und mehr als genug. Es ist besser, du hinterlässt deine Erben reich, als arm und (als Bettler) auf die Hilfe anderer angewiesen. Was auch immer du um Allahs willen spendest, dafür wird Allah dich belohnen, und wenn du auch nur einen Bissen Nahrung in den Mund deiner Frau bringst." Ich sagte: "Oh Gesandter Allahs! Wie könnte ich zurückgelassen werden, während meine Gefährten einmarschieren?" Er sagte: "Du wirst gewiss nicht zurückgelassen, denn was auch immer du um Allahs willen tust, wird deine Belohnung und Stellung erhöhen. Vielleicht solltest du zurückbleiben[23], zum Wohle der Gemeinschaft und zur Bestrafung bestimmter Leute. Oh Allah, ermögliche meinen Gefährten die Auswanderung und bewahre sie vor der Versuchung und dem Scheitern! Wahrlich, der Verlierer ist (der verstorbene) Sa'd ibn Khaula." Und der Gesandte Allahs (s) erflehte Allahs Gnade für Sa'd ibn Khaula, der in Mekka zurückgeblieben war und dort starb.
(Al-Bukhâri und Muslim)

Hadith 7: Abu Huraira (r) überliefert, dass der Gesandte Allahs (s) sagte: "Allah sieht nicht auf euer materielles oder immaterielles Äußeres, sondern in eure Herzen."
(Muslim)

---
[23] Das heißt: Die anderen überleben.

٨ - وَعَنْ أَبِي مُوسَى عَبْدِ اللَّهِ بْنِ قَيْسٍ الْأَشْعَرِيّ رضي الله عنه قَالَ: سُئِلَ رسول الله ﷺ عَنِ الرَّجُلِ يُقَاتِلُ شَجَاعَةً، وَيُقَاتِلُ حَمِيَّةً، وَيُقَاتِلُ رِيَاءً، أَيُّ ذَلِكَ يَكُونُ فِي سَبِيلِ اللَّهِ؟ فَقَالَ رسول الله ﷺ: «مَنْ قَاتَلَ لِتَكُونَ كَلِمَةُ اللَّهِ هِيَ الْعُلْيَا فَهُوَ فِي سَبِيلِ اللَّهِ» مُتَّفَقٌ عَلَيْهِ.

٩ - وَعَنْ أَبِي بَكْرَةَ نُفَيْعِ بْنِ الْحَارِثِ الثَّقَفِيّ رضي الله عنه، أَنَّ النَّبِيَّ ﷺ قال: «إِذَا الْتَقَى الْمُسْلِمَانِ بِسَيْفَيْهِمَا فَالْقَاتِلُ وَالْمَقْتُولُ فِي النَّارِ» قُلْتُ: يَا رَسُولَ اللَّهِ، هَذَا الْقَاتِلُ فَمَا بَالُ الْمَقْتُولِ؟ قَالَ: «إِنَّهُ كَانَ حَرِيصاً عَلَى قَتْلِ صَاحِبِهِ» متفقٌ عليه.

١٠ - وَعَنْ أَبِي هُرَيْرَةَ رضي الله عنه قال: قال رسول الله ﷺ: «صَلَاةُ الرَّجُلِ فِي جَمَاعَةٍ تَزِيدُ عَلَى صَلَاتِهِ فِي بَيْتِهِ وَصَلَاتِهِ فِي سُوقِهِ بِضْعاً وَعِشْرِينَ دَرَجَةً وَذَلِكَ أَنَّ أَحَدَهُمْ إِذَا تَوَضَّأَ فَأَحْسَنَ الْوُضُوءَ، ثُمَّ أَتَى الْمَسْجِدَ لَا يَنْهَزُهُ إِلَّا الصَّلَاةُ، لَا يُرِيدُ إِلَّا الصَّلَاةَ، لَمْ يَخْطُ خَطْوَةً إِلَّا رُفِعَ لَهُ بِهَا دَرَجَةٌ، وَحُطَّ عَنْهُ بِهَا خَطِيئَةٌ، حَتَّى يَدْخُلَ الْمَسْجِدَ، فَإِذَا دَخَلَ الْمَسْجِدَ، كَانَ فِي الصَّلَاةِ مَا كَانَتِ الصَّلَاةُ هِيَ تَحْبِسُهُ، وَالْمَلَائِكَةُ يُصَلُّونَ عَلَى أَحَدِكُمْ مَا دَامَ فِي مَجْلِسِهِ الَّذِي صَلَّى فِيهِ، يَقُولُونَ: اللَّهُمَّ ارْحَمْهُ، اللَّهُمَّ اغْفِرْ لَهُ، اللَّهُمَّ تُبْ عَلَيْهِ، مَا لَمْ يُؤْذِ فِيهِ، مَا لَمْ يُحْدِثْ فِيهِ» متفقٌ عليه، وَهَذَا لَفْظُ مُسْلِمٍ. وَقَوْلُهُ ﷺ: «يَنْهَزُهُ» هُوَ بِفَتْحِ الْيَاءِ وَالْهَاءِ وَبِالزَّايِ: أَيْ يُخْرِجُهُ وَيُنْهِضُهُ.

١١ - وَعَنْ أَبِي الْعَبَّاسِ عَبْدِ اللَّهِ بْنِ عَبَّاسِ بْنِ عَبْدِ الْمُطَّلِبِ رضي الله عنهما، عَنْ رسول الله، ﷺ، فِيمَا يَرْوِي عَنْ رَبِّهِ، تَبَارَكَ وَتَعَالَى قَالَ: «إِنَّ اللهَ كَتَبَ الْحَسَنَاتِ وَالسَّيِّئَاتِ، ثُمَّ بَيَّنَ ذَلِكَ، فَمَنْ هَمَّ بِحَسَنَةٍ فَلَمْ يَعْمَلْهَا كَتَبَهَا اللهُ ـ تَبَارَكَ وَتَعَالَى ـ عِنْدَهُ

1. Buch der Gebote

Hadith 8: Abu Mûsâ al-Asch'ari sagte, dass man den Gesandten Allahs (s) fragte: "Wer führt *Dschihâd* um Allahs willen? Einer, der kämpft, um seinen Mut zu demonstrieren, oder einer, der aus Begeisterung und Stolz kämpft, oder einer, der aus Heuchelei kämpft?" Daraufhin sagte der Gesandte Allahs (s): "Derjenige, der kämpft, damit das Wort Allahs siegt, ist es, der *Dschihâd* um Allahs willen führt."
(Al-Bukhâri und Muslim)

Hadith 9: Abu Bakra Nufai' ibn al-Hârith ath-Thaqafi (r) überliefert, dass der Prophet (s) sagte: "Wenn zwei Muslime aufeinander losgehen, indem sie ihre Schwerter aufeinander richten, dann kommen alle beide, der Mörder und der Ermordete, ins Höllenfeuer." Daraufhin sagte ich: "Oh Gesandter Allahs: Für den Mörder ist das verständlich. Warum aber der Ermordete?" Er antwortete: "Er war auch darauf aus, seinen Gefährten zu töten."
(Al-Bukhâri und Muslim)

Hadith 10: Abu Huraira (r) überliefert, dass der Gesandte Allahs (s) sagte: "Das Gebet in Gemeinschaft ist über zwanzigmal[24] mehr wert, als das Beten zu Hause oder im Geschäft. Es ist so: Wenn man sich sorgfältig wäscht und zur Moschee geht, nur mit der Absicht, das Gebet zu verrichten, dann wird er bis, er die Moschee erreicht, bei jedem Schritt um eine Stufe erhöht und er verliert eine seiner Sünden. Von dem Augenblick an, in dem er die Moschee betritt, wird er als Teilnehmer am Gebet betrachtet, auch während er noch auf den Beginn des Gebets wartet. Solange er an seinem Gebetsort verharrt, und weder jemandem schadet noch schlecht über jemanden redet, fahren die Engel damit fort, für seine Erlösung zu beten, und sie sagen: 'Oh Allah, sei ihm barmherzig! Oh Allah, vergib ihm! Oh Allah, nimm seine Reue an!'"
(Al-Bukhâri und Muslim)
Die zitierte Fassung stammt von Muslim.

Hadith 11: Abul-Abbâs Abdullâh ibn Abbâs ibn Abdul-Muttalib (r) erzählte, dass der Gesandte Allahs (s) von seinem Herrn, dem Gesegneten und Erhabenen, berichtete, dass Er (Allah) gesagt hat: "Allah hat die guten und die schlechten Taten niedergeschrieben." Dann erklärte er dies: "Wer etwas Gutes beabsichtigt und es nicht durchführen konnte, dem hat Allah dies bei Sich als volle gute Tat angerechnet. Hat er es durchführen können, dann rechnet Allah ihm dies bei Sich als zehn gute Taten, bis zum

---
[24] Wörtlich: zwischen 23 und 29 mal.

حَسَنَةً كَامِلَةً، وَإِنْ هَمَّ بِهَا فَعَمِلَهَا كَتَبَهَا اللَّهُ عَزَّ وَجَلَّ لَهُ عِنْدَهُ عَشْرَ حَسَنَاتٍ إِلَى سَبْعِ مِائَةِ ضِعْفٍ إِلَى أَضْعَافٍ كَثِيرَةٍ، وَإِنْ هَمَّ بِسَيِّئَةٍ فَلَمْ يَعْمَلْهَا كَتَبَهَا اللَّهُ عِنْدَهُ حَسَنَةً كَامِلَةً، وَإِنْ هَمَّ بِهَا فَعَمِلَهَا كَتَبَهَا اللَّهُ سَيِّئَةً وَاحِدَةً» مُتَّفَقٌ عَلَيهِ.

١٢ - وَعَنْ أَبِي عَبْدِ الرَّحْمٰنِ عَبْدِ اللَّهِ بْنِ عُمَرَ بْنِ الْخَطَّابِ، رَضِيَ اللهُ عَنْهُمَا، قَالَ: سَمِعْتُ رَسُولَ اللهِ ﷺ يَقُولُ: «انْطَلَقَ ثَلَاثَةُ نَفَرٍ مِمَّنْ كَانَ قَبْلَكُمْ حَتَّى آوَاهُمُ الْمَبِيتُ إِلَى غَارٍ فَدَخَلُوهُ، فَانْحَدَرَتْ صَخْرَةٌ مِنَ الْجَبَلِ فَسَدَّتْ عَلَيْهِمُ الْغَارَ؛ فَقَالُوا: إِنَّهُ لَا يُنْجِيكُمْ مِنْ هٰذِهِ الصَّخْرَةِ إِلَّا أَنْ تَدْعُوا اللَّهَ بِصَالِحِ أَعْمَالِكُمْ. قَالَ رَجُلٌ مِنْهُمْ: اللَّهُمَّ كَانَ لِي أَبَوَانِ شَيْخَانِ كَبِيرَانِ، وَكُنْتُ لَا أَغْبِقُ قَبْلَهُمَا أَهْلاً وَلَا مَالاً. فَنَأَى بِي طَلَبُ الشَّجَرِ يَوْماً فَلَمْ أُرِحْ عَلَيْهِمَا حَتَّى نَامَا فَحَلَبْتُ لَهُمَا غَبُوقَهُمَا فَوَجَدْتُهُمَا نَائِمَيْنِ فَكَرِهْتُ أَنْ أُوقِظَهُمَا وَأَنْ أَغْبِقَ قَبْلَهُمَا أَهْلاً أَوْ مَالاً، فَلَبِثْتُ، وَالْقَدَحُ عَلَى يَدَيَّ، أَنْتَظِرُ اسْتِيقَاظَهُمَا حَتَّى بَرِقَ الْفَجْرُ، وَالصِّبْيَةُ يَتَضَاغَوْنَ عِنْدَ قَدَمِي، فَاسْتَيْقَظَا فَشَرِبَا غَبُوقَهُمَا. اللَّهُمَّ إِنْ كُنْتُ فَعَلْتُ ذٰلِكَ ابْتِغَاءَ وَجْهِكَ فَفَرِّجْ عَنَّا مَا نَحْنُ فِيهِ مِنْ هٰذِهِ الصَّخْرَةِ، فَانْفَرَجَتْ شَيْئاً لَا يَسْتَطِيعُونَ الْخُرُوجَ مِنْهُ. قَالَ الْآخَرُ: اللَّهُمَّ إِنَّهُ كَانَتْ لِي ابْنَةُ عَمٍّ كَانَتْ أَحَبَّ النَّاسِ إِلَيَّ»، وَفِي رِوَايَةٍ: «كُنْتُ أُحِبُّهَا كَأَشَدِّ مَا يُحِبُّ الرِّجَالُ النِّسَاءَ، فَأَرَدْتُهَا عَلَى نَفْسِهَا فَامْتَنَعَتْ مِنِّي حَتَّى أَلَمَّتْ بِهَا سَنَةٌ مِنَ السِّنِينَ فَجَاءَتْنِي فَأَعْطَيْتُهَا عِشْرِينَ وَمِائَةَ دِينَارٍ عَلَى أَنْ تُخَلِّيَ بَيْنِي وَبَيْنَ نَفْسِهَا فَفَعَلَتْ، حَتَّى إِذَا قَدَرْتُ عَلَيْهَا»، وَفِي رِوَايَةٍ: «فَلَمَّا قَعَدْتُ بَيْنَ رِجْلَيْهَا، قَالَتْ: اتَّقِ اللَّهَ وَلَا تَفُضَّ الْخَاتَمَ إِلَّا بِحَقِّهِ، فَتَحَرَّجْتُ مِنَ الْوُقُوعِ عَلَيْهَا، فَانْصَرَفْتُ عَنْهَا وَهِيَ أَحَبُّ النَّاسِ إِلَيَّ، وَتَرَكْتُ الذَّهَبَ الَّذِي أَعْطَيْتُهَا. اللَّهُمَّ إِنْ كُنْتُ فَعَلْتُ ذٰلِكَ ابْتِغَاءَ وَجْهِكَ فَافْرُجْ عَنَّا مَا نَحْنُ فِيهِ، فَانْفَرَجَتِ الصَّخْرَةُ غَيْرَ أَنَّهُمْ لَا يَسْتَطِيعُونَ الْخُرُوجَ مِنْهَا. وَقَالَ الثَّالِثُ: اللَّهُمَّ إِنِّي اسْتَأْجَرْتُ أُجَرَاءَ وَأَعْطَيْتُهُمْ أَجْرَهُمْ غَيْرَ رَجُلٍ

1. Buch der Gebote

siebenhundertfachen und bis zum vielfachen (davon), an. Und wer etwas Schlechtes beabsichtigt, es aber nicht durchgeführt hat, dem wird dies als vollendete gute Tat bei Allah, dem Erhabenen, angerechnet. Hat er diese schlechte Tat jedoch ausgeführt, so rechnet Allah ihm dies als eine einzige schlechte Tat an."
(Al-Bukhâri und Muslim)

Hadith 12: Abu Abdur-Rahmân Abdullâh ibn Umar ibn al-Khattâb (r) erzählte, dass er den Gesandten Allahs (s) folgendes Gleichnis erzählen hörte: Einst waren drei Männer unterwegs. Sie mussten die Nacht in einer Höhle verbringen. Ein Felsstück glitt von dem Berg herunter und blockierte den Höhlenausgang. Sie waren sich einig, dass es nur einen einzigen Weg zur Befreiung gab, nämlich zu Allah zu flehen, im Namen ihrer guten Taten. Daraufhin flehte einer von ihnen demütig: "Oh Allah! Meine Eltern waren sehr alt; ich pflegte ihnen ihren nächtlichen Trank Milch vor meinen Kindern und den anderen Familienmitgliedern anzubieten. Eines Tages war ich auf der Suche nach grünen Bäumen und konnte erst zurückkehren, nachdem meine Eltern eingeschlafen waren. Als ich die Tiere gemolken hatte und meinen Eltern den Nachttrunk brachte, schliefen sie fest; doch wollte ich sie nicht stören und auch nichts von der Milch meinen Kindern oder anderen Familienmitgliedern geben, bevor nicht meine Eltern ihren Trank gehabt hätten. Also wartete ich mit dem Gefäß in der Hand auf ihr Erwachen bis zum Beginn der Morgenröte, während die Kinder zu meinen Füßen vor Hunger jammerten. Als sie erwachten, bekamen sie ihren Trank. Oh Allah! Wenn ich dieses tat, nur um Dein Wohlgefallen zu erlangen, dann befreie uns von diesem Übel, das uns durch diesen Felsen auferlegt wurde." Da bewegte sich der Fels ein wenig, aber nicht genug, um sie heraus zu lassen. Dann flehte der zweite: "Oh Allah! Ich hatte eine Cousine, die ich leidenschaftlicher liebte, als je ein Mann eine Frau geliebt hat. Ich versuchte sie zu verführen, aber sie wollte nichts von mir wissen. Während einer großen Hungersnot kam sie zu mir und bat mich um Hilfe. Ich bot ihr einhundertzwanzig Dinare, unter der Bedingung, dass ich mit ihr Geschlechtsverkehr ausüben dürfe. Sie stimmte zu, und als ich gerade mit ihr Verkehr haben wollte, bat sie eindringlich: 'Fürchte Allah, und brich das Siegel nicht ungesetzmäßig!'[25]". Ich ließ sie unberührt und überließ ihr das ganze Gold, und sie ist für mich der liebste Mensch auf Erden. Oh Allah! Wenn ich dies tat, allein um Dein Wohlgefallen zu erlangen, so bewege das Unglück und erlöse uns!" Wieder bewegte sich der Felsen ein wenig, doch nicht genug, um sie

---
[25] Das heißt: begehe keinen Ehebruch!

وَاحِدٍ تَرَكَ الَّذِي لَهُ وَذَهَبَ، فَثَمَّرْتُ أَجْرَهُ حَتَّى كَثُرَتْ مِنْهُ الأَمْوَالُ، فَجَاءَنِي بَعْدَ حِينٍ فَقَالَ: يَا عَبْدَ اللَّهِ أَدِّ إِلَيَّ أَجْرِي، فَقُلْتُ: لَهُ: كُلُّ مَا تَرَى مِنْ أَجْرِكَ: مِنَ الإِبِلِ وَالْبَقَرِ وَالْغَنَمِ وَالرَّقِيقِ. فَقَالَ: يَا عَبْدَ اللَّهِ لَا تَسْتَهْزِئُ بِي! فَقُلْتُ: إِنِّي لَا أَسْتَهْزِئُ بِكَ، فَأَخَذَهُ كُلَّهُ فَاسْتَاقَهُ، فَلَمْ يَتْرُكْ مِنْهُ شَيْئاً، اللَّهُمَّ إِنْ كُنْتُ فَعَلْتُ ذَلِكَ ابْتِغَاءَ وَجْهِكَ فَافْرُجْ عَنَّا مَا نَحْنُ فِيهِ، فَانْفَرَجَتِ الصَّخْرَةُ فَخَرَجُوا يَمْشُونَ» متفقٌ عَلَيْهِ.

١ – ٢ – بابُ التّوبة

قال العلماءُ: التَّوْبَةُ وَاجِبَةٌ مِنْ كُلِّ ذَنْبٍ، فَإِنْ كَانَتِ الْمَعْصِيَةُ بَيْنَ الْعَبْدِ وَبَيْنَ اللَّهِ تَعَالَى لَا تَتَعَلَّقُ بِحَقِّ آدَمِيٍّ؛ فَلَهَا ثَلَاثَةُ شُرُوطٍ: أَحَدُهَا: أَنْ يُقْلِعَ عَنِ الْمَعْصِيَةِ. وَالثَّانِي: أَنْ يَنْدَمَ عَلَى فِعْلِهَا. وَالثَّالِثُ: أَنْ يَعْزِمَ أَنْ لَا يَعُودَ إِلَيْهَا أَبَداً. فَإِنْ فُقِدَ أَحَدُ الثَّلَاثَةِ لَمْ تَصِحَّ تَوْبَتُهُ.

وَإِنْ كَانَتِ الْمَعْصِيَةُ تَتَعَلَّقُ بِآدَمِيٍّ فَشُرُوطُهَا أَرْبَعَةٌ: هَذِهِ الثَّلَاثَةُ، وَأَنْ يَبْرَأَ مِنْ حَقِّ صَاحِبِهَا؛ فَإِنْ كَانَتْ مَالاً أَوْ نَحْوَهُ رَدَّهُ إِلَيْهِ، وَإِنْ كَانَتْ حَدَّ قَذْفٍ وَنَحْوَهُ مَكَّنَهُ مِنْهُ أَوْ طَلَبَ عَفْوَهُ، وَإِنْ كَانَتْ غِيبَةً اسْتَحَلَّهُ مِنْهَا. وَيَجِبُ أَنْ يَتُوبَ مِنْ جَمِيعِ الذُّنُوبِ، فَإِنْ تَابَ مِنْ بَعْضِهَا صَحَّتْ تَوْبَتُهُ عِنْدَ أَهْلِ الحَقِّ مِنْ ذَلِكَ الذَّنْبِ، وَبَقِيَ عَلَيْهِ الْبَاقِي. وَقَدْ تَظَاهَرَتْ دَلَائِلُ الكِتَابِ، وَالسُّنَّةِ، وَإِجْمَاعُ الأُمَّةِ عَلَى وُجُوبِ التَّوْبَةِ:

قال الله تعالى: ﴿وتُوبُوا إِلَى الله جَمِيعاً أَيُّهَا المُؤْمِنُونَ لَعَلَّكُمْ تُفْلِحُونَ﴾ [النور: ٣١] وقال تعالى: ﴿اسْتَغْفِرُوا رَبَّكُمْ ثُمَّ تُوبُوا إِلَيْهِ﴾ [هود: ٣] وقال تعالى: ﴿يَا أَيُّهَا الَّذِينَ آمَنُوا تُوبُوا إِلَى اللهِ تَوْبَةً نَصُوحاً﴾ [التحريم: ٨].

1. Buch der Gebote

hinaus zu lassen. Dann bat der Dritte: "Oh Allah! Ich beschäftigte einige Tagelöhner und bezahlte ihnen ihren Lohn, doch einer von ihnen ging fort und ließ seinen Lohn bei mir. Sein Geld investierte ich, und es vermehrte sich gewaltig. Nach einer Zeit kam der Lohnarbeiter zurück und sagte: 'Oh Diener Gottes, übergib mir meinen Lohn!' Ich sagte zu ihm: 'Alles was du siehst ist dein: Kamele, Rinder, Ziegen, Schafe und Sklaven.' Er sagte: 'Verhöhne mich nicht, oh Diener Allahs!' Ich versicherte ihm: 'Ich mache keinen Spaß.' So nahm er alles mit, ohne etwas zu hinterlassen. Oh Allah! Wenn ich dies tat, nur um Dein Wohlgefallen zu erlangen, dann erleichtere uns und nimm von uns unsere Last!" Der Fels bewegte sich nun fort, und alle drei verließen die Höhle unversehrt.
(Al-Bukhâri und Muslim)

Kapitel 2

Reue (Tauba)

Dazu sagen die muslimischen Gelehrten (*Ulamâ'*), dass Reue (*Tauba*) bei jeder Sünde Pflicht ist. Wenn es sich um eine Sünde zwischen einem Diener Allahs und Allah, dem Erhabenen handelt, die nicht mit dem Recht eines anderen Menschen zu tun hat, hat sie drei Bedingungen:
1) Dass er diese Sünde unterlässt,
2) dass er sie bereut, und
3) dass er diese Sünde nicht mehr begeht.
Wenn eine dieser Bedingungen nicht vorhanden ist, wird seine Reue nicht angenommen.
Wenn eine Sünde mit einem anderen Menschen zu tun hat, gibt es vier Bedingungen für die Reue (*Tauba*):
Die drei zuvor genannten und
4) dass er dem Geschädigten sein Recht zukommen lässt, das heißt, dass er, wenn es sich um Geld oder ähnliches handelt, ihm dieses zurückzahlt, dass er, wenn es sich um eine Straftat oder ähnliches handelt, ihm ermöglicht, seine Bestrafung zu erwirken oder ihn um Verzeihung bittet, und dass er, wenn es sich um üble Nachrede (*Raiba*) handelt, diese zurücknimmt.
Und er soll alle Sünden bereuen. Wenn er nur einige bereut, ist seine Reue für diejenigen Sünden, die er bereut, gültig, die anderen jedoch bleiben bestehen.

Zur Notwendigkeit der Reue gibt es in Qur'ân und Sunna mehrere Beweise.

١٣ - وعن أبي هُرَيْرَةَ رضي الله عنه قال: سَمِعْتُ رسول الله ﷺ يَقُولُ: «والله إِنِّي لَأَسْتَغْفِرُ الله وأَتُوبُ إِلَيْهِ في اليَوْمِ أَكْثَرَ مِنْ سَبْعِينَ مَرَّةً»، رواه البخاري.

١٤ - وعَنِ الأغَرِّ بْنِ يَسَارٍ المُزَنِيِّ، رضي الله عنه، قال: قال رسول الله ﷺ: «يا أَيُّها النَّاسُ تُوبُوا إلى اللَّهِ واسْتَغْفِرُوهُ فإِنِّي أَتُوبُ في اليَوْمِ مَائَةَ مَرَّةٍ» رواه مسلم.

١٥ - وعَن أبي حَمْزَةَ أَنَسِ بن مَالِكٍ الأَنْصَارِيِّ خادم رسول الله ﷺ، رضي الله عنه قال: قال رسول الله ﷺ: «لَلَّهُ أَفْرَحُ بِتَوْبَةِ عَبْدِهِ مِنْ أَحَدِكُمْ سَقَطَ عَلَى بَعِيرِهِ وقد أَضَلَّهُ في أَرْضِ فَلاةٍ» متفقٌ عليه.

وفي رواية لِمُسْلِم: «لَلَّهُ أَشَدُّ فَرَحاً بِتَوْبَةِ عَبْدِهِ حِينَ يَتُوبُ إِلَيْهِ مِنْ أَحَدِكُمْ كان على رَاحِلَتِهِ بِأَرْضِ فَلاةٍ، فَانْفَلَتَتْ مِنْهُ وَعَلَيْهَا طَعَامُهُ وشَرَابُهُ فَأَيِسَ مِنْهَا، فَأَتَى شَجَرَةً فَاضْطَجَعَ في ظِلِّهَا، وقد أَيِسَ مِنْ رَاحِلَتِهِ، فَبَيْنَمَا هُوَ كَذَلِكَ إذا هُوَ بِها، قَائِمَةً عِنْدَهُ، فَأَخَذَ بِخِطَامِهَا ثُمَّ قَالَ مِنْ شِدَّةِ الفَرَحِ: اللَّهُمَّ أَنْتَ عَبْدِي وأنا رَبُّكَ، أخطأ من شِدَّةِ الفَرَحِ».

١٦ - وعَن أبي مُوسَى عَبْدِ اللهِ بن قَيْسٍ الأشعَرِيِّ رضي الله عنه عن النَّبِيِّ ﷺ قال: «إن الله تعالى يَبْسُطُ يَدَهُ بِاللَّيْلِ لِيَتُوبَ مُسِيءُ النَّهَارِ، وَيَبْسُطُ يَدَهُ بِالنَّهَارِ لِيَتُوبَ مُسِيءُ اللَّيْلِ حَتَّى تَطْلُعَ الشَّمْسُ مِنْ مَغْرِبِهَا» رواه مسلم.

١٧ - وعَنْ أبي هُرَيْرَةَ رضي الله عنه قال: قال رسول الله ﷺ: «مَنْ تَابَ قَبْلَ

1. Buch der Gebote

Qur'ân: Allah, der Erhabene, spricht:
"Und wendet euch allesamt Allah reuevoll wieder zu, ihr Gläubigen, auf dass ihr Heil erlangen möget!" (24:31)
"Und dass ihr euren Herrn um Vergebung bittet und euch reuevoll Ihm zuwendet" (11:3)
"Oh die ihr glaubt, kehrt zu Allah zurück in aufrichtiger Reue." (66:8)

Hadith 13: Abu Huraira (r) erzählte: Ich hörte den Gesandten Allahs (s) sagen: "Bei Allah, Gewiss bitte ich Allah um Vergebung und wende mich Ihm reuevoll zu, mehr als siebzig Mal am Tag."
(Al-Bukhâri)

Hadith 14: Al-Agharr ibn Yasâr al-Muzani (r) erzählte, dass der Gesandte Allahs (s) gesagt hat: "Oh ihr Menschen! Wendet euch Allah zu, und bittet Ihn um Vergebung; denn ich wende mich Ihm hundertmal täglich reuevoll zu."
(Muslim)

Hadith 15: Abu Hamza Anas ibn Mâlik al-Ansâri (r) berichtet, dass der Gesandte Allahs (s) versicherte: "Allah ist mehr erfreut über die Reue Seines Dieners als einer von euch es wäre, wenn er sein in einer gewaltigen Wüste verlorenes Reitkamel plötzlich wiederfindet."
(Al-Bukhâri und Muslim)
Die Version bei Muslim lautet: "Allah ist mehr erfreut über die Reue Seines Dieners als einer von euch es wäre, dem sein Reittier mit seinem gesamten Proviant in einer Wüste davongelaufen ist, und der, nachdem er die Hoffnung, es wiederzufinden, bereits aufgegeben und sich in den Schatten eines Baumes gelegt hatte, sein Tier plötzlich, während er dort liegt, mit baumelndem Zügel direkt vor sich stehend findet, und der überglücklich sagt: 'Oh Allah, Du bist mein Diener und ich bin Dein Herr!', wobei er sich vor lauter Freude derart verspricht."

Hadith 16: Abu Mûsâ Abdullâh ibn Qais al-Asch'ari (r) berichtet, dass der Prophet (s) sagte: "Allah reicht Seine Hand nachts, damit der Sünder des Tages bereue, und Er reicht Seine Hand tagsüber, damit der Sünder der Nacht bereue, solange, bis die Sonne im Westen aufgehen wird."[26]
(Muslim)

---

[26] Das heißt: bis zum Jüngsten Tage.

أَنْ تَطْلُعَ الشَّمْسُ مِنْ مَغْرِبِهَا تَابَ اللهُ عَلَيْهِ» رواه مسلم.

١٨ - وَعَنْ أَبِي عَبْدِ الرَّحْمٰنِ عَبْدِ اللّٰهِ بْنِ عُمَرَ بْنِ الْخَطَّابِ رضي الله عنهما، عَنِ النَّبِيِّ ﷺ قال: «إِنَّ اللّٰهَ عَزَّ وَجَلَّ يَقْبَلُ تَوْبَةَ الْعَبْدِ مَا لَمْ يُغَرْغِرْ» رواه الترمذي وقال: حديثٌ حسنٌ.

١٩ - وَعَنْ زِرِّ بْنِ حُبَيْشٍ قَالَ: أَتَيْتُ صَفْوَانَ بْنَ عَسَّالٍ رضي الله عنه أَسْأَلُهُ عَنِ الْمَسْحِ عَلَى الْخُفَّيْنِ فَقَالَ: مَا جَاءَ بِكَ يَا زِرُّ؟ فَقُلْتُ: ابْتِغَاءَ الْعِلْمِ، فقَالَ: إِنَّ الْمَلَائِكَةَ تَضَعُ أَجْنِحَتَهَا لِطَالِبِ الْعِلْمِ رِضًى بِمَا يَطْلُبُ، فَقُلْتُ: إِنَّهُ قَدْ حَكَّ فِي صَدْرِي الْمَسْحُ عَلَى الْخُفَّيْنِ بَعْدَ الْغَائِطِ وَالْبَوْلِ، وَكُنْتَ امْرَءاً مِنْ أَصْحَابِ النَّبِيِّ ﷺ، فَجِئْتُ أَسْأَلُكَ: هَلْ سَمِعْتَهُ يَذْكُرُ فِي ذٰلِكَ شَيْئاً؟ قَالَ: نَعَمْ، كَانَ يَأْمُرُنَا إِذَا كُنَّا سَفَراً، أَوْ مُسَافِرِينَ، أَنْ لَا نَنْزِعَ خِفَافَنَا ثَلَاثَةَ أَيَّامٍ وَلَيَالِيَهُنَّ إِلَّا مِنْ جَنَابَةٍ، لٰكِنْ مِنْ غَائِطٍ وَبَوْلٍ وَنَوْمٍ. فَقُلْتُ: هَلْ سَمِعْتَهُ يَذْكُرُ فِي الْهَوَى شَيْئاً؟ قَالَ: نَعَمْ كُنَّا مَعَ رسول الله ﷺ فِي سَفَرٍ، فَبَيْنَا نَحْنُ عِنْدَهُ إِذْ نَادَاهُ أَعْرَابِيٌّ بِصَوْتٍ لَهُ جَهْوَرِيٍّ: يَا مُحَمَّدُ، فَأَجَابَهُ رسول الله ﷺ نَحْواً مِنْ صَوْتِهِ: «هَاؤُمُ» فَقُلْتُ لَهُ: وَيْحَكَ اغْضُضْ مِنْ صَوْتِكَ فَإِنَّكَ عِنْدَ النَّبِيِّ ﷺ، وَقَدْ نُهِيتَ عَنْ هٰذَا! فقَالَ: وَاللّٰهِ لَا أَغْضُضُ. قَالَ الْأَعْرَابِيُّ: الْمَرْءُ يُحِبُّ الْقَوْمَ وَلَمَّا يَلْحَقْ بِهِمْ؟ قَالَ النَّبِيُّ ﷺ: «الْمَرْءُ مَعَ مَنْ أَحَبَّ يَوْمَ الْقِيَامَةِ» فَمَا زَالَ يُحَدِّثُنَا حَتَّى ذَكَرَ بَاباً مِنَ الْمَغْرِبِ مَسِيرَةً عَرْضُهُ أَوْ يَسِيرُ الرَّاكِبُ فِي عَرْضِهِ أَرْبَعِينَ أَوْ سَبْعِينَ عَاماً. قَالَ سُفْيَانُ أَحَدُ الرُّوَاةِ: قِبَلَ الشَّامِ خَلَقَهُ اللّٰهُ تَعَالَى يَوْمَ خَلَقَ السَّمَاوَاتِ وَالْأَرْضَ مَفْتُوحاً لِلتَّوْبَةِ لَا يُغْلَقُ حَتَّى تَطْلُعَ الشَّمْسُ مِنْهُ، رواه الترمذي وغيره وقال: حديث حسن صحيح.

1. Buch der Gebote

Hadith 17: Abu Huraira (r) berichtet, dass der Gesandte Allahs (s) sagte: "Allah wird die Reue des Bereuenden annehmen, solange die Sonne nicht im Westen aufgegangen ist."
(Muslim)

Hadith 18: Abu Abdur-Rahmân Abdullâh ibn Umar ibn al-Khattâb (r) berichtet, dass der Prophet (s) sagte: "Allah nimmt die Reue des Sünders an, bis zu seinem letzten Atemzug."
(At-Tirmidhi)
Dies ist ein guter Hadith (*hasan*).

Hadith 19: Zirr ibn Hubaisch (r) berichtet: Ich ging zu Safwân ibn Assâl (r), um ihn über das Wischen mit den Händen über die Ledersocken während der rituellen Waschung zu befragen. Er fragte mich: "Was bringt dich hier her, Zirr?" Ich antwortete: "Der Wunsch nach Wissen." Er sagte: "Die Engel breiten ihre Flügel aus für denjenigen, der sich auf der Suche nach Wissen befindet, um ihn auf der Suche nach Wissen zu befriedigen." Ich erzählte ihm, dass mir Zweifel gekommen seien, im Hinblick auf das Wischen mit den Händen über die Ledersocken während der Waschungen, nachdem man auf der Toilette gewesen ist. "Nun bist du einer der Gefährten des Propheten (s), und ich bin gekommen, dich zu fragen, ob du ihn irgendetwas dazu sagen hörtest." Er antwortete: "Ja. Er wies uns an, dass wir auf der Reise unsere Ledersocken drei Tage und drei Nächte zur Waschung nicht auszuziehen bräuchten, auch nicht, wenn wir auf der Toilette gewesen wären, außer wenn wir eine Ganzwaschung benötigten." Ich fragte ihn dann: "Hörtest du ihn etwas bezüglich Liebe und Zuneigung sagen?" Er antwortete: "Ja. Wir befanden uns mit dem Propheten (s) auf einer Reise, als ein Araber vom Lande ihn in lautem und rauhem Ton anrief: 'Oh Muhammad.' Der Prophet (s) antwortete ihm in fast gleichem Ton: 'Nun, ich bin hier.' Ich sagte zu dem Araber: 'Weh dir; mäßige deine Stimme. Du befindest dich in Gegenwart des Propheten (s), und es ist dir verwehrt.' Darauf sagte er: 'Bei Allah, ich werde meinen Ton nicht mäßigen.' Und sich an den Propheten (s) wendend sagte er: 'Wie steht es um einen Mann, der ein Volk liebt, doch noch nicht zu ihm zugelassen wurde?' Der Prophet antwortete: 'Am Tag des Gerichts wird ein Mensch in Gesellschaft derer sein, die er liebt.' In der weiteren Unterhaltung mit uns erwähnte er (s) ein Tor im Westen, dessen Breite von einem Reiter in vierzig oder siebzig Jahren durchritten werden konnte."

٢٠ - وَعَنْ أَبِي سَعِيدٍ سَعْدِ بْنِ مَالِكِ بْنِ سِنَانٍ الْخُدْرِيِّ رضي الله عنه، أَنَّ نَبِيَّ الله ﷺ قالَ: «كانَ فيمَنْ كانَ قَبْلَكُمْ رَجُلٌ قَتَلَ تِسْعَةً وتسعينَ نَفْساً، فَسَأَلَ عَنْ أَعْلَمِ أَهْلِ الأرْضِ، فَدُلَّ عَلَى راهِبٍ، فَأَتاهُ فقالَ: إِنَّهُ قَتَلَ تِسْعَةً وتِسْعِينَ نَفْساً، فَهَلْ لَهُ مِنْ تَوْبَةٍ؟ فقالَ: لا، فَقَتَلَهُ فَكَمَّلَ بِهِ مِائَةً، ثُمَّ سَأَلَ عَنْ أَعْلَمِ أَهْلِ الأَرْضِ، فَدُلَّ عَلَى رَجُلٍ عَالِمٍ فقالَ: إِنَّهُ قَتَلَ مِائَةَ نَفْسٍ، فَهَلْ لَهُ مِنْ تَوْبَةٍ؟ فقالَ: نَعَمْ، وَمَنْ يَحُولُ بَيْنَهُ وبَيْنَ التَّوْبَةِ؟ انْطَلِقْ إِلَى أَرْضِ كَذَا وَكَذَا، فَإِنَّ بِهَا أُناساً يَعْبُدُونَ اللهَ تعالى فاعْبُدِ اللهَ مَعَهُمْ، وَلا تَرْجِعْ إِلَى أَرْضِكَ فَإِنَّها أَرْضُ سَوْءٍ، فانْطَلَقَ حَتَّى إِذَا نَصَفَ الطَّرِيقَ أَتَاهُ الْمَوْتُ، فاخْتَصَمَتْ فيه مَلائِكَةُ الرَّحْمَةِ ومَلائِكَةُ الْعَذَابِ. فقالَتْ مَلائِكَةُ الرَّحْمَةِ: جَاءَ تَائِباً مُقْبِلاً بِقَلْبِهِ إِلَى اللَّهِ تعالى، وقالَتْ مَلائِكَةُ الْعَذَابِ: إِنَّهُ لَمْ يَعْمَلْ خَيْراً قَطُّ، فَأَتاهُمْ مَلَكٌ في صُورَةِ آدَمِيٍّ فَجَعَلُوهُ بَيْنَهُمْ، أَيْ حَكَماً، فقالَ: قِيسُوا ما بَيْنَ الأَرْضَيْنِ، فَإِلَى أَيَّتِهِمَا كَانَ أَدْنَى، فَهُوَ لَهُ، فَقَاسُوهُ فَوَجَدُوهُ أَدْنَى إِلَى الأَرْضِ الَّتِي أَرادَ، فَقَبَضَتْهُ مَلائِكَةُ الرَّحْمَةِ» متفقٌ عليه.

وفي روايةٍ في الصحيح: «فكَانَ إِلَى الْقَرْيَةِ الصَّالِحَةِ أَقْرَبَ مِنْهَا بِشِبْرٍ، فَجُعِلَ مِنْ أَهْلِهَا» وفي روايةٍ في الصحيح: «فَأَوْحَى اللَّهُ تَعَالَى إِلَى هَذِهِ أَنْ تَبَاعَدِي، وإِلَى هَذِهِ أَنْ تَقَرَّبِي، وقَالَ: قِيسُوا مَا بَيْنَهُمَا، فَوَجَدُوهُ إِلَى هَذِهِ أَقْرَبَ بِشِبْرٍ فَغُفِرَ لَهُ». وفي روايةٍ: «فَنَأَى بِصَدْرِهِ نَحْوَهَا».

1. Buch der Gebote

Sufyân, der einer der Erzähler dieses Hadithes ist, fügt hinzu: Dieses Tor liegt gegenüber von *Schâm*[27]. Allah hat es bei der Erschaffung von Himmeln und Erde geschaffen, und es ist offen für Reue, und es wird nicht verschlossen werden, bis die Sonne in seiner Richtung[28] aufgeht.
(At-Tirmidhi und andere)
Dies ist ein guter und gesunder Hadith (*hasan sahîh*).

Hadith 20: Abu Sa'îd Sa'd ibn Mâlik ibn Sinân al-Khudri (r) berichtet, dass der Prophet Allahs (s) erzählte, dass es in der Vergangenheit in einem Volk einen Mann gab, der 99 Menschen getötet hatte. Dieser fragte nach dem gelehrtesten Menschen, den es auf der Welt gebe. Man nannte ihm einen Mönch, und er ging zu ihm und sagte: "Ich habe neunundneunzig Menschen getötet. Gibt es irgendeine Art von Buße für mich?" Er antwortete: "Nein." Daraufhin tötete er auch den Einsiedler und vervollständigte damit die Zahl seiner Opfer auf hundert. Der Mörder fragte nun erneut: "Wer ist der gelehrteste Mensch auf der Welt?" Man verwies ihn an einen gelehrten Menschen. Er ging also zu ihm und sagte: "Ich habe einhundert Menschen getötet. Gibt es irgendeine Art von Buße für mich?" Der gelehrte Mann sagte: "Ja. Nichts kann zwischen dir und Reue stehen: Begib dich zu dem und dem Land. In diesem Land gibt es (fromme) Leute, die Allah, den Erhabenen anbeten. Schließ dich ihnen an, diene Allah und kehre nicht in dein Heimatland zurück, denn es ist eine schlimme Gegend." Der Mann brach zu diesem Land auf. Er hatte gerade die Hälfte des Weges hinter sich gebracht, als er starb. Nun entstand ein Streit zwischen dem Gnadenengel und dem Plagenengel darüber, wer die Verwahrung seiner Seele übernehmen sollte. Der Gnadenengel sprach: "Er hat sich reumütig Allah zugewendet." Der Plagenengel entgegnete: "Er hat niemals etwas Gutes getan." Da kam ein Engel in Menschengestalt, und sie setzten ihn als Schiedsrichter zwischen ihnen ein. Er wies sie an, die Entfernung zwischen den zwei Ländern auszumessen. Welchem Land er näher sei, zu dem solle er gehören. Sie führten also die Messung durch, und fanden, dass er dem Land, zu dem er gehen wollte, näher sei. Also übernahmen ihn die Gnadenengel.
(Al-Bukhâri und Muslim)
In einer andere *Sahîh*-Version heißt es, dass er eine Handbreite näher an dem Land der frommen Menschen war, und dementsprechend wurde er als einer der ihren angesehen.

---

[27] *Asch-Schâm* bezeichnet die Region des Nahen Ostens zwischen Zweistromland und Ägypten. Hier ist damit der Westen gemeint, da sie im Westen der Arabischen Halbinsel liegt.
[28] Das heißt, bis zum Jüngsten Tag, an dem die Sonne im Westen aufgeht.

٢١ ـ وعَنْ عَبْدِ اللَّهِ بنِ كَعْبِ بنِ مَالِكٍ، وكانَ قائِدَ كعْبٍ رضي الله عنه من بَنِيهِ حِينَ عَمِيَ قَالَ: سَمِعْتُ كَعْبَ بنَ مَالِكٍ، رضي الله عنه، يُحَدِّثُ بحديثِهِ حِينَ تَخَلَّفَ عَنْ رسولِ اللهِ ﷺ في غَزْوَةِ تَبُوكَ. قَالَ كَعْبٌ: لَمْ أَتَخَلَّفْ عَنْ رسولِ اللهِ، ﷺ، في غَزْوَةٍ غَزَاهَا قَطُّ إلاَّ في غَزْوَةِ تَبُوكَ، غَيْرَ أَنِّي قَدْ تَخَلَّفْتُ في غَزْوَةِ بَدْرٍ، ولَمْ يُعَاتَبْ أَحَدٌ تَخَلَّفَ عَنْهُ، إِنَّما خَرَجَ رسولُ اللهِ ﷺ والمُسْلِمُونَ يُرِيدُونَ عِيرَ قُرَيْشٍ حَتَّى جَمَعَ اللَّهُ تَعالَى بَيْنهُمْ وَبَيْنَ عَدُوِّهِمْ عَلَى غَيْرِ مِيعَادٍ. ولَقَدْ شَهِدْتُ مَعَ رسولِ اللهِ ﷺ لَيْلَةَ العَقَبَةِ حِينَ تَوَاثَقْنَا عَلَى الإسْلامِ، وما أُحِبُّ أنَّ لي بها مَشْهَدَ بَدْرٍ، وإنْ كَانَتْ بَدْرٌ أَذْكَرَ في النَّاسِ مِنْهَا.

وكَانَ مِنْ خَبَرِي حِينَ تَخَلَّفْتُ عَنْ رسولِ اللهِ، ﷺ، في غَزْوَةِ تَبُوكَ: أنِّي لَمْ أَكُنْ قَطُّ أَقْوَى ولا أَيْسَرَ مِنِّي حِينَ تَخَلَّفْتُ عَنْهُ في تِلْكَ الغَزْوَةِ. وَاللَّهِ، ما جَمَعْتُ قَبْلَها رَاحِلَتَيْنِ قَطُّ حَتَّى جَمَعْتُهُمَا في تِلْكَ الغَزْوَةِ، وَلَمْ يَكُنْ رَسولُ اللهِ ﷺ يُرِيدُ غَزْوَةً إِلاَّ ورَّى بِغَيْرِهَا حَتَّى كَانَتْ تِلْكَ الغَزْوَةُ، فَغَزَاهَا رَسُولُ اللهِ ﷺ في حَرٍّ شَدِيدٍ، واسْتَقْبَلَ سَفَراً بَعِيداً ومَفَازاً، واسْتَقْبَلَ عَدُوّاً كَثِيراً، فَجَلَا للمُسْلِمِينَ أَمْرَهُمْ لِيَتَأَهَّبُوا أُهْبَةَ غَزْوِهِمْ، فَأَخْبَرَهُمْ بِوَجْهِهِمُ الَّذِي يُرِيدُ، وَالمُسْلِمُونَ مَعَ رسولِ اللهِ كَثِيرٌ وَلَا يَجْمَعُهُمْ كِتَابٌ حَافِظٌ، يُرِيدُ بِذَلِكَ الدِّيوَانَ.

قَالَ كَعْبٌ: فَقَلَّ رَجُلٌ يُرِيدُ أَنْ يَتَغَيَّبَ إِلاَّ ظَنَّ أنَّ ذلِكَ سَيَخْفَى لَهُ مَا لَمْ يَنْزِلْ فيهِ وَحْيٌ مِنَ اللَّهِ، وَغَزَا رَسُولُ اللهِ ﷺ تِلْكَ الغَزْوَةَ حِينَ طَابَتِ الثِّمَارُ والظِّلَالُ فَأَنَا

1. Buch der Gebote

Eine andere *Sahîh*-Version lautet, dass Allah, der Erhabene, befahl, dass die eine Seite sich erweitern und die andere schrumpfen solle, und dann sagte Er: "Nun messt zwischen den beiden!", und er wurde eine Handbreite näher an seinem Ziel gefunden, und ihm wurde vergeben.
In einer weiteren Version heißt es, dass er kriechend vorankam.

Hadith 21: Abdullâh ibn Ka'b ibn Mâlik (r), berichtet, dass er den Bericht seines betagten erblindeten Vaters hörte, über sein Zurückbleiben in Medina, als der Gesandte (s) nach Tabûk marschierte. Ka'b erzählte: Ich hatte den Propheten (s) auf jedem Feldzug begleitet außer dem von Tabûk. Ich konnte mich dem Propheten (s) auch in der Schlacht von Badr nicht anschließen, aber in diesem Fall hatte er niemandem, der zurückgeblieben war, etwas vorgeworfen, denn der Prophet (s) und die Muslime beabsichtigten nur, sich der Karawane der Quraisch zu bemächtigen, ohne dass ein Kampf erwartet wurde. Dennoch führte sie Allah unerwarteterweise in eine Auseinandersetzung mit ihrem Feind. Ich war bei dem Propheten (s), als wir in der Nacht bei Aqaba waren und den Bund bezüglich des Islam schlossen[29]. Ich möchte dies jedoch nicht mit der Anwesenheit in Badr vergleichen, obwohl sich die Leute mehr an Badr, als an Aqaba erinnern.
Als ich vom Feldzug nach Tabûk zurückgeblieben war, befand ich mich bei besserer Gesundheit und Wohlstand als je zuvor. Ich besaß zwei Reitkamele, wo ich doch nie zuvor zwei gehabt hatte. Jedesmal, wenn der Prophet (s) sich zu einem Feldzug entschloss, verriet er dies erst im letzten Augenblick. Bei diesem Feldzug war allerdings die Jahreszeit gnadenlos heiß, die Reise war lang und ermüdend, führte durch Wüsten und unwirtliche Gegenden ohne Grün oder Wasser, und die Zahl der Feinde war groß. Der Prophet (s) hatte daher die Muslime ausdrücklich darauf vorbereitet. Die Zahl derer, die bereit waren, den Propheten (s) bei diesem Unternehmen zu begleiten, war sehr groß. Kein Buch hätte die Namen all jener, die den Propheten (s) begleiteten, zu fassen vermocht.

---

[29] Der Vertrag von Aqaba wurde von dem Propheten (s) und Muslimen aus Medina geschlossen und ging der Auswanderung (*Hidschra*) der Muslime von Mekka nach Medina voraus.

إلَيْهَا أَصْعَرُ، فَتَجَهَّزَ رسولُ الله ﷺ وَالْمُسْلِمُونَ مَعَهُ، وَطَفِقْتُ أَغْدُو لِكَيْ أَتَجَهَّزَ مَعَهُم، فَأَرْجِعُ وَلَمْ أَقْضِ شَيْئاً، وَأَقُولُ في نَفْسِي: أنَا قَادِرٌ عَلَى ذلِكَ إذَا أَرَدْتُ، فَلَمْ يَزَلْ يَتَمَادَى بِي حَتَّى اسْتَمَرَّ بِالنَّاسِ الْجِدُّ، فَأَصْبَحَ رسولُ الله ﷺ غَادِياً وَالْمُسْلِمُونَ مَعَهُ، وَلَمْ أَقْضِ مِنْ جَهَازِي شَيْئاً. ثُمَّ غَدَوْتُ فَرَجَعْتُ وَلَمْ أَقْضِ شَيْئاً، فَلَمْ يَزَلْ ذلِكَ يَتَمَادَى بِي حَتَّى أَسْرَعُوا وَتَفَارَطَ الْغَزْوُ. فَهَمَمْتُ أَنْ أَرْتَحِلَ فَأُدْرِكَهُمْ، فَيَا لَيْتَنِي فَعَلْتُ، ثُمَّ لَمْ يُقَدَّرْ ذلِكَ لِي، فَطَفِقْتُ إذَا خَرَجْتُ فِي النَّاسِ بَعْدَ خُرُوجِ رسولِ الله ﷺ يَحْزُنُنِي أَنِّي لَا أَرَى لِي أُسْوَةً، إلاّ رَجُلاً مَغْمُوصاً عَلَيْهِ فِي النِّفَاقِ، أَوْ رَجُلاً مِمَّنْ عَذَرَ اللَّهُ تعَالَى مِنَ الضُّعَفَاءِ، وَلَمْ يَذْكُرْنِي رسولُ الله ﷺ حَتَّى بَلَغَ تَبُوكَ، فقالَ وَهُوَ جَالِسٌ فِي القَوْمِ بِتَبُوكَ: «مَا فَعَلَ كَعْبُ بْنُ مَالِكٍ»؟ فقالَ رَجُلٌ مِنْ بَنِي سَلِمَةَ: يا رسولَ الله، حَبَسَهُ بُرْدَاهُ، وَالنَّظَرُ فِي عِطْفَيْهِ. فقالَ لَهُ مُعَاذُ بْنُ جَبَلٍ رضي الله عنه: بِئْسَ مَا قُلْتَ! وَاللَّهِ يا رسولَ الله مَا عَلِمْنَا عَلَيْهِ إلاَّ خَيْراً، فَسَكَتَ رسولُ الله ﷺ، فَبَيْنَا هُوَ عَلَى ذلِكَ رَأَى رَجُلاً مُبِيضاً يَزُولُ بِهِ السَّرَابُ، فقالَ رسولُ الله ﷺ: «كُنْ أَبَا خَيْثَمَةَ»، فَإِذَا هُوَ أَبُو خَيْثَمَةَ الأَنْصَارِيُّ، وَهُوَ الَّذِي تَصَدَّقَ بِصَاعِ التَّمْرِ حِينَ لَمَزَهُ الْمُنَافِقُونَ.

قَالَ كَعْبٌ: فَلَمَّا بَلَغَنِي أَنَّ رسولَ الله ﷺ قَدْ تَوَجَّهَ قَافِلاً مِنْ تَبُوكَ حَضَرَنِي

1. Buch der Gebote

Jeder, der abwesend blieb, rechnete damit, dass niemand seine Abwesenheit bemerken würde, außer ihre Pflichtvergessenheit würde durch göttliche Offenbarung enthüllt. Auch waren die Früchte an den Bäumen reif geworden, und sie boten Schatten, und all dies mochte ich. Der Prophet (s) und die Muslime, die ihn begleiten sollten, beschäftigten sich damit, Vorbereitungen für den Aufbruch zu treffen. Ich selbst hatte stets die Absicht, mich ebenso auf diese Unternehmung vorzubereiten, aber ich machte kehrt, ohne irgendetwas davon erledigt zu haben, und ich sagte zu mir: 'Ich kann das ja noch machen, wenn immer ich will.' Und so verging die Zeit, bis der Prophet und die Muslime ihre Vorbereitungen abgeschlossen hatten, und ich hatte noch immer die Absicht, mich auch noch schnell vorzubereiten. Schließlich kam der Tag, an dem der Prophet (s) mit den Muslimen aufbrach, und ich wollte ihnen eigentlich später nachfolgen.
Oh, wenn ich dies nur getan hätte, doch es war mir nicht bestimmt.
Als ich nun aber unter die Leute ging, schmerzte es mich sehr, zu sehen, dass die mit mir Zurückgebliebenen entweder mutmaßliche Heuchler waren, oder solche, die aus gesundheitlichen Gründen zurückbleiben mussten. Der Prophet (s) erwähnte mich nicht, bis er in Tabûk angekommen war. Erst als er dort unter den Leuten saß, fragte er: "Was ist mit Ka'b passiert?" Ein Mann des Salima-Stammes sagte: "Oh Prophet, er kam nicht mit uns, wegen seines Gewandes und weil er auf sein Äußeres achten muss." Hierauf tadelte ihn Mu'âdh ibn Dschabal und sagte: "Was du von Ka'b behauptest ist schlimm! Bei Allah, oh Gesandter Allahs, wir wissen nur Gutes von Ka'b." Der Prophet (s) schwieg. Da sah er (s) plötzlich von weitem in der Wüste jemand weiß gekleideten, und rief aus: "Möge es Abu Khaithama sein!" Und in der Tat, er war es. Er war derjenige, über den sich die Heuchler lustig machten, weil er eine Handvoll Datteln als *Sadaqa* zu geben pflegte.

بَنِي، فَطَفِقْتُ أَتَذَكَّرُ الْكَذِبَ وَأَقُولُ: بِمَ أَخْرُجُ مِنْ سَخَطِهِ غَدًا؟ وَأَسْتَعِينُ عَلَى ذَلِكَ بِكُلِّ ذِي رَأْيٍ مِنْ أَهْلِي، فَلَمَّا قِيلَ لِي: إِنَّ رسول الله ﷺ قَدْ أَظَلَّ قَادِمًا، زَاحَ عَنِّي الْبَاطِلُ، حَتَّى عَرَفْتُ أَنِّي لَمْ أَنْجُ مِنْهُ بِشَيْءٍ أَبَدًا فِيهِ كَذِبٌ، فَأَجْمَعْتُ صِدْقَهُ، وَأَصْبَحَ رسول الله ﷺ قَادِمًا، وَكَانَ إِذَا قَدِمَ مِنْ سَفَرٍ بَدَأَ بِالْمَسْجِدِ فَرَكَعَ فِيهِ رَكْعَتَيْنِ ثُمَّ جَلَسَ لِلنَّاسِ، فَلَمَّا فَعَلَ ذَلِكَ جَاءَهُ الْمُخَلَّفُونَ فَطَفِقُوا يَعْتَذِرُونَ إِلَيْهِ، وَيَحْلِفُونَ لَهُ، وَكَانُوا بِضْعَةً وَثَمَانِينَ رَجُلًا فَقَبِلَ مِنْهُمْ رسول الله ﷺ عَلَانِيَتَهُمْ، وَبَايَعَهُمْ، وَاسْتَغْفَرَ لَهُمْ، وَوَكَلَ سَرَائِرَهُمْ إِلَى الله تَعَالَى، حَتَّى جِئْتُ، فَلَمَّا سَلَّمْتُ، تَبَسَّمَ تَبَسُّمَ الْمُغْضَبِ، ثُمَّ قَالَ: «تَعَالَ»، فَجِئْتُ أَمْشِي حَتَّى جَلَسْتُ بَيْنَ يَدَيْهِ، فَقَالَ لِي: «مَا خَلَّفَكَ؟ أَلَمْ تَكُنْ قَدِ ابْتَعْتَ ظَهْرَكَ»؟! قَالَ قُلْتُ: يَا رسولَ الله، إِنِّي واللهِ لَوْ جَلَسْتُ عِنْدَ غَيْرِكَ مِنْ أَهْلِ الدُّنْيَا، لَرَأَيْتُ أَنِّي سَأَخْرُجُ مِنْ سَخَطِهِ بِعُذْرٍ، وَلَقَدْ أُعْطِيتُ جَدَلًا، وَلَكِنَّنِي، وَاللَّهِ، لَقَدْ عَلِمْتُ، لَئِنْ حَدَّثْتُكَ الْيَوْمَ حَدِيثَ كَذِبٍ، تَرْضَى بِهِ عَنِّي، لَيُوشِكَنَّ اللَّهُ أَنْ يُسْخِطَكَ عَلَيَّ، أَنْ حَدَّثْتُكَ حَدِيثَ صِدْقٍ تَجِدُ عَلَيَّ فِيهِ إِنِّي لَأَرْجُو فِيهِ عُقْبَى الله عَزَّ وَجَلَّ. وَاللهِ، مَا كَانَ لِي مِنْ عُذْرٍ، وَاللَّهِ، مَا كُنْتُ قَطُّ أَقْوَى، وَلَا أَيْسَرَ مِنِّي حِينَ تَخَلَّفْتُ عَنْكَ.

قَالَ: فقَالَ رسول الله ﷺ: «أَمَّا هَذَا فَقَدْ صَدَقَ، فَقُمْ حَتَّى يَقْضِيَ اللَّهُ فِيكَ» فَقُمْتُ وَثَارَ رِجَالٌ مِنْ بَنِي سَلِمَةَ فَاتَّبَعُونِي، فَقَالُوا لِي: وَاللَّهِ، مَا عَلِمْنَاكَ أَذْنَبْتَ ذَنْبًا قَبْلَ هَذَا، لَقَدْ عَجَزْتَ فِي أَنْ لَا تَكُونَ اعْتَذَرْتَ إِلَى رسول الله ﷺ بِمَا اعْتَذَرَ بِهِ إِلَيْهِ

1. Buch der Gebote

Als ich erfuhr, dass der Prophet (s) von Tabûk zurückkehrte, begann ich, mir allerlei Lügen als Ausrede auszudenken, und ich fragte mich, wie ich mich wohl morgen vor seinem Missfallen schützen sollte, und ich suchte bei meinen Angehörigen mit gesundem Urteilsvermögen Hilfe. Als mir gesagt wurde, dass der Prophet (s) bald da sei, verwarf ich jegliche Lüge und erkannte, dass mir keine falsche Entschuldigung helfen würde, und ich beschloss daher, die Wahrheit zu sagen.
Er (s) kam am nächsten Morgen an. Es war seine Gewohnheit, dass er, wenn er von einer Reise zurückkehrte, zuerst die Moschee besuchte, um zwei *Rak'a*[30] zu beten und dann mit den Leute zusammenzusitzen. Als er dies tat, kamen diejenigen, die zurückgeblieben waren, zu ihm und begannen ihm ihre Entschuldigungen vorzutragen und ihm zu huldigen. Und es waren insgesamt fast neunzig Männer. Der Prophet (s) nahm ihre Entschuldigungen an, ließ sie ihre Huldigung erneuern, betete für sie um Vergebung und übergab Allah, was immer sie im Sinne hatten. Als ich an der Reihe war und ihn (s) begrüßte, lächelte er, doch es war ein ärgerliches Lächeln. Er (s) sagte: "Komm!" So ging ich und setzte mich direkt vor ihn. Er (s) fragte: "Was hielt dich zurück? Hast du dir kein Reittier besorgt?" Ich antwortete: "Oh Gesandter Allahs (s), bei Allah, wenn ich irgendeinem anderen Menschen als dir gegenüber säße, so würde es mir nicht schwer fallen, seinem Missfallen mit irgendeiner Ausrede zu entgehen. Doch ich weiß, auch wenn ich dir heute eine überzeugende aber falsche Geschichte auftischen würde, so würde doch Allah gewiss bald deinen Zorn gegen mich erregen. Wenn ich dir nun die Wahrheit erzähle und du auf mich ärgerlich wirst, so kann ich doch immer Gnade von Allah, dem Allmächtigen, dem Erhabenen, erhoffen. Bei Allah, ich habe keine Entschuldigung. Ich war niemals so gesund und kräftig und so wohlhabend wie jetzt, als ich mich zurückhielt, dich zu begleiten."

---

[30] *Rak'a* ist die Bezeichnung für eine islamische Gebetssequenz.

الْمُخَلَّفُونَ، فَقَدْ كَانَ كَافِيَكَ ذَنْبَكَ اسْتِغْفَارُ رَسُولِ الله ﷺ لَكَ. قَالَ: فوالله، ما زَالُوا يُؤَنِّبُونَنِي حَتَّى أَرَدْتُ أَنْ أَرْجِعَ إِلَى رَسُولِ الله ﷺ فَأُكَذِّبَ نَفْسِي، ثُمَّ قُلْتُ لَهُمْ: هَلْ لَقِيَ هَذَا مَعِيَ مِنْ أَحَدٍ؟ قَالُوا: نَعَمْ، لَقِيَهُ مَعَكَ رَجُلَانِ، قَالَا مِثْلَ مَا قُلْتَ، وَقِيلَ لَهُمَا مِثْلُ مَا قِيلَ لَكَ، قَالَ: قُلْتُ: مَنْ هُمَا؟ قَالُوا: مُرَارَةُ بْنُ الرَّبِيعِ الْعَمْرِيُّ، وَهِلَالُ بْنُ أُمَيَّةَ الْوَاقِفِيُّ؟ قَالَ: فَذَكَرُوا لِي رَجُلَيْنِ صَالِحَيْنِ قَدْ شَهِدَا بَدْرًا فِيهِمَا إِسْوَةٌ. قَالَ: فَمَضَيْتُ حِينَ ذَكَرُوهُمَا لِي. وَنَهَى رَسُولُ الله ﷺ عَنْ كَلَامِنَا أَيُّهَا الثَّلَاثَةُ مِنْ بَيْنِ مَنْ تَخَلَّفَ عَنْهُ.

قَالَ: فَاجْتَنَبَنَا النَّاسُ، أَوْ قَالَ: تَغَيَّرُوا لَنَا، حَتَّى تَنَكَّرَتْ لِي فِي نَفْسِيَ الْأَرْضُ، فَمَا هِيَ بِالْأَرْضِ الَّتِي أَعْرِفُ، فَلَبِثْنَا عَلَى ذَلِكَ خَمْسِينَ لَيْلَةً. فَأَمَّا صَاحِبَايَ فَاسْتَكَانَا، وَقَعَدَا فِي بُيُوتِهِمَا يَبْكِيَانِ، وَأَمَّا أَنَا فَكُنْتُ أَشَبَّ الْقَوْمِ وَأَجْلَدَهُمْ، فَكُنْتُ أَخْرُجُ فَأَشْهَدُ الصَّلَاةَ مَعَ الْمُسْلِمِينَ، وَأَطُوفُ فِي الْأَسْوَاقِ وَلَا يُكَلِّمُنِي أَحَدٌ، وَآتِي رَسُولَ الله ﷺ فَأُسَلِّمُ عَلَيْهِ، وَهُوَ فِي مَجْلِسِهِ بَعْدَ الصَّلَاةِ، فَأَقُولُ فِي نَفْسِي: هَلْ حَرَّكَ شَفَتَيْهِ بِرَدِّ السَّلَامِ أَمْ لَا؟ ثُمَّ أُصَلِّي قَرِيبًا مِنْهُ وَأُسَارِقُهُ النَّظَرَ، فَإِذَا أَقْبَلْتُ عَلَى صَلَاتِي نَظَرَ إِلَيَّ، وَإِذَا الْتَفَتُّ نَحْوَهُ أَعْرَضَ عَنِّي، حَتَّى إِذَا طَالَ عَلَيَّ ذَلِكَ مِنْ جَفْوَةِ الْمُسْلِمِينَ مَشَيْتُ حَتَّى تَسَوَّرْتُ جِدَارَ حَائِطِ أَبِي قَتَادَةَ، وَهُوَ ابْنُ عَمِّي، وَأَحَبُّ النَّاسِ إِلَيَّ، فَسَلَّمْتُ عَلَيْهِ، فَوَاللهِ مَا رَدَّ عَلَيَّ السَّلَامَ، فَقُلْتُ لَهُ: يَا أَبَا قَتَادَةَ، أَنْشُدُكَ بِاللهِ، هَلْ تَعْلَمُنِي أُحِبُّ اللهَ وَرَسُولَهُ ﷺ؟ فَسَكَتَ، فَعُدْتُ فَنَاشَدْتُهُ،

1. Buch der Gebote

Der Prophet (s) sagte: "Dieser Mann hat die Wahrheit gesagt. Nun zieh dich zurück, bis Allah deinen Fall entscheidet." Einige Männer des Salima-Stammes folgten mir und sagten: "Wir wüssten nicht, dass du früher jemals einen Fehler begangen hättest. Warum hast du nicht vor Allahs Gesandtem (s) eine Entschuldigung vorgebracht, wie die anderen Zurückgebliebenen? Deine Sünde wäre durch das Gebet des Propheten (s) vergeben worden." Bei Allah, sie fuhren damit fort, mir Vorwürfe zu machen, bis ich mich geneigt fühlte, zum Propheten (s) zurückzugehen und meine Aussage zu widerrufen. Schließlich fragte ich sie: "Gibt es einen ähnlichen Fall wie meinen?" Sie sagten: "Ja, zwei Männer haben das Gleiche wie du gesagt, und ihnen wurde das Gleiche wie dir gesagt." Ich fragte: "Wer sind die beiden?" Sie sagten: "Es sind Murâra ibn ar-Rabî' al-Amri und Hilâl ibn Umayya al-Wâqifi." Diese beiden waren tugendhafte Männer, die an der Schlacht von Badr teilgenommen hatten; sie besaßen viele gute Qualitäten, und als mir diese beiden genannt wurden, ging ich weiter.

Der Prophet (s) verbot den Muslimen, mit uns dreien zu sprechen. Die Leute pflegten uns zu meiden und wurden Fremde für uns. Ich fühlte mich, als ob ich in einem fremden Land sei. Dieser Zustand dauerte fünfzig Tage lang. Meine beiden Gefährten resignierten und saßen nur noch zu Hause und weinten. Ich jedoch war der jüngste und stärkste von den dreien, pflegte hinauszugehen, am Gebet mit den Muslimen teilzunehmen, auf dem Markt spazieren zu gehen, doch niemand sprach jemals mit mir. Ich pflegte nach dem Gebet immer zu dem Propheten (s) zu gehen und ihn zu grüßen, und ich fragte mich, ob er seine Lippen habe, um meinen Gruß zu erwidern. Und ich betete gewöhnlich in seiner Nähe, und ich bemerkte, dass er immer zu mir schaute, wenn ich in mein Gebet vertieft war, und er schaute sogleich weg, wenn ich in seine Richtung blickte. Als diese strenge Haltung der Muslime mir gegenüber länger dauerte, ging ich bis zur Gartenmauer meines Vetters und engen Freundes Abu Qatâda, und kletterte darüber. Ich grüßte ihn, doch, bei Allah, er erwiderte meinen Gruß nicht. Ich sagte zu ihm: "Abu Qatâda, ich bitte dich in Allahs Namen! Weißt du nicht, dass ich Allah und seinen Propheten (s) liebe?" Doch er schwieg. Ich wiederholte, was ich gesagt hatte, doch er schwieg. Ich wiederholte nochmals meine Bitte, da erwiderte er: "Allah und sein Gesandter (s) wissen es besser." Als ich das hörte, konnte ich meine Tränen nicht zurückhalten und kletterte über die Gartenmauer zurück.

فَسَكَتَ، فَعُدْتُ فَنَاشَدْتُهُ فَقَالَ: اللَّهُ وَرَسُولُهُ أَعْلَمُ. فَفَاضَتْ عَيْنَايَ، وَتَوَلَّيْتُ، حَتَّى تَسَوَّرْتُ الْجِدَارَ..

فَبَيْنَا أَنَا أَمْشِي فِي سُوقِ الْمَدِينَةِ إِذَا نَبَطِيٌّ مِنْ نَبَطِ أَهْلِ الشَّامِ مِمَّنْ قَدِمَ بِالطَّعَامِ يَبِيعُهُ بِالْمَدِينَةِ يَقُولُ: مَنْ يَدُلُّ عَلَى كَعْبِ بْنِ مَالِكٍ؟ فَطَفِقَ النَّاسُ يُشِيرُونَ لَهُ إِلَيَّ حَتَّى جَاءَنِي فَدَفَعَ إِلَيَّ كِتَاباً مِنْ مَلِكِ غَسَّانَ، وَكُنْتُ كَاتِباً. فَقَرَأْتُهُ فَإِذَا فِيهِ: أَمَّا بَعْدُ، فَإِنَّهُ قَدْ بَلَغَنَا أَنَّ صَاحِبَكَ قَدْ جَفَاكَ، وَلَمْ يَجْعَلْكَ اللَّهُ بِدَارِ هَوَانٍ وَلَا مَضْيَعَةٍ، فَالْحَقْ بِنَا نُوَاسِكَ، فَقُلْتُ حِينَ قَرَأْتُهَا: وَهَٰذِهِ أَيْضاً مِنَ الْبَلَاءِ فَتَيَمَّمْتُ بِهَا التَّنُّورَ فَسَجَرْتُهَا بِهَا، حَتَّى إِذَا مَضَتْ أَرْبَعُونَ مِنَ الْخَمْسِينَ وَاسْتَلْبَثَ الْوَحْيُ، إِذَا رَسُولُ رَسُولِ اللهِ ﷺ يَأْتِينِي، فَقَالَ: إِنَّ رَسُولَ اللهِ ﷺ يَأْمُرُكَ أَنْ تَعْتَزِلَ امْرَأَتَكَ، فَقُلْتُ: أُطَلِّقُهَا، أَمْ مَاذَا أَفْعَلُ؟ قَالَ: لَا، بَلِ اعْتَزِلْهَا فَلَا تَقْرَبَنَّهَا، وَأَرْسَلَ إِلَى صَاحِبَيَّ بِمِثْلِ ذَٰلِكَ. فَقُلْتُ لِامْرَأَتِي: الْحَقِي بِأَهْلِكِ فَكُونِي عِنْدَهُمْ حَتَّى يَقْضِيَ اللَّهُ فِي هَٰذَا الْأَمْرِ، فَجَاءَتِ امْرَأَةُ هِلَالِ بْنِ أُمَيَّةَ رَسُولَ اللهِ ﷺ فَقَالَتْ لَهُ: يَا رَسُولَ اللهِ، إِنَّ هِلَالَ بْنَ أُمَيَّةَ شَيْخٌ ضَائِعٌ لَيْسَ لَهُ خَادِمٌ، فَهَلْ تَكْرَهُ أَنْ أَخْدُمَهُ؟ قَالَ: «لَا، وَلَٰكِنْ لَا يَقْرَبَنَّكِ». فَقَالَتْ: إِنَّهُ وَاللَّهِ مَا بِهِ مِنْ حَرَكَةٍ إِلَى شَيْءٍ، وَوَاللَّهِ مَا زَالَ يَبْكِي مُنْذُ كَانَ مِنْ أَمْرِهِ مَا كَانَ إِلَى يَوْمِهِ هَٰذَا. فَقَالَ لِي بَعْضُ أَهْلِي: لَوِ اسْتَأْذَنْتَ رَسُولَ اللهِ ﷺ فِي امْرَأَتِكَ، فَقَدْ أَذِنَ لِامْرَأَةِ هِلَالِ بْنِ أُمَيَّةَ أَنْ تَخْدُمَهُ؟ فَقُلْتُ: لَا أَسْتَأْذِنُ فِيهَا رَسُولَ اللهِ ﷺ، وَمَا

1. Buch der Gebote

Als ich über den Markt von Medina lief, sah ich einen Bauern aus *Schâm*[31], der Lebensmittel verkaufte und die Leute fragte, ob sie ihm Ka'b ibn Mâlik zeigen könnten. Sie wiesen auf mich, bis er kam zu mir kam, und er übergab mir einen Brief des Königs von Ghassân. Da ich belesen genug war, las ich ihn. Sein Inhalt war: "Wir haben erfahren, dass dein Gefährte (d.h. der Prophet (s)) dich ungerecht behandelt. Gott will dich nicht misshandeln lassen. Es ist dein Recht, dass wir dich trösten." Als ich diesen Brief gelesen hatte, sagte ich mir: 'Das ist noch eine Prüfung für mich', und verbrannte den Brief.

Nachdem vierzig von fünfzig Tagen verstrichen waren und nichts offenbart worden war, kam ein Bote des Propheten (s) zu mir und sagte: "Der Prophet (s) weist dich an, dass du dich von deiner Frau fernhältst." Ich fragte nach: "Soll ich mich von ihr scheiden lassen oder was sollte ich tun?" Er sagte: "Nein, halte dich nur davon zurück, sie zu berühren." Der Prophet (s) hatte das Gleiche auch meinen beiden Gefährten geboten. Also sagte ich zu meiner Frau: "Geh zu deinen Eltern und bleibe bei ihnen, bis Allah meinen Fall entscheidet." Die Frau von Hilâl ibn Umayya ging zum Propheten (s) und bat ihn: "Oh Gesandter Allahs (s), Hilâl ibn Umayya ist alt und kann nicht für sich selbst sorgen, und er hat keinen Diener, der ihm den Haushalt macht. Bist du dagegen, wenn ich ihm weiterhin diene?" Er (s) sagte: "Nein, vorausgesetzt, er berührt dich nicht." Sie sagte: "Bei Allah, er denkt an nichts derartiges. Bei Allah, seit diesem Vorfall weint er ständig." Einige aus meiner Familie schlugen mir vor, ich solle auch die Erlaubnis des Propheten (s) erbitten, dass meine Frau für mich sorgen könne, wie es auch die Frau des Hilâl ibn Umayya tat. Ich erwiderte jedoch: "Nein, ich werde den Propheten (s) nicht um sie bitten. Was sollte der Prophet einem jungen Mann wie mir schon antworten?" So blieb ich also weitere zehn Tage und Nächte, bis seit unserer Isolation fünfzig Tage verstrichen waren.

---

[31] Siehe Anmerkung Nr. 27 auf Seite 16.

يُدْرِيني مَاذَا يَقُولُ رسولُ الله ﷺ إذا اسْتَأْذَنْتُهُ فِيهَا وأَنَا رَجُلٌ شَابٌّ! فَلَبِثْتُ بِذلِكَ عَشْرَ لَيَالٍ، فَكَمَلَ لَنَا خَمْسُونَ لَيْلَةً مِنْ حِينَ نَهَىٰ عَنْ كَلَامِنَا.

ثُمَّ صَلَّيْتُ صَلَاةَ الْفَجْرِ صَبَاحَ خَمْسِينَ لَيْلَةً عَلَى ظَهْرِ بَيْتٍ مِنْ بُيُوتِنَا، فَبَيْنَا أَنَا جَالِسٌ عَلَى الْحَالِ الَّتِي ذَكَرَ اللَّهُ، تَعَالَى، مِنَّا، قَدْ ضَاقَتْ عَلَيَّ نَفْسِي، وَضَاقَتْ عَلَيَّ الْأَرْضُ بِمَا رَحُبَتْ، سَمِعْتُ صَوْتَ صَارِخٍ أَوْفَى عَلَى سَلْعٍ يَقُولُ بِأَعْلَى صَوْتِهِ: يَا كَعْبُ بْنَ مَالِكٍ أَبْشِرْ، فَخَرَرْتُ سَاجِدًا، وَعَرَفْتُ أَنْ قَدْ جَاءَ فَرَجٌ. فَآذَنَ رَسُولُ الله ﷺ النَّاسَ بِتَوْبَةِ الله عَزَّ وَجَلَّ، عَلَيْنَا حِينَ صَلَّى صَلَاةَ الْفَجْرِ، فَذَهَبَ النَّاسُ يُبَشِّرُونَنَا، فَذَهَبَ قِبَلَ صَاحِبَيَّ مُبَشِّرُونَ، وَرَكَضَ رَجُلٌ إِلَيَّ فَرَسًا، وَسَعَى سَاعٍ مِنْ أَسْلَمَ قِبَلِي، وَأَوْفَى عَلَى الْجَبَلِ، وَكَانَ الصَّوْتُ أَسْرَعَ مِنَ الْفَرَسِ، فَلَمَّا جَاءَنِي الَّذِي سَمِعْتُ صَوْتَهُ يُبَشِّرُنِي نَزَعْتُ لَهُ ثَوْبَيَّ فَكَسَوْتُهُمَا إِيَّاهُ بِبِشَارَتِهِ، وَاللَّهِ مَا أَمْلِكُ غَيْرَهُمَا يَوْمَئِذٍ، وَاسْتَعَرْتُ ثَوْبَيْنِ فَلَبِسْتُهُمَا وَانْطَلَقْتُ أَتَأَمَّمُ رَسُولَ اللَّهِ ﷺ يَتَلَقَّانِي النَّاسُ فَوْجًا فَوْجًا يُهَنِّئُونَنِي بِالتَّوْبَةِ، وَيَقُولُونَ لِي: لِتَهْنِكَ تَوْبَةُ الله عَلَيْكَ، حَتَّى دَخَلْتُ الْمَسْجِدَ، فَإِذَا رَسُولُ الله ﷺ جَالِسٌ فِي الْمَسْجِدِ وَحَوْلَهُ النَّاسُ، فَقَامَ طَلْحَةُ بْنُ عُبَيْدِ اللهِ، رضي الله عنه، يُهَرْوِلُ حَتَّى صَافَحَنِي وَهَنَّأَنِي، والله مَا قَامَ رَجُلٌ مِنَ الْمُهَاجِرِينَ غَيْرُهُ، فَكَانَ كَعْبٌ لَا يَنْسَاهَا لِطَلْحَةَ.

قَالَ كَعْبٌ: فَلَمَّا سَلَّمْتُ عَلَى رسولِ اللهِ ﷺ قال وَهُوَ يَبْرُقُ وَجْهُهُ مِنَ السُّرُورِ

1. Buch der Gebote

Am Morgen des einundfünfzigsten Tages hatte ich das Morgengebet auf dem Dach meines Hauses verrichtet und saß gerade dort (um Allahs zu *
gedenken), und meine Stimmung war sehr gedrückt, und die ganze Welt schien mich zu beengen, als ich plötzlich vom Bergrücken des Sal'a-Berges eine kräftige Stimme rufen hörte: "Oh Ka'b ibn Mâlik, es gibt gute Nachrichten für dich." Unmittelbar nachdem ich dies gehört hatte, warf ich mich zum Dankgebet nieder und erkannte, dass Trost für mich gekommen war.
Es scheint, dass der Prophet (s) im Anschluss an das Morgengebet den Anwesenden mitgeteilt hatte, dass Allah, der Allmächtige und Erhabene, unsere Reue angenommen hat. Ein paar Leute waren sogleich aufgebrochen, um uns diese gute Nachricht unverzüglich mitzuteilen. Einige gingen zu meinen beiden Gefährten, einer stürmte auf seinem Pferd zu mir, und ein anderer, der dem Aslam-Stamm angehörte, kletterte den Hügel hinauf, von wo ich seine Stimme noch vor der Ankunft des Reiters vernehmen konnte. Als der Mensch, dessen Stimme ich gehört hatte, kam, um mich zu beglückwünschen, gab ich ihm mein Gewand, und bei Allah, ich hatte damals nur dieses Gewand, und ich lieh mir ein anderes aus und ging zum Propheten (s). Auf meinem Weg zu ihm traf ich auf Gruppen und Ansammlungen von Menschen, die mir zu der Annahme meiner Reue durch Allah gratulierten, bis ich in der Moschee ankam, wo ich den Propheten (s) inmitten der Menschen sitzend fand. Talha ibn Ubaidullâh (r) stand als einziger sogleich auf und rannte mir entgegen, begrüßte mich herzlich und gratulierte mir. Bei Allah, außer ihm stand keiner der *Muhâdschirîn*[32] auf. - Ka'b vergaß Talha diese Geste Zeit seines Lebens nie. -

* Dies stimmt nicht so müsste eher heißen: In der Lage in der uns Allah beschreibt (sie wird in den Koran-Versen Sure 9: 117-118 beschrieben und folgt im Text)

---

[32] *Muhâdschirîn* ("Auswanderer") werden die mekkanischen Muslime genannt, die aufgrund der Verfolgung in ihrer Heimatstadt zur Auswanderung gezwungen waren.

وَيَقُولُ: «أَبْشِرْ بِخَيْرِ يَوْمٍ مَرَّ عَلَيْكَ مُنْذُ وَلَدَتْكَ أُمُّكَ»، فَقُلْتُ: أَمِنْ عِنْدِكَ يا رسولَ الله، أَمْ مِنْ عِنْدِ الله؟ قَالَ: «لا، بَلْ مِنْ عِنْدِ الله عَزَّ وَجَلَّ»، وَكَانَ رسولُ الله ﷺ إِذَا سُرَّ اسْتَنَارَ وَجْهُهُ حَتَّى كَأَنَّ وَجْهَهُ قِطْعَةُ قَمَرٍ، وَكُنَّا نَعْرِفُ ذَلِكَ مِنْهُ، فَلَمَّا جَلَسْتُ بَيْنَ يَدَيْهِ قُلْتُ: يا رسولَ الله، إِنَّ مِنْ تَوْبَتِي أَنْ أَنْخَلِعَ مِنْ مَالِي صَدَقَةً إِلَى اللهِ وَإِلَى رَسُولِهِ ﷺ. فَقَالَ رسولُ الله ﷺ: «أَمْسِكْ عَلَيْكَ بَعْضَ مَالِكَ، فَهُوَ خَيْرٌ لَكَ»، فقلتُ: إِنِّي أُمْسِكُ سَهْمِي الَّذِي بِخَيْبَرَ. وقُلْتُ: يا رَسُولَ اللهِ، إِنَّ اللهَ تَعَالَى إِنَّمَا أَنْجَانِي بِالصِّدْقِ، وَإِنَّ مِنْ تَوْبَتِي أَنْ لا أُحَدِّثَ إِلَّا صِدْقاً مَا بَقِيتُ، فَوَاللهِ مَا عَلِمْتُ أَنَّ أَحَداً مِنَ الْمُسْلِمِينَ أَبْلَاهُ اللهُ، تَعَالَى، فِي صِدْقِ الْحَدِيثِ مُنْذُ ذَكَرْتُ ذَلِكَ لِرَسُولِ الله ﷺ إِلَى يَوْمِي هَذَا، أَحْسَنَ مِمَّا أَبْلَانِي اللَّهُ تَعَالَى بِهِ، وَاللهِ مَا تَعَمَّدْتُ كِذْبَةً مُنْذُ قلتُ ذَلِكَ لِرسولِ الله ﷺ إِلَى يَوْمِي هَذَا، وإنِّي لَأَرْجُو أَنْ يَحْفَظَنِيَ الله تعالى فِيمَا بَقِيَ.

قال : فأنْزَلَ الله تعالى: ﴿لَقَدْ تَابَ اللَّهُ عَلَى النَّبِيِّ وَالْمُهَاجِرِينَ وَالْأَنْصَارِ الَّذِينَ اتَّبَعُوهُ فِي سَاعَةِ الْعُسْرَةِ مِنْ بَعْدِ مَا كَادَ يَزِيغُ قُلُوبُ فَرِيقٍ مِنْهُمْ ثُمَّ تَابَ عَلَيْهِمْ إِنَّهُ بِهِمْ رَءُوفٌ رَحِيمٌ. وَعَلَى الثَّلَاثَةِ الَّذِينَ خُلِّفُوا حَتَّى إِذَا ضَاقَتْ عَلَيْهِمُ الْأَرْضُ بِمَا رَحُبَتْ وَضَاقَتْ عَلَيْهِمْ أَنْفُسُهُمْ وَظَنُّوا أَنْ لَا مَلْجَأَ مِنَ اللَّهِ إِلَّا إِلَيْهِ ثُمَّ تَابَ عَلَيْهِمْ لِيَتُوبُوا إِنَّ اللَّهَ هُوَ التَّوَّابُ الرَّحِيمُ. يَا أَيُّهَا الَّذِينَ آمَنُوا اتَّقُوا اللَّهَ وَكُونُوا مَعَ الصَّادِقِينَ﴾ [التوبة: ١١٧ - ١١٩].

قَالَ كَعْبٌ: واللهِ ما أَنْعَمَ الله عَلَيَّ مِنْ نِعْمَةٍ قَطُّ بَعْدَ إِذْ هَدَانِي اللَّهُ لِلْإِسْلَامِ،

1. Buch der Gebote

Ka'b (r) erzählte weiter: Als ich den Propheten (s) grüßte, strahlte sein Gesicht vor Freude und er sagte: "Sei erfreut über den besten aller Tage, die seit deiner Geburt vergangen sind." Ich fragte: "Oh Gesandter Allahs (s), ist dies von dir selbst oder von Allah?" Er antwortete: "Nein, es ist von Allah, dem Allmächtigen und Erhabenen." Wenn sich der Prophet (s) freute, strahlte sein Gesicht, als ob es ein Teil des Mondes wäre, und so konnten wir erkennen, ob er glücklich war. Ich setzte mich neben ihn und sagte: "Oh Gesandter Allahs (s), als Zeichen meiner Reue will ich meinen gesamten Besitz als *Sadaqa* für Allah und Seinen Gesandten geben." Der Prophet (s) entgegnete: "Behalte einen Teil deines Besitzes. Das ist besser für dich." Daraufhin sagte ich: "Dann behalte ich nur den Beuteanteil, den ich in Khaibar erhalten hatte, für mich." Dann sagte ich weiter: "Oh Gesandter Allahs (s), Allah, der Erhabene, hat mich nur aufgrund der Wahrhaftigkeit errettet, und daher werde ich als Buße für den Rest meines Lebens nichts als die Wahrheit sagen."
Und, bei Allah, ich kenne niemanden unter den Muslimen, der so glaubhaft berichtet wie ich, und bei Allah, ich habe seit diesem Tag niemals wissentlich gelogen, und ich hoffe, dass mich Allah, der Erhabene, auch für den Rests meines Lebens davor behüten wird.
Allah, der Erhabene, offenbarte: "Und Allah hat Seine Gnade dem Propheten wieder zugewandt, und den *Muhâdschirîn* und den *Ansâr*[33], die ihm in der Zeit der Bedrängnis gefolgt sind, nachdem die Herzen einiger von ihnen fast von der Wahrheit abgewichen wären. Dann wandte Er sich ihnen wieder gnädig zu - Er ist wahrlich überaus gütig, barmherzig. Und auch jenen dreien, die zurückgeblieben waren und vorerst von der Vergebung ausgeschlossen wurden, bis bei all ihrer Weite ihnen die Erde eng wurde und sie sich beengt fühlten in ihrer Seele und sie erkannten, dass es keine Zuflucht vor Allah gibt, außer bei Ihm. Dann wandte Er Sich ihnen in Seiner Gnade wieder zu, damit sie reuevoll umkehrten. Denn Allah ist wahrlich der Vergebende, der Barmherzige. Oh ihr Gläubigen! Fürchtet Allah, und seid mit den Wahrhaftigen." (Sure 9:117-119)

---

[33] *Ansâr* ("Helfer") werden die Bewohner von Medina genannt, seitdem sie den Propheten (s) und die verfolgten Muslime (*Muhâdschirîn*) aus Mekka großherzig bei sich aufgenommen haben.

أَعْظَمَ في نَفْسي مِنْ صِدقي رسولَ الله ﷺ أَنْ لا أَكُونَ كَذَبْتُهُ، فَأَهْلِكَ كما هَلَكَ الَّذِينَ كَذَبُوا، إنَّ الله، تعالى، قال للَّذين كَذَبُوا حينَ أَنْزَلَ الوَحْيَ شَرَّ ما قَالَ لأَحدٍ، فقال الله تعالى: ﴿سَيَحْلِفُونَ بِاللَّهِ لَكُمْ إِذَا انقَلَبْتُمْ إِلَيْهِمْ لِتُعْرِضُوا عَنْهُمْ فَأَعْرِضُوا عَنْهُمْ إِنَّهُمْ رِجْسٌ وَمَأْوَاهُمْ جَهَنَّمُ جَزَاءً بِمَا كَانُوا يَكْسِبُونَ. يَحْلِفُونَ لَكُمْ لِتَرْضَوْا عَنْهُمْ، فَإِن تَرْضَوْا عَنْهُمْ فَإِنَّ اللَّهَ لَا يَرْضَى عَنِ الْقَوْمِ الْفَاسِقِينَ﴾ [التوبة: ٩٥ـ٩٦].

قال كَعْبٌ: كُنَّا خُلِّفْنَا أَيُّها الثَّلاثَةُ عَنْ أَمْرِ أُولئِكَ الَّذِينَ قَبِلَ مِنْهُمْ رسولُ اللهِ ﷺ حينَ حَلَفُوا لَهُ، فَبَايَعَهُمْ واسْتَغْفَرَ لَهُمْ، وأَرْجَأَ رسولُ اللهِ ﷺ أَمْرَنَا حَتَّى قَضَى اللهُ تعالى فيه، وبذلكَ قال الله تعالى: ﴿وَعَلَى الثَّلَاثَةِ الَّذِينَ خُلِّفُوا﴾ وَلَيْسَ الَّذي ذَكَرَ مِمَّا خُلِّفْنَا عن الغَزو، وإنَّما هُوَ تَخْليفُهُ إيَّانا، وَإرْجاؤُهُ أَمْرَنا، عَمَّنْ حَلَفَ له واعْتَذَرَ إلَيْهِ فَقَبِلَ مِنْهُ، متفقٌ عليه.

وفي روايةٍ: «أَنَّ النَّبِيَّ ﷺ خَرَجَ في غَزْوةِ تَبُوكَ يَوْمَ الخميسِ، وكانَ يُحِبُّ أَنْ يَخْرُجَ يَوْمَ الخَميسِ».

وفي رواية: وكانَ لا يَقْدَمُ مِنْ سَفَرٍ إلاَّ نَهاراً في الضُّحَى، فإذا قَدِمَ بَدَأَ بالمسجدِ فَصَلَّى فيه رَكْعَتَيْنِ ثُمَّ جَلَسَ فِيهِ.

٢٢ ـ وَعَنْ أبي نُجَيْدٍ، بضَمِّ النُّونِ وفتح الجيم، عِمْرانَ بنِ الحُصَينِ الخُزاعِيِّ رضي الله عنهما: أَنَّ امْرَأةً مِنْ جُهَيْنَةَ أَتَتْ رسولَ اللَّهِ ﷺ وَهِيَ حُبْلَى مِنَ الزِّنَى، فقالت: يا رسولَ الله، أَصَبْتُ حَدًّا فَأَقِمْهُ عَلَيَّ، فَدَعا نَبِيُّ اللَّهِ ﷺ وَلِيَّها فقال: «أَحْسِنْ إلَيْهَا، فإذَا وَضَعَتْ فَأْتِنِي بِهَا» فَفَعَلَ فأمَرَ بِهَا نَبِيُّ اللَّهِ ﷺ، فَشُدَّتْ عَلَيْهَا ثِيَابُهَا، ثُمَّ أَمَرَ بِهَا فَرُجِمَتْ، ثُمَّ صَلَّى عَلَيْهَا. فقال لَهُ عُمَرُ: تُصَلِّي عَلَيْهَا

1. Buch der Gebote

Ka'b erzählte weiter: Bei Allah, nach meiner Annahme des Islam habe ich keinen größeren Segen erfahren, als dass ich vor dem Propheten (s) die Wahrheit sprach und ihn nicht anlog, wie jene, die ihm Lügen erzählten und die deshalb ins Verderben stürzen. Allah, der Erhabene, offenbarte über diejenigen, die gelogen haben, schlimmeres denn je zuvor: "Sie werden euch bei Allah beschwören, wenn ihr zu ihnen zurückkehrt, dass ihr von ihnen ablasst. So lasst ab von ihnen! Sie sind wahrlich unrein. Und ihr Aufenthaltsort wird die Hölle sein, als angemessene) Vergeltung für das, was sie sich erworben haben. Sie beschwören euch, um euch wohl zu gefallen, doch selbst wenn ihr mit ihnen zufrieden seid, so ist Allah fürwahr nicht zufrieden mit dem Volk der Frevler." (Sure 9:95-96)

Ka'b sagte: Was uns Drei betraf, so wurden wir im Gegensatz zu denen, die vor den Propheten (s) traten, um sich zu entschuldigen, und die ihm huldigten und für die er um Vergebung gebeten hatte, nur zurückgestellt, bis Allah über uns entschieden hatte. Und tatsächlich entschied Allah, der Erhabene: "Und auch jenen dreien (wandte Er sich zu), die (vom Kampf) zurückgeblieben waren." (Sure 9:118) 'Zurückgeblieben' bedeutet nicht, dass wir vom *Dschihâd* zurückblieben, sondern es bedeutet, dass Allah unseren Fall aufschob, bis zu dem Zeitpunkt, an dem die Fälle der anderen Personen behandelt waren, die sich bei dem Propheten (s) entschuldigten und deren Entschuldigungen er akzeptierte.
(Al-Bukhâri und Muslim)

Eine andere Version besagt, dass der Prophet (s) an einem Donnerstag zum Feldzug nach Tabûk aufbrach, und er mochte gerne donnerstags zu reisen.

Noch eine andere Version besagt, dass er vormittags bei Tageslicht von einer Reise zurückzukehren pflegte. Er ging dann gewöhnlich direkt in die Moschee, betete zwei *Rak'a* und setzte sich dann dort nieder.

Hadith 22: Es erzählte Abu Nudschaid Imrân ibn al-Husain al-Khuzâ'i (r), dass eine Frau aus dem Dschuhaina-Stamm aufgrund eines Ehebruchs schwanger wurde. Sie kam zum Propheten (s), gab ihre Schuld zu und sagte: "Oh Gesandter Allahs, ich habe eine schwere Sünde begangen. Bestrafe mich also dementsprechend." Der Prophet (s) ließ ihren Vormund kommen und sagte zu ihm: "Behandle sie gut, und bringe sie wieder zu mir, wenn sie entbunden hat." Der Vormund führte die Anweisungen durch und brachte sie zurück zum Propheten (s), der das Urteil sprach und ihre Hinrichtung anordnete. Man band daher ihre Kleider um ihren Körper fest[34], und sie wurde zu Tode gesteinigt. Danach leitete der Prophet (s) ihr

يا رسولَ اللَّهِ وقدْ زَنَتْ؟ قال: «لَقَدْ تَابَتْ تَوْبَةً لَوْ قُسِمَتْ بَيْنَ سَبْعِينَ مِنْ أَهْلِ المدينةِ لَوَسِعَتْهُمْ، وَهَلْ وَجَدْتَ تَوْبَةً أَفْضَلَ مِنْ أَنْ جَادَتْ بِنَفْسِهَا للَّهِ عَزَّ وجلَّ؟» رواه مسلم.

٢٣ - وَعَنِ ابْنِ عَبَّاسٍ رضي اللَّهُ عنهما، أن رسولَ اللَّهِ ﷺ قال: «لَوْ أَنَّ لابْنِ آدَمَ وَادِياً مِنْ ذَهَبٍ أَحَبَّ أَنْ يَكُونَ لَهُ وَادِيَانِ، وَلَنْ يَمْلأَ فَاهُ إلَّا التُّرَابُ، وَيَتُوبُ اللَّهُ عَلَى مَنْ تَابَ» متفقٌ عليه.

٢٤ - وَعَنْ أَبي هُرَيْرَةَ رضي الله عنه أن رسولَ اللَّهِ ﷺ قال: «يَضْحَكُ اللَّهُ سُبْحَانَهُ وَتَعَالَى إلى رَجُلَيْنِ يَقْتُلُ أَحَدُهُمَا الآخَرَ يَدْخُلانِ الْجَنَّةَ»، فَقَالُوا: كيفَ يا رَسُولَ اللَّهِ ﷺ؟ قال: «يُقَاتِلُ هذا في سَبِيلِ اللَّهِ فَيُقْتَلُ ثُمَّ يَتُوبُ اللَّهُ عَلَى القَاتِلِ فَيُسْلِمُ فَيُقَاتِلُ في سَبِيلِ اللَّهِ عَزَّ وَجَلَّ فَيُسْتَشْهَدُ». متفقٌ عليه.

٣ - باب الصَّبر

قال الله تعالى: ﴿يَا أَيُّهَا الَّذِينَ آمَنُوا اصْبِرُوا وَصَابِرُوا وَرَابِطُوا﴾ [آل عمران: ٢٠٠] وقال تعالى: ﴿وَلَنَبْلُوَنَّكُم بِشَيْءٍ مِّنَ الْخَوْفِ وَالْجُوعِ وَنَقْصٍ مِّنَ الْأَمْوَالِ وَالْأَنفُسِ وَالثَّمَرَاتِ وَبَشِّرِ الصَّابِرِينَ﴾ [البقرة: ١٥٥] وقال تعالى: ﴿إِنَّمَا يُوَفَّى الصَّابِرُونَ أَجْرَهُم بِغَيْرِ حِسَابٍ﴾ [الزمر: ١٠] وقال تعالى: ﴿وَلَمَن صَبَرَ وَغَفَرَ إِنَّ ذَٰلِكَ

Begräbnisgebet. Umar bemerkte sodann: "Oh Prophet Allahs (s)! Sie ist eine Ehebrecherin und du leitest ihr Begräbnisgebet?" Der Prophet (s) sagte: "Sie hat in so einem Maß bereut, dass, wenn diese Reue auf siebzig Personen aus Medina verteilt würde, sie für alle ausgereicht hätte. Gibt es etwas besseres, als dass sie sich selbst für Allah, den Allmächtigen und Erhabenen, aufgeopfert hat?"
(Muslim)

Hadith 23: Ibn Abbâs und Anas ibn Mâlik (r) überliefern, dass der Gesandte Allahs (s) sagte: "Wenn der Sohn Adams[35] ein Tal voller Gold hätte, wäre er auf zwei erpicht. Und nichts würde seinen Mund stopfen, als Erde. Doch Allah wendet Sich jedem reumütigen Sünder zu."
(Al-Bukhâri und Muslim)

Hadith 24: Abu Huraira (r) überliefert, dass der Gesandte Allahs (s) sagte: "Allahs Freude über den Märtyrer und seinen reumütigen Mörder ist groß. Der Erste wurde um Allahs willen getötet, und der Zweite fand Allahs Erbarmen, nahm dann den Islam an, kämpfte auch um Allahs willen und wurde als Märtyrer getötet."
(Al-Bukhâri und Muslim)

Kapitel 3
Geduld (Sabr)

Qur'ân: Allah, der Erhabene, spricht:
"Oh ihr, die ihr glaubt! Seid geduldig und wetteifert in Geduld und seid standhaft und fürchtet Allah, damit ihr erfolgreich sein werdet." (3:200)
"Und bestimmt werden Wir euch prüfen mit etwas Angst, Hunger und Minderung an Besitz, Seelen und Früchten. Doch verkünde frohe Botschaft den Geduldigen." (2:155)
"Den Standhaften wird wahrlich ihr Lohn gegeben ohne zu rechnen." (39:10)
"Wer aber geduldig ist und verzeiht - dies ist fürwahr ein Zeichen fester Entschlossenheit." (42:43)

---

[34] Bei einer Steinigung pflegte man die Kleidung festzubinden, um zu verhindern, dass während des Steinigens eine Blöße des Verurteilten sichtbar wurde.
[35] Mit dem Sohn Adams ist der Mensch gemeint.

لِمَنْ عَزْمِ الأُمُورِ﴾ [الشورى: ٤٣] وقال تعالى: ﴿اسْتَعِينُوا بِالصَّبْرِ وَالصَّلَاةِ إِنَّ اللَّهَ مَعَ الصَّابِرِينَ﴾ [البقرة: ١٥٣] وقال تعالى: ﴿وَلَنَبْلُوَنَّكُمْ حَتَّى نَعْلَمَ الْمُجَاهِدِينَ مِنْكُمْ وَالصَّابِرِينَ﴾ [محمد: ٣١] والآيات في الأمر بالصبر وبيان فضله كثيرة معروفة.

٢٥ - وعن أبي مالك الحارث بن عاصم الأشعري رضي الله عنه قال: قال رسول الله ﷺ: «الطُّهُورُ شَطْرُ الإيمانِ، والحَمْدُ لِلَّهِ تَمْلأ الميزانَ، وسُبْحَانَ اللَّهِ والحَمْدُ لِلَّهِ تَمْلآنِ، أو تَمْلأ، ما بينَ السماواتِ والأرضِ، والصلاةُ نُورٌ، والصَّدَقَةُ بُرْهَانٌ، والصَّبْرُ ضِيَاءٌ والقُرْآنُ حُجَّةٌ لَكَ أو عَلَيْكَ كلُّ الناسِ يَغْدُو، فَبَائِعٌ نَفْسَهُ فَمُعْتِقُها أو مُوبِقُها» رواه مسلم.

٢٦ - وعن أبي سعيد سعد بن مالك بن سنان الخدري رضي الله عنهما: أن ناساً من الأنصار سألوا رسول الله ﷺ فأعطاهم، ثم سألوه فأعطاهم، حتى نَفِدَ ما عِنْدَهُ، فقال لهم حين أنفق كل شيء بيده «ما يكنْ عندي مِنْ خيرٍ فَلَنْ أَدَّخِرَهُ عَنْكُمْ، وَمَنْ يَسْتَعْفِفْ يُعِفُّهُ اللَّهُ، وَمَنْ يَسْتَغْنِ يُغْنِهِ اللَّهُ، وَمَنْ يَتَصَبَّرْ يُصَبِّرْهُ اللَّهُ، وَما أُعْطِيَ أَحَدٌ عَطَاءً خيراً وأَوْسَعَ مِنَ الصَّبْرِ» متفق عليه.

٢٧ - وعن أبي يحيى صُهَيْبِ بن سِنَانٍ رضي الله عنه قال: قال

1. Buch der Gebote

"Oh die ihr glaubt, sucht Hilfe in Geduld und Gebet; wahrlich, Allah ist mit den Geduldigen." (2:153)

"Und Wir werden euch ganz gewiss so lange prüfen, bis Wir die kenntlich machen, die sich unter euch mit aller Kraft (für Unsere Sache) einsetzen und standhaft sind..." (47:31)

Zur Geduld und ihren Vorzügen gibt es noch viele bekannte Verse im Qur'ân.

Hadith 25: Abu Mâlik al-Hârith ibn Âsim al-Asch'ari (r) berichtet, daß der Gesandte Allahs (s) sagte: "Die Reinheit ist die Hälfte des Glaubens. *Alhamdu lillâh*[36] füllt die Waagschale (am Tag des Jüngsten Gerichts), und *Subhân Allâh*[37] und *Alhamdu lillâh* füllt, was zwischen Himmel und Erde ist. Das Gebet ist ein Licht, Almosen sind ein Beweis (der Frömmigkeit), Geduld ist der Glanz und der Qur'ân ist das maßgebende Argument für oder gegen dich. Jedermann geht in den Tag und verkauft seine Seele und erwirkt ihre Befreiung oder ihr Verderben."
(Muslim)

Hadith 26: Abu Sa'îd Sa'd ibn Mâlik ibn Sinân al-Khudri (r) überliefert, dass einige Leute aus den Reihen der *Ansâr* den Gesandten Allahs (s) baten, ihnen etwas zu geben, und er gab es ihnen. Sie baten erneut, und er gab ihnen, so lange, bis nichts mehr übrig blieb. Dann sagte er zu ihnen: "Solange mir etwas verbleibt, zögere ich nicht, es euch zu geben. Erinnert euch aber: Wer Reinheit begehrt, so macht Allah ihn rein; und wer sich zufrieden gibt (mit dem was er hat), den wird Allah bereichern; und wer sich geduldet, dem wird Allah Geduld schenken. Kein Geschenk ist besser und umfangreicher für einen von euch als die Geduld."
(Al-Bukhâri und Muslim)

Hadith 27: Abu Yahyâ Suhaib ibn Sinân (r) überliefert, daß der Gesandte Allahs (s) sagte: "Der Gläubige ist zu bewundern, da alles für ihn gut ist. Und niemanden außer einem Gläubigen zeichnet dies aus: Wenn ihm etwas Erfreuliches widerfährt und er dankt (Allah) dafür, so ist das gut für ihn. Wenn er von einer Prüfung heimgesucht wird und sich in Geduld übt, so ist das auch gut für ihn."
(Muslim)

---
[36] Auf Deutsch bedeutet dies: "Gelobt sei Allah!"
[37] Auf Deutsch bedeutet dies: "Gepriesen sei Allah!"

رسول اللَّهِ ﷺ: «عَجَباً لأمْرِ الْمُؤْمِنِ إنَّ أمْرَهُ كُلَّهُ لَهُ خيرٌ، وَلَيْسَ ذَلِكَ لأحَدٍ إلَّا لِلْمُؤْمِنِ: إنْ أصَابَتْهُ سَرَّاءُ شَكَرَ فَكَانَ خَيْراً لَهُ، وَإنْ أصَابَتْهُ ضَرَّاءُ صَبَرَ فَكَانَ خَيْراً لَهُ». رواه مسلم.

٢٨ ـ وَعَنْ أنَسٍ رضي اللَّهُ عنه قال: لَمَّا ثَقُلَ النَّبِيُّ ﷺ جَعَلَ يَتَغَشَّاهُ الْكَرْبُ فَقَالَتْ فَاطِمَةُ رضي الله عنها: وَاكَرْبَ أبَتَاهُ فَقَالَ لَهَا: «لَيْسَ عَلَى أبِيكِ كَرْبٌ بَعْدَ الْيَوْمِ» فَلَمَّا مَاتَ قَالَتْ: يا أبَتَاهُ أجَابَ رَبًّا دَعَاهُ، يا أبَتَاهُ مَنْ جَنَّةُ الْفِرْدَوْسِ مَأْوَاهُ، يا أبَتَاهُ إلَى جِبْرِيلَ نَنْعَاهُ، فَلَمَّا دُفِنَ قَالَتْ فَاطِمَةُ رضي الله عنها: يا أنَسُ أطَابَتْ أنْفُسُكُمْ أنْ تَحْثُوا عَلَى رسولِ اللَّهِ ﷺ التُّرَابَ؟! رواه البخاري.

٢٩ ـ وَعَنْ أبي زَيْدٍ أُسَامَةَ بْنِ زَيْدِ بْنِ حَارِثَةَ مَوْلَى رسولِ اللَّهِ ﷺ وَحِبِّهِ وَابْنِ حِبِّهِ، رضي الله عنهما، قال: أرْسَلَتْ بِنْتُ النَّبِيِّ ﷺ: إنَّ ابني قَدِ احْتُضِرَ فَاشْهَدْنا فَأرْسَلَ يُقْرِىءُ السَّلامَ وَيَقُولُ: «إنَّ لِلَّهِ مَا أخَذَ، وَلَهُ مَا أعْطَى، وَكُلُّ شَيْءٍ عِنْدَهُ بِأَجَلٍ مُسَمًّى، فَلْتَصْبِرْ وَلْتَحْتَسِبْ» فَأرْسَلَتْ إلَيْهِ تُقْسِمُ عَلَيْهِ لَيَأتِيَنَّهَا. فَقَامَ وَمَعَهُ سَعْدُ بْنُ عُبَادَةَ، وَمُعَاذُ بْنُ جَبَلٍ، وَأُبَيُّ بْنُ كَعْبٍ، وَزَيْدُ بْنُ ثَابِتٍ وَرِجَالٌ رضي الله عنهم، فَرُفِعَ إلَى رسولِ اللَّهِ ﷺ الصَّبِيُّ، فَأقْعَدَهُ في حِجْرِهِ وَنَفْسُهُ تَقَعْقَعُ، فَفَاضَتْ عَيْنَاهُ فَقَالَ سَعْدٌ: يا رسولَ اللَّهِ مَا هَذَا؟ فَقَالَ: «هَذِهِ رَحْمَةٌ جَعَلَهَا اللَّهُ تَعَالَى في قُلُوبِ عِبَادِهِ» وفي رواية: «في قُلُوبِ مَنْ شَاءَ مِنْ عِبَادِهِ وَإنَّمَا يَرْحَمُ اللَّهُ مِنْ عِبَادِهِ الرُّحَمَاءَ» متفقٌ عليه.

وَمَعْنَى «تَقَعْقَعُ» تَتَحَرَّكُ وَتَضْطَرِبُ.

1. Buch der Gebote

Hadith 28: Anas (r) überliefert: Als der Prophet (s) (kurz vor seinem Tode) schwer erkrankte und an seiner Krankheit litt, sagte Fâtima (r): "Ah! Wie schwer ist das Leiden meines Vaters!" Daraufhin sagte er: "Bald[38] gibt es kein Leiden mehr für deinen Vater."
Als er verschied, sagte sie: "Ah! Mein Vater! Er hat auf das Rufen seines Herrn geantwortet. Ah, mein Vater! Der Himmel des Paradieses ist ihm zum Zufluchtsort geworden. Ah, mein Vater! Wir geben Gabriel dein Ableben bekannt."
Als er (s) begraben wurde, klagte Fâtima (r): "Wie könnt ihr nur den Gesandten Allahs (s) mit Erde bestreuen?"
(Al-Bukhâri)

Hadith 29: Usâma ibn Zaid (r), der Diener des Gesandten Allahs (s), den dieser sehr mochte, wie er auch dessen Vater gemocht hatte, berichtet, dass eine Tochter des Gesandten (s) nach ihm (s) aussandte, als ihr Sohn im Sterben lag. Er (s) sandte ihr seinen Gruß mit der Botschaft: "Allah gehört, was Er schenkt, und Ihm gehört, was Er (wieder) nimmt. Alles hat seine angemessene Frist, die Er allein bestimmt." Sie (die Tochter) solle sich gedulden, und (auf die Belohnung Allahs dafür) vertrauen. Doch sie schickte nochmals in Allahs Namen nach ihm, dass er zu ihr komme. Er machte sich also zu ihrem Haus auf, in Begleitung von Sa'd ibn Ubâda, Mu'âdh ibn Dschabal, Ubai ibn Ka'b, Zaid ibn Thâbit und anderen Gefährten (r). Man reichte ihm den Jungen, und er nahm ihn auf seinen Schoß. Als er den Todeskampf des Kindes sah, begannen seine Augen Tränen zu vergießen, worauf Sa'd (r) ihn (verwundert) fragte: "Oh Gesandter Allahs, was soll das sein?" Der Prophet (s) erwiderte: "Das ist die Barmherzigkeit, die Allah, der Erhabene, in die Herzen Seiner Diener gelegt hat."

Nach einer anderen Version sagte er (s): "Das ist die Barmherzigkeit, die Allah, der Erhabene, in die Herzen bestimmter Diener von Ihm gelegt hat; denn Allah wird sich derjenigen Seiner Diener erbarmen, die barmherzig sind."
(Al-Bukhâri und Muslim)

---

[38] Wörtlich: Nach dem heutigen Tag.

٣٠ـ وَعَنْ صُهَيْبٍ رضي الله عنه، أن رسول الله ﷺ قال: «كَانَ مَلِكٌ فِيمَنْ كَانَ قَبْلَكُمْ، وَكَانَ لَهُ سَاحِرٌ، فَلَمَّا كَبِرَ قَالَ لِلْمَلِكِ: إِنِّي قَدْ كَبِرْتُ، فَابْعَثْ إِلَيَّ غُلَاماً أُعَلِّمْهُ السِّحْرَ؛ فَبَعَثَ إِلَيْهِ غُلَاماً يُعَلِّمُهُ، وَكَانَ في طَرِيقِهِ إِذَا سَلَكَ رَاهِبٌ فَقَعَدَ إِلَيْهِ وَسَمِعَ كَلَامَهُ فَأَعْجَبَهُ، وَكَانَ إِذَا أَتَى السَّاحِرَ مَرَّ بِالرَّاهِبِ وَقَعَدَ إِلَيْهِ، فَإِذَا أَتَى السَّاحِرَ ضَرَبَهُ، فَشَكَا ذَلِكَ إِلَى الرَّاهِبِ فَقَالَ: إِذَا خَشِيتَ السَّاحِرَ فَقُلْ: حَبَسَنِي أَهْلِي وَإِذَا خَشِيتَ أَهْلَكَ فَقُلْ: حَبَسَنِي السَّاحِرُ.

فَبَيْنَمَا هُوَ عَلَى ذَلِكَ إِذْ أَتَى عَلَى دَابَّةٍ عَظِيمَةٍ قَدْ حَبَسَتِ النَّاسَ، فَقَالَ: الْيَوْمَ أَعْلَمُ السَّاحِرُ أَفْضَلُ أَمِ الرَّاهِبُ أَفْضَلُ؟ فَأَخَذَ حَجَراً فَقَالَ: اللَّهُمَّ إِنْ كَانَ أَمْرُ الرَّاهِبِ أَحَبَّ إِلَيْكَ مِنْ أَمْرِ السَّاحِرِ فَاقْتُلْ هَذِهِ الدَّابَّةَ حَتَّى يَمْضِيَ النَّاسُ، فَرَمَاهَا فَقَتَلَهَا وَمَضَى النَّاسُ. فَأَتَى الرَّاهِبَ فَأَخْبَرَهُ. فَقَالَ لَهُ الرَّاهِبُ: أَيْ بُنَيَّ أَنْتَ الْيَوْمَ أَفْضَلُ مِنِّي، قَدْ بَلَغَ مِنْ أَمْرِكَ مَا أَرَى، وَإِنَّكَ سَتُبْتَلَى فَإِنِ ابْتُلِيتَ فَلَا تَدُلَّ عَلَيَّ؛ وَكَانَ الْغُلَامُ يُبْرِئُ الأَكْمَهَ وَالأَبْرَصَ وَيُدَاوِي النَّاسَ مِنْ سَائِرِ الأَدْوَاءِ. فَسَمِعَ جَلِيسٌ لِلْمَلِكِ كَانَ قَدْ عَمِيَ، فَأَتَاهُ بِهَدَايَا كَثِيرَةٍ فَقَالَ: مَا هَاهُنَا لَكَ أَجْمَعُ إِنْ أَنْتَ شَفَيْتَنِي، فَقَالَ: إِنِّي لَا أَشْفِي أَحَداً، إِنَّمَا يَشْفِي اللَّهُ تَعَالَى، فَإِنْ آمَنْتَ بِاللَّهِ، تَعَالَى، دَعَوْتُ اللَّهَ فَشَفَاكَ، فَآمَنَ بِاللَّهِ تَعَالَى، فَشَفَاهُ اللَّهُ تَعَالَى.

فَأَتَى الْمَلِكَ فَجَلَسَ إِلَيْهِ كَمَا كَانَ يَجْلِسُ، فَقَالَ لَهُ الْمَلِكُ: مَنْ رَدَّ عَلَيْكَ

1. Buch der Gebote

Hadith 30: Suhaib (r) überliefert, dass der Gesandte Allahs (s) erzählte: Man erzählt, dass es einst einen König gab, der einen Zauberer (in seinem Dienst) hatte. Als der Zauberer alt wurde, sagte er zu dem König: "Da ich jetzt alt werde, bestimme bitte einen jungen Mann, den ich die Zauberei lehren kann." Der König schickte also einen jungen Mann zu ihm, der in der Kunst der Zauberei unterrichtet werden sollte. Auf dem Weg des jungen Mannes zum Zauberer lebte ein Mönch, bei dem der Junge zu sitzen pflegte und dessen Reden er gern lauschte. Der Junge war so erfreut durch das Gespräch mit dem Mönch, dass er sich immer zu dem Mönch auf den Weg setzte, wenn er zum Zauberer ging. Dies ließ den Jungen zu spät kommen, worauf der Zauberer ihn schlug. Als der Junge sich beim Mönch darüber beklagte, sagte der Mönch zu ihm: "Wenn du Angst vor dem Zauberer hast, sag ihm: 'Meine Leute hielten mich auf', und wenn du dich vor deiner Familie fürchtest, sag ihnen: 'Ich habe mich wegen des Zauberers verspätet.'" Diese Strategie setzte sich eine Zeitlang fort. Einst sah der junge Mann, dass ein gewaltiges Tier den Menschen den Weg blockierte. Der junge Mann sagte bei sich: 'Jetzt werde ich merken, ob der Zauberer besser ist oder der Mönch.' Er hob nun einen Stein auf und sagte: "Allah! Wenn das Verhalten des Mönches dir wohlgefälliger ist als die Tätigkeit des Zauberers, dann töte dieses Tier, so dass die Leute durch gehen können." Und dann warf er mit dem Stein nach dem Tier und tötete es, womit er den Leuten den Durchgang ermöglichte. Der junge Mann erzählte dieses dem Mönch, der zu ihm sagte: "Mein Sohn, heute bist du mir zuvorgekommen, und ich glaube, dass du jetzt ein Stadium erreicht hast, in dem du geprüft werden könntest. Sollte das geschehen, verrate mich nicht." Der junge Mann begann, Menschen zu heilen, die von Geburt an an Blindheit litten, unter Lepra und anderen Krankheiten. Diese Nachricht gelangte zu einem königlichen Höfling, der erblindet war. Er ging zu dem jungen Mann mit vielen Geschenken und sagte: "All dieses wird dein sein, wenn du mich heilst." Der junge Mann sagte zu ihm: "Ich heile niemanden. Es ist Allah allein, der Heilung gewährt. Wenn du deinen Glauben an Allah bekundest, will ich für dich beten, und Er wird dir Gesundheit gewähren." Da sprach er seinen Glauben an Allah aus, Der ihm das Sehen wiedergab. Danach ging er zum königlichen Hof und saß dort wie gewöhnlich. Der König fragte ihn: "Wer hat dir dein Sehen wiedergegeben?" Der Mann antwortete: "Mein Herr!" Der König fragte weiter: "Hast du einen Herrn außer mir?" Er antwortete: "Mein Herr und dein Herr ist Allah." Der König befahl, den Höfling gefangen zu nehmen und foltern zu lassen, bis er den Namen des jungen Mannes bekannt gab, und

بَصَرَكَ؟ قَالَ: رَبِّي. قَالَ: وَلَكَ رَبٌّ غَيْرِي؟! قَالَ: رَبِّي وَرَبُّكَ اللَّهُ، فَأَخَذَهُ فَلَمْ يَزَلْ يُعَذِّبُهُ حَتَّى دَلَّ عَلَى الْغُلَامِ، فَجِيءَ بِالْغُلَامِ فقَالَ لَهُ الْمَلِكُ: أَيْ بُنَيَّ قَدْ بَلَغَ مِنْ سِحْرِكَ مَا تُبْرِىءُ الْأَكْمَهَ وَالْأَبْرَصَ وَتَفْعَلُ وَتَفْعَلُ، فقَالَ: إِنِّي لَا أَشْفِي أَحَداً، إِنَّمَا يَشْفِي اللَّهُ تَعَالَى، فَأَخَذَهُ فَلَمْ يَزَلْ يُعَذِّبُهُ حَتَّى دَلَّ عَلَى الرَّاهِبِ، فَجِيءَ بِالرَّاهِبِ فَقِيلَ لَهُ: ارْجِعْ عَنْ دِينِكَ، فَأَبَى، فَدَعَا بِالْمِنْشَارِ فَوُضِعَ الْمِنْشَارُ فِي مَفْرِقِ رَأْسِهِ، فَشَقَّهُ حَتَّى وَقَعَ شِقَّاهُ، ثُمَّ جِيءَ بِجَلِيسِ الْمَلِكِ فَقِيلَ لَهُ: ارْجِعْ عَنْ دِينِكَ فَأَبَى، فَوُضِعَ الْمِنْشَارُ فِي مَفْرِقِ رَأْسِهِ، فَشَقَّهُ بِهِ حَتَّى وَقَعَ شِقَّاهُ، ثُمَّ جِيءَ بِالْغُلَامِ فَقِيلَ لَهُ: ارْجِعْ عَنْ دِينِكَ فَأَبَى، فَدَفَعَهُ إِلَى نَفَرٍ مِنْ أَصْحَابِهِ فقَالَ: اذْهَبُوا بِهِ إِلَى جَبَلِ كَذَا وَكَذَا فَاصْعَدُوا بِهِ الْجَبَلَ، فَإِذَا بَلَغْتُمْ ذِرْوَتَهُ فَإِنْ رَجَعَ عَنْ دِينِهِ وَإِلَّا فَاطْرَحُوهُ، فَذَهَبُوا بِهِ فَصَعِدُوا بِهِ الْجَبَلَ، فقَالَ: اللَّهُمَّ اكْفِنِيهِمْ بِمَا شِئْتَ، فَرَجَفَ بِهِمُ الْجَبَلُ فَسَقَطُوا، وَجَاءَ يَمْشِي إِلَى الْمَلِكِ، فَقَالَ لَهُ الْمَلِكُ: مَا فَعَلَ أَصْحَابُكَ؟ فقَالَ: كَفَانِيهِمُ اللَّهُ تَعَالَى، فَدَفَعَهُ إِلَى نَفَرٍ مِنْ أَصْحَابِهِ فقَالَ: اذْهَبُوا بِهِ فَاحْمِلُوهُ فِي قُرْقُورٍ وَتَوَسَّطُوا بِهِ الْبَحْرَ، فَإِنْ رَجَعَ عَنْ دِينِهِ وَإِلَّا فَاقْذِفُوهُ فَذَهَبُوا بِهِ، فقَالَ: اللَّهُمَّ اكْفِنِيهِمْ بِمَا شِئْتَ، فَانْكَفَأَتْ بِهِمُ السَّفِينَةُ فَغَرِقُوا، وَجَاءَ يَمْشِي إِلَى الْمَلِكِ. فقَالَ لَهُ الْمَلِكُ: مَا فَعَلَ أَصْحَابُكَ؟ فَقَالَ: كَفَانِيهِمُ اللهُ تَعَالَى. فقَالَ لِلْمَلِكِ: إِنَّكَ لَسْتَ بِقَاتِلِي حَتَّى تَفْعَلَ مَا آمُرُكَ بِهِ. قَالَ: وَ مَا هُوَ؟ قَالَ: تَجْمَعُ النَّاسَ فِي صَعِيدٍ وَاحِدٍ، وَتَصْلُبُنِي عَلَى جِذْعٍ، ثُمَّ خُذْ سَهْماً مِنْ كِنَانَتِي ثُمَّ ضَعِ السَّهْمَ فِي كَبِدِ الْقَوْسِ، ثُمَّ قُلْ: بِسْمِ اللَّهِ رَبِّ الْغُلَامِ، ثُمَّ ارْمِنِي، فَإِنَّكَ إِذَا فَعَلْتَ ذَلِكَ قَتَلْتَنِي.

1. Buch der Gebote

der wurde vor den Herrscher gebracht, der zu ihm sagte: "Mein Sohn, bist du in der Zauberei so weit gekommen, dass du Leute vom Leiden der Blindheit, Lepra und anderen Gebrechen heilen kannst?" Der junge Mann sagte: "Ich heile überhaupt niemanden. Es ist Allah, der heilt." Da wurde auch er inhaftiert und gefoltert, bis er den König Namen und Wohnort des Mönchs wissen ließ. Dieser wurde ebenfalls herbei zitiert und aufgefordert, seinen Glauben zu widerrufen, was er aber verweigerte. Der König ließ daraufhin eine Säge holen, die mitten auf den Kopf des Mönches gesetzt wurde, und er wurde in zwei Teile entzwei geschnitten. Danach wurde nach dem Höfling des Königs geschickt, und er wurde aufgefordert, seinen Glauben zu leugnen. Er weigerte sich ebenfalls und wurde genauso gespalten. Dann wurde der junge Mann gebracht und aufgefordert, seinem Glauben zu entsagen, doch auch der weigerte sich, dies zu tun. Der König überantwortete den jungen Mann seinen Leuten und sagte ihnen: "Bringt ihn zu dem und dem Berg, und wenn ihr den Gipfel erreicht habt, und er sich immer noch weigert, seinem Glauben abzuschwören, werft ihn vom Berggipfel hinunter." Sie brachten ihn also zum Berggipfel. Dort flehte er: "Oh Allah! Befreie mich von diesen auf welche Art Du willst." Sogleich erschütterte ein Erdbeben den Berg, und die Männer des Königs fielen hinab. Der junge Mann kam zurück zum König, der fragte: "Was ist mit deinen Begleitern passiert?" Er antwortete: "Allah, der Erhabene, hat mich vor ihnen gerettet." Da wurde er anderen Männern übergeben, denen aufgetragen wurde, ihn in einem kleinen Boot aufs Meer hinaus zu bringen und ihn, im Falle des Widerstandes, seinen Glauben aufzugeben, in die See zu werfen. Also nahmen sie ihn mit sich fort, und dann betete er: "Oh Allah! Befreie mich von diesen auf welche Art Du willst!" Da erlitt das Boot Schiffbruch und die Männer ertranken. Und wieder kehrte der junge Mann zurück zum König, der ihn fragte: "Was ist mit deinen Begleitern passiert?" Er antwortete: "Allah, der Erhabene, hat mich vor ihnen gerettet", und er fügte hinzu: "Du wirst nicht fähig sein, mich zu töten, wenn du nicht tust, was ich dir sage." Der König fragte nach: "Was ist das?" Der junge Mann antwortete: "Versammle die Leute auf offenem Gelände und lass mich von einem Palmstamm hängen. Dann nimm einen Pfeil aus meinem Köcher und sprich, indem du ihn in die Mitte eines Bogen spannst: 'Im Namen Allahs, des Herrn diesen jungen Mannes', und schieße den Pfeil auf mich. Wenn du das tust, wirst du mich töten können." Der König ging dementsprechend vor. Die Leute wurden veranlasst, sich auf freiem Feld zu versammeln, der Mann wurde von dem Stamm einer Palme hinunter gehängt, der König nahm einen Pfeil aus

فَجَمَعَ النَّاسَ في صَعِيدٍ وَاحِدٍ، وَصَلَبَهُ عَلَى جِذْعٍ، ثُمَّ أَخَذَ سَهْماً مِنْ كِنَانَتِهِ، ثُمَّ وَضَعَ السَّهْمَ في كَبِدِ القَوْسِ، ثُمَّ قَالَ: بِسْمِ اللَّهِ رَبِّ الغُلامِ، ثُمَّ رَمَاهُ فَوَقَعَ السَّهْمُ في صُدْغِهِ فَوَضَعَ يَدَهُ في مَوْضِعِ السَّهْمِ فَمَاتَ. فَقَالَ النَّاسُ: آمَنَّا بِرَبِّ الغُلامِ، آمَنَّا بِرَبِّ الغُلامِ، آمَنَّا بِرَبِّ الغُلامِ، فَأُتِيَ المَلِكُ فَقِيلَ لَهُ: أَرَأَيْتَ مَا كُنْتَ تَحْذَرُ قَدْ وَاللَّهِ نَزَلَ بِكَ حَذَرُكَ. قَدْ آمَنَ النَّاسُ. فَأَمَرَ بِالأُخْدُودِ بِأَفْوَاهِ السِّكَكِ فَخُدَّتْ وَأَضْرَمَ فِيهَا النِّيرَانُ. وَقَالَ: مَنْ لَمْ يَرْجِعْ عَنْ دِينِهِ فَأَقْحِمُوهُ فِيهَا أَوْ قِيلَ لَهُ: اقْتَحِمْ، فَفَعَلُوا حَتَّى جَاءَتِ امْرَأَةٌ وَمَعَهَا صَبِيٌّ لَهَا، فَتَقَاعَسَتْ أَنْ تَقَعَ فِيهَا، فَقَالَ لَهَا الغُلامُ: يَا أُمَّاهُ، اصْبِرِي، فَإِنَّكِ عَلَى الحَقِّ». رواه مسلم.

«ذِرْوَةُ الجَبَلِ»: أَعْلاهُ، وَهِيَ بِكَسْرِ الذَّالِ المُعْجَمَةِ وَضَمِّهَا وَ«القُرْقُورُ» بِضَمِّ القَافَيْنِ: نَوْعٌ مِنَ السُّفُنِ وَ«الصَّعِيدُ» هُنَا: الأَرْضُ البَارِزَةُ وَ«الأُخْدُودُ»: الشُّقُوقُ في الأَرْضِ كَالنَّهْرِ الصَّغِيرِ وَ«أَضْرَمَ» أَوْقَدَ: «وَانْكَفَأَتْ» أَيْ: انْقَلَبَتْ، وَ«تَقَاعَسَتْ»: تَوَقَّفَتْ وَجَبُنَتْ.

٣١ - وَعَنْ أَنَسٍ رضي الله عنه قال: مَرَّ النَّبِيُّ ﷺ بِامْرَأَةٍ تَبْكِي عِنْدَ قَبْرٍ فَقَالَ: «اتَّقِي اللَّهَ وَاصْبِرِي»، فَقَالَتْ: إِلَيْكَ عَنِّي؛ فَإِنَّكَ لَمْ تُصَبْ بِمُصِيبَتِي! وَلَمْ تَعْرِفْهُ فَقِيلَ لَهَا: إِنَّهُ النَّبِيُّ ﷺ، فَأَتَتْ بَابَ النَّبِيِّ ﷺ، فَلَمْ تَجِدْ عِنْدَهُ بَوَّابِينَ، فقالت: لَمْ أَعْرِفْكَ، فقالَ: «إِنَّمَا الصَّبْرُ عِنْدَ الصَّدْمَةِ الأُولَى» متفقٌ عليه.

وفي رواية لمُسْلِمٍ: «تَبْكِي عَلَى صَبِيٍّ لَهَا».

٣٢ - وَعَنْ أَبِي هُرَيْرَةَ رضي الله عنه، أَنَّ رسولَ اللهِ ﷺ قال: «يَقُولُ اللَّهُ

1. Buch der Gebote

seinem Köcher, und indem er ihn in die Mitte des Bogens spannte sagte er: "Im Namen Allahs, des Herrn dieses jungen Mannes" und schoss ihn ab. Der Pfeil traf den jungen Mann an der Schläfe, der hob seine Hand zur Schläfe und starb.
Als die Leute dies sahen, sprachen sie: "Wir erklären unseren Glauben an den Herrn dieses jungen Mannes." Der König bekam zu hören: "Schau! Was du befürchtet hast, ist geschehen: Die Leute haben ihren Glauben an den Herrn dieses jungen Mannes bekundet." Der König befahl, an beiden Seiten der Wege Gräben auszuheben. Als sie fertig waren, wurde in ihnen Feuer entzündet. Dann wurde verkündet, dass jeder, der sich weigere, seinem Glauben zu entsagen, in die brennenden Gräben geworfen werde oder aufgefordert werde, hineinzuspringen. Die Dinge nahmen so ihren Lauf, bis eine Frau hervorkam, begleitet von einem Jungen, doch sie weigerte sich, in das Feuer geworfen zu werden, woraufhin der Junge sie ermutigte und sagte: "Oh meine Mutter! Sei standhaft; du bist auf dem richtigen Pfad."
(Muslim)

Hadith 31: Anas (r) berichtet, dass es dem Propheten (s) einst passierte, dass er an einer Frau vorüberging, die über einem Grab weinte. Er sagte zu ihr: "Fürchte Allah und sei geduldig!" Die Frau - nicht wissend wer er war - erwiderte: "Lass mich allein, denn du bist nicht betroffen wie ich." Als man ihr danach erzählte, dass er der Gesandte Allahs (s) war, ging sie zu dem Haus des Propheten, und sah, dass er keinen Türhüter hat. Sie ging hinein und sagte zu ihm: "Ich habe dich nicht erkannt." Er (s) sagte: "Die wahre Geduld ist bei dem ersten Schlag (geduldig zu sein)."
(Al-Bukhâri und Muslim)
In der Version von Muslim heißt es, dass sie über ihren Jungen weinte.

Hadith 32: Abu Huraira (r) berichtet, dass Allahs Gesandter (s) gesagt hat: Allah, der Erhabene, spricht: "Es gibt keine andere Belohnung von Mir für Meinen gläubigen Diener, wenn ich seinen besten Freund von den Bewohnern dieser Welt zu Mir genommen habe und er dies mit Geduld trägt, als das Paradies."
(Al-Bukhâri)

تعالى: مَا لِعَبْدِي المُؤْمِنِ عِنْدِي جَزَاءٌ إِذَا قَبَضْتُ صَفِيَّهُ مِنْ أَهْلِ الدُّنْيَا، ثُمَّ احْتَسَبَهُ إِلَّا الجَنَّةَ». رواه البخاري.

٣٣ - وَعَنْ عَائِشَةَ رضي الله عنها: أَنَّهَا سَأَلَتْ رسول الله ﷺ عَنِ الطَّاعُونِ، فَأَخْبَرَهَا: «أَنَّهُ كَانَ عَذَاباً يَبْعَثُهُ اللَّهُ، تعالى، عَلَى مَنْ يَشَاءُ، فَجَعَلَهُ اللَّهُ، تعالى، رَحْمَةً لِلْمُؤْمِنِينَ، فَلَيْسَ مِنْ عَبْدٍ يَقَعُ فِي الطَّاعُونِ فَيَمْكُثُ فِي بَلَدِهِ صَابِراً مُحْتَسِباً يَعْلَمُ أَنَّهُ لَا يُصِيبُهُ إِلَّا مَا كَتَبَ اللَّهُ لَهُ إِلَّا كَانَ لَهُ مِثْلُ أَجْرِ الشَّهِيدِ» رواه البخاري.

٣٤ - وَعَنْ أَنَسٍ رضي الله عنه قال: سَمِعْتُ رسولَ اللَّهِ ﷺ يَقُولُ: «إِنَّ اللَّهَ عَزَّ وجَلَّ قَالَ: إِذَا ابْتَلَيْتُ عَبْدِي بِحَبِيبَتَيْهِ فَصَبَرَ عَوَّضْتُهُ مِنْهُمَا الجَنَّةَ» يُرِيدُ عَيْنَيْهِ، رواه البخاري.

٣٥ - وَعَنْ عَطَاءِ بْنِ أَبِي رَبَاحٍ قَالَ: قَالَ لِي ابْنُ عَبَّاسٍ رضي الله عنهما: أَلَا أُرِيكَ امْرَأَةً مِنْ أَهْلِ الجَنَّةِ؟ فَقُلْتُ: بَلَى، قَالَ: هَذِهِ المَرْأَةُ السَّوْدَاءُ أَتَتِ النبي ﷺ فَقَالَتْ: إِنِّي أُصْرَعُ، وَإِنِّي أَتَكَشَّفُ، فَادْعُ اللهَ، تعالى، لِي قَالَ: «إِنْ شِئْتِ صَبَرْتِ وَلَكِ الجَنَّةُ، وَإِنْ شِئْتِ دَعَوْتُ اللهَ، تعالى، أَنْ يُعَافِيَكِ» فَقَالَتْ: أَصْبِرُ، فَقَالَتْ: إِنِّي أَتَكَشَّفُ، فَادْعُ اللَّهَ أَنْ لَا أَتَكَشَّفَ، فَدَعَا لَهَا. متفق عليه.

٣٦ - وَعَنْ أَبِي عَبْدِ الرَّحْمَنِ عَبْدِ اللهِ بْنِ مَسْعُودٍ رضي الله عنه قال: كَأَنِّي أَنْظُرُ إِلَى رسولِ اللَّهِ ﷺ يَحْكِي نَبِيّاً مِنَ الأَنْبِيَاءِ، صَلَوَاتُ اللَّهِ وَسَلَامُهُ عَلَيْهِمْ، ضَرَبَهُ

1. Buch der Gebote

Hadith 33: Âischa (r) berichtet, dass sie den Gesandten Allahs (s) nach der Pest befragte. Er (s) erzählte ihr, die Pest sei eine Qual, welche Allah, der Erhabene, als Strafe schickt, wem Er will. Aus dieser Qual wird Barmherzigkeit für die Gläubigen; denn jeder Diener Allahs, der durch die Pest gequält wird und an seinem Wohnsitz geduldig ausharrt, wohl wissend, dass ihm nur das geschehen wird, was Allah für ihn bestimmt hat, wird den gleichen Lohn erhalten wie ein Märtyrer."
(Al-Bukhâri)

Hadith 34: Anas (r) überliefert, er habe den Gesandten Allahs sagen hören, dass Allah, der Erhabene, gesagt hat: "Wenn Ich einen Meiner Diener plage, indem er seine (beiden) Teuersten[39] verliert, so gewähre Ich ihm das Paradies als Ersatz."
(Al-Bukhâri)

Hadith 35: Es berichtet Atâ' ibn Abi Rabâh (r), dass Ibn Abbâs (r) zu ihm sagte: "Möchtest du, dass ich dir eine Bewohnerin des Paradieses zeige?" Ich sagte: "Gewiss!" Er sagte zu mir: "Diese schwarze Frau! Sie kam zum Propheten (s) und sagte zu ihm: 'Ich bin Epileptikerin und wenn ich einen Anfall habe, wird mein Körper bloßgelegt. Bitte bete zu Allah für mich.' Er (s) sagte: 'Wenn du es vorziehst, geduldig zu sein, wann immer du von deinem Leiden gequält wirst, wirst du ins Paradies gelangen. Wenn du jedoch wünscht, dass ich für dich bete, wird Allah dich heilen.' Sie sagte: 'Ich werde es mit Geduld ertragen, doch bete bitte, dass mein Körper sich nicht enthüllt, wenn ich einen Anfall habe.' So betete er wie von ihr gewünscht."
(Al-Bukhâri und Muslim)

Hadith 36: Abu Abdur-Rahmân Abdullâh ibn Mas'ûd (r) berichtet, dass er sich erinnere, als wenn er den Propheten (s) sehe, als er (s) die folgende Begebenheit aus dem Leben eines der Propheten erzählte: "Er wurde von seinem Volk geschlagen und so schwer verletzt, dass er heftig blutete, und er musste das Blut aus seinem Gesicht wischen, wobei er bat: 'Oh Allah, vergib meinem Volk, denn sie wissen nicht, was sie tun.'"
(Al-Bukhâri und Muslim)

---
[39] Mit den "Teuersten" sind die Augen gemeint.

قَوْمَهُ فَأَدْمَوْهُ وَهُوَ يَمْسَحُ الدَّمَ عَنْ وَجْهِهِ، ويَقُولُ: «رَبِّ اغْفِرْ لِقَوْمِي فَإِنَّهُمْ لا يَعْلَمُونَ». متفق عليه.

٣٧ - وَعَنْ أبي سَعِيدٍ وأبي هُرَيْرَةَ، رضي الله عنهما، عن النَّبيِّ ﷺ قَالَ: «مَا يُصِيبُ الْمُسْلِمَ مِنْ نَصَبٍ وَلا وَصَبٍ وَلا هَمٍّ وَلا حَزَنٍ وَلا أذًى وَلا غَمٍّ، حَتَّى الشَّوْكَةُ يُشَاكُهَا إلاَّ كَفَّرَ اللَّهُ بِهَا مِنْ خَطَايَاهُ» متفقٌ عليه.

و«الوَصَبُ»: الْمَرَضُ.

٣٨ - وَعَنْ ابنِ مَسْعُودٍ رضي الله عنه قال: دَخَلْتُ عَلَى النبيِّ ﷺ وَهُوَ يُوعَكُ فَقُلْتُ: يَا رَسُولَ الله، إنَّكَ تُوعَكُ وَعْكاً شَدِيداً قال: «أَجَلْ، إنِّي أُوعَكُ كَمَا يُوعَكُ رَجُلانِ مِنْكُمْ» قُلْتُ: ذَلِكَ أَنَّ لَكَ أَجْرَيْنِ؟ قال: «أَجَلْ، ذَلِكَ كَذَلِكَ مَا مِنْ مُسْلِمٍ يُصِيبُهُ أذًى؛ شَوْكَةٌ فَمَا فَوْقَهَا إلاَّ كَفَّرَ اللَّهُ بِهَا سَيِّئَاتِهِ، وَحُطَّتْ عَنْهُ ذُنُوبُهُ كَمَا تَحُطُّ الشَّجَرَةُ وَرَقَهَا» متفقٌ عليه.

و«الوَعْكُ»: مَغْثُ الحُمَّى، وَقِيلَ: الْحُمَّى.

٣٩ - وَعَنْ أبي هُرَيْرَةَ رضي الله عنه قال: قال رسولُ اللهِ ﷺ: «مَنْ يُرِدِ اللَّهُ بِهِ خَيْراً يُصَبْ مِنْهُ»: رواه البخاري.

وَضَبَطُوا «يُصِبْ»: بِفَتْحِ الصَّادِ وَكَسْرِهَا.

٤٠ - وَعَنْ أنسٍ رضي الله عنه قال: قال رسولُ اللهِ ﷺ: «لا يَتَمَنَّيَنَّ أَحَدُكُمُ المَوْتَ لِضُرٍّ أَصَابَهُ فَإِنْ كَانَ لا بُدَّ فَاعِلاً فَلْيَقُلْ: اللَّهُمَّ أَحْيِنِي مَا كَانَتِ الحَيَاةُ خَيْراً لِي وَتَوَفَّنِي إذَا كَانَتِ الْوَفَاةُ خَيْراً لِي». متفقٌ عليه.

٤١ - وَعَنْ أبي عبدِ اللهِ خَبَّابِ بنِ الأرتِّ رضي الله عنه قال: شَكَوْنَا إِلَى

1. Buch der Gebote

Hadith 37: Abu Sa'îd al-Khudri und Abu Huraira (r) überliefern, dass der Prophet (s) sagte: "Für eine jede Sorge, Krankheit, Leid, Bekümmernis, Verletzung oder Gram, die einen Muslim plagt, sogar für den Stich eines Dorns, nimmt Allah etwas von seinen Sünden fort."
(Al-Bukhâri und Muslim)

Hadith 38: Ibn Mas'ûd (r) erzählte: Ich besuchte den Propheten (s) als er Fieber hatte. Ich sagte zu ihm: "Oh Gesandter Allahs! Du hast sehr hohes Fieber." Er sagte: "Ja wirklich, es ist so stark, wie wenn zwei Männer von euch Fieber hätten." Ich fragte: "Heißt das, dass du die doppelte Belohnung erhältst?" Er sagte: "So ist es. Wenn ein Muslim auch nur durch einen Dorn verletzt wird, vergibt ihm Allah dafür eine seiner Sünden, und sie fallen von ihm ab, wie Laub von einem Baum."
(Al-Bukhâri und Muslim)

Hadith 39: Abu Huraira (r) berichtet, dass der Prophet (s) sagte: "Wenn Allah einen Menschen begünstigen will, macht Er dies, indem Er ihm eine Härte auferlegt."
(Al-Bukhâri)

Hadith 40: Anas (r) berichtet, dass der Gesandte Allahs (s) sagte: "Niemand soll sich nach dem Tode sehnen weil ihn ein Unglück getroffen hat. Wenn jemand von euch so sehr des Lebens überdrüssig ist, sollte er sagen: "Oh Allah, erhalte mich am Leben, solange das Leben besser für mich ist, und nimm mich (zu Dir), wenn der Tod besser für mich ist."[40]
(Al-Bukhâri und Muslim)

Hadith 41: Abu Abdullâh Khabbâb ibn al-Aratt (r) sagte: Wir beklagten uns bei dem Gesandten Allahs (s), während er seinen Kopf im Schatten der Ka'ba auf sein Gewand gelegt hatte, indem wir sagten: "Betest du nicht um Hilfe für uns? Willst Du nicht die Hilfe Allahs für uns erbitten?" Daraufhin

---

[40] Auf Arabisch lautet dieses Bittgebet: *Allahumma ahyinî mâ kânatil-hayâtu khairan lî wa tawaffanî idhâ kânatil-wafâtu khairan lî.*

رسولِ اللَّهِ ﷺ وَهُوَ مُتَوَسِّدٌ بُرْدَةً لَهُ في ظِلِّ الْكَعْبَةِ، فَقُلْنَا: أَلَا تَسْتَنْصِرُ لَنَا؟ أَلَا تَدْعُو لَنَا؟ فَقَالَ: «قَدْ كَانَ مَنْ قَبْلَكُمْ يُؤْخَذُ الرَّجُلُ فَيُحْفَرُ لَهُ في الأَرْضِ فَيُجْعَلُ فِيهَا، ثُمَّ يُؤْتَى بِالْمِنْشَارِ فَيُوضَعُ عَلَى رَأْسِهِ فَيُجْعَلُ نِصْفَيْنِ، وَيُمْشَطُ بِأَمْشَاطِ الْحَدِيدِ مَا دُونَ لَحْمِهِ وَعَظْمِهِ، مَا يَصُدُّهُ ذَلِكَ عَنْ دِينِهِ، وَاللَّهِ لَيُتِمَّنَّ اللَّهُ هَذَا الْأَمْرَ حَتَّى يَسِيرَ الرَّاكِبُ مِنْ صَنْعَاءَ إِلَى حَضْرَمَوْتَ لَا يَخَافُ إِلَّا اللَّهَ وَالذِّئْبَ عَلَى غَنَمِهِ وَلَكِنَّكُمْ تَسْتَعْجِلُونَ»
رواه البخاري.

وفي رواية: وَهُوَ مُتَوَسِّدٌ بُرْدَةً وَقَدْ لَقِينَا مِنَ الْمُشْرِكِينَ شِدَّةً.

٤٢ - وعـن ابـن مَسْعُودٍ رضي الله عنه قال: لَمَّا كَانَ يَوْمُ حُنَيْنٍ آثَرَ رسولُ اللَّهِ ﷺ نَاساً في الْقِسْمَةِ، فَأَعْطَى الأَقْرَعَ بْنَ حَابِسٍ مِئَةً مِنَ الْإِبِلِ، وَأَعْطَى عُيَيْنَةَ بْنَ حِصْنٍ مِثْلَ ذَلِكَ، وَأَعْطَى نَاساً مِنْ أَشْرَافِ الْعَرَبِ وَآثَرَهُمْ يَوْمَئِذٍ في الْقِسْمَةِ. فَقَالَ رَجُلٌ: وَاللَّهِ إِنَّ هَذِهِ قِسْمَةٌ مَا عُدِلَ فِيهَا، وَمَا أُرِيدَ فِيهَا وَجْهُ اللَّهِ، فَقُلْتُ: وَاللَّهِ لأُخْبِرَنَّ رَسُولَ اللَّهِ ﷺ، فَأَتَيْتُهُ فَأَخْبَرْتُهُ بِمَا قَالَ، فَتَغَيَّرَ وَجْهُهُ حَتَّى كَانَ كَالصِّرْفِ. ثُمَّ قال: «فَمَنْ يَعْدِلُ إِذَا لَمْ يَعْدِلِ اللَّهُ وَرَسُولُهُ؟» ثُمَّ قال «يَرْحَمُ اللَّهُ مُوسَى قَدْ أُوذِيَ بِأَكْثَرَ مِنْ هَذَا فَصَبَرَ». فَقُلْتُ: لَا جَرَمَ لَا أَرْفَعُ إِلَيْهِ بَعْدَهَا حَدِيثاً، متفقٌ عليه.

وقَوْلُهُ: «كَالصِّرْفِ» هُوَ بِكَسْرِ الصَّادِ الْمُهْمَلَةِ: وَهُوَ صِبْغٌ أَحْمَرُ.

٤٣ - وَعَنْ أَنَسٍ رضي الله عنه قال: قال رسولُ اللَّهِ ﷺ: «إِذَا أَرَادَ اللَّهُ بِعَبْدِهِ خَيْراً عَجَّلَ لَهُ الْعُقُوبَةَ في الدُّنْيَا وَإِذَا أَرَادَ اللَّهُ بِعَبْدِهِ الشَّرَّ أَمْسَكَ عَنْهُ بِذَنْبِهِ حَتَّى يُوَافِيَ بِهِ يَوْمَ الْقِيَامَةِ». .

sagte er: "Einst verfolgte man die Gläubigen, indem man sie in ein Loch eingrub und ihren Kopf in zwei Teile sägte, oder ihr Fleisch mit Eisenkämmen von den Knochen schabte, doch nichts von alledem konnte sie von ihrem Glauben abbringen. Bei Allah! Allah wird gewiss diese Botschaft vollenden, bis der Reiter, der von San'â' bis Hadramaut gelangt, nichts außer Allah fürchtet, und dem Wolf für seine Schafe. Doch ihr drängelt zu sehr."
(Al-Bukhâri)
In einer anderen Version heißt es, dass der Gesandte mit dem Kopf auf seinem Gewand lag, und wir von den Ungläubigen hart bedrängt wurden.

Hadith 42: Es erzählte Ibn Mas'ûd (r): Am Tag von Hunain[41] begünstigte der Gesandte Allahs (s) einige Leute beim Verteilen der Kriegsbeute: So gab er al-Aqra' ibn Hâbis und Uyaina ibn Hisn je hundert Kamele und bevorzugte auch einige arabische Honoratioren. Ein Mann sagte: "Bei Allah, das ist weder eine gerechte Verteilung, noch ist sie um Allahs willen." Ich sagte: "Bei Allah, ich werde den Gesandten Allahs (s) hiervon unterrichten." Als ich ihm dies erzählte, wurde sein Gesicht rot und er sagte: "Wer wird noch Gerechtigkeit ausüben, wenn Allah und Sein Gesandter es nicht tun?" Dann fügte er hinzu: "Möge Allah Erbarmen mit Moses haben! Man hat ihm mehr Unrecht getan als dies (hier), jedoch blieb er geduldig." Als ich dies hörte, sagte ich zu mir selbst: 'Gewiss werde ich nie wieder etwas Derartiges zu ihm weiterleiten!'
(Al-Bukhâri und Muslim)

Hadith 43: Anas (r) überliefert, dass der Gesandte Allahs (s) sagte: "Wenn Allah einen Seiner Diener begünstigen will, so lässt Er ihn im Diesseits leiden. Wenn Er ihn nicht begünstigen will, so bestraft Er ihn überhaupt nicht, bis zum Tag des Gerichts." Er (s) sagte auch: "Die Höhe der Belohnung entspricht dem Umfang des Leidens, und wenn Allah, der Erhabene, ein Volk liebt, so prüft Er es. Ist der Mensch damit zufrieden, so genießt er Allahs Wohlgefallen. Grollt er deswegen, so verdient er Seinen Groll."
(At-Tirmidhi)
Dies ist ein guter Hadith (*hasan*).

---

[41] Die Schlacht von Hunain fand im Jahre 630 n.Chr. statt, also im Jahre 8 nach der *Hidschra*, und endete mit einem Sieg der Muslime über die Götzendiener.

وَقَالَ النَّبِيُّ ﷺ: «إنَّ عِظَمَ الْجَزَاءِ مَعَ عِظَمِ الْبَلَاءِ، وَإِنَّ اللَّهَ تعالى إذا أَحَبَّ قَوْماً ابْتَلَاهُمْ، فَمَنْ رَضِيَ فَلَهُ الرِّضى، وَمَنْ سَخِطَ فَلَهُ السُّخْطُ» رواه الترمذي وقَالَ: حَدِيثٌ حَسَنٌ.

٤٤ - وَعَنْ أَنَسٍ رضي الله عنه قال: كَانَ ابْنٌ لِأبي طَلْحَةَ، رضي الله عنه، يَشْتَكِي، فَخَرَجَ أَبُو طَلْحَةَ، فَقُبِضَ الصَّبِيُّ، فَلَمَّا رَجَعَ أَبُو طَلْحَةَ قال: مَا فَعَلَ ابْنِي؟ قالَتْ أُمُّ سُلَيْمٍ، وَهِيَ أُمُّ الصَّبِيِّ: هُوَ أَسْكَنُ مَا كَانَ، فَقَرَّبَتْ إلَيْهِ الْعَشَاءَ فَتَعَشَّى، ثُمَّ أَصَابَ مِنْهَا فَلَمَّا فَرَغَ قَالَتْ: وَارُوا الصَّبِيَّ، فَلَمَّا أَصْبَحَ أَبُو طَلْحَةَ أَتَى رسولَ اللهِ ﷺ فَأَخْبَرَهُ فَقَالَ: «أَعْرَسْتُمُ اللَّيْلَةَ؟» قال: نَعَمْ، قال: «اللَّهُمَّ بَارِكْ لَهُمَا فِي لَيْلَتِهِمَا»؛ فَوَلَدَتْ غُلَاماً، فَقَالَ لِي أَبُو طَلْحَةَ: احْمِلْهُ حَتَّى تَأْتِيَ بِهِ النبي ﷺ، فَأتى بِهِ النبيَّ ﷺ، وَبَعَثَتْ بِتَمَرَاتٍ، فَأَخَذَهُ النبيُّ ﷺ فَقَالَ: «أَمَعَهُ شَيْءٌ؟» قال: نَعَمْ، تَمَرَاتٌ، فَأَخَذَهَا النَّبِيُّ ﷺ فَمَضَغَهَا ثُمَّ أَخَذَهَا مِنْ فِيهِ فَجَعَلَهَا فِي فِي الصَّبِيِّ، ثُمَّ حَنَّكَهُ وَسَمَّاهُ عَبْدَ اللهِ. متفقٌ عليه.

وفي روايةٍ للبُخَاريِّ: قال ابْنُ عُيَيْنَةَ: فَقَالَ رَجُلٌ مِنَ الأنْصَارِ: فَرَأَيْتُ لَهَا تِسْعَةَ أَوْلَادٍ كُلُّهُمْ قَدْ قَرَؤُوا الْقُرْآنَ. يَعْنِي: مِنْ أَوْلَادِ عَبْدِ اللَّهِ الْمَوْلُودِ.

وفي روايةٍ لمسلمٍ: مَاتَ ابْنٌ لِأَبي طَلْحَةَ مِنْ أُمِّ سُلَيْمٍ: فَقَالَتْ لِأَهْلِهَا: لَا تُحَدِّثُوا أَبَا طَلْحَةَ بِابْنِهِ حَتَّى أَكُونَ أَنَا أُحَدِّثُهُ، فَجَاءَ فَقَرَّبَتْ إِلَيْهِ عَشَاءً، فَأَكَلَ

1. Buch der Gebote

Hadith 44: Anas (r) berichtet, dass Abu Talha (r) einen kranken Sohn hatte. Während Abu Talha einmal nicht zu Hause war, starb dieser Junge. Als Abu Talha zurückkam, fragte er seine Frau: "Wie geht es meinem Sohn?" Die Mutter des Jungen, Umm Sulaim, sagte: "Er war noch nie so ruhig." Dann gab sie ihm zu essen. Nachdem er gegessen hatte, schlief er mit ihr. Danach sagte sie: "Nun begrabt den Jungen!" Am Morgen ging Abu Talha zu Allahs Gesandtem (s) und berichtete ihm davon. Er (s) fragte ihn: "Habt ihr letzte Nacht zusammen geschlafen?" Abu Talha antwortete: "Ja!" Da bat der Prophet: "Oh Allah, segne die beiden!", und seine Frau bekam einen Sohn. Da sagte Abu Talha zu mir: "Bring ihn zum Propheten, Anas.", und er gab mir auch ein paar Datteln mit. Der Prophet (s) fragte mich: "Habt ihr etwas mitgebracht?", und ich erwiderte: "Ja, ein paar Datteln." Da nahm er eine, zerkaute sie und rieb damit den Gaumen des Säuglings ein, und nannte ihn Abdullâh."
(Al-Bukhâri und Muslim)

Nach der Version von Al-Bukhâri sagte Ibn Uyaina: Einer der *Ansâr* berichtete: "Ich habe neun Söhne (von Abdullâh) gesehen, die alle den Qur'ân auswendig gelernt hatten."

وَشَرِبَ، ثُمَّ تَصَنَّعَتْ لَهُ أَحْسَنَ مَا كَانَتْ تَصْنَعُ قَبْلَ ذَلِكَ، فَوَقَعَ بِهَا، فَلَمَّا أَنْ رَأَتْ أَنَّهُ قَدْ شَبِعَ، وَأَصَابَ مِنْهَا، قَالَتْ: يَا أَبَا طَلْحَةَ، أَرَأَيْتَ لَوْ أَنَّ قَوْماً أَعَارُوا عَارِيَتَهُمْ أَهْلَ بَيْتٍ، فَطَلَبُوا عَارِيَتَهُمْ أَلَهُمْ أَنْ يَمْنَعُوهُمْ؟ قَالَ: لَا، فَقَالَتْ: فَاحْتَسِبْ ابْنَكَ قَالَ: فَغَضِبَ، ثُمَّ قال: تَرَكْتِني حَتَّى إِذَا تَلَطَّخْتُ ثُمَّ أَخْبَرْتِنِي بِابْنِي؟! فَانْطَلَقَ حَتَّى أَتَى رَسُولَ اللَّهِ ﷺ، فَأَخْبَرَهُ بِمَا كَانَ، فَقَالَ رَسُولُ اللَّهِ ﷺ: «بَارَكَ اللَّهُ فِي غَابِرِ لَيْلَتِكُمَا» قال: فَحَمَلَتْ قَالَ: وَكَانَ رَسُولُ اللَّهِ ﷺ فِي سَفَرٍ وَهِيَ مَعَهُ، وَكَانَ رَسُولُ اللَّهِ ﷺ إِذَا أَتَى الْمَدِينَةَ مِنْ سَفَرٍ لَا يَطْرُقُهَا طُرُوقاً فَدَنَوْا مِنَ الْمَدِينَةِ، فَضَرَبَهَا الْمَخَاضُ فَاحْتُبِسَ عَلَيْهَا أَبُو طَلْحَةَ، وَانْطَلَقَ رَسُولُ اللَّهِ ﷺ. قَالَ: يَقُولُ أَبُو طَلْحَةَ: إِنَّكَ لَتَعْلَمُ - يَا رَبِّ - أَنَّهُ يُعْجِبُنِي أَنْ أَخْرُجَ مَعَ رَسُولِ اللَّهِ ﷺ إِذَا خَرَجَ، وَأَدْخُلَ مَعَهُ إِذَا دَخَلَ، وَقَدِ احْتُبِسْتُ بِمَا تَرَى، تَقُولُ أُمُّ سُلَيْمٍ: يَا أَبَا طَلْحَةَ، مَا أَجِدُ الَّذِي كُنْتُ أَجِدُ، انْطَلِقْ، فَانْطَلَقْنَا، وَضَرَبَهَا الْمَخَاضُ حِينَ قَدِمَا فَوَلَدَتْ غُلَاماً. فَقَالَتْ لِي أُمِّي: يَا أَنَسُ، لَا يُرْضِعُهُ أَحَدٌ حَتَّى تَغْدُوَ بِهِ عَلَى رَسُولِ اللَّهِ ﷺ، فَلَمَّا أَصْبَحَ احْتَمَلْتُهُ، فَانْطَلَقْتُ بِهِ إِلَى رَسُولِ اللَّهِ ﷺ. وَذَكَرَ تَمَامَ الْحَدِيثِ.

٤٥ - وَعَنْ أَبِي هُرَيْرَةَ رضي اللَّهُ عنه، أن رسول الله ﷺ قال: «لَيْسَ الشَّدِيدُ بِالصُّرَعَةِ، إِنَّمَا الشَّدِيدُ الَّذِي يَمْلِكُ نَفْسَهُ عِنْدَ الْغَضَبِ». متفقٌ عليه.

«وَالصُّرَعَةُ» بِضَمِّ الصَّادِ وَفَتْحِ الرَّاءِ، وَأَصْلُهُ عِنْدَ الْعَرَبِ مَنْ يَصْرَعُ النَّاسَ كَثِيراً.

٤٦ - وَعَنْ سُلَيْمَانَ بْنِ صُرَدٍ، رضي الله عنه، قال: كُنْتُ جَالِساً مَعَ

1. Buch der Gebote

In der Version von Muslim lautet dieser Hadith wie folgt: Als der Sohn von Abu Talha starb, sagte Umm Sulaim zu ihrer Familie: "Erzählt Abu Talha nichts von seinem Sohn, bevor ich mit ihm darüber geredet habe." Als er nach Hause kam, gab sie ihm zu essen, und er aß und trank. Dann zog sie sich so schön wie nie zuvor an, und er schlief mit ihr. Als sie sah, dass er satt und zufrieden war, sagte sie zu ihm: "Oh Abu Talha! Was denkst du: Wenn jemand einer Familie etwas ausleiht und es später zurückfordert, hat sie das Recht dies zu verweigern?" Er antwortete: "Nein!" Daraufhin sagte sie: "Dann hoffe auf Belohnung in Bezug auf deinen Sohn!" Abu Talha war erbost und sagte: "Du hast mir nichts davon erzählt, bis ich mich verunreinigt hatte, und nun erzählst du mir von meinem Sohn." Dann ging er zu Allahs Gesandtem (s) und erzählte ihm, was geschehen war. Er (s) sagte: "Möge Allah eure Nacht segnen!", und sie wurde schwanger. Der Prophet (s) ging einst auf eine Reise, und sie begleiteten ihn. Der Prophet (s) hatte die Gewohnheit, Medina nicht des Nachts zu betreten (um seine Familie nicht zu stören). In der Nähe von Medina setzten allerdings ihre Wehen ein. So musste Abu Talha bei ihr bleiben, und der Prophet (s) zog weiter. Abu Talha betete: "Oh Allah! Du weißt, wie sehr ich es begehre, den Gesandten (s) zu begleiten, wenn er kommt oder geht. Und Du siehst, was mich nun festhält!" Doch Umm Sulaim sagte: "Oh Abu Talha, ich habe keine Schmerzen mehr. Lass uns weitergehen!" So gingen sie weiter und siehe, als sie in Medina ankamen, gebar sie einen Jungen.
Anas (r) erzählte weiter: Meine Mutter sagte zu mir: "Oh Anas, lass niemanden ihn stillen, bis du ihn morgen zum Propheten (s) gebracht hast!" Am nächsten Morgen brachte ich den Säugling zum Gesandten Allahs (s). Das Ende dieses Hadithes ist oben beschrieben.

Hadith 45: Abu Huraira (r) überliefert, dass der Gesandte Allahs (s) sagte: "Nicht derjenige ist stark, der den Gegner zu Boden schlägt, sondern derjenige, der sich nicht gehen lässt, wenn er gereizt wird."
(Al-Bukhâri und Muslim)

Hadith 46: Sulaimân ibn Surad (r) erzählte: Ich saß beim Propheten (s), als sich zwei Männer so beschimpften, dass das Gesicht des einen rot wurde und seine Halsadern anschwollen. Da sagte Allahs Gesandter (s): "Ich weiß einen Satz, der seinen Zorn bändigen kann, wenn er ihn sagen

النَّبِيُّ ﷺ، وَرَجُلانِ يَسْتَبَّانِ، وَأَحَدُهُمَا قَدِ احْمَرَّ وَجْهُهُ، وَانْتَفَخَتْ أَوْدَاجُهُ فقال رسولُ اللَّهِ ﷺ: «إِنِّي لأَعْلَمُ كَلِمَةً لَوْ قَالَهَا لَذَهَبَ عَنْهُ مَا يَجِدُ لَوْ قَالَ: أَعُوذُ بِاللَّهِ مِنَ الشَّيْطَانِ الرَّجِيمِ ذَهَبَ مِنْهُ مَا يَجِدُ». فَقَالُوا لَهُ: إِنَّ النَّبِيَّ ﷺ قَالَ: «تَعَوَّذْ بِاللَّهِ مِنَ الشَّيْطَانِ الرَّجِيمِ». متفق عليه.

٤٧ ـ وَعَنْ مُعَاذِ بْنِ أَنَسٍ رضي الله عنه، أَنَّ النَّبِيَّ ﷺ قَالَ: «مَنْ كَظَمَ غَيْظاً، وَهُوَ قَادِرٌ عَلَى أَنْ يُنْفِذَهُ، دَعَاهُ اللَّهُ، سُبْحَانَهُ وتَعَالَى، عَلَى رُؤُوسِ الْخَلَائِقِ يَوْمَ الْقِيَامَةِ حَتَّى يُخَيِّرَهُ مِنَ الْحُورِ الْعِينِ مَا شَاءَ». رواه أَبُو دَاوُدَ، وَالتِّرْمِذِيُّ وقال: حديثٌ حسنٌ.

٤٨ ـ وَعَنْ أَبِي هُرَيْرَةَ رضي الله عنه: أَنَّ رَجُلاً قَالَ لِلنَّبِيِّ ﷺ: أَوْصِنِي، قَالَ: «لاَ تَغْضَبْ» فَرَدَّدَ مِرَاراً، قَالَ: «لاَ تَغْضَبْ». رواه البخاري.

٤٩ ـ وَعَنْ أَبِي هُرَيْرَةَ رضي الله عنه قال: قال رسولُ اللَّهِ ﷺ: «مَا يَزَالُ الْبَلاءُ بِالْمُؤْمِنِ وَالْمُؤْمِنَةِ فِي نَفْسِهِ وَوَلَدِهِ وَمَالِهِ حَتَّى يَلْقَى اللهَ تعالى وَمَا عَلَيْهِ خَطِيئَةٌ» رواه التِّرْمِذِيُّ وقال: حديثٌ حسنٌ صحيحٌ.

٥٠ ـ وَعَنِ ابْنِ عَبَّاسٍ رضي الله عنهما قال: قَدِمَ عُيَيْنَةُ بْنُ حِصْنٍ فَنَزَلَ عَلَى ابْنِ أَخِيهِ الْحُرِّ بْنِ قَيْسٍ، وَكَانَ مِنَ النَّفَرِ الَّذِينَ يُدْنِيهِمْ عُمَرُ رضي الله عنه، وَكَانَ الْقُرَّاءُ أَصْحَابَ مَجْلِسِ عُمَرَ ـ رضي الله عنه ـ وَمُشَاوَرَتِهِ، كُهُولاً كَانُوا أَوْ شُبَّاناً،

1. Buch der Gebote

würde: *A'ûdhu billâhi min asch-schâitan-ir-radschîm!*[42]" Die Anwesenden sagten: "Der Prophet (s) hat sagt, du solltest *a'ûdhu billâhi min asch-schâitanir-radschîm* sagen!"
(Al-Bukhâri und Muslim)

Hadith 47: Mu'âdh ibn Anas (r) überliefert, dass der Prophet (s) sagte: "Wer seinen Zorn bändigen kann, obwohl er in der Lage ist, sich zu rächen, den wird Allah, der Gepriesene, der Erhabene, am Tage des Gerichts, vor den Augen der Menge zu sich rufen und ihn unter den *Hûris*[43] wählen lassen, welche er möchte."
(Abu Dâwûd und At-Tirmidhi)
Nach At-Tirmidhi ist dies ein guter Hadith (*hasan*).

Hadith 48: Abu Huraira (r) überliefert, dass ein Mann dem Propheten (s) sagte: "Gib mir einen Rat!" Er sagte: "Zürne nicht!" Und er wiederholte dies mehrmals, und er (s) sagte: "Zürne nicht!"
(Al-Bukhâri)

Hadith 49: Abu Huraira (r) berichtet, dass der Gesandte Allahs (s) sagte: "Der Gläubige, ob Mann oder Frau, wird immer wieder geprüft werden, am eigenem Leib, an seinen Nachkommen und an seinem Gut, bis er ohne Sünde Allah, dem Erhabenen, gegenübersteht."
(At-Tirmidhi)
Dies ist ein guter und gesunder Hadith (*hasan sahîh*).

Hadith 50: Ibn Abbâs (r) erzählte: Einst kam Uyaina ibn Hisn als Gast seines Neffen al-Hurr ibn Qais, der zu dem (dem Kalifen) Umar nahestehenden und beliebten Kreis gehörte, (nach Medina). Jener Kreis um Umar (r) wurde von Qur'ânlesern und Rezitatoren gebildet, die, unabhängig von ihrem Alter, seine Berater waren. Da sagte Uyaina zu seinem Neffen: "Oh mein Neffe! Du erfreust dich des Vertrauens des *Amîr al-Mu'minîn*[44] (Umar); würdest du die Genehmigung für mich erlangen, dass ich ihn sehe?" Al-Hurr erbat dies, und Umar gewährte es. Als Uyaina

---

[42] Auf Deutsch bedeutet dies: "Ich suche Zuflucht bei Allah vor dem Satan, dem Verdammten!"
[43] *Hûri* ist die Bezeichnung für Jungfrauen des Paradieses.
[44] *Amîr al-Mu'minîn* bedeutet so viel wie "Führer der Gläubigen", und ist ein Titel des Kalifen.

فَقَالَ عُيَيْنَةُ لابْنِ أَخِيهِ: يَا ابْنَ أَخِي لَكَ وَجْهٌ عِنْدَ هَذَا الأَمِيرِ فَاسْتَأْذِنْ لِي عَلَيْهِ، قَالَ: سَأَسْتَأْذِنُ لَكَ عَلَيْهِ، قَالَ ابْنُ عَبَّاسٍ: فَاسْتَأْذَنَ الحُرُّ لِعُيَيْنَةَ، فَأَذِنَ لَهُ عُمَرُ. فَلَمَّا دَخَلَ عَلَيْهِ قَالَ: هِيْ يَا ابْنَ الخَطَّابِ، فَوَاللهِ مَا تُعْطِينَا الجَزْلَ، وَلَا تَحْكُمُ فِينَا بِالعَدْلِ، فَغَضِبَ عُمَرُ ـ رضي الله عنه ـ حَتَّى هَمَّ أَنْ يُوقِعَ بِهِ، فَقَالَ لَهُ الحُرُّ: يَا أَمِيرَ المُؤْمِنِينَ، إِنَّ اللهَ تعالى قَالَ لِنَبِيِّهِ ﷺ: ﴿خُذِ العَفْوَ وَأْمُرْ بِالعُرْفِ وَأَعْرِضْ عَنِ الجَاهِلِينَ﴾ [الأعراف: ١٩٨] وَإِنَّ هَذَا مِنَ الجَاهِلِينَ، وَاللهِ مَا جَاوَزَهَا عُمَرُ حِينَ تَلَاهَا عَلَيْهِ، وَكَانَ وَقَّافاً عِنْدَ كِتَابِ اللهِ تعالى. رواه البخاري

٥١ ـ وَعَنِ ابْنِ مَسْعُودٍ رضي اللهُ عنه، أَنَّ رسولَ اللهِ ﷺ قال: «إِنَّهَا سَتَكُونُ بَعْدِي أَثَرَةٌ وَأُمُورٌ تُنْكِرُونَهَا»؟ قَالُوا: يَا رَسُولَ اللهِ فَمَا تَأْمُرُنَا؟ قال: «تُؤَدُّونَ الحَقَّ الَّذِي عَلَيْكُمْ، وَتَسْأَلُونَ اللهَ الَّذِي لَكُمْ». متفقٌ عليه.

«وَالأَثَرَةُ»: الانْفِرَادُ بِالشَّيْءِ عَمَّنْ لَهُ فِيهِ حَقٌّ.

٥٢ ـ وَعَنْ أَبِي يَحْيَى أُسَيْدِ بْنِ حُضَيْرٍ رضي الله عنه: أَنَّ رَجُلاً مِنَ الأَنْصَارِ قال: يا رسولَ الله أَلَا تَسْتَعْمِلُنِي كَمَا اسْتَعْمَلْتَ فُلَاناً فَقَالَ: «إِنَّكُمْ سَتَلْقَوْنَ بَعْدِي أَثَرَةً، فَاصْبِرُوا حَتَّى تَلْقَوْنِي عَلَى الحَوْضِ». متفقٌ عليه.

«وَأُسَيْدٌ» بِضَمِّ الهَمْزَةِ. «وَحُضَيْرٌ»: بِحَاءٍ مُهْمَلَةٍ مَضْمُومَةٍ وَضَادٍ مُعْجَمَةٍ مَفْتُوحَةٍ، وَاللَّهُ أَعْلَمُ

٥٣ ـ وَعَنْ أَبِي إِبْرَاهِيمَ عَبْدِ اللهِ بْنِ أَبِي أَوْفَى رضي الله عنهما: أَنَّ رسولَ اللهِ ﷺ في بَعْضِ أَيَّامِهِ الَّتِي لَقِيَ فِيهَا العَدُوَّ، انْتَظَرَ حَتَّى إِذَا مَالَتِ الشَّمْسُ قَامَ فِيهِمْ فَقَالَ: «يَا أَيُّهَا النَّاسُ لَا تَتَمَنَّوْا لِقَاءَ العَدُوِّ، وَاسْأَلُوا اللهَ العَافِيَةَ، فَإِذَا لَقِيتُمُوهُمْ فَاصْبِرُوا، وَاعْلَمُوا أَنَّ الجَنَّةَ تَحْتَ ظِلَالِ السُّيُوفِ» ثُمَّ قَالَ النَّبِيُّ ﷺ: «اللَّهُمَّ مُنْزِلَ الكِتَابِ وَمُجْرِيَ السَّحَابِ، وَهَازِمَ الأَحْزَابِ، اهْزِمْهُمْ وَانْصُرْنَا عَلَيْهِمْ». متفقٌ عليه وبالله التَّوْفِيقُ.

1. Buch der Gebote

vor Umar stand, sagte er zu ihm: "Wisse, Sohn des Khattâb! Bei Allah, was du uns gewährst ist weder reichlich, noch behandelst du uns gerecht!" Umar wurde so zornig, dass er ihn beinahe bestraft hätte. Da sagte al-Hurr zu ihm: "Oh *Amîr al-Mu'minîn*! Allah, der Erhabene, sagte zu Seinem Propheten (s): 'Übe Nachsicht und gebiete Gutes, und wende dich ab von den Törichten'(Sure 7:199), und dieser ist einer der Törichten." Bei Allah, Umar gewann seine Fassung wieder, als er diesen Qur'ânvers hörte, denn der Qur'ân war für ihn Grundlage allen Tun und Handelns.
(Al-Bukhâri)

Hadith 51: Ibn Mas'ûd (r) überliefert, dass Allahs Gesandter sagte: "Nach mir werden Selbstsucht und Verwerfliches kommen, was ihr nicht kennt und was ihr verurteilen würdet." Sie (seine Gefährten) sagten: "Oh Gesandter Allahs, was gebietest du uns zu tun?" Er sagte: "Ihr solltet eure Pflichten erfüllen, und Allah anrufen."
(Al-Bukhâri und Muslim)

Hadith 52: Abu Yahyâ Usaid ibn Hudair (r) überliefert, dass einer der *Ansâr* zum Gesandten Allahs (s) sagte: "Oh Gesandter Allahs, möchtest du mich nicht mit einer Tätigkeit betrauen, wie du es mit dem Soundso getan hast?" Er (s) antwortete: "Nach mir wird euch Selbstsucht treffen, doch seid geduldig, bis ihr mich am Fluss Al-Haud (im Paradies) trefft."
(Al-Bukhâri und Muslim)

Hadith 53: Abu Ibrâhîm Abdullâh ibn Abi Aufâ (r) überliefert: Während des Krieges mit einem Feind wartete Allahs Gesandter (s) bis zum Sonnenuntergang, dann sagte er zu den Muslimen: "Oh ihr Menschen! Wünscht nicht, dem Feind im Kampf zu begegnen, und bittet Allah um Wohlbefinden. Aber wenn ihr den Feind trefft, dann seid standhaft und wisst, dass das Paradies im Schatten des Schwertes liegt." Dann fügte er (s) hinzu: "Oh Allah! Offenbarer des Buches! Beweger der Wolken! Überwinder aller Parteien! Besiege sie (die Feinde), und hilf uns, sie zu besiegen!"
(Al-Bukhâri und Muslim)

١ - ٤ - باب الصِّدق

قال الله تعالى: ﴿يَا أَيُّهَا الَّذِينَ آمَنُوا اتَّقُوا اللَّهَ وَكُونُوا مَعَ الصَّادِقِينَ﴾ [التوبة: ١١٩] وقال تعالى: ﴿وَالصَّادِقِينَ وَالصَّادِقَاتِ﴾ [الأحزاب: ٣٥]. وقال تعالى: ﴿فَلَوْ صَدَقُوا اللَّهَ لَكَانَ خَيْراً لَهُمْ﴾ [محمد: ٢١].

وأمَّا الأحاديثُ:

٥٤ - فالأوَّلُ: عن ابن مَسعُودٍ رضي الله عنه عن النبيِّ ﷺ قال: «إنَّ الصِّدقَ يَهدِي إلى البرِّ، وإنَّ البرَّ يَهدِي إلى الجنَّةِ، وإنَّ الرَّجلَ لَيَصدُقُ حتَّى يُكتَبَ عند اللَّهِ صِدِّيقاً، وإنَّ الكذبَ يَهدِي إلى الفُجُورِ، وإنَّ الفُجُورَ يَهدِي إلى النَّارِ، وإنَّ الرَّجُلَ لَيَكذِبُ حتَّى يُكتَبَ عِندَ اللهِ كذَّاباً». متفقٌ عليه.

٥٥ - الثَّاني: عن أبي محمَّدٍ الحَسَنِ بنِ عليِّ بنِ أبي طالبٍ، رضي الله عنهما، قال: حَفِظتُ من رسولِ اللهِ ﷺ: «دَعْ ما يَريبُكَ إلى ما لا يَريبُكَ؛ فإنَّ الصِّدقَ طُمأنينةٌ، والكذبَ رِيبةٌ». رواه التِّرمذيُّ وقال: حديثٌ صحيحٌ.

قولُه: «يَريبُكَ» هو بفتح الياء وضمِّها؛ ومَعناهُ: اترُكْ ما تَشُكُّ في حِلِّه، واعدِلْ إلى ما لا تَشُكُّ فيه.

٥٦ - الثَّالثُ: عَن أبي سُفيانَ صَخرِ بنِ حَربٍ، رضي الله عنه، في حديثه الطَّويل في قصَّةِ هِرَقْلَ، قال هِرَقْلُ: فَماذا يَأمُرُكُم، يَعني النَّبيَّ ﷺ، قالَ أبو سُفيانَ: قلتُ: يقولُ: «اعبُدُوا اللهَ وَحدَهُ ولا تُشرِكُوا بِهِ شيئاً، واتْرُكُوا ما يقولُ آباؤكم»، ويَأمُرُنا بالصَّلاةِ، والصِّدقِ، والعَفافِ، والصِّلةِ. متفقٌ عليه.

1. Buch der Gebote

Kapitel 4
Aufrichtigkeit

Qur'ân: Allah, der Erhabene, spricht:
"Oh, ihr Gläubigen! Fürchtet Allah und seid mit den Wahrhaftigen!" (9:119)
"...Und die wahrhaften Männer und die wahrhaften Frauen... Allah hat ihnen Vergebung und einen gewaltigen Lohn verheißen." (33:35)
"...Dann wäre es am besten für sie, wenn sie sich für Allah aufrichtig einsetzten." (47:21)

Hadith 54: Abdullâh ibn Mas'ûd (r) berichtet, dass der Gesandte Allahs (s) sagte: "Aufrichtigkeit führt auf den Weg der Tugend, und die Tugend führt zum Paradies. Ein Mensch, der nur die Wahrheit spricht, wird von Allah *siddîq*[45] genannt. Und das Lügen führt zum Übel, und Übel führt ins Höllenfeuer; und ein Mensch, der immer wieder lügt, wird von Allah Lügner genannt."
(Al-Bukhâri und Muslim)

Hadith 55: Abu Muhammad al-Hasan ibn Alî ibn Abi Tâlib (r) berichtet: Ich habe von dem Gesandten Allahs (s) auswendig gelernt: "Lass das, was in dir Zweifel weckt, für das, was dir keine Zweifel verursacht."
(At-Tirmidhi)
Dies ist ein gesunder Hadith (*sahîh*).

Hadith 56: Abu Sufyân Sakhr ibn Harb (r) erzählte in seinem langen Bericht über das, was sich bei (dem oströmischen Kaiser) Heraklios ereignet hatte, dass Heraklios fragte: "Was lehrt er (der Prophet (s)) euch?", und Abu Sufyân fuhr fort: "Ich antwortete: 'Betet zu Allah allein und gesellt ihm nichts bei und wendet euch von dem ab, was eure Vorfahren sagten', und er hält uns dazu an, das Gebet zu verrichten, aufrichtig zu sein, züchtig zu bleiben und die Verwandtschaftsbande zu achten."
(Al-Bukhâri und Muslim)

---

[45] *siddîq* heiß auf Deutsch "rechtschaffen".

٥٧ ـ الرَّابعُ: عَنْ أبي ثَابِتٍ، وَقِيلَ: أبي سَعِيدٍ، وَقِيلَ: أبي الوَلِيدِ، سَهْلِ بنِ حُنَيْفٍ، وَهُوَ بَدْرِيٌّ، رضي الله عنه، أن النبي، ﷺ، قال: «مَنْ سَأَلَ اللَّهَ، تعالى، الشَّهَادَةَ بِصِدْقٍ بَلَّغَهُ اللَّهُ مَنَازِلَ الشُّهَدَاءِ، وَإِنْ مَاتَ عَلَى فِرَاشِهِ». رواه مسلم.

٥٨ ـ الخامسُ: عَنْ أبي هُرَيْرَةَ، رضي الله عنه، قال: قال رسولُ اللَّهِ ﷺ: «غَزَا نَبِيٌّ مِنَ الأَنْبِيَاءِ، صَلَوَاتُ اللَّهِ وَسَلَامُهُ عَلَيْهِمْ، فَقَالَ لِقَوْمِهِ: لا يَتْبَعْنِي رَجُلٌ مَلَكَ بُضْعَ امْرَأَةٍ، وَهُوَ يُرِيدُ أَنْ يَبْنِي بِهَا وَلَمَّا يَبْنِ بِهَا، وَلا أَحَدٌ بَنَى بُيُوتاً لَمْ يَرْفَعْ سُقُوفَهَا، وَلا أَحَدٌ اشْتَرَى غَنَماً أَوْ خَلِفَاتٍ وَهُوَ يَنْتَظِرُ أَوْلادَهَا. فَغَزَا، فَدَنَا مِنَ القَرْيَةِ صَلاةَ العَصْرِ أَوْ قَرِيباً مِنْ ذَلِكَ، فَقَالَ لِلشَّمْسِ: إِنَّكِ مَأْمُورَةٌ وَأَنَا مَأْمُورٌ، اللَّهُمَّ احبِسْهَا عَلَيْنَا، فَحُبِسَتْ حَتَّى فَتَحَ اللَّهُ عَلَيْهِ، فَجَمَعَ الغَنَائِمَ، فَجَاءَتْ ـ يَعْنِي النَّارَ ـ لِتَأْكُلَهَا فَلَمْ تَطْعَمْهَا، فَقَالَ: «إِنَّ فِيكُمْ غُلُولاً، فَلْيُبَايِعْنِي مِنْ كُلِّ قَبِيلَةٍ رَجُلٌ، فَلَزِقَتْ يَدُ رَجُلٍ بِيَدِهِ، فَقَالَ: فِيكُمُ الغُلُولُ، فَلْتُبَايِعْنِي قَبِيلَتُكَ، فَلَزِقَتْ يَدُ رَجُلَيْنِ أَوْ ثَلاثَةٍ بِيَدِهِ، فَقَالَ: فِيكُمُ الغُلُولُ، فَجَاؤُوا بِرَأْسٍ مِثْلِ رَأْسِ بَقَرَةٍ مِنَ الذَّهَبِ، فَوَضَعَهَا فَجَاءَتِ النَّارُ فَأَكَلَتْهَا، فَلَمْ تَحِلَّ الغَنَائِمُ لأَحَدٍ قَبْلَنَا، ثُمَّ أَحَلَّ اللَّهُ لَنَا الغَنَائِمَ لَمَّا رَأَى ضَعْفَنَا وَعَجْزَنَا فَأَحَلَّهَا لَنَا». متفقٌ عليه.

«الخَلِفَاتُ» بفتح الخاء المعجمة وكسر اللام: جَمْعُ خَلِفَةٍ، وَهِيَ النَّاقَةُ الحَامِلُ.

٥٩ ـ السَّادِسُ: عن أبي خَالِدٍ حَكِيمِ بنِ حِزَامٍ ـ رضي الله عنه ـ قال: قال رسولُ اللَّهِ ﷺ: «البَيِّعَانِ بالخِيَارِ ما لم يَتَفَرَّقَا، فإن صَدَقَا وبَيَّنَا بُورِكَ لَهُما في

1. Buch der Gebote

Hadith 57: Sahl ibn Hunaif (r) berichtet, dass der Prophet (s) sagte: "Derjenige, der Allah aufrichtig um Märtyrertum bittet, wird von ihm in den Stand eines Märtyrers erhoben, auch wenn er in seinem Bett stirbt."
(Muslim)

Hadith 58: Abu Huraira (r) berichtet, dass der Gesandte Allahs (s) folgendes Gleichnis erzählte: Einer der früheren Propheten verkündete seinem Volk, als er zum *Dschihâd* auszog, dass derjenige, der beabsichtigt, seine Frau, die er geheiratet, aber noch nicht zu seinem Haus gebracht, nach Hause zu bringen, oder derjenige, der die Mauern eines Hauses gebaut hat, doch noch kein Dach darauf gesetzt hat, oder derjenige, der trächtige Ziegen oder Kamele erworben hat, und auf die Geburt ihrer Nachkommenschaft wartet, ihn nicht begleiten darf. Dann brach er zu der Stadt auf, die sein Ziel war. Er kam dort ungefähr zur Zeit des Nachmittagsgebets an, und sagte zur Sonne: "Du gehorchst dem Befehl Allahs, und auch ich gehorche Seinem Befehl." Dann betete er: "Oh Allah! Halte die Sonne zurück für uns."; und sie wurde zurückgehalten, bis Allah ihm den Sieg gab. Sodann wurde die Beute gesammelt, um als Opfer verbrannt zu werden, aber das Feuer vertilgte sie nicht. Da verkündete er: "Einer von euch hat einen Teil der Beute unterschlagen, lasst daher von jedem Stamm einen mir huldigen." Bei der Huldigung blieb die Hand eines dieser Männer an der des Propheten haften, und er (s) sagte: "Einer aus deinem Stamm hat die Veruntreuung begangen. Lass darum nun jeden Mann deines Stammes mir huldigen." Während dieser Huldigungen blieben die Hände von zwei oder drei Personen an der Hand des Propheten haften, und er sagte, dass sie Veruntreuungen begangen hätten. Sie gingen also und brachten einen Kuhkopf aus Gold, der zur Beute gestellt wurde, und das Feuer fraß nun alles. Kriegsbeute war niemandem vor uns gestattet. Allah erlaubte sie uns nur aufgrund unserer Schwäche und Mittellosigkeit.
(Al-Bukhâri und Muslim)

Hadith 59: Abu Khâlid Hakîm ibn Hizâm (r) berichtet, dass Allahs Gesandter (s) sagte: "Eine Verkaufsvereinbarung kann widerrufen werden, solange Käufer und Verkäufer sich noch nicht voneinander getrennt haben. Wenn sie sich die Wahrheit sagen und alles offen legen, wird ihr Handel gesegnet sein; wenn sie jedoch verschweigen und lügen, wird der Segen ihres Handels nichtig."
(Al-Bukhâri und Muslim)

بيعهما، وإن كذبا وكتما مُحقَت بركةُ بيعهما». متفق عليه

١ - ٥ - باب المراقبة

قال اللهُ تعالى: ﴿الَّذِي يَرَاكَ حِينَ تَقُومُ وَتَقَلُّبَكَ فِي السَّاجِدِينَ﴾ [الشعراء: ٢١٩، ٢٢٠]، وقال تعالى: ﴿وَهُوَ مَعَكُمْ أَيْنَمَا كُنْتُمْ﴾ [الحديد: ٤] وقال تعالى: ﴿إِنَّ اللَّهَ لَا يَخْفَى عَلَيْهِ شَيْءٌ فِي الْأَرْضِ وَلَا فِي السَّمَاءِ﴾ [آل عمران: ٦] وقال تعالى: ﴿إِنَّ رَبَّكَ لَبِالْمِرْصَادِ﴾ [الفجر: ١٤] وقال تعالى: ﴿يَعْلَمُ خَائِنَةَ الْأَعْيُنِ وَمَا تُخْفِي الصُّدُورُ﴾ [غافر: ١٩] والآياتُ في الباب كثيرةٌ معلومةٌ.

٦٠ - وأمَّا الأحاديثُ، فالأوَّلُ: عن عُمرَ بن الخطاب، رضي الله عنه، قال: بينما نحنُ جلوسٌ عندَ رسولِ اللهِ، ﷺ، ذاتَ يومٍ إذ طلعَ علينا رجلٌ شديدُ بياضِ الثيابِ، شديدُ سوادِ الشعرِ، لا يُرى عليه أثرُ السفرِ، ولا يعرفُه منا أحدٌ، حتى جلسَ إلى النبيِّ، ﷺ، فأسندَ ركبتيه إلى ركبتيه، ووضعَ كفَّيْهِ على فخذيهِ وقال: يا محمدُ أخبرني عن الإسلامِ، فقال رسولُ اللهِ ﷺ: «الإسلامُ أن تشهدَ أن لا إله إلا اللهُ، وأنَّ محمداً رسولُ اللهِ، وتُقيمَ الصلاةَ، وتُؤتيَ الزكاةَ، وتصومَ رمضانَ، وتحجَّ البيتَ إن استطعتَ إليه سبيلاً». قال: صدقتَ. فعجبنا له، يسألُه ويُصدِّقُه! قال: فأخبرني عن الإيمان. قال: «أن تؤمنَ باللهِ، وملائكتِه، وكتبِه، ورسلِه، واليومِ الآخرِ، وتؤمنَ بالقدرِ خيرِه وشرِّه». قال: صدقتَ. قال: فأخبرني عن

1. Buch der Gebote

Kapitel 5
Beaufsichtigung

Qur'ân: Allah, der Erhabene, spricht:
"Und setze dein Vertrauen in den Allmächtigen, den Allbarmherzigen, Der dich sieht, wie du (allein beim Gebet) stehst, und wie du dich bewegst unter denen, die sich niederwerfen." (26:217-219)
"Und Er ist bei euch, wo ihr auch seid. Und Allah sieht, was ihr tut." (57:4)
"Vor Allah ist wahrlich nichts verborgen, weder auf Erden, noch im Himmel." (3:5)
"Dein Herr ist wahrlich ständig auf der Wacht." (89:14)
"Er kennt die Täuschung der Blicke und das, was die Herzen verborgen halten." (40:19)

Hadith 60: Umar ibn al-Khattâb (r) berichtet: Einst, als wir bei dem Gesandten Allahs (s) saßen, erschien plötzlich ein Mann, dessen Kleidung strahlend weiß und dessen Haar tief schwarz war, und der kein Anzeichen einer Reise an sich hatte, und den niemand von uns kannte. Er setzte sich neben den Propheten (s), wobei seine Knie die des Propheten (s) berührten. Die Hände auf seine Oberschenkel legend sagte er: "Oh Muhammad! Kläre mich auf, was wirklich Islam ist." Der Prophet (s) sagte: "Islam ist, dass du bezeugen sollst, dass es keinen Gott außer Allah allein gibt und dass Muhammad (s) sein Gesandter ist, und dass du das Gebet verrichtest, die *Zakât* zahlst, das Fasten während des Monats Ramadân beachtest und die Pilgerfahrt zum Hause Allahs durchführst, wenn du dazu in der Lage bist." Der Mann sagte: "Das ist richtig!" Und wir waren erstaunt, dass er ihn fragte und sogleich die Richtigkeit der Antwort bestätigte. Dann sagte er: "Erzähle mir vom Glauben!" Der Prophet (s) sagte: "Du sollst glauben an Allah, an Seine Engel, an Seine Bücher, an Seine Propheten, an den Jüngsten Tag, und du sollst glauben,

الإحْسانِ. قال: «أَنْ تَعْبُدَ اللَّهَ كَأَنَّكَ تَرَاهُ، فإن لَمْ تَكُنْ تَرَاهُ فَإِنَّهُ يَرَاكَ». قالَ: فَأَخْبِرْني عَنِ السَّاعَةِ. قالَ: «مَا المَسْؤُولُ عَنْهَا بِأَعْلَمَ مِنَ السَّائِلِ». قالَ: فَأَخْبِرْني عَنْ أَمَارَاتِهَا. قالَ: «أَنْ تَلِدَ الأَمَةُ رَبَّتَهَا، وَأَنْ تَرَى الحُفَاةَ العُرَاةَ العَالَةَ رِعَاءَ الشَّاءِ يَتَطَاوَلُونَ في البُنْيَانِ». ثُمَّ انْطَلَقَ، فَلَبِثْتُ مَلِيًّا، ثُمَّ قَالَ لي: «يا عُمَرُ أَتَدْري، مَنِ السَّائِلُ؟» قلتُ: اللَّهُ وَرَسُولُهُ أَعْلَمُ. قالَ: «فإنَّهُ جِبْريلُ، أَتَاكُمْ يُعَلِّمُكُمْ أَمْرَ دِينِكُمْ». رواه مسلم.

وَمَعْنى: «تَلِدُ الأَمَةُ رَبَّتَهَا» أي: سَيِّدَتَهَا؛ ومعناهُ أَنْ تَكْثُرَ السَّرَارِي حَتَّى تَلِدَ الأَمَةُ السُّرِّيَّةُ بِنْتاً لِسَيِّدِهَا، وبِنْتُ السَّيِّدِ في مَعْنَى السَّيِّدِ، وقِيلَ غَيْرُ ذلكَ. و«العَالَةُ»: الفُقَرَاءُ. وقولُهُ «مَلِيًّا» أي: زَمَناً طويلاً، وكَانَ ذلك ثَلَاثاً.

٦١ ـ الثَّاني: عَنْ أبي ذَرٍّ جُنْدُبِ بنِ جُنَادَةَ، وأبي عَبْدِ الرَّحْمنِ مُعَاذِ بنِ جَبَلٍ، رضي الله عنهما، عَنْ رسولِ اللهِ، ﷺ، قال: «اتَّقِ اللَّهَ حَيْثُمَا كُنْتَ وَأَتْبِعِ السَّيِّئَةَ الحَسَنَةَ تَمْحُهَا، وخَالِقِ النَّاسَ بِخُلُقٍ حَسَنٍ» رواه التِّرْمِذيُّ وقال: حديثٌ حسنٌ

٦٢ ـ الثَّالِثُ: عَنِ ابْنِ عَبَّاسٍ، رضيَ اللَّهُ عنهما، قال: كُنْتُ خَلْفَ النَّبِيِّ، ﷺ، يَوْماً فَقَالَ: «يَا غُلَامُ إِنِّي أُعَلِّمُكَ كَلِمَاتٍ: احْفَظِ اللَّهَ يَحْفَظْكَ، احْفَظِ اللَّهَ تَجِدْهُ تُجَاهَكَ، إذا سَأَلْتَ فَاسْأَلِ اللَّهَ، وَإِذَا اسْتَعَنْتَ فَاسْتَعِنْ بِاللَّهِ، واعْلَمْ: أَنَّ الأُمَّةَ لَوِ اجْتَمَعَتْ عَلَى أَنْ يَنْفَعُوكَ بِشَيْءٍ، لَمْ يَنْفَعُوكَ إِلَّا بِشَيْءٍ قَدْ كَتَبَهُ اللَّهُ لَكَ، وإن اجْتَمَعُوا عَلَى أَنْ يَضُرُّوكَ بِشَيْءٍ؛ لَمْ يَضُرُّوكَ إِلَّا بِشَيْءٍ قَدْ كَتَبَهُ اللَّهُ عَلَيْكَ؛ رُفِعَتِ الأَقْلَامُ، وَجَفَّتِ الصُّحُفُ». رواه التِّرْمِذيُّ وقال: حديثٌ حسنٌ صحيحٌ.

1. Buch der Gebote

dass Er das Schicksal bestimmt, sei es gut oder schlecht." Der Mann sagte: "Das ist richtig! Jetzt erzähle mir vom rechten Tun." Der Prophet (s) sagte: "Du sollst Allah anbeten, als ob du ihn siehst, und wenn du ihn auch nicht siehst, so bedenke, dass Er dich beobachtet." Der Mann sagte: "Nun erzähle mir vom Jüngsten Tag." Der Prophet (s) sagte: "Davon weiß der Gefragte nicht mehr als der Fragende." Der Mann sagte dann: "Nun, so lass mich einige der Zeichen des Jüngsten Tages wissen." Der Prophet (s) sagte: "Dass die Dienerin ihren Herrn gebärt und dass barfüßige, nackte, mittellose Schafhirten Bauten in die Höhe ziehen." Dann verabschiedete sich der Mann, und ich blieb noch geraume Zeit dort. Schließlich sagte der Prophet (s) zu mir: "Oh Umar, weißt du, wer dieser Fragesteller war?" Ich antwortete: "Allah und Sein Gesandter (s) wissen es am besten!" Da sagte er: "Es war Gabriel, der kam, um euch zu unterweisen und euch eure Religion zu lehren."
(Muslim)

Hadith 61: Abu Dharr Dschundub ibn Dschunâda und Mu'âdh ibn Dschabal (r) überliefern, dass Allahs Gesandter (s) sagte: "Fürchte Allah, wo immer du bist, und lass der bösen Tat eine gute folgen, so wird sie sie auslöschen, und verhalte dich den Menschen gegenüber auf die beste Weise!"
(At-Tirmidhi)
Dies ist ein guter Hadith (*hasan*).

Hadith 62: Ibn Abbâs (r) berichtet, dass er auf dem Reittier hinter dem Propheten saß, als er (s) zu ihm sagte: "Mein Junge! Ich lehre dich einige Worte: Bewahre Allah, so wird Er dich bewahren. Bewahre Allah, dann wirst du Ihn bei dir finden. Wenn du irgendjemanden bittest, dann bitte Allah. Wenn du Hilfe suchst, dann suche Hilfe bei Allah. Und wisse, dass, wenn die gesamte Gemeinde beschließt, dir in einer Sache zu nutzen, sie dir nur in etwas nutzt, das Allah schon für dich niedergeschrieben hat, und dass sie, wenn sie beschließt, dir in einer Sache zu schaden, dir nur in etwas schadet, das Allah schon für dich niedergeschrieben hat. Die Schreibfedern sind abgesetzt und die Tinte ist getrocknet."
(At-Tirmidhi)
Dies ist ein guter und gesunder Hadith (*hasan sahîh*).

وفي رواية غير التِّرْمذيِّ: «احْفَظِ اللَّهَ تَجِدْهُ أَمَامَكَ، تَعَرَّفْ إلى اللَّهِ في الرَّخَاءِ يَعْرِفْكَ في الشِّدَّةِ، وَاعْلَمْ أنَّ مَا أَخْطَأَكَ لَمْ يَكُنْ لِيُصِيبَكَ وَمَا أَصَابَكَ لَمْ يَكُنْ لِيُخْطِئَكَ، وَاعْلَمْ أنَّ النَّصْرَ مَعَ الصَّبْرِ، وَأنَّ الفَرَجَ مَعَ الكَرْبِ، وَأنَّ مَعَ العُسْرِ يُسْراً».

٦٣ ـ الرَّابعُ: عَنْ أَنَسٍ رضي الله عنه قال: إنَّكُمْ لَتَعْمَلُونَ أَعْمَالاً هِيَ أَدَقُّ في أَعْيُنِكُمْ مِنَ الشَّعْرِ، كُنَّا نَعُدُّهَا عَلى عَهْدِ رَسُولِ اللَّهِ ﷺ مِنَ المُوبِقَاتِ. رواه البخاري. وقال: «المُوبِقَاتُ»: المُهْلِكَاتُ.

٦٤ ـ الخَامسُ: عَنْ أبي هُرَيْرَةَ، رضي الله عنه، عن النبيِّ ﷺ قال: «إنَّ اللَّهَ تَعَالَى يَغَارُ، وَغَيْرَةُ اللَّهِ ـ تَعَالَى ـ أَنْ يَأْتِيَ المُؤْمِنُ مَا حَرَّمَ اللَّهُ عَلَيْهِ». متفقٌ عليه. و«الغَيْرَةُ»: بفتح الغين، وأصلُها الأَنَفَةُ.

٦٥ ـ السَّادِسُ: عَنْ أبي هُرَيْرَةَ رضي الله عنه: أنَّهُ سمع النبيَّ ﷺ يَقُولُ: «إنَّ ثَلاثَةً في بَني إسْرائِيلَ: أَبْرَصَ، وأَقْرَعَ، وأعْمَى أَرَادَ اللَّهُ أَنْ يَبْتَلِيَهُمْ فَبَعَثَ إلَيْهِمْ مَلَكاً، فَأَتَى الأَبْرَصَ فَقَالَ: أيُّ شَيْءٍ أَحَبُّ إلَيْكَ؟ قَالَ: لَوْنٌ حَسَنٌ، وَجِلْدٌ حَسَنٌ، وَيَذْهَبُ عَنِّي الَّذي قَدْ قَذِرَني النَّاسُ، فَمَسَحَهُ فَذَهَبَ عَنْهُ قَذَرُهُ وَأُعْطِيَ لَوْناً حَسَناً وَجِلْداً حَسَناً. قَالَ: فَأَيُّ المَالِ أَحَبُّ إلَيْكَ. قَالَ: الإبِلُ، أَوْ قَالَ البَقَرُ» شَكَّ الرَّاوي، «إلاَّ أنَّ الأَبْرَصَ أَوِ الأَقْرَعَ قَالَ أحَدُهُمَا: الإبِلُ. وقالَ الآخَرُ: البَقَرُ فَأُعْطِيَ نَاقَةً عُشَرَاءَ، فَقَالَ: بَارَكَ اللَّهُ لَكَ فِيهَا.

1. Buch der Gebote

In einer anderen Version, außer der bei At-Tirmidhi, heißt es: "Bewahre Allah, dann findest du Ihn bei dir. Lerne Allah kennen, solange du sorglos bist, dann kennt Er dich in der Not. Wisse, dass das, was dich verfehlte, dich nicht treffen sollte. Und was dich trifft, sollte dich nicht verfehlen. Und wisse, dass der Sieg auf Seiten der Geduld ist, dass Trost mit Sorge und Not mit Erleichterung einher geht."

Hadith 63: Anas ibn Mâlik (r) sagte: "Ihr tut Dinge, die ihr als winzige Sünden betrachtet, die wir hingegen zur Zeit des Propheten (s) als schwer wiegende Sünden betrachteten."
(Al-Bukhâri)

Hadith 64: Abu Huraira (r) überliefert, dass Allahs Gesandter (s) sagte: "Allah, der Erhabene, ist selbstachtungsvoll, und Seine Selbstachtung zeigt sich, sobald der Mensch beginnt, Dinge zu tun, die Er verboten hat."
(Al-Bukhâri und Muslim)

Hadith 65: Abu Huraira (r) überliefert, dass er den Gesandten Allahs (s) folgendes Gleichnis erzählen hörte: Es waren drei vom Volke Israel, die Allah prüfen wollte. Der erste war ein Leprakranker, der zweite ein Kahlköpfiger und der dritte war blind. Er sandte ihnen einen Engel in Menschengestalt zu. Dieser ging zu dem Leprakranken und fragte: "Was möchtest du am liebsten?" Er antwortete: "Eine schöne Farbe und hübsche Haut und Heilung von dieser Krankheit, die die Menschen mich meiden ließ." Der Engel strich mit seiner Hand über seinen Körper, und seine Krankheit verschwand und sein Körper bekam eine schöne Farbe. Dann fragte ihn der Engel weiter: "Welchen Besitz hättest du am liebsten?" Der Mann sagte: "Kamele (oder Kühe[46])." Daraufhin wurde dem Mann eine trächtige Kamelstute gegeben, und der Engel sagte: "Möge Allah sie für dich segnen." Sodann ging er zu dem kahlköpfigen Mann und fragte ihn: "Was möchtest du am liebsten?" Der Mann antwortete: "Schönes Haar und Ersatz für das Fehlende, weswegen mich die Leute verabscheuen." Der Engel fuhr mit seiner Hand (über seinen Kopf), und seine Krankheit war geheilt und er bekam schönes Haar. Daraufhin fragte ihn der Engel: "Welchen Besitz hättest du am liebsten?" Der Mann sagte: "Rinder!", worauf ihm eine trächtige Kuh gegeben wurde, und der Engel sagte: "Möge Allah sie für dich segnen!" Sodann kam der Engel zu dem Mann,

---

[46] Der Überlieferer ist sich hier nicht sicher.

فَأَتَى الأَقْرَعَ فَقَالَ: أَيُّ شَيْءٍ أَحَبُّ إِلَيْكَ؟ قَالَ: شَعْرٌ حَسَنٌ، وَيَذْهَبُ عَنِّي هٰذَا الَّذِي قَذِرَنِي النَّاسُ، فَمَسَحَهُ فَذَهَبَ عَنْهُ وَأُعْطِيَ شَعْراً حَسَناً. قَالَ: فَأَيُّ المَالِ أَحَبُّ إِلَيْكَ؟ قَالَ: البَقَرُ، فَأُعْطِيَ بَقَرَةً حَامِلاً، وَقَالَ: بَارَكَ اللهُ لَكَ فِيهَا.

فَأَتَى الأَعْمَى فَقَالَ: أَيُّ شَيْءٍ أَحَبُّ إِلَيْكَ؟ قَالَ: أَنْ يَرُدَّ اللهُ إِلَيَّ بَصَرِي، فَأُبْصِرُ بِهِ النَّاسَ، فَمَسَحَهُ فَرَدَّ اللهُ بَصَرَهُ، قَالَ: فَأَيُّ المَالِ أَحَبُّ إِلَيْكَ؟ قَالَ: الغَنَمُ، فَأُعْطِيَ شَاةً وَالِداً.

فَأَنْتَجَ هٰذَانِ، وَوَلَّدَ هٰذَا، فَكَانَ لِهٰذَا وَادٍ مِنَ الإِبِلِ، وَلِهٰذَا وَادٍ مِنَ البَقَرِ، وَلِهٰذَا وَادٍ مِنَ الغَنَمِ.

ثُمَّ إِنَّهُ أَتَى الأَبْرَصَ فِي صُورَتِهِ وَهَيْئَتِهِ، فَقَالَ: رَجُلٌ مِسْكِينٌ قَدِ انْقَطَعَتْ بِيَ الحِبَالُ فِي سَفَرِي، فَلَا بَلَاغَ لِيَ اليَوْمَ إِلَّا بِاللهِ ثُمَّ بِكَ، أَسْأَلُكَ بِالَّذِي أَعْطَاكَ اللَّوْنَ الحَسَنَ، وَالجِلْدَ الحَسَنَ، وَالمَالَ، بَعِيراً أَتَبَلَّغُ بِهِ فِي سَفَرِي، فَقَالَ: الحُقُوقُ كَثِيرَةٌ. فَقَالَ لَهُ: كَأَنِّي أَعْرِفُكَ، أَلَمْ تَكُنْ أَبْرَصَ يَقْذَرُكَ النَّاسُ؟ فَقِيراً؟ فَأَعْطَاكَ اللهُ!؟ فَقَالَ: إِنَّمَا وَرِثْتُ هٰذَا المَالَ كَابِراً عَنْ كَابِرٍ، فَقَالَ: إِنْ كُنْتَ كَاذِباً فَصَيَّرَكَ اللهُ إِلَى مَا كُنْتَ.

وَأَتَى الأَقْرَعَ فِي صُورَتِهِ وَهَيْئَتِهِ، فَقَالَ لَهُ مِثْلَ مَا قَالَ لِهٰذَا، وَرَدَّ عَلَيْهِ مِثْلَ مَا رَدَّ عَلَىٰ هٰذَا، فَقَالَ: إِنْ كُنْتَ كَاذِباً فَصَيَّرَكَ اللهُ إِلَى مَا كُنْتَ.

وَأَتَى الأَعْمَى فِي صُورَتِهِ وَهَيْئَتِهِ، فَقَالَ: رَجُلٌ مِسْكِينٌ وَابْنُ سَبِيلٍ انْقَطَعَتْ بِيَ الحِبَالُ فِي سَفَرِي، فَلَا بَلَاغَ لِيَ اليَوْمَ إِلَّا بِاللهِ ثُمَّ بِكَ، أَسْأَلُكَ بِالَّذِي رَدَّ عَلَيْكَ بَصَرَكَ شَاةً أَتَبَلَّغُ بِهَا فِي سَفَرِي؟ فَقَالَ: قَدْ كُنْتُ أَعْمَى فَرَدَّ اللهُ إِلَيَّ بَصَرِي، فَخُذْ مَا شِئْتَ وَدَعْ مَا شِئْتَ، فَوَاللهِ مَا أَجْهَدُكَ اليَوْمَ بِشَيْءٍ أَخَذْتَهُ لِلهِ عَزَّ وَجَلَّ. فَقَالَ: أَمْسِكْ مَالَكَ، فَإِنَّمَا ابْتُلِيتُمْ، فَقَدْ رَضِيَ اللهُ عَنْكَ، وَسَخِطَ عَلَى صَاحِبَيْكَ». مُتَّفَقٌ عَلَيْهِ.

1. Buch der Gebote

der blind war, und fragte ihn: "Was möchtest du am liebsten?" Er sagte: "Dass Allah mir mein Sehvermögen wiedergeben möge, damit ich die Leute um mich herum sehen kann." Der Engel strich ihm mit seiner Hand über die Augen, und Allah gab ihm sein Sehvermögen wieder. Dann fragte ihn der Engel: "Welchen Besitz hättest du am liebsten?" Der Mann sagte: "Ziegen!", und ihm wurde eine trächtige Ziege gegeben.
Diese Tiere brachten ihre Jungen zur Welt, und bald hatte einer ein Tal voller Kamele, der andere ein Tal voller Kühe und der dritte ein Tal voller Ziegen.
Nach einiger Zeit besuchte der Engel den Leprakranken in dessen ursprünglicher Gestalt und sagte zu ihm: "Ich bin arm und habe alle Mittel zum Lebensunterhalt im Verlauf meiner Reise aufgebraucht, und nun weiß ich nicht mehr, an wen ich mich wenden soll, außer an dich und an Allah. Ich bitte dich im Namen Dessen, der dir eine angenehme Farbe gegeben hat und schöne Haut und Wohlstand, mich mit einem Kamel auszustatten, um meine Reise zu vollenden." Er antwortete: "Ich habe viele Verpflichtungen zu erfüllen." Da sagte der Engel: "Mir scheint, dass ich dich vorher schon einmal gesehen habe. Warst du nicht ein Leprakranker, der von den Leuten gemieden wurde, der arm war, und den Allah reich machte?" Der Mann sagte: "Ich habe diesen Besitz von meinen Vorfahren geerbt." Der Engel sagte: "Wenn du eine Lüge sprichst, möge Allah dich in den Zustand zurückversetzen, in dem du warst." Dann kam er zu dem Kahlköpfigen in dessen ursprünglicher Gestalt, wiederholte seine Bitte und erhielt eine Antwort ähnlich der, die er von dem Leprakranken bekommen hatte. Auch zu diesem sagte er: "Wenn du eine Lüge sprichst, möge Allah dich in den Zustand zurückversetzen, in dem du warst." Darauf besuchte der Engel den blinden Mann in dessen früheren Gestalt und sagte zu ihm: "Ich bin ein armer Reisender. Meine Vorräte sind aufgebraucht und ich kann mein Reiseziel nicht erreichen, außer mit deiner oder Allahs Hilfe. Ich bitte dich im Namen Allahs, der dir deine Sehfähigkeit zurückgegeben hat, mir eine Ziege zu geben, die sich als Hilfe erweisen mag, mein Ziel zu erreichen." Der Mann sagte: "Ich war wirklich blind, und Allah gab mir mein Augenlicht zurück. Du magst nehmen was du willst, und zurücklassen was du willst. Bei Allah, ich werde dir nichts verweigern, was auch immer du im Namen Allahs, des Allmächtigen und Erhabenen, zu nehmen wünschst." Der Engel sagte: "Behalte alles, was du hast. Ihr wurdet alle drei versucht. Allah ist wahrhaft über dich erfreut und erbost über deine Gefährten."
(Al-Bukhâri und Muslim)

«وَالنَّاقَةُ الْعُشَرَاءُ» بِضَمِّ العَيْنِ وفَتْحِ الشِّيْنِ وبالْمَدِّ: هِيَ الحَامِلُ. قَوْلُهُ: «أَنْتَجَ» وفي روايةٍ «فَتَجَ» مَعْنَاهُ: تَوَلَّى نِتَاجَهَا، وَالنَّاتِجُ لِلنَّاقَةِ كَالْقَابِلَةِ لِلْمَرْأَةِ. وقَوْلُهُ: «وَلَّدَ هَذَا» هُوَ بِتَشْدِيدِ اللَّامِ. أَيْ: تَوَلَّى وِلَادَتَهَا، وَهُوَ بِمَعْنَى نَتَجَ في النَّاقَةِ. فَالمُوَلَّدُ، وَالنَّاتِجُ، وَالقَابِلَةُ بِمَعْنَى؛ لَكِنْ هَذَا لِلْحَيَوَانِ وَذَاكَ لِغَيْرِهِ. وَقَوْلُهُ: «انْقَطَعَتْ بِيَ الحِبَالُ» هُوَ بالحَاءِ المُهْمَلَةِ وَالبَاءِ المُوَحَّدَةِ؛ أَيِ الأَسْبَابُ. وَقَوْلُهُ: «لَا أَجْهَدُكَ» مَعْنَاهُ: لَا أَشُقُّ عَلَيْكَ في رَدِّ شَيْءٍ تَأْخُذُهُ أَوْ تَطْلُبُهُ مِنْ مَالِي. وفي رِوَايَةِ البُخَارِيِّ: «لَا أَحْمَدُكَ» بالحَاءِ المُهْمَلَةِ وَالمِيمِ، وَمَعْنَاهُ: لَا أَحْمَدُكَ بِتَرْكِ شَيْءٍ تَحْتَاجُ إِلَيْهِ، كَمَا قَالُوا: لَيْسَ عَلَى طُولِ الحَيَاةِ نَدَمٌ، أَيْ عَلَى فَوَاتِ طُولِهَا.

٦٦ - السَّابِعُ: عَنْ أَبِي يَعْلَى شَدَّادِ بْنِ أَوْسٍ رَضِيَ اللهُ عَنْهُ عَنِ النَّبِيِّ ﷺ قَالَ: «الكَيِّسُ مَنْ دَانَ نَفْسَهُ، وَعَمِلَ لِمَا بَعْدَ المَوْتِ، وَالعَاجِزُ مَنْ أَتْبَعَ نَفْسَهُ هَوَاهَا، وَتَمَنَّى عَلَى اللهِ».

رَوَاهُ التِّرْمِذِيُّ وقَالَ: حَدِيثٌ حَسَنٌ.

قَالَ التِّرْمِذِيُّ وَغَيْرُهُ مِنَ العُلَمَاءِ: مَعْنَى «دَانَ نَفْسَهُ»: حَاسَبَهَا.

٦٧ - الثَّامِنُ: عَنْ أَبِي هُرَيْرَةَ رَضِيَ اللهُ عَنْهُ قَالَ: قَالَ رَسُولُ اللهِ ﷺ: «مِنْ حُسْنِ إِسْلَامِ المَرْءِ تَرْكُهُ مَا لَا يَعْنِيهِ» حَدِيثٌ حَسَنٌ رَوَاهُ التِّرْمِذِيُّ وَغَيْرُهُ.

٦٨ - التَّاسِعُ: عَنْ عُمَرَ رَضِيَ اللهُ عَنْهُ عَنِ النَّبِيِّ ﷺ قَالَ: «لَا يُسْأَلُ الرَّجُلُ فِيمَ ضَرَبَ امْرَأَتَهُ». رَوَاهُ أَبُو دَاوُدَ وَغَيْرُهُ.

1. Buch der Gebote

Hadith 66: Abu Ya'lâ Schaddâd ibn Aus (r) führt an: Der Gesandte Allahs (s) sagte: "Scharfsinnig ist derjenige, der sich selbst kritisch betrachtet und nach dem strebt, was ihm nach dem Tode zum Wohl gereichen wird; und schwachsinnig ist derjenige, der Sklave seiner Begierden bleibt, und von Allah nur die Erfüllung seiner Wünsche erbittet."
(At-Tirmidhi)
Dies ist ein guter Hadith (*hasan*).

Hadith 67: Abu Huraira (r) überliefert, dass Allahs Gesandter (s) sagte: "Zum guten Muslim-Sein gehört, zu lassen, was einen nichts angeht."
(At-Tirmidhi und andere)
Nach At-Tirmidhi ist dies ein guter Hadith (*hasan*).

Hadith 68: Umar (r) überliefert, dass der Prophet (s) sagte: "Man soll einen Ehemann nicht nach dem Grund fragen, weshalb er seine Frau geschlagen hat."
(Abu Dâwûd und andere).[47]

---
[47] Nach Meinung einiger Gelehrter ist dieses Hadith schwach belegt (*isnâd da'îf*).

١ - ٦ - باب التقوى

قال الله تعالى: ﴿يَا أَيُّهَا الَّذِينَ آمَنُوا اتَّقُوا اللَّهَ حَقَّ تُقَاتِهِ﴾ [آل عمران: ١٠٢] وقال تعالى: ﴿فَاتَّقُوا اللَّهَ مَا اسْتَطَعْتُمْ﴾ [التغابن: ١٦] وهذه الآية مبينة للمراد من الأولى. وقال الله تعالى: ﴿يَا أَيُّهَا الَّذِينَ آمَنُوا اتَّقُوا اللَّهَ وَقُولُوا قَوْلًا سَدِيدًا﴾ [الأحزاب: ٧٠] والآيات في الأمر بالتقوى كثيرة معلومة، وقال تعالى: ﴿وَمَنْ يَتَّقِ اللَّهَ يَجْعَلْ لَهُ مَخْرَجًا وَيَرْزُقْهُ مِنْ حَيْثُ لَا يَحْتَسِبُ﴾ [الطلاق: ٢، ٣] وقال تعالى: ﴿إِنْ تَتَّقُوا اللَّهَ يَجْعَلْ لَكُمْ فُرْقَانًا وَيُكَفِّرْ عَنْكُمْ سَيِّئَاتِكُمْ وَيَغْفِرْ لَكُمْ وَاللَّهُ ذُو الْفَضْلِ الْعَظِيمِ﴾ [الأنفال: ٢٩] والآيات في الباب كثيرة معلومة. وأما الأحاديث

٦٩ - فالأول: عن أبي هريرة، رضي الله عنه، قال: قيل: يا رسولَ اللهِ مَنْ أكرمُ الناسِ؟ قال: «أتقاهُمْ». فقالوا: ليس عن هذا نسألُكَ، قال: «فيوسفُ نبيُّ الله بنُ نبيِّ الله بن نبيِّ الله بن خَليلِ اللهِ»، قالوا: ليس عن هذا نسألُكَ، قال: «فعَنْ مَعَادِنِ العَرَبِ تَسْأَلُوني؟ خِيَارُهُمْ في الجاهليةِ خيارُهُمْ في الإسلامِ إذا فَقُهُوا». متفق عليه.

و«فَقُهُوا» بضمِّ القافِ على المشهور، وحُكيَ كسرُها، أي: علِموا أحكامَ الشرع.

٧٠ - الثاني: عن أبي سعيدٍ الخُدريِّ رضي الله عنه، عن النبي ﷺ قال: «إن الدنيا حُلوةٌ خَضِرةٌ، وإنَّ الله مُسْتَخْلِفُكُمْ فيها فَيَنْظُرُ كَيْفَ تَعْمَلُونَ، فاتَّقُوا الدُّنْيَا واتَّقُوا النِّسَاءَ؛ فإنَّ أولَ فتنةِ بَني إسرائيلَ كانَتْ في النِّساءِ». رواه مسلم.

1. Buch der Gebote

Kapitel 6
Gottesfurcht (Taqwâ)

Qur'ân: Allah, der Erhabene, spricht:
"Oh die ihr glaubt! Fürchtet Allah, so wie man Ihn fürchten sollte." (3:102)
"Fürchtet also Allah, so sehr ihr könnt." (64:16)
"Oh die ihr glaubt! Fürchtet Allah und sprecht ein rechtes Wort..." (33:70)
"Und dem, der Allah fürchtet, schafft Er einen Ausweg, und versorgt ihn, von wo er nicht damit rechnet." (65:2-3)
"Oh die ihr glaubt! Wenn ihr Allah fürchtet, wird Er euch göttliche Erleuchtung zukommen lassen und eure Sünden vergeben und euch verzeihen. Und Allah ist der Herr übergroßer Huld." (8:29)

Hadith 69: Abu Huraira (r) berichtet: Man fragte den Gesandten Allahs (s), wer der Edelste unter den Menschen sei. Er sagte: "Der, der am gottesfürchtigsten ist!" Die Gefährten sagten: "Das ist nicht, was wir meinen." Er sagte: "Dann ist es Joseph, der Prophet Allahs, der Sohn eines Propheten Allahs (d.i. Jakob), der Enkel eines anderen Propheten Allahs (d.i. Isaak), der Urenkel eines anderen Propheten, Abrahams, des Freundes Allahs." Sie sagten: "Das ist auch nicht, was wir meinen." Der Prophet (s) sagte: "Ihr befragt mich also über arabische Stämme? Die besten von ihnen vor dem Islam sind auch im Islam die besten, vorausgesetzt, dass sie ihn richtig verstanden haben."
(Al-Bukhâri und Muslim)

Hadith 70: Abu Sa'îd al-Khudri (r) berichtet, dass der Prophet (s) sagte: "Diese Welt ist hübsch und grün. Allah hat euch zu seinen Treuhändern auf Erden gemacht, so dass Er euch beobachten mag, wie ihr euch verhaltet. Hütet euch also vor dem Diesseits und vor Frauengeschichten. Die erste Zwietracht unter dem Volk Israel entstand wegen der Frauen."
(Muslim)

٧١ - الثَّالِثُ: عَنِ ابنِ مَسْعُودٍ رضي الله عنه. أنَّ النَّبيَّ ﷺ كَانَ يَقُولُ: «اللَّهُمَّ إنِّي أَسْأَلُكَ الهُدَى وَالتُّقَى وَالعَفَافَ وَالغِنَى». رواه مسلم.

٧٢ - الرَّابعُ: عَنْ أبي طَرِيفٍ عَدِيِّ بنِ حَاتمٍ الطَّائِيِّ رضي الله عنه قال: سَمِعْتُ رسول اللَّهِ ﷺ يَقُولُ: «مَنْ حَلَفَ عَلَى يَمِينٍ ثُمَّ رَأى لِلَّهِ مِنْهَا فَلْيَأْتِ التَّقْوَى». رواه مسلم.

٧٣ - الخَامِسُ: عَنْ أبي أُمَامَةَ صُدَيِّ بنِ عَجْلانَ البَاهِلِيِّ رضي الله عنه قال: سَمِعْتُ رسول اللَّهِ ﷺ يَخْطُبُ في حَجَّةِ الوَدَاعِ فَقَالَ: «اتَّقُوا اللَّهَ، وَصَلُّوا خَمْسَكُمْ، وَصُومُوا شَهْرَكُمْ، وَأدُّوا زَكَاةَ أَمْوَالِكُمْ، وَأطِيعُوا أُمَرَاءَكُمْ، تَدْخُلُوا جَنَّةَ رَبِّكُمْ» رواه التِّرمذيُّ، في آخرِ كتابِ الصَّلاةِ وقال: حديثٌ حسنٌ صحيح.

١ - ٧ - باب اليَقينِ والتوكل

قال الله تعالى: ﴿وَلَمَّا رَأَى الْمُؤْمِنُونَ الْأَحْزَابَ قَالُوا: هَذَا مَا وَعَدَنَا اللَّهُ وَرَسُولُهُ، وَصَدَقَ اللَّهُ وَرَسُولُهُ، وَمَا زَادَهُمْ إِلَّا إِيمَاناً وَتَسْلِيماً﴾ [الأحزاب: ٢٢] وقال تعالى: ﴿الَّذِينَ قَالَ لَهُمُ النَّاسُ إِنَّ النَّاسَ قَدْ جَمَعُوا لَكُمْ فَاخْشَوْهُمْ فَزَادَهُمْ إِيمَاناً وَقَالُوا: حَسْبُنَا اللَّهُ وَنِعْمَ الْوَكِيلُ. فَانْقَلَبُوا بِنِعْمَةٍ مِنَ اللَّهِ وَفَضْلٍ لَمْ يَمْسَسْهُمْ سُوءٌ

1. Buch der Gebote

Hadith 71: Ibn Mas'ûd (r) überliefert, dass der Gesandte Allahs (s) zu Allah zu beten pflegte: "Oh Allah, ich bitte Dich um Rechtleitung, Frömmigkeit, Tugend und Wohlstand."[48]
(Muslim)

Hadith 72: Abu Tarîf Adî ibn Hâtim at-Tâi (r) sagte: Ich hörte den Gesandten Allahs (s) sagen: "Wenn jemand sich verpflichtet, etwas zu tun, und dann etwas entdeckt, was Allah wohlgefälliger ist, dann sollte er das Bessere davon tun."
(Muslim)

Hadith 73: Abu Umâma Sudai ibn Adschlân al-Bâhili (r) berichtet, dass er den Gesandten Allahs (s) in der Predigt auf der letzten Pilgerfahrt sagen hörte: "Fürchtet Allah, verrichtet eure fünf täglichen Gebete, fastet im Monat Ramadan, zahlt die *Zakât* vom Vermögen und gehorcht euren (gerechten) Herrschern, so dürft ihr ins Paradies eures Herrn eintreten."
(At-Tirmidhi)
Dies ist ein guter und gesunder Hadith (*hasan sahîh*).

Kapitel 7
Gewissheit und das Gottvertrauen

Qur'ân: Allah, der Erhabene, spricht:
"Und als die Gläubigen die Verbündeten sahen, sagten sie: 'Das ist, was uns Allah und Sein Gesandter versprochen haben, und Allah und Sein Gesandter haben ihr Versprechen eingehalten.' Und es bestärkte sie nur im Glauben und in völliger Ergebenheit." (33:22)
"Diejenigen, zu denen die Leute sagten: 'Wahrlich, die Leute haben sich gegen euch zusammengeschart, so fürchtet sie,' was sie nur noch in ihrem Glauben bestärkte. Und sie sagten: 'Allah ist uns genug, und was für ein

---

[48] Auf Arabisch lautet dieses Bittgebet: "*Allahumma innî as'alukal-hudâ wat-tuqâ wal-'afâfa wal-ghinâ.*"

وَاتَّبَعُوا رِضْوَانَ اللَّهِ، وَاللَّهُ ذُو فَضْلٍ عَظِيمٍ﴾ [آل عمران: ١٧٣، ١٧٤]، وقال تعالى: ﴿وَتَوَكَّلْ عَلَى الْحَيِّ الَّذِي لَا يَمُوتُ﴾ [الفرقان: ٥٨]. وقال تعالى: ﴿وَعَلَى اللَّهِ فَلْيَتَوَكَّلِ الْمُؤْمِنُونَ﴾ [إبراهيم: ١١]. وقال تعالى: ﴿فَإِذَا عَزَمْتَ فَتَوَكَّلْ عَلَى اللَّهِ﴾ [آل عمران: ١٥٩]. وَالْآيَاتُ في الأمرِ بالتَّوَكُّلِ كَثيرةٌ مَعْلُومَةٌ. وقال تعالى: ﴿وَمَنْ يَتَوَكَّلْ عَلَى اللَّهِ فَهُوَ حَسْبُهُ﴾ [الطلاق: ٣] أي: كَافِيهِ. وقال تعالى: ﴿إِنَّمَا الْمُؤْمِنُونَ الَّذِينَ إِذَا ذُكِرَ اللَّهُ وَجِلَتْ قُلُوبُهُمْ وَإِذَا تُلِيَتْ عَلَيْهِمْ آيَاتُهُ زَادَتْهُمْ إِيمَاناً وَعَلَى رَبِّهِمْ يَتَوَكَّلُونَ﴾ [الأنفال: ٢] وَالْآيَاتُ في فَضْلِ التَّوَكُّلِ كَثيرةٌ مَعْروفةٌ.

وَأَمَّا الْأَحَادِيثُ.

٧٤ - فَالْأَوَّلُ: عَنِ ابْنِ عَبَّاسٍ رضي الله عنهما قال: قال رسول اللَّهِ ﷺ: «عُرِضَتْ عَلَيَّ الْأُمَمُ، فَرَأَيْتُ النَّبِيَّ وَمَعَهُ الرُّهَيْطُ، وَالنَّبِيَّ وَمَعَهُ الرَّجُلُ وَالرَّجُلَانِ، وَالنَّبِيَّ وَلَيْسَ مَعَهُ أَحَدٌ، إِذْ رُفِعَ لِي سَوَادٌ عَظِيمٌ، فَظَنَنْتُ أَنَّهُمْ أُمَّتِي، فَقِيلَ لِي: هَذَا مُوسَى وَقَوْمُهُ، وَلَكِنِ انْظُرْ إِلَى الْأُفُقِ، فَنَظَرْتُ فَإِذَا سَوَادٌ عَظِيمٌ، فَقِيلَ لِي: انْظُرْ إِلَى الْأُفُقِ الْآخَرِ، فَإِذَا سَوَادٌ عَظِيمٌ، فَقِيلَ لِي: هَذِهِ أُمَّتُكَ، وَمَعَهُمْ سَبْعُونَ أَلْفاً يَدْخُلُونَ الْجَنَّةَ بِغَيْرِ حِسَابٍ وَلَا عَذَابٍ».

ثُمَّ نَهَضَ فَدَخَلَ مَنْزِلَهُ، فَخَاضَ النَّاسُ في أُولَئِكَ الَّذِينَ يَدْخُلُونَ الْجَنَّةَ بِغَيْرِ حِسَابٍ وَلَا عَذَابٍ، فقال بَعْضُهُمْ: فَلَعَلَّهُمُ الَّذِينَ صَحِبُوا رسولَ اللَّهِ ﷺ، وقال بَعْضُهُمْ: فَلَعَلَّهُمُ الَّذِينَ وُلِدُوا في الْإِسْلَامِ، فَلَمْ يُشْرِكُوا بِاللَّهِ شَيْئاً، وَذَكَرُوا أَشْيَاءَ، فَخَرَجَ عَلَيْهِمْ رسولُ اللَّهِ ﷺ فَقَالَ: «مَا الَّذِي تَخُوضُونَ فِيهِ؟» فَأَخْبَرُوهُ فَقَالَ: «هُمُ الَّذِينَ لَا يَرْقُونَ، وَلَا يَسْتَرْقُونَ وَلَا يَتَطَيَّرُونَ، وَعَلَى رَبِّهِمْ يَتَوَكَّلُونَ» فَقَامَ عُكَّاشَةُ بْنُ

1. Buch der Gebote

Sachwalter voll Gnadenfülle ist Er!' Und sie Kehrten überhäuft von Allahs Gnade und Huld zurück, ohne dass ihnen Böses zugefügt wurde, und sie folgten dem Wohlgefallen Allahs, und Allahs ist der Herr gewaltiger Huld." (3:173-174)
"Und setze dein Vertrauen auf den Lebendigen, Der nicht stirbt..." (25:58)
"Und auf Allah sollen die Gläubigen vertrauen." (14:11)
"Doch wenn du einen festen Entschluss gefasst hast, dann vertraue auf Allah..." (3:159)
"Wer auf Allah vertraut, für den ist Er seine Genüge..." (65:3)
"Die Gläubigen sind wahrlich jene, deren Herzen erzittern, wenn Allah genannt wird, und wenn ihnen Seine Zeichen vorgetragen werden, wird ihr Glaube noch stärker, und in ihren Herrn setzen sie ihr (ganzes) Vertrauen." (8:2)

Hadith 74: Ibn Abbâs (r) berichtet, dass der Prophet (s) sagte: "Mir wurden viele Völker gezeigt. Ich sah einen Propheten mit einer sehr kleinen Gemeinde, ein anderer Prophet hatte nur ein oder zwei Gefolgsleute bei sich, und ein anderer Prophet hatten gar niemanden bei sich. Dann sah ich plötzlich eine ungeheure Menge, und ich dachte, dass das vielleicht meine Leute seien, doch mir wurde gesagt, dass dies Moses mit seinen Gefolgsleuten sei, aber ich solle zum Horizont blicken. Ich schaute und erblickte eine unermessliche Menge. Dann wurde ich gebeten, zur anderen Seite des Horizonts zu sehen, und dort sah ich ebenfalls eine unermessliche Menge. Mir wurde gesagt: Das ist deine Gemeinde (*Umma*), und unter ihnen gibt es Siebzigtausend, die das Paradies betreten sollen ohne Abrechnung oder Bestrafung."
Dann stand der Prophet (s) auf und ging in seine Kammer, und seine Gefährten begannen, Vermutungen anzustellen über jene, die ins Paradies eintreten würden ohne Abrechnung oder Bestrafung: Einige sagten: Vielleicht sind das jene, die Gefährten des Propheten (s) sein konnten. Andere sagten, dass es vielleicht diejenigen sein könnten, welche als Muslime geboren wurden und niemals irgendetwas Allah beigesellt hätten; und so ging es weiter. Da kam der Gesandte Allahs (s) heraus und fragte: "Was beredet ihr?" Man sagte es ihm, worauf er sagte: "Es sind jene, die keine Amulette herstellen oder benutzen, und nicht an Vorzeichen glauben, sondern ihrem Herrn vertrauen." Hierauf stand der Gefährte Ukâscha ibn Mihsan (r) auf und bat ihn darum, Allah demütig zu ersuchen, dass er einer

مِحْصَنٍ فَقَالَ: ادْعُ اللَّهَ أَنْ يَجْعَلَنِي مِنْهُمْ، فَقَالَ: «أَنْتَ مِنْهُمْ» ثُمَّ قَامَ رَجُلٌ آخَرُ فَقَالَ: ادْعُ اللَّهَ أَنْ يَجْعَلَنِي مِنْهُمْ فقال: «سَبَقَكَ بِهَا عُكَّاشَةُ». متفقٌ عليه.

«الرُّهَيْطُ» بِضَمِّ الرَّاءِ: تَصْغِيرُ رَهْطٍ، وَهُمْ دُونَ عَشَرَةِ أَنْفُسٍ. «وَالأُفُقُ»: النَّاحِيَةُ وَالْجَانِبُ. «وَعُكَّاشَةُ» بِضَمِّ الْعَيْنِ وَتَشْدِيدِ الْكَافِ وَبِتَخْفِيفِهَا، وَالتَّشْدِيدُ أَفْصَحُ.

٧٥ - الثَّانِي: عَنِ ابْنِ عَبَّاسٍ رضي الله عنهما أيضاً، أَنَّ رسول اللَّهِ ﷺ كَانَ يَقُولُ: «اللَّهُمَّ لَكَ أَسْلَمْتُ، وَبِكَ آمَنْتُ، وَعَلَيْكَ تَوَكَّلْتُ، وَإِلَيْكَ أَنَبْتُ، وَبِكَ خَاصَمْتُ. اللَّهُمَّ إِنِّي أَعُوذُ بِعِزَّتِكَ؛ لا إِلَهَ إِلَّا أَنْتَ أَنْ تُضِلَّنِي، أَنْتَ الْحَيُّ الَّذِي لَا يَمُوتُ، وَالْجِنُّ وَالإِنْسُ يَمُوتُونَ». متفقٌ عليه. وَهَذَا لَفْظُ مُسْلِمٍ، وَاخْتَصَرَهُ الْبُخَارِيُّ.

٧٦ - الثَّالِثُ: عَنِ ابْنِ عَبَّاسٍ رضي الله عنهما أيضاً قال: «حَسْبُنَا اللَّهُ وَنِعْمَ الْوَكِيلُ»، قَالَهَا إِبْرَاهِيمُ ﷺ حِينَ أُلْقِيَ فِي النَّارِ، وَقَالَهَا مُحَمَّدٌ ﷺ حِينَ قَالُوا: ﴿إِنَّ النَّاسَ قَدْ جَمَعُوا لَكُمْ فَاخْشَوْهُمْ فَزَادَهُمْ إِيمَاناً وَقَالُوا: حَسْبُنَا اللَّهُ وَنِعْمَ الْوَكِيلُ﴾. رواه البخاري.

وفي رواية له عن ابْنِ عَبَّاسٍ رضي الله عنهما قال: كَانَ آخِرَ قَوْلِ إِبْرَاهِيمَ ﷺ حِينَ أُلْقِيَ فِي النَّارِ: حَسْبِيَ اللَّهُ وَنِعْمَ الْوَكِيلُ.

٧٧ - الرَّابِعُ: عَنْ أَبِي هُرَيْرَةَ رضي الله عنه عن النبي ﷺ قال: «يَدْخُلُ الْجَنَّةَ أَقْوَامٌ أَفْئِدَتُهُمْ مِثْلُ أَفْئِدَةِ الطَّيْرِ». رواه مسلم.

1. Buch der Gebote

von jenen sein dürfe. Der Prophet (s) sagte: "Du bist einer von ihnen!" Sodann stand ein anderer Gefährte auf und bat um das Gleiche. Der Prophet (s) antwortete: "Ukâscha ist dir zuvorgekommen."
(Al-Bukhâri und Muslim)

Hadith 75: Ibn Abbâs (r) überliefert, dass der Prophet (s) das folgende Bittgebet zu sagen pflegte: "Oh Allah, Dir habe ich mich ergeben, an Dich glaube ich und in Dich setze ich mein Vertrauen, an Dich wende ich mich, und Dir übergebe ich mich zum Urteil. Oh Allah, ich suche Zuflucht bei Deiner Macht; es gibt keinen Gott außer Dir, auf dass Du mich davor schützen mögest, in die Irre zu gehen. Du bist der Lebendige, der nicht stirbt, wohingegen Menschen und *Dschinn*[49] (alle) sterben werden."[50]
(Al-Bukhâri und Muslim)
Die zitierte Fassung stammt von Muslim. Bei Al-Bukhâri ist sie verkürzt.

Hadith 76: Ibn Abbâs (r) überliefert, dass die Worte Abrahams (as), als er ins Feuer geworfen wurde, waren: "*Hasbunâ-llâhu wa ni'mal wakîl.*"[51] Und dies sprach auch Muhammad (s), als ihm gesagt wurde, dass sich gegen ihn Leute zusammengerottet hätten, so dass er sie fürchten sollte, doch dies verstärkte nur seinen Glauben an Allah, ebenso den der Muslime, und sie sagten: "*Hasbunâ-llâhu wa ni'mal wakîl.*"
(Al-Bukhâri)
In einer anderen Version erzählte Ibn Abbâs (r): Das letzte Wort, das Abraham (as) sagte, als er ins Feuer geworfen wurde, war: "*Hasbia-llâhu wa ni'mal wakîl.*"[52]

Hadith 77: Abu Huraira (r) erzählte, dass der Gesandte Allahs (s) sagte: "Ins Paradies werden Völker eintreten, deren Herzen wie die Herzen von Vögeln sind."
(Muslim)

---

[49] *Dschinn* sind immaterielle Geschöpfe Gottes.
[50] Auf Arabisch lautet dieses Bittgebet: "*Allahumma laka aslamt, wa bika âmant, wa alaika tawakkalt, wa ilaika anabt, wa bika khâsamt: Allahumma innî a'ûdhu bi'izzatik; lâ ilâha illâ anta an tudillanî, antal-hayyul-ladhî lâ tamût, wal-dschinnu wal-insu yamûtûn.*"
[51] Auf Deutsch bedeutet dies: "Allah genügt uns, und Er ist ein vortrefflicher Beschützer."
[52] Auf Deutsch bedeutet dies: "Allah genügt mir, und Er ist ein vortrefflicher Beschützer."

قِيلَ: مَعْنَاهُ مُتَوَكِّلُونَ، وَقِيلَ: قُلُوبُهُمْ رَقِيقَةٌ.

٧٨ - الخَامِسُ: عَنْ جَابِرٍ رضي الله عنه: أَنَّهُ غَزَا مَعَ النَّبِيِّ ﷺ قِبَلَ نَجْدٍ، فَلَمَّا قَفَلَ رسولُ اللَّهِ ﷺ قَفَلَ مَعَهُمْ، فَأَدْرَكَتْهُمُ القَائِلَةُ فِي وَادٍ كَثِيرِ العِضَاهِ، فَنَزَلَ رسولُ اللَّهِ ﷺ، وَتَفَرَّقَ النَّاسُ فِي العِضَاهِ يَسْتَظِلُّونَ بِالشَّجَرِ، وَنَزَلَ رسولُ اللَّهِ ﷺ تَحْتَ سَمُرَةٍ، فَعَلَّقَ بِهَا سَيْفَهُ، وَنِمْنَا نَوْمَةً، فَإِذَا رسولُ اللَّهِ ﷺ يَدْعُونَا فَجِئْنَاهُ، وَإِذَا عِنْدَهُ أَعْرَابِيٌّ فَقَالَ رسولُ اللَّهِ ﷺ: «إِنَّ هذَا اخْتَرَطَ عَلَيَّ سَيْفِي وَأَنَا نَائِمٌ، فَاسْتَيْقَظْتُ وَهُوَ فِي يَدِهِ صَلْتاً، فَقَالَ لِي: مَنْ يَمْنَعُكَ مِنِّي؟ قُلْتُ لَهُ: اللَّهُ، ثَلَاثاً» وَلَمْ يُعَاقِبْهُ وَجَلَسَ. متفقٌ عليه.

وفي روايةٍ: قَالَ جَابِرٌ: كُنَّا مَعَ رسولِ اللهِ ﷺ بِذَاتِ الرِّقَاعِ، فَإِذَا أَتَيْنَا عَلَى شَجَرَةٍ ظَلِيلَةٍ تَرَكْنَاهَا لِرسولِ اللهِ ﷺ، فَجَاءَ رَجُلٌ مِنَ المُشْرِكِينَ، وَسَيْفُ رسولِ اللَّهِ ﷺ مُعَلَّقٌ بِالشَّجَرَةِ، فَاخْتَرَطَهُ فَقَالَ: تَخَافُنِي؟ قَالَ: «لَا» قَالَ: فَمَنْ يَمْنَعُكَ مِنِّي؟ قَالَ: «اللهُ».

وَفِي روايةِ أَبِي بَكْرٍ الإِسْمَاعِيلِيِّ فِي صَحِيحِهِ: قَالَ: مَنْ يَمْنَعُكَ مِنِّي؟ قَالَ: «اللَّهُ» قَالَ: فَسَقَطَ السَّيْفُ مِنْ يَدِهِ، فَأَخَذَ رسولُ اللهِ ﷺ السَّيْفَ فَقَالَ: «مَنْ يَمْنَعُكَ مِنِّي؟» فَقَالَ: كُنْ خَيْرَ آخِذٍ، فَقَالَ: «تَشْهَدُ أَنْ لَا إِلهَ إِلَّا اللَّهُ، وَأَنِّي رَسُولُ اللهِ؟» قَالَ: لَا، وَلَكِنِّي أُعَاهِدُكَ أَنْ لَا أُقَاتِلَكَ وَلَا أَكُونَ مَعَ قَوْمٍ يُقَاتِلُونَكَ، فَخَلَّى سَبِيلَهُ، فَأَتَى أَصْحَابَهُ فَقَالَ: جِئْتُكُمْ مِنْ عِنْدِ خَيْرِ النَّاسِ.

قَوْلُهُ: «قَفَلَ» أَيْ: رَجَعَ. وَ«العِضَاهُ»: الشَّجَرُ الَّذِي لَهُ شَوْكٌ. وَ«السَّمُرَةُ» بِفَتْحِ السِّينِ وَضَمِّ المِيمِ: الشَّجَرَةُ مِنَ الطَّلْحِ، وَهِيَ العِظَامُ مِنْ شَجَرِ العِضَاهِ.

1. Buch der Gebote

Man sagt, dies seien diejenigen, die (auf Allah) vertrauen, und es heißt, dass sie ein weiches Herz besitzen.

Hadith 78: Es erzählte Dschâbir (r), dass er mit dem Gesandten Allahs (s) auf dem Weg zu einer Schlacht in der Gegend von Nadschd war. Nach Ende der Schlacht kehrte er mit ihm zurück. Sie erreichten ein Tal voller Dornenbüsche, wo der Prophet (s) Halt machen ließ, und seine Gefährten zerstreuten sich auf der Suche nach Schatten. Allahs Gesandter (s) hängte sein Schwert an den Ast eines Baumes und wir legten uns ein wenig zur Ruhe. Plötzlich hörten wir den Propheten (s) uns herbeirufen, und wir sahen, dass ein Araber vom Lande bei ihm war. Der Prophet (s) sagte zu uns: "Dieser Mann zog mein Schwert gegen mich, während ich schlief. Ich wachte auf und sah, dass er das blanke Schwert in seiner Hand hatte und zu mir sagte: 'Wer kann dich jetzt vor mir schützen?' Ich sagte ihm dreimal: 'Allah!'." Der Prophet (s) saß auf und strafte diesen Mann nicht. (Al-Bukhâri und Muslim)

Eine andere Version lautet: Dschâbir sagte: Wir waren mit Allahs Gesandtem (s) auf dem Feldzug nach Dhâtir-Riqâ'. Wir kamen zu einem schattigen Baum und ließen ihn dem Gesandten Allahs (s) zum Ausruhen. Einer der Götzendiener erschien, und als er das Schwert des Gesandten (s), das am Baum hing, erblickte, zog er es und sagte (zu dem Gesandten (s)): "Hast du keine Furcht vor mir?" Er antwortete: "Nein." Dann fragte er: "Und wer kann dich vor mir beschützen?" Allahs Gesandter (s) sagte: "Allah!".

Und nach der Version in der *Sahîh*-Sammlung von Abu Bakr al-Ismâ'îli fragte er: "Wer kann dich vor mir beschützen?" Er (s) sagte: "Allah!" Daraufhin fiel das Schwert aus seiner Hand. Da nahm es Allahs Gesandter (s) und fragte ihn: "Wer kann dich (nun) vor mir schützen?" Er sagte: "Sei der Beste der Nehmenden." Da fragte ihn der Prophet (s): "Wirst du bezeugen, dass es keinen Gott gibt außer Allah und dass ich Sein Gesandter bin?" Der Mann antwortete: "Nein! Aber ich verspreche dir, dass ich weder gegen dich kämpfe, noch werde ich mich denen anschließen, die gegen dich kämpfen." Der Prophet (s) ließ ihn frei gehen, und er kehrte zu seinen Leuten zurück und sagte zu ihnen: "Ich kehre gerade von dem Besten aller Menschen zu euch zurück."

و«اخْتَرَطَ السَّيْفَ» أيْ: سَلَّهُ وَهُوَ في يَدِهِ. «صَلْتاً» أيْ: مَسْلُولاً، وَهُوَ بِفَتْحِ الصّادِ وضَمِّها.

٧٩ - السّادسُ: عَنْ عُمَرَ رضي الله عنه قال: سَمِعْتُ رسولَ اللَّهِ ﷺ يقولُ: «لَوْ أنَّكُمْ تَتَوَكَّلُونَ عَلَى اللَّهِ حَقَّ تَوَكُّلِهِ لَرَزَقَكُمْ كَمَا يَرْزُقُ الطَّيْرَ، تَغْدُو خِمَاصاً وَتَرُوحُ بِطَاناً». رواه الترمذي، وقال: حديثٌ حسنٌ.

مَعْنَاهُ تَذْهَبُ أوَّلَ النَّهَارِ خِمَاصاً: أيْ: ضَامِرَةَ البُطُونِ مِنَ الجُوعِ، وَتَرْجِعُ آخِرَ النَّهَارِ بِطَاناً. أيْ: مُمْتَلِئَةَ البُطُونِ.

٨٠ - السَّابِعُ: عَنْ أبي عُمَارَةَ البَرَاءِ بْنِ عَازِبٍ رضي الله عنهما قال: قال رسول الله ﷺ: «يَا فُلانُ إذَا أوَيْتَ إلَى فِرَاشِكَ فَقُلْ: اللَّهُمَّ أسْلَمْتُ نَفْسِي إلَيْكَ، وَوَجَّهْتُ وَجْهِي إلَيْكَ، وَفَوَّضْتُ أمْرِي إلَيْكَ، وَألْجَأتُ ظَهْرِي إلَيْكَ، رَغْبَةً وَرَهْبَةً إلَيْكَ، لا مَلْجَأ وَلا مَنْجى مِنْكَ إلا إلَيْكَ، آمَنْتُ بِكِتَابِكَ الَّذِي أنْزَلْتَ، وَنَبِيِّكَ الَّذِي أرْسَلْتَ؛ فَإنَّكَ إنْ مِتَّ مِنْ لَيْلَتِكَ مِتَّ عَلَى الفِطْرَةِ، وَإنْ أصْبَحْتَ أصَبْتَ خَيْراً» متفقٌ عليه.

وفي روايةٍ في الصَّحيحين عَنِ البَرَاءِ قال: قال لي رسول الله ﷺ: «إذَا أتَيْتَ مَضْجَعَكَ فَتَوَضَّأ وُضُوءَكَ لِلصَّلاةِ، ثُمَّ اضْطَجِعْ عَلَى شِقِّكَ الأيْمَنِ، وَقُلْ» وَذَكَرَ نَحْوَهُ، ثُمَّ قَالَ: «وَاجْعَلْهُنَّ آخِرَ مَا تَقُولُ».

٨١ - الثَّامِنُ: عَنْ أبي بَكْرٍ الصِّدِّيقِ رضي الله عنه عبدِ اللَّهِ بنِ عثمانَ بنِ عامرِ بنِ عُمَرَ بنِ كَعْبِ بنِ سَعْدِ بنِ تَيْمِ بنِ مُرَّةَ بنِ كَعْبِ بنِ لُؤَيِّ بنِ غَالِبٍ القُرَشِيِّ التَّيْمِيِّ رضي الله عنه، وَهُوَ وَأبُوهُ وَأُمُّهُ صَحَابَةٌ، رضي الله عنهم، قال: نَظَرْتُ إلَى أقْدَامِ المُشْرِكِينَ وَنَحْنُ في الغَارِ وَهُمْ عَلَى رُؤُوسِنَا فقلتُ: يا رسول الله لَوْ أنَّ

1. Buch der Gebote

Hadith 79: Umar ibn al-Khattâb (r) überliefert, dass er den Gesandten Allahs (s) sagen hörte: "Wenn ihr aufrichtig auf Allah vertraut, wird Er für euren Lebensunterhalt sorgen, wie Er auch für die Vögel sorgt. Morgens gehen sie mit leerem Magen hinaus und abends kehren sie mit gefülltem Magen zurück."
(At-Tirmidhî)
Dies ist ein guter Hadith (*hasan*).

Hadith 80: Abu Umâra al-Barâ' ibn Âzib (r) sagte: Allahs Gesandter hat gesagt: "Wenn du dich schlafen legst, dann sprich: 'Oh Allah, Dir vertraue ich meine Seele an, auf Dich sammle ich meine Gedanken, und ich überlasse meine Angelegenheiten Deiner Obhut. Zu Dir nehme ich Zuflucht, aus Liebe zu Dir und aus Furcht vor Dir. Es gibt keine Zuflucht und keine Rettung außer bei Dir. Ich glaube an Dein Buch, das Du herabgesandt hast, und an Deinen Propheten, den Du gesandt hast.'[53] Und falls du in dieser Nacht sterben solltest, wirst du in Reinheit[54] sterben, und wenn du morgens aufwachst, wird es dir besser gehen."
(Al-Bukhârî und Muslim)

In der Version bei Al-Bukhârî und Muslim heißt es: Allahs Gesandter (s) wies mich an: "Bevor du dich schlafen legst, wasche dich, wie du dich zum Gebet wäschst, dann lege dich auf deine rechte Seite und sprich: 'Oh Allah, Dir vertraue ich meine Seele an, auf Dich sammle ich meine Gedanken, und ich überlasse meine Angelegenheiten Deiner Obhut. Zu Dir nehme ich Zuflucht, aus Liebe zu Dir und aus Furcht vor Dir. Es gibt keine Zuflucht und keine Rettung außer bei Dir. Ich glaube an Dein Buch, das Du herabgesandt hast, und an Deinen Propheten, den Du gesandt hast.', und lass dies deine letzten Worte sein."

Hadith 81: Abu Bakr as-Siddîq (r) überliefert: Ich sah die Füße der Götzenanbeter (die den Propheten (s) und mich auf der Auswanderung (*Hidschra*) verfolgten) oberhalb von uns, als wir in der Höhle waren. Da

---

[53] Auf Arabisch lautet dieses Bittgebet: "*Állahumma aslamtu nafsî ilaik, wa waddschahtu wadschhî ilaik, wa fauwatu amrî ilaik, wa aldscha'tu zahrî ilaik, raghbatan wa rahbatan ilaimak, lâ maldscha'a wa lâ mandschâ minka illâ ilaik, âmantu bikitâbikal-ladhî anzalt, wa nabiyyikal-ladhî arsalt.*"
[54] Wörtlich: in *Fitra*: wie ein Neugeborenes.

أَحَدَهُمْ نَظَرَ تَحْتَ قَدَمَيْهِ لأَبْصَرَنَا. فقالَ: «مَا ظَنُّكَ، يَا أَبَا بَكْرٍ، باثْنَيْنِ اللَّهُ ثَالِثُهُمَا» متعلقٌ عليه.

٨٢ - التَّاسِعُ: عَنْ أُمِّ الْمُؤْمِنِينَ أُمِّ سَلَمَةَ، وَاسْمُهَا هِنْدُ بِنْتُ أَبِي أُمَيَّةَ حُذَيْفَةَ الْمَخْزُومِيَّةُ، رضي الله عنها: أَنَّ النبي ﷺ كانَ إِذَا خَرَجَ مِنْ بَيْتِهِ قالَ: «بِسْمِ اللَّهِ، تَوَكَّلْتُ عَلَى اللَّهِ، اللَّهُمَّ إِنِّي أَعُوذُ بِكَ أَنْ أَضِلَّ أَوْ أُضَلَّ، أَوْ أَزِلَّ أَوْ أُزَلَّ، أَوْ أَظْلِمَ أَوْ أُظْلَمَ، أَوْ أَجْهَلَ أَوْ يُجْهَلَ عَلَيَّ». حديثٌ صحيحٌ. رواه أبو داود، والتِّرْمذيُّ وغيرُهُمَا بأسانيدَ صحيحةٍ. قالَ التِّرْمذي: حديثٌ حسنٌ صحيحٌ، وهذا لفظ أبي داود.

٨٣ - الْعَاشِرُ: عَنْ أنسٍ رضي الله عنه قال: قال رسول الله ﷺ: «مَنْ قَالَ، يَعْنِي إِذَا خَرَجَ مِنْ بَيْتِهِ، : بِسْمِ اللَّهِ تَوَكَّلْتُ عَلَى اللَّهِ، وَلَا حَوْلَ وَلَا قُوَّةَ إِلَّا بِاللَّهِ، يقالُ لَهُ: هُدِيتَ وَكُفِيتَ وَوُقِيتَ، وَتَنَحَّى عَنْهُ الشَّيْطَانُ». رواه أبو داود والترمذي، والنسائي وغيرهم. وقال الترمذي: حديثٌ حسنٌ، زاد أبو داود: «فيقولُ - يَعْنِي الشَّيْطَانَ - لِشَيْطَانٍ آخَرَ - كَيْفَ لَكَ بِرَجُلٍ قَدْ هُدِيَ وَكُفِيَ وَوُقِيَ»؟.

٨٤ - وَعَنْ أَنَسٍ رضي الله عنه قال: كَانَ أَخَوَانِ عَلَى عَهْدِ النبيِّ ﷺ، وَكَانَ أَحَدُهُمَا يَأْتِي النبيَّ ﷺ، وَالآخَرُ يَحْتَرِفُ، فَشَكَا الْمُحْتَرِفُ أَخَاهُ للنبي ﷺ فقال: «لَعَلَّكَ تُرْزَقُ بِهِ» رواه التِّرْمذي بإسنادٍ صحيح على شرطِ مسلمٍ.

«يَحْتَرِفُ»: يَكْتَسِبُ وَيَتَسَبَّبُ.

1. Buch der Gebote

sagte ich: "Oh Gesandter Allahs! Wenn einer von ihnen bei seinen Füßen hinuntersehen würde, würde er uns sehen." Daraufhin sagte er: "Was würdest du, Abu Bakr, über zwei denken, bei denen Allah der Dritte ist?"
(Al-Bukhâri und Muslim)

Hadith 82: Die Mutter der Gläubigen[55], Umm Salama (r), überliefert, dass der Gesandte Allahs (s) beim Verlassen des Hauses zu sagen pflegte: "Im Namen Allahs! Auf Allah vertraue ich: Oh Allah, ich nehme Zuflucht bei Dir davor, mich zu verirren oder in die Irre geführt zu werden, einen Fehler zu begehen oder zu Fehlern verleitet zu werden, jemandem Unrecht zuzufügen oder Unrecht zugefügt zu bekommen, mich töricht zu benehmen oder töricht behandelt zu werden."[56]
(Abu Dâwûd, At-Tirmidhi und andere)
Nach At-Tirmidhi ist dies ein guter und gesunder Hadith (*hasan sahîh*).

Hadith 83: Anas (r) überliefert, dass der Gesandte Allah (s) sagte: "Wer beim Verlassen seines Hauses sagt: 'Im Namen Allahs! Auf Allah vertraue ich, denn es gibt keine Macht noch Kraft außer bei Allah!'[57], dem wird geantwortet: 'Allah wird dich rechtleiten, dich schützen und vor dem Bösen bewahren.' und der Satan wird ihn meiden."
(Abu Dâwûd, At-Tirmidhi, An-Nasâi und andere)
Nach At-Tirmidhi ist dies ein guter Hadith (*hasan*).
Abu Dâwûd fügt hinzu: Ein Satan sprach zu einem anderen Satan: "Wie kannst du einen Menschen verführen, der rechtgeleitet, beschützt und errettet wird?"

Hadith 84: Anas (r) erzählte: Zur Zeit des Prophet (s) lebten zwei Brüder, von denen einer stets zum Propheten zu gehen pflegte, während der andere sich um den Lebensunterhalt (der beiden) kümmerte. Eines Tages beklagte sich der letztere beim Propheten (s) darüber. Der Prophet (s) sagte: "Es ist doch auch möglich, dass du seinetwegen Versorgung findest."
(At-Tirmidhi)
Dies ist ein gesunder Hadith (*sahîh*).

---

[55] Die Frauen des Propheten Muhammad (s) werden "Mütter der Gläubigen" genannt.
[56] Auf Arabisch lautet dieses Bittgebet: "*Bismillâh, tawakkaltu alâ-llâh, allahumma innî a'ûdhu bika an adilla au udall. Au azilla au uzall, au azlima au uzlam, au adschhala au yudschhala alai.*"
[57] Auf Arabisch lautet dieses Bittgebet: "*Bismillâhi tawakkaltu alâ-llâh, wa lâ haula wa lâ quwwata illâ billâh.*"

١ - ٨ - باب بابُ الاستقامة

قال الله تعالى: ﴿فَاسْتَقِمْ كَمَا أُمِرْتَ﴾ [هود: ١١٢] وقالَ تعالى: ﴿إِنَّ الَّذِينَ قَالُوا رَبُّنَا اللَّهُ ثُمَّ اسْتَقَامُوا تَتَنَزَّلُ عَلَيْهِمُ الْمَلَائِكَةُ أَنْ لَا تَخَافُوا وَلَا تَحْزَنُوا وَأَبْشِرُوا بِالْجَنَّةِ الَّتِي كُنْتُمْ تُوعَدُونَ، نَحْنُ أَوْلِيَاؤُكُمْ فِي الْحَيَاةِ الدُّنْيَا وَفِي الْآخِرَةِ وَلَكُمْ فِيهَا مَا تَشْتَهِي أَنْفُسُكُمْ وَلَكُمْ فِيهَا مَا تَدَّعُونَ نُزُلًا مِنْ غَفُورٍ رَحِيمٍ﴾ [فصلت: ٣٠-٣٢] وقال تعالى: ﴿إِنَّ الَّذِينَ قَالُوا رَبُّنَا اللَّهُ ثُمَّ اسْتَقَامُوا فَلَا خَوْفٌ عَلَيْهِمْ وَلَا هُمْ يَحْزَنُونَ أُولَئِكَ أَصْحَابُ الْجَنَّةِ خَالِدِينَ فِيهَا جَزَاءً بِمَا كَانُوا يَعْمَلُونَ﴾ [الأحقاف: ١٣، ١٤].

٨٥ - وَعَنْ أَبِي عَمْرٍو، وقيل: أَبِي مُرَّةَ سُفْيَانَ بنِ عَبدِ الله رضي الله عنه قال: قُلْتُ: يَا رسول اللَّهِ قُلْ لِي في الإِسْلامِ قَوْلاً لا أَسْأَلُ عَنهُ أَحَداً غَيْرَكَ. قال: «قُلْ: آمَنْتُ بِاللَّهِ. ثُمَّ اسْتَقِمْ». رواه مسلم.

٨٦ - وَعَنْ أَبِي هُرَيْرَةَ رضي الله عنه: قال: قال رسول الله ﷺ: «قَارِبُوا وَسَدِّدُوا، واعْلَمُوا أَنَّهُ لَنْ يَنْجُوَ أَحَدٌ مِنْكُمْ بِعَمَلِهِ» قَالُوا: وَلَا أَنْتَ يَا رَسُولَ الله؟ قال: «وَلَا أَنَا إِلَّا أَنْ يَتَغَمَّدَنِيَ الله بِرَحْمَةٍ مِنْهُ وَفَضْلٍ». رواه مسلم.

و«الْمُقَارَبَةُ»: القَصْدُ الَّذي لا غُلُوَّ فيهِ وَلَا تَقْصِيرَ. وَ«السَّدَادُ»: الاسْتِقَامَةُ والإِصَابَةُ، وَ«يَتَغَمَّدَنِي» يُلْبِسُنِي وَيَسْتُرْنِي.

قالَ الْعُلَمَاءُ: مَعْنَى الاسْتِقَامَةِ: لُزُومُ طَاعَةِ الله تَعَالَى؛ قَالُوا: وَهِيَ مِنْ جَوَامِعِ الكَلِمِ، وَهِيَ نِظَامُ الأُمُورِ، وبِاللَّهِ التَّوْفِيقُ.

1. Buch der Gebote

Kapitel 8

Aufrichtigkeit

Qur'ân: Allah, der Erhabene, spricht:
"So tritt also geduldig (für das Gute) ein, wie dir geboten worden ist..." (11:112)
"Wahrlich, diejenigen, die sprechen: 'Unser Herr ist Allah', und dann standhaft sind, zu denen steigen die Engel hernieder (und sprechen): 'Fürchtet euch nicht und seid nicht traurig, und freut euch des Paradieses, das euch versprochen wurde. Wir sind eure Beschützer im Diesseits und im Jenseits; darin werdet ihr alles haben, was sich eure Seele begehrt, und darin werdet ihr alles haben, wonach ihr verlangt. Eine Gabe von einem Allverzeihenden, Barmherzigen." (41:30-32)
"Wahrlich, diejenigen, die sagen: 'Unser Herr ist Allah', und dann standhaft bleiben, die brauchen keine Angst zu haben, noch müssen sie traurig sein. Diese sind es, die Bewohner des Gartens sein werden. Dort werden sie (ewig) verweilen. Eine Belohnung für das, was sie zu tun pflegten." (46:13-14)

Hadith 85: Sufyân ibn Abdullâh (r) sagte: Ich sagte zum Gesandten Allahs (s): "Sag mir so etwas über den Islam, dass ich danach niemanden sonst befragen muss." Er antwortete: "Sprich: Ich glaube an Allah, und dann sei standhaft."
(Muslim)

Hadith 86: Abu Huraira (r) überliefert, dass der Gesandte Allahs (s) sagte: "Übertreibt nicht und untertreibt nicht, und seid standhaft; und erinnert euch daran, dass niemand durch seine Taten allein gerettet wird." Jemand fragte: "Nicht einmal du, oh Gesandter Allahs (s)?" Er sagte: "Ich auch nicht, ausgenommen Allah sollte mich mit seiner Barmherzigkeit und Gnade bedecken."
(Muslim)

Nach den muslimischen Gelehrten (*Ulamâ'*) bedeutet Standhaftigkeit, all das zu tun, was Allah von den Menschen zu tun verlangt. Möge Allah den Aufrichtigen und Standhaften Erfolg verleihen!

١ - ٩ - باب التفكُّر في عظيم مخلوقات الله تعالى
وفناء الدنيا وأهوال الآخرة وسائر أمورهما وتقصير النفس
وتهذيبها وحملها على الاستقامة

قال الله تعالى: ﴿إِنَّمَا أَعِظُكُم بِوَاحِدَةٍ أَن تَقُومُوا لِلَّهِ مَثْنَىٰ وَفُرَادَىٰ ثُمَّ تَتَفَكَّرُوا﴾ [سبأ: ٤٦]. وقال تعالى: ﴿إِنَّ فِي خَلْقِ السَّمَاوَاتِ وَالْأَرْضِ وَاخْتِلَافِ اللَّيْلِ وَالنَّهَارِ لَآيَاتٍ لِّأُولِي الْأَلْبَابِ. الَّذِينَ يَذْكُرُونَ اللَّهَ قِيَامًا وَقُعُودًا وَعَلَىٰ جُنُوبِهِمْ وَيَتَفَكَّرُونَ فِي خَلْقِ السَّمَاوَاتِ وَالْأَرْضِ رَبَّنَا مَا خَلَقْتَ هَٰذَا بَاطِلًا سُبْحَانَكَ﴾ الآيات [آل عمران: ١٩٠، ١٩١]. وقال تعالى: ﴿أَفَلَا يَنظُرُونَ إِلَى الْإِبِلِ كَيْفَ خُلِقَتْ وَإِلَى السَّمَاءِ كَيْفَ رُفِعَتْ وَإِلَى الْجِبَالِ كَيْفَ نُصِبَتْ وَإِلَى الْأَرْضِ كَيْفَ سُطِحَتْ فَذَكِّرْ إِنَّمَا أَنتَ مُذَكِّرٌ﴾ [الغاشية: ١٧ - ٢١]. وقال تعالى: ﴿أَفَلَمْ يَسِيرُوا فِي الْأَرْضِ فَيَنظُرُوا﴾ الآية [القتال: ١٠]. والآيات في الباب كثيرةٌ.

ومِنَ الأحَادِيثِ الْحَدِيثُ السَّابِقُ: «الْكَيِّسُ مَنْ دَانَ نَفْسَهُ».

١ - ١٠ - باب في المبادرة إلى الخيرات
وحث من توجَّه لخير على الإقبال عليه بالجد من غير تردّد

قال الله تعالى: ﴿فَاسْتَبِقُوا الْخَيْرَاتِ﴾ [البقرة: ١٤٨]. وقال تعالى: ﴿وَسَارِعُوا إِلَىٰ مَغْفِرَةٍ مِّن رَّبِّكُمْ وَجَنَّةٍ عَرْضُهَا السَّمَاوَاتُ وَالْأَرْضُ أُعِدَّتْ لِلْمُتَّقِينَ﴾ [آل عمران: ١٣٣].

وأمَّا الأحَادِيثُ: .

1. Buch der Gebote

Kapitel 9
Nachsinnen über die Großartigkeit der Schöpfung Allahs, des Erhabenen, die Vergänglichkeit dieser Welt, die Schrecken des Jenseits und alles, was damit zusammenhängt, sowie Unzulänglichkeit eines selbst und eigene Charakterbildung durch Selbstverpflichtung zur Aufrichtigkeit

Qur'ân: Allah, der Erhabene, spricht:
"Sprich: Wahrlich, ich rate euch eines: dass ihr zu zweit oder einzeln vor Allah hintretet und dabei nachsinnt: Euer Gefährte ist fürwahr nicht besessen." (34:46)
"Wahrlich, in der Erschaffung der Himmel und der Erde und in der Verschiedenheit von Nacht und Tag, sind Zeichen für die Einsichtigen, diejenigen, die Allahs im Stehen und im Sitzen gedenken und wenn sie auf ihrer Seite liegen und nachdenken über die Erschaffung der Himmel und der Erde (und sagen): 'Unser Herr! Du hast dies (alles) nicht umsonst erschaffen! Gepriesen seist Du, Verschone uns vor der Strafe des Feuers.'" (3:190-191)
"Und schauen sie nicht auf die Kamele, wie sie erschaffen sind, und auf den Himmel, wie er erhöht ist, und auf die Berge, wie sie aufgerichtet sind, und auf die Erde, wie sie ausgebreitet ist? Darum warne, denn du bist wahrlich ein Warner..." (88:17-21)
"Sind sie denn nicht im Land umhergezogen, so dass sie sehen konnten, wie das Ende derjenigen war, die vor ihnen waren? Allah hat völlige Vernichtung über sie gebracht und den Ungläubigen wird das Gleiche wie ihnen zuteil." (47:10)

Diesbezüglich gibt es noch viele Qur'ânverse und Hadithe, wie der bereits erwähnte Hadith Nr. 66: "Scharfsinnig ist derjenige, der sich selbst kritisch betrachtet und nach dem strebt, was ihm nach dem Tode zum Wohl gereichen wird..."

Kapitel 10
Initiative zu Wohltätigkeit und Ermutigung, diese eifrig und ohne zu zaudern in Angriff zu nehmen

Qur'ân: Allah, der Erhabene, spricht:
"Jeder hat ein Ziel, dem er sich zuwendet. So wetteifert miteinander in guten Werken. Wo immer ihr auch seid, Allah wird euch zusammenbringen; wahrlich, Allah hat Macht über alle Dinge." (2:148)

٨٧ ـ فَالأَوَّلُ: عَنْ أَبِي هُرَيْرَةَ رضي الله عنه، أن رسول اللَّهِ ﷺ قال: «بَادِرُوا بِالأَعْمَالِ فِتَناً كَقِطَعِ اللَّيْلِ الْمُظْلِمِ، يُصْبِحُ الرَّجُلُ مُؤْمِناً وَيُمْسِي كَافِراً، وَ يُمْسِي مُؤْمِناً وَيُصْبِحُ كَافِراً، يَبِيعُ دِينَهُ بِعَرَضٍ مِنَ الدُّنْيَا» رواه مسلم.

٨٨ ـ الثَّانِي: عَنْ أَبِي سِرْوَعَةَ، بكسرِ السينِ المهملةِ وفتحها، عُقْبَةَ بْنِ الْحَارِثِ رضي الله عنه قال: صَلَّيْتُ وَرَاءَ النَّبِيِّ ﷺ بالْمَدِينَةِ الْعَصْرَ، فَسَلَّمَ ثُمَّ قَامَ مُسْرِعاً فَتَخَطَّى رِقَابَ النَّاسِ إِلَى بَعْضِ حُجَرِ نِسَائِهِ، فَفَزِعَ النَّاسُ مِنْ سُرْعَتِهِ، فَخَرَجَ عَلَيْهِمْ، فَرَأَى أَنَّهُمْ قَدْ عَجِبُوا مِنْ سُرْعَتِهِ، فَقَالَ: «ذَكَرْتُ شَيْئاً مِنْ تِبْرٍ عِنْدَنَا فَكَرِهْتُ أَنْ يَحْبِسَنِي، فَأَمَرْتُ بِقِسْمَتِهِ» رواه البخاري.

وفي رواية له: «كُنْتُ خَلَّفْتُ فِي الْبَيْتِ تِبْراً مِنَ الصَّدَقَةِ؛ فَكَرِهْتُ أَنْ أُبَيِّتَهُ».

التِّبْرُ: قِطَعُ ذَهَبٍ أَوْ فِضَّةٍ.

٨٩ ـ الثَّالِثُ: عَنْ جَابِرٍ رضي الله عنه قال: قال رجلٌ للنبيِّ ﷺ يومَ أُحُدٍ: أَرَأَيْتَ إِنْ قُتِلْتُ فَأَيْنَ أَنَا؟ قَالَ: «فِي الْجَنَّةِ» فَأَلْقَى تَمَرَاتٍ كُنَّ فِي يَدِهِ، ثُمَّ قَاتَلَ حَتَّى قُتِلَ. متفقٌ عليه.

٩٠ ـ الرَّابِعُ: عن أبي هريرة رضي الله عنه قال: جَاءَ رجلٌ إلى النَّبِيِّ ﷺ، فقال يا رسول الله! أَيُّ الصَّدَقَةِ أَعْظَمُ أَجْراً؟ قَالَ: «أَنْ تَصَدَّقَ وَأَنْتَ صَحِيحٌ شَحِيحٌ تَخْشَى الْفَقْرَ، وَتَأْمُلُ الْغِنَى، وَلَا تُمْهِلْ حَتَّى إِذَا بَلَغَتِ الْحُلْقُومَ. قُلْتُ: لِفُلَانٍ كَذَا وَلِفُلَانٍ كَذَا، وَقَدْ كَانَ لِفُلَانٍ» متفقٌ عليه.

«الْحُلْقُومُ»: مَجْرَى النَّفَسِ. وَ«الْمَرِيءُ»: مَجْرَى الطَّعَامِ وَالشَّرَابِ.

1. Buch der Gebote

"Und beeilt euch um die Wette, um die Verzeihung eures Herrn zu erlangen und einen Garten, dessen Weite die Himmel und die Erde umfasst und der bereitet ist für die Gottesfürchtigen." (3:133)

Hadith 87: Abu Huraira (r) überliefert, dass der Gesandte Allahs sagte: "Wetteilt, gute Werke zu tun, denn bald wird es Ketten von Unheil geben: Finsternisse, eine über der anderen. Der Eine steht am Morgen auf als gläubiger Muslim und wird am Abend als Ungläubiger zu Bett gehen, und der Andere wird sich am Abend als Gläubiger ins Bett legen und wird am Morgen als Ungläubiger aufstehen. So wird der Mensch (immer) bereit sein, seinen Glauben für die Güter dieser Welt zu verkaufen."
(Muslim)

Hadith 88: Es erzählte Abu Surwa'a Uqba ibn al-Hârith (r): Ich schloss mich dem Nachmittagsgebet hinter dem Gesandten Allahs (s) in Medina an. Kaum als er das Gebet beendet hatte, stand er auf und eilte an den Reihen der Betenden vorbei zu einer seiner Kammern, so dass die Anwesenden erschraken. Als er zurückkam, erklärte er ihnen seine Eile indem er sagte: "Es fiel mir ein, dass bei uns zu Hause noch ein Stück Edelmetall (Gold oder Silber) geblieben war, und ich beeilte mich zu meiner Entlastung, und sorgte dafür, dass es rechtzeitig verteilt werde."
(Al-Bukhâri)
In einer anderen Version bei Al-Bukhâri heißt es, dass der Gesandte Allahs (s) gesagt hat: "Ich hatte bei mir zu Hause noch ein Stück Edelmetall liegen, das zur *Sadaqa* bestimmt war, und ich wollte nicht, dass es noch über Nacht bei mir blieb."

Hadith 89: Dschâbir (r) erzählte: "Am Tag der Schlacht von Uhud[58] fragte ein Mann den Propheten (s): "Was denkst du, wo ich sein werde, wenn ich in dieser Schlacht getötet werde?" Er antwortete: "Im Paradies." Sofort warf der Mann die wenigen Datteln, die er noch in seiner Hand hielt, fort und stürzte sich in die Schlacht, bis er den Märtyrertod fand."
(Al-Bukhâri und Muslim)

Hadith 90: Abu Huraira (r) überliefert, dass ein Mann zum Propheten (s) kam und fragte: "Oh Gesandter Allahs, welche *Sadaqa* ist am wertvollsten bezüglich der Belohnung Allahs?" Er antwortete: "Dass du gibst, während du dich guter Gesundheit erfreust, trotz der Habsucht und des Verlangens

---

[58] Die Schlacht am Berg Uhud fand im Jahre 625 n.Chr. statt, und endete, nachdem sich mehrere muslimische Kämpfer nicht an die Anweisungen des Propheten gehalten hatten, für die Muslime besonders verlustreich.

٩١ - الخامس: عن أنسٍ رضي الله عنه: أنَّ رسولَ اللهِ ﷺ أخذَ سيفاً يومَ أُحدٍ فقال: «مَنْ يَأْخُذُ مِنّي هذا؟» فبَسَطُوا أيدِيَهُم، كلُّ إنسانٍ منهُمْ يقولُ: أنا، أنا. قال: «فَمَنْ يَأْخُذُهُ بِحَقِّهِ؟» فأَحْجَمَ القَوْمُ، فقال أبو دُجانةَ رضي الله عنه: أنا آخُذُهُ بحقِّهِ، فأخذَهُ فَفَلَقَ بهِ هامَ المُشركينَ. رواه مسلم.

اسمُ أبي دُجانَةَ: سِماكُ بنُ خَرَشَةَ. قولُهُ: «أحْجَمَ القَوْمُ»: أي تَوقَّفوا. و«فَلَقَ بهِ»: أي شَقَّ «هامَ المُشرِكينَ»: أي رؤوسَهُمْ.

٩٢ - السَّادس: عن الزُّبيرِ بنِ عديٍّ قال: أتينا أنسَ بنَ مالكٍ رضي الله عنه فشَكَوْنا إليهِ ما نَلقَى من الحَجّاجِ. فقال: «اصبِروا فإنَّه لا يأتي عليكم زمانٌ إلَّا والَّذي بعدَهُ شَرٌّ منهُ، حتّى تَلْقَوْا ربَّكُمْ» سَمِعتُهُ من نبيِّكُم ﷺ. رواه البخاري.

٩٣ - السَّابع: عن أبي هريرة رضي الله عنه أنَّ رسولَ اللهِ ﷺ قال: «بادِرُوا بالأعمالِ سَبْعاً، هَلْ تَنتظِرونَ إلَّا فقراً مُنسياً، أو غِنىً مُطغياً، أو مَرَضاً مُفسداً، أو هَرَماً مُفنِداً أو مَوتاً مُجهزاً أو الدَّجّالَ فَشَرُّ غائبٍ يُنتظَرُ، أو السَّاعةَ فالسَّاعةُ أدهَى وأمَرُّ!». رواه الترمذي وقال: حديثٌ حسنٌ.

٩٤ - الثَّامن: عنه، أنَّ رسولَ الله ﷺ قال يومَ خيبرَ: «لأُعطِينَّ هذه الرَّايةَ رجلاً يُحبُّ اللَّهَ ورَسُولَهُ، يفتَحُ اللهُ على يَدَيهِ» قال عمرُ رضي الله عنه: ما أحبَبْتُ الإمارةَ إلَّا يومَئِذٍ، فتَساوَرْتُ لها رَجاءَ أنْ أُدعَى لها، فدعا رسولُ الله ﷺ عليَّ بن

1. Buch der Gebote

nach Reichtum, und wenn du dies rechtzeitig tust, ohne es zu verschieben bis du im Schatten des Todes bist, um dann zu sagen: 'Dem Soundso dieses und dem Soundso jenes, und derjenige bekommt dies und jenes ...'"
(Al-Bukhâri und Muslim)

Hadith 91: Es erzählte Anas (r): Am Tage der Schlacht von Uhud nahm der Gesandte Allahs (s) ein Schwert und sprach: "Wer möchte dieses (Schwert) von mir nehmen?" Jeder streckte seine Hand aus und sagte: "Ich, ich." Der Prophet (s) sagte: "Wer wird seine volle Verantwortung übernehmen?" Die Leute zögerten, aber Abu Dudschâna (r) sagte: "Ich nehme es mit seiner Verantwortung." Und er schlug damit eine ganze Anzahl von Götzendienern."
(Muslim)

Hadith 92: Es erzählte az-Zubair ibn Adî (r): Wir gingen zu Anas ibn Mâlik (r) und beklagten uns bei ihm über die schlechte Behandlung und die Drangsal, die uns von al-Haddschâdsch[59] zuteil wurde. Er sagte: "Seid geduldig! Jeder Zeit folgt eine schlechtere, bis ihr euren Herrn trefft. Das habe ich den Propheten (s) sagen gehört."
(Al-Bukhâri)

Hadith 93: Abu Huraira (r) überliefert, dass der Prophet (s) sagte: "Verliert keine Zeit, Gutes zu tun, bevor ihr von einem der sieben Unheile eingeholt werdet: der Armut, die deine Weisheit beeinträchtigen könnte, oder dem Wohlstand, der dich irreführen könnte, oder der Krankheit, die deiner Gesundheit schaden könnte, oder dem hohen Alter, das deine Sinne beeinträchtigen könnte, oder dem plötzlichen Tod oder dem Erscheinen des *Daddschâl*[60]. All dies sind schlimme Ereignisse, die euch treffen können, oder die Stunde (des Jüngsten Tages), die in der Tat viel härter und bitterer ist."
(At-Tirmidhi)
Dies ist ein guter Hadith (*hasan*).

Hadith 94: Abu Huraira (r) berichtet: Am Tage der Schlacht von Khaibar[61] sagte der Gesandte Allahs (s): "Ich werde diese Standarte jemandem übergeben, der Allah und Seinen Gesandten liebt. Möge Allah (uns) durch ihn zum Sieg verhelfen."

---
[59] Al-Haddschâdsch ibn Yusuf at-Taqafi war ein grausamer Herrscher zur Zeit der Umayyaden.
[60] Der *Daddschâl* ist nach muslimischer Überlieferung ein Wesen, das vor dem Jüngsten Tag erscheinen wird, um die Menschen vom rechten Glauben abzubringen.
[61] Die Schlacht von Khaibar fand im Jahre 628 n.Chr. statt, also im Jahre 7 nach der *Hidschra*.

أبي طالب، رضي الله عنه، فأعطاه إياها، وقال: «امشِ، ولا تلتفتْ، حتى يفتح الله عليك» فسار عليٌّ شيئاً، ثم وقف ولم يلتفتْ؛ فصرَخَ: يا رسول الله، على ماذا أقاتل الناس؟ قال: «قاتلْهم حتى يَشْهدوا أن لا إلهَ إلا الله، وأنَّ محمداً رسول الله، فإذا فعلوا ذلك فقد منعوا منك دماءَهم وأموالَهم إلا بحقِّها، وحسابُهم على اللَّه».
رواه مسلم.

«فتساوَرْت» هو بالسِّين المهملة: أي وَثَبتُ متطلِّعاً.

١ ـ ١١ ـ باب المجاهدة

قال الله تعالى: ﴿وَالَّذِينَ جَاهَدُوا فِينَا لَنَهْدِيَنَّهُمْ سُبُلَنَا وَإِنَّ اللَّهَ لَمَعَ الْمُحْسِنِينَ﴾ [العنكبوت: ٦٩]. وقال تعالى: ﴿وَاعْبُدْ رَبَّكَ حَتَّى يَأْتِيَكَ الْيَقِينُ﴾ [الحجر: ٩٩]. وقال تعالى: ﴿وَاذْكُرِ اسْمَ رَبِّكَ وَتَبَتَّلْ إِلَيْهِ تَبْتِيلًا﴾ [المزمل: ٨]: أي انقطعْ إليه. وقال تعالى: ﴿فَمَنْ يَعْمَلْ مِثْقَالَ ذَرَّةٍ خَيْرًا يَرَهُ﴾ [الزلزلة: ٧]. وقال تعالى: ﴿وَمَا تُقَدِّمُوا لِأَنْفُسِكُمْ مِنْ خَيْرٍ تَجِدُوهُ عِنْدَ اللَّهِ هُوَ خَيْرًا وَأَعْظَمَ أَجْرًا﴾ [المزمل: ٢٠]. وقال تعالى: ﴿وَمَا تُنْفِقُوا مِنْ خَيْرٍ فَإِنَّ اللَّهَ بِهِ عَلِيمٌ﴾ [البقرة: ٢٧٣] والآيات في الباب كثيرةٌ معلومة.

وأما الأحاديث: .

٩٥ ـ فالأول: عن أبي هريرة رضي الله عنه قال: قال رسول الله ﷺ: «إنَّ الله، تعالى، قال: مَن عادى لي وليّاً فقد آذنتُه بالحرب. وما تقرّب إليَّ عبدي

1. Buch der Gebote

Dazu erzählte Umar (r): Ich hatte noch nie ein Kommando begehrt, doch an jenem Tag hoffte ich, dass mir die Gelegenheit gegeben würde. Der Gesandte Allahs (s) rief jedoch Alî ibn Abi Tâlib (r) und übergab ihm die Standarte und sagte: "Geh voran und gib auf nichts weiter acht, bis Allah durch dich den Sieg erteilt." Als Alî (r) das hörte, bewegte er sich ein wenig nach vorne und fragte mit lauter Stimme, ohne sich umzudrehen: "Oh Gesandter Allahs (s), wofür werde ich mit ihnen kämpfen?" Er antwortete: "Kämpfe so lange, bis sie bestätigen, dass es niemanden gibt, der anbetungswürdig ist außer Allah, und dass Muhammad Sein Gesandter ist. Wenn sie das tun, sollen ihr Leben und Besitz sicher bleiben, und ihr Lohn ist bei Allah."[62]
(Muslim)

Kapitel 11
Anstrengung (für Allah)

Qur'ân: Allah, der Erhabene, spricht:
"Und diejenigen, die sich mit aller Kraft für Uns einsetzen, die werden Wir gewiss auf Unseren Weg leiten. Und Allah ist wahrlich mit denen, die Gutes tun." (29:69)
"Und diene deinem Herren, bis die Gewissheit zu dir kommt." (15:99)
"So gedenke des Namens deines Herrn und widme dich ganz und gar Ihm." (73:8)
"Und wer Gutes im Gewicht eines Stäubchens getan hat, wird es sehen." (99:7)
"Und das, was ihr an Gutem für euch vorausschickt, das werdet ihr bei Allah wiederfinden - ja sogar besser und größer an Belohnung..." (73:20)
"Und was immer ihr an Gutem spendet, wahrlich, Allah weiß es wohl." (2:273)

Hadith 95: Abu Huraira (r) überliefert, dass der Gesandte Allahs (s) sagte: Allah, der Erhabene, sagt: "Wer einen der Mir Nahestehenden zum Feind nimmt, dem habe ich den Krieg erklärt. Mein Diener nähert sich Mir nicht mit etwas, das Ich mehr liebe als das, was Ich ihm zur Pflicht auferlegt habe: Mein Diener fährt fort, sich Mir durch zusätzliche

---
[62] Das bedeutet, dass sie mit der Annahme des Islam den anderen Muslimen gleichgestellt sind, und von Allah auch dementsprechend belohnt oder bestraft werden.

بِشَيْءٍ أَحَبَّ إِلَيَّ مِمَّا افْتَرَضْتُ عَلَيْهِ، وَمَا يَزَالُ عَبْدِي يَتَقَرَّبُ إِلَيَّ بِالنَّوَافِلِ حَتَّى أُحِبَّهُ، فَإِذَا أَحْبَبْتُهُ كُنْتُ سَمْعَهُ الَّذِي يَسْمَعُ بِهِ، وَبَصَرَهُ الَّذِي يُبْصِرُ بِهِ، وَيَدَهُ الَّتِي يَبْطِشُ بِهَا، وَرِجْلَهُ الَّتِي يَمْشِي بِهَا، وَإِنْ سَأَلَنِي أَعْطَيْتُهُ، وَلَئِنِ اسْتَعَاذَنِي لأُعِيذَنَّهُ، وَمَا تَرَدَّدْتُ عَنْ شَيْءٍ أَنَا فَاعِلُهُ تَرَدُّدِي عَنْ نَفْسِ المُؤْمِنِ، يَكْرَهُ المَوْتَ، وَأَنَا أَكْرَهُ مَسَاءَتَهُ». رواه البخاري.

«آذَنْتُهُ»: أَعْلَمْتُهُ بِأَنِّي مُحَارِبٌ لَهُ «اسْتَعَاذَنِي» رُوِيَ بِالنُّونِ وَبِالبَاءِ.

٩٦ ـ الثاني: عن أنس رضي الله عنه، عن النبي ﷺ فيما يَرويه عن رَبِّه عَزَّ وَجَلَّ قال: «إِذَا تَقَرَّبَ الْعَبْدُ إِلَيَّ شِبْراً تَقَرَّبْتُ إِلَيْهِ ذِرَاعاً، وَإِذَا تَقَرَّبَ إِلَيَّ ذِرَاعاً تَقَرَّبْتُ مِنْهُ بَاعاً، وَإِذَا أَتَانِي يَمْشِي أَتَيْتُهُ هَرْوَلَةً». رواه البخاري.

٩٧ ـ الثالث: عن ابن عباس، رضي الله عنهما، قال: قال رسول الله ﷺ: «نِعْمَتَانِ مَغْبُونٌ فِيهِمَا كَثِيرٌ مِنَ النَّاسِ: الصِّحَّةُ، وَالْفَرَاغُ». رواه البخاري.

٩٨ ـ الرابع: عن عائشة رضي الله عنها: أَنَّ النَّبِيَّ ﷺ كَانَ يَقُومُ مِنَ اللَّيْلِ حَتَّى تَنْفَطِرَ قَدَمَاهُ، فَقُلْتُ لَهُ: لِمَ تَصْنَعُ هَذَا يَا رَسُولَ اللَّهِ، وَقَدْ غَفَرَ اللَّهُ لَكَ مَا تَقَدَّمَ مِنْ ذَنْبِكَ وَمَا تَأَخَّرَ؟! قَالَ: «أَفَلَا أُحِبُّ أَنْ أَكُونَ عَبْداً شَكُوراً؟!». متفق عليه. هذا لفظ البخاري، ونحوه في الصحيحين من رواية المُغيرة بن شُعْبَةَ.

٩٩ ـ الخامس: عن عائشة رضي الله عنها أنها قالت: كَانَ رَسُولُ اللَّهِ ﷺ إِذَا دَخَلَ الْعَشْرُ أَحْيَا اللَّيْلَ، وَأَيْقَظَ أَهْلَهُ، وَجَدَّ وَشَدَّ المِئْزَرَ. متفق عليه.

1. Buch der Gebote

Frömmigkeit zu nähern, bis Ich ihn liebe. Und wenn Ich ihn liebe, bin Ich sein Gehör, mit dem er hört, sein Sehvermögen, mit dem er sieht, seine Hand, mit der er zupackt, und sein Fuß, mit dem er geht. Wenn er mich bittet, werde ich gewiss erfüllen, und wenn er Mich um Beistand bittet, werde ich ihm gewiss Zuflucht gewähren."
(Al-Bukhâri)

Hadith 96: Anas ibn Mâlik (r) überliefert, dass der Gesandte Allahs (s) von seinem Herrn, dem Allmächtigen und Erhabenen, erzählte, dass dieser spricht: "Wenn sich einer Meiner Diener Mir eine Spanne nähert, komme Ich ihm eine Elle entgegen. Nähert er sich Mir eine Elle, komme ich ihm die Weite seiner ausgestreckten Arme entgegen. Und wenn er zu mir gehend kommt, laufe ich ihm entgegen."
(Al-Bukhâri)

Hadith 97: Ibn Abbâs (r) überliefert, dass der Gesandte Allahs (s) sagte: "Gesundheit und Zeit sind zwei Gaben, durch die viele Menschen übervorteilt sind."[63]
(Al-Bukhâri)

Hadith 98: Âischa (r) erzählte, dass der Prophet (s) in der Nacht stehend zu beten pflegte, bis seine Füße Risse bekamen. Daher sagte sie zu ihm: "Warum tust du dies, oh Gesandter Allahs, obwohl Allah dir alle deine vergangenen und zukünftigen Fehler vergeben hat?" Daraufhin sagte er: "Darf ich denn nicht ein dankerfüllter Diener sein?"
(Al-Bukhâri und Muslim)
Die zitierte Fassung stammt von Al-Bukhâri.
In den beiden *Sahih*-Werken von Al-Bukhâri und Muslim wird der gleiche Hadith auch unter Berufung auf al-Mughîra ibn Schu'ba berichtet.

Hadith 99: Âischa (r) erzählte: "Der Gesandte Allahs (s) pflegte in den letzten zehn Nächten des Ramadan die Gebete sehr zu vertiefen und er weckte seine Familie dazu und hielt sich von seinen Frauen fern."
(Al-Bukhâri und Muslim)

---

[63] Gesundheit und Zeit sind wie das Kapital eines Geschäftsmanns, das gewinnbringend angelegt sein soll. Ebenso soll der Muslim seine Gesundheit und Freizeit für Allah einsetzen, der ihm dafür reichlich Belohnung gewährt.

والمراد: الْعَشْرُ الْأَوَاخِرُ من شهر رمضان. «وَالْمِئْزَرُ»: الْإِزَارُ، وَهُوَ كِنَايَةٌ عَنِ اعْتِزَالِ النِّسَاءِ، وَقِيلَ: المُرادُ تشميرُهُ لِلْعِبَادَةِ. يُقَالُ: شَدَدْتُ لِهَذَا الْأَمْرِ مِئْزَرِي، أَيْ: تَشَمَّرْتُ، وَتَفَرَّغْتُ لَهُ.

١٠٠ ـ السادس: عن أبي هريرة رضي الله عنه قال: قال رسول الله ﷺ: «الْمُؤْمِنُ الْقَوِيُّ خَيْرٌ وَأَحَبُّ إلى اللَّهِ مِنَ الْمُؤْمِنِ الضَّعِيفِ وَفِي كُلٍّ خَيْرٌ. احْرِصْ عَلَى مَا يَنْفَعُكَ، وَاسْتَعِنْ بِاللَّهِ وَلَا تَعْجَزْ. وَإِنْ أَصَابَكَ شَيْءٌ فَلَا تَقُلْ: لَوْ أَنِّي فَعَلْتُ كَانَ كَذَا وَكَذَا، وَلَكِنْ قُلْ: قَدَّرَ اللَّهُ، وَمَا شَاءَ فَعَلَ، فَإِنَّ لَوْ تَفْتَحُ عَمَلَ الشَّيْطَانِ». رواه مسلم.

١٠١ ـ السابع: عنه، أنَّ رسولَ اللَّهِ ﷺ قال: «حُجِبَتِ النَّارُ بِالشَّهَوَاتِ، وحُجِبَتِ الْجَنَّةُ بِالمَكَارِهِ» متفقٌ عليه.

وفي رواية لمسلم: «حُفَّت» بَدَلَ «حُجِبَت» وهُوَ بِمَعْنَاهُ؛ أَيْ: بَيْنَهُ وَبَيْنَهَا هٰذَا الحِجَابُ؛ فَإِذَا فَعَلَهُ دَخَلَهَا.

١٠٢ ـ الثامن: عن أبي عبد الله حُذَيْفَةَ بن اليمان، رضي الله عنهما، قال: صَلَّيْتُ مَعَ النَّبِيِّ ﷺ ذَاتَ لَيْلَةٍ، فَافْتَتَحَ الْبَقَرَةَ، فَقُلْتُ يَرْكَعُ عِنْدَ المِئَةِ، ثُمَّ مَضَى؛ فَقُلْتُ: يُصَلِّي بِهَا فِي رَكْعَةٍ، فَمَضَى؛ فَقُلْتُ: يَرْكَعُ بِهَا، ثُمَّ افْتَتَحَ النِّسَاءَ؛ فَقَرَأَهَا، ثُمَّ افْتَتَحَ آلَ عِمْرَانَ فَقَرَأَهَا، يَقْرَأُ مُتَرَسِّلًا إِذَا مَرَّ بِآيَةٍ فِيهَا تَسْبِيحٌ سَبَّحَ، وَإِذَا مَرَّ بِسُؤَالٍ سَأَلَ، وَإِذَا مَرَّ بِتَعَوُّذٍ تَعَوَّذَ، ثُمَّ رَكَعَ فَجَعَلَ يَقُولُ: «سُبْحَانَ رَبِّيَ الْعَظِيمِ»

1. Buch der Gebote

Hadith 100: Abu Huraira (r) überliefert, dass der Gesandte Allahs (s) sagte: "Der starke Gläubige ist Allah lieber als der schwache Gläubige; in jedem ist jedoch Gutes vorhanden. Halte dich fest an das, was dir nützt, flehe Allah um Hilfe an und gib nicht auf! Sollte dir etwas zustoßen, dann sage nicht 'Hätte ich nur dies und das getan!'. Aber Du sollst sagen: 'Allah hat es bestimmt und Sein Wille geschieht', denn 'hätte' öffnet nur dem Satan die Tür."
(Muslim)

Hadith 101: Abu Huraira (r) überliefert, dass der Gesandte Allahs (s) sagte: "Die Hölle ist von Gelüsten umgeben, und das Paradies von Widerwärtigkeiten."
(Muslim)
In der Version von Al-Bukhâri heißt es statt "umgeben" "verdeckt".

Hadith 102: Abu Abdullâh Hudhaifa ibn al-Yamân (r) erzählte: Eines Nachts betete ich hinter dem Propheten (s). Er begann mit der Rezitation der Sure *Al-Baqara*[64], und ich sagte mir, er werde sich beim hundertsten Vers verbeugen. Er aber fuhr danach fort, und ich sagte mir, er werde die ganze Sure im ersten *Rak'a* vollenden. Er fuhr allerdings fort und begann mit der (Rezitation der) Sure *An-Nisâ'*, las sie durch und las dann die Sure *Âl-Imrân*[65]. Dabei las er sie alle langsam und deutlich vor, und schloss alle Lobpreisungen, Schutzformeln und Bittgebete, die in diesen Versen erwähnt sind, ausführlich mit ein. Als er sich dann verbeugte, wobei er die Worte "*Subhâna rabbiyal-azîm*"[66] wiederholte, war seine Verbeugung (*Rukû'*) nahezu so lange, wie sein Beten im Stehen (*Qiyâm*). Dann sagte er: "*Sami'a-llâhu liman hamidah, rabbanâ lakal-hamd*"[67], richtete sich

---
[64] Die Sure *Al-Baqara* ist die zweite und längste Sure des Qur'ân.
[65] Die Suren *Âl-Imran* und *An-Nisâ'* sind die dritte und vierte Sure im Qur'ân. Sie sind nach der Sure Al-Baqara die nächstlängeren Suren. Diese drei Suren umfassen über ein Fünftel des gesamten Qur'âns.
[66] Auf Deutsch bedeutet dies: "Gepriesen sei mein Herr, der Allerhabene!"
[67] Auf Deutsch bedeutet dies: "Allah hört denjenigen, der ihn preist, Dein ist das Lob, oh unser

فَكَانَ رُكُوعُهُ نَحْواً مِنْ قِيَامِهِ ثُمَّ قَالَ: «سَمِعَ اللهُ لِمَنْ حَمِدَهُ، رَبَّنَا لَكَ الْحَمْدُ» ثُمَّ قَامَ قِيَاماً طَوِيلاً قَرِيباً مِمَّا رَكَعَ، ثُمَّ سَجَدَ فَقَالَ: «سُبْحَانَ رَبِّيَ الأَعْلَى» فَكَانَ سُجُودُهُ قَرِيباً مِنْ قِيَامِهِ، رواه مسلم.

١٠٣ - التاسع: عن ابن مسعود رضي الله عنه قال: صَلَّيْتُ مَعَ النَّبِيِّ ﷺ لَيْلَةً، فَأَطَالَ الْقِيَامَ حَتَّى هَمَمْتُ بِأَمْرِ سُوءٍ! قيل: وَمَا هَمَمْتَ بِهِ؟ قَالَ: هَمَمْتُ أَنْ أَجْلِسَ وَأَدَعَهُ. متفق عليه.

١٠٤ - العاشر: عن أنس رضي الله عنه، عن رسول اللهِ ﷺ قال: «يَتْبَعُ الْمَيِّتَ ثَلاثَةٌ: أَهْلُهُ وَمَالُهُ وَعَمَلُهُ؛ فَيَرْجِعُ اثْنَانِ وَيَبْقَى مَعَهُ وَاحِدٌ؛ يَتْبَعُهُ أَهْلُهُ وَمَالُهُ وَعَمَلُهُ، فَيَرْجِعُ أَهْلُهُ وَمَالُهُ، وَيَبْقَى عَمَلُهُ». متفق عليه.

١٠٥ - الحادي عشر: عن ابن مسعود رضي الله عنه قال: قال النبي ﷺ: «الْجَنَّةُ أَقْرَبُ إِلَى أَحَدِكُمْ مِنْ شِرَاكِ نَعْلِهِ، وَالنَّارُ مِثْلُ ذَلِكَ». رواه البخاري.

١٠٦ - الثاني عشر: عن أبي فراسٍ رَبِيعَةَ بنِ كَعْبٍ الأَسْلَمِيِّ خَادِمِ رسولِ الله ﷺ، وَمِنْ أَهْلِ الصُّفَّةِ رضي الله عنه قال: كُنْتُ أَبِيتُ مَعَ رسولِ الله ﷺ، فَآتِيهِ بِوَضُوئِهِ، وَحَاجَتِهِ فَقَالَ: «سَلْنِي» فَقُلْتُ: أَسْأَلُكَ مُرَافَقَتَكَ في الجَنَّةِ. فَقَالَ: «أَوَ غَيْرَ ذَلِكَ؟» قُلْتُ: هُوَ ذَاكَ. قال: «فَأَعِنِّي عَلَى نَفْسِكَ بِكَثْرَةِ السُّجُودِ». رواه مسلم.

1. Buch der Gebote

wieder auf und blieb stehen, so lange wie er in der Verbeugung (*Rukû'*) verweilt hatte. Dann warf er sich nieder, und sagte: "*Subhâna rabbiyal-a'lâ*"[68], und seine Niederwerfung dauerte so lange, wie sein Stehen.
(Muslim)

Hadith 103: Ibn Mas'ûd (r) erzählte: Eines Nachts schloss ich mich dem Gesandten Allahs (s) im Gebet an. Er verweilte im Stehen (*Qiyâm*) so lange, bis ich beinahe etwas Schlechtes getan hätte. Man fragte ihn: Was hättest du denn getan? Er sagte: Ich hätte mich hingesetzt und ihn gelassen.
(Al-Bukhâri und Muslim)

Hadith 104: Anas ibn Mâlik (r) berichtet, dass der Gesandte Allahs (s) sagte: "Drei begleiten den Gestorbenen zum Grab: seine Angehörigen, sein Vermögen und seine Taten. Zwei davon, nämlich die Angehörigen und sein Vermögen, verlassen ihn. Das Dritte, sein Verdienst, bleibt bei ihm."
(Al-Bukhâri und Muslim)

Hadith 105: Ibn Mas'ûd (r) berichtet, dass der Gesandte Allahs sagte: "Das Paradies ist jedem von euch näher als sein Schnürsenkel, und ähnlich ist es auch mit der Hölle."
(Al-Bukhâri)

Hadith 106: Abu Firâs Rabî'a ibn Ka'b al-Aslami (r), ein Diener des Propheten (s) und einer der *Ahl-us-Suffa*[69], sagte: Ich verbrachte meine Nächte immer in der Nähe des Gesandten Allahs (s), damit ich ihm Wasser für seine Waschungen und seinen Bedarf bringen konnte. Eines Tages sagte er zu mir: "Was wünschst du dir von mir?" Ich sagte: "Ich bitte darum, in deiner Gesellschaft im Paradies zu sein!" Er sagte weiter: "Und was noch?" Ich sagte: "Nur dies!" Da sagte er: "Dann hilf mir, indem du dich selbst oft vor Allah niederwirfst."
(Muslim)

---

[68] Herr!"
Auf Deutsch bedeutet dies: "Gepriesen sei mein Herr, der Allerhöchste!"
[69] Siehe Anmerkung Nr. 143 auf Seite 202.

١٠٧ - الثالث عشر: عن أبي عبد الله - ويقال: أبو عبد الرحمن - ثَوْبانَ مَوْلى رسول الله ﷺ قال: سَمعتُ رسول الله ﷺ يقول: «عَلَيْكَ بِكَثْرَةِ السُّجُودِ لِلَّهِ، فَإِنَّكَ لَنْ تَسْجُدَ لِلَّهِ سَجْدَةً إِلَّا رَفَعَكَ اللهُ بِهَا دَرَجَةً، وَحَطَّ عَنْكَ بِهَا خَطِيئَةً». رواه مسلم.

١٠٨ - الرابع عشر: عن أبي صفوانَ عبد الله بن بُسْرٍ الأسْلَميِّ، رضي الله عنه، قال: قال رسول الله ﷺ: «خَيْرُ النَّاسِ مَنْ طَالَ عُمرُهُ وَحَسُنَ عَمَلُهُ». رواه الترمذي، وقال: حديث حسن.

«بُسْر»: بضم الباء وبالسين المهملة.

١٠٩ - الخامس عشر: عن أنس رضي الله عنه، قال: غَابَ عَمِّي أَنسُ بْنُ النَّضْرِ رضي الله عنه، عن قِتالِ بَدْرٍ، فقال: يَا رسولَ اللهِ غِبْتُ عَنْ أَوَّلِ قِتَالٍ قَاتَلْتَ المُشْرِكِينَ، لَئِنِ اللَّهُ أَشْهَدَنِي قِتَالَ المُشْرِكِينَ لَيُرِيَنَّ اللَّهُ مَا أَصْنَعُ. فَلَمَّا كَانَ يَوْمُ أُحُدٍ انْكَشَفَ المُسْلِمُونَ، فَقَالَ اللَّهُمَّ أَعْتَذِرُ إِلَيْكَ مِمَّا صَنَعَ هَؤُلَاءِ يَعْنِي أَصْحَابَهُ، وَأَبْرَأُ إِلَيْكَ مِمَّا صَنَعَ هَؤُلَاءِ يَعْنِي المُشْرِكِينَ، ثُمَّ تَقَدَّمَ فَاسْتَقْبَلَهُ سَعْدُ بْنُ مُعَاذٍ، فَقَالَ: يَا سَعْدَ بْنَ مُعَاذٍ الجَنَّةُ وَرَبِّ النَّضْرِ، إِنِّي أَجِدُ رِيحَهَا مِنْ دُونِ أُحُدٍ. قَالَ سَعْدٌ: فَمَا اسْتَطَعْتُ يَا رَسُولَ اللهِ مَا صَنَعَ! قَالَ أَنَسٌ: فَوَجَدْنَا بِهِ بِضْعاً وَثَمَانِينَ ضَرْبَةً بِالسَّيْفِ، أَوْ طَعْنَةً بِرُمْحٍ، أَوْ رَمْيَةً بِسَهْمٍ، وَوَجَدْنَاهُ قَدْ قُتِلَ وَمَثَّلَ بِهِ المُشْرِكُونَ فَمَا عَرَفَهُ أَحَدٌ إِلَّا أُخْتُهُ بِبَنَانِهِ. قال أنس: كُنَّا نَرَى أَوْ نَظُنُّ أَنَّ هَذِهِ الآيَةَ نَزَلَتْ فِيهِ وَفِي أَشْبَاهِهِ: ﴿مِنَ المُؤْمِنِينَ رِجَالٌ صَدَقُوا مَا عَاهَدُوا اللَّهَ عَلَيْهِ﴾ [الأحزاب: ٢٣] إلى آخرها. متفقٌ عليه.

قوله: «لَيُرِيَنَّ اللَّهُ» رُوي بضم الياء وكسر الراء؛ أي: لَيُظهرَنَّ اللَّهُ ذلك للنَّاس، ورُوِيَ بفتحهما، ومعناه ظاهر، والله أعلم.

1. Buch der Gebote

Hadith 107: Abu Abdullâh (oder Abu Abdur-Rahmân) Thaubân (r), der freigelassene Sklave des Propheten (s), sagte: Ich habe den Gesandten Allahs (s) sagen hören: "Vermehre deine Niederwerfungen, denn jede Niederwerfung vor Allah wird deinen Rang um einen Grad erhöhen und eine deiner Sünden tilgen."
(Muslim)

Hadith 108: Abu Safwân Abdullâh ibn Busr al-Aslami (r) berichtet, dass der Gesandte Allahs (s) sagte: "Der beste unter den Menschen ist derjenige, der ein langes Leben genießen durfte, in dem er gute Werke vollbracht hat."
(At-Tirmidhi)
Dies ist ein guter Hadith (*hasan*).

Hadith 109: Anas (r) berichtet: In der Schlacht von Badr[70] war mein Onkel Anas ibn an-Nadr (r) abwesend. Später sagte er zum Propheten (s): "Oh Gesandter Allahs. Ich war beim ersten Kampf, den du gegen die Götzendiener geführt hast, nicht dabei. Wenn mir Allah einen anderen Kampf gegen die Götzendiener ermöglichen sollte, werde ich Allah zeigen, was ich zu tun imstande bin." Am Tage der Schlacht von Uhud gerieten die Muslime in schwere Bedrängnis. Da rief mein Onkel: "Oh Allah! Ich entschuldige mich für das Verhalten jener (meiner Leute), und ich trage keine Mitschuld an dem, was jene (Götzendiener) getan haben!" Dann stürmte er vor und sagte zu dem entgegenkommenden Sa'd ibn Mu'âdh (r): "Oh Sa'd ibn Mu'âdh! Beim Herrn der Ka'ba, ich rieche den Duft des Paradieses jenseits von Uhud!" Sa'd ibn Mu'âdh erzählte: "Oh Gesandter Allahs! Es ist unbeschreiblich, was er tat!" Anas ibn Mâlik sagte: "Wir fanden in seinem Körper mehr als achtzig Verletzungen, zugefügt von Schwertern, Speeren und Pfeilen. Zudem hatten die Götzendiener seinen toten Körper so sehr verstümmelt, dass keiner von uns ihn identifizieren konnten. Erst seine Schwester konnte ihn an seinen Fingern erkennen."
Anas sagte: "Wir waren der Ansicht, dass mein Onkel und ähnliche Märtyrer mit der Offenbarung des folgenden Qur'ânverses gemeint sind: 'Unter den Gläubigen sind Männer, die sich wahrhaft an das hielten, was sie Allah gelobt hatten. Und unter ihnen sind solche, deren Schicksal sich

---

[70] Die Schlacht von Badr war eine der ersten bewaffneten Auseinandersetzung der Muslime in Medina mit den ungläubigen Mekkanern. Sie fand im Jahre 624 n.Chr., also dem Jahr 2 nach der *Hidschra*, statt und endete mit dem überraschenden Sieg der Muslime.

١١٠ ـ السادس عشر: عن أبي مسعود عُقْبَةَ بنِ عمرٍو الأنصاريِّ البدريِّ رضي الله عنه قال: لَمَّا نَزَلَتْ آيَةُ الصَّدَقَةِ كُنَّا نُحَامِلُ عَلَى ظُهُورِنَا. فَجَاءَ رَجُلٌ فَتَصَدَّقَ بِشَيْءٍ كَثِيرٍ فَقَالُوا: مُرَاءٍ، وجاءَ رَجُلٌ آخَرُ فَتَصَدَّقَ بِصَاعٍ فقالوا: إنَّ اللَّهَ لَغَنِيٌّ عَنْ صاعِ هذَا! فَنَزَلَتْ: ﴿الَّذِينَ يَلْمِزُونَ المُطَّوِّعِينَ مِنَ المُؤْمِنِينَ فِي الصَّدَقَاتِ وَالَّذِينَ لَا يَجِدُونَ إِلَّا جُهْدَهُمْ﴾ الآية [التوبة: ٧٩]. متفقٌ عليه.

«ونُحَامِلُ» بِضَمِّ النُّونِ، وبِالحَاءِ المهملة: أيْ يَحْمِلُ أَحَدُنَا عَلَى ظَهْرِهِ بِالأُجْرَةِ، وَيَتَصَدَّقُ بِهَا.

١١١ ـ السابعَ عشر: عن سعيد بن عبد العزيز، عن رَبيعة بن يزيد، عن أبي إدريسَ الخَوْلَانيِّ، عن أبي ذرٍّ جُنْدُبِ بنِ جُنَادَةَ، رضي الله عنه، عن النَّبيِّ ﷺ فيما يَرْوي عَنِ الله تبارك وتعالى أنه قال: «يَا عِبَادِي، إِنِّي حَرَّمْتُ الظُّلْمَ عَلَى نَفْسِي، وَجَعَلْتُهُ بَيْنَكُمْ مُحَرَّماً، فَلَا تَظَالَمُوا. يَا عِبَادِي، كُلُّكُمْ ضَالٌّ إِلَّا مَنْ هَدَيْتُهُ، فَاسْتَهْدُوني أَهْدِكُمْ. يَا عِبَادِي، كُلُّكُمْ جَائِعٌ إِلَّا مَنْ أَطْعَمْتُهُ، فَاسْتَطْعِمُوني أُطْعِمْكُمْ. يَا عِبَادِي، كُلُّكُمْ عَارٍ إِلَّا مَنْ كَسَوْتُهُ، فَاسْتَكْسُوني أَكْسُكُمْ. يَا عِبَادِي، إِنَّكُمْ تُخْطِئُونَ بِاللَّيْلِ وَالنَّهَارِ، وَأَنَا أَغْفِرُ الذُّنُوبَ جَمِيعاً، فَاسْتَغْفِرُوني أَغْفِرْ لَكُمْ. يَا عِبَادِي، إِنَّكُمْ لَنْ تَبْلُغُوا ضَرِّي فَتَضُرُّوني، وَلَنْ تَبْلُغُوا نَفْعِي فَتَنْفَعُوني. يَا عِبَادِي، لَوْ أَنَّ أَوَّلَكُمْ وَآخِرَكُمْ، وَإِنْسَكُمْ وَجِنَّكُمْ، كَانُوا عَلَى أَتْقَى قَلْبِ رَجُلٍ وَاحِدٍ مِنْكُمْ، مَا

erfüllt hat, und unter ihnen sind solche, die noch darauf warten. Und sie haben sich nicht im geringsten geändert.'(Sure 33:23)"
(Al-Bukhâri und Muslim)

Hadith 110: Abu Mas'ûd Uqba ibn Amru al-Ansâri (r) erzählte: Als der Qur'ânvers bezüglich des Almosengebens (*Sadaqa*) offenbart wurde, pflegten wir Lasten auf unserem Rücken zu tragen, um etwas zu verdienen, das wir als *Sadaqa* geben konnten. Einer von uns stellte eine beträchtliche Summe als *Sadaqa* zur Verfügung, und sie (die Heuchler) bemerkten, er habe dies nur getan habe, um den Leute etwas vorzuheucheln. Ein anderer gab eine Handvoll (Datteln), und sie sagten: "Allah hat gewiss seine Handvoll (Datteln) nicht nötig." Daraufhin wurde offenbart: "Diejenigen, die über jene Gläubigen lästern, die bereitwillig *Sadaqa* geben, und über jene, die nichts außer ihrer Hände Arbeit (als Beitrag) finden können, und sie deswegen verspotten - Allah wird ihrer spotten und ihnen wird schmerzliche Strafe zuteil." (Sure 9:79)
(Al-Bukhâri und Muslim)

Hadith 111: Abu Dharr Dschundub ibn Dschunâda (r) berichtet davon, dass der Gesandte Allahs (s) erzählte, dass Allah, der Gesegnete und Erhabene, sagt: "Oh Meine Diener: Mir selbst habe Ich Unrecht verwehrt und auch euch habe ich es verboten, so tut untereinander kein Unrecht. Oh Meine Diener: Ihr seid alle umherirrend, außer dem, den Ich rechtleite, so erstrebt Meine Rechtleitung, dann leite Ich euch. Oh Meine Diener: Ihr alle habt Hunger, außer demjenigen, den Ich speise, so erbittet Speise von Mir, dann speise Ich euch. Oh meine Diener: Ihr seid alle entblößt, außer dem, den Ich kleide, so bittet Mich um Kleidung, dann kleide Ich euch. Oh Meine Diener· Ihr überschreitet (Meine Gebote) bei Nacht und am Tage, und Ich vergebe alle Missetaten, so bittet mich um Vergebung, dann vergebe Ich euch. Oh Meine Diener: Mir kann keiner von euch Schaden zufügen, und so schadet ihr Mir nie, und keiner von euch kann Mir Nutzen bringen, und so nutzt ihr Mir nie. Oh Meine Diener: Wenn die ersten und die letzten unter euch (bis zu Jüngsten Tag) - seien es Menschen oder *Dschinn* - eins werden würden, wie einer, der die frömmste und aufrichtigste Seele unter euch hätte, so fügt dies Meiner Herrschaft nichts hinzu. Oh Meine Diener: Wenn die ersten und die letzten unter euch - seien es Menschen oder *Dschinn* - sündigeren Herzens wären als irgendeiner unter euch, so vermindert dies Meine Herrschaft um nichts. Oh

زَادَ ذلِكَ في مُلْكي شَيْئاً، لَوْ أَنَّ أَوَّلَكُمْ وَآخِرَكُمْ وَإِنْسَكُمْ وَجِنَّكُمْ، كانوا عَلى أَفْجَرِ قَلْبِ رَجُلٍ واحِدٍ مِنْكُمْ، ما نَقَصَ ذلِكَ مِنْ مُلْكي شَيْئاً. يا عِبَادي، لَوْ أَنَّ أَوَّلَكُمْ وَآخِرَكُمْ وَإِنْسَكُمْ وَجِنَّكُمْ قاموا في صَعيدٍ واحِدٍ، فَسأَلوني، فَأَعْطَيْتُ كُلَّ إِنْسَانٍ مَسْأَلَتَهُ، ما نَقَصَ ذلِكَ مِمَّا عِندي إِلا كَما يَنْقُصُ المِخْيَطُ إذا أُدْخِلَ البَحْرَ. يا عِبَادي، إِنَّما هِيَ أَعْمَالُكُمْ أُحْصيهَا لَكُمْ، ثُمَّ أُوَفِّيكُمْ إِيَّاهَا، فَمَنْ وَجَدَ خَيْراً فَلْيَحْمَدِ اللَّهَ، وَمَنْ وَجَدَ غَيْرَ ذلِكَ فَلا يَلومَنَّ إِلا نَفْسَهُ». قال سعيدٌ: كانَ أبو إدريس إذا حدَّثَ بهذا الحديثِ جَثَا عَلى رُكبتيه. رواه مسلم. وروينا عن الإمام أحمد بن حنبل رحمه الله قال: ليس لأهل الشام حديث أشرف من هذا الحديث.

١ - ١٢ - باب الحثّ على الازدياد من الخير في أواخر العُمر

قال الله تعالى: ﴿أَوَلَمْ نُعَمِّرْكُم مَّا يَتَذَكَّرُ فِيهِ مَن تَذَكَّرَ وَجَاءَكُمُ النَّذِيرُ﴾ [فاطر: ٣٧] قال ابن عباس والمُحَقِّقونَ: مَعْناهُ: أَوَ لَمْ نُعَمِّرْكُمْ سِتِّينَ سَنَةً؟ وَيُؤَيِّدُهُ الحديثُ الذي سنذكرُه إن شاء الله تعالى، وقيل: معناه ثماني عشرَةَ سَنَةً. وقِيلَ: أربعين سَنَةً. قالَهُ الحسن والكلبي وَمَسْرُوقٌ، ونقلَ عن ابن عباس أيضاً. ونقَلوا: أَنَّ أَهْلَ المدينَةِ كانوا إذا بَلَغَ أَحَدُهُمْ أَرْبَعِينَ سَنَةً تَفَرَّغَ للعبادةِ وقيل: هو البُلُوغُ.

وقوله تعالى: ﴿وَجَاءَكُمُ النَّذِيرُ﴾ قال ابن عباس والجمهور: هو النبيُّ ﷺ. وقيل: الشَّيْبُ. قالَه عِكْرِمَة، وابن عُيَيْنَةَ، وغيرهما. والله أعلم.

وأمّا الأحاديث

١١٢ - فالأوَّل: عن أبي هريرة رضي الله عنه، عن النبي ﷺ قال: «أَعْذَرَ اللهُ إلى امرىءٍ أَخَّرَ أَجَلَهُ حتى بَلَغَ سِتِّينَ سَنَةً». رواه البخاري.

قال العلماء: معناه: لَمْ يَتْرُكْ لَهُ عُذْراً إِذْ أَمْهَلَهُ هذهِ المُدَّةَ. يُقال: أَعْذَرَ الرَّجُلُ: إذا بَلَغَ الغَايَةَ في العُذْرِ.

1. Buch der Gebote

Meine Diener: Wenn die ersten und die letzten unter euch - seien es Menschen oder *Dschinn* - auf einer einzigen Anhöhe stünden und Mich bäten, und Ich jedem einzelnen gäbe, worum er Mich bittet, so vermindert das nicht das, was bei Mir ist, um mehr als das, was eine Nadel vermindert, wenn sie (mit ihrer Spitze) die Oberfläche des Meeres berührt. Oh Meine Diener: Es zählen allein eure Taten, die Ich euch anrechne, danach gebe Ich euch für sie volle Belohnung. Wer dann Gutes erlangt, der soll Allah preisen, und wer Anderes erhält, soll nur sich selbst tadeln."
(Muslim)
Nach der Version von Muslim sagte Sa'îd, dass Abu Idrîs, wenn er diesen Hadith hörte, auf die Knie zu fallen pflegte. Und von Ahmad ibn Hanbal (rA) ist bekannt, dass er sagte: Bei den Menschen aus *Schâm*[71] kennt man keinen erhabeneren Hadith, als diesen.

Kapitel 12
Ermutigung zu verstärkter Wohltätigkeit gegen Ende des Lebens

Qur'ân: Allah, der Erhabene, spricht:
"Haben Wir euch denn nicht ein genügend langes Leben gewährt, so dass der, der sich ermahnen lassen wollte, darin Ermahnung hätte annehmen können? Und ist nicht der Warner zu euch gekommen?" (35:37)
Unter einem "langem Leben" verstehen die meisten Gelehrten ein Alter ab vierzig Jahren. Die meisten Gelehrten meinen, der Warner sei Muhammad (s) selbst, wobei einige meinen, der Warner sei das Greisenalter. Zu den letzten gehören Ikrima und Ibn Uyaina (r)

Hadith 112: Abu Huraira (r) berichtet, dass der Prophet (s) sagte: "Wahrlich, Allah ist entschuldigt, wenn Er einem Menschen eine lange Frist zur Buße gibt, bis er das Alter von sechzig Jahren erreicht."
(Al-Bukhâri)

---

[71] Siehe Anmerkung Nr. 27 auf Seite 16.

١١٣ - الثاني: عن ابن عباس رضي الله عنهما قال: كانَ عمر رضي الله عنه يُدْخِلُني مَعَ أَشْياخِ بَدْرٍ، فَكأَنَّ بَعْضَهُمْ وَجَدَ في نَفْسِه فقال: لِمَ يَدْخُلُ هٰذا معنا ولَنا أَبْناءٌ مِثْلُهُ؟! فقال عمر: إنَّهُ مَنْ حَيْثُ عَلِمْتُمْ! فَدَعاني ذاتَ يَوْمٍ فَأَدْخَلَني مَعَهُمْ، فما رأَيْتُ أَنَّهُ دَعاني يَوْمَئِذٍ إلَّا لِيُرِيَهُمْ، قال: ما تقولون في قول الله تعالى: ﴿إِذَا جَاءَ نَصْرُ اللَّهِ وَالْفَتْحُ﴾ [النصر: ١] فقال بعضهم: أُمِرْنا نَحْمَدُ اللَّهَ وَنَسْتَغْفِرُه إذا نَصَرَنا وَفَتَحَ عَلَيْنا. وَسَكَتَ بعضُهُمْ فلم يَقُلْ شَيْئاً. فقال لي: أَكَذٰلِكَ تَقُولُ يا ابْنَ عَبَّاسٍ؟ فَقُلْتُ: لا. قالَ: فَما تَقُولُ: قُلْتُ: هُوَ أَجَلُ رَسُولِ اللَّهِ ﷺ، أَعْلَمَهُ لَهُ، قَالَ: ﴿إِذَا جَاءَ نَصْرُ اللَّهِ وَالْفَتْحُ﴾ وذلك علامة أَجَلِكَ ﴿فَسَبِّحْ بِحَمْدِ رَبِّكَ وَاسْتَغْفِرْهُ إِنَّهُ كَانَ تَوَّابًا﴾ [الفتح: ٣] فقال عمر رضي الله عنه: ما أَعْلَمُ منها إلَّا ما تَقُولُ. رواه البخاري.

١١٤ - الثالث: عن عائشة رضي الله عنها قالت: ما صَلَّى رسول الله ﷺ صلاةً بعدَ أَنْ نَزَلَتْ عَلَيْهِ ﴿إِذَا جَاءَ نَصْرُ اللَّهِ وَالْفَتْحُ﴾ إلَّا يقول فيها: «سُبْحانَكَ رَبَّنا وَبِحَمْدِكَ، اللَّهُمَّ اغْفِرْ لي». متفق عليه.

وفي رواية في «الصحيحين» عنها: كان رسول الله ﷺ يُكْثِرُ أَنْ يَقُولَ في رُكُوعِه وسُجُودِه: «سُبْحانَكَ اللَّهُمَّ رَبَّنا وَبِحَمْدِكَ، اللَّهُمَّ اغْفِرْ لي» يَتَأَوَّلُ القُرْآنَ.

1. Buch der Gebote

Hadith 113: Ibn Abbâs (r) erzählte: Umar ibn al-Khattâb (r) pflegte mich der Beratungsversammlung der Ältesten, die an der Schlacht von Badr teilgenommen hatten, hinzuzugesellen. Einige von ihnen kritisierten dies und meinten, ich sei nicht alt genug für diesen Rang, vor allem weil ihre Söhne in meinem Alter waren. Zu ihnen sagte allerdings Umar: "Er ist wer, wie ihr wisst." Dann rief er mich eines Tages zu seiner Versammlung mit ihnen, und ich erriet, dass er es nur getan hatte, um ihnen mein Wissen zu zeigen. Umar fragte sie: "Was sagt ihr über die Bedeutung des Wortes Allahs (in Sure 110:1): 'Wenn die Hilfe Allahs kommt und der Sieg'?" Einige von ihnen antworteten: "Allah fordert uns auf, ihn zu preisen und ihn um Vergebung zu bitten, wenn er uns hilft und uns Sieg gewährt." Einige blieben ruhig und sagten nichts. Da sagte Umar zu mir: "Ist das auch deine Auslegung, du Sohn des Abbâs?" Ich sagte: "Nein!" Da sagte er: "Was meinst du dann?" Ich sagte: "Dies war ein Zeichen (Allahs) für den baldigen Tod des Gesandten (s). Ihm wurde (von Allah) gesagt: 'Wenn die Hilfe Allahs kommt und der Sieg - das ist ein Zeichen für (das Ende) deiner Zeit. - Dann lobpreise deinen Herrn und bitte Ihn um Vergebung, denn Er ist wahrlich der oft Sich (uns wieder) Zuwendende.'(Sure 110:3)" Da sagte Umar (r) zu mir: "Nur dies ist die wahre Auslegung, die auch ich kenne, genau so, wie du es erklärt hast."
(Al-Bukhâri)

Hadith 114: Âischa (r) überliefert: "Nach der Offenbarung der Sure *An-Nasr* (110:1-3) hat der Gesandte Allahs (s) niemals darauf verzichtet, bei jedem Gebet zu wiederholen: "Gepriesen bist du, unser Herr, und Du bist gelobt! Oh Allah, vergib mir!"[72]
(Al-Bukhâri und Muslim)

In einer anderen Version der beiden *Sahîh*-Sammlungen von Al-Bukhâri und Muslim berichtet Âischa (r), dass der Prophet (s) im Gebet während der Verbeugung (*Rukû'*) und der Niederwerfung (*Sudschûd*) oft sagte: "Gepriesen bist du, oh Allah, unser Herr, und Du bist gelobt! Oh Allah, vergib mir!", so wie es im Qur'ân geschrieben ist: "Dann lobpreise deinen Herrn und bitte Ihn um Vergebung." (Sure 110:3)

Nach einer anderen Version bei Muslim wiederholte der Prophet vor seinem Tod oft: "Gepriesen bist Du, oh Allah, und Du bist gelobt! Dich bitte ich um Vergebung und wende mich Dir reuevoll zu."[73]

---

[72] Auf Arabisch lautet dieses Bittgebet: *"Subhânaka rabbanâ wa bihamdik, allahumma-ghfir lî."*

معنى «يَتَأَوَّلُ القُرآنَ»، أي: يَعْمَلُ ما أُمِرَ بِهِ في القُرآنِ في قولِهِ تعالى: ﴿فَسَبِّحْ بِحَمْدِ رَبِّكَ وَاسْتَغْفِرْهُ﴾.

وفي روايةٍ لمسلم: كان رسولُ اللَّهِ ﷺ يُكْثِرُ أَنْ يَقُولَ قَبْلَ أَنْ يَمُوتَ: «سُبْحَانَكَ اللَّهُمَّ وَبِحَمْدِكَ، أَسْتَغْفِرُكَ وَأَتُوبُ إِلَيْكَ». قالتْ عائشةُ: قلت: يا رسولَ الله ما هذهِ الكلماتُ التي أراكَ أحدَثْتَها تقولُها؟ قال: «جُعِلَتْ لِي علامةٌ في أُمَّتِي إِذَا رَأَيْتُهَا قُلْتُهَا ﴿إِذَا جَاءَ نَصْرُ اللَّهِ وَالْفَتْحُ﴾» إلى آخرِ السورةِ.

وفي روايةٍ له: كان رسولُ اللَّهِ ﷺ يُكْثِرُ مِنْ قَوْلِ: «سُبْحَانَ اللَّهِ وَبِحَمْدِهِ أَسْتَغْفِرُ اللَّهَ وَأَتُوبُ إِلَيْهِ». فقال: «أَخْبَرَنِي رَبِّي أَنِّي سَأَرَى عَلَامَةً فِي أُمَّتِي فَإِذَا رَأَيْتُهَا أَكْثَرْتُ مِنْ قَوْلِ: سُبْحَانَ اللَّهِ وَبِحَمْدِهِ، أَسْتَغْفِرُ اللَّهَ وَأَتُوبُ إِلَيْهِ، فَقَدْ رَأَيْتُهَا: ﴿إِذَا جَاءَ نَصْرُ اللَّهِ وَالْفَتْحُ﴾ فَتْحُ مَكَّةَ، ﴿وَرَأَيْتَ النَّاسَ يَدْخُلُونَ فِي دِينِ اللَّهِ أَفْوَاجًا. فَسَبِّحْ بِحَمْدِ رَبِّكَ وَاسْتَغْفِرْهُ إِنَّهُ كَانَ تَوَّابًا﴾».

١١٥ - الرابع: عن أنسٍ رضي الله عنه قال: إنَّ اللَّهَ عَزَّ وَجَلَّ تَابَعَ الوَحْيَ عَلَى رسولِ اللَّهِ ﷺ قَبْلَ وَفَاتِهِ، حَتَّى تُوُفِّيَ وَأَكْثَرُ مَا كَانَ الوَحْيُ. يومَ توفي رسولُ اللَّهِ ﷺ متفقٌ عليه.

١١٦ - الخامس: عن جابرٍ رضي الله عنه قال: قال رسولُ اللَّهِ ﷺ: «يُبْعَثُ كُلُّ عَبْدٍ عَلَى مَا مَاتَ عَلَيْهِ». رواه مسلم.

1. Buch der Gebote

Âischa (r) berichtet: Ich sagte zu ihm: "Oh Gesandter Allahs! Was sind das für Aussprüche, die ich seit kurzem von Dir höre?" Er sagte: "Allah hat meine Gemeinde (*Umma*) betreffend ein Zeichen gesetzt, und ich soll diese Worte aussprechen, wenn ich dieses Zeichen sehe:" und dann rezitierte er die Sure *An-Nasr* (110:1-3): "Wenn die Hilfe Allahs kommt und der Sieg, und du die Menschen in Scharen in die Religion Allahs eintreten siehst, dann lobpreise deinen Herrn und bitte Ihn um Vergebung, denn Er ist wahrlich der oft sich (uns wieder) Zuwendende."[74]

Nach einer anderen Version von Âischa (r) sagte der Gesandte Allahs (s) mehrmals: "Gepriesen sei Allah, und gelobt sei Er! Ich bitte Allah um Vergebung und wende mich Ihm reuevoll zu." Da sagte sie zu ihm: "Oh Gesandter Allahs, ich höre dich oft sagen: Gepriesen sei Allah, und gelobt sei Er! Ich bitte Allah um Vergebung und wende mich Ihm reuevoll zu." Da sagte er: "Mein Herr teilte mir mit, dass ich bald Hinweise sehen werde, die auf meine Gemeinde (*Umma*) hindeuten, und dass ich, wenn ich sie sehe, sagen soll: 'Gepriesen sei Allah, und gelobt sei Er! Ich bitte Allah um Vergebung und wende mich Ihm reuevoll zu.' Nun habe ich diese Zeichen gesehen: 'Wenn die Hilfe Allahs kommt und der Sieg' - Allahs Sieg und Hilfe sind der Sieg von Mekka - 'Und du die Menschen in Scharen in die Religion Allahs eintreten siehst, dann lobpreise deinen Herrn und bitte ihn um Vergebung, denn Er ist wahrlich der oft Sich (uns wieder) Zuwendende.' (Sure 110:1-3)"

Hadith 115: Es erzählte Anas (r): Allah, der Allmächtige und Erhabene, offenbarte dem Gesandten Allahs (s) häufig in der letzten Zeit vor seinem Tode.
(Al-Bukhâri und Muslim)

Hadith 116: Dschâbir (r) berichtet, dass der Prophet (s) gesagt hat: "Jeder wird (am Tage des Gerichts) in der Verfassung auferstehen, in der er starb."
(Muslim)

---

[73] Auf Arabisch lautet dieses Bittgebet: "*Subhânaka-llahumma wa bihamdik, astaghfiruka wa atûbu ilaik*
[74] Das Zeichen, das Allah in der Sure *An-Nasr* für Seine *Umma* gesetzt hat, ist der Sieg und die Hilfe Allahs, sowie der massenhafte Eintritt der Menschen in den Islam.

١ - ١٣ - باب في بيان كثرةِ طرق الخير

قال الله تعالى: ﴿وَمَا تَفْعَلُوا مِنْ خَيْرٍ فَإِنَّ اللَّهَ بِهِ عَلِيمٌ﴾ [البقرة: ٢١٥].

وقال تعالى: ﴿وَمَا تَفْعَلُوا مِنْ خَيْرٍ يَعْلَمْهُ اللَّهُ﴾ [البقرة: ١٩٧] وقال تعالى: ﴿فَمَن يَعْمَلْ مِثْقَالَ ذَرَّةٍ خَيْراً يَرَهُ﴾ [الزلزلة: ٧] وقال تعالى: ﴿مَن عَمِلَ صَالِحاً فَلِنَفْسِهِ﴾ [الجاثية: ١٥] والآياتُ في الباب كثيرةٌ.

وأمّا الأحاديث فكثيرة جداً، وهي غير منحصرة، فنذكر طرفاً منها.

١١٧ - الأول: عن أبي ذرٍ جُندَبِ بنِ جُنَادَةَ رضي الله عنه قال: قلت يا رسول الله، أيُّ الأعمالِ أفضَلُ؟ قال: «الإيمانُ باللَّهِ، والجهادُ في سبيلِهِ». قلتُ: أيُّ الرِّقابِ أفضلُ؟ قال: «أنفَسُها عِندَ أَهْلِها، وأكثَرُها ثَمَناً». قلتُ: فَإِنْ لَمْ أَفْعَلْ؟ قال: «تُعِينُ صَانِعاً أَوْ تَصْنَعُ لأَخْرَقَ». قلتُ: يا رَسولَ الله أرأَيْتَ إنْ ضَعُفْتُ عَنْ بعضِ العَمَلِ؟ قال: «تَكُفُّ شَرَّكَ عَنِ النَّاسِ فَإِنَّها صَدَقَةٌ مِنْكَ عَلى نَفْسِكَ». متفقٌ عليه.

«الصَّانعُ» بالصَّادِ المهملة هذا هو المشهور، ورُويَ «ضَائعاً» بالمعجمة: أي ذَا ضَياعٍ مِنْ فَقْرٍ أَوْ عِيَالٍ، ونحو ذلك «وَالأَخْرَقُ»: الَّذي لا يُتقن مَا يُحَاوِلُ فِعلَهُ.

١١٨ - الثاني: عن أبي ذرٍّ أيضاً رضي اللَّهُ عنه، أنَّ رسولَ الله ﷺ قال: «يُصْبِحُ عَلى كُلِّ سُلاَمَى مِنْ أَحَدِكُمْ صَدَقَةٌ، فَكُلُّ تَسْبِيحَةٍ صَدَقَةٌ، وَكُلُّ تَحْمِيدَةٍ صَدَقَةٌ، وَكُلُّ تَهْلِيلَةٍ صَدَقَةٌ، وَكُلُّ تَكْبِيرَةٍ صَدَقَةٌ، وَأَمْرٌ بِالمَعْرُوفِ صَدَقَةٌ، وَنَهْيٌ عَنِ المنكَرِ صَدَقَةٌ، وَيُجْزِىءُ مِنْ ذلكَ رَكْعَتَانِ يَرْكَعُهُما مِنَ الضُّحَى». رواه مسلم.

«السُّلامَى» بضم السين المهملة وتخفيف اللام وفتح الميم: المَفْصِلُ.

1. Buch der Gebote

Kapitel 13
Aufzählung mehrerer Wege zu Wohltätigkeit

Qur'ân: Allah, der Erhabene, spricht:
"Und was immer ihr an Gutem tut, wahrlich Allah weiß es wohl." (2:215)
"Und was ihn an Gutem tut, Allah weiß es." (2:197)
"Und wer Gutes im Gewicht eines Stäubchens getan hat, wird es sehen." (99:7)
"Wer Gutes tut, tut es für seine eigene Seele..." (45:15)

Es gibt eine Reihe von Qur'ânversen über dieses Thema. Von den Aussprüchen des Propheten (s) diesbezüglich begnügen wir uns mit den folgenden:

Hadith 117: Abu Dharr Dschundub ibn Dschunâda (r) berichtet: Ich fragte (den Gesandten Allahs (s)): "Oh Gesandter Allahs, welche Tat ist am verdienstvollsten?" Er antwortete: "Der Glaube an Allah und der *Dschihâd* um Allahs willen." Ich fragte: "Welche Art von Sklavenbefreiung ist am wertvollsten?" Er antwortete: "Die Befreiung der von den Angehörigen am höchsten geschätzten (Sklaven), und von diesen der, dessen Lösegeld am höchsten ist." Ich fragte: "Und wenn ich dies nicht tun kann?" Er sagte: "Dann hilf einem Bedürftigen oder hilf jemandem bei einer Arbeit, die er nicht so gut erledigen kann." Ich fragte erneut: "Und was, wenn ich selbst so schwach geworden bin, dass ich nicht helfen kann?" Er sagte: "Dann füge keinem Menschen Schaden zu, denn auch dies zählt als *Sadaqa* dir selbst gegenüber."
(Al-Bukhâri und Muslim)

Hadith 118: Abu Dharr (r) überliefert auch, dass der Gesandte Allahs (s) sagte: "Jeder von euch hat jeden Tag für jedes gesunde Glied seines Körpers *Sadaqa* zu entrichten. Und jede Lobpreisung Allahs (indem man *Subhân Allâh* sagt) zählt als *Sadaqa*, jedes *Alhamdu lillâh* zählt als *Sadaqa*, jedes *Lâ ilâha illâ-llâh*[75] zählt als *Sadaqa*, jedes *Allâhu akbar*[76] zählt als *Sadaqa*, das Gute zu gebieten zählt als *Sadaqa* und das Übel zu verwehren zählt als *Sadaqa*. Es genügt aber auch, wenn man am Vormittag ein kurzes Gebet (mit zwei *Rak'a*) verrichtet."
(Muslim)

---

[75] Auf Deutsch bedeutet dies: "Es gibt keinen Gott außer Allah!"
[76] Auf Deutsch bedeutet dies: "Allah ist größer!"

١١٩ ـ الثَّالثُ عَنهُ قال: قال النبي ﷺ: «عُرِضَتْ عَلَيَّ أَعْمَالُ أُمَّتي حَسَنُهَا وَسَيِّئُهَا، فَوَجَدْتُ في مَحَاسِنِ أَعْمالِها الأذى يُمَاطُ عَنِ الطَّريقِ، وَوَجَدْتُ في مَسَاوىءِ أَعْمَالِهَا النُّخَاعَةَ تَكُونُ في المَسْجِدِ لَا تُدْفَنُ». رواه مسلم.

١٢٠ ـ الرابع: عنه: أَنَّ ناساً قالوا: يا رسُولَ الله، ذَهَبَ أَهْلُ الدُّثُورِ بِالأُجُورِ، يُصَلُّونَ كَمَا نُصَلِّي، وَيَصُومُونَ كَمَا نَصُومُ، وَيَتَصَدَّقُونَ بِفُضُولِ أَمْوَالِهِمْ، قال: «أَوَلَيْسَ قَدْ جَعَلَ اللَّهُ لَكُمْ مَا تَصَّدَّقُونَ بِهِ؟ إِنَّ بِكُلِّ تَسْبِيحَةٍ صَدَقَةً، وَكُلَّ تَكْبِيرَةٍ صدقةً، وكلَّ تَحْمِيدَةٍ صدقةً، وكلَّ تَهْلِيلَةٍ صدقةً، وَأَمْرٌ بالمعْرُوف صدقةٌ، ونَهْيٌ عَنِ المُنْكَرِ صدقةٌ وفي بُضْعِ أَحَدِكُمْ صدقةٌ» قالوا: يا رسُولَ اللَّهِ أَيَأْتِي أَحَدُنَا شَهْوَتَهُ، وَيَكُونُ لَهُ فيها أَجْرٌ؟! قال: «أَرَأَيْتُمْ لَوْ وَضَعَهَا في حَرَامٍ أَكَانَ عَلَيْهِ فيها وِزْرٌ؟ فَكذلِكَ إذا وضَعَهَا في الحَلَالِ كانَ لَهُ أَجْرٌ». رواه مسلم.

«الدُّثُورُ» بالثاء المثلثة: الأموالُ، واحِدُها: دَثْرٌ.

١٢١ ـ الخامس: عنه قال: قال لي النبيُّ ﷺ: «لَا تَحْقِرَنَّ مِنَ المَعْرُوفِ شَيْئاً، وَلَوْ أَنْ تَلْقَى أَخَاكَ بِوَجْهٍ طَلِيقٍ». رواه مسلم.

1. Buch der Gebote

Hadith 119: Abu Dharr (r) überliefert auch, dass der Gesandte Allahs (s) sagte: "Mir wurden die Taten meiner Gemeinde (*Umma*), die guten und die schlechten, gezeigt. Zu den guten zählt die Beseitigung von störenden Gegenständen vom Weg, und zu den schlechten zählt das Nichtbeseitigen von in der Moschee zurückgelassenem Auswurf."
(Muslim)

Hadith 120: Abu Dharr (r) überliefert auch Folgendes: Man sagte zu dem Propheten (s): "Oh Gesandter Allahs (s), die Wohlhabenden werden besser belohnt (als wir), denn sie beten wie wir beten, sie fasten wie wir fasten, und sie geben *Sadaqa* von den Überschüssen ihres Vermögens." Er sprach: "Hat Allah euch denn nichts gegeben, wovon ihr *Sadaqa* geben könnt: Gewiss zählt jedes *Subhân Allâh* als *Sadaqa*, jedes *Allâhu akbar*, jedes *Alhamdu lillâh* und jedes *Lâ ilâha illâ-llâh* zählt als *Sadaqa*. Zum Guten aufzurufen zählt als *Sadaqa*, das Übel zu bekämpfen zählt als *Sadaqa*, und der Beischlaf zählt als *Sadaqa*." Da wurde er gefragt: "Oh Gesandter Allahs (s), einer von uns stillt seine Begierde (durch Beischlaf bei seiner Ehefrau) und dafür erhält er eine Belohnung?" Er sagte: "Seht ihr nicht, dass er sündigt, wenn er sie auf verbotene Weise befriedigt? Und so wird er für die legale Befriedigung (seiner Begierde) belohnt."
(Muslim)

Hadith 121: Abu Dharr (r) überliefert, dass der Prophet (s) zu ihm sagte: "Verachte niemals auch nur die kleinste Kleinigkeit einer guten Tat; sogar deinen Bruder (Mitmenschen) mit einem fröhlichen Gesicht zu treffen (zählt als gute Tat)."
(Muslim)

١٢٢ - السادس: عن أبي هريرة رضي الله عنه قال: قال رسُولُ الله ﷺ: «كُلُّ سُلامى مِنَ النَّاسِ عَلَيْهِ صَدَقَةٌ كُلَّ يَوْمٍ تَطْلُعُ فيه الشَّمْسُ: تَعْدِلُ بَيْنَ الاثْنَيْنِ صَدَقَةٌ، وَتُعِينُ الرَّجُلَ في دَابَّتِهِ، فَتَحْمِلُهُ عَلَيْهَا، أَوْ تَرْفَعُ لَهُ عَلَيْهَا مَتَاعَهُ صدقةٌ، والكلِمَةُ الطَّيِّبَةُ صَدَقَةٌ. وَكُلُّ خُطْوَةٍ تَمْشِيهَا إِلَى الصَّلاةِ صَدَقَةٌ، وتُمِيطُ الأَذَى عَنِ الطَّريقِ صَدَقَةٌ». متفق عليه.

ورواه مسلم أيضاً من رواية عائشة رضي الله عنها قالت: قال رسول الله ﷺ: «إِنَّهُ خُلِقَ كُلُّ إِنْسَانٍ مِنْ بَنِي آدَمَ عَلَى سِتِّينَ وَثَلاثِ مِئَةِ مَفْصِلٍ، فَمَنْ كَبَّرَ اللَّهَ، وَحَمِدَ اللَّهَ، وَهَلَّلَ اللَّهَ، وَسَبَّحَ اللَّهَ، وَاسْتَغْفَرَ اللَّهَ، وَعَزَلَ حَجَراً عَنْ طَرِيقِ النَّاسِ، أَوْ شَوْكَةً، أَوْ عَظْماً، عَنْ طَرِيقِ النَّاسِ، أَوْ أَمَرَ بِمَعْرُوفٍ أَوْ نَهى عَنْ مُنْكَرٍ، عَدَدَ تِلْكَ السِّتِّينَ وَالثَّلاثِ مِئَةٍ، فَإِنَّهُ يُمْسِي يَوْمَئِذٍ وَقَدْ زَحْزَحَ نَفْسَهُ عَنِ النَّارِ».

١٢٣ - السابع: عنه، عن النبي ﷺ قال: «مَنْ غَدَا إِلَى الْمَسْجِدِ أَوْ رَاحَ، أَعَدَّ اللَّهُ لَهُ فِي الجَنَّةِ نُزُلاً كُلَّمَا غَدَا أَوْ رَاحَ». متفق عليه.

«النُّزُلُ»: القُوتُ والرِّزْقُ وَمَا يُهَيَّأُ لِلضَّيْفِ.

١٢٤ - الثامن: عنه قال: قال رسول اللَّهِ ﷺ: «يَا نِسَاءَ الْمُسْلِمَاتِ، لَا تَحْقِرَنَّ جَارَةٌ لِجَارَتِهَا وَلَوْ فِرْسِنَ شَاةٍ». متفق عليه.

قال الجوهري: الفِرْسِنُ مِنَ البَعيرِ: كَالحَافِرِ مِنَ الدَّابَّةِ، قال: وربَّما استُعِيرَ في الشَّاةِ.

1. Buch der Gebote

Hadith 122: Abu Huraira (r) überliefert, dass der Gesandte Allahs (s) sagte: "Jedes Glied des menschlichen Körpers muss *Sadaqa* geben, an jedem Tag, an dem die Sonne aufgeht. Wenn du Gerechtigkeit zwischen zwei Parteien stiftest, so zählt dies als *Sadaqa*. Jemandem zu helfen, sein Reittier zu besteigen, ist *Sadaqa*, oder ihm beim Beladen seines Tieres zu helfen ist *Sadaqa*; ein freundliches Wort ist *Sadaqa*, jeder Schritt, der zum Gebet führt, ist *Sadaqa*; etwas vom Weg zu beseitigen, was ein Hindernis bildete, ist *Sadaqa*."
(Al-Bukhâri und Muslim)

Nach Muslim überliefert die Mutter der Gläubigen Âischa (r), dass der Gesandte Allahs (s) dazu folgendes Gleichnis erzählte: "Der Mensch ist mit dreihundertsechzig Gelenken erschaffen worden. Derjenige, der mit Wohltaten, wie dem Aussprechen von *Allâhu akbar*, dem Ausdruck seiner Dankbarkeit Allah gegenüber, indem er *Alhamdu lillâh* sagt, dem Bezeugen, dass es nur einen Gott gibt, indem er *Lâ ilâha illâ-llâh* sagt, der Verherrlichung Allahs mit den Worten *Subhân Allâh*, der Bitte um Vergebung mit den Worten *Astaghfiru-llâh*, dem Beseitigen von störenden Hindernissen auf dem Weg, seien es Steine, Dornen, Gräten oder Knochen, und dem Gebieten des Guten und dem Verwehren des Übels, 360 erreicht, wird sich an diesem Tage vom Höllenfeuer entfernen."

Hadith 123: Abu Huraira (r) überliefert, dass der Prophet (s) gesagt hat: "Wer immer zum Gebet in die Moschee geht, ob morgens oder abends, für den bereitet Allah im Paradies einen festlichen Empfang, wann und wo immer er eintrifft."
(Al-Bukhâri und Muslim)

Hadith 124: Abu Huraira (r) überliefert, dass der Gesandte Allahs (s) gesagt hat: "Oh muslimische Frauen! Fühlt euch nicht zu gering, um eurer Nachbarin selbst die kleinste Kleinigkeit zu schenken. Schenkt, was immer ihr schenken könnt, auch wenn dies nur der Fuß eines Schafes ist."
(Al-Bukhâri und Muslim)

١٢٥ ـ التاسع: عنه، عن النبي ﷺ قال: «الإيمَانُ بِضْعٌ وَسَبْعُونَ، أَوْ بِضْعٌ وَسِتُّونَ شُعْبَةً: فَأَفْضَلُهَا قَوْلُ لَا إِلٰهَ إِلَّا اللَّهُ، وَأَدْنَاهَا إِمَاطَةُ الأَذَى عَنِ الطَّرِيقِ، وَالحَيَاءُ شُعْبَةٌ مِنَ الإِيمَانِ». متفق عليه.

«البِضْعُ» من ثلاثةٍ إلى تسعةٍ، بكسر الباء وقد تُفْتَحُ. «وَالشُّعْبَةُ»: القطعة.

١٢٦ ـ العاشر: عنه، أن رسول الله ﷺ قال: «بَيْنَمَا رَجُلٌ يَمْشِي بِطَرِيقٍ اشْتَدَّ عَلَيْهِ الْعَطَشُ، فَوَجَدَ بِئْراً فَنَزَلَ فِيهَا فَشَرِبَ، ثُمَّ خَرَجَ، فَإِذَا كَلْبٌ يَلْهَثُ يَأْكُلُ الثَّرَى مِنَ الْعَطَشِ، فقال الرَّجُلُ: لَقَدْ بَلَغَ هٰذَا الْكَلْبَ مِنَ الْعَطَشِ مِثْلُ الَّذِي كَانَ قَدْ بَلَغَ مِنِّي، فَنَزَلَ الْبِئْرَ، فَمَلَأَ خُفَّهُ مَاءً، ثُمَّ أَمْسَكَهُ بِفِيهِ، حَتَّى رَقِيَ، فَسَقَى الْكَلْبَ، فَشَكَرَ اللَّهُ لَهُ فَغَفَرَ لَهُ» قَالُوا: يا رسول الله، وإنَّ لَنَا فِي الْبَهَائِمِ لَأَجْراً؟ فَقَالَ: «فِي كُلِّ كَبِدٍ رَطْبَةٍ أَجْرٌ». متفق عليه.

وفي روايةٍ للبخاري: «فَشَكَرَ اللَّهُ لَهُ فَغَفَرَ لَهُ، فَأَدْخَلَهُ الْجَنَّةَ».

وفي روايةٍ لَهُمَا: «بَيْنَمَا كَلْبٌ يُطِيفُ بِرَكِيَّةٍ قَدْ كَادَ يَقْتُلُهُ الْعَطَشُ إِذْ رَأَتْهُ بَغِيٌّ مِنْ بَغَايَا بَنِي إِسْرَائِيلَ، فَنَزَعَتْ مُوقَهَا فَاسْتَقَتْ لَهُ بِهِ، فَسَقَتْهُ فَغُفِرَ لَهَا بِهِ».

«الْمُوقُ»: الخُفُّ. «وَيُطِيفُ»: يَدُورُ حَوْلَ، «رَكِيَّةٍ» وَهِيَ الْبِئْرُ.

١٢٧ ـ الحادي عشر: عَنْهُ، عن النبي ﷺ قال: «لَقَدْ رَأَيْتُ رَجُلاً يَتَقَلَّبُ فِي الْجَنَّةِ فِي شَجَرَةٍ قَطَعَهَا مِنْ ظَهْرِ الطَّرِيقِ كَانَتْ تُؤْذِي الْمُسْلِمِينَ». رواه مسلم.

1. Buch der Gebote

Hadith 125: Abu Huraira (r) überliefert, dass der Gesandte Allahs (s) gesagt hat: "Es gibt sechzig bis achtzig Arten von Glauben. Die edelste von ihnen ist das Bezeugen, dass es keinen Gott außer Allah gibt, und die geringste von ihnen ist, Hindernisse aus dem Wege zu räumen (und somit Unannehmlichkeiten zu beseitigen). Auch sich zu schämen ist eine Art von Glauben."
(Al-Bukhâri und Muslim)

Hadith 126: Abu Huraira (r) erzählte, dass der Prophet (s) folgendes Gleichnis erzählte: Ein Mann verspürte, als er des Weges zog, großen Durst. Beim Erreichen eines Brunnens stieg er in diesen hinab, trank Wasser zur Genüge und stieg wieder hinauf. Da sah er einen Hund mit hängender Zunge, der vor lauter Durst Schlamm aufleckte. Der Mann sagte zu sich, dass der Hund den gleichen Durst verspüren müsse, den er selbst wenig zuvor gehabt hatte. So stieg er nochmals in den Brunnen hinab, füllte seinen Lederstrumpf mit Wasser, stieg wieder hinauf - wobei er den Strumpf mit seinen Zähnen festhielt - und gab dem Hund zu trinken. Allah schätzte die Tat dieses Mannes und vergab ihm seine Sünden.
Der Prophet (s) wurde gefragt: "Oh Gesandter Allahs (s), werden wir auch für Freundlichkeit gegenüber Tieren belohnt?" Er antwortete: "Es gibt Belohnung für Freundlichkeit gegenüber jedem Lebewesen."
(Al-Bukhâri und Muslim)
In der Version bei Al-Bukhâri endet der Hadith mit: "Allah dankte ihm sein Tun, vergab ihm (seine Sünden) und ließ ihn ins Paradies eingehen."

Eine andere Version lautet: Ein Hund umkreiste voller Durst den Rand eines Brunnens, als eine Prostituierte vom Volke Israel das Tier sah, ihren Lederstrumpf in den Brunnen hinabließ, etwas Wasser heraufzog und dem Hund zu trinken gab. Ihr wurde aufgrund dieser Tat vergeben.

Hadith 127: Abu Huraira (r) überliefert, dass der Prophet (s) gesagt hat: Ich sah einen Mann im Paradies umherschlendern, weil er einen Baum, der den Muslimen Schaden verursachte, vom Weg entfernt hatte."
(Muslim)

وفي رواية: «مَرَّ رَجُلٌ بِغُصْنِ شَجَرَةٍ عَلَى ظَهْرِ طَرِيقٍ فَقَالَ: وَاللَّهِ لَأُنَحِّيَنَّ هَذَا عَنِ الْمُسْلِمِينَ لَا يُؤْذِيهِمْ، فَأُدْخِلَ الْجَنَّةَ».

وفي رواية لَهُمَا: «بَيْنَمَا رَجُلٌ يَمْشِي بِطَرِيقٍ وَجَدَ غُصْنَ شَوْكٍ عَلَى الطَّرِيقِ، فَأَخَّرَهُ فَشَكَرَ اللَّهُ لَهُ، فَغَفَرَ لَهُ».

١٢٨ ـ الثَّانِي عَشَرَ: عَنْهُ قَالَ: قَالَ رسول الله ﷺ: «مَنْ تَوَضَّأَ فَأَحْسَنَ الْوُضُوءَ، ثُمَّ أَتَى الْجُمُعَةَ، فَاسْتَمَعَ وَأَنْصَتَ، غُفِرَ لَهُ مَا بَيْنَهُ وَبَيْنَ الْجُمُعَةِ وَزِيَادَةُ ثَلَاثَةِ أَيَّامٍ، وَمَنْ مَسَّ الْحَصَا فَقَدْ لَغَا». رواه مسلم.

١٢٩ ـ الثَّالِثَ عَشَرَ: عَنْهُ، أن رسول الله ﷺ قال: «إِذَا تَوَضَّأَ الْعَبْدُ الْمُسْلِمُ ـ أَوِ الْمُؤْمِنُ ـ فَغَسَلَ وَجْهَهُ، خَرَجَ مِنْ وَجْهِهِ كُلُّ خَطِيئَةٍ نَظَرَ إِلَيْهَا بِعَيْنَيْهِ مَعَ الْمَاءِ ـ أَوْ مَعَ آخِرِ قَطْرِ الْمَاءِ ـ، فَإِذَا غَسَلَ يَدَيْهِ، خَرَجَ مِنْ يَدَيْهِ كُلُّ خَطِيئَةٍ كَانَ بَطَشَتْهَا يَدَاهُ مَعَ الْمَاءِ ـ أَوْ مَعَ آخِرِ قَطْرِ الْمَاءِ ـ فَإِذَا غَسَلَ رِجْلَيْهِ خَرَجَتْ كُلُّ خَطِيئَةٍ مَشَتْهَا رِجْلَاهُ مَعَ الْمَاءِ ـ أَوْ مَعَ آخِرِ قَطْرِ الْمَاءِ ـ، حَتَّى يَخْرُجَ نَقِيًّا مِنَ الذُّنُوبِ». رواه مسلم.

١٣٠ ـ الرَّابِعَ عَشَرَ: عنه، عن رسول الله ﷺ قال: «الصَّلَوَاتُ الْخَمْسُ، وَالْجُمُعَةُ إِلَى الْجُمُعَةِ، وَرَمَضَانُ إِلَى رَمَضَانَ، مُكَفِّرَاتٌ لِمَا بَيْنَهُنَّ إِذَا اجْتُنِبَتِ الْكَبَائِرُ». رواه مسلم.

1. Buch der Gebote

In einer anderen Fassung heißt es: Ein Mann kam an dem Ast eines Baumes vorbei, der einen Weg versperrte. Er sagte sich: 'Bei Allah, ich werde ihn entfernen, damit er den Muslimen nicht schade.' Er wurde wegen dieser guten Tat ins Paradies eingelassen.

Eine weitere Version lautet: Ein Mann kam einen Weg entlang, wobei er einen dornigen Ast entdeckte, der über den Weg hing, und er nahm ihn fort. Allah dankte ihm dies und vergab ihm (seine Sünden).
(Al-Bukhâri und Muslim)

Hadith 128: Abu Huraira (r) überliefert, dass der Gesandte Allahs (s) gesagt hat: "Wer sorgfältig seine Waschung macht, und zum Freitagsgebet kommt und der Ansprache aufmerksam zuhört, dessen Sünden vom Freitag zuvor bis drei Tage darauf werden gelöscht. Und sich während der Freitagsansprache mit Kieselsteinen zu beschäftigen ist so, als ob man geredet hätte."
(Muslim)

Hadith 129: Abu Huraira (r) berichtet, dass der Gesandte Allahs (s) sagte: "Wenn ein Muslim oder ein Gläubiger seine rituellen Waschungen vollzieht und sein Gesicht wäscht, spült das Wasser bis zum letzten Tropfen alle Sünden fort, die durch seine Augen begangen wurden; wenn er seine Hände wäscht, spült das Wasser die Sünden fort, die von seinen Händen begangen wurden; und wenn er seine Füße wäscht, wäscht das Wasser alle Sünden weg, zu denen seine Füße ihn gebracht haben, bis er daraus hervorgeht, gereinigt von allen seinen Sünden."
(Muslim)

Hadith 130: Abu Huraira (r) überliefert auch, dass der Gesandte Allahs (s) sagte: "Die fünf täglichen Gebete zwischen zwei Freitagen und zwischen zwei Ramadan-Monaten löschen die dazwischen begangenen Sünden aus, vorausgesetzt, es sind keine großen Sünden."
(Muslim)

١٣١ - الْخَامِسَ عَشَرَ: عنه قال: قال رسول الله ﷺ: «أَلَا أَدُلُّكُمْ عَلَى مَا يَمْحُو اللَّهُ بِهِ الْخَطَايَا، وَيَرْفَعُ بِهِ الدَّرَجَاتِ؟» قالوا: بَلَى يَا رَسُولَ اللَّهِ، قال: «إِسْبَاغُ الْوُضُوءِ عَلَى الْمَكَارِهِ، وَكَثْرَةُ الْخُطَا إِلَى الْمَسَاجِدِ، وَانْتِظَارُ الصَّلَاةِ بَعْدَ الصَّلَاةِ، فَذَلِكُمُ الرِّبَاطُ». رواه مسلم.

١٣٢ - السَّادِسَ عَشَرَ: عَنْ أبي موسى الأشعريِّ رضي اللَّهُ عنه قال: قال رسول الله ﷺ: «مَنْ صَلَّى الْبَرْدَيْنِ دَخَلَ الْجَنَّةَ». متفق عليه.

«الْبَرْدَانِ»: الصُّبْحُ وَالْعَصْرُ.

١٣٣ - السَّابِعَ عَشَرَ: عنه قال: قال رسول الله ﷺ: «إِذَا مَرِضَ الْعَبْدُ أَوْ سَافَرَ كُتِبَ لَهُ مِثْلُ مَا كَانَ يَعْمَلُ مُقِيمًا صَحِيحًا». رواه البخاري.

١٣٤ - الثَّامِنَ عَشَرَ: عَنْ جَابِرٍ رضي الله عنه قال: قال رسول الله ﷺ: «كُلُّ مَعْرُوفٍ صَدَقَةٌ». رواه البخاري، ورواه مسلم مِن رواية حُذَيْفَةَ رضي الله عنه.

١٣٥ - التَّاسِعَ عَشَرَ: عَنْهُ قال: قال رسول الله ﷺ: «مَا مِنْ مُسْلِمٍ يَغْرِسُ غَرْسًا إِلَّا كَانَ مَا أُكِلَ مِنْهُ لَهُ صَدَقَةً، وَمَا سُرِقَ مِنْهُ لَهُ صَدَقَةً، وَمَا أَكَلَتِ الطَّيْرُ فَهُوَ لَهُ صَدَقَةٌ وَلَا يَرْزَؤُهُ أَحَدٌ إِلَّا كَانَ لَهُ صَدَقَةً». رواه مسلم. وفي رواية له: «فَلَا يَغْرِسُ

1. Buch der Gebote

Hadith 131: Abu Huraira (r) überliefert, dass der Gesandte Allahs (s) sagte: "Soll ich euch nicht etwas sagen, womit Allah Sünden erlässt, und den Rang erhöht." Die Gefährten sagten: "Gewiss, oh Gesandter Allahs." Er sagte: "Die Waschung stets durchzuführen, auch unter widrigen Umständen, oft zum Gebet in die Moschee zu gehen und auf das nächste Gebet zu warten, wenn eines vorüber ist. All dies ist *Dschihâd* für euch."
(Muslim)

Hadith 132: Abu Mûsâ al-Asch'ari (r) berichtet, dass der Gesandte Allahs (s) gesagt hat: "Einer, der (regelmäßig und pünktlich) das Morgengebet und das Nachmittagsgebet verrichtet, wird ins Paradies eintreten."
(Al-Bukhâri und Muslim)

Hadith 133: Abu Mûsâ al-Asch'ari (r) berichtet, dass der Gesandte Allahs (s) gesagt hat: "Wenn ein Diener Allahs krank wird oder auf eine Reise geht, wird er mit einem ebenso großen Anteil an Belohnung ausgestattet, wie wenn er gesund oder zu Hause geblieben wäre."
(Al-Bukhâri)

Hadith 134: Dschâbir (r) berichtet, dass der Gesandte Allahs (s) sagte: "Jede gute Tat ist *Sadaqa*."
(Al-Bukhâri)
Muslim überliefert den gleichen Hadith unter Berufung auf Hudhaifa (r).

Hadith 135: Dschâbir (r) berichtet auch, dass der Gesandte Allahs (s) sagte: "Wenn ein Muslim einen Baum pflanzt, dann ist das, was von dem Baum gegessen wird, eine *Sadaqa* für ihn, und was auch immer davon gestohlen wird, ist auch eine *Sadaqa* für ihn, und auch was davon verloren geht."
(Muslim)

الْمُسْلِمُ غَرْساً، فَيَأْكُلَ مِنْهُ إِنْسَانٌ وَلَا دَابَّةٌ وَلَا طَيْرٌ إِلَّا كَانَ لَهُ صَدَقَةً إِلَى يَوْمِ الْقِيَامَةِ».

وفي رواية له: «لَا يَغْرِسُ مُسْلِمٌ غَرْساً، وَلَا يَزْرَعُ زَرْعاً، فَيَأْكُلَ مِنْهُ إِنْسَانٌ وَلَا دَابَّةٌ وَلَا شَيْءٌ إِلَّا كَانَتْ لَهُ صَدَقَةً» وَرَوَيَاهُ جَمِيعاً مِنْ رواية أَنَسٍ رضي الله عنه.

قولُهُ: «يَرْزَؤُهُ» أَيْ: يَنْقُصُهُ.

١٣٦ - العِشْرُونَ: عَنْهُ قَالَ: أَرَادَ بَنُو سَلِمَةَ أَنْ يَنْتَقِلُوا قُرْبَ الْمَسْجِدِ فَبَلَغَ ذَلِكَ رسولَ الله ﷺ، فَقَالَ لَهُمْ: «إِنَّهُ قَدْ بَلَغَنِي أَنَّكُمْ تُرِيدُونَ أَنْ تَنْتَقِلُوا قُرْبَ الْمَسْجِدِ؟» فَقَالُوا: نَعَمْ يَا رسولَ اللَّهِ قَدْ أَرَدْنَا ذَلِكَ، فَقَالَ: «يَا بَنِي سَلِمَةَ دِيَارَكُمْ؛ تُكْتَبْ آثَارُكُمْ، دِيَارَكُمْ؛ تُكْتَبْ آثَارُكُمْ». رواه مسلم.

وفي روايةٍ: «إِنَّ لَكُمْ بِكُلِّ خُطْوَةٍ دَرَجَةً». رواه مسلم. ورواه البخاري أيضاً بِمَعْنَاهُ مِنْ رواية أَنَسٍ رضي الله عنه.

و«بَنُو سَلِمَةَ» بكسر اللام: قبيلة معروفة من الأنصار رضي الله عنهم، و«آثَارُهُمْ» خُطَاهُمْ.

١٣٧ - الْحَادِي والعشْرُونَ: عَنْ أَبِي الْمُنْذِرِ أُبَيِّ بْنِ كَعْبٍ رضي الله عنه قال: كَانَ رَجُلٌ لَا أَعْلَمُ رَجُلاً أَبْعَدَ مِنَ الْمَسْجِدِ مِنْهُ، وَكَانَ لَا تُخْطِئُهُ صَلَاةٌ، فَقِيلَ لَهُ، أَوْ فَقُلْتُ لَهُ: لَوِ اشْتَرَيْتَ حِمَاراً تَرْكَبُهُ فِي الظَّلْمَاءِ، وَفِي الرَّمْضَاءِ، فَقَالَ: مَا يَسُرُّنِي أَنَّ مَنْزِلِي إِلَى جَنْبِ الْمَسْجِدِ، إِنِّي أُرِيدُ أَنْ يُكْتَبَ لِي مَمْشَايَ إِلَى الْمَسْجِدِ، وَرُجُوعِي إِذَا رَجَعْتُ إِلَى أَهْلِي، فَقَالَ رسولُ الله ﷺ: «قَدْ جَمَعَ اللَّهُ لَكَ ذَلِكَ كُلَّهُ». رواه مسلم. وفي رواية: «إِنَّ لَكَ مَا احْتَسَبْتَ». «الرَّمْضَاءُ»: الأرضُ الَّتِي أَصَابَهَا الْحَرُّ الشَّدِيدُ.

1. Buch der Gebote

Eine andere Version bei Muslim lautet: "Ein Muslim pflanzt keinen Schößling, von dessen Pflanze ein Mann oder ein Tier oder ein Vogel isst, ohne dass ihm das als *Sadaqa* für den Tag des Gerichts angerechnet wird."

Eine weitere Version bei Muslim lautet: "Was immer ein Muslim pflanzt oder anbaut, und wer auch immer dann davon isst, seien es Mensch, Tier oder sonst irgendetwas, so gilt dies als *Sadaqa* für ihn."
Das gleiche Hadith wird unter Berufung auf Anas (r) berichtet.

Hadith 136: Dschâbir (r) überliefert: Als der Salima-Stamm sich in die Nähe der Moschee niederlassen wollte, und der Prophet dies erfuhr, sagte er: "Ich habe davon erfahren, dass ihr vorhabt, näher an der Moschee zu sein." Sie sagten: "Ja, oh Gesandter Allahs, das wollen wir." Er sagte: "Leute des Salima-Stammes, bleibt in euren Häusern; eure Fußabdrücke sind bereits verzeichnet.[77]"
(Muslim)
Eine andere Version bei Muslim besagt: "Gewiss erhöht euch jeder Schritt (zur Moschee) um eine Stufe."
Bei Al-Bukhâri wird dieser Hadith unter Berufung auf Anas (r) berichtet.

Hadith 137: Abul-Mundhir Ubai ibn Ka'b (r) erzählte: Es gab einen Mann, der weiter als alle von der Moschee entfernt wohnte, doch niemals ein Gebet (in der Moschee) ausließ. Ich oder jemand anderes sagte zu ihm: "Warum kaufst du keinen Esel, auf dem du in der Dunkelheit und in der Hitze reiten könntest?" Er sagte: "Ich will nicht, dass mein Haus näher bei der Moschee sein könnte. Ich bevorzuge, dass mein Gehen zur Moschee und meine Rückkehr von dort nach Hause zu meinem Vorteil aufgezeichnet würde." Der Prophet (s) sagte zu ihm: "Allah hat all das zu deinem Vorteil aufgezeichnet."
(Muslim)
In einer anderen Fassung heißt es weiter: "Du erhältst, was du wünschst."

---

[77] Das heißt: Zieht nicht um! Dass ihr einen weiten Weg zur Moschee habt, wird euch von Allah angerechnet.

١٣٨ ـ الثَّاني وَالعِشْرُونَ: عَنْ أبي محمدٍ عبدِ اللَّهِ بن عمرو بن العاص رضي الله عنهما قال: قال رسول الله ﷺ: «أَرْبَعُونَ خَصْلَةً أَعْلاهَا مَنِيحَةُ الْعَنْزِ، مَا مِنْ عَامِلٍ يَعْمَلُ بِخَصْلَةٍ مِنْهَا رَجَاءَ ثَوَابِهَا وَتَصْدِيقَ مَوْعُودِهَا إِلَّا أَدْخَلَهُ اللَّهُ بِهَا الْجَنَّةَ». رواه البخاري.

«المَنيحَة»: أَنْ يُعْطِيَهُ إِيَّاهَا لِيَأْكُلَ لَبَنَهَا ثُمَّ يَرُدَّهَا إِلَيْهِ.

١٣٩ ـ الثَّالِثُ وَالعِشْرُونَ: عَنْ عَدِيِّ بنِ حَاتِمٍ رضي الله عنه قال: سَمِعْتُ النَّبِيَّ ﷺ يقول: «اتَّقُوا النَّارَ وَلَوْ بِشِقِّ تَمْرَةٍ». متفقٌ عليه.

وفي رواية لهما عنه قال: قال رسول الله ﷺ: «مَا مِنْكُمْ مِنْ أَحَدٍ إِلَّا سَيُكَلِّمُهُ رَبُّهُ لَيْسَ بَيْنَهُ وَبَيْنَهُ تَرْجُمَانٌ، فَيَنْظُرُ أَيْمَنَ مِنْهُ فَلَا يَرَى إِلَّا مَا قَدَّمَ، وَيَنْظُرُ أَشْأَمَ مِنْهُ فَلَا يَرَى إِلَّا مَا قَدَّمَ، وَيَنْظُرُ بَيْنَ يَدَيْهِ فَلَا يَرَى إِلَّا النَّارَ تِلْقَاءَ وَجْهِهِ، فَاتَّقُوا النَّارَ وَلَوْ بِشِقِّ تَمْرَةٍ، فَمَنْ لَمْ يَجِدْ فَبِكَلِمَةٍ طَيِّبَةٍ».

١٤٠ ـ الرَّابِعُ وَالعِشْرُونَ: عَنْ أنسٍ رضي الله عنه قال: قال رسول الله ﷺ: «إِنَّ اللَّهَ لَيَرْضَى عَنِ الْعَبْدِ أَنْ يَأْكُلَ الْأَكْلَةَ فَيَحْمَدَهُ عَلَيْهَا، أَوْ يَشْرَبَ الشَّرْبَةَ فَيَحْمَدَهُ عَلَيْهَا». رواه مسلم.

وَ«الأَكْلَة» بفتح الهمزة: وَهيَ الغَدْوَة أوِ العَشْوَة.

١٤١ ـ الخَامِسُ وَالعِشْرُونَ: عن أبي موسى رضي الله عنه، عن النبي ﷺ قال: «عَلَى كُلِّ مُسْلِمٍ صَدَقَةٌ» قال: أَرَأَيْتَ إِنْ لَمْ يَجِدْ؟ قال: «يَعْمَلُ بِيَدَيْهِ فَيَنْفَعُ

1. Buch der Gebote

Hadith 138: Abu Muhammad Abdullâh ibn Amru ibn al-Âs (r) berichtet, dass der Prophet (s) sagte: "Es gibt vierzig Arten guter Taten, von denen die höchste die ist, eine Milch gebende Ziege auszuleihen. Wer auch immer eine dieser Taten vollbringt, in der Hoffnung auf Belohnung und der Zuversicht darauf, den wird Allah ins Paradies eintreten lassen."
(Al-Bukhâri)

Hadith 139: Adî ibn Hâtim (r) berichtet: Ich hörte den Propheten (s) sagen: "Schützt euch vor dem Höllenfeuer, auch wenn es nur durch das Geben einer halben Dattel (als *Sadaqa*) ist."
(Al-Bukhâri und Muslim)

Nach einer anderen Version sagte Adî (r): Der Gesandte Allahs (s) sagte: "Euer Herr wird sicherlich mit jedem von euch, ohne Hilfe eines Dolmetschers, sprechen. Dann wird jeder (von euch) zu seiner Rechten schauen und nur seine Taten sehen; und er wird zu seiner Linken schauen und nur seine Taten sehen. Er wird vor sich schauen und nur das Höllenfeuer vor sich sehen. Deshalb schützt euch gegen das Höllenfeuer, wenn es auch nur durch das Geben einer halben Dattel (als *Sadaqa*) sei, und wenn selbst das nicht vorhanden ist, durch das Sprechen eines angenehmen Wortes."
(Al-Bukhâri und Muslim)

Hadith 140: Anas (r) überliefert, dass der Gesandte Allahs (s) gesagt hat: "Allah hat Wohlgefallen an dem (Seiner) Diener, der Allah dankt, wenn er etwas isst oder trinkt."
(Muslim)

Hadith 141: Abu Mûsâ al-Asch'ari (r) überliefert, dass der Prophet (s) gesagt hat: "Jeder Muslim soll *Sadaqa* geben." Er wurde gefragt: "Und wenn man nichts besitzt?" Der Prophet (s) antwortete: "Dann soll er mit seinen Händen zu seinem eigenen Nutzen arbeiten und auch (etwas von diesem Verdienst als *Sadaqa*) geben." Er wurde gefragt: "Und was ist,

نَفْسَه وَيَتَصَدَّق». قَالَ: أَرَأَيْتَ إِنْ لَمْ يَسْتَطِعْ؟ قَالَ: «يُعِينُ ذَا الْحَاجَةِ الْمَلْهُوفَ» قَالَ: أَرَأَيْتَ إِنْ لَمْ يَسْتَطِعْ قَالَ: «يَأْمُرُ بِالْمَعْرُوفِ أَوِ الْخَيْرِ» قَالَ: أَرَأَيْتَ إِنْ لَمْ يَفْعَلْ؟ قَالَ: «يُمْسِكُ عَنِ الشَّرِّ فَإِنَّهَا صَدَقَةٌ». متفقٌ عليه.

١ - ١٤ - باب الاقتصاد في الطاعة

قال الله تعالى: ﴿طه مَا أَنزَلْنَا عَلَيْكَ الْقُرْآنَ لِتَشْقَى﴾ [طه: ١] وقال تعالى: ﴿يُرِيدُ اللَّهُ بِكُمُ الْيُسْرَ وَلَا يُرِيدُ بِكُمُ الْعُسْرَ﴾ [البقرة: ١٨٥].

١٤٢ - وعن عائشةَ رضي الله عنها: أن النبي ﷺ دَخَلَ عَلَيْهَا وَعِنْدَهَا امْرَأَةٌ قال: «مَنْ هَذِهِ؟» قالت: هَذِهِ فُلَانَةُ تَذْكُرُ مِنْ صَلَاتِهَا قَالَ: «مَهْ، عَلَيْكُمْ بِمَا تُطِيقُونَ، فَوَاللَّهِ لَا يَمَلُّ اللَّهُ حَتَّى تَمَلُّوا» وَكَانَ أَحَبُّ الدِّينِ إِلَيْهِ مَا دَاوَمَ عَلَيْهِ صَاحِبُهُ. متفقٌ عليه.

«وَمَهْ» كَلِمَةُ نَهْيٍ وَزَجْرٍ. وَمَعْنى «لا يَمَلُّ اللَّهُ» أي: لا يَقْطَعُ ثَوَابَهُ عَنْكُمْ وَجَزَاءَ أَعْمَالِكُمْ، وَيُعَامِلُكُمْ مُعَامَلَةَ الْمَالِّ حَتَّى تَمَلُّوا فَتَتْرُكُوا، فَيَنْبَغِي لَكُمْ أَنْ تَأْخُذُوا مَا تُطِيقُونَ الدَّوَامَ عَلَيْهِ لِيَدُومَ ثَوَابُهُ لَكُمْ وَفَضْلُهُ عَلَيْكُمْ.

١٤٣ - وعن أنسٍ رضي الله عنه قال: جَاءَ ثَلَاثَةُ رَهْطٍ إِلَى بُيُوتِ أَزْوَاجِ النَّبِيِّ ﷺ، يَسْأَلُونَ عَنْ عِبَادَةِ النَّبِيِّ ﷺ، فَلَمَّا أُخْبِرُوا كَأَنَّهُمْ تَقَالُّوهَا وَقَالُوا: أَيْنَ نَحْنُ مِنَ النَّبِيِّ ﷺ؟ قَدْ غُفِرَ لَهُ مَا تَقَدَّمَ مِنْ ذَنْبِهِ وَمَا تَأَخَّرَ. قَالَ أَحَدُهُمْ: أَمَّا أَنَا فَأُصَلِّي اللَّيْلَ أَبَدًا، وَقَالَ الْآخَرُ: وَأَنَا أَصُومُ الدَّهْرَ وَلَا أُفْطِرُ، وَقَالَ الْآخَرُ: وَأَنَا

1. Buch der Gebote

wenn er das nicht kann?" Der Prophet (s) sagte: "Dann soll er armen und bedürftigen Menschen helfen." Er wurde gefragt: "Und was ist, wenn er sogar dazu nicht in der Lage ist." Der Prophet (s) sagte: "Dann soll er andere auffordern, Gutes zu tun." Man fragte: "Und was ist, wenn er auch das nicht macht?" Der Prophet (s) sagte: "Dann soll er sich von Bösem fernhalten. Auch das ist *Sadaqa*."
(Al-Bukhâri und Muslim)

Kapitel 14
Maßhalten bei der Verehrung Allahs

Qur'ân: Allah, der Erhabene, spricht:
"Wir haben dir den Qur'ân nicht herabgesandt, um dich unglücklich zu machen." (20:2)
"Allah will es euch leicht, Er will es euch nicht schwer machen..." (2:185)

Hadith 142: Es überliefert Âischa (r), dass der Prophet (s) eines Tages zu ihr kam, als eine andere Frau bei ihr saß. Er (s) fragte: "Wer ist sie?" Âischa antwortete: "Sie ist die Frau, die bekannt ist für ihre ausgedehnten Gebete." Sich an sie wendend sagte er: "Hört auf mich. Ihr seid dazu aufgefordert, nur so viel zu beten, wie ihr könnt. Und bei Allah, Allah wird nie verdrossen, aber könnt müde werden."[78]
(Al-Bukhâri und Muslim)

Hadith 143: Anas (r) erzählte: Es kamen einmal drei Leute zum Haus des Propheten (s), um die Frauen des Propheten über den Gottesdienst des Propheten zu befragen. Als sie darüber unterrichtet worden waren, hatten sie das Gefühl, dass dies im Vergleich zu dem, was sie selbst taten, wenig sei. Sie sprachen: "Was für ein Unterschied besteht zwischen uns und dem Propheten (s), und ihm werden seine Sünden vergeben, die vergangenen

---
[78] Das bedeutet, dass die Belohnung Allahs für denjenigen, der Gutes tut, nicht aufhören wird, bis er selbst damit aufhört, Gutes zu tun. Deshalb ist es sinnvoller, auch nur etwas Geringes regelmäßig zu tun, damit Gnade und Belohnung Allahs dauerhaft sind.

أَعْتَزِلُ النِّسَاءَ فَلَا أَتَزَوَّجُ أَبَداً، فَجَاءَ رسولُ الله ﷺ إليهم فقال: «أَنْتُمُ الَّذِينَ قُلْتُمْ كَذَا وَكَذَا؟! أَمَا وَاللَّهِ إِنِّي لَأَخْشَاكُمْ لِلَّهِ وَأَتْقَاكُمْ لَهُ، لَكِنِّي أَصُومُ وَأُفْطِرُ، وَأُصَلِّي وَأَرْقُدُ، وَأَتَزَوَّجُ النِّسَاءَ، فَمَنْ رَغِبَ عَنْ سُنَّتِي فَلَيْسَ مِنِّي». متفقٌ عليه.

١٤٤ ـ وعن ابن مسعودٍ رضي الله عنه، أن النبي ﷺ قال: «هَلَكَ الْمُتَنَطِّعُونَ» قَالَهَا ثَلَاثاً، رواه مسلم.

«الْمُتَنَطِّعُونَ»: الْمُتَعَمِّقُونَ الْمُشَدِّدُونَ في غَيْرِ مَوْضِعِ التَّشْدِيدِ.

١٤٥ ـ عن أبي هريرة رضي الله عنه عن النبي ﷺ قال: «إنَّ الدِّينَ يُسْرٌ، وَلَنْ يُشَادَّ الدِّينَ إلَّا غَلَبَهُ، فَسَدِّدُوا وَقَارِبُوا وَأَبْشِرُوا، وَاسْتَعِينُوا بِالْغَدْوَةِ وَالرَّوْحَةِ وَشَيْءٍ مِنَ الدُّلْجَةِ». رواه البخاري.

وفي رواية له: «سَدِّدُوا وَقَارِبُوا وَاغْدُوا وَرُوحُوا، وَشَيْءٌ مِنَ الدُّلْجَةِ، وَالْقَصْدَ الْقَصْدَ تَبْلُغُوا».

قوله: «الدِّينُ» هُوَ مَرْفُوعٌ عَلَى مَا لَمْ يُسَمَّ فَاعِلُهُ. وَرُوِيَ مَنْصُوباً، وَرُوِيَ: «لَنْ يُشَادَّ الدِّينَ أَحَدٌ». وقوله ﷺ: «إلَّا غَلَبَهُ»: أَيْ: غَلَبَهُ الدِّينُ وَعَجَزَ ذَلِكَ الْمُشَادُّ عَنْ مُقَاوَمَةِ الدِّينِ لِكَثْرَةِ طُرُقِهِ. «وَالْغَدْوَةُ»: سَيْرُ أَوَّلِ النَّهَارِ. «وَالرَّوْحَةُ»: آخِرُ النَّهَارِ. «وَالدُّلْجَةُ»: آخِرُ اللَّيْلِ. وَهَذَا اسْتِعَارَةٌ وَتَمْثِيلٌ، وَمَعْنَاهُ، اسْتَعِينُوا عَلَى طَاعَةِ اللَّهِ عَزَّ وجلَّ بالأعمَالِ في وَقْتِ نَشَاطِكُمْ، وَفَرَاغِ قُلُوبِكُمْ بِحَيْثُ تَسْتَلِذُّونَ الْعِبَادَةَ ولا تَسْأَمُونَ، وَتَبْلُغُونَ مَقْصُودَكُمْ، كَمَا أَنَّ الْمُسَافِرَ الْحَاذِقَ يَسِيرُ فِي هَذِهِ الأَوْقَاتِ وَيَسْتَرِيحُ هُوَ وَدَابَّتُهُ فِي غَيْرِهَا، فَيَصِلُ الْمَقْصُودَ بِغَيْرِ تَعَبٍ، واللَّهُ أعلم.

١٤٦ ـ وعن أنسٍ رضي الله عنه قال: دَخَلَ النبيُّ ﷺ الْمَسْجِدَ فَإِذَا حَبْلٌ مَمْدُودٌ بَيْنَ السَّارِيَتَيْنِ فقالَ: «مَا هَذَا الْحَبْلُ؟» قالوا: هذَا حَبْلٌ لِزَيْنَبَ، فَإِذَا فَتَرَتْ تَعَلَّقَتْ بِهِ. فقال النبي ﷺ: «لا، حُلُّوهُ، لِيُصَلِّ أَحَدُكُمْ نَشَاطَهُ، فَإِذَا فَتَرَ فَلْيَقْعُدْ». متفقٌ عليه.

1. Buch der Gebote

und die zukünftigen." Einer von ihnen sprach: "Ich verbringe immer die ganze Nacht im Gebet." Der andere sprach: "Ich faste ständig ohne Unterbrechung." Der dritte sagte: "Und ich halte mich von Frauen fern und heirate niemals." Inzwischen kam der Prophet (s) und fragte sie: "Seid ihr diejenigen, die das und das gesagt haben? Hört, ich fürchte Allah mehr als ihr alle, und ich bin frömmer. Dennoch faste ich und ich esse, ich bete (des Nachts) und schlafe (auch), und ich heirate Frauen. Wer sich von meiner *Sunna* (meinem Vorbild) abwendet, gehört nicht zu mir."
(Al-Bukhâri und Muslim)

Hadith 144: Es überliefert Ibn Mas'ûd (r), dass der Prophet (s) gesagt hat: "Mögen die Übertreibenden[79] zugrunde gehen!" Und er wiederholte dies dreimal.
(Muslim)

Hadith 145: Abu Huraira (r) überliefert, dass der Prophet (s) gesagt hat: "Dieser Glaube ist gewiss einfach. Kein Mensch soll sich in Extremen verlieren, was die Angelegenheiten des Glaubens anbelangt, sonst wird ihn die Religion überwältigen. Darum übertreibt nicht und untertreibt nicht, und seid damit zufrieden und sucht Allahs Hilfe im Gebet am Morgen und Abend und im letzten Teil der Nacht."
(Al-Bukhâri)

In einer anderen Version von Al-Bukhâri heißt es: "Übertreibt nicht und untertreibt nicht. Und verrichtet (eure Gebete) morgens, abends und im letzten Teil der Nacht. Nach und nach werdet ihr so an (euer Ziel) gelangen."

Hadith 146: Anas (r) berichtet: Der Prophet (s) betrat die Moschee, als er ein Seil bemerkte, das zwischen zwei Säulen festgebunden war. Er fragte: "Was soll dieses Seil?" Man sagte ihm: "Dieses Seil ist von Zainab, die sich, wenn sie beim Gebet müde wird, daran ausruht." Der Prophet (s) sagte: "Entfernt es. Ihr sollt nur so lange beten, wie ihr euch wohlfühlt. Wenn ihr euch müde fühlt, sollt ihr euch ausruhen."
(Al-Bukhâri und Muslim)

---

[79] Mit den Übertreibenden sind jene gemeint, die streng sind darin, wo sie nicht streng sein sollen.

١٤٧ - وعن عائشةَ رضي الله عنه، أن رسول الله ﷺ قال: «إذا نَعَسَ أحَدُكُم وهُوَ يُصَلِّي، فَلْيَرْقُدْ حَتَّى يَذْهَبَ عَنْهُ النَّوْمُ، فإنَّ أحَدَكم إذا صَلَّى وهُوَ نَاعِسٌ لا يَدري لَعَلَّهُ يَذْهَبُ يَسْتَغْفِرُ فَيَسُبُّ نَفْسَهُ». متفقٌ عليه.

١٤٨ - وعن أبي عبد الله جابرِ بن سَمُرَةَ رضي الله عنهما قال: كُنْتُ أُصَلِّي مَعَ النبيّ ﷺ الصَّلَوَاتِ، فَكَانَتْ صَلاتُهُ قَصْداً وخُطْبَتُهُ قَصْداً. رواه مسلم.

قولُهُ: قَصْداً: أي بَيْنَ الطُّولِ والْقِصَرِ.

١٤٩ - وعن أبي جُحَيْفَةَ وَهْبِ بن عبد الله رضي الله عنه قال: آخى النبيُّ ﷺ بَيْنَ سَلْمَانَ وأبي الدَّرْدَاءِ، فَزَارَ سَلْمَانُ أبا الدَّرْدَاءِ، فَرَأى أمَّ الدَّرْدَاءِ مُتَبَذِّلَةً فَقالَ: ما شَأْنُكِ؟ قالَتْ: أخُوكَ أبُو الدَّرْدَاءِ لَيْسَ لَهُ حَاجَةٌ في الدُّنيا، فَجَاءَ أبُو الدَّرْدَاءِ فَصَنَعَ لَهُ طَعَاماً، فقال لَهُ: كُلْ فَإِنِّي صَائِمٌ، قالَ: ما أنَا بآكِلٍ حَتَّى تَأْكُلَ، فَأكَلَ، فَلَمَّا كانَ اللَّيْلُ ذَهَبَ أبُو الدَّرْدَاءِ يَقُوم، فقالَ لَهُ: نَمْ، فَنَامَ، ثُمَّ ذَهَبَ يَقُومُ فقالَ لَهُ: نَمْ، فَلَمَّا كانَ من آخِرِ اللَّيْلِ قالَ سَلْمَانُ: قُمِ الآنَ، فَصَلَّيَا جَمِيعاً، فقالَ لَهُ سَلْمَانُ: إنَّ لِرَبِّكَ عَلَيْكَ حَقًّا، وإنَّ لِنَفْسِكَ عَلَيْكَ حَقًّا، وَلأهْلِكَ عَلَيْكَ حَقًّا، فَأَعْطِ كُلَّ ذِي حَقٍّ حَقَّهُ، فَأتى النبيَّ ﷺ فَذَكَرَ ذلِكَ لَهُ، فقالَ النبيُّ ﷺ: «صَدَقَ سَلْمَانُ». رواه البخاري.

1. Buch der Gebote

Hadith 147: Âischa (r) überliefert, dass der Gesandte Allahs (s) gesagt hat: "Wenn jemand von euch beim Beten schläfrig wird, dann soll er sich hinlegen, bis er ausgeruht ist; denn wenn er im Zustand der Schläfrigkeit fortfährt zu beten, dann weiß er nicht, welche Worte er von sich gibt; und er könnte fluchen statt Allahs Vergebung zu erbitten."
(Al-Bukhâri und Muslim)

Hadith 148: Abu Abdullâh Dschâbir ibn Samura (r) sagte: "Ich pflegte mich dem Propheten (s) in seinem Gebet anzuschließen. Sowohl seine Gebete als auch seine Ansprachen waren stets von ausgewogener Länge."
(Muslim)

Hadith 149: Abu Dschuhaifa Wahb ibn Abdullâh (r) erzählte folgende Geschichte: Der Prophet (s) hatte zwischen Salmân (r) und Abud-Dardâ' (r) den Bund der Bruderschaft geschlossen. Einst ging Salmân (r) Abud-Dardâ' (r) besuchen, und fand seine Frau schäbig gekleidet. Er fragte sie, was mit ihr los sei. Sie sagte: "Dein Bruder Abud-Dardâ' hat nichts zu tun mit dieser Welt.[80]" In der Zwischenzeit kam Abud-Dardâ' (r) und kochte für Salmân (r) etwas zu essen. Dann sprach er: "Iss, denn ich faste." Salmân (r) sagte zu ihm: "Ich werde nicht anfangen zu essen, bis du mit mir isst." In der Nacht stand Abud-Dardâ' (r) auf, um zusätzliche Gebete zu verrichten. Salmân bat ihn, weiter zu schlafen, was er auch tat. Nach einiger Zeit erhob sich Abud-Dardâ' erneut um zu Beten, und erneut wurde er von Salmân (r) zum Schlafen aufgefordert. Im späteren Teil der Nacht sagte Salmân (r): "Steh jetzt auf!", und die beiden beteten gemeinsam. Danach sagte Salmân (r): "Zweifellos bist du deinem Herrn verpflichtet; genauso bist du dir selbst verpflichtet und deiner Familie. Du sollst deine Pflicht jedem gegenüber erfüllen." Er ging daraufhin zum Propheten (s) und erzählte ihm all dies. Der Prophet (s) sagte: "Was Salmân sagt ist die Wahrheit."
(Al-Bukhâri)

---

[80] Das heißt, dass er sich nicht um Frauen zu kümmern pflegte.

١٥٠ - وعن أبي محمدٍ عبدِ اللهِ بنِ عَمرِو بنِ العاصِ رضي الله عنهما قال: أخبر النبي ﷺ أنِّي أَقُول: وَاللهِ لأَصومَنَّ النَّهَارَ، ولأَقُومَنَّ اللَّيْلَ ما عِشتُ، فَقَالَ رسولُ الله ﷺ: «آنْتَ الَّذي تَقُولُ ذلِكَ؟» فقُلْتُ لَهُ: قَدْ قُلْتُهُ بأبي أَنْتَ وأُمِّي يا رسولَ الله. قَالَ: «فإنَّكَ لا تَسْتَطِيعُ ذلِكَ؛ فَصُمْ وأَفْطِرْ، ونَمْ وقُمْ، وصُمْ مِنَ الشَّهرِ ثَلاثَةَ أيَّامٍ، فإنَّ الحَسَنَةَ بِعَشْرِ أَمْثَالِهَا، وذلِكَ مِثْلُ صِيَامِ الدَّهْرِ». قُلْتُ فَإِنِّي أُطِيقُ أفْضَلَ مِنْ ذلِكَ قَالَ: «فَصُمْ يَوْماً وأَفْطِرْ يَوْمَيْنِ»، قُلْتُ: فَإِنِّي أُطِيقُ أَفْضَلَ مِنْ ذلِكَ يا رَسُولَ اللهِ، قَالَ: «فَصُمْ يَوْماً وأَفْطِرْ يَوْماً، فَذلِكَ صِيَامُ دَاودَ ﷺ، وَهُوَ أَعْدَلُ الصِّيَامِ». وفي روايةٍ: «هُوَ أَفْضَلُ الصِّيَامِ» فَقُلْتُ: فَإِنِّي أُطِيقُ أَفْضَلَ مِنْ ذلِكَ. فَقَالَ رسولَ الله ﷺ: «لا أَفْضَلَ مِنْ ذلِكَ». ولأَنْ أَكُونَ قَبِلْتُ الثَّلاثَةَ الأيَّامِ التي قال رسول الله ﷺ أَحَبُّ إليَّ مِنْ أَهلِي ومَالِي.

وفي روايةٍ: «أَلَمْ أُخْبَرْ أنَّكَ تَصومُ النَّهَارَ وتَقُومُ اللَّيْلَ؟» قلت: بَلَى يا رَسُولَ اللَّهِ قال: «فَلا تَفْعَلْ: صُمْ وأَفْطِرْ، ونَمْ وقُمْ فإنَّ لِجَسَدِكَ عَلَيْكَ حَقًّا، وإنَّ لِعَيْنَيْكَ عَلَيْكَ حَقًّا، وإنَّ لِزَوْجِكَ عَلَيْكَ حَقًّا، وإنَّ لِزَوْرِكَ عَلَيْكَ حَقًّا، وإنَّ بِحَسْبِكَ أَنْ تَصُومَ في كُلِّ شَهْرٍ ثَلاثَةَ أيَّامٍ، فإنَّ لَكَ بِكُلِّ حَسَنَةٍ عَشْرَ أَمْثَالِهَا، فإنَّ ذلِكَ صِيَامُ الدَّهْرِ» فَشَدَّدْتُ فَشُدِّدَ عَلَيَّ، قُلْتُ: يا رسول الله إنِّي أَجِدُ قُوَّةً، قال: «صُمْ صِيَامَ

1. Buch der Gebote

Hadith 150: Abu Muhammad Abdullâh ibn Amru ibn al-Âs (r) erzählte: Man berichtete dem Propheten (s), dass ich gesagt hatte: "Bei Allah, ich werde mein ganzes Leben lang tagsüber fasten und in der Nacht beten." Der Prophet (s) fragte mich: "Bist du derjenige, der dies gesagt hat?" Ich antwortete: "Mögen meine Eltern für dich geopfert werden, wenn ich dieses nicht sagte, oh Gesandter Allahs." Er sagte: "Du wirst das nicht schaffen können. Du sollst fasten, aber brich das Fasten. Schlafe und steh auf (in der Nacht für zusätzliche Gebete). Faste drei Tage im Monat, das hat die zehnfache Wirkung einer guten Tat und entspricht somit ununterbrochenem Fasten." Ich sagte: "Ich bin stark genug, mehr als dies zu tun." Er (s) sagte: "Dann faste einen Tag und brich das Fasten für zwei Tage." Ich sagte: "Ich bin stark genug, mehr zu tun." Er (s) sagte: "Nun, dann faste einen Tag uns iss am nächsten Tag. So hat der Prophet David gefastet, und es ist ein gemäßigtes Fasten." - Und nach einer anderen Version heißt es: "und das ist das beste Fasten." - Ich sagte: "Ich bin stark genug, noch mehr zu tun." Der Prophet (s) sagte: "Es gibt keine bessere Tugend als diese." Ich hätte dem Vorschlag des Propheten (s) hätte folgen sollen, an drei Tagen im Monat zu fasten. Das wäre für mich wertvoller gewesen als mein ganzes Vermögen und meine Kinder.

Eine andere Version besagt, dass der Prophet (s) sagte: "Bin ich recht darüber informiert worden, dass du jeden Tag fastest und die Nacht hindurch betest?" Ich bestätigte: "Oh Gesandter Allahs (s), es ist so." Er sagte: "Tu es nicht: Faste und brich das Fasten, schlafe und steh auf zum Gebet. Dein Körper hat gewiss ein Anrecht auf dich, und deine Augen haben ein Recht auf dich, deine Frau hat ein Recht auf dich und dein Gast hat ein Recht auf dich. Es wäre genug, wenn du an drei Tagen im Monat fastest; jede Tugend hat ja einen Zehnfachen Wert; das bringt dich bei drei gefasteten Tagen auf einen ganzen Monat. Dies bedeutet also ständiges fasten." (Abdullâh sagte:) Ich war hart zu mir selbst, und das erzeugte Härte für mich. Ich sagte zum Gesandter Allahs (s): "Ich fühle mich so stark, dass ich öfter fasten kann." Er (s) sagte: "Dann faste wie David, der Prophet Allahs, und übertreibe nicht." Ich fragte: "Was war das Fasten des Propheten David?" Er sagte: "Die Hälfte des ständigen Fastens.[81]" Im Alter pflegte Abdullâh zu sagen: Ich wünschte, ich hätte das Zugeständnis angenommen, das mir der Prophet (s) (zur Mäßigung im Fasten und Beten) vorschlug."

---

[81] Das heißt: Einen Tag zu fasten und einen Tag das Fasten zu brechen.

نَبِيِّ اللَّهِ دَاوُدَ وَلَا تَزِدْ عَلَيْهِ»، قلت: وَمَا كَانَ صِيَامُ دَاوُدَ؟ قَالَ: «نِصْفُ الدَّهْرِ» فَكَانَ عَبْدُ اللَّهِ يقول بَعْدَمَا كَبِرَ: يَا لَيْتَنِي قَبِلْتُ رُخْصَةَ رسولِ اللَّهِ ﷺ.

وفي روايةٍ: «أَلَمْ أُخْبَرْ أَنَّكَ تَصُومُ الدَّهْرَ، وَتَقْرَأُ الْقُرْآنَ كُلَّ لَيْلَةٍ؟» فَقُلْتُ: بَلَى يَا رسولَ اللَّهِ، وَلَمْ أُرِدْ بِذَلِكَ إِلَّا الْخَيْرَ قَالَ: «فَصُمْ صَوْمَ نَبِيِّ اللَّهِ دَاوُدَ، فَإِنَّهُ كَانَ أَعْبَدَ النَّاسِ، وَاقْرَإِ الْقُرْآنَ فِي كُلِّ شَهْرٍ» قُلت: يَا نَبِيَّ اللَّهِ إِنِّي أُطِيقُ أَفْضَلَ مِنْ ذَلِكَ؟ قَالَ: «فَاقْرَأْهُ فِي كُلِّ عِشْرِينَ» قُلْتُ: يَا نَبِيَّ اللَّهِ إِنِّي أُطِيقُ أَفْضَلَ مِنْ ذَلِكَ؟ قَالَ: «فَاقْرَأْهُ فِي كُلِّ عَشْرٍ» قُلْت: يَا نَبِيَّ اللَّهِ إِنِّي أُطِيقُ أَفْضَلَ مِنْ ذَلِكَ؟ قَالَ: «فَاقْرَأْهُ فِي كُلِّ سَبْعٍ وَلَا تَزِدْ عَلَى ذَلِكَ» فَشَدَّدْتُ فَشُدِّدَ عَلَيَّ، وَقَالَ لِي النَّبِيُّ ﷺ: «إِنَّكَ لَا تَدْرِي لَعَلَّكَ يَطُولُ بِكَ عُمُرٌ» قَالَ: فَصِرْتُ إِلَى الَّذِي قَالَ لِي النَّبِيُّ ﷺ، فَلَمَّا كَبِرْتُ وَدِدْتُ أَنِّي كُنْتُ قَبِلْتُ رُخْصَةَ نَبِيِّ اللَّهِ ﷺ.

وفي رواية: «وَإِنَّ لِوَلَدِكَ عَلَيْكَ حَقًّا» وفي رواية: «لَا صَامَ مَنْ صَامَ الْأَبَدَ» ثلاثاً. وفي روايةٍ: «أَحَبُّ الصِّيَامِ إِلَى اللهِ تَعَالَى صِيَامُ دَاوُدَ، وَأَحَبُّ الصَّلَاةِ إِلَى اللهِ تَعَالَى صَلَاةُ دَاوُدَ: كَانَ يَنَامُ نِصْفَ اللَّيْلِ، وَيَقُومُ ثُلُثَهُ، وَيَنَامُ سُدُسَهُ، وَكَانَ يَصُومُ يَوْماً وَيُفْطِرُ يَوْماً، وَلَا يَفِرُّ إِذَا لَاقَى».

1. Buch der Gebote

Noch eine andere Version lautet, dass der Prophet sagte: "Bin ich nicht unterrichtet worden, dass du immer fastest und jede Nacht den Qur'ân liest?" Ich sagte: "Das ist richtig, oh Gesandter Allahs, und ich hoffe, damit nur Gutes zu tun." Er sagte: "Folge dem Fasten Davids, des Propheten Allahs, denn er war Allah inbrünstig hingegeben und vollendete die Lesung des Qur'âns einmal monatlich." Ich warf ein: "Oh Prophet Allahs, ich bin stark genug, es noch besser zu tun." Er sagte: "Dann rezitiere ihn in zehn Tagen." Ich sagte: "Oh Prophet Allahs, ich bin stark genug, es noch besser zu tun." Er sagte: "Nun, so lies ihn in sieben Tagen und vollende sein Lesen nicht vorher." So unterwarf ich mich der Mühsal und litt darunter. Der Prophet (s) sagte zu mir: "Du weißt nicht, ob du ein längeres Leben haben wirst." Und dann kam es so, wie es der Prophet (s) vorausgesehen hatte: Als ich alt wurde, erkannte ich, dass ich das Zugeständnis, das mir vom Propheten (s) gemacht worden war, hätte annehmen sollen.

Einer anderen Version zufolge sagte er: "Dein Sohn hat ein Anrecht auf dich." Nach einer weiteren Version sagte der Prophet (s): "Wer ständig fastet, der fastet überhaupt nicht." Dies wiederholte er dreimal.

Eine weitere Version fügt hinzu: "Das Fasten des Propheten David ist Allah, dem Erhabenen, am liebsten. Er ruhte in der ersten Hälfte der Nacht, dann verrichtete er sein zusätzliches Gebet, und er pflegte das verbleibende Sechstel (der Nacht) zu schlafen. Ebenso pflegte er einen Tag zu fasten und den nächsten zu essen. Niemals hielt er sich zurück, wenn es darum ging, sich einem Feind entgegenzustellen."

وفي روايةٍ قَالَ: أَنْكَحَني أَبي امْرَأَةً ذَاتَ حَسَبٍ، وَكَانَ يَتَعَاهَدُ كَنَّتَهُ، أَيْ: امْرَأَةَ وَلَدِهِ، فَيَسْأَلُهَا عَنْ بَعْلِهَا، فَتَقُولُ لَهُ: نِعْمَ الرَّجُلُ مِنْ رَجُلٍ لَمْ يَطَأْ لَنَا فِرَاشاً وَلَمْ يُفَتِّشْ لَنَا كَنَفاً مُنْذُ أَتَيْنَاهُ. فَلَمَّا طَالَ ذَلِكَ عَلَيْهِ ذَكَرَ ذَلِكَ لِلنَّبِيِّ ﷺ. فَقَالَ: «القَني بِهِ» فَلَقِيتُهُ بَعْدَ ذَلِكَ فَقَالَ: «كَيْفَ تَصُومُ؟» قُلْتُ كُلَّ يَوْمٍ، قَالَ: «وَكَيْفَ تَخْتِمُ؟» قلتُ: كُلَّ لَيْلَةٍ، وَذَكَرَ نَحْوَ ما سَبَقَ، وَكَانَ يَقْرَأُ عَلَى بَعْضِ أَهْلِهِ السُّبْعَ الَّذِي يَقْرَؤُهُ، يَعْرِضُهُ مِنَ النَّهَارِ لِيَكُونَ أَخَفَّ عَلَيْهِ بِاللَّيْلِ، وَإِذَا أَرَادَ أَنْ يَتَقَوَّى أَفْطَرَ أَيَّاماً وَأَحْصَى وَصَامَ مِثْلَهُنَّ كَرَاهِيَةَ أَنْ يَتْرُكَ شَيْئاً فَارَقَ عَلَيْهِ النَّبِيَّ ﷺ.

كُلُّ هٰذِهِ الرِّوَايَاتِ صَحِيحَةٌ مُعْظَمُهَا فِي الصَّحِيحَيْنِ وَقَلِيلٌ مِنْهَا فِي أَحَدِهِمَا.

١٥١ - وعن أَبي رِبْعِيٍّ حَنْظَلَةَ بنِ الرَّبِيعِ الأُسَيِّدِيِّ الكَاتِبِ أَحَدِ كُتَّابِ رسولِ اللَّهِ ﷺ قال: لَقِيَنِي أَبُو بَكْرٍ رضي الله عنه فقال: كَيْفَ أَنْتَ يا حَنْظَلَةُ؟ قُلْتُ: نَافَقَ حَنْظَلَةُ! قَالَ: سُبْحَانَ الله مَا تَقُولُ؟! قُلْتُ: نَكُونُ عِنْدَ رسولِ اللَّهِ ﷺ يُذَكِّرُنَا بِالجَنَّةِ وَالنَّارِ حَتَّى كَأَنَّا رَأْيَ عَيْنٍ، فَإِذَا خَرَجْنَا مِنْ عِنْدِ رسولِ اللَّهِ ﷺ عَافَسْنَا الأَزْوَاجَ وَالأَوْلَادَ وَالضَّيْعَاتِ فَنَسِينَا كَثِيراً. قَالَ أَبُو بَكْرٍ رضي الله عنه: فَوَاللَّهِ إِنَّا لَنَلْقَى مِثْلَ هٰذَا. فَانْطَلَقْتُ أَنَا وَأَبُو بَكْرٍ حَتَّى دَخَلْنَا عَلَى رسولِ اللَّهِ ﷺ. فَقُلْتُ: نَافَقَ حَنْظَلَةُ يا رسولَ اللَّهِ! فقَالَ رسولُ اللَّهِ ﷺ: «وَمَا ذَاكَ؟» قُلْتُ: يا رسولَ اللَّهِ

1. Buch der Gebote

In einem anderen Hadith wird über Abdullâh erzählt, dass er gesagt habe, sein Vater habe ihn mit einer Frau verheiratet, die zu einer angesehenen Familie gehörte. Auch habe sein Vater diese Frau über ihren Ehemann befragt. Sie sagte: "Wie vortrefflich ist so ein Mann, der nie sein Bett berührt und seine Scham enthüllt hat, seit ich mit ihm verheiratet bin." Als dieser Zustand anhielt, brachte er (Abdullâhs Vater) diese Angelegenheit dem Propheten (s) zur Kenntnis, der meinen Vater bat, mich zu ihm zu schicken. Als ich mich dem Propheten (s) vorstellte, fragte er mich: "Wie fastest du?" Ich antwortete: "Ich faste jeden Tag." Er fragte mich dann: "Wie lange brauchst du, eine Lesung (des ganzen Qur'âns) zu vollenden. Ich antwortete: "Jede Nacht", und er erzählte weiter, was vorher berichtet wurde.

Später (als Abdullâh alt wurde) pflegte er ein Siebtel (des Qur'ân) einigen Familienmitgliedern schon am Tage vorzutragen, so dass seine Belastung in der Nacht vermindert wurde. Ebenso ließ er, als er eine Erleichterung bei seinem gewohnten Fasten benötigte, des öfteren einige Tage des Fastens aus, holte aber die fehlenden Tage später nach. Er tat dies in erster Linie weil er nicht auf seine Lebensweise, die der Prophet (s) von ihm kannte, verzichten wollte.

Alle diese Hadithe sind gesund (*sahîh*), und die meisten von ihnen wurden von Al-Bukhâri und Muslim überliefert.

Hadith 151: Abu Rib'i Hanzala ibn ar-Rabî' al-Usayyidi (r), einer der Schreiber des Propheten (s), erzählte: Eines Tages begegnete mir Abu Bakr (r) und fragte: "Wie geht es dir, Hanzala?" Ich sagte: "Hanzala ist zu einem Heuchler geworden!" Abu Bakr (r) sagte: "Gelobt sei Allah. Was sagst du?" Hanzala erklärte: "Wenn wir vor dem Propheten (s) versammelt waren und er uns von Paradies und dem Höllenfeuer erzählte, fühlten wir uns, als ob diese vor unseren Augen wären. Aber als wir ihn verließen und uns mit unseren Frauen, Kindern, Ländereien und Gärten beschäftigten, vergaßen wir vieles." Abu Bakr (r) sagte: "Bei Allah. Wir sind alle in der gleichen Situation." Da gingen sie beide zum Propheten (s). Hanzala sagte: "Oh Gesandter Allahs (s), Hanzala ist zu einem Heuchler geworden." Der Prophet (s) fragte: "Was meinst du damit?" Ich sagte: "Oh Gesandter Allahs, wenn wir in deiner Gesellschaft waren und du uns über Höllenfeuer und Paradies erzähltest, fühlten wir uns, als ob sie vor unseren Augen stünden. Doch sobald wir nicht mehr in deiner Gegenwart waren,

نَكُونُ عِنْدَكَ تُذَكِّرُنَا بِالنَّارِ وَالْجَنَّةِ حَتَّى كَأَنَّا رَأْيَ العَيْنِ، فَإِذَا خَرَجْنَا مِنْ عِنْدِكَ عَافَسْنَا الأَزْوَاجَ وَالأَوْلَادَ وَالضَّيْعَاتِ نَسِينَا كَثِيراً. فقال رسول اللهِ ﷺ: «وَالَّذِي نَفْسِي بِيَدِهِ، لَوْ تَدُومُونَ عَلَى مَا تَكُونُونَ عِنْدِي، وَفِي الذِّكْرِ، لَصَافَحَتْكُمُ المَلَائِكَةُ عَلَى فُرُشِكُمْ، وَفِي طُرُقِكُمْ، وَلٰكِنْ ـ يَا حَنْظَلَةُ ـ سَاعَةً وَسَاعَةً» ثَلَاثَ مَرَّاتٍ. رواه مسلم.

قولُهُ: «رِبْعِيٌّ» بِكَسْرِ الرَّاءِ. «وَالأُسَيِّدِي» بِضَمِّ الهَمْزَةِ وَفَتْحِ السِّينِ وَبَعْدَهَا يَاءٌ مَكْسُورَةٌ مُشَدَّدَةٌ، وَقَوْلُهُ: «عَافَسْنَا». هُوَ بِالعَيْنِ وَالسِّينِ الْمُهْمَلَتَيْنِ، أَيْ: عَالَجْنَا وَلَاعَبْنَا. «وَالضَّيْعَاتُ»: المعايشُ.

١٥٢ ـ وعنِ ابنِ عباسٍ رضي الله عنهما قال: بَيْنَمَا النَّبِيُّ ﷺ يَخْطُبُ إِذَا هُوَ بِرَجُلٍ قَائِمٍ، فَسَأَلَ عَنْهُ فَقَالُوا: أَبُو إِسْرَائِيلَ نَذَرَ أَنْ يَقُومَ فِي الشَّمْسِ وَلَا يَقْعُدَ، وَلَا يَسْتَظِلَّ وَلَا يَتَكَلَّمَ، وَيَصُومَ، فَقَالَ النَّبِيُّ ﷺ: «مُرُوهُ فَلْيَتَكَلَّمْ وَلْيَسْتَظِلَّ وَلْيَقْعُدْ وَلْيُتِمَّ صَوْمَهُ». رواه البخاري.

١ ـ ١٥ ـ باب المحافظة على الأعمال

قال الله تعالى: ﴿أَلَمْ يَأْنِ لِلَّذِينَ آمَنُوا أَنْ تَخْشَعَ قُلُوبُهُمْ لِذِكْرِ اللَّهِ وَمَا نَزَلَ مِنَ الْحَقِّ وَلَا يَكُونُوا كَالَّذِينَ أُوتُوا الْكِتَابَ مِنْ قَبْلُ فَطَالَ عَلَيْهِمُ الْأَمَدُ فَقَسَتْ قُلُوبُهُمْ﴾ [الحديد: ١٦]. وقال تعالى: ﴿وَقَفَّيْنَا بِعِيسَى ابْنِ مَرْيَمَ وَآتَيْنَاهُ الْإِنْجِيلَ وَجَعَلْنَا فِي قُلُوبِ الَّذِينَ اتَّبَعُوهُ رَأْفَةً وَرَحْمَةً وَرَهْبَانِيَّةً ابْتَدَعُوهَا مَا كَتَبْنَاهَا عَلَيْهِمْ إِلَّا ابْتِغَاءَ

1. Buch der Gebote

beschäftigten wir uns mit unseren Frauen, Kindern, Gärten und Ländereien, und vergaßen vieles." Der Prophet (s) sagte: "Bei Allah, in dessen Händen mein Leben ruht. Wenn ihr im gleichen Zustand verbleibt, in dem ihr mit mir wart, mit euren Gedanken bei Allah, würden Engel herabkommen, um euch die Hand zu geben, wenn ihr in euren Betten und auf den Wegen seid. Doch, Hanzala, alles zu seiner Zeit." Und er (s) wiederholte diesen Satz dreimal.
(Muslim)

Hadith 152: Ibn Abbâs (r) erzählte folgendes: Während der Prophet (s) eines Tages predigte, sah er einen Mann stehen. Er erkundigte sich später nach ihm. Ihm wurde gesagt, sein Name sei Abu Isrâ'îl, und er habe gelobt, er werde in der Sonne stehen und sich nicht setzen und nicht in den Schatten gehen und zu niemandem sprechen, und er werde das Fasten beachten. Der Prophet (s) sagte: "Bittet ihn, zu sprechen, in den Schatten zu gehen und sich zu setzen. Aber lasst ihn sein Fasten vollenden."
(Al-Bukhâri)

Kapitel 15
Bewahrung tugendhafter Werke

Qur'ân: Allah, der Erhabene, spricht:
"Ist es nicht für die Gläubigen an der Zeit, dass sich ihre Herzen beim Gedenken Allahs und der Wahrheit, die (ihnen) offenbart wurde, demütigen, damit sie nicht wie jene werden, denen zuvor das Buch gegeben wurde. Doch die Zeit ging über sie hin und ihre Herzen wurden hart, und viele von ihnen sind Frevler." (57:16)
"Dann ließen wir in ihren Spuren Unsere Gesandten folgen, und wir ließen ihnen Jesus, den Sohn der Maria, folgen und gaben ihm das Evangelium. In die Herzen derer, die ihm folgten, legten Wir Güte und Barmherzigkeit. Das Mönchstum jedoch erfanden sie selber, Wir geboten ihnen nur, nach Allahs Wohlgefallen zu trachten, aber sie befolgten (Unser Gebot) nicht auf die rechte Weise. Denjenigen unter ihnen, die (an unsere Botschaft)

رِضْوَانَ اللَّهِ فَمَا رَعَوْهَا حَقَّ رِعَايَتِهَا﴾ [الحديد: ٢٧]، وقال تعالى: ﴿وَلَا تَكُونُوا كَالَّتِي نَقَضَتْ غَزْلَهَا مِنْ بَعْدِ قُوَّةٍ أَنْكَاثًا﴾ [النحل: ٩٢]، وقال تعالى: ﴿وَاعْبُدْ رَبَّكَ حَتَّى يَأْتِيَكَ الْيَقِينُ﴾ [الحجر: ٩٩].

وَأَمَّا الأَحَادِيثُ؛ فَمِنْهَا حَدِيثُ عَائِشَةَ: وَكَانَ أَحَبُّ الدِّينِ إِلَيْهِ مَا دَاوَمَ صَاحِبُهُ عَلَيْهِ. وَقَدْ سَبَقَ فِي الْبَابِ قَبْلَهُ.

١٥٣ - وعن عمر بن الخطاب رضي الله عنه قال: قال رسول الله ﷺ: «مَنْ نَامَ عَنْ حِزْبِهِ مِنَ اللَّيْلِ، أَوْ عَنْ شَيْءٍ مِنْهُ فَقَرَأَهُ مَا بَيْنَ صَلَاةِ الْفَجْرِ وَصَلَاةِ الظُّهْرِ، كُتِبَ لَهُ كَأَنَّمَا قَرَأَهُ مِنَ اللَّيْلِ». رواه مسلم.

١٥٤ - وعن عبد الله بن عمرو بن العاص رضي الله عنهما قال: قال لي رسول الله ﷺ: «يَا عَبْدَ اللَّهِ لَا تَكُنْ مِثْلَ فُلَانٍ، كَانَ يَقُومُ اللَّيْلَ فَتَرَكَ قِيَامَ اللَّيْلِ». متفق عليه.

١٥٥ - وعن عائشة، رضي الله عنها، قالت: كان رسول الله ﷺ إِذَا فَاتَتْهُ الصَّلَاةُ مِنَ اللَّيْلِ مِنْ وَجَعٍ أَوْ غَيْرِهِ، صَلَّى مِنَ النَّهَارِ اثْنَتَيْ عَشْرَةَ رَكْعَةً. رواه مسلم.

1. Buch der Gebote

glaubten, gaben Wir ihren Lohn, aber viele von ihnen waren Frevler." (57:27)
"Und seid nicht wie jene, die ihr Gesponnenes wieder aufdröselt, nachdem es zu einem festen Faden versponnen war, indem ihr eure Eide zum Mittel gegenseitigen Betrugs macht, (weil ihr meint), dass die eine Gemeinschaft der anderen überlegen sei an Zahl und Macht..." (16:92)
"Und diene deinem Herrn, bis die Gewissheit zu dir kommt." (15:99)

Unter den Hadithen zu diesem Thema ist der folgende von Âischa, dass ihm (s) das Liebste in der Religion das war, was man regelmäßig zu tut pflegte.
Siehe hierzu das voranstehende Kapitel.

Hadith 153: Umar ibn al-Khattâb (r) berichtet: Der Gesandte Allahs (s) sagte: "Wenn jemand verschlafen hat, so dass er sein Sechzigstel des Qur'ân (*Hisb*) oder einen Teil davon nicht rezitieren konnte, und er holt es zu einer beliebigen Zeit zwischen dem Morgengebet und dem Mittagsgebet nach, dann wird ihm dies angerechnet wie das Rezitieren in der Nacht."
(Muslim)

Hadith 154: Abdullâh ibn Amru ibn al-Âs (r) berichtet: Der Gesandte Allahs (s) sagte zu mir: "Oh Abdullâh! Sei nicht wie Soundso, der nachts zu zusätzlichen Gebeten aufstand, sie aber nach einiger Zeit vernachlässigte."
(Al-Bukhâri und Muslim)

Hadith 155: Âischa (r) überliefert: Wenn der Gesandte Allahs (s) des Nachts aufgrund einer Krankheit oder Müdigkeit kein zusätzliches Gebet verrichten konnte, verrichtete er im Laufe des Tages zusätzlich zwölf *Rak'a.*"[82]
(Muslim)

---

[82] Er verrichtete also ein langes Gebet.

١ - ١٦ - باب الأمر بالمحافظة على السُّنة وآدابهـا

قَالَ الله تعالى: ﴿وَمَا آتَاكُمُ الرَّسُولُ فَخُذُوهُ وَمَا نَهَاكُمْ عَنْهُ فَانْتَهُوا﴾ [الحشر: ٧]، وقال تعالى: ﴿وَمَا يَنْطِقُ عَنِ الْهَوَى. إِنْ هُوَ إِلَّا وَحْيٌ يُوحَى﴾ [النجم: ٣، ٤]، وقال تعالى: ﴿قُلْ إِنْ كُنْتُمْ تُحِبُّونَ اللَّهَ فَاتَّبِعُونِي يُحْبِبْكُمُ اللَّهُ وَيَغْفِرْ لَكُمْ ذُنُوبَكُمْ﴾ [آل عمران: ٣١] وقال تعالى: ﴿لَقَدْ كَانَ لَكُمْ فِي رَسُولِ اللَّهِ أُسْوَةٌ حَسَنَةٌ لِمَنْ كَانَ يَرْجُو اللَّهَ وَالْيَوْمَ الْآخِرَ﴾ [الأحزاب: ٢١]، وقال تعالى: ﴿فَلَا وَرَبِّكَ لَا يُؤْمِنُونَ حَتَّى يُحَكِّمُوكَ فِيمَا شَجَرَ بَيْنَهُمْ ثُمَّ لَا يَجِدُوا فِي أَنْفُسِهِمْ حَرَجًا مِمَّا قَضَيْتَ وَيُسَلِّمُوا تَسْلِيمًا﴾ [النساء: ٦٥]، وقال تعالى: ﴿فَإِنْ تَنَازَعْتُمْ فِي شَيْءٍ فَرُدُّوهُ إِلَى اللَّهِ وَالرَّسُولِ﴾ [النساء: ٥٩]، قال العُلَمَاءُ: مَعْنَاهُ إِلَى الْكِتَابِ وَالسُّنَّةِ. وقال تعالى: ﴿مَنْ يُطِعِ الرَّسُولَ فَقَدْ أَطَاعَ اللَّهَ﴾ [النساء: ٨٠]، وقال تعالى: ﴿وَإِنَّكَ لَتَهْدِي إِلَى صِرَاطٍ مُسْتَقِيمٍ﴾ [الشورى: ٥٢]، وقال تعالى: ﴿فَلْيَحْذَرِ الَّذِينَ يُخَالِفُونَ عَنْ أَمْرِهِ أَنْ تُصِيبَهُمْ فِتْنَةٌ أَوْ يُصِيبَهُمْ عَذَابٌ أَلِيمٌ﴾ [النور: ٦٣]، وقال تعالى: ﴿وَاذْكُرْنَ مَا يُتْلَى فِي بُيُوتِكُنَّ مِنْ آيَاتِ اللَّهِ وَالْحِكْمَةِ﴾ [الأحزاب: ٣٤] والآياتُ في البَاب كَثِيرةٌ.

1. Buch der Gebote

Kapitel 16
Gebot zur Bewahrung der Sunna und ihrer Sitten

Qur'ân: Allah, der Erhabene, spricht:
"... Und was euch der Gesandte gibt, das nehmt, und was er euch verwehrt, darauf verzichtet." (59:7)
"Euer Gefährte irrt nicht und wurde auch nicht verleitet, und er spricht auch nicht aus niederer Begierde. Es ist nichts anderes als eine Offenbarung, die ihm eingegeben wird." (53:2-4)
"Sprich: Wenn ihr Allah (wahrhaftig) liebt, so folgt mir, dann wird Allah euch lieben und euch eure Sünden verzeihen. Denn Allah ist verzeihend, barmherzig." (3:31)
"Ihr habt fürwahr im Gesandten Allahs ein vortreffliches Vorbild für den, der auf Allah hofft, und auf den Jüngsten Tag und häufig Allahs gedenkt." (33:21)
"Doch nein, bei deinem Herrn! Sie glauben nicht (wirklich), bevor sie dich nicht zum Richter machen über das, worüber sie miteinander streiten, und danach innerlich nicht ärgerlich und bedrückt sind wegen dessen, was du beschlossen hast, und sich in völliger Ergebenheit fügen." (4:65)
"Oh die ihr glaubt! Gehorcht Allah und gehorcht dem Gesandten und den Verantwortlichen unter euch. Und wenn ihr über etwas in Streit geratet, dann bringt es vor Allah und den Gesandten, sofern ihr an Allah glaubt und an den Jüngsten Tag. Das ist am besten und die schönste (Art des Vorgehens und der) Auslegung." (4:59)
"Wer dem Gesandten gehorcht, der hat Allah gehorcht. Und wenn sich jemand abwendet, so haben Wir dich nicht als ihr Bewahrer geschickt." (4:80)
"Du leitest fürwahr zum geraden Weg..." (42:52)
"Darum mögen sich die hüten, die sich seinem Gebot widersetzen, dass sie nicht eine schwere Prüfung trifft oder dass ihnen nicht schmerzliche Strafe zuteil wird." (24:63)
"Und bleibt in euren Häusern und stellt euch nicht unnötig zur Schau, wie man sich in früheren Zeiten der Unwissenheit zur Schau stellte, und verrichtet das Gebet und gebt *Zakât* und gehorcht Allah und Seinem Gesandten..." (33:33)

وَأَمَّا الأحاديثُ:

١٥٦ ـ فالأوَّلُ: عَنْ أبي هُرَيرَةَ رضي الله عنه، عن النبي ﷺ قال: «دَعُوني ما تَرَكْتُكُم، فإنَّما هَلَكَ مَنْ كَانَ قَبْلَكُم كَثرَةُ سُؤالِهم، واختِلافُهُمْ عَلَى أنْبيَائِهم، فَإِذَا نَهَيتُكُم عَنْ شَيءٍ فَاجْتَنِبُوهُ، وَإِذَا أَمَرْتُكُم بِشيءٍ فَأتُوا مِنْهُ ما استَطَعْتُم». متفقٌ عليه.

١٥٧ ـ الثّاني: عَنْ أبي نَجِيحٍ العِرْبَاضِ بنِ سَارِيَةَ رضي الله عنه قال: وَعَظَنَا رسولُ اللَّهِ ﷺ مَوْعِظَةً بَلِيغَةً وَجِلَتْ مِنْهَا الْقُلُوبُ وَذَرَفَتْ مِنْهَا الْعُيُونُ، فقُلْنَا: يا رَسُولَ اللَّهِ كأنَّها مَوْعِظَةُ مُوَدِّعٍ فَأَوْصِنا قال: «أُوصِيكُم بِتَقْوَى اللَّهِ، والسَّمْعِ والطَّاعَةِ وَإِنْ تَأَمَّرَ عَلَيْكُم عَبْدٌ، وَإِنَّهُ مَنْ يَعِشْ مِنكُم فَسَيَرى اخْتِلافاً كَثيراً. فَعَلَيْكُم بسُنَّتي وَسُنَّةِ الخُلَفَاءِ الرَّاشِدِينَ الْمَهْدِيِّينَ، عَضُّوا عَلَيْهَا بِالنَّوَاجِذِ، وَإِيَّاكُم ومُحْدَثَاتِ الأُمُورِ فَإِنَّ كُلَّ مُحْدَثَةٍ بِدْعَةٌ، وكُلَّ بِدْعَةٍ ضلالَةٌ». رواه أبو داود، والترمذي وقال: حديث حسن صحيح.

«النَّواجِذُ» بالذالِ المعجمةِ: الأنْيابُ، وقيلَ: الأضْراسُ.

١٥٨ ـ الثّالثُ: عَنْ أبي هريرة رضي الله عنه: أن رسول الله ﷺ قال: «كُلُّ أُمَّتي يَدخُلُونَ الْجَنَّةَ إلَّا مَنْ أَبى». قيلَ: يا رسولَ اللَّهِ؟ وَمَنْ يَأْبَى قالَ: «مَنْ أطَاعَني دَخَلَ الجنَّةَ، وَمَنْ عَصَاني فَقَدْ أَبى». رواه البخاري.

1. Buch der Gebote

Hadith 156: Abu Huraira (r) berichtet, dass der Gesandte Allahs (s) gesagt hat: "Behelligt mich nicht mit Fragen über Themen, die ich euch gegenüber nicht erwähne, denn die Völker, die euch vorangingen, gingen an ihrer Fragerei und ihrer Abweichung vom Wege ihrer Propheten zugrunde. Daher, wenn ich euch verbiete, etwas zu tun, dann haltet euch davon fern. Und wenn ich euch etwas befehle, dann befolgt es, soweit ihr könnt."
(Al-Bukhâri und Muslim)

Hadith 157: Abu Nadschîh al-Irbâd ibn Sâriya (r) berichtet: Der Gesandte Allahs (s) hielt eine bewegende Ansprache, die uns zutiefst berührte und eine Woge von Furcht in unsere Herzen sandte und unsere Tränen fließen ließ. Wir sagten zu ihm: "Oh Gesandter Allahs, dies klingt, als wäre diese Predigt die letzte eines Abschied Nehmenden. Rate uns also!" Daraufhin sagte er: "Ich ermahne euch, Allah zu fürchten und dem Anführer zu gehorchen, auch wenn er ein äthiopischer Sklave sein sollte. Diejenigen unter euch, die mich überleben, werden schon eine Menge an Meinungsverschiedenheiten feststellen. Eure Pflicht ist es aber, meiner *Sunna* und der *Sunna* meiner rechtgeleiteten Nachfolger (Kalifen) hartnäckig zu folgen, und dass ihr euch vor Neuerungen hütet, denn jede Neuerung (die dem Islam widerspricht) ist ein Irrtum."
(Abu Dâwûd und At-Tirmidhi)
Nach At-Tirmidhi ist dies ein guter und gesunder Hadith (*hasan sahîh*).

Hadith 158: Abu Huraira (r) überliefert, dass der Gesandte Allahs (s) sagte: "Meine ganze Gemeinde (*Umma*) wird ins Paradies kommen, außer denjenigen, die es ablehnen." Er wurde gefragt: "Oh Gesandter Allahs, wer sollte dies ablehnen?" Er sagte: "Wer mir gehorcht, kommt ins Paradies, und wer mir nicht gehorcht, weigert sich (ins Paradies zu kommen)."
(Al-Bukhâri)

١٥٩ ـ الرَّابِعُ: عَنْ أبي مسلم، وقِيلَ: أبي إياسَ سَلَمَةَ بنِ عَمرِو بنِ الأَكْوَعِ رضي الله عنه، أنَّ رَجُلاً أكَلَ عِنْدَ رسولِ اللَّهِ ﷺ بِشِمَالهِ فقالَ: «كُلْ بِيَمِينِكَ» قالَ: لا أسْتَطِيعُ. قالَ: «لا اسْتَطَعْتَ» ما مَنَعَهُ إلاَّ الكِبْرُ، فَمَا رَفَعَهَا إلَى فِيهِ. رواه مسلم.

١٦٠ ـ الخَامِسُ: عَنْ أبي عبدِ اللَّهِ النُّعْمَانِ بنِ بَشِيرٍ، رضي الله عنهما، قَالَ: سَمِعْتُ رسولَ اللَّهِ ﷺ يقولُ: «لَتُسَوُّنَّ صُفُوفَكُمْ أَوْ لَيُخَالِفَنَّ اللَّهُ بَيْنَ وُجُوهِكُمْ». متفقٌ عليه.

وفي روايةٍ لِمسلم: كانَ رسولُ الله ﷺ يُسَوِّي صُفُوفَنَا حَتَّى كأنَّمَا يُسَوِّي بِهَا القِدَاحَ، حَتَّى إذا رَأى أنَّا قَدْ عَقَلْنَا عَنْهُ ثُمَّ خَرَجَ يَوماً، فقامَ حَتَّى كَادَ أنْ يُكَبِّرَ، فَرَأى رَجُلاً بَادِياً صَدرُهُ مِنَ الصَّفِّ فَقَالَ: «عِبَادَ اللَّهِ لَتُسَوُّنَّ صُفُوفَكُمْ أوْ لَيُخَالِفَنَّ اللَّهُ بَيْنَ وُجُوهِكُمْ».

١٦١ ـ السَّادِسُ: عن أبي موسى رضي الله عنه قال: احْتَرَقَ بَيْتٌ بِالْمَدِينَةِ عَلَى أهْلِهِ مِنَ اللَّيْلِ، فَلَمَّا حُدِّثَ رسولُ اللَّهِ ﷺ بِشَأْنِهِمْ قال: «إنَّ هَذِهِ النَّارَ إنَّمَا هِيَ عَدُوٌّ لَكُمْ، فَإِذَا نِمْتُمْ فَأَطْفِئُوهَا عَنكُمْ». متفقٌ عليه.

1. Buch der Gebote

Hadith 159: Abu Muslim (der auch Abu Iyâs genannt wurde,) Salama ibn Amru ibn al-Akwa' (r) berichtet, dass ein Mann in Anwesenheit des Propheten (s) mit der linken Hand aß, worauf dieser sagte: "Iss mit deiner Rechten!" Der Mann sagte zu ihm: "Das kann ich nicht." Der Prophet (s) sagte zu ihm: "Du wirst es auch nicht können!" Dieser Mann weigerte sich aus Hochmut, dem Propheten zu gehorchen. Und es geschah tatsächlich, dass er sie nie wieder zu seinem Mund führen konnte.
(Muslim)

Hadith 160: Abu Abdullâh an-Nu'mân ibn Baschîr (r) erzählte: Ich habe den Gesandten Allahs (s) sagen hören: "Haltet eure Reihen gerade (beim Gebet in der Gemeinschaft), sonst wird Allah Uneinigkeit unter euch zulassen."
(Al-Bukhâri und Muslim)

Eine andere Version bei Muslim lautet: Der Gesandte Allahs (s) pflegte darauf zu achten, dass unsere Gebetsreihen gerade gehalten wurden, als ob sie einen geraden Stab darstellte, bis er sah, dass wir ihn verstanden hatten. Eines Tages war er gerade dabei, mit dem Gebet zu beginnen, als er bemerkte, dass die Brust eines der Betenden aus der Linie herausragte, woraufhin er sagte: "Allahs Diener, haltet eure Reihen gerade, sonst wird Allah Uneinigkeit unter euch zulassen."

Hadith 161: Abu Mûsâ (r) überliefert, dass ein Haus in Medina in der Nacht Feuer fing und über seinen Bewohnern zusammenbrach. Als der Prophet (s) dies erfuhr, sagte er: "Feuer ist euer Feind. So löscht es also, wenn ihr euch schlafen legt."
(Al-Bukhâri und Muslim)

١٦٢ ـ السَّابِعُ: عَنْهُ قَالَ: قَالَ رَسُولُ اللهِ ﷺ: «إِنَّ مَثَلَ مَا بَعَثَنِي اللهُ بِهِ مِنَ الْهُدَى وَالْعِلْمِ كَمَثَلِ غَيْثٍ أَصَابَ أَرْضاً فَكَانَتْ مِنْهَا طَائِفَةٌ طَيِّبَةٌ، قَبِلَتِ الْمَاءَ فَأَنْبَتَتِ الْكَلَأَ وَالْعُشْبَ الْكَثِيرَ، وَكَانَ مِنْهَا أَجَادِبُ أَمْسَكَتِ الْمَاءَ، فَنَفَعَ اللهُ بِهَا النَّاسَ فَشَرِبُوا مِنْهَا وَسَقَوْا وَزَرَعُوا. وَأَصَابَ طَائِفَةً مِنْهَا أُخْرَى، إِنَّمَا هِيَ قِيعَانٌ لَا تُمْسِكُ مَاءً وَلَا تُنْبِتُ كَلَأً. فَذَلِكَ مَثَلُ مَنْ فَقُهَ فِي دِينِ اللهِ، وَنَفَعَهُ بِمَا بَعَثَنِي اللهُ بِهِ، فَعَلِمَ وَعَلَّمَ، وَمَثَلُ مَنْ لَمْ يَرْفَعْ بِذَلِكَ رَأْساً، وَلَمْ يَقْبَلْ هُدَى اللهِ الَّذِي أُرْسِلْتُ بِهِ». متفقٌ عليه.

«فَقُهَ» بضم القَافِ عَلَى الْمَشْهُورِ، وقيلَ: بكسرِهَا، أَيْ: صَارَ فَقِيهاً.

١٦٣ ـ الثَّامِنُ: عَنْ جَابِرٍ رَضِيَ اللهُ عَنْهُ قَالَ: قَالَ رَسُولُ اللهِ ﷺ: «مَثَلِي وَمَثَلُكُمْ كَمَثَلِ رَجُلٍ أَوْقَدَ نَاراً فَجَعَلَ الْجَنَادِبُ وَالْفَرَاشُ يَقَعْنَ فِيهَا وَهُوَ يَذُبُّهُنَّ عَنْهَا وَأَنَا آخِذٌ بِحُجَزِكُمْ عَنِ النَّارِ، وَأَنْتُمْ تَفَلَّتُونَ مِنْ يَدِي». رواه مسلم.

«الْجَنَادِبُ»: نَحْوُ الجَرَادِ وَالْفَرَاشِ، هَذَا هُوَ الْمَعْرُوفُ الَّذِي يَقَعُ فِي النَّارِ.
«وَالْحُجَزُ»: جَمْعُ حُجْزَةٍ، وَهِيَ مَعْقِدُ الْإِزَارِ وَالسَّرَاوِيلِ.

١٦٤ ـ التَّاسِعُ: عَنْهُ، أَنَّ رَسُولَ اللهِ ﷺ، أَمَرَ بِلَعْقِ الْأَصَابِعِ وَالصَّحْفَةِ وَقَالَ: «إِنَّكُمْ لَا تَدْرُونَ فِي أَيِّهَا الْبَرَكَةُ». رواه مسلم.

وفي روايةٍ له: «إِذَا وَقَعَتْ لُقْمَةُ أَحَدِكُمْ. فَلْيَأْخُذْهَا فَلْيُمِطْ مَا كَانَ بِهَا مِنْ أَذًى، وَلْيَأْكُلْهَا، وَلَا يَدَعْهَا لِلشَّيْطَانِ، وَلَا يَمْسَحْ يَدَهُ بِالْمِنْدِيلِ حَتَّى يَلْعَقَ أَصَابِعَهُ؛

1. Buch der Gebote

Hadith 162: Abu Mûsâ (r) überliefert, dass der Prophet (s) folgendes Gleichnis erzählte: "Das Gleichnis davon, dass Allah mich geschickt hat, mit Rechtleitung und Wissen, ist wie der Regen, der auf Erde fällt, die zum Teil gut und fruchtbar ist, das Wasser aufnimmt und Gras und reichlich Vegetation wachsen lässt, und zum Teil trocken ist und das Wasser aufstaut, und so macht es Allah den Menschen zunutze: sie trinken davon und werden satt und benutzen es zu Urbarmachung. Das Regenwasser gelangt aber auch zu einem Stück Land, das eine weite offene Ebene ist, wo das Wasser weder gestaut wurde noch Gras wachsen lassen konnte. Ähnlich ist der Fall derer, die Kenntnis von der Religion, die Allah durch mich (zu den Leuten) gesandt hat, besitzen, und die sie gelernt haben und andere lehrten. Im Gegensatz dazu gibt es Menschen, die weder ihre Köpfe hoben und lernten, noch Allahs Führung annahmen."
(Al-Bukhâri und Muslim)

Hadith 163: Dschâbir (r) berichtet, dass der Gesandte Allahs (s) folgendes Gleichnis erzählte: "Ich und du sind wie einer, der ein Feuer anzündet, und Motten und andere Insekten beginnen dorthin zu fliegen, um davon verzehrt zu werden. Und derjenige, der das Feuer angezündet hatte, versucht sie davon abzuhalten. Ich bin wie dieser Mann, indem ich versuche, euch an den Hüften zu halten (um euch) vor dem Höllenfeuer (zu retten), aber ihr schlüpft mir aus den Händen."
(Muslim)

Hadith 164: Dschâbir (r) erzählte, dass der Gesandte Allahs (s) empfohlen hat, (nach Beendigung der Mahlzeiten) die Finger und die Teller abzulecken. Er fügte hinzu: "Ihr wisst nicht, in welchem (Teil der Speise) Segen steckt."
(Muslim)

Eine andere Version bei Muslim lautet: "Wenn einem von euch ein Bissen (auf den Boden) fällt, soll er ihn aufheben, ihn von Staub etc. reinigen und ihn essen, und ihn nicht dem Satan lassen. Auch sollte er seine Hände nicht mit einem Tuch abwischen, ohne (die Speisereste) von seinen Fingern abgeleckt zu haben, denn er weiß nicht, welcher Teil der Speise gesegnet ist."[83]

فَإِنَّهُ لَا يَدْرِي فِي أَيِّ طَعَامِهِ الْبَرَكَةُ».

وفي رواية له: «إِنَّ الشَّيْطَانَ يَحْضُرُ أَحَدَكُمْ عِنْدَ كُلِّ شَيْءٍ مِنْ شَأْنِهِ حَتَّى يَحْضُرَهُ عِنْدَ طَعَامِهِ، فَإِذَا سَقَطَتْ مِنْ أَحَدِكُمُ اللُّقْمَةُ فَلْيُمِطْ مَا كَانَ بِهَا مِنْ أَذًى، فَلْيَأْكُلْهَا، وَلَا يَدَعْهَا لِلشَّيْطَانِ».

١٦٥ - الْعَاشِرُ: عَنِ ابْنِ عَبَّاسٍ، رضي اللَّهُ عنهما، قال: قَامَ فِينَا رَسُولُ اللَّهِ ﷺ خَطِيبًا بِمَوْعِظَةٍ فقال: «يَا أَيُّهَا النَّاسُ إِنَّكُمْ مَحْشُورُونَ إِلَى اللَّهِ تَعَالَى حُفَاةً عُرَاةً غُرْلًا ﴿كَمَا بَدَأْنَا أَوَّلَ خَلْقٍ نُعِيدُهُ وَعْدًا عَلَيْنَا إِنَّا كُنَّا فَاعِلِينَ﴾ [الأنبياء: ١٠٤] أَلَا وَإِنَّ أَوَّلَ الْخَلَائِقِ يُكْسَى يَوْمَ الْقِيَامَةِ إِبْرَاهِيمُ، ﷺ، أَلَا وَإِنَّهُ سَيُجَاءُ بِرِجَالٍ مِنْ أُمَّتِي، فَيُؤْخَذُ بِهِمْ ذَاتَ الشِّمَالِ؛ فَأَقُولُ: يَا رَبِّ أَصْحَابِي!! فَيُقَالُ: إِنَّكَ لَا تَدْرِي مَا أَحْدَثُوا بَعْدَكَ، فَأَقُولُ كَمَا قَالَ الْعَبْدُ الصَّالِحُ: ﴿وَكُنْتُ عَلَيْهِمْ شَهِيدًا مَا دُمْتُ فِيهِمْ، فَلَمَّا تَوَفَّيْتَنِي كُنْتَ أَنْتَ الرَّقِيبَ عَلَيْهِمْ، وَأَنْتَ عَلَىٰ كُلِّ شَيْءٍ شَهِيدٌ. إِنْ تُعَذِّبْهُمْ فَإِنَّهُمْ عِبَادُكَ، وَإِنْ تَغْفِرْ لَهُمْ، فَإِنَّكَ أَنْتَ الْعَزِيزُ الْحَكِيمُ﴾ [المائدة: ١١٧، ١١٨] فَيُقَالُ لِي: إِنَّهُمْ لَمْ يَزَالُوا مُرْتَدِّينَ عَلَى أَعْقَابِهِمْ مُنْذُ فَارَقْتَهُمْ». متفقٌ عليه.

«غُرْلًا» أَيْ: غَيْرَ مَخْتُونِينَ.

١٦٦ - الْحَادِي عَشَرَ: عَنْ أَبِي سَعِيدٍ عَبْدِ اللَّهِ بْنِ مُغَفَّلٍ، رضي الله عنه،

1. Buch der Gebote

Eine weitere Version bei Muslim lautet: "Der Satan kommt zu euch bei allen Gelegenheiten, sogar, wenn ihr beim Essen seid. Und wenn jemand von euch einen Bissen verliert, soll er ihn aufheben, ihn von Staub reinigen, ihn essen und ihn nicht dem Satan lassen."

Hadith 165: Ibn Abbâs (r) überliefert: Eines Tages erhob sich der Gesandte Allahs (s) um uns eine Predigt zu halten, und sagte: "Oh ihr Leute! Ihr werdet vor Allah versammelt werden, barfuß, nackt und unbeschnitten. 'An dem Tage, an dem wir den Himmel wie eine Schriftrolle zusammenrollen, da werden Wir, so wie Wir die erste Schöpfung anfangs hervorgebracht haben, sie wiedererstehen lassen. Dies ist für Uns ein bindendes Versprechen. Wir werden es wahrlich erfüllen.'(Sure 21:104)"
Dann fuhr der Gesandte Allahs (s) fort: "Wahrlich! Der erste, der am Tag des Gerichts bekleidet wird, ist der Prophet Abraham (as). Und einige aus der Mitte meiner Gefolgsleute werden auf die linke Seite[84] gebracht werden. Dann werde ich sagen: 'Oh Allah, sie sind meine Gefährten.' Und mir wird gesagt werden: 'Du weißt nicht, welche Neuerungen sie nach dir verübten.' Und dann will ich wiederholen, wie ein frommer Diener: 'Niemals habe ich zu ihnen etwas gesagt, außer was Du mir zu sagen geboten hast: Betet Allah, meinen Herrn und euren Herrn an. Ich war Zeuge über sie, solange ich unter ihnen weilte. Als Du mich jedoch abberufen hast, warst Du der Wächter über sie. Und Du bist Zeuge über alle Dinge. Wenn Du sie bestrafen willst, so sind sie wahrlich Deine Diener. Und wenn Du ihnen verzeihst, so bist Du wahrlich der Allmächtige, der Weise.'(Sure 5:117-118)"
Und der Gesandte Allahs (s) fuhr fort: "Es wird mir gesagt werden: 'Sie sind von dir abtrünnig geworden, seitdem du sie verlassen hast.'"
(Al-Bukhâri und Muslim)

Hadith 166: Abu Sa'îd Abdullâh ibn Mughaffal (r) berichtet, dass der Prophet (s) Schleudern mit Hilfe des Daumens und des Zeigefingers für das Geschoss verbot und sagte: "Solch ein Schuss tötet weder das

---
[83] Vergl. Hadith Nr. 608.
[84] Das heißt: nahe zum Höllenfeuer.

قال: نهى رسولُ الله، ﷺ، عَن الخَذْفِ وقالَ: «إنَّهُ لا يَقْتُلُ الصَّيدَ، ولا يَنْكَأُ الْعَدُوَّ، وإنَّهُ يَفْقَأُ الْعَيْنَ، ويَكْسِرُ السِّنَّ». متفق عليه.

وفي رواية: أنَّ قَرِيباً لِابْنِ مُغَفَّلٍ خَذَفَ؛ فَنَهاهُ وقال: إن رسولَ اللهِ ﷺ نهى عَن الخَذْفِ وَقالَ: «إنَّها لا تَصيدُ صَيْداً» ثُمَّ عادَ فقالَ: أُحَدِّثُكَ أن رسولَ الله، ﷺ، نَهى عَنْهُ، ثُمَّ عُدْتَ تَخذِفُ! لا أُكَلِّمُكَ أَبَداً.

١٦٧ - وعن عابِسِ بنِ رَبيعةَ قال: رَأَيْتُ عُمَرَ بنَ الخطابِ، رضي الله عنه، يُقَبِّلُ الحَجَرَ، يعني الأَسوَدَ، ويَقُولُ: إني لَأُقَبِّلُكَ وأَعْلَمُ أنَّكَ حَجَرٌ ما تَنْفَعُ ولا تَضُرُّ، وَلَوْلا أنِّي رَأَيْتُ رسولَ الله، ﷺ، يُقَبِّلُكَ ما قَبَّلْتُكَ. متفقٌ عليه.

١ - ١٧ - باب وجوب الانقياد لحكم الله تعالى
وما يقوله من دُعيَ إلى ذلك وأُمِرَ بمعروف أو نُهِيَ عن منكر

قال الله تعالى: ﴿فَلَا وَرَبِّكَ لَا يُؤْمِنُونَ حَتَّى يُحَكِّمُوكَ فِيمَا شَجَرَ بَيْنَهُمْ ثُمَّ لَا يَجِدُوا فِي أَنْفُسِهِمْ حَرَجًا مِمَّا قَضَيْتَ وَيُسَلِّمُوا تَسْلِيمًا﴾ [النساء: ٦٥]. وقال تعالى: ﴿إِنَّمَا كَانَ قَوْلَ الْمُؤْمِنِينَ إِذَا دُعُوا إِلَى اللَّهِ وَرَسُولِهِ لِيَحْكُمَ بَيْنَهُمْ أَنْ يَقُولُوا

1. Buch der Gebote

Beutetier, noch verletzt er den Feind, sondern er schadet dem Auge und bricht den Zahn."
(Al-Bukhâri und Muslim)

Eine andere Version lautet: Ein naher Verwandter von Ibn Mughaffal pflegte auf diese Weise zu schießen. Ibn Mughaffal untersagte ihm das, und erklärte: "Der Prophet (s) hat dieses Vorgehen verboten und gesagt, es töte nicht das Beutetier." Doch der Mann hörte nicht auf damit, worauf Abdullâh (r) zu ihm sagte: "Ich sagte dir, dass er Prophet (s) uns das verboten hat, aber du machst dennoch damit weiter. Ich werde deshalb nicht mehr mit dir sprechen."

Hadith 167: Âbis ibn Rabî'a (r) überliefert: Ich sah Umar ibn al-Khattâb (r) den Schwarzen Stein (in der Ka'ba) küssen und hörte ihn sagte: "Ich weiß genau, dass du nur ein Stück Fels bist und keine Macht hast, Wohlwollen auszuüben oder Schaden zuzufügen. Hätte ich nicht den Propheten (s) dich küssen sehen, dann hätte ich dich nie geküsst."
(Al-Bukhâri und Muslim)

Kapitel 17
Pflicht, das Gesetz Allahs zu befolgen,
und was derjenige, der dazu aufgerufen wurde, darauf und auf das Gebieten von Gutem und Verbieten von Schlechtem antworten soll

Qur'ân: Allah, der Erhabene, spricht:
"Doch nein, bei deinem Herrn! Sie glauben nicht (wirklich), bevor sie dich nicht zum Richter machen über das, worüber sie miteinander streiten, und danach innerlich nicht ärgerlich und bedrückt sind wegen dessen, was du beschlossen hast, und sich in völliger Ergebenheit fügen." (4:65)
"Hingegen sind die Worte der Gläubigen, wenn sie zu Allah und Seinem Gesandten aufgerufen werden, damit er zwischen ihnen richte, dass sie sagen: 'Wir hören und gehorchen.' Und diese sind es, die erfolgreich sein werden." (24:51)

سَمِعْنَا وَأَطَعْنَا وَأُولَٰئِكَ هُمُ الْمُفْلِحُونَ﴾. [النور: ٥١].

وَفِيهِ مِنَ الأَحَادِيثِ حَدِيثُ أَبِي هُرَيْرَةَ المَذْكُورُ في أَوَّلِ البَابِ قَبْلَهُ، وَغَيْرُهُ مِنَ الأَحَادِيثِ فِيهِ.

١٦٨ ـ عن أبي هريرة، رضي الله عنه، قال: لَمَّا نَزَلَتْ عَلَى رسول الله، ﷺ: ﴿لِلَّهِ مَا فِي السَّمَاوَاتِ وَمَا فِي الأَرْضِ وَإِن تُبْدُوا مَا فِي أَنفُسِكُمْ أَوْ تُخْفُوهُ يُحَاسِبْكُم بِهِ اللَّهُ فَيَغْفِرُ لِمَن يَشَاءُ وَيُعَذِّبُ مَن يَشَاءُ، وَاللَّهُ عَلَى كُلِّ شَيْءٍ قَدِيرٌ﴾ [البقرة: ٢٨٣] اشْتَدَّ ذَلِكَ عَلَى أَصْحَابِ رسول الله، ﷺ، فَأَتَوْا رسول الله، ﷺ، ثُمَّ بَرَكُوا عَلَى الرُّكَبِ فَقَالُوا: أَيْ رسولَ اللَّهِ كُلِّفْنَا مِنَ الأَعْمَالِ مَا نُطِيقُ: الصَّلَاةُ وَالْجِهَادُ وَالصِّيَامُ وَالصَّدَقَةُ، وَقَدْ أُنْزِلَتْ عَلَيْكَ هَٰذِهِ الآيَةُ وَلَا نُطِيقُهَا. قال رسولُ اللَّهِ، ﷺ: «أَتُرِيدُونَ أَنْ تَقُولُوا كَمَا قَالَ أَهْلُ الْكِتَابَيْنِ مِنْ قَبْلِكُمْ: سَمِعْنَا وَعَصَيْنَا؟ بَلْ قُولُوا: ﴿سَمِعْنَا وَأَطَعْنَا غُفْرَانَكَ رَبَّنَا وَإِلَيْكَ الْمَصِيرُ﴾ قَالُوا: سمعنا وأطعنا غفرانك ربنا وإليك المصير، فَلَمَّا اقْتَرَأَهَا الْقَوْمُ، وَذَلَّتْ بِهَا أَلْسِنَتُهُمْ؛ فَأَنْزَلَ اللَّهُ تَعَالَى فِي إِثْرِهَا: ﴿آمَنَ الرَّسُولُ بِمَا أُنْزِلَ إِلَيْهِ مِنْ رَبِّهِ وَالْمُؤْمِنُونَ كُلٌّ آمَنَ بِاللَّهِ وَمَلَائِكَتِهِ وَكُتُبِهِ وَرُسُلِهِ لَا نُفَرِّقُ بَيْنَ أَحَدٍ مِنْ رُسُلِهِ وَقَالُوا سَمِعْنَا وَأَطَعْنَا غُفْرَانَكَ رَبَّنَا وَإِلَيْكَ الْمَصِيرُ﴾ فَلَمَّا فَعَلُوا ذَلِكَ نَسَخَهَا اللَّهُ تَعَالَى، فَأَنْزَلَ اللَّهُ عَزَّ وَجَلَّ: ﴿لَا يُكَلِّفُ اللَّهُ نَفْسًا إِلَّا وُسْعَهَا لَهَا مَا

1. Buch der Gebote

Zu diesem Thema gibt es einige Hadithe, unter diesen Hadith Nr. 158.

Hadith 168: Abu Huraira (r) berichtet: Als der Qur'ânvers offenbart wurde: "Allah gehört, was in den Himmeln und was auf Erden ist. Und ob ihr offenbart, was in euren Seelen ist, oder es geheimhaltet, Allah wird euch dafür zur Rechenschaft ziehen. Dann verzeiht Er, wem Er will, und bestraft, wen Er will. Und Allah hat Macht über alle Dinge." (Sure 2:284), waren die Gefährten des Propheten (s) äußerst beunruhigt. Sie gingen zu ihm, knieten nieder und sagten: "Oh Gesandter Allahs! Wir sind bereits beladen mit Pflichten, die wir (mühevoll) erfüllen müssen: den (häufigen) Gebeten, dem Fasten, dem *Dschihâd* und den Abgaben von (*Zakât* und) *Sadaqa*... Nun ist dir dieser Vers (Sure 2:284) offenbart worden, der unsere Kräfte übersteigt." Der Gesandte Allahs (s) sagte zu ihnen: "Wollt ihr etwa sagen, was die Leute der beiden Bücher[85] früher schon gesagt haben, nämlich: 'Wir haben gehört, aber wir werden nicht gehorchen.'? Ihr sollt aber sagen: 'Wir hören und gehorchen. Gewähre uns Deine Verzeihung, unser Herr, und bei Dir ruht der Ausgang.'(Sure 2:285)"
Als die Muslime diesen Vers verinnerlichten, hob Allah den Befehl auf, und Er offenbarte: "Allah bürdet keiner Seele mehr auf, als sie zu tragen vermag. Ihr wird zuteil, was sie (an Gutem) erworben hat, und über sie kommt, was sie sich zuschulden kommen lässt. (- Der Prophet bestätigte dies, indem er "Ja" sagte. -) 'Unser Herr, mache uns nicht zum Vorwurf, wenn wir uns vergessen oder Schlechtigkeit begehen. Unser Herr, erlege uns keine Bürde auf, so wie Du sie jenen aufgebürdet hast, die vor uns waren. (- Er bestätigte dies, indem er "Ja" sagte. -) Unser Herr, und lade uns nichts auf, wofür wir keine Kraft haben. (- Bestätigend sagte er "Ja" -) Und vergib uns und gewähre uns Verzeihung und habe Erbarmen mit uns. Du bist unser Beschützer. So hilf uns gegen das Volk der Ungläubigen.' (Sure 2:286)" Und er (s) bestätigte dies, indem er "Ja" sagte.
(Muslim)

---

[85] Das heißt: der Thora und des Evangeliums, also Juden und Christen.

كَسَبَتْ وَعَلَيْهَا مَا اكْتَسَبَتْ، رَبَّنَا لا تُؤَاخِذْنَا إِنْ نَسِينَا أَوْ أَخْطَأْنَا﴾ قَالَ: نَعَمْ ﴿رَبَّنَا وَلا تَحْمِلْ عَلَيْنَا إِصْراً كَمَا حَمَلْتَهُ عَلَى الَّذِينَ مِنْ قَبْلِنَا﴾ قَالَ: نَعَمْ ﴿رَبَّنَا وَلا تُحَمِّلْنَا مَا لا طَاقَةَ لَنَا بِهِ﴾ قَالَ: نَعَمْ ﴿وَاعْفُ عَنَّا وَاغْفِرْ لَنَا وَارْحَمْنَا أَنْتَ مَوْلَانَا فَانْصُرْنَا عَلَى الْقَوْمِ الْكَافِرِينَ﴾ [البقرة: ٢٨٥ـ ٢٨٦] قَالَ: «نَعَمْ». رواه مسلم.

١ ـ ١٨ ـ باب النَّهي عَن البدَع ومُحدثات الأمور

قال الله تعالى: ﴿فَمَاذَا بَعْدَ الْحَقِّ إِلَّا الضَّلَالُ﴾ [يونس: ٣٢] وقال تعالى: ﴿مَا فَرَّطْنَا فِي الْكِتَابِ مِنْ شَيْءٍ﴾ [الأنعام: ٣٨] وقال تعالى: ﴿فَإِنْ تَنَازَعْتُمْ فِي شَيْءٍ فَرُدُّوهُ إِلَى اللَّهِ وَالرَّسُولِ﴾ [النساء: ٥٩] أي الْكِتَابِ وَالسُّنَّةِ. وَقَالَ تَعَالَى: ﴿وَأَنَّ هَذَا صِرَاطِي مُسْتَقِيماً فَاتَّبِعُوهُ وَلَا تَتَّبِعُوا السُّبُلَ فَتَفَرَّقَ بِكُمْ عَنْ سَبِيلِهِ﴾ [الأنعام: ١٥٣] وقال تعالى: ﴿قُلْ إِنْ كُنْتُمْ تُحِبُّونَ اللَّهَ فَاتَّبِعُونِي يُحْبِبْكُمُ اللَّهُ وَيَغْفِرْ لَكُمْ ذُنُوبَكُمْ﴾ [آل عمران: ٣١] وَالآيَاتُ فِي الْبَابِ كَثِيرَةٌ مَعْلُومَةٌ.

وَأَمَّا الأَحَادِيثُ فَكَثِيرَةٌ جِدّاً، وَهِيَ مَشْهُورَةٌ، فَنَقْتَصِرُ عَلَى طَرَفٍ مِنْهَا:

١٦٩ ـ عن عائشةَ، رضي الله عنها، قالت: قَالَ رسولُ اللَّهِ ﷺ: «مَنْ أَحْدَثَ فِي أَمْرِنَا هَذَا مَا لَيْسَ مِنْهُ فَهُوَ رَدٌّ». متفقٌ عليه.

وفي رواية لمسلمٍ: «مَنْ عَمِلَ عَمَلاً لَيْسَ عَلَيْهِ أَمْرُنَا فَهُوَ رَدٌّ».

1. Buch der Gebote

Kapitel 18
Verbot von Neuerungen (Bid'a) und Neuem

Qur'ân: Allah, der Erhabene, spricht:
"Und was gibt es außer der Wahrheit Anderes als Irrtum? Wie lasst ihr euch also abwendig machen?" (10:32)
"Nichts haben wir im Buch außer Acht gelassen." (6:38)
"Und wenn ihr über etwas in Streit geratet, dann bringt es vor Allah und den Gesandten..." (4:59)
"Und dies ist wahrlich Mein gerader Weg, so folgt ihm, und folgt nicht (anderen) Pfaden, die euch von Seinem Pfad abirren lassen..." (6:153)
"Sprich: 'Wenn ihr Allah (wahrhaft) liebt, so folgt mir, dann wird Allah euch lieben und euch eure Schuld vergeben...'" (3:31).

Hadith 169: Âischa (r) überliefert, dass der Gesandte Allahs (s) gesagt hat: "Wer in dieser unserer Sache[86] etwas neu begründet, was nicht ein Bestandteil davon ist, ist abzuweisen."
(Al-Bukhâri und Muslim)

In einer anderen Version bei Muslim heißt es: "Wer gegen unsere Sache handelt, ist zurückzuweisen."[87]

---

[86] Das heißt: der islamischen Religion.
[87] Sowohl der Neuerer als auch die Neuerung selbst sind zurückzuweisen.

١٧٠ ـ وعن جابر، رضي الله عنه، قال: كان رسول الله، ﷺ، إذا خَطَبَ احْمَرَّت عَيْناه، وَعَلا صَوْتُهُ، واشْتَدَّ غَضَبُهُ، حَتَّى كَأَنَّهُ مُنْذِرُ جَيْشٍ يَقُولُ: «صَبَّحَكُمْ ومَسَّاكُمْ» ويقول: «بُعِثْتُ أنا والسَّاعَةَ كَهَاتَيْنِ» ويَقْرِنُ بَيْنَ أصْبُعَيْهِ؛ السَّبَّابَةِ والوُسْطَى، ويَقُولُ: «أمَّا بَعْدُ، فإنَّ خَيْرَ الحَديثِ كِتابُ اللهِ، وَخَيْرَ الهُدَى هُدَى مُحَمَّدٍ، ﷺ، وَشَرَّ الأمورِ مُحْدَثَاتُها، وَكُلَّ بِدْعَةٍ ضَلالَةٌ» ثُمَّ يَقُولُ: «أنا أوْلَى بِكُلِّ مُؤْمِنٍ مِنْ نَفْسِهِ. مَنْ تَرَكَ مالاً فَلأهْلِهِ، ومَنْ تَرَكَ دَيْناً أو ضَياعاً فإلَيَّ وَعَلَيَّ». رواه مسلم.

وعن العِرْباضِ بنِ سارِيَةَ، رضي الله عنه، حَديثُهُ السَّابِقُ في بابِ المُحَافَظَةِ عَلَى السُّنَّةِ.

١ ـ ١٩ ـ باب في مَنْ سَنَّ سُنَّةً حَسَنَةً أو سَيِّئَةً

قال الله تعالى: ﴿وَالَّذِينَ يَقُولُونَ رَبَّنَا هَبْ لَنَا مِنْ أَزْوَاجِنَا وَذُرِّيَّاتِنَا قُرَّةَ أَعْيُنٍ وَاجْعَلْنَا لِلْمُتَّقِينَ إِمَامًا﴾ [الفرقان: ٧٤] وقال تعالى: ﴿وَجَعَلْنَاهُمْ أَئِمَّةً يَهْدُونَ بِأَمْرِنَا﴾ [الأنبياء: ٧٣].

١٧١ ـ عَنْ أبي عَمْرٍو، جَريرِ بنِ عبدِ اللهِ، رضي الله عنه، قال: كُنَّا في صَدْرِ

1. Buch der Gebote

Hadith 170: Dschâbir (r) berichtet: Wenn der Gesandte Allahs (s) predigte, wurden seine Augen rot, der Ton seiner Stimme erhob sich, und er erregte sich, als wäre er der Warner vor einem feindlichen Heer, das auflauert. Er pflegte zu sagen: "Der Feind wartet ab, um am Morgen oder am Abend über euch herzufallen." Er pflegte auch zu sagen: "Meine Entsendung ist ein Zeichen der baldigen Ankunft der Stunde (des Jüngsten Tages). Beide liegen sehr nah beieinander wie dies:" hierbei verschlang er seinen Zeigefinger mit seinem Mittelfinger und fügte hinzu: "Gewiss ist das beste Wort die Schrift Allahs, und die beste Führung ist die von Muhammad (s) gezeigte. Die schlimmste Praxis ist das Einführen neuer Elemente in den islamischen Glauben, und jede Neuerung ist ein Irrtum." Er sagte stets: "Ich habe Vorrang in der Sorge um jeden Gläubigen vor ihm selbst. Wenn er etwas an Besitz zurücklässt, gehört dieser (dennoch) seinen Familienmitgliedern. Und wenn er stirbt und dabei Schulden hinterlässt, und von Abhängigen überlebt wird, halte ich mich verantwortlich für das Zahlen seiner Schulden und für den Unterhalt seiner Abhängigen."
(Muslim)

Und al-Irbâd ibn Sâriya überliefert das bereits aufgeführte Hadith Nr. 157.

Kapitel 19
Einführer von guten oder schlechten Sitten

Qur'ân: Allah, der Erhabene, spricht:
"Und diejenigen, die sagen: 'Unser Herr, gib, dass unsere Ehepartner und unsere Nachkommen uns Augentrost sind, und mache uns zum Vorbild für die Gottesfürchtigen.'" (25:74)
"Und Wir machten sie zu Führern, die (die Menschen) nach Unserem Gebot rechtleiteten..." (21:73).

Hadith 171: Abu Amru Dscharîr ibn Abdullâh (r) erzählte: Wir waren eines Vormittags beim Gesandten Allahs (s). Zu ihm kamen auch einige

النَّهَارِ عِنْدَ رسولِ الله ﷺ، فَجَاءَهُ قَوْمٌ عُرَاةٌ مُجْتَابِي النَّمَارِ، أَوِ الْعَبَاءِ، مُتَقَلِّدي السُّيُوفِ، عَامَّتُهُمْ مِنْ مُضَرَ، بَلْ كُلُّهُمْ مِنْ مُضَرَ؛ فَتَمَعَّرَ وَجْهُ رسول الله ﷺ لِمَا رَأَى بِهِمْ مِنَ الْفَاقَةِ؛ فَدَخَلَ ثُمَّ خَرَجَ، فَأَمَرَ بِلَالًا فَأَذَّنَ وَأَقَامَ، فَصَلَّى ثُمَّ خَطَبَ؛ فقال: ﴿يَا أَيُّهَا النَّاسُ اتَّقُوا رَبَّكُمُ الَّذِي خَلَقَكُمْ مِنْ نَفْسٍ وَاحِدَةٍ﴾ إلى آخر الآية: ﴿إِنَّ اللَّهَ كَانَ عَلَيْكُمْ رَقِيبًا﴾، [النساء: ١]. وَالآيَةُ الأُخْرَى الَّتِي في آخِرِ الْحَشْرِ: ﴿يَاأَيُّهَا الَّذِينَ آمَنُوا اتَّقُوا اللَّهَ وَلْتَنْظُرْ نَفْسٌ مَا قَدَّمَتْ لِغَدٍ وَاتَّقُوا اللَّهَ﴾ [الحشر: ١٨] «تَصَدَّقَ رَجُلٌ مِنْ دِينَارِهِ، مِنْ دِرْهَمِهِ، مِنْ ثَوْبِهِ، مِنْ صَاعِ بُرِّهِ، مِنْ صَاعِ تَمْرِهِ»، حَتَّى قَالَ: «وَلَوْ بِشِقِّ تَمْرَةٍ» فَجَاءَ رَجُلٌ مِنَ الأَنْصَارِ بِصُرَّةٍ كَادَتْ كَفُّهُ تَعْجِزُ عَنْهَا، بَلْ قَدْ عَجَزَتْ، ثُمَّ تَتَابَعَ النَّاسُ حَتَّى رَأَيْتُ كَوْمَيْنِ مِنْ طَعَامٍ وَثِيَابٍ، حَتَّى رَأَيْتُ وَجْهَ رسولِ اللَّهِ ﷺ، يَتَهَلَّلُ كَأَنَّهُ مُذْهَبَةٌ؛ فقال رسولُ اللَّهِ ﷺ: «مَنْ سَنَّ فِي الإِسْلَامِ سُنَّةً حَسَنَةً فَلَهُ أَجْرُهَا، وَأَجْرُ مَنْ عَمِلَ بِهَا مِنْ بَعْدِهِ مِنْ غَيْرِ أَنْ يَنْقُصَ مِنْ أُجُورِهِمْ شَيْءٌ، وَمَنْ سَنَّ فِي الإِسْلَامِ سُنَّةً سَيِّئَةً كَانَ عَلَيْهِ وِزْرُهَا وَوِزْرُ مَنْ عَمِلَ بِهَا مِنْ بَعْدِهِ مِنْ غَيْرِ أَنْ يَنْقُصَ مِنْ أَوْزَارِهِمْ شَيْءٌ». رواه مسلم.

قَوْلُهُ: «مُجْتَابِي النَّمَارِ» هُوَ بِالجِيمِ وبعد الألِفِ باءٌ مُوَحَّدَةٌ. وَالنَّمَارُ: جَمْعُ نَمِرَةٍ، وَهِيَ: كِسَاءٌ مِنْ صُوفٍ مُخَطَّطٍ، وَمَعْنَى: «مُجْتَابِيهَا» أي: لابِسِيهَا قَدْ خَرَقُوهَا في رُؤُوسِهِمْ. «وَالْجَوْبُ»: الْقَطْعُ، وَمِنْهُ قَوْلُهُ تَعَالَى: ﴿وَثَمُودَ الَّذِينَ جَابُوا الصَّخْرَ بِالْوَادِ﴾ أَيْ: نَحَتُوهُ وَقَطَعُوهُ. وَقَوْلُهُ: «تَمَعَّرَ» هو بالعين المهملة، أي: تَغَيَّرَ. وَقَوْلُهُ: «رَأَيْتُ كَوْمَيْنِ» بفتح الكاف وضمِّها؛ أي: صُبْرَتَيْنِ. وَقَوْلُهُ: «كَأَنَّهُ مُذْهَبَةٌ» هو بالذال المعجمة، وفتح الهاء والباء الموحدة. قَالَهُ القَاضِي عِيَاضٌ وَغَيْرُهُ. وَصَحَّفَهُ بَعْضُهُمْ فَقَالَ: «مُدْهُنَةٌ» بِدَالٍ مهملةٍ وضمِّ الهاءِ وبالنون، وَكَذَا ضَبَطَهُ الحُمَيْدِيُّ، والصَّحِيحُ المَشْهُورُ هُوَ الأَوَّلُ. وَالمُرَادُ بِهِ عَلَى الْوَجْهَيْنِ: الصَّفَاءُ وَالاسْتِنَارَةُ.

1. Buch der Gebote

Leute, die nichts als Fetzen von Sackleinen an ihrem Körper trugen. Und sie trugen umgehängte Schwerter. Fast alle von ihnen gehörten zum Stamme der Mudar. Als der Prophet (s) sah, in welch armseligem Zustand sie sich befanden, änderte sich sein Gesichtsausdruck. Er stand auf und ging in seine Kammer, kam sodann heraus und bat Bilâl (r), zum Gebet zu rufen. Dann rief dieser zum Gebet, und sie beteten. Dann sprach er zu den Versammelten: "Oh ihr Menschen! Fürchtet euren Herrn, Der euch aus einem einzigen Wesen erschaffen hat, und aus ihm erschuf Er seine Gattin, und aus beiden ließ Er viele Männer und Frauen (sich auf Erden) ausbreiten. So fürchtet Allah, in Dessen Namen ihr einander ersucht, und wahrt die Verwandtschaftsbande (fest). Wahrlich, Allah wacht stets über euch." (Sure 4:1). Und dann las er noch einen Vers aus Sure *Al-Haschr* (59:18): "Oh die ihr glaubt, fürchtet Allah, und jede Seele soll schauen, was sie für morgen vorausschickt. Fürchtet Allah. Allah weiß sehr wohl, was ihr tut." Dann bat der Prophet (s) die Anwesenden: "Jeder von euch soll *Sadaqa* geben, von seinem Geld, seiner Kleidung, Getreide und Datteln, und wenn es nur eine halbe Dattel wäre." Da kam einer der *Ansâr* und brachte einen schweren Sack, dessen Gewicht ihm Schwierigkeit machte, ihn zu tragen; dann folgten andere, einer nach dem anderen, bis da zwei Haufen von Esswaren und Kleidung lagen. Dann sah ich, wie das Gesicht des Gesandten Allahs (s) wie Gold strahlte. Allahs Gesandter (s) sagte: "Wer auch immer eine gute Sitte einführt, der wird dafür Lohn erhalten, und auch den Lohn für diejenigen, die ihm darin folgen, ohne dass diesen jedoch irgendetwas von ihrem Lohn abgezogen wird. Desgleichen wird derjenige, der eine üble Praxis im Islam einführt, dafür bestraft werden, und auch für diejenigen, die es ihm gleichtun, ohne dass diesen irgendetwas von ihrer Strafe dafür erlassen wird."
(Muslim)

١٧٢ - وعن ابن مسعودٍ رضي الله عنه أنَّ النَّبِيَّ ﷺ قال: «ليس مِن نَفسٍ تُقتَلُ ظُلماً إلَّا كَان عَلَى ابنِ آدمَ الأوَّلِ كِفلٌ مِن دَمِها لِأنَّهُ كَانَ أوَّلَ مَن سَنَّ القَتلَ». متفقٌ عليه.

١ - ٢٠ - باب الدَّلالة على خير والدعاء إلى هدى أو ضلالة

قال تعالى: ﴿وَادْعُ إِلَىٰ رَبِّكَ﴾ [القصص: ٨٧] وقال تعالى: ﴿ادْعُ إِلَىٰ سَبِيلِ رَبِّكَ بِالْحِكْمَةِ وَالْمَوْعِظَةِ الْحَسَنَةِ﴾ [النحل: ١٢٥] و قال تعالى: ﴿وَتَعَاوَنُوا عَلَى الْبِرِّ وَالتَّقْوَىٰ﴾ [المائدة: ٢] وقال تعالى: ﴿وَلْتَكُن مِّنكُمْ أُمَّةٌ يَدْعُونَ إِلَى الْخَيْرِ﴾ [آل عمران: ١٠٤].

١٧٣ - وعن أبي مسعودٍ عُقْبَةَ بنِ عَمرٍو الأنصاريِّ البَدريِّ رضي الله عنه قال: قال رسولُ اللَّه ﷺ: «مَنْ دَلَّ عَلَى خَيرٍ فَلَهُ مِثلُ أجرِ فَاعِلِهِ». رواه مسلم.

١٧٤ - وعن أبي هريرة رضي الله عنه أن رسول الله ﷺ قال: «مَنْ دَعَا إلَى هُدَىً كَانَ لَهُ مِنَ الأجرِ مِثلُ أُجُورِ مَنْ تَبِعَهُ لا يَنْقُصُ ذَلِكَ مِنْ أُجُورِهِمْ شَيئاً، وَمَنْ دَعَا إلَى ضَلالَةٍ كَانَ عَلَيهِ مِنَ الإثمِ مِثلُ آثَامِ مَنْ تَبِعَهُ لا يَنْقُصُ ذَلِكَ مِنْ آثَامِهِمْ شَيئاً». رواه مسلم.

1. Buch der Gebote

Hadith 172: Ibn Mas'ûd (r) berichtet, dass der Gesandte Allahs (s) sagte: "Für alle Morde, die ohne irgendeine Rechtfertigung in der Welt begangen wurden, wird der ältere Sohn des Propheten Adam (d.i. Kain), einen Anteil an Strafe bekommen, weil er der erste war, der das Töten begann (indem er seinen Bruder Abel ermordete)."
(Al-Bukhâri und Muslim)

Kapitel 20
Hinweisen auf Gutes und Aufruf zu Rechtleitung oder Irrtum

Qur'ân: Allah, der Erhabene, spricht:
"Und rufe auf zu deinem Herrn..." (28:87),
"Rufe zum Pfad deines Herrn mit Weisheit und schöner Ermahnung..." (16:125)
"Und helft einander in Rechtschaffenheit und Frömmigkeit und Gottesfurcht..." (5:2)
"Und es soll unter euch eine Gemeinschaft sein, die zum Guten aufruft und das Rechte gebietet und Unrecht verwehrt..." (3:104)

Hadith 173: Abu Mas'ûd Uqba ibn Amru al-Ansâri al-Badri (r) sagte: Der Gesandte Allahs (s) sagte: "Derjenige, der veranlasst, Gutes zu tun, bekommt die gleiche Belohnung wie der Wohltäter."
(Muslim)

Hadith 174: Abu Huraira (r) berichtet, dass der Gesandte Allahs (s) sagte: "Derjenige von euch, der um Rechtleitung bittet und aufruft, Gutes zu tun, wird die gleiche Belohnung erhalten wie diejenigen, die ihm folgen und Gutes tun, und dies wird ihre Belohnung um nichts schmälern. Ebenso wird derjenige, der die Leute zu bösen Taten aufruft, die gleiche Bestrafung erhalten wie diejenigen, die ihm gefolgt sind, ohne dass die anderen deshalb weniger bestraft werden."
(Muslim)

١٧٥ - وعن أبي العباس سَهْلِ بنِ سعدٍ السَّاعديِّ رضي الله عنه أنَّ رسولَ اللَّهِ ﷺ قال يَوْمَ خَيْبَرَ: «لَأُعْطِيَنَّ الرَّايَةَ غَداً رَجُلاً يَفْتَحُ اللَّهُ عَلَى يَدَيْهِ، يُحبُّ اللَّهَ وَرَسُولَهُ، وَيُحبُّهُ اللَّهُ وَرَسُولُهُ» فَبَاتَ النَّاسُ يَدُوكُونَ لَيْلَتَهُمْ أَيُّهُمْ يُعْطَاهَا. فَلَمَّا أَصْبَحَ النَّاسُ غَدَوْا عَلَى رسولِ اللَّهِ ﷺ: كُلُّهُمْ يَرْجُو أَنْ يُعْطَاهَا، فقال: «أَيْنَ عَلِيُّ بنُ أبي طالبٍ؟» فَقِيلَ: هُوَ يا رسولَ اللهِ يَشْتَكِي عَيْنَيْهِ قال: «فَأَرْسِلُوا إِلَيْهِ» فَأُتِيَ بِهِ، فَبَصَقَ رسولُ الله ﷺ فِي عَيْنَيْهِ، وَدَعَا لَهُ، فَبَرَأَ حَتَّى كَأَنْ لَمْ يَكُنْ بِهِ وَجَعٌ، فَأَعْطَاهُ الرَّايَةَ. فقال عَلِيٌّ رضي الله عنه: يا رسولَ اللَّهِ أُقَاتِلُهُمْ حَتَّى يَكُونُوا مِثْلَنَا؟ فَقَالَ: «انْفُذْ عَلَى رِسْلِكَ حَتَّى تَنْزِلَ بِسَاحَتِهِمْ، ثُمَّ ادْعُهُمْ إلى الإسلامِ، وَأَخْبِرْهُمْ بِمَا يَجِبُ عَلَيْهِمْ مِنْ حَقِّ اللَّهِ تَعَالَى فِيهِ، فَوَاللَّهِ لَأَنْ يَهْدِيَ اللَّهُ بِكَ رَجُلاً وَاحِداً خَيْرٌ لَكَ مِنْ حُمْرِ النَّعَمِ». متفقٌ عليه.

قوله: «يَدُوكُونَ» أيْ يَخُوضُونَ وَيَتَحَدَّثُونَ، قَوْلُهُ: «رِسْلِكَ» بكسر الراء وبفَتْحِهَا لُغَتَانِ، وَالْكَسْرُ أَفْصَحُ.

١٧٦ - وعن أنسٍ رضي الله عنه أنَّ فَتًى مِنْ أَسْلَمَ قال: يا رسولَ اللَّهِ إنِّي أُريدُ الغَزْوَ وليْسَ مَعِي مَا أتجهَّزُ بهِ؟ قَالَ: «ائْتِ فُلاناً فإنه قَدْ كَانَ تجهَّزَ فَمَرِضَ» فأَتاهُ فقال: إنَّ رسولَ اللَّهِ ﷺ يُقْرِئكَ السَّلامَ وَيَقُولُ: أَعْطِنِي الَّذِي تَجَهَّزْتَ بِهِ، فقال: يَا فُلانَةُ أَعْطِيهِ الَّذي تجهَّزْتُ بِهِ، ولا تخبِسِي مِنْهُ شَيْئاً، فَوَاللَّهِ لا تحْبِسِينَ مِنْهُ شَيْئاً فَيُبَارَكَ لَكِ فيهِ. رواه مسلم.

1. Buch der Gebote

Hadith 175: Abul-Abbâs Sahl ibn Sa'd as-Sâ'idi (r) erzählte: Am Tag vor der Schlacht von Khaibar sprach der Gesandte Allahs (s) folgendes: "Morgen werde ich die Standarte einem Mann übergeben, durch den Allah uns Erfolg und Sieg gegen wird. Er liebt Allah und Seinen Gesandten, so wie Allah und Sein Gesandter ihn lieben."
Die Leute verbrachten die Nacht in gespannter Ungewissheit und unterhielten sich darüber, wer wohl dazu bestimmt werde, die Standarte zu tragen. Am nächsten Morgen gingen sie zum Propheten (s), jeder in der Hoffnung, derjenige zu sein, der diese Ehre erhalten würde. Der Prophet (s) fragte: "Wo ist Alî ibn Abi Tâlib?" und es wurde ihm mitgeteilt: "Oh Gesandter Allahs, er hat Augenschmerzen." Er sagte: "Schickt nach ihm." Als er kam, tat ihm der Prophet (s) etwas von seinem Speichel in die Augen und betete für ihn. Er wurde so von seinen Augenschmerzen geheilt, als ob er niemals Schmerzen gehabt hätte. Dann übergab der Prophet (s) ihm die Standarte. Alî fragte: "Oh Gesandter Allahs, werde ich mit ihnen kämpfen, bis sie Muslime werden wie wir?" Der Prophet (s) antwortete: "Gehe zu ihnen und lade sie zum Islam ein, und sage ihnen, was das Recht Allahs, des Erhabenen, über sie ist. Bei Allah, wenn Allah auch nur einen einzigen Menschen durch dich zum Islam führt, ist das besser, als eine Herde roter Kamele[88]."
(Al-Bukhâri und Muslim)

Hadith 176: Anas (r) berichtet: Ein Junger Mann vom Stamm der Aslam kam zum Propheten (s) und sagte: "Oh Gesandter Allahs, ich will mich dem *Dschihâd* anschließen, aber ich habe weder Ausrüstung noch Geld." Er sagte zu ihm: "Geh zu Soundso, denn er hat sich voll auf den *Dschihâd* vorbereitet, aber nun ist er krank geworden." Er ging zu ihm und sagte: "Der Gesandte Allahs (s) schickt dir seinen Gruß und sagt, du mögest mir die Ausrüstung aushändigen, die du für den *Dschihâd* vorbereitet hast." Der Mann bat seine Frau: "Oh Soundso, gib ihm alles, was ich vorbereitet habe, und behalte nichts davon zurück. Bei Allah, wenn du nichts davon zurückhältst, wird Allah uns alles segnen."
(Muslim)

---

[88] Rote Kamele gelten als besonders kostbar.

٢١ - باب التعاون على البرّ والتقوى

قال الله تعالى: ﴿وَتَعَاوَنُوا عَلَى الْبِرِّ وَالتَّقْوَى﴾ [المائدة: ٢] وقال تعالى: ﴿وَالْعَصْرِ. إِنَّ الْإِنسَانَ لَفِي خُسْرٍ. إِلَّا الَّذِينَ آمَنُوا وَعَمِلُوا الصَّالِحَاتِ وَتَوَاصَوْا بِالْحَقِّ وَتَوَاصَوْا بِالصَّبْرِ﴾ [العصر: ١-٣].

قال الإمام الشافعي رحمه الله كلاماً معناه: إنَّ النَّاس أو أكثرهُم في غفلةٍ عن تدبُّر هذه السُّورة.

١٧٧ - عن أبي عبدِ الرحمنِ زيدِ بنِ خالدٍ الجُهَنيِّ رضيَ الله عنه، قالَ: قالَ رسولُ الله ﷺ: «مَنْ جَهَّزَ غَازِياً في سَبِيلِ اللهِ فَقَدْ غَزَا وَمَنْ خَلَفَ غَازِياً في أَهْلِهِ بِخَيْرٍ فَقَدْ غَزَا». متفقٌ عليه.

١٧٨ - وعن أبي سعيدٍ الخُدريِّ رضي اللهُ عنهُ أنَّ رسولَ اللهِ ﷺ، بَعَثَ بَعْثاً إلى بَني لحْيانَ مِن هُذَيْلٍ فقالَ: «لِيَنْبَعِثْ مِنْ كُلِّ رَجُلَيْنِ أَحَدُهُمَا وَالأَجْرُ بَيْنَهُمَا». رواه مسلم.

١٧٩ - وعن ابنِ عباسٍ رضي الله عنهما، أنَّ رسولَ الله ﷺ لَقِيَ رَكْباً بِالرَّوْحَاءِ فقالَ: «مَنِ القَوْمُ؟» قَالُوا: المُسْلِمُونَ، فَقَالُوا: مَنْ أَنْتَ؟ قالَ: «رسولُ اللهِ»، فَرَفَعَتْ إِلَيْهِ امْرَأَةٌ صَبِيّاً فَقَالَتْ: أَلِهَذَا حَجٌّ؟ قال: «نَعَمْ وَلَكِ أَجْرٌ». رواه مسلم.

1. Buch der Gebote

Kapitel 21
Gegenseitige Hilfe in Frömmigkeit und Gottesfurcht

Qur'ân: Allah, der Erhabene, spricht:
"Und helft einander in Rechtschaffenheit und Frömmigkeit und Gottesfurcht..." (5:2)
"Bei der Zeit! Wahrlich, der Mensch ist zum Verderben (verurteilt), außer denjenigen, die glauben und gute Werke tun und sich (gegenseitig) zum Rechten aufrufen und sich (gegenseitig) zur Geduld (und Standhaftigkeit) aufrufen." (103:1-3)
Imam Asch-Schâfi'i (rA) meinte dazu, dass die meisten Menschen die Bedeutung dieser Sure (*Al-Asr*) unterschätzen.

Hadith 177: Abu Abdur-Rahmân Zaid ibn Khâlid al-Dschuhani (r) berichtet, dass der Gesandte Allahs (s) sagte: "Wer für die Ausrüstung eines *Mudschâhids*[89] sorgt, zählt auch als *Mudschâhid*, und wer sich um die Angehörigen eines *Mudschâhids* kümmert, zählt auch als *Mudschâhid*, der am *Dschihâd* teilgenommen hat."
(Al-Bukhâri und Muslim)

Hadith 178: Abu Sa'îd al-Khudri (r) erzählte: Der Gesandte Allahs (s) beauftragte eine Abteilung von *Mudschâhidîn* gegen den Lahyân-Stamm von Hudhail zu kämpfen, und er befahl: "Jeder zweite Mann soll sich vorbereiten, in den *Dschihâd* zu ziehen, doch werden beide das gleiche Maß an Belohnung bekommen."
(Muslim)

Hadith 179: Ibn Abbâs (r) erzählte: Der Gesandte Allahs (s) stieß bei Ar-Rauhâ'[90] auf Reisende, und fragte sie: "Wer seid ihr?" Sie sagten: "Muslime!", dann fragten sie ihn: "Und wer bist du?" Er antwortete: "Der Gesandte Allahs." Da trat eine Frau mit einem Jungen hervor und fragte: "Zählt die Pilgerfahrt dieses Jungen?" Er sagte: "Ja, und du wirst auch eine Belohnung bekommen."
(Muslim)

---

[89] *Mudschâhid* nennt man denjenigen, der *Dschihâd* führt; siehe Anmerkung Nr. 20 auf Seite .
[90] Das ist ein Vorort von Medina.

١٨٠ ـ وعَنْ أبي موسى الأشعريِّ رضي الله عنه، عن النبيِّ ﷺ أنَّهُ قال: «الخَازِنُ المُسْلِمُ الأَمِينُ الَّذي يُنْفِذُ مَا أُمِرَ بِهِ، فَيُعْطِيهِ كامِلًا مُوَفَّراً، طَيِّبَةً بِهِ نَفْسُهُ فَيَدْفَعُهُ إلى الَّذي أُمِرَ لَهُ بِهِ أَحَدُ المُتَصَدِّقينَ». متفقٌ عليه.

وفي رواية: «الَّذي يُعْطِي مَا أُمِرَ بِهِ» وضبطوا «المُتَصَدِّقَيْنِ» بفتح القاف مع كسر النون على التَّثْنِيةِ، وعَكْسُهُ عَلى الجمعِ وكِلاهُمَا صَحيحٌ.

١ ـ ٢٢ ـ باب النصيحة

قال تعالى: ﴿إِنَّمَا الْمُؤْمِنُونَ إِخْوَةٌ﴾ [الحجرات: ١٠] وقال تعالى إخباراً عن نوح ﷺ: ﴿وَأَنصَحُ لَكُمْ﴾ [الأعراف: ٦٢] وعَنْ هُودٍ ﷺ: ﴿وَأَنَا لَكُمْ نَاصِحٌ أَمِينٌ﴾ [الأعراف: ٦٨].

وأمَّا الأحاديثُ:.

١٨١ ـ فَالأوَّلُ: عن أبي رُقَيَّةَ تَميم بنِ أَوْسٍ الدَّارِيِّ رضي الله عنه، أنَّ النَّبيَّ ﷺ قال: «الدِّينُ النَّصيحَةُ» قُلْنَا: لِمَنْ: قَالَ: «لِلَّهِ وَلِكِتَابِهِ وَلِرَسُولِهِ وَلأئمَّةِ المُسْلِمِينَ وَعَامَّتِهِمْ». رواه مسلم.

١٨٢ ـ الثَّاني: عَنْ جَرِيرِ بْنِ عَبْدِ اللَّهِ رضي الله عنه قال: بَايَعْتُ رَسُولَ اللَّهِ ﷺ عَلى إقامِ الصَّلاةِ، وإيتَاءِ الزَّكَاةِ، وَالنُّصْحِ لِكُلِّ مُسْلِمٍ. متفقٌ عليه.

١٨٣ ـ الثَّالِثُ: عَنْ أنَسٍ رضي الله عنه، عن النبي ﷺ قال: «لا يُؤْمِنُ أَحَدُكُمْ حَتَّى يُحِبَّ لأخِيهِ مَا يُحِبُّ لِنَفْسِهِ». متفقٌ عليه.

1. Buch der Gebote

Hadith 180: Abu Mûsâ al-Asch'ari (r) überliefert: Der Prophet (s) sagte: "Ein vertrauenswürdiger muslimischer Verwalter ist einer, der seine Pflichten ehrlich durchführt und vollendet, womit er beauftragt wurde, und der jedem voll aushändigt, wozu er berechtigt ist, und zwar aus ganzem Herzen. Ein solcher Verwalter ist wie jemand, der *Sadaqa* gibt."
(Al-Bukhâri und Muslim)

Nach einer anderen Version zählt derjenige, der dafür sorgt, dass ein anderer etwas erhält, auch als jemand, der *Sadaqa* gibt.
Beide Versionen gelten als gesund (*sahîh*).

Kapitel 22
Guter Ratschlag

Qur'ân: Allah, der Erhabene, spricht:
"Die Gläubigen sind doch Brüder, darum stiftet Frieden zwischen euren (zerstrittenen) Brüdern..." (49:10)
"Ich (Noah) überbringe euch die Botschaft meines Herrn und gebe euch wohlmeinenden Rat, und ich weiß von Allah, was ihr nicht wisst." (7:62)
"Ich (Hud) überbringe euch die Botschaft meines Herrn, und bin euch ein aufrichtiger, vertrauenswürdiger Ratgeber." (7:68)

Hadith 181: Abu Ruqayya Tamîm ibn Aus ad-Dâri (r) berichtet, dass der Prophet (s) sagte: "Die Grundlage des Glaubens ist aufrichtiger Rat." Wir fragten: "Wem gegenüber?" Er sagte: "Allah gegenüber, Seinem Buch, Seinem Gesandten, den islamischen Anführern und den Menschen gegenüber."
(Muslim)

Hadith 182: Dscharîr ibn Abdullâh (r) berichtet: Ich huldigte dem Gesandten Allahs (s) und verpflichtete mich dadurch, das Gebet zu verrichten, die *Zakât* zu entrichten und jedem Muslim gut zu raten."
(Al-Bukhâri und Muslim)

Hadith 183: Anas (r) überliefert, dass der Gesandte Allahs (s) sagte: "Keiner von euch ist gläubig, bis er für seinen Bruder wünscht, was er für sich selbst wünscht."
(Al-Bukhâri und Muslim)

١ - ٢٣ - باب الأمر بالمعروف والنّهي عن المنكر

قال الله تعالى: ﴿وَلْتَكُنْ مِنكُمْ أُمَّةٌ يَدْعُونَ إِلَى الْخَيْرِ وَيَأْمُرُونَ بِالْمَعْرُوفِ وَيَنْهَوْنَ عَنِ الْمُنكَرِ وَأُولَٰئِكَ هُمُ الْمُفْلِحُونَ﴾ [آل عمران: ١٠٤] وقال تعالى: ﴿كُنتُمْ خَيْرَ أُمَّةٍ أُخْرِجَتْ لِلنَّاسِ تَأْمُرُونَ بِالْمَعْرُوفِ وَتَنْهَوْنَ عَنِ الْمُنكَرِ﴾ [آل عمران: ١١٠] وقال تعالى: ﴿خُذِ الْعَفْوَ وَأْمُرْ بِالْعُرْفِ وَأَعْرِضْ عَنِ الْجَاهِلِينَ﴾ [الأعراف: ١٩٩] وقال تعالى: ﴿وَالْمُؤْمِنُونَ وَالْمُؤْمِنَاتُ بَعْضُهُمْ أَوْلِيَاءُ بَعْضٍ يَأْمُرُونَ بِالْمَعْرُوفِ وَيَنْهَوْنَ عَنِ الْمُنكَرِ﴾ [التوبة: ٧١] وقال تعالى: ﴿لُعِنَ الَّذِينَ كَفَرُوا مِن بَنِي إِسْرَائِيلَ عَلَىٰ لِسَانِ دَاوُودَ وَعِيسَى ابْنِ مَرْيَمَ ذَٰلِكَ بِمَا عَصَوا وَكَانُوا يَعْتَدُونَ، كَانُوا لَا يَتَنَاهَوْنَ عَن مُّنكَرٍ فَعَلُوهُ لَبِئْسَ مَا كَانُوا يَفْعَلُونَ﴾ [المائدة: ٧٨ - ٧٩] وقال تعالى: ﴿وَقُلِ الْحَقُّ مِن رَّبِّكُمْ فَمَن شَاءَ فَلْيُؤْمِن وَمَن شَاءَ فَلْيَكْفُرْ﴾ [الكهف: ٢٩] وقال تعالى: ﴿فَاصْدَعْ بِمَا تُؤْمَرُ﴾ [الحجر: ٩٤] وقال تعالى: ﴿أَنجَيْنَا الَّذِينَ يَنْهَوْنَ عَنِ السُّوءِ وَأَخَذْنَا الَّذِينَ ظَلَمُوا بِعَذَابٍ بَئِيسٍ بِمَا كَانُوا يَفْسُقُونَ﴾ [الأعراف: ١٦٥] والآياتُ في الباب كثيرةٌ معلومةٌ.

وأمّا الأحاديثُ: .

١٨٤ - فالأوّلُ: عن أبي سعيدٍ الخُدريِّ رضيَ الله عنه قال: سمعْتُ رسولَ الله ﷺ يقولُ: «مَنْ رَأَى مِنْكُمْ مُنْكَراً فَلْيُغَيِّرْهُ بِيَدِهِ، فإنْ لَمْ يَسْتَطِعْ فَبِلِسانِه، فإنْ لَمْ يَسْتَطِعْ فَبِقَلْبِه وَذَلِكَ أَضْعَفُ الإيمانِ». رواه مسلم.

1. Buch der Gebote

Kapitel 23
Gutes gebieten und Schlechtes verbieten

Qur'ân: Allah, der Erhabene, spricht:
"Und es soll unter euch eine Gemeinschaft sein, die zum Rechten aufruft, und das Rechte gebietet und das Unrecht verwehrt. Sie sind es, die erfolgreich sein werden." (3:104)
"Ihr seid die beste Gemeinschaft, die unter den Menschen hervorgebracht worden ist. Ihr gebietet das Rechte und verwehrt Unrecht und glaubt an Gott..." (3:110)
"Übe Nachsicht und gebiete Gutes und wende dich ab von den Törichten." (7:199)
"Die gläubigen Männer und die gläubigen Frauen sind einander Beschützer und Helfer. Sie gebieten das Gute und verwehren das Üble..." (9:71)
"Verflucht wurden die Ungläubigen unter den Kindern Israels durch die Zunge Davids und Jesu, des Sohnes der Maria. Dies, weil sie sich widersetzten und (Allahs Gesetze) immer wieder übertraten..." (5:78-79)
"Und sprich: 'Die Wahrheit ist von eurem Herrn!' So möge wer will (sie) annehmen und wer will möge (sie) ablehnen." (18:29)
"So tue offen kund, wie dir geboten worden ist..." (15:94)
"Und als sie das vergaßen, wozu sie ermahnt worden waren, da retteten Wir jene, die vom Bösen abhielten. Doch Wir erfassten jene, die Unrecht taten, mit einer schlimmen Strafe, weil sie sich des Frevels schuldig gemacht hatten." (7:165)

Hadith 184: Abu Sa'îd al-Khudri (r) überliefert, dass er den Gesandten Allahs (s) sagen hörte: "Wer von euch etwas Übles sieht, soll es mit eigener Hand ändern, und wenn er dies nicht vermag, so soll er es mit seiner Zunge verändern, und wenn er dies nicht kann, dann mit seinem Herzen, und dies ist die schwächste Form des Glaubens."
(Muslim)

١٨٥ ـ الثاني: عنِ ابن مسعودٍ رضي الله عنه أنَّ رسول اللهِ ﷺ قال: «مَا مِنْ نَبِيٍّ بَعَثَهُ في أُمَّةٍ قَبْلي إلَّا كَانَ لَهُ مِنْ أُمَّتِهِ حوارِيُّونَ وأصْحابٌ يَأخُذُونَ بِسُنَّتِهِ ويَقْتَدُونَ بِأمرِهِ، ثُمَّ إنها تَخْلُفُ مِنْ بَعْدِهِمْ خُلُوفٌ يَقُولُونَ مَا لَا يَفْعَلُونَ، وَيَفْعَلُونَ مَا لَا يُؤْمَرُونَ، فَمَنْ جَاهَدَهُمْ بِيَدِهِ فَهُوَ مُؤْمِنٌ، ومَنْ جَاهَدَهُمْ بِلِسَانِهِ فَهُوَ مُؤْمِنٌ، ومَنْ جَاهَدَهُمْ بِقَلْبِهِ فَهُوَ مُؤْمِنٌ، وليس وراء ذٰلِكَ مِنَ الإيمانِ حَبَّةُ خَرْدَلٍ». رواه مسلم.

١٨٦ ـ الثالثُ: عن أبي الوليدِ عُبَادَةَ بن الصّامِتِ رضي الله عنه قال: بَايَعْنَا رسولَ اللهِ ﷺ عَلَى السَّمْعِ والطَّاعَةِ في العُسْرِ واليُسْرِ والمَنْشَطِ والمَكْرَهِ، وَعَلَى أَثَرَةٍ عَلَيْنَا، وَعَلَى أَنْ لَا نُنَازِعَ الأمْرَ أهْلَهُ إلَّا أنْ تَرَوْا كُفْراً بَوَاحاً عِنْدَكُمْ مِنَ اللهِ تعالى فِيهِ بُرْهَانٌ، وَعَلَى أَنْ نَقُولَ بِالحَقِّ أيْنَمَا كُنَّا لَا نَخافُ في اللهِ لَوْمَةَ لَائِمٍ. متفق عليه.

«المَنْشَطُ والمَكْرَهُ» بِفَتحِ ميميهما: أيْ: في السَّهْلِ والصَّعْبِ. «والأَثَرَةُ»: الاخْتِصاصُ بِالمُشْتَرَكِ، وقد سَبَقَ بَيَانُها. «بَوَاحاً» بفَتحِ البَاءِ المُوَحَّدَةِ بَعْدَها واوٌ ثُمَّ أَلِفٌ ثُمَّ حَاءٌ مُهْمَلَةٌ: أيْ ظاهِراً لَا يَحْتَمِلُ تَأوِيلاً.

١٨٧ ـ الرَّابع: عن النعْمانِ بنِ بَشِيرٍ رضي الله عنهما، عن النبيِّ ﷺ قال: «مَثَلُ القَائِمِ في حُدُودِ اللهِ، وَالوَاقِعِ فيها، كَمَثَلِ قَوْمٍ اسْتَهَمُوا عَلَى سَفِينَةٍ، فَصَارَ بَعْضُهُمْ أعْلَاهَا وَبَعْضُهُمْ أسْفَلَهَا، وَكَانَ الَّذِينَ في أسْفَلِهَا إذا اسْتَقَوْا مِنَ الماءِ مَرُّوا

1. Buch der Gebote

Hadith 185: Ibn Mas'ûd (r) überliefert, dass der Gesandte Allahs (s) sagte: "Alle Propheten, die vor mir von Allah gesandt wurden, hatten Vertraute und Gefährten, die ihrem Vorbild folgten und ihren Anweisungen gehorchten. Nach ihnen kamen Leute, die nicht taten, was sie sagten, und machten, wozu sie nicht aufgefordert waren. Derjenige, der *Dschihâd* gegen diese mit seinen Händen unternimmt, ist ein Gläubiger; derjenige, der *Dschihâd* gegen sie mit seinem Herzen unternimmt, ist ein Gläubiger; und derjenige, der *Dschihâd* gegen sie mit seiner Zunge unternimmt, ist ein Gläubiger. Außer diesem existiert es kein Körnchen Glauben."
(Muslim)

Hadith 186: Abul-Walîd Ubâda ibn as-Sâmit (r) berichtet: Wir huldigten dem Gesandten Allahs (s), und verpflichteten uns, unter allen Umständen auf ihn zu hören und ihm zu gehorchen, unter schweren oder leichten Umständen, in guten oder schlechten Zeiten, nicht selbstsüchtig zu sein und keine Vorurteile zu hegen und niemanden zu verurteilen ohne klare Beweise, immer die Wahrheit zu sagen, wo immer wir uns befinden, und außer Allah niemanden zu fürchten.
(Al-Bukhâri und Muslim)

Hadith 187: Es überliefert an-Nu'mân ibn Baschîr (r), dass der Prophet (s) sagte: "Das Gleichnis dessen, der Allahs Grenzen beachtet, und dessen, der diese überschreitet, ist wie Reisende auf einem Schiff, die per Los darüber entscheiden, wer auf das Oberdeck soll und wer unter Deck. Jene unter Deck mussten über das Oberdeck, um Wasser zu holen, was den Reisenden vom Oberdeck Unannehmlichkeiten bereitete. So schlugen sie den Leuten vom Oberdeck vor, ihnen zu erlauben, ein Loch in den Schiffsboden zu bohren und so Wasser zu schöpfen, ohne ihnen Unannehmlichkeiten zu bereiten. Wenn die Bewohner des Oberdecks die anderen ihren Plan durchführen ließen, würden sie alle gemeinsam

عَلى مَنْ فَوْقَهُمْ، فَقَالُوا: لَوْ أَنَّا خَرَقْنَا في نَصِيبِنَا خَرْقاً وَلَمْ نُؤْذِ مَنْ فَوْقَنَا، فَإِنْ تَرَكُوهُمْ وَمَا أَرَادُوا هَلَكُوا جَمِيعاً، وإنْ أَخَذُوا عَلى أَيْدِيهِمْ نجَوْا ونجَوْا جَمِيعاً». رواهُ البخاري.

«القَائِمُ في حُدُودِ اللَّهِ تَعالى» مَعْنَاهُ: المُنْكِرُ لها، القَائِمُ في دفْعِهَا وَإِزَالتِهَا، والمُرَادُ بالحُدُودِ: مَا نهى اللَّهُ عَنْهُ. «اسْتَهَمُوا»: اقْترَعُوا.

١٨٨ - الخَامِسُ: عَنْ أُمِّ المُؤْمِنِينَ أُمِّ سَلَمَةَ هِنْدٍ بِنتِ أبي أُمَيَّةَ حُذَيْفَةَ رضي الله عنها، عن النبي ﷺ أنه قال: «إنَّهُ يُسْتَعْمَلُ عَلَيْكُمْ أُمَرَاءُ فَتعْرِفُونَ وتُنْكِرُونَ فَمَنْ كَرِهَ فَقَدْ بَرِىءَ، وَمَنْ أَنْكَرَ فَقَدْ سَلِمَ، ولَكِنْ مَنْ رَضِيَ وَتَابَعَ» قالوا: يا رَسُولَ اللَّهِ أَلا نُقَاتِلُهُمْ؟ قَالَ: «لا، مَا أقَامُوا فِيكُمُ الصَّلاةَ». رواه مسلم.

مَعْنَاهُ: مَنْ كَرِهَ بِقَلْبِهِ وَلَمْ يَسْتَطِعْ إنْكاراً بيَدٍ وَلاَ لِسَانٍ فَقَدْ بَرِىءَ مِنَ الإثْمِ، وأدَّى وَظِيفَتَهُ، وَمَنْ أَنْكَرَ بحَسَبِ طَاقتِهِ فَقَدْ سَلِمَ مِنْ هَذِهِ المَعْصِيَةِ، وَمَنْ رَضِيَ بِفِعْلِهِمْ وَتَابَعَهُمْ، فَهُوَ العَاصِي.

١٨٩ - السَّادِسُ: عَنْ أُمِّ المُؤْمِنِينَ أُمِّ الحَكمِ زَيْنَبَ بنتِ جَحْشٍ رضي الله عنها: أَنَّ النَّبِيَّ ﷺ دَخَلَ عَلَيْهَا فَزِعَاً يَقُولُ: «لا إلهَ إلاَّ اللَّهُ، وَيْلٌ لِلْعَرَبِ مِنْ شَرٍّ قَدِ اقْترَبَ، فُتِحَ اليَوْمَ مِنْ رَدْمِ يَأجُوجَ وَمَأجُوجَ مِثْلُ هَذِهِ» وَحَلَّقَ بأصْبعَيْهِ الإبْهامِ وَالَّتِي تَليها. فَقُلْتُ: يا رسولَ اللَّهِ أَنَهْلِكُ وَفِينَا الصَّالحُونَ؟ قَالَ: «نَعَمْ إذَا كَثُرَ الخَبَثُ». متفق عليه.

١٩٠ - السَّابِعُ: عَنْ أبي سَعِيدٍ الخُدْرِيِّ رضي الله عنه عن النَّبِيِّ ﷺ قَالَ: «إيَّاكُمْ والجُلُوسَ في الطُّرُقَاتِ» فَقَالُوا: يا رَسُولَ اللَّهِ مَا لَنَا مِنْ مَجَالِسِنَا بُدٌّ نَتَحَدَّثُ

1. Buch der Gebote

umkommen; aber wenn sie sie davon abhielten, würden sie sich selbst retten und alle anderen dazu."
(Al-Bukhâri)

Hadith 188: Die Mutter der Gläubigen Umm Salama Hind bint Abi Umayya Hudhaifa (r) überliefert, dass der Prophet (s) sagte: "Es werden Menschen zur Herrschaft über euch ernannt werden, von deren Taten ihr einige in Übereinstimmung mit den Geboten Allahs und einige im Gegensatz dazu finden werdet. Derjenige, der dies innerlich verabscheut, ist von Rechenschaft (vor Allah) befreit, und derjenige, der etwas dagegen unternimmt (mit Wort oder Tat), ist vor Sünde sicher, doch derjenige, der ihnen folgt und damit zufrieden ist, wird Rechenschaft ablegen müssen." Die Leute fragten: "Oh Gesandter Allahs, sollen wir nicht gegen sie kämpfen?" Er sagte: "Nicht, solange sie weiterhin ihr Gebet unter euch verrichten."
(Muslim)

Hadith 189: Die Mutter der Gläubigen, Umm al-Hakam Zainab bint Dschahsch (r), überliefert: Einmal kam der Prophet (s) zu mir, und der Schreck steckte in seinen Gliedern, und er sagte: "Es gibt keinen Gott außer Allah. Wehe den Arabern wegen des nahenden Unheils. Ein Riss ist in der Mauer, die Gog und Magog[91] zurückhält, und das Loch ist von dieser Größe:" und er zeigte mit Daumen und Zeigefinger einen Kreis. Ich sagte zu ihm: "Oh Gesandter Allahs, werden wir alle vernichtet, auch wenn unter uns gute Menschen ist?" Er sagte: "Ja, wenn Schlechtes und Bestechung um sich greifen."
(Al-Bukhâri und Muslim)

Hadith 190: Abu Sa'îd al-Khudri (r) überliefert, dass der Prophet (s) zu uns sagte: "Setzt euch nicht an die (Ränder der) Wege." Die Gefährten bemerkten: "Oh Prophet Allahs, wir haben keinen anderen Platz, an dem wir sitzen und Angelegenheiten besprechen können." Er sagte: "Wenn das

---
[91] Das Erscheinen von Gog und Magog gilt als ein Anzeichen des Jüngsten Tages.

فيها! فقال رسولُ اللَّهِ ﷺ: «فَإِذَا أَبَيْتُمْ إِلَّا الْمَجْلِسَ فَأَعْطُوا الطَّرِيقَ حَقَّهُ» قالوا: وَمَا حَقُّ الطَّرِيقِ يَا رسولَ اللَّهِ؟ قال: «غَضُّ الْبَصَرِ وَكَفُّ الأَذَى، وَرَدُّ السَّلامِ، وَالأَمْرُ بِالْمَعْرُوفِ، وَالنَّهْيُ عَنِ الْمُنْكَرِ». متفقٌ عليه.

١٩١ ـ الثَّامِنُ: عن ابن عباس رضي الله عنهما، أن رسول الله ﷺ رَأَى خَاتماً مِنْ ذَهَبٍ في يَدِ رَجُلٍ، فَنَزَعَهُ فَطَرَحَهُ وَقَالَ: «يَعْمِدُ أَحَدُكُمْ إِلَى جَمْرَةٍ مِنْ نَارٍ فَيَجْعَلُهَا في يَدِهِ»! فَقِيلَ لِلرَّجُلِ بَعْدَ مَا ذَهَبَ رسولُ اللَّهِ ﷺ: خُذْ خَاتَمَكَ؛ انْتَفِعْ بِهِ. قَالَ: لا، وَاللَّهِ لا آخُذُهُ أَبَداً، وَقَدْ طَرَحَهُ رسولُ اللَّهِ ﷺ. رواه مسلم.

١٩٢ ـ التَّاسِعُ: عَنْ أَبِي سَعِيدٍ الْحَسَنِ الْبَصْرِيِّ أَنَّ عَائِذَ بنَ عَمْرٍو رضي اللَّهُ عنه دَخَلَ عَلَى عُبَيْدِ اللَّهِ بنِ زِيَادٍ فَقَالَ: أَيْ بُنَيَّ، إِنِّي سمعتُ رسولَ اللَّهِ ﷺ يَقُولُ: «إِنَّ شَرَّ الرِّعَاءِ الْحُطَمَةُ» فَإِيَّاكَ أَنْ تَكُونَ مِنْهُمْ. فَقَالَ لَهُ: اجْلِسْ فَإِنَّمَا أَنْتَ مِنْ نُخَالَةِ أَصْحَابِ مُحَمَّدٍ ﷺ، فقالَ: وَهَلْ كَانَتْ لَهُمْ نُخَالَةٌ؟ إِنَّمَا كَانَتِ النُّخَالَةُ بَعْدَهُمْ وَفِي غَيْرِهِمْ! رواه مسلم.

١٩٣ ـ الْعَاشِرُ: عَنْ حُذَيْفَةَ رضيَ اللَّهُ عنه عن النبي ﷺ قال: «وَالَّذِي نَفْسِي بِيَدِهِ لَتَأْمُرُنَّ بِالْمَعْرُوفِ، وَلَتَنْهَوُنَّ عَنِ الْمُنْكَرِ، أَوْ لَيُوشِكَنَّ اللهُ أَنْ يَبْعَثَ عَلَيْكُمْ عِقَاباً

1. Buch der Gebote

so ist, dann erledigt eure Angelegenheiten den Sitten der Wege entsprechend." Sie fragten: "Oh Gesandter Allahs, was ist die Sitte der Wege?" Er sagte: "Haltet eure Blicke niedergeschlagen, säubert die Wege von widrigen Gegenständen, antwortet auf den Friedensgruß, tut das Gute und verbietet das Üble."
(Al-Bukhâri und Muslim)

Hadith 191: Ibn Abbâs (r) berichtet: Eines Tages sah der Gesandte Allahs (s) einen Mann, der einen goldenen Ring am Finger trug. Der Prophet (s) nahm den Ring von seinem Finger und warf ihn weg, wobei er sagte: "Wer auch immer ein Stück glühender Kohle auf seine Hand legen will, der lege sie darauf." Nachdem der Prophet (s) gegangen war, wurde der Mann aufgefordert, den Ring aufzuheben und ihn auf andere Weise zu verwenden. Daraufhin sagte er: "Bei Allah: Nun, da der Prophet (s) diesen Ring weggeworfen hat, werde ich ihn niemals aufheben."
(Muslim)

Hadith 192: Abu Sa'îd al-Hasan al-Basri (r) erzählte, dass Âidh ibn Amru den Ubaidullâh ibn Ziyâd besuchte und zu ihm sagte: "Oh mein Sohn, ich hörte Allahs Gesandten (s) sagen: 'Der schlimmste Herrscher ist derjenige, der zerstört.' Pass auf, dass du nicht so wirst." Da sagte dieser zu ihm: "Setz dich, du bist wie die Spreu unter den Gefährten des Propheten (s)." Âidh erwiderte: "Gab es etwa Spreu unter den Gefährten des Propheten (s)? Diese gab es doch vielmehr nur unter deren Nachfolgern und anderen."
(Muslim)

Hadith 193: Hudhaifa (r) berichtet, dass der Prophet (s) sagte: "Bei Allah, in dessen Händen mein Leben ist, entweder ihr gebietet das Gute und verbietet das Üble, oder Allah wird gewiss Strafe über euch senden; und dann werdet ihr beten, aber eure Bitten werden nicht erhört werden."
(At-Tirmidhi)
Dies ist ein guter Hadith (*hasan*).

مِنْهُ، ثُمَّ تَدْعُونَهُ فَلَا يُسْتَجَابُ لَكُمْ». رواه الترمذي وقال: حديثٌ حسنٌ.

١٩٤ ـ الْحَادِي عَشَرَ: عَنْ أَبِي سَعِيدٍ الْخُدْرِيِّ رضي الله عنه عن النبي ﷺ قال: «أَفْضَلُ الْجِهَادِ كَلِمَةُ عَدْلٍ عِنْدَ سُلْطَانٍ جَائِرٍ». رواه أبو داود، والترمذي وقال: حديثٌ حسنٌ.

١٩٥ ـ الثَّانِي عَشَرَ: عَنْ أَبِي عَبْدِ اللهِ طَارِقِ بْنِ شِهَابٍ الْبَجَلِيِّ الْأَحْمَسِيِّ رضي الله عنه، أَنَّ رَجُلًا سَأَلَ النَّبِيَّ ﷺ، وَقَدْ وَضَعَ رِجْلَهُ فِي الْغَرْزِ: أَيُّ الْجِهَادِ أَفْضَلُ؟ قَالَ: «كَلِمَةُ حَقٍّ عِنْدَ سُلْطَانٍ جَائِرٍ». رواه النسائي بإسنادٍ صحيحٍ.

«الْغَرْزُ» بِغَيْنٍ مُعْجَمَةٍ مَفْتُوحَةٍ ثُمَّ رَاءٍ سَاكِنَةٍ ثُمَّ زَايٍ، وَهُوَ رِكَابُ كَوْرِ الْجَمَلِ إِذَا كَانَ مِنْ جِلْدٍ أَوْ خَشَبٍ، وَقِيلَ: لَا يَخْتَصُّ بِجِلْدٍ وَخَشَبٍ.

١٩٦ ـ الثَّالِثَ عَشَرَ: عَنِ ابْنِ مَسْعُودٍ رضي الله عنه قَالَ: قَالَ رَسُولُ اللهِ ﷺ: «إِنَّ أَوَّلَ مَا دَخَلَ النَّقْصُ عَلَى بَنِي إِسْرَائِيلَ أَنَّهُ كَانَ الرَّجُلُ يَلْقَى الرَّجُلَ فَيَقُولُ: يَا هَذَا اتَّقِ اللهَ وَدَعْ مَا تَصْنَعُ، فَإِنَّهُ لَا يَحِلُّ لَكَ، ثُمَّ يَلْقَاهُ مِنَ الْغَدِ وَهُوَ عَلَى حَالِهِ، فَلَا يَمْنَعُهُ ذَلِكَ أَنْ يَكُونَ أَكِيلَهُ وَشَرِيبَهُ وَقَعِيدَهُ، فَلَمَّا فَعَلُوا ذَلِكَ ضَرَبَ اللهُ قُلُوبَ بَعْضِهِمْ بِبَعْضٍ» ثُمَّ قَالَ: ﴿لُعِنَ الَّذِينَ كَفَرُوا مِنْ بَنِي إِسْرَائِيلَ عَلَى لِسَانِ دَاوُدَ وَعِيسَى ابْنِ مَرْيَمَ ذَلِكَ بِمَا عَصَوْا وَكَانُوا يَعْتَدُونَ. كَانُوا لَا يَتَنَاهَوْنَ عَنْ مُنْكَرٍ فَعَلُوهُ لَبِئْسَ مَا كَانُوا يَفْعَلُونَ. تَرَى كَثِيرًا مِنْهُمْ يَتَوَلَّوْنَ الَّذِينَ كَفَرُوا لَبِئْسَ مَا

1. Buch der Gebote

Hadith 194: Abu Sa'îd al-Khudri (r) überliefert, dass der Prophet (s) sagte: "Der beste *Dschihâd* ist ein wahres Wort zu einem ungerechten Herrscher."
(Abu Dâwûd und At-Tirmidhi)
Nach At-Tirmidhi ist dies ein guter Hadith (*hasan*).

Hadith 195: Abu Abdullâh Târiq ibn Schihâb al-Badschali (r) erzählte: Während der Prophet (s) gerade eine Reise fortsetzen wollte und seinen Fuß in den Steigbügel setzte, erkundigte sich ein Mann bei ihm, welche Art von *Dschihâd* die beste sei. Er sagte: "Ein wahres Wort zu einem ungerechten Herrscher."
(An-Nasâi)
Dieser Hadith ist zuverlässig überliefert (*isnâd sahîh*).

Hadith 196: Es berichtet Ibn Mas'ûd (r), dass der Gesandte Allahs (s) sagte: "Der allererste Fehler, der unter den Juden gemacht wurde, war, dass einer von ihnen, als er einen anderen traf, begann zu sagen: 'Fürchte Allah und unterlasse, was du tust, da es ungesetzlich ist.' Als er den Fehlgehenden jedoch am nächsten Tag traf, und keine Verhaltensänderung festzustellen war, sagte er nichts zu ihm, und nichts hinderte ihn, mit ihm zu essen, zu trinken und in seiner Gesellschaft zu sitzen. So also kehrte Allah die Herzen dieser ab, wegen ihres Beisammenseins mit anderen (mit schlechtem Herzen)." Dann rezitierte der Prophet (s): "Verflucht wurden die Ungläubigen unter den Kindern Israels durch die Zunge Davids und Jesu, des Sohnes der Maria. Dies, weil sie sich widersetzten und (Gottes Gesetze) immer wieder übertraten. Sie pflegten einander nicht vom unrechten Tun abzuhalten. Schlecht ist fürwahr, was sie zu tun pflegten. Du siehst, (wie) viele von ihnen sich denen zuwenden, die ungläubig sind. Schlecht ist fürwahr, was sie für sich selbst vorausgeschickt haben, so dass der Unwille Allahs über sie gekommen ist und sie in ihrer Strafe verweilen werden. Wenn sie nur an Allah und an den Propheten und an das geglaubt hätten, was ihm offenbart worden ist, dann hätten sie sie nicht zu Freunden genommen. Doch viele von ihnen sind sündig." (Sure 5:78-81).

قَدَّمَتْ لَهُمْ أَنْفُسُهُمْ﴾ إلى قوله: ﴿فَاسِقُونَ﴾ [المائدة: ٧٨ـ٨١] ثُمَّ قَالَ: «كَلَّا، وَاللَّهِ لَتَأْمُرُنَّ بِالْمَعْرُوفِ، وَلَتَنْهَوُنَّ عَنِ الْمُنْكَرِ، ولَتَأْخُذُنَّ عَلَى يَدِ الظَّالِمِ، وَلَتَأْطِرُنَّهُ عَلَى الْحَقِّ أَطْراً، وَلَتَقْصُرُنَّهُ عَلَى الْحَقِّ قَصْراً، أَوْ لَيَضْرِبَنَّ اللَّهُ بِقُلُوبِ بَعْضِكُمْ عَلَى بَعْضٍ، ثُمَّ لَيَلْعَنَنَّكُمْ كَمَا لَعَنَهُمْ». رواه أبو داود، والترمذي وقال: حديث حسن.

هذا لفظ أبي داود، ولفظ الترمذي ﷺ: قال رسول الله ﷺ: «لَمَّا وَقَعَتْ بَنُو إِسْرَائِيلَ فِي الْمَعَاصِي فَنَهَتْهُمْ عُلَمَاؤُهُمْ فَلَمْ يَنْتَهُوا، فَجَالَسُوهُمْ فِي مَجَالِسِهِمْ وَوَاكَلُوهُمْ وَشَارَبُوهُمْ، فَضَرَبَ اللَّهُ قُلُوبَ بَعْضِهِمْ بِبَعْضٍ، وَلَعَنَهُمْ عَلَى لِسَانِ دَاوُدَ وَعِيسَى ابْنِ مَرْيَمَ ذَلِكَ بِمَا عَصَوْا وَكَانُوا يَعْتَدُونَ» فَجَلَسَ رسول الله ﷺ، وَكَانَ مُتَّكِئاً فَقَالَ: «لا وَالَّذِي نَفْسِي بِيَدِهِ حَتَّى تَأْطِرُوهُمْ عَلَى الحَقِّ أَطْراً».

قَوْلُهُ: «تَأْطِرُوهم» أَنْ تَعْطِفُوهُمْ. «وَلْتَقْصُرُنَّهُ» أَيْ: لَتَحْبِسَنَّهُ.

١٩٧ـ الرَّابِعَ عَشَرَ: عن أَبِي بَكْرٍ الصِّدِّيقِ، رضي الله عنه، قال: يَا أَيُّهَا النَّاسُ إِنَّكُمْ لَتَقْرَؤُونَ هَذِهِ الآيَةَ وَتَضَعُونَهَا عَلَىٰ غَيْرِ مَوْضِعها: ﴿يَا أَيُّهَا الَّذِينَ آمَنُوا عَلَيْكُمْ أَنْفُسَكُمْ لا يَضُرُّكُمْ مَنْ ضَلَّ إِذَا اهْتَدَيْتُمْ﴾ [المائدة: ١٠٥] وإني سَمِعْتُ رسول اللهِ، ﷺ، يَقُولُ: «إِنَّ النَّاسَ إِذَا رَأَوُا الظَّالِمَ فَلَمْ يَأْخُذُوا عَلَى يَدَيْهِ أَوْشَكَ أَنْ يَعُمَّهُمُ اللَّهُ بِعِقَابٍ مِنْهُ». رواه أَبُو داود، والترمذي، والنسائي بأسانيد صحيحةٍ.

1. Buch der Gebote

Weiterhin sagte er (s): "Gewiss ist es nicht so, wie ihr denkt: Bei Allah, ihr werdet das Gute gebieten und das Üble verbieten und den Übertretern die Hand festhalten und sie überreden, gerecht zu handeln, und sie zur Gerechtigkeit anhalten, damit Allah euch nicht zusammen mit anderen strafen und wie sie (die Juden) verfluchen wird."
(Abu Dâwûd und At-Tirmidhi)
Nach At-Tirmidhi ist dies ist ein guter Hadith (*hasan*). Die zitierte Fassung stammt von Abu Dâwûd.

Die Version bei At-Tirmidhi lautet: Der Prophet (s) sagte: "Als das Volk Israel sich in Sünde verstrickte, versuchte es zunächst seine Gelehrten zurückzuhalten, doch niemand achtete auf sie. Seine Gelehrten gesellten sich schließlich auch zu ihm, und aßen und tranken mit ihm zusammen. Also ließ Allah ihre Herzen denen der anderen gleich werden, und sie wurden alle verflucht; durch David und Jesus, den Sohn der Maria, weil sie ungehorsam waren und sich Ausschweifungen hingaben." Der Prophet (s) setzte sich, nachdem er zuvor gelegen hatte, auf und sagte: "Bei Dem, in Dessen Händen mein Leben ist, bis ihr sie dazu bringt, gerecht zu handeln."

Hadith 197: Abu Bakr as-Siddîq (r) sagte (zu den Anwesenden): "Oh ihr Menschen, ihr lest den Qur'ânvers: 'Oh ihr Gläubigen! Ihr seid nur für euch selbst verantwortlich. Wer irregeht, kann euch keinen Schaden zufügen, solange ihr (selbst) rechtgeleitet seid. Zu Allah wird euer aller Rückkehr sein. Dann wird Er euch Kunde davon geben, was ihr zu tun pflegt.' (Sure 5:105). Und ich habe gewiss den Gesandten Allahs (s) sagen hören: 'Wenn die Leute jemanden unrecht handeln sehen und ihn nicht davon zurückhalten, ist es nur gerecht, wenn Allah sie alle straft.'"
(Abu Dâwûd, An-Nasâi und At-Tirmidhi)
Dieser Hadith ist zuverlässig überliefert (*isnâd sahîh*).

1 - 24 - باب تغليظ عقوبة من أمر بمعروف أو نهى عن منكر وخَالَفَ قَوْلُه فِعْلَه

قال الله تعالى: ﴿أَتَأْمُرُونَ النَّاسَ بِالْبِرِّ وَتَنْسَوْنَ أَنْفُسَكُمْ وَأَنْتُمْ تَتْلُونَ الْكِتَابَ أَفَلَا تَعْقِلُونَ﴾ [البقرة: 44] وقال تعالى: ﴿يَا أَيُّهَا الَّذِينَ آمَنُوا لِمَ تَقُولُونَ مَا لَا تَفْعَلُونَ كَبُرَ مَقْتًا عِنْدَ اللَّهِ أَنْ تَقُولُوا مَا لَا تَفْعَلُونَ﴾ [الصف: 2، 3] وقال تعالى إخباراً عن شعيبٍ، ﷺ: ﴿وَمَا أُرِيدُ أَنْ أُخَالِفَكُمْ إِلَى مَا أَنْهَاكُمْ عَنْهُ﴾ [هود: 88].

198 - وعن أبي زيدٍ أسامةَ بنِ زيدِ بنِ حارثةَ، رضي الله عنهما، قال: سمعتُ رسولَ اللهِ، ﷺ، يقولُ: «يُؤْتَى بِالرَّجُلِ يَوْمَ الْقِيَامَةِ فَيُلْقَى فِي النَّارِ، فَتَنْدَلِقُ أَقْتَابُ بَطْنِهِ، فَيَدُورُ بِهَا كَمَا يَدُورُ الحِمَارُ فِي الرَّحَا، فَيَجْتَمِعُ إِلَيْهِ أَهْلُ النَّارِ فَيَقُولُونَ: يَا فُلَانُ مَا لَكَ؟ أَلَمْ تَكُ تَأْمُرُ بِالمَعْرُوفِ وَتَنْهَى عَنِ المُنْكَرِ؟ فَيَقُولُ: بَلَى، قَدْ كُنْتُ آمُرُ بِالمَعْرُوفِ وَلَا آتِيهِ، وَأَنْهَى عَنِ المُنْكَرِ وَآتِيهِ». متفقٌ عليه.

قولُهُ: «تَنْدَلِقُ» هُوَ بِالدَّالِ المهملةِ، وَمَعْنَاهُ تَخْرُجُ. وَ«الأَقْتَابُ»: الأَمْعَاءُ، واحدُهَا قِتْبٌ.

1 - 25 - باب الأمر بأداء الأمانة

قال الله تعالى: ﴿إِنَّ اللَّهَ يَأْمُرُكُمْ أَنْ تُؤَدُّوا الْأَمَانَاتِ إِلَى أَهْلِهَا﴾ [النساء: 58] وقال تعالى: ﴿إِنَّا عَرَضْنَا الْأَمَانَةَ عَلَى السَّمَاوَاتِ وَالْأَرْضِ وَالْجِبَالِ فَأَبَيْنَ أَنْ يَحْمِلْنَهَا

1. Buch der Gebote

Kapitel 24
Größere Strafe für denjenigen, der Gutes gebietet und Schlechtes verbietet, jedoch das Gegenteil von dem tut, was er sagt

Qur'ân: Allah, der Erhabene, spricht:
"Wollt ihr den Menschen das Rechte gebieten, während ihr euch selbst vergesst, wo ihr doch das Buch lest? Begreift ihr denn nicht?" (2:44),
"Oh die ihr glaubt, warum sagt ihr, was ihr nicht tut? Höchst verabscheuenswürdig ist es vor Allah, dass ihr sagt, was ihr nicht tut." (61:2-3).
"Er (Schu'aib) sagte: 'Oh mein Volk! Seht ihr nicht, dass ich klare Beweise habe von meinem Herrn und Er mich mit Seinen Gaben beschenkt, (wollt ihr mir da nicht glauben?). Ich will im Gegensatz zu euch nicht nach dem handeln, das zu unterlassen ich euch bitte..." (11:88)

Hadith 198: Abu Zaid Usâma ibn Zaid ibn Hâritha (r) erzählte: Ich hörte den Gesandten Allahs (s) sagen: "Am Tage des Gericht wird ein Mann gebracht und in die Hölle geworfen werden, und seine Eingeweide werden dort aus seinem Bauch herausbrechen, und er wird sie festhalten und taumelnd im Kreise gehen wie ein Esel in der Mühle. Die Bewohner der Hölle werden zu ihm kommen und sagen: 'Oh Soundso! Was ist das? Batest du die Leute nicht, Gutes zu tun und Übles zu meiden?' Und er wird sagen: 'So ist es. Ich schloss mich anderen an und bat Sie, Gutes zu tun, aber ich tat es selbst nicht, und ich verbot ihnen, Übles zu tun, aber ich tat es selbst.'"
(Al-Bukhâri und Muslim)

Kapitel 25
Gebot der Rückgabe des anvertrauten Guts (Amâna)

Qur'ân: Allah, der Erhabene, spricht:
"Wahrlich, Allah gebietet euch, dass ihr (euch) Anvertrautes an seine Besitzer zurückgebt..." (4:58)
"Wir haben fürwahr das Vertrauenspfand den Himmeln und der Erde und den Bergen angeboten, doch sie weigerten sich, es zu tragen und schreckten davor zurück. Der Mensch aber nahm es auf sich. Er ist wahrlich ungerecht, unwissend." (33:72)

وَأَشْفَقْنَ مِنْهَا وَحَمَلَهَا الْإِنْسَانُ إِنَّهُ كَانَ ظَلُوماً جَهُولاً﴾ [الأحزاب: ٧٢].

١٩٩ ـ عن أبي هريرة، رضي الله عنه، أن رسول الله ﷺ قال: «آيَةُ الْمُنَافِقِ ثَلَاثٌ: إِذَا حَدَّثَ كَذَبَ، وَإِذَا وَعَدَ أَخْلَفَ، وَإِذَا اؤْتُمِنَ خَانَ». متفق عليه.

وفي رواية: «وَإِنْ صَامَ وَصَلَّى وَزَعَمَ أَنَّهُ مُسْلِمٌ».

٢٠٠ ـ وعن حُذَيْفَةَ بنِ الْيَمَانِ، رضي الله عنه، قال: حدثنا رسول الله، ﷺ، حديثين قد رأيتُ أحدَهما، وأنا أنتظرُ الآخَرَ: حدَّثَنا: «أَنَّ الْأَمَانَةَ نَزَلَتْ فِي جَذْرِ قُلُوبِ الرِّجَالِ، ثُمَّ نَزَلَ الْقُرْآنُ فَعَلِمُوا مِنَ الْقُرْآنِ، وَعَلِمُوا مِنَ السُّنَّةِ»، ثُمَّ حَدَّثَنَا عَن رَفْعِ الْأَمَانَةِ فَقَالَ: «يَنَامُ الرَّجُلُ النَّوْمَةَ فَتُقْبَضُ الْأَمَانَةُ مِنْ قَلْبِهِ، فَيَظَلُّ أَثَرُهَا مِثْلَ الْوَكْتِ، ثُمَّ يَنَامُ النَّوْمَةَ فَتُقْبَضُ الْأَمَانَةُ مِنْ قَلْبِهِ، فَيَظَلُّ أَثَرُهَا مِثْلَ أَثَرِ الْمَجْلِ، كَجَمْرٍ دَحْرَجْتَهُ عَلَى رِجْلِكَ، فَنَفِطَ فَتَرَاهُ مُنْتَبِراً وَلَيْسَ فِيهِ شَيْءٌ» ثُمَّ أَخَذَ حَصَاةً فَدَحْرَجَهَا عَلَى رِجْلِهِ. «فَيُصْبِحُ النَّاسُ يَتَبَايَعُونَ، فَلَا يَكَادُ أَحَدٌ يُؤَدِّي الْأَمَانَةَ حَتَّى يُقَالَ: إِنَّ فِي بَنِي فُلَانٍ رَجُلاً أَمِيناً، حَتَّى يُقَالَ لِلرَّجُلِ: مَا أَجْلَدَهُ مَا أَظْرَفَهُ، مَا أَعْقَلَهُ! وَمَا فِي قَلْبِهِ مِثْقَالُ حَبَّةٍ مِنْ خَرْدَلٍ مِنْ إِيمَانٍ». وَلَقَدْ أَتَى عَلَيَّ زَمَانٌ وَمَا أُبَالِي أَيَّكُمْ بَايَعْتُ؛ لَئِنْ كَانَ مُسْلِماً لَيَرُدَّنَّهُ عَلَيَّ دِينُهُ، وَلَئِنْ كَانَ نَصْرَانِيًّا أَوْ يَهُودِيًّا لَيَرُدَّنَّهُ عَلَيَّ سَاعِيهِ، وَأَمَّا الْيَوْمَ فَمَا كُنْتُ أُبَايِعُ مِنْكُمْ إِلَّا فُلَاناً وَفُلَاناً. متفق عليه.

قوله: «جَذْرٌ» بفتح الجيم وإسكان الذال المعجمة: وهو أصلُ الشيءِ و«الوَكْتُ» بالتاء المُثَنّاةِ مِنْ فوقُ: الأثرُ اليسيرُ. «وَالْمَجْلُ» بفتح الميم وإسكان الجيم، وهو تَنَفُّطٌ في اليدِ ونحوها من أثرِ عملٍ وغيرِه. قوله: «مُنْتَبِراً»: مُرْتَفِعاً. قوله: «سَاعِيهِ»: الوالي عَلَيْهِ.

1. Buch der Gebote

Hadith 199: Abu Huraira (r) überliefert, dass der Gesandte Allahs (s) sagte: "Ein Heuchler besitzt drei Kennzeichen:
1) wenn er spricht, erzählt er eine Lüge,
2) wenn er ein Versprechen gibt, bricht er es, und
3) wenn ihm etwas anvertraut wird, betrügt er."
(Al-Bukhâri und Muslim)

In einer anderen Version heißt es: "Sogar wenn er fastet, das Gebet verrichtet und sich selbst als Muslim betrachtet."

Hadith 200: Es berichtet Hudhaifa ibn al-Yamân (r): Der Gesandte Allahs (s) erzählte uns zwei Hadithe, von denen ich einen (sich bewahrheiten) gesehen habe und das Eintreffen des anderen erwarte: Der Prophet (s) berichtete uns, dass die Zuverlässigkeit in den Herzen der Menschen verwurzelt sei, dass, als der Qur'ân offenbart wurde, sie davon lernten und von der *Sunna*. Dann erzählte er uns vom Verlust der Zuverlässigkeit und sagte: "Ein Mensch wird sich schlafen legen, und da schwindet die Zuverlässigkeit aus seinem Herzen, und nur ihr Eindruck verbleibt darin; und wenn er sich erneut schlafen legt, schwindet die Zuverlässigkeit bis auf eine kleine Schwiele in seinem Herzen, gleich einer Brandblase, die innen leer ist." Dann nahm er (s) einen Kiesel und ließ ihn seinen Fuß hinabrollen, und er erzählte weiter: "Und dann werden die Leute mit ihren Geschäften fortfahren, doch keiner von ihnen wird zuverlässig sein, bis die Zeit kommt, in der man sagt: 'In dem und dem Volk gibt es einen zuverlässigen Menschen', bis man über einen Menschen sagt: 'Was für ein starker, kluger und intelligenter Mensch er doch ist', und das, obwohl er keine Spur an Glauben besitzt. Es gab eine Zeit, in der ich nicht darauf acht gab, mit wem ich Geschäftsabschlüsse tätigte: Wenn er (zufällig) Muslim war, war seine Religion Garantie genug, und wenn er ein Christ oder Jude war, war seine Schutzbefohlenheit eine gute Garantie. Doch heute mache ich kein Geschäft außer mit Soundso."
(Al-Bukhâri und Muslim)

٢٠١ ـ وعن حُذَيْفَةَ، وأبي هـريـرة، رضي الله عنهما، قـالا: قـال رسول الله، ﷺ: «يَجْمَعُ اللَّهُ، تَبَارَكَ وَتَعَالَى النَّاسَ، فَيَقُومُ الْمُؤْمِنُونَ حَتَّى تُزْلَفَ لَهُمُ الْجَنَّةُ، فَيَأْتُونَ آدَمَ ـ صَلَوَاتُ اللهِ عَلَيْهِ ـ فَيَقُولُونَ: يَا أَبَانَا اسْتَفْتِحْ لَنَا الْجَنَّةَ، فَيَقُولُ: وَهَلْ أَخْرَجَكُمْ مِنَ الْجَنَّةِ إِلَّا خَطِيئَةُ أَبِيكُمْ آدَمَ! لَسْتُ بِصَاحِبِ ذٰلِكَ، اذْهَبُوا إِلَى ابْنِي إِبْرَاهِيمَ خَلِيلِ اللَّهِ، قال: فَيَأْتُونَ إِبْرَاهِيمَ، فَيَقُولُ إِبْرَاهِيمُ: لَسْتُ بِصَاحِبِ ذٰلِكَ إِنَّمَا كُنْتُ خَلِيلًا مِنْ وَرَاءَ وَرَاءَ، اعْمَدُوا إِلَى مُوسَى الَّذِي كَلَّمَهُ اللَّهُ تَكْلِيماً، فَيَأْتُونَ مُوسَى، فَيَقُولُ: لَسْتُ بِصَاحِبِ ذٰلِكَ؛ اذْهَبُوا إِلَى عِيسَى كَلِمَةِ اللَّهِ وَرُوحِهِ. فَيَقُولُ عِيسَى: لَسْتُ بِصَاحِبِ ذٰلِكَ. فَيَأْتُونَ مُحَمَّداً ـ ﷺ ـ فَيَقُومُ فَيُؤْذَنُ لَهُ، وَتُرْسَلُ الْأَمَانَةُ وَالرَّحِمُ فَتَقُومَانِ جَنْبَتَيِ الصِّرَاطِ يَمِيناً وَشِمَالاً، فَيَمُرُّ أَوَّلُكُمْ كَالْبَرْقِ» قُلْتُ: بِأَبِي وَأُمِّي، أَيُّ شَيْءٍ كَمَرِّ الْبَرْقِ؟ قال: «أَلَمْ تَرَوْا إِلَى الْبَرْقِ كَيْفَ يَمُرُّ وَيَرْجِعُ فِي طَرْفَةِ عَيْنٍ؟ ثُمَّ كَمَرِّ الرِّيحِ، ثُمَّ كَمَرِّ الطَّيْرِ، وَشَدِّ الرِّجَالِ تَجْرِي بِهِمْ أَعْمَالُهُمْ، وَنَبِيُّكُمْ قَائِمٌ عَلَى الصِّرَاطِ يَقُولُ: رَبِّ سَلِّمْ سَلِّمْ، حَتَّى تَعْجِزَ أَعْمَالُ الْعِبَادِ، حَتَّى يَجِيءَ الرَّجُلُ فَلَا يَسْتَطِيعُ السَّيْرَ إِلَّا زَحْفاً، وَفِي حَافَتَيِ الصِّرَاطِ كَلَالِيبُ مُعَلَّقَةٌ، مَأْمُورَةٌ بِأَخْذِ مَنْ أُمِرَتْ بِهِ، فَمَخْدُوشٌ نَاجٍ، وَمَكْدُوسٌ فِي النَّارِ» وَالَّذِي نَفْسُ أَبِي هُرَيْرَةَ بِيَدِهِ إِنَّ قَعْرَ جَهَنَّمَ لَسَبْعُونَ خَرِيفاً.

قوله: «وَرَاءَ وَرَاءَ» هو بِالفَتْحِ فِيهِمَا. وَقِيلَ: بِالضَّمِّ بِلَا تَنْوِينٍ، وَمَعْنَاهُ: لَسْتُ بِتِلْكَ الدَّرَجَةِ الرَّفِيعَةِ، وَهِيَ كَلِمَةٌ تُذْكَرُ عَلَى سَبِيلِ التَّوَاضُعِ. وَقَدْ بَسَطْتُ مَعْنَاهَا في شَرْحِ صحيحِ مسلمٍ، والله أعلم.

٢٠٢ ـ وعن أبي خُبَيْبٍ، بضم الخاء المعجمة، عبدِ اللَّهِ بن الزبيرِ رضيَ اللَّهُ عنهما قال: لَمَّا وَقَفَ الزُّبَيْرُ يَوْمَ الْجَمَلِ دَعَانِي، فَقُمْتُ إِلَى جَنْبِهِ، فَقَالَ: يَا بُنَيَّ إِنَّهُ لَا يُقْتَلُ الْيَوْمَ إِلَّا ظَالِمٌ أَوْ مَظْلُومٌ، وَإِنِّي لَا أُرَانِي إِلَّا سَأُقْتَلُ الْيَوْمَ مَظْلُوماً، وَإِنَّ مِنْ

1. Buch der Gebote

Hadith 201: Hudhaifa (r) und Abu Huraira (r) berichten: Der Gesandte Allahs (s) hat gesagt: "Allah, der Gesegnete und Erhabene, wird (am Jüngsten Tag) die gesamte Menschheit versammeln, und die Gläubigen werden aufstehen, und das Paradies wird ihnen nahe sein. Sie werden sich zuerst Adam (as) nähern und ihn fragen: 'Oh unser Vater, bitte lass das Paradies sich für uns öffnen.' Er wird antworten: 'Es ist der Fehler eures Vaters, der eure Vertreibung aus dem Paradies bewirkte. Ich bin dafür nicht zuständig. Geht zu meinem Sohn, Abraham, dem Freund Allahs.' Dann werden sie zu Abraham (as) gehen, und der wird ihnen sagen: 'Ich bin dafür nicht zuständig. Ich war nur ein weit entfernter Freund Allahs. Geht zu Moses, mit dem Allah gesprochen hat.' Dann gehen sie zu Moses (as) und er wird zu ihnen sagen: 'Ich bin dafür nicht zuständig. Geht zu Jesus, dem Wort Allahs und Seinem Geist.' Und Jesus (as) wird auch sagen: 'Ich bin dafür nicht zuständig.' Dann werden sie zu Muhammad (s) kommen. Er wird aufstehen und dann wird ihm die Erlaubnis (Fürsprache einzulegen) gegeben. Die Zuverlässigkeit und die Familienbande werden geschickt und rechts und links von *Sirât*[92] stehen. Der erste von euch wird so schnell wie der Blitz über die Brücke gehen."
Ich fragte: "Bei meinen Eltern, was soll das bedeuten?" Er sagte: "Hast du nicht bemerkt, wie der Blitz niederfährt und verschwindet, so schnell wie ein Augenzwinkern?" Und er erzählte weiter: "Dann werden die nächsten gehen, so schnell wie der Wind, so flink wie die Vögel, und die Geschwindigkeit ihres Darübergehens wird ihren Taten entsprechend sein. Und euer Prophet wird an der Brücke stehen und Allah bitten: 'Oh mein Herr, rette, rette (sie)!', und wie die Taten der Leute weniger werden, so wird sich ihre Geschwindigkeit verlangsamen, bis ein Mann kommt, der dahinkriecht, da er unfähig ist, zu gehen. Und an beiden Seiten der Brücke werden sich Haken befinden. Und diese Haken werden auf Allahs Befehl jene halten, die Er zu halten befielt. Und der Eine wird nur gekratzt werden und ist gerettet, und der Andere wird ins Höllenfeuer geworfen werden."
Abu Huraira (r) sagte: Bei dem, in Dessen Händen die Seele Abu Hurairas liegt, die Hölle besitzt eine Tiefe von siebzig Jahren.
(Muslim)

Hadith 202: Es erzählte Abdullâh ibn az-Zubair (r): Als (mein Vater) az-Zubair in die Kamelschlacht[93] zog, sandte er nach mir, und ich ging zu

---

[92] *Sirât* ist die Brücke, über die alle am Tag des Gerichts gehen werden müssen.
[93] Die Kamelschlacht fand im Jahre 656 n.Chr., also dem Jahr 25 nach der *Hidschra*, bei Basra

أَكْبَرَ هَمِّي لِدَيْنِي، أَفْتَرَى يُبْقِي دَيْنُنَا مِنْ مَالِنَا شَيْئاً؟ ثُمَّ قَالَ: يَا بُنَيَّ بِعْ مَالَنَا وَاقْضِ دَيْنِي، وَأَوْصَى بِالثُّلُثِ وَثُلُثِهِ لِبَنِيهِ، يَعْنِي لِبَنِي عَبْدِ اللَّهِ بْنِ الزبير يَقُولُ: ثُلُثُ الثُّلُثِ. قَالَ: فَإِنْ فَضَلَ مِنْ مَالِنَا فَضْلٌ بَعْدَ قَضَاءِ الدَّيْنِ شَيْءٌ فَثُلُثُهُ لِبَنِيكَ، قال هشامٌ: وَكَانَ بَعْضُ وَلَدِ عَبْدِ اللَّهِ قَدْ وَازَى بَعْضَ بَنِي الزُّبَيْرِ ـ خُبَيْبٌ وَعَبَّادٌ ـ وَلَهُ يَوْمَئِذٍ تِسْعَةُ بَنِينَ وَتِسْعُ بَنَاتٍ. قَالَ عَبْدُ اللَّهِ: فَجَعَلَ يُوصِينِي بِدَيْنِهِ وَيَقُولُ: يَا بُنَيَّ إِنْ عَجَزْتَ عَنْ شَيْءٍ مِنْهُ فَاسْتَعِنْ عَلَيْهِ بِمَوْلَايَ. قَالَ: فَوَاللَّهِ مَا دَرَيْتُ مَا أَرَادَ حَتَّى قُلْتُ: يَا أَبَتِ مَنْ مَوْلَاكَ؟ قَالَ: اللهُ. قَالَ: فَوَاللَّهِ مَا وَقَعْتُ فِي كُرْبَةٍ مِنْ دَيْنِهِ إِلَّا قُلْتُ: يَا مَوْلَى الزُّبَيْرِ اقْضِ عَنْهُ دَيْنَهُ، فَيَقْضِيهِ. قَالَ: فَقُتِلَ الزُّبَيْرُ وَلَمْ يَدَعْ دِينَاراً وَلَا دِرْهَماً إِلَّا أَرَضِينَ، مِنْهَا الْغَابَةُ وَإِحْدَى عَشْرَةَ دَاراً بِالْمَدِينَةِ، وَدَارَيْنِ بِالْبَصْرَةِ، وَدَاراً بِالْكُوفَةِ، وَدَاراً بِمِصْرَ. قَالَ: وَإِنَّمَا كَانَ دَيْنُهُ الَّذِي كَانَ عَلَيْهِ أَنَّ الرَّجُلَ كَانَ يَأْتِيهِ بِالْمَالِ، فَيَسْتَوْدِعُهُ إِيَّاهُ، فَيَقُولُ الزُّبَيْرُ: لَا، وَلَكِنْ هُوَ سَلَفٌ فَإِنِّي أَخْشَى عَلَيْهِ الضَّيْعَةَ. وَمَا وَلِيَ إِمَارَةً قَطُّ وَلَا جِبَايَةً وَلَا خَرَاجاً وَلَا شَيْئاً إِلَّا أَنْ يَكُونَ فِي غَزْوٍ مَعَ رَسُولِ اللَّهِ ﷺ، أَوْ مَعَ أَبِي بَكْرٍ وَعُمَرَ وَعُثْمَانَ رضي الله عنهم، قَالَ عَبْدُ اللَّهِ: فَحَسَبْتُ مَا كَانَ عَلَيْهِ مِنَ الدَّيْنِ فَوَجَدْتُهُ أَلْفَيْ أَلْفٍ وَمِئَتَيْ أَلْفٍ! فَلَقِيَ حَكِيمُ بْنُ حِزَامٍ عَبْدَ اللَّهِ بْنَ الزُّبَيْرِ فَقَالَ: يَا ابْنَ أَخِي كَمْ عَلَى أَخِي مِنَ الدَّيْنِ؟ فَكَتَمْتُهُ وَقُلْتُ: مِئَةُ أَلْفٍ. فَقَالَ حَكِيمٌ: وَاللَّهِ مَا أَرَى أَمْوَالَكُمْ تَسَعُ لِهَذِهِ! فَقَالَ لَهُ عَبْدُ اللَّهِ: أَرَأَيْتَكَ إِنْ كَانَتْ أَلْفَيْ أَلْفٍ وَمِئَتَيْ أَلْفٍ؟ قَالَ: مَا أَرَاكُمْ تُطِيقُونَ هَذَا، فَإِنْ عَجَزْتُمْ عَنْ شَيْءٍ مِنْهُ فَاسْتَعِينُوا بِي.

قَالَ: وَكَانَ الزُّبَيْرُ قَدِ اشْتَرَى الْغَابَةَ بِسَبْعِينَ وَمِئَةِ أَلْفٍ، فَبَاعَهَا عَبْدُ اللَّهِ بِأَلْفِ أَلْفٍ وَسِتِّمِائَةِ أَلْفٍ، ثُمَّ قَامَ فَقَالَ: مَنْ كَانَ لَهُ عَلَى الزُّبَيْرِ شَيْءٌ فَلْيُوَافِنَا بِالْغَابَةِ، فَأَتَاهُ عَبْدُ اللَّهِ بْنُ جَعْفَرٍ ـ وَكَانَ لَهُ عَلَى الزُّبَيْرِ أَرْبَعُ مِائَةِ أَلْفٍ ـ فَقَالَ لِعَبْدِ اللَّهِ: إِنْ شِئْتُمْ تَرَكْتُهَا لَكُمْ؟ قَالَ عَبْدُ اللَّهِ: لَا، قَالَ: فَإِنْ شِئْتُمْ جَعَلْتُمُوهَا فِيمَا تُؤَخِّرُونَ إِنْ أَخَّرْتُمْ،

1. Buch der Gebote

ihm. Er sagte zu mir: "Oh mein Sohn, heute wird niemand getötet, außer einem Unterdrücker oder einem Unterdrückten. Ich bin sicher, dass ich heute als Unterdrückter getötet werde. Meine Schulden sind allerdings meine größte Sorge. Glaubst du, es wird von meinen Besitz nach Zahlung der Schulden noch etwas übrig bleiben?" Und dann sagte er: "Oh mein Sohn, verkaufe unseren Besitz und bezahle meine Schulden. Sollte nach der Tilgung meiner Schulden noch etwas übrig bleiben, so vermache ich ein Drittel eines Drittels (d.h. ein Neuntel) davon deinen Kindern."
Hischâm bemerkt dazu, dass einige Söhne Abdullâhs im gleichen Alter wie Khubaib und Abbâd, den Söhnen von az-Zubair, waren und dass er zu dieser Zeit neun Söhne und neun Töchter hatte.
Abdullâh fuhr fort und sagte: Er unterrichtete mich weiter über seine Nachlassverwaltung und dann sagte er: "Oh mein Sohn, wenn du auf Schwierigkeiten in der Verwaltung meiner Schulden triffst, so nimm Zuflucht zu meinem Herrn und erbitte Seine Hilfe." Bei Allah, ich verstand nicht, was er meinte, bis ich fragte: "Oh Vater, wer ist dein Herr?" Er sagte: "Allah!" Und bei Allah, immer wenn ich bei der Verwaltung seiner Schulden auf Schwierigkeiten stieß, sprach ich: "Oh Herr von az-Zubair, hebe seine Schuld auf." Und Er löschte sie aus.
Az-Zubair erlitt den Märtyrertod. Er hinterließ kein Bargeld, jedoch einige Ländereien, eine davon in der Nähe von Medina, namens Al-Ghâba, elf Häuser in Medina, zwei Häuser in Basra, eines in Kûfa und eines in Ägypten.
Abdullâh erzählte weiter: Der Grund für die Schulden war, dass az-Zubair (r) immer, wenn jemand zu ihm kam und ihn bat, etwas für ihn aufzubewahren, sagte: "Nein, aber ich werde es ausleihen, denn ich fürchte, es könnte verloren gehen." Er nahm niemals ein Ehrenamt an oder eine Stellung als Steuereinnehmer. Er hatte den Vorzug, am *Dschihâd* mit dem Propheten (s), Abu Bakr (r), Umar (r) und Uthmân (r) teilgenommen zu haben.
Abdullâh sagte: Ich machte eine Aufstellung seiner Schulden, und sie beliefen sich auf zwei Millionen und zweihunderttausend. Hakîm ibn Hizâm traf mich und fragte: "Oh mein Neffe, wie viele Schulden hat mein Bruder hinterlassen?" Den wahren Schuldenstand verschweigend sagte ich: "Hunderttausend." Hakîm sagte: "Bei Allah, ich glaube nicht, dass der Nachlass das alles abdecken wird." Ich sagte: "Und was würdest du denken, wenn der Betrag zwei Millionen und zweihunderttausend umfassen würde?" Er sagte: "Ich würde kaum glauben, dass das machbar

---

zwischen Alî und seinen Gegnern Talha, az-Zubair und Âischa statt.

فقال عَبْدُ اللَّهِ: لا، قال: فَاقْطَعُوا لِي قِطْعَةً، قال عَبْدُ اللَّهِ: لَكَ مِنْ هٰهُنَا إِلَى هٰهُنَا. فَبَاعَ عَبْدُ اللَّهِ مِنْهَا، فَقَضَى عَنْهُ دَيْنَهُ، وَأَوْفَاهُ، وَبَقِيَ مِنْهَا أَرْبَعَةُ أَسْهُمٍ وَنِصْفٌ، فَقَدِمَ عَلَى مُعَاوِيَةَ، وَعِنْدَهُ عَمْرُو بْنُ عُثْمَانَ، وَالْمُنْذِرُ بْنُ الزُّبَيْرِ، وَابْنُ زَمْعَةَ فقال لَهُ مُعَاوِيَةُ: كَمْ قُوِّمَتِ الْغَابَةُ؟ قال: كُلُّ سَهْمٍ بِمِئَةِ أَلْفٍ قال: كَمْ بَقِيَ مِنْهَا؟ قال: أَرْبَعَةُ أَسْهُمٍ ونِصْفٌ، فقال الْمُنْذِرُ بْنُ الزُّبَيْرِ: قَدْ أَخَذْتُ مِنْهَا سَهْماً بِمِئَةِ أَلْفٍ، قال عَمْرُو بْنُ عُثْمَانَ: قَدْ أَخَذْتُ مِنْهَا سَهْماً بِمِئَةِ أَلْفٍ. وقال ابْنُ زَمْعَةَ: قَدْ أَخَذْتُ سَهْماً بِمِئَةِ أَلْفٍ، فَقَالَ مُعَاوِيَةُ: كَمْ بَقِيَ مِنْهَا؟ قال سَهْمٌ ونِصْفُ سَهْمٍ، قَالَ: قَدْ أَخَذْتُهُ بِخَمْسِينَ وَمِئَةِ أَلْفٍ. قَالَ: وبَاعَ عَبْدُ اللَّهِ بْنُ جَعْفَرٍ نَصِيبَهُ مِنْ مُعَاوِيَةَ بِسِتِّ مِئَةِ أَلْفٍ. فَلَمَّا فَرَغَ ابْنُ الزُّبَيْرِ مِنْ قَضَاءِ دَيْنِهِ. قَالَ بَنُو الزُّبَيْرِ: اقْسِمْ بَيْنَنَا مِيرَاثَنَا. قَالَ: لا وَاللَّهِ لا أَقْسِمُ بَيْنَكُمْ حَتَّى أُنَادِيَ بِالْمَوْسِمِ أَرْبَعَ سِنِينَ: أَلَا مَنْ كَانَ لَهُ عَلَى الزُّبَيْرِ دَيْنٌ فَلْيَأْتِنَا فَلْنَقْضِهِ. فَجَعَلَ كُلَّ سَنَةٍ يُنَادِي فِي الْمَوْسِمِ، فَلَمَّا مَضَى أَرْبَعُ سِنِينَ قَسَمَ بَيْنَهُمْ ودَفَعَ الثُّلُثَ. وكَانَ لِلزُّبَيْرِ أَرْبَعُ نِسْوَةٍ، فَأَصَابَ كُلَّ امْرَأَةٍ أَلْفُ أَلْفٍ ومِئَتَا أَلْفٍ، فَجَمِيعُ مَالِهِ خَمْسُونَ أَلْفَ أَلْفٍ وَمِئَتَا أَلْفٍ. رواه البخاري.

1. Buch der Gebote

wäre. Solltest du nicht in der Lage sein, alles zu bezahlen, dann rufe mich zu Hilfe." Az-Zubair (r) hatte das Land in Al-Ghâba für Hundertsiebzigtausend gekauft. Abdullâh verkaufte es für eine Million und Sechshunderttausend, und danach verkündete er, dass, wer immer eine Forderung gegenüber az-Zubair (r) habe, nach Al-Ghâba kommen solle. Abdullâh ibn Dscha'far kam zu ihm und sagte, dass az-Zubair ihm vierhunderttausend schuldete, und dann sagte er zu Abdullâh: "Wenn du wünscht, werde ich es dir erlassen." Abdullâh sagte: "Nein." Dann sagte Ibn Dscha'far: "Wenn du willst, dann zahle mich zuletzt aus." Abdullâh sagte: "Nein." Ibn Dscha'far sagte dann: "Dann gebt mir ein Stück Land dafür." Und Abdullâh gab ihm ein entsprechendes Stück Land. Auf diese Weise bezahlte Abdullâh die Schulden seines Vaters, indem er seine Ländereien verkaufte. Nach Zahlung der Schuld seines Vaters blieb noch ein Stück Land mit viereinhalb Gehöften. Nun besuchte Abdullâh Mu'âwiya, der gerade Amru ibn Uthmân, al-Mundhir ibn az-Zubair und Ibn Zam'a bei sich hatte. Mu'âwiya fragte Abdullâh (r), welchen Preis er für das Land in Al-Ghâba angesetzt habe. Er antwortete: "Einhunderttausend für einen Hof." Mu'âwiya fragte nach, wie viel Land denn noch übrig sei. Abdullâh sagte: "Viereinhalb Gehöfte." Mundhir ibn az-Zubair sagte: "Ich nehme einen Hof für einhunderttausend." Amru ibn Uthmân sagte: "Ich würde auch einen Hof für Hunderttausend nehmen." Ibn Zam'a sagte: "Ich würde auch einen Hof für Einhunderttausend nehmen." Dann fragte Mu'âwiya: "Wie viel Land ist jetzt übrig?" Abdullâh sagte: "Eineinhalb Gehöfte sind übrig." Mu'âwiya erwarb dieses Stück Land für einhundertfünfzigtausend. Später verkaufte Abdullâh ibn Dscha'far seinen Teil Land an Mu'âwiya für sechshunderttausend.

Als Abdullâh ibn az-Zubair die Bezahlung der Schulden abgeschlossen hatte, sprachen die Erben von az-Zubair (r) zu ihm: "Teile das Erbe unter uns auf." Aber Abdullâh ibn az-Zubair sagte: "Bei Allah, ich werde das Erbe nicht aufteilen, bis ich auf vier aufeinanderfolgenden Pilgerfahrten diejenigen aufgerufen habe, die gegen az-Zubair Ansprüche erheben." Und so machte er diese Ankündigung während der folgenden vier Jahre, und dann verteilte er das verbleibende Erbe unter den Erben von az-Zubair (r) nach dessen Anweisungen. Az-Zubair hinterließ vier Frauen. Jede von ihnen erhielt eine Million und Zweihunderttausend. So belief sich az-Zubairs vollständiges Erbe auf fünfzig Millionen und Zweihunderttausend.
(Al-Bukhâri)

١ - ٢٦ - باب تحريم الظلم والأمر بردّ المظالم

قال الله تعالى: ﴿مَا لِلظَّالِمِينَ مِنْ حَمِيمٍ وَلَا شَفِيعٍ يُطَاعُ﴾ [غافر: ١٨] وقال تعالى: ﴿وَمَا لِلظَّالِمِينَ مِن نَصِيرٍ﴾ [الحج: ٧١].

وأمَّا الأحاديثُ، فمنها حديثُ أبي ذرٍّ رضي الله عنه المُتقدِّمُ في آخرِ بابِ المُجاهَدَةِ.

٢٠٣ - وعن جابرٍ رضي الله عنه أن رسول الله ﷺ قال: «اتَّقُوا الظُّلْمَ؛ فإنَّ الظُّلْمَ ظُلُمَاتٌ يَوْمَ القِيَامَةِ، واتَّقُوا الشُّحَّ فإنَّ الشُّحَّ أهْلَكَ مَنْ كَانَ قَبْلَكُمْ: حَمَلَهُمْ عَلَى أنْ سَفَكُوا دِمَاءَهُمْ واسْتَحَلُّوا مَحَارِمَهُمْ». رواه مسلم.

٢٠٤ - وعن أبي هريرة رضي الله عنه، أن رسول الله ﷺ قال: «لَتُؤَدُّنَّ الحُقُوقَ إلى أهْلِهَا يَوْمَ القِيَامَةِ حَتَّى يُقَادَ للشَّاةِ الجَلْحَاءِ مِنَ الشَّاةِ القَرْنَاءِ». رواه مسلم.

٢٠٥ - وعن ابن عمر رضي الله عنهما قال: كُنَّا نَتَحَدَّثُ عَنْ حَجَّةِ الوَدَاعِ. والنَّبيُّ ﷺ بَيْنَ أظْهُرِنَا، وَلَا نَدْرِي مَا حَجَّةُ الوَدَاعِ، حَتَّى حَمِدَ اللهَ رسولُ اللهِ ﷺ، وَأثْنَى عَلَيْهِ، ثُمَّ ذَكَرَ المَسِيحَ الدَّجَّالَ، فَأطْنَبَ في ذِكْرِهِ، وقَالَ: «مَا بَعَثَ اللهُ مِنْ نَبِيٍّ إلَّا أنْذَرَهُ أُمَّتَهُ: أنْذَرَهُ نُوحٌ والنَّبِيُّونَ مِنْ بَعْدِهِ، وإنَّهُ إنْ يَخْرُجْ فِيكُمْ، فَمَا خَفِيَ عَلَيْكُمْ مِنْ شَأنِهِ، فَلَيْسَ يَخْفَى عَلَيْكُمْ، إنَّ رَبَّكُمْ لَيْسَ بِأعْوَرَ، وإنَّهُ أعْوَرُ عَيْنِ

1. Buch der Gebote

Kapitel 26
Verbot von Unrecht und Gebot zur Verhinderung von Ungerechtigkeit

Qur'ân: Allah, der Erhabene, spricht:
"Die Ungerechten haben dann keinen vertrauten Freund, und keinen Fürsprecher, der angehört würde." (40:18)
"Und für die, die Unrecht tun, gibt es keinen Helfer." (22:71)

Unter den Hadithen zu diesem Thema ist Hadith Nr. 111.

Hadith 203: Dschâbir (r) überliefert, dass der Gesandte Allahs (s) sagte: "Haltet euch fern von Unrecht, denn Unrecht verwandelt sich in Finsternis am Tage des Gerichts. Haltet euch fern von Habsucht, denn die Habsucht hat Völker vor euch zugrunde gerichtet, indem sie sich gegenseitig umbrachten und die verbotenen Dinge für erlaubt erklärten."
(Muslim)

Hadith 204: Abu Huraira (r) berichtet, dass der Gesandte Allahs (s) sagte: "Am Tage des Gerichts wird jedem sein Recht gegeben werden, bis hin zu dem, was die gehörnte Ziege einer hornlosen Ziege angetan hat."
(Muslim)

Hadith 205: Ibn Umar (r) berichtet: Als der Prophet (s) noch unter uns lebte, diskutierten wir über die Abschiedspilgerfahrt, wobei wir nicht wussten, was dies bedeutet, bis der Prophet (s) Allah dankte und lobpries, und uns von dem *Daddschâl*[94] ausführlich erzählte.
Der Prophet sagte: "Allah hat keinen Propheten gesandt, ohne ihn von dem *Daddschâl* zu benachrichtigen, damit er sein Volk vor ihm warnen konnte. So war es bei dem Propheten Noah und ebenso bei allen Propheten, die nach Noah kamen. Sollte er unter euch auftauchen, wird seine Gestalt euch nicht verborgen bleiben. Es ist euch nicht verborgen, dass euer Herr nicht einäugig ist, während das rechte Auge des einäugigen *Daddschâl* aussieht wie eine schwimmende Weintraube.[95] Hütet euch, die Gebote Allahs zu übertreten. Euer Leben und euer Besitz sollen heilig und unverletzlich sein, ebenso wie die Heiligkeit des heutigen Tages, dieses

---
[94] *Al-Masîh ad-Daddschâl*, siehe Anmerkung Nr. 60 auf Seite 55.
[95] Wörtlich: auf einer Wasserfläche treibend.

الْيُمْنى، كَأَنَّ عَيْنَهُ عِنَبَةٌ طَافِيَةٌ. ألا، إنَّ اللَّهَ حَرَّمَ عَلَيْكُمْ دِمَاءَكُمْ وَأَمْوَالَكُمْ، كَحُرْمَةِ يَوْمِكُمْ هَذَا، فِي بَلَدِكُمْ هَذَا، فِي شَهْرِكُمْ هَذَا، أَلا هَلْ بَلَّغْتُ؟» قَالُوا: نَعَمْ، قَالَ: «اللَّهُمَّ اشْهَدْ ـ ثَلاثاً ـ وَيْلَكُمْ، أَوْ وَيْحَكُمْ، انْظُرُوا: لا تَرْجِعُوا بَعْدِي كُفَّاراً يَضْرِبُ بَعْضُكُمْ رِقَابَ بَعْضٍ». رواه البخاري، وروى مسلم بعضه.

٢٠٦ ـ وعن عائشة رضي الله عنها، أن رسول الله ﷺ قال: «مَنْ ظَلَمَ قِيدَ شِبْرٍ مِنَ الأَرْضِ طُوِّقَهُ مِنْ سَبْعِ أَرَضِينَ». متفقٌ عليه.

٢٠٧ ـ وعن أبي موسى رضي الله عنه قال: قال رسول الله ﷺ: «إنَّ اللَّهَ لَيُمْلِي لِلظَّالِمِ فَإِذَا أَخَذَهُ لَمْ يُفْلِتْهُ» ثُمَّ قَرَأَ: ﴿وَكَذَلِكَ أَخْذُ رَبِّكَ إِذَا أَخَذَ الْقُرَى وَهِيَ ظَالِمَةٌ إِنَّ أَخْذَهُ أَلِيمٌ شَدِيدٌ﴾ [هود: ١٠٢] متفقٌ عليه.

٢٠٨ ـ وعن مُعاذ رضي الله عنه قال: بَعَثَنِي رسول الله ﷺ فقال: «إنَّكَ تَأْتِي قَوْماً مِنْ أَهْلِ الْكِتَابِ، فَادْعُهُمْ إِلَى شَهَادَةِ أَنْ لَا إِلَهَ إلَّا الله، وَأَنِّي رَسُولُ اللَّهِ، فَإِنْ هُمْ أَطَاعُوا لِذَلِكَ، فَأَعْلِمْهُمْ أَنَّ اللَّهَ قَدِ افْتَرَضَ عَلَيْهِمْ خَمْسَ صَلَوَاتٍ فِي كُلِّ يَوْمٍ وَلَيْلَةٍ، فَإِنْ هُمْ أَطَاعُوا لِذَلِكَ، فَأَعْلِمْهُمْ أَنَّ اللَّهَ قَدِ افْتَرَضَ عَلَيْهِمْ صَدَقَةً تُؤْخَذُ مِنْ أَغْنِيَائِهِمْ فَتُرَدُّ عَلَى فُقَرَائِهِمْ، فَإِنْ هُمْ أَطَاعُوا لِذَلِكَ، فَإِيَّاكَ وَكَرَائِمَ أَمْوَالِهِمْ. وَاتَّقِ دَعْوَةَ الْمَظْلُومِ فَإِنَّهُ لَيْسَ بَيْنَهَا وَبَيْنَ اللَّهِ حِجَابٌ». متفقٌ عليه.

heiligen Monats an diesem heiligen Ort! Nun, habe ich euch nicht (ausreichend) unterrichtet?" Die Gefährten sagten: "Gewiss!", da sagte er dreimal: "Oh Allah! Sei mein Zeuge!" Dann rief er: "Wehe euch! Schaut und denkt nach, dass ihr nicht, wenn ich nicht mehr unter euch bin, abtrünnig werdet und euch gegenseitig vernichtet."
(Al-Bukhâri und zum Teil von Muslim bestätigt)

Hadith 206: Es überliefert Âischa (r), dass der Gesandte Allahs (s) sagte: "Wer sich auch nur das kleinste Stück Land illegal aneignet, wird dafür (von Allah) bestraft, indem er das Siebenfache davon um seinen Hals gelegt bekommt."
(Al-Bukhâri und Muslim)

Hadith 207: Abu Mûsâ (r) überliefert, dass der Gesandte Allahs (s) gesagt hat: "Allah gibt (auch) dem Tyrannen eine Frist, aber wenn Er ihn bestraft, lässt Er ihn nicht entkommen." Dann las er den Vers aus Sure *Hud*: "Und wie dein Herr mit den (früheren) Städten verfahren ist, ergreift Er auch (andere), wenn sie unrecht tun. Wahrlich, Seine Bestrafung ist schmerzlich, streng." (11:102)
(Al-Bukhâri und Muslim)

Hadith 208: Es berichtet Mu'âdh (r): Der Gesandte Allah (s) schickte mich (als Verwalter in den Jemen) und sagte zu mir: "Du wirst (dort) Leuten der Schrift[96] begegnen, so belehre sie, dass es keinen Gott gibt außer Allah und dass ich Sein Gesandter bin, damit sie dies bezeugen. Wenn sie auf dich hören, dann erkläre ihnen, dass sie die vorgeschriebenen fünf Gebete verrichten müssen, am Tag und in der Nacht. Wenn sie dir gehorchen, dann setze sie darüber in Kenntnis, dass Allah ihnen eine Abgabe als Pflicht auferlegt hat, die von den Reichen unter ihnen entrichtet wird, um unter den Armen von ihnen verteilt zu werden. Wenn sie dir darin gehorchen, dann nimm ihnen ja nie ihre wertvollsten Besitztümer. Und fürchte die Klage des ungerecht behandelten Menschen, denn es gibt zwischen ihr und Allah keine Trennwand."
(Al-Bukhâri und Muslim)

---

[96] Unter Leuten der Schrift (Arabisch: *Ahl-ul-Kitâb*) versteht man die Angehörigen anderer Schriftreligionen, also Juden und Christen.

٢٠٩ - وعن أبي حُمَيْدٍ عَبْدِ الرَّحْمٰنِ بن سعدٍ السَّاعديِّ رضي الله عنه قال: اسْتَعْمَلَ النبيُّ ﷺ رَجُلاً مِنَ الأَزْدِ يُقَالُ لَهُ: ابْنُ اللُّتْبِيَّةِ عَلَى الصَّدَقَةِ، فَلَمَّا قَدِمَ قَالَ: هٰذَا لَكُمْ، وهٰذَا أُهْدِيَ إِلَيَّ، فَقَامَ رسولُ اللهِ ﷺ عَلَى الْمِنْبَرِ، فَحَمِدَ اللَّهَ وَأَثْنَى عَلَيْهِ، ثُمَّ قَالَ: «أَمَّا بَعْدُ فَإِنِّي أَسْتَعْمِلُ الرَّجُلَ مِنْكُمْ عَلَى الْعَمَلِ مِمَّا وَلَّانِي اللهُ، فَيَأْتِي فَيَقُولُ: هٰذَا مَالُكُمْ، وَهٰذَا هَدِيَّةٌ أُهْدِيَتْ إِلَيَّ، أَفَلَا جَلَسَ فِي بَيْتِ أَبِيهِ وَأُمِّهِ حَتَّى تَأْتِيَهُ هَدِيَّتُهُ إِنْ كَانَ صَادِقاً، وَاللَّهِ لَا يَأْخُذُ أَحَدٌ مِنْكُمْ شَيْئاً بِغَيْرِ حَقِّهِ إِلَّا لَقِيَ اللَّهَ تَعَالَى يَحْمِلُهُ يَوْمَ الْقِيَامَةِ، فَلَا أَعْرِفَنَّ أَحَداً مِنْكُمْ لَقِيَ اللَّهَ يَحْمِلُ بَعِيراً لَهُ رُغَاءٌ، أَوْ بَقَرَةً لَهَا خُوَارٌ، أَوْ شَاةً تَيْعِرُ» ثُمَّ رَفَعَ يَدَيْهِ حَتَّى رُؤِيَ عُفْرَةُ إِبْطَيْهِ فقال: «اللَّهُمَّ هَلْ بَلَّغْتُ؟» ثَلَاثاً، متفقٌ عليه.

٢١٠ - وعن أبي هُرَيْرَةَ رضي الله عنه، عن النَّبِيِّ ﷺ قال: «مَنْ كَانَتْ عِنْدَهُ مَظْلَمَةٌ لِأَخِيهِ، مِنْ عِرْضِهِ أَوْ مِنْ شَيْءٍ، فَلْيَتَحَلَّلْهُ مِنْهُ الْيَوْمَ قَبْلَ أَنْ لَا يَكُونَ دِينَارٌ وَلَا دِرْهَمٌ؛ إِنْ كَانَ لَهُ عَمَلٌ صَالِحٌ أُخِذَ مِنْهُ بِقَدْرِ مَظْلِمَتِهِ، وَإِنْ لَمْ يَكُنْ لَهُ حَسَنَاتٌ أُخِذَ مِنْ سَيِّئَاتِ صَاحِبِهِ فَحُمِلَ عَلَيْهِ». رواه البخاري.

٢١١ - وعن عبد الله بن عَمْرِو بن الْعَاصِ رضي الله عنهما عن النَّبِيِّ ﷺ قال: «الْمُسْلِمُ مَنْ سَلِمَ الْمُسْلِمُونَ مِنْ لِسَانِهِ وَيَدِهِ، وَالْمُهَاجِرُ مَنْ هَجَرَ مَا نَهَى اللَّهُ عَنْهُ». متفقٌ عليه.

1. Buch der Gebote

Hadith 209: Abu Humaid Abdur-Rahmân ibn Sa'd as-Sâ'idi (r) erzählte: Der Prophet (s) ernannte einen Mann aus dem Azd-Stamm namens Ibn al-Lutbîya als Abgabenverwalter. Als dieser (nach Medina) zurückkehrte, sagte er: "Dies ist für euch, und jenes ist mir (persönlich) geschenkt worden." Als der Prophet (s) dies hörte, bestieg er das *Mimbar* und hielt eine Ansprache, indem er zuerst Allah lobpries und rühmte und dann sagte: "Wenn ich einen von euch als Verwalter einer Sache, die Allah mir auferlegt hat, einsetze, wie kann jener (Beauftragte) dann behaupten: 'Dies ist für euch, und jenes ist mir (persönlich) geschenkt worden. Wäre er doch im Hause seiner Eltern geblieben, bis seine Geschenke zu ihm kommen, wenn er die Wahrheit sagt!! Bei Allah, wenn jemand von euch etwas nimmt, ohne das Recht dazu zu haben, wird er Allah am Tage des Gerichts gegenüberstehen mit der Last des Erbeuteten. Ich möchte niemanden kennen, der Allah belastet gegenübersteht, indem er ein grunzendes Kamel, eine muhende Kuh oder eine meckernde Ziege trägt." Dann hob er seinen Arm hoch, dass man das Weiße seiner Achselhöhlen sehen konnte, und sagte: "Oh Allah! Habe ich (Deinen Befehl) ausgeführt?"
(Al-Bukhâri und Muslim)

Hadith 210: Es überliefert Abu Huraira (r), dass der Gesandte Allahs (s) sagte: "Wenn jemand einem anderen gegenüber ein Recht besitzt, soll er es heute (im Diesseits) fordern, bevor die Zeit kommt, in der er mittellos sein wird. Denn wenn er Gutes getan hat, wird dann sein Unrecht von seinen guten Taten abgezogen, und wenn er nichts Gutes getan hat, werden schlechte Taten des Anderen zu seinen Taten hinzugezählt werden."
(Al-Bukhâri)

Hadith 211: Abdullâh ibn Amru ibn al-Âs (r) überliefert, dass der Prophet (s) sagte: "Muslim ist derjenige, der keinen Muslim verletzt, weder mit seiner Zunge noch mit seiner Hand, und *Muhâdschir*[97] ist derjenige, der sich von dem, was Allah verboten hat, fernhält."
(Al-Bukhâri und Muslim)

---

[97] Siehe Anmerkung Nr. 32 auf Seite 22.

٢١٢ _ وعنه رضي الله عنه قال: كَانَ عَلَى ثَقَلِ النَّبِيِّ ﷺ رَجُلٌ يُقَالُ لَهُ كَرْكَرَةُ فَمَاتَ، فقال رسول الله ﷺ: «هُوَ فِي النَّارِ» فَذَهَبُوا يَنْظُرُونَ إِلَيْهِ فَوَجَدُوا عَبَاءَةً قَدْ غَلَّهَا. رواه البخاري.

٢١٣ _ وعن أبي بكرةَ نُفَيْعِ بنِ الحارثِ رضيَ اللَّهُ عنهُ عن النبي ﷺ قال: «إنَّ الزَّمَانَ قَدِ اسْتَدَارَ كَهَيْئَتِهِ يَوْمَ خَلَقَ اللَّهُ السَّمَاوَاتِ وَالأرْضَ. السَّنَةُ اثْنَا عَشَرَ شَهْراً، مِنْهَا أَرْبَعَةٌ حُرُمٌ ثَلاثٌ مُتَوَالِيَاتٌ: ذُو الْقَعْدَةِ، وَذُو الْحِجَّةِ، وَالْمُحَرَّمُ، وَرَجَبُ مُضَرَ الَّذِي بَيْنَ جُمَادَى وَشَعْبَانَ» ثمَّ قال: «أَيُّ شَهْرٍ هذَا؟» قُلْنَا: اللَّهُ وَرَسُولُهُ أَعْلَمُ، فَسَكَتَ حَتَّى ظَنَنَّا أَنَّهُ سَيُسَمِّيهِ بِغَيْرِ اسْمِهِ، قال: «أَلَيْسَ ذَا الْحِجَّةِ؟» قُلْنَا: بَلَى. قال: «فَأَيُّ بَلَدٍ هذَا؟» قُلْنَا: اللَّهُ وَرَسُولُهُ أَعْلَمُ، فَسَكَتَ حَتَّى ظَنَنَّا أَنَّهُ سَيُسَمِّيهِ بِغَيْرِ اسْمِهِ. قال: «أَلَيْسَ الْبَلْدَةَ؟» قُلْنَا: بَلَى. قال: «فَأَيُّ يَوْمٍ هذَا؟» قُلْنَا: اللَّهُ وَرَسُولُهُ أَعْلَمُ، فَسَكَتَ حَتَّى ظَنَنَّا أَنَّهُ سَيُسَمِّيهِ بِغَيْرِ اسْمِهِ. قال: «أَلَيْسَ يَوْمَ النَّحْرِ؟» قُلْنَا: بَلَى. قال: «فَإِنَّ دِمَاءَكُمْ وَأَمْوَالَكُمْ وَأَعْرَاضَكُمْ عَلَيْكُمْ حَرَامٌ، كَحُرْمَةِ يَوْمِكُمْ هذَا، فِي بَلَدِكُمْ هذَا فِي شَهْرِكُمْ هذَا، وَسَتَلْقَوْنَ رَبَّكُمْ فَيَسْأَلُكُمْ عَنْ أَعْمَالِكُمْ، أَلا فَلا تَرْجِعُوا بَعْدِي كُفَّاراً يَضْرِبُ بَعْضُكُمْ رِقَابَ بَعْضٍ، أَلا لِيُبَلِّغِ الشَّاهِدُ الْغَائِبَ، فَلَعَلَّ بَعْضَ مَنْ يَبْلُغُهُ أَنْ يَكُونَ أَوْعَى لَهُ مِنْ بَعْضِ مَنْ سَمِعَهُ» ثُمَّ قال: «أَلا هَلْ بَلَّغْتُ، أَلا هَلْ بَلَّغْتُ؟» قُلْنَا: نَعَمْ. قال: «اللَّهُمَّ اشْهَدْ». متفقٌ عليه.

1. Buch der Gebote

Hadith 212: Abdullâh ibn Amru ibn al-Âs (r) erzählte: Als Karkara, ein Mann, der dem Propheten (s) persönlich zu Diensten stand, starb, sagte der Prophet (s) über ihn: "Er ist im Höllenfeuer!" Die Gefährten gingen der Sache nach, und fanden in seinem Haus einen Umhang, den er sich zu Unrecht angeeignet hatte."
(Al-Bukhâri)

Hadith 213: Abu Bakra Nufai' ibn al-Hârith (r) überliefert, dass der Prophet (s) sagte: "Die Zeit verrinnt auf dieselbe Weise, wie es war, als Allah das Universum gestaltete. Ein Jahr umfasst zwölf Monate, von denen vier heilig sind: Drei folgen aufeinander: Dhûl-Qa'da, Dhûl-Hiddscha und Muharram, und Radschab Mudar[98], der zwischen Dschumâda und Scha'bân liegt." Er (s) fragt dann: "Welcher Monat ist jetzt?" Wir antworteten: "Allah und Sein Gesandter wissen es besser." Als er das hörte, schwieg er eine Weile, bis wir dachten er werde diesem Monat einen neuen Namen geben. Dann sagte er: "Ist es nicht Dhûl-Hiddscha?" Wir sagten: "Ja, so ist es!" Darauf fragte er: "Was ist der Name dieser Stadt?" Wir sagten: "Allah und Sein Prophet wissen es besser." Er schwieg eine Weile, bis wir dachten, er werde ihr einen neuen Namen geben. Dann sagte er: "Ist es nicht die (heilige) Stadt?" Wir sagten: "Ja, gewiss." Dann fragte er: "Welchen Tag haben wir heute?" Wir sagten: "Allah und Sein Gesandter wissen es besser." Er schwieg eine Weile, bis wir dachten, er werde ihm einen neuen Namen geben. Er sprach: "Ist es nicht der Tag des Schlachtens?" Wir sagten: "Ja, gewiss." Dann sagte er: "Euer Blut, euer Besitz und eure Ehre sind einander heilig, so heilig wie dieser Tag, diese Stadt und dieser Monat. Und ihr werdet euren Herrn treffen, und Er wird euch nach euren Taten befragen. Werdet daher nicht zu Ungläubigen, wenn ich nicht mehr bin, indem ihr einander tötet. Lasst alle, die hier anwesend sind, diese Botschaft denen bringen, die abwesend sind. Es ist ja nicht ausgeschlossen, dass manche der Nichtanwesenden, die diese Mitteilung indirekt erhalten, aufmerksamer sind als hier Anwesende, die sie direkt gehört haben." Dann sprach er: "Habe ich nicht (die Anweisung Allahs) deutlich übermittelt? Habe ich nicht (die Anweisung Allahs) deutlich übermittelt?" Wir sagten: "Doch!" Da sagte er: "Oh Allah! Sei (mein) Zeuge!"
(Al-Bukhâri und Muslim)

---

[98] Der Monat Radschab wurde *Radschab Mudar* genannt, da der Mudar-Stamm diesen Monat besonders achtete.

٢١٤ ـ وعن أبي أُمَامَةَ إيَاسِ بنِ ثَعْلَبَةَ الْحَارِثِيِّ رضي الله عَنه، أن رسول الله ﷺ قال: «مَنِ اقْتَطَعَ حَقَّ امْرِىءٍ مُسْلِمٍ بِيَمِينِهِ فَقَدْ أَوْجَبَ اللَّهُ لَهُ النَّارَ، وَحَرَّمَ عَلَيْهِ الْجَنَّةَ» فقال له رَجُلٌ: وَإِنْ كَانَ شَيْئاً يَسِيراً يا رسولَ اللَّهِ؟ فقال: «وَإِنْ قَضِيباً مِنْ أَرَاكٍ». رواه مسلم.

٢١٥ ـ وعن عَدِيِّ بن عمِيرَةَ رضي الله عنه قال: سَمِعْت رسولَ الله ﷺ يقول: «مَنِ اسْتَعْمَلْنَاهُ مِنْكُمْ عَلَى عَمَلٍ، فَكَتَمَنَا مِخْيَطاً فَمَا فَوْقَهُ، كَانَ غُلُولاً يَأْتِي بِهِ يَوْمَ الْقِيَامَةِ» فَقَامَ إِلَيْهِ رَجُلٌ أَسْوَدُ مِنَ الأَنْصَارِ، كَأَنِّي أَنْظُرُ إِلَيْهِ، فقال: يا رسولَ اللَّهِ اقْبَلْ عَنِّي عَمَلَكَ، قال: «وَمَا لَكَ؟» قال: سَمِعْتُكَ تَقُولُ كَذَا وَكَذَا، قال: «وَأَنَا أَقُولُهُ الآنَ؛ مَنِ اسْتَعْمَلْنَاهُ عَلَى عَمَلٍ فَلْيَجِيءْ بِقَلِيلِهِ وَكَثِيرِهِ، فَمَا أُوتِيَ مِنْهُ أَخَذَ، وَمَا نُهِيَ عَنْهُ انْتَهَى». رواه مسلم.

٢١٦ ـ وعن عمر بن الخطاب رضي الله عنه قال: لَمَّا كَانَ يَوْمُ خَيْبَرَ أَقْبَلَ نَفَرٌ مِنْ أصحابِ النَّبيِّ ﷺ فقالوا: فُلَانٌ شَهِيدٌ، وفُلَانٌ شَهِيدٌ، حَتَّى مَرُّوا عَلَى رَجُلٍ فقالوا: فُلَانٌ شَهِيدٌ. فقال النَّبيُّ ﷺ: «كَلَّا إِنِّي رَأَيْتُهُ فِي النَّارِ فِي بُرْدَةٍ غَلَّهَا ـ أَوْ عَبَاءَةٍ ـ». رواه مسلم.

٢١٧ ـ وعن أبي قَتَادَةَ الْحَارِثِ بنِ رِبْعِيٍّ رضي الله عنه عن رسولِ الله ﷺ أَنَّهُ قَامَ فِيهِمْ، فَذَكَرَ لَهُمْ «أَنَّ الْجِهَادَ فِي سَبِيلِ اللَّهِ، وَالإِيمَانَ بِاللَّهِ أَفْضَلُ الأَعْمَالِ»،

1. Buch der Gebote

Hadith 214: Abu Umâma Iyâs ibn Tha'laba al-Hârithi (r) überliefert, dass der Gesandte Allahs (s) sagte: "Demjenigen, der einem Muslim sein Recht genommen hat, hat Allah das Höllenfeuer bestimmt und das Paradies verwehrt." Ein Anwesender fragte: "Oh Gesandter Allahs! Gilt dies auch für Kleinigkeiten?" Er sagte: "Auch wenn es nur das Stöckchen eines Busches[99] wäre."
(Muslim)

Hadith 215: Es berichtet Adî ibn Amîra (r), dass er den Gesandten Allahs (s) sagen hörte: "Wenn wir einem von euch eine Aufgabe übertragen, und dieser eine Nadel oder etwas noch Geringeres vor uns verbirgt, so läuft dies auf Unterschlagung hinaus; und der Mensch wird am Tage des Gerichts ein solches Ding herstellen müssen." Hierbei stand ein dunkelhäutiger *Ansâr*, an den ich mich erinnere, als sähe ich ihn jetzt vor mir, auf und sagte: "Oh Gesandter Allahs, erleichtere mir die Aufgabe, die mir gegeben wurde." Der Prophet (s) fragte den Mann: "Was meinst du?" Der Mann sagte: "Ich habe dich gerade dieses und jenes sagen hören." Da sagte er (s): "Ich sage nochmals, wenn wir einem von euch eine Aufgabe übertragen, dann muss er für seine Arbeit voll Rechenschaft ablegen, im Großen wie im Kleinen. Was ihm erlaubt worden ist, mag er behalten, und was ihm verboten ist, soll er meiden."
(Muslim)

Hadith 216: Umar ibn al-Khattâb (r) erzählte: Während der Schlacht von Khaibar kamen einige Gefährten des Propheten (s) und sagten: "Der und der ist Märtyrer geworden und der und der ist Märtyrer geworden...", bis sie zu einem kamen, und als sie sagten: "Der und der ist Märtyrer geworden", sagte der Prophet (s): "Gewiss habe ihn im Höllenfeuer gesehen, wegen eines Umhangs, den er unterschlagen hat."
(Muslim)

Hadith 217: Es erzählte Abu Qatâda al-Hârith ibn Rib'i (r), dass der Gesandte Allahs (s) in einer Ansprache sagte, dass der *Dschihâd* auf dem Wege Allahs, und der Glaube an Allah die höchsten Arten von Tugend seien. Aus den Reihen der Zuhörer stand ein Mann auf und sagte: "Oh

---

[99] Das heißt: ein *Miswâk*-Hölzchen, siehe Anmerkung Nr. 120 auf Seite 157.

فَقَامَ رَجُلٌ فقال: يا رسول الله، أَرَأَيْتَ إِنْ قُتِلْتُ في سَبِيلِ اللَّهِ، تُكَفَّرُ عَنِّي خَطَايَايَ؟ فَقَالَ لَهُ رسولُ اللَّهِ ﷺ: «نَعَمْ إِنْ قُتِلْتَ في سَبِيلِ اللَّهِ وَأَنْتَ صَابِرٌ مُحْتَسِبٌ، مُقْبِلٌ غَيْرُ مُدْبِرٍ» ثُمَّ قال رسولُ الله ﷺ: «كَيْفَ قُلْتَ؟» قال: أَرَأَيْتَ إِنْ قُتِلْتَ في سَبِيلِ اللَّهِ، أَتُكَفَّرُ عَنِّي خَطَايَايَ؟ فقال رسولُ الله ﷺ: «نَعَمْ وَأَنْتَ صَابِرٌ مُحْتَسِبٌ، مُقْبِلٌ غَيْرُ مُدْبِرٍ، إِلَّا الدَّيْنَ فَإِنَّ جِبْرِيلَ قال لِي ذَلِكَ». رواه مسلم.

٢١٨ - وعن أبي هريرة رضي الله عنه، أن رسول الله ﷺ قال: «أَتَدْرُونَ مَا الْمُفْلِسُ؟» قَالُوا: الْمُفْلِسُ فِينَا مَنْ لا دِرْهَمَ لَهُ وَلَا مَتَاعَ فقال: «إِنَّ الْمُفْلِسَ مِنْ أُمَّتِي مَنْ يَأْتِي يَوْمَ الْقِيَامَةِ بِصَلَاةٍ وَصِيَامٍ وَزَكَاةٍ، وَيَأْتِي قَدْ شَتَمَ هَذَا، وَقَذَفَ هَذَا وَأَكَلَ مَالَ هَذَا، وَسَفَكَ دَمَ هَذَا، وَضَرَبَ هَذَا، فَيُعْطَى هَذَا مِنْ حَسَنَاتِهِ، وَهَذَا مِنْ حَسَنَاتِهِ، فَإِنْ فَنِيَتْ حَسَنَاتُهُ قَبْلَ أَنْ يَقْضِيَ مَا عَلَيْهِ، أُخِذَ مِنْ خَطَايَاهُمْ فَطُرِحَتْ عَلَيْهِ، ثُمَّ طُرِحَ في النَّارِ». رواه مسلم.

٢١٩ - وعن أم سَلَمَةَ رضي الله عنها، أن رسولَ الله ﷺ قال: «إِنَّمَا أَنَا بَشَرٌ، وَإِنَّكُمْ تَخْتَصِمُونَ إِلَيَّ، وَلَعَلَّ بَعْضَكُمْ أَنْ يَكُونَ أَلْحَنَ بِحُجَّتِهِ مِنْ بَعْضٍ، فَأَقْضِيَ لَهُ بِنَحْوِ مَا أَسْمَعُ، فَمَنْ قَضَيْتُ لَهُ بِحَقِّ أَخِيهِ فَإِنَّمَا أَقْطَعُ لَهُ قِطْعَةً مِنَ النَّارِ». متفقٌ عليه. «أَلْحَنَ» أي: أَعْلَمَ.

1. Buch der Gebote

Gesandter Allahs: Meinst du, dass meine ganzen Sünden gesühnt werden, wenn ich im Kampf um Allahs willen getötet werden sollte?" Er antwortete: "Ja, wenn du getötet werden solltest um Allahs willen, wobei du gewissenhaft vorwärts marschierst, entschlossen kämpfst und die Belohnung Allahs (allein) erwartest, ohne zu fliehen." Dann fragte der Gesandte Allahs (s): "Was hattest du gemeint?" Der Mann sagte erneut: "Meinst du, dass meine ganzen Sünden gesühnt werden, wenn ich im Kampf um Allahs willen getötet werden sollte?" Er antwortete: "Ja, wenn du getötet werden solltest um Allahs willen, wobei du gewissenhaft vorwärts marschierst, entschlossen kämpfst, und die Belohnung Allahs (allein) erwartest, ohne zu fliehen. Außer wenn du Schulden hast. Hiervon hat mich (der Engel) Gabriel in Kenntnis gesetzt."
(Muslim)

Hadith 218: Abu Huraira (r) überliefert, dass der Gesandte Allahs (s) seine Gefährten einst fragte: "Wisst ihr, wer wirklich völlig mittellos ist?" Sie antworteten: "Völlig mittellos ist derjenige, der weder Geld noch Besitz hat." Daraufhin sagte er: "Der Ärmste in meiner Gemeinschaft ist derjenige, der am Tage des Gerichts mit einer guten Anzahl von Gebeten und Fasten und *Zakât* erscheinen wird, doch hat er auch jemanden misshandelt, jemanden verunglimpft, die Waren einer anderen Person unterschlagen, jemanden getötet oder eine andere Person geschlagen. Dann wird dem Einen ein Teil seiner guten Taten gegeben, und dem Anderen ein Teil seiner guten Taten gegeben. Und wenn seine guten Taten vergeben sind, bevor er Rechenschaft abgelegt hat, dann werden Sünden der anderen (ungerecht Behandelten) auf ihn übertragen, und er wird ins Höllenfeuer geworfen werden."
(Muslim)

Hadith 219: Es überliefert Umm Salama (r), dass der Gesandte Allahs (s) sagte: "Ich bin nur ein Mensch. Eure Streitereien kommen zur Entscheidung zu mir. Es ist gut möglich, dass einer von euch besser argumentieren kann als der andere und ich den Fall zu seinen Gunsten entscheide. Doch wenn ich zu Gunsten einer Person entscheide, die nicht im Recht ist, spreche ich ihr nur ein Stück vom Höllenfeuer zu."
(Al-Bukhâri und Muslim)

٢٢٠ ـ وعن ابن عمر رضي الله عنهما قال: قال رسول الله ﷺ: «لَنْ يَزَالَ الْمُؤْمِنُ في فُسْحَةٍ مِنْ دِينِهِ مَا لَمْ يُصِبْ دَماً حَرَاماً». رواه البخاري.

٢٢١ ـ وعن خَوْلَةَ بنتِ عَامِرٍ الأَنْصَارِيَّةِ، وَهِيَ امْرَأَةُ حَمْزَةَ رضي الله عنه وعنها، قالت: سَمِعْتُ رسول الله ﷺ يقول: «إنَّ رِجَالاً يَتَخَوَّضُونَ في مَالِ اللَّهِ بِغَيْرِ حَقٍّ، فَلَهُمُ النَّارُ يَوْمَ الْقِيَامَةِ». رواه البخاري.

١ ـ ٢٧ ـ باب تعظيم حُرمات المُسلمين وبيان حقوقهم والشفقة عليهم ورحمتهم

قال الله تعالى: ﴿وَمَنْ يُعَظِّمْ حُرُمَاتِ اللَّهِ فَهُوَ خَيْرٌ لَهُ عِنْدَ رَبِّهِ﴾ [الحج: ٣٠] وقال تعالى: ﴿وَمَنْ يُعَظِّمْ شَعَائِرَ اللَّهِ فَإِنَّهَا مِنْ تَقْوَى الْقُلُوبِ﴾ [الحج: ٣٢] وقال تعالى: ﴿وَاخْفِضْ جَنَاحَكَ لِلْمُؤْمِنِينَ﴾ [الحجر: ٨٨] وقال تعالى: ﴿مَنْ قَتَلَ نَفْساً بِغَيْرِ نَفْسٍ أَوْ فَسَادٍ فِي الْأَرْضِ فَكَأَنَّمَا قَتَلَ النَّاسَ جَمِيعاً وَمَنْ أَحْيَاهَا فَكَأَنَّمَا أَحْيَا النَّاسَ جَمِيعاً﴾ [المائدة: ٣٢].

٢٢٢ ـ وعن أبي موسى رضي الله عنه قال: قال رسول الله ﷺ: «الْمُؤْمِنُ لِلْمُؤْمِنِ كَالْبُنْيَانِ يَشُدُّ بَعْضُهُ بَعْضاً» وَشَبَّكَ بَيْنَ أَصَابِعِهِ. متفقٌ عليه.

1. Buch der Gebote

Hadith 220: Ibn Umar (r) berichtet, dass der Gesandte Allahs (s) sagte: "Ein Gläubiger befindet sich im Rahmen seiner Religion, solange er kein verbotenes Blut[100] vergossen hat."
(Al-Bukhâri)

Hadith 221: Khaula bint Âmir al-Ansârîya, die Witwe des Märtyrers Hamza (r) berichtet: Ich hörte den Gesandten Allahs (s) sagen: "Diejenigen, die die Gelder Allahs[101] zu Unrecht ausgeben, sind am Tage des Gerichts für das Höllenfeuer bestimmt."
(Al-Bukhâri)

Kapitel 27
Achtung der Unverletzlichkeit und Erklärung der Rechte der Muslime, sowie Mitgefühl und Barmherzigkeit mit ihnen

Qur'ân: Allah, der Erhabene, spricht:
"Wer immer die geheiligten Riten Allahs in Ehren hält, so ist es gut für ihn bei seinem Herrn." (22:30)
"Und wer die heiligen Stätten und Riten Allahs in Ehren hält, so ist dies ein Zeichen von Frömmigkeit des Herzens." (22:32),
"So richte niemals deine Augen begehrlich auf das, was Wir einen Teil von ihnen genießen lassen, und sei nicht traurig ihretwegen, und senke deinen Fittich (in Barmherzigkeit) auf die Gläubigen." (15:88)
"Wer einen Menschen tötet - es sei denn als Sühne für einen Mord oder um Unheilstiften auf Erden zu verhindern -, dann ist es, als ob er die gesamte Menschheit getötet habe. Und wer einen Menschen am Leben erhält, dann ist es, als ob er die gesamte Menschheit am Leben erhalten hätte." (5:32)

Hadith 222: Abu Mûsâ (al-Asch'ari) (r) überliefert, dass der Gesandte Allahs (s) sagte: "Der wahre Gläubige steht dem anderen Gläubigen bei, als wären sie ein fest gefügter Bau: jeder Teil hält und verstärkt den anderen." Um dies zu verdeutlichen verschlang der Prophet (s) die Finger einer Hand mit denen der anderen.
(Al-Bukhâri und Muslim)

---
[100] Das heißt: solange er niemanden unrechtmäßig getötet hat.
[101] Das heißt: die Gelder der islamischen Gemeinde.

٢٢٣ ـ وعنه قال: قال رسول الله ﷺ: «مَن مَرَّ في شَيْءٍ مِن مَسَاجِدِنَا، أَوْ أَسْوَاقِنَا، وَمَعَهُ نَبْلٌ فَلْيُمْسِكْ، أَوْ لِيَقْبِضْ عَلَى نِصَالِهَا بِكَفِّهِ أَنْ يُصِيبَ أَحَداً مِنَ الْمُسْلِمِينَ مِنْهَا بِشَيْءٍ». متفقٌ عليه

٢٢٤ ـ وعن النُّعْمَانِ بن بَشِيرٍ رضي الله عنهما قال: قال رسول الله ﷺ: «مَثَلُ الْمُؤْمِنِينَ في تَوَادِّهِمْ وَتَرَاحُمِهِمْ وَتَعَاطُفِهِمْ، مَثَلُ الْجَسَدِ إذَا اشْتَكَى مِنْهُ عُضْوٌ تَدَاعَى لَهُ سَائِرُ الْجَسَدِ بِالسَّهَرِ وَالْحُمَّى». متفقٌ عليه.

٢٢٥ ـ وعن أبي هُرَيْرَةَ رضي اللَّهُ عنه قال: قَبَّلَ النَّبِيُّ ﷺ الْحَسَنَ بْنَ عَلِيٍّ رضي اللَّهُ عنهما، وَعِنْدَهُ الْأَقْرَعُ بْنُ حَابِسٍ جَالِساً، فقال الْأَقْرَعُ: إنَّ لِي عَشَرَةً مِنَ الْوَلَدِ مَا قَبَّلْتُ مِنْهُمْ أَحَداً. فَنَظَرَ إلَيْهِ رَسُولُ اللَّهِ ﷺ فقال: «مَنْ لَا يَرْحَمْ لَا يُرْحَمْ». متفقٌ عليه.

٢٢٦ ـ وعن عائشةَ رضي الله عنها قالت: قَدِمَ نَاسٌ مِنَ الْأَعْرَابِ عَلَى رسولِ اللَّهِ ﷺ، فقالوا: أَتُقَبِّلُونَ صِبْيَانَكُمْ؟ فقال: «نَعَمْ» قالوا: لَكِنَّا واللهِ ما نُقَبِّلُ! فقال رسول الله ﷺ: «أَوَ أَمْلِكُ إنْ كَانَ اللَّهُ نَزَعَ مِنْ قُلُوبِكُمُ الرَّحْمَةَ؟». متفقٌ عليه.

٢٢٧ ـ وعن جريرِ بن عبد الله رضي الله عنه قال: قال رسولُ الله ﷺ: «مَنْ لَا يَرْحَمِ النَّاسَ لَا يَرْحَمْهُ اللَّهُ». متفقٌ عليه.

1. Buch der Gebote

Hadith 223: Abu Mûsâ (r) überliefert auch, dass der Gesandte Allahs (s) sagte: "Wenn irgendjemand unsere Moscheen oder Märkte besucht und dabei einen Pfeil oder Speer mit sich trägt, sollte er das spitze Ende davon mit seiner Hand bedecken, damit es keinen Muslim verletzen kann."
(Al-Bukhâri und Muslim)

Hadith 224: An-Nu'mân ibn Baschîr (r) berichtet, dass der Gesandte Allahs (s) sagte: "Das Gleichnis der Gläubigen in ihrer gegenseitigen Freundschaft und Barmherzigkeit sowie ihrem Mitgefühl füreinander ist wie der Körper eines Menschen: Wenn ein Glied leidet, so leidet der ganze Körper an Schlaflosigkeit und Fieber."
(Al-Bukhâri und Muslim)

Hadith 225: Abu Huraira (r) überliefert, dass der Prophet (s) (seinen Enkel) al-Hasan ibn Alî (r) in Anwesenheit des al-Aqra' ibn Hâbis küsste. Daraufhin kommentierte al-Aqra': "Ich habe zehn Söhne, und nie habe ich einen von ihnen geküsst." Der Gesandte Allahs (s) sah ihn an und sagte: "Wer kein Erbarmen (mit anderen) hat, der hat keinen Anspruch auf Erbarmen."
(Al-Bukhâri und Muslim)

Hadith 226: Âischa (r) berichtet: Einige Araber vom Lande besuchten den Gesandten Allahs (s) und fragten ihn: "Küsst ihr eure Söhne?" Er sagte: "Ja!" Da sagten sie: "Bei Allah, wir küssen unsere nie!" Daraufhin sagte er: "Wie kann ich euch helfen, wenn Allah aus euren Herzen die Barmherzigkeit entfernt hat?"
(Al-Bukhâri und Muslim)

Hadith 227: Es überliefert Dscharîr ibn Abdullâh (r), dass der Gesandte Allahs (s) sagte: "Allah hat kein Erbarmen mit jemandem, der sich anderer nicht erbarmt."
(Al-Bukhâri und Muslim)

٢٢٨ ـ وعن أبي هريرة رضي الله عنه، أنَّ رسول الله ﷺ قال: «إذا صلَّى أحدُكُم للنَّاسِ، فليُخفِّفْ، فإنَّ فيهِم الضَّعيفَ والسَّقيمَ والكَبيرَ، وإذا صلَّى أحدُكُم لنفسِهِ، فليُطوِّلْ ما شاءَ». متفقٌ عليه.

وفي روايةَ: «وَذا الْحَاجَة».

٢٢٩ ـ وعن عَائِشَةَ رضي الله عنها قَالَتْ: إنْ كانَ رسولُ الله ﷺ لَيَدَعُ العَمَلَ، وَهُوَ يُحِبُّ أَنْ يَعْمَلَ بِهِ، خَشْيَةَ أَنْ يَعْمَلَ بِهِ النَّاسُ فَيُفْرَضَ عَلَيْهِمْ. متفقٌ عليه.

٢٣٠ ـ وعَنْها رضي الله عنها قالَتْ: نَهاهُمُ النَّبيُّ ﷺ عَنِ الوِصَالِ رَحْمَةً لَهُمْ، فقَالوا: إِنَّكَ تُوَاصِلُ؟ قال: «إِنِّي لَسْتُ كَهَيْئَتِكُمْ، إِنِّي أَبِيتُ يُطْعِمُني رَبِّي وَيَسْقِيني». متفقٌ عليه.

مَعْنَاهُ يَجْعَلُ فيَّ قُوَّةَ مَنْ أَكَلَ وَشَرِبَ.

٢٣١ ـ وعن أبي قَتَادَةَ الْحَارِثَ بنِ رِبْعِيٍّ رضي الله عنه قال: قال رسولُ اللهِ ﷺ: «إِنِّي لَأَقُومُ إلى الصَّلاةِ، وَأَنَا أُرِيدُ أَنْ أُطَوِّلَ فيها، فَأَسْمَعُ بُكَاءَ الصَّبِيِّ، فَأَتَجَوَّزَ في صَلاتي كَرَاهِيَةَ أَنْ أَشُقَّ عَلَى أُمِّهِ». رواه البخاري.

٢٣٢ ـ وعن جُنْدُبِ بن عبد الله رضي الله عنه قال: قال رسولُ اللهِ ﷺ: «مَنْ

1. Buch der Gebote

Hadith 228: Abu Huraira (r) berichtet, dass der Gesandte Allahs (s) sagte: "Wenn jemand von euch die Gelegenheit hat, die Menschen im Gebet anzuführen, sollte er dieses kurz fassen, denn unter denen, die hinter ihm beten, könnten solche sein, die schwach, krank oder alt sind. Wenn du jedoch allein betest, kannst du so lange (Suren) rezitieren, wie du magst." (Al-Bukhâri und Muslim)

Nach einer anderen Version könnten unter ihnen auch solche sein, die noch ihr Geschäft erledigen müssen.[102]

Hadith 229: Âischa (r) erzählte: "Der Gesandte Allahs (s) unterließ einige Tätigkeiten, die er gerne verrichtet hätte, nur aus Furcht, dass seine Gefolgsleute damit beginnen würden, das Gleiche zu tun, und dass es für sie verpflichtend werden könnte."
(Al-Bukhâri und Muslim)

Hadith 230: Âischa (r) berichtet auch, dass der Gesandte Allahs (s) aus Barmherzigkeit seinen Gefährten verbot, zwei Tage hintereinander zu fasten, ohne dazwischen etwas zu essen oder zu trinken. Da sagten sie zu ihm: "Aber du fastest ständig auf diese Weise." Er sagte: "Ich bin nicht wie ihr. Mein Herr verleiht mir die Kraft von einem, der nachts mit Speise und Trank versorgt wird."
(Al-Bukhâri und Muslim)

Hadith 231: Abu Qatâda al-Hârith ibn Rib'i (r) überliefert, dass der Prophet (s) sagte: "Es kommt vor, dass ich beabsichtige, ein langes Gebet zu verrichten, und während des Gebets höre ich das Weinen eines Babys. Dann kürze ich mein Gebet ab, damit seine Mutter nicht leiden muss."
(Al-Bukhâri)

Hadith 232: Es überliefert Dschundub ibn Abdullâh, dass der Gesandte Allahs (s) sagte: "Wer das Frühgebet verrichtet, begibt sich unter den

---
[102] Siehe auch Hadith Nr. 649.

صَلَّى صَلَاةَ الصُّبْحِ فَهُوَ فِي ذِمَّةِ اللَّهِ فَلَا يَطْلُبَنَّكُمُ اللَّهُ مِنْ ذِمَّتِهِ بِشَيْءٍ. فَإِنَّهُ مَنْ يَطْلُبْهُ مِنْ ذِمَّتِهِ بِشَيْءٍ يُدْرِكْهُ، ثُمَّ يَكُبَّهُ عَلَى وَجْهِهِ فِي نَارِ جَهَنَّمَ». متفقٌ عليه.

٢٣٣ ـ وعن ابنِ عمر رضي الله عنهما، أنَّ رسولَ الله ﷺ قال: «المُسْلِمُ أَخُو الْمُسْلِمِ، لَا يَظْلِمُهُ، وَلَا يُسْلِمُهُ، مَنْ كَانَ فِي حَاجَةِ أَخِيهِ كَانَ اللَّهُ فِي حَاجَتِهِ، وَمَنْ فَرَّجَ عَنْ مُسْلِمٍ كُرْبَةً، فَرَّجَ اللَّهُ عَنْهُ بِهَا كُرْبَةً مِنْ كُرَبِ يَوْمِ الْقِيَامَةِ، وَمَنْ سَتَرَ مُسْلِماً سَتَرَهُ اللَّهُ يَوْمَ الْقِيَامَةِ». متفقٌ عليه.

٢٣٤ ـ وعن أبي هريرة رضي الله عنه قال: قال رسولُ الله ﷺ: «المُسْلِمُ أَخُو الْمُسْلِمِ لَا يَخُونُهُ وَلَا يَكْذِبُهُ وَلَا يَخْذُلُهُ، كُلُّ الْمُسْلِمِ عَلَى الْمُسْلِمِ حَرَامٌ عِرْضُهُ وَمَالُهُ وَدَمُهُ، التَّقْوَى هَهُنَا، بِحَسْبِ امْرِئٍ مِنَ الشَّرِّ أَنْ يَحْقِرَ أَخَاهُ المسلمَ». رواه الترمذيُّ وقال: حديثٌ حسنٌ.

٢٣٥ ـ وعنه قال: قال رسولُ الله ﷺ: «لَا تَحَاسَدُوا، وَلَا تَنَاجَشُوا، وَلَا تَبَاغَضُوا، وَلَا تَدَابَرُوا وَلَا يَبِعْ بَعْضُكُمْ عَلَى بَيْعِ بَعْضٍ، وَكُونُوا عِبَادَ اللَّهِ إِخْوَاناً. الْمُسْلِمُ أَخُو الْمُسْلِمِ: لَا يَظْلِمُهُ وَلَا يَحْقِرُهُ، وَلَا يَخْذُلُهُ. التَّقْوَى هَهُنَا» وَيُشِيرُ إِلَى صَدْرِهِ ثَلَاثَ مَرَّاتٍ «بِحَسْبِ امْرِئٍ مِنَ الشَّرِّ أَنْ يَحْقِرَ أَخَاهُ الْمُسْلِمَ. كُلُّ الْمُسْلِمِ

1. Buch der Gebote

Schutz Allahs. Du sollst dich darum so verhalten, dass Allah dich nicht aufrufen muss, Rechenschaft abzulegen. Wenn Allah jemanden aufruft, Rechenschaft abzulegen, und er wird für mangelhaft befunden, dann wird er ins Höllenfeuer geschickt werden."
(Muslim)

Hadith 233: Ibn Umar (r) überliefert, dass der Gesandte Allahs (s) sagte: "Ein Muslim ist der Bruder jedes Muslims: Er soll ihn nicht unterdrücken und ihn nicht seinem Feind ausliefern. Wer seinem Bruder hilft, dem wird Allah helfen. Und wer einem Muslim bei der Beseitigung seiner Sorgen hilft, dem wird Allah bei seinen Sorgen am Tage des Gericht helfen. Ebenso wird Allah demjenigen, der die Schwächen eines anderen Muslims verdeckt, am Tag des Gerichts seine Fehler verbergen."
(Al-Bukhâri und Muslim)

Hadith 234: Abu Huraira (r) überliefert, dass der Gesandte Allahs (s) sagte: "Ein Muslim ist der Bruder des anderen Muslims. Weder betrügt er ihn, noch belügt er ihn, und er lässt ihn nicht im Stich. Alles was einem Muslim gehört, seine Ehre, sein Besitz und sein Blut, ist für einen anderen Muslim verboten (*harâm*). Die Gottesfurcht ist hier. Es soll niemand einen anderen Muslim verächtlich ansehen."
(At-Tirmidhi)
Dies ist ein guter Hadith (*hasan*).

Hadith 235: Abu Huraira (r) überliefert auch, dass der Gesandte Allahs (s) sagte: "Seid nicht neidisch auf einander und überbietet (einander beim Handel) nicht! Hasst nicht einander! Wendet euch nicht von einander ab! Unterbietet einander nicht (beim Kauf), sondern seid im Dienste Allahs Brüder! Ein Muslim ist der Bruder jedes Muslims: Er fügt ihm kein Unrecht zu, er verachtet ihn nicht und er lässt ihn nicht im Stich. Die Gottesfurcht (*Taqwâ*) ist hier (im Herzen)." Dabei zeigte er dreimal auf seine Brust. "Es ist schlimm genug, wenn jemand seinen muslimischen Bruder verächtlich behandelt. Blut, Besitz und Ehre eines jeden Muslims sind für einen anderen Muslim verboten (*harâm*)."
(Muslim)

عَلَى الْمُسْلِمِ حَرَامٌ دَمُهُ وَمَالُهُ وَعِرْضُهُ». رواه مسلم.

«النَّجْشُ»: أَنْ يَزِيدَ فِي ثَمَنِ سِلْعَةٍ يُنَادَى عَلَيْهَا فِي السُّوقِ وَنَحْوِهِ، وَلَا رَغْبَةَ لَهُ فِي شِرَائِهَا بَلْ يَقْصِدُ أَنْ يَغُرَّ غَيْرَهُ، وَهَذَا حَرَامٌ. «وَالتَّدَابُرُ»: أَنْ يُعْرِضَ عَنِ الْإِنْسَانِ وَيَهْجُرَهُ وَيَجْعَلَهُ كَالشَّيْءِ الَّذِي وَرَاءَ الظَّهْرِ وَالدُّبُرِ.

٢٣٦ ـ وعن أنس رضي الله عنه عن النبي ﷺ قال: «لَا يُؤْمِنُ أَحَدُكُمْ حَتَّى يُحِبَّ لِأَخِيهِ مَا يُحِبُّ لِنَفْسِهِ». متفقٌ عليه.

٢٣٧ ـ وعنه قال: قال رسول الله ﷺ: «انْصُرْ أَخَاكَ ظَالِمًا أَوْ مَظْلُومًا» فَقَالَ رَجُلٌ: يَا رسولَ اللهِ أَنْصُرُهُ إِذَا كَانَ مَظْلُومًا أَرَأَيْتَ إِنْ كَانَ ظَالِمًا كَيْفَ أَنْصُرُهُ؟ قَالَ: «تَحْجُزُهُ ـ أَوْ تَمْنَعُهُ ـ مِنَ الظُّلْمِ فَإِنَّ ذَلِكَ نَصْرُهُ». رواه البخاري.

٢٣٨ ـ وعن أبي هريرة رضي الله عنه أنَّ رسولَ الله ﷺ قال: «حَقُّ الْمُسْلِمِ عَلَى الْمُسْلِمِ خَمْسٌ: رَدُّ السَّلَامِ، وَعِيَادَةُ الْمَرِيضِ، وَاتِّبَاعُ الْجَنَائِزِ، وَإِجَابَةُ الدَّعْوَةِ، وَتَشْمِيتُ الْعَاطِسِ». متفقٌ عليه.

وفي رواية لمسلم: «حَقُّ الْمُسْلِمِ عَلَى الْمُسْلِمِ سِتٌّ». قيل: ما هُنَّ يا رسولَ اللهِ؟ قال: «إِذَا لَقِيتَهُ فَسَلِّمْ عَلَيْهِ، وَإِذَا دَعَاكَ فَأَجِبْهُ، وَإِذَا اسْتَنْصَحَكَ، فَانْصَحْ لَهُ، وَإِذَا عَطَسَ فَحَمِدَ اللَّهَ، فَشَمِّتْهُ، وَإِذَا مَرِضَ، فَعُدْهُ، وَإِذَا مَاتَ، فَاتَّبِعْهُ».

٢٣٩ ـ وعن أبي، عُمَارَةَ الْبَرَاءِ بنِ عازِبٍ رضي الله عنهما قال: أَمَرَنَا

1. Buch der Gebote

Hadith 236: Es überliefert Anas (r), dass der Gesandte Allahs (s) sagte: "Keiner von euch ist gläubig, bis er für seinen Bruder wünscht, was er für sich selbst wünscht."
(Al-Bukhâri und Muslim)

Hadith 237: Anas (r) überliefert auch, dass der Gesandte Allahs (s) sagte: "Hilf deinem Bruder, gleich ob er ein Unterdrücker ist oder unterdrückt wird." Darauf fragte ein Mann: "Oh Gesandter Allahs! Ich sehe ein, ihm zu helfen, wenn er unterdrückt wird; doch bitte sag mir, wie kann ich ihm denn helfen, wenn er ein Unterdrücker ist?" Er antwortete: "Hindere ihn, Unrecht zu tun. Denn ihn daran zu hindern, ist eine Hilfe für ihn."
(Al-Bukhâri)

Hadith 238: Abu Huraira (r) überliefert, dass der Gesandte Allahs (s) sagte: "Ein Muslim hat einem anderen Muslim gegenüber fünf Pflichten, das sind:
1) Die Erwiderung seines Grußes,
2) ihn zu besuchen, wenn er krank ist,
3) seinen Begräbniszug zu begleiten,
4) seine Einladung anzunehmen und
5) beim Niesen, wenn er '*Alhamdu lillâh*' sagt, sollst du mit '*Yarhamuk Allâh*'[103] antworten."
(Al-Bukhâri und Muslim)

Nach einer anderen Version bei Muslim hat man als Muslim einem anderen Muslim gegenüber sechs Pflichten: Man fragte ihn (s): "Was sind sie, oh Gesandter Allahs?" Er sagte:
1) "Wenn du ihn triffst, grüße ihn (indem du *As-salâmu alaikum*[104] sagst).
2) Wenn er dich einlädt, sollst du seine Einladung annehmen.
3) Wenn er dich um Rat bittet, rate ihm aufrichtig.
4) Wenn er niest und Allah (mit den Worten *Alhamdu lillâh*) lobt, dann antworte ihm (mit den Worten '*Yarhamuk Allâh*').
5) Wenn er krank ist, sollst du ihn besuchen, und
6) wenn er gestorben ist, folge ihm (seinem Begräbniszug).

---

[103] Auf Deutsch bedeutet dies: "Allah habe Erbarmen mit dir!"
[104] Auf Deutsch bedeutet dies: "Friede sei mit euch!"

رسولُ اللَّهِ ﷺ بسبعٍ، ونَهَانا عَنْ سَبْعٍ: أمَرَنَا بِعيَادَةِ المَريضِ، واتِّبَاعِ الجَنَازَةِ، وتَشْميتِ العَاطِسِ، وَإبْرَارِ المُقْسِمِ، ونَصْرِ المَظْلُومِ، وَإجابَةِ الدَّاعِي، وإفْشاءِ السَّلامِ. ونَهانَا عَنْ خَوَاتِيمَ أوْ تَخَتُّمٍ بالذَّهَبِ، وَعَنْ شُرْبٍ بالفِضَّةِ، وَعنِ المَيَاثِرِ الحُمْرِ، وَعَنِ القَسِّيِّ، وَعَنْ لُبْسِ الحَرِيرِ والإسْتَبْرَقِ والدِّيبَاجِ. متفقٌ عليه.

وفي روايةٍ: وَإنْشَادِ الضَّالَّةِ في السَّبْعِ الأوَّلِ.

«المَيَاثِرُ» بياءٍ مُثنَّاةٍ قَبْلَ الألِفِ، وثَاءٍ مُثلَّثَةٍ بَعْدَها، وَهيَ جَمْعُ مِيثَرَةٍ، وَهيَ شيءٌ يُتَّخَذُ مِنْ حَريرٍ ويُحْشَى قُطْناً أوْ غَيْرَهُ، ويُجْعَلُ في السَّرْجِ وكُورِ البَعيرِ يَجْلِسُ عَلَيْهِ الرَّاكِبُ. «القَسِّيُّ» بفتح الفاء وكسر السين المهملة المشدَّدةِ: وَهيَ ثِيابٌ تُنْسَجُ مِنْ حَريرٍ وَكَتَّانٍ مُخْتَلِطَيْنِ. «وَإنْشَادُ الضَّالَّةِ»: تَعْرِيفُها.

1 - 28 - باب سَتْر عوْرَات المُسلمين والنّهي عن إشاعتها لغير ضرورة

قال الله تعالى: ﴿إِنَّ الَّذِينَ يُحِبُّونَ أَن تَشِيعَ الْفَاحِشَةُ فِي الَّذِينَ آمَنُوا لَهُمْ عَذَابٌ أَلِيمٌ فِي الدُّنْيَا وَالْآخِرَةِ﴾ [النور: 19].

240 - وعن أبي هريرة رضي الله عنه عن النبي ﷺ قال: «لا يَسْتُرُ عَبْدٌ عَبْداً في الدُّنْيَا إلَّا سَتَرَهُ اللَّهُ يَوْمَ القِيَامَةِ». رواه مسلم.

241 - وعنه قال: سمعت رسول اللَّه ﷺ يقول: «كُلُّ أُمَّتي مُعَافىً إلَّا المُجَاهِرِينَ، وَإنَّ مِنَ المُجَاهَرَةِ أنْ يَعْمَلَ الرَّجُلُ بِاللَّيْلِ عَمَلاً، ثُمَّ يُصْبِحَ وَ قَدْ سَتَرَهُ

1. Buch der Gebote

Hadith 239: Abu Umâra al-Barâ' ibn Âzib (r) sagte: Der Gesandte Allahs (s) hat uns sieben Dinge zur Pflichten gemacht[105] und sieben Dinge verboten: Er schrieb uns vor:
1) Die Kranken zu besuchen,
2) einem Begräbniszug zu folgen,
3) jemandem, der niest, (mit den Worten "*Yarhamuk Allâh*") Allahs Erbarmen zu wünschen,
4) Gelübde zu erfüllen,
5) den Unterdrückten zu helfen,
6) eine Einladung anzunehmen, und
7) den Friedensgruß zu verbreiten.
     Er verbot uns:
1) Goldene Ringe zu tragen,
2) aus silbernen Bechern zu trinken,
3) auf rohseiden gepolsterten Sätteln zu sitzen[106],
4) seidene,
5) halbseidene,
6) aus Brokat oder
7) aus Seidenbrokat gefertigte Kleidung zu tragen.
In einer anderen Version steht unter den sieben Geboten auch die Mithilfe bei der Suche nach Verlorenem.
(Al-Bukhâri und Muslim)

Kapitel 28
Bedecken der Schwächen der Muslime und Verbot ihrer Verbreitung ohne zwingenden Grund

Qur'ân: Allah, der Erhabene, spricht:
"Wahrlich, diejenigen, die darauf bedacht sind, dass Schandtaten sich verbreiten unter jenen, die gläubig sind, denen wird schmerzliche Strafe in Diesseits und im Jenseits zuteil. Und Allah weiß, doch ihr wisst nicht!" (24:19)

Hadith 240: Abu Huraira (r) erzählt, dass der Prophet (s) sagte: "Jedem, der die Mängel eines anderen in dieser Welt verdeckt, werden von Allah am Tage des Gerichts seine Mängel verdeckt werden."
(Muslim)

---
[105] Vergl. Hadith Nr. 847.
[106] Vergl. Hadith Nr. 811.

اللَّهُ عَلَيْهِ فَيَقُولُ: يَا فُلَانُ عَمِلْتُ الْبَارِحَةَ كَذَا وَكَذَا، وَقَدْ بَاتَ يَسْتُرُهُ رَبُّهُ، وَيُصْبِحُ يَكْشِفُ سَتْرَ اللَّهِ عَنْهُ». متفقٌ عليه.

٢٤٢ - وعنه، عن النبي ﷺ قال: «إِذَا زَنَتِ الْأَمَةُ فَتَبَيَّنَ زِنَاهَا فَلْيَجْلِدْهَا الْحَدَّ، وَلَا يُثَرِّبْ عَلَيْهَا، ثُمَّ إِنْ زَنَتِ الثَّانِيَةَ فَلْيَجْلِدْهَا الْحَدَّ وَلَا يُثَرِّبْ عَلَيْهَا، ثُمَّ إِنْ زَنَتِ الثَّالِثَةَ فَلْيَبِعْهَا وَلَوْ بِحَبْلٍ مِنْ شَعَرٍ». متفقٌ عليه. «التَّثْرِيبُ»: التَّوْبِيخُ.

٢٤٣ - وعنه قال: أُتِيَ النَّبِيُّ ﷺ بِرَجُلٍ قَدْ شَرِبَ خَمْرًا قَالَ: «اضْرِبُوهُ» قال أبو هريرة: فَمِنَّا الضَّارِبُ بِيَدِهِ، وَالضَّارِبُ بِنَعْلِهِ، وَالضَّارِبُ بِثَوْبِهِ. فَلَمَّا انْصَرَفَ قَالَ بَعْضُ الْقَوْمِ: أَخْزَاكَ اللَّهُ، قَالَ: «لَا تَقُولُوا هَكَذَا لَا تُعِينُوا عَلَيْهِ الشَّيْطَانَ». رواه البخاري.

١ - ٢٩ - باب قضاء حوائج المسلمين

قال الله تعالى: ﴿وَافْعَلُوا الْخَيْرَ لَعَلَّكُمْ تُفْلِحُونَ﴾ [الحج: ٧٧].

٢٤٤ - وعن ابن عمر رضي الله عنهما، أن رسول الله ﷺ قال: «الْمُسْلِمُ أَخُو الْمُسْلِمِ لَا يَظْلِمُهُ وَلَا يُسْلِمُهُ. مَنْ كَانَ فِي حَاجَةِ أَخِيهِ كَانَ اللَّهُ فِي حَاجَتِهِ، وَمَنْ فَرَّجَ عَنْ مُسْلِمٍ كُرْبَةً فَرَّجَ اللَّهُ عَنْهُ بِهَا كُرْبَةً مِنْ كُرَبِ يَوْمِ الْقِيَامَةِ، وَمَنْ سَتَرَ مُسْلِمًا سَتَرَهُ اللَّهُ يَوْمَ الْقِيَامَةِ». متفقٌ عليه.

1. Buch der Gebote

Hadith 241: Abu Huraira (r) erzählt, dass er den Propheten (s) sagen hörte: "Jedem meiner Gefolgsleute wird vergeben werden, außer denen, die in der Öffentlichkeit Fehler anderer Leute verbreiten. In der Öffentlichkeit verbreiten bedeutet, dass jemand, nachdem er im Schutze der Dunkelheit etwas tat, und Allah dieses Fehlverhalten verbarg, am nächsten Tag dem Soundso erzählt, dass er das und das gemacht hat. So wird er die Schutzdecke Allahs lüften."
(Al-Bukhâri und Muslim)

Hadith 242: Abu Huraira (r) überliefert auch, dass der Gesandte Allahs (s) sagte: "Wenn eine Sklavin des Ehebruchs für schuldig befunden wurde, soll sie bestraft, aber nicht ausgescholten werden. Wenn sie ihn ein zweites Mal begeht, soll ihr die gleiche Strafe zuteil werden, doch wenn sie ein drittes Mal fehl geht, soll sie verkauft werden, und wenn es für ein Seil aus Haaren (d.h. für den geringsten Preis) wäre."
(Al-Bukhâri und Muslim)

Hadith 243: Abu Huraira (r) berichtet: Ein Trunkenbold wurde vor den Propheten (s) gebracht, und der befahl: "Schlagt ihn!" Abu Huraira erzählt: Einige von uns begannen ihn mit ihren Händen zu schlagen, einige mit Schuhen und andere mit Kleidungsstücken. Als er davonlief, sagte einer von uns: "Möge Allah dich erniedrigen!" Der Prophet (s) sagte: "Sagt so etwas nicht, helft nicht dem Satan gegen ihn."
(Al-Bukhâri)

Kapitel 29
Erledigung der Angelegenheiten der Muslime

Qur'ân: Allah, der Erhabene, spricht:
"Oh die ihr glaubt! Verneigt euch und werft euch nieder und dient eurem Herrn und tut Gutes, auf dass ihr erfolgreich seid!" (22:77)

Hadith 244 ist eine Wiederholung von Hadith Nr. 233.

٢٤٥ - وعن أبي هريرة رضي اللَّه عنه، عن النبي ﷺ قال: «مَنْ نَفَّسَ عَنْ مُؤْمِنٍ كُرْبَةً مِنْ كُرَبِ الدُّنْيَا، نَفَّسَ اللَّهُ عَنْهُ كُرْبَةً مِنْ كُرَبِ يَوْمِ الْقِيَامَةِ، وَمَنْ يَسَّرَ عَلَى مُعْسِرٍ يَسَّرَ اللَّهُ عَلَيْهِ في الدُّنْيَا وَالآخِرَةِ، وَمَنْ سَتَرَ مُسْلِماً سَتَرَهُ اللَّهُ في الدُّنْيَا وَالآخِرَةِ، وَاللَّهُ في عَوْنِ الْعَبْدِ مَا كَانَ الْعَبْدُ في عَوْنِ أَخِيهِ، وَمَنْ سَلَكَ طَرِيقاً يَلْتَمِسُ فِيهِ عِلْماً سَهَّلَ اللَّهُ لَهُ بِهِ طَرِيقاً إِلَى الْجَنَّةِ. وَمَا اجْتَمَعَ قَوْمٌ فِي بَيْتٍ مِنْ بُيُوتِ اللَّهِ تَعَالَى، يَتْلُونَ كِتَابَ اللَّهِ، وَيَتَدَارَسُونَهُ بَيْنَهُمْ إِلَّا نَزَلَتْ عَلَيْهِمْ السَّكِينَةُ، وَغَشِيَتْهُمُ الرَّحْمَةُ، وَحَفَّتْهُمُ الْمَلَائِكَةُ، وَذَكَرَهُمُ اللَّهُ فِيمَنْ عِنْدَهُ. وَمَنْ بَطَّأَ بِهِ عَمَلُهُ لَمْ يُسْرِعْ بِهِ نَسَبُهُ». رواه مسلم.

١ - ٣٠ - باب الشفاعة

قال اللَّهُ تعالى: ﴿مَنْ يَشْفَعْ شَفَاعَةً حَسَنَةً يَكُنْ لَهُ نَصِيبٌ مِنْهَا﴾ [النساء: ٨٥].

٢٤٦ - وعن أبي موسى الأشعري رضي الله عنه قال: كان النبي ﷺ إذا أتاهُ طَالِبُ حَاجَةٍ أَقْبَلَ عَلَى جُلَسَائِهِ فقال: «اشْفَعُوا تُؤْجَرُوا وَيَقْضِي اللَّهُ عَلَى لِسَانِ نَبِيِّهِ مَا أَحَبَّ». متفقٌ عليه.

وفي رواية: «مَا شَاءَ».

٢٤٧ - وعن ابن عباس رضي الله عنهما في قِصَّةِ بَرِيرَةَ وَزَوْجِهَا. قال: قال

1. Buch der Gebote

Hadith 245: Abu Huraira (r) überliefert, dass der Gesandte Allahs (s) sagte: "Wer einem Gläubigen eine Sorge von den Sorgen dieser Welt nimmt, dem wird Allah eine Sorge von den Sorgen des Tages des Gerichts nehmen. Und wer einem Menschen in Bedrängnis Erleichterung verschafft, dem wird Allah in dieser Welt und im Jenseits Erleichterung verschaffen. Und wer einen Muslim schützt, den wird Allah schützen, im Diesseits und im Jenseits. Allah steht Seinem Diener bei, solange Sein Diener seinem Bruders beisteht. Kein Volk versammelt sich in einem der Häuser Allahs, um den Qur'ân vorzutragen und ihn miteinander zu studieren, ohne dass innere Ruhe auf sie herab kommt, Barmherzigkeit sie umhüllt, die Engel sie umgeben, und Allah sie denen gegenüber erwähnt, die bei Ihm sind. Wer durch seine Taten (auf dem Weg zum Paradies) behindert ist, der wird durch seine Herkunft nicht befördert."
(Muslim)

Kapitel 30
Fürsprache

Qur'ân: Allah, der Erhabene, spricht:
"Wer Fürsprache einlegt für eine gute Sache, dem steht ein Anteil daran zu..." (4:85)

Hadith 246: Abu Mûsâ al-Asch'ari (r) berichtet: Immer wenn jemand mit einer Bitte zum Propheten (s) kam, ging er zu den Anwesenden und sagte: "Bittet für ihn, ihr werdet euren Lohn (von Allah) erhalten, und Allah lässt Seinen Propheten sagen, was Er will."
(Al-Bukhâri und Muslim)

Hadith 247: Nach Ibn Abbâs (r) sagte der Prophet (s) in der Geschichte von Barîra und ihrem Gatten zu ihr: "Es wäre besser, du würdest zu ihm zurückgehen." Sie sagte: "Oh Gesandter Allahs, ist das ein Befehl?" Er

لَهَا النَّبِيُّ ﷺ: «لَوْ رَاجَعْتِهِ؟» قَالَتْ: يَا رَسُولَ اللَّهِ تَأْمُرُنِي؟ قَالَ: «إِنَّمَا أَنَا أَشْفَعُ» قَالَتْ: لَا حَاجَةَ لِي فِيهِ. رواه البخاري.

١ - ٣١ - باب الإصلاح بَيْنَ النَّاس

قال اللَّهُ تعالى: ﴿لَا خَيْرَ فِي كَثِيرٍ مِنْ نَجْوَاهُمْ إِلَّا مَنْ أَمَرَ بِصَدَقَةٍ أَوْ مَعْرُوفٍ أَوْ إِصْلَاحٍ بَيْنَ النَّاسِ﴾ [النساء: ١١٤] وقال تعالى: ﴿وَالصُّلْحُ خَيْرٌ﴾ [النساء: ١٢٨] وقال تعالى: ﴿فَاتَّقُوا اللَّهَ وَأَصْلِحُوا ذَاتَ بَيْنِكُمْ﴾ [الأنفال: ١] وقال تعالى: ﴿إِنَّمَا الْمُؤْمِنُونَ إِخْوَةٌ فَأَصْلِحُوا بَيْنَ أَخَوَيْكُمْ﴾ [الحجرات: ١٠].

٢٤٨ - وعن أبي هريرة رضي الله عنه قال: قال رسول الله ﷺ: «كُلُّ سُلَامَى مِنَ النَّاسِ صَدَقَةٌ، كُلَّ يَوْمٍ تَطْلُعُ فِيهِ الشَّمْسُ: تَعْدِلُ بَيْنَ الاثْنَيْنِ صَدَقَةٌ، وَتُعِينُ الرَّجُلَ فِي دَابَّتِهِ فَتَحْمِلُهُ عَلَيْهَا، أَوْ تَرْفَعُ لَهُ عَلَيْهَا مَتَاعَهُ صَدَقَةٌ وَالْكَلِمَةُ الطَّيِّبَةُ صَدَقَةٌ، وَكُلُّ خُطْوَةٍ تَمْشِيهَا إِلَى الصَّلَاةِ صَدَقَةٌ، وَتُمِيطُ الْأَذَى عَنِ الطَّرِيقِ صَدَقَةٌ». متفق عليه.

ومعنى «تَعْدِلُ بَيْنَهُمَا»: تُصْلِحُ بَيْنَهُمَا بِالْعَدْلِ.

٢٤٩ - وعن أمِّ كُلْثُومٍ بِنْتِ عُقْبَةَ بن أبي مُعَيْطٍ رضي الله عنها قالت: سمعْتُ رسول الله ﷺ يقول: «لَيْسَ الْكَذَّابُ الَّذِي يُصْلِحُ بَيْنَ النَّاسِ فَيَنْمِي خَيْرًا، أَوْ يَقُولُ خَيْرًا». متفق عليه.

entgegnete: "Ich empfehle nur." Sie sagte: "Ich habe kein Interesse an ihm."
(Al-Bukhâri)

Kapitel 31
Frieden stiften unter den Menschen

Qur'ân: Allah, der Erhabene, spricht:
"Nichts Gutes ist in vielen ihrer geheimen Besprechungen, es sei denn, jemand ruft zur Mildtätigkeit auf oder zur Güte oder zur Versöhnung unter den Menschen..." (4:114)
"... denn die Versöhnung ist vorzuziehen..." (4:128)
"So fürchtet Allah und verfahrt friedlich miteinander..." (8:1)
""Die Gläubigen sind doch Brüder, darum stiftet Frieden zwischen euren (zerstrittenen) Brüdern." (49:10)

Hadith 248 ist eine Wiederholung von Hadith Nr. 122.

Hadith 249: Umm Kulthûm bint Uqba ibn Abi Mu'ait (r) überliefert, dass sie den Gesandten Allahs (s) sagen hörte: "Der ist kein Lügner, der Frieden unter den Menschen schafft und Gutes erlangen will, wobei er etwas Gutes sagt, in dessen Unwahrheit Gutes steckt."
(Al-Bukhâri und Muslim)

Eine andere Version Muslims fügt hinzu: Ich habe nie gehört, dass er so etwas zuließ, außer in drei Situationen: im Krieg, beim Friedenschließen zwischen Streitenden und beim Berichten des Ehemannes über seine Ehefrau oder der Ehefrau über ihren Ehemann.

وفي رواية مسلمٍ زيادة، قالت: وَلَمْ أَسْمَعْهُ يُرَخِّصُ في شَيْءٍ مِمَّا يَقُولُهُ النَّاسُ إلَّا في ثَلاثٍ؛ تَعْني: الحَرْبَ، وَالإصْلاحَ بَيْنَ النَّاسِ، وَحَدِيثَ الرَّجُلِ امرَأَتَهُ، وَحَدِيثَ المَرْأَةِ زَوْجَهَا.

٢٥٠ - وعن عائشة رضي الله عنها قالت: سمع رسول الله ﷺ صَوْتَ خُصُومٍ بِالبابِ، عَاليةً أصْوَاتُهُمَا، وإذا أَحَدُهُمَا يَسْتَوْضِعُ الآخَرَ وَيَسْتَرْفِقُهُ في شَيْءٍ، وَهُوَ يَقُولُ: والله لا أَفْعَلُ، فَخَرَجَ عَلَيْهِمَا رسولُ اللَّهِ ﷺ فقال: «أَيْنَ الْمُتَأَلِّي عَلَى اللَّهِ لا يَفْعَلُ الْمَعْرُوفَ؟» فقال: أَنَا يا رسولَ اللَّهِ، فَلَهُ أَيُّ ذَلِكَ أَحَبَّ. متفق عليه.

معنى «يَسْتَوْضِعُهُ»: يَسْأَلُهُ أَنْ يَضَعَ عَنْهُ بَعْضَ دَيْنِهِ. «وَيَسْتَرْفِقُهُ»: يَسْأَلُهُ الرِّفْقَ. «وَالْمُتَأَلِّي»: الحَالِفُ.

٢٥١ - وعن أبي العباس سهلِ بن سعدٍ السَّاعِدِيِّ رضي الله عنه، أن رسولَ الله ﷺ بَلَغَهُ أَنَّ بَنِي عَمْرِو بن عَوْفٍ كَانَ بَيْنَهُمْ شَرٌّ، فَخَرَجَ رسولُ اللَّهِ ﷺ يُصْلِحُ بَيْنَهُمْ في أُنَاسٍ مَعَهُ، فَحُبِسَ رسولُ اللَّهِ ﷺ وَحَانَتِ الصَّلاةُ، فَجَاءَ بِلالٌ إلى أبي بَكْرٍ رضي الله عنهما فقال: يا أَبَا بَكْرٍ إنَّ رسولَ اللَّهِ ﷺ قَدْ حُبِسَ، وَحَانَتِ الصَّلاةُ، فَهَلْ لَكَ أَنْ تَؤُمَّ النَّاسَ؟ قال: نَعَم إنْ شِئْتَ، فَأَقَامَ بِلالٌ الصَّلاةَ، وَتَقَدَّمَ أبو بَكْرٍ فَكَبَّرَ وَكَبَّرَ النَّاسُ، وَجَاءَ رسولُ الله ﷺ يَمْشِي في الصُّفوفِ حَتَّى قَامَ في الصَّفِّ، فَأَخَذَ النَّاسُ في التَّصْفِيقِ، وَكَانَ أبُو بَكْرٍ رضي الله عنه لا يَلْتَفِتُ في صَلاتِهِ، فَلَمَّا أَكْثَرَ النَّاسُ التَّصْفِيقَ الْتَفَتَ، فَإِذَا رسولُ اللَّهِ ﷺ، فَأَشَارَ إِلَيْهِ رسولُ اللَّهِ ﷺ يَأْمُرُهُ أَنْ يُصَلِّيَ، فَرَفَعَ أبُو بَكْرٍ رضي الله عنه يَدَهُ فَحَمِدَ اللَّهَ، وَرَجَعَ

1. Buch der Gebote

Hadith 250: Âischa (r) erzählte, dass der Gesandte Allahs (s) hörte, wie zwei Männer vor seiner Tür mit lauter Stimme stritten. Einer von ihnen bat den anderen, den Betrag seiner Schulden bei ihm herabzusetzen oder sie ihm zu stunden. Der andere sagte: "Bei Allah, ich werde das nicht tun." Der Prophet (s) ging hinaus zu ihnen und fragte: "Wer von euch ist derjenige, der bei Allah schwor, dass er nicht gut handeln werde?" Der Mann sagte: "Ich bin es, oh Gesandter Allahs, und er kann haben, was er will."
(Al-Bukhâri und Muslim)

Hadith 251: Abul-Abbâs Sahl ibn Sa'd as-Sâ'idi (r) erzählte, dass der Gesandte Allahs (s) erfuhr, dass in der Familie von Amru ibn Auf ein Streit ausgebrochen war. Er ging mit einigen seiner Gefährten dorthin, um sie zu versöhnen. Nach Schlichtung ihres Streites musste er dort bleiben und ihre Gastfreundschaft in Anspruch nehmen. Unterdessen nahte die Zeit zum Gebet, und Bilâl (r) trat zu Abu Bakr (r) und sagte zu ihm: "Oh Abu Bakr, der Gesandte Allahs (s) wurde aufgehalten, und es ist (nun) Zeit zum Gebet. Wirst du das Gebet leiten?" Er sagte: "Ja, wenn du es wünschst." Bilâl rief zum Gebet und Abu Bakr ging vor und sagte den *Takbîr*[107], und die Leute folgten ihm. Da kam der Prophet (s), ging durch die Reihen und reihte sich ein. Daraufhin begannen die Betenden zu klatschen (um Abu Bakr anzuzeigen, dass der Prophet gekommen sei). Abu Bakr (r) drehte sich nie während des Gebets um, und so achtete er nicht auf das Klatschen. Als das Klatschen jedoch zunahm, drehte er sich um und bemerkte den Gesandten Allahs (s), der ihm jedoch ein Zeichen gab, an seinem Platz zu bleiben und das Gebet weiter zu leiten. Abu Bakr (r) jedoch hob seine Hände, pries Allah und zog sich zurück, um seinen Platz in der Reihe einzunehmen. Der Gesandte Allahs (s) ging sodann nach vorne, um das Gebet zu leiten. Nach seiner Beendigung stellte er sich vor die Leute und sagte: "Oh ihr Leute, warum fangt ihr an zu klatschen, wenn während des

---

[107] *Takbîr* nennt man das Aussprechen der Worte *Allâhu akbar*. Mit diesen Worten beginnt das Gebet.

القَهْقَرَى وَرَاءَهُ حَتَّى قَامَ في الصَّفِّ، فَتَقَدَّمَ رسولُ اللَّهِ ﷺ، فَصَلَّى لِلنَّاسِ، فَلَمَّا فَرَغَ أَقْبَلَ عَلَى النَّاسِ فقال: «يَا أَيُّهَا النَّاسُ مَا لَكُمْ حِينَ نَابَكُمْ شَيْءٌ في الصَّلاةِ أَخَذْتُمْ في التَّصْفِيقِ؟! إنَّمَا التَّصْفِيقُ لِلنِّسَاءِ. مَنْ نَابَهُ شَيْءٌ في صَلاتِهِ فَلْيَقُلْ: سُبْحَانَ اللَّهِ، فَإِنَّهُ لَا يَسْمَعُهُ أَحَدٌ حِينَ يَقُولُ: سُبْحَانَ اللَّهِ، إلَّا الْتَفَتَ. يَا أَبَا بَكْرٍ: مَا مَنَعَكَ أَنْ تُصَلِّيَ بِالنَّاسِ حِينَ أَشَرْتُ إلَيْكَ؟» فقال أبو بَكْرٍ: مَا كَانَ يَنْبَغِي لِابْنِ أَبِي قُحَافَةَ أَنْ يُصَلِّيَ بالنَّاسِ بَيْنَ يَدَيْ رسولِ اللَّهِ ﷺ. متفقٌ عليه.

معنى: «حُبِسَ»: أَمْسَكُوهُ لِيُضِيفُوهُ.

١ـ ٣٢ـ باب فضل ضعفة المُسلمين

والفقراء الخاملين

قال الله تعالى: ﴿وَاصْبِرْ نَفْسَكَ مَعَ الَّذِينَ يَدْعُونَ رَبَّهُمْ بِالْغَدَاةِ وَالْعَشِيِّ يُرِيدُونَ وَجْهَهُ وَلَا تَعْدُ عَيْنَاكَ عَنْهُمْ﴾ [الكهف: ٢٨].

٢٥٢ـ عن حَارِثَةَ بنِ وَهْبٍ رضي الله عنه قال: سمعتُ رسولَ اللهِ ﷺ يقول: «أَلَا أُخْبِرُكُمْ بِأَهْلِ الجَنَّةِ؟ كُلُّ ضَعِيفٍ مُتَضَعَّفٍ، لَوْ أَقْسَمَ عَلَى اللَّهِ لَأَبَرَّهُ. أَلَا أُخْبِرُكُمْ بِأَهْلِ النَّارِ؟ كُلُّ عُتُلٍّ جَوَّاظٍ مُسْتَكْبِرٍ». متفقٌ عليه.

«الْعُتُلُّ»: الغَلِيظُ الجَافِي. «وَالجَوَّاظُ» بفتح الجيم وتشديد الواو وبالظاء المعجمة: وَهُوَ الجَمُوعُ المَنُوعُ، وقِيلَ: الضَّخْمُ المُخْتَالُ في مِشْيَتِهِ، وقِيلَ: القَصِيرُ البَطِينُ.

٢٥٣ـ وعن أبي العباس سهلِ بنِ سعدٍ السَّاعِدِيِّ رضي الله عنه قال: مَرَّ رَجُلٌ على النبيِّ ﷺ، فقال لِرَجُلٍ عِنْدَهُ جَالِسٍ: «مَا رَأْيُكَ في هَذَا؟» فقال: رَجُلٌ مِنْ أَشْرَافِ النَّاسِ، هَذَا وَاللَّهِ حَرِيٌّ إِنْ خَطَبَ أَنْ يُنْكَحَ، وَإِنْ شَفَعَ أَنْ يُشَفَّعَ. فَسَكَتَ

1. Buch der Gebote

Gebets etwas geschieht? Das klatschen ist (nur) für die Frauen. Wenn jemand während des Gebets etwas bemerkt, soll er *Subhân Allâh* sagen. Jeder, der ihn *Subhân Allâh* sagen hört, wird sich umdrehen. Oh Abu Bakr, was hinderte dich, das Gebet weiter zu leiten, nachdem ich dir ein Zeichen dazu gegeben hatte?" Er sagte: "Dem Sohn von Abu Quhâfa (d.i. Abu Bakr) ziemt es sich nicht, in Gegenwart des Gesandten Allahs (s) das Gebet zu leiten."
(Al-Bukhâri und Muslim)

Kapitel 32
Vorzug der Schwachen unter den Muslimen und der Unbedeutenden von den Armen

Qur'ân: Allah, der Erhabene, spricht:
"Und fasse dich in Geduld mit denen, die ihren Herrn morgens und abends anrufen im Trachten nach Seinem Angesicht, und wende deine Augen nicht von ihnen ab, um nach irdischen Verlockungen zu trachten.." (18:28).

Hadith 252: Es überliefert Hâritha ibn Wahb (r), dass er den Gesandten Allahs (s) sagen hörte: "Soll ich euch erzählen, wer die Bewohner des Paradieses sind? Es ist jeder, der als schwach und geringschätzig betrachtet wird und der, wenn er einen Eid unter Berufung auf Allah leistet, ihn dann auch erfüllt. Jetzt werde ich euch erzählen, wer die Personen sind, die für die Hölle bestimmt sind: Es ist derjenige, der unwissend, unverschämt, stolz und arrogant ist."
(Al-Bukhâri und Muslim)

Hadith 253: Abul-Abbâs Sahl ibn Sa'd as-Sâ'idi (r) erzählte folgendes: Einst saßen wir bei dem Propheten (s), als ein Mann an uns vorbeiging. Der Prophet (s) fragte einen von uns: "Was denkst du von diesem Mann?" Er antwortete: "Ich denke, er ist ein edler Herr. Bei Allah, er kann erfolgreich um die Hand jeder Frau bitten, ohne dass man ihn zurückweist, und

رسولُ اللَّهِ ﷺ، ثُمَّ مَرَّ رَجُلٌ آخَرُ، فقال له رسولُ اللَّهِ ﷺ: «مَا رَأيُكَ في هٰذَا؟» فقال: يا رسولَ الله، هٰذَا رَجُلٌ مِنْ فُقَرَاءِ المُسْلِمِينَ، هٰذَا حَرِيٌّ إنْ خَطَبَ أَنْ لَا يُنكَحَ، وَإنْ شَفَعَ أَنْ لَا يُشَفَّعَ، وَإنْ قَالَ أَنْ لَا يُسْمَعَ لِقَوْلِهِ. فقال رسولُ اللَّهِ ﷺ: «هٰذَا خَيْرٌ مِنْ مِلْءِ الأَرْضِ مِثْلِ هٰذَا». متفقٌ عليه.

قوله: «حَرِيٌّ» هو بفتح الحاءِ وكسر الراءِ وتشديد الياءِ: أي حَقِيقٌ. وقوله: «شَفَعَ» بفتح الفاءِ.

٢٥٤ ـ وعن أبي سعيدٍ الخدري رضي الله عنه عن النبي ﷺ قال: «احْتَجَّتِ الجَنَّةُ وَالنَّارُ فقالتِ النَّارُ: فِيَّ الجَبَّارُونَ وَالمُتَكَبِّرُونَ، وَقَالَتِ الجَنَّةُ: فِيَّ ضُعَفَاءُ النَّاسِ وَمَسَاكِينُهُمْ، فَقَضَى اللَّهُ بَيْنَهُمَا: إنَّكِ الجَنَّةُ رَحْمَتِي أَرْحَمُ بِكِ مَنْ أَشَاءُ، وَإنَّكِ النَّارُ عَذَابِي أُعَذِّبُ بِكِ مَنْ أَشَاءُ، وَلِكِلَيْكُمَا عَلَيَّ مِلْؤُهَا». رواه مسلم.

٢٥٥ ـ وعن أبي هريرة رضي الله عنه عن رسول الله ﷺ قال: «إنَّهُ لَيَأتِي الرَّجُلُ السَّمِينُ العَظِيمُ يَوْمَ القِيَامَةِ لَا يَزِنُ عِنْدَ اللَّهِ جَنَاحَ بَعُوضَةٍ». متفقٌ عليه.

٢٥٦ ـ وعنه: أَنَّ امْرَأَةً سَوْدَاءَ كَانَتْ تَقُمُّ المَسْجِدَ، أَوْ شَابًّا، فَفَقَدَهَا، رسولُ الله ﷺ، فَسَأَلَ عَنْهَا أَوْ عَنْهُ، فقالوا: مَاتَ. قال: «أَفَلَا كُنْتُمْ آذَنْتُمُونِي» فَكَأَنَّهُمْ صَغَّرُوا أَمْرَهَا، أَوْ أَمْرَهُ، فقال: «دُلُّونِي عَلَى قَبْرِهِ» فَدَلُّوهُ فَصَلَّى عَلَيْهَا، ثُمَّ

1. Buch der Gebote

für jeden erfolgreich Fürsprache einlegen." Der Gesandte Allahs (s) schwieg. Danach kam ein anderer vorbei, und der Gesandte Allahs (s) fragte jenen Mann wieder: "Und was denkst du über diesen?" Er antwortete: "Oh Gesandter Allahs! Das ist irgendein armer Muslim! Bei Allah, man wird ihn ablehnen, wenn er um die Hand einer Braut bitten sollte, und ihn zurückweisen, wenn er für jemanden sprechen sollte, und kein Mensch würde ihm zuhören." Daraufhin sprach der Gesandte Allahs (s): "Dieser (arme Muslim) ist (in der Waagschale Gottes) besser als alle Bewohner der Erde des anderen Typs."
(Al-Bukhâri und Muslim)

Hadith 254: Abu Sa'îd al-Khudri (r) berichtet, dass der Prophet (s) sagte: "Der Paradiesgarten und das Höllenfeuer stritten sich um den Vorrang (bei Gott). Da sagte das Höllenfeuer: "In mir sind die Tyrannen und die ungerechten Hochmütigen", und der Paradiesgarten erwiderte: "Und in mir leben die Armen und die zu Unrecht verurteilten." Da fällte Allah Sein Urteil (unter ihnen) und sprach: "Du bist der Paradiesgarten, Meine Barmherzigkeit; durch dich erweise Ich Meine Gnade wem Ich will. Und du bist das Höllenfeuer, Meine Strafe; mit dir strafe Ich, wen Ich will; und es obliegt Mir euch beiden gegenüber, euch randvoll zu machen."
(Muslim)

Hadith 255: Abu Huraira (r) überliefert, dass der Gesandte Allahs (s) sagte: "Am Tag des Gerichts wird ein großer, fetter Mann vor Allah stehen, doch wird er (in der Waagschale Gottes) nicht einmal so viel wie der Flügel einer Mücke wiegen."
(Al-Bukhâri und Muslim)

Hadith 256: Abu Huraira (r) berichtet, dass eine schwarze Frau oder ein Junge für die Abfallbeseitigung in der Moschee sorgte. Eines Tages vermisste ihn oder sie der Prophet (s) und er fragte nach ihm oder ihr. Man sagte zu ihm, er oder sie sei gestorben. Er sagte: "Warum hat man mir nicht Bescheid gesagt?" Als die Anwesenden staunten, da sie diese Person gering schätzten, sagte er: "Nun zeigt mir das Grab der oder des Verstorbenen!" Als man ihm das Grab zeigte, sprach er: "Diese Gräber

قال: «إنَّ هذِهِ الْقُبُورَ مَمْلُوءَةٌ ظُلْمَةً عَلَى أَهْلِهَا، وَإِنَّ اللَّهَ تعالى يُنَوِّرُهَا لَهُمْ بِصَلاتي عَلَيْهِمْ». متفقٌ عليه.

قوله: «تَقُمُّ» هو بفتحِ التاءِ وضمِّ القافِ: أَيْ تَكْنُسُ. «وَالقُمَامَةُ»: الكُنَاسَةُ. «وَآذَنْتُمُوني» بِمَدِّ الهَمْزَةِ: أَيْ: أعْلَمْتُمُوني.

٢٥٧ ـ وعنه قال: قال رسول الله ﷺ: «رُبَّ أَشْعَثَ أَغْبَرَ مَدْفُوعٍ بِالْأَبْوَابِ لَوْ أَقْسَمَ عَلَى اللَّهِ لأَبَرَّهُ». رواه مسلم.

٢٥٨ ـ وعن أُسَامَةَ رضي الله عنه عن النبي ﷺ قال: «قُمْتُ عَلَى بَابِ الْجَنَّةِ، فَإِذَا عَامَّةُ مَنْ دَخَلَهَا الْمَسَاكِينُ، وَأَصْحَابُ الْجَدِّ مَحْبُوسُونَ، غَيْرَ أَنَّ أَصْحَابَ النَّارِ قَدْ أُمِرَ بِهِمْ إِلَى النَّارِ. وَقُمْتُ عَلَى بَابِ النَّارِ فَإِذَا عَامَّةُ مَنْ دَخَلَهَا النِّسَاءُ». متفقٌ عليه.

«وَالجَدُّ» بفتح الجيم: الحَظُّ والغِنى. وقوله: «مَحْبُوسُونَ» أَيْ: لَمْ يُؤْذَنْ لَهُمْ بَعْدُ في دُخُولِ الجَنَّةِ.

٢٥٩ ـ وعن أبي هريرة رضي الله عنه، عن النبي ﷺ قال: «لَمْ يَتَكَلَّمْ فِي الْمَهْدِ إِلَّا ثَلَاثَةٌ: عِيسَى ابْنُ مَرْيَمَ، وَصَاحِبُ جُرَيْجٍ، وَكَانَ جُرَيْجٌ رَجُلًا عَابِدًا، فَاتَّخَذَ صَوْمَعَةً فَكَانَ فِيهَا، فَأَتَتْهُ أُمُّهُ وَهُوَ يُصَلِّي فَقَالَتْ: يَا جُرَيْجُ، فقال: يَا رَبِّ أُمِّي وَصَلَاتِي فَأَقْبَلَ عَلَى صَلَاتِهِ فَانْصَرَفَتْ. فَلَمَّا كَانَ مِنَ الْغَدِ أَتَتْهُ وَهُوَ يُصَلِّي، فَقَالَتْ: يَا جُرَيْجُ، فقال: أَيْ رَبِّ أُمِّي وَصَلَاتِي. فَأَقْبَلَ عَلَى صَلَاتِهِ، فَانْصَرَفَتْ فَلَمَّا

1. Buch der Gebote

sind voll Dunkelheit für ihre Insassen, und Allah erleuchtet sie für ihre Bewohner durch meine Gebete für sie."
(Al-Bukhâri und Muslim)

Hadith 257: Abu Huraira (r) überliefert, dass der Gesandte Allahs (s) sagte: "Manche Diener Allahs, mit wirrem Haar, staubig (von der Reise) und (an der Türe) nicht willkommen, werden von Ihm erhört und ihre Bitten mit Gewissheit erfüllt."
(Muslim)

Hadith 258: Usâma (r) überliefert, dass der Prophet (s) sagte: "Als ich (in der *Mi'râdsch*-Nacht)[108] an der Pforte des Paradieses stand, beobachtete ich, dass die meisten von denen, die eintraten, arme Leute waren. Den reichen Leuten war der Eintritt verwehrt worden. Danach wurden die Leute, die zum Höllenfeuer verdammt waren, dorthin befohlen, und ich bemerkte, dass die Mehrheit von ihnen Frauen waren."
(Al-Bukhâri und Muslim)

Hadith 259: Es erzählte Abu Huraira (r), dass der Prophet (s) berichtete: Man sagt, Nur drei Personen sprachen in der Wiege: Jesus, der Sohn der Maria[109], und das Dschuraidsch zugeschobene Neugeborene: Dschuraidsch war ein (jüdischer) Einsiedler, der sich eine Mönchszelle baute und darin ein zurückgezogenes Leben führte. Eines Tages, als er sich seinen Gebeten hingegeben hatte, kam seine Mutter und rief ihn: "Dschuraidsch!" Er antwortete: "Oh Herr meiner Mutter und meiner Gebete." Und er setzte seine Gebete fort, und seine Mutter ging weg. Am nächsten Tag kam seine Mutter wieder und rief ihn: "Dschuraidsch." Und wieder bat er: "Oh Herr meiner Mutter und meiner Gebete." Und er betete weiter. Die Mutter kam am dritten Tag und rief ihren Sohn: "Dschuraidsch!" Dschuraidsch betete erneut zu Allah: "Oh Herr meiner Mutter und meiner Gebete." Und er blieb eifrig bei seinem Gebet. Da rief seine Mutter: "Allah! Lass ihn nicht

---
[108] *Mi'râdsch* ist die Himmelsreise des Propheten am 27. Radschab, die er von Jerusalem aus unternommen hat.
[109] Auf Arabisch: Îsâ ibn Maryam.

كَانَ مِنَ الْغَدِ أَتَتْهُ وَهُوَ يُصَلِّي فَقَالَتْ: يَا جُرَيْجُ، فقال: أَيْ رَبِّ أُمِّي وَصَلَاتِي، فَأَقْبَلَ عَلَى صَلَاتِهِ، فَقَالَتْ: اللَّهُمَّ لَا تُمِتْهُ حَتَّى يَنْظُرَ إِلَى وُجُوهِ الْمُومِسَاتِ. فَتَذَاكَرَ بَنُو إِسْرَائِيلَ جُرَيْجاً وَعِبَادَتَهُ، وَكَانَتِ امْرَأَةٌ بَغِيٌّ يُتَمَثَّلُ بِحُسْنِهَا، فَقَالَتْ: إِنْ شِئْتُمْ لَأَفْتِنَنَّهُ لَكُمْ، فَتَعَرَّضَتْ لَهُ، فَلَمْ يَلْتَفِتْ إِلَيْهَا، فَأَتَتْ رَاعِياً كَانَ يَأْوِي إِلَى صَوْمَعَتِهِ، فَأَمْكَنَتْهُ مِنْ نَفْسِهَا، فَوَقَعَ عَلَيْهَا، فَحَمَلَتْ، فَلَمَّا وَلَدَتْ قَالَتْ: هُوَ مِنْ جُرَيْجٍ، فَأَتَوْهُ فَاسْتَنْزَلُوهُ وَهَدَمُوا صَوْمَعَتَهُ، وَجَعَلُوا يَضْرِبُونَهُ، فقال: مَا شَأْنُكُمْ؟ قالوا: زَنَيْتَ بِهَذِهِ الْبَغِيِّ فَوَلَدَتْ مِنْكَ. قال: أَيْنَ الصَّبِيُّ؟ فَجَاؤُوا بِهِ فقال: دَعُونِي حَتَّى أُصَلِّيَ، فَصَلَّى، فَلَمَّا انْصَرَفَ أَتَى الصَّبِيَّ فَطَعَنَ فِي بَطْنِهِ وقال: يَا غُلَامُ، مَنْ أَبُوكَ؟ قال: فُلَانٌ الرَّاعِي. فَأَقْبَلُوا عَلَى جُرَيْجٍ يُقَبِّلُونَهُ وَيَتَمَسَّحُونَ بِهِ وَقَالُوا: نَبْنِي لَكَ صَوْمَعَتَكَ مِنْ ذَهَبٍ، قال: لَا، أَعِيدُوهَا مِنْ طِينٍ كَمَا كَانَتْ، فَفَعَلُوا.

وَبَيْنَا صَبِيٌّ يَرْضَعُ مِنْ أُمِّهِ، فَمَرَّ رَجُلٌ رَاكِبٌ عَلَى دَابَّةٍ فَارِهَةٍ وَشَارَةٍ حَسَنَةٍ، فَقَالَتْ أُمُّهُ: اللَّهُمَّ اجْعَلْ ابْنِي مِثْلَ هَذَا، فَتَرَكَ الثَّدْيَ وَأَقْبَلَ إِلَيْهِ فَنَظَرَ إِلَيْهِ فقال: اللَّهُمَّ لَا تَجْعَلْنِي مِثْلَهُ، ثُمَّ أَقْبَلَ عَلَى ثَدْيِهِ فَجَعَلَ يَرْتَضِعُ» فَكَأَنِّي أَنْظُرُ إِلَى رسولِ اللَّهِ ﷺ وَهُوَ يَحْكِي ارْتِضَاعَهُ بِأُصْبُعِهِ السَّبَّابَةِ في فِيهِ، فَجَعَلَ يَمُصُّهَا، قال: «وَمَرُّوا بِجَارِيَةٍ وَهُمْ يَضْرِبُونَهَا، وَيَقُولُونَ: زَنَيْتِ، سَرَقْتِ، وَهِيَ تَقُولُ: حَسْبِيَ اللَّهُ وَنِعْمَ الْوَكِيلُ. فَقَالَتْ أُمُّهُ: اللَّهُمَّ لَا تَجْعَلْ ابْنِي مِثْلَهَا، فَتَرَكَ الرَّضَاعَ وَنَظَرَ إِلَيْهَا فقال: اللَّهُمَّ اجْعَلْنِي مِثْلَهَا، فَهُنَالِكَ تَرَاجَعَا الْحَدِيثَ فقالت: حَلْقَى! مَرَّ رَجُلٌ حَسَنُ الْهَيْئَةِ

1. Buch der Gebote

sterben, bevor er die Gesichter der Huren erblickt hat!" Im Volk Israel wurden Dschuraidsch und seine Hingabe berühmt und bildeten einen Hauptgesprächsstoff in den Unterhaltungen. Es gab eine Dirne, deren Schönheit sprichwörtlich war. Sie sagte: "Wenn ihr möchtet, kann ich Dschuraidsch in einen Skandal verwickeln." Sodann versuchte sie, ihn zu verführen, aber Dschuraidsch schenkte ihr keine Beachtung. Dann näherte sie sich einem Schäfer, der nahe der Klause von Dschuraidsch lebte, gab sich ihm hin und wurde schwanger von ihm. Als ihr Kind geboren war, behauptete sie, es sei von Dschuraidsch. Die Leute des Volkes Israel kam zu Dschuraidsch, erniedrigten ihn, zerrten ihn aus seiner Klause, zerstörten sie und fingen an, ihn zu schlagen. Er fragte: "Was wollt ihr?" Sie sagten: "Du hast Ehebruch begangen mit dieser Dirne, und sie hat dein Kind geboren." Er sagte: "Wo ist das Kind?" Sie brachten es ihm. Er sagte: "Lasst mich jetzt allein, so dass ich beten kann." Dann betete er, und als er seine Gebete beendet hatte ging er zu dem Kind, piekste es auf den Bauch und fragte: "Wer ist dein Vater, mein Kleiner?" Das Kind antwortete: "Soundso, der Schäfer." Da wandten sich alle Dschuraidsch zu, küssten ihn, suchten seine Segnung und sagten: "Wir werden deine Klause aus Gold bauen." Dschuraidsch aber sagte: "Baut sie aus Lehm, wie sie war." Und sie bauten sie so.

Der dritte Fall war der eines Kindes, das von seiner Mutter gestillt wurde. Zu der Zeit kam ein Mann vorbei, der ein schnelles und schönes Pferd ritt, und feine Kleidung trug. Die Mutter betete: "Oh Allah, mach doch meinen Sohn wie diesen Mann." Das Kind ließ die Brust seiner Mutter los, bewegte sein Gesicht, schaute den Mann an und sagte: "Oh Allah, mach mich nicht wie diesen Mann." Dann drehte es sich wieder der Brust seiner Mutter zu und nahm das Nuckeln wieder auf.

Hier machte der Prophet (s) das Nuckeln eines Kindes vor, indem er seinen Zeigefinger in den Mund steckte und daran sog. Dann fuhr er fort: Dann kamen einige Leute vorbei, und die Männer schlugen eine Sklavin, um sie wegen begangenen Ehebruchs und wegen Diebstahls zu züchtigen; als Antwort darauf rief sie: "Allah ist für mich genug, und ein vorzüglicher Beschützer ist Er." Die Mutter betete: "Oh Allah, mach meinen Sohn nicht wie sie." Daraufhin verharrte das Baby vom Nuckeln, schaute sich die junge Frau an und sagte: "Oh Allah, mach mich wie sie." Jetzt begann ein Zwiegespräch zwischen der Mutter und dem Kind. Sie sagte: "Eine schöne Person kam vorbei, und ich betete: 'Oh Allah, mache meinen Sohn wie ihn.' Du aber sagtest: 'Oh Allah, mache mich nicht wie ihn.' Dann kamen ein paar Leute mit einer Sklavin vorbei, die sie schlugen, wobei sie sie wegen

فَقُلْتُ: اللَّهُمَّ اجْعَلْ ابْنِي مِثْلَهُ فَقُلْتُ: اللَّهُمَّ لا تَجْعَلْنِي مِثْلَهُ، وَمَرُّوا بِهذِهِ الأَمَةِ وَهُمْ يَضْرِبُونَهَا وَيَقُولُونَ: زَنَيْتِ، سَرَقْتِ، فَقُلْتُ: اللَّهُمَّ لا تَجْعَلْ ابْنِي مِثْلَهَا، فَقُلْتُ: اللَّهُمَّ اجْعَلْنِي مِثْلَهَا!؟ قَالَ: إِنَّ ذلِكَ الرَّجُلَ كَانَ جَبَّاراً فَقُلْتُ: اللَّهُمَّ لا تَجْعَلْنِي مِثْلَهُ، وَإِنَّ هذِهِ يَقُولُونَ لَهَا: زَنَيْتِ، وَلَمْ تَزْنِ، وَسَرَقْتِ، وَلَمْ تَسْرِقْ، فَقُلْتُ: اللَّهُمَّ اجْعَلْنِي مِثْلَهَا». متفقٌ عليه.

«وَالمومِسَاتُ» بِضَمِّ الميم الأُولى، وإِسكان الواو وكسر الميم الثانية وبالسين المهملة؛ وهُنَّ الزَّوانِي. وَالمومِسَةُ: الزَّانِيَةُ. وقوله: «دَابَّةٌ فَارِهَةٌ» بالفَاء: أَيْ حَاذِقَةٌ نَفِيسَةٌ. «وَالشَّارَةُ» بالشين المُعْجَمَةِ وَتَخْفيفِ الرَّاء: وَهِيَ الجَمَالُ الظَّاهِرُ فِي الهَيْئَةِ وَالمَلْبَسِ. وَمَعْنَى «تَرَاجَعَا الحَدِيثَ» أَيْ: حَدَّثَتِ الصَّبِيَّ وَحَدَّثَهَا، والله أعلم.

١ - ٣٣ - باب مُلاطفة اليتيم والبنات
وسائر الضَّعفَة والمساكين والمنكسرين والإحسان إليهم والشفقة عليهم والتواضع معهم، وخفض الجناح لهم

قال الله تعالى: ﴿وَاخْفِضْ جَنَاحَكَ لِلْمُؤْمِنِينَ﴾ [الحجر: ٨٨] وقال تعالى: ﴿وَاصْبِرْ نَفْسَكَ مَعَ الَّذِينَ يَدْعُونَ رَبَّهُمْ بِالْغَدَاةِ وَالْعَشِيِّ يُرِيدُونَ وَجْهَهُ وَلَا تَعْدُ عَيْنَاكَ عَنْهُمْ تُرِيدُ زِينَةَ الْحَيَاةِ الدُّنْيَا﴾ [الكهف: ٢٨]. وقال تعالى: ﴿فَأَمَّا الْيَتِيمَ فَلَا تَقْهَرْ. وَأَمَّا السَّائِلَ فَلَا تَنْهَرْ﴾ [الضحى: ٩، ١٠]. وقال تعالى: ﴿أَرَأَيْتَ الَّذِي يُكَذِّبُ بِالدِّينِ. فَذَلِكَ الَّذِي يَدُعُّ الْيَتِيمَ. وَلَا يَحُضُّ عَلَى طَعَامِ الْمِسْكِينِ﴾ [الماعون: ١ - ٣].

٢٦٠ - وعن سعد بن أبي وَقَّاص رضي الله عنه قال: كُنَّا مَعَ النَّبِيِّ ﷺ سِتَّةَ

1. Buch der Gebote

Ehebruchs und Diebstahls anklagten. Ich bat: 'Oh Allah, mach meinen Sohn nicht wie sie.' Doch du sagtest: 'Oh Allah, mach mich wie sie.'" Der Junge antwortete: "Der Mann war eine grausame Person, darum habe ich widersprochen und gesagt: 'Oh Allah, mach mich nicht wie ihn.' Diese sagten zu ihr: 'Du begingst Ehebruch.' Tatsächlich hatte sie aber keinen begangen. Sie behaupteten: 'Du hast gestohlen.' Tatsächlich hatte sie aber nicht gestohlen. Daher sagte ich: 'Oh Allah, mache mich wie sie.'"
(Al-Bukhâri und Muslim)

Kapitel 33
Freundlichkeit zu Waisen, Mädchen und anderen Schwachen, Armen und Hoffnungslosen, sowie Wohltat und Mitgefühl, Bescheidenheit und Demut ihnen gegenüber

Qur'ân: Allah, der Erhabene, spricht:
"Und senke deinen Fittich (in Barmherzigkeit) auf die Gläubigen." (15:88),
"Und fasse dich in Geduld mit denen, die ihren Herrn morgens und abends anrufen im Trachten nach Seinem Angesicht, und wende deine Augen nicht von ihnen ab, um nach irdischen Verlockungen zu trachten." (18:28),
"Was darum die Waise angeht, so tue ihr kein Unrecht, und was den Bittenden angeht, so weise ihn nicht ab..." (93:9-10)
"Hast du denjenigen gesehen, der die Religion verleugnet? Er ist derjenige, der das Waisenkind schroff abweist, und auch nicht dazu ermutigt, den Bedürftigen zu speisen." (107:1-3)

Hadith 260: Sa'd ibn Abi Waqqâs (r) erzählte: Einst saßen wir zu sechst bei dem Propheten (s) (als er einigen Ungläubigen den Islam anbot); da sagten die Ungläubigen zu ihm: "Schicke diese weg, sonst könnten sie

نَفَرٌ، فقال المُشرِكُونَ للنَّبيِّ ﷺ: اطرُدْ هؤُلاءِ لا يَجتَرِؤُونَ عَلَينا، وَكُنتُ أَنا وَابنُ مَسعُودٍ وَرَجُلٌ مِن هُذَيلٍ وَبِلالٌ وَرَجُلانِ لَستُ أُسَمِّيهِما، فَوَقَعَ في نَفسِ رسولِ اللهِ ﷺ ما شاءَ اللهُ أَن يَقَعَ، فَحَدَّثَ نَفسَهُ، فَأَنزَلَ اللهُ تعالى: ﴿وَلَا تَطْرُدِ الَّذِينَ يَدْعُونَ رَبَّهُم بِالْغَدَاةِ وَالْعَشِيِّ يُرِيدُونَ وَجْهَهُ﴾ [الأنعام: ٥٢]. رواه مسلم.

٢٦١ - وعن أبي هُبَيرَةَ عَائِذِ بن عَمرِو المُزَنِيِّ وَهُوَ مِن أَهلِ بَيعَةِ الرِّضوانِ رضي الله عنه، أَنَّ أَبا سُفيانَ أَتى عَلى سَلمانَ وَصُهَيبٍ وَبِلالٍ في نَفَرٍ فقالوا: واللهِ ما أَخَذَتْ سُيوفُ اللهِ مِن عُنُقِ عَدُوِّ اللهِ مَأخَذَها، فقال أبو بكرٍ رضي الله عنه: أَتَقُولُونَ هذا لِشَيخِ قُرَيشٍ وَسَيِّدِهِم؟ فَأَتى النَّبيَّ ﷺ فَأَخبَرَهُ فقال: «يَا أَبَا بَكرٍ لَعَلَّكَ أَغضَبتَهُم؟ لَئِن كُنتَ أَغضَبتَهُم لَقَد أَغضَبتَ رَبَّكَ» فَأَتاهُم فقال: يَا إِخوَتاه أَغضَبتُكُم؟ قالوا: لا، يَغفِرُ اللهُ لَكَ يَا أُخَيَّ. رواه مسلم.

قولُهُ: «مَأخَذَها» أي: لَم تَستَوفِ حَقَّها مِنهُ. وقولُهُ: «يَا أُخَيَّ» رُوِيَ بفتح الهمزة وكسر الخاء وتخفيف الياء، ورُوِيَ بضم الهمزة وفتح الخاء وتشديد الياء.

٢٦٢ - وعن سهلِ بن سعدٍ رضي الله عنه قال: قال رسول الله ﷺ: «أَنا وَكافِلُ اليَتيمِ في الجَنَّةِ هكَذا» وَأَشارَ بِالسَّبَّابَةِ وَالوُسطى، وَفَرَّجَ بَينَهُما شَيئاً. رواه البخاري.

و«كافِلُ اليَتيم»: القائمُ بأُمورِه.

٢٦٣ - وعن أبي هريرة رضي الله عنه قال: قال رسول الله ﷺ: «كافِلُ اليَتيمِ لَهُ أَو لِغَيرِهِ، أَنا وَهُوَ كَهاتَينِ في الجَنَّةِ» وَأَشارَ الرَّاوي وَهُوَ مَالِكُ بنُ أَنَسٍ بِالسَّبَّابَةِ وَالوُسطى. رواه مسلم.

1. Buch der Gebote

wagen, uns zu stören." Jene sechs waren ich selbst, Ibn Mas'ûd, ein Mann vom Stamme Hudhail, Bilâl und zwei weitere Personen, deren Namen ich nicht kenne. Der Prophet (s) schickte uns ungern fort und fühlte sich darauf nicht sehr wohl. Er dachte nach, und Allah offenbarte ihm: "Und weise nicht diejenigen ab, die vom Morgen bis zum Abend ihren Herrn anrufen, im Wunsch nach Seinem Angesicht. Du bist in keiner Weise verantwortlich für sie und sie sind in keiner Weise verantwortlich für dich. Würdest du sie also abweisen, dann würdest du unrecht tun." (Sure 6:52)
(Muslim)

Hadith 261: Es berichtet Abu Hubaira Âidh ibn Amru al-Muzani (r) - und er war selbst eine der gesegneten Personen, die dem Propheten (s) einst (mit *Bai'atur-ridwân*[110]) huldigten - dass Abu Sufyân an den Gefährten Salmân, Suhaib und Bilâl (r) vorbeiging. Daraufhin sagten sie: "Schade, dass die Schwerter Allahs den Feind Allahs (d.h. Abu Sufyân) nicht hart angepackt hatten." Da sprach Abu Bakr (r) zu ihnen: "Was erlaubt ihr euch, über den Führer und das Oberhaupt der Quraisch so zu sprechen!" Danach ging er zum Propheten (s) und berichtete ihm dieses. Der Prophet (s) sprach zu ihm: "Oh Abu Bakr! Vielleicht hast du diese Menschen gekränkt. Wenn ja, dann hast du auch deinen Herrn gekränkt." Abu Bakr (r) ging zu ihnen zurück und sagte: "Oh Brüder, habe ich euch gekränkt?" Sie antworteten: "Nein, Allah möge dir vergeben, Bruder."
(Muslim)

Hadith 262: Sahl ibn Sa'd (r) berichtet, dass der Gesandte Allahs (s) sagte: "Ich und derjenige, der sich einer Waise annimmt, sind im Paradies so:" Darauf zeigte er seinen gespreizten Zeigefinger und Mittelfinger.
(Al-Bukhâri)

Hadith 263: Abu Huraira (r) überliefert, dass der Gesandte Allahs (s) sagte: "Ich und einer, der sich einer Waise annimmt, gleich ob er mit ihr verwandt ist oder ihr fremd, werden wie diese (Zeigefinger und Mittelfinger) im Paradies sein."

---

[110] Mit der *Bai'atur-ridwân* huldigten die Muslime dem Propheten (s) auf der Pilgerfahrt im Jahre 6 nach der *Hidschra*, bevor diese aufgrund des Vertrags von Hudaibiya mit den ungläubigen Mekkanern abgebrochen werden mußte.

وقوله ﷺ: «الْيَتِيمُ لَهُ أَوْ لِغَيْرِهِ» مَعْنَاهُ: قَرِيبُهُ، أَوِ الْأَجْنَبِيُّ مِنْهُ، فَالْقَرِيبُ مِثْلُ أَنْ تَكْفُلَهُ أُمُّهُ أَوْ جَدُّهُ أَوْ أَخُوهُ أَوْ غَيْرُهُمْ مِنْ قَرَابَتِهِ، وَاللَّهُ أَعْلَمُ.

٢٦٤ - وعنه قال: قال رسول الله ﷺ: «لَيْسَ الْمِسْكِينُ الَّذِي تَرُدُّهُ التَّمْرَةُ وَالتَّمْرَتَانِ، وَلَا اللُّقْمَةُ وَاللُّقْمَتَانِ إِنَّمَا الْمِسْكِينُ الَّذِي يَتَعَفَّفُ». متفق عليه.

وفي رواية في «الصحيحين»: «لَيْسَ الْمِسْكِينُ الَّذِي يَطُوفُ عَلَى النَّاسِ تَرُدُّهُ اللُّقْمَةُ وَاللُّقْمَتَانِ، وَالتَّمْرَةُ وَالتَّمْرَتَانِ، وَلَكِنَّ الْمِسْكِينَ الَّذِي لَا يَجِدُ غِنًى يُغْنِيهِ، وَلَا يُفْطَنُ بِهِ فَيُتَصَدَّقَ عَلَيْهِ، وَلَا يَقُومُ فَيَسْأَلَ النَّاسَ».

٢٦٥ - وعنه عن النبي ﷺ: «السَّاعِي عَلَى الْأَرْمَلَةِ وَالْمِسْكِينِ كَالْمُجَاهِدِ فِي سَبِيلِ اللَّهِ» وَأَحْسِبُهُ قال: «وَكَالْقَائِمِ الَّذِي لَا يَفْتُرُ، وَكَالصَّائِمِ الَّذِي لَا يُفْطِرُ». متفق عليه.

٢٦٦ - وعنه عن النبي ﷺ قال: «شَرُّ الطَّعَامِ طَعَامُ الْوَلِيمَةِ، يُمْنَعُهَا مَنْ يَأْتِيهَا، وَيُدْعَى إِلَيْهَا مَنْ يَأْبَاهَا، وَمَنْ لَمْ يُجِبِ الدَّعْوَةَ فَقَدْ عَصَى اللَّهَ وَرَسُولَهُ». رواه مسلم.

وفي رواية في «الصحيحين» عن أبي هريرة من قوله: «بِئْسَ الطَّعَامُ طَعَامُ الْوَلِيمَةِ يُدْعَى إِلَيْهَا الْأَغْنِيَاءُ وَيُتْرَكُ الْفُقَرَاءُ».

1. Buch der Gebote

Der Überlieferer, Mâlik ibn Anas, hob dazu seinen Zeigefinger und den Mittelfinger, um es zu erläutern.
(Muslim)

Hadith 264: Es überliefert Abu Huraira (r), dass der Gesandte Allahs (s) sagte: "Derjenige ist kein Bedürftiger, der um ein, zwei Datteln oder ein, zwei Bissen bittet, denn ein echter Bedürftiger bittet nicht darum, trotz seiner Not."
(Al-Bukhâri und Muslim)

In einer anderen Version bei Al-Bukhâri und Muslim heißt es: "Derjenige ist kein Bedürftiger, der bei den Menschen umhergeht um einen oder zwei Bissen, eine oder zwei Datteln zu erbitten. Der wahre Bedürftige jedoch ist derjenige, der nichts hat, und es wurde ihm *Sadaqa* gegeben, aber er geht nicht, die Leute darum zu bitten."

Hadith 265: Abu Huraira (r) berichtet, dass der Prophet (s) sagte: "Denjenigen, der für verwitwete Frauen und für Bedürftige sorgt, belohnt Allah wie den *Mudschâhid*, der um Allahs willen kämpft."
Abu Huraira fügte noch hinzu: Ich denke, er hat sogar gesagt: "Dieser gleicht einem stehenden und niemals ermüdeten Betenden und einem, der ununterbrochen fastet, ohne sein Fasten zu brechen."
(Al-Bukhâri und Muslim)

Hadith 266: Abu Huraira (r) berichtet, dass der Prophet (s) sagte: "Die übelste Mahlzeit ist das Festessen, zu welchem Manche gerne kommen würden, aber sie werden abgelehnt, und zu dem Andere eingeladen werden, obwohl sie ungern dabei sein möchten; doch müssen sie die Einladung annehmen, da eine Absage als Ungehorsam Allah und Seinem Gesandten gegenüber gilt."
(Muslim)

In einer anderen Version bei Al-Bukhâri und Muslim heißt es: "Die übelste Mahlzeit ist das Festessen, zu dem Reiche eingeladen werde, und von dem die Armen ausgeschlossen sind."

٢٦٧ - وعن أنس رضي الله عنه عن النبي ﷺ قال: «مَنْ عَالَ جَارِيَتَيْنِ حَتَّى تَبْلُغَا جَاءَ يَوْمَ القِيَامَةِ أَنَا وَهُوَ كَهَاتَيْنِ» وَضَمَّ أَصَابِعَهُ. رواه مسلم.

«جَارِيَتَيْنِ» أَيْ: بِنْتَيْنِ.

٢٦٨ - وعن عائشة رضي الله عنها قالت: دَخَلَتْ عَلَيَّ امْرَأَةٌ وَمَعَهَا ابْنَتَانِ لَهَا تَسْأَلُ، فَلَمْ تَجِدْ عِنْدِي شَيْئاً غَيْرَ تَمْرَةٍ وَاحِدَةٍ، فَأَعْطَيْتُهَا إِيَّاهَا فَقَسَمَتْهَا بَيْنَ ابْنَتَيْهَا وَلَمْ تَأْكُلْ مِنْهَا، ثُمَّ قَامَتْ فَخَرَجَتْ، فَدَخَلَ النَّبِيُّ ﷺ عَلَيْنَا، فَأَخْبَرْتُهُ فقال: «مَنِ ابْتُلِيَ مِنْ هٰذِهِ البَنَاتِ بِشَيْءٍ فَأَحْسَنَ إِلَيْهِنَّ كُنَّ لَهُ سِتْراً مِنَ النَّارِ». متفق عليه.

٢٦٩ - وعن عائشة رضي الله عنها قالت: جَاءتنِي مِسْكِينَةٌ تَحْمِلُ ابْنَتَيْنِ لَهَا، فَأَطْعَمْتُهَا ثَلَاثَ تَمرَاتٍ، فَأَعْطَتْ كُلَّ وَاحِدَةٍ مِنْهُمَا تَمْرَةً وَرَفَعَتْ إلى فِيهَا تَمْرَةً لِتَأْكُلَهَا، فَاسْتَطْعَمَتْهَا ابْنَتَاهَا، فَشَقَّتِ التَّمْرَةَ التِي كَانَتْ تُرِيدُ أَنْ تَأْكُلَهَا بَيْنَهُمَا، فَأَعْجَبَنِي شَأْنُهَا، فَذَكَرْتُ الَّذِي صَنَعَتْ لرسولِ اللَّهِ ﷺ فقال: «إِنَّ اللَّهَ قَدْ أَوْجَبَ لَهَا بِهَا الجَنَّةَ، أَوْ أَعْتَقَهَا بِهَا مِنَ النَّارِ». رواه مسلم.

٢٧٠ - وعن أبي شُرَيْحٍ خُوَيْلِدِ بْنِ عَمْرٍو الخُزَاعِيِّ رضي الله عنه قال: قال النبي ﷺ: «اللَّهُمَّ إِنِّي أُحَرِّجُ حَقَّ الضَّعِيفَيْنِ اليَتِيمِ وَالمَرْأَةِ» حديث حسن رواه النسائي بإسنادٍ جيدٍ.

ومعنى: «أُحَرِّجُ»: أُلْحِقُ الحَرَجَ. وَهُوَ الإِثْمُ بِمَنْ ضَيَّعَ حقَّهُمَا، وَأُحَذِّرُ مِنْ ذٰلِكَ تَحْذِيراً بَلِيغاً، وَأَزْجُرُ عَنْهُ زَجْراً أَكِيداً.

1. Buch der Gebote

Hadith 267: Anas (r) berichtet, dass der Prophet (s) gesagt hat: "Wenn jemand zwei Mädchen aufzieht, von ihrer Kindheit bis zum Reifealter, so werden ich und er am Tage des Gerichts wie diese beiden sein." Und er legte seine beiden Finger zusammen.
(Muslim)

Hadith 268: Âischa (r) erzählte: Eine Frau kam zusammen mit ihren beiden Töchtern zu mir und bat, ob ich etwas für sie habe. Zu dieser Zeit hatte ich nichts außer einer einzigen Dattel, die ich ihr gab. Sie teilte diese unter ihren beiden Töchtern auf und aß selbst nichts. Dann stand sie auf und ging weg. Als der Prophet (s) kam, erzählte ich ihm, was sich zugetragen hatte. Er sagte: "Wenn jemand damit beauftragt wird, Töchter aufzuziehen, und er behandelt sie gut, so wird er vor dem Höllenfeuer geschützt."
(Al-Bukhâri und Muslim)

Hadith 269: Âischa (r) erzählte: Eine arme Frau stellte mir ihre beiden Töchter vor (und bat mich, ihnen etwas Essen zu geben). Ich gab ihr drei Datteln. Sie gab jedem Mädchen eine und wollte die dritte selbst essen. Die beiden Mädchen baten sie jedoch auch um diese. So teilte sie (die Dattel) in zwei Teile und gab jedem Mädchen einen Teil davon. Ich war sehr von ihrem Tun beeindruckt und erwähnte alles dem Propheten (s) gegenüber. Er sagte: "Allah hat das Paradies für sie vorgesehen," oder "Allah hat sie vom Höllenfeuer befreit."
(Muslim)

Hadith 270: Abu Schuraih Khuwailid ibn Amru al-Khuzâ'i (r) berichtet, dass der Prophet (s) sagte: "Oh Allah! Du weißt, dass ich die Verletzung der Rechte der beiden Schwachen, der Waisen und der Frauen, für schwere Sünde erkläre und dass ich davor sehr warne."
(An-Nasâi)
Dies ist ein guter Hadith (*hasan*).

٢٧١ - وعن مُصْعَبِ بنِ سعدِ بنِ أبي وَقَّاصٍ رضي الله عنهما قال: رأى سعدٌ أنَّ لَهُ فَضْلاً على مَنْ دُونَهُ، فقال النبيُّ ﷺ: «هَلْ تُنْصَرُونَ وَتُرْزَقُونَ إلاَّ بِضُعَفَائِكُمْ» رواه البخاري هٰكَذَا مُرْسَلًا، فإنَّ مُصْعَبَ بن سعدٍ تابعيٌّ، ورواه الحافظ أبو بكر البَرْقَاني في صحيحِهِ مُتَّصِلاً عَنْ مُصْعَبٍ عَنْ أبيه رضي الله عنه.

٢٧٢ - وعن أبي الدَّرْدَاءِ عُوَيْمِرٍ رضي الله عنه قال: سمعتُ رسولَ اللَّهِ ﷺ يقول: «ابْغُونِي الضُّعَفَاءَ، فَإنَّمَا تُنْصَرُونَ، وَتُرْزَقُونَ بِضُعَفَائِكُمْ». رواه أبو داود بإسناد جيد.

١ - ٣٤ - باب الوصيّة بالنساء

قال الله تعالى: ﴿وَعَاشِرُوهُنَّ بِالْمَعْرُوفِ﴾ [النساء: ١٩]. وقال تعالى: ﴿وَلَنْ تَسْتَطِيعُوا أَنْ تَعْدِلُوا بَيْنَ النِّسَاءِ وَلَوْ حَرَصْتُمْ فَلَا تَمِيلُوا كُلَّ الْمَيْلِ فَتَذَرُوهَا كَالْمُعَلَّقَةِ وَإِنْ تُصْلِحُوا وَتَتَّقُوا فَإِنَّ اللَّهَ كَانَ غَفُورًا رَحِيمًا﴾ [النساء: ١٢٩]..

٢٧٣ - وعن أبي هريرة رضي الله عنه قال: قال رسول الله ﷺ: «اسْتَوْصُوا بِالنِّسَاءِ خَيْرًا؛ فَإنَّ المَرْأَةَ خُلِقَتْ مِنْ ضِلَعٍ، وَإِنَّ أَعْوَجَ شَيْءٍ فِي الضِّلَعِ أَعْلَاهُ، فَإنْ ذَهَبْتَ تُقِيمُهُ كَسَرْتَهُ، وَإنْ تَرَكْتَهُ، لَمْ يَزَلْ أَعْوَجَ، فَاسْتَوْصُوا بِالنِّسَاءِ». متفق عليه.

وفي روايةٍ في «الصحيحين»: «المَرْأَةُ كَالضِّلَعِ إنْ أَقَمْتَهَا كَسَرْتَهَا، وَإنِ اسْتَمْتَعْتَ بِهَا، اسْتَمْتَعْتَ بِهَا وَفِيهَا عَوَجٌ».

1. Buch der Gebote

Hadith 271: Mus'ab ibn Sa'd ibn Abi Waqqâs (r) erzählte, dass (sein Vater) Sa'd einst dachte, er sei den anderen (einfachen Muslimen) gegenüber (wegen seines hohen Ranges) überlegen. Daraufhin sagte der Prophet (s): "Denkt daran! Nur wegen der Schwachen (unter euch) wird euch geholfen (gegen die Feinde) und ihr werdet versorgt (in eurem Lebensunterhalt)."
(Al-Bukhâri)

Hadith 272: Abud-Dardâ' Uwaimir (r) überliefert: Ich hörte den Gesandten Allahs (s) sagen: "Schaut nach meinem Gutdünken bei den Schwachen (indem ihr ihnen immer helft), denn euch wird gewiss ihretwegen (gegen die Feinde) geholfen und ihr werdet (in eurem Lebensunterhalt) versorgt."
(Abu Dâwûd)
Die Überlieferung dieses Hadithes ist sehr gut belegt (*isnâd dschayid*).

Kapitel 34
Empfehlung in Bezug auf die Frauen

Qur'ân: Allah, der Erhabene, spricht:
"...Und lebt mit ihnen in gütlicher ehelicher Gemeinschaft." (4:19)
"Und ihr werdet niemals Gerechtigkeit üben können unter den Frauen, auch wenn ihr es noch sehr wünscht. Doch wendet euch nicht (von einer eurer Frauen) ganz und gar ab, so dass ihr sie gleichsam in der Schwebe lasst. Und wenn ihr euch versöhnt und gottesfürchtig seid, dann ist Allah wahrlich allverzeihend, allbarmherzig." (4:129)

Hadith 273: Abu Huraira (r) berichtet, dass der Gesandte Allahs (s) sagte: "Behandelt die Frauen gut; denn die Frau ist aus einer (gekrümmten) Rippe geschaffen worden, und der am stärksten gekrümmte Teil ist in der oberen Region. Wenn du sie gerade biegen willst, wirst du sie brechen, und wenn du sie lässt, wie sie ist, wird sie verbogen bleiben. Behandle also die Frauen gut."
(Al-Bukhâri und Muslim)

In einer andere Version von Al-Bukhâri und Muslim heißt es: "Die Frau ist wie eine Rippe: Wenn du versuchst, sie gerade zu biegen, würdest du sie zerbrechen, und wenn du aus ihr Nutzen ziehen möchtest, kannst du es trotz ihres Gebogenseins."

وفي رواية لمسلم: «إنَّ المَرْأَةَ خُلِقَتْ مِنْ ضِلَعٍ، لَنْ تَسْتَقِيمَ لَكَ عَلَى طَرِيقَةٍ، فَإِنْ اسْتَمْتَعْتَ بِهَا اسْتَمْتَعْتَ بِهَا وَفِيهَا عِوَجٌ، وَإِنْ ذَهَبْتَ تُقِيمُهَا كَسَرْتَهَا، وَكَسْرُهَا طَلَاقُهَا».

قولُه: «عِوَجٌ» هو بفتح العين والواو.

٢٧٤ ـ وعن عبد الله بن زَمْعَةَ رضي الله عنه، أنه سَمِعَ النبيَّ ﷺ يَخْطُبُ، وَذَكَرَ النَّاقَةَ وَالَّذِي عَقَرَهَا، فقال رسول الله ﷺ: ﴿إِذِ انْبَعَثَ أَشْقَاهَا﴾ [الشمس: ١٢] انْبَعَثَ لَهَا رَجُلٌ عَزِيزٌ، عَارِمٌ مَنِيعٌ في رَهْطِهِ مِثْلُ أَبِي زَمْعَةَ» ثم ذَكَرَ النِّسَاءَ، فَوَعَظَ فِيهِنَّ فقال: «يَعْمَدُ أَحَدُكُمْ فَيَجْلِدُ امْرَأَتَهُ جَلْدَ الْعَبْدِ فَلَعَلَّهُ يُضَاجِعُهَا مِنْ آخِرِ يَوْمِهِ» ثُمَّ وَعَظَهُمْ في ضَحِكِهِمْ مِنَ الضَّرْطَةِ وقال: «لِمَ يَضْحَكُ أَحَدُكُمْ مِمَّا يَفْعَلُ؟». متفقٌ عليه.

«وَالعَارِمُ» بالعين المهملة والراء: هُوَ الشِّرِّيرُ المُفْسِدُ، وقولُه: «انْبَعَثَ»، أي: قَامَ بِسُرْعَةٍ.

٢٧٥ ـ وعن أبي هريرة رضي الله عنه قال: قال رسول الله ﷺ: «لَا يَفْرَكُ مُؤْمِنٌ مُؤْمِنَةً إنْ كَرِهَ مِنْهَا خُلُقاً رَضِيَ مِنْهَا» آخر أوْ قَالَ: «غَيْرَهُ». رواه مسلم.

وقولُه: «يَفْرَكُ» هو بفتح الياء وإسكان الفاء وفتح الراء معناه: يُبْغِضُ، يقال: فَرَكَتِ المَرْأَةُ زَوْجَهَا، وَفَرَكَهَا زَوْجُهَا، بكسر الراءِ، يَفْرَكُهَا بفتحها: أي: أَبْغَضَهَا، والله أعلم.

٢٧٦ ـ وعن عَمْرو بن الأَحْوَصِ الجُشَمِيِّ رضي الله عنه، أَنَّهُ سَمِعَ النَّبِيَّ ﷺ في حَجَّةِ الْوَدَاعِ يَقُولُ بَعْدَ أَنْ حَمِدَ الله تعالى، وَأَثْنَى عَلَيْهِ وَذَكَرَ وَوَعَظَ، ثُمَّ قال: «أَلَا وَاسْتَوْصُوا بِالنِّسَاءِ خَيْراً فَإِنَّمَا هُنَّ عَوَانٍ عِنْدَكُمْ لَيْسَ تَمْلِكُونَ مِنْهُنَّ شَيْئاً غَيْرَ ذَلِكَ إِلَّا أَنْ يَأْتِينَ بِفَاحِشَةٍ مُبَيَّنَةٍ، فإِنْ فَعَلْنَ فَاهْجُرُوهُنَّ في المَضَاجِعِ، وَاضْرِبُوهُنَّ

1. Buch der Gebote

Noch eine weitere Version von Muslim lautet: "Die Frau ist aus einer Rippe geschaffen worden und du kannst sie nicht gerade machen. Wenn du von ihr Nutzen haben willst, so tu es trotz ihres Gebogenseins. Wenn du jedoch versuchst, sie gerade zu biegen, wirst du sie brechen, und sie brechen heißt sie verstoßen."

Hadith 274: Es berichtet Abdullâh ibn Zam'a, dass er den Propheten (s) eine Rede halten hörte, in deren Verlauf er den Fall der Kamelstute (des Propheten Sâlih) erwähnte und denjenigen, der sie tötete. Im Laufe seiner Ansprache sagte der Gesandte Allahs (s): "'Als sich der Unseligste unter ihnen erhob' (Sure 91:12), bedeutet, dass ein mächtiger, aber bösartiger, und verbohrter Mann zu seinem Volk (den Thamûd) kam."
Dann erwähnte er die Frauen und sprach: "Einige unter euch prügeln ihre Frau wie eine Sklavin, und gegen Ende des Tages schlafen sie mit ihr."
Dann ermahnte er die Anwesenden, nicht über jemanden zu lachen, der einen Wind fahren lässt, und sagte: "Warum lacht ihr über eine andere Person, wo ihr doch das Gleiche macht wie sie?"
(Al-Bukhâri und Muslim)

Hadith 275: Es berichtet Abu Huraira (r), dass der Gesandte Allahs (s) sagte: "Ein gläubiger Ehemann soll niemals seine gläubige Frau hassen. Wenn er eine bestimmte Angewohnheit von ihr nicht mag, so mag er doch eine andere bei ihr finden, die ihm gefällt."
(Muslim)

Hadith 276: Amru ibn al-Ahwas al-Dschuschami (r) berichtet, dass er den Propheten (s) auf der Abschieds-Pilgerfahrt sagen hörte, nachdem er (s) Allah gerühmt und gepriesen und die Anwesenden an die Gebote und Verbote Allahs erinnert hatte: "Hört zu! Seid gut zu den Frauen; sie sind wie Gefangene in euren Händen. Darüber hinaus seid ihr ihnen nichts schuldig. Sollten sie schuldig werden aufgrund offensichtlichen Fehlverhaltens, könnt ihr sie von euren Betten fernhalten und sie leicht schlagen, so dass ihr sie nicht verletzt. Wenn sie euch darauf gehorchen, dürft ihr nichts weiter gegen sie unternehmen. Hört zu! Ihr habt Rechte auf eure Frauen, und sie haben Rechte auf euch. Euer Recht ist, dass sie

ضَرْباً غَيْرَ مُبَرِّحٍ، فإنْ أَطَعْنَكُمْ فلا تَبْغُوا عَلَيْهِنَّ سَبِيلاً؛ ألا إنَّ لَكُمْ عَلَى نِسَائِكُمْ حَقًّا، ولِنِسَائِكُمْ عَلَيْكُمْ حَقًّا؛ فَحَقُّكُمْ عَلَيْهِنَّ أَنْ لا يُوطِئْنَ فُرُشَكُمْ مَنْ تَكْرَهُونَ، وَلا يَأْذَنَّ في بُيُوتِكُمْ لِمَنْ تَكْرَهُونَ، ألا وحَقُّهُنَّ عَلَيْكُمْ أنْ تُحْسِنُوا إلَيْهِنَّ في كِسْوَتِهِنَّ وَطَعَامِهِنَّ». رواه الترمذي وقال: حديث حسن صحيح.

قوله ﷺ «عَوَانٍ» أي: أسيرات جَمْعُ عَانِيَةٍ، بِالعَيْنِ المُهْمَلَةِ، وهِيَ الأَسِيرَةُ، وَالعَاني: الأَسِيرُ. شَبَّهَ رسولُ اللهِ ﷺ المَرْأةَ في دُخُولِها تَحْتَ حُكْمِ الزَّوجِ بالأَسير «والضَّرْبُ المُبَرِّحُ»: هُوَ الشَّاقُّ الشَّدِيدُ، وقوله ﷺ: «فَلا تَبْغُوا عَلَيْهِنَّ سَبِيلاً» أي: لا تَطْلُبُوا طَرِيقاً تَحْتَجُّونَ بِهِ عَلَيْهِنَّ وَتُؤْذُونَهُنَّ بِهِ، واللهُ أعلم.

٢٧٧ ـ وعن مُعاوِيَةَ بن حَيْدَةَ رضي الله عنه قال: قلت: يا رسولَ اللَّهِ، ما حَقُّ زَوْجَةِ أحَدِنَا عَلَيْهِ؟ قال: «أَنْ تُطْعِمَهَا إذَا طَعِمْتَ، وتَكْسُوهَا إذَا اكْتَسَيْتَ، وَلا تَضْرِبِ الوَجْهَ، وَلا تُقَبِّحْ، وَلا تَهْجُرْ إلَّا في البَيْتِ». حديث حسن رواه أبو داود وقال: معنى «لا تُقَبِّحْ» أي: لا تَقُلْ قَبَّحَكِ اللَّهُ.

٢٧٨ ـ وعن أبي هريرة رضي الله عنه قال: قال رسول اللَّهِ ﷺ: «أَكْمَلُ المُؤْمِنِينَ إيمَاناً أَحْسَنُهُمْ خُلُقاً، وَخِيَارُكُمْ خِيَارُكُمْ لِنِسَائِهِمْ». رواه الترمذي وقال: حديث حسن صحيح.

٢٧٩ ـ وعن إياس بن عبد الله بن أبي ذُباب رضي الله عنه قال: قال رسولُ اللَّهِ ﷺ: «لا تَضْرِبُوا إمَاءَ اللَّهِ» فَجَاءَ عُمَرُ رضي الله عنه إلى رسولِ اللَّهِ ﷺ، فقالَ: ذَئِرْنَ النِّساءُ عَلَى أزْوَاجِهِنَّ، فَرَخَّصَ في ضَرْبِهِنَّ، فَأَطَافَ بآلِ رسولِ اللهِ ﷺ نِسَاءٌ كَثِيرٌ يَشْكُونَ أَزْوَاجَهُنَّ، فقال رسولُ اللَّهِ ﷺ: «لَقَدْ أَطَافَ بآلِ بَيْتِ مُحَمَّدٍ نِسَاءٌ

1. Buch der Gebote

niemandem, den ihr nicht mögt, erlauben, auf eurer Liegestätte zu sitzen, und ihm gestatten, euer Haus zu betreten, und ihr Recht ist, dass ihr gut zu ihnen seid, und dass ihr sie mit Nahrung und Kleidung versorgt."
(At-Tirmidhi)
Dies ist ein guter und gesunder Hadith (*hasan sahîh*).

Hadith 277: Mu'âwiya ibn Haida (r) berichtet: Ich fragt den Propheten (s), was das Recht einer Ehefrau ihrem Ehemann gegenüber sei. Er sagte: "Gib ihr zu essen, wenn du selbst isst; kleide sie, wenn du dich selbst kleidest; schlage sie nicht ins Gesicht; verfluche sie nicht und trenne dich nicht von ihr außer innerhalb des Hauses."
(Abû Dâwûd)
Dies ist ein guter Hadith (*hasan*).

Hadith 278: Es berichtet Abu Huraira (r), dass der Prophet (s) sagte: "Der vollendetste Muslim in Glaubensangelegenheiten ist derjenige, der ein vorzügliches Benehmen hat; und die Besten unter euch sind jene, die ihre Ehefrauen am besten behandeln."
(At-Tirmidhi)
Dies ist ein guter und gesunder Hadith (*hasan sahîh*).

Hadith 279: Iyâs ibn Abdullâh ibn Abi Dhubâb (r) berichtet, dass der Prophet (s) warnte: "Schlagt nicht die Dienerinnen Allahs[111]. Bald darauf kam Umar (r) zu dem Gesandten Allahs (s) und sagte: "Die Frauen sind frech gegenüber ihren Ehemännern geworden." Als er das hörte, erlaubte der Prophet (s) sie zu schlagen. Danach kamen viele Frauen zu den Ehefrauen des Propheten (s) und klagten über ihre Ehemänner. Sodann sagte der Prophet (s): "Viele Frauen sind zu meinen Frauen gekommen mit der Klage über schlechte Behandlung seitens ihrer Ehemänner. Solche Menschen unter euch sind niemals die Besten."
(Abu Dâwûd)
Dieser Hadith ist zuverlässig überliefert (*isnâd sahîh*).

---
[111] Damit sind die gläubigen Frauen gemeint.

كَثِيرٌ يَشْكُونَ أَزْوَاجَهُنَّ لَيْسَ أُولَئِكَ بِخِيَارِكُمْ». رواه أبو داود بإسنادٍ صحيح.

قوله: «ذَئِرْنَ» هو بذال معجمة مفتوحة ثم همزة مكسورة ثم راء ساكنة ثم نون، أي: اجتَرَأْنَ، قوله: «أطَافَ» أي: أحَاطَ.

٢٨٠ - وعن عبد الله بن عمرو بن العاص رضي الله عنهما أن رسولَ اللَّهِ ﷺ قال: «الدُّنْيَا مَتَاعٌ، وَخَيْرُ مَتَاعِهَا المَرْأَةُ الصَّالِحَةُ». رواه مسلم.

١ - ٣٥ - باب حقّ الزوج على المرأة

قال الله تعالى: ﴿الرِّجَالُ قَوَّامُونَ عَلَى النِّسَاءِ بِمَا فَضَّلَ اللَّهُ بَعْضَهُمْ عَلَى بَعْضٍ وَبِمَا أَنْفَقُوا مِنْ أَمْوَالِهِمْ فَالصَّالِحَاتُ قَانِتَاتٌ حَافِظَاتٌ لِلْغَيْبِ بِمَا حَفِظَ اللَّهُ﴾ [النساء: ٣٤]..

وأمّا الأحاديثُ فمنها حديثُ عمرو بن الأحوص السابقُ في البابِ قبلَهُ.

٢٨١ - وعن أبي هريرة رضي الله عنه قال: قال رسولُ اللَّهِ ﷺ: «إِذَا دَعَا الرَّجُلُ امْرَأَتَهُ إِلَى فِرَاشِهِ فَلَمْ تَأْتِهِ فَبَاتَ غَضْبَانَ لَعَنَتْهَا المَلَائِكَةُ حَتَّى تُصْبِحَ». متفقٌ عليه.

وفي روايةٍ لهما: «إِذَا بَاتَتِ المَرْأَةُ هَاجِرَةً فِرَاشَ زَوْجِهَا لَعَنَتْهَا المَلَائِكَةُ حَتَّى تُصْبِحَ».

وفي روايةٍ قال رسول اللَّهِ ﷺ: «وَالَّذِي نَفْسِي بِيَدِهِ مَا مِنْ رَجُلٍ يَدْعُو امْرَأَتَهُ إِلَى فِرَاشِهِ فَتَأْبَى عَلَيْهِ إِلَّا كَانَ الَّذِي فِي السَّمَاءِ سَاخِطاً عَلَيْهَا حَتَّى يَرْضَى عَنْهَا».

٢٨٢ - وعن أبي هريرة رضي الله عنه أيضاً، أن رسولَ اللَّهِ ﷺ قال: «لَا يَحِلُّ

1. Buch der Gebote

Hadith 280: Abdullâh ibn Amru ibn al-Âs (r) berichtet, dass der Gesandte Allahs (s) sagte: "Das irdische Leben ist ein (vergänglicher) Genuss. Das Beste an diesem Genuss ist eine tugendhafte Ehefrau."
(Muslim)

Kapitel 35
Das Recht des Ehemannes seiner Frau gegenüber

Qur'ân: Allah, der Erhabene, spricht:
"Die Männer sind die Verantwortlichen für die Frauen, weil Allah die einen von ihnen mit mehr Vorzügen ausgestattet hat als die anderen und weil sie von ihrem Vermögen hingeben. Darum sind tugendhafte Frauen jene, die demütig ergeben sind, die in Abwesenheit das bewahren, was Allah ihnen zu bewahren aufgab." (4:34)

Unter den Hadithen zu diesem Thema ist Hadith Nr. 276.

Hadith 281: Abu Huraira (r) überliefert, dass der Gesandte Allahs (s) sagte: "Wenn der Ehemann seine Frau zu seinem Bett ruft, und sie kommt nicht zu ihm und er verbringt die Nacht im Ärger auf sie, fluchen die Engel auf sie die ganze Nacht hindurch, bis zum Morgen."
(Al-Bukhâri und Muslim)

Eine andere Version bei Al-Bukhâri und Muslim lautet: "Wenn die Ehefrau das Ehebett die ganze Nacht hindurch meidet, fluchen die Engel auf sie bis zum Morgen."

Noch eine andere Version lautet: Der Gesandte Allahs (s) sagte: "Bei Allah, in Dessen Händen mein Leben ist, wenn ein Ehemann seine Frau in sein Bett ruft, und sie sich ihm verweigert, dann bleibt Er, Der im Himmel ist, mit ihr unzufrieden, bis sich ihr Mann mit ihr ausgesöhnt hat."

Hadith 282: Abu Huraira (r) überliefert, dass der Gesandte Allahs (s) sagte: "Eine Frau darf nicht freiwillig fasten, wenn ihr Mann zu Haus ist, außer mit seiner Erlaubnis. Sie sollte ebenso niemandem gestatten, sein Haus zu betreten ohne seine Zustimmung."
(Al-Bukhâri und Muslim)
Die zitierte Version stammt von Al-Bukhâri.

لِامْرَأَةٍ أَنْ تَصُومَ وَزَوْجُهَا شَاهِدٌ إِلَّا بِإِذْنِهِ، وَلَا تَأْذَنَ فِي بَيْتِهِ إِلَّا بِإِذْنِهِ». متفقٌ عليه. وهٰذا لفظ البخاري.

٢٨٣ - وعن ابن عمر رضي الله عنهما عن النبي ﷺ قال: «كُلُّكُمْ رَاعٍ، وَكُلُّكُمْ مَسْؤُولٌ عَنْ رَعِيَّتِهِ، وَالأَمِيرُ رَاعٍ، وَالرَّجُلُ رَاعٍ عَلَى أَهْلِ بَيْتِهِ؛ وَالْمَرْأَةُ رَاعِيَةٌ عَلَى بَيْتِ زَوْجِهَا وَوَلَدِهِ، فَكُلُّكُمْ رَاعٍ، وَكُلُّكُمْ مَسْؤُولٌ عَنْ رَعِيَّتِهِ». متفقٌ عليه.

٢٨٤ - وعن أبي عَلِي طلق بن علي رضي الله عنه، أن رسولَ اللَّهِ ﷺ قال: «إِذَا دَعَا الرَّجُلُ زَوْجَتَهُ لِحَاجَتِهِ فَلْتَأْتِهِ وَإِنْ كَانَتْ عَلَى التَّنُّورِ». رواه الترمذي والنسائي، وقال الترمذي. حديث حسن صحيح.

٢٨٥ - وعن أبي هريرة رضي الله عنه عن النبي ﷺ قال: «لَوْ كُنْتُ آمِراً أَحَداً أَنْ يَسْجُدَ لِأَحَدٍ لَأَمَرْتُ الْمَرْأَةَ أَنْ تَسْجُدَ لِزَوْجَهَا». رواه الترمذي وقال: حديث حسن صحيح.

٢٨٦ - وعن أُمِّ سَلَمَةَ رضي الله عنها قالت: قال رسول الله ﷺ: «أَيُّمَا امْرَأَةٍ مَاتَتْ، وَزَوْجُهَا عَنْهَا رَاضٍ دَخَلَتِ الْجَنَّةَ». رواه الترمذي وقال: حديث حسن.

٢٨٧ - وعن معاذ بن جبل رضي الله عنه، عن النبي ﷺ قال: «لا تُؤْذِي امْرَأَةٌ زَوْجَهَا فِي الدُّنْيَا إِلَّا قَالَتْ زَوْجَتُهُ مِنَ الحُورِ الْعِينِ لا تُؤْذِيهِ قَاتَلَكِ الله! فَإِنَّمَا هُوَ عِنْدَكِ دَخِيلٌ يُوشِكُ أَنْ يُفَارِقَكِ إِلَيْنَا». رواه الترمذيُّ وقال حديث حسن.

1. Buch der Gebote

Hadith 283: Ibn Umar (r) überliefert, dass er den Gesandten Allahs (s) sagen hörte: "Jeder von euch ist ein Hüter, und verantwortlich für seine Herde. So ist der Herrscher ein Hüter und verantwortlich (für jene, die unter seiner Herrschaft stehen); ebenso ist der Ehemann ein Hüter, hinsichtlich der Familienmitglieder seines Haushalts die Ehefrau ist Hüter bezüglich des Haushalts ihres Mannes und seiner Kinder. Jeder von euch ist also ein Hüter und verantwortlich für seine Herde."
(Al-Bukhâri und Muslim)

Hadith 284: Abu Alî Talq ibn Alî (r) berichtet, dass der Gesandte Allahs (s) sagte: "Wenn ein Mann nach seiner Frau schickt, um sein Bedürfnis zu stillen, sollte sie zu ihm gehen, sogar wenn sie mit Brotbacken beschäftigt ist."
(At-Tirmidhi und An-Nasâi)
Nach At-Tirmidhi ist dies ein guter und gesunder Hadith (*hasan sahîh*).

Hadith 285: Abu Huraira (r) überliefert, dass der Prophet (s) sagte: "Wenn ich irgendjemandem befohlen hätte, sich vor einem anderen niederzuwerfen, so hätte ich angeordnet, dass die Ehefrau sich vor ihrem Ehemann niederwirft."
(At-Tirmidhi)
Dies ist ein guter und gesunder Hadith (*hasan sahîh*).

Hadith 286: Umm Salama (r) überliefert, dass der Gesandte Allahs (s) sagte: "Jede Frau, die stirbt, und ihr Mann war mit ihr zufrieden, kommt ins Paradies."
(At-Tirmidhi)
Dies ist ein guter Hadith (*hasan*).

Hadith 287: Mu'âdh ibn Dschabal (r) berichtet, dass der Prophet (s) sagte: "Immer wenn eine Frau ihrem Mann im Diesseits Ärger und Qual verursacht, sagt eine seiner Gefährtinnen unter den *Hûris* des Paradieses zu ihr: 'Möge Allah dir Schaden zufügen, bringe deinem Ehemann keinen Ärger, denn er ist nur dein Gast und wird dich bald verlassen, um sich uns im Paradies anzuschließen!"
(At-Tirmidhi).
Dies ist ein guter Hadith (*hasan*).

٢٨٨ ـ وعن أسامة بن زيد رضي الله عنهما عن النبي ﷺ قال: «مَا تَرَكْتُ بَعْدِي فِتْنَةً، هِيَ أَضَرُّ عَلَى الرِّجَالِ، مِنَ النِّسَاءِ». متفقٌ عليه.

٣٦ ـ ١ ـ باب النَّفقة على العيال

قال الله تعالى: ﴿وَعَلَى الْمَوْلُودِ لَهُ رِزْقُهُنَّ وَكِسْوَتُهُنَّ بِالْمَعْرُوفِ﴾ [البقرة: ٢٣٣]. وقال تعالى: ﴿لِيُنْفِقْ ذُو سَعَةٍ مِنْ سَعَتِهِ وَمَنْ قُدِرَ عَلَيْهِ رِزْقُهُ فَلْيُنْفِقْ مِمَّا آتَاهُ اللَّهُ لَا يُكَلِّفُ اللَّهُ نَفْسًا إِلَّا مَا آتَاهَا﴾ [الطلاق: ٧]. وقال تعالى: ﴿وَمَا أَنْفَقْتُمْ مِنْ شَيْءٍ فَهُوَ يُخْلِفُهُ﴾ [سبأ: ٣٩]..

٢٨٩ ـ وعن أبي هريرة رضي الله عنه قال: قال رسولُ اللَّهِ ﷺ: «دِينَارٌ أَنْفَقْتَهُ في سَبِيلِ اللَّهِ، وَدِينَارٌ أَنْفَقْتَهُ في رَقَبَةٍ، وَدِينَارٌ تَصَدَّقْتَ بِهِ عَلَى مِسْكِينٍ، وَدِينَارٌ أَنْفَقْتَهُ عَلَى أَهْلِكَ، أَعْظَمُهَا أَجْراً الَّذِي أَنْفَقْتَهُ عَلَى أَهْلِكَ». رواه مسلم.

٢٩٠ ـ وعن أبي عبد الله، ويُقَالُ له: أبو عبدِ الرَّحمٰن، ثَوْبَانَ بن بُجْدُدَ مَوْلَى رسولِ اللَّهِ ﷺ قال: قال رسولُ اللَّهِ ﷺ: «أَفْضَلُ دِينَارٍ يُنْفِقُهُ الرَّجُلُ دِينَارٌ يُنْفِقُهُ عَلَى عِيَالِهِ، وَدِينَارٌ يُنْفِقُهُ الرَّجُلُ عَلَى دَابَّتِهِ في سَبِيلِ اللَّهِ، وَدِينَارٌ يُنْفِقُهُ عَلَى أَصْحَابِهِ في سَبِيلِ اللَّهِ». رواه مسلم.

٢٩١ ـ وعن أُمَّ سَلَمَةَ رضي الله عنها قالَتْ: قُلْتُ: يا رسولَ اللَّهِ، هَلْ لي

1. Buch der Gebote

Hadith 288: Usâma ibn Zaid (r) erzählte, dass der Prophet (s) sagte: "Ich hinterlasse keine verderblichere Versuchung für die Männer als Frauen." (Al-Bukhâri und Muslim)

Kapitel 36
Unterhalt für die Familienmitglieder

Qur'ân: Allah, der Erhabene, spricht:
"Und es obliegt dem, dem das Kind geboren wurde, für ihre Nahrung und Kleidung auf angemessene Weise Sorge zu tragen..." (2:233)
"Wer vermögend ist, soll von seinem Vermögen aufwenden, und der, dessen Versorgung eingeschränkt ist, soll von dem aufwenden, was Allah ihm gegeben hat..." (65:7)
"Und ihr gebt nichts als Spende hin, ohne dass Er es euch ersetzt..." (34:39)

Hadith 289: Es überliefert Abu Huraira (r), dass der Gesandte Allahs (s) gesagt hat: "Von dem Geld, das du auf dem Wege Allahs ausgibst, von dem Geld, das du für die Befreiung eines Sklaven ausgibst, von dem Geld, das du ausgibst als *Sadaqa* für die Armen, und von dem Geld, das du ausgibst für deine Familie, ist der höchste Lohn von dem Betrag zu erwarten, den du für deine Familie ausgegeben hast." (Muslim)

Hadith 290: Der befreite Sklave des Gesandten Allahs (s) Thaubân ibn Budschdud (r) überliefert, dass der Gesandte Allahs (s) sagte: "Das beste (für Allah) ausgegebene Geld ist, was man für seine Familie aufwendet, dann folgt der Betrag, den man für sein Reittier im *Dschihâd* um Allahs willen ausgibt, und dann der Betrag, den man für seine Gefährten um Allahs willen ausgibt." (Muslim)

Hadith 291: Umm Salama (r) berichtet: Ich fragte den Gesandten Allahs (s): "Oh Gesandter Allahs, werde ich belohnt werden, wenn ich die Kinder von (meinem verstorbenen Ehemann) Abu Salama versorge? Sie können

أَجْرٌ في بَني أبي سَلَمَةَ أَنْ أُنْفِقَ عَلَيْهِمْ، وَلَسْتُ بِتَارِكَتِهِمْ هٰكَذَا وَهٰكَذَا إِنَّمَا هُمْ بَنِيَّ؟ فقال: «نَعَمْ لَكِ أَجْرُ مَا أَنْفَقْتِ عَلَيْهِمْ». متفقٌ عليه.

٢٩٢ - وعن سعدِ بن أبي وَقَّاصٍ رضي الله عنه في حديثِه الطَّويلِ الذي قَدَّمْنَاهُ في أوَّلِ الكِتَابِ في بَابِ النِّيَّةِ، أنَّ رسولَ اللَّهِ ﷺ قال له: «وَإِنَّكَ لَنْ تُنْفِقَ نَفَقَةً تَبْتَغِي بِهَا وَجْهَ اللَّهِ إلَّا أُجِرْتَ بِهَا حَتَّى مَا تَجْعَلُ في في امْرَأَتِكَ». متفقٌ عليه.

٢٩٣ - وعن أبي مَسْعُودٍ البَدْرِيِّ رضي الله عنه، عن النبي ﷺ قال: «إذَا أَنْفَقَ الرَّجُلُ عَلَى أَهْلِهِ نَفَقَةً يَحْتَسِبُهَا فَهِيَ لَهُ صَدَقَةٌ». متفقٌ عليه.

٢٩٤ - وعن عبد الله بن عمرو بن العاص رضي الله عنهما قال: قال رسولُ اللَّهِ ﷺ: «كَفَى بِالمَرْءِ إِثْماً أَنْ يُضَيِّعَ مَنْ يَقُوتُ». حديثٌ صحيحٌ. رواه أبو داود وغيره.

ورواه مسلم في صحيحه بِمَعْنَاهُ قال: «كَفَى بِالمَرْءِ إِثْماً أن يَحْبِسَ عَمَّنْ يَمْلِكُ قُوتَهُ».

٢٩٥ - وعن أبي هريرة رضي الله عنه، أن النبي ﷺ قال: «مَا مِنْ يَوْمٍ يُصْبِحُ العِبَادُ فِيهِ إلَّا مَلَكَانِ يَنْزِلَانِ، فَيَقُولُ أَحَدُهُمَا: اللَّهُمَّ أَعْطِ مُنْفِقاً خَلَفاً، وَيَقُولُ الآخَرُ: اللَّهُمَّ أَعْطِ مُمْسِكاً تَلَفاً». متفقٌ عليه.

٢٩٦ - وعنه عن النبي ﷺ قال: «اليَدُ العُلْيَا خَيْرٌ مِنَ اليَدِ السُّفْلَى، وَابْدَأْ بِمَنْ

1. Buch der Gebote

nicht unversorgt gelassen werden oder hin- und herlaufen (auf der Suche nach Lebensunterhalt). Sie sind doch schließlich meine Kinder." Er antwortete: "Ja, du wirst Belohnung bekommen für alles, was du für sie ausgibst."
(Al-Bukhâri und Muslim)

Hadith 292 ist in Hadith Nr. 7 enthalten.

Hadith 293: Abu Mas'ûd al-Badri (r) erzählte, dass der Prophet (s) sagte: "Wenn der Mensch aufrichtig etwas für seine Familie ausgibt, in der Hoffnung auf die Vergeltung Allahs, so wird ihm dies zu seinen Gunsten als *Sadaqa* angerechnet."
(Al-Bukhâri und Muslim)

Hadith 294: Abdullâh ibn Amru ibn al-Âs (r) berichtet, dass der Gesandte Allahs (s) sagte: "Es ist Grund genug, ein Sünder zu sein, wenn jemand die von ihr zu ernährenden Menschen zugrunde gehen lässt."
(Abu Dâwûd und andere)
Dies ist gesunder Hadith (*sahîh*).
In seinem *Sahîh*-Werk überliefert ihn Muslim folgendermaßen: "Es ist gewiss eine Sünde, wenn jemand den Unterhalt für jemanden, der von ihm abhängig ist, zurückhält."

Hadith 295: Abu Huraira (r) überliefert, dass der Prophet (s) sagte: "Kein Tagesanbruch vergeht, ohne dass zwei Engel herabsteigen, und der eine ruft: "Oh Allah, vergelte dem Spendenden (seiner Spende) entsprechend!", und der andere ruft: "Oh Allah! Füge dem Geizigen (den entsprechenden) Schaden zu!"
(Al-Bukhâri und Muslim)

Hadith 296: Abu Huraira (r) überliefert auch, dass der Prophet (s) gesagt hat: "Die obere Hand (also die gebende) ist besser als die untere Hand

تَعُولُ، وَخَيْرُ الصَّدَقَةِ مَا كَانَ عَنْ ظَهْرِ غِنًى، وَمَنْ يَسْتَعْفِفْ، يُعِفَّهُ اللَّهُ، وَمَنْ يَسْتَغْنِ، يُغْنِهِ اللَّهُ». رواه البخاري.

١ - ٣٧ - باب الإنفاق مما يحبّ ومن الجيد

قال الله تعالى: ﴿لَنْ تَنَالُوا الْبِرَّ حَتَّى تُنْفِقُوا مِمَّا تُحِبُّونَ﴾ [آل عمران: ٩٢]. وقال تعالى: ﴿يَا أَيُّهَا الَّذِينَ آمَنُوا أَنْفِقُوا مِنْ طَيِّبَاتِ مَا كَسَبْتُمْ وَمِمَّا أَخْرَجْنَا لَكُمْ مِنَ الْأَرْضِ وَلَا تَيَمَّمُوا الْخَبِيثَ مِنْهُ تُنْفِقُونَ﴾ [البقرة: ٢٦٧]..

٢٩٧ - عن أنس رضي الله عنه قال: كَانَ أَبُو طَلْحَةَ رضي الله عنه أَكْثَرَ الأَنْصَارِ بِالمَدِينَةِ مَالًا مِنْ نَخْلٍ، وَكَانَ أَحَبَّ أَمْوَالِهِ إِلَيْهِ بَيْرَحَاءَ، وَكَانَتْ مُسْتَقْبِلَةَ المَسْجِدِ، وَكَانَ رسول الله ﷺ يَدْخُلُهَا وَيَشْرَبُ مِنْ مَاءٍ فِيهَا طَيِّبٍ، قَالَ أَنَسٌ: فَلَمَّا نَزَلَتْ هذِهِ الآيَةُ: ﴿لَنْ تَنَالُوا الْبِرَّ حَتَّى تُنْفِقُوا مِمَّا تُحِبُّونَ﴾ [آل عمران: ٩٢]. قَامَ أَبُو طَلْحَةَ إلى رسولِ اللَّهِ ﷺ فقال: يا رسولَ اللَّهِ، إِنَّ اللَّهَ تَعَالَى أَنْزَلَ: ﴿لَنْ تَنَالُوا الْبِرَّ حَتَّى تُنْفِقُوا مِمَّا تُحِبُّونَ﴾ وَإِنَّ أَحَبَّ مَالِي إِلَيَّ بَيْرَحَاءَ، وَإِنَّهَا صَدَقَةٌ لِلَّهِ تَعَالَى أَرْجُو بِرَّهَا وَذُخْرَهَا عِنْدَ اللَّهِ تعالى، فَضَعْهَا يَا رسولَ اللَّهِ حَيْثُ أَرَاكَ اللَّهُ، فَقَالَ رسولُ

1. Buch der Gebote

(also die empfangende), und du sollst (beim Geben von *Sadaqa*) bei denen anfangen, die von dir abhängig sind; und die beste *Sadaqa* ist die vom Überfluss gegebene, und wer Tugend erstrebt, dem wird sie Allah schenken, und wer Verzicht übt, den wird Allah reich machen."
(Al-Bukhâri)

Kapitel 37
Ausgeben des Liebsten und Besten

Qur'ân: Allah, der Erhabene, spricht:
"Niemals werdet ihr Frömmigkeit erlangen, ehe ihr nicht von dem spendet, was ihr liebt..." (3:92)
"Oh die ihr glaubt, spendet von den guten Dingen, die ihr erworben habt, und von dem, was Wir für euch aus der Erde hervorgebracht haben, und sucht nicht das Schlechte davon aus, um es zu spenden, wo ihr es doch selbst nicht nehmen würdet, es sei denn ihr würdet ein Auge dabei zudrücken. Und wisst, dass Allah Sich selbst genügend ist, des Lobes würdig." (2:267)

Hadith 297: Anas (r) berichtet, dass Abu Talha (r) der reichste unter den *Ansâr* in Medina war, was Landbesitz und Dattelgärten angeht. Seinen Garten Bairahâ', der direkt gegenüber der Moschee des Propheten (s) lag, mochte er am liebsten von all seinen Besitzungen. Der Prophet (s) pflegte seinen Garten zu besuchen und dessen süßes Wasser zu trinken. Als der Qur'ânvers "Niemals werdet ihr Frömmigkeit erlangen, ehe ihr nicht von dem spendet, was ihr liebt." (Sure 3:92) offenbart wurde, ging Abu Talha (r) zum Gesandten Allahs (s) und sagte: "Oh Gesandter Allahs! Allah hat dir diesen Qur'ânvers herabgesandt: 'Niemals werdet ihr Frömmigkeit erlangen, ehe ihr nicht von dem spendet, was ihr liebt', und der Besitz, den ich am meisten liebe, ist Bairahâ'. Daher biete ich ihn als *Sadaqa* für Allah, den Erhabenen, an und erhoffe nur Gutes und Belohnung von Ihm. Du magst darüber verfügen, wie Allah dich leitet." Der Prophet (s) sagte: "Nun, dies ist ein sehr ertragreicher Besitz, dies ist ein sehr ertragreicher Besitz. Ich habe gehört, was du gesagt hast, und ich meine, du solltest ihn

اللهﷺ بخ ذلك مالٌ رابحٌ، ذلك مالٌ رابحٌ، وقد سمعتُ ما قلتُ، وإني أرى أن تجعلَها في الأقربينَ» فقال أبو طلحةَ: أفعلُ يا رسولَ اللهِ، فقسَّمَها أبو طلحةَ في أقاربِه، وبني عمِّه. متفق عليه.

قولُهﷺ: «مالٌ رابحٌ» رُويَ في الصحيحين: «رابحٌ» و«رايحٌ» بالباءِ الموحدةِ وبالياءِ المثناةِ، أي: رابحٌ عليكَ نفعُهُ، و«بِيَرحاءُ» حديقةُ نخلٍ، وروي بكسرِ الباءِ وفتحها.

1 - 38 - باب وجُوب أمر أهله وأولاده
المميزين وسائر من في رعيته بطاعة الله تعالى، ونهيهم عن المخالفة، وتأديبهم، ومنعهم من ارتكاب مَنْهِيٍّ عنه

قال الله تعالى: ﴿وَأْمُرْ أَهْلَكَ بِالصَّلَاةِ وَاصْطَبِرْ عَلَيْهَا﴾ [طه: 132]. وقال تعالى: ﴿يَا أَيُّهَا الَّذِينَ آمَنُوا قُوا أَنفُسَكُمْ وَأَهْلِيكُمْ نَارًا﴾ [التحريم: 6]..

298 - عن أبي هريرة رضي الله عنه قال: أخذ الحسنُ بن علي رضي اللَّه عنهما تمرةً من تمرِ الصَّدقةِ فجعلَها في فيهِ فقال رسولُ اللَّهِﷺ: «كِخْ كِخْ، ارْمِ بِهَا، أما علِمتَ أنَّا لا نأكُلُ الصَّدقةَ!؟». متفقٌ عليه.

وفي روايةٍ: «أنَّا لا تحلُّ لنا الصَّدقةُ» وقوله: «كِخْ كِخْ» يُقَالُ بإسكانِ الخاءِ، ويُقَالُ بِكسرِها مع التَّنوينِ، وهي كلمةُ زَجْرٍ للصبيِّ عَنِ المُسْتَقْذَراتِ، وكان الحَسنُ رضي الله عنه صبياً.

299 - وعن أبي حفصٍ عُمَرَ بن أبي سَلَمةَ عبدِ الله بن عبدِ الأسدِ ربيبِ رسولِ اللَّهِﷺ قال: كُنتُ غلاماً في حَجرِ رسولِ اللَّهِﷺ وكانت يدي تَطيشُ في الصَّحفةِ، فقال لي رسولُ اللَّهِﷺ: «يا غلامُ سَمِّ اللَّهَ تعالى، وكُلْ بِيمينِكَ، وكُلْ ممَّا يليكَ» فما زَالَت تلكَ طِعْمَتي بَعْدُ. متفقٌ عليه.

«وَتَطيشُ»: تَدورُ في نَواحي الصَّحفةِ.

1. Buch der Gebote

unter deinen Verwandten aufteilen." Abu Talha (r) sagte: "Ich werde es tun, oh Gesandter Allahs!" Und er teilte jenen gewaltigen Palmenhain (Bairahâ') unter seinen Verwandten und den Nachkommen seines Onkels väterlicherseits auf.
(Al-Bukhâri und Muslim)

Kapitel 38
Pflicht, der Familie, den Kinder, sowie allen Familienmitgliedern zu gebieten, Allah, dem Erhabenen, zu gehorchen und ihnen zu verbieten, das Gegenteil zu tun, und sie am Tun von Verbotenem zu hindern

Qur'ân: Allah, der Erhabene, spricht:
"Und gebiete deinen Angehörigen das Gebet und sei selbst ausdauernd darin..." (20:132)
"Oh die ihr glaubt! Rettet euch selbst und eure Familien vor einem Feuer, dessen Brennstoff Menschen und Steine sind." (66:6)

Hadith 298: Abu Huraira (r) berichtet, dass (der Enkel des Propheten (s)) al-Hasan ibn Alî (r) (als er ein Kind war) eine Dattel aus der Menge, die als *Sadaqa* zusammengetragen worden war, aufnahm und in seinen Mund steckte. Daraufhin sagte der Gesandte Allahs (s) zu ihm: "Pfui! Spucke sie aus! Wusstest du nicht, dass wir (die Angehörigen des Propheten) keine *Sadaqa* essen dürfen?"
(Al-Bukhâri und Muslim)
Nach einer anderen Version sagte er (s): "*Sadaqa* ist uns (dem Propheten, seinen Nachkommen und seiner Familie) verboten."

Hadith 299: Abu Hafs Umar ibn Abi Salama, der Stiefsohn[112] des Gesandten Allahs (s), erzählte: Als ich klein war und unter der Obhut des Gesandten (s) aufwuchs, tat ich (beim Essen) meine Hand überall in die Schüssel. Da sprach er (s) zu mir: "Mein Junge, sprich den Namen Allahs, des Erhabenen, und iss mit deiner rechten Hand und von dem, was vor dir liegt." So wurde dies zu meiner Essensweise.
(Al-Bukhâri und Muslim)

---
[112] Abu Hafs Umar war der Sohn der Mutter der Gläubigen, Umm Salama.

٣٠٠ ـ وعن ابن عمر رضي الله عنهما قال: سمعت رسولَ اللهِ ﷺ يقول: «كُلُّكُم رَاعٍ، وَكُلُّكُم مَسْؤُولٌ عَنْ رَعِيَّتِهِ، الإِمَامُ رَاعٍ، وَمَسْؤُولٌ عَنْ رَعِيَّتِهِ، وَالرَّجُلُ رَاعٍ في أَهْلِهِ وَمَسْؤُولٌ عَنْ رَعِيَّتِهِ، وَالمَرْأَةُ رَاعِيَةٌ في بَيْتِ زَوْجِهَا وَمَسْؤُولَةٌ عَنْ رَعِيَّتِهَا، وَالْخَادِمُ رَاعٍ في مَالِ سَيِّدِهِ وَمَسْؤُولٌ عَنْ رَعِيَّتِهِ، فَكُلُّكُم رَاعٍ وَمَسْؤُولٌ عَنْ رَعِيَّتِهِ». متفقٌ عليه.

٣٠١ ـ وعن عمرو بن شُعَيب، عن أبيه، عن جَدِّهِ رضي الله عنه قال: قال رسولُ اللهِ ﷺ: «مُرُوا أَوْلادَكُم بالصَّلاةِ وَهُم أَبْنَاءُ سَبْعِ سِنِينَ، وَاضْرِبُوهُم عَلَيْهَا، وَهُم أَبْنَاءُ عَشْرٍ، وَفَرِّقُوا بَيْنَهُم في المَضَاجِعِ». حديثٌ حسنٌ. رواه أبو داود بإسنادٍ حسنٍ.

٣٠٢ ـ وعن أبي ثُرَيَّةَ سَبْرَةَ بنِ مَعْبَدٍ الجُهَنِيِّ رضي الله عنه قال: قال رسولُ اللهِ ﷺ: «عَلِّمُوا الصَّبِيَّ الصَّلاةَ لِسَبْعِ سِنِينَ، وَاضْرِبُوهُ عَلَيْهَا ابنَ عَشْرِ سِنِينَ». حديثٌ حسنٌ رواه أبو داود، والترمذي وقال حديث حسن.

ولَفْظُ أبي دَاوُدَ: «مُرُوا الصَّبِيَّ بِالصَّلاةِ إذَا بَلَغَ سَبْعَ سِنِينَ».

١ ـ ٣٩ ـ باب حَقّ الجار والوصيّة به

قال الله تعالى: ﴿وَاعْبُدُوا اللَّهَ وَلَا تُشْرِكُوا بِهِ شَيْئًا وَبِالْوَالِدَيْنِ إِحْسَانًا وَبِذِي الْقُرْبَىٰ وَالْيَتَامَىٰ وَالْمَسَاكِينِ وَالْجَارِ ذِي الْقُرْبَىٰ وَالْجَارِ الْجُنُبِ وَالصَّاحِبِ بِالْجَنْبِ وَابْنِ السَّبِيلِ وَمَا مَلَكَتْ أَيْمَانُكُمْ﴾ [النساء: ٣٦]..

1. Buch der Gebote

Hadith 300: Ibn Umar (r) überliefert, dass er den Gesandten Allahs (s) sagen hörte: "Jeder von euch ist ein Hüter, und verantwortlich seine Herde: So ist der Anführer ein Hüter und verantwortlich für seine Herde; ebenso ist der Ehemann ein Hüter, hinsichtlich der Familienmitglieder seines Haushalts und verantwortlich seine Herde; die Ehefrau ist Hüter bezüglich des Haushalts ihres Mannes und verantwortlich für ihre Herde; der Diener ist ein Hüter über den Besitz seines Herrn und ist verantwortlich für seine Herde. Jeder von euch ist also ein Hüter und verantwortlich für seine Herde."[113]
(Al-Bukhâri und Muslim)

Hadith 301: Amru ibn Schu'aib (r) überliefert, dass sein Vater ihm berichtete, dass sein Großvater (r) sagte: Der Gesandte Allahs (s) sagte: "Wenn eure Kinder das Alter von sieben Jahren erreichen, befehlt ihnen, das Gebet zu verrichten, und züchtigt sie bei Nachlässigkeit darin, wenn sie zehn Jahre alt sind, und lasst sie in getrennten Betten schlafen."
(Abu Dâwûd)
Dies ist ein guter Hadith (*hasan*).

Hadith 302: Abu Thurayya Sabra ibn Ma'bad al-Dschuhani (r) berichtet, dass der Gesandte Allahs (s) sagte: "Wenn ein Junge sieben Jahre alt geworden ist, dann bringt ihm das Gebet bei. Wenn er dies im Alter von zehn Jahren nicht verrichtet, dann züchtigt ihn."
(Abu Dâwûd und At-Tirmidhi)
Nach At-Tirmidhi ist dies ist ein guter Hadith (*hasan*).
In der Version von Abu Dâwûd heißt es: "Wenn ein Junge sieben Jahre alt geworden ist, dann befehlt ihm das Gebet..."

Kapitel 39
Recht des Nachbarn und Empfehlung in Bezug auf ihn

Qur'ân: Allah, der Erhabene, spricht:
"Und dient Allah und stellt Ihm nichts zur Seite, und erweist den Eltern Wohltaten und ebenso den Verwandten, den Waisen und Armen, den nahestehenden Nachbarn und den fernen Nachbarn, und dem Gefährten an (eurer) Seite und dem Reisenden und denen, die euch gehören. Wahrlich, Allah liebt nicht die, die überheblich (und) stolz sind." (4:36)

---

[113] Vergl. Hadith Nr. 283.

٣٠٣ - وعن ابنِ عمر وعائشة رضي الله عنهما قالا: قال رسولُ اللَّهِ ﷺ: «مَا زَالَ جِبْرِيلُ يُوصِينِي بِالجَارِ حَتَّى ظَنَنْتُ أَنَّهُ سَيُوَرِّثُهُ». متفقٌ عليه.

٣٠٤ - وعن أبي ذرٍّ رضي الله عنه قال: قال رسول الله ﷺ: «يَا أَبَا ذرٍّ إذا طَبَخْتَ مَرَقَةً، فَأَكْثِرْ مَاءَها، وَتَعَاهَدْ جِيرانَكَ». رواه مسلم.

وفي روايةٍ له عن أبي ذرٍّ قال: إن خليلي ﷺ أوصَاني: «إذا طَبَخْتَ مَرَقاً فَأَكْثِرْ مَاءَهُ، ثُمَّ انْظُرْ أَهْلَ بَيْتٍ مِنْ جِيرَانِكَ، فَأَصِبْهُمْ مِنْها بِمَعْرُوفٍ».

٣٠٥ - وعن أبي هريرة رضي الله عنه، أن النبي ﷺ قال: «وَاللَّهِ لا يُؤْمِنُ، وَاللَّهِ لَا يُؤْمِنُ، وَاللَّهِ لَا يُؤْمِنُ!» قِيلَ: مَنْ يَا رسولَ اللَّهِ؟ قال: «الَّذِي لَا يَأْمَنُ جَارُهُ بَوَائِقَهُ». متفقٌ عليه.

وفي روايةٍ لمسلمٍ: «لا يَدْخُلُ الجَنَّةَ مَنْ لا يَأْمَنُ جَارُهُ بَوَائِقَهُ».

«البَوَائِقُ»: الغَوائِل والشُّرُورُ.

٣٠٦ - وعنه قال: قال رسول الله ﷺ: «يَا نِسَاءَ المُسْلِمَاتِ لَا تَحْقِرَنَّ جَارَةٌ لِجَارَتِهَا وَلَوْ فِرْسِنَ شَاةٍ». متفقٌ عليه.

1. Buch der Gebote

Hadith 303: Ibn Umar und Âischa (r) berichten, dass der Gesandte Allahs (s) sagte: "(Der Engel) Gabriel empfahl mir so oft die gute Behandlung des Nachbarn, dass ich beinahe dachte, er würde ihn vielleicht zum Erben einsetzen."
(Al-Bukhâri und Muslim)

Hadith 304: Abu Dharr (r) berichtet, dass der Prophet (s) sagte: "Oh Abu Dharr! Wenn du Suppe zubereitest, gib ein wenig mehr Wasser hinein und schau, ob dein Nachbar etwas benötigt."
(Muslim)

Eine andere Version lautet: Mein Freund, der Prophet (s), wies mich an: "Wenn du Suppe zubereitest, gib viel Wasser hinein und dann schau, wie es der Familie deines Nachbarn geht, und gib auch ihr davon."

Hadith 305: Abu Huraira (r) berichtet, dass der Prophet (s) sprach: "Bei Allah, er glaubt nicht! Bei Allah, er glaubt nicht! Bei Allah, er glaubt nicht." Er wurde gefragt: "Wer, oh Gesandter Allahs!?" Er sagte: "Einer, dessen Nachbar nicht sicher ist vor seiner Bosheit."
(Al-Bukhâri und Muslim)
Die Version bei Muslim lautet: "Derjenige wird nicht ins Paradies eintreten, dessen Nachbar nicht sicher ist vor seiner Bosheit."

Hadith 306 ist eine Wiederholung von Hadith Nr. 124.

٣٠٧ ـ وعنه، أن رسول الله ﷺ قال: «لَا يَمْنَعُ جَارٌ جَارَهُ أَنْ يَغْرِزَ خَشَبَةً في جِدارِهِ»، ثُمَّ يَقُولُ أَبُو هُرَيْرَةَ: مَا لي أَراكُمْ عَنْهَا مُعْرِضِينَ! وَاللَّهِ لأَرْمِيَنَّ بِهَا بَيْنَ أَكْتَافِكُمْ. متفقٌ عليه.

رُوِيَ «خَشَبَهُ» بالإضافةِ والجَمعِ، وَرُوِيَ «خَشَبَةً» بالتَّنوينِ عَلى الإفْرَادِ. وقوله: ما لي أَراكُمْ عَنْهَا مُعْرِضِينَ، يَعْني عَنْ هٰذِهِ السُّنَّةِ.

٣٠٨ ـ وعنه، أن رسول الله ﷺ قال: «مَنْ كَانَ يُؤْمِنُ بِاللهِ وَالْيَوْمِ الآخِرِ، فَلَا يُؤْذِ جَارَهُ، وَمَنْ كَانَ يُؤْمِنُ بِاللهِ وَالْيَوْمِ الآخِرِ، فَلْيُكْرِمْ ضَيْفَهُ، وَمَنْ كَانَ يُؤْمِنُ بِاللهِ وَالْيَوْمِ الآخِرِ، فَلْيَقُلْ خَيْراً أَوْ لِيَسْكُتْ». متفقٌ عليه.

٣٠٩ ـ وعن أبي شُرَيْحٍ الخُزاعِيِّ رضي الله عنه أنَّ النبيَّ ﷺ قال: «مَنْ كَانَ يُؤْمِنُ بِاللهِ وَالْيَوْمِ الآخِرِ، فَلْيُحْسِنْ إِلى جَارِهِ، وَمَنْ كَانَ يُؤْمِنُ بِاللهِ وَالْيَوْمِ الآخِرِ، فَلْيُكْرِمْ ضَيْفَهُ، وَمَنْ كَانَ يُؤْمِنُ بِاللهِ وَالْيَوْمِ الآخِرِ، فَلْيَقُلْ خَيْراً أَوْ لِيَسْكُتْ». رواه مسلم بهٰذا اللفظ، وروى البخاري بعضه.

٣١٠ ـ وعن عائشة رضي الله عنها قالت: قلت: يا رسول الله إنَّ لي جَارَيْنِ، فَإِلى أَيِّهِمَا أُهْدي؟ قال: «إلى أَقْرَبِهِمَا مِنْكِ بَاباً». رواه البخاري.

٣١١ ـ وعن عبدِ اللهِ بن عمر رضي الله عنهما قال: قال رسول اللَّهِ ﷺ: «خَيْرُ الأَصْحَابِ عِنْدَ اللَّهِ تعالى خَيْرُهُمْ لِصَاحِبِهِ، وخَيْرُ الجِيرَانِ عِنْدَ اللَّهِ تعالى خَيْرُهُمْ لِجَارِهِ». رواه الترمذي وقال: حديث حسن.

1. Buch der Gebote

Hadith 307: Abu Huraira (r) berichtet, dass der Gesandte Allahs (s) sagte: "Lasst keinen Nachbarn seinem unmittelbaren Nachbarn verbieten, seine Dachsparren an der eigenen Wand zu befestigen."
Abu Huraira (r) fügte hinzu: Warum sehe ich, dass ihr euch nun von dieser *Sunna* abwendet! Bei Allah, ich werde dennoch damit fortfahren, dies zu verkünden!
(Al-Bukhâri und Muslim)

Hadith 308: Abu Huraira (r) überliefert, dass der Gesandte Allahs (s) sagte: "Wer an Allah glaubt und an den Jüngsten Tag, soll seinem Nachbarn nicht schaden; und wer an Allah glaubt und an den Jüngsten Tag, soll seinen Gast großzügig behandeln; und wer an Allah glaubt und an den Jüngsten Tag, soll Gutes sprechen oder schweigen!"
(Al-Bukhâri und Muslim)

Hadith 309: Abu Schuraih al-Khuzâ'i (r) überliefert, dass der Prophet (s) sagte: "Wer an Allah glaubt und an den Jüngsten Tag, soll seinen Nachbarn gut behandeln; und wer an Allah glaubt und an den Jüngsten Tag, soll seinen Gast großzügig behandeln; und wer an Allah glaubt und an den Jüngsten Tag, soll Gutes sprechen oder schweigen!"
(Muslim)
Bei Al-Bukhâri wird ein Teil dieses Hadithes berichtet.

Hadith: 310: Âischa (r) berichtet: Ich fragte den Propheten (s): "Oh Gesandter Allahs! Ich habe zwei Nachbarn; wem soll ich etwas schenken?" Er antwortete: "Dem Nachbarn, dessen Tür näher an deiner Tür ist."
(Al-Bukhâri)

Hadith: 311: Abdullâh ibn Umar (r) berichtet, dass der Gesandte Allahs (s) sagte: "Der beste Freund aus der Sicht Allahs, des Erhabenen, ist derjenige, welcher seinen Gefährten am besten behandelt, und der beste Nachbar aus der Sicht Allahs, des Erhabenen, ist derjenige, welcher seinen Gefährten am besten behandelt."
(At-Tirmidhi)
Dies ist ein guter Hadith (*hasan*).

١ - ٤٠ - باب برّ الوالدين وَصلة الأرحام

قال الله تعالى: ﴿وَاعْبُدُوا اللَّهَ وَلَا تُشْرِكُوا بِهِ شَيْئًا وَبِالْوَالِدَيْنِ إِحْسَانًا وَبِذِي الْقُرْبَى وَالْيَتَامَى وَالْمَسَاكِينِ وَالْجَارِ ذِي الْقُرْبَى وَالْجَارِ الْجُنُبِ وَالصَّاحِبِ بِالْجَنْبِ وَابْنِ السَّبِيلِ وَمَا مَلَكَتْ أَيْمَانُكُمْ﴾ [النساء: ٣٦]. وقال تعالى: ﴿وَاتَّقُوا اللَّهَ الَّذِي تَسَاءَلُونَ بِهِ وَالْأَرْحَامَ﴾ [النساء: ١]. وقال تعالى: ﴿وَالَّذِينَ يَصِلُونَ مَا أَمَرَ اللَّهُ بِهِ أَنْ يُوصَلَ﴾ الآية [الرعد: ٢١]. وقال تعالى: ﴿وَوَصَّيْنَا الْإِنْسَانَ بِوَالِدَيْهِ حُسْنًا﴾ [العنكبوت: ٨]. وقال تعالى: ﴿وَقَضَى رَبُّكَ أَلَّا تَعْبُدُوا إِلَّا إِيَّاهُ وَبِالْوَالِدَيْنِ إِحْسَانًا إِمَّا يَبْلُغَنَّ عِنْدَكَ الْكِبَرَ أَحَدُهُمَا أَوْ كِلَاهُمَا فَلَا تَقُلْ لَهُمَا أُفٍّ وَلَا تَنْهَرْهُمَا وَقُلْ لَهُمَا قَوْلًا كَرِيمًا. وَاخْفِضْ لَهُمَا جَنَاحَ الذُّلِّ مِنَ الرَّحْمَةِ وَقُلْ رَبِّ ارْحَمْهُمَا كَمَا رَبَّيَانِي صَغِيرًا﴾ [الإسراء: ٢٣، ٢٤]. وقال تعالى: ﴿وَوَصَّيْنَا الْإِنْسَانَ بِوَالِدَيْهِ حَمَلَتْهُ أُمُّهُ وَهْنًا عَلَى وَهْنٍ وَفِصَالُهُ فِي عَامَيْنِ أَنِ اشْكُرْ لِي وَلِوَالِدَيْكَ﴾ [لقمان: ١٤]..

٣١٢ - عن أبي عبد الرحمن عبد الله بن مسعود رضي الله عنه قال: سَأَلْتُ النبي ﷺ: أَيُّ العَمَلِ أَحَبُّ إلى اللَّهِ تَعَالى؟ قال: «الصَّلاةُ عَلى وَقْتِها»، قُلْتُ: ثُمَّ أَيٌّ؟ قال: «ثُمَّ بِرُّ الوَالِدَيْنِ» قلتُ: ثُمَّ أَيٌّ؟ قال: «الجِهادُ في سَبِيلِ اللَّهِ». متفقٌ عليه.

٣١٣ - وعن أبي هريرة رضي الله عنه، قال: قال رسولُ اللَّهِ ﷺ: «لا يَجْزِي

1. Buch der Gebote

Kapitel 40
Gehorsam den Eltern gegenüber und Pflege der Verwandtschaftsbande

Qur'ân: Allah, der Erhabene, spricht:
"Und dient Allah und stellt Ihm nichts zur Seite, und erweist den Eltern Wohltaten und ebenso den Verwandten, den Waisen und Armen, den nahestehenden Nachbarn und den fernen Nachbarn, und dem Gefährten an (eurer) Seite und dem Reisenden und denen, die euch gehören..." (4:36)
"So fürchtet Allah, in Dessen Namen ihr einander ersucht, und wahrt die Verwandtschaftsbande (fest)..." (4:1)
"Jene, die ihre Verpflichtungen Allah gegenüber erfüllen und den Bund (mit Ihm) nicht brechen, und die verbinden, was Allah zu verbinden befahl, und ihren Herrn fürchten..." (13:20-21),
"Und Wir haben dem Menschen aufgetragen, gütig gegen seine Eltern zu sein..." (29:8),
"Und dein Herr hat entschieden, dass ihr niemanden außer Ihm anbeten und den Eltern Wohltaten erweisen sollt. Falls einer von ihnen oder beide bei dir ein hohes Alter erreichen, dann sage niemals ein mürrisches Wort zu ihnen und schelte sie nicht, sondern sprich in gütiger Weise mit ihnen. Und aus Barmherzigkeit senke die Schwingen der Demut auf sie hernieder und sprich: 'Mein Herr! Erbarme Dich ihrer, so wie sie mich aufgezogen haben, als ich klein war.'" (17:23-24)
"Und Wir haben dem Menschen seine Eltern ans Herz gelegt - seine Mutter hat ihn ja in Mühsal über Mühsal (unter dem Herzen) getragen, und es dauert zwei Jahre bis zu seiner Entwöhnung: 'Erweise Dankbarkeit Mir und deinen Eltern!'..." (31:14)

Hadith 312: Abu Abdur-Rahmân Abdullâh ibn Mas'ûd (r) berichtet, dass er den Propheten (s) fragte: "Welche Tat ist Allah am liebsten?" Er sagte: "Die Gebete zur richtigen Zeit zu verrichten." Ich fragte: "Und dann?" Er antwortete: "Die gute Behandlung der Eltern." Ich sagte: "Und dann?" Er sagte: "Die Anstrengung (*Dschihâd*) auf dem Wege Allahs."
(Al-Bukhâri und Muslim)

Hadith 313: Abu Huraira (r) berichtet, dass der Gesandte Allahs (s) sagte: "Kein Sohn kann seinem Vater (dessen Fürsorge) zurückzahlen, es sei denn, er findet ihn als Sklaven und kann ihn freikaufen."
(Muslim)

وَلَدٌ وَالِداً إلاّ أنْ يَجِدَهُ مَمْلُوكاً، فَيَشْتَرِيَهُ، فَيُعْتِقَهُ». رواه مسلم.

٣١٤ ـ وعنه أيضاً رضي الله عنه، أن رسولَ اللَّهِ ﷺ قال: «مَنْ كَانَ يُؤْمِنُ بِاللَّهِ وَالْيَوْمِ الآخِرِ، فَلْيُكْرِمْ ضَيْفَهُ وَمَنْ كَانَ يُؤْمِنُ بِاللَّهِ وَالْيَوْمِ الآخِرِ، فَلْيَصِلْ رَحِمَهُ، وَمَنْ كَانَ يُؤْمِنُ بِاللَّهِ وَالْيَوْمِ الآخِرِ، فَلْيَقُلْ خَيْراً أوْ لِيَصْمُتْ». متفقٌ عليه.

٣١٥ ـ وعنه قال: قال رسولُ اللَّهِ ﷺ: «إِنَّ اللَّهَ تَعَالَى خَلَقَ الْخَلْقَ حَتَّى إذا فَرَغَ مِنْهُمْ قَامَتِ الرَّحِمُ، فَقَالَتْ: هذا مُقَامُ الْعَائِذِ بِكَ مِنَ الْقَطِيعَةِ، قال: نَعَمْ أَمَا تَرْضَيْنَ أنْ أَصِلَ مَنْ وَصَلَكِ، وَأَقْطَعَ مَنْ قَطَعَكِ؟ قالت: بَلَى، قال: فَذٰلِكَ لَكِ»، ثم قال رسولُ اللَّهِ ﷺ: «اقْرَؤُوا إنْ شِئْتُمْ: ﴿فَهَلْ عَسَيْتُمْ إِنْ تَوَلَّيْتُمْ أَنْ تُفْسِدُوا فِي الأرْضِ وَتُقَطِّعُوا أَرْحَامَكُمْ. أُولٰئِكَ الَّذِينَ لَعَنَهُمُ اللَّهُ فَأَصَمَّهُمْ وَأَعْمَى أَبْصَارَهُمْ﴾ [محمد: ٢٢، ٢٣].. متفقٌ عليه.

وفي رواية للبخاري: فقال الله تعالى: ﴿مَنْ وَصَلَكِ، وَصَلْتُهُ وَمَنْ قَطَعَكِ، قَطَعْتُهُ﴾.

٣١٦ ـ وعنه رضي الله عنه قال: جَاءَ رَجُلٌ إلى رسولِ اللَّهِ ﷺ فقال: يا رسول الله مَنْ أَحَقُّ النَّاسِ بِحُسْنِ صَحَابَتِي؟ قال: «أُمُّكَ» قال: ثُمَّ مَنْ؟ قال: «أُمُّكَ» قال: ثُمَّ مَنْ؟ قال: «أُمُّكَ» قال: ثُمَّ مَنْ؟ قال: «أَبُوكَ». متفقٌ عليه.

1. Buch der Gebote

Hadith 314 ist eine Wiederholung von Hadith Nr. 308.

Hadith 315: Abu Huraira (r) berichtet, dass der Gesandte Allahs (s) erzählte: Nachdem Allah alle Kreaturen erschaffen hatte, stand der Schoß[114] auf und sprach: "Bin ich der Ort, der bei Dir Zuflucht vor der Trennung (der Familienbande) bietet?" Allah sagte: "Ja, wärest du denn zufrieden, wenn Ich zu dem halte, der zu dir hält, und sollte Ich mich von dem lösen, der sich von dir löst?" Der Schoß sagte: "Ja, gewiss." Allah sagte: "Dann soll es so sein."
Dann sagte der Gesandte Allahs (s): "Wenn ihr wollt, dann lest folgende Qur'ânverse: 'Es ist nicht möglich, dass ihr, wenn ihr euch abwendet, Unheil auf Erden stiftet und die Verwandtschaftsbande zerschneidet? Das sind diejenigen, die Allah verflucht hat und Er hat sie taub gemacht und ihr Augenlicht geblendet.'(Sure 47:22-23)"
(Al-Bukhâri und Muslim)
Nach der Version von Al-Bukhâri sagte Allah: "Wer zu dir hält, zu dem werde Ich halten, und wer sich von dir löst, von dem werde Ich mich lösen."

Hadith 316: Abu Huraira (r) berichtet, dass ein Mann zum Gesandten Allahs (s) kam und fragte: "Oh Gesandter Allahs, wer von den Menschen ist am meisten zu guter Behandlung durch mich berechtigt und zu meiner guten Gefolgschaft?" Er antwortete: "Deine Mutter." Der Mann fragte: "Und wer nach ihr?" Er sagte: "Deine Mutter." Er fragte: "Und wer nach ihr?" Er antwortete: "Deine Mutter." Er fragte: "Und wer nach ihr?" Er sagte: "Dein Vater."
(Al-Bukhâri und Muslim)

---

[114] Wörtlich: Die "Gebärmutter", das bedeutet: die verwandtschaftliche Beziehung aufgrund der Geburt.

وفي رواية: يا رسول الله مَنْ أَحَقُّ بِحُسْنِ الصُّحْبَةِ؟ قال: «أُمَّكَ، ثُمَّ أُمَّكَ، ثُمَّ أُمَّكَ، ثُمَّ أَبَاكَ، ثُمَّ أَدْنَاكَ أَدْنَاكَ».

«وَالصَّحَابَةُ» بمعنى: الصُّحْبَةِ. وقوله: «ثُمَّ أَبَاكَ» هٰكَذَا هو منصوبٌ بفعلٍ محذوفٍ، أي: ثم بِرَّ أَباك وفي رواية: «ثُمَّ أَبُوكَ» وهٰذا واضحٌ.

٣١٧ - وعنه عن النبي ﷺ قال: «رَغِمَ أَنْفٌ، ثُمَّ رَغِمَ أَنْفٌ، ثُمَّ رَغِمَ أَنْفٌ مَنْ أَدْرَكَ أَبَوَيْهِ عِنْدَ الْكِبَرِ، أَحَدَهُمَا أَوْ كِلَيْهِمَا، فَلَمْ يَدْخُلِ الجَنَّةَ». رواه مسلم.

٣١٨ - وعنه رضي الله عنه، أنَّ رجلاً قال: يا رسولَ اللَّهِ ﷺ إنَّ لي قَرَابَةً أَصِلُهُمْ وَيَقْطَعُونِي، وَأُحْسِنُ إِلَيْهِمْ وَيُسِيئُونَ إِلَيَّ، وَأَحْلُمُ عَنْهُمْ وَيَجْهَلُونَ عَلَيَّ، فقال: «لَئِنْ كُنْتَ كَمَا قُلْتَ، فَكَأَنَّمَا تُسِفُّهُمُ المَلَّ، وَلَا يَزَالُ مَعَكَ مِنَ اللَّهِ ظَهِيرٌ عَلَيْهِمْ مَا دُمْتَ عَلَى ذٰلِكَ». رواه مسلم.

«وَتُسِفُّهُمْ» بضم التاء وكسر السين المهملة وتشديد الفاء «وَالمَلُّ» بفتح الميم، وتشديد اللام وهو الرَّمَادُ الحَارُّ: أي كأَنَّما تُطعِمُهُم الرَّمَادَ الحَارَّ وَهُوَ تَشْبِيهٌ لِمَا يَلْحَقُهُمْ مِنَ الإِثْمِ بِمَا يَلْحَقُ آكِلَ الرَّمَادِ الحَارِّ مِنَ الأَلَمِ، ولَا شَيءَ عَلَى هٰذَا المُحْسِنِ إِلَيْهِمْ، لَكِنْ يَنَالُهُمْ إِثْمٌ عَظِيمٌ بِتَقْصِيرِهِمْ فِي حَقِّهِ، وَإِدْخَالِهِمُ الأَذَى عَلَيْهِ، واللَّهُ أعلم.

٣١٩ - وعن أنس رضي الله عنه، أنَّ رسولَ اللَّهِ ﷺ قال: «مَنْ أَحَبَّ أَنْ يُبْسَطَ لَهُ فِي رِزْقِهِ، وَيُنْسَأَ لَهُ فِي أَثَرِهِ، فَلْيَصِلْ رَحِمَهُ». متفقٌ عليه.

٣٢٠ - وعنه قال: كَانَ أَبُو طَلْحَةَ أَكْثَرَ الأَنْصَارِ بِالمَدِينَةِ مَالًا مِنْ نَخْلٍ، وَكَانَ أَحَبُّ أَمْوَالِهِ إِلَيْهِ بِيرَحَاءَ، وَكَانَتْ مُسْتَقْبِلَةَ المَسْجِدِ، وَكَانَ رسولُ اللَّهِ ﷺ يَدْخُلُهَا،

1. Buch der Gebote

Nach einer anderen Version fragte der Mann: "Oh Gesandter Allahs, wer hat am meisten Anspruch auf gute Behandlung und gute Gefolgschaft?" Er antwortete: "Deine Mutter, und dann deine Mutter, und dann deine Mutter, und dann dein Vater, und dann deine näheren Verwandten."

Hadith 317: Abu Huraira (r) überliefert, dass der Prophet (s) sagte: "Was für eine jämmerliche Erscheinung, was für eine jämmerliche Erscheinung, was für eine Jämmerliche Erscheinung ist doch derjenige, der die Gelegenheit bekommt, seine Eltern oder einen Teil von ihnen im Alter zu erleben, ohne doch ins Paradies eintreten zu dürfen (weil er es versäumt, ihnen fürsorglich zu dienen)."
(Muslim)

Hadith 318: Abu Huraira (r) erzählte, dass ein Mann zu dem Propheten (s) sagte: "Oh Gesandter Allahs, ich habe Verwandte, die ich besuche, doch sie suchen keinen Kontakt mit mir. Ich behandle sie gut, doch sie behandeln mich schlecht. Ich bin umgänglich mit ihnen, doch sie sind bösartig zu mir." Da sprach er (s) zu ihm: "Wenn es (wirklich) so ist, wie du sagst, dann ist es so, als ob du sie (am Tag des Gerichts) mit heißer Asche fütterst; und solange du so bleibst, wie du bist, wird Allah dir helfen und dich vor ihren Machenschaften schützen."
(Muslim)

Hadith 319: Anas (r) überliefert, dass der Gesandte Allahs (s) sagte: "Wer (immer) will, dass Allah seinen Lebensunterhalt, sein Alter (und seine Nachkommen) segnet, sollte seine Verwandtschaftsbeziehungen pflegen."
(Al-Bukhâri und Muslim).

Hadith 320 ist eine Wiederholung des Hadithes Nr. 297.

وَيَشْرَبُ مِنْ مَاءٍ فِيهَا طَيِّبٍ، فَلَمَّا نَزَلَتْ هٰذِهِ الآيَةُ: ﴿لَنْ تَنَالُوا الْبِرَّ حَتَّى تُنْفِقُوا مِمَّا تُحِبُّونَ﴾ [آل عمران: ٩٢]. قَامَ أَبُو طَلْحَةَ إِلَى رَسُولِ اللَّهِ ﷺ فَقَالَ: يَا رَسُولَ اللَّهِ إِنَّ اللَّهَ تَبَارَكَ وَتَعَالَى يَقُولُ: ﴿لَنْ تَنَالُوا الْبِرَّ حَتَّى تُنْفِقُوا مِمَّا تُحِبُّونَ﴾ وَإِنَّ أَحَبَّ مَالِي إِلَيَّ بَيْرَحَاءُ، وَإِنَّهَا صَدَقَةٌ لِلَّهِ تَعَالَى، أَرْجُو بِرَّهَا وَذُخْرَهَا عِنْدَ اللَّهِ تَعَالَى، فَضَعْهَا يَا رَسُولَ اللَّهِ حَيْثُ أَرَاكَ اللَّهُ. فَقَالَ رَسُولُ اللَّهِ ﷺ: «بَخْ! ذٰلِكَ مَالٌ رَابِحٌ، ذٰلِكَ مَالٌ رَابِحٌ! وَقَدْ سَمِعْتُ مَا قُلْتَ، وَإِنِّي أَرَى أَنْ تَجْعَلَهَا فِي الْأَقْرَبِينَ» فَقَالَ أَبُو طَلْحَةَ: أَفْعَلُ يَا رَسُولَ اللَّهِ، فَقَسَمَهَا أَبُو طَلْحَةَ فِي أَقَارِبِهِ وَبَنِي عَمِّهِ. مُتَّفَقٌ عَلَيْهِ.

وَسَبَقَ بَيَانُ أَلْفَاظِهِ فِي: بَابِ الْإِنْفَاقِ مِمَّا يُحِبُّ.

٣٢١ - وَعَنْ عَبْدِ اللَّهِ بْنِ عَمْرِو بْنِ الْعَاصِ رَضِيَ اللَّهُ عَنْهُمَا قَالَ: أَقْبَلَ رَجُلٌ إِلَى نَبِيِّ اللَّهِ ﷺ، فَقَالَ: أُبَايِعُكَ عَلَى الْهِجْرَةِ وَالْجِهَادِ أَبْتَغِي الْأَجْرَ مِنَ اللَّهِ تَعَالَى. قَالَ: «فَهَلْ لَكَ مِنْ وَالِدَيْكَ أَحَدٌ حَيٌّ؟» قَالَ: نَعَمْ بَلْ كِلَاهُمَا قَالَ: «فَتَبْتَغِي الْأَجْرَ مِنَ اللَّهِ تَعَالَى؟» قَالَ: نَعَمْ. قَالَ: «فَارْجِعْ إِلَى وَالِدَيْكَ، فَأَحْسِنْ صُحْبَتَهُمَا». مُتَّفَقٌ عَلَيْهِ. وَهٰذَا لَفْظُ مُسْلِمٍ.

وَفِي رِوَايَةٍ لَهُمَا: جَاءَ رَجُلٌ فَاسْتَأْذَنَهُ فِي الْجِهَادِ فَقَالَ: «أَحَيٌّ وَالِدَاكَ؟» قَالَ: نَعَمْ، قَالَ: «فَفِيهِمَا فَجَاهِدْ».

٣٢٢ - وَعَنْهُ، عَنِ النَّبِيِّ ﷺ قَالَ: «لَيْسَ الْوَاصِلُ بِالْمُكَافِئِ، وَلٰكِنَّ الْوَاصِلَ الَّذِي إِذَا قَطَعَتْ رَحِمُهُ وَصَلَهَا». رَوَاهُ الْبُخَارِيُّ.

وَ«قَطَعَتْ» بِفَتْحِ الْقَافِ وَالطَّاءِ. وَ«رَحِمُهُ» مَرْفُوعٌ.

1. Buch der Gebote

Hadith 321: Abdullâh ibn Amru ibn al-Âs (r) berichtet, dass ein Mann zum Propheten (s) kam und zu ihm sagte: "Ich möchte dir den Huldigungseid leisten, um auszuwandern und zu kämpfen um Allahs, des Erhabenen, willen, (nur) um Seinen Lohn dafür zu erhalten." Der Prophet (s) fragte ihn: "Lebt noch einer von deinen Eltern?" Der Mann sagte: "Ja, beide leben noch." Der Prophet (s) fragte ihn: "Suchst du (wirklich) die Belohnung Allahs, des Erhabenen?" Der Mann sagte: "Ja." Er (s) sprach: "Dann gehe zurück zu deinen Eltern und erweise ihnen Gutes."
(Al-Bukhâri und Muslim)
Die zitierte Fassung stammt von Muslim.

In der Version von Al-Bukhâri und Muslim heißt es: Ein Mann kam und ersuchte um Erlaubnis zum *Dschihâd*. Der Prophet (s) fragte ihn: "Leben deine Eltern noch?" Der Mann sagte: "Ja." Er (s) sagte: "Dann führe *Dschihâd*, indem du ihnen dienst.[115]"

Hadith 322: Es überliefert Abdullâh ibn Amru ibn al-Âs (r), dass der Prophet (s) sagte: "Ein die Verwandtschaftsbande Pflegender ist nicht derjenige, der den gegenseitigen Kontakt zur Verwandtschaft aufrecht erhält, sondern derjenige, der an seinen Verwandtschaftsbanden festhält, auch wenn die Verwandten mit ihm brechen."
(Al-Bukhâri)

---

[115] Das heißt, der Dienst an den Eltern ist selbst *Dschihâd*.

٣٢٣ ـ وعن عائشة قالت: قال رسول الله ﷺ: «الرَّحِمُ مُعَلَّقَةٌ بِالعَرْشِ تَقُولُ: مَنْ وَصَلَنِي، وَصَلَهُ اللَّهُ، وَمَنْ قَطَعَنِي، قَطَعَهُ اللَّهُ». متفقٌ عليه.

٣٢٤ ـ وعن أمِّ المؤمنينَ مَيْمُونَةَ بنتِ الحارثِ رضي الله عنها، أنَّها أعْتَقَتْ وَلِيدَةً وَلَمْ تَسْتَأْذِنِ النَّبِيَّ ﷺ، فَلَمَّا كَانَ يَوْمُهَا الَّذِي يَدُورُ عَلَيْهَا فِيهِ، قالت: أشَعَرْتَ يا رسولَ اللَّهِ أنِّي أعْتَقْتُ وَلِيدَتِي؟ قال: «أوَ فَعَلْتِ؟» قالت: نَعَمْ. قال: «أما إنَّكِ لو أعْطَيْتِهَا أخْوَالَكِ كانَ أعْظَمَ لأجْرِكِ». متفقٌ عليه.

٣٢٥ ـ وعن أسْمَاءَ بنتِ أبي بكرٍ الصِّدِّيقِ رضي الله عنهما قالت: قَدِمَتْ عَلَيَّ أُمِّي وَهِيَ مُشْرِكَةٌ في عَهْدِ رسولِ اللَّهِ ﷺ، فاسْتَفْتَيْتُ رسولَ اللَّهِ ﷺ قلتُ: قَدِمَتْ عَلَيَّ أُمِّي وَهِيَ رَاغِبَةٌ، أفَأَصِلُ أُمِّي؟ قال: «نَعَمْ صِلِي أُمَّكِ». متفقٌ عليه.

وقولُها: «رَاغِبَةٌ»، أيْ: طَامِعَةٌ عِنْدِي تَسْأَلُنِي شَيْئاً؛ قِيلَ كانتْ أُمُّها مِنَ النَّسَبِ، وَقِيلَ: مِنَ الرَّضَاعَةِ والصحيحُ الأولُ.

٣٢٦ ـ وعن زينبَ الثَّقَفِيَّةِ امرأةِ عبدِ اللَّهِ بنِ مسعودٍ رضي الله عنه وعنها قالت: قال رسولُ اللَّهِ ﷺ: «تَصَدَّقْنَ يَا مَعْشَرَ النِّسَاءِ وَلَوْ مِنْ حَلْيِكُنَّ» قالت: فَرَجَعْتُ إلى عبدِ اللَّهِ بنِ مسعودٍ فقلتُ له: إنَّكَ رَجُلٌ خَفِيفُ ذَاتِ اليَدِ، وَإنَّ رسولَ اللَّهِ ﷺ قد أمَرَنَا بالصَّدَقَةِ فأْتِهِ، فاسْأَلْهُ، فإن كَانَ ذلِكَ يُجْزِىءُ عَنِّي وإلاَّ صَرَفْتُهَا إلى غَيْرِكُمْ. فقال لي عبدُ اللَّهِ: بَلِ ائتِيهِ أنتِ، فانطلقْتُ، فإذا امرأةٌ من الأنْصَارِ بِبَابِ رسولِ اللَّهِ ﷺ حَاجَتِي حَاجَتُهَا، وَكَانَ رَسُولُ اللَّهِ ﷺ قد أُلْقِيَتْ عَلَيْهِ

1. Buch der Gebote

Hadith 323: Es überliefert Âischa (r), dass der Gesandte Allahs (s) sagte: "Der Schoß ist am Thron Allahs aufgehängt und verkündet: Allah wird bei Sich behalten, wer von mir gehalten wird und Allah wird Sich von dem trennen, der sich von mir trennt."
(Al-Bukhâri und Muslim)

Hadith 324: Maimûna bint al-Hârith (r), eine der Mütter der Gläubigen, berichtet, dass sie eine Sklavin in Freiheit setzte, ohne die Erlaubnis des Propheten (s) einzuholen. Als er sie an ihrem Tag besuchte, sagte sie zu ihm: "Oh Gesandter Allahs, merkst du nicht, dass ich meine Sklavin freigelassen habe?" Er sagte: "Hast du das gemacht?" Sie sagte: "Ja." Er sagte: "Wenn du sie deinen Onkeln mütterlicherseits gegeben hättest, wäre es noch besser gewesen."
(Al-Bukhâri und Muslim)

Hadith 325: Es erzählte Asmâ' bint Abi Bakr as-Siddîq (r): Zu Lebzeiten des Propheten (s)[116] besuchte mich meine Mutter, die noch nicht gläubig war. Ich ging zum Propheten (s) und fragte ihn: "Meine Mutter ist zu mir gekommen und sie erwartet etwas von mir. Darf ich mich ihr verpflichten (und so die Verwandtschaftsbande achten)?" Er sagte: "Ja. pflege die Verwandtschaftsbande mit deiner Mutter."
(Al-Bukhâri und Muslim)

Hadith 326: Es berichtet Zainab ath-Thaqafiya (r), die Ehefrau von Abdullâh ibn Mas'ûd (r): Als der Gesandte Allahs (s) sagte: "Oh ihr Frauen! Gebt *Sadaqa*, auch wenn sie von eurem Schmuck sein sollte.", ging ich zu (meinem Mann) Abdullâh ibn Mas'ûd und sagte zu ihm: "Du bist ein armer und bedürftiger Mensch, und der Prophet (s) hat uns aufgetragen, *Sadaqa* zu geben. So gehe zu ihm und frage ihn, ob es als *Sadaqa* zählt, wenn ich dir etwas gebe, sonst kann ich es auch jemand anderem geben." Abdullâh sagte: "Du solltest selbst gehen und ihn fragen." So ging ich zu ihm und fand schon eine Frau von den *Ansâr* an der Tür des Gesandten Allahs (s), die aus dem gleichen Grund wie ich gekommen war. Aber wir zögerten hineinzugehen, wegen der Würde und Hoheit des

---

[116] Dies war gerade zu der Zeit, als die Muslime, die nach Medina ausgewandert waren, mit den Ungläubigen Mekkanern ein Stillhalteabkommen geschlossen hatten.

المَهابَةُ، فَخَرَجَ عَلَيْنَا بِلالٌ، فَقُلْنَا لَهُ: ائْتِ رسولَ اللَّهِ ﷺ، فَأخْبِرْهُ أنَّ امْرَأتَيْنِ بِالبَابِ تَسْألانِكَ: أتُجْزِىءُ الصَّدَقَةُ عَنْهُمَا عَلَى أزْوَاجِهِمَا وَعَلَى أيْتَامٍ في حُجُورِهِمَا؟ وَلا تُخْبِرْهُ مَنْ نَحْنُ، فَدَخَلَ بِلالٌ عَلَى رسولِ اللَّهِ ﷺ، فَسَألَهُ، فقال لَهُ رسولُ اللَّهِ ﷺ: «مَنْ هُمَا؟» قَالَ: امْرَأةٌ مِنَ الأنْصَارِ وَزَيْنَبُ. فقال رسولُ اللَّهِ ﷺ: «أيُّ الزَّيَانِبِ هِيَ؟» قال: امْرَأةُ عبد اللَّهِ، فقال رسولُ اللَّهِ ﷺ: «لَهُمَا أجْرَانِ: أجْرُ القَرَابَةِ وَأجْرُ الصَّدَقَةِ». متفقٌ عليه.

٣٢٧ - وعن أبي سُفْيَانَ صَخْرِ بنِ حَرْبٍ رضي الله عنه في حَدِيثِهِ الطَّويل في قِصَّةِ هِرَقْلَ أنَّ هِرَقْلَ قال لأبي سُفْيَان: فَمَاذَا يَأمُرُكُمْ بِهِ؟ يَعْني النَّبيَّ ﷺ قال: قلت: يقول: «اعْبُدُوا اللَّهَ وَحْدَهُ، وَلا تُشْرِكُوا بِهِ شَيْئاً، وَاتْرُكُوا مَا يَقُولُ آبَاؤُكُمْ»، وَيَأمُرُنَا بِالصَّلاةِ، والصِّدْقِ، والعَفَافِ، والصِّلَةِ. متفق عليه.

٣٢٨ - وعن أبي ذرٍّ رضي الله عنه قال: قال رسولُ اللَّهِ ﷺ: «إنَّكُمْ سَتَفْتَحُونَ أرْضاً يُذْكَرُ فِيهَا القِيرَاطُ».

وفي روايةٍ: «سَتَفْتَحُونَ مِصْرَ وهي أرْضٌ يُسَمَّى فِيهَا القِيرَاطُ، فَاسْتَوْصُوا بِأهْلِهَا خَيْراً، فَإنَّ لَهُمْ ذِمَّةً وَرَحِماً».

وفي روايةٍ: «فَإذا افْتَتَحْتُمُوهَا، فَأحْسِنُوا إلى أهْلِهَا، فَإنَّ لَهُمْ ذِمَّةً وَرَحِماً» أو قال: «ذِمَّةً وَصِهِراً». رواه مسلم.

قال العُلَمَاءُ: الرَّحِمُ الَّتي لَهُمْ كَوْنُ هَاجَرَ أمِّ إسْمَاعِيلَ ﷺ مِنْهُمْ «والصِّهْرُ» كَوْنُ مَارِيَةَ أمِّ إبْراهِيمَ ابنِ رسولِ اللَّهِ ﷺ منهم.

1. Buch der Gebote

Propheten (s). Unterdessen kam Bilâl (r) heraus, und wir sagten zu ihm: "Bitte geh zu Allahs Gesandten (s) und sag ihm, dass zwei Frauen gekommen sind und wissen wollen, ob es als *Sadaqa* zählt, wenn sie ihren Ehemännern spenden, und für die Waisen, die unter ihrer Obhut stehen, aber erzähle ihm nicht, wer wir sind." Bilâl (r) ging zum Propheten (s) und legte ihm unseren Fall dar. Der Gesandte Allahs (s) fragte: "Wer sind sie?" Bilâl (r) sagte: "Eine ist von den *Ansâr* und die andere ist Zainab." Er fragte: "Welche Zainab ist es?" Er antwortete: "Die Frau von Abdullâh." Der Prophet (s) sagte: "Sie werden zweifachen Lohn erhalten: einmal für die (Freundlichkeit zur) Verwandtschaft und einmal für *Sadaqa*."
(Al-Bukhâri und Muslim)

Hadith 327: Abu Sufyân Sakhr ibn Harb (r) erzählte in seinem langen Bericht über (seine Audienz bei) Heraklios, dem oströmischen Herrscher, unter Anderem, wie dieser ihn fragte: "Was verlangt euer Prophet von euch zu tun?" Er sagte: "Er verlangt von uns, nur Allah, dem Einen, zu dienen und Ihm niemanden beizugesellen, nicht den Sitten unserer Vorfahren zu folgen, außerdem das Gebet zu verrichten, die Wahrheit zu sprechen, rein zu bleiben und unsere Blutsverwandten gut zu behandeln."
(Al-Bukhâri und Muslim)

Hadith 328: Abu Dharr (r) berichtet, dass der Gesandte Allahs (s) sagte: "Bald werdet ihr ein Land erobern, in dem man das *Qîrât* (als Maßeinheit) verwendet."
In einer anderen Version: "Bald werdet ihr Ägypten erobern, und das ist ein Land, in dem man das *Qîrât* kennt. Behandelt seine Leute freundlich, denn es gibt Verwandtschaftsbande und Verpflichtungen zu ihnen."
Bei Muslim lautet eine andere Version: "Wenn ihr es erobert, behandelt seine Bewohner gut, denn es bestehen Verwandtschaftsbande mit ihnen und Verpflichtungen zu ihnen." Oder er sagte: "Wir haben Verpflichtungen und mütterliche Beziehungen[117]."
Die Gelehrten (*Ulamâ'*) erklären diese Verwandtschaft mit Ägypten in der Weise, dass sie sich auf die historische Tatsache beziehen, dass Hâdschar, die Mutter des Propheten Ismâ'îl, eine Ägypterin war, und 'mütterliche Beziehungen' damit, dass Maria, die Mutter Ibrâhîms, des Sohnes des Gesandten Allahs (s), (ebenfalls) eine Ägypterin war.

---

[117] Das heißt: die Ägypter sind mit uns verwandt und verschwägert.

٣٢٩ - وعن أبي هريرة رضي الله عنه قال: لما نَزَلَتْ هٰذهِ الآيَةُ: ﴿وَأَنْذِرْ عَشِيرَتَكَ الأَقْرَبِينَ﴾ [الشعراء: ٢١٤] دَعا رسولُ اللّٰهِ ﷺ قُرَيشاً، فاجتَمَعُوا فَعَمَّ، وخَصَّ وقال: «يَا بَني كَعْبِ بنِ لُؤَيٍّ، أَنْقِذُوا أَنْفُسَكُمْ مِنَ النَّارِ، يَا بَني مُرَّةَ بنِ كَعْبٍ، أَنْقِذُوا أَنْفُسَكُمْ مِنَ النَّارِ، يَا بَني عَبْدِ شَمْسٍ أَنْقِذُوا أَنْفُسَكُمْ مِنَ النَّارِ، يَا بَني عَبْدِ مَنَافٍ، أَنْقِذُوا أَنْفُسَكُمْ مِنَ النَّارِ، يَا بَني هَاشِمٍ أَنْقِذُوا أَنْفُسَكُمْ مِنَ النَّارِ، يَا بَني عَبْدِ المُطَّلِبِ أَنْقِذُوا أَنْفُسَكُمْ مِنَ النَّارِ، يَا فَاطِمَةُ أَنْقِذِي نَفْسَكِ مِنَ النَّارِ، فَإِنِّي لَا أَمْلِكُ لَكُمْ مِنَ اللّٰهِ شَيْئاً، غَيْرَ أَنَّ لَكُمْ رَحِماً سَأَبُلُّهَا بِبِلالِهَا». رواه مسلم.

قوله ﷺ: «بِبِلالِهَا» هو بفتح الباء الثانيَةِ وكَسرِهَا «وَالبِلالُ»: المَاءُ. ومعنى الحديث: سَأَصِلُهَا، شَبَّهَ قَطِيعَتَهَا بالحَرَارَةِ تُطْفَأُ بالمَاءِ وهٰذهِ تُبَرَّدُ بالصِّلَةِ.

٣٣٠ - وعن أبي عبد الله عمرو بن العاص رضي الله عنهما قال: سمعتُ رسولَ اللّٰهِ ﷺ جِهاراً غَيْرَ سِرٍّ يقولُ: «إنَّ آلَ بَني فُلانٍ لَيْسُوا بِأَوْلِيائي، إنَّما وَلِيِّيَ اللّٰهُ وَصَالِحُ المُؤْمِنِينَ، وَلٰكِنْ لَهُمْ رَحِمٌ أَبُلُّهَا بِبِلالِهَا». متفقٌ عليه. واللَّفْظُ للبخاري.

٣٣١ - وعن أبي أيُّوبَ خَالِدِ بنِ زيدٍ الأنصاري رضي الله عنه أن رجلاً قال: يا رسولَ اللّٰهِ أخبِرْني بِعَمَلٍ يُدْخِلُني الجَنَّةَ، وَيُبَاعِدُني مِنَ النَّارِ. فقال النبي ﷺ: «تَعْبُدُ اللّٰهَ، وَلا تُشْرِكُ بِهِ شَيْئاً، وَتُقِيمُ الصَّلاةَ، وَتُؤْتِي الزَّكَاةَ، وَتَصِلُ الرَّحِمَ». متفقٌ عليه.

٣٣٢ - وعن سَلْمَانَ بنِ عامرٍ رضي الله عنه، عن النبيِّ ﷺ قال: «إذا أَفْطَرَ أَحَدُكُمْ، فَلْيُفْطِرْ عَلَى تَمْرٍ، فَإِنَّهُ بَرَكَةٌ، فَإِنْ لَمْ يَجِدْ تَمْراً، فَالمَاءُ، فَإِنَّهُ طَهُورٌ»

1. Buch der Gebote

Hadith 329: Abu Huraira (r) berichtet, dass, als der Qur'ânvers "Und warne deine nächsten Verwandten..." (Sure 26:214) offenbart wurde, der Prophet (s) den Stamm der Quraisch zusammenrief, und alle seine Angehörigen, gemeine Leute und Oberhäupter, zu ihm kamen. Er sagte zu ihnen: "Oh Nachkommen von Abdusch-Schams! Oh Nachkommen von Ka'b ibn Lu'ai! Hütet euch vor dem Höllenfeuer. Oh ihr Nachkommen von Murra ibn Ka'b! Hütet euch vor dem Höllenfeuer! Oh ihr Nachkommen von Abd Manâf! Hütet euch vor dem Höllenfeuer! Oh Nachkommen Hâschims! Hütet euch vor dem Höllenfeuer! Oh Nachkommen von Abdul-Muttalib! Hütet euch vor dem Höllenfeuer! Oh Fâtima, Hüte dich vor dem Höllenfeuer, denn ich werde (am Tag des Gerichts) nicht in der Lage sein, dem Willen Allahs etwas entgegenzusetzen. Ich kann nichts für euch tun, außer dass ich mit euch verwandt bin, und es (das Feuer) mit Wasser bekämpfe."
(Muslim)

In diesem Hadith wird das Mißachten von Blutsverwandtschaft dem Feuer gleichgesetzt, das mit Wasser gelöscht werden kann, oder durch die Erfüllung der Verpflichtungen gegenüber den Verwandten.

Hadith 330: Abu Abdullâh Amru ibn al-Âs (r) sagte: Ich hörte den Gesandten Allahs (s) in aller Öffentlichkeit, ohne Verheimlichung sagen: "Gewiss gehören die Kinder des Soundso nicht zu meinen Freunden; meine Freunde sind Allah und die tugendsamen Gläubigen. Allerdings besitze ich Verwandtschaftsbande zu ihnen, und diese habe ich zu pflegen."
(Al-Bukhâri und Muslim)
Die zitierte Fassung stammt von Al-Bukhâri.

Hadith 331: Abu Ayyûb Khâlid ibn Zaid al-Ansâri (r) berichtet, dass ein Mann fragte: "Oh Gesandter Allahs! Nenne mir eine Tat, die mich zum Paradies führen und vom Höllenfeuer fernhalten wird." Er antwortete: "Diene Allah und geselle Ihm nichts bei, verrichte das Gebet, zahle die *Zakât* und pflege die Verwandtschaftsbande."
(Al-Bukhâri und Muslim)

Hadith 332: Salmân ibn Âmir (r) berichtet, dass der Prophet (s) sagte: "Wenn du das Fasten brichst, brich es mit einer Dattel, denn darin steckt Segen, und wenn du keine Dattel findest, brich es mit Wasser, denn Wasser reinigt." Er fügte hinzu: "Einem Bedürftigen *Sadaqa* zu geben, ist

وقال: «الصَّدَقَةُ عَلَى الْمِسْكِينِ صَدَقَةٌ، وَعَلَى ذِي الرَّحِمِ ثِنْتَانِ: صَدَقَةٌ وَصِلَةٌ».

رواه الترمذي وقال: حديث حسن.

٣٣٣ ـ وعن ابن عمرَ رضي الله عنهما قال: كَانَتْ تَحْتِي امرأَةٌ، وكُنْتُ أُحِبُّها، وكَانَ عُمَرُ يَكْرَهُها، فقال لي: طَلِّقْهَا، فَأَبَيْتُ، فَأَتَى عُمَرُ رضي الله عنه النبيَّ ﷺ، فَذَكَرَ ذَلِكَ لَهُ، فقال النبيُّ ﷺ: «طَلِّقْهَا». رواه أبو داود، والترمذي وقال: حديث حسن صحيح.

٣٣٤ ـ وعن أبي الدَّرْدَاءِ رضي الله عنه، أنَّ رَجُلاً أتاهُ فقال: إنَّ لي امرأةً وإنَّ أُمِّي تَأْمُرُنِي بِطَلَاقِهَا؟ فقال: سَمِعْتُ رسولَ اللَّهِ ﷺ يقول: «الْوَالِدُ أَوْسَطُ أَبْوَابِ الْجَنَّةِ، فَإِنْ شِئْتَ، فَأَضِعْ ذَلِكَ الْبَابَ، أَوِ احْفَظْهُ». رواه الترمذي وقال: حديثٌ حسنٌ صحيح.

٣٣٥ ـ وعن البَرَاءِ بن عازِبٍ رضي الله عنهما، عن النبي ﷺ قال: «الْخَالَةُ بِمَنْزِلَةِ الْأُمِّ». رواه الترمذي وقال: حديثٌ حسن صحيح.

وفي الباب أحاديث كثيرة في الصحيح مشهورة؛ منها حديث أصحابِ الغارِ، وحديث جُرَيجٍ وقَدْ سَبَقَا، وأحاديثُ مشهورة في الصحيح حَذَفْتُها اختصاراً، وَمِنْ أَهَمِّهَا حديثُ عَمْرِو بن عَبَسَةَ رضي الله عنه الطَّويلُ المُشْتَمِلُ على جُمَلٍ كثيرةٍ من قواعِدِ الإسلامِ وآدابِهِ، وسَأَذْكُرُهُ بِتَمَامِهِ إن شاءَ اللَّهُ تعالى في بابِ الرَّجَاءِ، قال فيه:

دَخَلْتُ على النبيِّ ﷺ بمكَّةَ، يَعْنِي في أوَّلِ النُّبُوَّةِ، فقلتُ له: مَا أنْتَ؟ قال: «نَبِيٌّ» فقلتُ: وَمَا نَبِيٌّ؟ قال: «أَرْسَلَنِي اللَّهُ تعالى» فقلتُ: بِأَيِّ شَيْءٍ أَرْسَلَكَ؟ قال: «أَرْسَلَنِي بِصِلَةِ الْأَرْحَامِ، وَكَسْرِ الْأَوْثَانِ، وَأَنْ يُوَحَّدَ اللَّهُ لَا يُشْرَكُ بِهِ شَيْءٌ». وذَكَرَ تَمَامَ الحديثِ. والله أعلم.

1. Buch der Gebote

Sadaqa, und sie einem Verwandten zu geben zählt doppelt: die *Sadaqa* und die Pflege der Verwandtschaftsbande."
(At-Tirmidhi)
Dies ist ein guter Hadith (*hasan*).

Hadith 333: Ibn Umar (r) erzählte: Ich war mit einer Frau verheiratet, die ich sehr mochte, aber (mein Vater) Umar mochte sie nicht. Er bat mich daher, mich von ihr scheiden zu lassen, was ich zurückwies. Umar (r) ging zum Propheten (s) und erzählte ihm dies. Der Prophet (s) sprach zu mir: "Lass dich von ihr scheiden!"
(Abu Dâwûd und At-Tirmidhi)
Nach At-Tirmidhi ist dies ein guter und gesunder Hadith (*hasan sahîh*).

Hadith 334: Abud-Dardâ' (r) erzählte, dass ein Mann zu ihm kam und sagte: "Ich habe eine Frau, und meine Mutter bittet mich, mich von ihr scheiden zu lassen." Da sagte er (Abud-Dardâ') zu ihm, dass er den Propheten (s) sagen hörte: "Ein Elternteil ist (wie) eine mittlere Tür zum Paradies. Wenn du willst, kannst du sie dir verderben, und wenn du willst, kannst du sie dir bewahren."
(At-Tirmidhi)
Dies ist ein guter und gesunder Hadith (*hasan sahîh*).

Hadith 335: Al-Barâ' ibn Âzib (r) erzählte, dass der Prophet (s) sagte: "Die Schwester einer Mutter ist der Mutter gleich."
(At-Tirmidhi)
Dies ist ein guter und gesunder Hadith (*hasan sahîh*).

Zu diesem Kapitel gibt es in den *Sahîh*-Sammlungen (von Al-Bukhâri und Muslim) viele bekannte Hadithe, darunter Hadith Nr. 12 und Hadith Nr. 259. Und in den *Sahîh*-Sammlungen finden sich noch viele andere Hadithe zu diesem Thema, die hier jedoch der Kürze dieses Werkes wegen nicht aufgeführt wurden. Unter den wichtigsten Hadithen zu diesem Thema ist auch der, nach dem Amru ibn Abasa (r) in einem längeren Hadith (siehe Nr. 438) erwähnt, dass er einmal den Propheten (s) während der frühen Tage des Prophetentums in Mekka besuchte. Er sagte: Ich begab mich zum Propheten (s) und fragte ihn: "Wer bist du?" Er sagte: "Ich bin ein Prophet." Dann fragte ich: "Was ist ein Prophet?" Er sagte: "Allah, der Erhabene, hat mich gesandt." Ich fragte weiter: "Womit hat Er dich gesandt?" Er sagte: "Er hat mich gesandt, um die Verwandtschaftsbande zu pflegen, die Götzenbilder zu zerstören und zu verkünden, dass Allah ein Einziger ist und dass es nichts Verehrungswürdiges neben Ihm gibt."

١ - ٤١ - باب تحريم العقوق وقطيعة الرّحم

قال اللهُ تعالى: ﴿فَهَلْ عَسَيْتُمْ إِنْ تَوَلَّيْتُمْ أَنْ تُفْسِدُوا فِي الْأَرْضِ وَتُقَطِّعُوا أَرْحَامَكُمْ أُولَئِكَ الَّذِينَ لَعَنَهُمُ اللَّهُ فَأَصَمَّهُمْ وَأَعْمَى أَبْصَارَهُمْ﴾ [محمد: ٢٢، ٢٣]. وقال تعالى: ﴿وَالَّذِينَ يَنْقُضُونَ عَهْدَ اللَّهِ مِنْ بَعْدِ مِيثَاقِهِ وَيَقْطَعُونَ مَا أَمَرَ اللَّهُ بِهِ أَنْ يُوصَلَ وَيُفْسِدُونَ فِي الْأَرْضِ، أُولَئِكَ لَهُمُ اللَّعْنَةُ وَلَهُمْ سُوءُ الدَّارِ﴾ [الرعد: ٢٥]. وقال تعالى: ﴿وَقَضَى رَبُّكَ أَلَّا تَعْبُدُوا إِلَّا إِيَّاهُ وَبِالْوَالِدَيْنِ إِحْسَانًا إِمَّا يَبْلُغَنَّ عِنْدَكَ الْكِبَرَ أَحَدُهُمَا أَوْ كِلَاهُمَا فَلَا تَقُلْ لَهُمَا أُفٍّ وَلَا تَنْهَرْهُمَا وَقُلْ لَهُمَا قَوْلًا كَرِيمًا وَاخْفِضْ لَهُمَا جَنَاحَ الذُّلِّ مِنَ الرَّحْمَةِ وَقُلْ رَبِّ ارْحَمْهُمَا كَمَا رَبَّيَانِي صَغِيرًا﴾ [الإسراء: ٢٣، ٢٤]..

٣٣٦ - وعن أبي بكرةَ نُفيع بنِ الحارثِ رضي اللهُ عنه قال: قال رسولُ اللهِ ﷺ: «ألا أُنبّئكُم بأكبرِ الكبائرِ؟» ثلاثاً قلنا: بَلى يا رسولَ اللهِ ﷺ. قال: «الإشراكُ باللهِ، وعقوقُ الوالدَينِ» وكان مُتّكِئاً فجلَسَ، فقال: «ألا وقَوْلُ الزُّورِ وشهادةُ الزُّورِ». فما زالَ يُكرِّرُها حتى قلنا: ليتَهُ سكتَ. متفقٌ عليه.

٣٣٧ - وعن عبدِ اللهِ بنِ عَمرو بنِ العاصِ رضي الله عنهما عن النبي ﷺ قال: «الكبائرُ: الإشراكُ باللهِ، وعقوقُ الوالدَينِ، وقَتْلُ النَّفْسِ، واليمينُ الغَموسُ».. رواه البخاري.

1. Buch der Gebote

Kapitel 41
Verbot des Ungehorsams den Eltern gegenüber und des Abbruchs der Beziehung zu den Verwandten

Qur'ân: Allah, der Erhabene, spricht:
"Oder habt ihr etwa die Absicht, wenn ihr euch abwendet, Unheil auf Erden zu stiften und eure Verwandtschaftsbande zerschneiden? Diese sind es, die Allah verflucht, und Er hat sie taub gemacht und ihr Augenlicht geblendet." (47:22-23)
"Diejenigen, die das Bündnis mit Allah lösen, nachdem es geschlossen war, und das trennen, was nach Allahs Gebot zusammenbleiben soll, und Unheil auf Erden stiften, sie sind es, auf denen der Fluch lasten soll und für die die schlimmste Wohnstatt bestimmt ist." (13:25)
"Und dein Herr hat entschieden, dass ihr niemanden außer Ihm anbeten und den Eltern Wohltaten erweisen sollt. Falls einer von ihnen oder beide bei dir ein hohes Alter erreichen, dann sage niemals ein mürrisches Wort zu ihnen und schelte sie nicht, sondern sprich in gütiger Weise mit ihnen. Und aus Barmherzigkeit senke die Schwingen der Demut auf sie hernieder und sprich: 'Mein Herr! Erbarme Dich ihrer, so wie sie mich aufgezogen haben, als ich klein war.'" (17:23-24)

Hadith 336: Abu Bakra Nufai' ibn al-Hârith (r) berichtet, dass der Gesandte Allahs (s) sagte: "Soll ich euch sagen, was die schwersten Sünden sind?", und er wiederholte dies dreimal. Wir sagten: "Gewiss, oh Gesandter Allahs!" Er sagte: "Allah etwas anderes beizugesellen, den Eltern gegenüber ungehorsam zu sein," - er (s) hatte sich (auf ein Kissen) gelehnt, setzte sich nun auf und fuhr fort - "und Fälschung und falsches Zeugnis abzulegen." Er (s) wiederholte diesen letzten Satz so oft, dass wir wünschten, er möge aufhören."
(Al-Bukhâri und Muslim)

Hadith 337: Abdullâh ibn Amru ibn al-Âs (r) überliefert, dass der Prophet (s) sagte: "Die großen Sünden sind: Allah etwas beizugesellen, ungehorsam gegenüber den Eltern zu sein, jemanden zu töten und falschen Eid zu schwören."
(Al-Bukhâri)

«اليَمينُ الغَمُوسُ» التي يَحلِفُها كاذِباً عامِداً، سُمِّيَتْ غَمُوساً، لأنَّها تَغمِسُ الحالِفَ في الإثم.

٣٣٨ - وعنه، أن رسول الله ﷺ قال: «مِنَ الْكَبَائِرِ شَتْمُ الرَّجُلِ وَالِدَيْهِ!». قَالوا: يا رسول الله وَهَلْ يَشْتِمُ الرَّجُلُ وَالِدَيْهِ؟! قال: «نَعَمْ؛ يَسُبُّ أَبَا الرَّجُلِ، فَيَسُبُّ أَبَاهُ، وَيَسُبُّ أُمَّهُ، فَيَسُبُّ أُمَّهُ». متفقٌ عليه.

وفي روايةٍ: «إنَّ مِنْ أَكْبَرِ الْكَبَائِرِ أَنْ يَلْعَنَ الرَّجُلُ وَالِدَيْهِ!». قِيلَ: يا رسولَ اللهِ كَيْفَ يَلْعَنُ الرَّجُلُ وَالِدَيْهِ؟! قال: «يَسُبُّ الرَّجُلُ أَبَا الرَّجُلِ، فَيَسُبُّ أَبَاهُ، وَيَسُبُّ أُمَّهُ، فَيَسُبُّ أُمَّهُ»..

٣٣٩ - وعن أبي مُحمد جُبَيرِ بن مُطعمٍ رضي الله عنه، أن رسولَ اللهِ ﷺ قال: «لا يَدْخُلُ الجَنَّةَ قَاطِعٌ» قال سفيان في روايتِهِ: يَعني: قَاطِعُ رَحِمٍ. متفقٌ عليه.

٣٤٠ - وعن أبي عِيسى المُغيرَةِ بن شُعبَةَ رضي الله عنه عن النبيِّ ﷺ قال: «إنَّ اللهَ تَعَالى حَرَّمَ عَلَيْكُمْ عُقُوقَ الأُمَّهَاتِ، وَمَنْعاً وَهَاتِ، وَوَأْدَ البَنَاتِ، وَكَرِهَ لَكُمْ قِيلَ وَقَالَ، وَكَثْرَةَ السُّؤَالِ، وَإضَاعَةَ المَالِ». متفقٌ عليه.

قولُهُ: «مَنْعاً» مَعْناهُ: مَنْعُ ما وَجَبَ عَلَيْهِ و«هَاتِ»: طَلَبُ ما لَيْسَ لَهُ. و«وَأْدُ البَنَاتِ» مَعْناهُ: دَفْنُهُنَّ في الحَيَاةِ، و«قِيلَ وقَالَ» مَعْناهُ: الحَديثُ بكُلِّ ما يَسْمَعُهُ، فَيقُولُ: قِيلَ كَذَا، وقَالَ فُلانٌ كَذَا مِمَّا لا يَعْلَمُ صِحَّتَهُ، ولا يَظُنُّهَا، وكَفَى بالمَرْءِ كَذِباً أنْ يُحَدِّثَ بكُلِّ ما سَمِعَ. و«إضَاعَةُ المَالِ»: تَبْذِيرُهُ وَصَرْفُهُ في غَيرِ الوجُوهِ

1. Buch der Gebote

Hadith 338: Abdullâh ibn Amru ibn al-Âs (r) überliefert, dass der Gesandte Allahs (s) sagte: "Das Verfluchen der eigenen Eltern ist eine der großen Sünden." Die Leute sagten: "Oh Gesandter Allahs! Könnte jemand seine eigenen Eltern verfluchen?" Er antwortete: "Ja, wenn er den Vater einer anderen Person beleidigt, die dafür seinen Vater beleidigt, und wenn er die Mutter einer anderen Person beleidigt, die dafür seine Mutter beleidigt."
(Al-Bukhâri und Muslim)

Eine andere Version besagt: "Die schlimmste der großen Sünden ist, wenn jemand seine Eltern verflucht." Er wurde gefragt: "Oh Gesandter Allahs! Wie kann wohl jemand seine eigenen Eltern verfluchen?" Er sagte: "Wenn er den Vater einer anderen Person beleidigt, die dafür seinen Vater beleidigt, und wenn er die Mutter einer anderen Person beleidigt, die dafür seine Mutter beleidigt."

Hadith 339: Abu Muhammad Dschubair ibn Mut'im (r) überliefert, dass der Gesandte Allahs (s) sagte: "Einer, der die Verwandtschaftsbande missachtet, wird nicht ins Paradies kommen."
(Al-Bukhâri und Muslim)

Hadith 340: Abu Îsâ al-Mughîra ibn Schu'ba (r) überliefert, dass der Prophet (s) sagte: "Allah, der Erhabene, hat euch Ungehorsam gegenüber euren Müttern, Veruntreuung, widerrechtliche Inbesitznahme und das Begraben der lebenden Töchter[118] verboten, und Er hat euer nutzloses Geschwätz, ausschweifende Fragerei und Güterverschwendung missbilligt."
(Al-Bukhâri und Muslim)

---

[118] Dies kam in vor-islamischer Zeit häufig vor.

المَأْذُونِ فِيهَا مِنْ مَقَاصِدِ الآخِرَةِ وَالدُّنْيَا، وَتَرْكُ حِفْظِهِ مَعَ إِمْكَانِ الحِفْظِ. وَ«كَثْرَةُ السُّؤَالِ»: الإلحَاحُ فِيمَا لَا حَاجَةَ إِلَيْهِ.

وفي البَابِ أَحَادِيثُ سَبَقَتْ في البَابِ قَبْلَهُ كَحَدِيثِ «وأَقْطَعُ مَنْ قَطَعَكَ» وحديث «مَنْ قَطَعَنِي قَطَعَهُ اللَّهُ».

١ - ٤٢ - باب فضل بر أصدقاء الأب
والأم والأقارب والزوجة وسائر من يُنْدَبُ إكرامه

٣٤١ - عن ابنِ عمر رضي اللَّهُ عنهما، أن النبي ﷺ قال: «إن أَبَرَّ البِرِّ أَنْ يَصِلَ الرَّجُلُ وُدَّ أَبِيهِ».

٣٤٢ - وعن عبدِ اللَّهِ بنِ دينارٍ عن عبد الله بن عمر رضي الله عنهما، أَنَّ رَجُلاً مِنَ الأَعْرَابِ لَقِيَهُ بِطَرِيقِ مَكَّةَ، فَسَلَّمَ عَلَيْهِ عَبْدُ اللَّهِ بْنُ عُمَرَ، وَحَمَلَهُ عَلَى حِمَارٍ كَانَ يَرْكَبُهُ، وَأَعْطَاهُ عِمَامَةً كَانَتْ عَلَى رَأْسِهِ، قال ابنُ دينارٍ: فَقُلْنَا لَهُ: أَصْلَحَكَ اللَّهُ، إِنَّهُمُ الأَعْرَابُ وَهُمْ يَرْضَوْنَ بِاليَسِيرِ فقال عبدُ اللَّهِ بْنُ عمرَ: إِنَّ أَبَا هذا كَانَ وُدًّا لِعُمَرَ بْنِ الخطاب رضي الله عنه وإِنِّي سَمِعْتُ رسولَ اللَّهِ ﷺ يقول: «إِنَّ أَبَرَّ البِرِّ صِلَةُ الرَّجُلِ أَهْلَ وُدِّ أَبِيهِ».

وفي روايةٍ عن ابن دينارٍ عن ابن عُمَرَ أَنَّهُ كَانَ إذَا خَرَجَ إلى مَكَّةَ كَانَ لَهُ حِمَارٌ يَتَرَوَّحُ عَلَيْهِ إذا مَلَّ رُكُوبَ الرَّاحِلَةِ، وَعِمَامَةٌ يَشُدُّ بِهَا رَأْسَهُ، فَبَيْنَا هُوَ يَوْماً عَلَى ذَلِكَ الحِمَارِ، إِذْ مَرَّ بِهِ أَعْرَابِيٌّ، فقال: أَلَسْتَ ابنَ فُلَانِ بن فُلَانٍ؟ قال: بَلَى. فَأَعْطَاهُ الحِمَارَ، فقال: ارْكَبْ هذا، وَأَعْطَاهُ العِمَامَةَ وقال: اشْدُدْ بِهَا رَأْسَكَ، فقال لَهُ بَعْضُ أَصْحَابِهِ: غَفَرَ اللَّهُ لَكَ أَعْطَيْتَ هذا الأَعْرَابِيَّ حِمَاراً كُنْتَ تَرَوَّحُ عَلَيْهِ، وَعِمَامَةً كُنْتَ

1. Buch der Gebote

Kapitel 42
Vorzug des Gehorsams den Freunden der Eltern, der Verwandten, der Ehefrau und anderen, die Respekt verdienen, gegenüber

Hadith 341: Ibn Umar (r) überliefert, dass der Prophet (s) sagte: "Die beste Pietät ist, wenn man sich um die Freunde seines (verstorbenen) Vaters kümmert."
(Muslim)

Hadith 342: Abdullâh ibn Dînâr (r) berichtet über Abdullâh ibn Umar, dass ein Araber vom Lande ihn auf seinem Weg nach Mekka traf. Abdullâh ibn Umar grüßte ihn und bot ihm an, mit ihm auf dem Esel zu reiten, den er (zur Abwechslung) ritt, und er bot ihm auch den Turban an, den er trug. Abdullâh ibn Dînâr (r) berichtet: Wir sagten zu ihm (Ibn Umar): "Allah möge dir Tugend schenken; diese Leute vom Dorf sind auch mit wenig zufrieden (warum also viel tun, um ihnen zu gefallen)." Abdullâh ibn Umar sagte: "Der Vater dieses Mannes war meines Vaters (Umar ibn al-Khattâbs) Freund, und ich habe den Propheten (s) sagen hören: 'Die beste Pietät ist, wenn man sich um die Familienangehörigen der Freunde seines (verstorbenen) Vaters kümmert.'"
(Muslim)

Eine andere Version lautet: Ibn Dînâr (r) sagte über Abdullâh ibn Umar (r), dass dieser, wenn er nach Mekka reiste und zu müde wurde, um auf einem Kamel zu reiten, auf seinem Esel weiter ritt, um leichter zu reiten, und einen Turban um seinen Kopf wand. Als er eines Tages auf seinem Esel ritt, kam ein Araber vom Lande an ihm vorbei, und er (Abdullâh ibn Umar) sagte zu ihm: "Bist du nicht Soundso, der Sohn des Soundso?" Der Mann sagte: "Ja, der bin ich." Abdullâh (r) gab ihm seinen Esel und sagte:

تَشُدُّ بِهَا رَأْسَكَ!! فقال: إنِّي سَمِعْتُ رسولَ اللَّهِ ﷺ يقولُ: «إنَّ مِنْ أَبَرِّ البِرِّ أَنْ يَصِلَ الرَّجُلُ أَهْلَ وُدِّ أَبِيهِ بَعْدَ أَنْ يُوَلِّيَ» وإنَّ أَبَاهُ كَانَ صَدِيقاً لِعُمَرَ رضي اللَّهُ عنه، روى هٰذِهِ الرِّوَايَاتِ كُلَّهَا مسلم.

٣٤٣ - وعن أبي أُسَيْدٍ، بضم الهمزة وفتح السين، مالِك بن رَبيعَةَ السَّاعِدِيِّ رضي اللَّهُ عنه قال: بَيْنَا نَحْنُ جُلُوسٌ عِنْدَ رسولِ اللَّهِ ﷺ إذ جَاءَهُ رَجُلٌ مِنْ بَنِي سَلِمَةَ فقالَ: يا رسولَ اللَّهِ هَلْ بَقِيَ مِنْ بِرِّ أَبَوَيَّ شَيْءٌ أَبَرُّهُمَا بِهِ بَعْدَ مَوْتِهِمَا؟ فقال: «نَعَمْ، الصَّلاةُ عَلَيْهِمَا، والاسْتِغْفَارُ لَهُمَا، وَإِنْفَاذُ عَهْدِهِمَا مِنْ بَعْدِهِمَا، وَصِلَةُ الرَّحِمِ الَّتِي لا تُوصَلُ إلَّا بِهِمَا، وَإِكْرَامُ صَدِيقِهِمَا». رواه أبو داود.

٣٤٤ - وعن عائشةَ رضي الله عنها قالت: مَا غِرْتُ عَلَى أَحَدٍ مِنْ نِسَاءِ النبي ﷺ مَا غِرْتُ عَلَى خديجةَ رضي اللَّهُ عنها، وَمَا رَأَيْتُهَا قَطُّ، وَلَكِنْ كَانَ النَّبِيُّ ﷺ يُكْثِرُ ذِكْرَهَا، وَرُبَّمَا ذَبَحَ الشَّاةَ، ثُمَّ يُقَطِّعُهَا أَعْضَاءً، ثُمَّ يَبْعَثُهَا فِي صَدَائِقِ خَدِيجَةَ، فَرُبَّمَا قُلْتُ لَهُ: كَأَنْ لَمْ يَكُنْ فِي الدُّنْيَا إلَّا خَدِيجَةُ! فيقولُ: «إنَّهَا كَانَتْ وَكَانَتْ وَكَانَ لِي مِنْهَا وَلَدٌ». متفقٌ عليه.

وفي روايةٍ: وإِنْ كَانَ لَيَذْبَحُ الشَّاءَ، فَيُهْدِي فِي خَلَائِلِهَا مِنْهَا مَا يَسَعُهُنَّ.

وفي روايةٍ: كَانَ إذَا ذَبَحَ الشَّاةَ يَقُولُ: «أَرْسِلُوا بِهَا إلى أَصْدِقَاءِ خَدِيجَةَ».

1. Buch der Gebote

"Reite du auf ihm!" Er gab ihm auch seinen Turban und sagte: "Winde du ihn um deinen Kopf!" Da sagten einige seiner Gefährten zu ihm: "Möge Allah dir verzeihen; du hast diesem Menschen vom Dorf den Esel gegeben, auf dem du leicht geritten bist, und den Turban, der deinen Kopf bedeckt hatte." Er sagte: "Ich hörte den Propheten (s) sagen: 'Die beste Pietät ist, wenn man sich um die Familienangehörigen der Freunde seines Vaters nach dessen Tod kümmert. Der Vater dieses Mannes war ein Freund von (meinem Vater) Umar (r).'"
(Muslim)

Hadith 343: Abu Usaid Mâlik ibn Rabî'a as-Sâ'idi (r) berichtet: Einst saßen wir bei dem Gesandten Allahs (s), als ein Mann aus dem Salama-Stamm eintraf und ihn ansprach: "Oh Gesandter Allahs! Gibt es etwas, worum ich mich jetzt (noch) für meine Eltern über ihren Tod hinaus kümmern kann?" Der Prophet (s) antwortete: "Ja, wenn du für sie betest und um (Allahs) Gnade und Vergebung für sie flehst, für sie Versprechungen und Vorhaben erfüllst und die Verwandtschaftsbande, die durch sie bestehen, pflegst und ihre Freunde achtest."
(Abu Dâwûd)

Hadith 344: Es erzählte die Mutter der Gläubigen Âischa (r) folgendes: Auf keine Frau des Propheten (s) war ich so eifersüchtig wie auf (die erste Frau des Propheten,) Khadîdscha (r), obwohl ich sie nie gesehen habe, aber der Prophet (s) erwähnte sie des öfteren. Wenn er eine Ziege schlachtete, schnitt er Stücke davon ab und verteilte sie an Freundinnen von Khadîdscha. Ich sagte zu ihm: "Als ob es außer Khadîdscha keine andere Frau auf der Welt gäbe!" Und er sagte: "Sie war so und so (und er zählte einige Vorzüge seiner ersten Frau Khadîdscha auf), und ich hatte meine Kinder von ihr."
(Al-Bukhâri und Muslim)

Nach einer anderen Version sandte er immer, wenn er eine Ziege schlachtete, Stücke davon an ihre Freundinnen als Geschenk, so viel, dass es für sie reichte.

Eine andere Version lautet: Wenn er eine Ziege geschlachtet hatte, pflegte er (s) zu sagen: "Schick davon an Khadîdschas Freundinnen."

وفي روايةٍ: قالت: اسْتَأْذَنَتْ هَالَةُ بِنْتُ خُوَيْلِدٍ أُخْتُ خَديجَةَ عَلى رسولِ اللَّهِ ﷺ، فَعَرَفَ اسْتِئْذَانَ خَديجَةَ، فَارْتَاحَ لِذلِكَ فقالَ: «اللَّهُمَّ هَالَةُ بِنْتُ خُوَيْلِدٍ». .

قولُها: «فَارْتَاحَ» هو بِالحاءِ، وفي الجَمْعِ بين الصحيحين لِلْحُمَيْدِي: «فَارْتَاعَ» بالعينِ ومعناه: اهْتَمَّ بِهِ.

٣٤٥ - وعن أنس بن مالكٍ رضي الله عنه قال: خَرَجْتُ مَعَ جَريرِ بن عبدِ اللَّهِ البَجَلِيِّ، رضي اللَّهُ عنه، في سَفَرٍ، فَكَانَ يَخْدُمُني فقلتُ لَهُ: لا تَفْعَلْ، فقال: إنِّي قَدْ رَأَيْتُ الأنْصارَ تَصْنَعُ بِرَسُولِ اللَّهِ شيئاً، آلَيْتُ عَلى نَفْسي أنْ لا أصْحَبَ أحَداً مِنْهُمْ إلَّا خَدَمْتُهُ. متفقٌ عليه.

١ - ٤٣ - باب إكرام أهل بيت رسول الله ﷺ وبيان فضلهم

قال اللَّهُ تعالى: ﴿إِنَّمَا يُرِيدُ اللَّهُ لِيُذْهِبَ عَنكُمُ الرِّجْسَ أَهْلَ الْبَيْتِ وَيُطَهِّرَكُمْ تَطْهِيرًا﴾ [الأحزاب: ٣٣]. وقال تعالى: ﴿وَمَن يُعَظِّمْ شَعَائِرَ اللَّهِ فَإِنَّهَا مِن تَقْوَى الْقُلُوبِ﴾ [الحج: ٣٢].

٣٤٦ - وعن يَزيدَ بن حَبَّانَ قال: انْطَلَقْتُ أنا وَحُصَيْنُ بْنُ سَبْرَةَ، وعَمْرُ بْنُ مُسْلِمٍ إلى زَيْدِ بْنِ أرْقَمَ، رضي الله عنهم، فَلَمَّا جَلَسْنا إلَيْهِ قال له حُصَيْنٌ: لَقَدْ لَقِيتَ، يَا زَيْدُ، خَيْراً كَثيراً، رَأيْتَ رسولَ اللَّهِ ﷺ، وسَمِعْتَ حَديثَهُ، وغَزَوْتَ مَعَهُ، وَصَلَّيْتَ خَلْفَهُ، لَقَدْ لَقِيتَ يَا زَيْدُ خَيْراً كَثيراً، حَدِّثْنا يَا زَيْدُ مَا سَمِعْتَ مِنْ

1. Buch der Gebote

In einer anderen Version berichtet sie (Âischa), dass Hâla bint Khuwailid, die Schwester von Khadîdscha (r), den Propheten (s) um Erlaubnis bat, eintreten zu dürfen. Da erinnerte er sich an Khadîdscha[119], und war tief bewegt. Er (ging ihr entgegen und) rief aus: "Oh Allah, es ist Hâla bint Khuwailid!"

Hadith 345: Anas ibn Mâlik (r) erzählte: Einst ging ich mit Dscharîr ibn Abdullâh al-Badschali (r) auf eine Reise. Während der Reise bediente mich dieser fortwährend, obwohl er älter war als ich. So sagte ich zu ihm: "Bitte tu das nicht!" Er entgegnete: "Ich sah die *Ansâr* mit einer solchen Demut den Propheten (s) bedienen, dass ich schwor, immer, wenn ich in der Gesellschaft eines von ihnen wäre, ihm dienen zu wollen."
(Al-Bukhâri und Muslim)

Kapitel 43
Der Familie des Gesandten Allahs (s) Ehre zu erweisen und die Anerkennung ihrer Vortrefflichkeit

Qur'ân: Allah, der Erhabene, spricht:
"Wahrlich, Allah will alles Unreine von euch fernhalten, ihr Angehörigen des Hauses, und euch rein und lauter machen." (33:33)
"So ist es. Und wer die heiligen Stätten und Riten Allahs in Ehren hält, so ist dies ein Zeichen von Frömmigkeit der Herzen." (22:32).

Hadith 346: Yazîd ibn Habbân erzählte: Husain ibn Sabra, Amru ibn Muslim und ich gingen zu Zaid ibn Arqam (r). Als wir bei ihm saßen, fragte ihn Husain: "Oh Zaid! Du hast eine beträchtliche Menge guter Dinge erlebt: Du hast den Gesandten Allahs (s) gesehen, seine Worte gehört, mit ihm zusammen (gegen die Feinde) gekämpft, und du hast hinter ihm das Gebet verrichtet. Gewiss hast du viel Tugend erworben. Also lass uns bitte wissen, was du von dem Gesandten Allahs (s) gehört hast!" Er sagte: "Lieber Neffe (im Islam), ich bin alt geworden, und ich habe Einiges, was ich von Allahs Gesandtem gelernt habe, vergessen. So

---
[119] Die Stimmen der beiden Schwestern klangen sehr ähnlich.

رسولِ اللَّهِ ﷺ قال: يَا ابْنَ أَخِي، وَاللَّهِ لَقَدْ كَبِرَتْ سِنِّي، وَقَدُمَ عَهْدِي، وَنَسِيتُ بَعْضَ الَّذِي كُنْتُ أَعِي مِنْ رسولِ اللَّهِ ﷺ، فَمَا حَدَّثْتُكُمْ، فَاقْبَلُوا، وَمَا لَا فَلَا تُكَلِّفُونِيهِ، ثُمَّ قال: قَامَ رسولُ اللَّهِ ﷺ يَوْماً فِينَا خَطِيباً بِمَاءٍ يُدْعَى خُمَّا بَيْنَ مَكَّةَ وَالمَدِينَةِ، فَحَمِدَ اللَّهَ، وَأَثْنَى عَلَيْهِ، وَوَعَظَ، وَذَكَّرَ، ثُمَّ قَالَ: «أَمَّا بَعْدُ: أَلَا أَيُّهَا النَّاسُ، فَإِنَّمَا أَنَا بَشَرٌ يُوشِكُ أَنْ يَأْتِيَ رسولُ رَبِّي فَأُجِيبَ، وَأَنَا تَارِكٌ فِيكُمْ ثَقَلَيْنِ: أَوَّلُهُمَا كِتَابُ اللَّهِ، فِيهِ الهُدَى وَالنُّورُ، فَخُذُوا بِكِتَابِ اللَّهِ، وَاسْتَمْسِكُوا بِهِ». فَحَثَّ على كِتَابِ اللَّهِ، وَرَغَّبَ فِيهِ ثُمَّ قَالَ: «وَأَهْلُ بَيْتِي، أُذَكِّرُكُمُ اللَّهَ في أَهْلِ بَيْتِي، أُذَكِّرُكُمُ اللَّهَ في أَهْلِ بَيْتِي أُذَكِّرُكُمُ اللَّهَ في أَهْلِ بَيْتِي» فَقَالَ لَهُ حُصَيْنٌ: وَمَنْ أَهْلُ بَيْتِهِ يَا زَيْدُ؟ أَلَيْسَ نِسَاؤُهُ مِنْ أَهْلِ بَيْتِهِ؟ قَالَ: نِسَاؤُهُ مِنْ أَهْلِ بَيْتِهِ، وَلَكِنْ أَهْلُ بَيْتِهِ مَنْ حُرِمَ الصَّدَقَةَ بَعْدَهُ، قَالَ: وَمَنْ هُمْ؟ قَالَ: هُمْ آلُ عَلِيٍّ، وَآلُ عَقِيلٍ، وَآلُ جَعْفَرٍ، وَآلُ عَبَّاسٍ قَالَ: كُلُّ هَؤُلَاءِ حُرِمَ الصَّدَقَةَ؟ قَالَ: نَعَمْ. رواه مسلم.

وفي روايةٍ: «أَلَا وَإِنِّي تَارِكٌ فِيكُمْ ثَقَلَيْنِ: أَحَدُهُمَا كِتَابُ اللَّهِ وَهُوَ حَبْلُ اللَّهِ، مَنِ اتَّبَعَهُ كَانَ عَلَى الهُدَى، وَمَنْ تَرَكَهُ كَانَ عَلَى ضَلَالَةٍ».

٣٤٧ - وَعَنِ ابْنِ عُمَرَ رضي الله عنهما، عَنْ أَبِي بَكْرٍ الصِّدِّيقِ رضي اللَّهُ عنه مَوْقُوفاً عَلَيْهِ أَنَّهُ قَالَ: ارْقُبُوا مُحَمَّداً ﷺ في أَهْلِ بَيْتِهِ. رواه البخاري.

مَعْنَى: «ارْقُبُوا» رَاعُوهُ وَاحْتَرِمُوهُ وَأَكْرِمُوهُ، وَاللَّهُ أعلم.

1. Buch der Gebote

nehmt bitte an, was ich zu erzählen weiß, und ich zwinge mich nicht, mich an das zu erinnern, was ich vergessen habe. Der Prophet (s) sprach einmal bei Khummâ', einer Quelle zwischen Mekka und Medina, zu uns. Er pries und verherrlichte Allah, und dann ermahnte er uns, indem er unsere Aufmerksamkeit auf die Bestrafung durch Allah lenkte und auf die Belohnung durch Allah, und dann lobte er Allah erneut und sagte: "Hört, Leute, ich bin nur ein Mensch (wie ihr), und bald wird der Bote meines Herrn kommen (der Todesengel), und ich werde Seinem Befehl gehorchen müssen. Ich habe euch zwei wichtige Dinge hinterlassen. Das Erste ist das Buch Allahs (der Qur'ân); es beinhaltet Rechtleitung für euch und das Licht (Allahs). Haltet an diesem Buch fest und richtet euch danach." Er legte große Bedeutung auf diesen Punkt und bat (seine Gefolgsleute) danach zu handeln. Dann sagte er: "Und (das zweite sind) die *Ahl-ul-Bait*, meine Familienmitglieder. Ich rufe euch auf, um Allahs willen, meine Familienmitglieder in angemessener Weise zu behandeln, um Allahs willen, achtet meine Familienmitglieder!" Husain ibn Sabra sagte: "Oh Zaid, wer sind seine Familienmitglieder? Sind seine Frauen denn nicht Mitglieder seiner Familie?" Zaid antwortete: "Seine Frauen sind Familienmitglieder, und auch diejenigen, denen es nicht erlaubt ist, nach seinem Tode *Sadaqa* zu erhalten." Daraufhin fragte Husain: "Und wer ist davon betroffen?" Er (Zaid) sagte: "Es sind die Nachkommen von Alî, die Nachkommen von Aqîl, von Dscha'far und von Abbâs." Darauf fragte Husain erneut: "Ist ihnen allen tatsächlich verboten worden, *Sadaqa* zu empfangen?" Zaid antwortete: "Gewiss!"
(Muslim)

Nach einer anderen Version sagte der Gesandte Allahs (s): "Ich habe euch zwei wichtige Dinge hinterlassen: Eines davon ist das Buch Allahs, oder auch das Seil Allahs. Wer ihm folgt, wird rechtgeleitet. Wer sich aber nicht daran hält, der wird in die Irre gehen."

Hadith 347: Ibn Umar (r) überliefert, dass Abu Bakr (r) sagte: "Achtet Muhammad (s) auf angemessene Weise, indem ihr (auch) seine Familienangehörigen achtet!"
(Al-Bukhâri)

1 - 44 - باب توقير العُلماء والكبار وأهل الفضل
وتقديمهم على غيرهم، ورفع مجالسهم، وإظهار مرتبتهم

قال اللَّهُ تعالى: ﴿قُلْ هَلْ يَسْتَوِي الَّذِينَ يَعْلَمُونَ وَالَّذِينَ لَا يَعْلَمُونَ إِنَّمَا يَتَذَكَّرُ أُولُو الْأَلْبَابِ﴾ [الزمر: 9].

348 - وعن أبي مسعودٍ عُقبةَ بن عمرو البدري الانصاري رضي الله عنه قال: قال رسول الله ﷺ: «يَؤُمُّ القَوْمَ أَقْرَؤُهُمْ لِكِتَابِ اللَّهِ، فَإِنْ كَانُوا في القِرَاءَةِ سَوَاءً، فَأَعْلَمُهُمْ بِالسُّنَّةِ، فَإِنْ كَانُوا في السُّنَّةِ سَوَاءً، فَأَقْدَمُهُمْ هِجْرَةً، فَإِنْ كَانُوا في الهِجْرَةِ سَوَاءً، فَأَقْدَمُهُمْ سِنًّا، وَلَا يَؤُمَّنَّ الرَّجُلُ الرَّجُلَ في سُلْطَانِهِ، وَلَا يَقْعُدْ في بَيْتِهِ عَلَى تَكْرِمَتِهِ إلَّا بِإِذْنِهِ». رواه مسلم.

وفي روايةٍ لَهُ: «فَأَقْدَمُهُمْ سِلْماً» بَدَل «سِنًّا»: «أَوْ إِسْلَاماً».

وفي روايةٍ: يَؤُمُّ القَوْمَ أَقْرَؤُهُمْ لِكِتَابِ اللَّهِ، وَأَقْدَمُهُمْ قِرَاءَةً، فَإِنْ كَانَتْ قِرَاءَتُهُمْ سَوَاءً فَيَؤُمُّهُمْ أَقْدَمُهُمْ هِجْرَةً، فَإِنْ كَانُوا في الهِجْرَةِ سَوَاءً، فَلْيَؤُمَّهُمْ أَكْبَرُهُمْ سِنًّا».

وَالمُرَادُ «بِسُلْطَانِهِ» مَحَلُّ وِلَايَتِهِ، أَوِ المَوْضِعُ الَّذِي يَخْتَصُّ بِهِ و«وَتَكْرِمَتُهُ» بفتح التاء وكسر الراء: وَهِيَ مَا يَنْفَرِدُ بِهِ مِنْ فِرَاشٍ وَسَرِيرٍ وَنَحْوِهِمَا.

349 - وعنه قال: كان رسولُ اللَّهِ ﷺ يَمْسَحُ مَنَاكِبَنا في الصَّلَاةِ وَيَقُولُ: «اسْتَوُوا وَلَا تَخْتَلِفُوا، فَتَخْتَلِفَ قُلُوبُكُمْ، لِيَلِنِي مِنْكُمْ أُولُو الأَحْلَامِ وَالنُّهَى، ثُمَّ الَّذِينَ يَلُونَهُمْ ثم الذين يلونهم». رواه مسلم.

وقوله ﷺ: «لِيَلِنِي» هو بتخفيف النُّون وَلَيْسَ قَبْلَها يَاءٌ، وَرُوِيَ بتشديد النُّون مَعَ يَاءٍ قَبْلَها، و«النُّهَى»: العُقُولُ: «وَأُولُو الأَحْلَامِ» هُمُ البَالِغُونَ، وَقِيلَ: أَهْلُ الحِلْمِ وَالفَضْلِ.

1. Buch der Gebote

Kapitel 44
Verehrung der Gelehrten (Ulamâ'), der Alten und Wohltäter und Bevorzugung anderen gegenüber, sie zu respektieren und ihre Verdienste zu würdigen

Qur'ân: Allah, der Erhabene, spricht:
"Sprich: 'Sind etwa diejenigen, die wissen, denen gleich, die nicht wissen?' Doch nur die Einsichtigen lassen sich ermahnen." (39:9)

Hadith 348: Es überliefert Abu Mas'ûd Uqba ibn Amru al-Badri al-Ansâri (r), dass der Gesandte Allahs (s) sagte: "Vorbeter soll derjenige sein, der mehr aus dem Qur'ân (auswendig) rezitieren kann. Beherrschen alle Anwesenden die Rezitation (des Qur'âns) gleich gut, dann folgt derjenige, welcher in der *Sunna* am gelehrtesten ist; wenn sie hierin gleich sein sollten, dann ist es der, welcher zuerst ausgewandert ist; und sollten sie in dieser Hinsicht alle gleich sein, dann sollte der älteste von ihnen das Gebet leiten. Niemand sollte das Gebet im Hause einer anderen Person leiten, und niemand sollte ohne Erlaubnis des Hausherrn in seinem Hause auf dessen Sitz Platz nehmen."
(Muslim)

In einer andere Version bei Muslim heißt es statt "der älteste von ihnen" "derjenige von ihnen, der am längsten Muslim ist".

Eine weitere Version lautet: "Der Leiter im Gebet sollte derjenige sein, der am meisten vom Qur'ân rezitieren kann; sollten alle in dieser Hinsicht gleich sein, folgt derjenige, der zuerst ausgewandert ist; und sollten sie alle hierin gleich sein, der Älteste."

Hadith 349: Abu Mas'ûd Uqba ibn Amru al-Badri al-Ansâri (r) überliefert, dass der Gesandte Allahs (s) vor dem Gebet (wenn wir uns zum Gebet in einer Linie aufstellten) seine Hand auf die Schultern der Betenden zu legen pflegte und sagte: "Steht in geraden Reihen und unterscheidet euch nicht, damit sich eure Herzen nicht voneinander unterscheiden mögen. Lasst jene mir am nächsten stehen, die alt sind und Kenntnis besitzen, dann jene, die ihnen darin nachfolgen, und dann jene, die diesen nachfolgen."
(Muslim)

٣٥٠ ـ وعن عبد الله بن مسعود رضي الله عنه قال: قال رسول الله ﷺ: «لِيَلِني مِنكُم أُولُو الأحلامِ والنُّهى، ثُمَّ الَّذِينَ يَلُونَهُمْ» ثلاثاً «وَإيَّاكُمْ وَهَيْشَاتِ الأسواقِ». رواه مسلم.

٣٥١ ـ وعن أبي يَحيَى وَقِيلَ: أبي مُحَمَّدٍ سَهْلِ بنِ أبي حَثْمَةَ، بفتح الحاءِ المهملة وإسكان الثاءِ المثلثة، الأنصاري رضي الله عنه قال: انْطَلَقَ عَبْدُ اللَّهِ بن سَهلٍ ومُحَيِّصَةُ بْنُ مَسْعُودٍ إلى خَيبَرَ، وَهِيَ يَوْمَئِذٍ صُلْحٌ، فَتَفَرَّقَا، فَأتى مُحَيِّصَةُ إلى عبدِ اللَّهِ بن سهلٍ وهو يَتَشَحَّطُ في دَمِهِ قَتيلاً، فَدَفَنَهُ، ثُمَّ قدِمَ المَدينَةَ فَانطَلَقَ عَبْدُ الرحمنِ بْنُ سَهلٍ، ومُحَيِّصَةُ وحُوَيِّصَةُ ابنَا مَسْعودٍ إلى النَّبيِّ ﷺ، فَذَهَبَ عَبْدُ الرَّحمنِ يَتكَلَّمُ فقال: «كَبِّرْ كَبِّرْ» وَهُوَ أحدَثُ القَومِ، فَسَكَتَ، فَتكَلَّما فقال: «أتَحلِفُونَ وَتَسْتَحِقُّونَ قَاتِلَكُمْ؟»، وَذَكَرَ تَمامَ الحَديثِ، متفقٌ عليه.

وقوله ﷺ: «كَبِّرْ كَبِّرْ» مَعْنَاهُ: يَتكَلَّمُ الأكْبَرُ.

٣٥٢ ـ وعن جابرٍ رضي الله عنه: أنَّ النبيَّ ﷺ كَانَ يَجْمَعُ بَيْنَ الرَّجُلَيْنِ مِنْ قَتْلَى أُحُدٍ يَعْنِي في القَبْرِ، ثُمَّ يَقُولُ: «أيُّهُمَا أكْثَرُ أخذاً لِلْقُرْآنِ؟» فَإذَا أُشِيرَ لَهُ إلى أحَدِهِمَا قَدَّمَهُ في اللَّحْدِ. رواه البخاري.

٣٥٣ ـ وعن ابن عمر رضي الله عنهما أنَّ النبي ﷺ قال: «أُرَاني في المَنَامِ أتَسَوَّكُ بِسِوَاكٍ، فَجَاءَني رَجُلَانِ، أحَدُهُمَا أكْبَرُ مِنَ الآخَرِ، فَنَاوَلْتُ السِّوَاكَ الأصْغَرَ،

1. Buch der Gebote

Hadith 350: Es überliefert Abdullâh ibn Mas'ûd (r), dass der Gesandte Allahs (s) sagte: "Lasst mir jene (im Gebet) am nächsten stehen, die alt sind und Kenntnis besitzen, dann jene, die ihnen darin nachfolgen", und er wiederholte dies dreimal und er fügte hinzu: "Und hütet euch vor dem Lärm der Märkte."
(Muslim)

Hadith 351: Abu Yahyâ (oder Abu Muhammad) Sahl ibn Abi Hathma al-Ansâri erzählte: Abdullâh ibn Sahl und Muhayyisa ibn Mas'ûd gingen nach Khaibar, wo zu dieser Zeit Waffenstillstand herrschte, und dort trennten sie sich von einander. Später kam Muhayyisa zurück zu Abdullâh und fand ihn tot in seinem Blute liegen. Er kümmerte sich um sein Begräbnis und kehrte nach Medina zurück. Da kamen Abdur-Rahmân ibn Sahl und Muhayyisa und Huwayyisa, Söhne von Mas'ûd, zum Propheten (s) und Abdur-Rahmân fing an zu reden. Der Prophet (s) sagte: "Der Älteste sollte sprechen." Sogleich hörte Abdur-Rahmân, der der jüngste der Drei war, auf zu reden, und die beiden anderen wandten sich an den Propheten (s), der sagte: "Schwört ihr darauf und verlangt Gerechtigkeit gegen den Mörder?"
Und er erzählte den Rest des Hadithes.
(Al-Bukhâri und Muslim)

Hadith 352: Dschâbir (r) überliefert, dass der Prophet (s) von den Todesopfern (der Schlacht) von Uhud zwei in einem Grab zu bestatten pflegte. Jedesmal fragte er: "Welcher von ihnen hat den Qur'ân besser (auswendig) gewusst?" Der, welcher ihm gezeigt wurde, wurde von ihm zuerst ins Grab gelegt.
(Al-Bukhâri)

Hadith 353: Ibn Umar (r) überliefert, dass der Prophet (s) sagte: "Ich träumte, dass ich meine Zähne mit einem *Miswâk*[120] säuberte, als zwei Männer zu mir kamen, einer älter als der andere; ich gab dem jüngeren der beiden den *Miswâk*, doch ich wurde gebeten, ihn dem älteren zu geben, was ich tat."

---

[120] *Miswâk* ist eine Wurzel, die zum Zähneputzen verwendet wird.

فقِيلَ لِي: كَبِّرْ، فَدَفَعْتُهُ إِلَى الأَكْبَرِ مِنْهُمَا». رواه مسلم مُسْنَداً والبخاري تعليقاً.

٣٥٤ - وعن أبي موسى رضي الله عنه قال: قال رسول الله ﷺ: «إنَّ مِنْ إجْلالِ اللَّهِ تعالى إكْرَامَ ذِي الشَّيْبَةِ المُسْلِمِ، وَحَامِلِ القُرْآنِ غَيرِ الغَالِي فِيهِ، وَالجَافِي عَنْهُ، وَإكْرَامَ ذِي السُّلْطَانِ المُقْسِطِ». حديثٌ حسنٌ رواه أبو داود.

٣٥٥ - وعن عَمْرو بن شُعَيْب، عَن أبيهِ، عن جده رضي الله عنهم قال: قال رسولُ اللَّهِ ﷺ: «لَيْسَ مِنَّا مَنْ لَمْ يَرْحَمْ صَغِيرَنَا، ويَعْرِفْ شَرَفَ كَبِيرِنَا». حديثٌ صحيحٌ. رواه أبو داود والترمذي، وقال الترمذي: حديثٌ حسنٌ صحيحٌ.

وفي رواية أبي داود «حَقَّ كَبِيرِنَا».

٣٥٦ - وعن مَيْمُونِ بن أبي شَبيبٍ رحمه الله، أن عَائشَةَ رضي الله عنها مَرَّ بها سَائِلٌ، فَأَعْطَتْهُ كِسْرَةً، وَمَرَّ بِهَا رَجُلٌ عَلَيْهِ ثِيَابٌ وهَيْئَةٌ، فَأَقْعَدَتْهُ، فَأَكَلَ فَقِيلَ لَهَا في ذَلِكَ؟ فقالت: قال رسولُ اللَّهِ ﷺ: «أَنْزِلُوا النَّاسَ مَنَازِلَهُمْ». رواه أبو داود. لكِنْ قال: مَيْمُون لَمْ يُدْرِك عائِشَةَ.

وَقَدْ ذَكَرَهُ مُسْلِمٌ في أوَّلِ صَحِيحِهِ تَعْلِيقاً فقال: وَذُكِرَ عَنْ عَائِشَةَ رضي الله عنها قالت: أمرنا رسولُ اللَّهِ ﷺ أَنْ تُنْزِلَ النَّاسَ مَنَازِلَهُمْ، وذَكَرَهُ الحَاكِمُ أبُو عَبدِ اللَّهِ في كِتَابِهِ «مَعْرِفَة عُلُومِ الحَدِيثِ» وقال: هو حديثٌ صحيح.

٣٥٧ - وعن ابن عباس رضي الله عنهما قال: قَدِمَ عُيَيْنَةُ بْنُ حِصْنٍ، فَنَزَلَ عَلَى ابْنِ أخِيهِ الحُرِّ بْنِ قَيْسٍ، وَكَانَ مِنَ النَّفَرِ الَّذِينَ يُدْنِيهِمْ عُمَرُ رضي اللَّهُ عنه، وَكَانَ القُرَّاءُ أَصْحَابَ مَجْلِسِ عُمَرَ ومُشَاوَرَتِهِ، كُهُولاً كَانُوا أَوْ شُبَّاناً، فقال عُيَيْنَةُ لابْنِ أخِيهِ: يَا ابْنَ أخِي لَكَ وَجْهٌ عِنْدَ هذَا الأَمِيرِ، فَاسْتَأْذِنْ لِي عَلَيْهِ، فَاسْتَأْذَنَ لَهُ، فَأَذِنَ لَهُ عُمَرُ رضي الله عنه، فلما دَخَلَ قال: هِيَ يَا ابْنَ الخَطَّابِ: فَوَاللَّهِ مَا تُعْطِينَا

1. Buch der Gebote

Die Fassung dieses Hadithes basiert auf Muslim und wurde bei Al-Bukhâri kommentiert.

Hadith 354: Es überliefert Abu Mûsâ (r), dass der Gesandte Allahs (s) sagte: "Es gehört in der Tat zur Verehrung Allahs, des Erhabenen, einen betagten Muslim zu ehren, jemanden zu ehren, der den Qur'ân auswendig gelernt hat, vorausgesetzt, er begeht darin keine Textfälschung und widerspricht durch sein Verhalten nicht dem, was er vorträgt, und einen gerechten Herrscher zu ehren."
(Abu Dâwûd)
Dies ist ein gutes Hadith (*hasan*).

Hadith 355: Es überliefert Amru ibn Schu'aib (r), dass sein Vater (r) ihm erzählte, dass sein Großvater (r) sagte, dass der Gesandte Allahs (s) sagte: "Jemand, der zu unseren Kleinen nicht barmherzig ist und die Ehre unserer Alten nicht achtet, gehört nicht zu uns."
(Abu Dâwûd und At-Tirmidhi)
Dies ist ein gesundes Hadith (*sahîh*). Nach At-Tirmidhi ist es gut und gesund (*hasan sahîh*).
In der Version von Abu Dâwûd heißt es "das Recht unserer Alten" anstatt "die Ehre unserer Alten".

Hadith 356: Es erzählte Maimûn ibn Abi Schabîb (rA): "Einst kam ein Bettler zu (der Mutter der Gläubigen) Âischa (r) und sie gab ihm ein Stück Brot. Und als ein gut gekleideter Mann zu ihr kam, ließ sie ihn Platz nehmen und trug ihm Speisen auf. Als man sie deswegen befragte, sagte sie: "Der Gesandte Allahs (s) hat gesagt: 'Behandelt die Leute ihrer Würde gemäß.'"
(Abu Dâwûd)
Abu Dâwûd kommentiert dazu, dass Maimûn kein Zeitgenosse von Âischa (r) war.
Muslim erwähnt diesen Hadith in seiner *Sahîh*-Sammlung in folgenden Worten: Âischa (r) sagte: "Der Gesandte Allahs (s) hat uns aufgetragen, dass wir die Leute ihrer Würde gemäß behandeln sollen."

Hadith 357 ist eine Wiederholung von Hadith Nr. 50.

الجَزْلَ، وَلا تَحْكُمُ فينَا بِالعَدْلِ، فَغَضِبَ عُمَرُ رضي اللَّهُ عنه حَتى هَمَّ أَنْ يُوقِعَ بِهِ، فقال لَهُ الحُرُّ: يَا أمِيرَ المُؤمِنينَ إنَّ اللَّهَ تعالى قال لِنَبِيِّهِ ﷺ: ﴿خُذِ الْعَفْوَ وَأْمُرْ بِالْعُرْفِ وَأَعْرِضْ عَنِ الْجَاهِلِينَ﴾ وإن هذا مِنَ الجاهِلينَ. واللَّهِ مَا جَاوَزَهَا عُمَرُ حينَ تَلاهَا عَلَيْهِ، وَكَانَ وَقَّافاً عِنْدَ كِتَابِ اللَّهِ تعالى. رواه البخاري

٣٥٨ - وعن أبي سَعِيدٍ سَمُرَةَ بنِ جُنْدُبٍ رضي الله عنه قال: لَقَدْ كُنْتُ عَلى عَهْدِ رسولِ اللَّهِ ﷺ غُلاماً، فَكُنْتُ أَحْفَظُ عَنْهُ، فَمَا يَمْنَعُني مِنَ القَوْلِ إلَّا أَنَّ هُهُنَا رِجَالاً هُمْ أَسَنُّ مِنِّي. متفقٌ عليه.

٣٥٩ - وعن أنسٍ رضي الله عنه قال: قال رسولُ اللَّهِ ﷺ: «مَا أَكْرَمَ شَابٌّ شَيْخاً لِسِنِّهِ إلَّا قَيَّضَ اللَّهُ لَهُ مَنْ يُكْرِمُهُ عِنْدَ سِنِّهِ». رواه الترمذي وقال: حديث غريب.

١ - ٤٥ - باب زيارة أهل الخير
ومجالستهم وصحبتهم ومحبتهم
وطلب زيارتهم والدعاء منهم وزيارة المواضع الفاضلة

قال اللَّهُ تعالى: ﴿وَإِذْ قَالَ مُوسَى لِفَتَاهُ لَا أَبْرَحُ حَتَّى أَبْلُغَ مَجْمَعَ الْبَحْرَيْنِ أَوْ أَمْضِيَ حُقُبًا﴾ إلى قوله تعالى: ﴿قَالَ لَهُ مُوسَى هَلْ أَتَّبِعُكَ عَلَى أَنْ تُعَلِّمَنِ مِمَّا عُلِّمْتَ رُشْدًا﴾ [الكهف: ٦٠ - ٦٦]. وقال تعالى: ﴿وَاصْبِرْ نَفْسَكَ مَعَ الَّذِينَ يَدْعُونَ رَبَّهُمْ بِالْغَدَاةِ وَالْعَشِيِّ يُرِيدُونَ وَجْهَهُ﴾ [الكهف: ٢٨].

٣٦٠ - وعن أنسٍ، رضي الله عنه، قال: قال أبو بكر لعمر، رضي اللَّهُ

1. Buch der Gebote

Hadith 358: Es berichtet Abu Sa'îd Samura ibn Dschundub (r): Zur Zeit des Gesandten Allahs (s) war ich noch ein kleiner Junge, und ich pflegte seine Aussprüche auswendig zu lernen, aber ich erzähle nicht, was ich behalten habe, weil wir unter uns Leute haben, die älter sind als ich."
(Al-Bukhâri und Muslim)

Hadith 359: Anas (r) berichtet, dass der Gesandte Allahs (s) sagte: "Allah wird für jeden jungen Mann, der einen Greis ehrt, veranlassen, dass auch er geehrt wird, wenn er ein hohes Alter erreicht."
(At-Tirmidhi)
Dies ist ein merkwürdiger Hadith (*gharîb*).[121]

Kapitel 45
Besuchen von Wohltätern, Umgang mit ihnen zu pflegen, sie zu lieben und ihre Fürbitte zu erstreben, und Aufsuchen von guten Orten.

Qur'ân: Allah, der Erhabene, spricht:
"Und (gedenke der Zeit) als Moses zu seinem Diener sprach: 'Ich werde nicht ablassen, ehe ich nicht den Zusammenfluss der beiden Meere erreicht habe, auch wenn es eine Ewigkeit dauern sollte.' ... Und so fanden sie einen Unserer Diener, dem wir Barmherzigkeit von Uns verliehen hatten und den Wir in unserem Wissen unterwiesen hatten. Da sagte Moses zu ihm: 'Darf ich dir folgen, auf dass du mich einiges von dem lehrst, was dir an Wissen zuteil wurde über das rechte Tun?'" (18:60-66)
"Und fasse dich in Geduld mit denen, die ihren Herrn morgens und abends anrufen im Trachten nach Seinem Angesicht..." (18:28)

---

[121] Das bedeutet, der Hadith ist nicht mit ununterbrochener Überliefererkette überliefert, also schwach (*da'îf*).

عنهما ـ بَعْدَ وَفَاةِ رسولِ اللَّهِ ﷺ: انْطَلِقْ بِنَا إلى أُمِّ أَيْمَنَ ـ رضي الله عنها ـ نَزُورُهَا، كَمَا كَانَ رسولُ اللَّهِ ﷺ يَزُورُهَا، فَلَمَّا انْتَهَيَا إِلَيْهَا، بَكَتْ، فَقَالاَ لَهَا: مَا يُبْكِيكِ؟ أَمَا تَعْلَمِينَ أَنَّ مَا عِنْدَ اللَّهِ خَيْرٌ لِرَسُولِ اللَّهِ ﷺ؟ فقالت: إنِّي لا أَبْكِي أَنِّي لا أَعْلَمُ أَنَّ مَا عِنْدَ اللَّهِ تعالى خَيْرٌ لرسولِ اللَّهِ ﷺ، وَلكِنْ أَبْكِي أَنَّ الوَحْيَ قَدِ انْقَطَعَ مِنَ السَّمَاءِ، فَهَيَّجَتْهُمَا عَلَى البُكَاءِ، فَجَعَلَا يَبْكِيَانِ مَعَهَا. رواه مسلم.

٣٦١ ـ وعن أبي هريرة رضي الله عنه عن النبي ﷺ: «أَنَّ رَجُلاً زَارَ أَخاً لَهُ في قَرْيَةٍ أُخْرَى، فَأَرْصَدَ اللَّهُ ـ تعالى ـ لَهُ عَلَى مَدْرَجَتِهِ مَلَكاً، فَلَمَّا أَتَى عَلَيْهِ قال: أَيْنَ تُرِيدُ؟ قال: أُرِيدُ أَخاً لي في هذِهِ الْقَرْيَةِ. قال: هَلْ لَكَ عَلَيْهِ مِنْ نِعْمَةٍ تَرُبُّهَا عَلَيْهِ؟ قال: لا، غَيْرَ أَنِّي أَحْبَبْتُهُ في اللَّهِ تعالى، قال: فَإِنِّي رَسُولُ اللَّهِ إلَيْكَ بِأَنَّ اللَّهَ قَدْ أَحَبَّكَ كَمَا أَحْبَبْتَهُ فِيهِ». رواه مسلم.

يقال: «أَرْصَدَهُ» لِكَذا: إِذَا وَكَّلَهُ بِحِفْظِهِ، وَ«الْمَدْرَجَةُ» بفتح الميم والراءِ: الطَّرِيقُ، ومعنى «تَرُبُّهَا» تَقُومُ بِهَا، وَتَسْعَى في صَلاحِهَا.

٣٦٢ ـ وعنه قال: قال رسولُ اللَّهِ ﷺ: «مَنْ عَادَ مَرِيضاً أَوْ زَارَ أَخاً لَهُ في اللَّهِ، نَادَاهُ مُنَادٍ: بِأَنْ طِبْتَ، وَطَابَ مَمْشَاكَ، وَتَبَوَّأْتَ مِنَ الجَنَّةِ مَنْزِلاً». رواه الترمذي وقال: حديثٌ حسنٌ، وفي بعض النسخ. غريبٌ.

٣٦٣ ـ وعن أبي موسى الأشعريِّ رضيَ اللَّهُ عنه، أن النَّبيَّ ﷺ قال: «إنَّمَا مَثَلُ الجَلِيسِ الصَّالِحِ وَجَلِيسِ السُّوءِ، كَحَامِلِ المِسْكِ، وَنَافِخِ الْكِيرِ، فَحَامِلُ

1. Buch der Gebote

Hadith 360: Anas (r) erzählte: Nach dem Tod des Gesandten Allahs (s) sagte Abu Bakr zu Umar (r): "Lass uns Umm Aiman[122] (r) besuchen, wie es der Gesandte Allahs (s) zu tun pflegte." Als sie zu ihr kamen, fing sie an zu weinen. Sie fragten sie: "Warum weinst du? Weißt du denn nicht, dass das, was Allah für den Gesandten Allahs (s) hat besser ist (als was er in dieser Welt hatte)?" Sie sagte: "Darum weine ich nicht. Ich weiß wohl, dass das, was Allah, der Erhabene für den Gesandten Allahs (s) hat besser ist (als was er in dieser Welt hatte). Ich vergieße Tränen, weil die himmlische Offenbarung jetzt aufgehört hat." Das berührte die beiden so sehr, dass sie auch begannen, mit ihr zu weinen.
(Muslim)

Hadith 361: Abu Huraira (r) berichtet, dass der Prophet (s) erzählte: Ein Mann machte sich auf, einen Bruder in einem anderen Dorf zu besuchen. Allah, der Erhabene, sandte ihm einen Engel auf seinen Weg. Als der Mann unterwegs den Engel traf, fragte ihn dieser: "Wohin gehst du?" Er antwortete: "Ich will meinen Bruder besuchen, der in diesem Dorf lebt." Er fragte: "Hast du bei ihm etwas (geschäftliches) zu erledigen?" Der Mann sagte: "Nein. Nichts, außer dass ich ihn liebe um Allahs willen." Er (der Engel) sagte zu ihm: "Ich bin ein Bote Allahs, gesandt um dir zu sagen, dass Allah dich liebt, wie du deinen Bruder um Allahs willen liebst."
(Muslim)

Hadith 362: Abu Huraira (r) überliefert auch, dass der Gesandte Allahs (s) sagte: "Jedem, der einen Kranken oder einen Bruder nur um Allahs willen besucht, verkündet ein (himmlischer) Rufer: 'Mögest du glücklich sein! Möge dein Weg gesegnet sein! Und mögest du einen angenehmen Aufenthalt im Paradies (als Belohnung) bekommen!'"
(At-Tirmidhi)
Dies ist ein guter Hadith (*hasan*). In einer anderen Hadith-Sammlung wird er als merkwürdig bezeichnet (*gharîb*).[123]

Hadith 363: Abu Mûsâ al-Asch'ari (r) berichtet, dass der Prophet (s) sagte: "Das Gleichnis dessen, der Umgang mit tugendhaften Freunden hat, und dessen, der mit schlechten Freunden Umgang hat, ist wie einer, der Moschus (als Parfüm) hat, und einer, der den Schmelztiegel (eines

---

[122] Umm Aiman (r) war eine Sklavin und Pflegemutter des Propheten (s). Später hatte er sie befreit und mit Zaid ibn Hâritha (r) verheiratet. Der Prophet (s) achtete sie immer sehr, besuchte sie oft und pflegte zu sagen, sie sei seine Mutter.
[123] Siehe Anmerkung Nr. 121 auf Seite 159.

المِسْكِ، إِمَّا أَنْ يُحْذِيَكَ، وَإِمَّا أَنْ تَبْتَاعَ مِنْهُ، وَإِمَّا أَنْ تَجِدَ مِنْهُ رِيحاً طَيِّبَةً، وَنَافِخُ الْكِيرِ، إِمَّا أَنْ يُحْرِقَ ثِيَابَكَ، وَإِمَّا أَنْ تَجِدَ مِنْهُ رِيحاً خَبِيثَةً». متفقٌ عليه.

«يُحْذِيكَ»: يُعْطِيكَ.

٣٦٤ ـ وعن أبي هريرة رضي الله عنه، عن النبي ﷺ قال: «تُنْكَحُ المَرْأَةُ لِأَرْبَعٍ: لِمَالِهَا، وَلِحَسَبِهَا، وَلِجَمَالِهَا، وَلِدِينِهَا، فَاظْفَرْ بِذَاتِ الدِّينِ تَرِبَتْ يَدَاكَ». متفقٌ عليه.

ومعناه: أَنَّ النَّاسَ يَقْصِدُونَ فِي الْعَادَةِ مِنَ المَرْأَةِ هٰذِهِ الخِصَالَ الأَرْبَعَ، فَاحْرِصْ أَنْتَ عَلَى ذَاتِ الدِّينِ، وَاظْفَرْ بِهَا، وَاحْرِصْ عَلَى صُحْبَتِهَا.

٣٦٥ ـ وعن ابن عباس رضي الله عنهما قال: قال النبيُّ ﷺ لجبريلَ: «مَا يَمْنَعُكَ أَنْ تَزُورَنَا أَكْثَرَ مِمَّا تَزُورُنَا؟» فَنَزَلَتْ: ﴿وَمَا نَتَنَزَّلُ إِلَّا بِأَمْرِ رَبِّكَ لَهُ مَا بَيْنَ أَيْدِينَا وَمَا خَلْفَنَا وَمَا بَيْنَ ذَٰلِكَ﴾. [مريم: ٤٦] رواه البخاري.

٣٦٦ ـ وعن أبي سعيدٍ الخُدْرِيِّ رضي الله عنه، عن النبي ﷺ قال: «لا تُصَاحِبْ إِلَّا مُؤْمِناً، وَلَا يَأْكُلْ طَعَامَكَ إِلَّا تَقِيٌّ».

رواه أبو داود، والترمذي بإسنادٍ لا بأس بِهِ.

٣٦٧ ـ وعن أبي هريرة رضي الله عنه أن النبي ﷺ قال: «الرَّجُلُ عَلَى دِينِ خَلِيلِهِ، فَلْيَنْظُرْ أَحَدُكُمْ مَنْ يُخَالِلْ».

رواه أبو داود، والترمذي بإسنادٍ صحيح، وقال الترمذي: حديثٌ حسنٌ.

٣٦٨ ـ وعن أبي موسى الأشعريِّ رضي الله عنه، أن النبي ﷺ قال: «المَرْءُ مَعَ مَنْ أَحَبَّ». متفقٌ عليه.

1. Buch der Gebote

Schmiedes) anfeuert. Der Besitzer von Moschus könnte dir etwas schenken oder du könntest etwas von ihm kaufen, oder wenigstens könntest du seinen Duft riechen. Was den anderen betrifft, so könnte er deine Kleidung in Brand stecken oder du wirst zumindest Gestank vom Schmelzfeuer einatmen."
(Al-Bukhâri und Muslim)

Hadith 364: Abu Huraira (r) überliefert, dass der Gesandte Allahs (s) sagte: "Man heiratet eine Frau aus vier Gründen: wegen ihres Wohlstandes, wegen ihrer Abstammung, wegen ihrer Schönheit oder wegen ihres Glaubens. Versuche eine wegen ihres Glaubens zu bekommen, so wirst du gesegnet sein."
(Al-Bukhâri und Muslim)

Hadith 365: Es erzählte Ibn Abbâs (r), dass der Prophet (s) (den Engel) Gabriel fragte: "Warum besuchst du uns nicht öfter als bisher?" Daraufhin wurde der Qur'ânvers offenbart: "Wir kommen nur auf Beschluss deines Herrn herab. Ihm gehört, was vor uns und was hinter uns und was dazwischen liegt." (Sure 19:64)
(Al-Bukhâri)

Hadith 366: Es überliefert Abu Sa'îd al-Khudri (r), dass der Prophet (s) sagte: "Nimm nur Gläubige zu Freunden und lass dein Essen nur von Gottesfürchtigen essen."
(Abu Dâwûd und At-Tirmidhi)
Dieses Hadith ist nicht schlecht überliefert (*isnâd lâ ba'sa bîh*).

Hadith 367: Abu Huraira (r) überliefert, dass der Prophet (s) sagte: "Man nimmt (öfter) Gewohnheiten eines Freundes an, daher soll jeder von euch darauf schauen, wen er zum Freund nimmt."
(Abu Dâwûd und At-Tirmidhi)
Dieser Hadith ist zuverlässig überliefert (*isnâd sahîh*). At-Tirmidhi bezeichnet ihn als gut (*hasan*).

Hadith 368: Abu Mûsâ al-Asch'ari (r) überliefert, dass der Prophet (s) sagte: "Jeder wird (am Jüngsten Tag) mit denen sein, die er liebt."
(Al-Bukhâri und Muslim)

وفي رواية قال: قِيلَ للنَّبيِّ ﷺ: الرَّجُلُ يُحِبُّ القَوْمَ وَلَمَّا يَلْحَقْ بِهِمْ؟ قال: «المَرْءُ مَعَ مَنْ أَحَبَّ».

٣٦٩ ـ وعن أنس رضي الله عنه أن أعرابياً قال لرسول اللَّهِ ﷺ: مَتَى السَّاعَةُ؟ قال رسولُ اللَّهِ ﷺ: «مَا أَعْدَدْتَ لَهَا؟» قال: حُبُّ اللَّهِ ورسولِه قال: «أَنْتَ مَعَ مَنْ أَحْبَبْتَ».

متفقٌ عليه، وهٰذا لفظ مسلم.

وفي روايةٍ لهما: مَا أَعْدَدْتُ لَهَا مِنْ كَثِيرِ صَوْمٍ، وَلَا صَلَاةٍ، وَلَا صَدَقَةٍ، وَلٰكِنِّي أُحِبُّ اللَّهَ وَرَسُولَهُ.

٣٧٠ ـ وعن ابنِ مسعودٍ رضي الله عنه قال: جاءَ رَجُلٌ إلى رسولِ اللَّهِ ﷺ فقال: يا رسولَ اللَّهِ كَيْفَ تَقُولُ في رَجُلٍ أَحَبَّ قَوْماً وَلَمْ يَلْحَقْ بِهِمْ؟ فقال رسولُ اللَّهِ ﷺ: «المَرْءُ مَعَ مَنْ أَحَبَّ». متفقٌ عليه.

٣٧١ ـ وعن أبي هُريرة رضي الله عنه عن النبيِّ ﷺ قال: «النَّاسُ مَعَادِنٌ كَمَعَادِنِ الذَّهَبِ وَالفِضَّةِ، خِيَارُهُمْ في الجَاهِلِيَّةِ خِيَارُهُمْ في الإِسْلَامِ إِذَا فَقُهُوا، والأَرْوَاحُ جُنُودٌ مُجَنَّدَةٌ، فَمَا تَعَارَفَ مِنْهَا، ائْتَلَفَ، وَمَا تَنَاكَرَ مِنْهَا، اخْتَلَفَ». رواه مسلم.

وروى البخاري قوله: «الأَرْوَاحُ» الخ من رواية عائشة رضي الله عنها.

٣٧٢ ـ وعن أُسَيرِ بن عَمْرٍو، وَيُقَالُ: ابنُ جابرٍ، وهو بضم الهمزةِ وفتح

1. Buch der Gebote

Eine andere Version lautet: Der Prophet (s) wurde gefragt: "Wie steht es um eine Person, die jemanden liebt, sich aber ihm nicht zugesellt?" Er antwortete: "Jeder wird (am Jüngsten Tag) mit denen sein, die er liebt."

Hadith 369: Es überliefert Anas (r), dass ein Araber vom Lande den Propheten (s) fragte: "Wann wird die Stunde (des Jüngsten Tages) kommen?" Er fragte ihn zurück: "Welche Vorbereitungen hast du dafür getroffen?" Er sagte: "(Nur) die Liebe Allahs und Seines Gesandten." Daraufhin sagte der Prophet (s) zu ihm: "Du wirst mit denen sein, die du liebst."
(Al-Bukhâri und Muslim)
Die zitierte Fassung stammt von Muslim.

Nach einer anderen Version von Al-Bukhâri und Muslim sagt der Araber vom Lande: "Ich habe mich nicht darauf vorbereitet mit vielen Gebeten, Fasten und *Sadaqa*; doch ich liebe Allah und Seinen Gesandten."

Hadith 370: Ibn Mas'ûd (r) erzählte, dass ein Mann zum Gesandten Allahs (s) kam und sagte: "Oh Gesandter Allahs! Wie steht es um eine Person, die jemanden liebt, sich aber ihm nicht zugesellt?" Er antwortete: "Jeder wird (am Jüngsten Tag) mit denen sein, die er liebt."
(Al-Bukhâri und Muslim)

Hadith 371: Abu Huraira (r) berichtet, dass der Prophet (s) sagte: "Die Menschen sind wie Metalle: Diejenigen von ihnen, die vor dem Islam am besten waren, sind auch im Islam am besten, wenn sie religiöses Wissen und Verständnis haben; und die Seelen sind wie Kameradschaften: Wenn sie sich charakterlich gleichen, finden sie zusammen, und wenn sie sich charakterlich unterscheiden, sind sie verschieden."
(Muslim)

Bei Al-Bukhâri wird der zweite Teil dieses Hadithes unter Berufung auf Âischa aufgeführt.

Hadith 372: Usair ibn Amru oder ibn Dschâbir (r) erzählte, dass Umar ibn al-Khattâb (r) immer, wenn eine Abordnung aus dem Jemen zu ihm kam,

السين المهملة، قال: كَانَ عُمَرُ بْنُ الخَطَّابِ، رضي اللَّهُ عنه، إذا أتى عَلَيْهِ أَمْدَادُ أَهْلِ اليَمَنِ سَأَلَهُمْ: أَفِيكُمْ أُوَيْسُ بْنُ عَامِرٍ؟ حَتَّى أتى على أُوَيْسٍ رضي اللَّهُ عنه، فقال له: أَنْتَ أُوَيْسُ بْنُ عَامِرٍ؟ قال: نَعَمْ، قال: مِنْ مُرَادٍ ثُمَّ مِنْ قَرَنٍ؟ قال: نَعَمْ، قال: فَكَانَ بِكَ بَرَصٌ، فَبَرَأْتَ مِنْهُ إلَّا مَوْضِعَ دِرْهَمٍ؟ قال: نَعَمْ، قال: لَكَ وَالِدَةٌ؟ قال: نَعَمْ، قال: سَمِعْتُ رسولَ اللَّهِ ﷺ يقول: «يَأْتِي عَلَيْكُمْ أُوَيْسُ بْنُ عَامِرٍ مَعَ أَمْدَادِ أَهْلِ اليَمَنِ مِنْ مُرَادٍ، ثُمَّ مِنْ قَرَنٍ كَانَ بِهِ بَرَصٌ، فَبَرَأَ مِنْهُ إلَّا مَوْضِعَ دِرْهَمٍ، لَهُ وَالِدَةٌ هُوَ بِهَا بَرٌّ لَوْ أَقْسَمَ عَلَى اللَّهِ لأَبَرَّهُ، فَإِنِ اسْتَطَعْتَ أَنْ يَسْتَغْفِرَ لَكَ فَافْعَلْ» فاسْتَغْفِرْ لي فاسْتَغْفَرَ لَهُ، فقال له عُمَرُ: أَيْنَ تُرِيدُ؟ قَالَ: الكُوفَةَ، قال: أَلَا أَكْتُبُ لَكَ إلى عَامِلِهَا؟ قال: أَكُونُ في غَبْرَاءِ النَّاسِ أَحَبُّ إلَيَّ.

فَلَمَّا كَانَ مِنَ العَامِ المُقْبِلِ حَجَّ رَجُلٌ مِنْ أَشْرَافِهِمْ، فَوَافَى عُمَرَ، فَسَأَلَهُ عَنْ أُوَيْسٍ، فقال: تَرَكْتُهُ رَثَّ البَيْتِ قَلِيلَ المَتَاعِ، قال: سَمِعْتُ رسولَ اللَّهِ ﷺ يقول: «يَأْتِي عَلَيْكُمْ أُوَيْسُ بْنُ عَامِرٍ مَعَ أَمْدَادٍ مِنْ أَهْلِ اليَمَنِ مِنْ مُرَادٍ، ثُمَّ مِنْ قَرَنٍ، كَانَ بِهِ بَرَصٌ فَبَرَأَ مِنْهُ إلَّا مَوْضِعَ دِرْهَمٍ، لَهُ وَالِدَةٌ هُوَ بِهَا بَرٌّ لَوْ أَقْسَمَ عَلَى اللَّهِ لأَبَرَّهُ، فَإِنِ اسْتَطَعْتَ أَنْ يَسْتَغْفِرَ لَكَ، فَافْعَلْ» فَأَتَى أُوَيْساً، فقال: اسْتَغْفِرْ لي، قال: أَنْتَ أَحْدَثُ عَهْداً بِسَفَرٍ صَالِحٍ، فَاسْتَغْفِرْ قال: اسْتَغْفِرْ لي، قالَ: أَنْتَ أَحْدَثُ عَهْداً بِسَفَرٍ صَالِحٍ، فَاسْتَغْفِرْ لي، قال: لَقِيتَ عُمَرَ؟ قال: نَعَمْ. فَاسْتَغْفَرَ لَهُ، فَفَطِنَ لَهُ النَّاسُ، فَانْطَلَقَ عَلَى وَجْهِهِ. رواه مسلم.

1. Buch der Gebote

sie fragte: "Ist Uwais ibn Âmir bei euch?" bis schließlich die Abordnung kam, bei der sich Uwais (r) befand. Er fragte ihn: "Bist du Uwais ibn Âmir?" Uwais antwortete: "Ja." Dann wurde er gefragt, ob er zum Qarn-Zweig des Stammes der Murâd gehöre. Er bestätigte dies. Sodann fragte der Kalif: "Hast du unter Lepra gelitten und dich davon erholt, außer einem Fleckchen von der Größe eines Dirham?" Er sagte: "Ja!" "Lebt deine Mutter noch?" fragte der Kalif. Er bejahte. Darauf sagte Umar (r): "Ich hörte den Propheten (s) sagen: 'Uwais ibn Âmir wird zu dir kommen, in einer Delegation aus dem Jemen. Er ist von dem Qarn-Zweig des Murâd-Stammes. Er litt unter Lepra, doch hat er sich davon erholt, nur ein Fleck von der Größe eines Dirhams ist geblieben. Er besitzt eine Mutter, die er liebt und der er gehorcht. Wenn er beim Namen Allahs schwört, so bleibt er bei seinem Schwur, was es auch immer sei. Wenn du ihn dazu bewegen kannst, für dich zu beten, für deine Vergebung, dann solltest du es tun.' Also bitte ich dich inständig, Allah um Vergebung für mich zu bitten." Daraufhin betete Uwais (r) für Umars Vergebung. Umar (r) fragte ihn sodann: "Wohin gehst du?" Er sagte: "Nach Kûfa." Umar (r) fragte ihn weiter: "Soll ich dem Herrscher von Kûfa schreiben, dass er dir helfe?" Uwais (r) sagte: "Ich ziehe es vor, unter den armen Leuten zu leben." Im nächsten Jahr war einer der Edlen von Kûfa auf Pilgerfahrt und traf Umar (r), der ihn über Uwais (r) befragte. Er sagte: "Ich ließ ihn in einem baufälligen Haus mit wenigen Einrichtungsgegenständen zurück." Umar (r) sagte zu ihm: "Ich habe den Propheten (s) sagen hören: 'Uwais ibn Âmir vom Qarn-Zweig des Murâd-Stammes wird zu dir kommen in einer Delegation aus dem Jemen. Er litt unter Lepra, doch er hat sich davon erholt, nur ein Fleck von der Größe eines Dirhams ist geblieben. Er besitzt eine Mutter, die er sehr liebt. Wenn er im Namen Allahs schwört, so erfüllt Allah immer seinen Eid, gleich was es sei. Wenn du ihn bewegen kannst, für dich um Vergebung zu beten, dann tue es bitte.'" Also ging dieser (edle) Mann zu Uwais (r) und bat ihn, für seine Vergebung zu beten. Uwais (r) sagte zu ihm: "Du bist gerade von einer guten Reise zurückgekehrt; du solltest also - umgekehrt - für mich um Vergebung beten." Dann bat er den Edlen weiter: "Trafst du Umar (s)?" Der Mann sagte: "Ja, ich traf ihn." Uwais (r) betete dann für des Edlen Vergebung. Da bemerkten die Leute die Tugend von Uwais (r), und seinem Impuls folgend ging er demzufolge von diesem Platz fort.
(Muslim)

وفي روايةٍ لمسلم أيضاً عن أُسَير بن جابر رضيَ اللَّهُ عنه: أنَّ أهلَ الكُوفَةِ وَفَدُوا على عُمَرَ رضيَ اللَّهُ عَنْهُ، وَفِيهِم رَجُلٌ مِمَّنْ كَانَ يَسْخَرُ بأُوَيْس، فقال عُمَرُ: هَلْ هاهُنَا أَحَدٌ مِنَ القَرَنِيِّينَ؟ فَجاءَ ذلِكَ الرَّجُلُ، فقال عُمَرُ: إنَّ رسولَ اللَّهِ ﷺ قد قال: «إنَّ رَجُلاً يأتِيكُم مِنَ اليَمَنِ يُقالُ لَهُ: أُوَيْسٌ، لا يَدَعُ بِاليَمَنِ غَيْرَ أُمٍّ لَهُ، قَدْ كانَ بِهِ بَياضٌ فَدَعا اللَّهَ ـ تعالى ـ فَأذْهَبَهُ عَنْهُ إِلَّا مَوْضِعَ الدِّينارِ أوِ الدِّرهَمِ، فَمَنْ لَقِيَهُ مِنكُمْ، فَلْيَسْتَغْفِرْ لَكُمْ».

وفي روايةٍ له عن عمر ـ رضيَ اللَّهُ عنه ـ قال: إنِّي سَمِعْتُ رسولَ اللَّهِ ﷺ يقول: «إنَّ خَيْرَ التَّابِعينَ رَجُلٌ يُقالُ لَهُ: أُوَيْسٌ، وَلَهُ وَالِدَةٌ وكَانَ بِهِ بَياضٌ، فَمُروهُ، فَلْيَسْتَغْفِرْ لَكُمْ».

قوله: «غَبراءُ النَّاسِ» بفَتْحِ الغَيْنِ المُعْجَمَةِ وإسْكانِ البَاءِ وبالمدِّ وهُمْ فُقَراؤهم وصَعَاليكهم وَمِنْ لا يعرفُ عَيْنُهُ مِنْ أخلاطِهِمْ «والأمداد» جَمْعُ مَدَدٍ وهَمُ الأَعوانُ، والناصرون الذين يمدُّون المُسلمين في الجهاد.

٣٧٣ـ وعن عمر بن الخطاب رضيَ الله عنه، قالَ استأذنتُ النبيَّ ﷺ في العُمرةِ، فأذِن لي، وَقَالَ: «لا تَنْسَنَا يَا أَخِي مِنْ دعائك» فقال كَلِمَةً مَا يَسُرُّني أنْ لي بِهَا الدُّنيا

وفي روايةٍ قال: «أَشْرِكْنَا يَا أَخِيَّ في دُعَائِكَ».

حديثٌ صحيحٌ رواه أبو داود، والترمذي وقال: حديثٌ حسنٌ صحيحٌ.

٣٧٤ـ وعن ابن عُمَرَ ـ رضيَ اللَّهُ عنهما ـ قال: كَانَ النَّبِيُّ ﷺ يَزُورُ قُبَاءَ رَاكِباً وَمَاشِياً، فَيُصَلِّي فِيهِ رَكْعَتَيْنِ، متفقٌ عليه.

1. Buch der Gebote

Eine andere Version bei Muslim lautet folgendermaßen: Die Bewohner von Kûfa kamen zu Umar (r). Unter ihnen war einer, der sich über Uwais (r) lustig machte. Umar (s) fragte: "Ist jemand unter euch (vom Unterstamm der) Qarn?" Daraufhin kam dieser Mann hervor. Dann sagte Umar (r): "Der Prophet (s) hat gesagt: 'Ein Mann namens Uwais wird zu euch kommen aus dem Jemen. Er wird nur seine Mutter im Jemen zurückgelassen haben. Er hat unter Lepra gelitten und zu Allah gebetet, von dieser Krankheit geheilt zu werden. Daraufhin wurde er geheilt; es blieb nur ein Mal von der Größe eines Dinars oder Dirhams auf seiner Haut zurück. Wenn einer von euch ihn trifft, so möge er ihn bitten, für ihn um Verzeihung zu beten.'"

Noch eine andere Version besagt: Umar (r) sagte: Ich habe den Propheten (s) sagen hören: "Der beste unter denen, die meinem Weg nachfolgen, ist ein Mann namens Uwais; er besitzt eine Mutter und er hat weiße Flecken auf seinem Körper (Lepra). Bittet ihn, um Vergebung für euch zu beten."

Hadith 373: Umar ibn al-Khattâb (r) berichtet: Ich bat den Propheten (s) um Erlaubnis, die kleine Pilgerfahrt (*Umra*) durchzuführen. Er gewährte mir die Zeit dafür und sagte: "Mein Bruder, bitte vergiss nicht, uns in dein Gebet einzuschließen!"
Umar (r) sagte: Dieses ist etwas, was ich für die ganze Welt nicht eintauschen möchte.
Nach einer anders lautenden Version sagte der Prophet (s) zu Umar (r): "Bruder, schließ uns in deine Gebete ein!"
(Abu Dâwûd und At-Tirmidhi)
Dies ist ein guter und gesunder Hadith (*hasan sahîh*).

Hadith 374: Ibn Umar (r) erzählte, dass der Prophet (s) oft die Qubâ-Moschee[124] zu besuchen pflegte, sowohl reitend als auch zu Fuß, und dort immer zwei *Rak'a* betete.
(Al-Bukhâri und Muslim)

---

[124] Die Qubâ-Moschee ist die erste Moschee, die von den Muslimen errichtet wurde, und befindet sich in einem Vorort von Medina.

وفي روايةٍ: كان النَّبيُّ ﷺ يَأتي مَسجدَ قُبَاءَ كُلَّ سَبْتٍ رَاكِباً وَمَاشِياً وَكَانَ ابنُ عُمَرَ يَفْعَلُهُ.

٤٦ - ١ - باب فضل الحبّ في الله والحثُّ عليه
وإعلام الرجل من يحبه أنه يحبه، وماذا يقول له إذا أعلمهُ

قال اللَّهُ تعالى: ﴿مُحَمَّدٌ رَسُولُ اللَّهِ وَالَّذِينَ مَعَهُ أَشِدَّاءُ عَلَى الْكُفَّارِ رُحَمَاءُ بَيْنَهُمْ﴾ [الفتح: ٢٩]. إلى آخِرِ السورة. وقال تعالى: ﴿وَالَّذِينَ تَبَوَّءُوا الدَّارَ وَالإِيمَانَ مِنْ قَبْلِهِمْ يُحِبُّونَ مَنْ هَاجَرَ إِلَيْهِمْ﴾ [الحشر: ٩].

٣٧٥ - وعن أنس رضي اللَّهُ عنه، عن النبي ﷺ قال: «ثَلاثٌ مَنْ كُنَّ فيهِ وَجَدَ بهِنَّ حَلاوَةَ الإيمانِ: أَنْ يكُونَ اللَّهُ وَرَسُولُهُ أَحَبَّ إِلَيْهِ مِمَّا سِواهُما، وَأَنْ يحبَّ المَرْءَ لا يحبُّهُ إلاَّ للَّهِ، وَأَنْ يَكْرَهَ أَنْ يَعُودَ في الكُفْرِ بَعْدَ أَنْ أَنْقَذَهُ اللَّهُ مِنْهُ، كَمَا يَكْرَهُ أَنْ يُقْذَفَ في النَّارِ». متفقٌ عليه.

٣٧٦ - وعن أبي هريرة رضي الله عنه عن النبي ﷺ قال: «سَبْعَةٌ يُظِلُّهُمُ اللَّهُ في ظِلِّهِ يَوْمَ لا ظِلَّ إلاَّ ظِلُّهُ: إمَامٌ عَادِلٌ، وَشَابٌّ نَشَأَ في عِبَادَةِ اللَّهِ عَزَّ وَجَلَّ، وَرَجُلٌ قَلْبُهُ مُعَلَّقٌ بِالمَسَاجِدِ. وَرَجُلانِ تَحَابَّا في اللَّهِ اجْتَمَعَا عَلَيْهِ، وَتَفَرَّقَا عَلَيْهِ، وَرَجُلٌ

Nach einer anderen Version besuchte der Prophet (s) jeden Samstag die Qubâ-Moschee, wobei er hin ritt oder zu Fuß ging, und Ibn Umar (r), der ihm auf den Fersen folgte, tat es ebenso.

Kapitel 46
Vorzug der Liebe um Allahs willen und Ansporn dazu, sowie demjenigen, den man gern hat, mitzuteilen, dass man ihn lieb hat, und was man demjenigen antworten soll, der einem dies mitteilt

Qur'ân: Allah, der Erhabene, spricht:
"Muhammad ist der Gesandte Allahs, und diejenigen, die mit ihm sind, sind streng gegen die Ungläubigen, aber barmherzig untereinander... (48:29)
"Und diejenigen, die vor ihnen in der Stadt wohnten und im Glauben (verwurzelt waren), lieben diejenigen, die zu ihnen auswanderten. Sie finden in ihren Herzen kein Bedürfnis nach dem, was (jenen) gegeben wurde. Sie geben ihnen den Vorzug vor sich selbst, auch wenn sie selbst unter Entbehrungen leiden. Und diejenigen, die vor ihrer eigenen Habsucht bewahrt sind, denen wird es wohl ergehen." (59:9)

Hadith 375: Anas (r) überliefert, dass der Prophet (s) sagte: "Es gibt drei gute Eigenschaften, wer sie besitzt, der wird die Süße des Glaubens schmecken:
1) Der, der Allah und Seinen Gesandten über alles liebt;
2) der, der einen Anderen liebt, einfach um Allahs Willen; und
3) derjenige, der eine Rückkehr zum Unglauben, nachdem Allah ihn davor gerettet hat, über alles hasst, und der es verabscheut, ins Höllenfeuer geworfen zu werden."
(Al-Bukhâri und Muslim)

Hadith 376: Es überliefert Abu Huraira (r), dass der Prophet (s) sagte: "Sieben genießen den Schutzschatten Allahs (am Jüngsten Tag), wenn es keinen Schatten gibt außer Seinem Schutzschatten: Diese sind:
1) Ein gerechter Herrscher;
2) ein junger Mann, der seine Jugend mit Anbetung und Dienst für Allah, den Allmächtigen und Erhabenen, verbrachte;
3) der, dessen Herz ständig mit der Moschee verbunden ist;
4) zwei Personen, die einander um Allahs willen lieben - sie haben sich zusammengetan um Seinetwillen und trennten sich um Seinetwillen;

دَعَتْهُ امْرَأَةٌ ذَاتُ مَنْصِبٍ وَجَمَالٍ، فقال: إِنِّي أَخَافُ اللَّهَ، وَرَجُلٌ تَصَدَّقَ بِصَدَقَةٍ، فَأَخْفَاهَا حَتَّى لَا تَعْلَمَ شِمَالُهُ مَا تُنْفِقُ يَمِينُهُ، وَرَجُلٌ ذَكَرَ اللَّهَ خَالِياً فَفَاضَتْ عَيْنَاهُ». متفق عليه.

٣٧٧ ـ وعنه قال: قال رسولُ اللَّهِ ﷺ: «إنَّ اللَّهَ تعالى يقول يَوْمَ الْقِيَامَةِ: أَيْنَ الْمُتَحَابُّونَ بِجَلَالِي؟ الْيَوْمَ أُظِلُّهُمْ فِي ظِلِّي يَوْمَ لَا ظِلَّ إلَّا ظِلِّي». رواه مسلم.

٣٧٨ ـ وعنه قال: قال رسولُ اللَّهِ ﷺ: «وَالَّذِي نَفْسِي بِيَدِهِ لَا تَدْخُلُوا الْجَنَّةَ حَتَّى تُؤْمِنُوا، وَلَا تُؤْمِنُوا حَتَّى تَحَابُّوا، أَوَلَا أَدُلُّكُمْ عَلَى شَيْءٍ إذَا فَعَلْتُمُوهُ تَحَابَبْتُمْ؟ أَفْشُوا السَّلَامَ بَيْنَكُمْ». رواه مسلم.

٣٧٩ ـ وعنه، عن النبي ﷺ: «أنَّ رَجُلاً زَارَ أَخاً لَهُ فِي قَرْيَةٍ أُخْرَى، فَأَرْصَدَ اللَّهُ لَهُ عَلَى مَدْرَجَتِهِ مَلَكاً» وذكر الحديث إلى قوله: «إنَّ اللَّهَ قَدْ أَحَبَّكَ كَمَا أَحْبَبْتَهُ فِيهِ». رواه مسلم. وقد سبق بالباب قبله.

٣٨٠ ـ وعن البَرَاءِ بن عَازِبٍ رضي اللَّهُ عنهما، عن النبيِّ ﷺ أنه قال في الأنصارِ: «لا يُحِبُّهُمْ إلَّا مُؤْمِنٌ، وَلَا يُبْغِضُهُمْ إلَّا مُنَافِقٌ، مَنْ أَحَبَّهُمْ أَحَبَّهُ اللَّهُ، وَمَنْ أَبْغَضَهُمْ أَبْغَضَهُ اللَّهُ». متفق عليه.

1. Buch der Gebote

5) jemand, der von einer bezaubernden und hübschen Frau zur Sünde eingeladen wird, es aber verweigert, indem er sagt, er fürchte Allah;
6) einer, der *Sadaqa* gibt, ohne viel Aufsehens zu machen, so dass seine linke Hand nicht weiß, was seine rechte Hand gegeben hat; und
7) einer, der sich Allahs erinnert in Einsamkeit, so sehr, dass seine Augen überfließen."
(Al-Bukhâri und Muslim)

Hadith 377: Abu Huraira (r) überliefert, dass der Gesandte Allahs (s) sagte: Am Tag des Gerichts wird Allah, der Erhabene, verkünden: "Wo sind diejenigen, die einander lieben, um Meiner Erhabenheit willen? Heute werde ich sie durch Meinen Schutzschatten schützen, an diesem Tag, an dem es keinen Schatten gibt außer Meinen."
(Muslim)

Hadith 378: Abu Huraira überliefert, dass der Gesandte Allahs (s) sagte: "Bei Allah, in Dessen Händen meine Seele ist, ihr werdet nicht ins Paradies kommen, wenn ihr nicht glaubt (an den Islam), und ihr werdet nicht glauben, solange ihr euch nicht gegenseitig liebt. Darf ich euch erzählen, wie ihr euch gegenseitig liebt? Verbreitet Frieden und Grüße unter den Menschen."
(Muslim)

Hadith 379 ist eine Wiederholung von Hadith Nr. 361.

Hadith 380: Al-Barâ' ibn Âzib (r) überliefert, dass der Prophet (s) über die *Ansâr* sagte: "Wer sie liebt, ist ein Gläubiger, und nur ein Heuchler hasst sie. Allah liebt den, der sie liebt, und Allah liebt den nicht, der sie nicht liebt."
(Al-Bukhâri und Muslim)

٣٨١ - وعن مُعَاذٍ رضي اللَّهُ عنه قال: سَمِعتُ رسولَ اللَّهِ ﷺ يقول: «قَالَ اللَّهُ عَزَّ وَجَلَّ: المُتَحَابُّونَ في جَلَالي، لَهُمْ مَنَابِرُ مِنْ نُورٍ يَغْبِطُهُمُ النَّبِيُّونَ وَالشُّهَدَاءُ».
رواه الترمذي وقال: حديثٌ حسنٌ صحيحٌ.

٣٨٢ - وعن أبي إدريسَ الخَوْلَاني رَحِمَهُ اللَّهُ قال: دَخَلْتُ مَسجدَ دِمَشْقَ، فَإذَا فَتًى بَرَّاقُ الثَّنَايَا وَإِذَا النَّاسُ مَعَهُ، فَإِذَا اخْتَلَفُوا في شَيْءٍ، أَسْنَدُوهُ إلَيْهِ، وَصَدَرُوا عَنْ رَأْيِهِ، فَسَأَلْتُ عَنْهُ، فَقِيلَ: هٰذَا مُعَاذُ بْنُ جَبَلٍ رضي اللَّهُ عنه، فَلَمَّا كَانَ مِنَ الغَدِ، هَجَّرْتُ، فَوَجَدْتُهُ قَدْ سَبَقَني بِالتَّهجِيرِ، وَوَجَدْتُهُ يُصَلِّي، فَانْتَظَرْتُهُ حَتَّى قَضَى صَلَاتَهُ، ثُمَّ جِئْتُ مِنْ قِبَلِ وَجْهِهِ، فَسَلَّمْتُ عَلَيْهِ، ثُمَّ قُلْتُ: وَاللَّهِ إنِّي لَأُحِبُّكَ للَّهِ، فَقَالَ: آللَّهِ؟ فَقُلْتُ: آللَّهِ، فقال: آللَّهِ؟ فَقُلْتُ: آللَّهِ، فَأَخَذَني بِحَبْوَةِ رِدَائي، فَجَبَذَني إلَيْهِ، فَقَالَ: أَبْشِرْ، فَإِنِّي سَمِعْتُ رسولَ اللَّهِ ﷺ يقولُ: «قال اللَّهُ تعالى: وَجَبَتْ مَحَبَّتِي لِلْمُتَحَابِّينَ فِيَّ، وَالْمُتَجَالِسِينَ فِيَّ، وَالْمُتَزَاوِرِينَ فِيَّ، وَالْمُتَبَاذِلِينَ فِيَّ». حديث صحيح رواه مالك في المُوَطَّأِ بِإسْنَادِهِ الصَّحِيحِ.

قَوْلُهُ: «هَجَّرْتُ» أَيْ بَكَّرْتُ، وَهُوَ بتشديد الجيم. قوله: «آللَّهِ فَقُلْتُ: آللَّهِ» الأوَّلُ بهمزةٍ ممدودةٍ للاستفهام، والثاني بلا مدٍّ.

٣٨٣ - عن أبي كَرِيمَةَ المِقْدَادِ بْنِ مَعْدِ يكَرِبَ رضي الله عنه عن النبيِّ ﷺ قال: «إذا أَحَبَّ الرَّجُلُ أَخَاهُ، فَلْيُخْبِرْهُ أَنَّهُ يُحِبُّهُ». رواه أبو داود، والترمذي وقال: حديثٌ حسنٌ.

٣٨٤ - وعن مُعَاذٍ رضي الله عنه، أنَّ رسولَ اللَّهِ ﷺ، أخَذَ بِيَدِهِ وقال: «يَا مُعَاذُ، وَاللَّهِ، إنِّي لَأُحِبُّكَ، ثُمَّ أُوصِيكَ يَا مُعَاذُ: لَا تَدَعَنَّ فِي دُبُرِ كُلِّ صَلَاةٍ تَقُولُ: اللَّهُمَّ أَعِنِّي عَلَى ذِكْرِكَ وَشُكْرِكَ، وَحُسْنِ عِبَادَتِكَ».

1. Buch der Gebote

Hadith 381: Mu'âdh (r) überliefert, dass er den Gesandten Allahs (s) sagen hörte: Allah, der Erhabene, sagt: "Jenen, die aus Furcht vor Meiner Erhabenheit einander lieben, sind (im Paradies) hohe Sitze aus Licht bereitet, dass (selbst) Propheten und Märtyrer sie beneiden könnten."
(At-Tirmidhi).
Dies ist ein guter und gesunder Hadith (*hasan sahîh*).

Hadith 382: Abu Idrîs al-Khaulâni (r) erzählte: Als ich einst die (große) Moschee in Damaskus betrat, sah ich einen fröhlichen jungen Mann, der von Gläubigen umgeben war. Sie hörten (ihm) zu und diskutierten und ließen ihn unter sich entscheiden, wobei sie sein Urteil immer annahmen. Ich fragte, wer er sei, und mir wurde gesagt, er sei der Gefährte (des Propheten (s)) Mu'âdh ibn Dschabal (r). Am nächsten Tag eilte ich zur Moschee, doch musste ich feststellen, dass er bereits angekommen und in sein Gebet vertieft war. Ich wartete, bis er sein Gebet beendet hatte, und ging von vorn zu ihm. Nachdem ich ihn begrüßt hatte, sagte ich: "Bei Allah, ich liebe dich." Er sagte: "Um Allahs willen?" Ich antwortete: "Ja, um Allahs willen." Er sagte wieder: "Um Allahs willen?" Ich antwortete: "Ja, um Allahs willen." Dann hielt er die Falte meines Hemdes fest, zog mich näher zu sich und sagte: "Höre die frohe Botschaft! Ich habe den Propheten (s) sagen hören: 'Allah hat entschieden: Es ist Meine Pflicht, Meine Liebe denen zu geben, die einander um Meinetwillen lieben, die sich um Meinetwillen treffen, sich um Meinetwillen besuchen."
(Mâlik)

Hadith 383: Abu Karîma al-Miqdâd ibn Ma'd Yakarib (r) berichtet, dass der Prophet (s) sagte: "Wenn einer seinen Bruder liebt, sollte er ihm das mitteilen."
(Abu Dâwûd und At-Tirmidhi)
Nach At-Tirmidhi ist dies ein gesunder Hadith (*sahîh*).

Hadith 384: Mu'âdh (r) erzählte, dass der Gesandte Allahs (s) seine Hand festhielt und sagte: "Oh Mu'âdh, bei Allah, ich habe dich gern und weise dich darauf hin, dass du nicht vergessen solltest, nach jedem Gebet zu bitten: 'Allah, hilf mir, dass ich Deiner gedenke, und dabei, Dir zu danken und Dich in der rechten Weise zu verehren.'[125]"
(Abu Dâwûd und An-Nasâi)
Dieser Hadith ist zuverlässig überliefert (*isnâd sahîh*).

---

[125] Auf Arabisch lautet dieses Bittgebet: "*Allahumma a'innî alâ dhikrika wa schukrik, wa husni ibâdatik.*"

حديثٌ صحيحٌ، رواه أبو داود والنسائي بإسنادٍ صحيح.

٣٨٥ - وعن أنس، رضي اللَّه عنه، أنَّ رجلاً كانَ عِندَ النَّبيِّ ﷺ، فمرَّ بهِ رجلٌ، فقال: يا رسولَ اللَّهِ إنِّي لأُحِبُّ هذا، فقال له النَّبيُّ ﷺ: «أعْلَمْتَهُ؟» قالَ: لا. قالَ: «أعْلِمْهُ» فلحِقَهُ، فقالَ: إنِّي أُحِبُّكَ في اللَّه، فقالَ: أَحبَّكَ الَّذي أَحببتني لَهُ. رواه أبو داود بإسنادٍ صحيح.

١ - ٤٧ - باب علامات حبّ اللَّه تعالى للعبْد والحثّ على التخلق بها والسعي في تحصيلها

قال اللَّهُ تعالى: ﴿قُلْ إِنْ كُنْتُمْ تُحِبُّونَ اللَّهَ فَاتَّبِعُونِي يُحْبِبْكُمُ اللَّهُ وَيَغْفِرْ لَكُمْ ذُنُوبَكُمْ وَاللَّهُ غَفُورٌ رَحِيمٌ﴾ [آل عمران: ٣١]، وقال تعالى: ﴿يَا أَيُّهَا الَّذِينَ آمَنُوا مَنْ يَرْتَدَّ مِنْكُمْ عَنْ دِينِهِ فَسَوْفَ يَأْتِي اللَّهُ بِقَوْمٍ يُحِبُّهُمْ وَيُحِبُّونَهُ أَذِلَّةٍ عَلَى الْمُؤْمِنِينَ أَعِزَّةٍ عَلَى الْكَافِرِينَ يُجَاهِدُونَ فِي سَبِيلِ اللَّهِ وَلَا يَخَافُونَ لَوْمَةَ لَائِمٍ ذَلِكَ فَضْلُ اللَّهِ يُؤْتِيهِ مَنْ يَشَاءُ وَاللَّهُ وَاسِعٌ عَلِيمٌ﴾ [المائدة: ٥٤].

٣٨٦ - وعن أبي هريرة رضي اللَّه عنه قال: قال رسول اللَّه ﷺ: «إنَّ اللَّهَ تعالى قال: مَنْ عادى لي وليًّا، فقد آذَنْتُهُ بالحرْبِ، وما تقرَّبَ إليَّ عبدي بشَيْءٍ أحبَّ إليَّ ممَّا افترضْتُ عليه، وما يزالُ عبدي يتقرَّبُ إليَّ بالنَّوافلِ حتَّى أُحبَّهُ، فإذا أحببتُهُ، كنتُ سمعَهُ الَّذي يسمعُ بهِ، وبصرَهُ الَّذي يبصرُ بهِ، ويدَهُ الَّتي يبطشُ بها،

1. Buch der Gebote

Hadith 385: Anas (r) erzählte: Einst saß (unter uns) ein Mann beim Propheten, als ein anderer Mann an ihm vorbeikam, und ersterer sagte: "Oh Gesandter Allahs (s), ich liebe diesen Mann." Der Prophet (s) fragte: "Hast du ihm das gesagt?" Er sagte: "Nein." Der Prophet (s) sagte: "Sag es ihm!" So ging er also zu dem Mann und sagte ihm: "Ich liebe dich um Allahs willen." Und der Andere erwiderte: "Möge Allah, um Dessentwillen du mich liebst, dich ebenfalls lieben."
(Abu Dâwûd)
Dieser Hadith ist zuverlässig überliefert (*isnâd sahîh*).

Kapitel 47
Zeichen der Liebe Allahs, des Erhabenen, für Seinen Diener und Ansporn, sich dafür anzustrengen, derartige Zeichen zu erhalten

Qur'ân: Allah, der Erhabene, spricht:
"Sprich (zu ihnen): Wenn ihr Allah liebt, so folgt mir, dann wird Allah euch lieben und euch eure Schuld verzeihen. Und Allah ist verzeihend, barmherzig." (3:31)
"Oh ihr Gläubigen! Wer von euch sich von seinem Glauben abwendet, (der soll wissen,) dass Allah (an seiner statt) ein Volk hervorbringen wird, das Er liebt und das Ihn liebt, das sanftmütig gegen die Gläubigen und machtvoll gegenüber den Ungläubigen ist. Sie setzen sich mit aller Kraft ein auf dem Pfad Allahs, und sie fürchten nicht den Vorwurf des Tadelnden. das ist die Huld Allahs. Er lässt sie zuteil werden wem Er will. Und Allah ist allumfassend, wissend." (5:54)

Hadith 386 ist eine Wiederholung von Hadith Nr. 95.

وَرِجْلَهُ الَّتي يَمْشي بها، وإنْ سَأَلَني، أَعْطَيْتُهُ، ولَئِنْ استَعَاذَني، لأُعِيذَنَّهُ». رواه البخاري.

معنى «آذَنْتُهُ»: أعْلَمْتُهُ بأنِّي مُحارِبٌ له. وقوله: «اسْتَعَاذَني» روي بالباء وروي بالنون.

٣٨٧ - وعنه عن النبي، ﷺ، قال: «إِذَا أَحَبَّ اللَّهُ تعالى العَبْدَ، نَادَى جِبْريلَ: إنَّ اللَّهَ تعالى يُحِبُّ فُلاناً، فَأَحْبِبْهُ، فَيُحِبُّهُ جِبْريلُ، فَيُنَادي في أهْلِ السَّمَاءِ: إنَّ اللَّهَ يُحِبُّ فُلاناً، فَأَحِبُّوهُ، فَيُحِبُّهُ أَهْلُ السَّمَاءِ، ثُمَّ يُوضَعُ لهُ القَبُولُ في الأرْضِ». متفقٌ عليه.

وفي رواية لمسلم: قال رسولُ اللَّهِ، ﷺ: «إنَّ اللَّهَ تعالى إذَا أَحَبَّ عَبْداً دَعَا جِبْريلَ، فقال: إنِّي أُحِبُّ فُلاناً فَأَحِبَّهُ، فَيُحِبُّهُ جِبْريلُ، ثُمَّ يُنَادي في السَّمَاءِ، فَيَقُولُ: إنَّ اللَّهَ يُحِبُّ فُلاناً، فَأَحِبُّوهُ فَيُحِبُّهُ أَهْلُ السَّمَاءِ، ثُمَّ يُوضَعُ لهُ القَبُولُ في الأرْضِ، وإذَا أَبْغَضَ عَبْداً دَعَا جِبْريلَ، فَيَقُولُ: إنِّي أُبْغِضُ فُلاناً، فَأَبْغِضْهُ، فَيُبْغِضُهُ جِبْريلُ، ثُمَّ يُنَادي في أَهْلِ السَّمَاءِ؛ إنَّ اللَّهَ يُبْغِضُ فُلاناً، فَأَبْغِضُوهُ، فَيُبْغِضُهُ أَهْلُ السَّمَاءِ ثُمَّ تُوضَعُ لَهُ البَغْضَاءُ في الأَرْضِ».

٣٨٨ - وعن عائشة رضي الله عنها: أن رسولَ اللَّهِ ﷺ، بَعَثَ رَجُلاً عَلَى سَرِيَّةٍ، فَكَانَ يَقْرَأُ لأصْحَابِهِ في صَلاتِهِمْ، فَيَخْتِمُ بـ﴿قُلْ هُوَ اللَّهُ أَحَدٌ﴾ فَلَمَّا رَجَعُوا، ذَكَرُوا ذَلِكَ لرسولِ اللَّهِ، ﷺ، فقال: «سَلُوهُ لأَيِّ شَيْءٍ يَصْنَعُ ذَلِكَ؟»

1. Buch der Gebote

Hadith 387: Abu Huraira (r) berichtet, dass der Prophet (s) sagte: "Wenn Allah einen Diener liebt, dann ruft Er (dem Engel) Gabriel zu, dass Allah, der Erhabene, den Soundso liebt, und dass er ihn auch lieben soll. (Der Engel) Gabriel beginnt ihn auch zu lieben und sendet einen Aufruf durch die Himmel, mit der Ermahnung an die Verweilenden: 'Allah liebt den Soundso, liebe ihn also auch.' Dann beginnen die Bewohner der Himmel ihn auch zu lieben, und er wird einen angenehmen Aufenthalt auf Erden haben."
(Al-Bukhâri und Muslim)

Eine andere Version bei Muslim besagt: Der Prophet (s) sagte: "Wenn Allah, der Erhabene, eine Person liebt, ruft er den Engel Gabriel und sagt: 'Ich liebe den Soundso, liebe ihn also.' Also liebt ihn der Engel Gabriel. Dann wird es in den Himmeln verkündet und gesagt: 'Allah liebt den Soundso, liebt ihn also.' Darauf lieben ihn die Bewohner des Himmels, und er wird einen angenehmen Aufenthalt auf Erden haben. Wenn Allah einen Diener verabscheut, ruft Er den Engel Gabriel und sagt zu ihm: 'Ich verabscheue Soundso, also sollst du ihn auch verabscheuen!' Dann wird Gabriel ihn verabscheuen und den Bewohnern des Himmels zurufen, dass Allah den Soundso verabscheut. Dann werden ihn die Bewohner des Himmels verabscheuen und er wird einen unangenehmer Aufenthalt auf Erden haben."

Hadith 388: Âischa (r) überliefert, dass der Prophet (s) einem Mann die Führung einer Expeditionstruppe anvertraute. Er führte auch seine Männer im Gebet an und schloss stets seine Rezitation mit der Sure *Al-Ikhlâs* (Sure 112). Als der Trupp nach Medina zurückkam, unterrichteten die Männer den Propheten (s) davon, der sagte: "Fragt ihn, warum er das tut."

فَسَأَلُوهُ، فَقَالَ: لأنَّهَا صِفَةُ الرَّحْمٰنِ، فَأَنَا أُحِبُّ أَنْ أَقْرَأَ بِهَا. فقال رسولُ اللهِ، ﷺ: «أَخْبِرُوهُ أَنَّ اللَّهَ ـ تعالى ـ يُحِبُّهُ». متفقٌ عليه.

١ - ٤٨ - باب التحذير من إيذاء الصّالحين والضّعفة والمساكين

قال اللَّهُ تعالى: ﴿وَالَّذِينَ يُؤْذُونَ الْمُؤْمِنِينَ وَالْمُؤْمِنَاتِ بِغَيْرِ مَا اكْتَسَبُوا فَقَدِ احْتَمَلُوا بُهْتَانًا وَإِثْمًا مُبِينًا﴾ [الأحزاب: ٥٨]. وقال تعالى: ﴿فَأَمَّا الْيَتِيمَ فَلَا تَقْهَرْ وَأَمَّا السَّائِلَ فَلَا تَنْهَرْ﴾ [الضحى: ٩، ١٠]..

وأما الأحاديث، فكثيرة منها:

حديث أبي هريرة رضي الله عنه في الباب قبل هٰذا: «مَنْ عَادَى لِي وَلِيًّا فَقَدْ آذَنْتُهُ بِالْحَرْبِ».

ومنها حديث سعد بن أبي وقاص، رضي الله عنه السابق في «باب ملاطفة اليتيم» وقوله ﷺ: «يَا أَبَا بَكْرٍ لَئِنْ كُنْتَ أَغْضَبْتَهُمْ، لَقَدْ أَغْضَبْتَ رَبَّكَ».

٣٨٩ - وعن جُنْدُبِ بن عبد الله رضي الله عنه قال: قال رسولُ اللَّهِ ﷺ: «مَنْ صَلَّى صَلَاةَ الصُّبْحِ، فَهُوَ فِي ذِمَّةِ اللَّهِ، فَلَا يَطْلُبَنَّكُمُ اللَّهُ مِنْ ذِمَّتِهِ بِشَيْءٍ، فَإِنَّهُ مَنْ يَطْلُبْهُ مِنْ ذِمَّتِهِ بِشَيْءٍ، يُدْرِكْهُ، ثُمَّ يَكُبَّهُ عَلَى وَجْهِهِ فِي نَارِ جَهَنَّمَ». رواه مسلم.

١ - ٤٩ - باب إجراء أحكام النّاس على الظاهر وسرائرهم إلى الله تعالى

قال اللَّهُ تعالى: ﴿فَإِنْ تَابُوا وَأَقَامُوا الصَّلَاةَ وَآتَوُا الزَّكَاةَ فَخَلُّوا سَبِيلَهُمْ﴾ [التوبة: ٥].

Er wurde also gefragt und gab zur Antwort: "Dieser Abschnitt (die Sure *Al-Ikhlâs*) beschreibt die Eigenschaften des Erbarmers, und ich mag ihn gern oft rezitieren." Als das dem Propheten (s) erzählt wurde, sagte er: "Sagt ihm, dass Allah, der Erhabene, ihn liebt."
(Al-Bukhâri und Muslim)

Kapitel 48
Warnung vor Belästigung der Frommen, der Schwachen und Armen

Qur'ân: Allah, der Erhabene, spricht:
"Und jene, die gläubige Männer und gläubige Frauen zu Unrecht kränken, die laden offenkundige Schändlichkeit und Sünde auf sich." (33:58)
"Was darum die Waise angeht, so tue ihr kein Unrecht, und was den Bittenden angeht, so weise ihn nicht ab." (93:9-10)

Hierüber gibt es zahlreiche Hadithe, unter diesen Hadith Nr. 95 und Hadith Nr. 260. Und der Prophet (s) sagte zu Abu Bakr (r): "Oh Abu Bakr! Vielleicht hast du diese Menschen gekränkt. Wenn ja, dann hast du auch deinen Herrn gekränkt." (siehe Hadith Nr. 261).

Hadith 389 ist eine Wiederholung von Hadith Nr. 232.

Kapitel 49
Menschen einzuschätzen, nach dem, was offensichtlich ist, und das, was sie verborgen halten, Allah, dem Erhabenen, anvertrauen

Qur'ân: Allah, der Erhabene, spricht:
"Doch wenn sie reuevoll umkehren und das Gebet verrichten und *Zakât* geben, dann gebt ihnen den Weg frei..." (9:5)

٣٩٠ ـ وعن ابن عمر رضي الله عنهما، أن رسولَ اللَّه ﷺ قال: «أُمِرْتُ أَنْ أُقَاتِلَ النَّاسَ حَتَّى يَشْهَدُوا أَنْ لا إلٰهَ إلاَّ الله، وَأَنَّ مُحَمَّداً رسولُ اللَّهِ، وَيُقِيمُوا الصَّلاةَ، وَيُؤْتُوا الزَّكَاةَ، فَإِذَا فَعَلُوا ذٰلِكَ عَصَمُوا مِنِّي دِمَاءَهُمْ وَأَمْوَالَهُمْ إلاَّ بِحَقِّ الإسلامِ، وَحِسَابُهُمْ عَلَى اللَّهِ تعالى». متفقٌ عليه.

٣٩١ ـ وعن أبي عبدِ اللَّهِ طارِقِ بن أشْيَمٍ، رضي اللَّهُ عنه، قال: سمعتُ رَسُولَ اللَّهِ ﷺ يَقُولُ: «مَن قال لا إلٰهَ إلاَّ اللَّهُ، وَكَفَرَ بِمَا يُعْبَدُ مِنْ دُونِ اللَّهِ، حَرُمَ مَالُهُ وَدَمُهُ، وَحِسَابُهُ عَلَى اللَّهِ تعالى». رواه مسلم.

٣٩٢ ـ وعن أبي مَعْبَدٍ المِقْدَادِ بنِ الأسْوَدِ، رضي اللَّهُ عنه، قال: قلت لِرسُولِ اللَّهِ ﷺ: أَرَأَيْتَ إنْ لَقِيتُ رَجُلاً مِنَ الكُفَّارِ، فَاقْتَتَلْنَا، فَضَرَبَ إحْدَى يَدَيَّ بِالسَّيْفِ، فَقَطَعَهَا، ثُمَّ لاذَ مِنِّي بِشَجَرَةٍ، فَقَالَ: أَسْلَمْتُ لِلَّهِ، أَأَقْتُلُهُ يا رسولَ اللَّهِ ﷺ بَعْدَ أَنْ قَالَهَا؟ فَقَالَ: «لا تَقْتُلْهُ» فَقُلْتُ: يا رَسُولَ اللَّهِ ﷺ، إنه قَطَعَ إحْدَى يَدَيَّ، ثُمَّ قال ذٰلِكَ بَعْدَ ما قَطَعَهَا أَفَأَقْتُلُهُ؟! فقال: «لا تَقْتُلْهُ، فَإنْ قَتَلْتَهُ، فَإِنَّهُ بِمَنْزِلَتِكَ قَبْلَ أَنْ تَقْتُلَهُ، وَإنَّكَ بِمَنْزِلَتِهِ قَبْلَ أَنْ يَقُولَ كَلِمَتَهُ الَّتي قال». متفقٌ عليه.

ومعنى «أَنَّهُ بِمَنْزِلَتِكَ» أي: مَعْصُومُ الدَّمِ مَحْكُومٌ بِإِسْلَامِهِ، ومعنى «أَنَّكَ بِمَنْزِلَتِهِ» أي: مُبَاحُ الدَّمِ بِالقِصَاصِ لِوَرَثَتِهِ، لا أَنَّهُ بِمَنْزِلَتِهِ في الكُفْرِ؛ واللَّهُ أعلم.

٣٩٣ ـ وعن أُسَامَةَ بنِ زَيْدٍ، رضي اللَّهُ عنهما، قال: بَعَثَنَا رسولُ اللَّهِ ﷺ، إلى الحُرَقَةِ مِنْ جُهَيْنَةَ فَصَبَّحْنَا القَوْمَ فَهَزَمْنَاهُم ولَحِقْتُ أَنَا وَرَجُلٌ مِنَ الأنْصَارِ رَجُلاً مِنْهُمْ، فَلَمَّا غَشِينَاهُ قال: لا إلٰهَ إلاَّ اللَّهُ، فَكَفَّ عَنْهُ الأنْصَارِيُّ، وَطَعَنْتُهُ بِرُمْحِي حَتَّى

1. Buch der Gebote

Hadith 390: Es überliefert Ibn Umar (r), dass der Gesandte Allahs (s) sagte: "Mir ist (von Allah) befohlen worden, dass ich die Leute bekämpfe, bis bestätigen, dass es nichts Anbetungswürdiges gibt außer Allah, und dass Muhammad (s) Sein Prophet ist; und dass sie das Gebet verrichten und die *Zakât* zahlen. Wenn sie das getan haben, werden sie und ihr Besitz von mir geschützt werden, ihre Unterwerfung unter den Islam und die Gebote Allahs vorausgesetzt."
(Al-Bukhâri und Muslim)

Hadith 391: Abu Abdullâh Târiq ibn Uschaim (r) berichtet, dass er den Gesandten Allahs (s) sagen hörte: "Wer bezeugt, dass es keinen Gott gibt außer Allah, und alles zurückweist, was außer Ihm angebetet wird, hat sein Leben und seinen Besitz sichergestellt und ist für seine Handlungen nur vor Allah verantwortlich."
(Muslim)

Hadith 392: Abu Ma'bad al-Miqdâd ibn al-Aswad (r) berichtet: Ich sagte zum Gesandten Allahs (s): "Was ist, wenn ich gegen einen Ungläubigen kämpfe und er mit seinem Schwert eine meiner Hände abschlägt, und dann, indem er sich hinter einem Baum vor meinem Angriff versteckt, sagt: 'Ich beuge mich vor Allah'[126], ist es dann zulässig für mich, ihn zu töten, nachdem er das gesagt hat?" Er sagte: "Nein, töte ihn nicht." Ich warf ein: "Oh Gesandter Allahs (s), sogar dann nicht, wenn er eine meiner Hände abschlug und danach dieses sagte?" Er sagte: "Töte ihn nicht, denn wenn du ihn tötest, wird er sich in der Lage sehen, in der du dich befandst bevor du ihn tötetest, und du wirst in der Lage sein, in der er war bevor er diese Worte ausstieß."
(Al-Bukhâri und Muslim)

Hadith 393: Es berichtet Usâma ibn Zaid (r): Einst sandte der Gesandte Allahs (s) uns auf einen Feldzug gegen den Dschuhaina-Stamm, der in der Oase von Huraqa lebte. Wir gelangten am Morgen zu ihren Wasserquellen. Einer der *Ansâr* und ich trafen auf einen ihrer Männer, und als wir ihn überwältigt hatten sprach er laut: "*Lâ ilâha illâ-llâh.*"[127] Als mein Gefährte

---
[126] Das bedeutet: "Ich nehme den Islam an!"
[127] Auf Deutsch bedeutet dies: "Es gibt keinen Gott außer Allah!"

قَتَلْتُهُ، فَلَمَّا قَدِمْنَا المَدِينَةَ، بَلَغَ ذٰلِكَ النَّبِيَّ، ﷺ، فقال لي: «يَا أُسَامَةُ أَقَتَلْتَهُ بَعْدَ مَا قَالَ: لَا إِلٰهَ إِلَّا اللَّهُ؟» قلتُ: يا رسولَ اللَّهِ إِنَّمَا كَانَ مُتَعَوِّذاً، فَقَالَ: «أَقَتَلْتَهُ بَعْدَ مَا قَالَ لَا إِلٰهَ إِلَّا اللَّهُ؟!» فَمَا زَالَ يُكَرِّرُهَا عَلَيَّ حَتَّى تَمَنَّيْتُ أَنِّي لَمْ أَكُنْ أَسْلَمْتُ قَبْلَ ذٰلِكَ اليَوْمِ. متفقٌ عليه.

وفي روايةٍ: فَقَالَ رسولُ اللَّهِ، ﷺ: «أَقَالَ: لَا إِلٰهَ إِلَّا اللَّهُ وقَتَلْتَهُ؟!» قلتُ: يا رسولَ اللَّهِ، إِنَّمَا قَالَهَا خَوْفاً مِنَ السِّلَاحِ، قال: «أَفَلَا شَقَقْتَ عَنْ قَلْبِهِ حَتَّى تَعْلَمَ أَقَالَهَا أَمْ لَا؟!» فَمَا زَالَ يُكَرِّرُهَا عليَّ حَتَّى تَمَنَّيْتُ أَنِّي أَسْلَمْتُ يَوْمَئِذٍ.

«الحُرَقَةُ» بضم الحاء المهملة وفتح الراء: بَطْنٌ مِنْ جُهَيْنَةَ القَبِيلَةِ المَعْرُوفَةِ، وقوله: «مُتَعَوِّذاً». أَيْ: مُعْتَصِماً بِهَا مِنَ القَتْلِ لَا مُعْتَقِداً لَهَا.

٣٩٤ ـ وعن جُنْدُبِ بنِ عَبدِ اللَّهِ، رضي اللَّهُ عنه: أنَّ رسولَ اللَّهِ، ﷺ، بَعَثَ بَعْثاً مِنَ المُسْلِمِينَ إِلَى قَوْمٍ مِنَ المُشْرِكِينَ، وَأَنَّهُمُ التَقَوْا، فَكَانَ رَجُلٌ مِنَ المُشْرِكِينَ إِذَا شَاءَ أَنْ يَقْصِدَ إِلَى رَجُلٍ مِنَ المُسْلِمِينَ قَصَدَ لَهُ فَقَتَلَهُ، وَأَنَّ رَجُلاً مِنَ المُسْلِمِينَ قَصَدَ غَفْلَتَهُ، وَكُنَّا نَتَحَدَّثُ أَنَّهُ أُسَامَةُ بْنُ زَيْدٍ. فَلَمَّا رَفَعَ عليهِ السَّيْفَ، قال: لَا إِلٰهَ إِلَّا اللَّهُ، فَقَتَلَهُ، فَجَاءَ البَشِيرُ إِلَى رسولِ اللَّهِ، ﷺ، فَسَأَلَهُ، وَأَخْبَرَهُ، حَتَّى أَخْبَرَهُ

1. Buch der Gebote

von den *Ansâr* dieses hörte, hielt er inne, aber ich tötete ihn mit einem Speeresstoß. Als wir nach Medina zurückkehrten, wurde diese Begebenheit dem Propheten (s) unterbreitet. Er fragte mich: "Oh Usâma, tötetest du ihn sogar, nachdem er *Lâ ilâha illâ-llâh* gesagt hatte?" Ich sagte: "Oh Gesandter Allahs (s), er machte diese Aussage nur, um sein Leben zu retten." Er fragte nochmals: "Tötetest du ihn, nachdem er bestätigt hatte: 'Es gibt keinen Gott außer Allah.'" Er fuhr damit fort, diesen Satz zu wiederholen, bis ich wünschte, ich wäre erst nach jenem Tag Muslim geworden.
(Al-Bukhâri und Muslim)

Eine andere Version lautet: Der Prophet (s) sagte: "Versicherte er: 'Es gibt keinen Gott außer Allah', und du hast ihn sogar dann getötet?" Ich sagte: "Oh Gesandter Allahs (s), er hatte es nur gesagt aus Furcht vor dem Schwert." Er sagte: "Warum hast du sein Herz nicht zerlegt, um zu entdecken, ob er diese Worte von Herzen sagte oder nicht?!" Und er fuhr damit fort, es zu wiederholen, bis ich wünschte, ich hätte den Islam erst an jenem Tage angenommen."

Hadith 394: Dschundub ibn Abdullâh (r) erzählte: Der Gesandte Allahs (s) sandte ein muslimisches Heer gegen einen Stamm von Götzendienern. Als die Schlacht begann, war einer der Ungläubigen in der Kunst des Kämpfens so versiert, dass er jeden Muslim, den er wollte, tötete. Einer der Muslime war hinter ihm, und wir sagten, es müsse Usâma ibn Zaid (r) sein, darauf erpicht, eine Gelegenheit zu finden, ihn zu töten. Als er sein Schwert über ihm erhob, sagte der Ungläubige rasch: "*Lâ ilâha illâ-llâh.*" Dennoch tötete ihn Usâma ibn Zaid (r). Als die Muslime den Sieg erlangten und diese gute Nachricht den Propheten (s) erreichte, wurde er auch von diesem speziellen Vorfall in Kenntnis gesetzt. Er schickte nach Usâma (r) und fragte ihn: "Warum hast du diesen Mann getötet?" Er antwortete: "Oh Gesandter Allahs (s), dieser Mann hatte Verwirrung unter den Muslimen gestiftet und den und den (und er nannte einige namentlich) getötet. Ich bewegte mich also auf ihn zu, und als er mein gezogenes Schwert sah, sagte er: '*Lâ ilâha illâ-llâh.*'" Der Prophet (s) fragte: "Hast du ihn getötet?" Er sagte: "Ja." Der Prophet (s) sagte: "Was wirst du am Tag des Gerichts als Antwort auf sein *Lâ ilâha illâ-llâh* sagen?" Usâma (s)

خَبَرَ الرَّجُلِ كَيْفَ صَنَعَ، فَدَعَاهُ فَسَأَلَهُ، فقال: «لِمَ قَتَلْتَهُ؟» فقال: يا رسولَ اللهِ أَوْجَعَ في المُسلمينَ، وَقَتَلَ فُلاناً وفُلاناً، وسَمَّى له نَفَراً، وَإِنِّي حَمَلْتُ عَلَيْهِ، فَلَمَّا رَأَى السَّيْفَ قال: لا إلهَ إلَّا اللهُ. قال رسولُ اللهِ ﷺ: «أَقَتَلْتَهُ؟» قال: نَعَم، قال: «فَكَيْفَ تَصْنَعُ بِلا إلهَ إلَّا اللهُ، إذا جَاءَتْ يَوْمَ القِيَامَةِ؟» قال: يا رسولَ اللهِ اسْتَغْفِرْ لي. قال: «وكيفَ تَصْنَعُ بِلا إلهَ إلَّا اللهُ إذا جَاءَتْ يَوْمَ القِيَامَةِ؟» فَجَعَلَ لا يَزِيدُهُ على أنْ يَقُولَ: «كَيْفَ تَصْنَعُ بِلا إلهَ إلَّا اللهُ إذَا جَاءَتْ يَوْمَ القِيَامَةِ». رواه مسلم.

٣٩٥ - وعن عبدِ اللهِ بنِ عُتْبَةَ بنِ مسعودٍ قال: سَمِعْتُ عُمَرَ بنَ الخطَّابِ، رضي اللهُ عنه، يقول: «إنَّ نَاساً كَانُوا يُؤخَذُونَ بالوَحْيِ في عَهْدِ رسولِ اللهِ ﷺ، وإنَّ الوَحْيَ قَدِ انْقَطَعَ، وإنَّما نَأخُذُكُمُ الآنَ بما ظَهَرَ لنا مِنْ أعمَالِكُمْ، فَمَنْ أَظْهَرَ لَنَا خَيْراً، أَمِنَّاهُ وقَرَّبْنَاهُ، وَلَيْسَ لنا مِنْ سَرِيرَتِهِ شَيءٌ، اللهُ يُحَاسِبُهُ في سَرِيرَتِهِ، ومَنْ أَظْهَرَ لَنَا سُوءاً، لَمْ نَأْمَنْهُ، وَلَمْ نُصَدِّقْهُ وإنْ قالَ: إنَّ سَرِيرَتَهُ حَسَنَةٌ». رواه البخاري.

١ - ٥٠ - باب الخوف

قال اللهُ تعالى: ﴿وَإِيَّايَ فَارْهَبُونِ﴾ [البقرة: ٤٠]. وقال تعالى: ﴿إِنَّ بَطْشَ رَبِّكَ لَشَدِيدٌ﴾ [البروج: ١٢]. وقال تعالى: ﴿وَكَذَلِكَ أَخْذُ رَبِّكَ إِذَا أَخَذَ الْقُرَى وَهِيَ ظَالِمَةٌ إِنَّ أَخْذَهُ أَلِيمٌ شَدِيدٌ إِنَّ فِي ذَلِكَ لَآيَةً لِمَنْ خَافَ عَذَابَ الْآخِرَةِ ذَلِكَ يَوْمٌ مَجْمُوعٌ لَهُ النَّاسُ وَذَلِكَ يَوْمٌ مَشْهُودٌ وَمَا نُؤَخِّرُهُ إِلَّا لِأَجَلٍ مَعْدُودٍ يَوْمَ يَأْتِ لَا تَكَلَّمُ

1. Buch der Gebote

warf ein: "Oh Gesandter Allahs (s), bitte bete um Vergebung für mich." Der Prophet (s) wiederholte immer wieder den Satz "Was wirst du als Antwort auf sein *Lâ ilâha illâ-llâh* sagen, am Tage des Gerichts?"
(Muslim)

Hadith 395: Abdullâh ibn Utba ibn Mas'ûd (r) sagte: Ich hörte Umar ibn al-Khattâb (r) sagen: "Zu Lebzeiten des Propheten (s) waren die Leute aufgerufen, durch Offenbarung (für ihre Missetaten) Rechenschaft abzulegen. Jetzt, wo die Offenbarung aufgehört hat, werden wir euch aufrufen, mit euren sichtbaren Taten Rechenschaft abzulegen. Wenn einer von euch durch seine Taten Gutes offenbart, werden wir es anerkennen und uns nicht für seine inneren Beweggründe interessieren. Allah wird seine verborgenen Tätigkeiten zur Kenntnis nehmen und ihn dafür zur Verantwortung ziehen. Doch wer auch immer durch seine Taten Böses offenbart, das werden wir nicht akzeptieren, auch wenn er behauptet, dass seine Absicht gut sei."
(Al-Bukhâri)

Kapitel 50

Gottesfurcht

Qur'ân: Allah, der Erhabene, spricht:
"Und vor Mir allein sollt ihr Furcht empfinden." (2:40),
"Wahrlich, der Zugriff deines Herrn ist stark." (85:12),
"Und wie dein Herr mit den (früheren) Städten verfahren ist, ergreift Er auch (andere), wenn sie unrecht tun. Wahrlich, Seine Bestrafung ist schmerzlich, streng. Wahrlich, darin liegt ein Zeichen für den, der die Strafe des Jenseits fürchtet. Dies ist ein Tag, an dem die Menschen versammelt werden und ein Tag des Zeugnisablegens. Und Wir werden ihn nur bis zu einem festgesetzten Zeitpunkt hinausschieben. Wenn (dieser) Tag eintrifft, wird keine Seele sprechen dürfen außer mit Seiner Erlaubnis. Und unter ihnen sind solche, die unselig sind, und solche, die glückselig

نَفْسٌ إِلَّا بِإِذْنِهِ فَمِنْهُمْ شَقِيٌّ وَسَعِيدٌ فَأَمَّا الَّذِينَ شَقُوا فَفِي النَّارِ لَهُمْ فِيهَا زَفِيرٌ وَشَهِيقٌ﴾ [هود: ١٠٢-١٠٦]. وقال تعالى: ﴿وَيُحَذِّرُكُمُ اللَّهُ نَفْسَهُ﴾ [آل عمران: ٢٨]. وقال تعالى: ﴿يَوْمَ يَفِرُّ الْمَرْءُ مِنْ أَخِيهِ وَأُمِّهِ وَأَبِيهِ وَصَاحِبَتِهِ وَبَنِيهِ لِكُلِّ امْرِئٍ مِنْهُمْ يَوْمَئِذٍ شَأْنٌ يُغْنِيهِ﴾ [عبس: ٣٤-٣٧]، وقال تعالى: ﴿يَا أَيُّهَا النَّاسُ اتَّقُوا رَبَّكُمْ إِنَّ زَلْزَلَةَ السَّاعَةِ شَيْءٌ عَظِيمٌ، يَوْمَ تَرَوْنَهَا تَذْهَلُ كُلُّ مُرْضِعَةٍ عَمَّا أَرْضَعَتْ وَتَضَعُ كُلُّ ذَاتِ حَمْلٍ حَمْلَهَا وَتَرَى النَّاسَ سُكَارَى وَمَا هُمْ بِسُكَارَى وَلَكِنَّ عَذَابَ اللَّهِ شَدِيدٌ﴾ [الحج: ١، ٢]، وقال تعالى: ﴿وَلِمَنْ خَافَ مَقَامَ رَبِّهِ جَنَّتَانِ﴾ [الرحمن: ٤٦] الآيات. وقال تعالى: ﴿وَأَقْبَلَ بَعْضُهُمْ عَلَى بَعْضٍ يَتَسَاءَلُونَ قَالُوا إِنَّا كُنَّا قَبْلُ فِي أَهْلِنَا مُشْفِقِينَ فَمَنَّ اللَّهُ عَلَيْنَا وَوَقَانَا عَذَابَ السَّمُومِ، إِنَّا كُنَّا مِنْ قَبْلُ نَدْعُوهُ إِنَّهُ هُوَ الْبَرُّ إِنَّهُ هُوَ الْبَرُّ الرَّحِيمُ﴾ [الطور: ٢٥، ٢٨] والآيات في الباب كثيرة جداً معلوماتٌ، والغرضُ الإشارةُ إلى بعضها وقد حَصَلَ.

وأما الأحاديث فكثيرةٌ جدًّا، فنذكُرُ منها طَرَفاً، وباللَّهِ التَّوْفِيقُ.

٣٩٦ - عن ابن مسعودٍ، رضي اللَّهُ عنه، قال: حدثنا رسولُ اللَّهِ ﷺ، وهو الصَّادقُ المَصدوقُ: «إنَّ أَحَدَكُمْ يُجْمَعُ خَلْقُهُ في بَطْنِ أُمِّهِ أَرْبَعِينَ يَوْماً نُطْفَةً، ثم يَكُونُ في ذلِكَ عَلَقَةً مِثْلَ ذلِكَ، ثُمَّ يَكُونُ في ذلِكَ مُضْغَةً مِثْلَ ذلِكَ، ثُمَّ يُرْسَلُ المَلَكُ، فَيَنْفُخُ فيهِ الرُّوحَ، ويُؤْمَرُ بأَرْبَعِ كَلِمَاتٍ: بِكَتْبِ رِزْقِهِ، وأَجَلِهِ، وعَمَلِهِ، وشَقِيٌّ أَوْ سَعِيدٌ. فَوالَّذِي لا إلهَ إلَّا غَيْرُهُ إنَّ أَحَدَكُمْ لَيَعْمَلُ بِعَمَلِ أَهْلِ الجَنَّةِ حَتَّى ما

1. Buch der Gebote

sind. Was nun diejenigen angeht, die unselig sind, so werden sie dem Feuer anheimgegeben. Dort wird für sie (nichts als) Seufzen und Schluchzen sein..." (11:102-106),
"Doch Allah ermahnt euch, vor Ihm auf der Hut zu sein, denn bei Allah ruht der Ausgang (aller Dinge)." (3:28),
"Der Tag, an dem der Mensch vor seinem Bruder flieht, und vor seiner Mutter und seinem Vater, und vor seiner Frau und seinen Kindern, an jenem Tag wird jeder von ihnen mit sich selbst beschäftigt sein." (80:34-37),
"Oh ihr Menschen! Fürchtet euren Herrn! Denn die Erschütterung der Stunde ist etwas Gewaltiges. Der Tag, an dem ihr es sehen werdet, da wird jede Stillende das (Kind), das sie stillt, verlassen, und jede Schwangere wird ihre Leibesfrucht abwerfen, und du wirst die Menschen sehen, als ob sie betrunken seien, doch sie sind nicht betrunken. Die Strafe Allahs aber wird furchtbar sein." (22:1-2).
"Für den aber, der (die Zeit) fürchtet, wo er (vor Allahs Gericht) steht, gibt es zwei Gärten." (55:46)
"Und sie werden sich einander zuwenden und sich gegenseitig befragen und sprechen: 'Früher, als wir in unseren Familien waren, hatten wir große Angst und Sorge; Doch nun hat Allah uns Gnade erwiesen und uns vor der durchdringenden Qual des Feuers bewahrt. Ihn hatten wir früher in unseren Bittgebeten angefleht. Er ist wahrlich der Allgütige, der Barmherzige.'" (52:25-28)

Hadith 396: Ibn Mas'ûd (r) berichtet: Der Gesandte Allahs (s), und er ist der Wahrhafte und der Glaubwürdige, erzählte uns folgendes Gleichnis: "Jeder von euch bleibt als Samentropfens im Leibe seiner Mutter vierzig Tage lang, und dann weitere vierzig Tage lang als ein besonderer Blutklumpen, und dann weitere vierzig Tage als ein besonderer Klumpen Fleisch, und zuletzt wird ein Engel gesandt, der die Seele einbläst, und auch angewiesen ist, vier Anordnungen niederzuschreiben, was sein Schicksal in dieser Welt betrifft, nämlich die Art des Unterhalts, die Lebensdauer, seine Taten und ob es ein unglücklicher oder ein glücklicher Mensch sein wird. Ich schwöre bei Dem, außer dem es keinen Gott gibt, dass einer von euch, der sich verhält wie die Bewohner des Paradieses, bis zwischen ihm und dem Paradies nur noch eine Handbreit bleibt, und ihn

يَكُونُ بَيْنَهُ وَبَيْنَهَا إِلَّا ذِرَاعٌ، فَيَسْبِقُ عَلَيْهِ الْكِتَابُ، فَيَعْمَلُ بِعَمَلِ أَهْلِ النَّارِ، فَيَدْخُلُهَا، وَإِنَّ أَحَدَكُمْ لَيَعْمَلُ بِعَمَلِ أَهْلِ النَّارِ حَتَّى مَا يَكُونُ بَيْنَهُ وَبَيْنَهَا إِلَّا ذِرَاعٌ، فَيَسْبِقُ عَلَيْهِ الْكِتَابُ فَيَعْمَلُ بِعَمَلِ أَهْلِ الْجَنَّةِ فَيَدْخُلُهَا». متفقٌ عليه.

٣٩٧ - وعنه قال: قال رسولُ اللَّهِ، ﷺ: «يُؤْتَى بِجَهَنَّمَ يَوْمَئِذٍ لَهَا سَبْعُونَ أَلْفَ زِمَامٍ، مَعَ كُلِّ زِمَامٍ سَبْعُونَ أَلْفَ مَلَكٍ يَجُرُّونَهَا». رواه مسلم.

٣٩٨ - وعن النُّعْمَانِ بنِ بَشِيرٍ، رضي اللَّهُ عنهما، قال: سمعتُ رسولَ اللَّهِ، ﷺ، يقول: «إِنَّ أَهْوَنَ أَهْلِ النَّارِ عَذَاباً يَوْمَ الْقِيَامِ لَرَجُلٌ تُوضَعُ فِي أَخْمَصِ قَدَمَيْهِ جَمْرَتَانِ يَغْلِي مِنْهُمَا دِمَاغُهُ، مَا يَرَى أَنَّ أَحَداً أَشَدُّ مِنْهُ عَذَاباً، وَإِنَّهُ لَأَهْوَنُهُمْ عَذَاباً». متفقٌ عليه.

٣٩٩ - وعن سَمُرَةَ بنِ جُنْدُبٍ، رضي اللَّهُ عنه، أن نبيَّ اللَّهِ، ﷺ قال: «مِنْهُمْ مَنْ تَأْخُذُهُ النَّارُ إِلَى كَعْبَيْهِ، وَمِنْهُمْ مَنْ تَأْخُذُهُ إِلَى رُكْبَتَيْهِ، وَمِنْهُمْ مَنْ تَأْخُذُهُ إِلَى حُجْزَتِهِ، وَمِنْهُمْ مَنْ تَأْخُذُهُ إِلَى تَرْقُوَتِهِ». رواه مسلم.

«الحُجْزَةُ»: مَعْقِدُ الأَزَارِ تحتَ السُّرَّةِ و«التَّرْقُوَةُ» بفتح التاء وضم القاف: هِيَ العَظْمُ الَّذِي عِنْدَ ثُغْرَةِ النَّحْرِ، وللإنْسَانِ تَرْقُوَتَانِ في جَانِبَيِ النَّحْرِ.

٤٠٠ - وعن ابنِ عمر رضي الله عنهما، أن رسولَ اللَّهِ، ﷺ، قال: «يَقُومُ النَّاسُ لِرَبِّ الْعَالَمِينَ: يَقُومُ أَحَدُهُمْ فِي رَشْحِهِ إِلَى أَنْصَافِ أُذُنَيْهِ». متفقٌ عليه.

و«الرَّشْحُ» العَرَقُ.

das, was bereits aufgezeichnet worden ist, überkommt und er dann zu handeln beginnt wie die Bewohner des Höllenfeuers, er in dieses eintreten wird. Andererseits, wenn einer von euch wie die Bewohner des Höllenfeuers handelt, bis zwischen ihm und dem Höllenfeuer nur noch die Breite einer Hand verbleibt, und ihn das, was bereits aufgezeichnet worden ist, überkommt und er anfängt zu handeln wie die Paradiesbewohner, er sogar ins Paradies gelangen kann."
(Al-Bukhâri und Muslim)

Hadith 397: Ibn Mas'ûd (r) berichtet, dass der Gesandte Allahs (s) sagte: "An diesem Tag (des Jüngsten Gerichts) wird die Hölle herbeigezogen werden, und sie wird siebzigtausend Zügel haben, und jeder Zügel von siebzigtausend Engeln gezogen werden."
(Muslim)

Hadith 398: An-Nu'mân ibn Baschîr (r) berichtet: "Ich hörte den Gesandten Allahs (s) sagen, dass die geringste Qual in der Hölle sein werde, dass zwei Stück glühender Kohle unter die Füße eines Schuldigen steckt werden, wodurch ihr Gehirn kochen wird. Sie wird sich selbst als die am schlimmsten bestrafte Person betrachten, und doch wird sie die am wenigsten bestrafte Person sein."
(Al-Bukhâri und Muslim)

Hadith 399: Samura ibn Dschundub (r) berichtet, dass der Prophet Allahs (s) sagte: "Einigen von denen, die für das Höllenfeuer bestimmt sind, wird das Feuer bis zu ihren Knöcheln, anderen bis zu ihren Knien, anderen bis zur Taille und anderen bis zu ihren Kehlen emporsteigen."
(Muslim)

Hadith 400: Ibn Umar (r) berichtet, dass der Gesandte Allahs (s) sagte: "Am Tage des Gerichts werden die Leute vor dem Herrn der Welten stehen, einige von ihnen in Schweiß gebadet bis zu den Ohren."
(Al-Bukhâri und Muslim)

٤٠١ - وعن أنسٍ، رضي اللهُ عنه، قال: خَطَبَنا رسولُ اللهِ، ﷺ، خُطبةً ما سَمعتُ مثلَها قَطُّ، فقال: «لَوْ تَعْلَمُونَ مَا أَعْلَمُ لَضَحِكْتُمْ قَلِيلاً وَلَبَكَيْتُمْ كَثيراً» فَغَطَّى أصحابُ رسولِ اللهِ ﷺ، وجوهَهُم، ولَهُم خَنينٌ. متفقٌ عليه.

وفي روايةٍ: بَلَغَ رسولَ اللهِ ﷺ، عن أصحابهِ شيءٌ فَخَطَبَ، فقال: «عُرِضَتْ عَلَيَّ الجَنَّةُ وَالنَّارُ، فَلَمْ أَرَ كَالْيَوْمِ في الخَيْرِ والشَّرِّ، وَلَوْ تَعْلَمُونَ ما أَعْلَمُ لَضَحِكْتُمْ قَليلاً، وَلَبَكَيْتُمْ كَثيراً». فَمَا أَتَى عَلَى أَصْحَابِ رسولِ اللهِ ﷺ - يَوْمٌ أَشَدُّ مِنْهُ، غَطَّوْا رُؤوسَهُمْ ولَهُمْ خَنينٌ.

«الخَنينُ» بالخاءِ المعجمةِ: هوَ البكاءُ مَعَ غُنَّةٍ وانتِشاقِ الصَّوتِ مِنَ الأنفِ.

٤٠٢ - وعن المقدادِ، رضيَ اللهُ عنه، قال: سمعتُ رسولَ اللهِ، ﷺ، يقولُ: «تُدْنَى الشَّمسُ يَوْمَ القِيَامَةِ مِنَ الخَلْقِ حَتَّى تَكُونَ مِنْهُمْ كَمِقْدَارِ مِيلٍ» قَالَ سُلَيْمُ بنُ عامرٍ الرَّاوي عَنِ المقدادِ: فَوَاللهِ ما أدْرِي ما يَعْني بالميلِ، أَمَسَافَةَ الأَرضِ أَمِ الميلَ الذي تُكْتَحَلُ بِهِ العَيْنَ؟ قال: «فَيَكُونُ النَّاسُ عَلَى قَدْرِ أَعْمَالِهِمْ في العَرَقِ، فَمِنْهُمْ مَنْ يَكُونُ إلى كَعْبَيْهِ، وَمِنْهُمْ مَنْ يَكُونُ إلى رُكْبَتَيْهِ، وَمِنْهُمْ مَنْ يَكُونُ إلى حَقْوَيْهِ، وَمِنْهُمْ مَنْ يُلْجِمُهُ العَرَقُ إلجَاماً» وأشارَ رسولُ اللهِ، ﷺ، بِيَدِهِ إلى فِيهِ. رواه مسلم.

٤٠٣ - وعن أبي هريرةَ، رضي اللهُ عنه، أنَّ رسولَ اللهِ، ﷺ، قال: «يَعْرَقُ النَّاسُ يَوْمَ القِيَامَةِ حَتَّى يَذْهَبَ عَرَقُهُمْ في الأرضِ سَبْعينَ ذِرَاعاً، وَيُلْجِمُهُمْ حَتَّى يَبْلُغَ آذانَهُمْ». متفقٌ عليه.

ومعنى «يَذْهَبُ في الأرضِ»: ينزِل ويغوصُ.

1. Buch der Gebote

Hadith 401: Anas (r) berichtet: Der Gesandte Allahs (s) hielt uns eine Ansprache, wie ich sie nie zuvor von ihm gehört hatte. In ihrem Verlauf sagte er: "Wenn ihr wüsstet, was ich weiß, würdet ihr wenig lachen und viel weinen." Daraufhin bedeckten die Anwesenden ihre Gesichter und begannen laut zu schluchzen.
(Al-Bukhâri und Muslim)

In einer anderen Version heißt es: Einige Berichte von den Gefährten gelangten zum Propheten (s). Daraufhin wandte er sich an sie und sagte: "Paradies und Höllenfeuer waren zu sehen, wie ich sie bis zum heutigen Tag noch nie gesehen habe, sowohl im Guten wie auch im Schlechten. Wenn ihr wüsstet, was ich weiß, würdet ihr wenig lachen und viel weinen." Dieser Tag war der härteste Tag für die Gefährten des Propheten (s). Sie bedeckten ihre Gesichter und begannen laut zu weinen.

Hadith 402: Al-Miqdâd (r) berichtet: Ich hörte den Gesandten Allahs (s) sagen: "Am Tage des Gerichts wird die Sonne so dicht bei den Leuten stehen, als wäre sie nur ein *Mîl* von ihnen entfernt."
Sulaim ibn Âmir, der diesen Hadith von al-Miqdâd berichtet, sagte: Bei Allah, ich weiß nicht, was er mit diesem *Mîl*[128] gemeint hatte. "Die Menschen werden ihren Taten gemäß schwitzen. Der Schweiß einiger von ihnen wird bis zu ihren Knöcheln reichen, der anderer bis zu ihren Knien, der anderer bis zu ihrer Hüfte, und einige werden von ihrem Schweiß völlig umgeben sein." Der Prophet (s) deutete dazu mit seiner Handfläche auf seinem Mund.
(Muslim)

Hadith 403: Abu Huraira (r) berichtet, dass der Gesandte Allahs (s) sagte: "Die Menschen werden am Tage des Gerichts so sehr schwitzen, dass die Erde davon durchtränkt wird bis zu einer Tiefe von siebzig Ellen, und die Menschen werden davon umgeben sein, so dass es bis zu ihren Ohren reicht."
(Al-Bukhâri und Muslim)

---

[128] "*Mîl*" heißt entweder "Meile" oder ein Stäbchen, das zum Auftragen von *Kohol*, einer orientalischen Augenschminke aus Antimon, verwendet wird.

٤٠٤ - وعنه قال: كنا مع رسولِ اللَّهِ، ﷺ، إذ سَمِعَ وَجْبَةً فقال: «هَلْ تَدْرُونَ ما هذا؟» قُلْنَا: اللَّهُ وَرَسُولُهُ أَعْلَمُ. قال: «هذا حَجَرٌ رُمِيَ بِهِ في النَّارِ مُنْذُ سَبْعِينَ خَرِيفاً فَهُوَ يَهْوِي في النَّارِ الآنَ حَتَّى انتَهَى إلى قَعْرِهَا، فَسَمِعْتُمْ وَجْبَتَها». رواه مسلم.

٤٠٥ - وعن عديِّ بن حَاتِمٍ، رضيَ اللَّهُ عنه، قال: قال رسولُ اللَّهِ، ﷺ: «مَا مِنْكُمْ مِنْ أَحَدٍ إِلاَّ سَيُكَلِّمُهُ اللَّهُ لَيْسَ بَيْنَهُ وبَيْنَهُ تَرْجُمَانٌ، فَيَنْظُرُ أَيْمَنَ مِنْهُ، فَلا يَرَى إِلاَّ مَا قَدَّمَ، ويَنْظُرُ أَشْأَمَ مِنْهُ، فَلا يَرَى إِلاَّ مَا قَدَّمَ، وَيَنْظُرُ بَيْنَ يَدَيْهِ، فَلا يَرَى إِلاَّ النَّارَ تِلْقَاءَ وَجْهِهِ، فَاتَّقُوا النَّارَ وَلَوْ بِشِقِّ تَمْرَةٍ». متفقٌ عليه.

٤٠٦ - وعن أبي ذرٍّ، رضي الله عنه، قال: قال رسولُ اللَّهِ، ﷺ: «إنِّي أَرَى مَا لا تَرَوْنَ؛ وأسمع ما لا تسمعون، أَطَّتِ السَّمَاءُ وَحُقَّ لَهَا أَنْ تَئِطَّ، مَا فِيهَا مَوْضِعُ أَرْبَعِ أَصَابِعَ إِلاَّ وَمَلَكٌ وَاضِعٌ جَبْهَتَهُ سَاجِداً لِلَّهِ تَعَالَى، واللَّهِ لَوْ تَعْلَمُونَ مَا أَعْلَمُ، لَضَحِكْتُمْ قَلِيلاً، وَلَبَكَيْتُمْ كَثِيراً، وَمَا تَلَذَّذْتُمْ بِالنِّسَاءِ عَلَى الْفُرُشِ، وَلَخَرَجْتُمْ إلى الصُّعُدَاتِ تَجْأَرُونَ إلى اللَّهِ تَعَالَى». رواه الترمذي وقال: حديثٌ حسنٌ.

و«أَطَّتْ» بفتح الهمزة وتشديد الطاء، و«تَئِطُّ» بفتح التاء وبعدها همزة مكسورة، والأَطِيطُ: صَوْتُ الرَّحْلِ وَالْقَتَبِ وَشِبْهِهِما، وَمَعْنَاهُ: أَنَّ كَثْرَةَ مَنْ في السَّمَاءِ مِنَ الْمَلائِكَةِ الْعَابِدِينَ قَدْ أَثْقَلَتْهَا حَتَّى أَطَّتْ.

و«الصُّعُدَات» بضم الصاد والعين: الطُّرُقَاتُ. ومعنى «تَجْأَرُونَ»: تَسْتَغِيثُونَ.

٤٠٧ - وعن أبي بَرْزَةَ بِرَاءٍ ثم زاي، نَضْلَةَ بنِ عُبَيْدٍ الأَسْلَمِيِّ، رضي اللَّهُ عنه،

1. Buch der Gebote

Hadith 404: Es erzählte Abu Huraira (r): Eines Tages waren wir bei dem Propheten (s), als wir ein Geräusch hörten, als ob etwas heruntergefallen wäre. Er fragte uns: "Wisst ihr, was das war?" Wir sagten: "Allah und Sein Gesandter (s) wissen es am besten." Er sagte: "Das war ein Stein, der vor siebzig Jahren ins Höllenfeuer geschleudert wurde; er rollte seitdem und hat soeben sein Ziel erreicht; ihr habt soeben das Geräusch seines Auftreffens gehört."
(Muslim)

Hadith 405 ist eine Wiederholung von Hadith Nr. 139.

Hadith 406: Abu Dharr (r) erzählte, dass der Gesandte Allahs (s) sagte: "Ich sehe, was ihr nicht seht. Der Himmel bebt, und er hat das Recht, dass er dies tut. Es gibt keinen Platz mit der Breite von vier Fingern darin, in dem sich nicht ein Engel vor Allah niederwerfen würde. Bei Allah, wenn ihr wüsstet, was ich weiß, ihr würdet wenig lachen und viel weinen; ihr würdet eure Frauen nicht in den Betten genießen, sondern würdet auf die Wege strömen auf der Suche nach Zuflucht zu Allah."
(At-Tirmidhi)

Hadith 407: Abu Barza Nadla ibn Ubaid al-Aslami (r) überliefert, dass der Gesandte Allahs (s) sagte: "Ein Diener Allahs wird am Tage des Gerichts so lange stehen bleiben, bis er über sein Leben befragt wird, wie er es

قال: قال رسولُ اللَّهِ، ﷺ: «لَا تَزُولُ قَدَمَا عَبْدٍ حَتَّى يُسْأَلَ عَنْ عُمُرِهِ فِيمَ أَفْنَاهُ، وَعَنْ عِلْمِهِ فِيمَ فَعَلَ فِيهِ، وَعَنْ مَالِهِ مِنْ أَيْنَ اكْتَسَبَهُ، وَفِيمَ أَنْفَقَهُ، وَعَنْ جِسْمِهِ فِيمَ أَبْلَاهُ». رواه الترمذي وقال: حديثٌ حسنٌ صحيحٌ.

٤٠٨ - وعن أبي هريرة، رضي الله عنه، قال: قرأ رسولُ اللَّهِ، ﷺ: ﴿يَوْمَئِذٍ تُحَدِّثُ أَخْبَارَهَا﴾ [الزلزلة: ٤] ثم قال: ﴿أَتَدْرُونَ مَا أَخْبَارُهَا؟﴾» قالوا: اللَّهُ وَرَسُولُهُ أَعْلَمُ. قال: «فَإِنَّ أَخْبَارَهَا أَنْ تَشْهَدَ عَلَى كُلِّ عَبْدٍ أَوْ أَمَةٍ بِمَا عَمِلَ عَلَى ظَهْرِهَا تَقُولُ: عَمِلْتَ كَذَا وَكَذَا فِي يَوْمِ كَذَا وَكَذَا، فَهَذِهِ أَخْبَارُهَا». رواه الترمذي وقال: حديثٌ حسنٌ.

٤٠٩ - وعن أبي سعيدٍ الخُدريِّ، رضي الله عنه، قال: قال رسولُ اللَّهِ، ﷺ: «كَيْفَ أَنْعَمُ وَصَاحِبُ الْقَرْنِ قَدِ الْتَقَمَ الْقَرْنَ، وَاسْتَمَعَ الإِذْنَ مَتَى يُؤْمَرُ بِالنَّفْخِ فَيَنْفُخُ» فَكَأَنَّ ذَلِكَ ثَقُلَ عَلَى أَصْحَابِ رسولِ اللَّهِ، ﷺ، فقال لَهُمْ: «قُولُوا: حَسْبُنَا اللَّهُ وَنِعْمَ الْوَكِيلُ». رواه الترمذي وقال: حديثٌ حسنٌ.

«الْقَرْنُ»: هُوَ الصُّورُ الَّذِي قَالَ اللَّهُ تعالى: ﴿وَنُفِخَ فِي الصُّورِ﴾ [الكهف: ٩٩، يس: ٥١] كَذَا فَسَّرَهُ رسولُ اللَّهِ ﷺ.

٤١٠ - وعن أبي هريرة، رضي الله عنه، قال: قال رسولُ اللَّهِ، ﷺ: «مَنْ خَافَ أَدْلَجَ، وَمَنْ أَدْلَجَ، بَلَغَ الْمَنْزِلَ. أَلَا إِنَّ سِلْعَةَ اللَّهِ غَالِيَةٌ، أَلَا إِنَّ سِلْعَةَ اللَّهِ الْجَنَّةُ». رواه الترمذي وقال: حديثٌ حسنٌ.

و«أَدْلَجَ» بإسْكان الدَّال، ومعناه: سَارَ مِنْ أَوَّلِ اللَّيْلِ، وَالمُرَادُ: التَّشْمِيرُ فِي الطَّاعَةِ. والله أعلم.

verbrachte, und über sein Wissen, wie er es anwandte, und über sein Vermögen, woher er es erwarb und wofür er es ausgab, und über seinen Körper, wozu er ihn nutzte."
(At-Tirmidhi)

Hadith 408: Abu Huraira (r) berichtet, dass der Gesandte Allahs (s) den Qur'ânvers: "An diesem Tag berichtet sie (die Erde) ihre Erlebnisse..." (Sure 99:4) rezitierte und dann fragte: "Wisst ihr, was ihre Erlebnisse sind?" Seine Gefährten erwiderten: "Allah und Sein Gesandter (s) wissen es besser." Er sagte: "Ihre Erlebnisse sind, dass sie gegen jeden Mann und jede Frau Zeugnis ablegen wird hinsichtlich dessen, was er oder sie auf Erden getan hat. Sie wird sagen, dass er oder sie das und das an dem und dem Tag getan hat. Das werden ihre Erlebnisse sein."
(At-Tirmidhi)

Hadith 409: Abu Sa'îd al-Khudri (r) berichtet, dass der Gesandte Allahs (s) sagte: "Wie kann ich mich glücklich wähnen, wenn der Engel[129] schon seine Lippen an die Trompete gesetzt hat, in Erwartung des Befehls, die Trompete zu blasen." Das betrübte seine Gefährten so sehr, dass er sie tröstete, indem er ihnen empfahl: "Sagt: *Hasbunâ-llâhu wa ni'mal wakîl.*"[130]
(At-Tirmidhi)

Hadith 410: Abu Huraira (r) berichtet: Der Gesandte Allahs (s) sagte: "Wer ängstlich ist, der macht sich vor Beginn der Nacht auf den Weg (nach Hause), und wer sich vor Beginn der Nacht aufmacht, der kommt rechtzeitig zu Hause an. Wahrlich, die Ware Allahs ist kostbar! Wahrlich, die Ware Allahs ist das Paradies."
(At-Tirmidhi)
Dies ist ein guter Hadith (*hasan*).
Dieser Hadith weist darauf hin, dass man immer bereit sein soll, Allah zu gehorchen.

---

[129] Das ist Isrâfîl, der zum Tag des Gerichts blasen wird.
[130] Das bedeutet auf Deutsch: "Allah genügt uns und Er ist ein vortrefflicher Beschützer."

٤١١ - وعن عائشةَ، رضي اللَّهُ عنها، قالت: سمعتُ رسولَ اللَّهِ، ﷺ، يقول: «يُحْشَرُ النَّاسُ يَوْمَ القِيَامَةِ حُفَاةً عُرَاةً غُرْلاً» قُلْتُ: يا رسولَ اللَّهِ الرِّجَالُ والنِّسَاءُ جَمِيعاً يَنْظُرُ بَعْضُهُمْ إلى بَعْضٍ!» قال: «يَا عَائِشَةُ الأَمْرُ أَشَدُّ مِنْ أَنْ يُهِمَّهُمْ ذَلِكَ».

وفي روايةٍ: «الأَمْرُ أَهَمُّ مِن أَن يَنْظُرَ بَعْضُهُمْ إلى بَعْضٍ». متفقٌ عليه.

«غُرلاً» بضَمِّ الغَينِ المُعجَمَةِ، أي: غَيرَ مختونِينَ.

١ - ٥١ - باب الرَّجاء

قال اللَّهُ تعالى: ﴿قُلْ يَا عِبَادِيَ الَّذِينَ أَسْرَفُوا عَلَى أَنْفُسِهِمْ لَا تَقْنَطُوا مِنْ رَحْمَةِ اللَّهِ إِنَّ اللَّهَ يَغْفِرُ الذُّنُوبَ جَمِيعاً إِنَّهُ هُوَ الْغَفُورُ الرَّحِيمُ﴾ [الزمر: ٥٣]. وقال تعالى: ﴿وَهَلْ نُجَازِي إِلَّا الْكَفُورَ﴾ [سبأ: ١٧]. وقال تعالى: ﴿إِنَّا قَدْ أُوحِيَ إِلَيْنَا أَنَّ الْعَذَابَ عَلَى مَنْ كَذَّبَ وَتَوَلَّى﴾ [طه: ٤٨]. وقال تعالى: ﴿وَرَحْمَتِي وَسِعَتْ كُلَّ شَيْءٍ﴾ [الأعراف: ١٥٦].

٤١٢ - وعن عُبادةَ بن الصامتِ، رضي الله عنه، قال: قال رسول الله ﷺ: «مَنْ شَهِدَ أَنْ لا إلهَ إلَّا اللَّهُ وَحْدَهُ لَا شَرِيكَ لَهُ، وَأَنَّ مُحَمَّداً عَبْدُهُ وَرَسُولُهُ، وَأَنَّ عِيسَى عَبْدُ اللَّهِ وَرَسُولُهُ، وَكَلِمَتُهُ أَلْقَاهَا إلى مَرْيَمَ وَرُوحٌ مِنْهُ، وَأَنَّ الجَنَّةَ حَقٌّ وَأَنَّ النَّارَ حَقٌّ، أَدْخَلَهُ اللَّهُ الجَنَّةَ عَلى مَا كَانَ مِنَ العَمَلِ». متفقٌ عليه.

1. Buch der Gebote

Hadith 411: Es überliefert die Mutter der Gläubigen Âischa (r), dass sie den Gesandten Allahs (s) sagen hörte: "Am Tag des Gerichts werden die Menschen barfuß, unbekleidet und unbeschnitten (vor Allah) versammelt sein." Ich sagte: "Oh Gesandter Allahs (s), werden Männer und Frauen zusammen sein und einander anschauen?" Er sagte: "Âischa, der Anlass wird zu schwerwiegend sein und zu furchteinflößend für sie, als dass sie behaglich einander anschauen könnten."
(Al-Bukhâri und Muslim)

Eine andere Version sagt, dass die Gelegenheit so ernst sein wird, dass niemand den anderen anschauen wird.

Kapitel 51
Hoffnung (auf Allah)

Qur'ân: Allah, der Erhabene, spricht:
"Sprich: 'Oh Meine Diener, die ihr euch gegen eure eigenen Seelen maßlos verhalten habt, verzweifelt nicht an Allahs Barmherzigkeit. Allah vergibt fürwahr alle Schuld. Er ist der Allverzeihende, der Barmherzige." (39:53)
"Und lohnen Wir solchermaßen nicht nur denen, die undankbar (sind und) den Glauben verleugnen." (34:17)
"Uns ist fürwahr offenbart worden, dass die Strafe jenen treffen wird, der (die Wahrheit) als Lüge verwirft und sich abwendet." (20:48)
"... doch Meine Barmherzigkeit umfasst alle Dinge..." (7:156)

Hadith 412: Es überliefert Ubâda ibn as-Sâmit (r), dass der Gesandte Allahs (s) sagte: "Wer bezeugt, dass es keinen Gott gibt außer Allah, dem Einen, der keinen Teilhaber hat, und dass Muhammad (s) sein Diener und Gesandter ist, und dass Jesus Allahs Diener und Gesandter ist und sein Wort, das Er Maria übermittelte und ihm von Seinem Geist gab, dass das Paradies wahr ist, und dass das Höllenfeuer wahr ist, den wird Allah ins Paradies eintreten lassen, seinen Taten gemäß."
(Al-Bukhâri und Muslim)

وفي روايةٍ لمسلمٍ: «مَنْ شَهِدَ أَنْ لَا إِلهَ إِلَّا اللَّهُ، وأَنَّ مُحَمَّداً رَسُولُ اللَّهِ، حَرَّمَ اللَّهُ عَلَيْهِ النَّارَ».

٤١٣ - وعن أبي ذرٍّ، رضيَ اللَّهُ عنه، قال: قال النبيُّ ﷺ: «يقولُ اللَّهُ عَزَّ وَجَلَّ: مَنْ جاءَ بالحَسَنَةِ، فَلَهُ عَشْرُ أَمْثَالِهَا أَوْ أَزْيَدُ، وَمَنْ جاءَ بالسَّيِّئَةِ، فَجَزَاءُ سَيِّئَةٍ سَيِّئَةٌ مِثْلُها أَوْ أَغْفِرُ. وَمَنْ تَقَرَّبَ مِنِّي شِبْراً، تَقَرَّبْتُ مِنْهُ ذِرَاعاً، وَمَنْ تَقَرَّبَ مِنِّي ذِرَاعاً، تَقَرَّبْتُ مِنْهُ باعاً، وَمَنْ أَتاني يَمْشي، أَتَيْتُهُ هَرْوَلَةً، وَمَنْ لَقِيَنِي بِقُرَابِ الأَرْضِ خَطِيئَةً لَا يُشْرِكُ بي شَيْئاً، لَقِيتُهُ بِمِثْلِها مَغْفِرَةً». رواه مسلم.

معنى الحديث: «مَنْ تَقَرَّبَ» إلَيَّ بطاعَتي «تَقَرَّبْتُ» إلَيْهِ بِرَحْمَتي، وإن زِدْتُ، «فَإِنْ أَتاني يَمْشي» وأَسْرَعَ في طاعَتي «أَتَيْتُهُ هَرْوَلَةً» أي: صَبَبْتُ عَلَيْهِ الرَّحْمَةَ، وَسَبَقْتُهُ بها، ولَمْ أُحْوِجْهُ إلى المَشْيِ الكَثيرِ في الوُصُولِ إلى المَقْصُودِ، «وَقُرَابُ الأرضِ» بضَمِّ القافِ ويُقَالُ بكسرها، والضَّمُّ أَصَحُّ، وأشهر، ومعناه: ما يُقَارِبُ مِلْأَها، واللَّهُ أعلم.

٤١٤ - وعن جابرٍ، رضيَ اللَّهُ عنه، جاءَ أَعْرَابِيٌّ إلى النبيِّ ﷺ، فقال: يا رَسُولَ اللَّهِ، ما المُوجِبَتَانِ؟ فَقَالَ: «مَنْ مَاتَ لَا يُشْرِكُ بِاللَّهِ شَيْئاً دَخَلَ الجَنَّةَ، وَمَنْ مَاتَ يُشْرِكُ بِهِ شَيْئاً، دَخَلَ النَّارَ». رواه مسلم.

٤١٥ - وَعن أَنَسٍ، رضيَ اللَّهُ عنه، أَنَّ النَّبيَّ ﷺ، ومُعاذٌ رَدِيفُهُ على الرَّحْلِ قالَ: «يا مُعاذُ» قال: لَبَّيْكَ يا رَسُولَ اللَّهِ وَسَعْدَيْكَ، قالَ: «يَا مُعاذُ» قالَ: لَبَّيْكَ يا رَسُولَ اللَّهِ وَسَعْدَيْكَ. قالَ: «يَا مُعاذُ» قالَ: لَبَّيْكَ يا رَسُولَ اللَّهِ وَسَعْدَيْكَ ثلاثاً، قالَ: «ما مِنْ عَبْدٍ يَشْهَدُ أَنْ لَا إِلهَ إِلَّا اللَّهُ، وأَنَّ مُحَمَّداً عَبْدُهُ وَرَسُولُهُ صِدْقاً مِنْ قَلْبِهِ

1. Buch der Gebote

Eine andere Version Muslims besagt: "Demjenigen, der bezeugt, dass es keinen Gott außer Allah gibt und dass Muhammad (s) der Gesandte Allahs ist, hat Allah Höllenfeuer verwehrt."

Hadith 413: Abu Dharr (r) überliefert, dass der Prophet (s) sagte: "Allah, der Allmächtige und Erhabene, sagt: "Wer eine gute Tat vollbringt, wird zehnfach oder noch mehr belohnt, und wer eine böse Tat begeht, wird nur für eine Sünde bestraft, oder es wird ihm vergeben. Und wer Mir um eine Armeslänge entgegenkommt, dem komme Ich um zwei Armeslängen entgegen; und wenn jemand zu Mir geht, dem werde Ich entgegenlaufen; und wer Mich trifft mit der ganzen Welt voller Sünden, dem werde Ich, vorausgesetzt, dass er Mir niemanden beigesellt hat, mit einer gleichen Menge an Vergebung begegnen."
(Muslim)

Hadith 414: Es erzählte Dschâbir (r) dass ein Araber vom Lande zum Propheten (s) kam und sagte: "Oh Gesandter Allahs, welche zwei Dinge machen Himmel und Hölle notwendig?" Er antwortete: "Wer stirbt und nichts Allah beigesellt, der wird ins Paradies eintreten, und wer stirbt und Allah etwas beigesellt, der wird ins Höllenfeuer kommen."
(Muslim)

Hadith 415: Anas (r) erzählte, dass der Gesandte Allahs (s) eines Tages den Gefährten Mu'âdh (r) hinter sich auf sein Reittier sitzen ließ.[131] Der Prophet (s) rief ihn: "Oh Mu'âdh!" Er antwortete: "Zu deinen Diensten, oh Gesandter Allahs! Mögest du glücklich sein!" Er sagte: "Oh Mu'âdh!" Er antwortete: "Zu deinen Diensten, oh Gesandter Allahs! Mögest du glücklich sein!" Er rief (ein drittes Mal): "Oh Mu'âdh!" Er antwortete: "Zu deinen Diensten, oh Gesandter Allahs! Mögest du glücklich sein!" Da sagte der Prophet (s): "Jedem der Diener Allahs, der aufrichtig bezeugt, dass es keinen Gott gibt außer Allah und dass Muhammad (s) Sein Diener

---
[131] Vergl. Hadith Nr. 426.

إِلاَّ حَرَّمَهُ اللَّهُ عَلَى النَّارِ» قَالَ: يَا رَسُولَ اللَّهِ أَفَلا أُخْبِرُ بِهَا النَّاسَ فَيَسْتَبْشِرُوا؟ قَالَ: «إِذاً يَتَّكِلُوا»، فَأَخْبَرَ بِهَا مُعَاذٌ عِنْدَ مَوْتِهِ تَأَثُّماً. متفقٌ عليه.

وقوله: «تَأَثُّماً» أي: خَوْفاً مِنَ الإِثمِ في كَتْمِ هٰذا العِلْمِ.

٤١٦ - وعَن أبي هريرةَ، أَوْ أبي سعيدٍ الخُدْريِّ، رضيَ اللَّهُ عنهما: شَكَّ الرَّاوي، ولا يَضُرُّ الشَّكُّ في عَينِ الصَّحابيِّ: لأنَّهم كُلَّهُم عُدُولٌ، قال: لمَّا كانَ غَزْوَةُ تَبُوكَ، أصابَ النَّاسَ مَجَاعَةٌ، فَقَالُوا: يَا رَسُولَ اللَّهِ لَوْ أَذِنْتَ لَنَا فَنَحَرْنَا نَوَاضِحَنا، فَأَكَلْنَا وَادَّهَنَّا؟ فَقَالَ رَسُولُ اللَّهِ ﷺ: «افْعَلُوا»، فَجَاءَ عُمَرُ رضي اللَّهُ عنهُ، فقالَ: يَا رَسُولَ اللَّهِ إنْ فَعَلْتَ، قَلَّ الظَّهْرُ، وَلٰكِنِ ادْعُهُمْ بِفَضْلِ أَزْوَادِهِم، ثُمَّ ادْعُ اللَّهَ لَهُمْ عَلَيْهَا بِالبَرَكَةِ لَعَلَّ اللَّهَ أَنْ يَجْعَلَ في ذٰلِكَ البَرَكَةَ. فَقَالَ رَسُولُ اللَّهِ ﷺ: «نَعَمْ» فَدَعَا بِنِطْعٍ فَبَسَطَهُ، ثُمَّ دَعَا بِفَضْلِ أَزْوَادِهِم، فَجَعَلَ الرَّجُلُ يجيءُ بِكَفِّ ذُرَةٍ، ويجيءُ الآخَرُ بِكَفِّ تَمْرٍ، ويجيءُ الآخَرُ بكِسرَةٍ حَتى اجْتَمَعَ على النِّطع مِنْ ذٰلِكَ شَيْءٌ يَسِيرٌ، فَدَعَا رَسُولُ اللَّهِ ﷺ عليهِ بالبَرَكَةِ ثُمَّ قَالَ: «خُذُوا في أَوْعِيَتِكُمْ فَأَخَذُوا في أَوْعِيَتِهِمْ حَتَّى مَا تَرَكُوا في العَسْكَرِ وِعَاءً إِلاَّ مَلَأُوهُ، وَأَكَلُوا حَتَّى شَبِعُوا وَفَضَلَ فَضْلَةٌ»، فقالَ رسولُ اللَّهِ ﷺ: «أَشْهَدُ أَنْ لَا إِلٰهَ إِلاَّ اللَّهُ، وأنِّي رَسُولُ اللَّهِ، لَا يَلْقَى اللَّهَ بهما عَبْدٌ غَيْرَ شَاكٍّ؛ فَيُحْجَبَ عَنِ الجَنَّةِ». رواه مسلم.

٤١٧ - وَعَنْ عِتْبَانَ بنِ مالكٍ، رضي الله عنه، وهو مِمَّنْ شَهِدَ بَدْراً، قَالَ: كُنْتُ أُصَلِّي لِقَوْمِي بَنِي سَالِمٍ، وَكَانَ يَحُولُ بَيْنِي وَبَيْنَهُمْ وَادٍ إِذَا جَاءَتِ الأَمْطَارُ،

1. Buch der Gebote

und Gesandter ist, hat Allah das Höllenfeuer verwehrt." Mu'âdh (r) sagte: "Oh Gesandter Allahs, soll ich das unter den Leuten verkünden, auf dass sie glücklich sein können?" Er sagte: "Nein, dann würden sie sich darauf verlassen (und nicht mehr beten)." Mu'âdh (r) verriet das erst, als er seinen Tod nahen fühlte, weil er fürchtete, dass er daran schuld sei, etwas, das er wusste, für sich behalten zu haben.
(Al-Bukhâri und Muslim)

Hadith 416: Es erzählte entweder Abu Huraira (r) oder Abu Sa'îd al-Khudri (r)[132], dass unter den Muslimen in der Schlacht von Tabûk eine Hungersnot ausbrach, und sie fragten den Propheten (s): "Oh Gesandter Allahs (s), wenn du es uns gestattest, schlachten wir unsere Kamele, essen ihr Fleisch und verwenden ihr Fett." Der Prophet (s) erlaubte es ihnen. Darauf trat Umar (r) hervor und warf ein: "Oh Gesandter Allahs (s), wenn das getan wird, werden wir unter Mangel an Lasttieren leiden. Bitte sie statt dessen, den Rest ihrer Vorräte zu bringen, und bete und rufe die Segnungen Allahs herbei, auf dass Er diesem Seinen Segen erteilen möge." Der Prophet (s) stimmte zu und rief, eine lederne Unterlage zu bringen. Diese ließ er ausbreiten und bat die Leute, ihre übriggebliebenen Vorräte zu holen. Sie begannen, ihren Vorrat zu bringen. Einer brachte eine Handvoll Bohnen, ein anderer brachte eine Handvoll Datteln, ein dritter brachte ein Stück Brot, und so wurden auf der Unterlage einige Esswaren gesammelt. Der Prophet (s) betete und erbat Segnungen und sagte dann: "Jetzt nehmt es in eure Behälter!" Jeder füllte seinen Behälter mit Nahrung, bis im ganzen Lager kein einziger leerer Behälter mehr blieb. Alle aßen, bis sie satt waren, und dennoch war etwas übriggeblieben. Der Prophet (s) sagte: "Ich bezeuge, dass es keinen Gott gibt außer Allah und dass ich Allahs Gesandter bin. Keinem Diener Allahs, der Ihm mit diesen beiden Versicherungen gegenübersteht und aufrichtig daran glaubt, wird das Paradies verweigert."
(Muslim)

Hadith 417: Itbân ibn Mâlik (r), der an der Schlacht von Badr teilgenommen hat, berichtet: Ich pflegte immer zusammen mit meinem

---

[132] Der Erzähler ist nicht ganz sicher, welchem der beiden diese Überlieferung zugeschrieben werden kann. Imam An-Nawawi hält diese Tatsache nicht für entscheidend für den Wahrheitsgehalt dieser Überlieferung, da beide vertrauenswürdige Personen waren.

فَيَشُقُّ عَلَيَّ اجْتِيَازُهُ قِبَلَ مَسْجِدِهِمْ، فَجِئْتُ رَسُولَ اللَّهِ، ﷺ، فقلتُ له: إِنِّي أَنْكَرْتُ بَصَرِي، وَإِنَّ الوَادِيَ الَّذِي بَيْنِي وَبَيْنَ قَوْمِي يَسِيلُ إِذَا جَاءَتِ الأَمْطَارُ، فَيَشُقُّ عَلَيَّ اجْتِيَازُهُ، فَوَدِدْتُ أَنَّكَ تَأْتِي، فَتُصَلِّي فِي بَيْتِي مَكَاناً أَتَّخِذُهُ مُصَلّىً، فقال رسولُ اللَّهِ، ﷺ: «سَأَفْعَلُ»، فَغَدَا عليَّ رَسُولُ اللَّهِ، وَأَبُو بَكْرٍ، رَضِيَ اللَّهُ عنه بَعْدَ مَا اشْتَدَّ النَّهَارُ، وَاسْتَأْذَنَ رَسُولُ اللَّهِ، ﷺ، فَأَذِنْتُ لَهُ، فَلَمْ يَجْلِسْ حتى قال: «أَيْنَ تُحِبُّ أَنْ أُصَلِّيَ مِنْ بَيْتِكَ؟» فَأَشَرْتُ لَهُ إِلَى المكانِ الَّذِي أُحِبُّ أَنْ يُصَلِّيَ فيه، فقامَ رسولُ اللَّهِ، ﷺ، فَكَبَّرَ وَصَفَفْنَا وَرَاءَهُ، فَصَلَّى رَكْعَتَيْنِ، ثُمَّ سَلَّمَ وَسَلَّمْنَا حِينَ سَلَّمَ، فَحَبَسْتُهُ عَلَى خَزِيرَةٍ تُصْنَعُ لَهُ، فَسَمِعَ أَهْلُ الدَّارِ أَنَّ رَسُولَ اللَّهِ، ﷺ، فِي بَيْتِي، فَثَابَ رِجَالٌ مِنْهُمْ حَتَّى كَثُرَ الرِّجَالُ فِي البَيْتِ، فَقَالَ رَجُلٌ: مَا فَعَلَ مَالِكٌ لَا أَرَاهُ! فَقَالَ رَجُلٌ: ذَلِكَ مُنَافِقٌ لَا يُحِبُّ اللَّهَ وَرَسُولَهُ، فقالَ رَسُولُ اللَّهِ، ﷺ: «لَا تَقُلْ ذَلِكَ، أَلَا تَرَاهُ قَالَ: لَا إِلَهَ إِلَّا اللَّهُ يَبْتَغِي بِذَلِكَ وَجْهَ اللَّهِ تَعَالَى؟!». فَقَالَ: اللَّهُ وَرَسُولُهُ أَعْلَمُ، أَمَّا نَحْنُ فَوَاللَّهِ مَا نَرَى وُدَّهُ، وَلَا حَدِيثَهُ إِلَّا المُنَافِقِينَ! فقالَ رسولُ اللَّهِ، ﷺ: «فَإِنَّ اللَّهَ قَدْ حَرَّمَ عَلَى النَّارِ مَنْ قَالَ: لَا إِلَهَ إِلَّا اللَّهُ يَبْتَغِي بِذَلِكَ وَجْهَ اللَّهِ». متفقٌ عليه.

و«عِتْبَانُ» بكسر العين المهملة، وإسكان التاء المُثَنَّاة فَوْقَ وبَعْدَهَا بَاءٌ مُوَحَّدَةٌ. و«الخَزِيرَةُ» بالخاءِ المُعْجَمَةِ، وَالزَّايِ: هي دَقِيقٌ يُطْبَخُ بِشَحْمٍ. وقوله: «ثَابَ رِجَالٌ» بالثَّاءِ المُثَلَّثَةِ، أَيْ: جَاءوا وَاجْتَمَعُوا.

٤١٨ - وعن عمرَ بنِ الخطَّابِ، رضيَ اللَّهُ عنه، قال: قَدِمَ رسُولُ اللَّهِ، ﷺ،

1. Buch der Gebote

Stamm, den Sâlim, zu beten, doch zwischen meinem Haus und der Moschee war ein Tal, und bei Regen konnte ich es nicht mehr überschreiten um in die Moschee zu kommen. So ging ich also zum Propheten (s) und sagte zu ihm: "Meine Sehkraft ist schwach, und wenn es regnet füllt sich dieses Tal zwischen mir und meinem Volk mit Wasser, und ich kann es nicht mehr durchqueren. Ich wünsche sehr, dass du zu meinem Haus kommst und ein Gebet dort sprichst, so dass ich diesen Platz zu meinem Gebetsplatz machen kann." Er sagte: "Ich werde es tun." Am nächsten Tag, als die Sonne hoch stand, kam der Prophet (s) mit Abu Bakr (r) zu meinem Haus und bat um Erlaubnis, eintreten zu dürfen, was ich gewährte. Sodann fragte er ohne sich zu setzen: "Wo wünschst du, dass ich bete?" Ich zeigte auf die Stelle, an der ich beten wollte. Er stellte sich zum Gebet auf und rief den *Takbîr*[133], und wir stellten uns hinter ihm auf. Er betete zwei *Rak'a*, und wir beteten mit ihm. Als er endete, schlossen wir auch mit ihm, und dann bot ich ihm eine Mahlzeit mit *Khazîra*[134], die für ihn vorbereitet worden war, an. Als die Nachbarn hörten, dass der Prophet (s) bei mir war, kamen sie und versammelten sich in großer Zahl in meinem Haus. Einer sagte: "Was ist mit Mâlik los? Ist er nicht da?" Ein anderer sagte: "Er ist ein Heuchler und liebt weder Allah noch Seinen Gesandten (s)." Hierauf sagte der Prophet (s): "Sag so etwas nicht. Hast du nicht gesehen, dass er bezeugte, dass es keinen Gott außer Allah gibt, nur um das Wohlgefallen Allahs zu suchen?" Der Mann sagte: "Allah und Sein Gesandter (s) wissen es besser, doch wir sehen, dass seine Rede und Freundschaft sich auf die Heuchler beschränken." Der Prophet (s) sagte: "Allah wird demjenigen das Höllenfeuer verwehren, der aufrichtig bezeugt, dass es gibt keinen Gott außer Allah gibt, und der damit allein das Wohlgefallen Allahs sucht."
(Al-Bukhâri und Muslim)

Hadith 418: Es berichtet Umar ibn al-Khattâb (r), dass der Gesandte Allahs (s) mit einigen Kriegsgefangenen kam. Unter diesen war eine Frau,

---

[133] Siehe Anmerkung Nr. 107 auf Seite 121.
[134] *Khazîra* ist eine aus Mehl und Fett gekochte Speise.

بِسَبْيٍ، فَإِذَا امْرَأَةٌ مِنَ السَّبْي تَسْعَى، إِذْ وَجَدَتْ صَبِيًّا فِي السَّبْي أَخَذَتْهُ، فَأَلْزَقَتْهُ بِبَطْنِهَا، فَأَرْضَعَتْهُ، فَقَالَ رَسُولُ اللَّهِ، ﷺ: «أَتَرَوْنَ هَذِهِ المَرْأَةَ طَارِحَةً وَلَدَهَا فِي النَّارِ؟» قُلْنَا: لَا وَاللَّهِ وَهِيَ تَقْدِرُ عَلَى أَنْ لَا تَطْرَحَهُ. فَقَالَ: «اللَّهُ أَرْحَمُ بِعِبَادِهِ مِنْ هَذِهِ بِوَلَدِهَا». متفقٌ عليه.

٤١٩ - وعن أبي هريرة، رضيَ اللَّهُ عنه، قال: قال رسولُ اللَّهِ، ﷺ: «لَمَّا خَلَقَ اللَّهُ الخَلْقَ، كَتَبَ فِي كِتَابِهِ، فَهُوَ عِنْدَهُ فَوْقَ العَرْشِ: إِنَّ رَحْمَتِي تَغْلِبُ غَضَبِي».

وفي روايةٍ: «غَلَبَتْ غَضَبِي».. وفي روايةٍ: «سَبَقَتْ غَضَبِي». متفقٌ عليه.

٤٢٠ - وعنه قال: سمعتُ رسولَ اللَّهِ، ﷺ، يقول: «جَعَلَ اللَّهُ الرَّحْمَةَ مِئَةَ جُزْءٍ، فَأَمْسَكَ عِنْدَهُ تِسْعَةً وَتِسْعِينَ، وَأَنْزَلَ فِي الأَرْضِ جُزْءاً وَاحِداً، فَمِنْ ذَلِكَ الجُزْءِ يَتَرَاحَمُ الخَلَائِقُ حَتَّى تَرْفَعَ الدَّابَّةُ حَافِرَهَا عَنْ وَلَدِهَا خَشْيَةَ أَنْ تُصِيبَهُ».

وفي روايةٍ: «إِنَّ لِلَّهِ، تَعَالَى، مِئَةَ رَحْمَةٍ أَنْزَلَ مِنْهَا رَحْمَةً وَاحِدَةً بَيْنَ الجِنِّ وَالإِنْسِ وَالبَهَائِمِ وَالهَوَامِّ، فَبِهَا يَتَعَاطَفُونَ، وَبِهَا يَتَرَاحَمُونَ، وَبِهَا تَعْطِفُ الوَحْشُ عَلَى وَلَدِهَا، وَأَخَّرَ اللَّهُ تِسْعاً وَتِسْعِينَ رَحْمَةً يَرْحَمُ بِهَا عِبَادَهُ يَوْمَ القِيَامَةِ». متفقٌ عليه.

ورواهُ مسلمٌ أيضاً من روايةِ سَلْمَانَ الفَارِسِيِّ، رضيَ اللَّهُ عنه، قال: قال رسولُ اللَّهِ ﷺ: «إِنَّ لِلَّهِ تَعَالَى مِئَةَ رَحْمَةٍ فَمِنْهَا رَحْمَةٌ بِهَا يَتَرَاحَمُ الخَلْقُ بَيْنَهُمْ، وَتِسْعٌ وَتِسْعُونَ لِيَوْمِ القِيَامَةِ».

1. Buch der Gebote

die unruhig hin- und herlief. Dann fand sie ein Kind, zog es dicht an sich und säugte es. Der Prophet (s) sagte zu seinen Gefährten: "Könnt ihr euch vorstellen, dass diese Frau jemals ihr Kind ins Feuer werfen würde?" Wir sagten: "Bei Allah, nein." Daraufhin sagte der Prophet (s): "Allah ist zu Seinen Dienern noch barmherziger als diese Frau zu ihrem Kind."
(Al-Bukhâri und Muslim)

Hadith 419: Abu Huraira (r) berichtet, dass der Gesandte Allahs (s) sagte: "Als Allah die Geschöpfe schuf, schrieb Er in ein Buch, das sich über Seinem Thron befindet: 'Meine Barmherzigkeit überwältigt Meinen Zorn.'"

Eine andere Version lautet: "Meine Barmherzigkeit hat Meinen Zorn überwältigt."

Und noch eine andere Version lautet: "Mein Barmherzigkeit übertrifft Meinen Zorn."
(Al-Bukhâri und Muslim)

Hadith 420: Abu Huraira (r) überliefert auch, dass er den Gesandten Allahs (s) sagen hörte: "Allah teilte Barmherzigkeit in hundert Teile, von denen Er neunundneunzig bei Sich behielt und einen einzigen zur Erde hinabschickte. Allein von diesem einen Teil kommt die gesamte in der Schöpfung vorhandene Barmherzigkeit, bis hin zu einem Tier, das seinen Huf über sein Junges hält, aus Angst davor, es zu verletzen."

Eine andere Version lautet: "Allah hat einhundert Barmherzigkeiten, von denen Er nur eine für Menschen, *Dschinn*, Tiere und Ungeziefer hinabgesandt hat, und bei deren Anwendung sie einander lieben und einander Barmherzig sind, und sogar die wilde Tiere neigen sich damit ihren Kindern zu. Allah hat die verbleibenden neunundneunzig Barmherzigkeiten zurückgehalten, um damit Seine Diener am Tag des Gerichts barmherzig zu behandeln."
(Al-Bukhâri und Muslim)

وفي رواية: «إنَّ اللَّهَ، تَعَالى، خَلَقَ يَوْمَ خَلَقَ السَّمَاوَاتِ وَالأَرْضَ مئةَ رَحْمَةٍ كُلُّ رَحْمَةٍ طِبَاقُ مَا بَيْنَ السَّمَاءِ إلى الأرْضِ، فَجَعَلَ مِنها في الأرضِ رَحْمَةً، بِها تَعْطِفُ الوَالِدَةُ عَلى وَلَدِها، وَالوَحْشُ وَالطَّيْرُ بَعْضُها عَلى بَعْضٍ، فإذَا كَانَ يَوْمُ القِيَامَةِ، أكْمَلَها بِهذِهِ الرَّحْمَةِ».

٤٢١ ـ وعنه، عن النبي ﷺ، فِيمَا يَحكِي عَنْ رَبِّهِ، تَبَارَكَ وَتَعَالى، قال: «أذْنَبَ عَبْدٌ ذَنباً، فقالَ: اللَّهُمَّ اغْفِرْ لي ذَنبي، فقالَ اللَّهُ تَبَارك وتعالى: أذْنَبَ عبدي ذَنباً، فَعَلِمَ أنَّ لَهُ رَبّاً يَغْفِرُ الذَّنْبَ، وَيَأْخُذُ بالذَّنْبِ، ثُمَّ عَادَ فأذْنَبَ، فقال: أيْ رَبِّ اغْفِرْ لي ذَنبي، فقال تبارك وتعالى: أذْنَبَ عَبْدِي ذَنْباً، فَعَلِمَ أنَّ لَهُ رَبّاً يَغْفِرُ الذَّنْبَ، وَيَأْخُذُ بِالذَّنْبِ، ثُمَّ عَادَ فَأذْنَبَ، فقال: أيْ رَبِّ اغْفِرْ لي ذَنبي، فقال تَبَاركَ وَتَعَالى: أذْنَبَ عَبْدِي ذَنباً، فَعَلِمَ أنَّ لَهُ رَبّاً يَغْفِرُ الذَّنْبَ، وَيَأْخُذُ بِالذَّنْبِ، قَدْ غَفَرْتُ لِعَبْدِي فَلْيَفْعَلْ مَا شَاءَ». متفقٌ عليه.

وقوله تعالى: «فَلْيَفْعَلْ مَا شَاءَ» أي: مَا دَامَ يَفْعَلُ هٰكَذَا، يُذنِبُ وَيَتُوبُ أغْفِرُ لَهُ، فإنَّ التَّوْبَةَ تَهدِمُ ما قَبْلَها.

٤٢٢ ـ وعنه قال: قال رسولُ اللَّهِ ﷺ: «وَالَّذي نَفْسِي بِيَدِهِ لَوْ لَمْ تُذْنِبُوا، لَذَهَبَ اللَّهُ بِكُمْ، وَلَجَاءَ بِقَوْمٍ يُذْنِبُونَ، فَيَسْتَغْفِرُونَ اللَّهَ تعالى، فَيَغْفِرُ لَهُمْ». رواه مسلم.

1. Buch der Gebote

Eine andere Version, die Imam Muslim auf Salmân al-Fârisi (r) zurückführt, lautet: "Allah hat hundert Barmherzigkeiten. Von diesen wird eine von allen Geschöpfen zum freundlichen Umgang untereinander benutzt, und neunundneunzig sind für den Gebrauch am Tage des Gerichts."

Noch eine andere Version lautet: "Allah hat an dem Tag, an dem Er die Himmel und die Erde schuf, einhundert Arten von Barmherzigkeit geschaffen, von denen jede den Raum zwischen Himmel und Erde ausfüllt. Eine davon hat Er zur Erde gesandt, und bei ihrer Anwendung ist eine Mutter mit ihren Kindern barmherzig, und Tiere und Vögel mit ihren Jungen. Am Tage des Gerichts wird Er Seine Barmherzigkeit vollenden."

Hadith 421: Abu Huraira (r) überliefert auch, dass der Prophet (s) unter dem, was er von Seinem Herrn, dem Gesegneten und Erhabenen, erzählte, sagte: Ein Diener Allahs beging eine Sünde und betete dann: "Oh Allah, vergib mir meine Sünde." Darauf sagt Allah, der Gesegnete und Erhabene: "Mein Diener hat gesündigt, und erkannte darauf, dass er einen Erhalter hat, Der Sünde vergibt und der auch ruft, dafür zu büßen." Der Diener sündigte erneut und bat: "Oh mein Erhalter, vergib mir meine Sünde." Der Gesegnete und Erhabene sagt: "Mein Diener hat gesündigt, und darauf erkannte er, dass er einen Erhalter hat, Der Sünde vergibt und der auch ruft, dafür zu büßen." Der Diener beging nochmals eine Sünde und bat dann: "Oh Allah, vergib mir meine Sünde." Der Gesegnete und Erhabene sagte: "Mein Diener hat gesündigt und erkannte dann, dass er einen Erhalter hat, Der Sünde vergibt und der auch ruft, dafür zu büßen. Ich habe Meinem Diener vergeben, so lasst ihn tun, was er mag."
(Al-Bukhâri und Muslim)

Das bedeutet, dass ihm vergeben wird, solange er sündigt und bereut, denn die Reue löscht alle früheren Sünden aus.

Hadith 422: Abu Huraira (r) berichtet, dass der Gesandte Allahs (s) sagte: "Bei Dem, in Dessen Händen meine Seele ist, wenn ihr nicht sündigen würdet, so würde Allah euch durch ein anderes Volk ersetzen, das sündigt und Allah um Vergebung bittet, und Allah wird ihm vergeben."
(Muslim)

٤٢٣ - وعن أبي أيوبَ خالدِ بن زيد، رضي اللَّهُ عنه، قال: سمعتُ رسولَ الله، ﷺ، يقول: «لَوْلاَ أَنَّكُمْ تُذْنِبُونَ؛ لَخَلَقَ اللَّهُ خَلْقاً يُذْنِبُونَ، فَيَسْتَغْفِرُونَ، فَيَغْفِرُ لَهُمْ». رواه مسلم.

٤٢٤ - وعن أبي هريرة، رضي الله عنه، قال: كُنَّا قُعُوداً مَعَ رسولِ اللَّهِ ﷺ، مَعَنَا أَبُو بكرٍ وعُمَرُ، رضي اللَّهُ عنهما، في نَفَرٍ، فَقَامَ رسولُ اللَّهِ ﷺ، مِنْ بَيْنِ أَظْهُرِنَا، فَأَبْطَأَ عَلَيْنَا، فَخَشِينَا أَنْ يُقْتَطَعَ دُونَنَا؛ فَفَزِعْنَا، فَقُمْنَا، فَكُنْتُ أَوَّلَ مَنْ فَزِعَ، فَخَرَجْتُ أَبْتَغِي رسولَ اللَّهِ، ﷺ، حَتَّى أَتَيْتُ حَائِطاً لِلأَنْصَارِ، وَذَكَرَ الحَدِيثَ بِطُولِهِ إلى قوله: فقال رسولُ اللَّهِ، ﷺ: «اذْهَبْ.... فَمَنْ لَقِيتَ وَرَاءَ هَذَا الحَائِطِ يَشْهَدُ أَنْ لاَ إِلَهَ إِلاَّ اللَّهَ، مُسْتَيْقِناً بِهَا قَلْبُهُ فَبَشِّرْهُ بِالجَنَّةِ». رواه مسلم.

٤٢٥ - وعن عبد الله بن عَمرو بن العاص، رضي الله عنهما، أن النبيَّ ﷺ - تَلا قَوْلَ اللَّهِ عَزَّ وَجَلَّ في إبراهيمَ ﷺ: ﴿رَبِّ إِنَّهُنَّ أَضْلَلْنَ كَثِيراً مِنَ النَّاسِ فَمَنْ تَبِعَنِي فَإِنَّهُ مِنِّي﴾ [إبراهيم: ٣٦]، وَقَوْلَ عيسى، ﷺ: ﴿إِنْ تُعَذِّبْهُمْ فَإِنَّهُمْ عِبَادُكَ وَإِنْ تَغْفِرْ لَهُمْ فَإِنَّكَ أَنْتَ العَزِيزُ الحَكِيمُ﴾ [المائدة: ١١٨]، فَرَفَعَ يَدَيْهِ وقال: «اللَّهُمَّ أُمَّتِي أُمَّتِي» وَبَكَى، فقال اللَّهُ عَزَّ وَجَلَّ: «يَا جبريلُ اذْهَبْ إلى مُحَمَّدٍ وَرَبُّكَ أَعْلَمُ، فَسَلْهُ مَا يُبْكِيهِ»؟ فَأَتَاهُ جبريلُ، فَأَخْبَرَهُ رسولُ اللَّهِ، ﷺ بِمَا قَالَ، وَهوَ أَعْلَمُ، فقال اللَّهُ تعالى: «يَا جبريلُ اذْهَبْ إلى مُحَمَّدٍ فَقُلْ: إِنَّا سَنُرْضِيكَ فِي أُمَّتِكَ وَلاَ نَسُوؤُكَ». رواه مسلم.

1. Buch der Gebote

Hadith 423: Abu Ayyûb Khâlid ibn Zaid (r) berichtet, dass er den Gesandten Allahs (s) sagen hörte: "Hättet ihr nicht gesündigt, so hätte Allah gewiss ein Volk erschaffen das sündigt und Ihn um Vergebung bittet, und Er wird ihm vergeben."
(Muslim)

Hadith 424: Es erzählte Abu Huraira (r): Einst saßen wir um den Propheten (s) herum, und Abu Bakr und Umar waren auch mit uns (dabei), als der Prophet (s) aufstand und hinausging. Es verstrich eine beträchtliche Zeit, ohne daß er zu uns zurückkehrte, und wir befürchteten, daß ihm etwas passiert sein könnte. Als wir dies bemerkten, machten wir uns große Sorgen. Ich war der erste, der das spürte und aufbrach, ihn zu suchen. Ich kam zu einem Garten, der einem der *Ansâr* gehörte - und hier erzählte er einen langen Bericht[135], an dessen Ende der Prophet (s) kam und sagte: "Geh und verkünde jedem, den du hinter dieser Mauer triffst, und der aufrichtig versichert, dass es keinen Gott außer Allah gibt, die frohe Botschaft vom Paradies."
(Muslim)

Hadith 425: Es berichtet Abdullâh ibn Amru ibn al-Âs (r), dass der Prophet (s) folgenden Qur'ânvers las: "Mein Herr! Sie (die von Menschen angebeteten Götzen) haben viele Menschen irregeführt. Wer mir folgt, der gehört zu mir, und wer sich widersetzt - so bist Du fürwahr allverzeihend, allbarmherzig." (Sure 14:36), und die Worte des Propheten Jesus (s): "Wenn Du sie bestrafen willst, so sind sie wahrlich Deine Diener. Und wenn Du ihnen verzeihst, so bist Du wahrlich der Allmächtige, der Weise." (Sure 5:118). Dann hob er (s) seine Hände und sagte: "Oh Allah, meine *Umma*, meine *Umma*!" und weinte. Dann sagte Allah, der Mächtige, der Erhabene: "Oh Gabriel: Geh zu Muhammad (s), und Dein Herr weiß alles, und frage ihn, was ihn weinen lässt?" So kam der Engel Gabriel zu ihm, und der Prophet (s) sagte es ihm, und Allah weiß es am besten. Dann sagte Allah, der Erhabene: "Oh Gabriel: Geh zu Muhammad und sage ihm, dass Wir dich zufrieden machen, was deine Gemeinde (*Umma*) betrifft, und dich nicht besorgt machen."
(Muslim)

---

[135] Siehe Hadith Nr. 710.

٤٢٦ - وعن مُعَاذِ بنِ جَبَلٍ، رضي اللَّهُ عنه، قال: كُنتُ رِدفَ النَّبِيِّ، ﷺ، على حِمَارٍ فقال: «يَا مُعَاذُ هَل تَدرِي مَا حَقُّ اللَّهِ عَلَى عِبَادِهِ، وَمَا حَقُّ العِبَادِ عَلَى اللَّهِ؟» قلتُ: اللَّهُ وَرَسُولُهُ أَعلَمُ. قال: «فَإِنَّ حَقَّ اللَّهِ عَلَى العِبَادِ أَنْ يَعْبُدُوهُ» وَلا يُشرِكُوا بِهِ شَيئاً، وَحَقُّ العِبَادِ عَلَى اللَّهِ أَنْ لَا يُعَذِّبَ مَنْ لَا يُشرِكُ بِهِ شَيئاً»، فقلتُ: يا رسولَ اللَّهِ أفَلا أُبَشِّرُ النَّاسَ؟ قال: «لَا تُبَشِّرْهُمْ فَيَتَّكِلُوا». متفقٌ عليه.

٤٢٧ - وعنِ البَرَاءِ بن عازبٍ، رضي اللَّهُ عنهما، عَنِ النبي، ﷺ، قال: «المُسلِمُ إذَا سُئِلَ في القَبرِ يَشهَدُ أن لا إِلَهَ إِلَّا اللَّهُ، وَأَنَّ مُحَمَّداً رسولُ اللَّهِ، فَذَلِكَ قَولُهُ تعالى: ﴿يُثَبِّتُ اللَّهُ الَّذِينَ آمَنُوا بِالقَولِ الثَّابِتِ في الحَيَاةِ الدُّنْيَا وفي الآخِرَةِ﴾» [إبراهيم: ٢٧]. متفقٌ عليه.

٤٢٨ - وعن أنسٍ، رضي الله عنه، عن رسولِ اللَّهِ، ﷺ، قال: «إنَّ الكَافِرَ إذَا عَمِلَ حَسَنَةً، أُطعِمَ بِهَا طُعْمَةً مِنَ الدُّنْيَا، وَأَمَّا المُؤمِنُ، فَإِنَّ اللَّهَ تعالى يَذَّخِرُ لَهُ حَسَنَاتِهِ في الآخِرَةِ، وَيُعْقِبُهُ رِزْقاً في الدُّنْيَا عَلَى طَاعَتِهِ».

وفي روايةٍ: «إنَّ اللَّهَ لَا يَظلِمُ مُؤمِناً حَسَنَةً، يُعْطَى بِهَا في الدُّنيَا، وَيُجْزَى بِهَا في الآخِرَةِ، وَأَمَّا الكَافِرُ، فَيُطعَمُ بِحَسَنَاتِ مَا عَمِلَ بِهَا لِلَّهِ ـ تعالى ـ في الدُّنيَا حَتَّى إذَا أَفْضَى إلى الآخِرَةِ، لَم يَكُنْ لَهُ حَسَنَةٌ يُجْزَى بِهَا». رواه مسلم.

1. Buch der Gebote

Hadith 426: Mu'âdh ibn Dschabal (r) erzählte: "Ich ritt auf einem Esel hinter dem Propheten (s), als er mich fragte: "Oh Mu'âdh, weißt du, was für ein Recht Allahs auf Seine Diener hat und was für ein Recht Seine Diener auf Allah haben?" Ich sagte: "Allah und Sein Gesandter (s) wissen es besser." Er sagte: "Allahs Recht auf Seine Diener ist, dass sie Ihn allein anbeten sollen und Ihm nichts beigesellen; und das Recht Seiner Diener auf Allah ist, dass Er diejenigen, die Ihm nichts beigesellen, nicht strafen soll." Darauf sagte ich: "Oh Gesandter Allahs (s), darf ich den Leuten diese glückliche Nachricht überbringen?" Er sagte: "Tue es nicht, damit die Leute sich nicht darauf verlassen (und ihre religiösen Pflichten vernachlässigen)."
(Al-Bukhâri und Muslim)

Hadith 427: Al-Barâ' ibn Âzib (r) überliefert, dass der Prophet (s) sagte: "Wenn ein Muslim in seinem Grab befragt wird, bezeugt er, dass es keinen Gott gibt außer Allah und dass Muhammad (s) Sein Gesandter ist. Das ist, was Allah erklärte im Qur'ânvers: "Allah festigt diejenigen, die glauben, durch sein Wort, das unumstößlich in dieser Welt und im Jenseits fortbesteht. Doch Allah lässt die irregehen, die unrecht tun. Und Allah tut, was Er will." (Sure 14:27).
(Al-Bukhâri und Muslim)

Hadith 428: Anas (r) berichtet, dass der Gesandte Allahs (s) sagte: "Wenn ein Ungläubiger etwas Gutes tut, bekommt er seinen Lohn in dieser Welt, dem Gläubigen hingegen bewahrt Allah, der Erhabene, seine guten Werke für das Jenseits auf und versorgt ihn mit Unterhalt in diesem Leben wegen seines Gehorsams."

Eine andere Version lautet: "Allah tut dem Gläubigen nichts Schlechtes. Seine guten Taten werden sowohl im Diesseits als auch im Jenseits belohnt. Ein Ungläubiger wird für seine guten Taten, die er für Allah getan hat, nur in dieser Welt belohnt, und wenn er ins Jenseits kommt steht ihm keine Belohnung mehr zu."
(Muslim)

٤٢٩ - وعن جابرٍ، رضي اللَّهُ عنه قال: قالَ رسولُ اللَّهِ، ﷺ: «مَثَلُ الصَّلَوَاتِ الخَمْسِ كَمَثَلِ نَهَرٍ جَارٍ غَمْرٍ عَلى بَابِ أَحَدِكُمْ يَغْتَسِلُ مِنْهُ كُلَّ يَوْمٍ خَمْسَ مَرَّاتٍ». رواه مسلم.

«الغَمْرُ» الكَثِيرُ.

٤٣٠ - وعنِ ابنِ عباس، رضي الله عنهما، قال: سمعتُ رسولَ اللَّهِ، ﷺ، يقولُ: «مَا مِنْ رَجُلٍ مُسْلِمٍ يَمُوتُ فَيَقُومُ عَلى جَنَازَتِهِ أَرْبَعُونَ رَجُلاً، لا يُشرِكُونَ بِاللَّهِ شَيئاً، إلاَّ شَفَّعَهُمُ اللَّهُ فيهِ».

رواه مسلم.

٤٣١ - وعن ابنِ مسعودٍ، رضيَ اللَّهُ عنه، قال: كُنَّا مَعَ رسولِ اللَّهِ، ﷺ، في قُبَّةٍ نَحواً مِنْ أَربَعينَ رجلاً، فقال: «أَتَرضَوْنَ أَنْ تَكُونُوا رُبْعَ أَهْلِ الجَنَّةِ؟» قُلْنَا: نَعَمْ، قال: «أَتَرضَوْنَ أَنْ تكونوا ثُلُثَ أهلِ الجَنَّةِ؟» قلنا: نَعَمْ، قال: «وَالَّذِي نَفْسُ مُحَمَّدٍ بِيَدِهِ إِنِّي لأرجو أن تَكُونُوا نِصفَ أَهلِ الجَنَّةِ، وَذلِكَ أَنَّ الجَنَّةَ لا يَدْخُلُهَا إلاَّ نَفْسٌ مُسْلِمَةٌ، وَمَا أَنْتُم في أَهْلِ الشِّرْكِ إلاَّ كَالشَّعَرَةِ البَيْضَاءِ في جِلْدِ الثَّوْرِ الأسْوَدِ، أَوْ كَالشَّعَرَةِ السَّوْدَاءِ في جِلْدِ الثَّوْرِ الأَحْمَرِ». متفقٌ عليه.

٤٣٢ - وعن أبي موسى الأشعري، رضي الله عنه، قال: قال رسولُ اللَّهِ، ﷺ: «إِذَا كَانَ يَوْمُ القِيَامَةِ دَفَعَ اللَّهُ إلى كُلِّ مُسْلِمٍ يَهُودِيّاً أَوْ نَصْرَانِيّاً فَيَقُولُ: هذَا فِكَاكُكَ مِنَ النَّارِ».

وفي روايةٍ: عنهُ، عن النبيِّ، ﷺ قال: «يَجِيءُ يَوْمَ القِيَامَةِ نَاسٌ مِنَ المُسْلِمِينَ بِذُنُوبٍ أَمْثَالِ الجِبَالِ يَغْفِرُهَا اللَّهُ لَهُمْ وَيَضَعُهَا عَلَى اليَهُودِ وَالنَّصَارَى». رواه مسلم.

1. Buch der Gebote

Hadith 429: Dschâbir (r) überliefert, dass der Gesandte Allahs (s) sagte: "Die fünf täglichen Gebete sind wie ein Fluss, der vor deiner Tür strömt und in welchem du fünfmal am Tag badest."[136]
(Muslim)

Hadith 430: Ibn Abbâs (r) berichtet, dass er den Gesandten Allahs (s) sagen hörte: "Wenn ein Muslim stirbt und sich vierzig Leute, die Allah nichts beigesellen, dem Begräbnisgebet anschließen, wird Allah ihre Gebete für ihn annehmen."
(Muslim)

Hadith 431: Es berichtete Abdullâh ibn Mas'ûd (r): "Ungefähr vierzig von uns waren zusammen mit dem Propheten (s) in einem Zelt, als er uns fragte: "Wäret ihr erfreut, wenn ihr (Muslime) ein Viertel der Anwärter auf das Paradies wäret?" Wir antworteten: "Ja." Dann fragte er: "Wärt ihr glücklich, wenn ihr ein Drittel der Paradiesanwärter wäret?" Wir antworteten: "Ja." Er sagte: "Bei Allah, in Dessen Händen sich die Seele Muhammads befindet, ich hoffe, dass ihr die Hälfte der Anwärter des Paradies sein werdet. Das ist, weil niemand das Paradies betreten wird außer einer muslimischen Seele.[137] Ihr seid im Vergleich zu den Ungläubigen wie ein weißes Haar auf der Haut eines schwarzen Stiers oder ein schwarzes Haar auf der Haut eines roten Stiers."
(Al-Bukhâri und Muslim)

Hadith 432: Abu Mûsâ al-Asch'ari (r) erzählte, dass der Gesandte Allahs (s) gesagt hat: "Am Tage des Gerichts wird Allah für jeden Muslim einen Juden oder einen Christen nehmen und sagen: 'Er ist deine Erlösung vom Höllenfeuer.'"

Eine andere Version lautet: "Am Tage des Gerichts werden einige Muslime kommen mit Sünden, aufgehäuft wie Berge, und Allah wird ihnen allen vergeben."
(Muslim)

---

[136] Das bedeutet, dass sich der Betende durch das Gebet von seinen Sünden reinigt, wie der Badende von Schmutz.
[137] Die gläubigen Muslime mögen also jene Hälfte der Anwärter auf das Paradies stellen, der der Eintritt gestattet wird.

قوله: «دَفَعَ إلى كُلِّ مُسْلِمٍ يَهوديًّا أَوْ نَصْرَانِيًّا فَيَقُولُ: هذَا فِكَاكُكَ مِنَ النَّارِ» مَعْنَاهُ مَا جَاءَ فِي حديثِ أبي هريرة، رضي اللَّهُ عنه: «لِكُلِّ أَحَدٍ مَنْزِلٌ فِي الجَنَّةِ، وَمَنْزِلٌ فِي النَّارِ، فَالمُؤْمِنُ إذَا دَخَلَ الجَنَّةَ خَلَفَهُ الكَافِرُ فِي النَّارِ، لأَنَّهُ مُسْتَحِقٌّ لِذلِكَ بِكُفْرِهِ» وَمَعْنَى «فِكَاكُكَ»: أَنَّكَ كُنْتَ مُعَرَّضاً لِدُخُولِ النَّارِ، وَهذَا فِكَاكُكَ، لأَنَّ اللَّهَ، تعالى قَدَّرَ لِلنَّارِ عَدَداً يَمْلَؤُهَا، فَإِذَا دَخَلَهَا الكُفَّارُ بِذُنُوبِهِمْ وَكُفْرِهِمْ، صَارُوا فِي مَعْنَى الفِكَاكِ لِلْمُسْلِمِينَ. واللَّهُ أعلم.

٤٣٣ ـ وعن ابنِ عُمرَ رضيَ اللَّهُ عنهما قال: سمعتُ رسولَ اللَّهِ، ﷺ، يقول: «يُدْنَى المُؤْمِنُ يَوْمَ القِيَامَةِ مِنْ رَبِّهِ حَتَّى يَضَعَ كَنَفَهُ عَلَيْهِ، فَيُقَرِّرُهُ بِذُنُوبِهِ، فَيقُولُ: أَتَعرِفُ ذَنبَ كَذَا؟ أَتَعرِفُ ذَنبَ كَذَا؟ فيقول: رَبِّ أَعْرِفُ، قال: فَإِنِّي قَدْ سَتَرْتُهَا عَلَيْكَ فِي الدُّنْيَا، وَأَنَا أَغْفِرُهَا لَكَ اليَوْمَ، فيُعطى صَحِيفَةَ حَسَنَاتِهِ». متفقٌ عليه.

كَنَفَهُ: سَتْرُهُ وَرَحْمَتُهُ.

٤٣٤ ـ وعن ابن مسعودٍ، رضي الله عنه، أَنَّ رَجُلاً أَصَابَ مِنِ امْرَأَةٍ قُبْلَةً، فَأَتَى النَّبِيَّ، ﷺ، فأخبره، فأنزل اللَّهُ تعالى: ﴿وَأَقِمِ الصَّلاةَ طَرَفَيِ النَّهَارِ وَزُلَفاً مِنَ اللَّيْلِ إِنَّ الحَسَنَاتِ يُذْهِبْنَ السَّيِّئَاتِ﴾ [هود: ١١٤]. فقال الرجل: ألي هذا يا رسولَ اللَّهِ؟ قال: «لِجَمِيعِ أُمَّتِي كُلِّهِمْ». متفقٌ عليه.

٤٣٥ ـ وعن أَنَسٍ، رضي اللَّهُ عنه، قال: جاء رَجُلٌ إلى النبيِّ، ﷺ فقال: يا رسولَ اللَّهِ أَصَبْتُ حَدًّا، فَأَقِمْهُ عَلَيَّ، وَحَضَرَتِ الصَّلاةُ، فَصَلَّى مَعَ

1. Buch der Gebote

Die Bedeutung dieses Hadithes wird in der Überlieferung von Abu Huraira (r) verdeutlicht, in der es heißt: Der Prophet (s) sagte: "Für jeden von euch gibt es ein Haus im Paradies und ein Haus im Höllenfeuer. Wenn der Gläubige das Paradies betritt, wird ein Ungläubiger sein Nachfolger im Höllenfeuer sein, da er dieses mit seinem Unglauben verdient hat."

Hadith 433: Es erzählte Ibn Umar (r), dass er den Gesandten Allahs (s) sagen hörte: "Ein Gläubiger wird seinem Herrn (Allah) am Tage des Gerichts nahe gebracht, und Er wird ihn mit Seiner Gnade bedecken. Er wird ihn nach seinen Sünden fragen: 'Erinnerst du dich an das und das?' Er wird antworten: 'Oh mein Herr, ich erkenne sie.' Dann wird Er sagen: 'Ich verdeckte sie für dich im Diesseits, und heute verzeihe Ich sie dir.' Dann werden ihm seine guten Taten unterbreitet."
(Al-Bukhâri und Muslim)

Hadith 434: Es erzählte Abdullâh ibn Mas'ûd (r), dass ein Mann eine fremde Frau geküsst hatte und zum Propheten (s) kam und seine Schuld eingestand. Zu dieser Zeit offenbarte Allah den Qur'ânvers: "Und verrichtet das Gebet an den beiden Enden des Tages und in den ersten Stunden der Nacht. Wahrlich, die guten Taten nehmen die schlechten hinweg. Dies ist eine Ermahnung für solche, die bereit sind, sich ermahnen zu lassen." (Sure 11:114)
Der besagte Mann fragte: "Oh Gesandter Allahs (s), ist dieser Qur'ânvers für mich?" Er (s) antwortete: "Für meine ganze Gemeinde (*Umma*)."
(Al-Bukhâri und Muslim)

Hadith 435: Es erzählte Anas (r), dass ein Mann zu dem Propheten (s) kam und sagte: "Oh Gesandter Allahs (s), ich habe ein großes und zu bestrafendes Verbrechen begangen, nun bestrafe mich bitte dafür." Weil

رسولِ اللهِ ﷺ، فَلَمَّا قَضَى الصَّلاةَ قال: يا رسولَ اللهِ إنِّي أَصَبْتُ حَدًّا، فَأَقِمْ فيَّ كِتَابَ اللَّهِ. قال: «هَلْ حَضَرْتَ مَعَنَا الصَّلاةَ؟» قال: نَعم. قال: «قد غُفِرَ لَكَ». متفقٌ عليه.

وقوله: «أَصَبْتُ حَدًّا» معناه: مَعْصِيةً تُوجِبُ التَّعْزِيرَ، ولَيْسَ المُرَادُ الحَدَّ الشَّرْعِيَّ الحَقِيقِيَّ كَحَدِّ الزِّنَا والخمر وغَيْرِهما، فإنَّ هٰذِهِ الحُدودَ لا تَسْقُطُ بِالصلاةِ، ولا يجوزُ للإمامِ تَرْكُهَا.

٤٣٦ ـ وعنه قال: قال رسولُ اللهِ، ﷺ: «إنَّ اللَّهَ لَيَرْضَى عن العَبْدِ أَنْ يَأْكُلَ الأَكْلَةَ، فَيَحْمَدَهُ عَلَيها، أَوْ يَشْرَبَ الشَّرْبَةَ، فَيَحْمَدَهُ عَلَيها». رواه مسلم.

«الأَكْلَةُ» بفتح الهمزة وهي المرَّةُ الواحدةُ مِنَ الأَكْلِ كَالغَدْوَةِ والعَشْوَةِ، والله أعلم.

٤٣٧ ـ وعن أبي موسى، رضي اللَّهُ عنه، عن النبيِّ ﷺ، قال: «إنَّ اللَّهَ تعالى يَبْسُطُ يَدَهُ بِاللَّيْلِ لِيَتُوبَ مُسِيءُ النَّهَارِ، وَيَبْسُطُ يَدَهُ بِالنهارِ لِيَتُوبَ مُسِيءُ اللَّيْلِ حتى تَطْلُعَ الشمسُ مِنْ مَغْرِبها». رواه مسلم.

٤٣٨ ـ وعن أبي نجيح عَمرِو بن عَبَسَةَ، بفتح العين والباء، السَّلَمِيِّ، رضيَ اللَّهُ عنه، قال: كنتُ وَأَنا في الجَاهِلِيَّةِ أَظُنُّ أَنَّ النَّاسَ عَلى ضَلالَةٍ، وَأَنَّهُمْ لَيْسُوا على شيءٍ، وَهُمْ يَعْبُدُونَ الأَوْثَانَ، فَسَمِعْتُ بِرَجُلٍ بِمَكَّةَ يُخْبِرُ أَخْبَاراً، فَقَعَدْتُ عَلى راحِلَتي، فَقَدِمْتُ عَلَيْهِ، فإذا رسولُ اللهِ ﷺ، مُسْتَخْفِياً، جُرَءَاءُ عَلَيْهِ قَوْمُهُ،

1. Buch der Gebote

Gebetszeit war, betete der Mann mit dem Propheten (s). Nach dem Gebet sagte der Mann wieder zum Propheten (s): "Oh Gesandter Allahs (s), ich habe ein schwerwiegendes Verbrechen begangen, bitte bestrafe mich dafür, wie im Buche Allahs vorgeschrieben." Der Prophet (s) fragte ihn: "Hast du mit uns das Gebet verrichtet?" Er antwortete: "Ja." Der Prophet (s) sagte: "Dann ist dir vergeben."
(Al-Bukhâri und Muslim)

Die hier erwartete Strafe bezieht sich nicht auf Ehebruch, Alkoholkonsum oder ähnliches, da die Strafen, die bei derartige Verbrechen verhängt werden, nicht durch das Gebet erlöschen. Das in diesem Hadith erwähnte Verbrechen ist eine Sünde, die der Stärkung bedarf.

Hadith 436: Ebenfalls von Anas (r) wird überliefert, dass der Gesandte Allahs (s) sagte: "Allah freut sich über Seinen Diener, der Nahrung zu sich nimmt und Ihn dafür preist und der Wasser trinkt und Ihn dafür preist."
(Muslim)

Hadith 437 ist eine Wiederholung von Hadith Nr. 16.

Hadith 438: Abu Nudschaih Amru ibn Abasa as-Salami (r) erzählte folgende Geschichte: Bevor ich den Islam angenommen hatte, war ich schon der Meinung, dass die Menschen in die Irre gegangen sind und keiner wahren Religion folgen. Sie pflegten Götzen anzubeten. Nach einiger Zeit hörte ich von einem Mann aus Mekka, der Neues erzählte. Ich bestieg mein Kamel und begab mich zu ihm. Ich kam zu ihm und stellte

فَتَلَطَّفْتُ حَتَّى دَخَلْتُ عَلَيْهِ بِمَكَّةَ، فقلتُ له: ما أنتَ؟ قال: «أنَا نَبِيٌّ» قلتُ: وما نبيٌّ؟ قال: «أَرْسَلَنِي اللَّهُ» فقلتُ: وبِأَيِّ شَيْءٍ أَرْسَلَكَ؟ قال: «أَرْسَلَنِي بِصِلَةِ الأَرْحَامِ، وكسرِ الأوثانِ، وأَنْ يُوَحَّدَ اللَّهُ لَا يُشْرَكُ بِهِ شَيْءٌ» قلت له: فَمَنْ مَعَكَ عَلَى هَذَا؟ قال: «حُرٌّ وعَبْدٌ» معه يومئذ أبو بكرٍ وبلالٌ، رضي اللَّهُ عنهما، فقلت: إنّي مُتَّبِعُكَ، قال: «إنَّكَ لَنْ تَسْتَطِيعَ ذَلِكَ يَوْمَكَ هَذَا، أَلَا تَرَى حَالِي وحَالَ النَّاسِ؟ وَلَكِنِ ارْجِعْ إلى أَهْلِكَ، فَإِذَا سَمِعْتَ بِي قَدْ ظَهَرْتُ فَأْتِنِي» قال: فَذَهَبْتُ إلى أهلي وقَدِمَ رسولُ اللَّهِ ﷺ المدينةَ، وكنتُ في أهلي، فجعلتُ أَتَخَبَّرُ الأخبارَ، وأسألُ النَّاسَ حين قدِمَ المدينةَ، حتى قدِمَ عليَّ نَفَرٌ مِن أهلِ يثربَ مِن أهلِ المدينةِ، فقلتُ: ما فَعَلَ هَذَا الرَّجُلُ الذي قدِمَ المدينةَ؟ فقالوا: النَّاسُ إليهِ سِرَاعٌ، وقَدْ أرادَ قَوْمُهُ قَتْلَهُ، فَلَمْ يَسْتَطِيعُوا ذَلِكَ، فقدِمْتُ المدينةَ، فدخلتُ عليه، فقلتُ: يا رسولَ اللَّهِ أتعرِفُني؟ قال: «نعم، أنتَ الَّذي لَقِيتَنِي بِمَكَّةَ» فقلتُ: بلى فقلتُ: يا رسولَ اللَّهِ، أَخْبِرْنِي عَمَّا عَلَّمَكَ اللَّهُ وأَجْهَلُهُ، أَخْبِرْنِي عَنِ الصَّلاةِ؟ قال: «صَلِّ صَلَاةَ الصُّبْحِ، ثُمَّ أَقْصِرْ عَنِ الصَّلَاةِ حَتَّى تَرْتَفِعَ الشَّمْسُ قِيدَ رُمْحٍ، فَإِنَّهَا تَطْلُعُ حِينَ تَطْلُعُ بَيْنَ قَرْنَيْ شَيْطَانٍ، وَحِينَئِذٍ يَسْجُدُ لَهَا الكُفَّارُ، ثُمَّ صَلِّ، فَإِنَّ الصَّلَاةَ مَشْهُودَةٌ مَحْضُورَةٌ حتى يستقلَّ الظِّلُّ بالرُّمْحِ، ثُمَّ أَقْصِرْ عَنِ الصَّلَاةِ، فإنه حِينَئِذٍ تُسْجَرُ جَهَنَّمُ، فَإِذَا أَقْبَلَ الفَيْءُ فَصَلِّ؛ فَإِنَّ الصَّلَاةَ مَشْهُودَةٌ مَحْضُورَةٌ حتى تُصَلِّيَ العَصْرَ، ثُمَّ أَقْصِرْ عَنِ الصَّلَاةِ حتى تَغْرُبَ الشَّمْسُ، فإنها تَغْرُبُ بَيْنَ قَرْنَيْ شَيْطَانٍ، وحِينَئِذٍ يسجدُ لها الكُفَّارُ» قلت: فقلتُ: يا نَبِيَّ اللَّهِ؛ فالوضوءُ، حدِّثني عنه؟ فقال: «ما مِنْكُمْ رَجُلٌ يُقَرِّبُ وَضُوءَهُ، فَيَتَمَضْمَضُ ويستنشقُ فيَنْتَثِرُ، إلَّا خَرَّتْ خَطَايَا وجهِهِ وفيهِ وخَيَاشِيمِهِ، ثم إذا غَسَلَ وجهَهُ كما أَمَرَهُ اللَّهُ، إلَّا خَرَّتْ خطايا وجهِهِ مِنْ أطرافِ لِحْيَتِهِ مع الماءِ، ثم يغسِلُ يَدَيْهِ إلى المِرْفَقَيْنِ، إلَّا خَرَّتْ خطايا يديهِ مِنْ

1. Buch der Gebote

fest, dass er sich gerade von den unverschämten Verfolgern aus seinem eigenen Stamme fern hielte. Mit einigem Geschick gelang es mir, ihn in Mekka zu treffen. Ich fragte ihn: "Wer bist du?" Er sagte: "Ich bin ein Prophet." Dann fragte ich: "Was ist ein Prophet?" Er sagte: "Allah, der Erhabene, hat mich gesandt." Ich fragte weiter: "Womit hat Er dich gesandt?" Er sagte: "Er hat mich gesandt, um die Verwandtschaftsbande zu pflegen, die Götzenbilder zu zerstören und zu verkünden, dass Allah ein Einziger ist und dass es nichts Verehrungswürdiges neben Ihm gibt." Ich fragte: "Wer sind deine Gefolgsleute?" Er sagte: "Ein Freier und ein Sklave". Dies waren Abu Bakr und Bilâl (r). Ich sagte: "Ich folge dir." Er sagte: "In der gegenwärtigen Lage kannst du das nicht. Siehst du nicht meine momentane Lage und das Verhalten der Leute? Geh zurück zu deinen Leuten, und wenn du hörst, dass mir mein Auftrag gelungen ist, dann komm zu mir." Ich kehrte also zu meinen Leuten zurück, und während ich bei ihnen war siedelte der Prophet (s) nach Medina über. Ich befragte die Leute weiterhin nach ihn, bis einige meiner Leute Medina besuchten. Als sie zurückkehrten, fragte ich sie: "Was macht der Mann, der jüngst nach Medina gekommen ist?" Sie sagten: "Die Leute laufen ihm zu (um seinen Glauben anzunehmen). Obwohl sein eigenes Volk versuchte, ihn zu töten, gelang es ihm doch nicht." Da begab ich mich nach Medina und zeigte mich dem Propheten (s) und unterbreitete: "Oh Gesandter Allahs (s), erkennst du mich?" Er sagte: "Ja, du bist derjenige, den ich in Mekka traf." Ich sagte: "Oh Gesandter Allahs (s), erzähle mir das, was Allah dich gelehrt hat und was ich nicht weiß. Erzähle mir über das Gebet!" Er sagte: "Verrichte das Morgengebet und höre auf zu beten bis die Sonne hoch steht in Speereslänge, denn zu der Zeit erhebt sie sich zwischen den Hörnern des Teufels, wenn die Ungläubigen sich davor niederwerfen.[138] Danach bete, das Gebet wird von den Engeln bezeugt bis der Schatten des Speers der Länge eines Speers gleicht. Dann halte dich wiederum vom Gebet fern, denn das Feuer der Hölle wird zu dieser Zeit mit Brennmaterial versorgt. Wenn der Schatten länger wird, dann bete, und das Gebet wird von den Engeln bezeugt bis zur Zeit des Nachmittagsgebets. Nach dem Nachmittagsgebet halte dich vom Gebet fern, bis die Sonne untergegangen ist, denn sie geht zwischen zwei Teufelshörnern unter und die Ungläubigen werfen sich um diese Zeit davor nieder." Da sagte ich: "Oh Gesandter Allahs (s), bitte erzähle mir von der

---

[138] Das Gebet zur Zeit des Sonnenhöchststandes ist im Islam ebenso wie das Gebet während des Sonnenauf- und -untergangs verboten, da dies die Zeitpunkte der Gebete der Sonnenanbeter waren.

أناملِهِ مع الماءِ، ثم يَمسحُ رَأسَهُ، إلَّا خَرَّتْ خَطايا رَأسِهِ من أطرافِ شَعَرِهِ مع الماءِ، ثم يَغسِلُ قَدَمَيهِ إلى الكَعْبَينِ، إلَّا خَرَّتْ خطايا رِجْلَيهِ من أناملِهِ مع الماءِ، فإن هو قامَ فَصلَّى، فَحَمِدَ اللَّهَ تعالى، وأَثنَى عليهِ، ومَجَّدَهُ بالذي هو له أهلٌ، وفَرَّغَ قلبَهُ للَّهِ تعالى، إلَّا انصَرَفَ من خَطيئَتِهِ كَهَيئَتِهِ يومَ ولَدَتْهُ أُمُّهُ».

فحدَّثَ عَمرُو بن عَبَسَةَ بهٰذا الحديثِ أبَا أُمامَة صاحبَ رسولِ اللَّهِ، فقال له أبُو أُمامَة: يا عَمرُو بنَ عَبَسَةَ، انظرْ ما تقلْ! في مقامٍ واحدٍ يُعطىٰ هٰذَا الرَّجُلُ؟ فقال عَمرُو: يا أبا أُمامَةَ لقَدْ كبِرَتْ سنِّي، ورَقَّ عَظمي، واقتَرَبَ أجَلي، وما بي حاجَةٌ أنْ أكذِبَ على اللَّهِ تعالى، ولا على رسولِ اللَّهِ، ﷺ، لو لم أسْمَعْهُ مِن رسولِ اللَّهِ، ﷺ، إلَّا مَرَّةً أَوْ مَرَّتَينِ أَو ثلاثاً، حتَّى عَدَّ سبعَ مَرَّاتٍ، ما حَدَّثتُ أبداً بهِ، ولكنِّي سَمِعتُهُ أكثرَ من ذٰلكَ. رواه مسلم.

قوله: «جُرَءَآءُ عليهِ قومُهُ»: هو بجيمٍ مضمومةٍ وبالمدّ على وزنِ عُلماءَ، أي: جاسرونَ مُستطيلُونَ غيرُ هائبينَ. هٰذِهِ الروايةُ المشهورةُ، ورواه الحُمَيْدِي وغيرُهُ: «حِرَاءٌ» بكسر الحاء المهملة، وقال: معناه: غِضابٌ ذَوُو غَمٍّ وهمٍّ، قد عِيلَ صَبْرُهُمْ بهِ، حتَّى أَثَّرَ في أجسامِهِمْ، من قولِهم: حَرَى جِسمُهُ يَحْرى؛ إذا نَقَصَ مِنْ ألمٍ أو غمٍّ ونحوِهِ، والصَّحيحُ أنَّهُ بالجيمِ. قوله ﷺ: «بينَ قَرنَي شيطانٍ» أَي: ناحيتي رَأسِهِ، والمرادُ التَّمثيلُ، معناهُ: أنه حينئذٍ يَتَحَرَّكُ الشَّيطانُ وشيعتُه، ويَتَسَلَّطُونَ. وقوله: «يُقَرِّبُ وَضُوءَه» معناه: يُحضِرُ الماءَ الذي يَتَوَضَّأُ بهِ. وقوله: «إلَّا خَرَّتْ خطاياه» هو بالخاء المعجمة: أي سقَطَت، ورواه بَعضُهُم «جرَتْ» بالجيم، والصحيحُ بالخاءِ، وهو روايةُ الجُمهورِ. وقوله: «فَيَنْتَثِرُ» أي: يَسْتَخْرِجُ ما في أنفِهِ مِنْ أذى. والنَّثرَةُ: طرَفُ الأنفِ.

٤٣٩ ـ وعن أبي موسى الأشعَري، رضي الله عنه، عن النبي ﷺ قال: «إذَا أرادَ اللَّهُ ـ تعالى ـ رحمةَ أُمَّةٍ، قَبَضَ نبيَّهَا قبلَها، فجعلَهُ لها فَرَطاً وسَلَفاً بينَ يدَيها،

1. Buch der Gebote

rituellen Waschung!" Er sagte: "Wenn ein Mensch mit der Waschung beginnt und seinen Mund ausspült und seine Nase reinigt, werden die Sünden seines Mundes und seiner Nase weggespült. Wenn er dann sein Gesicht wäscht, wie Allah es befohlen hat, werden die Sünden seines Gesichts mit Wasser durch seinen Bart fortgespült. Dann wäscht er seine Hände bis zum Ellenbogen hinauf, und die Sünden seiner Hände werden mit Wasser durch seine Finger hindurch fortgespült. Dann fährt er mit den nassen Händen über seinen Kopf, und die Sünden seines Kopfes werden über die Enden seiner Haare mit Wasser fortgespült. Dann wäscht er seine Füße bis zu den Knöcheln, und die Sünden seiner Füße werden mit Wasser durch seine Zehen fortgespült. Wenn er dann zum Gebet aufsteht und Allah preist und Ihn verherrlicht und sein Herz Allah ganz hingibt, dann geht er ohne Sünden daraus hervor, so wie am Tag als seine Mutter ihn gebar.

Als Amru ibn Abasa (r) diesen Hadith dem Abu Umâma (r), dem Gefährten des Propheten (s), erzählte, sagte dieser zu ihm: "Oh Amru ibn Abasa, sei vorsichtig mit dem, was du an dieser Stelle über das, was der Mann alles erhielt, erzählst." Amru erwiderte: "Oh Abu Umâma, ich habe ein hohes Alter erreicht, meine Knochen sind trocken geworden, mein Tod naht, und ich habe es ist nicht nötig, über Allah und Seinen Gesandten (s) Lügen zu erzählen. Wenn ich es nicht vom Propheten (s) einmal, zweimal, dreimal (und er zählte weiter bis siebenmal) gehört hätte, hätte ich es niemals weiter erzählt. Tatsächlich habe ich es noch öfter gehört."
(Muslim)

Hadith 439: Es überliefert Abu Mûsâ al-Asch'ari (r), dass der Prophet (s) sagte: "Wenn Allah, der Erhabene, einem Volk Barmherzig ist, lässt Er den Propheten dieses Volkes vor dem Volk sterben und macht Ihn zum Vorboten und Vorbild für das Volk, und wenn Er die Zerstörung eines Volkes bestimmt, bestraft Er es, während sein Prophet noch lebt, und zerstört es zu seinen Lebzeiten, damit der Prophet an der Bestrafung des undankbaren Volkes Gefallen findet, weil es ihn zurückwies und seinen Befehlen nicht gehorchte."
(Muslim)

وإذا أراد هَلَكةَ أُمَّةٍ، عَذَّبها ونبيُّها حَيٌّ، فأهْلَكَها وهوَ ينظرُ، فأقَرَّ عينَهُ بهَلاكِها حين كذَّبوهُ وعَصَوا أَمْرَهُ». رواه مسلم.

١ - ٥٢ - باب فضل الرَّجاء

قال الله تعالى إخباراً عن العبدِ الصَّالحِ: ﴿وَأُفَوِّضُ أَمْرِي إِلَى اللَّهِ إِنَّ اللَّهَ بَصِيرٌ بِالْعِبَادِ، فَوَقَاهُ اللَّهُ سَيِّئَاتِ مَا مَكَرُوا﴾ [غافر: ٤٤، ٤٥]..

٤٤٠ - وعن أبي هريرة، رضيَ اللَّهُ عنه، عن رسولِ اللَّه ﷺ، أنَّه قال: «قال اللَّهُ، عَزَّ وَجَلَّ،: أنا عِنْدَ ظَنِّ عَبْدي بي، وأنا مَعَهُ حَيْثُ يَذْكُرُني، وَاللَّهِ لَلَّهُ أَفْرَحُ بتَوْبةِ عَبْدِهِ مِنْ أَحَدِكُمْ يَجِدُ ضَالَّتَهُ بِالْفَلاةِ، وَمَنْ تَقَرَّبَ إِلَيَّ شِبْراً، تَقَرَّبْتُ إِلَيْهِ ذِراعاً، وَمَنْ تَقَرَّبَ إِلَيَّ ذِراعاً، تَقَرَّبْتُ إِليه باعاً، وإذا أَقْبَلَ إِلَيَّ يَمْشي، أَقْبَلتُ إِلَيه أَهْرُولُ». متفقٌ عليه، وهٰذا لفظ إحدى روايات مسلم. وتقدَّم شرحُهُ في الباب قبله.

وروي في الصحيحين: «وأنا معه حينَ يَذكُرُني» بالنون، وفي هٰذه الرواية «حَيْثُ» بالثاء وكلاهما صحيح.

٤٤١ - وعن جابرِ بن عبدِ اللَّهِ، رضيَ اللَّهُ عنهما، أنَّه سمعَ النبيَّ ﷺ، قَبْلَ مَوتِه بثلاثةِ أَيَّامٍ يقولُ: «لَا يَمُوتَنَّ أَحَدُكُم إِلَّا وَهُوَ يُحْسِنُ الظَّنَّ باللَّهِ عز وجلَّ». رواه مسلم.

٤٤٢ - وعن أنس، رضي الله عنه قال: سمعتُ رسولَ اللَّهِ، ﷺ، يـقـول. «قال اللَّهُ تعالى: يا ابْنَ آدَمَ، إنَّكَ ما دَعَوْتَني وَرَجَوْتَني غَفَرتُ لكَ عَلى ما كانَ مِنْكَ

1. Buch der Gebote

Kapitel 52
Vorzug der Hoffnung (auf Allah)

Qur'ân: Allah, der Erhabene, spricht:
"Ich stelle meine Sache Allah anheim. Allah sieht fürwahr (Seine) Diener.' Da schützte ihn Allah vor dem Bösen dessen, was sie planten..." (40:44-45)

Hadith 440: Es überliefert Abu Huraira (r), dass der Gesandte Allahs (s) sagte: Allah, der Allmächtige und Erhabene, spricht: "Ich bin im Denken Meines Dieners gegenwärtig, und Ich bin bei ihm, wann immer er Meiner gedenkt." Des weiteren sagte der Prophet (s): "Bei Allah! Er freut sich über die Reue eines Seiner Diener mehr als einer von euch, der etwas wiederfindet, was er in der Wüste verloren hatte."[139] Allah sagt: "Wer sich Mir eine Spanne nähert, dem komme Ich um eine Elle entgegen, und Wer Mir eine Elle entgegenkommt, dem komme Ich die Weite seiner ausgestreckten Arme entgegen. Und wenn er gehend zu Mir kommt, laufe Ich ihm entgegen."
(Al-Bukhâri und Muslim)

Hadith 441: Dschâbir ibn Abdullâh (r) überliefert, dass er den Gesandten Allahs (s) drei Tage vor seinem Hinscheiden sagen hörte: "Lasst niemanden von euch sterben, ohne das Beste von Allah, dem Allmächtigen und Erhabenen, zu denken."
(Muslim)

Hadith 442: Anas (r) überliefert, dass er den Gesandten Allahs (s) sagen hörte: Allah, der Erhabene hat gesagt: "Oh Sohn Adams! Gewiss werde Ich dir vergeben, solange du Mich demütig darum bittest und (auf Vergebung) hoffst, was du auch immer du getan haben magst. Oh Sohn Adams, sogar wenn deine Sünden bis zum Himmel reichen, und du Mich

---
[139] Vergl. Hadith Nr. 15.

وَلا أُبَالِي، يَا ابْنَ آدَمَ، لَوْ بَلَغَتْ ذُنُوبُكَ عَنَانَ السَّماءِ، ثم اسْتَغْفَرْتَنِي غَفَرْتُ لَكَ وَلا أُبَالِي، يَا ابْنَ آدَمَ، إنَّكَ لَوْ أَتَيْتَنِي بِقُرَابِ الأرضِ خَطَايَا، ثُمَّ لَقِيتَنِي لا تُشْرِكُ بِي شَيْئاً، لَأَتَيْتُكَ بِقُرَابِهَا مَغْفِرَةً». رواه الترمذي وقال: حديث حسن.

«عَنَانُ السَّماءِ» بفتح العين، قيل: هو ما عَنَّ لَكَ مِنها، أي: ظَهَرَ إذا رَفَعْتَ رَأْسَكَ، وقيلَ: هو السَّحابُ. و«قُرَابُ الأرضِ» بضم القاف، وقيلَ بكسرِها، والضم أصح وأشهر، وهو: ما يُقَارِبُ مِلْأَها، والله أعلم.

1 ـ 53 ـ باب الجمع بَيْنَ الخوف والرَّجاء

اعْلَمْ أَنَّ المُخْتَارَ لِلْعَبْدِ في حَالِ صِحَّتِهِ أَن يَكُونَ خَائِفاً رَاجِياً، ويَكُونَ خَوْفُهُ ورجاؤُهُ سواءً، وفي حالِ المَرَضِ يُمَحَّضُ الرَّجاءَ. وقواعدُ الشَّرْعِ مِن نُصُوصِ الكِتَابِ والسُّنَّةِ وغَيْرِ ذلك مُتَظَاهِرَةٌ على ذلك.

قال اللهُ تعالى: ﴿فَلَا يَأْمَنُ مَكْرَ اللَّهِ إِلَّا الْقَوْمُ الْخَاسِرُونَ﴾ [الأعراف: 99]. وقال تعالى: ﴿إِنَّهُ لَا يَيْأَسُ مِنْ رَوْحِ اللَّهِ إِلَّا الْقَوْمُ الْكَافِرُونَ﴾ [يوسف: 87]. وقال تعالى: ﴿يَوْمَ تَبْيَضُّ وُجُوهٌ وَتَسْوَدُّ وُجُوهٌ﴾ [آل عمران: 106]. وقال تعالى: ﴿إِنَّ رَبَّكَ لَسَرِيعُ الْعِقَابِ وَإِنَّهُ لَغَفُورٌ رَحِيمٌ﴾ [الأعراف: 167]. وقال تعالى: ﴿إِنَّ الْأَبْرَارَ لَفِي نَعِيمٍ وَإِنَّ الْفُجَّارَ لَفِي جَحِيمٍ﴾ [الانفطار: 13، 14]. وقال تعالى: ﴿فَأَمَّا مَنْ ثَقُلَتْ مَوَازِينُهُ فَهُوَ فِي عِيشَةٍ رَاضِيَةٍ وَأَمَّا مَنْ خَفَّتْ مَوَازِينُهُ فَأُمُّهُ هَاوِيَةٌ﴾ [القارعة: 6، 9]. والآيات في هٰذا المعنى كثيرة. فَيَجْتَمِعُ الخَوْفُ والرجاءُ في آيَتَيْنِ مُقْتَرِنَتَيْنِ أو آيات أو آية.

443 ـ وعن أبي هريرة، رضي اللهُ عنه، أنَّ رسُولَ اللَّهِ، ﷺ، قال: «لَوْ يَعْلَمُ المُؤْمِنُ ما عِنْدَ اللَّهِ مِنَ العُقُوبَةِ، ما طَمِعَ بِجَنَّتِهِ أَحَدٌ، وَلَوْ يَعْلَمُ الكَافِرُ ما عِنْدَ اللَّهِ مِنَ الرَّحْمَةِ، ما قَنِطَ مِنْ جَنَّتِهِ أَحَدٌ». رواه مسلم.

1. Buch der Gebote

um Vergebung bittest, werde Ich dir vergeben. Oh Sohn Adams, wenn du zu Mir kämest mit einer Welt voller Sünden, und Mich träfest, ohne dass du mir etwas beigesellt hast, würde Ich dir gewiss in gleichem Maße Verzeihung entgegenbringen."
(At-Tirmidhi)
Dies ist ein guter Hadith (*hasan*).

Kapitel 53
Verknüpfung von Gottesfurcht und Hoffnung (auf Allah)

Man muss wissen, dass es für den Diener (Allahs), wenn er gesund ist, am besten ist, Allah zu fürchten und auf ihn zu hoffen. Diese beiden Dinge sind gleichermaßen wünschenswert. Und wenn er krank ist, soll er aufrichtig hoffen. In dieser Hinsicht stimmen die islamischen Richtlinien von Qur'ân und *Sunna* überein.

Qur'ân: Allah, der Erhabene, spricht:
"Aber niemand kann sich sicher fühlen vor Allahs Plan, außer dem Volk, das verloren ist." (7:99)
"Und verzweifelt nicht an Allahs Erbarmen. Wahrlich, an Allahs Erbarmen zweifeln nur die ungläubigen Menschen." (12:87)
"Am Tage, an dem (manche) Gesichter weiß und (manche) Gesichter schwarz sein werden. Und zu denen, deren Gesichter schwarz sein werden, (wird gesagt werden): "Seid ihr ungläubig geworden, nachdem ihr den Glauben angenommen hattet? So kostet die Strafe dafür, das ihr ungläubig geworden seid." (3:106)
"Wahrlich, dein Herr ist schnell im Strafen, aber dennoch wahrlich verzeihend, barmherzig." (7:167)
"Wahrlich, die Rechtschaffen werden in Gnadenfülle weilen, Und wahrlich, die Frevler werden im Höllenfeuer sein." (82:13-14)
"Derjenige, dessen Waagschalen dann schwer sind, dem wird ein Leben der Zufriedenheit beschieden sein. Und der, dessen Waagschalen leicht sind, dessen Heimstätte ist ein Abgrund." (101:6-9)

Hadith 443: Abu Huraira (r) überliefert, dass der Gesandte Allahs (s) sagte: "Wenn ein Gläubiger wüsste, was das volle Ausmaß von Allahs Strafe ist, würde keiner auf sein Paradies zu hoffen wagen, und wenn ein Ungläubiger das volle Ausmaß von Allahs Barmherzigkeit kennen würde, würde keiner die Hoffnung auf das Paradies aufgeben."
(Muslim)

٤٤٤ - وعن أبي سَعيدٍ الخدريِّ، رضي اللَّهُ عنه، أنَّ رسولَ اللَّهِ، ﷺ، قال: «إذا وُضِعَتِ الجِنازَةُ واحتَمَلَها الرجالُ عَلى أعْناقِهِمْ، فَإنْ كَانَتْ صَالِحَةً قَالَتْ: قَدِّمُوني قَدِّمُوني، وَإنْ كَانتْ غَيرَ صَالِحَةٍ، قَالَتْ: يا ويْلَها! أيْنَ تَذْهَبُونَ بها؟ يَسمَعُ صَوْتَها كُلُّ شَيءٍ إلَّا الإنْسانَ، وَلَوْ سَمِعَهُ صَعِقَ». رواهُ البخاري.

٤٤٥ - وعن ابنِ مسعودٍ، رضيَ اللَّهُ عنه، قالَ: قالَ رسولُ اللَّهِ، ﷺ: «الجَنَّةُ أقْرَبُ إلى أحَدِكُمْ مِنْ شِراكِ نَعْلِهِ، وَالنَّارُ مِثْلُ ذَلِكَ». رواه البخاري.

١ - ٥٤ - باب فضل البكاء من خشية الله وشوقاً إليه

قالَ اللَّهُ تعالى: ﴿وَيَخِرُّونَ لِلْأَذْقَانِ يَبْكُونَ وَيَزِيدُهُمْ خُشُوعاً﴾ [الإسراء: ١٠٩].
وقـال تعـالى: ﴿أفَمِنْ هـذا الحَـديثِ تَعْجَبُونَ، وَتَضْحَكُونَ وَلَا تَبْكُونَ﴾. [النجم: ٥٩، ٦٠]..

٤٤٦ - وعَن ابنِ مَسعودٍ، رضيَ اللَّهُ عنه، قالَ: قال لي النبيُّ، ﷺ: «اقْرَأ عليَّ القُرآنَ» قلتُ: يا رسولَ اللَّهِ، أقْرأُ عَلَيْكَ، وَعَلَيْكَ أُنزِلُ؟! قالَ: «إنِّي أُحِبُّ أَنْ أسْمَعَهُ مِنْ غَيري» فقرأْتُ عليه سورةَ النِّساءِ، حتى جِئْتُ إلى هذهِ الآيةِ: ﴿فَكَيْفَ إذَا جِئْنا مِنْ كُلِّ أُمَّةٍ بِشَهِيدٍ وَجِئْنا بِكَ عَلى هؤُلَاءِ شَهِيداً﴾ [النساء: ٤١]. قال: «حَسْبُكَ الآنَ» فالْتَفَتُّ إلَيْهِ، فَإذَا عَيناهُ تَذْرِفَانِ. متفقٌ عليه.

1. Buch der Gebote

Hadith 444: Es überliefert Abu Sa'îd al-Khudri (r), dass der Gesandte Allahs (s) sagte: "Wenn der Sarg fertig und von Leuten auf ihre Schultern genommen worden ist, dann spricht der Leichnam, wenn er einem guten Menschen gehörte: 'Bringt mich voran; Bringt mich voran!' Und wenn er der einem schlechten Menschen gehörte, sagt er: 'Verdammt, wohin bringt ihr mich?' Seine Stimme wird von allem gehört, außer von dem Menschen, und wenn er sie hören könnte, fiele er tot um."
(Al-Bukhâri)

Hadith 445 ist eine Wiederholung von Hadith Nr. 105.

Kapitel 54
Vorzug des Weinens aus Gottesfurcht und Gottessehnsucht

Qur'ân: Allah, der Erhabene, spricht:
"Und sie fallen weinend nieder auf ihr Angesicht, und es lässt sie noch zunehmen an Demut." (17:109)
"Wundert ihr euch über diese Ankündigung? Und lacht anstatt zu weinen?" (53:59-60)

Hadith 446: Abu Mas'ûd (r) erzählte: Der Prophet (s) sagte zu mir: "Rezitiere vor mir aus dem Qur'ân." Ich sagte: "Oh Gesandter Allahs, wie kann ich vor dir aus dem Qur'ân rezitieren, wo er doch dir offenbart wurde?" Er sagte: "Ich würde gerne den Qur'ân von jemand anderem vorgelesen hören." Da rezitierte ich vor ihm die Sure *An-Nisâ'*, bis ich bei dem Vers angelangt war: "Und wie (wird es also sein), wenn wir aus jeder Gemeinschaft einen Zeugen herbeibringen und dich als Zeugen (für oder) gegen jene herbeibringen?" (4:41). Daraufhin sagte er: "Das ist jetzt genug." Als ich ihn ansah, stellte ich fest, dass seine Augen von Tränen überflossen.
(Al-Bukhâri und Muslim)

٤٤٧ - وعن أنسٍ، رضي اللَّهُ عنه، قال: خَطَبَ رسولُ اللَّهِ، ﷺ، خُطبةً ما سَمعتُ مِثلَها قَطُّ، فقال: «لَو تَعلَمُونَ ما أَعلَمُ لَضَحِكتُم قَليلاً ولَبَكَيتُم كَثيراً» قال: فغَطَّى أَصحابُ رَسولِ اللَّهِ، ﷺ، وجوهَهُم، ولَهُم خَنينٌ. متفقٌ عليه، وسَبَقَ بَيانُهُ في بابِ الخَوفِ.

٤٤٨ - وعَن أبي هريرةَ، رضي اللَّهُ عنه، قال: قالَ رسولُ اللَّهِ، ﷺ، «لَا يَلِجُ النَّارَ رَجُلٌ بَكَى مِن خَشيَةِ اللَّهِ حَتَّى يَعودَ اللَّبَنُ في الضَّرعِ، ولا يَجتَمِعُ غُبارٌ في سَبيلِ اللَّهِ ودُخانُ جَهَنَّمَ». رواهُ الترمذي، وقال: حديثٌ حسنٌ صحيحٌ.

٤٤٩ - وعنه قال: قالَ رسولُ اللَّهِ، ﷺ، «سَبعَةٌ يُظِلُّهُم اللَّهُ في ظِلِّهِ يَومَ لَا ظِلَّ إلَّا ظِلُّهُ: إمامٌ عادِلٌ، وشابٌّ نَشَأَ في عِبادَةِ اللَّهِ تَعالى، ورَجُلٌ قَلبُهُ مُعَلَّقٌ في المَساجِدِ، ورَجُلانِ تَحابَّا في اللَّهِ، اجتَمَعَا عَلَيهِ، وتَفَرَّقَا عَلَيهِ، ورَجُلٌ دَعَتهُ امرَأَةٌ ذاتُ مَنصِبٍ وجَمالٍ، فَقالَ: إنِّي أَخافُ اللَّهَ، ورَجُلٌ تَصَدَّقَ بِصَدَقَةٍ فَأَخفاها حَتَّى لا تَعلَمَ شِمالُهُ ما تُنفِقُ يَمينُهُ، ورَجُلٌ ذَكَرَ اللَّهَ خالياً فَفاضَت عَيناهُ». متفقٌ عليه.

٤٥٠ - وعَن عبدِ اللَّهِ بنِ الشِّخِّيرِ، رضيَ اللَّهُ عنه، قال: أَتَيتُ رسولَ اللَّهِ، ﷺ، وهوَ يُصَلِّي ولِجَوفِهِ أَزيزٌ كأَزيزِ المِرجَلِ مِنَ البُكاءِ. حديثٌ صحيحٌ رواه أبو داود، والترمذي في الشمائل بإسنادٍ صحيحٍ.

٤٥١ - وعن أنسٍ، رضي اللَّهُ عنه، قال: قالَ رسولُ اللَّهِ، ﷺ، لأُبَيِّ بن كَعبٍ، رضيَ اللَّهُ عنه: «إنَّ اللَّهَ - عَزَّ وجَلَّ - أَمَرَني أَن أَقرَأَ عَلَيكَ: ﴿لَم يَكُنِ الَّذِينَ كَفَرُوا﴾» قالَ: وسَمَّاني؟ قالَ: «نَعَم» فَبَكى أُبَيٌّ. متفقٌ عليه.

وفي روايةٍ: فَجَعَلَ أُبَيٌّ يَبكِي.

1. Buch der Gebote

Hadith 447 ist eine Wiederholung von Hadith Nr. 401.

Hadith 448: Es überliefert Abu Huraira (r), dass der Gesandte Allahs (s) sagte: "Derjenige, der aus Furcht vor Allah Tränen vergießt, wird nicht ins Höllenfeuer gehen, bis die Milch in die Brüste zurückkehrt, und der beim *Dschihâd* erzeugte Staub und der Rauch der Hölle werden niemals zusammen bestehen.[140]
(At-Tirmidhi)
Dies ist ein guter und gesunder Hadith (*hasan sahîh*).

Hadith 449 ist eine Wiederholung von Hadith Nr. 376.

Hadith 450: Abdullâh ibn asch-Schikhkhîr (r) berichtet: Ich besuchte den Propheten (s), als er gerade ins Gebet vertieft war. Ich hörte den Ton seines Weinens aus der Tiefe seiner Brust hervorklingen, als ob es der Ton eines kochenden Topfes war.
(Abu Dâwûd und At-Tirmidhi)
Dies ist ein gesunder Hadith (*sahîh)*.

Hadith 451: Anas (r) überliefert, dass der Gesandte Allahs (s) zu Ubai ibn Ka'b (r) sagte: "Allah, der Allmächtige und Erhabene, hat mich beauftragt, dir persönlich Qur'ân vorzulesen, und zwar die Sure *Al-Bayyina*[141]. Ubai fragte: "Hat Er mich genannt?" Der Prophet (s) sagte: "Ja." Daraufhin begann Ubai (r) zu weinen.
(Al-Bukhâri und Muslim)

---

[140] Das bedeutet, dass eine solcher Gottesfürchtiger und ein *Mudschâhid* ins Paradies gehen werden.
[141] Die Sure *Al-Bayyina* ist die 98. Sure im Qur'ân.

٤٥٢ - وعنهُ قَالَ: قَالَ أبو بكرٍ لعمرَ، رضِيَ اللَّهُ عنهما، بعدَ وفاةِ رسولِ اللَّهِ، ﷺ: انطَلِقْ بنا إلى أمِّ أيمَنَ، رضِيَ اللَّهُ عنها، نَزُورُها كما كان رَسُولُ اللَّهِ ﷺ يَزُورُها، فَلَمَّا انتَهَيْنا إِلَيْها بَكَتْ، فقالا لها: ما يُبْكِيكِ؟ أمَا تَعْلَمِينَ أنَّ ما عِنْدَ اللَّهِ تعالى خَيْرٌ لِرَسُولِ اللَّهِ، ﷺ! قالَتْ: إني لا أبْكي أنِّي لا أعْلَمُ أنَّ ما عِنْدَ اللَّهِ خَيْرٌ لِرَسُولِ اللَّهِ ﷺ، ولكنِّي أبْكي أنَّ الوَحْيَ قد انقَطَعَ مِنَ السَّماءِ؛ فَهَيَّجَتْهُما عَلى البُكاءِ، فَجَعَلا يَبْكِيانِ مَعَها. رواهُ مسلم. وقد سبقَ في بابِ زيارَةِ أهلِ الخير.

٤٥٣ - وعنِ ابنِ عمرَ - رضِيَ اللَّهُ عنهما - قال: لمَّا اشْتَدَّ بِرَسولِ اللَّهِ، ﷺ، وَجَعُهُ، قِيلَ لَهُ في الصَّلاةِ، فقال: «مُرُوا أبا بكرٍ فَلْيُصَلِّ بالنَّاسِ» فقالت عائشةُ، رضِيَ اللَّهُ عنها: إنَّ أبا بكرٍ رجُلٌ رَقِيقٌ، إذا قَرَأ القرآنَ غَلَبَهُ البُكاءُ، فقالَ: «مُرُوهُ فَلْيُصَلِّ».

وفي روايةٍ عن عائشةَ، رضِيَ اللَّهُ عنها، قالَتْ: قلتُ: إنَّ أبا بكرٍ إذا قامَ مَقامَكَ لَمْ يُسمِعِ النَّاسَ مِنَ البُكاءِ. متفقٌ عليه.

٤٥٤ - وعن إبراهيمَ بنِ عبدِ الرحمنِ بنِ عوفٍ: أنَّ عبدَ الرحمنِ بنَ عَوْفٍ، رضِيَ اللَّهُ عنه، أُتِيَ بطَعامٍ وكانَ صائماً، فقالَ: قُتِلَ مُصْعَبُ بنُ عُمَيرٍ رضي اللَّهُ عنه، وَهُوَ خَيْرٌ مِنِّي، فَلَمْ يُوجَدْ لَهُ ما يُكَفَّنُ فِيهِ إلاّ بُرْدَةٌ إنْ غُطِّيَ بها رَأْسُهُ بَدَتْ رِجْلاهُ، وإنْ غُطِّيَ بها رِجْلاهُ بَدا رَأسُهُ، وأراهُ قالَ: وَقُتِلَ حمزةُ وهو خيرٌ مِنِّي ثُمَّ بُسِطَ لنا مِنَ الدُّنْيا ما بُسِطَ - أو قالَ: أُعطِينا مِنَ الدُّنيا ما أُعطِينا - وقد خَشِينا أن تَكُونَ حَسَناتُنا عُجِّلَتْ لَنا. ثُمَّ جَعَلَ يَبْكي حتَّى تَرَكَ الطَّعامَ. رواهُ البخاري.

1. Buch der Gebote

Hadith 452 ist eine Wiederholung von Hadith Nr. 360.

Hadith 453: Ibn Umar (r) erzählte: "Als der Schmerz des Gesandten Allahs (s) (kurz vor seinem Hinscheiden) unerträglich wurde, fragte man ihn, wie man nun das Gebet verrichtet solle. Er sagte: "Sagt Abu Bakr, dass er die Leute im Gebet leiten soll." Daraufhin sagte Âischa (r): "Abu Bakr (r) ist ein feinfühliger Mensch. Sobald er den Qur'ân rezitiert, wird er vom Weinen überwältigt." Da sagte der Prophet (s): "Sagt ihm, er soll das Gebet leiten!"

Eine andere Version lautet: Âischa (r) sagte: "Wenn Abu Bakr (r) an deiner Stelle stünde, wird ihn die Gemeinde wegen seines Schluchzens nicht hören."
(Al-Bukhâri und Muslim)

Hadith 454: Es erzählte Ibrâhîm (r), dass man seinem fastenden Vater Abdur-Rahmân ibn Auf (r) einmal Essen brachte, als er gerade dabei war, das Fasten zu brechen. Plötzlich erinnerte er sich an Mus'ab ibn Umair (r) und sagte: "Mus'ab (r) fand den Märtyrertod. Und gewiss war er ein besserer Mann als ich. Sogar für sein Leichentuch stand nichts zur Verfügung außer einem Stück Stoff, und wenn man damit seinen Kopf bedeckte, blieben seine Füße bloß, und wenn man seine Füße bedeckte blieb sein Kopf unbedeckt. Und jetzt ist uns die Welt weit geöffnet - oder: uns ist großzügig Reichtum gegeben worden - und wir fürchten, dass unsere guten Taten schnell[142] belohnt werden könnten." Hierauf begann er so zu weinen, dass er nichts mehr essen konnte.
(Al-Bukhâri)

---

[142] Das heißt: schon in dieser Welt.

٤٥٥ ـ وعن أبي أمامة صُدَيِّ بن عجلانَ الباهليِّ، رضيَ اللَّهُ عنه، عن النبيِّ ﷺ قال: «لَيْسَ شيءٌ أَحَبَّ إلى اللَّهِ تعالى من قَطْرَتَيْنِ وأَثَرَيْنِ: قَطْرَةُ دُموع من خَشيةِ اللَّهِ، وقَطرَةُ دَم تُهَراقُ في سَبيلِ اللَّهِ. وأَمَّا الأَثَرَانِ: فَأَثَرٌ في سَبيلِ اللَّهِ تعالى، وأَثَرٌ في فَريضَةٍ مِنْ فَرَائِضِ اللَّهِ تعالى». رواه الترمذي وقال: حديثٌ حسنٌ.

وفي الباب أحاديثُ كثيرةٌ، منها...

٤٥٦ ـ حديث العِرْباض بن سارية، رضي اللَّهُ عنه، قال: وَعَظَنَا رسولُ اللَّهِ ﷺ، مَوْعِظَةً وَجِلَتْ مِنهَا القُلُوبُ، وَذَرَفَتْ مِنهَا العُيُونُ وقد سبَقَ في بابِ البِدَعِ. [رقم: ١٥٧].

١ ـ ٥٥ ـ باب فضل الزّهد في الدّنيا والحث على التقلُّل منها، وفضل الفقر

قالَ اللَّهُ تعالى: ﴿إِنَّمَا مَثَلُ الْحَيَاةِ الدُّنْيَا كَمَاءٍ أَنزَلْنَاهُ مِنَ السَّمَاءِ فَاخْتَلَطَ بِهِ نَبَاتُ الْأَرْضِ مِمَّا يَأْكُلُ النَّاسُ وَالْأَنْعَامُ حَتَّىٰ إِذَا أَخَذَتِ الْأَرْضُ زُخْرُفَهَا وَازَّيَّنَتْ وَظَنَّ أَهْلُهَا أَنَّهُمْ قَادِرُونَ عَلَيْهَا أَتَاهَا أَمْرُنَا لَيْلًا أَوْ نَهَارًا فَجَعَلْنَاهَا حَصِيدًا كَأَن لَّمْ تَغْنَ بِالْأَمْسِ ۚ كَذَٰلِكَ نُفَصِّلُ الْآيَاتِ لِقَوْمٍ يَتَفَكَّرُونَ﴾ [يونس: ٢٤]. وقال تعالى: ﴿وَاضْرِبْ لَهُم مَّثَلَ الْحَيَاةِ الدُّنْيَا كَمَاءٍ أَنزَلْنَاهُ مِنَ السَّمَاءِ فَاخْتَلَطَ بِهِ نَبَاتُ الْأَرْضِ فَأَصْبَحَ هَشِيمًا تَذْرُوهُ الرِّيَاحُ ۗ وَكَانَ اللَّهُ عَلَىٰ كُلِّ شَيْءٍ مُّقْتَدِرًا ۝ الْمَالُ وَالْبَنُونَ زِينَةُ الْحَيَاةِ الدُّنْيَا ۖ وَالْبَاقِيَاتُ الصَّالِحَاتُ خَيْرٌ عِندَ رَبِّكَ ثَوَابًا وَخَيْرٌ أَمَلًا﴾ [الكهف: ٤٥، ٤٦]. وقال تعالى: ﴿اعْلَمُوا أَنَّمَا الْحَيَاةُ الدُّنْيَا لَعِبٌ وَلَهْوٌ وَزِينَةٌ وَتَفَاخُرٌ بَيْنَكُمْ وَتَكَاثُرٌ فِي الْأَمْوَالِ

1. Buch der Gebote

Hadith 455: Abu Umâma Sudai ibn Adschlân al-Bâhili (r) überliefert, dass der Prophet (s) sagte: "Es gibt nichts, was Allah mehr liebt, als zwei Tropfen und zwei Kennzeichnungen:
1) Tränen aus Furcht vor Allah und Blutstropfen, die um Allahs willen vergossen wurden; und
2) die zwei Kennzeichnungen sind die, man im *Dschihâd* um Allahs willen erhalten hat, und die, die man in Verrichtung einer vorgeschriebenen Pflicht (des Gebets) davontrug."
(At-Tirmidhi)
Dies ist ein guter Hadith (*hasan*).

Zu diesem Kapitel gibt es noch zahlreiche Hadithe, unter ihnen das folgende:

Hadith 456 ist eine Wiederholung von Hadith Nr. 157.

Kapitel 55
Vorzug von Entsagung im Diesseits, Ansporn zur Mäßigung in dieser Entsagung und Vorzug der Armut

Qur'ân: Allah, der Erhabene, spricht:
"Das Gleichnis des diesseitigen Lebens ist wie das Wasser, das Wir vom Himmel herabsenden und mit dem eine Vielfalt von Pflanzen der Erde sich entwickelt, davon ernährt sich Mensch und Tier; und wenn die Erde ihr Prachtgewand anlegt und wunderschön erscheint und ihre Bewohner meinen, dass sie volle Verfügungsgewalt über sie hätten, so kommt Unser Befehl bei Nacht oder am Tag zu ihr, und Wir machen sie gleich einem abgemähten Acker, als habe sie am Tag zuvor nicht geblüht. So legen Wir die Zeichen dar für Leute, die nachdenken." (10:24)
"Und präge für sie das Gleichnis des diesseitigen Lebens. Es ist wie Wasser, das Wir vom Himmel herabsenden und das die Pflanzen der Erde aufnehmen. Doch bald darauf wird (alles) zu Spreu, die die Winde verwehen. Und es ist Allah, Der Macht hat über alle Dinge. Gut und Kinder sind die Zier des diesseitigen Lebens. Doch bleibende gute Werke sind es, die bessere Belohnung bei deinem Herrn erfahren und (Anlass) zur schönsten Hoffnung geben." (18:45-46)

وَالْأَوْلَادِ كَمَثَلِ غَيْثٍ أَعْجَبَ الْكُفَّارَ نَبَاتُهُ ثُمَّ يَهِيجُ فَتَرَاهُ مُصْفَرّاً ثُمَّ يَكُونُ حُطَاماً، وَفِي الْآخِرَةِ عَذَابٌ شَدِيدٌ وَمَغْفِرَةٌ مِنَ اللَّهِ وَرِضْوَانٌ وَمَا الْحَيَاةُ الدُّنْيَا إِلَّا مَتَاعُ الْغُرُورِ﴾ [الحديد: ٢٠]. وقال تعالى: ﴿زُيِّنَ لِلنَّاسِ حُبُّ الشَّهَوَاتِ مِنَ النِّسَاءِ وَالْبَنِينَ وَالْقَنَاطِيرِ الْمُقَنْطَرَةِ مِنَ الذَّهَبِ وَالْفِضَّةِ وَالْخَيْلِ الْمُسَوَّمَةِ وَالْأَنْعَامِ وَالْحَرْثِ ذَلِكَ مَتَاعُ الْحَيَاةِ الدُّنْيَا وَاللَّهُ عِنْدَهُ حُسْنُ الْمَآبِ﴾ [آل عمران: ١٤]. وقال تعالى: ﴿يَا أَيُّهَا النَّاسُ إِنَّ وَعْدَ اللَّهِ حَقٌّ فَلَا تَغُرَّنَّكُمُ الْحَيَاةُ الدُّنْيَا وَلَا يَغُرَّنَّكُمْ بِاللَّهِ الْغَرُورُ﴾ [فاطر: ٥]. وقال تعالى: ﴿أَلْهَاكُمُ التَّكَاثُرُ، حَتَّى زُرْتُمُ الْمَقَابِرَ، كَلَّا سَوْفَ تَعْلَمُونَ، ثُمَّ كَلَّا سَوْفَ تَعْلَمُونَ كَلَّا لَوْ تَعْلَمُونَ عِلْمَ الْيَقِينِ﴾ [التكاثر: ١-٥]. وقال تعالى: ﴿وَمَا هَذِهِ الْحَيَاةُ الدُّنْيَا إِلَّا لَهْوٌ وَلَعِبٌ وَإِنَّ الدَّارَ الْآخِرَةَ لَهِيَ الْحَيَوَانُ لَوْ كَانُوا يَعْلَمُونَ﴾ [العنكبوت: ٦٤]. والآيات في الباب كثيرة مشهورة.

وأمَّا الأحاديثُ فأكثرُ مِنْ أَنْ تُحْصَرَ فَنُنَبِّهُ بِطَرَفٍ مِنها على ما سِواه.

٤٥٧ ـ عن عمرو بنِ عوفٍ الأنصاري؛ رضيَ اللَّهُ عنه، : أنَّ رسولَ اللَّهِ، ﷺ، بَعَثَ أبا عُبيدةَ بنَ الجراحِ، رضيَ اللَّهُ عنه إلى البَحْرينِ يَأتي بِجِزْيَتِها، فَقَدِمَ بمالٍ مِنَ البَحْرَيْنِ، فَسَمِعَتِ الأنصارُ بقُدومِ أبي عُبَيدَةَ، فوافَوْا صلاةَ الفجرِ مَعَ رسولِ اللَّهِ، ﷺ، فلمَّا صَلَّى رسولُ اللَّهِ، ﷺ، انصَرَفَ فتَعَرَّضُوا لَهُ، فتَبَسَّمَ رسولُ اللَّهِ، ﷺ حينَ رَآهُمْ، ثُمَّ قال: «أَظُنُّكُمْ سَمِعتُمْ أنَّ أبا عُبَيْدَةَ قَدِمَ بِشَيْءٍ مِنَ البَحْرَيْنِ؟» فقالوا: أَجَل يا رسولَ اللَّهِ، فقال؛ «أَبْشِرُوا وَأَمِّلُوا مَا يَسُرُّكُمْ، فواللهِ مَا الفَقْرَ أَخْشَى عَلَيْكُمْ، ولكِنِّي أَخْشَى عَلَيْكُمْ أَنْ تُبْسَطَ الدُّنْيَا عَلَيْكُمْ كَمَا بُسِطَتْ عَلى

1. Buch der Gebote

"Wisset, dass das irdische Leben nur Spiel und Zeitvertreib ist und Flitter und Prahlerei unter euch und eine Sucht nach Mehrung von Gut und Kindern. Es gleicht dem Regen, der mit seinem (Pflanzenwachstum) die Bauern erfreut. Dann aber vertrocknen (die Pflanzen), und du siehst, wie sie gelb werden, dann zerbröckeln sie zu Staub. Und im Jenseits ist strenge Strafe ebenso wie Vergebung von Allah und Sein Wohlgefallen, und das Leben dieser Welt ist nichts weiter als ein betörender Genuss." (57:20),
"Anziehend erscheint den Menschen die Liebe zu Begehrenswertem: zu Frauen und Söhnen, aufgehäuften Reichtümern an Gold und Silber, und zu ausgezeichneten Pferden und Viehherden und Saatfeldern. Dies sind Genüsse für das diesseitige Leben. Doch bei Allah ist die schönste Heimstatt." (3:14)
"Oh ihr Menschen! Wahrlich, das Versprechen Allahs ist (unumstößliche) Wahrheit. Darum lasst euch nicht durch das diesseitige Leben täuschen und lasst euch nicht vom (schlimmsten) Betrüger über Allahs täuschen." (35:5)
"Das Streben nach immer mehr lenkt euch (von Höherem) ab, bis ihr die Gräber aufsucht. Doch nein! Ihr werdet es wissen! Abermals nein! ihr werdet es wissen. Doch nein! Wenn ihr es nur mit Gewissheit wüsstet!" (102:1-5)
"Dieses irdische Leben ist (ja) nichts weiter als Spiel und Zeitvertreib. Doch wahrlich, die Wohnstatt des Jenseits, das ist das (wirkliche) Leben, - wenn sie es nur wüssten!" (29:64)

Es ist zu erwähnen, dass die Qur'ânverse und Aussprüche des Propheten (s) über dieses Thema zahlreich sind. Daher begnügen wir uns mit einer kleinen Auswahl von beiden.

Hadith 457: Es erzählte Amru ibn Auf al-Ansâri (r), dass der Gesandte Allahs (s) den Gefährten Abu Ubaida ibn al-Dscharrâh (r) ausschickte, um die Kopfsteuer (*Dschizya*) einzusammeln, und dieser kehrte später aus Bahrain mit dem Geld zurück. Als die *Ansâr* von seiner Ankunft hörten, versammelten sie sich zum Morgengebet beim Propheten (s). Als der Prophet nach Beendigung des Gebets gehen wollte, erschienen sie vor ihm. Er sah sie, lächelte er und sagte: "Ich glaube, ihr habt gehört, dass Abu Ubaida mit etwas aus Bahrain zurückgekehrt ist." Sie sagten: "Ja, so ist es, oh Gesandter Allahs (s)." Er sagte: "Seid getrost und freut euch über das, was ihr erhalten werdet. Bei Allah! Es ist nicht eure Armut, worüber ich mich bei euch sorge. Worüber ich mir Sorgen mache ist, dass ihr im

مَنْ كَانَ قَبْلَكُمْ، فَتَنَافَسُوهَا كَمَا تَنَافَسُوهَا؛ فَتُهْلِكَكُمْ كَمَا أَهْلَكَتْهُمْ». متفقٌ عليه.

٤٥٨ ـ وعن أبي سعيدٍ الخدريِّ، رضيَ اللَّهُ عنه، قال: جَلَسَ رسولُ اللَّهِ، ﷺ، على المنبرِ، وَجَلَسْنَا حَوْلَه، فقال: «إنَّ مِمَّا أَخَافُ عَلَيْكُمْ مِنْ بَعْدِي مَا يُفْتَحُ عَلَيْكُمْ مِنْ زَهْرَةِ الدُّنْيَا وزِينَتِهَا». متفقٌ عليه.

٤٥٩ ـ وعنه، أنَّ رسولَ اللَّهِ، ﷺ، قال: «إنَّ الدُّنْيَا حُلْوَةٌ خَضِرَةٌ وإنَّ اللَّهَ تعالى مُسْتَخْلِفُكُمْ فِيهَا، فَيَنْظُرُ كَيْفَ تَعْمَلُونَ، فَاتَّقُوا الدُّنْيَا واتَّقُوا النِّسَاءَ». رواه مسلم.

٤٦٠ ـ وعن أنسٍ، رضيَ اللَّهُ عنه، أنَّ النبيَّ ـ ﷺ ـ قال: «اللَّهُمَّ لا عَيْشَ إلَّا عَيْشُ الآخِرَةِ». متفقٌ عليه.

٤٦١ ـ وعنه، عن رسول الله، ﷺ، قال: «يَتْبَعُ المَيْتَ ثَلاثَةٌ: أَهْلُهُ وَمَالُهُ وَعَمَلُهُ: فَيَرْجِعُ اثْنَانِ، ويَبْقَى مَعَهُ وَاحِدٌ يَتْبَعُهُ يَرْجِعُ أَهْلُهُ وَمَالُهُ ويَبْقَى عَمَلُهُ». متفقٌ عليه.

٤٦٢ ـ وعنه قال: قال رسولُ اللَّهِ، ﷺ: «يُؤْتَى بأَنْعَمِ أَهْلِ الدُّنْيَا مِنْ أَهْلِ النَّارِ يَوْمَ القِيَامَةِ، فَيُصْبَغُ فِي النَّارِ صَبْغَةً، ثُمَّ يُقَالُ: يا ابْنَ آدَمَ، هَلْ رَأَيْتَ خَيْراً قَطُّ؟ هَلْ مَرَّ بِكَ نَعِيمٌ قَطُّ؟ فَيَقُولُ: لا واللَّهِ يا رَبِّ. ويُؤْتَى بِأَشَدِّ النَّاسِ بُؤْساً فِي الدُّنْيَا مِنْ أَهْلِ الجَنَّةِ؛ فَيُصْبَغُ صَبْغَةً فِي الجَنَّةِ؛ فَيُقَالُ لَهُ: يا ابْنَ آدَمَ، هَلْ رَأَيْتَ بُؤْساً قَطُّ؟ هَلْ

1. Buch der Gebote

Diesseits bekommt, was ihr wünscht, wie es den Leuten vor euch erging, und dann werdet ihr anfangen danach zu streben, genauso wie es die Leute vor euch taten, und das Diesseits wird euch zerstören wie es die Leute zerstört hat, die vor euch waren.
(Al-Bukhâri und Muslim)

Hadith 458: Es überliefert Abu Sa'îd al-Khudri (r): Der Prophet (s) saß einmal auf seiner Kanzel, und wir saßen um ihn herum. Er sagte: "Worüber ich mich nach meinem Tod bei euch sorge, ist, was das Diesseits euch an Schönheit und Pracht bietet."
(Al-Bukhâri und Muslim)

Hadith 459: Abu Sa'îd al-Khudri (r) überliefert auch, dass der Gesandte Allahs (s) sagte: "Wahrlich, diese Welt ist grün und süß, und Allah, der Erhabene, wird euch zu (Seinen) Treuhändern darin ernennen, damit Er sieht, was ihr tut. Nehmt euch also vor dem Diesseits und vor Frauen in Acht!"
(Muslim)

Hadith 460: Es überliefert Anas (r), dass der Prophet (s) sagte: "Oh Allah! Es gibt kein wirkliches Leben außer dem Leben im Jenseits."
(Al-Bukhâri und Muslim)

Hadith 461 ist eine Wiederholung von Hadith Nr. 104.

Hadith 462: Ebenfalls Anas (r) überliefert, dass der Gesandte Allahs (s) sagte: "Die reichste Person in dieser Welt, die für die Hölle bestimmt ist, wird am Tage des Gerichts gebracht, einmal in das Höllenfeuer getaucht und dann gefragt werden: 'Oh Sohn Adams! Hast du jemals etwas Gutes gesehen, hast du jemals Glückseligkeit genossen?' Er wird sagen: 'Bei Allah! Niemals, oh mein Herr!' Dann wird die ärmste Person in dieser Welt, die für das Paradies bestimmt ist, gebracht und einmal in (die Wonne des) Paradieses getaucht und dann gefragt werden: 'Oh Sohn Adams! Hast du jemals Leid gesehen, hast du jemals Armut erlebt?' Er wird sagen: 'Bei Allah! Ich habe niemals Leid gesehen oder Armut erlebt.'"
(Muslim)

مَرَّ بِكَ شِدَّةٌ قَطُّ؟ فيقولُ: لا، وَاللهِ، يا رَبِّ، مَا مَرَّ بي بُؤْسٌ قَطُّ، وَلا رَأَيْتُ شِدَّةً قَطُّ». رواه مسلم.

٤٦٣ - وعن المُسْتَوْرِد بن شَدَّادٍ رضيَ اللهُ عنه، قال: قالَ رسولُ اللهِ، ﷺ: «وَاللهِ، مَا الدُّنْيَا في الآخِرَةِ إلاَّ مِثْلُ مَا يَجْعَلُ أَحَدُكُمْ أَصْبَعَهُ في اليَمِّ، فَلْيَنْظُرْ بِمَ يَرْجِعُ؟». رواه مسلم.

٤٦٤ - وعن جابرٍ، رَضِيَ اللهُ عنهُ: أَنَّ رسولَ اللهِ، ﷺ، مَرَّ بِالسُّوقِ داخِلاً مِنْ بَعْضِ العَالِيَةِ وَالنَّاسُ كَنَفَتَيْهِ، فَمَرَّ بِجَدْيِ أَسَكَّ مَيِّتٍ، فَتَنَاوَلَهُ، فَأَخَذَ بِأُذُنِهِ، ثُمَّ قال: «أَيُّكُمْ يُحِبُّ أَنْ يَكُونَ هذَا لَهُ بِدِرْهَمٍ؟» فقالوا: مَا نُحِبُّ أَنَّهُ لَنَا بِشَيْءٍ، وَمَا نَصْنَعُ بِهِ؟ ثم قال: «أَتُحِبُّونَ أَنَّهُ لَكُمْ؟» قَالُوا: وَاللهِ لَوْ كَانَ حَيًّا كَانَ عَيْباً فِيهِ، لأَنَّهُ أَسَكُّ. فَكَيْفَ وهو مَيِّتٌ! فقال: «فَوَاللهِ لَلدُّنْيَا أَهْوَنُ عَلَى اللهِ مِنْ هذا عَلَيْكُمْ». رواه مسلم.

قوله: «كَنَفَتَيْهِ» أَيْ: عن جانبيه. و«الأَسَكُّ» الصغير الأُذُنِ.

٤٦٥ - وعن أبي ذَرٍّ رَضِيَ اللهُ عنه، قال: كُنْتُ أَمْشِي مَعَ النبيِّ، ﷺ، في حَرَّةٍ بالمدينةِ، فَاسْتَقْبَلَنَا أُحُدٌ فقال: «يَا أَبَا ذَرٍّ». قلت: لَبَّيْكَ يَا رسولَ اللهِ. فقال: «مَا يَسُرُّني أَنَّ عِنْدِي مِثْلَ هذَا أُحُدٍ ذَهَباً تمْضِي عَلَيَّ ثَلاثَةُ أَيَّامٍ وَعِنْدِي مِنْهُ دِينَارٌ، إلاَّ شَيْئاً أُرصِدُهُ لِدَيْنٍ، إلاَّ أَنْ أَقُولَ بِهِ في عِبَادِ اللهِ هكَذَا، وَهكَذَا وَهكَذَا» عن يَمِينِه وعن شِمالِهِ وعن خَلْفِهِ؛ ثم سار فقال: «إِنَّ الأَكْثَرِينَ هُمُ الأَقَلُّونَ يَوْمَ القيامةِ إلاَّ مَنْ قَالَ بِالمَالِ هكَذَا وهكَذَا وهكَذَا» عن يمينِهِ، وعن شمالِهِ، ومِنْ خَلْفِهِ «وَقَلِيلٌ مَا

1. Buch der Gebote

Hadith 463: Es überliefert al-Mustaurid ibn Schaddâd (r), dass der Gesandte Allahs (s) sagte: "Das Diesseits ist im Vergleich zum Jenseits so, als ob einer von euch seinen Finger in den Ozean taucht und dann schaut, was er davon genommen hat."
(Muslim)

Hadith 464: Es erzählte Dschâbir (r), dass der Gesandte Allahs (s) eines Tages in Begleitung seiner Gefährten über den Markt ging, als er ein totes Ziegenböckchen mit kleinen Ohren bemerkte, was dort lag. Er nahm es beim Ohr und fragte: "Wer würde es für einen Dirham haben wollen?" Sie sagten: "Wir möchten das nicht für irgendetwas haben; es ist für uns völlig nutzlos." Dann fragte er: "Würde einer von euch es gratis haben wollen?" Sie antworteten: "Auch wenn es lebendig gewesen wäre, dann wäre es unvollständig mit abgeschnittenen Ohren, und welchen Nutzen hat es jetzt, wo es tot ist?" Der Prophet (s) sagte: "Bei Allah! Die Welt ist sogar noch wertloser aus Allahs Sicht als dieses ist in euren Augen."
(Muslim)

Hadith 465: Abu Dharr (r) erzählte: Eines Tages begleitete ich den Propheten (s) auf der schwarzen Felsenebene von Medina, als wir vor dem Berg Uhud ankamen. Er rief mich: "Oh Abu Dharr!" Ich antwortete: "Hier bin ich Dir zu Diensten, oh Gesandter Allahs (s)." Er sagte: "Wenn ich Gold im Gewicht des Uhud hätte, würde es mich nicht erfreuen, wenn ich nach Ablauf von drei Tagen mehr als einen einzigen Dinar davon behielte, den ich zur Rückzahlung einer Schuld benötigte. Ich würde alles unter den Dienern Allahs verteilen, so und so und so, nach rechts und links und nach hinten." Er ging dann weiter und sagte: "Die viel Reichtum besitzen, werden am Tag des Gerichts die Ärmsten sein, außer denjenigen, die ihren Reichtum ausgaben so und so und so, nach rechts und links und nach hinten, doch es gibt wenige von diesen Menschen." Dann sagte er zu mir: "Bleib an dieser Stelle, bewege dich nicht und warte bis ich zurückkomme!" Daraufhin ging er in die Dunkelheit bis ich ihn nicht mehr sehen

هُمْ». ثم قال لي: «مَكَانَكَ لَا تَبْرَحْ حَتَّى آتِيَكَ». ثم انْطَلَقَ في سَوَادِ اللَّيْلِ حتى تَوَارَى، فَسَمِعْتُ صَوْتاً قَدِ ارْتَفَعَ، فَتَخَوَّفْتُ أَنْ يَكُونَ أَحَدٌ عَرَضَ لِلنَّبِيِّ، ﷺ، فَأَرَدْتُ أَنْ آتِيَهُ، فَذَكَرْتُ قولَه: «لَا تَبْرَحْ حَتَّى آتِيَكَ» فلم أَبْرَحْ حَتَّى أَتَاني، فَقُلْتُ: لقد سَمِعْتُ صَوْتاً تَخَوَّفْتُ منه، فَذَكَرْتُ له، فقال: «وَهَلْ سَمِعْتَهُ؟» قلتُ: نعم، قال: «ذَاكَ جبريلُ أَتَاني فقال: مَن مات مِنْ أُمَّتِكَ لا يُشْرِكُ بِاللَّهِ شَيْئاً دَخَلَ الجَنَّةَ»، قلتُ: وَإِنْ زَنَى وَإِنْ سَرَقَ؟ قال: «وَإِنْ زَنَى وَإِنْ سَرَقَ». متفقٌ عليه، وهذا لفظُ البخاري.

٤٦٦ - وعن أبي هريرة، رضي اللهُ عنه، عن رسولِ اللهِ، ﷺ، قال: «لو كان لي مِثْلُ أُحُدٍ ذَهَباً، لَسَرَّني أَنْ لَا تَمُرَّ عَلَيَّ ثَلَاثُ لَيَالٍ وَعِندي منه شَيْءٌ إلَّا شَيْئاً أَرْصِدُهُ لِدَيْنٍ». متفقٌ عليه.

٤٦٧ - وعنه قال: قال رسولُ اللهِ، ﷺ: «انْظُرُوا إلى مَنْ هُوَ أَسْفَلَ مِنْكُمْ ولا تَنْظُرُوا إلى مَنْ هُوَ فَوْقَكُمْ، فَهُوَ أَجْدَرُ أَنْ لَا تَزْدَرُوا نِعْمَةَ اللَّهِ عَلَيْكُمْ». متفقٌ عليه، وهذا لفظ مسلمٍ.

وفي روايةِ البخاري: «إِذَا نَظَرَ أَحَدُكُمْ إلى مَنْ فُضِّلَ عليهِ في المالِ والخَلْقِ؛ فَلْيَنْظُرْ إلى مَنْ هو أَسْفَلُ مِنْهُ مِمَّنْ فُضِّلَ عَلَيْهِ».

٤٦٨ - وعنه عن النبيِّ، ﷺ، قال: «تَعِسَ عَبْدُ الدِّينَارِ وَالدِّرْهَمِ وَالقَطِيفَةِ وَالخَمِيصَةِ؛ إِنْ أُعْطِيَ رَضِيَ، وَإِنْ لَمْ يُعْطَ لَمْ يَرْضَ». رواه البخاري.

konnte. Bald darauf hörte ich ein lautes Geräusch und hatte Angst, dass dem Propheten (s) etwas zugestoßen sein könnte. Ich wollte ihm nachgehen, erinnerte mich jedoch an seine Anweisung, mich nicht zu bewegen und zu warten, bis er zurückkomme. Also bewegte ich mich nicht von meinem Platz, bis er zu mir zurückkam, und ich sagte zu ihm: "Ich hörte ein Geräusch und bekam Angst davor", und ich erzählte ihm mein Erlebnis. Er fragte: "Und du hast das gehört?" Ich antwortete: "Ja." Er sagte: "Das war der Engel Gabriel, der zu mir gekommen war und sagte: 'Wer von euch stirbt, ohne dass er Allah etwas beigesellt, wird ins Paradies eintreten.' Ich fragte: 'Sogar wenn er Ehebruch oder Diebstahl begangen hätte?' Er sagte: "Auch wenn er Ehebruch und Diebstahl begangen hätte."
(Al-Bukhâri und Muslim)

Hadith 466: Abu Huraira (r) überliefert, dass der Gesandte Allahs (s) sagte: "Wenn ich Gold im Gewicht des Berges Uhud hätte, würde es mich freuen, wenn ich nach drei Nächten nichts davon zurückbehielte außer etwas für die Rückzahlung von Schulden."
(Al-Bukhâri und Muslim)

Hadith 467: Es überliefert auch Abu Huraira (r), dass der Gesandte Allahs (s) sagte: "Schaut auf die Menschen, die unter euch stehen, und nicht auf die Menschen, die über euch stehen, damit ihr die Gaben Allahs für euch nicht geringschätzt."
Diese Fassung stammt von Muslim.

Bei Al-Bukhâri heißt es:
"Wenn einer von euch jemanden sieht, dem Allah mehr materielle und immaterielle Güter gegeben hat als ihm, dann sollte er jemanden ansehen, der ihm unterlegen ist."

Hadith 468: Abu Huraira (r) überliefert, dass der Prophet (s) sagte: "Elend ist der Sklave des Geldes und des Luxus; denn er ist zufrieden wenn er immer mehr bekommt, und unzufrieden wenn er nichts bekommt."
(Al-Bukhâri)

٤٦٩ ـ وعنه، رضي الله عنه، قال: لَقَدْ رَأَيْتُ سَبْعِينَ مِنْ أَهْلِ الصُّفَّةِ، مَا مِنْهُمْ رَجُلٌ عَلَيْهِ رِدَاءٌ، إِمَّا إِزَارٌ، وَإِمَّا كِسَاءٌ، قَدْ رَبَطُوا فِي أَعْنَاقِهِمْ، فَمِنْهَا مَا يَبْلُغُ نِصْفَ السَّاقَيْنِ، وَمِنْهَا مَا يَبْلُغُ الكَعْبَيْنِ، فَيَجْمَعُهُ بِيَدِهِ كَرَاهِيَةَ أَنْ تُرَى عَوْرَتُهُ. رواه البخاري.

٤٧٠ ـ وعنه قال؛ قال رسول الله، ﷺ: «الدُّنْيَا سِجْنُ الْمُؤْمِنِ وَجَنَّةُ الْكَافِرِ». رواه مسلم.

٤٧١ ـ وعن ابن عمر، رضي الله عنهما، قال: أخذ رسولُ اللَّهِ، ﷺ، بِمَنْكِبَيَّ، فقال: «كُنْ فِي الدُّنْيَا كَأَنَّكَ غَرِيبٌ، أَوْ عَابِرُ سَبِيلٍ».

وَكَانَ ابْنُ عُمَرَ، رضي الله عنهما، يقول: إِذَا أَمْسَيْتَ، فَلَا تَنْتَظِرِ الصَّبَاحَ، وَإِذَا أَصْبَحْتَ، فَلَا تَنْتَظِرِ الْمَسَاءَ، وَخُذْ مِنْ صِحَّتِكَ لِمَرَضِكَ وَمِنْ حَيَاتِكَ لِمَوْتِكَ. رواه البخاري.

قالوا في شرحِ هذا الحديثِ معناه: لا تَرْكَنْ إِلَى الدُّنْيَا وَلَا تَتَّخِذْهَا وَطَنًا، وَلَا تُحَدِّثْ نَفْسَكَ بِطُولِ الْبَقَاءِ فِيهَا، وَلَا بِالاعْتِنَاءِ بِهَا، وَلَا تَتَعَلَّقْ مِنْهَا إِلَّا بِمَا يَتَعَلَّقُ بِهِ الْغَرِيبُ فِي غَيْرِ وَطَنِهِ، وَلَا تَشْتَغِلْ فِيهَا بِمَا لَا يَشْتَغِلُ بِهِ الْغَرِيبُ الَّذِي يُرِيدُ الذَّهَابَ إِلَى أَهْلِهِ. وَبِاللَّهِ التَّوْفِيقُ.

٤٧٢ ـ وعن أبي العَبَّاسِ سَهْلِ بنِ سَعْدٍ السَّاعِدِيِّ، رضي اللَّهُ عنهُ، قال: جاءَ رَجُلٌ إلى النبي ﷺ، فقالَ: يا رسولَ اللَّهِ، دُلَّنِي عَلَى عَمَلٍ إِذَا أَنَا عَمِلْتُهُ أَحَبَّنِي اللَّهُ، وَأَحَبَّنِي النَّاسُ، فقال: «ازْهَدْ فِي الدُّنْيَا يُحِبَّكَ اللَّهُ، وَازْهَدْ فِيمَا عِنْدَ النَّاسِ يُحِبَّكَ النَّاسُ». حديثٌ حسنٌ رواه ابن ماجه وغيره بأسانيدَ حسنةٍ.

1. Buch der Gebote

Hadith 469: Abu Huraira (r) erzählte: Ich habe siebzig der *Ahl-us-Suffa*[143] gesehen, und keiner von ihnen hatte ein vollständiges Gewand auf dem Leib: Sie hatten entweder hatten Überwürfe oder Gewänder um den Hals gebunden, und die reichten bei einigen bis zu den Waden, bei anderen bis zu den Knöcheln, und sie hielten den Stoff mit den Händen zusammen, um ihre Blöße zu verdecken."
(Al-Bukhâri)

Hadith 470: Es überliefert Abu Huraira (r), dass der Gesandte Allahs (s) sagte: "Das Diesseits ist ein Gefängnis für den Gläubigen und ein Paradies für die Ungläubigen."
(Muslim)

Hadith 471: Ibn Umar (r) berichtet: Der Gesandte Allahs (s) packte mich an meiner Schulter und sagte: "Sei im Diesseits wie ein Fremder oder wie ein Durchreisender."
Ibn Umar (r) pflegte zu sagen: Wenn du schläfst, erwarte nicht den folgenden Tag, und wenn du erwachst, erwarte nicht den nächsten Abend, und zehre von deiner Gesundheit für die Zeit der Krankheit, und von deinem Leben für deinen Tod.
(Al-Bukhâri)

Das heißt, dass man sich nicht ans Diesseits klammern und es nicht zur Heimat nehmen sollte; niemand soll sich dazu verleiten lassen, einen längeren Aufenthalt darin zu erstreben, man sollte sich nicht all zu sehr darum kümmern und sich nicht zu sehr daran binden, nur so, wie dies ein Fremder täte, und man soll im Diesseits arbeiten wie ein Fremder, der zu seiner Familie zurückkehren wird.

Hadith 472: Abul-Abbâs Sahl ibn Sa'd as-Sâ'idi (r) erzählte, dass ein Mann zum Propheten (s) kam und ihn bat: "Oh Gesandter Allahs, zeige mir eine Tat, durch die ich, indem ich sie tue, die Liebe Allahs und der Leute gewinne." Der Prophet (s) sagte zu ihm: "Entsage dem Diesseits, und Allah wird dich lieben; und entsage dem, wonach sich die Leute sehnen, und sie werden dich lieben."
(Ibn Mâdscha und andere)
Dies ist ein guter Hadith (*hasan*).

---

[143] Die *Ahl-us-Suffa* waren eine Gruppe von armen und frommen Muslimen, die sich in der Moschee von Medina aufzuhalten pflegten.

٤٧٣ - وعن النُّعْمانِ بنِ بَشيرٍ، رضيَ اللَّهُ عنهما، قالَ: ذَكَرَ عُمَرُ بنُ الخَطَّابِ، رضي الله عنـه، مَا أصَابَ النَّاسُ مِنَ الـدُّنْيَا، فقال: لَقَدْ رَأيْتُ رسولَ اللَّهِ، ﷺ، يَظَلُّ اليَوْمَ يَلْتَوي مَا يَجِدُ مِنَ الدَّقَلِ مَا يَمْلأُ بِهِ بَطْنَهُ. رواه مسلم.

«الدَّقَلُ» بفتح الدال المهملة والقاف: رَديءُ التَّمرِ.

٤٧٤ - وعن عائشةَ، رضيَ اللَّهُ عنها، قالت: تُوُفِّيَ رسولُ اللَّهِ، ﷺ، وَمَا في رَفِّي مِنْ شَيءٍ يَأكُلُهُ ذُو كَبِدٍ إلاَّ شَطْرُ شَعِيرٍ في رَفٍّ لي، فَأكَلْتُ مِنْهُ حَتَّى طَالَ عَلَيَّ، فَكِلْتُهُ فَفَنِيَ. متفقٌ عليه.

«شَطْرُ شَعِيرٍ» أيْ: شَيءٌ مِنْ شَعِيرٍ، كَذا فَسَّرَهُ التِّرْمذيُّ.

٤٧٥ - وعن عمرِو بنِ الحارثِ أخِي جُوَيرِيَةَ بِنتِ الحَارثِ أُمِّ المُؤْمِنِينَ، رضي اللَّه عنهما، قال: مَا تَرَكَ رسولُ اللَّهِ، ﷺ، عِنْدَ مَوْتِهِ دِيناراً، ولا دِرْهَماً، ولا عَبْداً، ولا أَمَةً، ولا شَيئاً إلاَّ بَغْلَتَهُ البَيْضَاءَ الَّتي كَانَ يَرْكَبُهَا، وَسِلاحَهُ، وأرْضاً جَعَلَهَا لابنِ السَّبيلِ صَدَقَةً». رواه البخاري.

٤٧٦ - وعن خَبَّابِ بنِ الأرَتِّ رضي الله عنه، قال: هَاجَرْنَا مَعَ رسولِ اللَّهِ، ﷺ، نَلْتَمِسُ وَجْهَ اللَّهِ تعالى؛ فَوَقَعَ أجْرُنَا عَلَى اللَّهِ، فَمِنَّا مَنْ مَضَى ولَمْ يَأكُلْ مِنْ أجْرِهِ شَيئاً، منْهُمْ مُصْعَبُ بنُ عُمَيْرٍ، رضي الله عنـه، قُتِلَ يَوْمَ أُحُدٍ، وَتَرَكَ نَمِرَةً، فَكُنَّا إِذَا غَطَّيْنَا بِهَا رَأسَهُ، بَدَتْ رِجْلاهُ، وإذا غَطَّيْنَا بِهَا رِجْلَهُ، بَدَا رَأسُهُ، فَأمَرَنَا رسولُ اللَّهِ، ﷺ، أنْ نُغَطِّيَ رَأسَهُ، ونَجْعَلَ عَلَى رِجْلَيْهِ شَيئاً مِنَ الإذْخِرِ، ومِنَّا مَنْ أيْنَعَتْ لَهُ ثَمَرَتُهُ، فَهُوَ يَهْدِبُهَا. متفقٌ عليه.

«النَّمِرَةُ»: كِساءٌ مُلَوَّنٌ مِنْ صُوفٍ. وقوله: «أيْنَعَتْ» أيْ: نَضِجَتْ وأدْرَكَتْ. وقوله: «يَهْدِبُهَا» هو بفتح الياء وضم الدال وكسرها، لُغَتَانِ، أيْ: يَقْطِفُهَا وَيَجْتَنِيها، وَهذِهِ استِعَارَةٌ لِمَا فَتَحَ اللَّهُ تَعَالى عَلَيْهِمْ مِنَ الدُّنْيَا وتَمَكَّنُوا فِيهَا.

٤٧٧ - وعـن سَهـلِ بـنِ سَعْـدٍ السَّاعـدِيِّ، رضي الله عنـه، قـال: قَـال

1. Buch der Gebote

Hadith 473: An-Nu'mân ibn Baschîr (r) überliefert, dass Umar ibn al-Khattâb (r) an das, was der Mensch im Diesseits erreicht hat, dachte und dann sagte: "Ich habe gesehen, wie der Gesandte Allahs (s) einen Tag in ungeheurem Hunger verbrachte und nicht einmal verdorbene Datteln finden konnte, um seinen Hunger zu stillen."
(Muslim)

Hadith 474: Es erzählte Âischa (r): Als der Gesandte Allahs (s) verstarb, gab es bei mir zu Hause keinerlei Nahrungsmittel für irgendein Lebewesen mehr, außer einer kleinen Menge Gerste, die im Regal lag. Davon konnte ich mich noch geraume Zeit ernähren, und als ich eines Tages davon nehmen wollte, war bereits alles aufgebraucht.
(Al-Bukhâri und Muslim)

Hadith 475: Amru ibn al-Hârith, der Bruder der Mutter der Gläubigen Dschuwairiya bint al-Hârith, sagte: Als der Prophet (s) verschied, hinterließ er keinen Dinar oder Dirham, keinen Sklaven oder Sklavin oder sonst etwas, außer seinem weißen Maultier, das er zu reiten pflegte, seine Waffen und ein Stück Ackerland, welches er den Reisenden vermachte.
(Al-Bukhâri)

Hadith 476: Khabbâb ibn al-Aratt (r) erzählte: Wir wanderten mit dem Propheten (s) aus, nur um das Wohlgefallen Allahs zu erlangen, und unser Lohn ist bei Allah. Einige von uns starben früh, ohne dass sie einen Teil ihres Lohns (im Diesseits) genossen hätten. Einer von diesen war Mus'ab ibn Umair (r), der in der Schlacht von Uhud den Märtyrertod fand. Er hinterließ bei seinem Tode nur ein kurzes buntes Gewand aus Wolle. Dieses war so klein, dass, wenn wir seinen Kopf damit bedeckten, seine Füße bloß blieben, und wenn wir seine Füße bedeckten, sein Kopf unbedeckt blieb. So wies uns der Prophet (s) an, seinen Kopf zu bedecken und seine Füße mit Gras zuzudecken. Es gibt andere unter uns, die die Frucht ihres Lebens im Diesseits genießen.
(Al-Bukhâri und Muslim)

رسولُ اللَّهِ، ﷺ: «لَوْ كَانَتِ الدُّنْيَا تَعْدِلُ عِنْدَ اللَّهِ جَنَاحَ بَعُوضَةٍ، مَا سَقَى كَافِراً مِنْهَا شَرْبَةَ مَاءٍ».

رواه الترمذي وقال: حديث حسن صحيح.

٤٧٨ - وَعَنْ أَبِي هُرَيْرَةَ، رضي الله عنه، قال: سمعتُ رسولَ اللَّهِ، ﷺ، يقول: «أَلَا إِنَّ الدُّنْيَا مَلْعُونَةٌ، مَلْعُونٌ مَا فِيهَا، إِلَّا ذِكْرَ اللَّهِ تَعَالَى، وَمَا وَالَاهُ، وَعَالِماً وَمُتَعَلِّماً».

رواه الترمذي وقال: حديثٌ حسنٌ.

٤٧٩ - وَعَنْ عَبْدِ اللَّهِ بْنِ مَسْعُودٍ، رضي اللَّهُ عنه، قال: قال رسولُ اللَّهِ، ﷺ: «لَا تَتَّخِذُوا الضَّيْعَةَ فَتَرْغَبُوا فِي الدُّنْيَا».

رواه الترمذي وقال: حديثٌ حسنٌ.

٤٨٠ - وعن عبدِ اللَّهِ بن عمرو بن العاصِ، رضي اللَّهُ عنهما، قال: مَرَّ عَلَيْنَا رسولُ اللَّهِ، ﷺ، ونحنُ نعالجُ خُصًّا لنا فقال: «مَا هَذَا؟» فَقُلْنَا: قَدْ وَهَى، فَنَحْنُ نُصْلِحُهُ، فقال: «مَا أَرَى الأَمْرَ إِلَّا أَعْجَلَ مِنْ ذَلِكَ».

رواه أبو داود، والترمذي بإسناد البخاري ومسلم، وقال الترمذي: حديثٌ حسنٌ صحيحٌ.

٤٨١ - وعن كَعْبِ بْنِ عِيَاضٍ، رضي الله عنه، قال سمعتُ رسولَ اللَّهِ، ﷺ، يقول: «إِنَّ لِكُلِّ أُمَّةٍ فِتْنَةً، وَفِتْنَةَ أُمَّتِي المَالُ». رواه الترمذي وقال: حديثٌ حسنٌ صحيحٌ.

٤٨٢ - وعن أبي عَمْرٍو، ويقالُ: أبو عبدِ اللَّهِ، ويقال: أبو ليلى، عُثْمَانَ بن عَفَّانَ، رضي اللَّهُ عنه أنَّ النبيَّ ﷺ، قال: «لَيْسَ لِابْنِ آدَمَ حَقٌّ فِي سِوَى هَذِهِ الخِصَالِ: بَيْتٌ يَسْكُنُهُ، وَثَوْبٌ يُوَارِي عَوْرَتَهُ، وَجِلْفُ الخُبْزِ، وَالمَاءُ». رواه الترمذي وقال: حديث صحيح.

1. Buch der Gebote

Hadith 477: Sahl ibn Sa'd as-Sâ'idi (r) überliefert, dass der Gesandte Allahs (s) sagte: "Wenn das Diesseits bei Allah so viel gelten würde, wie der Flügel einer Mücke, so hätte Er einem Ungläubigen nicht erlaubt, auch nur einen Schluck davon zu genießen."
(At-Tirmidhi)
Dies ist ein guter und gesunder Hadith (*hasan sahîh*).

Hadith 478: Abu Huraira (r) sagte: Ich hörte den Gesandten Allahs (s) sagen: "Verdammt ist die diesseitige Welt und alles Vergängliche, außer dem Gedenken an Allah, den Erhabenen, wer Ihm beisteht und dem Wissenden und dem nach Wissen Strebenden."
(At-Tirmidhi)
Dies ist ein guter Hadith (*hasan*).

Hadith 479: Es berichtete Abdullâh ibn Mas'ûd (r), dass der Gesandte Allahs (s) sagte: "Strebt nicht nach Grundbesitz, damit euer Verlangen nach dem Diesseits nicht geweckt wird."
(At-Tirmidhi)
Dies ist ein guter Hadith (*hasan*).

Hadith 480: Abdullâh ibn Amru ibn al-Âs (r) berichtet: Der Prophet (s) kam an uns vorbei, als wir mit der Reparatur einer Hütte beschäftigt waren. Er fragte uns: "Was macht ihr da?" Wir antworteten: "Wir reparieren sie, sonst stürzt sie ein." Daraufhin sagte er: "Ich sehe die Sache (d.h. den Tag des Gerichts) noch schneller kommen."
(Abu Dâwûd und At-Tirmidhi nach Al-Bukhâri und Muslim)
Nach At-Tirmidhi ist dies ist ein guter und gesunder Hadith (*hasan sahîh*).

Hadith 481 Ka'b ibn Iyâd (r) überliefert, dass er den Gesandten Allahs (s) sagen hörte: "Jede Gemeinde (*Umma*) wird geprüft werden, und die Prüfung für meine Gemeinde (*Umma*) ist der Wohlstand."
(At-Tirmidhi)
Dies ist ein guter und gesunder Hadith (*hasan sahîh*).

Hadith 482: Uthmân ibn Affân (r) berichtet, dass der Prophet (s) sagte: "Jeder Mensch ist nur zu folgendem berechtigt: einer Wohnstätte, worin er leben kann, Kleidung, um seine Blöße zu bedecken, und einem Stück Brot und Wasser."
(At-Tirmidhi)
Dies ist ein guter und gesunder Hadith (*hasan sahîh*).[144]

قال الترمذي: سَمِعتُ أبا داوُدَ سُلَيْمَانَ بنَ سَلْمٍ البَلْخِيَّ يقولُ: سَمِعتُ النَّضرَ بنَ شُمَيلٍ يقولُ: الجِلفُ: الخُبزُ لَيسَ مَعَهُ إدامٌ.

وقال غَيرُهُ: هُوَ غَلِيظُ الخُبزِ، وقال الهَرَوِيُّ: المُرادُ بِهِ هُنا وِعاءُ الخُبزِ، كالجَوَالِقِ والخُرجِ. والله أعلم.

٤٨٣ - وعن عبدِ اللهِ بنِ الشِّخِّيرِ «بكسر الشين والخاء المشدَّدة المعجمتين» رضيَ اللهُ عنه، أنَّه قالَ: أتَيتُ النَّبيَّ، ﷺ، وَهُوَ يَقرأُ: ﴿أَلهَاكُمُ التَّكَاثُرُ﴾ قال: «يَقُولُ ابنُ آدَمَ: مَالِي، مَالِي، وَهَل لَكَ يا ابنَ آدَمَ مِن مالِكَ إلا ما أكَلتَ فأَفنَيتَ، أو لَبِستَ فأَبلَيتَ، أو تَصَدَّقتَ فأَمضَيتَ؟!». رواه مسلم.

٤٨٤ - وعن عبدِ اللهِ بن مُغَفَّلٍ، رضيَ اللهُ عنه، قال: قال رَجُلٌ للنَّبيِّ ﷺ: يا رسولَ اللهِ، واللهِ إنِّي لأُحِبُّكَ، فقالَ لَهُ: «انظُرْ ماذا تَقولُ؟» قال: واللهِ إنِّي لأُحِبُّكَ، ثلاثَ مَرَّاتٍ، فقال: «إنْ كُنتَ تُحِبُّني فأَعِدَّ للفقرِ تِجفافاً، فإنَّ الفَقرَ أسرعُ إلى مَن يُحِبُّني مِنَ السَّيلِ إلى مُنتَهَاهُ». رواه الترمذي وقال حديث حسن.

«التِّجْفَافُ» بكسرِ التاءِ المثناة فوقُ وإسكان الجيم وبالفاءِ المكررة، وَهُوَ شَيءٌ يُلبِسُهُ الفَرَسُ، لِيُتَّقَى بِهِ الأَذى، وَقَد يَلبَسُهُ الإنسانُ.

٤٨٥ - وعن كَعبِ بنِ مالكٍ، رضيَ اللهُ عنه، قال: قال رسولُ اللهِ ﷺ: «ما ذِئبانِ جَائِعانِ أُرسِلا في غَنَمٍ بأفسَدَ لها مِن حِرصِ المَرءِ عَلى المَالِ والشَّرَفِ، لِدِينِه». رواه الترمذي وقال: حديثٌ حسنٌ صحيحٌ.

٤٨٦ - وعن عبد الله بن مَسعُودٍ، رضي الله عنه، قال: نَامَ رسولُ اللهِ ﷺ، على حَصيرٍ، فَقامَ وَقَد أثَّرَ في جَنبِهِ. قُلنَا: يا رَسُولَ اللهِ لو اتَّخَذنَا لَكَ وِطَاءً!

1. Buch der Gebote

Hadith 483: Abdullâh ibn asch-Schikhkhîr (r) berichtet: Ich kam zu dem Propheten (s) als er gerade aus der Sure *At-Takâthur* rezitierte: "Das Streben nach immer mehr lenkt euch (vom Höherem) ab..."(102:1), und er sprach: "Der Sohn Adams spricht: Mein Besitz, mein Besitz! Was kannst du denn besitzen, oh du Sohn Adams, außer einer Mahlzeit, die verschwindet, einem Kleidungsstück, das du abtragen könntest oder der *Sadaqa*, die du entrichtet hast?"
(Muslim)

Hadith 484: Abdullâh ibn Mughaffal (r) berichtet, dass ein Mann zum Propheten (s) sagte: "Oh Gesandter Allahs! Bei Allah, ich liebe dich sehr." Dieser erwiderte: "Schaust du auf das, was du sagst?" Der Mann sagte: "Bei Allah, ich liebe dich." Und er wiederholte dies dreimal. Da sagte er (s): "Wenn du mich wirklich liebst, dann bereite dich auf ungeheure Armut vor, denn die Armut ereilt jemanden, der mich liebt, eher als ein Fluss sein Ziel."
(At-Tirmidhi)
Dies ist ein guter Hadith (*hasan*).

Hadith 485: Ka'b ibn Mâlik (r) berichtet, dass der Gesandte Allahs (s) sagte: "Zwei hungrige Wölfe in einer Herde Schafe können keinen größeren Schaden anrichten als den, der durch die Habsucht eines Menschen nach materiellen und immateriellen[145] Gütern entsteht."
(At-Tirmidhi)
Dies ist ein guter und gesunder Hadith (*hasan sahîh*).

Hadith 486: Abdullâh ibn Mas'ûd (r) berichtet, dass der Gesandte Allahs (s) eines Tages auf einer Palmfaser-Matte schlief, und als er erwachte, waren die Abdrücke der Matte auf seinem Körper sichtbar. Wir sagten:

---

[144] Dieser Hadith wird von einigen Gelehrten für schwach gehalten (*da'if*).
[145] Wörtlich: nach religiöser Würde.

فقال: «مَا لِي وَلِلدُّنْيَا؟ مَا أَنَا فِي الدُّنْيَا إِلَّا كَرَاكِبٍ اسْتَظَلَّ تَحْتَ شَجَرَةٍ ثُمَّ رَاحَ وَتَرَكَهَا».

رواه الترمذي وقال: حديثٌ حسنٌ صحيحٌ.

٤٨٧ - وعن أبي هريرة، رضي الله عنه، قال: قال رسولُ اللَّهِ، ﷺ: «يَدْخُلُ الفُقَرَاءُ الجَنَّةَ قَبْلَ الأَغْنِيَاءِ بِخَمْسِ مَائَةِ عَامٍ». رواه الترمذي وقال: حديثٌ صحيحٌ.

٤٨٨ - وعن ابن عَبَّاسٍ، وعمْرَانَ بن الحُصَينِ، رضيَ اللَّهُ عنهم، عن النبي، ﷺ، قال: «اطَّلَعْتُ فِي الجَنَّةِ فَرَأَيْتُ أَكْثَرَ أَهْلِهَا الفُقَرَاءَ، وَاطَّلَعْتُ فِي النَّارِ فَرَأَيْتُ أَكْثَرَ أَهْلِهَا النِّسَاءَ». متفقٌ عليه من رواية ابن عباسٍ.

ورواه البخاري أيضاً من روايةِ عمرانَ بن الحُصَينِ.

٤٨٩ - وعن أسامةَ بن زيدٍ، رضيَ اللَّهُ عنهما، عن النبيِّ ﷺ، قال: «قُمْتُ عَلَى بَابِ الجَنَّةِ، فَكَانَ عَامَّةُ مَنْ دَخَلَهَا المَسَاكِينُ. وَأَصْحَابُ الجَدِّ محبُوسُونَ، غَيْرَ أَنَّ أَصْحَابَ النَّارِ قَدْ أُمِرَ بِهِمْ إِلى النَّارِ». متفقٌ عليه.

و«الجَدُّ» الحَظُّ وَالغِنَى. وقد سبق بيان هذا الحديث في باب فضلِ الضَّعَفَةِ.

٤٩٠ - وعن أبي هريرة، رضي الله عنه، عن النبيِّ، ﷺ، قال: «أَصْدَقُ كَلِمَةٍ قَالَهَا شَاعِرٌ كَلِمَةُ لَبِيدٍ:
أَلَا كُلُّ شَيْءٍ مَا خَلَا اللَّهَ بَاطِلُ».

متفقٌ عليه.

1. Buch der Gebote

"Oh Gesandter Allahs, dürfen wir dir eine weiche Matratze geben?" Er antwortete: "Was habe ich mit dieser Welt zu schaffen? Im Diesseits bin ich nur wie ein Durchreisender, der im Schatten eines Baumes rastet und ihn wieder verlässt, nachdem er etwas geruht hat."
(At-Tirmidhi)
Dies ist ein guter und gesunder Hadith (*hasan sahîh*).

Hadith 487: Abu Huraira (r) überliefert, dass der Gesandte Allahs (s) sagte: "Die armen Menschen werden das Paradies fünfhundert Jahre früher betreten als die reichen."
(At-Tirmidhi)
Dies ist ein gesunder Hadith (*sahîh*).

Hadith 488: Es erzählten Ibn Abbâs und Imrân ibn al-Husain (r), dass der Prophet (s) sagte: "Als ich ins Paradies schaute, sah ich, dass die meisten seiner Bewohner Arme waren; und als ich einen Blick ins Höllenfeuer warf, sah ich, dass die meisten seiner Bewohner Frauen waren."[146]
(Al-Bukhâri und Muslim)
Die zitierte Fassung beruft sich auf Ibn Abbâs.
Al-Bukhâri überliefert den gleichen Hadith unter Berufung auf Imrân ibn al-Husain.

Hadith 489 ist eine Wiederholung von Hadith Nr. 258.

Hadith 490: Abu Huraira (r) überliefert, dass der Prophet (s) sagte: "Das treffendste, was je von einem Dichter gesagt wurde, ist, was Labîd[147] sagte: 'Gewiss ist alles außer Allah nichtig.'"
(Al-Bukhâri und Muslim)

---

[146] Vergl. Hadith Nr. 258.
[147] Labîd ibn Rabî'a al-Âmiri Huwâzin Qais war bereits in vor-islamischer Zeit einer der bedeutendsten Dichter Arabiens.

1 ـ 56 ـ باب فضل الجوع وخشونة العيش والاقتصار على القليل من المأكول والمشروب والملبوس وغيرها من حظوظ النفس وترك الشهوات

قال اللهُ تعالى: ﴿فَخَلَفَ مِنْ بَعْدِهِمْ خَلْفٌ أَضَاعُوا الصَّلَاةَ وَاتَّبَعُوا الشَّهَوَاتِ فَسَوْفَ يَلْقَوْنَ غَيًّا، إِلَّا مَنْ تَابَ وَآمَنَ وَعَمِلَ صَالِحاً فَأُولَٰئِكَ يَدْخُلُونَ الْجَنَّةَ وَلَا يُظْلَمُونَ شَيْئاً﴾ [مريم: 59، 60]. وقال تعالى: ﴿فَخَرَجَ عَلَىٰ قَوْمِهِ فِي زِينَتِهِ قَالَ الَّذِينَ يُرِيدُونَ الْحَيَاةَ الدُّنْيَا يَا لَيْتَ لَنَا مِثْلَ مَا أُوتِيَ قَارُونُ إِنَّهُ لَذُو حَظٍّ عَظِيمٍ، وَقَالَ الَّذِينَ أُوتُوا الْعِلْمَ وَيْلَكُمْ ثَوَابُ اللَّهِ خَيْرٌ لِمَنْ آمَنَ وَعَمِلَ صَالِحاً﴾ [القصص: 79 ـ 80]. وقال تعالى: ﴿ثُمَّ لَتُسْأَلُنَّ يَوْمَئِذٍ عَنِ النَّعِيمِ﴾ [التكاثر: 8]. وقَالَ تعالى: ﴿مَنْ كَانَ يُرِيدُ الْعَاجِلَةَ عَجَّلْنَا لَهُ فِيهَا مَا نَشَاءُ لِمَنْ نُرِيدُ ثُمَّ جَعَلْنَا لَهُ جَهَنَّمَ يَصْلَاهَا مَذْمُوماً مَدْحُوراً﴾ [الإسراء: 18]..

والآياتُ في الباب كثيرةٌ مَعْلُومَةٌ.

491 ـ وعن عائشةَ، رضي الله عنها، قالت: مَا شَبِعَ آلُ مُحَمَّدٍ، ﷺ، مِنْ خُبْزِ شَعيرٍ يَوْمَيْنِ مُتَتَابِعَيْنِ حَتَّى قُبِضَ رَسُولُ اللهِ ﷺ. متفقٌ عليه.

وفي روايةٍ: مَا شَبِعَ آلُ مُحَمَّدٍ، ﷺ، مُنْذُ قَدِمَ المَدِينَةَ مِنْ طَعَامِ البُرِّ ثَلَاثَ لَيَالٍ تِبَاعاً حَتَّى قُبِضَ.

1. Buch der Gebote

Kapitel 56
Vorzug des Hungers, spartanischen Lebens und Genügsamkeit in Essen, Trinken und Kleidung und anderen Gütern des Lebens, sowie Unterdrückung der Triebe

Qur'ân: Allah, der Erhabene, spricht:
"Doch nach ihnen folgte eine Nachkommenschaft, die das Gebet unterließ und ihren Begierden nachgab. So werden sie dem Untergang preisgegeben, außer denen, die reuevoll umkehren, und glauben und Gutes tun. Sie sind es, die in den Garten eingehen werden und denen in nichts Unrecht getan wird." (19:59-60)

"So trat er vor seine Leute in all seiner Pracht. Da sagten diejenigen, die das diesseitige Leben vorzogen: 'Ach hätten wir doch nur das Gleiche wie das, was Korah[148] zuteil wurde. Er hat fürwahr einen reichen Anteil am Glücks!' Die jedoch, denen Wissen zuteil worden war, sprach: "Wehe euch! Die Belohnung Allahs ist weitaus besser für den, der glaubt und rechtschaffen ist." (28:79-80)

"Dann werdet ihr an jenem Tag über die Gnaden befragt werden (die euch zuteil geworden sind)." (102:8)

"Wenn jemand nach Vergänglichem strebt, so lassen Wir ihn unverzüglich daran teilhaben, so viel Wir wollen und für wen Wir es wünschen. Dann bereiten Wir für ihn die Hölle, in der er verachtet und ausgestoßen Qualen erleiden wird." (17:18)

Zu diesem Thema gibt es noch zahlreiche weitere Qur'ânverse.

Hadith 491: Âischa (r) erzählte: Die Angehörigen des Propheten (s) aßen sich niemals an zwei aufeinanderfolgenden Tagen mit (Brot aus) Gerste satt, bis er starb.
(Al-Bukhâri und Muslim)

Eine andere Version lautet: Seit seiner Ankunft in Medina aßen sich die Familienangehörigen des Propheten (s) niemals an drei aufeinanderfolgenden Tagen mit (Brot aus) Weizen satt, bis er verstarb.

---

[148] Siehe Anmerkung Nr. 176 auf Seite 250.

٤٩٢ - وعن عُرْوَةَ عَنْ عَائشةَ ـ رضي الله عنها ـ أنَّها كَانَتْ تَقُولُ: وَاللَّهِ يَا ابْنَ أُخْتي إنْ كُنَّا لَنَنْظُرُ إلى الهِلَالِ، ثُمَّ الهِلالِ، ثم الهِلالِ: ثَلاثَةَ أَهلَّةٍ في شَهْرَيْنِ، وَمَا أُوقِدَ في أبياتِ رسولِ اللَّهِ ﷺ، نَارٌ. قُلْتُ: يَا خَالةُ، فَمَا كَانَ يُعَيِّشُكُمْ؟ قالت: الأسْوَدَانِ: التَّمْرُ وَالمَاءُ، إِلَّا أنَّهُ قَدْ كَانَ لِرَسُولِ اللَّهِ ﷺ جِيرَانٌ مِنَ الأنْصَارِ، وَكَانَتْ لَهُمْ مَنَائحُ وكَانُوا يُرْسِلُونَ إلى رسولِ اللَّهِ مِنْ ألْبَانِها فَيَسْقِينَا. متفقٌ عليه.

٤٩٣ - وعن سَعِيدِ المَقْبُرِيِّ عَنْ أبي هُرَيْرَةَ رضي الله عنه، أنه مَرَّ بِقَوْمٍ بَيْنَ أيْدِيهِمْ شَاةٌ مَصْلِيَّةٌ، فَدَعَوْهُ فَأَبَى أَنْ يَأْكُلَ، وقال: خَرَجَ رسولُ اللَّهِ ﷺ مِنَ الدُّنْيَا وَلَمْ يَشْبَعْ مِنْ خُبْزِ الشَّعِيرِ. رواه البخاري.

«مَصْلِيَّةٌ» بفتح الميم: أيْ: مَشْوِيَّةٌ.

٤٩٤ - وعن أنسٍ رضي الله عنه، قال: لَمْ يَأْكُلِ النَّبِيُّ ﷺ عَلَى خِوَانٍ حَتَّى مَاتَ، وَمَا أَكَلَ خُبْزاً مُرَقَّقاً حَتَّى مَاتَ. رواه البخاري.

وفي روايةٍ له: وَلَا رَأَى شَاةً سَمِيطاً بِعَيْنِهِ قَطُّ.

٤٩٥ - وعن النُّعمانِ بنِ بَشيرٍ رضي اللَّهُ عنهما قال: لَقَدْ رَأَيْتُ نَبِيَّكُمْ ﷺ، وَمَا يَجِدُ مِنَ الدَّقَلِ مَا يَمْلَأُ بِهِ بَطْنَهُ. رواه مسلم.

الدَّقَلُ: تَمْرٌ رَدِيءٌ.

٤٩٦ - وعن سَهْلِ بنِ سعدٍ رضي اللَّهُ عنه، قال: مَا رَأَى رَسُولُ اللَّهِ ﷺ

1. Buch der Gebote

Hadith 492: Urwa (r) berichtet, dass Âischa (r) zu ihm sagte: "Bei Allah, mein Neffe, wir haben drei Monde in zwei Monaten gesehen, ohne dass in den Wohnungen des Propheten (s) das Herdfeuer entfacht worden wäre." Ich fragte: "Meine Tante, wovon habt ihr euch denn ernährt?" Sie sagte: "Von den beiden schwarzen Dingen, das sind Datteln und Wasser, außer wenn der Prophet (s) *Ansâr* als Nachbarn hatte, die Milchvieh[149] hatten. Sie sandten dann immer etwas Milch zum Propheten (s), der uns davon zu trinken gab."
(Al-Bukhâri und Muslim)

Hadith 493: Abu Sa'îd al-Maqburi (r) berichtet, dass Abu Huraira (r) an einigen Leuten vorbeikam, die eine gegrillte Ziege vor sich hatten. Sie forderten ihn auf, sich am Essen zu beteiligen, aber er weigerte sich und sagte: "Der Gesandte Allahs (s) verabschiedet sich aus dieser Welt, ohne sich an (Brot aus) Gerste sattgegessen zu haben."
(Al-Bukhâri)

Hadith 494: Anas (r) erzählte: Bis zu seinem Tode genoss der Prophet (s) nie eine Mahlzeit an einen Tisch. Selbst feines Brot aß er nie, bis er starb.
(Al-Bukhâri)

In einer anderen Version heißt es weiter: Und niemals sah er (s) mit eigenen Augen auch nur eine gegrillte Ziege.

Hadith 495: An-Nu'mân ibn Baschîr (r) erzählte: Gewiss habe ich euren Propheten (s) erlebt, als er nicht einmal schlechte Datteln hatte, um seinen Hunger zu stillen.
(Muslim)

Hadith 496: Sahl ibn Sa'd (as-Sâ'idi) (r) erzählte: "Der Gesandte Allahs (s) sah nie aus feinem Mehl gebackenes Brot seit seiner Berufung (als

---

[149] Kamele oder Ziegen.

النَّقِيَّ مِنْ حِينِ ابْتَعَثَهُ اللَّهُ تَعَالَى حَتَّى قَبَضَهُ اللَّهُ تَعَالَى، فَقِيلَ لَهُ: هَلْ كَانَ لَكُمْ فِي عَهْدِ رَسُولِ اللَّهِ ﷺ مَنَاخِلُ؟ قَالَ: مَا رَأَى رَسُولُ اللَّهِ ﷺ مُنْخُلاً مِنْ حِينِ ابْتَعَثَهُ اللَّهُ تَعَالَى حَتَّى قَبَضَهُ اللَّهُ تَعَالَى، فَقِيلَ لَهُ: كَيْفَ كُنْتُمْ تَأْكُلُونَ الشَّعِيرَ غَيْرَ مَنْخُولٍ؟ قَالَ: كُنَّا نَطْحَنُهُ وَنَنْفُخُهُ، فَيَطِيرُ مَا طَارَ، وَمَا بَقِيَ ثَرَّيْنَاهُ فَأَكَلْنَاهُ. رواه البخاري.

قوله: «النَّقِيّ»: هو بفتح النون وكسر القاف وتشديد الياء، وهُوَ الخُبْزُ الحُوَّارَى، وهُوَ؛ الدَّرْمَكُ. قوله: ثَرَّيْنَاهُ هُوَ بثاءٍ مُثَلَّثَةٍ، ثُمَّ راءٍ مُشَدَّدَةٍ، ثُمَّ ياءٍ مُثَنَّاةٍ مِنْ تحت ثُمَّ نون، أي: بَلَلْنَاهُ وعَجَنَّاهُ.

٤٩٧ - وعن أبي هريرة رضي اللَّهُ عنه قال: خَرَجَ رَسُولُ اللَّهِ ﷺ ذَاتَ يَوْمٍ أَوْ لَيْلَةٍ، فَإِذَا هُوَ بِأَبِي بَكْرٍ وعُمَرَ رَضِيَ اللَّهُ عنهما، فقال: «مَا أَخْرَجَكُمَا مِنْ بُيُوتِكُمَا هَذِهِ السَّاعَةَ؟» قَالَا: الجُوعُ يَا رَسُولَ اللَّهِ!! قَالَ: «وَأَنَا، وَالَّذِي نَفْسِي بِيَدِهِ، لَأَخْرَجَنِي الَّذِي أَخْرَجَكُمَا. قُومَا» فَقَامَا مَعَهُ، فَأَتَى رَجُلاً مِنَ الأَنْصَارِ، فَإِذَا هُوَ لَيْسَ فِي بَيْتِهِ، فَلَمَّا رَأَتْهُ المَرْأَةُ قَالَتْ: مَرْحَباً وَأَهْلاً. فَقَالَ لَهَا رَسُولُ اللَّهِ ﷺ: «أَيْنَ فُلَانٌ؟» قَالَتْ: ذَهَبَ يَسْتَعْذِبُ لَنَا مِنَ المَاءِ، إِذْ جَاءَ الأَنْصَارِيُّ، فَنَظَرَ إِلَى رَسُولِ اللَّهِ ﷺ وَصَاحِبَيْهِ، ثُمَّ قَالَ: الحَمْدُ لِلَّهِ، مَا أَحَدٌ اليَوْمَ أَكْرَمَ أَضْيَافاً مِنِّي. فَانْطَلَقَ فَجَاءَهُمْ بِعِذْقٍ فِيهِ بُسْرٌ وَتَمْرٌ وَرُطَبٌ، فقَالَ: كُلُوا مِنْ هَذِهِ، وَأَخَذَ المُدْيَةَ، فَقَالَ لَهُ رَسُولُ اللَّهِ ﷺ: «إِيَّاكَ وَالحَلُوبَ» فَذَبَحَ لَهُمْ، فَأَكَلُوا مِنَ الشَّاةِ، وَمِنْ ذَلِكَ العِذْقِ، وَشَرِبُوا. فَلَمَّا أَنْ شَبِعُوا وَرَوُوا، قَالَ رَسُولُ اللَّهِ ﷺ لأبي بَكْرٍ وعُمَرَ رَضِيَ اللَّهُ عنهما: «وَالَّذِي نَفْسِي بِيَدِهِ، لَتُسْأَلُنَّ عَنْ هَذَا النَّعِيمِ يَوْمَ القِيَامَةِ،

1. Buch der Gebote

Prophet) durch Allah, den Erhabenen, bis Allah, der Erhabene, ihn zu sich rief." Man fragte ihn: "Hattet ihr Siebe zur Zeit des Gesandten Allahs (s) (um feines Mehl auszusieben)?" Er sagte: "Niemals sah der Gesandte Allahs (s) so ein Sieb, seit seiner Berufung (als Prophet) durch Allah, den Erhabenen, bis Allah, der Erhabene, ihn zu sich rief." Man fragte: "Wie habt ihr denn das aus ungesiebtem Gerstenmehl gebackene Brot essen können?" Er sagte: "Wir pflegten die Gerste zu mahlen, die Spreu durch Blasen zu entfernen, und der Rest wurde zu Teig geknetet."
(Al-Bukhâri)

Hadith 497: Abu Huraira (r) berichtet: Als der Gesandte Allahs (s) eines Tages (oder eines Nachts) sein Haus verließ, stieß er (s) auf Abu Bakr und Umar (r). Er fragte sie: "Was hat euch beide um diese Zeit veranlasst, eure Häuser zu verlassen?" Sie antworteten: "Der Hunger, oh Gesandter Allahs!" Da sagte er: "Bei Allah, in Dessen Händen mein Leben liegt, mich trieb dasselbe, was (auch) euch getrieben hat. Kommt mit!" Er ging zu einem der *Ansâr*, aber dieser war nicht anwesend. Als aber seine Frau ihn (s) sah, sagte sie: "Herzlich willkommen!" Der Gesandte Allahs (s) fragte sie: "Wo ist (dein Mann) Soundso?" Sie sagte: "Er ging, um frisches Wasser für uns zu holen." Während dieses Gesprächs kam der *Ansâri*, sah den Gesandten Allahs (s) und seine Gefährten (r) und sprach: "*Alhamdu lillâh!*[150] Heute hat niemand edlere Gäste als ich!" Unverzüglich brachte er ihnen einen Zweig mit reifen und mit halbreifen, frischen Datteln und sagte: "Esst!". Dann nahm er ein Messer (um ein Schaf zu schlachten), worauf der Gesandte Allahs (s) zu ihm sagte: "Schlachte bitte kein Schaf, das Milch gibt!" Da schlachtete er ein Schaf (das keine Milch gibt), und sie aßen davon und von den Datteln und tranken (frisches Wasser). Nachdem sie satt waren, sagte der Gesandte Allahs (s) zu Abu Bakr und Umar (r): "Bei Dem, in Dessen Händen meine Seele ist: am Tag des Gerichts werdet ihr über diese Wohltat befragt werden; denn euch trieb der Hunger aus euren Häusern, jedoch kehrt ihr nicht nach Hause zurück, ohne dass euch diese Wohltat zuteil wurde."
(Muslim)

Nach At-Tirmidhi und anderen war dieser *Ansâri* Abul-Haitham ibn at-Tayyihân.

---

[150] Auf Deutsch bedeutet dies: "Gelobt sei Allah!"

أَخرَجَكُم مِن بُيوتِكُمُ الجُوعُ، ثُمَّ لَم تَرجِعُوا حَتَّى أَصَابَكُم هذا النَّعِيمُ». رواه مسلم.

قَولُها: «يَستَعذِبُ» أَي: يَطلُبُ الماءَ العَذبَ، وهُوَ الطَّيبُ. و«العِذقُ» بكسر العين وإسكان الذال المعجمة: وهُوَ الكِبَاسَةُ، وهِيَ الغُصنُ. و«المُديَةُ» بضم الميم وكسرها: هِيَ السِّكِّينُ. و«الحَلُوبُ» ذَاتُ اللبَنِ. وَالسُّؤَالُ عَن هذا النعيم سؤالُ تَعدِيدِ النِّعَمِ لا سؤالُ توبيخٍ وتعذيبٍ. واللَّهُ أَعلَمُ. وهذا الأنصاريُّ الَّذِي أَتَوهُ هُوَ أَبُو الهَيثَمِ بنُ التَّيِهانِ رضي اللَّه عنه، كذا جاءَ مُبَيَّناً في روايةِ الترمذي وغيرِه.

٤٩٨ ـ وعن خالدِ بن عُمَيرٍ العَدَوِيِّ قال: خَطَبَنَا عُتبَةُ بنُ غَزوَانَ، وكانَ أَمِيراً عَلى البَصرَةِ، فَحَمِدَ اللَّهَ وَأَثنَى عَلَيهِ، ثُمَّ قَالَ: أَمَّا بَعدُ، فَإِنَّ الدُّنيَا قَد آذَنَت بِصُرمٍ، وَوَلَّت حَذَّاءَ، وَلَم يَبقَ مِنهَا إِلاَّ صُبَابَةٌ كَصُبَابَةِ الإِنَاءِ، يَتَصَابُّهَا صَاحِبُها، وَإِنَّكُم مُنتَقِلُونَ مِنهَا إِلى دَارٍ لا زَوَالَ لَهَا،، فَانتَقِلُوا بِخَيرِ مَا بِحَضرَتِكُم، فَإِنَّهُ قَد ذُكِرَ لَنَا أَنَّ الحَجَرَ يُلقَى مِن شَفِيرِ جَهَنَّمَ، فَيَهوِي فِيهَا سَبعِينَ عَاماً، لا يُدرِكُ لَها قَعراً، واللَّه لَتُملأَنَّ. أَفَعَجِبتُم! وَلَقَد ذُكِرَ لَنَا أَنَّ مَا بَينَ مِصرَاعَينِ مِن مَصَارِيعِ الجَنَّةِ مَسِيرَةُ أَربَعِينَ عَاماً، وَلَيَأتِيَنَّ عَلَيهِ يَومٌ وهُوَ كَظِيظٌ مِنَ الزِّحَامِ، وَلَقَد رَأَيتُنِي سَابِعَ سَبعَةٍ مَعَ رَسُولِ اللَّهِ، ﷺ، مَا لَنَا طَعَامٌ إِلاَّ وَرَقُ الشَّجَرِ، حتى قَرِحَت أَشدَاقُنا، فَالتَقَطتُ بُردَةً فَشَقَقتُهَا بَينِي وبَينَ سَعدِ بنِ مالكٍ، فَاتَّزَرتُ بِنِصفِها، واتَّزر سعدٌ بنِصفِها، فَمَا أَصبَحَ اليَومَ مِنَّا أَحَدٌ إِلاَّ أَصبَحَ أَمِيراً عَلَى مِصرٍ مِنَ الأَمصَارِ، وَإِنِّي أَعُوذُ بِاللَّهِ أَن أَكُونَ في نَفسِي عَظِيماً، وَعِندَ اللَّهِ صَغِيراً. رواه مسلم.

قوله: «آذَنَت» هُوَ بمَدِّ الألفِ، أَي: أَعلَمَت. وقوله: «بِصُرمٍ»: هو بضم الصاد، أي: بانقطاعها وفنائها. وقوله: «وَوَلَّت حَذَّاءَ» هو بحاءٍ مهملةٍ مفتوحةٍ، ثُمَّ ذال معجمة مشدَّدة، ثُمَّ ألفٍ ممدودةٍ، أَي: سَرِيعةً. و«الصُّبَابَةُ» بضم الصاد المهملة: وهي البَقِيَّةُ اليَسِيرَةُ. وقولُهُ: «يَتَصَابُّهَا» هو بتشديدِ الباءِ قبلَ الهاءِ، أَي: يجمعُها. و«الكَظِيظُ»: الكَثِيرُ المُمتَلىءُ. وقوله: «قَرِحَت» هو بفتحِ القافِ وكسرِ الراءِ، أَي: صَارَت فيها قُرُوحٌ.

1. Buch der Gebote

Hadith 498: Khâlid ibn Umar al-Adawi (r) erzählte: Der Verwalter von Basra, Utba ibn Ghazwân (r) hielt vor uns eine Ansprache, in der er Allah lobte und pries und folgendes sprach: "Das Diesseits hat angezeigt, dass sein Ende naht, dass es sich schnell wandelt, und dass nur noch ein kleines Bisschen bleibt, so wie der letzte Rest, der in einem Gefäß zurückbleibt, und man versucht, diese Reste zusammenzukratzen. Ihr werdet gewiss (von dieser Welt) in ein anderes Heim überwechseln, das ewig ist. Deshalb wechselt über mit dem Besten, was ihr habt. Uns ist doch gesagt worden, dass ein Stein, der in den Höllenschlund fallen wird, siebzig Jahre fallen wird, ohne auf seinem Grund aufzuschlagen. Doch bei Allah, er wird (mit Sündern) gefüllt werden. Wundert ihr euch darüber. Uns ist doch gesagt worden, dass die beiden Riegel des Paradiestores so weit wie eine vierzigjährige Reise offen stehen. Trotzdem wird ein Tag kommen, an dem es überfüllt sein wird von Menschen. Und ich erinnere mich, als ich als eine von sieben Personen mit dem Gesandten Allahs (s) war, und wir nichts zu essen finden konnten als Blätter von Bäumen, die wir kauten, bis unsere Mundwinkel Wund wurden. Ich nahm einen Umhang und teilte ihn zwischen mir und Sa'd ibn Mâlik, und wir banden ihn um die Hüfte. Und es kam der Tag, an dem jeder von uns Verwalter einer großen Stadt ist. Und ich nehme Zuflucht bei Allah davor, dass ich mich selbst für bedeutend halten könnte, wo ich doch vor Allah (völlig) unbedeutend bin."
(Muslim)

٤٩٩ - وعن، أبي بُردَةَ بن أبي موسى الأشعَرِيّ رضي اللَّهُ عنه قال : أخْرَجَتْ لَنا عَائشَةُ رضيَ اللَّهُ عنها كِساءً وَإزاراً غَليظاً قالَتْ : قُبِضَ رسولُ اللَّهِ ﷺ في هٰذين. متفقٌ عليه.

٥٠٠ - وعن سعد بن أبي وَقَّاص، رضيَ اللَّهُ عنه، قال : إنِّي لأوَّلُ العَرَبِ رَمَى بِسَهْمٍ في سَبيلِ اللَّهِ، وَلَقَدْ كُنَّا نَغْزُو مَعَ رَسُولِ اللَّهِ ﷺ ما لَنَا طَعامٌ إلاَّ وَرَقُ الحُبْلَةِ، وَهٰذا السَّمُرُ، حَتَّى إنْ كان أحَدُنا لَيَضَعُ كما تَضَعُ الشاةُ ما لَهُ خِلْطٌ. متفقٌ عليه.

«الحُبْلَةُ» بضم الحاء المهملة وإسكان الباء الموحدةِ : وهيَ والسَّمُرُ، نَوْعَانِ مَعْرُوفانِ مِنْ شَجَرِ الباديَةِ.

٥٠١ - وعن أبي هُرَيْرَةَ، رضي الله عنه، قال : قال رسول الله، ﷺ : «اللَّهُمَّ اجْعَلْ رِزْقَ آلِ مُحَمَّدٍ قُوتاً». متفقٌ عليه.

قال أَهْلُ اللغَةِ والغَريبِ : مَعْنَى «قُوتاً» أيْ : مَا يَسُدُّ الرَّمَقَ.

٥٠٢ - وعن أبي هُرَيْرَةَ، رضي الله عنه، قال : واللَّهِ الذي لا إلٰهَ إلاَّ هُوَ، إنْ كُنْتُ لأعْتَمِدُ بِكَبِدِي عَلى الأرْضِ مِنَ الجوعِ، وَإنْ كُنْتُ لأشُدُّ الحَجَرَ عَلى بَطْنِي مِنَ الجوعِ. وَلَقَدْ قَعَدْتُ يَوْماً عَلى طَريقِهِمُ الذي يَخرُجُونَ مِنهُ، فَمَرَّ أبُو بَكْرٍ فَسَألتُهُ عَنْ آيَةٍ مِنْ كِتابِ اللَّهِ، مَا سَأَلْتُهُ إلاَّ لِيُشْبِعَني، فَمَرَّ وَلَمْ يَفْعَلْ، ثُمَّ مَرَّ بي عُمَرُ فَسَألتُهُ عَنْ آيَةٍ مِنْ كِتَابِ اللَّهِ، مَا سَأَلْتُهُ إلاَّ لِيُشْبِعَني، فَمَرَّ فَلَمْ يَفْعَلْ، فَمَرَّ بِيَ النبيُّ، ﷺ،

1. Buch der Gebote

Hadith 499: Abu Mûsâ al-Asch'ari (r) berichtet, dass Âischa (r) uns ein Gewand und einen Umhang zeigte und sagte: "In diesen beiden (Kleidungsstücken) ist der Gesandte Allahs (s) verstorben."
(Al-Bukhâri und Muslim)

Hadith 500: Sa'd ibn Abi Waqqâs (r) sagte: Gewiss bin ich der erste Araber, der einen Pfeil um Allahs Willen verschoss. Seinerzeit kämpften wir an der Seite von Allahs Gesandtem (s) und wir hatten nichts zu essen außer den Blättern von Bäumen wie *Al-Hublah* und *As-Samur*[151], bis der Stuhlgang von einigen von uns aussah wie Schafskot."
(Al-Bukhâri und Muslim)

Hadith 501: Abu Huraira (r) überliefert, dass der Gesandte Allahs (s) sprach: "Oh Allah! Lass die Familienangehörigen Muhammads mit dem Lebensnotwendigen versorgt sein!"
(Al-Bukhâri und Muslim)

Hadith 502: Es erzählte Abu Huraira (r): Bei Allah, außer Dem es keinen Gott gibt! Manchmal sah ich mich vor Hunger gezwungen, meinen Magen auf den Boden zu pressen oder einen Stein auf meinen Bauch zu drücken. Eines Tages saß ich an einem Weg, an dem die Leute ein und aus gingen. Der Prophet (s) kam vorbei und lächelte, als er mich sah. Er erkannte meinen Gesichtsausdruck und meinen Zustand, und sagte zu mir: "Abu Hirr!" Ich antwortete: "Zu deinen Diensten, oh Gesandter Allahs!" Er sagte: "Folge mir!" So ging er und ich folgte ihm nach. Er betrat sein Haus und fragte um Erlaubnis (ob ich eintreten dürfe) und es wurde mir gestattet, worauf ich eintrat. Im Hause fand er eine Schale Milch und fragte: "Woher ist diese Milch?" Man sagte ihm: "Es ist ein Geschenk von Soundso für dich." Er sagte zu mir: "Abu Hirr!" Ich sagte: "Zu deinen Diensten, oh Gesandter Allahs!" Er sagte: "Geh zu den *Ahl-us-Suffa*[152] und bringe sie hierher!" Die *Ahl-us-Suffa* waren Gäste des Islam, und der

---
[151] Dies sind Leguminosen- bzw. Akazienarten.
[152] Siehe Anmerkung Nr. 143 auf Seite 202.

فتَبَسَّمَ حِينَ رَآنِي، وَعَرَفَ مَا في وَجْهِي وَمَا في نَفْسِي، ثُمَّ قَالَ: «أَبَا هِرٍّ» قلتُ: لَبَّيْكَ يا رسولَ اللَّهِ، قَالَ: «الْحَقْ» وَمَضَى فَاتَّبَعْتُهُ، فَدَخَلَ فَاسْتَأْذَنَ، فَأَذِنَ لِي: فَدَخَلْتُ، فَوَجَدَ لَبَناً في قَدَحٍ فقال: «مِنْ أَيْنَ هذَا اللَّبَنُ؟» قالوا: أَهْدَاهُ لَكَ فُلانٌ، أَوْ فُلانَةُ، قال: «أَبَا هِرٍّ» قلتُ: لَبَّيْكَ يا رسولَ اللَّهِ، قَالَ: «الْحَقْ إلى أَهْلِ الصُّفَّةِ فَادْعُهُمْ لِي» قال: وَأَهْلُ الصُّفَّةِ أَضْيَافُ الإسْلامِ، لا يَأْوُونَ عَلَى أَهْلٍ، وَلا مَالٍ، وَلا عَلَى أَحَدٍ، وكَانَ إذَا أَتَتْهُ صَدَقَةٌ بَعَثَ بِهَا إلَيْهِمْ، وَلَمْ يَتَنَاوَلْ مِنْهَا شَيْئاً، وَإذَا أَتَتْهُ هَدِيَّةٌ أَرْسَلَ إلَيْهِمْ، وَأَصَابَ مِنْهَا، وَأَشْرَكَهُمْ فِيهَا، فَسَاءَنِي ذلِكَ، فَقُلْتُ: وَمَا هذا اللَّبَنُ في أَهْلِ الصُّفَّةِ! كُنْتُ أَحَقَّ أَنَا أَنْ أُصِيبَ مِنْ هَذَا اللَّبَنِ شَرْبَةً أَتَقَوَّى بِهَا، فَإِذَا جَاءُوا و أَمَرَنِي فَكُنْتُ أَنَا أُعْطِيهِمْ، وَمَا عَسَى أَنْ يَبْلُغَنِي مِنْ هذَا اللَّبَنِ، وَلَمْ يَكُنْ مِنْ طَاعَةِ اللَّهِ وَطَاعَةِ رسولِهِ ﷺ، بُدٌّ، فَأَتَيْتُهُمْ فَدَعَوْتُهُمْ، فَأَقْبَلُوا وَاسْتَأْذَنُوا، فَأَذِنَ لَهُمْ، وَأَخَذُوا مَجَالِسَهُمْ مِنَ البَيْتِ قَالَ: «يَا أَبَا هِرٍّ» قلتُ: لَبَّيْكَ يا رسولَ اللَّهِ قَالَ: «خُذْ فَأَعْطِهِمْ» قال: فَأَخَذْتُ الْقَدَحَ، فَجَعَلْتُ أُعْطِيهِ الرَّجُلَ فَيَشْرَبُ حَتَّى يَرْوَى، ثُمَّ يَرُدُّ عَلَيَّ الْقَدَحَ، فَأُعْطِيهِ الرَّجُلَ فَيَشْرَبُ حَتَّى يَرْوَى، ثُمَّ يَرُدُّ عَلَيَّ القَدَحَ، فيشْرَبُ حَتَّى يَرْوَى، ثُمَّ يَرُدُّ عَلَيَّ القَدَحَ حَتَّى انْتَهَيْتُ إلى النَّبِيِّ ﷺ، وَقَدْ رَوِيَ القَوْمُ كُلُّهُمْ، فَأَخَذَ القَدَحَ فَوَضَعَهُ عَلَى يَدِهِ، فَنَظَرَ إلَيَّ فَتَبَسَّمَ، فقال: «أبا هِرٍّ» قلتُ: لَبَّيْكَ يا رسولَ اللَّهِ، قَالَ: «بَقِيتُ أَنَا وَأَنْتَ» قلتُ: صَدَقْتَ يا رسولَ اللَّهِ، قَالَ: «اقْعُدْ فَاشْرَبْ» فَقَعَدْتُ فَشَرِبْتُ؛ فقَالَ: «اشْرَبْ» فَشَرِبْتُ، فَمَا زَالَ يَقُولُ: «اشْرَبْ» حَتَّى قُلْتُ: لا وَالَّذِي بَعَثَكَ بالحَقِّ ما أَجِدُ لَهُ مَسْلَكاً! قَالَ: «فَأَرِنِي» فَأَعْطَيْتُهُ القَدَحَ، فَحَمِدَ اللَّهَ تَعَالى، وَسَمَّى وَشَرِبَ الفَضْلَةَ. رواه البخاري.

٥٠٣ - وعن مُحَمَّدِ بنِ سِيرِينَ، عن أبي هريرة، رضي الله عنه، قال: لَقَدْ رَأَيْتُنِي وَإنِّي لأَخِرُّ فِيمَا بَيْنَ مِنْبَرِ رسولِ اللَّهِ، ﷺ، إلى حُجْرَةِ عَائِشَةَ رضي الله عنها

1. Buch der Gebote

Prophet (s) sandte ihnen die ganze *Sadaqa*, die ihm gegeben wurde, ohne dass er etwas davon anrührte (denn es ist ihm und seinen Angehörigen verboten, etwas von der *Sadaqa* zu behalten). Und wenn er ein Geschenk erhielt, teilte er es mit ihnen. Doch mich verletzte es (dass er die anderen einlud) und ich sagte mir: 'Wie sollte das Bisschen Milch für (alle) *Ahl-us-Suffa* reichen? Hätte ich nicht mehr Recht, einen Schluck zu nehmen, so dass ich zu Kräften käme. Wenn sie erst kämen, würde der Prophet (s) mich bitten, ihnen die Milch vorzusetzen: Was würde mir von dieser Milch übrig bleiben (wenn sie alle getrunken haben)?' Doch was blieb mir anderes übrig, als Allah und Allahs Gesandtem (s) zu gehorchen. Also ging ich hinaus und lud sie ein. Sie kamen und erbaten die Erlaubnis eintreten zu dürfen, was ihnen gewährt wurde, und sie kamen herein und nahmen Platz. Der Prophet (s) rief: "Abu Hirr!" Und ich antwortete: "Zu deinen Diensten, oh Gesandter Allahs!" Er sagte: "Nimm die Schale mit Milch und gib sie ihnen!" Ich nahm die Schale und reichte sie einem (von ihnen), und dieser trank bis er satt war. Dann gab er sie mir wieder, und ich gab sie dem nächsten weiter, der trank bis er satt war und sie mir wieder gab. (So ging es weiter,) bis die Schale den Propheten (s) erreichte, und alle hatten sich satt getrunken. Er nahm die Schale in die Hand, schaute mich an, lächelte und sagte: "Abu Hirr!" Ich antwortete: "Zu deinen Diensten, oh Gesandter Allahs!" Er sagte: "Jetzt sind nur noch ich und du übrig." Ich sagte: "So ist es, oh Gesandter Allahs." Da sagte er: "Setz dich und trink!" Ich setzte mich und begann zu trinken. Er sagte: "Trink (noch mehr)!" Ich trank (noch ein Bisschen), und er fuhr fort zu sagen: "Trink (noch mehr)!", bis ich sagte: "Bei Demjenigen, der dich mit der Wahrheit gesandt hat! Ich kann nicht mehr!" Er sagte: "Dann gib sie mir!" So gab ich ihm die Schale, er pries Allah, den Erhabenen, sprach "*Bismillâh*" und trank den Rest.
(Al-Bukhâri)

Hadith 503: Muhammad ibn Sîrîn (r) überliefert, dass Abu Huraira (r) sagte: Ich erinnere mich, wie ich bewusstlos wurde und zwischen dem *Mimbar* des Gesandten Allahs (s) und der Kammer von Âischa (r) niederfiel. Einer der Vorbeigehenden dachte, ich sei verrückt, und setzte seinen Fuß auf meinen Hals.[153] In der Tat war ich allerdings niemals verrückt, ich war nur sehr hungrig.
(Al-Bukhâri)

---

[153] Dies tat man damals üblicherweise bei Verrückten, bis sie wieder zu sich kamen.

مَغْشِيًّا عَلَيَّ، فَيَجِيءُ الجَائي، فَيَضَعُ رِجلَهُ عَلَى عُنُقِي، وَيَرَى أَنِّي مَجنُونٌ وَمَا بِي مِن جُنُونٍ، مَا بِي إلَّا الجُوعُ. رواه البخاري.

٥٠٤ ـ وعن عائشة، رضي اللَّهُ عنها، قَالَتْ: تُوُفِّيَ رسول الله ﷺ وَدِرْعُهُ مَرْهُونَةٌ عِندَ يهُودِيٍّ في ثَلاثِينَ صَاعاً مِنْ شَعِير. متفقٌ عليه.

٥٠٥ ـ وعن أَنَس رضي الله عنه قال: رَهَنَ النَّبيُّ ﷺ دِرْعَهُ بِشَعِيرٍ، وَمَشَيْتُ إِلَى النَّبِيِّ ﷺ بِخُبْزِ شَعِيرٍ، وَإِهَالَةِ سَنِخَةٍ، وَلَقَدْ سَمِعْتُهُ يَقُولُ: «مَا أَصْبَحَ لآلِ مُحَمَّدٍ صَاعٌ وَلا أَمْسَى» وَإِنَّهُمْ لَتِسْعَةُ أَبْيَاتٍ. رواه البخاري.

«الإهَالَةُ» بِكسرِ الهمزة: الشَّحْمُ الذَّائِبُ. وَ«السَّنِخَةُ» بالنون والخاء المعجمة؛ وهيَ: المُتَغَيِّرُ.

٥٠٦ ـ وعن أَبي هُرَيْرَةَ، رضي الله عنه، قال: لَقَدْ رَأَيْتُ سَبْعِينَ مِنْ أَهْلِ الصُّفَّةِ، ما مِنْهُم رَجُلٌ عَلَيْهِ رِدَاءٌ، إمَّا إِزَارٌ وَإِمَّا كِسَاءٌ، قَدْ رَبَطُوا في أَعْنَاقِهِم فمِنها ما يَبْلُغُ نِصفَ السَّاقَيْنِ، وَمِنها ما يَبْلُغُ الكَعْبَيْنِ، فَيجمَعُهُ بِيَدِهِ كَراهِيةَ أَنْ تُرى عَوْرَتُهُ. رواه البخاري.

٥٠٧ ـ وعن عائشة رضي الله عنها قالت: كَانَ فِرَاشُ رسولِ اللَّهِ ﷺ مِنْ أَدَمٍ حَشْوُهُ مِنْ لِيفٍ. رواه البخاري.

٥٠٨ ـ وعن ابن عمر رضي الله عنهما قال: كُنَّا جُلُوساً مَعَ رسول الله ﷺ، إذ جَاءهُ رَجُلٌ مِنَ الأَنْصارِ، فَسَلَّمَ عَلَيْهِ، ثُمَّ أَدْبَرَ الأَنْصارِيُّ، فقال رسول اللَّهِ ﷺ «يَا أَخَا الأَنْصَارِ، كَيْفَ أَخِي سَعْدُ بنُ عُبَادَةَ؟» فقال: صَالِحٌ، فقال رسول الله ﷺ:

1. Buch der Gebote

Hadith 504: Âischa (r) erzählte: Als der Gesandte Allahs (s) starb, war sein Harnisch bei einem Juden verwahrt, als Pfand für dreißig Maß Gerste.
(Al-Bukhâri und Muslim)

Hadith 505: Anas (r) erzählte: Der Prophet (s) ließ seinen Harnisch für Gerste verpfänden. Ich brachte ihm selbst Gerstenbrot und ein Bisschen ranziges Fett, und ich hörte ihn sagen: "Die Familienangehörigen Muhammads hatten niemals über Tag und Nacht ein Maß Gerste, obwohl sie neun Haushalte umfassten."
(Al-Bukhâri)

Hadith 506 ist eine Wiederholung von Hadith Nr. 469.

Hadith 507: Es erzählte Âischa (r), dass das Bett des Gesandten Allahs (s) aus einer ledernen Matratze bestand, die mit Palmfasern gefüllt war.
(Al-Bukhâri)

Hadith 508: Ibn Umar (r) berichtet: Einst saßen wir um Allahs Gesandten (s), als einer der *Ansâr* kam und ihn (den Gesandten Allahs) grüßte. Als er wieder gehen wollte, fragte ihn der Gesandte Allahs (s): "Wie geht es meinem Bruder Sa'd ibn Ubâda?" Er antwortete: "Ihm geht es gut." Daraufhin sagte der Gesandte Allahs (s): "Wer von euch würde mit mir kommen wollen, um ihn zu besuchen?" Indem er das sagte, stand er auf, und wir standen alle mit ihm auf. Wir waren mehr als ein Dutzend[154]

«مَنْ يَعُودُهُ مِنْكُمْ؟» فَقَامَ وَقُمْنَا مَعَهُ، وَنَحْنُ بِضْعَةَ عَشَرَ، مَا عَلَيْنَا نِعَالٌ، وَلَا خِفَافٌ، وَلَا قَلَانِسُ، وَلَا قُمُصٌ، نَمْشِي فِي تِلْكَ السِّبَاخِ، حَتَّى جِئْنَاهُ، فَاسْتَأْخَرَ قَوْمُهُ مِنْ حَوْلِهِ حَتَّى دَنَا رَسُولُ اللَّهِ ﷺ وَأَصْحَابُهُ الَّذِينَ مَعَهُ. رواه مسلم.

٥٠٩ - وعن عِمرانَ بن الحُصَين رضي الله عنهما، عن النبي ﷺ أنه قال: «خَيْرُكُمْ قَرْنِي، ثُمَّ الَّذِينَ يَلُونَهُمْ، ثُمَّ الَّذِينَ يَلُونَهُمْ» قال عِمرانُ: فَمَا أَدْرِي قَالَ النَّبيُّ ﷺ مَرَّتَيْنِ أَوْ ثَلَاثًا «ثُمَّ يَكُونُ بَعْدَهُمْ قَوْمٌ يَشْهَدُونَ وَلَا يُسْتَشْهَدُونَ، وَيَخُونُونَ وَلَا يُؤْتَمَنُونَ، وَيَنْذِرُونَ وَلَا يُوفُونَ، وَيَظْهَرُ فِيهِمُ السِّمَنُ». متفق عليه.

٥١٠ - وعن أبي أمامة رضي الله عنه قال: قال رسولُ اللَّه ﷺ: «يَا ابْنَ آدَمَ: إِنَّكَ أَنْ تَبْذُلَ الفَضْلَ خَيْرٌ لَكَ، وَأَنْ تُمْسِكَهُ شَرٌّ لَكَ، وَلَا تُلَامُ عَلَى كَفَافٍ، وَابْدَأْ بِمَنْ تَعُولُ». رواه الترمذي وقال: حديث حسن صحيح.

٥١١ - وعن عُبَيد الله بن مِحصَن الأنصاريِّ الخَطميِّ رضي الله عنه قال: قال رسولُ اللَّه ﷺ: «مَنْ أَصْبَحَ مِنْكُمْ آمِنًا فِي سِرْبِهِ، مُعَافًى فِي جَسَدِهِ، عِنْدَهُ قُوتُ يَوْمِهِ، فَكَأَنَّمَا حِيزَتْ لَهُ الدُّنْيَا بِحَذَافِيرِهَا». رواه الترمذي وقال: حديث حسنٌ.

«سِرْبِهِ» بكسر السين المهملة، أي: نَفْسِهِ، وَقِيلَ: قَوْمِهِ.

٥١٢ - وعن عبدِ الله بن عمرو بن العاصِ رضي الله عنهما، أن رسولَ اللَّه ﷺ قال: «قَدْ أَفْلَحَ مَنْ أَسْلَمَ، وَكَانَ رِزْقُهُ كَفَافًا، وَقَنَّعَهُ اللَّهُ بِمَا آتَاهُ». رواه مسلم.

1. Buch der Gebote

Personen, und keiner von uns hatte Schuhe oder Sandalen, Mützen oder Hemden. Wir gingen (barfuß) über den Salzboden, bis wir zu ihm kamen. Er (Sa'd) bat dann die Leute seines Haushalts, sich zurückzuziehen, und der Gesandte Allahs (s) und seine Gefährten kamen zu ihm.
(Muslim)

Hadith 509: Es erzählte Imrân ibn al-Husain (r), dass der Prophet (s) sagte: "Die besten von euch sind die, die mit mir zusammen leben, dann die, die ihnen (unmittelbar) nachfolgen, dann die nächsten - und ich weiß nicht, ob er dies zweimal oder dreimal wiederholte - und schließlich werden diesen Leute folgen, die bezeugen, aber ihr Zeugnis wird nichts wert sein, und sie werden treulos handeln und Dinge veruntreuen, und sie werden Gelübde ablegen aber sich nicht daran halten, und sie werden unter Körperfülle leiden."
(Al-Bukhâri und Muslim)

Hadith 510: Abu Umâma (r) erzählte, dass der Prophet (s) sagte: "Oh Sohn Adams! Wenn du deinen überflüssigen Reichtum spendest, wäre es besser für dich, und wenn du ihn zurückhältst, wird es übel für dich sein. Es wird dir nicht zum Vorwurf gemacht werden, wenn du über Besitz verfügst. Doch nutze ihn zur Versorgung derer, die von dir abhängig sind.
(At-Tirmidhi)
Dies ist ein guter und gesunder Hadith (*hasan sahîh*).

Hadith 511: Ubaidullâh ibn Mihsan al-Ansâri al-Khatmi (r) berichtet, dass der Gesandte Allahs (s) sagte: "Wer auch immer von euch (morgens) seelisch und körperlich gesund aufwacht, und dessen Lebensunterhalt für diesen Tag gesichert ist, ist so, als wenn er im Besitz der ganzen Welt wäre."
(At-Tirmidhi)
Dies ist ein guter Hadith (*hasan*).
Statt "seelisch gesund" heißt es auch "in einem friedlichen Volk".

Hadith 512: Abdullâh ibn Amru ibn al-Âs (r) überliefert, dass der Gesandte Allahs (s) sagte: "Derjenige ist gewiss erfolgreich, der den Islam angenommen hat, dessen Lebensunterhalt gesichert ist und der mit dem, was ihm Allah gegeben hat, zufrieden ist."
(Muslim)

---

[154] Wörtlich: zwischen 13 und 20.

٥١٣ - وعن أبي مُحَمَّدٍ فَضَالَةَ بن عُبَيْدٍ الأنصاريِّ رضي الله عنه، أنَّهُ سَمِعَ رسولَ اللَّهِ ﷺ يَقُولُ: «طُوبَى لِمَنْ هُدِيَ إلى الإِسلامِ، وَكَانَ عَيْشُهُ كَفَافاً، وَقَنِعَ». رواه الترمذي وقال: حديث حسن صحيح.

٥١٤ - وعن ابن عباس رضي اللَّهُ عنهما قال: كانَ رسولُ اللَّهِ ﷺ يَبِيتُ اللَّيالي المُتتَابِعَةَ طَاوياً، وَأَهْلُهُ لا يَجِدُونَ عَشَاءً، وَكَانَ أَكْثَرُ خُبْزِهِمْ خُبْزَ الشَّعِيرِ. رواه الترمذي وقال: حديثٌ حسنٌ صحيح.

٥١٥ - وعن فَضَالةَ بن عُبَيْدٍ رضي الله عنه، أن رسول الله ﷺ كان إذا صَلَّى بالنَّاسِ، يَخِرُّ رِجَالٌ مِنْ قَامَتِهِمْ في الصلاةِ مِنَ الخَصَاصَةِ ـ وَهُمْ أَصْحَابُ الصُّفَّةِ ـ حَتَّى يَقُولَ الأعْرَابُ: هؤُلاءِ مَجَانِينُ، فَإِذَا صَلَّى رسولُ اللَّهِ ﷺ انصَرَفَ إلَيهِمْ، فقال: «لَوْ تَعْلَمُونَ مَا لَكُمْ عِنْدَ اللَّهِ تعالى، لأَحْبَبْتُمْ أَنْ تَزْدَادُوا فَاقَةً وَحَاجَةً». رواه الترمذي، وقال: حديثٌ صحيحٌ. «الخَصَاصَةُ»: الفَاقَةُ وَالجُوعُ الشَّدِيدُ.

٥١٦ - وعن أبي كَرِيمَةَ المِقْدَامِ بن مَعْدِ يكَرِبَ رضي الله عنه قال: سَمِعْتُ رسولَ اللَّهِ ﷺ يَقُولُ: «مَا مَلأَ آدَمِيٌّ وِعَاءً شَرًّا مِنْ بَطْنٍ، بِحَسْبِ ابنِ آدَمَ أُكُلاتٌ يُقِمْنَ صُلْبَهُ، فَإِنْ كَانَ لا مَحَالَةَ؛ فَثُلُثٌ لِطَعَامِهِ، وَثُلُثٌ لِشَرَابِهِ، وَثُلُثٌ لِنَفْسِهِ».

رواه الترمذي وقال: حديث حسن.

«أُكُلاتٌ» أَيْ: لُقَمٌ.

1. Buch der Gebote

Hadith 513: Abu Muhammad Fadâla ibn Ubaid al-Ansâri (r) überliefert, dass er den Gesandten Allahs (s) sagen hörte: "Wohl ergeht es demjenigen, der zum Islam rechtgeleitet wurde, der zum Leben genug hat und der damit zufrieden ist."
(At-Tirmidhi)
Dies ist ein guter und gesunder Hadith (*hasan sahîh*).

Hadith 514: Ibn Abbâs (r) erzählte: Der Gesandte Allahs (s) und seine Familie verbrachten viele Nächte ohne etwas zu Essen zu haben. Meistens aßen sie Brot aus Gerste."
(At-Tirmidhi)
Dies ist ein guter und gesunder Hadith (*hasan sahîh*).

Hadith 515: Fadâla ibn Ubaid (r) erzählte: Während der Gesandte Allahs (s) das Gebet leitete, wurden einige der Betenden (hinter ihm) von Hunger bewusstlos und fielen zu Boden - sie waren von den *Ahl-us-Suffa*. Es gab Araber vom Lande, die sie als verrückt bezeichneten. Nach Beendigung des Gebets ging Allahs Gesandter (s) zu ihnen und sagte: "Wenn ihr wüsstet, was es bei Allah für euch gibt, würdet ihr euch noch mehr Armut und Hunger wünschen."
(At-Tirmidhi)
Dies ist ein für gesunder Hadith (*sahîh*).

Hadith 516: Abu Karîma al-Miqdâm ibn Ma'd Yakarib (r) berichtet, dass er den Propheten (s) folgendes sagen hörte: "Der Mensch füllt kein schlimmeres Gefäß als den eigenen Magen. Dem Sohn Adams genügen einige (wenige) Bissen, um ihn am Leben zu erhalten. Doch wenn es unbedingt sein soll, dann sollte er ein Drittel (des Magens) für das Essen, ein Drittel für das Trinken und ein Drittel (leer lassen und) für leichtes Atmen (zur Verfügung stellen)."
(At-Tirmidhi)
Dies ist ein guter Hadith (*hasan*).

٥١٧ - وعن أبي أُمامةَ إياسِ بنِ ثعلبةَ الأنصاريِّ الحارثيِّ رضي الله عنه قال: ذَكَرَ أصحابُ رسولِ اللَّهِ ﷺ يوماً عندَهُ الدُّنيا، فقال رسولُ اللَّهِ ﷺ: «أَلَا تَسْمَعُونَ؟ أَلَا تَسْمَعُونَ؟ إنَّ البَذَاذَةَ مِنَ الإيمانِ، إنَّ البَذَاذَةَ مِنَ الإيمانِ» يَعني: التَّقَحُّلَ. رواه أبو داود.

«البَذاذَةُ»: بالباءِ المُوَحَّدَةِ والذَّالَينِ المُعْجَمَتَينِ، وهيَ رَثَاثَةُ الهَيْئَةِ، وتَرْكُ فاخرِ اللِّبَاسِ. وأمَّا «التَّقَحُّلُ» فبالقافِ والحاءِ، قال أهلُ اللُّغَةِ: المُتَقَحِّلُ: هوَ الرَّجُلُ اليَابِسُ الجلدِ مِنْ خُشُونَةِ العَيْشِ، وتَرْكِ التَّرَفُّهِ.

٥١٨ - وعن أبي عبدِ اللَّهِ جابرِ بنِ عبدِ اللَّهِ رضي الله عنهما قال: بَعَثَنَا رسولُ اللَّهِ ﷺ، وأَمَّرَ عَلَيْنَا أبا عُبَيْدَةَ رضي الله عنه، نَتَلَقَّى عِيراً لِقُرَيْشٍ، وَزَوَّدَنَا جِرَاباً مِنْ تَمْرٍ لَمْ يجدْ لنا غَيْرَهُ، فَكَانَ أبو عُبَيْدَةَ يُعطِينا تَمْرَةً تَمْرَةً، فقيل: كَيْفَ كُنْتُمْ تَصْنَعُونَ بها؟ قال: نَمَصُّهَا كَمَا يَمَصُّ الصَّبِيُّ، ثُمَّ نَشْرَبُ عَلَيْهَا مِنَ المَاءِ، فَتَكْفِينَا يَوْمَنَا إلى اللَّيْلِ، وَكُنَّا نَضْرِبُ بِعِصِيِّنَا الخَبَطَ، ثُمَّ نَبُلُّهُ بالمَاءِ فَنَأْكُلُهُ.

قال: وانْطَلَقْنَا عَلَى سَاحِلِ البَحْرِ، فَرُفِعَ لنا عَلَى سَاحِلِ البَحْرِ كَهَيْئَةِ الكَثِيبِ الضَّخْمِ، فَأَتَيْنَاهُ فَإِذَا هِيَ دَابَّةٌ تُدْعَى العَنْبَرَ، فقال أبو عُبَيْدَةَ: مَيْتَةٌ، ثُمَّ قال: لا، بَلْ نحنُ رُسُلُ رسولِ اللَّهِ ﷺ، وفي سبيلِ اللَّهِ، وقدِ اضْطُرِرْتُمْ فَكُلُوا، فَأَقَمْنَا عَلَيْهِ شَهْراً، ونحنُ ثلاثُ مئةٍ، حتَّى سَمِنَّا، وَلَقَدْ رَأَيْتُنَا نَغْتَرِفُ مِنْ وَقْبِ عَيْنِهِ بِالقِلَالِ الدُّهْنَ، وَنَقْطَعُ مِنْهُ الفِدَرَ كَالثَّوْرِ أو كَقَدْرِ الثَّوْرِ، وَلَقَدْ أَخَذَ مِنَّا أبو عُبَيْدَةَ ثلاثةَ عَشَرَ رَجُلاً فَأَقْعَدَهُمْ في وَقْبِ عَيْنِهِ وَأَخَذَ ضِلَعاً مِنْ أضلاعِهِ فَأَقَامَهَا ثُمَّ رَحَلَ أعظمَ بَعِيرٍ

1. Buch der Gebote

Hadith 517: Abu Umâma Iyâs ibn Tha'laba al-Ansâri (r) erzählte, dass die Gefährten des Propheten (s) eines Tages vor ihm über das Diesseits sprachen. Darauf sagte er zu ihnen: "Habt ihr denn nicht gehört? Habt ihr denn nicht gehört? Bescheidenheit und Enthaltsamkeit gehören zum Glauben."
(Abu Dâwûd)

Hadith 518: Abu Abdullâh Dschâbir ibn Abdullâh (r) erzählte: Der Gesandte Allahs (s) unterstellte uns einmal der Führung von Abu Ubaida (r), um einer Handelskarawane (des Stammes) der Quraisch aufzulauern. Als Wegzehrung hatte er uns nur ein Säckchen voll Datteln geben können. Abu Ubaida gab jedem von uns täglich nur eine Dattel zu essen.
Man unterbrach ihn mit der Frage: "Was konntet ihr damit anfangen?" Er entgegnete: Wir pflegten sie zu lutschen, wie ein Säugling, und tranken dann etwas Wasser. Das half uns, den Tag zu überstehen. Wir schlugen auch mit unseren Stöcken Blätter von den Bäumen, machten sie in Wasser feucht und aßen sie. Schließlich erreichten wir den Strand des Meeres und sahen dort etwas liegen, was größer als eine Düne aussah. Als wir dort ankamen, stellten wir fest, dass es eine Art Wal war. Abu Ubaida (r) sagte: "Es ist verendet!"[155] Dann sagte er hingegen: "Nein, wir sind vom Gesandten Allahs (s) geschickt worden, sind um Allahs Willen unterwegs, und ihr seid (von den Umständen) gezwungen. Ihr könnt es also essen." Wir waren etwa dreihundert Personen und lebten einen Monat lang davon, bis wir Fett ansetzten. Wir schöpften mit Krügen aus seinen Augen und schnitten Fleischstücke heraus, so groß wie ein Ochse. Einmal ließ Abu Ubaida (r) dreizehn von uns in seiner Augenhöhle sitzen. Ein anderes Mal nahm er eine seiner Rippen, stellte sie auf, holte unser größtes Kamel, das er noch dazu beladen hatte, und ließ es darunter hindurch laufen. Und wir nahmen von seinem Fleisch als Wegzehrung für uns mit. Als wir in Medina ankamen, gingen wir zum Gesandten Allahs (s) und erzählten ihm davon. Er sagte: "Dies war Allahs Versorgung für euch. Wenn ihr noch etwas Fleisch bei euch habt, gebt es uns davon zu essen!" So gaben wir also etwas davon Allahs Gesandtem (s) und er aß es."
(Muslim)

---

[155] Das Essen des Fleisches von verendeten Tieren ist verboten (*harâm*).

مَعَنَا، فَمَرَّ مِنْ تَحْتِهَا، وتَزَوَّدْنَا مِنْ لَحْمِهِ وَشَائِقَ، فَلَمَّا قَدِمْنَا المَدِينَةَ أَتَيْنَا رسولَ اللهِ ﷺ فَذَكَرْنَا ذَلِكَ له، فقال: «هُوَ رِزْقٌ أَخْرَجَهُ اللَّهُ لَكُمْ، فَهَلْ مَعَكُمْ مِنْ لَحْمِهِ شَيْءٌ فَتُطْعِمُونَا؟» فَأَرْسَلْنَا إلى رسولِ اللَّهِ ﷺ مِنْهُ، فَأَكَلَهُ. رواه مسلم.

الجِرَابُ: وِعَاءٌ مِنْ جِلْدٍ مَعْرُوفٌ، وَهُوَ بِكَسْرِ الجِيمِ وفتحها، والكسرُ أفصَحُ. قوله: نَمَصُّهَا بفتح الميم. «والخَبَطُ» وَرَقُ شَجَرٍ مَعْرُوفٍ تَأْكُلُهُ الإِبِلُ. والكَثِيبُ: التَّلُّ مِنَ الرَّمْلِ. والوَقْبُ: بفتح الواو وإسكان القاف بعدها باءٌ موحدةٌ، وَهُوَ نُقْرَةُ العَيْنِ. والقِلالُ الجِرَارُ. والفِدَرُ بكسر الفاءِ وفتح الدالِ: القِطَعُ. رَحَلَ البَعِيرَ بتخفيف الحاءِ: أَيْ جَعَلَ عَلَيْهِ الرَّحْلَ. الوَشَائِقُ بالشين المعجمة والقاف: اللَّحْمُ الَّذِي اقْتُطِعَ لِيُقَدَّدَ مِنْهُ، والله أعلم.

٥١٩ - وعن أَسْمَاءَ بِنْتِ يَزِيدَ رضي الله عنها قالت: كان يَدُ كُمِّ قَمِيصِ رسولِ اللهِ ﷺ إلى الرُّصْغِ. رواه أبو داود، والترمذي، وقال: حديث حسن.

«الرُّصْغُ» بالصاد والرَّسْغُ بالسين أيضاً: هو المَفْصِلُ بَيْنَ الكَفِّ والسَّاعِدِ.

٥٢٠ - وعن جابر رضي الله عنه قال؛ إِنَّا كُنَّا يَوْمَ الخَنْدَقِ نَحْفِرُ، فَعَرَضَتْ كُدْيَةٌ شَدِيدَةٌ، فَجَاؤُوا إلى النبي ﷺ فقالوا: هَذِهِ كُدْيَةٌ عَرَضَتْ في الخَنْدَقِ. فقال: «أَنَا نَازِلٌ» ثُمَّ قَامَ، وَبَطْنُهُ مَعْصُوبٌ بِحَجَرٍ، وَلَبِثْنَا ثَلَاثَةَ أَيَّامٍ لا نَذُوقُ ذَوَاقاً فَأَخَذَ النَّبِيُّ ﷺ المِعْوَلَ، فَضَرَبَ، فَعَادَ كَثِيباً أَهْيَلَ، أَوْ أَهْيَمَ، فقلتُ: يا رسولَ اللهِ ائْذَنْ لي إلى البَيْتِ، فقلتُ لامْرَأَتِي: رَأَيْتُ بالنبيِّ ﷺ شَيْئاً ما كَانَ في ذَلِكَ صَبْرٌ فَعِنْدَكِ شَيْءٌ؟ فقالت: عِنْدِي شَعِيرٌ وَعَنَاقٌ، فَذَبَحْتُ العَنَاقَ وطَحَنْتُ الشَّعِيرَ حَتَّى جَعَلْنَا اللحمَ في البُرْمَةِ، ثُمَّ جِئْتُ النبيَّ ﷺ، والعَجِينُ قَدِ انْكَسَرَ، والبُرْمَةُ بَيْنَ

1. Buch der Gebote

Hadith 519: Asmâ' bint Yazîd (r) erzählte, dass die Armel vom Hemd des Gesandten Allahs (s) nur bis zu seinem Handgelenk reichten.
(Abu Dâwûd und At-Tirmidhi)
Nach At-Tirmidhi ist dies ein guter Hadith (*hasan*).[156]

Hadith 520: Dschâbir (r) berichtet: Am Tag der Grabenschlacht[157], als wir am Graben gruben, stießen wir auf harten Fels. Wir gingen zum Propheten (s) und berichteten ihm davon, und er sagte: "Ich werde hinunter gehen." Bei diesen Worten stand er auf, und wir sahen, dass er einen Stein um den Bauch gebunden hatte (um das Hungergefühl zu verdrängen). Drei Tage lang hatten wir überhaupt nichts gegessen. Der Prophet (s) nahm eine Hacke und schlug damit auf den Felsen, und dieser zerbröckelte und wurde weich wie Sand.
Ich fragte: "Oh Gesandter Allahs, erlaube mir nach Hause zu gehen." (Als er (s) dies gewährt hatte) sagte ich (zu Hause) meiner Frau: "Ich habe den Propheten (s) in einer Verfassung gesehen, die ich nicht mehr ertragen kann. Hast irgendetwas (zu Essen)?" Sie antwortete: "Ich habe etwas

---
[156] Dieser Hadith wird von einigen Gelehrten für schwach gehalten (*da'îf*).
[157] Die Grabenschlacht fand im Jahre 627 n.Chr., also im Jahre 5 nach der *Hidschra* statt und beendete die Belagerung von Medina durch die Ungläubigen.

الأثَافِيِّ قَد كَادَت أَن تَنْضِجَ، فقلتُ: طُعَيِّمٌ لي، فَقُم أَنْتَ يا رسولَ اللَّهِ وَرَجُلٌ أَو رَجُلانِ، قال: «كَم هُوَ؟» فَذَكَرْتُ له فقال: «كَثِيرٌ طَيِّبٌ، قُل لَهَا لَا تَنْزِع البُرْمَةَ، ولا الخُبزَ مِنَ التَّنُّورِ حَتَّى آتِي» فقال: «قُومُوا» فقام المُهَاجِرُونَ والأَنْصَارُ، فَدَخَلْتُ عَلَيها فقلت: وَيْحَكِ جَاءَ النبيُّ ﷺ والمُهَاجِرُونَ والأَنْصَارُ وَمَن مَعَهُم! قالت: هل سَأَلَكَ؟ قلتُ: نعم، قال: «ادْخُلُوا وَلَا تَضَاغَطُوا» فَجَعَلَ يَكْسِرُ الخُبزَ، وَيَجْعَلُ عَلَيْهِ اللَّحْمَ، وَيُخَمِّرُ البُرْمَةَ والتَّنُّورَ إذا أَخَذَ مِنهُ، وَيُقَرِّبُ إلى أَصحَابِهِ ثُمَّ يَنْزِعُ، فَلَم يَزَلْ يَكْسِرُ وَيَغْرِفُ حَتَّى شَبِعُوا، وَبَقِيَ مِنهُ، فقال: «كُلِي هذا وَأَهدِي، فإِنَّ النَّاسَ أَصَابَتْهُم مَجَاعَةٌ». متفقٌ عليه.

وفي روايةٍ: قال جابرٌ: لَمَّا حُفِرَ الخَنْدَقُ رَأَيْتُ بِالنَّبِيِّ ﷺ خَمَصاً، شَدِيداً فَانْكَفَأْتُ إلى امْرَأَتِي فقلتُ لَهَا: هل عِنْدَكِ شَيْءٌ؛ فإنِّي رَأَيْتُ بِرَسُولِ اللَّهِ ﷺ خَمَصاً شَدِيداً؟ فَأَخْرَجَتْ إِلَيَّ جِراباً فيه صَاعٌ مِن شَعِيرٍ، وَلَنَا بُهَيْمَةٌ دَاجِنٌ فَذَبَحْتُهَا، وَطَحَنَتِ الشَّعِيرَ، فَفَرَغَتْ إلى فَرَاغِي، وَقَطَّعْتُهَا في بُرْمَتِهَا، ثُمَّ وَلَّيْتُ إلى رسولِ اللَّهِ ﷺ، فَقَالَتْ: لَا تَفْضَحْنِي بِرَسُولِ اللَّهِ ﷺ وَمَنْ مَعَهُ، فَجِئْتُهُ فَسَاوَرْتُهُ فَقُلْتُ: يا رسولَ الله، إنَّا قَد ذَبَحْنَا بُهَيْمَةً لَنَا، وَطَحَنْتُ صَاعاً مِن شَعِيرٍ كان عِندَنَا، فَتَعَالَ أَنْتَ وَنَفَرٌ مَعَكَ، فَصَاحَ رسولُ اللَّهِ ﷺ فقال: «يَاأَهْلَ الخَنْدَقِ: إِنَّ جَابِراً قَد صَنَعَ سُوراً فَحَيَّهَلا بِكُم» فقال النبيُّ ﷺ: «لَا تُنْزِلُنَّ بُرْمَتَكُم وَلا تَخْبِزُنَّ عَجِينَكُم حَتَّى أَجِيءَ» فَجِئْتُ، وَجَاءَ النَّبِيُّ ﷺ يَقْدُمُ النَّاسَ، حَتَّى جِئْتُ امْرَأَتِي فقالَتْ: بِكَ وَبِكَ!

1. Buch der Gebote

Gerste und eine Ziege." Ich schlachtete die Ziege und mahlte die Gerste, dann taten wir das Fleisch in einen Topf, und als es fast fertig war und der Teig (für das Brot) fertig ging ich zum Propheten (s) und sagte ihm: "Ich habe etwas zu Essen, oh Gesandter Allahs. Komm bitte mit einem oder zwei Personen mit zum Essen." Er fragte: "Wie viel hast du zu Essen?" und ich erzählte es ihm. Er sprach: "Das ist gut und viel. Geh, und sage deiner Frau, dass sie den Topf nicht vom Herd und das Brot nicht aus dem Ofen nehmen soll, bis ich komme." Dann sagte er: "Kommt mit!", worauf *Muhâdschirîn* und *Ansâr* sich erhoben.
Ich ging zu meiner Frau und sagte: "Wehe! Der Prophet (s), die *Muhâdschirîn*, die *Ansâr* und alle anderen sind gekommen." Sie sagte: "Hat er dich gefragt?" Ich sagte: "Ja, das hat er." Der Prophet (s) sprach: "Kommt herein ohne zu drängeln!" Dann begann er, das Brot in Stücke zu brechen und Fleisch darauf zu legen, und gab es seinen Gefährten, wobei er Topf und Ofen sogleich schloss, wenn es etwas entnommen hatte. Und so fuhr er fort, Brot zu brechen und (Fleisch) aus dem Topf zu nehmen, bis sie alle satt waren, und es blieb sogar noch etwas übrig. Dann sagte er zu meiner Frau: "Iss (auch du) und gib etwas (davon) als Geschenk, denn die Leute haben alle Hunger!"
(Al-Bukhâri und Muslim)

In einer andere Version sagte Dschâbir: Als der Graben ausgehoben wurde, bemerkte ich, dass der Prophet (s) Hunger hatte. Ich ging daher zu meiner Frau und fragte sie: "Hast du etwas Essbares im Haus? Ich habe Allahs Gesandten (s) sehr hungrig gesehen." Sie holte einen Sack Gerste hervor, und wir hatten auch eine junge Ziege. Ich schlachtete (die Ziege), und sie mahlte die Gerste und bereitete den Teig vor. Danach schnitt ich das Fleisch (in kleine Stücke) und tat es einen Topf. Als ich zum Gesandten Allahs (s) zurückkehren wollte, sagte meine Frau zu mir: "Bitte beschäme mich nicht vor dem Propheten (s) und den anderen, die bei ihm sind!" Ich ging also zu ihm (s) und sagte ihm ganz leise: "Oh Gesandter Allahs (s), wir haben eine junge Ziege geschlachtet und haben eine Handvoll Gerste vorbereitet. Komm bitte, und nimm ein paar Leute mit!" Doch der Gesandte Allahs (s) verkündete laut: "Oh ihr Leute vom Graben, Dschâbir hat für euch ein Fest bereitet, kommt alle mit." Sich an mich wendend, sagte er: "Nehmt euren Topf nicht vom Feuer und backt euren Teig nicht, bevor ich da bin." So kam ich nach Hause, gefolgt vom Propheten (s) und all den anderen Leuten. Meine Frau schimpfte und machte mir die größten Vorwürfe. Ich sagte: "Ich habe nur das getan, was

قَدْ فَعَلْتُ الَّذي قُلْتِ لي. فَأَخْرَجْتُ عَجيناً، فَبَسَقَ فيه وَبارَكَ، ثُمَّ عَمَدَ إلى بُرْمَتِنا فَبَسَقَ فيها وَبَارَكَ، ثُمَّ قال: «ادْعي خَابِزَةً فَلْتَخْبِزْ مَعَكِ، وَاقْدَحِي مِنْ بُرْمَتِكُمْ وَلا تُنْزِلُوهَا» وَهُمْ أَلْفٌ، فَأَقْسِمُ بِاللهِ لَأَكَلُوا حَتَّى تَرَكُوهُ وَانْحَرَفُوا، وَإِنَّ بُرْمَتَنا لَتَغِطُّ كَمَا هِيَ، وَإِنَّ عَجينَنا لَيُخْبَزُ كَمَا هُوَ.

قَوْلُهُ: عَرَضَتْ كُدْيَةٌ: بِضَمِّ الكافِ وَإِسْكَانِ الدَّالِ وَبِاليَاءِ المُثَنَّاةِ تَحْتُ؛ وَهِيَ قِطْعَةٌ غَلِيظَةٌ صُلْبَةٌ مِنَ الأَرْضِ لا يَعْمَلُ فيها الفَأْسُ. وَالكَثِيبُ أَصْلُهُ تَلُّ الرَّمْلِ، وَالمُرَادُ هُنَا: صَارَتْ تُرَاباً نَاعِماً، وَهُوَ مَعْنَى «أَهْيَلَ». وَالأَثَافِيُّ: الأَحْجَارُ الَّتِي يَكُونُ عَلَيْهَا القِدْرُ. وَالخَمَصُ بِفَتْحِ الخَاءِ المُعْجَمَةِ وَالمِيمِ: الجُوعُ. وَانْكَفَأْتُ: انْقَلَبْتُ وَرَجَعْتُ. وَالبُهَيْمَةُ بِضَمِّ البَاءِ: تَصْغِيرُ بَهْمَةٍ، وَهِيَ العَنَاقُ، بِفَتْحِ العَيْنِ، وَالدَّاجِنُ: هِيَ الَّتِي أَلِفَتِ البَيْتَ. وَالسُّورُ: الطَّعَامُ الَّذي يُدْعَى النَّاسُ إِلَيْهِ، وَهُوَ بِالفَارِسِيَّةِ، وَحَيَّهَلاً أَيْ: تَعَالَوْا. وَقَوْلُهَا: بِكَ وَبِكِ أَيْ: خَاصَمْتُهُ وَسَبَبْتُهُ، لِأَنَّها اعْتَقَدَتْ أَنَّ الَّذي عِنْدَها لا يَكْفِيهِمْ، فَاسْتَحْيَتْ وَخَفِيَ عَلَيْهَا مَا أَكْرَمَ اللهُ سُبْحَانَهُ وَتَعَالَى بِهِ نَبِيَّهُ ﷺ مِنْ هَذِهِ المُعْجِزَةِ الظَّاهِرَةِ وَالآيَةِ البَاهِرَةِ. بَسَقَ أَيْ: بَصَقَ؛ وَيُقَالُ أَيْضاً: بَزَقَ، ثَلَاثُ لُغَاتٍ. وَعَمَدَ بِفَتْحِ المِيمِ: أَيْ: قَصَدَ. وَاقْدَحِي أَيْ: اغْرِفِي؛ وَالمِقْدَحَةُ: المِغْرَفَةُ. وَ«تَغِطُّ» أَيْ: لِغَلَيَانِهَا صَوْتٌ، وَاللهُ أَعْلَمُ.

٥٢١ - وَعَنْ أَنَسٍ رضي الله عنه قال: قال أَبُو طَلْحَةَ لِأُمِّ سُلَيْمٍ: قَدْ سَمِعْتُ صَوْتَ رَسُولِ اللهِ ﷺ ضَعِيفاً أَعْرِفُ فيه الجُوعَ، فَهَلْ عِنْدَكِ مِنْ شَيْءٍ؟ فَقَالَتْ: نَعَمْ، فَأَخْرَجَتْ أَقْرَاصاً مِنْ شَعِيرٍ، ثُمَّ أَخَذَتْ خِمَاراً لَهَا، فَلَفَّتِ الخُبْزَ بِبَعْضِهِ، ثُمَّ دَسَّتْهُ تَحْتَ ثَوْبِي وَرَدَّتْنِي بِبَعْضِهِ، ثُمَّ أَرْسَلَتْنِي إلى رَسُولِ اللهِ ﷺ، فَذَهَبْتُ بِهِ، فَوَجَدْتُ رَسُولَ اللهِ ﷺ، جَالِساً في المَسْجِدِ، وَمَعَهُ النَّاسُ، فَقُمْتُ عَلَيْهِمْ، فَقَالَ لِي رَسُولُ اللهِ ﷺ: «أَرْسَلَكَ أَبُو طَلْحَةَ؟» فَقُلْتُ: نَعَمْ، فَقالَ: «أَلِطَعَامٍ؟» فَقُلْتُ: نَعَمْ، فَقالَ رَسُولُ اللهِ ﷺ لِمَنْ مَعَهُ: «قُومُوا» فَانْطَلَقُوا وَانْطَلَقْتُ بَيْنَ أَيْدِيهِمْ حَتَّى جِئْتُ أَبَا طَلْحَةَ فَأَخْبَرْتُهُ، فَقالَ أَبُو طَلْحَةَ: يَا أُمَّ سُلَيْمٍ: قَدْ جَاءَ رَسُولُ اللهِ بِالنَّاسِ

1. Buch der Gebote

du mir gesagt hast!" Da brachte sie den Teig, und er (s) tat etwas Speichel hinein und segnete ihn, dann ging er (s) zum Topf, tat etwas Speichel hinein und segnete ihn auch. Dann sagte er (zu ihr): "Hol noch eine Frau, die mit dir bäckt, und nimm aus dem Topf, ohne ihn vom Feuer zu nehmen." Es waren tausend Leute, und bei Allah, sie alle aßen sich satt, und als sie gingen, war noch unser Topf noch so voll wie vorher, und es war noch so viel Teig zum Backen wie zuvor.

Hadith 521: Anas (r) erzählte, dass (sein Stiefvater) Abu Talha zu (seiner Mutter) Umm Sulaim sagte: "Ich habe die schwache Stimme des Propheten (s) gehört, und ich habe darin den Hunger erkannt. Hast du irgendetwas (an Essen) im Hause?" Sie sagte: "Ja", dann nahm sie einige Gerstenbrote, nahm ihren Schleier und wickelte sie hinein. Dann schob sie mir (Anas) die Brote (in dem Tuch) unter mein Gewand, und schickte mich zum Gesandten Allahs (s). Ich ging also und fand den Gesandten Allahs (s) in der Moschee sitzen, und mit ihm andere Leute. Ich stand in ihrer Nähe, und er (s) fragte mich: "Hat Abu Talha dich geschickt?" Ich sagte: "Ja." Er fragte: "Wegen des Essens?" Ich sagte: "Ja." Der Prophet (s) sagte zu seinen Gefährten: "Steht auf und lasst uns gehen!" Alle brachen auf, und ich ging voran, bis wir vor Abu Talhas Haus ankamen, wo ich ihm alles erzählte. Da sagte Abu Talha: "Oh Umm Sulaim, der Gesandte Allahs (s) ist mit den Leuten gekommen und wir haben nichts für sie zu essen!" Sie sagte: "Allah und Sein Gesandter wissen es am besten."

وَلَيْسَ عِنْدَنا ما نُطعِمُهم؟ فقالت: اللَّهُ وَرَسُولُهُ أَعْلَمُ. فانطَلَقَ أَبُو طَلحَةَ حَتَّى لَقِيَ رسولَ اللَّهِ ﷺ، فَأَقْبَلَ رسولُ اللَّهِ ﷺ مَعَهُ حَتَّى دَخَلا، فقال رسولُ اللَّهِ ﷺ: «هَلُمِّي ما عِنْدَكِ يا أُمَّ سُلَيْمٍ؟» فَأَتَتْ بِذلِكَ الخُبْزِ، فَأَمَرَ بِهِ رسولُ اللَّهِ ﷺ فَفُتَّ، وَعَصَرَتْ عَلَيْهِ أُمُّ سُلَيْمٍ عُكَّةً لَها فَأَدَمَتْهُ، ثُمَّ قال فيهِ رسولُ اللَّهِ ﷺ ما شاءَ اللَّهُ أَنْ يَقُولَ، ثُمَّ قال: «ائذَنْ لِعَشَرَةٍ» فَأَذِنَ لَهُم، فَأَكَلُوا حَتَّى شَبِعُوا ثُمَّ خَرَجُوا، ثم قال: «ائذَنْ لِعَشَرَةٍ» فَأَذِنَ لَهُم، فَأَكَلُوا حَتَّى شَبِعُوا، ثم خَرَجُوا، ثُمَّ قال: «ائذَنْ لِعَشَرَةٍ» فَأَذِنَ لَهُم حَتَّى أَكَلَ القَوْمُ كُلُّهُم وَشَبِعُوا، وَالقَوْمُ سَبْعُونَ رَجُلًا أَوْ ثَمانُونَ. متفقٌ عليه.

وفي روايةٍ: فما زال يَدخُلُ عَشَرَةٌ وَيَخْرُجُ عَشَرَةٌ، حَتَّى لم يَبْقَ منهم أَحَدٌ إلَّا دَخَلَ، فَأَكَلَ حَتَّى شَبِعَ، ثُمَّ هَيَّأَها فإذا هي مِثلُها حينَ أَكَلُوا منها.

وفي روايةٍ: فَأَكَلُوا عَشَرَةً عَشَرَةً، حَتَّى فَعَلَ ذلِكَ بِثَمانِينَ رَجُلًا، ثم أَكَلَ النبيُّ ﷺ بعدَ ذلِكَ وَأَهْلُ البَيتِ، وتَرَكُوا سُؤْرًا.

وفي روايةٍ: ثُمَّ أفضَلُوا مَا بَلَغُوا جِيرانَهُم.

وفي روايةٍ عن أنسٍ قال: جِئْتُ رسولَ اللَّهِ ﷺ يَومًا، فَوَجَدْتُهُ جَالِسًا مَعَ أصحابِهِ يُحَدِّثُهُم، وقد عَصَبَ بَطنَهُ بِعِصَابَةٍ، فقلتُ لِبَعْضِ أَصحابِهِ: لِمَ عَصَّبَ رسولُ اللَّهِ ﷺ بَطنَهُ؟ فقالوا: مِنَ الجُوعِ، فَذَهَبْتُ إلى أبي طَلحَةَ، وَهُوَ زَوْجُ أُمِّ

1. Buch der Gebote

Abu Talha ging also hinaus und geleitete Allahs Gesandten (s) ins Haus. Der Gesandte Allahs (s) sagte: "Oh Umm Sulaim, bringe was du hast!" Sie nahm das Brot und zerkrümelte es, wie ihr der Gesandte Allahs (s) sagte, und gab noch einen Rest Butter aus einem Schlauch darauf und machte es fettig. Sodann sprach der Gesandte Allahs (s) einiges und sagte (zu Abu Talha): "Erlaube zehn Personen hereinzukommen (und zu essen)." Er tat so, und sie aßen und dann gingen sie wieder hinaus. Dann sagte er (s): "Erlaube noch zehn Personen hereinzukommen.", bis alle Leute gegessen hatten und satt waren, und es waren insgesamt siebzig oder achtzig Männer.
(Al-Bukhâri und Muslim)

In einer anderen Version heißt es: So verfuhren sie also, und es gingen zehn hinein und zehn kamen heraus, bis niemand übrig blieb, der nicht hineingegangen war und sich satt gegessen hatte. Dann wurde das Übriggebliebene zusammengesammelt und es wurde festgestellt, das es ebenso viel war wie zu Anfang.

Eine andere Fassung lautet: Dann aßen sie in Gruppen zu je zehn Leuten, bis (alle) achtzig gegessen hatten, dann aßen der Prophet (s) und die Familie des Hausherrn, und es blieb immer noch eine Menge übrig.

Und eine andere Fassung besagt: So viel war übrig geblieben, dass sie es unter den Nachbarn verteilen konnten.

In einer weitere Version erzählt Anas: Ich ging eines Tages zu Allahs Gesandtem (s), als er bei seinen Gefährten saß, und er hatte einen Verband um seinen Bauch geschnürt. Ich befragte die Gefährten: "Warum hat der Gesandte Allahs (s) einen Verband um seinen Bauch?" Sie sagten: "Wegen des Hungers!" Ich ging zu (meinem Stiefvater) Abu Talha, dem Mann von Umm Sulaim bint Milhân, und sagte: "Oh mein Vater, ich habe gesehen, dass Allahs Gesandter (s) einen Verband um seinen Bauch geschnürt hat, und einige seiner Gefährten erklärten mir auf meine Frage hin, dass er dies wegen des Hungers mache." Abu Talha ging zu meiner Mutter (Umm Sulaim) und fragte sie: "Hast du irgendetwas (zu Essen)?" Sie sagte: "Ja, ich habe einige Stücke Brot und ein paar Datteln. Wenn der Gesandte Allahs (s) alleine zu uns käme, würden wir ihn sättigen können, doch wenn er jemanden mitbringt, würde es kaum reichen." Sodann erzählte er den Rest des Hadithes.

سُلَيم بنتِ مِلحانَ، فقلتُ: يَا أُبَّتَاه، قد رَأَيتُ رسولَ اللَّهِ ﷺ عَصَبَ بَطنَهُ بِعِصَابَةٍ، فَسَأَلْتُ بعضَ أَصْحَابِهِ، فقالوا: مِنَ الجوعِ. فَدَخَلَ أَبُو طَلْحَةَ على أُمِّي فقال: هل مِن شَيءٍ؟ قالت: نعم عِنْدِي كِسَرٌ مِن خُبزٍ وَتَمَرَاتٌ، فإن جَاءَنَا رسولُ اللَّهِ ﷺ وحدَهُ أَشبَعنَاه، وإن جَاءَ آخَرُ معه قَلَّ عَنهم، وَذَكَرَ تَمَامَ الحَدِيث.

١ - ٥٧ - باب القناعة والعَفاف والاقتصاد في المعيشة والإنفاق وذم السؤال من غير ضرورة

قال اللَّهُ تعالى: ﴿وَمَا مِنْ دَابَّةٍ فِي الْأَرْضِ إِلَّا عَلَى اللَّهِ رِزْقُهَا﴾ [هود: ٦]. وقال تعالى: ﴿لِلْفُقَرَاءِ الَّذِينَ أُحْصِرُوا فِي سَبِيلِ اللَّهِ لَا يَسْتَطِيعُونَ ضَرْبًا فِي الْأَرْضِ يَحْسَبُهُمُ الْجَاهِلُ أَغْنِيَاءَ مِنَ التَّعَفُّفِ تَعْرِفُهُمْ بِسِيمَاهُمْ لَا يَسْأَلُونَ النَّاسَ إِلْحَافًا﴾ [البقرة: ٢٧٣]. وقال تعالى: ﴿وَالَّذِينَ إِذَا أَنْفَقُوا لَمْ يُسْرِفُوا وَلَمْ يَقْتُرُوا وَكَانَ بَيْنَ ذَلِكَ قَوَامًا﴾ [الفرقان: ٦٧]. وقال تعالى: ﴿وَمَا خَلَقْتُ الْجِنَّ وَالْإِنْسَ إِلَّا لِيَعْبُدُونِ. مَا أُرِيدُ مِنْهُمْ مِنْ رِزْقٍ وَمَا أُرِيدُ أَنْ يُطْعِمُونِ﴾ [الذاريات: ٥٦، ٥٧].

وأما الأحاديث، فتَقَدَّمَ مُعظَمُها في البَابَين السَّابِقَين، ومِمَّا لم يَتَقَدَّم:

٥٢٢ - عن أبي هُرَيرَةَ رضي اللَّهُ عنه عن النبيِّ ﷺ قال: «لَيسَ الغِنَى عَن كَثرَةِ العَرَضِ، وَلَكِنَّ الغِنَى غِنَى النَّفْسِ». متفقٌ عليه.

«العَرَضُ» بفتح العين والراء: هو المَالُ.

1. Buch der Gebote

Kapitel 57
Genügsamkeit, Enthaltsamkeit und Sparsamkeit im Leben und im Spenden, sowie Missbilligung des Bettelns ohne Notwendigkeit

Qur'ân: Allah, der Erhabene, spricht:
"Und es gibt kein Lebewesen auf Erden, dessen Versorgung nicht bei Allah liegt..." (11:6)
"(Die Mildtätigkeit ist) für die Armen, die auf dem Pfad Allahs (daran) gehindert werden, sich frei im Land zu bewegen. Der Unwissende meint wegen (ihrer) Zurückhaltung, sie hätten genug. Du erkennst sie an ihrem Auftreten. Sie betteln die Menschen nicht aufdringlich an. Und was immer ihr an Gutem spendet, wahrlich, Allah weiß es wohl." (2:273)
"Und (Gottesdiener sind) die, wenn sie (etwas) spenden, weder verschwenderisch noch knauserig sind, sondern das rechte Maß dazwischen finden." (25:67)
"Und Ich habe die *Dschinn* und die Menschen zu keinem anderen Zweck erschaffen, als dass sie Mir dienen. Ich will keinen Unterhalt von ihnen und ich will nicht, dass sie Mich mit Nahrung versorgen." (51:56-57)

Die meisten der Hadithe zu diesem Thema wurden bereits in den beiden vorangehenden Kapiteln aufgeführt. Zusätzlich seien die folgenden genannt:

Hadith 522: Abu Huraira (r) überliefert, dass der Prophet (s) sagte: "Wahrer Reichtum nicht Reichtum an Besitz, sondern wahrer Reichtum ist im Herzen."
(Al-Bukhâri und Muslim)

٥٢٣ - وعن عبد الله بن عمرٍو رضي الله عنهما أن رسول الله ﷺ قال: «قَدْ أَفْلَحَ مَنْ أَسْلَمَ، وَرُزِقَ كَفَافاً، وَقَنَّعَهُ اللَّهُ بِما آتَاهُ». رواه مسلم.

٥٢٤ - وعن حَكيم بن حِزَام رضي الله عنه قال: سَأَلْتُ رسولَ اللَّهِ ﷺ فأَعْطاني، ثمَّ سَأَلْتُهُ فَأَعْطَانِي، ثمَّ سَأَلْتُهُ فَأَعْطَانِي، ثمَّ قالَ: «يا حَكيمٌ، إنَّ هذا المَالَ خَضِرٌ حُلْوٌ، فَمَنْ أَخَذَهُ بِسَخاوَةِ نَفْسٍ بُورِكَ لَهُ فيهِ، وَمَن أَخَذَهُ بإشرافِ نَفْسٍ لَمْ يُبَارَكْ فِيهِ، وكانَ كَالَّذِي يأْكُلُ ولا يَشْبَعُ، واليَدُ العُليَا خَيرٌ مِنَ اليَدِ السُّفلَى» قال حَكِيمٌ فقلتُ: يا رسولَ اللَّهِ، والَّذي بَعَثكَ بالحقِّ لا أرْزَأُ أحداً بَعدَكَ شَيئاً حَتَّى أُفارِقَ الدُّنيا. فَكانَ أبو بكرٍ رضي اللَّهُ عنه يَدْعُو حَكِيماً لِيُعطيَهُ العَطَاءَ، فَيَأبَى أنْ يَقْبَلَ مِنهُ شَيئاً. ثُمَّ إنَّ عُمَرَ رضي اللَّهُ عنه دعاهُ لِيُعطِيَهُ، فأَبى أن يَقبَلَهُ. فقال: يا مَعْشَرَ المُسْلِمِينَ، أُشْهِدُكُم على حَكِيمٍ أنِّي أَعرِضُ عَلَيه حَقَّهُ الَّذِي قَسَمَهُ اللَّهُ لَهُ في هذا الفيءِ فيأبى أن يأخُذَهُ. فَلَمْ يَرْزَأْ حَكيمٌ أحداً مِنَ النَّاسِ بعدَ النبيِّ ﷺ حَتَّى تُوُفِّيَ. متفقٌ عليه.

يَرْزَأْ براءٍ ثم زايٍ ثم همزةٍ، أي: لَم يأخذ من أحدٍ شيئاً، وأصلُ الرُّزْءِ: النُّقْصَانُ، أي: لَمْ يَنْقُصْ أحداً شيئاً بالأخذِ مِنهُ. وإشرافُ النَّفسِ: تَطَلُّعُهَا وطَمَعُهَا بالشَّيءِ. و«سَخَاوَةُ النَّفْسِ»: هِيَ عدَمُ الإشْرَافِ إلى الشَّيءِ، والطَّمَعِ فيهِ، والمُبَالاةِ بهِ والشَّرَهِ.

٥٢٥ - وعن أبي بُرْدَةَ عن أبي موسى الأشعريِّ رضي اللَّهُ عنه قال: خَرَجْنا مَعَ رَسولِ اللَّهِ ﷺ في غَزَاةٍ، ونحن سِتَّةُ نَفَرٍ بَيْنَنَا بَعِيرٌ نَعْتَقِبُهُ، فَنَقِبَتْ أقْدَامُنا، نَقِبَتْ قَدَمَايَ، وسَقَطَتْ أَظْفَارِي، فَكُنَّا نَلُفُّ على أرجُلِنَا الخِرَقَ، فَسُمِّيَتْ غَزوَةَ ذَاتِ الرِّقَاعِ لما كُنَّا نُعَصِّبُ على أرجُلِنا مِنَ الخِرَقِ قال أبُو بُردَةَ: فَحَدَّثَ أبو موسى بهذا الحديثَ، ثُمَّ كَرِهَ ذلك، وقالَ: ما كنتُ أصنَعُ بأن أذكُرَهُ! قال: كأنَّهُ كَرِهَ أن يكونَ شيئاً مِن عَمَلِهِ أفشاهُ. متفقٌ عليه.

1. Buch der Gebote

Hadith 523 ist eine Wiederholung von Hadith Nr. 512.

Hadith 524: Hakîm ibn Hizâm (r) erzählte: Ich bat den Gesandten Allahs (s) (um etwas), und er gab (es) mir; ich bat ihn nochmals, und er gab mir (was ich wünschte); ich bat ein drittes Mal, und er gab mir (was ich wünschte) und sagte: "Oh Hakîm, dieser Wohlstand (den du begehrst) ist grün und süß. Wer ihn nimmt, ohne Gier, für den ist er ein Segen; wer ihn jedoch gierig erstrebt, der wird sein wie einer, der isst, aber nie satt wird: Die obere Hand ist besser als die untere Hand." Ich sagte zu ihm: "Oh Gesandter Allahs! Bei Dem, Der dich mit der Wahrheit gesandt hat, ich werde von nun an von niemandem irgendetwas annehmen, so lange ich lebe."
Abu Bakr (r) sandte (als er Kalif war) nach Hakîm, um ihm etwas zu geben, doch er lehnte es ab, etwas von ihm entgegenzunehmen. Ebenso rief ihn Umar (r) (als Kalif) aus diesem Grunde, doch auch von ihm nahm er nichts an. So sagte Umar (r): "Oh Muslime, die ihr hier versammelt seid! Ihr seid meine Zeugen Hakîm gegenüber, dass ich ihm seinen von Allah festgesetzten Anrecht auf (einen Anteil an der) Kriegsbeute angeboten habe, aber er lehnt es ab, sie anzunehmen." So nahm Hakîm (r) nach dem Propheten (s) von niemandem irgendetwas an, solange er lebte.
(Al-Bukhâri und Muslim)

Hadith 525: Abu Burda (r) berichtet, dass Abu Mûsâ al-Asch'ari (r) erzählte: Einmal begleiteten wir den Propheten (s) auf einem Kriegszug. Wir waren sechs Personen, und uns war nur ein Kamel zugeteilt. Vom Fußmarsch waren unsere Füße völlig zerschunden, und mir fielen sogar die Fußnägel aus. Schließlich banden wir Stofffetzen um unsere Füße. Da wir uns Lumpen um die Füße gebunden hatten wurde diese Unternehmung bald als 'Lumpenfeldzug' bekannt.
Abu Burda sagte: Abu Mûsâ erzählte diesen Vorgang, doch hinterher tat es ihm leid, dass er es getan hatte, und er sagte: "Ich hätte das nicht erzählen sollen!" Und er (Abu Burda) sagte, dass es ihm wohl unangenehm war, über seine Taten zu sprechen.
(Al-Bukhâri und Muslim)

٥٢٦ - وعن عمرِو بن تَغْلِبَ، بفتح التاء المثناة فوق وإسكان الغين المعجمة وكسرِ اللَّام، رضيَ اللَّهُ عنه، أنَّ رَسُولَ اللَّهِ ﷺ أُتيَ بمَالٍ أَوْ سَبْيٍ فَقَسَّمَهُ، فَأَعْطَى رِجَالاً، وَتَرَكَ رِجَالاً، وَتَرَكَ رِجَالاً، فَبَلَغَهُ أَنَّ الَّذِينَ تَرَكَ عتبُوا؛ فَحمِدَ اللَّهَ، ثُمَّ أَثْنَى عَلَيْهِ، ثُمَّ قَالَ: «أَمَّا بَعْدُ؛ فَوَاللَّهِ إِنِّي لأُعْطِي الرَّجُلَ وَأَدَعُ الرَّجُلَ، وَالَّذِي أَدَعُ أَحَبُّ إِلَيَّ مِنَ الَّذِي أُعْطِي، وَلَكِنِّي إِنَّمَا أُعْطِي أَقْوَاماً لِمَا أَرَى فِي قُلُوبِهِمْ مِنَ الجَزَعِ وَالهَلَعِ، وَأَكِلُ أَقْوَاماً إِلَى مَا جَعَلَ اللَّهُ فِي قُلُوبِهِمْ مِنَ الغِنَى وَالخَيْرِ، فِيهِمْ عَمرُو بنُ تَغْلِبَ» قال عَمرُو بنُ تَغْلِبَ: فَوَاللَّهِ مَا أُحِبُّ أَنَّ لِي بِكَلِمَةِ رَسُولِ اللَّهِ ﷺ حُمْرَ النَّعَمِ. رواه البخاري.

«الهَلَعُ»: هُوَ أَشَدُّ الجَزَعِ، وقِيلَ: الضَّجَرُ.

٥٢٧ - وعن حكيمِ بن حزامٍ رضيَ اللَّهُ عنه أنَّ النبيَّ ﷺ قالَ: «اليَدُ العُلْيَا خَيْرٌ مِنَ اليَدِ السُّفْلَى، وابْدَأْ بِمَنْ تَعُولُ، وخَيْرُ الصَّدَقَةِ عَنْ ظَهْرِ غِنىً، وَمَنْ يَسْتَعْفِفْ يُعِفَّهُ اللَّهُ، وَمَنْ يَسْتَغْنِ يُغْنِهِ اللَّهُ». متفقٌ عليه.

وهٰذا لفظُ البخاري، ولفظُ مسلمٍ أخصرُ.

٥٢٨ - وعن أبي سُفْيَانَ صَخرِ بنِ حَرْبٍ رضيَ اللَّهُ عَنهُ قالَ: قالَ رسُولُ اللَّهِ ﷺ: «لا تُلْحِفُوا فِي المَسْأَلَةِ، فَوَاللَّهِ لا يَسْأَلُنِي أَحَدٌ مِنْكُمْ شَيْئاً، فَتُخْرِجَ لَهُ مَسْأَلَتُهُ مِنِّي شَيْئاً وَأَنَا لَهُ كَارِهٌ، فَيُبَارَكَ لَهُ فِيمَا أَعْطَيْتُهُ». رواهُ مسلم.

٥٢٩ - وعن أبي عبدِ الرحمنِ عَوفِ بن مالكٍ الأشجعيِّ رضيَ اللَّهُ عنه قالَ: كُنَّا عِنْدَ رسُولِ اللَّهِ ﷺ تِسْعَةً أَوْ ثَمَانِيَةً أَوْ سَبْعَةً، فَقَالَ: «أَلا تُبَايِعُونَ رَسُولَ اللَّهِ ﷺ؟» وكُنَّا حَديثي عَهْدٍ بِبَيْعَةٍ، فَقُلْنَا: قَدْ بَايَعْنَاكَ يَا رسُولَ اللَّهِ. ثُمَّ قالَ: «أَلا تُبَايِعُونَ رَسُولَ اللَّهِ؟» فَبَسَطْنَا أَيْدِينَا وَقُلْنَا: قَدْ بَايَعْنَاكَ يَا رسُولَ اللَّهِ، فَعَلَامَ

1. Buch der Gebote

Hadith 526: Amru ibn Taghlib (r) berichtete: Man brachte dem Gesandten Allahs (s) Kriegsbeute, und er verteilte sie, so dass er einigen Männern etwas gab und anderen nicht. Dann kam ihm zu Ohren, dass diejenigen, die nichts bekommen hatten, sich darüber beklagten. Da lobte und pries er Allah und sprach: "Und bei Allah! Ich gebe dem einen, und dem anderen gebe ich nichts. Und derjenige, dem ich nichts gebe, ich mir lieber als derjenige, dem ich etwas zugeteilt habe. Aber ich gebe ihnen etwas, da ich weiß, was an Angst und Besorgnis in ihren Herzen steckt. Und ich habe diejenigen von euch leer ausgehen lassen, von denen ich weiß, dass Allah ihre Herzen mit Großmut und Güte angefüllt hat, und einer von diesen ist Amru ibn Taghlib."
Amru ibn Taghlib sagte: Bei Allah, das Wort des Gesandten Allahs (s) ist mir mehr wert als rote Kamele.[158]
(Al-Bukhâri)

Hadith 527 ist eine Wiederholung von Hadith Nr. 298.

Hadith 528: Abu Sufyân Sakhr ibn Harb (r) überliefert, dass der Gesandte Allahs (s) sagte: "Bedrängt niemanden mit Betteln. Bei Allah, wenn einer von euch mich um etwas bittet und ich gebe es ihm mit Widerwillen, so steckt kein Segen darin."
(Muslim)

Hadith 529: Abu Abdur-Rahmân Auf ibn Mâlik al-Aschdscha'i (r) erzählte: Einst waren wir zu neunt, acht oder siebent beim Gesandten Allahs (s), als er sagte: "Wollt ihr nicht dem Gesandten Allahs (s) huldigen?" Da wir kurz zuvor (dem Gesandten (s)) gehuldigt hatten, sagten wir: "Wir haben dir bereits gehuldigt, oh Gesandter Allahs." Da fragte er nochmals: "Wollt ihr nicht dem Gesandten Allahs huldigen?" So

---
[158] Siehe Anmerkung Nr. 88 auf Seite 92.

نُبايِعُكَ؟ قال: «على أَنْ تَعْبُدُوا اللَّهَ ولا تُشرِكُوا بِهِ شَيْئاً، والصَّلَواتِ الخَمْسِ وتُطِيعُوا» وأَسَرَّ كَلِمَةً خَفِيَّةً: «وَلا تَسْأَلُوا النَّاسَ شَيْئاً» فَلَقَدْ رَأَيْتُ بَعْضَ أُولَئِكَ النَّفَرِ يَسْقُطُ سَوْطُ أَحَدِهِمْ فَمَا يَسْأَلُ أَحَداً يُنَاوِلُهُ إِيَّاهُ. رواه مسلم.

٥٣٠ - وعن ابن عمر رضيَ اللَّهُ عنهما أنَّ النبيَّ ﷺ قال: «لا تَزَالُ المَسْأَلَةُ بِأَحَدِكُمْ حَتَّى يَلْقَى اللَّهَ تعالَى ولَيْسَ في وَجْهِهِ مُزْعَةُ لَحْمٍ». متفقٌ عليه.

«المُزْعَةُ» بضم الميم وإسكان الزاي وبالعين المهملة: القِطْعَة.

٥٣١ - وعنه أنَّ رسولَ اللَّه ﷺ قال وهو على المِنبَرِ، وذَكَرَ الصَّدَقَةَ والتَّعَفُّفَ عَنِ المَسْأَلَةِ: «اليَدُ العُلْيَا خَيْرٌ مِنَ اليَدِ السُّفْلَى. وَاليَدُ العُلْيَا هِيَ المُنْفِقَةُ، والسُّفْلَى هِيَ السَّائِلَةُ». متفقٌ عليه.

٥٣٢ - وعن أبي هُريرة رضيَ اللَّهُ عنه قال: قال رسولُ اللَّهِ ﷺ: «مَنْ سَأَلَ النَّاسَ أَمْوَالَهُمْ تَكَثُّراً فَإِنَّمَا يَسْأَلُ جَمْراً، فَلْيَسْتَقِلَّ أَوْ لِيَسْتَكْثِرْ». رواه مسلم.

٥٣٣ - وعن سَمُرَةَ بنِ جُنْدبٍ رضي الله عنه قال: قال رسولُ اللَّهِ ﷺ: «إنَّ المَسْأَلَةَ كَدٌّ يَكُدُّ بها الرَّجُلُ وَجْهَهُ، إلَّا أَنْ يَسْأَلَ الرَّجُلُ سُلْطَاناً أَوْ في أَمْرٍ لا بُدَّ مِنْهُ». رواهُ الترمذي وقال: حديث حسن صحيح.

«الكَدُّ»: الخَدْشُ وَنحوُهُ.

1. Buch der Gebote

legten wir unsere Hände in seine und sagten: "Wir huldigen dir, oh Gesandter Allahs, aber wofür ist diese (erneute) Huldigung?" Daraufhin sagte er: "Dass ihr Allah allein anbeten werdet und Ihm nichts beigesellt; dass ihr die fünf täglichen Gebete beachten, und dass ihr Allah gehorchen werdet," und dann sprach er leise zu ihnen: "und bittet niemanden um etwas!" Ich selbst erlebte einige jener Personen, die nicht einmal, wenn ihnen die Peitsche (vom Reittier) zu Boden fiel, einen (Vorbeigehenden) baten, sie ihm (hinauf) zu reichen.
(Muslim)

Hadith 530: Ibn Umar (r) überliefert, dass der Prophet (s) sagte: "Niemand von euch wird fortfahren zu betteln, ohne dass er am Tage des Gerichts Allah gegenübersteht, und er wird kein Stück Fleisch mehr im Gesicht haben."[159]
(Al-Bukhâri und Muslim)

Hadith 531: Ibn Umar (r) berichtet, dass der Gesandte Allahs (s), als er auf dem *Mimbar* stand und über *Sadaqa* predigte und davon, nicht darum zu betteln, sagte: "Die obere Hand ist besser als die untere Hand. Und die obere Hand ist die des Spendenden, und die untere Hand ist die, die darum bettelt."
(Al-Bukhâri und Muslim)

Hadith 532: Abu Huraira (r) überliefert, dass der Gesandte Allahs (s) sagte: "Wer die Leute wegen Anhäufung von Reichtum anbettelt, der bittet in Wirklichkeit um Glut (der Hölle). Es liegt also an ihm, diese anzuhäufen oder zu verringern."
(Muslim)

Hadith 533: Samura ibn Dschundub (r) überliefert, dass der Gesandte Allahs (s) sagte: "Betteln ist schädigend, als ob man sich das eigene Gesicht zerkratzt; außer, wenn man einen Herrscher fragt (nach etwas, das einem zusteht[160]) oder nach etwas, was man unbedingt benötigt."
(At-Tirmidhi)
Dies ist ein guter und gesunder Hadith (*hasan sahîh*).

---

[159] Das Betteln wird hier mit dem Zerkratzen des Gesichts verglichen. Vergl. Hadith Nr. 533.
[160] Also *Zakât*.

٥٣٤ - وعن ابنِ مسعودٍ رضيَ اللهُ عنه قال: قال رسولُ اللَّهِ ﷺ: «مَنْ أَصَابَتْهُ فَاقَةٌ فَأَنْزَلَهَا بِالنَّاسِ لَمْ تُسَدَّ فَاقَتُهُ، وَمَنْ أَنْزَلَهَا بِاللَّهِ، فَيُوشِكُ اللَّهُ لَهُ بِرِزْقٍ عَاجِلٍ أَوْ آجِلٍ». رواهُ أبو داود، والترمذي وقال: حديث حسن.

«يُوشِكُ» بكسر الشين: أي يُسرعُ.

٥٣٥ - وعَنْ ثَوْبانَ رضيَ اللهُ عنه قال: قال رسولُ اللَّهِ ﷺ: «مَنْ تَكَفَّلَ لِي أَنْ لَا يَسْأَلَ النَّاسَ شَيْئاً، أَتَكَفَّلُ لَهُ بِالجَنَّةِ؟» فقلتُ: أنا؛ فكانَ لا يسألُ أحداً شَيْئاً. رواه أبو داود بإسنادٍ صحيحٍ.

٥٣٦ - وعن أبي بِشرٍ قَبِيصَةَ بنِ المُخَارِقِ رضيَ اللهُ عنه قال: تَحَمَّلْتُ حَمَالَةً فَأَتَيْتُ رسولَ اللهِ ﷺ أسألُهُ فيها، فقال: «أَقِمْ حَتَى تَأْتِيَنَا الصَّدَقَةُ فَنَأْمُرَ لَكَ بِهَا» ثُمَّ قَالَ: «يَا قَبِيصَةُ إِنَّ المَسْأَلَةَ لَا تَحِلُّ إِلَّا لِأَحَدِ ثَلَاثَةٍ: رَجُلٍ تَحَمَّلَ حَمَالَةً، فَحَلَّتْ لَهُ المَسْأَلَةُ حَتَّى يُصِيبَهَا، ثُمَّ يُمْسِكُ. وَرَجُلٍ أَصَابَتْهُ جَائِحَةٌ اجْتَاحَتْ مَالَهُ، فَحَلَّتْ لَهُ المَسْأَلَةُ حَتَّى يُصِيبَ قِوَاماً مِنْ عَيْشٍ» أَوْ قَالَ: «سِدَاداً مِنْ عَيْشٍ، وَرَجُلٍ أَصَابَتْهُ فَاقَةٌ، حَتَّى يَقُولَ ثَلَاثَةٌ مِنْ ذَوِي الحِجَى مِنْ قَوْمِهِ: لَقَدْ أَصَابَتْ فُلَاناً فَاقَةٌ، فَحَلَّتْ لَهُ المَسْأَلَةُ حَتَّى يُصِيبَ قِوَاماً مِنْ عَيْشٍ،» أَوْ قَالَ: «سِدَاداً مِنْ عَيْشٍ، فَمَا سِوَاهُنَّ مِنَ المَسْأَلَةِ يَا قَبِيصَةُ سُحْتٌ، يَأْكُلُهَا صَاحِبُهَا سُحْتاً». رواه مسلم.

«الحَمَالَةُ» بفتح الحاء: أَنْ يَقَعَ قِتَالٌ وَنَحْوُهُ بَيْنَ فَرِيقَيْنِ، فَيُصْلِحُ إِنْسَانٌ بَيْنَهُمْ عَلَى مَالٍ يَتَحَمَّلُهُ وَيَلْتَزِمُهُ عَلَى نَفْسِهِ. و«الجَائِحَةُ»: الآفَةُ تُصِيبُ مَالَ الإنْسَانِ. و«القِوَامُ» بكسر القاف وفتحها: هُوَ مَا يَقُومُ بِهِ أَمْرُ الإِنْسَانِ مِنْ مَالٍ وَنَحْوِهِ. و«السِّدَادُ» بكسر السين: مَا يَسُدُّ حَاجَةَ المُعْوِزِ وَيَكْفِيهِ، و«الفَاقَةُ»: الفَقْرُ. و«الحِجَى»: العقلُ.

1. Buch der Gebote

Hadith 534: Ibn Mas'ûd (r) überliefert, dass der Gesandte Allahs (s) sagte: "Wer von Armut betroffen ist und versucht, diese auf Kosten der anderen zu verringern, wird niemals davon loskommen. Und wer sich (bei ihrer Bekämpfung) auf Allah verlässt, dem wird Allah Versorgung gewähren, früher oder später."
(Abu Dâwûd und At-Tirmidhi)
Nach At-Tirmidhi ist dies ein guter Hadith (*hasan*).

Hadith 535: Thaubân (r) erzählte, dass der Gesandte Allahs (s) einst sagte: "Wer mir versichert mir, dass er niemals jemanden anbetteln wird, dem versichere ich das Paradies." Ich sagte (daraufhin): "Ich (gelobe es)!" Dabei blieb er, und er bat (bis zu seinem Tode) niemals irgendjemanden um etwas.
(Abu Dâwûd)
Dieser Hadith ist zuverlässig überliefert (*isnâd sahîh*).

Hadith 536: Abu Bischr Qabîsa ibn al-Mukhâriq (r) erzählte: Einst musste ich für die Zahlung von Blutgeld bürgen. Um in dieser Verpflichtung etwas Hilfe zu erlangen, ging ich zum Gesandten Allahs (s). Er sagte zu mir: "Warte, bis etwas Geld als Spende zu uns kommt, dann werde ich Dir etwas geben." und er (s) sagte weiter: "Oh Qabîsa, gewiss ist das Betteln nur für drei Menschen rechtmäßig:
1) Für denjenigen, der für einen anderen bürgt, ist das Betteln erlaubt, bis er seine Bürgschaft erfüllt hat. Dann soll er damit aufhören.
2) Für jemanden, dessen Lebensgrundlage (unverschuldet) durch ein Unglück vernichtet wurde. Er darf um Hilfe bitten, bis er ein Auskommen gefunden hat.
3) Für einen Menschen, der an Armut leidet, wenn drei verständige Menschen aus seinem Volk bezeugen, dass er von Armut betroffen ist. Ihm ist das Betteln gestattet, bis er ein Auskommen gefunden hat.
Außer diesen ist das Betteln nicht statthaft, und wer es dennoch tut, isst nur etwas, was nicht statthaft ist."
(Muslim)

٥٣٧ - وعن أبي هريرة رضيَ اللَّهُ عنه أنَّ رسولَ اللَّهِ ﷺ قال: «لَيْسَ المِسْكِينُ الَّذِي يَطُوفُ عَلى النَّاسِ تَرُدُّهُ اللُّقْمَةُ واللُّقْمَتَانِ، والتَّمْرَةُ والتَّمْرَتَانِ، وَلَكِنَّ المِسْكِينَ الَّذِي لا يَجِدُ غِنًى يُغْنِيهِ، وَلا يُفْطَنُ لَهُ، فَيُتَصَدَّقَ عَلَيْهِ، وَلا يَقُومُ فَيَسْأَلَ النَّاسَ». متفقٌ عليه.

١ - ٥٨ - باب جَواز الأخذ من غير مَسالة ولا تطلُّع إليه

٥٣٨ - عَنْ سالم بن عبدِ اللَّهِ بن عُمَرَ، عَنْ أبيه عبدِ اللَّهِ بن عُمَرَ، عَنْ عُمَرَ رضي اللَّهُ عنهم قال: كان رسولُ اللَّهِ ﷺ يُعطِيني العَطاءَ، فَأقُولُ: أَعْطِهِ مَنْ هُوَ أَفْقَرُ إليهِ مِنِّي، فقال: «خُذهُ؛ إِذَا جاءَكَ مِنْ هذا المَالِ شَيْءٌ وأَنْتَ غَيْرُ مُشْرِفٍ وَلا سَائِلٍ، فَخُذْهُ فَتَمَوَّلْهُ فَإِنْ شِئْتَ كُلْهُ، وَإِنْ شِئْتَ تَصَدَّقْ بِهِ، وَمَا لا، فَلا تُتْبِعْهُ نَفْسَكَ» قال سَالمٌ: فَكَانَ عَبْدُ اللَّهِ لا يَسْأَلُ أَحَداً شَيْئاً، وَلا يَرُدُّ شَيْئاً أُعْطِيَهُ. متفقٌ عليه.

«مُشرِفٌ» بالشين المعجمة: أي: مُتَطَلِّعٌ إليه.

١ - ٥٩ - باب الحثُّ على الأكل من عمل يَده والتعفف به عن السؤال والتعرض للإعطاء به عن السؤال

قال الله تعالى: ﴿فَإِذَا قُضِيَتِ الصَّلَاةُ فَانتَشِرُوا فِي الْأَرْضِ وَابْتَغُوا مِن فَضْلِ اللَّهِ﴾ [الجمعة: ١٠].

٥٣٩ - عن أبي عَبدِ اللَّهِ الزُّبيرِ بنِ العوَّامِ رَضِيَ اللَّهُ عنه قالَ: قالَ رسولُ اللَّهِ ﷺ: «لَأَنْ يَأْخُذَ أَحَدُكُمْ أَحْبُلَهُ ثُمَّ يَأْتِيَ الجَبَلَ، فَيَأْتِيَ بِحُزْمَةٍ مِنْ حَطَبٍ

1. Buch der Gebote

Hadith 537 ist eine Wiederholung von Hadith Nr. 264.

Kapitel 58
Erlaubnis, etwas anzunehmen, was man nicht erbettelt oder erwartet hat

Hadith 538: Sâlim ibn Abdullâh ibn Umar erzählte von seinem Vater Abdullâh ibn Umar, dass dieser von seinem Vater, Umar ibn al-Khattâb (r), folgendes berichtet bekam: "Wenn der Gesandte Allahs (s) mir etwas schenkte, pflegte ich zu sagen: "Gib es (lieber) jemandem, der es nötiger hat als ich!" Dann pflegt er zu erwidern: "Nimm es! Wenn es auf diese Weise zu dir gelangt, ohne dass du darum gebeten hast, dann nimm es an. Du kannst es benutzen oder als *Sadaqa* geben. Erstrebe nichts auf anderem Wege." Sâlim sagte, dass sein Vater Abdullâh ibn Umar niemanden um etwas bat und nichts zurückwies, was ihm gegeben wurde. (Al-Bukhâri und Muslim)

Kapitel 59
Ansporn, lieber von der eigenen Hände Arbeit zu leben als zu betteln

Qur'ân: Allah, der Erhabene, spricht:
"Und wenn das Gebet beendet ist, dann breitet euch im Lande aus, strebt nach Allahs Gunst und gedenkt Allahs oft; auf dass ihr erfolgreich werdet." (62:10)

Hadith 539: Abu Abdullâh az-Zubair ibn al-Auwâm (r) überliefert, dass der Prophet (s) sagte: "Es ist besser, wenn man Seile nimmt, in die Berge geht und ein Bündel Brennholz sammelt, es auf seinem Rücken herbringt

عَلَى ظَهْرِهِ فَيَبِيعَهَا، فَيَكُفَّ اللَّهُ بِهَا وَجْهَهُ، خَيْرٌ لَهُ مِنْ أَنْ يَسْأَلَ النَّاسَ، أَعْطَوْهُ أَوْ مَنَعُوهُ». رواه البخاري.

٥٤٠ - وعن أبي هُريرة رضي الله عنه قالَ: قالَ رسولُ اللَّهِ ﷺ: «لَأَنْ يَحْتَطِبَ أَحَدُكُم حُزْمَةً عَلَى ظَهرِهِ، خَيْرٌ لَهُ مِنْ أَنْ يَسْأَلَ أَحَداً، فَيُعْطِيَهُ أَوْ يَمْنَعَهُ». متفقٌ عليه.

٥٤١ - وعنه، عنِ النبيِّ ﷺ قال: «كانَ داوُدُ عليهِ السَّلامُ لا يَأكُلُ إلّا مِنْ عَمَلِ يَدِهِ». رواه البخاري.

٥٤٢ - وعنه أن رسولَ اللَّهِ ﷺ قال: «كانَ زكَرِيّا عليه السلام نجّاراً». رواه مسلم.

٥٤٣ - وعن المِقْدامِ بنِ مَعْدِيكَرِبَ رضي الله عنه، عن النبي ﷺ قال: «مَا أَكَلَ أَحَدٌ طَعَاماً قَطُّ خَيْراً مِنْ أَنْ يَأْكُلَ مِنْ عَمَلِ يَدِهِ، وَإِنَّ نَبِيَّ اللَّهِ دَاوُدَ ﷺ كانَ يَأْكُلُ مِنْ عَمَلِ يَدِهِ». رواه البخاري.

1. Buch der Gebote

und verkauft, und somit sein Gesicht vor Allah wahrt. Dies wäre wohl besser für einen, als wenn er die Leute anbettelt, gleich ob sie ihm etwas geben oder nicht."
(Al-Bukhâri)

Hadith 540: Abu Huraira (r) berichtet, dass der Prophet (s) sagte: "Es ist wohl für jeden von euch besser, ein Bündel mit Brennholz auf seinem Rücken zu tragen, als jemanden um etwas zu bitten, gleich ob der ihm etwas gibt oder nicht."
(Al-Bukhâri und Muslim)

Hadith 541: Abu Huraira (r) erzählte, dass der Prophet (s) sagte: "Der Prophet David (as) aß nur von dem, was er mit seiner Hände Arbeit verdient hatte."
(Al-Bukhâri)

Hadith 542: Abu Huraira (r) berichtet, dass der Gesandte Allahs (s) sagte: "Der Prophet Zacharias (as) war von Beruf Zimmermann."[161]
(Muslim)

Hadith 543: Al-Miqdâm ibn Ma'd Yakarib (r) überliefert, dass der Prophet (s) sagte: "Niemand isst je etwas besseres, als was er sich durch seiner Hände Arbeit verdient hat. So verdiente auch der Prophet David (as) seinen Lebensunterhalt durch seiner Hände Arbeit."
(Al-Bukhâri)

---

[161] Das heißt, dass er seinen Lebensunterhalt durch sein Handwerk verdiente.

١ - ٦٠ - باب الكرم والجود والإنفاق في وجوه الخير ثقةً بالله تعالى

قال الله تعالى: ﴿وَمَا أَنفَقْتُم مِّن شَيْءٍ فَهُوَ يُخْلِفُهُ﴾ [سبأ: ٣٩]. وقال تعالى: ﴿وَمَا تُنفِقُوا مِنْ خَيْرٍ فَلأَنفُسِكُمْ وَمَا تُنفِقُونَ إِلاَّ ابْتِغَاءَ وَجْهِ اللَّهِ وَمَا تُنفِقُوا مِنْ خَيْرٍ يُوَفَّ إِلَيْكُمْ وَأَنتُمْ لاَ تُظْلَمُونَ﴾ [البقرة: ٢٧٢]. وقال تعالى: ﴿وَمَا تُنفِقُوا مِنْ خَيْرٍ فَإِنَّ اللَّهَ بِهِ عَلِيمٌ﴾ [البقرة: ٢٧٣].

٥٤٤ - وعنِ ابنِ مسعودٍ رضي الله عنه عن النبي ﷺ قال: «لَا حَسَدَ إِلَّا فِي اثْنَتَيْنِ: رَجُلٌ آتَاهُ اللَّهُ مَالًا، فَسَلَّطَهُ عَلَى هَلَكَتِهِ فِي الحَقِّ، وَرَجُلٌ آتَاهُ اللَّهُ حِكْمَةً، فَهُوَ يَقْضِي بِهَا وَيُعَلِّمُهَا». متفقٌ عليه.

معناه: ينبغي أن لا يُغبَطَ أحدٌ إلَّا على إحدى هاتين الخصلتين.

٥٤٥ - وعنه قالَ: قالَ رسولُ اللَّهِ ﷺ: «أَيُّكُمْ مَالُ وَارِثِهِ أَحَبُّ إِلَيْهِ مِنْ مَالِهِ؟» قالوا: يا رسولَ اللَّهِ، ما مِنَّا أحدٌ إلَّا مالُهُ أَحَبُّ إليه. قال: «فَإِنَّ مَالَهُ مَا قَدَّمَ وَمَالُ وَارِثِهِ مَا أَخَّرَ». رواه البخاري.

٥٤٦ - وعَن عديِّ بنِ حاتمٍ رضي الله عنه، أن رسول الله ﷺ قال: «اتَّقُوا النَّارَ وَلَوْ بِشِقِّ تَمْرَةٍ». متفقٌ عليه.

1. Buch der Gebote

Kapitel 60
Großzügigkeit und Spenden für wohltätige Zwecke im Vertrauen auf Allah

Qur'ân: Allah, der Erhabene, spricht:
"Und ihr gebt nichts als Spende hin, ohne dass Er es euch ersetzt..." (34:39)
"Was immer ihr an Gutem spendet, das ist für euch selbst, und ihr spendet nicht, es sei denn aus Verlangen nach dem Angesicht Allahs. Und was immer ihr an Gutem spendet, das soll euch voll zurückerstattet werden, und es soll euch kein Unrecht zugefügt werden." (2:272)
"Und was immer ihr an Gutem spendet, wahrlich Allah weiß es wohl." (2:273)

Hadith 544: Ibn Mas'ûd (r) überliefert, dass Allahs Gesandter (s) sagte: "Nur auf zweierlei darf man neidisch sein[162]:
1) Auf jemanden, der von Allah mit Reichtum bedacht wurde, und der es auf rechte Weise (um Allahs willen) ausgibt, und
2) auf jemanden, dem Allah Weisheit verliehen hat, und der danach lebt, urteilt und unterrichtet."
(Al-Bukhâri und Muslim)
Das bedeutet, dass jede andere Art von Neid nicht erlaubt ist.

Hadith 545: Ibn Mas'ûd (r) überliefert, dass der Gesandte Allahs (s) seine Gefährten einmal fragte: "Wer unter euch liebt den Besitz seines Erben mehr als seinen eigenen Besitz?" Die Gefährten antworteten: "Oh Gesandter Allahs! Es gibt unter uns niemanden, der nicht seinen Besitz am meisten liebt." Darauf sagte er: "Sein Besitz ist das, was er im Voraus (an Guten Taten, *Sadaqa* und für den Lebensunterhalt) ausgibt, und was er zurückbehält, gehört seinem Erben."
(Al-Bukhâri)

Hadith 546 ist eine Wiederholung von Hadith Nr. 139.

---

[162] Vergl. Hadith Nr. 572.

٥٤٧ - وعن جابرٍ رضي الله عنه قال: ما سُئِلَ رسولُ اللهِ ﷺ شيئاً قَطُّ فقالَ: لا. متفقٌ عليه.

٥٤٨ - وعن أبي هُريرة رضي الله عنه قال: قال رسولُ اللهِ ﷺ: «مَا مِنْ يَوْمٍ يُصْبِحُ العِبَادُ فِيهِ إلَّا مَلَكَانِ يَنْزِلانِ، فَيَقُولُ أحَدُهُمَا: اللَّهُمَّ أعْطِ مُنْفِقاً خَلَفاً، وَيَقُولُ الآخَرُ: اللَّهُمَّ أعْطِ مُمْسِكاً تَلَفاً». متفقٌ عليه.

٥٤٩ - وعنه: أن رسولَ الله ﷺ قال: «قَالَ اللَّهُ تعالى: أَنْفِقْ يَا ابْنَ آدَمَ أُنْفِقْ عَلَيْكَ». متفقٌ عليه.

٥٥٠ - وعن عبد الله بن عَمرو بن العَاصِ رضي الله عنهما أنَّ رَجُلاً سَأَلَ رسولَ اللهِ ﷺ: أيُّ الإسلامِ خَيرٌ؟ قال: «تُطْعِمُ الطَّعَامَ، وَتَقْرَأُ السَّلامَ عَلى مَنْ عَرَفْتَ وَمَنْ لَمْ تَعْرِفْ». متفقٌ عليه.

٥٥١ - وعنه قال: قال رسولُ الله ﷺ: «أَرْبَعُونَ خَصْلَةً أعْلاهَا مَنِيحَةُ العَنْزِ ما مِنْ عَامِلٍ يَعْمَلُ بِخَصْلَةٍ منها رَجَاءَ ثَوَابِهَا وَتَصْدِيقَ مَوْعُودِهَا إلَّا أدْخَلَهُ اللَّهُ تعالى بِهَا الجَنَّةَ». رواه البخاري. وقد سبق بيانُ هذا الحديث في باب بيان كَثرةِ طرق الخَيرِ.

٥٥٢ - وعن أبي أُمَامَةَ صُدَيِّ بنِ عَجْلانَ رضي اللَّهُ عنه قال: قالَ رسولُ اللَّهِ ﷺ: «يَا ابْنَ آدَمَ إنَّكَ أنْ تَبْذُلَ الفَضْلَ خَيرٌ لَكَ، وأنْ تُمسِكَهُ شَرٌّ لَكَ، وَلا تُلامُ عَلى كَفَافٍ، وَابدأْ بِمَنْ تَعُولُ، واليَدُ العُلْيَا خَيرٌ مِنَ اليَدِ السُّفْلَى». رواه مسلم.

٥٥٣ - وعن أنسٍ رضي الله عنه قال: ما سُئِلَ رسولُ الله ﷺ على الإسْلامِ

1. Buch der Gebote

Hadith 547: Dschâbir (r) erzählte, dass der Gesandte Allahs (s) niemals nein sagte, wenn er von jemandem um etwas gebeten wurde.
(Al-Bukhâri und Muslim)

Hadith 548 ist eine Wiederholung von Hadith Nr. 295.

Hadith 549: Abu Huraira (r) überliefert, dass der Gesandte Allahs (s) sagte: Allah, der Erhabene, spricht: "Oh Sohn Adams, gib aus (auf dem Weg Allahs), so wird auch für dich ausgegeben werden."
(Al-Bukhâri und Muslim)

Hadith 550: Abdullâh ibn Amru ibn al-Âs (r) erzählte: Eines Tages fragte ein Mann Allahs Gesandten (s): "Wie diene ich dem Islam auf die beste Weise?" Er antwortete: "Indem du (anderen) zu Essen gibst und (ihnen) den Friedensgruß erbietest, ob du sie kennst oder nicht."
(Al-Bukhâri und Muslim)

Hadith 551 ist eine Wiederholung von Hadith Nr. 138.

Hadith 552 ist eine Wiederholung von Hadith Nr. 513.

Hadith 553: Anas (r) berichtet: Es gab niemanden, der als Muslim den Gesandten Allahs (s) um etwas bat und von diesem nichts bekam. Einst

شَيئاً إِلَّا أَعطاه، وَلَقَدْ جَاءَهُ رجلٌ، فَأَعطاه غَنماً بَيْنَ جَبَلَيْنِ، فَرَجَعَ إلى قَومِهِ فَقَالَ: يَا قَومِ أَسلِمُوا؛ فإِنَّ مُحَمَّداً يُعطي عَطاءَ مَن لَا يَخشَى الفَقرَ، وَإِنْ كَانَ الرَّجُلُ لَيُسلِمُ مَا يُرِيدُ إِلَّا الدُّنيَا، فَمَا يَلبَثُ إِلَّا يَسِيراً حَتَّى يَكُونَ الإسلامُ أَحَبَّ إِلَيهِ مِنَ الدُّنيَا وَمَا عَلَيها. رواه مسلم.

٥٥٤ ـ وعن عُمَرَ رضيَ اللَّهُ عنه قال: قَسَمَ رسولُ اللَّهِ ﷺ قَسماً، فَقُلتُ: يا رسولَ اللَّه لَغَيرُ هؤُلاءِ كانُوا أَحَقَّ بِهِ مِنهُم؟ قالَ: «إِنَّهُم خَيَّرُوني أَن يَسأَلُوني بالفُحْشِ، أَو يُبَخِّلُوني، ولَستُ بِبَاخِلٍ». رواه مسلم.

٥٥٥ ـ وعن جُبَيرِ بنِ مُطعِمٍ رضيَ اللَّهُ عنه أنه قال: بَينَما هُوَ يَسِيرُ مَعَ النَّبِيِّ ﷺ مَقفَلَهُ مِن حُنَينٍ، فَعَلِقَهُ الأَعرَابُ يَسأَلُونَهُ، حَتَّى اضطَرُّوهُ إِلى سَمُرَةٍ، فَخَطَفَت رِداءَهُ، فَوَقَفَ النَّبِيُّ ﷺ فقال: «أَعطُوني رِدائي، فَلَو كَانَ لي عَدَدُ هذِهِ العِضاهِ نَعَماً، لَقَسَمتُهُ بَينَكُم، ثم لا تَجِدُوني بَخِيلاً وَلا كَذَّاباً وَلا جَبَاناً». رواه البخاري.

«مَقفَلَهُ» أَي: حَالَ رُجُوعِهِ. وَ«السَّمُرَةُ»: شَجَرَةٌ. وَ«العِضَاهُ»: شَجَرٌ لَهُ شَوكٌ.

٥٥٦ ـ وعن أبي هُريرة رضيَ اللَّهُ عنه أنَّ رسولَ اللَّهِ ﷺ قال: «مَا نَقَصَت صَدَقَةٌ مِن مَالٍ، وَمَا زَادَ اللَّهُ عَبداً بِعَفوٍ إِلَّا عِزًّا، وَمَا تَوَاضَعَ أَحَدٌ للَّهِ إِلَّا رَفَعَهُ اللَّهُ عَزَّ وَجَلَّ». رواه مسلم.

1. Buch der Gebote

kam ein Mann zu ihm, und er gab ihm so viele Schafe, wie zwischen zwei Hügeln Platz fanden. Da kehrte der Mann zu seinem Stamm zurück und sagte: "Leute! Werdet Muslime, denn Muhammad gibt wirklich jedem (etwas), so dass man die Armut nicht zu fürchten braucht!" So wurden manche Leute nur aus materiellen Gründen Muslime. Bald darauf war ihnen jedoch der Islam lieber als die ganze (diesseitige) Welt."
(Muslim)

Hadith 554: Umar (r) berichtet: Als der Gesandte Allahs (s) einmal Beute verteilte, fragte ich ihn: "Oh Gesandter Allahs! Wären nicht andere Muslime mehr dazu berechtigt, als die, denen du etwas zugeteilt hast?" Daraufhin sagte er: "Sie hatten mich aufdringlich darum gebeten, und ich stand vor der Alternative, ihnen zu geben, obwohl sie unverschämt waren, oder (ihnen nichts zu geben, und) sie hätten mich für geizig gehalten. Ich bin jedoch kein Geizhals!"
(Muslim)

Hadith 555: Dschubair ibn Mut'im (r) erzählte: Als ich mich nach der Schlacht von Hunain mit dem Propheten (s) auf dem Rückweg befand, bedrängten ihn einige Araber vom Lande mit Betteleien so, dass er bis an einen Baum gedrängt wurde. Dort rissen sie ihm den Umhang vom Leibe. Da richtete sich der Prophet (s) auf und sprach: "Gebt mir meinen Umhang zurück! Wenn ich Vermögen hätte, so viel wie diese Bäume (an Zahl), hätte ich es unter euch verteilt; und ihr würdet mich weder für geizig noch für einen Lügner oder Feigling halten."
(Al-Bukhâri)

Hadith 556: Abu Huraira (r) überliefert, dass der Gesandte Allahs (s) sagte: "*Sadaqa* hat noch keinen Besitz geschmälert. Allah vermehrt das Ansehen seines Dieners, wenn dieser vergibt, und er erhöht jeden, der um Allahs willen bescheiden ist."
(Muslim)

٥٥٧ ـ وعن أبي كَبْشَةَ عُمَرَ بن سَعدٍ الأنْمَارِيِّ رضي الله عنه أنه سمع رسولَ اللَّهِ ﷺ يَقُولُ: «ثَلاَثَةٌ أُقْسِمُ عَلَيْهنَّ وَأُحَدِّثُكُم حَدِيثاً فَاحْفَظُوهُ: مَا نَقَصَ مَالُ عَبدٍ مِن صَدَقَةٍ، وَلا ظُلِمَ عَبْدٌ مَظْلمَةً صَبَرَ عَلَيْهَا إِلاَّ زَادَهُ اللَّهُ عِزًّا، وَلا فَتَحَ عَبْدٌ بَابَ مَسأَلَةٍ إِلاَّ فَتَحَ اللَّهُ عَلَيهِ بَابَ فَقْرٍ، أَوْ كَلِمَةً نَحوَهَا، وَأُحَدِّثُكُمْ حَدِيثاً فَاحفَظُوهُ» قال: «إِنَّمَا الدُّنْيَا لأَرْبَعَةِ نَفَرٍ:

عَبدٍ رَزَقَهُ اللَّهُ مَالاً وَعِلْماً، فَهُوَ يَتَّقِي فِيهِ رَبَّهُ، وَيَصِلُ فِيهِ رَحِمَهُ، وَيَعلَمُ لِلَّهِ فِيهِ حَقًّا، فَهَذا بِأفضل المَنَازِلِ.

وَعَبدٍ رَزَقَهُ اللَّهُ عِلماً، وَلَم يَرْزُقْهُ مَالاً، فَهُوَ صَادِقُ النِّيَّةِ يَقُولُ: لَوْ أَنَّ لِي مَالاً لَعَمِلتُ بِعَمَلِ فُلانٍ، فَهُوَ بِنِيَّتِهِ، فَأَجْرُهُمَا سَوَاءٌ.

وَعَبدٍ رَزَقَهُ اللَّهُ مَالاً، وَلَم يَرْزُقْهُ عِلماً، فَهُوَ يَخْبِطُ في مالِهِ بِغَيرِ عِلمٍ، لا يَتَّقِي فِيهِ رَبَّهُ، وَلا يَصِلُ فِيهِ رَحِمَهُ، وَلا يَعلَمُ لِلَّهِ فِيهِ حَقًّا، فَهَذا بِأَخْبَثِ المَنَازِلِ.

وَعَبدٍ لَم يَرْزُقْهُ اللَّهُ مَالاً وَلا عِلماً، فَهُوَ يَقُولُ: لَوْ أَنَّ لِي مَالاً لَعَمِلتُ فِيهِ بِعَمَلِ فُلانٍ، فَهُوَ نِيَّتُهُ، فَوِزْرُهُما سَوَاءٌ». رواه الترمذي وقال: حديث حسن صحيح.

٥٥٨ ـ وعن عائشة رضي الله عنها أنَّهُمْ ذَبَحُوا شَاةً، فقالَ النبيُّ ﷺ: «مَا بَقِيَ مِنهَا؟» قالت: ما بقي منها إلاَّ كَتِفُهَا، قال: «بَقِيَ كُلُّهَا غَيرَ كَتِفِهَا». رواه الترمذي وقال: حديث صحيح.

ومعناه: تَصَدَّقُوا بها إلاَّ كَتِفَهَا فقال: بَقِيَتْ لَنَا في الآخِرَةِ إلاَّ كَتِفَهَا.

٥٥٩ ـ وعن أسماءَ بنتِ أبي بكرٍ الصديق رضي الله عنهما قالت: قال لي رسولُ اللَّهِ ﷺ: «لاَ تُوكِي فَيُوكَى عَلَيْكِ».

1. Buch der Gebote

Hadith 557: Abu Kabscha Amru ibn Sa'd al-Anmâri (r) erzählte, dass er den Gesandten Allahs (s) sagen hörte: "Auf drei Dinge schwöre ich, und ich erzähle euch das Folgende, und behaltet es gut:
1) Dass der Besitz eines Dieners (Allahs) niemals durch *Sadaqa* geschmälert wird.
2) Dass Allah das Ansehen desjenigen vermehrt, der Unrecht geduldig erträgt.
3) Dass Allah jedem, der eine Tür (einer Art) des Bettelns auftut, eine Tür zur Armut - oder zu etwas ähnlichem - öffnet.
Und ich erzähle euch folgendes, und behaltet es gut: Gewiss gibt es im Diesseits viererlei Menschen:
1) Denjenigen Diener (Allahs), dem Allah Reichtum und Wissen geschenkt hat, und der in diesen beiden Dingen Allah, seinen Herrn fürchtet, und der (mit seinem Vermögen) die Verwandtschaftsbande pflegt und Rechte Allahs respektiert. Dieser befindet sich auf der höchsten Stufe.
2) Denjenigen Diener (Allahs), dem Allah Wissen gewährt, aber keinen Reichtum, und der die beste Absicht besitzt, und der sagt: 'Wenn ich die Mittel dazu hätte, würde ich es machen, wie Soundso', und durch diese Absicht erhält er die gleiche Belohnung wie jener.
3) Denjenigen Diener (Allahs), dem Allah Reichtum, aber kein Wissen geschenkt hat. Er gibt gedankenlos seinen Reichtum aus und fürchtet Allah nicht, kümmert sich nicht um die Verwandtschaftsbande und missachtet die Rechte Allahs. Dieser befindet sich auf der niedrigsten Stufe.
4) Denjenigen Diener (Allahs), dem von Allah weder Reichtum noch Wissen verliehen wurden, und der sagt: 'Wenn ich reich wäre, würde ich wie Soundso handeln', und durch diese Absicht tragen beide die gleiche Sünde."
(At-Tirmidhi)
Dies ist ein guter und gesunder Hadith (*hasan sahîh*).

Hadith 558: Âischa (r) berichtet, dass der Prophet (s) ein Schaf schlachten ließ und dann fragte: "Was ist noch davon (für uns) übrig geblieben?" Sie antwortete: "Nichts, außer den Schultern." Er sprach: "Dann ist außer den Schultern alles (für uns) geblieben."
(At-Tirmidhi)
Dies ist ein guter und gesunder Hadith (*hasan sahîh*).
Das bedeutet, dass sie dieses Schaf als *Sadaqa* gegeben hatten, bis auf seine Schultern, und dass der Prophet (s) daraufhin sagte, dass es im Jenseits ganz für sie geblieben sei, bis auf seine Schultern.

وفي رواية: «أَنْفِقِي أو انْفَحِي، أو انْضِحِي، وَلا تُحْصِي فَيُحْصِي اللَّهُ عَلَيْكِ، وَلَا تُوعِي فَيُوعِي اللَّهُ عَلَيْكِ». متفقٌ عليه.

و«انْفَحِي» بالحاءِ المهملة: وهو بمعنى: «أَنْفِقِي» وكذلك: «انْضِحِي».

٥٦٠ - وعن أبي هريرة رضي الله عنه أنه سمع رسولَ اللَّهِ ﷺ يَقُولُ: «مَثَلُ البَخِيلِ وَالمُنْفِقِ، كَمَثَلِ رَجُلَيْنِ عَلَيْهِما جُنَّتَانِ مِنْ حَدِيدٍ مِنْ ثُدِيِّهِمَا إِلى تَرَاقِيهِمَا، فَأَمَّا المُنْفِقُ، فَلا يُنْفِقُ إِلَّا سَبَغَتْ، أَوْ وَفَرَتْ عَلَى جلدِهِ حتى تُخْفِيَ بَنَانَهُ، وَتَعْفُوَ أَثَرَهُ، وَأَمَّا البَخِيلُ، فَلا يُرِيدُ أَنْ يُنْفِقَ شَيْئاً إِلَّا لَزِقَتْ كُلُّ حَلْقَةٍ مَكَانَهَا، فَهُوَ يُوَسِّعُها فَلا تَتَّسِعُ». متفقٌ عليه.

و«الجُنَّةُ» الدِّرعُ؛ وَمَعنَاهُ: أن المُنْفِقَ كُلَّمَا أَنْفَقَ سَبَغَتْ، وطَالَتْ حتى تَجُرَّ وَرَاءَهُ، وتُخْفِي رِجْلَيْهِ وَأَثَرَ مَشْيِهِ وخُطُوَاتِهِ.

٥٦١ - وعنه قال: قال رسولُ اللَّهِ ﷺ: «مَنْ تَصَدَّقَ بِعَدْلِ تَمْرَةٍ مِنْ كَسْبٍ طَيِّبٍ، وَلا يَقْبَلُ اللَّهُ إِلَّا الطَّيِّبَ، فَإِنَّ اللَّهَ يَقْبَلُهَا بِيَمِينِهِ، ثُمَّ يُرَبِّيهَا لِصَاحِبِهَا كمَا يُرَبِّي أَحَدُكُمْ فَلُوَّهُ حَتَّى تَكُونَ مِثْلَ الجبلِ». متفقٌ عليه.

«الفَلُوُّ» بفتح الفاء وضَمِّ اللام وتشديد الواو، ويقال أيضاً: بكسر الفاء وإسكان اللام وتخفيف الواو: وهو المُهْرُ.

٥٦٢ - وعنه عن النبيِّ ﷺ قال: «بَيْنَمَا رَجُلٌ يَمْشِي بِفَلاةٍ مِنَ الأَرْضِ، فَسَمِعَ صَوْتاً فِي سَحَابَةٍ: اسْقِ حَدِيقَةَ فُلانٍ، فَتَنَحَّى ذلكَ السَّحَابُ فَأَفْرَغَ مَاءَهُ فِي حَرَّةٍ، فإذا شَرَجَةٌ مِنْ تِلْكَ الشِّرَاجِ قد اسْتَوْعَبَتْ ذلكَ الماءَ كُلَّهُ، فَتَتَبَّعَ المَاءَ، فإذا رَجُلٌ قَائِمٌ في حَدِيقَتِهِ يُحَوِّلُ المَاءَ بِمِسْحَاتِهِ، فقال له: يا عَبْدَ اللَّهِ لِمَ تَسْأَلُني عَنِ اسْمِي؟

1. Buch der Gebote

Hadith 559: Asmâ' bint Abi Bakr (r), erzählte, dass der Gesandte Allahs (s) zu ihr sagte: "Horte nichts, sonst wird (auch) Allah (Seine Wohltaten) vor dir horten."
In einer anderen Version heißt es: "Spende, verschenke und halte nichts zurück, sonst wird (auch) Allah (seine Gaben) vor dir zurückhalten. Sei nicht raffgierig, sonst wird (auch) Allah dir gegenüber Raffgier zeigen!"
(Al-Bukhâri und Muslim)

Hadith 560: Abu Huraira (r) erzählte, dass er den Gesandten Allahs (s) sagen hörte: "Das Gleichnis eines Geizhalses und eines freigebigen Menschen ist wie das zweier Männer die mit einem Harnisch, der ihnen von der Brust an bis zum Hals reicht, umgürtet sind. Jedesmal, wenn der freigebige Mensch etwas spendet, weitet sich der Harnisch und bedeckt seinen Körper, bis er bis seine Fingerspitzen bedeckt und auf den Boden herunterhängt und seine Spuren verwischt. Und jedesmal, wenn der Geizige beschließt, nichts fortzugeben, umschließt sich jedes Glied seines Harnischs seinen Körper fester, und er versucht, ihn zu lösen, doch es gelingt ihm nicht."
(Al-Bukhâri und Muslim)

Hadith 561: Abu Huraira (r) berichtet, dass der Gesandte Allahs (s) sagte: "Wenn jemand etwas von dem, was er rechtmäßig erworben hat, und sei es auch nur im Wert einer Dattel, als *Sadaqa* gibt - und Allah nimmt nur das rechtmäßig Erworbene an -, von dem nimmt sie Allah mit Seiner rechten Hand an und vermehrt sie für ihn, wie wenn jemand ein Fohlen aufzieht, bis diese *Sadaqa* (groß) wie ein Berg wird."
(Al-Bukhâri und Muslim)

Hadith 562: Abu Huraira (r) überliefert, dass der Prophet (s) folgendes Gleichnis erzählte: Als ein Mann durch eine wasserlose Wüste ging, hörte er eine Stimme aus einer Wolke, die sprach: "Bewässere den Garten des Soundso!" Hierauf bewegte sich die Wolke in eine bestimmte Richtung und ließ Wasser über einem felsigen, unfruchtbaren Stück Land regnen. Das Wasser rann durch kleine Rinnsale und floss in einem Flussbett zusammen. Er folgte diesem Flussbett, bis er auf einen Mann traf, der in seinem Garten stand und mit seiner Schaufel das Wasser (den Pflanzen) zuleitete. Er fragte ihn: "Wie heißt du, oh Diener Allahs?" Er sagte ihm seinen Namen, und es war derselbe Name, den er aus der Wolke gehört

فَقَالَ: إنِّي سَمِعْتُ صَوْتاً في السَّحَابِ الذي هٰذَا مَاؤُهُ يقُولُ: اسْقِ حَديقَةَ فُلانٍ لاسمِكَ، فما تَصْنَعُ فيها؟ فقال: أمَّا إذْ قُلْتَ هٰذَا، فَإنِّي أنْظُرُ إلى ما يَخْرُجُ مِنها، فَأتَصَدَّقُ بثُلُثِهِ، وآكُلُ أنا وعِيالي ثُلُثاً، وأرُدُّ فيها ثُلُثَهُ»، رواه مسلم.

«الحَرَّةُ» الأرْضُ المُلْبَسَةُ حِجارَةً سَوْدَاءَ. «والشَّرْجَةُ» بفتح الشين المعجمة وإسكان الراءِ وبالجيم؛ هي مَسِيلُ الماءِ.

١ - ٦١ - باب النَّهي عن البخل والشح

قال اللهُ تعالى: ﴿وَأَمَّا مَن بَخِلَ وَاسْتَغْنَىٰ، وَكَذَّبَ بِالْحُسْنَىٰ فَسَنُيَسِّرُهُ لِلْعُسْرَىٰ، وَمَا يُغْنِي عَنْهُ مَالُهُ إِذَا تَرَدَّىٰ﴾ [الليل: ٨ - ١١]. وقال تعالى: ﴿وَمَن يُوقَ شُحَّ نَفْسِهِ فَأُولَٰئِكَ هُمُ الْمُفْلِحُونَ﴾ [التغابن: ١٦].

٥٦٣ - وعن جابر رضي الله عنه أنَّ رسولَ اللَّهِ ﷺ قالَ: «اتَّقُوا الظُّلْمَ، فَإنَّ الظُّلْمَ ظُلُمَاتٌ يَوْمَ القِيَامَةِ، واتَّقُوا الشُّحَّ، فَإنَّ الشُّحَّ أهْلَكَ مَنْ كَانَ قَبْلَكُمْ، حَمَلَهُمْ على أنْ سَفَكُوا دِمَاءَهم واسْتَحَلُّوا مَحارِمَهُمْ». رواه مسلم.

١ - ٦٢ - باب الإيثار والمواساة

قال الله تعالى: ﴿وَيُؤْثِرُونَ عَلَىٰ أَنفُسِهِمْ وَلَوْ كَانَ بِهِمْ خَصَاصَةٌ﴾ [الحشر: ٩]. وقال تعالى: ﴿وَيُطْعِمُونَ الطَّعَامَ عَلَىٰ حُبِّهِ مِسْكِينًا وَيَتِيمًا وَأَسِيرًا﴾ [الدهر: ٨]. إلى آخِرِ الآيَاتِ.

٥٦٤ - وعن أبي هُريرة رضي الله عنه قال: جَاءَ رَجُلٌ إلى النبيِّ ﷺ فقال:

hatte. Er (der Gartenbesitzer) fragte ihn: "Oh Diener Allahs, warum fragst du mich nach meinem Namen?" Er antwortete: "Ich hörte eine Stimme aus der Wolke, aus der dieses Wasser kam, und sie sagte: 'Bewässere den Garten des Soundso!' Was machst du mit deinem Garten?" Er sagte: "Wenn du mich so fragst: Ich schaue, was er (dieser Garten) an Ertrag abwirft, dann gebe ich Drittel davon als *Sadaqa*, ein weiteres Drittel verbrauche ich mit meiner Familie und das restliche Drittel gebe ich ihm (für die nächste Ernte) zurück."
(Muslim)

Kapitel 61
Verbot von Geizes (anderen und sich selbst gegenüber)

Qur'ân: Allah, der Erhabene, sagt:
"Wer also geizig ist und sich selbst genug ist, und das Beste als Lüge verwirft, dem werden Wir (den Weg ins) Unheil leicht machen, und sein Vermögen wird ihm nichts helfen, wenn er zugrunde geht." (92:8-11)
"Und die vor ihrer eigenen Habsucht bewahrt bleiben, denen wird es wohl ergehen." (64:16)

Hadith 563 ist eine Wiederholung von Hadith Nr. 205.

Kapitel 62
Altruismus und Tröstung

Qur'ân: Allah, der Erhabene, spricht:
"Sie geben ihnen der Vorzug vor sich selbst, auch wenn sie selbst unter Entbehrungen leiden..." (59:9)
"Und sie geben das, was sie selber begehren einem Bedürftigen, einer Waisen und einem Gefangenen zur Speise, (und sie sagen): "Fürwahr, wir speisen euch um Allahs willen, wir wollen keine Belohnung von euch und keinen Dank." (76:8-9)

Hadith 564: Abu Huraira (r) berichtet: Ein Mann kam zum Propheten (s) und sagte: "Ich bin erschöpft (und hungrig)." Daraufhin sandte er (nach

إِنِّي مَجْهُودٌ، فَأَرْسَلَ إلى بعضِ نسائِه، فقَالَت: والَّذي بَعَثَكَ بالحَقِّ ما عِنْدي إلَّا ماءٌ، ثم أَرْسَلَ إلى أُخرَى، فقَالَت مِثلَ ذلِكَ، حتَّى قُلْنَ كُلُّهُنَّ مِثلَ ذلِكَ: لا والَّذي بَعَثَكَ بالحَقِّ ما عِنْدي إلَّا ماءٌ. فقال النبيُّ ﷺ: «مَن يُضِيفُ هذَا اللَّيْلَةَ رَحِمَهُ اللَّهُ» فقال رَجُلٌ مِنَ الأَنْصارِ: أَنا يا رسولَ اللَّه، فانْطَلَقَ بِهِ إلى رَحْلِهِ، فقال لامْرأَتِه: أَكْرِمي ضَيْفَ رسولِ اللَّهِ ﷺ قَال.

وفي روايةٍ لامْرَأَتِه: هل عِنْدَكِ شَيْءٌ؟ فقَالَت: لا، إلَّا قُوتَ صِبْيَانِي. قال: عَلِّلِيهِم بشيءٍ وإذا أَرَادُوا العَشَاءَ فنَوِّمِيهِم، وإذا دَخَلَ ضَيْفُنَا، فأَطْفِئي السِّرَاجَ، وأَرِيهِ أَنَّا نَأْكُلُ، فإذا أَهْوَى ليَأْكُلَ فَقُومِي إلى السِّرَاجِ حتَّى تُطْفِئِيهِ؛ فقَعَدُوا وأَكَلَ الضَّيفُ وبَاتَا طَاوِيَيْنِ، فلمَّا أَصْبَحَ، غَدَا على النبيِّ ﷺ: فقال: «لَقَدْ عَجِبَ اللَّهُ مِن صَنيعِكُمَا بِضَيفِكُمَا اللَّيْلَةَ». متفقٌ عليه.

٥٦٥ ـ وعنه قَالَ: قال رسولُ الله ﷺ: «طَعَامُ الاِثْنَيْنِ كافي الثَّلاثَةِ، وطَعَامُ الثَّلاثَةِ كافي الأَربَعَةِ». متفقٌ عليه.

وفي روايةٍ لمسلمٍ عن جابرٍ رضي الله عنه، عن النبي ﷺ قال: «طَعَامُ الوَاحِدِ يَكفي الاِثْنَينِ، وطَعَامُ الاثْنَيْنِ يَكْفي الأَربَعَةَ، وطَعَامُ الأَرْبَعَةِ يَكْفي الثَّمَانِيَةَ».

٥٦٦ ـ وعن أبي سَعيدٍ الخُدرِيِّ رضي الله عنه قال: بينَما نَحْنُ في سَفَرٍ مَعَ النبيِّ ﷺ إذ جاءَ رَجُلٌ على رَاحِلَةٍ لَه، فجَعَلَ يَصرِفُ بَصَرَهُ يَميناً وشِمالاً، فقالَ

1. Buch der Gebote

etwas zu Essen) zu einer seiner Frauen. Diese sagte: "Bei Dem, der dich mit der Wahrheit gesandt hat, ich habe nichts außer Wasser." Er (s) sandte zu einer anderen seiner Frauen (ob sie den Gast versorgen könnte), die das Gleiche antwortete, bis er von allen (zu denen er diese Nachricht gesandt hatte) die gleiche Antwort erhalten hatte: "Nein, bei Dem, der dich mit der Wahrheit gesandt hat, ich habe nichts außer Wasser." Da sprach der Prophet (s): "Wer kann diesen (Mann) heute Nacht als Gast aufnehmen?" Ein Mann der *Ansâr* antwortete: "Ich, oh Gesandter Allahs (s)." So nahm er den Gast mit nach Hause und sagte zu seiner Frau: "Bewirte den Gast von Allahs Gesandtem (s) großzügig!"

Nach einer anderen Version sagte er zu seiner Frau: "Hast du etwas zu essen?" Sie antwortete: "Nein, nur das Essen meiner Kinder." Er sagte: "Dann lenke sie irgendwie (vom Essen) ab, und wenn sie zu Abend essen wollen, dann bring sie zu Bett! Und wenn unser Gast zum Essen kommt, lösche die Lampe, und lass uns so tun, als ob wir essen." So saßen sie, und nur der Gast aß, während sie die Nacht hungrig verbrachten. Am nächsten Morgen ging der Mann von den *Ansâr* zum Propheten (s), der zu ihm sagte: "Allah bewundert, was ihr für euren Gast vergangene Nacht getan habt."
(Al-Bukhâri und Muslim)

Hadith 565: Abu Huraira (r) überliefert, dass der Gesandte Allahs (s) sagte: "Die Nahrung für zwei (Menschen) reicht für drei, und die Nahrung von dreien reicht für vier (Menschen)."
(Al-Bukhâri und Muslim)

In einer andere Version bei Muslim heißt es unter Berufung auf Dschâbir (r), dass der Prophet (s) sagte: "Die Nahrung eines (Menschen) reicht für zwei, die Nahrung von zwei (Menschen) reicht für vier, und die Nahrung von vier (Menschen) reicht für acht."

Hadith 566: Abu Sa'îd al-Khudri (r) erzählte: Einmal, als wir mit dem Propheten (s) auf der Reise waren, kam ein Mann auf seinem Reittier geritten und fing an, nach links und rechts zu blicken. Hierauf sagte der Prophet (s): "Wer auch immer ein Reittier erübrigen kann, sollte es dem,

رسولُ اللَّهِ ﷺ: «مَنْ كَانَ مَعَهُ فَضْلُ ظَهْرٍ فَلْيَعُدْ بِهِ عَلَى مَنْ لَا ظَهْرَ لَهُ، وَمَنْ كَانَ لَهُ فَضْلٌ مِنْ زَادٍ، فَلْيَعُدْ بِهِ عَلَى مَنْ لَا زَادَ لَهُ» فَذَكَرَ مِنْ أَصْنَافِ المَالِ مَا ذَكَرَ حَتَّى رَأَيْنَا أَنَّهُ لَا حَقَّ لأَحَدٍ مِنَّا فِي فَضْلٍ. رواه مسلم.

٥٦٧ - وعن سهل بنِ سعدٍ رضي الله عنه: أَنَّ امْرَأَةً جَاءَتْ إِلَى رسولِ اللَّهِ ﷺ بِبُرْدَةٍ مَنْسُوجَةٍ، فقالت: نَسَجْتُهَا بِيَدَيَّ لأَكْسُوَكَهَا، فَأَخَذَهَا النَّبِيُّ ﷺ مُحْتَاجاً إِلَيْهَا، فَخَرَجَ إِلَيْنَا وَإِنَّهَا لإِزَارُهُ، فقال فلانٌ: اكْسُنِيهَا مَا أَحْسَنَهَا! فَقَالَ: «نَعَمْ» فَجَلَسَ النَّبِيُّ ﷺ فِي المَجْلِسِ، ثُمَّ رَجَعَ فَطَوَاهَا، ثُمَّ أَرْسَلَ بِهَا إِلَيْهِ، فقال له القَوْمُ: ما أَحْسَنْتَ! لَبِسَهَا النَّبِيُّ ﷺ مُحْتَاجاً إِلَيْهَا، ثُمَّ سَأَلْتَهُ، وَعَلِمْتَ أَنَّهُ لَا يَرُدُّ سَائِلاً، فَقَالَ: إِنِّي وَاللَّهِ مَا سَأَلْتُهُ لأَلْبَسَهَا، إِنَّمَا سَأَلْتُهُ لِتَكُونَ كَفَنِي. قال سهلٌ: فكانت كَفَنَهُ. رواه البخاري.

٥٦٨ - وعن أبي موسى رضي الله عنه قال: قال رسولُ اللَّهِ ﷺ: «إِنَّ الأَشْعَرِيِّينَ إِذَا أَرْمَلُوا فِي الغَزْوِ، أَوْ قَلَّ طَعَامُ عِيَالِهِمْ بِالمَدِينَةِ، جَمَعُوا مَا كَانَ عِنْدَهُمْ فِي ثَوْبٍ وَاحِدٍ، ثُمَّ اقْتَسَمُوهُ بَيْنَهُمْ فِي إِنَاءٍ وَاحِدٍ بِالسَّوِيَّةِ فَهُمْ مِنِّي وَأَنَا مِنْهُمْ». متفقٌ عليه.

«أَرْمَلُوا»: فَرَغَ زَادُهُمْ، أَوْ قَارَبَ الفَرَاغَ.

١ - ٦٣ - باب التنافس في أمور الآخرة والاستكثار مما يُتبرك به

قال اللَّهُ تعالى: ﴿وَفِي ذَٰلِكَ فَلْيَتَنَافَسِ الْمُتَنَافِسُونَ﴾ [المطففين: ٢٦]..

1. Buch der Gebote

der keines hat, schenken; und wer von seiner Wegzehrung übrig hat, der sollte sie dem weitergeben, der keine hat." Dann fuhr er (s) damit fort, jede Art von Besitz zu erwähnen, bis wir meinten, dass keiner von uns überhaupt ein Recht dazu habe, etwas, das er übrig habe, zu behalten.
(Muslim)

Hadith 567: Sahl ibn Sa'd (r) erzählte, dass eine Frau einen selbst gewebten Umhang zum Propheten (s) brachte und zu ihm sprach: "Ich habe diesen mit meinen eigenen Händen gewebt, damit du ihn anziehst." Der Prophet (s) nahm ihn an, weil er sie brauchte, und kam (dann) zu uns heraus und trug ihn als Untergewand. Jemand sagte: "Kann ich ihn haben? Er ist sehr schön!" Da sagte Prophet (s): "Ja." Und er blieb eine Zeit lang bei uns sitzen und ging wieder und sandte ihn (den Umhang) ihm zusammengelegt. Einige Leute sagten zu ihm: "Das war nicht gut, was du getan hast. Der Prophet (s) hatte ihn angezogen, weil er ihn brauchte, du aber batest ihn darum, obwohl du weißt, dass er niemandem etwas abschlagen kann, der ihn um etwas bittet." Er jedoch sagte: "Ich habe ihn wahrlich nicht darum gebeten, um ihn zu tragen, ich bat ihn darum, damit es für mich als Leichentuch verwendet wird (wenn ich sterbe)."
Sahl sagte: Und in der Tat wurde dieser (Mantel) sein Leichentuch.
(Al-Bukhâri)

Hadith 568: Abu Mûsâ al-Asch'ari (r) erzählte, dass der Gesandte Allahs (s) sagte: "Gewiss hält die Sippe der Asch'ari zusammen. Wenn ihre Wegzehrung auf einem Feldzug zur Neige geht oder wenn sich ihre Nahrungsmittelvorräte in Medina erschöpfen, so sammeln sie alles, was sie noch haben, in einem Tuch zusammen und verteilen es untereinander zu gleichen Teilen. So gehören sie zu mir, und ich zu ihnen."
(Al-Bukhâri und Muslim)

Kapitel 63
Wetteifern in Angelegenheiten des Jenseits und Vermehrung dessen, worin Segen steckt

Qur'ân: Allah, der Erhabene, spricht:
"... darum mögen jene wetteifern, die von Wetteifer erfüllt sind."
(83:25-26)

٥٦٩ - وعن سهلِ بنِ سعدٍ رضي الله عنه، أن رسولَ الله ﷺ أُتِيَ بشَرابٍ، فشَرِبَ مِنهُ، وَعَن يَمينِهِ غُلامٌ، وَعَن يَسارِهِ الأشْيَاخُ، فقال للغُلامِ: «أتَأذَنُ لي أنْ أُعطِيَ هؤُلاءِ؟» فَقَالَ الغُلامُ: لا وَاللَّهِ يَا رَسُولَ اللَّهِ لا أُوثِرُ بنَصيبي مِنكَ أحَداً، فَتَلَّهُ رسولُ اللَّهِ ﷺ في يَدِهِ. متفقٌ عليه.

«تَلَّهُ» بالتاءِ المثناةِ فوق، أيْ: وَضَعَهُ، وهذا الغُلامُ هو ابن عَبَّاسٍ رضي الله عنهما.

٥٧٠ - وعن أبي هريرة رضي الله عنه، عن النّبيِّ ﷺ قال: «بَيْنَا أَيُّوبُ عليه السلام يَغْتَسِلُ عُرياناً، فَخَرَّ عَلَيهِ رِجْلُ جَرَادٍ مِن ذَهَبٍ، فَجَعَلَ أَيُّوبُ يَحْثي في ثَوبِهِ، فَنَادَاهُ رَبُّهُ عَزَّ وَجَلَّ: يَا أَيُّوبُ، أَلَم أَكُنْ أَغْنَيْتُكَ عَمَّا تَرَى؟! قال: بَلَى وعِزَّتِكَ، وَلَكِن لا غِنَى بي عَن بَرَكَتِكَ». رواه البخاري.

١ - ٦٤ - باب فضل الغني الشاكر
وهو من أخذ المال من وجهه
وصرفه في وجوهه المأمور بها

قال اللَّهُ تعالى: ﴿فَأَمَّا مَنْ أَعْطَى وَاتَّقَى * وَصَدَّقَ بِالْحُسْنَى * فَسَنُيَسِّرُهُ لِلْيُسْرَى﴾ [الليل: ٥ - ٧] وقال تعالى: ﴿وَسَيُجَنَّبُهَا الْأَتْقَى * الَّذِي يُؤْتِي مَالَهُ يَتَزَكَّى * وَمَا لِأَحَدٍ عِنْدَهُ مِنْ نِعْمَةٍ تُجْزَى * إِلَّا ابْتِغَاءَ وَجْهِ رَبِّهِ الْأَعْلَى * وَلَسَوْفَ يَرْضَى﴾ [الليل: ١٧ - ٢١] وقال تعالى: ﴿إِنْ تُبْدُوا الصَّدَقَاتِ فَنِعِمَّا هِيَ وَإِنْ تُخْفُوهَا وَتُؤْتُوهَا الْفُقَرَاءَ فَهُوَ خَيْرٌ لَكُمْ وَيُكَفِّرُ عَنْكُمْ مِنْ سَيِّئَاتِكُمْ وَاللَّهُ بِمَا تَعْمَلُونَ خَبِيرٌ﴾ [البقرة: ٢٧١]

1. Buch der Gebote

Hadith 569: Sahl ibn Sa'd (r) erzählte, dass man dem Gesandten Allahs (s) etwas zu trinken brachte, und er trank, während rechts von ihm ein Junge saß und links ältere (Männer). Da fragte er den Jungen: "Erlaubst du mir, an diese (älteren Männer) weiterzugeben?" Der Junge sagte: "Nein, bei Allah, oh Gesandter Allahs, ich werde niemandem gegenüber darauf verzichten, (etwas aus deiner Hand entgegenzunehmen). So gab es also der Gesandte Allahs (s) ihm in die Hand.
(Al-Bukhâri und Muslim)
Dieser Junge war Ibn Abbâs (r).

Hadith 570: Abu Huraira (r) überliefert, dass der Prophet (s) erzählte: Während Hiob (as) nackt badete, fielen Heuschrecken aus Gold auf ihn. Hiob versuchte sie mit seinem Gewand einzufangen. Da rief ihn sein Herr: "Oh Hiob! Habe ich dich nicht so reich gemacht, dass du nicht noch danach trachten musst?" Er sagte: "Oh doch, bei deiner Macht, aber ich möchte auf den Segen, der von Dir kommt, nicht verzichten."
(Al-Bukhâri)

Kapitel 64
Vorzug des dankbaren Reichen, der seinen Reichtum nur rechtmäßig erworben hat, und für Wohltätigkeit ausgibt

Qur'ân: Allah, der Erhabene, spricht:
"Wer also gibt und gottesfürchtig ist, und das Beste für wahrhaftig hält, dem werden Wir den Weg zum Heil leicht begehbar machen." (92:5-7)
"Doch meiden wird es (das Höllenfeuer) den Gottesfürchtigen, der sein Vermögen hingibt, um sich zu reinigen, ohne dass er einem anderen eine Wohltat abzugelten hätte, sondern nur aus Verlangen nach dem Angesicht seines Herrn, des Allerhöchsten, und gewiss wird er wohlzufrieden sein." (92:17-21)
"Wenn ihr eure Mildtätigkeit offenbart, so ist es gut und recht. Doch wenn ihr sie heimlich übt und sie den Armen zukommen lasst, so ist es besser für euch und wird (etwas von) euren bösen Taten für euch tilgen. Und Allah ist wohl vertraut mit dem, was ihr tut." (2:271)

وقال تعالى ﴿لَن تَنَالُوا الْبِرَّ حَتَّىٰ تُنفِقُوا مِمَّا تُحِبُّونَ وَمَا تُنفِقُوا مِن شَيْءٍ فَإِنَّ اللَّهَ بِهِ عَلِيمٌ﴾ [آل عمران: ٩٢] والآيات في فضل الإنفاق في الطاعات كثيرةٌ مَعلُومَةٌ.

٥٧١ ـ وعن عبد الله بن مسعودٍ رضي الله عنه قال: قال رسول الله ﷺ: «لَا حَسَدَ إِلَّا فِي اثْنَتَيْنِ: رَجُلٌ آتَاهُ اللَّهُ مَالاً، فَسَلَّطَهُ عَلَى هَلَكَتِهِ فِي الحَقِّ، وَرَجُلٌ آتَاهُ اللَّهُ حِكْمَةً فَهُوَ يَقْضِي بِهَا وَيُعَلِّمُهَا». متفقٌ عليه وتقدم شرحه قريباً.

٥٧٢ ـ وعن ابنِ عُمَر رضي الله عنهما عن النبي ﷺ قال: «لَا حَسَدَ إِلَّا فِي اثْنَتَيْنِ: رَجُلٌ آتَاهُ اللَّهُ القُرآنَ، فهو يَقُومُ بِهِ آنَاءَ اللَّيْلِ وَآنَاءَ النَّهَارِ، وَرَجُلٌ آتَاهُ اللَّهُ مَالاً، فَهوَ يُنْفِقُهُ آنَاءَ اللَّيْلِ وَآنَاءَ النَّهَارِ». متفقٌ عليه.

«الآنَاءُ»: السَّاعَاتُ.

٥٧٣ ـ وعَنْ أبي هريرة رضيَ الله عنه: أَنَّ فُقَرَاءَ المُهَاجِرِينَ أتَوا رسولَ اللهِ ﷺ، فَقَالُوا: ذَهَبَ أَهْلُ الدُّثُورِ بِالدَّرَجَاتِ العُلَى، وَالنَّعِيمِ المُقِيمِ، فَقَالَ: «وَمَا ذَاكَ؟» فقالُوا: يُصَلُّونَ كَمَا نُصَلِّي، ويَصُومُونَ كَمَا نَصُومُ، ويَتَصَدَّقُونَ ولا نَتَصَدَّقُ، ويَعتِقُونَ ولا نَعتِقُ، فقال رسول الله ﷺ: «أفَلا أُعَلِّمُكُمْ شَيْئاً تُدركُونَ بِهِ مَنْ سَبَقَكُمْ، وتَسْبِقُونَ بِهِ مَنْ بَعْدَكُمْ، وَلَا يَكُونُ أَحَدٌ أَفْضَلُ مِنكُمْ إِلَّا مَنْ صَنَعَ مِثْلَ ما صَنَعْتُمْ؟» قالوا: بَلَى يا رسولَ الله، قَالَ: «تُسَبِّحُونَ، وتَحمَدُونَ وتُكَبِّرُونَ، دُبُرَ كُلِّ صَلَاةٍ ثلاثاً وثَلاثينَ مَرَّةً» فرَجَعَ فُقَرَاءُ المُهَاجِرِينَ إلى رسولِ اللهِ ﷺ، فَقَالُوا: سَمِعَ إِخْوَانُنَا أَهْلُ الأمْوَالِ بِمَا فَعَلْنَا، فَفَعَلُوا مِثْلَهُ؟ فَقَالَ رسولُ اللهِ ﷺ: «ذَلِكَ فَضْلُ اللَّهِ يُؤتِيهِ مَن يَشَاءُ». متفقٌ عليه، وهذا لفظ رواية مسلم.

«الدُّثُورُ»: الأموالُ الكَثِيرَةُ، والله أعلم.

1. Buch der Gebote

"Niemals werdet ihr Frömmigkeit erlangen, ehe ihr nicht von dem spendet, was ihr liebt. Und was immer ihr spendet, Allah weiß wahrlich darüber Bescheid." (3:92)

Und zu den Vorzügen des Spendens aus Wohltätigkeit gibt es noch viele weitere Qur'ânverse.

Hadith 571 ist eine Wiederholung von Hadith Nr. 544.

Hadith 572: Ibn Umar (r) überliefert, dass der Prophet (s) sagte: "Nur auf zweierlei darf man neidisch sein:
1) Auf jemanden, der mit Allahs Hilfe Qur'ân auswendig gelernt hat, und ihn Tag und Nacht im Gebet rezitiert, und
2) auf jemanden, dem Allah Besitz gegeben hat, und der diesen Tag und Nacht spendet."
(Al-Bukhâri und Muslim)

Hadith 573: Abu Huraira (r) erzählte, dass einige arme *Muhâdschirîn* zu Allahs Gesandtem (s) kamen und sagten: "Die Reichen haben eine bevorzugte Stellung, und es wird ihnen wohl ergehen." Er fragte: "Was wollt ihr damit sagen?" Sie antworteten: "Sie beten genauso wie wir, und sie fasten genauso wie wir, und sie geben *Sadaqa*, was wir nicht können, und sie setzen (Sklaven) frei, was wir auch nicht tun können." Da sagte der Gesandte Allahs (s): "Soll ich euch nicht etwas lehren, wodurch ihr den Vorrang derjenigen, die vor euch waren, wettmachen, und diejenigen, die nach euch kommen, übertreffen werdet, und wodurch keiner besser sein wird als ihr, außer demjenigen, der es euch gleich tut?" Sie sagten: "Gewiss, oh Gesandter Allahs!" Er sprach: "Sagt *Subhân Allâh, Allâhu akbar* und *Alhamdu lillâh*[163] dreiunddreißig Mal nach jedem Gebet."
Bald kamen die armen *Muhâdschirîn* erneut zum Gesandten Allahs (s) und sagten: "Unsere vermögenden Brüder haben gehört, was wir tun, und sie haben begonnen, das Gleiche zu tun." Da sagte der Gesandte Allahs (s): "Dies ist Allahs Gnade. Er gibt sie, wem Er will."
(Al-Bukhâri und Muslim)
Die zitierte Fassung stammt von Muslim.

---

[163] Auf Deutsch bedeutet dies: "Gepriesen sei Allah", "Allah ist größer" und "Gelobt sei Allah".

١ - ٦٥ - باب ذكر الموت وقصر الأمل

قال الله تعالى: ﴿كُلُّ نَفْسٍ ذَائِقَةُ المَوْتِ وإنَّمَا تُوَفَّوْنَ أُجُورَكُمْ يَوْمَ القِيَامَةِ فَمَن زُحْزِحَ عَنِ النَّارِ وأُدْخِلَ الجَنَّةَ فَقَدْ فَازَ وما الحَيَاةُ الدُّنْيَا إلاَّ مَتَاعُ الغُرُورِ﴾ [آل عمران: ١٨٥] وقال تعالى: ﴿وما تَدْرِي نَفْسٌ مَاذا تَكْسِبُ غَداً وما تَدْرِي نَفْسٌ بِأَيِّ أرضٍ تَمُوتُ﴾ [لقمان: ٣٤] وقال تعالى: ﴿فَإِذَا جَاءَ أَجَلُهُمْ لَا يَسْتَأْخِرُونَ سَاعَةً ولا يَسْتَقْدِمُونَ﴾ [النحل: ٦١] وقال تعالى: ﴿يا أَيُّها الَّذِينَ آمَنُوا لا تُلْهِكُمْ أَمْوَالُكُمْ ولا أولادُكُمْ عَن ذِكْرِ اللَّهِ، ومن يَفْعَلْ ذَلِكَ فَأُولَئِكَ هُمُ الخاسِرُونَ* وأَنْفِقُوا مِمَّا رَزَقْناكُم مِن قَبْلِ أَن يَأْتِيَ أَحَدَكُمُ المَوْتُ فَيَقُولُ رَبِّ لَوْلا أَخَّرْتَنِي إلى أَجَلٍ قَرِيبٍ فَأَصَّدَّقَ وأَكُنْ مِنَ الصَّالِحِينَ* ولن يُؤَخِّرَ اللَّهُ نَفْساً إذا جَاءَ أَجَلُها واللَّهُ خَبِيرٌ بِمَا تَعْمَلُونَ﴾ [المنافقون: ٩ - ١١] وقال تعالى: ﴿حَتَّى إذا جَاءَ أَحَدَهُمُ المَوْتُ قَالَ رَبِّ ارْجِعُونِ لَعَلِّي أَعْمَلُ صَالِحاً فِيمَا تَرَكْتُ كَلَّا إِنَّها كَلِمَةٌ هُوَ قَائِلُها ومِن ورائِهِم بَرْزَخٌ إلى يَوْمِ يُبْعَثُونَ* فَإِذَا نُفِخَ فِي الصُّورِ فَلا أَنْسَابَ بَيْنَهُمْ يَوْمَئِذٍ ولا يَتَسَاءَلُونَ* فَمَنْ ثَقُلَتْ مَوَازِينُهُ فَأُولَئِكَ هُمُ المُفْلِحُونَ* ومَنْ خَفَّتْ مَوَازِينُهُ فَأُولَئِكَ الَّذِينَ خَسِرُوا أَنْفُسَهُمْ فِي جَهَنَّمَ خَالِدُونَ* تَلْفَحُ وُجُوهَهُمُ النَّارُ وهُمْ فِيها كَالِحُونَ* أَلَمْ تَكُنْ آيَاتِي تُتْلَى عَلَيْكُمْ

1. Buch der Gebote

Kapitel 65
Des Todes gedenken und Beschränkung der Hoffnung

Qur'ân: Allah, der Erhabene, spricht:
"Jede Seele wird den Tod zu kosten bekommen. Und euer Lohn wird wahrlich (erst) am Tag des Gerichts voll ausbezahlt werden. Und wer dann dem Höllenfeuer entrissen und in den Paradiesgarten eingelassen wird, dem wird Erfolg beschieden sein. Und das diesseitige Leben ist nichts als ein trügerischer Genuss." (3:185)
"Und keine Seele weiß, was sie morgen erwerben wird, und keine Seele weiß, in welchem Land sie sterben wird." (31:34)
"Und wenn Allah die Menschen wegen ihrer Ungerechtigkeit bestrafen würde, würde er kein einziges Lebewesen auf der Erde belassen. Doch Er gewährt ihnen Aufschub bis zu einer festgesetzten Frist. Und dann, wenn ihre festgelegte Zeit abgelaufen ist, so können sie sie um keine Stunde aufschieben oder vorverlegen." (16:61)
"Oh die ihr glaubt! Lasst euer Vermögen und eure Kinder euch nicht vom Gedenken Allahs ablenken. Wer das tut, das sind die Verlierenden. Und spendet von dem, womit Wir euch versorgt haben, bevor zu einem von euch der Tod kommt und er spricht: 'Mein Herr, hättest Du mir eine Weile Aufschub gegeben, so hätte ich gespendet und wäre einer der Rechtschaffenen geworden.' Aber Allah gibt nie einer Seele Aufschub, wenn ihre Stunde gekommen ist, und Allah ist wohlvertraut mit allem, was ihr tut." (63:9-11)
"Wenn schließlich der Tod zu einem von ihnen (den Ungerechten) kommt, wird er sagen: 'Mein Herr, lass mich zurückkehren, auf dass ich gute Werke tue, die ich vernachlässigt habe.' Doch nein! Das sind nur Worte, die er so hinsagt. Und vor ihnen ist eine Schranke bis zum Tag der Auferstehung. Doch wenn in die Posaune gestoßen wird, dann wird es keine Verwandtschaftsbande zwischen ihnen mehr geben an diesem Tag, noch werden sie nacheinander fragen. Und die, deren Waagschalen schwer sind, - sie sind es, die erfolgreich sein werden. Doch die, deren Waagschalen leicht sind, - sie sind es, die sich selbst Schaden zugefügt haben. In der Hölle werden sie verweilen. Ihre Gesichter werden vom Feuer versengt, und sie werden ihre Zähne fletschen. 'Sind euch Meine Zeichen nicht vorgetragen worden? Und doch habt ihr sie immer wieder als Lüge verworfen!' Sie werden sagen: 'Unser Herr, unser Unglück hat den Sieg über uns davongetragen, und wir waren ein fehlgeleitetes Volk. Unser Herr, führe uns aus all dem heraus, doch sollten wir es von neuem tun,

فَكُنتُم بِهَا تُكَذِّبُونَ﴾ إلى قوله تعالى: ﴿...كَمْ لَبِثْتُمْ فِي الأَرْضِ عَدَدَ سِنِينَ* قَالُوا لَبِثْنَا يَوْمًا أَوْ بَعْضَ يَوْمٍ فَاسْأَلِ الْعَادِّينَ* قَالَ إِن لَّبِثْتُمْ إِلَّا قَلِيلًا لَّوْ أَنَّكُمْ كُنتُمْ تَعْلَمُونَ* أَفَحَسِبْتُمْ أَنَّمَا خَلَقْنَاكُمْ عَبَثًا وَأَنَّكُمْ إِلَيْنَا لَا تُرْجَعُونَ﴾ [المؤمنون: ٩٩ـ١١٥] وقال تعالى: ﴿أَلَمْ يَأْنِ لِلَّذِينَ آمَنُوا أَن تَخْشَعَ قُلُوبُهُمْ لِذِكْرِ اللَّهِ وَمَا نَزَلَ مِنَ الْحَقِّ وَلَا يَكُونُوا كَالَّذِينَ أُوتُوا الْكِتَابَ مِن قَبْلُ فَطَالَ عَلَيْهِمُ الْأَمَدُ فَقَسَتْ قُلُوبُهُمْ وَكَثِيرٌ مِّنْهُمْ فَاسِقُونَ﴾ [الحديد: ١٦] والآيات في الباب كثيرة معلومة.

٥٧٤ ـ وعن ابن عمر رضي الله عنهما قال: أخذ رسولُ اللَّهِ ﷺ بمَنكِبيَّ فَقَالَ: «كُنْ في الدُّنْيَا كَأَنَّكَ غَريبٌ أَوْ عَابِرُ سَبِيلٍ».

وكانَ ابْنُ عُمَرَ رضي الله عنهما يقول: إذا أمْسَيتَ، فَلا تَنْتَظِرِ الصَّباحَ، وَإذا أصْبَحْتَ، فَلا تَنْتَظِرِ المَسَاءَ، وَخُذ مِن صِحَّتِكَ لِمَرَضِكَ، ومِن حَياتِكَ لِمَوتِكَ. رواه البخاري.

٥٧٥ ـ وعنه، أَنَّ رسولَ الله ﷺ قال: «ما حَقُّ امرىءٍ مُسلِمٍ، لَهُ شَيْءٌ يُوصِي فيهِ، يَبِيتُ لَيْلَتَيْنِ إلَّا وَوَصِيَّتُهُ مَكْتُوبَةٌ عِنْدَهُ». متفقٌ عليه، هٰذا لفظ البخاري.

1. Buch der Gebote

dann wären wir wahrlich ungerecht!' Er wird sagen: 'Hinweg mit euch in diese (Schmach), und (wagt es) nicht, zu Mir zu sprechen!' Und es gab einige von Meinen Dienern, die sagten: 'Unser Herr, wir glauben, darum vergib uns und sei barmherzig mit uns, denn Du bist ja der beste der Erbarmer.' Doch ihr habt nur Spott mit ihnen getrieben, bis ihr darüber vergessen hattet, Meiner zu gedenken, und ihr pflegtet sie zu belachen. Heute aber habe Ich sie dafür belohnt, dass sie so geduldig waren. Sie sind es, die glückselig sein werden.' Er wird sprechen: 'Wie viele Jahre habt ihr auf Erden verweilt?' Da werden sie antworten: 'Wir verweilten (wohl) einen Tag oder den Teil eines Tages. Doch frage jene, die die Zeit gemessen haben!' Er wird sprechen: 'Wahrlich, ihr habt nur ganz kurz verweilt, wenn ihr es nur wüsstet!' Meint ihr etwa, dass Wir euch umsonst erschaffen haben und dass ihr nicht zu Uns zurückgebracht werdet?" (23:99-115)

"Ist es nicht für die Gläubigen an der Zeit, dass sich ihre Herzen beim Gedenken Allahs und der Wahrheit, die (ihnen) offenbart wurde, demütigen, damit sie nicht wie jene werden, denen zuvor das Buch gegeben wurde. Doch die Zeit ging über sie hin und ihre Herzen wurden hart, und viele von ihnen sind Frevler." (57:16)

Die Qur'ânverse zu diesem Kapitel sind auch bekannt und zahlreich.

Hadith 574 ist eine Wiederholung von Hadith Nr. 471.

Hadith 575: Ibn Umar (r) berichtet, dass der Gesandte Allahs (s) gesagt hat: "Jeder Muslim, der etwas zu vererben hat, soll keine zwei Nächte verstreichen lassen ohne dass er sein Testament verfasst hat."
(Al-Bukhâri und Muslim)
Die zitierte Fassung stammt von Al-Bukhâri.

Die Version bei Muslim spricht von drei Nächten.

Und Ibn Umar sagte: Seit ich den Gesandten Allahs (s) dies sagen hörte, ließ ich keine Nacht verstreichen, ohne dass ich mein Testament verfasst hätte.

وفي روايةٍ لمسلمٍ «يَبيتُ ثلاثَ ليالٍ» قال ابن عمر: مَا مَرَّتْ عَلَيَّ لَيْلَةٌ مُنذُ سَمِعتُ رسولَ اللَّهِ ﷺ قال ذلكَ إلاَّ وَعِندي وَصِيَّتي.

٥٧٦ - وعن أنسٍ رضي الله عنه قال: خَطَّ النَّبيُّ ﷺ خُطوطاً فقال: «هذَا الإنْسَانُ، وهذَا أَجَلُهُ، فَبَيْنَمَا هُوَ كذلكَ إذْ جاءَهُ الخَطُّ الأَقْرَبُ». رواه البخاري.

٥٧٧ - وعن ابن مسعودٍ رضيَ اللَّهُ عنه قال: خَطَّ النَّبيُّ ﷺ خَطًّا مُرَبَّعاً، وَخَطَّ خَطًّا في الوَسَطِ خارجاً منهُ، وخَطَّ خُططاً صِغاراً إلى هذا الَّذي في الوَسَطِ من جَانِبِهِ الَّذي في الوَسَطِ، فَقَالَ: «هذَا الإنْسَانُ، وهذَا أجَلُهُ مُحيطٌ بهِ ـ أو قد أحَاطَ بهِ ـ وهذَا الَّذي هُوَ خَارجٌ أمَلُهُ، وهذِهِ الخُطَطُ الصِّغارُ الأعْرَاضُ، فإن أخْطَأهُ هذَا، نَهَشَهُ هذَا، وإن أخْطَأهُ هذَا نَهَشَهُ هذَا». رواه البخاري. وهذِهِ صُورتَهُ:

الأجل الأمل الأعراض

٥٧٨ - وعن أبي هريرةَ رضيَ اللَّهُ عنهُ أنَّ رسولَ اللَّهِ ﷺ قال: «بادِروا بالأعْمالِ سَبْعاً، هَل تَنْتَظِرُونَ إلاَّ فَقراً مُنْسِياً، أو غِنىً مُطغياً، أو مَرَضاً مُفْسِداً، أو هَرَماً مُفَنِّداً، أو مَوتاً مُجْهِزاً، أو الدَّجَّالَ، فَشَرُّ غائبٍ يُنْتَظَرُ، أوِ السَّاعَةَ والسَّاعَةُ أدْهَى وأَمَرُّ؟!». رواه الترمذي وقال: حديثٌ حسنٌ.

٥٧٩ - وعنه قال: قالَ رسولُ الله ﷺ: «أكْثِرُوا ذِكْرَ هاذِمِ اللَّذَّاتِ» يَعني المَوْتَ. رواه الترمذي وقال: حديثٌ حسنٌ.

1. Buch der Gebote

Hadith 576: Anas (r) erzählte, dass der Prophet (s) einige Linien (im Sand) zog, und dann (indem er auf sie wies) sagte: "Dies ist der Mensch, und das ist sein Tod. Und während er so ist, erreicht ihn die Linie, die ihm am nächsten ist[164]."
(Al-Bukhâri)

Hadith 577: Ibn Mas'ûd (r) erzählte, dass der Prophet (s) ein Viereck zeichnete, das er in der Mitte mit einer Linie waagerecht unterteilte, wobei diese Linie auf einer Seite über das Viereck hinausstand. Über diese Linie zog er innerhalb des Vierecks senkrecht einige kleinere Striche. Dann sagte er: "Dies ist der Mensch (und er wies dabei auf die Mittellinie), und das ist sein Tod, der ihn umgibt (und er wies dabei auf das Viereck). Und das, was (von ihm) über diesen (den Tod) hinaussteht, ist seine Hoffnung, und diese kleinen Striche sind Dinge, die ihm zustoßen: wenn ihn das eine nicht trifft, so trifft ihn das andere, und wenn ihn dieses nicht trifft, dann trifft ihn jenes."[165]
(Al-Bukhâri)

Hadith 578 ist eine Wiederholung von Hadith Nr. 93.

Hadith 579: Abu Huraira (r) berichtet, dass der Gesandte Allahs (s) gesagt hat: "Denkt oft an den Zerstörer aller Vergnügungen!"
Damit meinte er den Tod.
(At-Tirmidhi)
Dies ist ein guter Hadith (*hasan*).

Hadith 580: Ubai ibn Ka'b (r) erzählte, dass der Gesandte Allahs (s), wenn ein Drittel der Nacht vergangen war, aufzustehen pflegte, wobei er sagte: "Oh ihr Menschen! Gedenkt Allahs! Das große Beben ist (als Anzeichen des Jüngsten Tages) gekommen, dem ein weiteres folgt. Der Tod ist gekommen mit allem (was damit zusammenhängt)." Daraufhin fragte ich: "Oh Gesandter Allahs! Ich schließe dich oft in meine Gebete ein, doch ich weiß nicht, wie viel ich davon (genau) für dich verrichten soll?" Er (s)

---
[164] Also der Tod.
[165] Zu diesem Hadith gibt es mehrere Skizzen von Gelehrten, die versucht haben, den Inhalt zu veranschaulichen, darunter die folgenden:

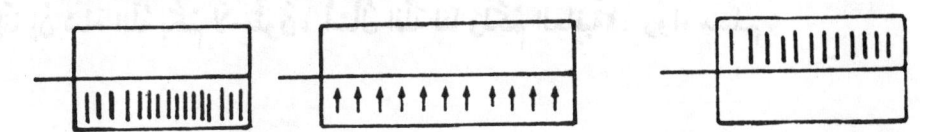

٥٨٠ - وعن أُبَيِّ بنِ كعبٍ رضيَ اللَّهُ عنه: كانَ رسولُ الله ﷺ إذا ذَهَبَ ثُلُثُ اللَّيلِ، قام فقالَ: «يا أيُّها النَّاسُ اذكُروا الله، جاءَتِ الرَّاجفَةُ، تَتبَعُها الرَّادِفَةُ، جاءَ المَوتُ بما فيهِ، جاءَ المَوتُ بما فيهِ» قلتُ: يا رَسُولَ اللَّهِ إنِّي أُكْثِرُ الصَّلاةَ عَلَيكَ، فَكَم أجعَلُ لكَ مِن صَلاتي؟ قال: «ما شِئتَ» قُلتُ: الرُّبعَ؟ قال: «ما شِئتَ، فَإنْ زِدتَ فَهُوَ خَيرٌ لكَ» قُلتُ: فَالنِّصفَ؟ قال: «مَا شِئتَ، فإنْ زِدتَ فهو خَيرٌ لكَ» قُلتُ: فَالثُلثينِ؟ قال: «ما شِئتَ فَإنْ زِدتَ فَهُوَ خَيرٌ لكَ» قُلتُ: أجعَلُ لكَ صلاتي كُلَّها؟ قال: «إذاً تُكفى هَمَّكَ، ويُغفَرَ لكَ ذَنبُكَ». رواه الترمذي وقال: حديث حسن.

١ - ٦٦ - باب استحباب زيارة القبور للرّجال وما يقوله الزائر

٥٨١ - عن بُرَيدَةَ، رضيَ اللَّهُ عنه، قال: قال رسولُ اللَّهِ ﷺ: «كُنْتُ نَهَيْتُكُمْ عَنْ زِيارَةِ القُبورِ فَزُورُوها». رواه مسلم.

٥٨٢ - وعن عَائِشَةَ رضيَ اللَّهُ عنها قالت: كان رسولُ الله ﷺ، كُلَّما كان لَيلَتها من رسولِ اللَّهِ ﷺ يخرُجُ مِن آخِرِ اللَّيلِ إلى البَقيعِ، فَيَقُولُ: السَّلامُ عَلَيكُم دارَ قَومٍ مؤمنينَ، وأتاكُم ما تُوعَدُونَ، غَداً مُؤَجَّلُونَ، وإنَّا إن شاءَ اللَّهُ بِكُم لاحِقُونَ، اللَّهُمَّ اغفِرْ لأهلِ بَقيعِ الغَرْقَدِ». رواه مسلم.

٥٨٣ - وعن بُرَيدَةَ رضيَ اللَّهُ عنه، قال: كَانَ النَّبيُّ ﷺ يُعَلِّمُهُم إذا خَرَجُوا إلى المَقابِرِ أن يَقُولَ قائلُهُم: «السَّلامُ عَلَيكُم أهلَ الدِّيارِ مِنَ المُؤمنينَ والمُسلمينَ وَإنَّا إن شاءَ اللَّهُ بِكُم لَاحِقُونَ، أسألُ اللَّهَ لَنَا ولَكُمُ العافيةَ». رواه مسلم.

1. Buch der Gebote

antwortete: "So viel, wie du willst." Ich fragte: "Ein Viertel meiner Gebete?" Er (s) sagte: "So viel, wie du willst; doch wenn du mehr verrichten würdest, wäre es besser für dich." Ich sagte: "Also die Hälfte?" Er antwortete: "So viel, wie du willst; doch wenn du mehr verrichten würdest, wäre (noch) besser für dich." Da fragte ich: "Dann zwei Drittel?" Er sagte: "So viel, wie du willst; doch wenn du mehr verrichten würdest, wäre (noch) besser für dich." Ich fragte: "Dann werde ich meine gesamten Gebete unter Einschluss von Fürbitte für dich verrichten?" Er antwortete: "Dann werden sie all deine Sorgen beseitigen und deine Sünden werden dir vergeben."
(At-Tirmidhi)
Dies ist ein guter Hadith (*hasan*).

Kapitel 66
Vorliebe der Männer, Gräber zu besuchen, und was der Besucher sagen sollte

Hadith 581: Buraida (r) berichtet, dass der Gesandte Allahs (s) sagte: "Ich hatte euch früher gebeten, die Gräber nicht aufzusuchen; doch nun besucht sie!"
(Muslim)
In einer anderen Version heißt es: "Wer die Gräber besuchen will, soll dies tun, denn sie erinnern uns an das Jenseits."

Hadith 582: Âischa (r) berichtet, dass der Gesandte Allahs (s), jedesmal wenn er bei ihr weilte, im dritten Teil der Nacht das Haus zu verlassen pflegte und die Gräber von Al-Baqî'[166] besuchte, wo er Folgendes sprach: "*As-salâmu alaikum*, du Wohnstatt des Volkes der Gläubigen! Morgen (am Tag des Jüngsten Gerichts) wird euch das gegeben werden, was euch versprochen wurde, und wenn Allah will werden wir euch folgen: Oh Allah, vergib den Bewohnern (der Gräber) von Baqî' al-Gharqad."
(Muslim)

Hadith 583: Buraida (r) berichtet, dass der Prophet (s) (die Muslime) lehrte, beim Besuch eines Friedhofs folgendes zu sagen lehrte: "Friede sei mit dir, du Wohnstätte der Gläubigen und Muslime. Gewiß werden wir euch nachfolgen, wenn Allah will. Ich bitte Allah um Wohlbefinden für uns und für euch."[167]
(Muslim)

---
[166] Al-Baqî' ist der Name des muslimischen Friedhofs in der Stadt des Propheten, Medina.
[167] Auf Arabisch lautet dies: "*As-salâmu alaikum ahlad-diyâri minal-mu'minîna wal-muslimîna wa innâ in schâ' Allâhu bikum lâ hiqûn, as'alu-llâha lanâ wa lakumul-'âfiya.*"

٥٨٤ - وعنِ ابنِ عَبَّاس، رَضِيَ اللَّهُ عنهما، قال: مَرَّ رسولُ اللَّهِ ﷺ بقُبورِ بالمَدينةِ فأَقْبَلَ عَلَيْهِمْ بوَجْهِهِ فقال: «السَّلامُ عَلَيْكُمْ يا أهْلَ القُبورِ، يَغْفِرُ اللَّهُ لنا ولكُم أنْتُم سَلَفُنا ونحنُ بالأَثَرِ». رواه الترمذي وقال: حديث حسن.

١ - ٦٧ - باب كراهة تمنِّي الموت
بسبب ضُرّ نزَل به ولا بأس به لخوف الفتنة في الدين

٥٨٥ - عَنْ أبي هُريرة رضيَ اللَّهُ عنه، أنَّ رسولَ اللَّهِ ﷺ قال: «لا يَتَمَنَّ أَحَدُكُمُ المَوْتَ إمَّا مُحْسِناً، فَلَعَلَّهُ يَزْدادُ، وإمَّا مُسيئاً فَلَعَلَّهُ يَسْتَعْتِبُ». متفقٌ عليه، وهذا لفظ البخاري.

وفي روايةٍ لمسلم عن، أبي هُرَيْرَةَ رضيَ اللَّهُ عنه عن رسولِ اللَّهِ ﷺ قال: «لا يَتَمَنَّ أَحَدُكُمُ المَوْتَ، ولا يَدْعُ بهِ مِن قَبْلِ أنْ يَأْتِيَهُ؛ إنَّهُ إذا ماتَ انْقَطَعَ عَمَلُهُ، وإنَّهُ لا يَزيدُ المُؤمِنٌ عُمُرُهُ إلَّا خيراً».

٥٨٦ - وعن أنسٍ رضيَ اللَّهُ عنه قال: قال رسولُ اللَّهِ ﷺ: ﴿لا يَتَمَنَّيَنَّ أَحَدُكُمُ المَوْتَ لِضُرٍّ أَصابَهُ فإنْ كانَ لا بُدَّ فاعِلاً، فَلْيَقُلْ: اللَّهُمَّ أَحْيِني ما كانَتِ الحَياةُ خَيْراً لي، وتَوَفَّني إذا كانَتِ الوَفاةُ خَيْراً لي». متفقٌ عليه.

٥٨٧ - وعَنْ قَيْسِ بنِ أبي حازِمٍ قالَ: دَخَلْنا على خَبّابِ بن الأرَتِّ، رضيَ اللَّهُ عنه، نَعُودُهُ وقَدِ اكْتَوى سَبْعَ كَيّاتٍ فقال: إنَّ أصحابَنا الَّذينَ سَلَفُوا مَضَوْا، ولم تَنْقُصْهُمُ الدُّنْيا، وإنَّا أَصَبْنا ما لا نَجِدُ لَهُ مَوْضِعاً إلَّا التراب، ولَوْلا أنَّ النَّبيَّ ﷺ نهانا

1. Buch der Gebote

Hadith 584: Ibn Abbâs (r) erzählte, dass der Gesandte Allahs (s) einmal an einigen Gräbern in Medina vorbei kam. Er ging zu ihnen hin und sagte: "*As-salâmu alaikum*, oh ihr Bewohner der Gräber, möge Allah uns und euch vergeben! Ihr seid uns vorangegangen, und wir werden euch folgen."
(At-Tirmidhi)
Dies ist ein guter Hadith (*hasan*).

Kapitel 67
Abscheu, wegen irgendeines Unglücks den Tod zu wünschen, und dass es nichts ausmacht, wenn man dies wünscht aus Angst vor Versuchung im Glauben

Hadith 585: Abu Huraira (r) berichtet, dass der Gesandte Allahs (s) sagte: "Keiner von euch soll sich den Tod wünschen. Wenn er (rechtschaffen und) wohltätig ist, könnte er (seinen Wohltaten) noch mehr hinzufügen, und wenn er ein Sünder ist, könnte er sich von der Sünde abkehren."
(Al-Bukhâri und Muslim)
Die zitierte Fassung stammt von Al-Bukhâri.

In der Version von Muslim heißt es unter Berufung auf Abu Huraira, dass der Gesandte Allahs (s) sagte: "Keiner von euch soll sich den Tod wünschen, und sollte auch nicht beten, dass er stirbt, bevor der Tod zu ihm kommt; denn wenn er stirbt, kann er keine (guten) Taten mehr vollbringen. Das lange Leben eines Gläubigen bringt ihm nur Gutes."

Hadith 586 ist eine Wiederholung von Hadith Nr. 40.

Hadith 587: Qais ibn Abi Hâzim (r) erzählte: Wir besuchten unseren kranken Gefährten Khabbâb ibn al-Aratt (r), der siebenmal durch Kauterisierung[168] behandelt werden musste. Dieser sagte: "Unsere Gefährten, die zuvor gestorben sind, verließen diese Welt, ohne dabei etwas verloren zu haben. Wir dagegen haben nur weltliche Reichtümer erworben, für die wir keinen sicheren Platz finden, als unter der Erde.[169] Und hätte der Prophet (s) uns nicht verboten, den Tod zu erbitten, hätte ich wahrlich (damals) darum gebetet."

---
[168] Diese Art der Heilbehandlung bestand im Ausbrennen von krankem Gewebe.
[169] In dieser Zeit war es üblich, sein Vermögen zum Schutz gegen Diebstahl zu vergraben.
In der Version von At-Tirmidhi heißt es: "Ich war mit dem Propheten (s) und ich besaß keinen einzigen Dirham, und nun liegen neben meinem Haus 40 000 (vergraben)."

أنْ نَدعُوَ بالمَوتِ لَدَعَوتُ بِهِ، ثُمَّ أَتَيناهُ مَرَّةً أُخرَى وَهوَ يَبني حَائِطاً لَهُ، فقالَ: إنَّ المُسلِمَ لَيُؤجَرُ في كُلِّ شَيءٍ يُنفِقُهُ إلاّ في شَيءٍ يَجعَلُهُ في هذا التُرابِ. متفقٌ عليه، وهذا لفظ رواية البخاري.

١ - ٦٨ - باب الوَرَعِ وتركِ الشبهاتِ

قالَ اللَّهُ تعالى: ﴿وَتَحْسَبُونَهُ هَيِّنًا وَهُوَ عِندَ اللَّهِ عَظِيمٌ﴾ [النور: ١٥] وقالَ تعالى: ﴿إِنَّ رَبَّكَ لَبِالْمِرْصَادِ﴾ [الفجر: ١٤].

٥٨٨ - وعن النُّعمَانِ بنِ بَشيرٍ رضيَ اللَّهُ عنهما قال: سَمِعتُ رسولَ اللَّهِ ﷺ يقولُ: «إنَّ الحَلالَ بَيِّنٌ، وإنَّ الحَرامَ بَيِّنٌ، وَبَينَهُما مُشتَبِهاتٌ لاَ يَعلَمُهُنَّ كَثيرٌ مِنَ النَّاسِ، فَمَن اتَّقى الشُّبُهاتِ، استَبرَأَ لِدينِهِ وعِرضِهِ، وَمَن وَقَعَ في الشُّبُهاتِ، وَقَعَ في الحَرامِ، كالرَّاعِي يَرعى حَولَ الحِمَى يُوشِكُ أَن يَرتَعَ فيهِ، أَلا وإنَّ لِكُلِّ مَلِكٍ حِمىً، أَلا وإنَّ حِمَى اللَّهِ مَحَارِمُهُ، أَلا وإنَّ في الجَسَدِ مُضغَةً إذا صَلَحَت صَلَحَ الجَسَدُ كُلُّهُ، وَإذا فَسَدَت فَسَدَ الجَسَدُ كُلُّهُ: أَلا وَهِيَ القَلبُ». متفقٌ عليه. ورويَاهُ مِن طُرُقٍ بألفاظٍ مُتقَارِبَةٍ.

٥٨٩ - وعن أنسٍ رضيَ اللَّهُ عنه: أنَّ النبيَّ ﷺ، وجَدَ تَمرَةً في الطَّريقِ، فقالَ: «لَولا أنِّي أَخافُ أن تكونَ مِنَ الصَّدَقَةِ لأكَلتُها». متفقٌ عليه.

٥٩٠ - وعن النَّوَّاسِ بنِ سَمعانَ رضيَ اللَّهُ عنه عن النبيِّ ﷺ قال: «البِرُّ حُسنُ الخُلُقِ، والإثمُ ما حاكَ في نَفسِكَ، وكَرِهتَ أن يَطَّلِعَ عَلَيهِ النَّاسُ». رواهُ مسلم.

«حَاكَ» بالحاءِ المهملةِ والكافِ، أي: تَرَدَّدَ فيهِ.

1. Buch der Gebote

Später besuchten wir ihn (Khabbâb) erneut, als er eine Mauer seines Hauses reparierte. Da sagte er zu uns: "Wahrlich, der Muslim wird belohnt für alles, was er ausgibt, außer wenn er es für Erde ausgibt."
(Al-Bukhâri und Muslim)
Die zitierte Fassung stammt von Al-Bukhâri.

Kapitel 68
Frömmigkeit und das Meiden zweifelhafter Dinge

Qur'ân: Allah, der Erhabene, spricht:
"... da meintet ihr, es sei etwas Leichtzunehmendes, doch bei Allah war es etwas Schwerwiegendes." (24:15)
"Denn dein Herr ist wahrlich ständig auf der Wacht." (89:14)

Hadith 588: An-Nu'mân ibn Baschîr (r) berichtet, dass er den Gesandten Allahs (s) sagen hörte:
"Gewiss ist das, was erlaubt (*halâl*) ist, klar, und auch das, was verboten (*harâm*) ist. Und zwischen diesen beiden ist das, was zweideutig ist, was die meisten Leute nicht wissen. Wer das Zweifelhafte meidet, dessen Glaube und guter Ruf sind sicher, doch wer, sich mit Zweifelhaftem abgibt, verfällt Ungesetzlichem. Sein Fall ist wie der des Schafhirten, der seine Herde in der Nähe einer abgesperrten Weide grasen lässt, doch immer besorgt ist, dass einige seiner Tiere von dieser (verbotenen) Weide fressen könnten. Wahrhaftig hat jeder Besitzer sein abgegrenztes Weideland! Und wahrlich, das abgegrenzte Gebiet Allahs sind die Dinge, die Er verboten hat. Ist denn nicht im menschlichen Körper ist ein Klumpen Fleisch. Wenn er gesund ist, ist der ganze Körper gesund, und wenn er schwach ist, ist der ganze Körper schwach. Dies ist wahrhaftig das Herz."
(Al-Bukhâri und Muslim)

Hadith 589: Anas ibn Mâlik (r) erzählte, dass der Prophet (s) eine Dattel auf dem Weg fand. Da sagte er: "Wenn ich nicht fürchtete, dass sie von *Sadaqa* stammte, hätte ich sie gegessen."
(Al-Bukhâri und Muslim)

Hadith 590: An-Nauwâs ibn Sam'ân (r) berichtet: "Frömmigkeit ist gutes Benehmen, und Sünde ist das, was in deinem Bewusstsein zwickt, und was dir unangenehm wäre, wenn die Leute davon wüssten."
(Muslim)

٥٩١ - وعن وابصةَ بن معبدٍ رضيَ اللَّهُ عنه قال: أتيتُ رسولَ اللَّهِ ﷺ فقال: «جئتَ تسألُ عَن البِرِّ والإثمِ؟» قلت: نعم، فقال: «استفتِ قَلْبَكَ، البرُّ: ما اطْمَأَنَّتْ إليهِ النَّفسُ، واطمأنَّ إليهِ القلبُ، والإثمُ ما حاكَ في النَّفسِ وتَرَدَّدَ في الصَّدرِ، وإن أفتاكَ النَّاسُ وأَفتَوك» حديثٌ حسن، رواهُ أحمدُ، والدَّارميُّ في «مُسْنَدَيهِما».

٥٩٢ - وعن أبي سَرْوَعَةَ، بكسرِ السينِ المهملةِ وفتحها، عُقبةَ بنِ الحارثِ رضيَ اللَّهُ عنه أنَّهُ تزوَّجَ ابنةً لأبي إهابِ بنِ عزيزٍ، فأتَتْهُ امرأةٌ فقالت: إنِّي قد أرضعتُ عقبةَ والَّتي قد تزوَّجَ بها، فقالَ لها عُقبةُ: ما أعلمُ أنَّكِ أرضعتِني ولا أخبرتِني، فركبَ إلى رسولِ اللَّهِ ﷺ بالمدينةِ، فسألهُ، فقال رسولُ اللَّهِ ﷺ: «كيفَ، وَقَدْ قِيلَ؟!» ففارقَها عُقبةُ ونَكحتْ زوجاً غيرَهُ. رواه البخاري.

«إهابٌ» بكسرِ الهمزةِ، و«عزيزٌ» بفتحِ العينِ وبزايٍ مكرَّرةٍ.

٥٩٣ - وعنِ الحسنِ بنِ عليٍّ رضيَ اللَّهُ عنهما، قَالَ: حفظتُ من رسولِ اللَّهِ «دَع ما يَريبكَ إلى ما لا يَريبكَ» رواه الترمذي وقال: حديث حسن صحيح

معناه اترك ما تشُكُّ فيه، وخُذ ما لا تشُكُّ فيه.

٥٩٤ - وعَن عائشة رضي اللَّه عنها قالت: كان لأبي بكرِ الصِّديقِ، رضي اللَّه عنه، غلامٌ يُخرِجُ لَهُ الخَراجَ وكانَ أبو بكرٍ يأكُلُ مِن خَراجِهِ، فجاءَ يوماً بشيءٍ، فأكلَ منهُ أبو بكرٍ، فقالَ لهُ الغلامُ: تَدري مَا هذا؟ فقالَ أبو بكرٍ: ومَا هُوَ؟ قالَ: كُنْتُ تَكَهَّنتُ لإنسانٍ في الجاهليةِ وما أُحسِنُ الكَهانةَ إلَّا أنِّي خَدَعْتُهُ، فَلَقيني، فأعطاني بذلكَ فهذا الَّذي أكلتَ منهُ، فأدخلَ أبو بكرٍ يدَهُ فقاءَ كلَّ شيءٍ في بطنِهِ. رواه البخاري.

1. Buch der Gebote

Hadith 591: Wâbisa ibn Ma'bad (r) berichtet: Einst kam ich zum Gesandten Allahs (s), und er fragte mich: "Bist du gekommen, um mich zu fragen, was Frömmigkeit ist?" Ich antwortete: "Ja." Er sagte: "Befrage nur dein Herz. Frömmigkeit ist etwas, was deine Seele befriedigt und dein Herz beruhigt; Und Sünde ist, was in deinem Bewusstsein zwickt und Zweifel in deiner Brust weckt, obwohl es einige Leute für gesetzlich erklären und es dir erlauben."
(Ahmad ibn Hanbal und Ad-Dârimi)
Dies ist ein guter Hadith (*hasan*).

Hadith 592: Abu Sarwa'a Uqba ibn al-Hârith (r) erzählte, dass er eine Tochter von Abu Ihâb ibn Azîz heiratete. Danach kam eine Frau zu ihm und sagte: "Ich habe dich und die Frau, die du geheiratet hast, gestillt." Da sagte Uqba zu ihr: "Ich wusste nicht, dass du mich gestillt hast, und du hattest mir auch nie zuvor davon erzählt." Dann ritt er zum Propheten (s) nach Medina[170] und berichtete ihm davon. Er (s) sagte: "Wie kannst du jetzt, wo du das weisst, mit ihr zusammenbleiben?" Da ließ sich Uqba von ihr scheiden, und sie heiratete einen Anderen.
(Al-Bukhâri)

Hadith 593: Al-Hasan ibn Alî (r) sagte: Ich habe von Allahs Gesandtem (s) folgendes auswendig gelernt: "Meide alles, was in dir Zweifel weckt, und tue das, was in dir keinen Zweifel hinterlässt."
(At-Tirmidhi)
Dies ist ein guter und gesunder Hadith (*hasan sahîh*).

Hadith 594: Âischa (r) erzählte: (Mein Vater) Abu Bakr (r) hatte einen Sklaven, der ihm einen Teil seines Lohns ablieferte, und Abu Bakr pflegte von dem, was er erhielt, zu essen. Eines Tages brachte ihm der Sklave etwas (zu essen), und Abu Bakr aß davon. Er fragte ihn: "Weißt du, was das war?" Abu Bakr antwortete: "Was war es denn?" Er sagte: "In der Zeit der Unwissenheit arbeitete ich für jemanden als Wahrsager. Eigentlich konnte ich nicht wahrsagen, sondern ich betrog ihn. Jetzt traf ich ihn, und er gab mir dàs, was du soeben gegessen hast." Als er dieses hörte, steckte sich Abu Bakr (r) die Finger in seinen Mund und erbrach alles, was er im Magen hatte."
(Al-Bukhâri)

---

[170] Uqba lebte zu dieser Zeit in Mekka.

«الخَرَاجُ»: شيءٌ يَجْعَلُهُ السَّيِّدُ على عَبْدِهِ يُؤَدِّيهِ إلى السَّيِّدِ كُلَّ يَوْمٍ، وباقي كَسْبِهِ يَكُونُ لِلعَبْدِ.

٥٩٥ - وعن نافعٍ: أنَّ عمرَ بنَ الخطَّابِ رضيَ اللَّهُ عنهُ، كانَ فَرَضَ للمهاجرينَ الأوَّلينَ أربعةَ آلافٍ وفرضَ لابنهِ ثلاثةَ آلافٍ وخمسمائةٍ، فقيلَ له: هو مِنَ المهاجرينَ فَلِمَ نَقَصْتَهُ؟ فقال: إنَّما هاجرَ بهِ أبوهُ. يقولُ: ليسَ هو كمَنْ هاجرَ بنفسهِ. رواهُ البخاريُّ.

٥٩٦ - وعن عطيَّةَ بنِ عُرْوَةَ السَّعْدِيِّ الصحابيِّ رضيَ اللَّهُ عنهُ قالَ: قال رسولُ اللَّهِ ﷺ: «لا يَبْلُغُ العَبْدُ إنْ يكونَ مِنَ المتَّقينَ حتَّى يَدَعَ ما لا بأسَ بهِ، حَذَراً لِمَا بهِ بأسٌ».

رواهُ الترمذيُّ وقال: حديثٌ حسنٌ.

١ - ٦٩ - باب استحباب العزلة عند فساد النَّاس والزَّمان أو الخوف من فتنة في الدين ووقوع في حرام وشبهات ونحوها

قالَ اللَّهُ تعالى: ﴿فَفِرُّوا إِلَى اللَّهِ إِنِّي لَكُم مِّنْهُ نَذِيرٌ مُّبِينٌ﴾ [الذاريات: ٥٠].

٥٩٧ - وعن سعدِ بنِ أبي وقَّاصٍ رضي الله عنه، قال: سمعتُ رسولَ اللَّهِ ﷺ يقولُ: «إنَّ اللَّهَ يُحِبُّ العَبْدَ التَّقِيَّ الغَنِيَّ الخَفِيَّ». رواه مسلم.

والمُرادُ بـ«الغنيِّ»: غنيُّ النَّفسِ، كما سَبَقَ في الحديث الصحيحِ.

٥٩٨ - وعن أبي سعيدٍ الخُدريِّ رضي الله عنه قال قال رجلٌ: أيُّ النَّاسِ أفضلُ يا رسولَ اللَّهِ ﷺ؟ قال: «مؤمنٌ مجاهدٌ بنفسهِ ومالهِ في سبيلِ اللَّهِ» قال: ثم من؟ قال: «ثم رجلٌ مُعْتَزِلٌ في شِعْبٍ مِنَ الشِّعابِ يَعْبُدُ رَبَّهُ».

1. Buch der Gebote

Hadith 595: Nâfi' (r) erzählte, dass Umar ibn al-Khattâb (r) jedem der ersten *Muhâdschirîn* viertausend (Dinar) zuteilte, seinem Sohn allerdings nur dreitausendfünfhundert. Er wurde gefragt: "Er ist doch auch ein *Muhâdschir*, warum hast du ihm weniger zugeteilt?" Er sagte: "Er wanderte mit seinem Vater aus. Das bedeutet, dass er nicht wie jemand war, der von sich aus (allein) auswanderte."
(Al-Bukhâri)

Hadith 596: Der Gefährte Atîya ibn Urwa as-Sa'di (r) überliefert, dass der Gesandte Allahs (s) sagte: "Kein Diener (Allahs) wird Frömmigkeit erlangen, bevor er, aus Angst vor etwas Zweifelhaftem, auf etwas verzichtet, in dem es keinen Zweifel gibt."
(At-Tirmidhi)
Dies ist ein guter Hadith (*hasan*).[171]

Kapitel 69
Vorliebe, sich in Zeiten der Sittenverdorbenheit zurückzuziehen, oder aus Angst vor Versuchung in der Religion oder aus Furcht, etwas verbotenes zu tun

Qur'ân: Allah, der Erhabene, spricht:
"Darum flieht zu Allah. Ich (Noah) bin zu euch als offenkundiger Warner von Ihm (gesandt)." (51:50)

Hadith 597: Sa'd ibn Abi Waqqâs (r) überliefert, dass er den Gesandten Allahs (s) sagen hörte: "Allah liebt den frommen, genügsamen[172] und unauffälligen (seiner) Diener."
(Muslim)

Hadith 598: Abu Sa'îd al-Khudri (r) überliefert, dass ein Mann den Propheten (s) fragte: "Wer von den Menschen ist der beste, oh Gesandter Allahs?" Er antwortete: "Ein Glaubender, der um Allahs willen kämpft, mit seinem Leben und seinem Besitz." Er fragte weiter: "Und wer folgt nach ihm?" Er sagte: "Der Mann, der sich in ein Tal zurückzieht und seinem Herrn (Allah) dient."

---
[171] Nach Meinung einiger Gelehrter ist dieser Hadith schwach belegt (*isnâd da'if*).
[172] Wörtlich: reich an Seele.

وفي رواية: «يَتَّقِي اللَّهَ، وَيَدَعُ النَّاسَ مِن شَرِّهِ». متفقٌ عليه.

٥٩٩ ـ وعنه قالَ: قال رسولُ اللَّه ﷺ: «يُوشِكُ أَنْ يَكُونَ خَيْرَ مَالِ المُسْلِمِ غَنَمٌ يتبعُ بها شَعَفَ الجِبَالِ، وَمَوَاقِعَ القَطْرِ، يَفِرُّ بِدِينِهِ مِنَ الفِتَنِ». رواه البخاري.

و«شَعَفِ الجِبَالِ»: أعْلاهَا.

٦٠٠ ـ وعَنْ أبي هُريرة رضي الله عنه، عَنِ النَّبيِّ ﷺ قال: «مَا بَعَثَ اللَّهُ نَبِيًّا إِلَّا رَعَى الْغَنَمَ» فقَالَ أصْحَابُه: وَأَنْتَ؟ قَالَ: «نَعَمْ، كُنْتُ أَرْعَاهَا عَلَى قَرَارِيطَ لِأَهْلِ مَكَّةَ». رواه البخاري.

٦٠١ ـ وعنه عَنْ رسولِ اللَّهِ ﷺ أنَّه قال: «مِنْ خَيْرِ مَعَاشِ النَّاسِ لَهُمْ رَجُلٌ مُمْسِكٌ عِنَانَ فَرَسِهِ في سَبِيلِ اللَّهِ، يَطِيرُ عَلَى مَتْنِهِ، كُلَّمَا سَمِعَ هَيْعَةً أَوْ فَزْعَةً، طَارَ عَلَيْهِ يَبْتَغِي القَتْلَ، أَوِ المَوْتَ مَظَانَّهُ، أَوْ رَجُلٌ في غُنَيْمَةٍ في رَأْسِ شَعَفَةٍ مِنْ هذِهِ الشَّعَفِ، أَوْ بَطْنِ وادٍ مِنْ هذِهِ الأَودِيَةِ، يُقِيمُ الصَّلَاةَ، وَيُؤْتِي الزَّكَاةَ، ويَعْبُدُ رَبَّهُ حَتَّى يَأْتِيَهُ الْيَقِينُ، لَيْسَ مِنَ النَّاسِ، إِلَّا فِي خَيْرٍ» رواه مسلم.

«يَطِيرُ»: أي يُسْرِعُ. «وَمَتْنُهُ»: ظَهْرُهُ. «وَالهَيْعَةُ»: الصوتُ للحربِ. «وَالفَزْعَةُ»: نحوهُ. و«مَظَانُّ الشَّيءِ»: المواضع التي يُظَنُّ وجودُه فيها. «وَالغُنَيْمَةُ» ـ بضم الغيـن، تصغير الغنم. «وَالشَّعَفَةُ» بفتح الشين والعين: هي أعلى الجبل.

1. Buch der Gebote

Eine andere Version lautet: "Derjenige, der Allah fürchtet und die Leute von seinem Übel verschont."
(Al-Bukhâri und Muslim)

Hadith 599: Ebenfalls von Abu Sa'îd al-Khudri (r) wird überliefert, dass der Gesandte Allahs (s) sagte: "Die Zeit ist nahe, in der der beste Besitz eines Muslims eine Herde sein wird, mit der er zu den Gipfeln der Berge ziehen wird oder zu einem fruchtbaren Ort, um seinen Glauben vor Versuchung zu schützen."
(Al-Bukhâri)

Hadith 600: Abu Huraira (r) überliefert, dass der Prophet sagte: "Kein Prophet wurde von Allah berufen, ohne dass er (zuvor) Schafe gehütet hätte." Die Gefährten fragten ihn: "Auch du?" Er antwortete: "Ja, auch ich habe sie für ein paar Karat gehütet, für die Leute von Mekka."
(Al-Bukhâri)

Hadith 601: Abu Huraira (r) überliefert, dass der Gesandte Allahs (s) sagte: "Der beste Lebensunterhalt für den Menschen ist der eines Mannes, der auf dem Wege Allahs die Zügel des Pferdes ergreift, und auf seinem Rücken davoneilt, sobald er den Ruf zu den Waffen vernimmt. Und er wird (auf dem Wege Allahs) töten oder getötet werden. Oder es ist ein Mann, der sich mit seiner (kleinen) Schafherde auf einem Gipfel der Berge befindet oder in einem dieser Täler, regelmäßig sein Gebet verrichtet, die *Zakât* zahlt und seinem Herrn (Allah) dient, bis ihn der Tod ereilt, und der sich nicht in die Angelegenheiten anderer Leute einmischt, es sei denn zum Guten."
(Muslim)

١ - ٧٠ - باب فضل الاختلاط بالناس

وحضور جُمعِهم وجماعاتهم، ومشاهد الخير، ومجالس الذكر معهم،
وعيادة مريضِهم وحضور جنائزهم ومواساة محتاجهم، وإرشاد جاهلهم،
وغير ذلك من مصالحهم، لمن قدر على الأمر بالمعروف والنهي عن المنكر،
وقمع نفسه عن الإيذاء وصبر على الأذى

اعلم أن الاختلاط بالناس على الوَجهِ الذي ذَكرتُه هو المختار الذي كان عليهِ رسول اللهِ، ﷺ، وسائرُ الأنبياءِ صلواتُ اللهِ وسلامُه عليهم، وكذلك الخُلفاءُ الرّاشدونَ، ومَن بعدَهم مِنَ الصَّحابةِ والتابعينَ، ومَن بعدَهم من عُلَماءِ المسلمين وأخيارِهم، وهو مَذهَبُ أكثرِ التابعينَ ومَن بعدَهم، وبِه قَالَ الشّافعيُّ وأحمَدُ، وأكثَرُ الفُقَهاءِ رضي الله عنهم أجمعين. قال الله تعالى: ﴿وَتَعَاوَنُوا عَلَى البِرِّ وَالتَّقْوَى﴾ [المائدة: ٢] والآيات في معنى ما ذكرتُه كثيرة معلومة.

١ - ٧١ - باب التواضع وخفض الجناح للمؤمنين

قال الله تعالى: ﴿وَاخْفِضْ جَنَاحَكَ لِمَنِ اتَّبَعَكَ مِنَ المُؤْمِنِينَ﴾ [الشعراء: ٢١٥]
وقال تعالى: ﴿يَا أَيُّهَا الَّذِينَ آمَنُوا مَن يَرْتَدَّ مِنكُمْ عَن دِينِهِ فَسَوْفَ يَأْتِي اللَّهُ بِقَوْمٍ يُحِبُّهُمْ وَيُحِبُّونَهُ أَذِلَّةٍ عَلَى المُؤْمِنِينَ أَعِزَّةٍ عَلَى الكَافِرِينَ﴾ [المائدة: ٥٤] وقال تعالى:
﴿يَا أَيُّهَا النَّاسُ إِنَّا خَلَقْنَاكُم مِّن ذَكَرٍ وَأُنثَى وَجَعَلْنَاكُمْ شُعُوبًا وَقَبَائِلَ لِتَعَارَفُوا إِنَّ

1. Buch der Gebote

Kapitel 70
Vorzug für denjenigen, der Gutes gebieten und Schlechtes verbieten, sowie sich selbst vor Übel schützen kann und beim Erleiden von Unrecht geduldig ist, Umgang mit den Menschen zu pflegen, am Freitagsgebet und ihren Versammlungen teilzunehmen, sich an Wohltätigkeit zu beteiligen, in Gemeinschaft Allahs zu gedenken, die Kranken zu besuchen, sich Begräbnissen anzuschließen, Trost zu spenden, die Unwissenden aufzuklären und sich an anderem, was von allgemeinem Interesse ist, zu beteiligen

Es sei hier erwähnt, dass die Art und Weise des zwischenmenschlichen Umgangs, wie sie zuvor beschrieben wurde, diejenige ist, die der Gesandte Allahs (s) praktizierte, ebenso wie die vorangehenden Propheten (as), die rechtgeleiteten Kalifen, die Gefährten des Propheten und deren Nachfolger, sowie die muslimischen Gelehrten (*Ulamâ'*). Dies ist die Auffassung der meisten ihrer Anhänger, und diese Auffassung vertreten auch Asch-Schâfi'i, Ahmad ibn Hanbal und die meisten Rechtsgelehrten (rA).

Qur'ân: Allah, der Erhabene, spricht:
"Und helft einander in Rechtschaffenheit und Frömmigkeit und Gottesfurcht..." (5:2).
Zu dem hier Erwähnten gibt es noch zahlreiche andere Qur'ânverse.

Kapitel 71
Bescheidenheit und Demut den Gläubigen gegenüber

Qur'ân: Allah, der Erhabene, spricht:
"Und senke deine Fittiche über die, die dir folgen unter den Gläubigen." (26:215)
"Oh ihr Gläubigen! Wenn von euch sich einer von seinem Glauben abwendet, (der soll wissen,) dass Allah (an seiner Statt) ein Volk hervorbringen wird, das Er liebt und das Ihn liebt, das sanftmütig gegen die Gläubigen und machtvoll gegenüber den Ungläubigen ist..." (5:54)
"Oh ihr Menschen! Wir haben euch aus Mann und Frau erschaffen und euch zu Völkern und Stämmen gemacht, damit ihr euch untereinander kennt. Der Edelste von euch ist vor Allah derjenige, der am gottesfürchtigsten ist. Wahrlich, Allah ist allwissend, allkundig." (49:13)

أَكْرَمَكُمْ عِنْدَ اللَّهِ أَتْقَاكُمْ﴾ [الحجرات: ١٣] وقال تعالى: ﴿فَلَا تُزَكُّوا أَنْفُسَكُمْ هُوَ أَعْلَمُ بِمَنِ اتَّقَى﴾ [النجم: ٣٢] وقال تعالى: ﴿وَنَادَى أَصْحَابُ الْأَعْرَافِ رِجَالًا يَعْرِفُونَهُمْ بِسِيمَاهُمْ قَالُوا مَا أَغْنَى عَنْكُمْ جَمْعُكُمْ وَمَا كُنْتُمْ تَسْتَكْبِرُونَ، أَهَؤُلَاءِ الَّذِينَ أَقْسَمْتُمْ لَا يَنَالُهُمُ اللَّهُ بِرَحْمَةٍ ادْخُلُوا الْجَنَّةَ لَا خَوْفٌ عَلَيْكُمْ وَلَا أَنْتُمْ تَحْزَنُونَ﴾ [الأعراف: ٤٨ ـ ٤٩].

٦٠٢ ـ وعن عِياض بن حِمَار رضي الله عنه قال: قال رسول الله ﷺ: «إنَّ اللَّهَ أَوْحَى إِلَيَّ أَنْ تَوَاضَعُوا حَتَّى لَا يَفْخَرَ أَحَدٌ عَلَى أَحَدٍ، وَلَا يَبْغِيَ أَحَدٌ عَلَى أَحَدٍ». رواه مسلم.

٦٠٣ ـ وعَنْ أبي هريرة رضي الله عنه، أن رسول الله ﷺ قال: «مَا نَقَصَتْ صَدَقَةٌ مِنْ مَالٍ، وَمَا زَادَ اللَّهُ عَبْدًا بِعَفْوٍ إِلَّا عِزًّا، وَمَا تَوَاضَعَ أَحَدٌ لِلَّهِ إِلَّا رَفَعَهُ اللَّهُ». رواه مسلم.

٦٠٤ ـ وعن أنس رضي الله عنه: أَنَّهُ مَرَّ عَلَى صِبْيَانٍ فَسَلَّمَ عَلَيْهِمْ وقال: كَانَ النَّبِيُّ ﷺ يَفْعَلُهُ. متفقٌ عليه.

٦٠٥ ـ وعنه قال: إِنْ كَانَتِ الْأَمَةُ مِنْ إِمَاءِ أَهْلِ الْمَدِينَةِ لَتَأْخُذُ بِيَدِ النَّبِيِّ ﷺ، فَتَنْطَلِقُ بِهِ حَيْثُ شَاءَتْ. رواه البخاري.

٦٠٦ ـ وعن الأسود بن يزيد قال: سَأَلْتُ عَائِشَةَ رضي اللَّهُ عنها: ما كانَ النَّبِيُّ ﷺ يَصْنَعُ فِي بَيْتِهِ؟ قالت: كَانَ يَكُونُ فِي مِهْنَةِ أَهْلِهِ، يَعْنِي: خِدْمَةَ أَهْلِهِ،

1. Buch der Gebote

"Er kennt euch am besten, seitdem Er euch aus Erde hervorbrachte und ihr im Leib eurer Mütter verborgen wart. Rechtfertigt euch darum nicht selbst. Er weiß am besten, wer gottesfürchtig ist." (53:32)

"Und jene auf den Höhen werden den Menschen, die sie an ihren Merkmalen erkennen, zurufen, indem sie sagen: 'Was nützt euch jetzt, was ihr (im Diesseits) angehäuft habt, und euer Hochmut? Seht, sind das nicht diejenigen, von denen ihr geschworen habt, Allah würde ihnen niemals Seine Barmherzigkeit erweisen? So tretet ein in den Paradiesgarten. Ihr werdet euch (darin) weder ängstigen, noch werdet ihr traurig sein.'" (7:48-49)

Hadith 602: Iyâd ibn Himâr (r) berichtet, dass der Gesandte Allahs (s) sagte: Gewiss hat mir Allah offenbart: "Seid bescheiden, damit keiner dem Anderen gegenüber hochmütig ist oder ihm Unrecht tut."
(Muslim)

Hadith 603 ist eine Wiederholung von Hadith Nr. 556.

Hadith 604: Anas (r) kam an einigen Kindern vorüber. Dann grüßte er sie (indem er *As-salâmu alaikum* sagte) und sagte: "Dies tat der Prophet (s) auch immer."
(Al-Bukhâri und Muslim)

Hadith 605: Anas (r) erzählte: Sogar eine der (unmündigen) Sklavinnen aus Medina nahm den Propheten (s) bei der Hand und ging mit ihm, wohin sie wollte.
(Al-Bukhâri)

Hadith 606: Aswad ibn Yazîd (r) erzählte, man habe Âischa (r), die Mutter der Gläubigen, gefragt: "Was hat der Prophet (s) normalerweise getan, wenn er zu Hause war?" Sie entgegnete: "Er war stets damit beschäftigt, den Bewohnern seines Hauses zu dienen (und zu helfen), und wenn die Zeit zum Gebet kam, ging er deswegen hinaus."
(Al-Bukhâri)

فإذا حضرتِ الصَّلاةُ، خرجَ إلى الصَّلاةِ. رواه البخاري.

٦٠٧ - وعن أبي رفاعةَ تميم بن أُسَيدٍ رضي الله عنه قال: انتهيتُ إلى رسولِ اللَّهِ ﷺ وهو يَخطُبُ، فقلتُ؛ يا رسولَ اللَّهِ، رجلٌ غريبٌ جاء يسألُ عن دينِه لا يَدري ما دينُهُ؟ فأقبلَ عليَّ رسولُ اللَّهِ ﷺ، وتركَ خُطبتَهُ حتى انتهى إليَّ، فأُتِيَ بكُرسيٍّ، حسِبتُ قوائمَهُ حديداً فقعَدَ عليه، وجعلَ يُعلِّمُني مِمَّا علَّمَهُ اللَّهُ، ثم أتى خُطبتَهُ، فأتَمَّ آخرَها. رواه مسلم.

٦٠٨ - وعن أنسٍ رضيَ اللَّهُ عنه، أنَّ رسولَ الله ﷺ كان إذا أكلَ طعاماً لعِقَ أصابعَهُ الثلاثَ قال: وقال: «إذا سقطَت لُقمةُ أحدِكُم، فليُمِط عنها الأذى، وليأكُلها، ولا يدَعها للشيطانِ» وأمَرَ أن تُسلَتَ القَصعَةُ قال: «فإنَّكُم لا تَدرُونَ في أيِّ طعامِكُم البرَكَةُ». رواه مسلم.

٦٠٩ - وعن أبي هُريرة رضي الله عنه، عن النبيِّ ﷺ قال: «ما بعثَ اللَّهُ نبيًّا إلَّا رعَى الغنمَ» قالَ أصحابُه: وأنتَ؟ فقال: «نعم كُنتُ أرعَاها على قراريطَ لأهلِ مكَّةَ». رواه البخاري.

٦١٠ - وعنهُ، عن النبيِّ ﷺ قال: «لو دُعِيتُ إلى كُراعٍ أو ذِراعٍ لأجبتُ، ولو أُهدِيَ إليَّ ذِراعٌ أو كُراعٌ لَقبِلتُ». رواه البخاري.

٦١١ - وعن أنسٍ رضي اللَّهُ عنه قال: كانَت ناقةُ رسولِ اللَّهِ ﷺ العَضبَاءُ لا تُسبَقُ، أو لا تكادُ تُسبَقُ فجاءَ أعرابيٌّ على قَعُودٍ لَه، فسبَقَها، فشَقَّ ذلِكَ على

1. Buch der Gebote

Hadith 607: Abu Rifâ'a Tamîm ibn Usaid (r) erzählte: Einmal, als der Prophet (s) gerade eine Ansprache hielt, ging ich bis zu ihm vor und sagte: "Oh Gesandter Allahs, ein Fremder[173] ist gekommen, um etwas über seinen Glauben zu erfragen, weil er nichts darüber weiß." Sogleich unterbrach Allahs Gesandter (s) seine Rede und kam zu mir. Er nahm einen Stuhl, setzte sich, und fing an, mich zu lehren, was ihn Allah gelehrt hatte. Dann nahm er seine Ansprache wieder auf und brachte sie zu Ende.
(Muslim)

Hadith 608: Anas (r) erzählte[174], dass der Gesandte Allahs (s), wenn er eine Mahlzeit beendete, seine drei Finger abzulecken pflegte.
Er berichtet, dass er (s) sagte: "Wenn einem von euch ein Bissen herunterfällt, soll er den Schmutz (der an ihm klebt) davon entfernen und ihn (den Bissen) essen, und ihn nicht dem Satan lassen." Er (s) wies uns ebenfalls an, den Napf auszulecken und sagte: "Ihr wisst nicht, in welchem Teil der Nahrung Segen ist."[175]
(Muslim)

Hadith 609 ist eine Wiederholung von Hadith Nr. 600.

Hadith 610: Abu Huraira (r) berichtet, dass der Prophet (s) sagte: "Ich würde eine Einladung zum Essen annehmen, auch wenn die Nahrung nur aus dem Schenkel oder der Schulter eines Lammes bestünde, und ich würde eine Gabe annehmen, auch wenn sie nicht mehr wäre als eine Schulter oder ein Schenkel eines Lammes."
(Al-Bukhârî)

Hadith 611: Es erzählte Anas ibn Mâlik (r), dass al-Adbâ', die Kamelkuh des Gesandten Allahs (s), keinem anderen (Kamel) erlaubte, an ihr vorbeizugehen oder sie zu überholen. Einmal kam ein Araber vom Lande auf einem Reitkamel, und er ritt der Kamelkuh des Propheten (s) voran. Dies missfiel den Muslimen. Als der Prophet (s) dies bemerkte, sagte er: "Es ist das Recht Allahs, dass er erniedrigt, was sich in dieser Welt erhebt."
(Al-Bukhârî)

---
[173] Damit meinte er sich selbst.
[174] Vergl. Hadith Nr. 753.
[175] Vergl. Hadith Nr. 164.

المُسْلِمينَ حَتَّى عَرَفَهُ، فقَالَ: «حَقٌّ عَلى اللَّهِ أن لا يَرْتَفِعَ شَيْءٌ مِنَ الدُّنْيَا إلاَّ وَضَعَهُ». رواهُ البخاري.

١ – ٧٢ – باب تحريم الكِبر والإعجاب

قالَ اللَّهُ تعالى: ﴿تِلْكَ الدَّارُ الآخِرَةُ نَجْعَلُهَا لِلَّذِينَ لا يُرِيدُونَ عُلُوًّا فِي الأَرْضِ وَلَا فَسَادًا وَالْعَاقِبَةُ لِلْمُتَّقِينَ﴾ [القصص: ٨٣] وقال تعالى: ﴿وَلَا تَمْشِ فِي الأَرْضِ مَرَحًا﴾ [الإسراء: ٣٧] وقال تعالى: ﴿وَلَا تُصَعِّرْ خَدَّكَ لِلنَّاسِ وَلَا تَمْشِ فِي الأَرْضِ مَرَحًا إِنَّ اللَّهَ لَا يُحِبُّ كُلَّ مُخْتَالٍ فَخُورٍ﴾ [لقمان: ١٨]. ومعنى «تُصَعِّرْ خَدَّكَ للنَّاسِ» أيْ: تَمِيلُهُ وتُعرِضُ بِهِ عَنِ النَّاسِ تَكَبُّراً عَلَيْهِمْ. «والمَرَحُ»: التَّبَخْتُرُ. وقال تعالى: ﴿إِنَّ قَارُونَ كَانَ مِنْ قَوْمِ مُوسَى فَبَغَى عَلَيْهِمْ وَآتَيْنَاهُ مِنَ الْكُنُوزِ مَا إِنَّ مَفَاتِحَهُ لَتَنُوءُ بِالْعُصْبَةِ أُولِي الْقُوَّةِ إِذْ قَالَ لَهُ قَوْمُهُ لَا تَفْرَحْ﴾ [القصص: ٧٦] إلى قوله تعالى: ﴿فَخَسَفْنَا بِهِ وَبِدَارِهِ الأَرْضَ﴾. الآيات.

٦١٢ – وعن عبدِ اللَّهِ بنِ مسعودٍ رضيَ اللَّهُ عنه، عن النبيِّ ﷺ قال: «لا يَدْخُلُ الجَنَّةَ مَنْ كَانَ في قَلْبِهِ مِثْقَالُ ذَرَّةٍ مِنْ كِبْرٍ» فقال رَجُلٌ: إنَّ الرَّجُلَ يُحِبُّ أنْ يَكُونَ ثَوْبُهُ حَسَناً، ونَعْلُهُ حَسَنَةً؟ قال: «إنَّ اللَّهَ جَمِيلٌ يُحِبُّ الجَمَالَ الكِبْرُ بَطَرُ الحَقِّ وغَمْطُ النَّاسِ». رواه مسلم.

بَطَرُ الحَقِّ: دَفْعُهُ ورَدُّهُ على قائِلِهِ، وغَمْطُ النَّاسِ: احْتِقَارُهُمْ.

٦١٣ – وعن سلمةَ بنِ الأكوعِ رضيَ اللَّهُ عنه، أنَّ رَجُلاً أكَلَ عِنْدَ رسولِ اللَّهِ ﷺ بشمالِهِ، فقالَ: «كُلْ بِيَمينِكَ». قالَ: لا أسْتَطيعُ! قال: «لا اسْتَطَعْتَ» مَا مَنَعَهُ إلاَّ الكِبْرُ. قال: فَما رَفَعَها إلى فيهِ. رواه مسلم.

1. Buch der Gebote

Kapitel 72
Verbot von Hochmut und Selbstgefälligkeit

Qur'ân: Allah, der Erhabene, spricht:
"Diese Wohnstatt des Jenseits. Wir haben sie für diejenigen bereitet, die weder Macht anstreben auf Erden, noch Unheil stiften wollen. Und der gute Ausgang ist für die Gottesfürchtigen." (28:83)
"Und gehe nicht voll Hochmut auf der Erde umher..." (17:37)
"Und weise deine Wange nicht (verächtlich) den Menschen und wandle nicht hochmütig auf Erden. Wahrlich, Allah liebt keinen, der überheblich (und) prahlerisch ist." (31:18)
"Wahrlich, Korah[176] gehörte zum Volk von Moses. Doch er war anmaßend ihnen gegenüber, aufgrund dessen, dass Wir ihm (so viel) an Schätzen gegeben hatten, dass die Schlüssel selbst für eine Schar kräftiger Männer zu schwer waren. Und so sprachen seine Leute zu ihm: 'Sei nicht übermütig. Denn wahrlich, Allah liebt nicht die Übermütigen. Suche (lieber) mit dem, was Allah dir gegeben hat, die Heimstatt des Jenseits und vergiss (dabei) nicht deinen Anteil in dieser Welt, und tue Gutes, so wie Allah dir Gutes getan hat, und richte nicht Unheil an auf Erden. Wahrlich, Allah liebt nicht die Unheilstifter.' Er sprach: 'Fürwahr, das (alles) ist mir nur gegeben worden aufgrund des Wissens, das ich besitze.' Wusste er denn nicht, dass Allah bereits vor ihm (viele) Völker vernichtet hat, die noch mächtiger waren und mehr (Reichtum) angehäuft hatten als er? Doch die Sünder werden nicht (sofort) für ihre Schuld zur Rechenschaft gezogen. So trat er vor seine Leute in all seiner Pracht. Da sagten diejenigen, die das diesseitige Leben vorzogen: 'Ach, hätten wir doch nur das Gleiche wie das, was Korah zuteil wurde. Er hat fürwahr einen reichen Anteil am Glück!' Die jedoch, denen Wissen zuteil worden war, sprachen: 'Wehe euch! Die Belohnung Allahs ist weitaus besser für den, der glaubt und rechtschaffen ist. Doch niemand wird sie erfahren außer den Geduldigen.' Alsdann ließen Wir ihn und sein Haus in der Erde versinken." (28:76-82)

Hadith 612: Abdullâh ibn Mas'ûd (r) überliefert, dass der Prophet (s) sagte: "Wer auch nur eine Spur von Überheblichkeit in seinem Herzen hat, wird nicht ins Paradies eintreten." Ein Mann sagte: "Und was ist mit dem Mann, der gerne schöne Kleidung und schöne Schuhe trägt?" Er (s) sagte: "Allah ist schön und er liebt Schönheit. Hochmut verachtet das Recht und ist Geringschätzung des Menschen."
(Muslim)

---
[176] Auf Arabisch: Qârûn.

٦١٤ - وعن حارثةَ بن وهبٍ رضيَ اللَّهُ عنه قال: سَمِعْتُ رسولَ اللَّهِ ﷺ يقول: «ألا أُخبرُكُم بأَهلِ النَّارِ؟: كُلُّ عُتُلٍّ جَوَّاظٍ مُسْتَكْبِرٍ». متفقٌ عليه. وتقدَّمَ شرحُه في بابِ ضعفةِ المسلمين.

٦١٥ - وعن أبي سعيدٍ الخُدري رضيَ اللَّهُ عنه، عَنِ النبيِّ ﷺ قال: «احْتَجَّتِ الجَنَّةُ والنَّارُ، فقالتِ النَّارُ: فِيَّ الجَبَّارُونَ والمُتَكَبِّرُونَ، وقالتِ الجَنَّةُ: فِيَّ ضُعَفَاءُ النَّاسِ ومَسَاكِينُهُمْ. فَقَضَى اللَّهُ بَيْنَهُمَا: إِنَّكِ الجَنَّةُ رَحْمَتي، أَرْحَمُ بِكِ مَنْ أَشَاءُ، وإِنَّكِ النَّارُ عَذَابي، أُعَذِّبُ بِكِ مَنْ أَشَاءُ، ولِكِلَيْكُمَا عَلَيَّ مِلْؤُهَا». رواه مسلم.

٦١٦ - وعن أبي هريرة رضي اللَّهُ عنه، أنَّ رسولَ اللَّهِ ﷺ قال: «لا يَنْظُرُ اللَّهُ يَوْمَ القِيَامَةِ إلى مَنْ جَرَّ إِزَارَهُ بَطَراً». متفقٌ عليه.

٦١٧ - وعنه قال: قالَ رسولُ اللَّهِ ﷺ: «ثَلاثَةٌ لا يُكَلِّمُهُمُ اللَّهُ يَوْمَ القِيَامَةِ، ولا يُزَكِّيهِمْ، ولا يَنْظُرُ إلَيْهِمْ، ولَهُمْ عَذَابٌ أَلِيمٌ: شَيْخٌ زانٍ، ومَلِكٌ كَذَّابٌ، وَعَائِلٌ مُسْتَكْبِرٌ». رواه مسلم.

«العَائِلُ»: الفقير.

٦١٨ - وعنه قال: قال رسولُ اللَّهِ ﷺ: «قالَ اللَّهُ عَزَّ وَجَلَّ: العِزُّ إِزَاري، والكِبْرِيَاءُ رِدَائي، فَمَنْ يُنَازِعُني عَذَّبْتُهُ».

رواه مسلم.

٦١٩ - وعنه، أنَّ رسولَ اللَّهِ ﷺ قال: «بَيْنَمَا رَجُلٌ يَمْشي في حُلَّةٍ تُعْجِبُهُ نَفْسُهُ، مُرَجَّلٌ رَأْسَهُ، يَخْتَالُ في مَشْيَتِهِ، إذْ خَسَفَ اللَّهُ بهِ، فهو يَتَجَلْجَلُ في الأرضِ

1. Buch der Gebote

Hadith 613 ist eine Wiederholung von Hadith Nr. 160.

Hadith 614 ist eine Wiederholung von Hadith Nr. 251.

Hadith 615 ist eine Wiederholung von Hadith Nr. 253.

Hadith 616: Abu Huraira (r) überliefert, dass der Gesandte Allahs (s) sagte: "Allah wird am Tage des Gerichts denjenigen nicht anschauen, der seinen Mantel hochmütig hinter sich zieht."
(Al-Bukhâri und Muslim)

Hadith 617: Abu Huraira (r) überliefert, dass der Gesandte Allahs (s) sagte: "Mit drei Personen wird Allah am Tag des Gerichts weder sprechen noch ihre Rechtfertigung annehmen, und Er wird sie nicht anschauen und ihre Strafe wird schmerzlich sein:
1) ein alter Mann, der Ehebruch begeht,
2) ein König, der lügt, und
3) ein Bedürftiger, der hochmütig ist."
(Muslim)

Hadith 618: Abu Huraira (r) überliefert, dass der Gesandte Allahs (s) sagte: Allah, der Allmächtige und Erhabene, spricht: "Macht ist Mein Gewand und Hochmut Mein Mantel. Wer mit Mir in einem dieser beiden wetteifert, der erhält seine Strafe."
(Muslim)

Hadith 619: Abu Huraira (r) überliefert, dass der Gesandte Allahs (s) sagte: "Es war einmal ein Mann, der in seinem prächtigen Gewand selbstgefällig, mit hochfrisiertem Haar einherstolzierte. Plötzlich ließ Allah, ihn von der Erde verschlucken, und nun fällt er und fällt er bis zum Tag des Gerichts."
(Al-Bukhâri und Muslim)

إلى يَوْمِ القِيامَةِ» متفقٌ عليه.

«مُرَجَّلٌ رَأْسُهُ»، أي: مُمَشَّطُهُ. «يَتَجَلْجَلُ» بالجيمين، أي: يَغُوصُ وَيَنزِلُ.

٦٢٠ - وعن سَلَمَةَ بنِ الأكْوَعِ رضيَ اللَّهُ عنه قال: قال رسولُ اللَّهِ ﷺ: «لَا يَزَالُ الرَّجُلُ يَذْهَبُ بِنَفْسِهِ حَتَّى يُكْتَبَ في الجَبَّارِينَ، فَيُصِيبَهُ مَا أَصَابَهُمْ» رواه الترمذي وقالَ: حديث حسن.

«يَذْهَبُ بِنَفْسِهِ» أي: يَرْتَفِعُ ويَتَكَبَّرُ.

١ - ٧٣ - باب حُسن الخلق

قالَ اللَّهُ تعالى: ﴿وَإِنَّكَ لَعَلَىٰ خُلُقٍ عَظِيمٍ﴾ [القلم: ٤] وقال تعالى: ﴿وَالْكَاظِمِينَ الْغَيْظَ وَالْعَافِينَ عَنِ النَّاسِ﴾ الآية [آل عمران: ١٣٤].

٦٢١ - وعن أنسٍ رضيَ اللَّهُ عنه قالَ: كانَ رسولُ اللَّهِ ﷺ أحْسَنَ النَّاسِ خُلُقاً. متفقٌ عليه.

٦٢٢ - وعنه قال: مَا مَسِسْتُ دِيبَاجاً وَلَا حَرِيراً أَلْيَنَ مِنْ كَفِّ رسُولِ اللَّهِ ﷺ، وَلَا شَمَمْتُ رَائِحَةً قَطُّ أَطْيَبَ مِنْ رَائِحَةِ رَسُولِ اللَّهِ ﷺ، وَلَقَدْ خَدَمْتُ رسُولَ اللَّهِ ﷺ عَشْرَ سِنِينَ، فَمَا قَالَ لِي قَطُّ: أُفٍّ، وَلَا قَالَ لِشَيْءٍ فَعَلْتُهُ: لِمَ فَعَلْتَهُ؟ وَلَا لِشَيْءٍ لَمْ أَفْعَلْهُ: أَلَا فَعَلْتَ كَذَا؟. متفقٌ عليه.

٦٢٣ - وعن الصَّعب بن جَثَّامَةَ رضيَ اللَّهُ عنه قال: أَهْدَيْتُ رسُولَ اللَّهِ ﷺ

1. Buch der Gebote

Hadith 620: Salama ibn al-Akwa' (r) berichtet, dass der Gesandte Allahs (s) sagte: "Ein Mann wird sich so lange in Selbstherrlichkeit ergehen, bis sein Name (von Allah) bei denen der Tyrannen geführt wird, und er wird (die gleiche Bestrafung) erhalten, was (auch) diesen zugedacht ist."
(At-Tirmidhi)
Dies ist ein guter Hadith (*hasan*).

Kapitel 73
Gutes Benehmen

Qur'ân: Allah, der Erhabene, spricht:
"Und du bist wahrlich von edlem Charakter." (68:4)
"Jene, die bereitwillig spenden, sei es in Glück oder im Unglück, und die ihre Wut bezähmen und den Menschen vergeben - und Allah liebt die, die Gutes tun." (3:134)

Hadith 621: Anas (r) sagte: Was guten Charakter betrifft, war der Gesandte Allahs (s) von allen Menschen der beste.
(Al-Bukhâri und Muslim)

Hadith 622: Anas (r) sagte auch: Ich habe weder Seide noch Samt berührt, die weicher war als die Hand des Gesandten Allahs (s), und ich habe nie einen Duft gerochen, der angenehmer war als der Geruch des Gesandten Allahs (s). Ich habe Allahs Gesandtem (s) zehn Jahre lang gedient, und er hat mich niemals geschimpft[177], und wenn ich etwas tat fragte er niemals: "Warum hast du das gemacht?", oder "Hättest du doch das getan!" wenn ich etwas nicht getan hatte.
(Al-Bukhâri und Muslim)

Hadith 623: As-Sa'b ibn Dschaththâma (r) erzählte Folgendes: Ich schenkte dem Gesandten Allahs (s) einen Wildesel, doch er gab ihn mir wieder zurück. Als er meinen (enttäuschten) Gesichtsausdruck sah, sagte

---
[177] Wörtlich: er hat niemals "Uff!" gesagt.

حِمَاراً وَحْشِيّاً، فَرَدَّهُ عَلَيّ، فَلَمَّا رَأَى مَا فِي وَجْهِي قَالَ: «إِنَّا لَمْ نَرُدَّهُ عَلَيْكَ إِلَّا أَنَّا حُرُمٌ». متفقٌ عليه.

٦٢٤ - وعن النَّوَّاسِ بنِ سمعانَ رضيَ اللَّهُ عنه قال: سألتُ رسولَ اللَّهِ ﷺ عن البِرِّ والإثمِ فقالَ: «البِرُّ: حُسْنُ الخُلُقِ، والإثْمُ: مَا حَاكَ فِي نَفْسِكَ، وَكَرِهْتَ أَنْ يَطَّلِعَ عَلَيْهِ النَّاسُ». رواه مسلم.

٦٢٥ - وعن عبد الله بن عمرو بن العاص رضي الله عنهما قال: لم يكن رسولُ اللَّهِ ﷺ فَاحِشاً ولا مُتَفَحِّشاً. وكان يَقُولُ: «إِنَّ مِنْ خِيَارِكُمْ أَحْسَنَكُمْ أَخْلاقاً». متفقٌ عليه.

٦٢٦ - وعن أبي الدرداء رضي الله عنه: أن النبيَّ ﷺ قالَ: «ما مِنْ شَيْءٍ أَثْقَلُ فِي مِيزَانِ المُؤْمِنِ يَوْمَ القِيَامَةِ مِنْ حُسْنِ الخُلُقِ، وإنَّ اللَّهَ يُبْغِضُ الفَاحِشَ البَذِيَّ».
رواه الترمذي وقال: حديث حسن صحيح.

«البَذِيُّ»: هو الَّذِي يَتَكَلَّم بالفُحْشِ، ورديءِ الكلامِ.

٦٢٧ - وعن أبي هُريرة رضيَ الله عنه قال: سُئِلَ رسولُ اللَّهِ ﷺ عن أكثر مَا يُدْخِلُ النَّاسَ الجَنَّةَ؟ قال: «تَقْوَى اللَّهِ وَحُسْنُ الخُلُقِ» وَسُئِلَ عَنْ أَكْثَرِ مَا يُدْخِلُ النَّاسَ النَّارَ، فَقَالَ: «الْفَمُ وَالْفَرْجُ».

رواه الترمذي وقال: حديث حسن صحيح.

٦٢٨ - وعنه قال: قال رسول الله ﷺ: «أَكْمَلُ المُؤْمِنِينَ إِيْمَاناً أَحْسَنُهُمْ خُلُقاً، وَخِيَارُكُمْ خِيَارُكُمْ لِنِسَائِهِمْ».

رواه الترمذي وقال: حديث حسن صحيح.

1. Buch der Gebote

er: "Wir haben ihn nur zurückgegeben, weil wir das Pilgergewand angelegt haben."
(Al-Bukhâri und Muslim)

Hadith 624 ist eine Wiederholung von Hadith Nr. 593.

Hadith 625: Abdullâh ibn Amru ibn al-Âs (r) sagte: Der Gesandte Allahs (s) verhielt sich nie unanständig noch mochte er Schamlosigkeit. Er (s) pflegte zu sagen: "Die Besten von euch sind die, die sich am besten benehmen."
(Al-Bukhâri und Muslim)

Hadith 626: Abud-Dardâ' (r) überliefert, dass der Prophet (s) sagte: "Nichts wiegt am Tag des Gerichts in der Waagschale eines Gläubigen schwerer, als das gute Benehmen; denn Allah verabscheut denjenigen, der unanständig und schamlos ist."
(At-Tirmidhi)
Dies ist ein guter und gesunder Hadith (*hasan sahîh*).

Hadith 627: Abu Huraira (r) überliefert, dass man den Gesandten Allahs (s) fragte: "Welche Taten führen den Menschen meistens ins Paradies?" Er (s) antwortete: "Gottesfurcht und gutes Benehmen." Man fragte ihn (s) weiter: "Und welche Taten führen den Menschen meistens in das Höllenfeuer?" Daraufhin antwortete er (s): "Die mit dem Mund und den Geschlechtsteilen begangenen."
(At-Tirmidhi)
Dies ist ein guter und gesunder Hadith (*hasan sahîh*).

Hadith 628: Abu Huraira (r) überliefert, dass der Gesandte Allahs (s) sagte: "Unter den Gläubigen ist derjenige am vollkommensten im Glauben, der sich am besten benimmt, und die Besten unter euch sind diejenigen, die ihre Frauen am besten behandeln."
(At-Tirmidhi)
Dies ist ein guter und gesunder Hadith (*hasan sahîh*).

٦٢٩ ـ وعن عائشةَ رضيَ اللَّهُ عنها، قالت: سمعتُ رسولَ اللَّهِ ﷺ يقول: «إنَّ المؤمِنَ ليُدركُ بحُسنِ خُلقِهِ دَرجَةَ الصَّائمِ القائِمِ». رواه أبو داود.

٦٣٠ ـ وعن أبي أُمامَةَ الباهليِّ رضي الله عنه قال: قالَ رسولُ اللَّهِ ﷺ: «أنا زَعيمٌ ببَيْتٍ في ربَضِ الجَنَّةِ لِمَن تَرَكَ المِراءَ، وإن كانَ مُحقًّا، وبَبيْتٍ في وَسَطِ الجَنَّةِ لِمَن تَرَكَ الكَذِبَ، وإن كانَ مازِحاً، وبَبيْتٍ في أعلى الجَنَّةِ لِمَن حَسُنَ خُلقُهُ». حديث صحيح، رواه أبو داود بإسناد صحيح.

«الزَّعيمُ»: الضَّامنُ.

٦٣١ ـ وعن جابر رضي اللَّهُ عنه، أن رسولَ الله ﷺ قال: «إنَّ مِنْ أَحبِّكُم إليَّ، وأَقرَبِكُم منّي مَجلِساً يَوْمَ القِيامَةِ، أحاسِنَكُم أخلاقاً. وإنَّ أبْغَضَكُم إلَيَّ، وأبعَدَكُم مِنّي يَوْمَ القيَامَةِ، الثَّرثارُونَ والمُتَشدِّقُونَ والمُتَفَيهِقُونَ» قالوا: يا رسولَ اللَّهِ قد عَلِمنا «الثَّرثارُونَ والمُتَشَدِّقُونَ» فَمَا المُتَفَيهِقُونَ؟ قال: «المُتَكَبِّرُونَ». رواه الترمذي وقال: حديث حسن.

«الثَّرثارُ»: هو كثيرُ الكَلامِ تكلُّفاً. «والمُتَشَدِّقُ»: المُتَطاوِلُ على النَّاسِ بكَلامِهِ، ويَتَكلَّمُ بملءِ فيهِ تفاصُحاً وتَعظيماً لكَلامِهِ؛ «والمُتَفَيهِقُ»: أصلُهُ مِنَ الفَهْقِ، وهو الامتِلاءُ، وهُوَ الذي يَملأُ فَمَهُ بالكَلامِ، ويَتَوسَّعُ فيه، ويُغرِبُ به تَكبُّراً وارتِفاعاً، وإظهاراً للفَضيلَةِ على غَيرِهِ.

وروى التِّرمذيُّ عن عبدِ اللهِ بن المبارك رحمه الله في تفسيرِ حُسنِ الخُلقِ قال: هُوَ طَلاقَةُ الوَجهِ، وبَذَلُ المَعروفِ، وكَفُّ الأذى.

1. Buch der Gebote

Hadith 629: Es überliefert Âischa (r), dass sie den Gesandten Allahs (s) sagen hörte: "Durch das gute Benehmen kann ein Gläubiger die Stufe eines Fastenden und in der Nacht zum Gebet Aufstehenden erreichen."
(Abu Dâwûd)

Hadith 630: Abu Umâma al-Bâhili (r) berichtet, dass der Gesandte Allahs (s) sagte: "Ich bürge demjenigen für ein Haus am (Rande des) Paradieses, der Streit meidet, auch wenn er im Recht ist, und für ein Heim in der Mitte des Paradieses für jenen, der das Lügen aufgibt, selbst wenn er nur zum Spaß lügt, und für ein Heim am höchsten Platz des Paradieses für denjenigen, der sich gut benimmt."
(Abu Dâwûd)
Dies ist ein gesunder Hadith (*sahîh*).

Hadith 631: Dschâbir (r) überliefert, dass der Gesandte Allahs (s) sagte: "Diejenigen, die ich am stärksten liebe, und die am Tage des Gerichts mir auch am nächsten sind, sind diejenigen, die das beste Benehmen besitzen. Diejenigen dagegen, die ich am meisten verabscheue, und die den Tag des Gerichts von mir am weitesten entfernt sind, sind die Schwätzer und Großmäuler und die, die den Hals recken." Man fragte ihn: "Oh Gesandter Allahs, wir wissen schon, was Schwätzer und Großmäuler sind, aber wer sind die, die den Hals recken?" Er antwortete: "Die Hochmütigen."
At-Tirmidhi bestätigt diesen Hadith als gut (*hasan*) und erwähnt, dass Abdullâh ibn al-Mubârak (rA) in seiner Erklärung zu "bestem Benehmen" ausführt: dass man über sein Gesicht strahlt, Gutes tut und sich von Schlechtem fern hält.

١ - ٧٤ - باب الحلم والأناة والرفق

قال اللّٰهُ تعالى: ﴿وَالْكَاظِمِينَ الْغَيْظَ وَالْعَافِينَ عَنِ النَّاسِ وَاللَّهُ يُحِبُّ الْمُحْسِنِينَ﴾ [آل عمران: ١٣٤]. وقال تعالى: ﴿خُذِ الْعَفْوَ وَأْمُرْ بِالْعُرْفِ وَأَعْرِضْ عَنِ الْجَاهِلِينَ﴾ [الأعراف: ١٩٩]. وقال تعالى: ﴿وَلَا تَسْتَوِي الْحَسَنَةُ وَلَا السَّيِّئَةُ، ادْفَعْ بِالَّتِي هِيَ أَحْسَنُ، فَإِذَا الَّذِي بَيْنَكَ وَبَيْنَهُ عَدَاوَةٌ كَأَنَّهُ وَلِيٌّ حَمِيمٌ، وَمَا يُلَقَّاهَا إِلَّا الَّذِينَ صَبَرُوا وَمَا يُلَقَّاهَا إِلَّا ذُو حَظٍّ عَظِيمٍ﴾ [فصلت: ٣٤ - ٣٥]. وقال تعالى: ﴿وَلَمَنْ صَبَرَ وَغَفَرَ إِنَّ ذَٰلِكَ لَمِنْ عَزْمِ الْأُمُورِ﴾ [الشورى: ٤٣].

٦٣٢ - وعَن ابنِ عبَّاسٍ رضيَ اللَّهُ عنهُما قالَ: قالَ رسولُ اللَّهِ ﷺ لأشجِّ عبدِ القَيسِ: «إنَّ فِيكَ خَصْلَتَيْنِ يُحِبُّهُمَا اللَّهُ: الْحِلْمُ وَالأَنَاةُ». رواه مسلم.

٦٣٣ - وعن عائشة رضي الله عنها قالت: قال رسول الله ﷺ: «إِنَّ اللَّهَ رَفِيقٌ يُحِبُّ الرِّفْقَ فِي الأَمْرِ كُلِّهِ». متفق عليه.

٦٣٤ - وعنها أن النبي ﷺ قال: «أَنَّ اللَّهَ رَفِيقٌ يُحِبُّ الرِّفْقَ، وَيُعْطِي عَلَى الرِّفْقِ مَا لَا يُعْطِي عَلَى الْعُنْفِ وَمَا لَا يُعْطِي عَلَى مَا سِوَاهُ». رواه مسلم.

٦٣٥ - وعنها أن النبيَّ ﷺ قال: «إِنَّ الرِّفْقَ لَا يَكُونُ فِي شَيْءٍ إِلَّا زَانَهُ، وَلَا

1. Buch der Gebote

Kapitel 74
Sanftmut, Bescheidenheit und Güte

Qur'ân: Allah, der Erhabene, spricht:
"...und die ihre Wut bezähmen und den Menschen vergeben - und Allah liebt die, die Gutes tun." (3:134)
"Übe Nachsicht und gebiete Gutes und wende dich ab von den Törichten." (7:199)
"Gut und Böse sind nicht gleich. Wehre (das Böse) mit dem ab, was besser ist, und schon wird der, zwischen dem dir Feindschaft herrschte, wie ein guter Freund werden. Das wird aber nur denen gegeben, die geduldig sind; niemandem wird es gegeben als dem Besitzer innerer Größe." (41:34-35)
"Wer aber geduldig ist und verzeiht, dies ist fürwahr ein Zeichen fester Entschlossenheit." (42:43)

Hadith 632: Ibn Abbâs (r) erzählte, dass der Gesandte Allahs (s) zu Aschaddsch Abdul-Qais (r) sagte: "Du hast zwei Eigenschaften, die Allah, liebt: Großzügigkeit und Geduld."
(Muslim)

Hadith 633: Âischa (r) erzählte, dass der Gesandte Allahs (s) sagte: "Allah ist gütig. Er liebt die Güte in allen Dingen."
(Al-Bukhâri und Muslim)

Hadith 634: Âischa (r) überliefert, dass der Prophet (s) sagte: "Allah ist gütig und Er liebt die Güte und Er belohnt die Güte, womit Er Härte oder etwas anderes nie belohnen würde."
(Muslim)

Hadith 635: Âischa (r) überliefert auch, dass der Prophet (s) sagte: "Wo es Güte gibt, verschönert sie gewiss (ein Ding oder einen Menschen), und wo sie fortgenommen wird, zieht sie ihren Glanz mit sich fort."
(Muslim)

يُنْزَعُ مَنْ شَيْءٍ إلَّا شَانَهُ». رواه مسلم.

٦٣٦ - وعن أبي هريرة رضي الله عنه قال: بَالَ أَعْرَابِيٌّ في المسجدِ، فَقَامَ النَّاسُ إِلَيْهِ لِيَقَعُوا فيهِ، فقال النبي ﷺ: «دَعُوهُ وَأَرِيقُوا عَلَى بَوْلِهِ سَجْلًا مِنْ مَاءٍ، أَوْ ذَنُوباً مِنْ مَاءٍ، فَإِنَّمَا بُعِثْتُمْ مُيَسِّرِينَ وَلَمْ تُبْعَثُوا مُعَسِّرِينَ». رواه البخاري.

«السَّجْلُ» بفتح السين المهملة وإسكان الجيم: وهي الدَّلُو المُمْتَلِئَةُ مَاءً، وكَذلِكَ الذَّنُوبُ.

٦٣٧ - وعن أنس رضيَ اللَّهُ عنه، عن النبيِّ ﷺ قال: «يَسِّرُوا وَلَا تُعَسِّرُوا. وَبَشِّرُوا وَلَا تُنَفِّرُوا». متفقٌ عليه.

٦٣٨ - وعن جرير بن عبد الله رضي الله عنه قال: سمعتُ رسولَ اللَّهِ ﷺ يَقُولُ: «مَنْ يُحْرَمِ الرِّفْقَ يُحْرَمِ الخَيْرَ كُلَّهُ». رواه مسلم.

٦٣٩ - وعن أبي هريرة رضي الله عنه: أَنَّ رَجُلًا قال للنبيِّ ﷺ: أَوْصِني. قال: «لَا تَغْضَبْ» فَرَدَّدَ مِرَاراً، قال: «لَا تَغْضَبْ». رواه البخاري.

٦٤٠ - وعن أبي يَعلَى شدَّاد بن أوس رضي الله عنه، عن رسول الله ﷺ قال: «إِنَّ اللَّهَ كَتَبَ الإِحْسَانَ عَلَى كُلِّ شَيْءٍ، فإِذا قَتَلْتُمْ فَأَحْسِنُوا القِتْلَةَ، وَإِذَا ذَبَحْتُمْ فَأَحْسِنُوا الذِّبْحَةَ، وَلْيُحِدَّ أَحَدُكُم شَفْرَتَهُ، وَلْيُرِحْ ذَبِيحَتَهُ». رواه مسلم.

1. Buch der Gebote

Hadith 636: Abu Huraira (r) berichtet: Ein Araber vom Lande urinierte in der Moschee. Dies brachte die Anwesenden dermaßen auf, dass einige aufstanden, um ihn zu bestrafen. Da sprach der Prophet (s): "Lasst ihn, und gießt einen Eimer Wasser über den Urin; denn ihr seid beauftragt, die Dinge zu erleichtern und nicht sie zu erschweren!"
(Al-Bukhâri)

Hadith 637: Anas (r) überliefert, dass der Prophet (s) sagte: "Macht die Dinge leicht und nicht schwer. Und erfreut die Leute (mit froher Botschaft) und schreckt sie nicht ab."
(Al-Bukhâri und Muslim)

Hadith 638: Dscharîr ibn Abdullâh (r) sagte, dass er den Gesandten Allahs (s) sagen hörte: "Wer der keine Güte besitzt, hat nichts Gutes."
(Muslim)

Hadith 639 ist eine Wiederholung von Hadith Nr. 48.

Hadith 640: Abu Ya'lâ Schaddâd ibn Aus (r) berichtet, dass der Gesandte Allahs (s) sagte: "Allah hat vorgeschrieben, sich allem gegenüber wohlwollend zu verhalten. Wenn ihr also tötet, dann tötet gut, und wenn ihr schlachtet, dann schlachtet gut. Und (wenn ihr schlachtet) schärft euer Messer und quält nicht das Schlachttier."
(Muslim)

٦٤١ - وعن عائشة رضي الله عنها قالت: مَا خُيِّرَ رسولُ اللَّهِ ﷺ بَيْنَ أَمْرَيْنِ قَطُّ إِلَّا أَخَذَ أَيْسَرَهُمَا، مَا لَمْ يَكُنْ إِثْمًا، فَإِنْ كَانَ إِثْمًا، كَانَ أَبْعَدَ النَّاسِ مِنْهُ. وَمَا انْتَقَمَ رسولُ اللَّهِ ﷺ لِنَفْسِهِ فِي شَيْءٍ قَطُّ، إِلَّا أَنْ تُنْتَهَكَ حُرْمَةُ اللَّهِ، فَيَنْتَقِمَ بِهَا للهِ تعالى. متفقٌ عليه.

٦٤٢ - وعن ابن مسعود رضي الله عنه قال: قال رسولُ اللهِ ﷺ: «أَلَا أُخْبِرُكُمْ بِمَنْ يَحْرُمُ عَلَى النَّارِ، أَوْ بِمَنْ تَحْرُمُ عَلَيْهِ النَّارُ؟، تَحْرُمُ عَلَى كُلِّ قَرِيبٍ هَيِّنٍ لَيِّنٍ سَهْلٍ».

رواه الترمذي وقال: حديثٌ حسنٌ.

١ - ٧٥ - باب العفو والإعراض عن الجاهلين

قال الله تعالى: ﴿خُذِ الْعَفْوَ وَأْمُرْ بِالْعُرْفِ وَأَعْرِضْ عَنِ الْجَاهِلِينَ﴾ [الأعراف: ١٩٩]. وقال تعالى: ﴿فَاصْفَحِ الصَّفْحَ الْجَمِيلَ﴾ [الحجر: ٨٥]. وقال تعالى: ﴿وَلْيَعْفُوا وَلْيَصْفَحُوا، أَلَا تُحِبُّونَ أَنْ يَغْفِرَ اللَّهُ لَكُمْ﴾ [النور: ٢٢]. وقال تعالى: ﴿وَالْعَافِينَ عَنِ النَّاسِ وَاللَّهُ يُحِبُّ الْمُحْسِنِينَ﴾ [آل عمران: ١٣٤]. وقال تعالى: ﴿وَلَمَنْ صَبَرَ وَغَفَرَ إِنَّ ذَلِكَ لَمِنْ عَزْمِ الْأُمُورِ﴾ [الشورى: ٤٣]. والآيات في الباب كثيرة معلومة.

٦٤٣ - وعن عائشة رضي الله عنها، أنها قالت للنبي ﷺ: هل أتى عَلَيْكَ يَوْمٌ كَانَ أَشَدَّ مِنْ يَوْمِ أُحُدٍ؟ قال: «لَقَدْ لَقِيتُ مِنْ قَوْمِكِ، وَكَانَ أَشَدَّ مَا لَقِيتُ مِنْهُمْ يَوْمَ الْعَقَبَةِ، إِذْ عَرَضْتُ نَفْسِي عَلَى ابْنِ عَبْدِ يَا لِيلَ بْنِ عَبْدِ كُلَالٍ، فَلَمْ يُجِبْنِي إِلَى مَا

1. Buch der Gebote

Hadith 641: Âischa (r) erzählte: Immer wenn der Gesandte Allahs (s) zwischen zwei Alternativen wählen konnte, entschied er sich für die leichtere, solange es keine Sünde war. Wenn es jedoch eine Sünde war, so war er derjenige, der sich davon am weitesten entfernt hielt. Der Gesandte Allahs (s) trachtete auch nie nach Rache für eine persönliche Angelegenheit, außer wenn ein Befehl Allahs missachtet wurde, und in einem solchen Fall strebte er nach Vergeltung um Allahs willen.
(Al-Bukhâri und Muslim)

Hadith 642: Ibn Mas'ûd (r) berichtet, dass der Gesandte Allahs (s) sagte: "Soll ich euch nicht denjenigen nennen, dem das Feuer verwehrt ist, oder für den das Höllenfeuer verboten ist? Es ist demjenigen verwehrt, der bescheiden, sanftmütig und freundlich ist."
(At-Tirmidhi)
Dies ist ein guter Hadith (*hasan*).

Kapitel 75
Verzeihung und sich von Unwissenden abzuwenden

Qur'ân: Allah, der Erhabene, spricht:
"Übe Nachsicht und gebiete Gutes und wende dich ab von den Törichten." (7:199)
"So übe dich in angemessener Nachsicht." (15:85)
"Vielmehr sollen sie vergeben und Abstand davon nehmen. Wollt ihr denn nicht, dass Allah euch verzeiht?.." (24:22)
"...und die ihre Wut bezähmen und den Menschen vergeben - und Allah liebt die, die Gutes tun." (3:134)
"Wer aber geduldig ist und verzeiht, dies ist fürwahr ein Zeichen fester Entschlossenheit." (42:43)
Die Vergebung wird im Qur'ân in vielen seiner Verse betont.

Hadith 643: Âischa (r) erzählte, dass sie eines Tages den Propheten (s) fragte: "Gab es für dich (jemals) einen schlimmeren Tag als den Tag (der Schlacht) von Uhud?" Er antwortete: "Ich habe von deinem Volk

أَرَدْتُ، فَانْطَلَقْتُ وَأَنَا مَهْمُومٌ عَلَى وَجْهِي، فَلَمْ أَسْتَفِقْ إِلَّا وَأَنَا بِقَرْنِ الثَّعَالِبِ، فَرَفَعْتُ رَأْسِي، فَإِذَا أَنَا بِسَحَابَةٍ قَدْ أَظَلَّتْنِي. فَنَظَرْتُ فَإِذَا فِيهَا جِبْرِيلُ عَلَيْهِ السلام، فَنَادَانِي فَقَالَ: إِنَّ اللَّهَ تَعَالَى قَدْ سَمِعَ قَوْلَ قَوْمِكَ لَكَ، وَمَا رَدُّوا عَلَيْكَ، وَقَدْ بَعَثَ اللَّهُ إِلَيْكَ مَلَكَ الْجِبَالِ لِتَأْمُرَهُ بِمَا شِئْتَ فِيهِمْ، فَنَادَانِي مَلَكُ الْجِبَالِ، فَسَلَّمَ عَلَيَّ ثُمَّ قَالَ: يَا مُحَمَّدُ إِنَّ اللَّهَ قَدْ سَمِعَ قَوْلَ قَوْمِكَ لَكَ، وَأَنَا مَلَكُ الْجِبَالِ، وَقَدْ بَعَثَنِي رَبِّي إِلَيْكَ لِتَأْمُرَنِي بِأَمْرِكَ، فَمَا شِئْتَ؟ إِنْ شِئْتَ أَطْبَقْتُ عَلَيْهِمُ الْأَخْشَبَيْنِ» فقال النبي ﷺ: «بَلْ أَرْجُو أَنْ يُخْرِجَ اللَّهُ مِنْ أَصْلَابِهِمْ مَنْ يَعْبُدُ اللَّهَ وَحْدَهُ لَا يُشْرِكُ بِهِ شَيْئاً». متفقٌ عليه.

«الأَخْشَبَانِ»: الجَبَلَانِ المُحِيطَانِ بمكَّة.. والأَخْشَبُ: هو الجَبَل الغليظ.

٦٤٤ - وعنها قالت: مَا ضَرَبَ رسولُ اللَّهِ ﷺ قَطُّ بِيَدِهِ، وَلَا امْرَأَةً وَلَا خَادِماً، إِلَّا أَنْ يُجَاهِدَ فِي سَبِيلِ اللَّهِ، وَمَا نِيلَ مِنْهُ شَيْءٌ قَطُّ فَيَنْتَقِمَ مِنْ صَاحِبِهِ، إِلَّا أَنْ يُنْتَهَكَ شَيْءٌ مِنْ مَحَارِمِ اللَّهِ تَعَالَى، فَيَنْتَقِمَ لِلَّهِ تَعَالَى. رواه مسلم.

٦٤٥ - وعن أنسٍ رضي الله عنه قال: كُنْتُ أَمْشِي مَعَ رسولِ اللَّهِ ﷺ، وعليه بُرْدٌ نَجْرَانِيٌّ غَلِيظُ الحَاشِيَةِ، فَأَدْرَكَهُ أَعْرَابِيٌّ، فَجَبَذَهُ بِرِدَائِهِ جَبْذَةً شَدِيدَةً، فَنَظَرْتُ إِلَى صَفْحَةِ عَاتِقِ النَّبِيِّ ﷺ، وَقَدْ أَثَّرَتْ بِهَا حَاشِيَةُ الرِّدَاءِ مِنْ شِدَّةِ جَبْذَتِهِ، ثُمَّ قَالَ:

1. Buch der Gebote

Schlimmes erlebt, und das schlimmste, was ich von ihnen erlebt habe, war am Tag von Aqaba. An diesem Tag stellte ich mich Ibn Abd Yâlîl ibn Abd Kulâl vor (und bot ihm den Islam an). Doch er versagte sich dem, was ich ihm angeboten hatte. So ging ich schweren Herzens davon und kam erst wieder zu Sinnen, als ich am Tha'âlib-Gipfel[178] angekommen war. Dort blickte ich empor und sah eine Wolke, die mich bedeckte. In dieser Wolke erkannte ich den Engel Gabriel (as), der mich rief und sprach: "Siehe, Allah, der Erhabene, hat gehört, was dein Volk zu dir gesagt hat und seine Antwort (auf dein Angebot). Allah hat jetzt den Engel der Berge zu dir gesandt, dass du ihm befehlen mögest, was du willst, dass man mit ihnen tun solle." Dann rief mich der Engel der Berge, erbot mir den Friedensgruß und sagte: "Oh Muhammad! Allah hat gehört, was deine Leute zu dir gesagt haben. Ich bin der Engel der Berge, und mein Herr hat mich zu dir gesandt, deine Befehle auszuführen. Was möchtest du jetzt, dass es getan werde? Wenn du magst, werfe ich die beiden Berge[179] auf sie nieder." Der Prophet (s) sagte: "Ich hoffe vielmehr, dass Allah von ihren Nachkommen (gute Muslime) hervorbringt, die Allah allein dienen und Ihm nichts beizugesellen."
(Al-Bukhâri und Muslim)

Hadith 644: Âischa (r) erzählte, dass der Gesandte Allahs (s) niemals eine Frau oder einen Sklaven mit der Hand schlug, es sei denn, er kämpfte auf dem Weg Allahs. Und er rächte sich niemals, auch wenn man ihm Schaden zufügte, außer wenn die Gebote Allahs, des Erhabenen, missachtet wurden; dann strebte er nach Vergeltung um Allahs, des Erhabenen, willen."
(Muslim)

Hadith 645: Anas (r) berichtet, dass er einmal mit dem Propheten (s) unterwegs war, wobei der Prophet (s) ein Gewand aus Nadschrân, welches einen steifen, rauhen Saum hatte, trug. Da kam ein Araber vom Lande und zog ihn fest am Gewand, so dass ich an den Schultern des Propheten (s) Spuren des Saumes sah, die durch das feste Ziehen entstanden waren.

---

[178] Dieser Berggipfel befindet sich etwa eine Tagesreise von Mekka entfernt.
[179] Mit den beiden Bergen sind die Berge gemeint, die die Stadt Mekka umgeben.

يا مُحَمَّدُ مُرْ لي مِنْ مالِ اللَّهِ الَّذي عِنْدَكَ، فالتَفَتَ إليه رسولُ اللَّهِ ﷺ، فَضَحِكَ، ثُمَّ أَمَرَ لَهُ بِعَطَاءٍ. متفقٌ عليه.

٦٤٦ - وعن ابن مسعود رضي الله عنه قال: كَأَنِّي أَنْظُرُ إلى رسولِ اللَّهِ ﷺ يَحكي نَبِيًّا مِنَ الأنبياءِ - صَلَوَاتُ اللَّهِ وسَلَامُه عَلَيهِم - ضَرَبَهُ قَومُهُ فَأَدْمَوهُ، وَهُوَ يَمسَحُ الدَّمَ عَنْ وَجهِهِ، ويقول: «رَبِّ اغفِر لِقَومي فَإِنَّهُم لا يَعلَمُونَ». متفقٌ عليه.

٦٤٧ - وعن أبي هريرة رضي الله عنه، أن رسول الله ﷺ قال: «لَيسَ الشَّديدُ بالصُّرَعَةِ، إِنَّما الشَّديدُ الَّذي يَملِكُ نَفسَهُ عِنْدَ الغَضَبِ». متفقٌ عليه.

١ - ٧٦ - باب احتمال الأذى

قال الله تعالى: ﴿وَالْكَاظِمِينَ الْغَيْظَ وَالْعَافِينَ عَنِ النَّاسِ وَاللَّهُ يُحِبُّ الْمُحْسِنِينَ﴾ [آل عمران: ١٣٤]. وقال تعالى: ﴿وَلَمَنْ صَبَرَ وَغَفَرَ إِنَّ ذَٰلِكَ لَمِنْ عَزْمِ الْأُمُورِ﴾ [الشورى: ٤٣]. وفي الباب: الأحاديث السابقة في الباب قبله.

٦٤٨ - وعن أبي هريرة رضي الله عنه أن رجلًا قال: يا رسولَ اللَّهِ، إنَّ لي قَرَابَةً أَصِلُهُم وَيَقْطَعُوني، وَأُحْسِنُ إلَيهِم ويُسِيئُونَ إلَيَّ، وأحْلُمُ عَنهم ويَجهَلُونَ عَلَيَّ! فقال: «لَئِنْ كُنتَ كَمَا قُلْتَ فَكَأَنَّمَا تُسِفُّهُم المَلَّ، ولا يَزالُ مَعَكَ مِنَ اللَّهِ تعالى ظَهيرٌ عَلَيهِم ما دُمتَ على ذلِكَ». رواه مسلم. وقد سَبَقَ شَرحُه في «بابِ صلةِ الأرحامِ».

1. Buch der Gebote

Schließlich sagte er: "Oh Muhammad! Lass mir etwas von dem Geld Allahs geben, welches du bei dir hast!" Der Prophet (s) wendete sich dem Mann zu, lächelte, und ordnete an, ihm etwas zu geben."
(Al-Bukhâri und Muslim)

Hadith 646: Ibn Mas'ûd (r) erzählte: Es ist, als ob ich den Gesandten Allahs (s) vor mir sähe, als er von einem der Propheten (as) erzählte, wie sein Volk ihn schlug, bis er blutete, und er wischte sich das Blut aus dem Gesicht und sagte: "Oh Allah, vergib meinem Volk, denn sie sind unwissend."
(Al-Bukhâri und Muslim)

Hadith 647 ist eine Wiederholung von Nr. 45.

Kapitel 76
Ertragen von Leid

Qur'ân: Allah, der Erhabene, spricht:
"...und die ihre Wut bezähmen und den Menschen vergeben - und Allah liebt die, die Gutes tun." (3:134)
"Wer aber geduldig ist und verzeiht, dies ist fürwahr ein Zeichen fester Entschlossenheit." (42:43)

Hadithe zu diesem Thema finden sich im voranstehenden Kapitel.

Hadith 648 ist eine Wiederholung von Hadith Nr. 318.

١ - ٧٧ - باب الغضب إذا انتهكت حرمات الشرع والانتصار لدين الله تعالى

قال اللَّهُ تعالى: ﴿وَمَن يُعَظِّمْ حُرُمَاتِ اللَّهِ فَهُوَ خَيْرٌ لَّهُ عِندَ رَبِّهِ﴾ [الحج: ٣٠]. وقال تعالى: ﴿إِن تَنصُرُوا اللَّهَ يَنصُرْكُمْ وَيُثَبِّتْ أَقْدَامَكُمْ﴾ [محمد: ٧]. وفي الباب حديث عائشة السابق في باب العفو.

٦٤٩ - وعن أبي مسعود عقبة بن عمرو البدريِّ رضي الله عنه قال: جاءَ رَجُلٌ إلى النبيِّ ﷺ، فقال: إني لأَتَأَخَّرُ عَنْ صَلاةِ الصُّبحِ مِنْ أَجْلِ فلانٍ مِمَّا يُطِيلُ بِنَا! فَمَا رَأَيْتُ النَّبِيَّ ﷺ غَضِبَ في مَوْعِظَةٍ قَطُّ أَشَدَّ مِمَّا غَضِبَ يَوْمَئِذٍ، فقال: «يَا أَيُّهَا النَّاسُ: إنَّ مِنْكُمْ مُنَفِّرِينَ. فَأَيُّكُمْ أَمَّ النَّاسَ فَلْيُوجِزْ؛ فإنَّ مِنْ وَرَائِهِ الكَبيرَ والضَّعيفَ وَذا الحَاجَةِ». متفقٌ عليه.

٦٥٠ - وعن عائشة رضي الله عنها قالت: قَدِمَ رسولُ اللَّهِ ﷺ مِنْ سَفَرٍ، وقَدْ سَتَرْتُ سَهْوَةً لي بِقِرامٍ فيه تَمَاثِيلُ، فَلَمَّا رَآهُ رسولُ اللَّهِ ﷺ هَتَكَهُ وتَلَوَّنَ وجهُهُ وقَال: «يَا عَائِشَةُ: أَشَدُّ النَّاسِ عَذاباً عِنْدَ اللَّهِ يَوْمَ القيامَةِ الَّذينَ يُضَاهُونَ بِخَلْقِ اللَّهِ». متفقٌ عليه.

«السَّهْوَةُ»: كالصُّفَّةِ تَكُونُ بين يدي البيت. و«القِرام» بكسر القاف ستر رقيق، و«هتكه»: أفسد الصورة التي فيه.

٦٥١ - وعنها: أَنَّ قريشاً أَهَمَّهُمْ شَأْنُ المَرْأَةِ المَخْزُومِيَّةِ التي سَرَقَتْ فقالوا: من يُكَلِّمُ فيها رسولَ اللَّهِ ﷺ؟ فقالوا: مَنْ يَجْتَرِىءُ عَلَيْهِ إلا أُسَامَةُ بنُ زَيْدٍ حِبُّ

1. Buch der Gebote

Kapitel 77
Unwille über Missbrauch der Unverletzlichkeit religiöser Gesetze und Triumph der Religion Allahs

Qur'ân: Allah, der Erhabene, spricht:
"Und wer immer die geheiligten Riten Allahs in Ehren hält, so ist es gut für ihn vor seinem Herrn.." (22:30)
"Wenn ihr Allah helft, dann wird (auch) Er euch helfen und eure Schritte festigen." (47:7)

Hadith 649: Abu Mas'ûd Uqba ibn Amru al-Badri (r) berichtet, dass ein Mann zum Propheten (s) kam und sagte: "Ich komme zum Morgengebet zu spät, nur wegen dem und dem, der das Gebet zu sehr in die Länge zieht." Nie sah ich den Propheten (s) in einer Ansprache so wütend, wie an diesem Tag. Er (s) sprach: "Oh ihr Menschen! Unter euch sind solche, die die anderen abschrecken. Wer von euch das Gebet leitet, soll sich kurz fassen, denn hinter ihm betet der Ältere und der Jüngere, und derjenige, der sein Geschäft zu erledigen hat."
(Al-Bukhâri und Muslim)

Hadith 650: Âischa (r) erzählte, dass der Gesandte Allahs (s) von einer Reise zurückkam, als sie eine Nische in ihrer Wohnung mit einem dünnen Vorhang, der mit Bildern verziert war, verhängt hatte. Als er (s) diesen sah, zerriss er ihn[180], und man konnte ihm seine Wut ansehen. Er sagte: "Oh Âischa! Wer die Allahs Schöpfung Allahs zu imitieren sucht, wird am Tag des Gerichts bei denjenigen sein, die von Allah am härtesten bestraft werden."
(Al-Bukhâri und Muslim)

Hadith 651: Âischa (r) berichtet, dass die Quraisch um die Frau aus dem Makhzûm-Stamm, die gestohlen hatte, sehr besorgt waren. Sie sagten: "Wer kann wohl für sie beim Gesandten Allahs vorsprechen?" Man sagte: "Wenn jemand bei ihm vorsprechen kann, dann Usâma ibn Zaid (r), der Liebling des Propheten (s)." So trug Usâma ihm (s) den Fall vor. Da

---

[180] Eigentlich: machte er die Bilder unkenntlich.

رسولِ اللهِ ﷺ؟ فكَلَّمَهُ أُسَامَةُ؛ فقال رسول اللهِ ﷺ: «أَتَشْفَعُ في حَدٍّ مِن حُدُودِ اللهِ تعالى؟!» ثم قام فَاخْتَطَبَ ثم قال: «إِنَّمَا أَهْلَكَ مَن قَبْلَكُم أَنَّهُم كانُوا إذَا سَرَقَ فِيهِمُ الشَّرِيفُ تَرَكُوهُ، وإذا سَرَقَ فيهم الضَّعِيفُ أَقامُوا عليهِ الحَدَّ! وَايْمُ الله، لو أَنَّ فاطِمَةَ بنتَ محمدٍ سَرَقَت لَقَطَعْتُ يَدَها». متفقٌ عليه.

٦٥٢ - وعن أنسٍ رضي الله عنه: أن النبي ﷺ رأى نُخَامَةً في القِبْلَةِ، فشقَّ ذلِكَ عَلَيهِ حتَّى رُؤِيَ في وَجهه، فقامَ فَحَكَّهُ بيَدِه فقال: «إن أحَدَكم إذَا قَامَ في صَلاتِه فَإِنَّهُ يُنَاجي رَبَّه، وإنَّ رَبَّهُ بَيْنهُ وَبَينَ القِبْلَةِ، فَلا يَبْزُقَنَّ أَحَدُكم قِبَلَ القِبْلَةِ، ولَكِنْ عَنْ يَسارِهِ، أَو تَحتَ قَدَمِهِ» ثُمَّ أخَذَ طَرَفَ رِدائِهِ فَبَصَقَ فِيهِ، ثُمَّ رَدَّ بَعضَهُ على بَعضٍ فقال: «أَوْ يَفْعَلُ هٰكَذَا». متفقٌ عليه.

والأمرُ بالبُصاقِ عَنْ يَسَارِهِ أو تَحْتَ قَدَمِهِ هُوَ فيما إذا كانَ في غَيرِ المَسجِدِ، فَأَمَّا في المَسجِدِ فَلا يَبْصُقُ إلَّا في ثوبِهِ.

١ - ٧٨ - باب أمر وُلاة الأمور بالرفق برعاياهم ونصيحتهم والشفقة عليهم والنهي عن غشهم والتشديد عليهم وإهمال مصالحهم والغفلة عنهم وعن حوائجهم

قال الله تعالى: ﴿وَاخْفِضْ جَنَاحَكَ لِمَنِ اتَّبَعَكَ مِنَ الْمُؤْمِنِينَ﴾ [الشعراء: ٢١٥].

وقال تعالى: ﴿إِنَّ اللَّهَ يَأْمُرُ بِالْعَدْلِ وَالْإِحْسَانِ وَإِيتَاءِ ذِي الْقُرْبَىٰ وَيَنْهَىٰ عَنِ الْفَحْشَاءِ وَالْمُنكَرِ وَالْبَغْيِ يَعِظُكُمْ لَعَلَّكُمْ تَذَكَّرُونَ﴾ [النحل: ٩٠].

1. Buch der Gebote

sprach der Gesandte Allahs (s): "Du legst Fürsprache ein in einem Fall, dessen Bestrafung von Allah, dem Erhabenen, vorgeschrieben wurde?!" Dann stand er auf und hielt folgende Ansprache: "Die Leute, die vor euch waren, wurden vernichtet, weil sie den Angesehenen von ihnen, wenn er gestohlen hatte, straffrei ausgehen ließen, aber an dem Schwachen, wenn er gestohlen hatte, das Gesetz vollzogen. Bei Allah, wenn Fâtima, die Tochter Muhammads, stiehlt, werde ich ihre Hand abschlagen lassen."
(Al-Bukhâri und Muslim)

Hadith 652: Anas (r) berichtet, dass der Prophet (s) eines Tages bemerkte, dass (in der Moschee) jemand in die Gebetsrichtung gespuckt hatte. Er war sehr betrübt, was man deutlich an seinem Gesicht sehen konnte. Er stand auf und wischte es mit seiner Hand fort. Dann sagte er: "Wenn einer von euch im Gebet steht, um seinen Herrn (Allah) anzurufen, dann wird sein Herr zwischen ihm und der Gebetsrichtung sein. Unterlasst es daher, in Gebetsrichtung zu spucken, höchsten auf eure linke Seite oder unter die Füße." Dann nahm er einen Zipfel seines Mantel, spuckte hinein, nahm ihn zusammen und sagte: "Oder macht es so."
(Al-Bukhâri und Muslim)
Was das Spucken zur Linken oder unter die Füße betrifft, so ist dies nur außerhalb der Moschee gestattet. In der Moschee soll man höchstens in seine Kleidung (oder ein Taschentuch) spucken.

Kapitel 78
Pflicht der maßgeblichen Persönlichkeiten, gütig zu den Leuten, für die sie Verantwortung tragen, zu sein, sie um Rat zu fragen und Mitgefühl zu zeigen, sowie Verbot sie zu betrügen, hart zu ihnen zu sein, ihre Interessen zu vernachlässigen

Qur'ân: Allah, der Erhabene, spricht:
"Und senke deine Fittiche über die, die dir folgen unter den Gläubigen..." (26:215)
"Wahrlich, Allah gebietet, Gerechtigkeit zu üben und Gutes zu tun und Freigebigkeit gegen den Verwandten, und Er verbietet Abscheulichkeit und Unrecht und Ungehorsam. So lehrt Er euch, auf dass ihr ermahnt werden möget." (16:90)

٦٥٣ - وعن ابن عمر رضي الله عنهما قال: سمعت رسولَ اللَّهِ ﷺ يقول: «كُلُّكُم رَاعٍ، وكُلُّكُم مَسؤولٌ عَنْ رَعِيَّتِهِ: الإمامُ راعٍ وَمَسؤُولٌ عَنْ رَعِيَّتِهِ، وَالرَّجُلُ رَاعٍ في أَهْلِهِ وَمَسؤُولٌ عَنْ رَعِيَّتِهِ، وَالمَرْأَةُ رَاعِيةٌ في بَيْتِ زَوجِها وَمَسؤُولةٌ عَنْ رَعِيَّتِهَا، وَالخادِمُ رَاعٍ في مالِ سَيِّدِهِ وَمَسؤُولٌ عَنْ رَعِيَّتِهِ، وَكُلُّكُم رَاعٍ وَمَسؤولٌ عَنْ رَعِيَّتِهِ». متفقٌ عليه.

٦٥٤ - وعن أبي يَعْلى مَعْقِلِ بنِ يَسَارٍ رضي الله عنه قال: سمعتُ رسولَ اللَّهِ ﷺ يقول: «ما مِن عَبْدٍ يَسْتَرعِيهِ اللَّهُ رَعِيَّةً، يَمُوتُ يَوْمَ يَمُوتُ وَهُوَ غَاشٌّ لِرَعِيَّتِهِ، إلَّا حَرَّمَ اللَّهُ عَلَيهِ الجَنَّةَ». متفقٌ عليه.

وفي روايةٍ: «فَلَم يَحُطْهَا بِنُصْحِهِ لَم يَجِد رَائحَةَ الجَنَّةِ».

وفي روايةٍ لمسلم: «ما مِن أميرٍ يَلي أمورَ المُسلِمِينَ، ثُمَّ لا يَجْهَدُ لَهُم، ويَنصَحُ لَهُم، إلَّا لَم يَدخُل مَعَهُم الجَنَّةَ..

٦٥٥ - وعن عائشة رضي الله عنها قالت: سمعت رسول الله ﷺ يقول في بَيْتي هٰذَا: «اللَّهُمَّ مَن وَلِيَ مِن أمرِ أُمَّتي شَيْئاً، فَشَقَّ عَلَيهِم، فَاشقُق عليه، وَمَن وَلِيَ مِن أمرِ أُمَّتي شَيْئاً، فَرَفَقَ بِهِم، فَارفُق بِهِ». رواه مسلم.

٦٥٦ - وعن أبي هريرة رضي الله عنه قال: قالَ رسولُ اللَّهِ ﷺ: «كَانَت بَنُو إسرائيلَ تَسُوسُهُم الأَنبِياءُ، كُلَّمَا هَلَكَ نَبِيٌّ خَلَفَهُ نَبِيٌّ، وَإِنَّهُ لا نَبِيَّ بَعْدِي، وَسَيَكُونُ

1. Buch der Gebote

Hadith 653 ist eine Wiederholung von Hadith Nr. 285.

Hadith 654: Abu Ya'lâ Ma'qil ibn Yasâr (r) berichtet: Ich habe den Gesandten Allahs (s) sagen hören: "Jeder, der von Allah als Hüter über andere eingesetzt wurde (für deren Versorgung er verantwortlich ist) und der sie, wenn er stirbt, betrogen hat, dem hat Allah das Paradies verwehrt." (Al-Bukhâri und Muslim)

Eine andere Version lautet: "...und der seiner Verantwortung nicht mit Rat und Tat nachgekommen ist, wird den Geruch des Paradieses nicht genießen."

Und in der Version bei Muslim heißt es: "Jemand, der mit einer Angelegenheit der Muslime betraut wurde, und er setzt sich nicht dafür ein und rät ihnen nicht, wird nicht mit ihnen ins Paradies eintreten."

Hadith 655: Âischa (r) berichtet: Ich habe den Gesandten Allahs (s) in meiner Wohnung sagen hören: "Oh Allah! Ich bitte Dich, dass Du mit demjenigen, der in meiner Gemeinde (*Umma*) Verantwortung für etwas übernommen hat und der hart mit ihr verfährt, auch hart verfährst, und zu demjenigen, der freundlich zu ihnen ist, auch freundlich bist."
(Muslim)

Hadith 656: Abu Huraira (r) berichtet, dass der Gesandte Allahs (s) sagte: "Das Volk Israel wurde von Propheten regiert. Jedesmal, wenn ein Prophet starb, folgte ihm ein anderer nach. Und gewiss wird es keinen Propheten nach mir geben; aber nach mir wird es viele Kalifen geben." Man fragte ihn: "Oh Gesandter Allahs, was rätst du uns?" Er sagte: "Verhaltet euch nach der Huldigung loyal, und zwar zu einem nach dem

بَعْدِي خُلَفَاءُ فَيَكْثُرُونَ» قالوا: يا رسولَ اللَّهِ فَمَا تَأْمُرُنَا؟ قال: «أَوْفُوا بِبَيْعَةِ الأَوَّلِ فالأَوَّلِ، ثُمَّ أعطُوهُم حقَّهُم، واسأَلوا اللَّهَ الَّذِي لَكُم، فإِنَّ اللَّهَ سَائِلُهُم عَمَّا استَرعاهُم». متفقٌ عليه.

٦٥٧ - وعن عائذ بن عمرو رضي الله عنه، أنَّه دَخَلَ على عُبَيْدِ اللَّهِ بن زِيَادٍ، فقال له: أَيْ بُنَيَّ، إني سَمِعْتُ رسولَ اللَّهِ ﷺ يقول: «إنَّ شَرَّ الرِّعَاءِ الحُطَمَةُ» فإيَّاكَ أن تَكُونَ مِنْهُم. متفقٌ عليه.

٦٥٨ - وعن أبي مَريمَ الأزديِّ رضي الله عنه، أنه قال لِمُعَاوِيَةَ رضي الله عنه: سَمِعتُ رسولَ اللَّهِ ﷺ يقول: «مَن وَلَّاهُ اللَّهُ شَيئاً مِن أمورِ المُسلِمِينَ، فَاحتَجَبَ دُونَ حَاجَتِهِم وخَلَّتِهِم وفقرِهِم، احتَجَبَ اللَّهُ عَنْهُ دُونَ حَاجَتِهِ وخَلَّتِهِ وفَقرِهِ يَومَ القِيَامَةِ» فَجَعَلَ مُعَاوِيَةُ رجُلاً على حَوَائِجِ النَّاسِ. رواه أبو داود، والترمذي.

١ - ٧٩ - باب الوالي العادل

قال الله تعالى: ﴿إِنَّ اللَّهَ يَأْمُرُ بِالْعَدْلِ وَالْإِحْسَانِ﴾ [النحل: ٩٠]. وقال تعالى: ﴿وَأَقْسِطُوا إِنَّ اللَّهَ يُحِبُّ الْمُقْسِطِينَ﴾ [الحجرات: ٩].

٦٥٩ - وعن أبي هريرة رضي الله عنه، عن النبي ﷺ قال: «سَبْعَةٌ يُظِلُّهُمُ اللَّهُ في ظِلِّهِ يَومَ لا ظِلَّ إلاَّ ظِلُّهُ: الإمَامُ العَادِلُ، وشَابٌّ نَشَأَ في عِبَادَةِ اللَّهِ تَعَالَى، وَرَجُلٌ قَلبُهُ مُعَلَّقٌ في المَسَاجِدِ، وَرَجُلانِ تَحَابَّا في اللَّهِ، اجتَمَعا عليهِ، وتَفَرَّقا عَلَيهِ، ورجُلٌ دَعَتهُ امرأَةٌ ذَاتُ مَنصِبٍ وجَمالٍ، فَقَالَ: إنِّي أَخَافُ اللَّهَ، وَرَجُلٌ تَصَدَّقَ بِصَدَقَةٍ، فَأخفَاهَا حَتَّى لا تَعْلَمَ شِمَالُهُ مَا تُنفِقُ يَمِينُهُ، وَرَجُلٌ ذَكَرَ اللَّهَ خَالِياً فَفَاضَت عَينَاهُ». متفقٌ عليه.

٦٦٠ - وعن عبدِ الله بنِ عمرِو بنِ العاصِ رضي اللَّهُ عنهما قال: قال

1. Buch der Gebote

anderen, und gebt ihnen, was ihnen zusteht, und wendet euch an Allah, Der mit euch ist, denn Allah wird sie gewiss für das was ihnen anvertraut wurde, zur Rechenschaft ziehen."
(Al-Bukhâri und Muslim)

Hadith 657 ist eine Wiederholung von Hadith Nr. 194.

Hadith 658: Abu Maryam al-Azdi (r) berichtet, dass er Mu'âwiya erzählte: Ich hörte den Gesandten Allahs (s) sagen: "Jeden, dem Allah für eine Angelegenheit der Muslime Verantwortung überträgt, und der es versäumt, sich um ihre Bedürfnisse zu kümmern, ihre Armut und Not zu lindern, den wird Allah am Tage des Gerichts mit seinen Bedürfnissen, seiner Armut und Not alleine lassen." Mu'âwiya beauftragte daraufhin einen Mann, sich um die Bedürfnissen der Leute zu kümmern.
(Abu Dâwûd und At-Tirmidhi)

Kapitel 79
Der gerechte Herrscher

Qur'ân: Allah, der Erhabene, spricht:
"Wahrlich, Allah gebietet, Gerechtigkeit zu üben und Gutes zu tun..." (16:90)[181]
"Und seid gerecht. Wahrlich, Allah liebt die, die gerecht handeln." (49:9)

Hadith 659 ist eine Wiederholung von Hadith Nr. 376.

---

[181] Seit dem Kalifat von Umar ibn Abdur-Rahmân (717-720 n.Chr.) ist dieser Qur'ânvers auch Bestandteil jeder Freitagsansprache.

رسولُ اللهِ ﷺ: «إنَّ المُقْسِطِينَ، عِنْدَ اللهِ، عَلَى مَنَابِرَ مِنْ نُورٍ عَنْ يمينِ الرَّحْمٰنِ عَزَّ وَجَلَّ، وكِلْتَا يَدَيْهِ يَمِين؟: الَّذِينَ يَعْدِلُونَ في حُكْمِهِمْ وأهْلِيهمْ وَمَا وَلُّوا». رواه مسلم.

٦٦١ - وعن عَوفِ بنِ مَالِكٍ رَضِيَ اللَّهُ عنه قال: سَمِعْتُ رَسُولَ اللَّهِ ﷺ يقول: «خِيَارُ أَئِمَّتِكُمُ الَّذِينَ تُحِبُّونَهُمْ وَيُحِبُّونَكُمْ، وَتُصَلُّونَ عَلَيهِمْ وَيُصَلُّونَ عَلَيْكُمْ، وَشِرَارُ أَئِمَّتِكُمُ الَّذِينَ تُبْغِضُونَهم وَيُبْغِضُونَكُمْ، وتَلْعَنُونَهُمْ ويَلْعَنُونَكُمْ» قالَ: قُلْنَا يَا رَسُولَ اللهِ، أفَلَا نُنَابِذُهُمْ بِالسَّيْفِ؟ قالَ: «لَا، مَا أَقَامُوا فِيكُمُ الصَّلَاةَ، لَا، مَا أَقَامُوا فِيكُمُ الصَّلَاةَ وَإِذَا رَأَيْتُمْ مِنْ وُلَاتِكُمْ شَيْئاً تَكْرَهُونَهُ، فَاكْرَهُوا عَمَلَهُ، وَلَا تَنْزِعُوا يَداً مِنْ طَاعَةٍ». رواه مسلم.

قوله: «تُصَلُّونَ عَلَيْهِمْ»: تَدْعُونَ لَهُمْ.

٦٦٢ - وعن عِياضِ بنِ حِمارٍ رَضِيَ اللَّهُ عَنْهُ قالَ: سَمِعْتُ رَسُولَ اللَّهِ ﷺ يقول: «أَهْلُ الجَنَّةِ ثَلَاثَةٌ: ذُو سُلْطَانٍ مُقْسِطٌ مُتَصَدِّقٌ مُوَفَّقٌ، ورَجُلٌ رَحِيمٌ رَقِيقُ القَلْبِ لِكُلِّ ذِي قُرْبَى ومُسْلِمٍ، وعَفِيفٌ مُتَعَفِّفٌ ذُو عِيالٍ». رواه مسلم.

١ - ٨٠ - باب وجوب طاعة ولاة الأمر في غير مَعْصية وتحريم طاعتهم في المعصية

قال اللَّهُ تعالى: ﴿يَا أَيُّهَا الَّذِينَ آمَنُوا أَطِيعُوا اللَّهَ وَأَطِيعُوا الرَّسُولَ وَأُولِي الأمْرِ مِنكُمْ﴾ [النساء: ٥٩].

٦٦٣ - وعن ابن عمر رضيَ اللَّهُ عنهما عَن النبيِّ ﷺ قال: «عَلى المَرْءِ المُسْلِمِ السَّمْعُ والطَّاعَةُ فيما أحَبَّ وكَرِهَ، إلا أنْ يُؤْمَرَ بِمَعْصِيَةٍ، فَإذَا أُمِرَ بِمَعْصِيَةٍ فَلا

1. Buch der Gebote

Hadith 660: Abdullâh ibn Amru ibn al-Âs (r) berichtet, dass der Gesandte Allahs (s) sagte: "Gewiss werden die Gerechten vor Allah auf Thronen von Licht sitzen: Es sind diejenigen, die gerecht entscheiden und Gerechtigkeit üben in den Angelegenheiten ihrer Familie und in den Angelegenheiten, für die sie Verantwortung tragen."
(Muslim)

Hadith 661: Auf ibn Mâlik (r) berichtet, dass er den Propheten (s) sagen hörte: "Eure besten Anführer sind diejenigen, die ihr mögt und die euch mögen, und für die ihr betet und die für euch beten, und eure schlechtesten Anführer sind diejenigen, die ihr hasst und die euch hassen, die ihr verflucht und die euch verfluchen."
Er (Auf) berichtet weiter: Wir fragten: "Oh Gesandter Allahs, sollen wir uns nicht von ihnen trennen?" Er sagte: "Nein, nicht solange sie unter euch beten; nein, nicht solange sie ihr Gebet unter euch verrichten!"
(Muslim)

Hadith 662: Iyâd ibn Himâr (r) berichtet, dass er den Gesandten Allahs (s) sagen hörte: "Es gibt drei Arten von Bewohnern des Paradieses: ein gerechter Herrscher, der erfolgreich ist, ein Barmherziger, der mit jedem Verwandten und Muslim mitfühlt, und ein Tugendhafter, Enthaltsamer, der Familie hat."
(Muslim)

Kapitel 80
Pflicht, den Herrschern zu gehorchen, sofern es sich nicht um Sünde handelt, und Verbot, ihnen bei Sünden zu gehorchen

Qur'ân: Allah, der Erhabene, spricht:
"Oh ihr, die ihr glaubt! Gehorcht Allah und gehorcht dem Gesandten und den Verantwortlichen unter euch..." (4:59)

Hadith 663: Ibn Umar (r) berichtet, dass der Prophet (s) sagte: "Jeder Muslim soll hören und gehorchen, ob es ihm behagt oder nicht; außer wenn er wird zu Sündigem aufgefordert wird. Wenn er zu einer Sünde aufgefordert wird, dann gibt es kein Hören und kein Gehorchen."
(Al-Bukhâri und Muslim)

سَمْعَ وَلَا طَاعَةَ». متفقٌ عليه.

٦٦٤ - وعنهُ قال: كُنَّا إذا بَايَعْنَا رَسُولَ اللَّهِ ﷺ على السَّمْعِ والطَّاعَةِ يقولُ لنَا: «فيما اسْتَطَعْتَ». متفقٌ عليه.

٦٦٥ - وعنهُ قال: سَمِعْتُ رَسُولَ اللَّهِ ﷺ يقول: «مَنْ خَلَعَ يَداً مِنْ طَاعَةٍ لَقِيَ اللَّهَ يَوْمَ القِيَامَةِ وَلَا حُجَّةَ لَهُ، وَمَنْ مَاتَ وَلَيْسَ في عُنُقِهِ بَيْعَةٌ مَاتَ مِيتَةً جَاهِلِيَّةً». رواه مسلم.

وفي روايةٍ له: «وَمَنْ مَاتَ وَهُوَ مُفَارِقٌ لِلْجَمَاعَةِ، فَإِنَّهُ يَمُوتُ مِيتَةً جَاهِلِيَّةً». «المِيتَةُ» بكسر الميم.

٦٦٦ - وَعَنْ أَنَسٍ رضيَ اللَّهُ عنه قال: قَالَ رسولُ اللَّهِ ﷺ: «اسْمَعُوا وأَطِيعُوا، وَإِنِ اسْتُعْمِلَ عَلَيْكُمْ عَبْدٌ حَبَشِيٌّ، كَأَنَّ رَأْسَهُ زَبِيبَةٌ». رواه البخاري.

٦٦٧ - وعن أبي هريرة رضيَ اللَّهُ عنه قال: قَالَ رسولُ اللَّهِ ﷺ: «عَلَيْكَ السَّمْعَ والطَّاعَةَ في عُسْرِكَ وَيُسْرِكَ وَمَنْشَطِكَ وَمَكْرَهِكَ وَأَثَرَةٍ عَلَيْكَ». رواه مسلم.

٦٦٨ - وعن عبدِ اللَّهِ بن عمروٍ رضيَ اللَّهُ عنهما قال: كُنَّا مَعَ رسولِ اللَّهِ ﷺ في سَفَرٍ، فَنَزَلْنَا مَنْزِلاً، فَمِنَّا مَنْ يُصْلِحُ خِبَاءَهُ، وَمِنَّا مَنْ يَنْتَضِلُ، وَمِنَّا مَنْ هُوَ في

1. Buch der Gebote

Hadith 664: Ibn Umar (r) berichtet: Immer wenn wir dem Gesandten Allahs (s) huldigten, dass wir auf ihn hören und ihm gehorchen würden, pflegte er hinzuzufügen: "Soweit ihr könnt."
(Al-Bukhâri und Muslim)

Hadith 665: Ibn Umar (r) berichtet, dass er den Gesandten Allahs (s) sagen hörte: "Jeder, der entgegen seiner Huldigung (dem gerechten Herrscher) den Gehorsam verweigert, wird am Tage des Gerichts ohne Entschuldigung vor Allah stehen. Und jeder, der stirbt, ohne (seinem gerechten Herrscher) gehuldigt zu haben, stirbt wie in der Zeit der Unwissenheit (vor dem Islam)."
(Muslim)

Eine andere Version bei Muslim lautet: "Jeder, der in Trennung von der Gemeinschaft stirbt, stirbt wie in der Zeit der Unwissenheit (vor dem Islam)."

Hadith 666: Anas (r) berichtet, dass der Gesandte Allahs (s) sagte: "Hört zu und gehorcht, auch wenn der Verantwortliche über euch ein abessinischer Negersklave ist, dessen Kopf aussieht wie eine Rosine."
(Al-Bukhâri)

Hadith 667: Abu Huraira (r) überliefert, dass der Gesandte Allahs (s) sagte: "Du sollst hören und gehorchen, in guten wie in schlechten Zeiten, ob es dir behagt oder nicht, sogar dann, wenn er dir gegenüber egoistisch handelt."
(Muslim)

Hadith 668: Abdullâh ibn Umar (r) berichtet: Als wir mit dem Gesandten Allahs (s) auf einer Reise waren, legten wir eine Pause ein. Einige von uns reparierten ihre Zelte, andere übten sich im Bogenschießen, andere passten

جَشَرِه، إذ نَادَى مُنَادِي رسولِ اللَّهِ ﷺ: «الصَّلَاةَ جَامِعَةً.» فاجْتَمَعْنَا إلى رسولِ اللَّهِ ﷺ فقال: «إنَّهُ لَمْ يَكُنْ نَبِيٌّ قَبْلِي إلَّا كَانَ حَقًّا عَلَيْهِ أَنْ يَدُلَّ أُمَّتَهُ عَلَى خَيْرِ مَا يَعْلَمُهُ لَهُمْ، وَيُنْذِرَهُمْ شَرَّ مَا يَعْلَمُهُ لَهُمْ، وَإِنَّ أُمَّتَكُمْ هَذِهِ جُعِلَ عَافِيَتُهَا في أَوَّلِهَا، وَسَيُصِيبُ آخِرَهَا بَلَاءٌ وَأُمُورٌ تُنْكِرُونَهَا، وَتَجِيءُ فِتَنٌ يُرَقِّقُ بَعْضُهَا بَعْضاً، وَتَجِيءُ الفِتْنَةُ فَيَقُولُ المُؤْمِنُ: هَذِهِ مُهْلِكَتِي، ثُمَّ تَنْكَشِفُ؛ وَتَجِيءُ الفِتْنَةُ فَيَقُولُ المُؤْمِنُ: هَذِهِ هَذِهِ، فَمَنْ أَحَبَّ أَنْ يُزَحْزَحَ عَنِ النَّارِ، وَيَدْخُلَ الجَنَّةَ، فَلْتَأْتِهِ مَنِيَّتُهُ وَهُوَ يُؤْمِنُ بِاللَّهِ وَاليَوْمِ الآخِرِ، وَلْيَأْتِ إلى النَّاسِ الَّذِي يُحِبُّ أَنْ يُؤْتَى إلَيْهِ وَمَنْ بَايَعَ إِمَاماً فَأَعْطَاهُ صَفْقَةَ يَدِهِ، وَثَمَرَةَ قَلْبِهِ، فَلْيُطِعْهُ إنِ اسْتَطَاعَ؛ فَإِنْ جَاءَ آخَرُ يُنَازِعُهُ، فَاضْرِبُوا عُنُقَ الآخَرِ». رواه مسلم.

قَوْلُهُ: «يَنْتَضِلُ» أي: يُسَابِقُ بِالرَّمْيِ بِالنَّبْلِ. «وَالجَشَرُ» بفتح الجيم والشين المعجمة وبالراء: وهي الدَّوابُّ التي تَرْعَى وتَبِيتُ مَكَانَهَا. وقوله: «يُرَقِّقُ بَعْضُهَا بَعْضاً» أي: يُصَيِّرُ بَعْضَهَا رَقِيقاً، أي: خَفِيفاً لِعِظَمِ ما بَعْدَهُ، فالثَّاني يُرَقِّقُ الأَوَّلَ. وقيلَ: مَعْنَاهُ: يُشَوِّقُ بَعْضُهَا إلى بَعْضٍ بتحسينها وتسويلها، وقيلَ: يُشْبِهُ بَعْضُهَا بَعْضاً.

٦٦٩ - وعن أبي هُنَيْدَةَ وائلِ بنِ حُجْرٍ رضيَ اللَّهُ عنه قال: سَأَلَ سَلَمَةُ بنُ يَزِيدَ الجُعْفِيُّ رسولَ اللَّهِ ﷺ، فقال: يَا نَبِيَّ اللَّهِ، أَرَأَيْتَ إنْ قَامَتْ عَلَيْنَا أُمَرَاءُ يَسْأَلُونَا حَقَّهُمْ، ويمْنَعُونَا حَقَّنَا، فَمَا تَأْمُرُنَا؟ فَأَعْرَضَ عنه. ثُمَّ سَأَلَهُ فَأَعْرَضَ عَنْهُ، ثُمَّ سَأَلَهُ في الثَّانِيَةِ أو في الثَّالِثَةِ، فَجَذَبَهُ الأَشْعَثُ بنُ قَيْسٍ، فقَالَ رسولُ اللَّهِ ﷺ: «اسْمَعُوا وَأَطِيعُوا؛ فَإنَّمَا عَلَيْهِمْ مَا حُمِّلُوا، وَعَلَيْكُمْ مَا حُمِّلْتُمْ». متفقٌ عليه.

٦٧٠ - وعَنْ عَبْدِ اللَّهِ بنِ مَسْعُودٍ رضيَ اللَّهُ عنه قال: قال رسولُ اللَّهِ ﷺ:

1. Buch der Gebote

auf ihre Tiere auf, als der Gebetsrufer von Allahs Gesandtem (s) alle zum gemeinsamen Gebet zusammenrief. Wir versammelten uns alle um den Gesandten Allahs (s). Da sagte er: "Jeder Prophet, der vor mir kam, war, soweit er davon wusste, dazu verpflichtet, seine Gemeinde (*Umma*) darüber zu unterrichten, was sie an Gutem und an Schlechtem erwarte. Und dieser, eurer Gemeinde (*Umma*) wurde der Ausgang zu Beginn vergönnt, und zum Ende hin wird sie von Plagen und anderem, was ihr verabscheut, heimgesucht werden. Und sie wird in Versuchung geführt werden, und die eine (Versuchung) wird der anderen gegenüber als gering erscheinen. Und sie wird in Versuchung geführt werden, so dass der Gläubige meinen wird: 'Das ist mein Ende'. Und dann wird sie vorübergehen, und sie (die Gemeinde) wird durch etwas anderes in Versuchung geführt werden, und der Gläubige wird sagen: 'Dies ist mein Ende', usw.. Wer darum dem Höllenfeuer entfliehen und ins Paradies eintreten möchte, der soll sterben, wenn er an Allah glaubt und an den Jüngsten Tag, und er soll die anderen so behandeln, wie er will, dass man ihn selbst behandelt. Und jeder, der einem Anführer gehuldigt und sich ihm mit Herz und Hand verpflichtet hat, soll ihm gehorchen, soweit es ihm möglich ist. Wenn aber ein anderer ihm seine Herrschaft streitig macht, soll es diesen den Kopf kosten."
(Muslim)

Hadith 669: Abu Hunaida Wâil ibn Hudschr (r) berichtet, dass Salama ibn Yazîd al-Dschu'fi (r) Allahs Gesandten (s) fragte: "Oh Gesandter Allahs! Wenn wir von Herrschern regiert werden, die ihre Rechte einfordern, aber uns unsere Rechte vorenthalten, was sollen wir dann tun?" Allahs Gesandter (s) schwieg, aber er wiederholte seine Frage. Da sagte Allahs Gesandte (s): "Hört zu und gehorcht. Denn wahrlich, sie werden für das zur Rechenschaft gezogen, was sie getan haben, und ihr werdet für das zur Rechenschaft gezogen, was ihr getan habt."
(Muslim)

Hadith 670: Abdullâh ibn Mas'ûd (r) berichtet, dass der Gesandte Allahs (s) sagte: "Nach mir werden Selbstsucht und andere Dinge, die ihr verabscheut, auftreten." Sie fragten: "Oh Gesandter Allahs! Was

«إِنَّهَا سَتَكُونُ بَعْدِي أَثَرَةٌ، وَأُمُورٌ تُنْكِرُونَهَا!» قَالُوا: يَا رَسُولَ اللَّهِ، كَيْفَ تَأْمُرُ مَنْ أَدْرَكَ مِنَّا ذَلِكَ؟ قَالَ: «تُؤَدُّونَ الحَقَّ الَّذِي عَلَيْكُمْ، وَتَسْأَلُونَ اللَّهَ الَّذِي لَكُمْ». متفقٌ عليه.

٦٧١ - وعن أبي هريرة رضيَ اللَّهُ عنه قال: قال رسولُ اللَّهِ ﷺ: «مَنْ أَطَاعَنِي فَقَدْ أَطَاعَ اللَّهَ؛ وَمَنْ عَصَانِي فَقَدْ عَصَى اللَّهَ، وَمَنْ يُطِعِ الأمِيرَ فَقَدْ أَطَاعَنِي، وَمَنْ يَعْصِ الأمِيرَ فَقَدْ عَصَانِي». متفقٌ عليه.

٦٧٢ - وعن ابن عباس رضي الله عنهما أن رسولَ اللَّهِ ﷺ قال: «مَنْ كَرِهَ مِنْ أمِيرِهِ شَيْئاً فَلْيَصْبِرْ عَلَيْهِ، فإِنَّهُ لَيْسَ أَحَدٌ مِنَ النَّاسِ خَرَجَ مِنَ السُّلْطَانِ شِبْراً، فَمَاتَ عَلَيْهِ، إلَّا مَاتَ مِيتَةً جَاهِلِيَّةً». متفقٌ عليه.

٦٧٣ - وعن أبي بكرة رضي الله عنه قال: سمعت رسولَ اللَّهِ ﷺ يقول: «مَنْ أَهَانَ السُّلْطَانَ أَهَانَهُ اللَّهُ». رواه الترمذي وقال: حديث حسن.

وفي الباب أحاديث كثيرة في الصحيح، وقد سبق بعضها في أبواب.

٢-١٢ - باب النهي عن سؤال الإمارة وإختيار ترك الولايات إذا لم يعين عليه أو تَدع حاجة إليه

قال الله تعالى: ﴿تِلْكَ الدَّارُ الآخِرَةُ نَجْعَلُهَا لِلَّذِينَ لَا يُرِيدُونَ عُلُوًّا فِي الأَرْضِ وَلَا فَسَادًا وَالعَاقِبَةُ لِلْمُتَّقِينَ﴾ [القصص: ٨٣].

1. Buch der Gebote

empfiehlst du denjenigen von uns, die das erleben?" Er antwortete: "Erfüllt eure Pflichten und erbittet von Allah eure Rechte."
(Al-Bukhâri und Muslim)

Hadith 671: Abu Huraira (r) überliefert, dass der Gesandte Allahs (s) sagte: "Wer mir gehorcht, gehorcht Allah, und wer mir nicht gehorcht, gehorcht Allah nicht; und wer dem Herrscher gehorcht, hat mir gehorcht, und wer dem Herrscher nicht gehorcht, gehorcht mir nicht."
(Al-Bukhâri und Muslim)

Hadith 672: Ibn Abbâs (r) überliefert, dass der Gesandte Allahs (s) sagte: "Wem an seinem Herrscher etwas nicht passt, der soll sich in Geduld üben, denn wer dem Herrscher den Gehorsam auch nur um eine Handspanne versagt, stirbt so, als ob er in der Zeit der Unwissenheit gestorben wäre."
(Al-Bukhâri und Muslim)

Hadith 673: Abu Bakra (r) berichtet, dass er den Gesandten Allahs (s) sagen hörte: "Wer den (gerechten) Herrscher beleidigt, den wird Allah beleidigen."
(At-Tirmidhi)
Dies ist ein guter Hadith (*hasan*).

Zu diesem Thema gibt es in den *Sahîh*-Sammlungen noch viele andere Hadithe. Einige davon wurden in den vorangehenden Kapiteln aufgeführt.

Kapitel 81
Verbot, Herrschaft anzustreben, und freie Wahl, Herrschaft abzulehnen, soweit diese nicht zwingend notwendig ist

Qur'ân: Allah, der Erhabene, spricht:
"Diese Wohnstatt des Jenseits. Wir haben sie für diejenigen bereitet, die weder Macht anstreben auf Erden, noch Unheil stiften wollen. Und der gute Ausgang ist für die Gottesfürchtigen." (28:83)

٦٧٤ - وعن أبي سعيدٍ عبدِ الرحمٰنِ بن سَمُرَةَ رضي الله عنه، قال: قال لي رسول الله ﷺ: «يَا عَبدَ الرَّحمٰنِ بن سَمُرَةَ: لا تَسأَلِ الإِمارَةَ. فَإِنَّكَ إِن أُعطِيتَها عَن غَيرِ مَسأَلَةٍ أُعِنتَ عَلَيها، وإِن أُعطِيتَها عَن مَسأَلَةٍ وُكِّلتَ إِلَيها، وإِذا حَلَفتَ عَلى يَمِينٍ، فَرَأَيتَ غَيرَها خَيراً مِنها، فَأتِ الَّذِي هُوَ خَيرٌ، وَكَفِّر عَن يَمِينِكَ». متفقٌ عليه.

٦٧٥ - وعن أبي ذرٍّ رضي الله عنه قال: قال لي رسولُ اللَّهِ ﷺ: «يَا أَبَا ذَرٍّ إِنِّي أَراكَ ضَعِيفاً، وَإِنِّي أُحِبُّ لَكَ مَا أُحِبُّ لِنَفسِي، لا تَأَمَّرَنَّ عَلى اثنَينِ وَلا تَوَلَّيَنَّ مالَ يَتِيمٍ». رواه مسلم.

٦٧٦ - وعنه قال: قلت: يا رسول الله أَلا تَستَعمِلُنِي؟ فَضَرَبَ بِيَدِهِ عَلى مَنكِبِي ثُمَّ قَالَ: «يَا أَبَا ذَرٍّ إِنَّكَ ضَعِيفٌ، وَإِنَّها أَمانَةٌ، وإِنَّها يَومَ القِيامَةِ خِزيٌ وَنَدامَةٌ، إِلَّا مَن أَخَذَها بِحَقِّها، وَأَدَّى الَّذِي عَلَيهِ فِيها». رواه مسلم.

٦٧٧ - وعن أبي هُريرة رضيَ الله عنه أن رسول الله ﷺ قال: «إِنَّكُم سَتَحرِصُونَ عَلَى الإِمارَةِ، وَسَتَكُونُ نَدامَةً يَومَ القِيامَةِ». رواه البخاري.

1. Buch der Gebote

Hadith 674: Abu Sa'îd Abdur-Rahmân ibn Samura (r) berichtet, dass der Gesandte Allahs (s) zu ihm sagte: "Oh Abdur-Rahmân ibn Samura! Bitte nie darum, Herrscher zu sein! Denn wenn man dir ein Amt anträgt, ohne dass du darum ersucht hast, so wird dir dabei geholfen werden; wenn es dir jedoch gewährt wird, nachdem du darum gebeten hast, so wirst du dafür die Verantwortung tragen. Wenn du einen Eid schwörst (etwas zu tun), und du findest später etwas besseres, so tue das Bessere und leiste Ersatz für deinen Eid."
(Al-Bukhâri und Muslim)

Hadith 675: Abu Dharr (r) berichtet, dass der Gesandte Allahs (s) zu ihm sagte: "Oh Abu Dharr, ich weiß, dass du schwach bist. Und ich wünsche dir, was ich für mich selbst wünsche. Herrsche nicht (einmal) über zwei Personen, und übernimm nicht die Verantwortung für den Besitzes einer Waisen."
(Muslim)

Hadith 676: Abu Dharr (r) berichtet, dass er einmal dem Propheten (s) sagte: "Oh Gesandter Allahs. Willst mich nicht zu einem Herrscher machen?" Er klopfte mir auf die Schulter und sagte: "Oh Abu Dharr! Du bist schwach, und ein Amt ist eine Vertrauensaufgabe, und am Tag des Gerichts mag es Grund für Scham und Reue darstellen außer für denjenigen, der ihm gerecht wird und seine Verpflichtungen erfüllt."
(Muslim)

Hadith 677: Abu Huraira (r) berichtet, dass der Gesandte Allahs (s) sagte: "Gewiss werdet ihr Herrschaft erstreben, doch wird sie euch am Tage des Gerichts nur reuen."
(Al-Bukhâri)

1 - 82 - باب حَثِّ السُّلطان والقاضي وغيرهما من ولاة الأمور على اتخاذ وزير صالح وتحذيرهم من قرناء السوء والقبول منهم

قَالَ اللَّهُ تعالى: ﴿الأخِلَّاءُ يَوْمَئِذٍ بَعْضُهُمْ لِبَعْضٍ عَدُوٌّ إِلَّا الْمُتَّقِينَ﴾

[الزخرف: ٦٧].

٦٧٨ - عن أبي سعيدٍ وأبي هريرةَ رضي الله عنهما، أن رسولَ الله ﷺ قال: «مَا بَعَثَ اللَّهُ مِنْ نَبِيٍّ، وَلَا اسْتَخْلَفَ مِنْ خَلِيفَةٍ، إِلَّا كَانَتْ لَهُ بِطَانَتَانِ: بِطَانَةٌ تَأْمُرُهُ بِالْمَعْرُوفِ وَتَحُضُّهُ عَلَيْهِ، وَبِطَانَةٌ تَأْمُرُهُ بِالشَّرِّ وَتَحُضُّهُ عَلَيْهِ، وَالْمَعْصُومُ مَنْ عَصَمَ اللَّهُ». رواه البخاري.

٦٧٩ - وعن عائشةَ رضيَ الله عنها قالتْ: قال رسولُ اللَّهِ ﷺ: «إِذَا أَرَادَ اللَّهُ بِالأَمِيرِ خَيْرًا، جَعَلَ لَهُ وَزِيرَ صِدْقٍ إِنْ نَسِيَ ذَكَّرَهُ، وَإِنْ ذَكَرَ أَعَانَهُ. وَإِذَا أَرَادَ بِهِ غَيْرَ ذَلِكَ جَعَلَ لَهُ وَزِيرَ سُوءٍ. إِنْ نَسِيَ لَمْ يُذَكِّرْهُ، وَإِنْ ذَكَرَ لَمْ يُعِنْهُ». رواه أبو داود بإسنادٍ جيدٍ على شرط مسلم.

1 - 83 - باب النَّهي عن تولية الإمارة والقضاء وغيرهما من الولايات لمن سألها أو حرص عليها فعرَّض بها

٦٨٠ - عن أبي موسى الأشعريِّ رضي الله عنه قال: دَخَلْتُ على النَّبِيِّ ﷺ أنا وَرَجُلَانِ مِنْ بَنِي عَمِّي، فقالَ أَحَدُهُمَا: يا رسولَ اللَّهِ أَمِّرْنَا على بَعْضِ مَا وَلَّاكَ اللَّهُ،

1. Buch der Gebote

Kapitel 82
Ansporn für Machthaber, Richter und andere Herrscher, gute Berater zu nehmen, und sie vor schlechten Gefährten zu warnen, sowie davor, diesen Gehör zu schenken

Qur'ân: Allah, der Erhabene, spricht:
"An jenem Tag (des Gerichts) werden Freunde miteinander verfeindet sein, mit Ausnahme der Gottesfürchtigen." (43:67)

Hadith 678: Es überliefern Abu Sa'îd al-Khudri (r) und Abu Huraira (r), dass der Gesandte Allahs (s) sagte: "Immer wenn Allah einen Propheten oder einen Kalifen sandte, hatte dieser zwei Arten von Beratern: Die einen raten ihm zum Guten und die anderen raten ihm zum Schlechten. Und kein Mensch ist unfehlbar, außer demjenigen, welchen Allah vor Fehlern bewahrt."
(Al-Bukhâri)

Hadith 679: Âischa (r) überliefert, dass der Gesandte Allahs (s) sagte: "Wenn Allah einem Herrscher Gutes will, so schenkt Er ihm einen aufrichtigen Berater, der ihn erinnert, wenn er vergisst, und der ihm hilft, wenn er sich erinnert. Und wenn ihm Allah etwas anderes will, so schenkt er ihm einen schlimmen Berater, die ihn nicht erinnert, wenn er vergisst, und ihm nicht hilft, wenn er sich erinnert."
(Abu Dâwûd)
Nach Abu Dâwûd ist die Überlieferung dieses Hadithes sehr gut belegt (*isnâd dschayid*), wogegen Muslim Vorbehalte hat.

Kapitel 83
Verbot, demjenigen, der danach fragt oder trachtet, einen Posten als Herrscher, Richter oder anderer Verantwortlicher zu geben

Hadith 680: Abu Mûsâ al-Asch'ari (r) erzählte: Einst ging ich mit zwei Vettern (väterlicherseits) zum Propheten (s). Da sagte einer der beiden zu

عَزَّ وَجَلَّ، وقال الآخَرُ مِثلَ ذلك، فقال: «إنَّا، وَاللَّهِ، لا نُوَلِّي هَذَا العَمَلَ أَحَداً سَأَلَه، أَو أَحَداً حَرَصَ عليهِ». متفقٌ عليه.

1. Buch der Gebote

ihm (s): "Oh Gesandter Allahs! Ernenne mich zum Herrscher über einen Teil dessen, was Allah, der Allmächtige und Erhabene, deiner Obhut anvertraut hat!" Und der andere sagte das gleiche. Da sagte er (s): "Bei Allah, gewiß betrauen wir niemals irgendjemanden mit einem Amt, der darum bittet oder gierig danach ist."
(Al-Bukhâri und Muslim)

٢ - كتاب الأدب

٢ - ١ - باب الحياء وفضله والحث على التخلّق به

٦٨١ - عن ابنِ عُمَرَ رضيَ اللَّهُ عنهما: أنَّ رسولَ الله ﷺ مَرَّ على رَجُلٍ مِنَ الأنصَارِ وَهوَ يَعِظُ أخاهُ في الحَيَاءِ، فَقَالَ رسولُ اللَّهِ ﷺ: «دَعْهُ فَإِنَّ الحَيَاءَ مِنَ الإيْمَانِ». متفقٌ عليه.

٦٨٢ - وعن عِمرَانَ بنِ حُصَينٍ، رضيَ الله عنهما، قال: قال رسولُ اللَّهِ ﷺ: «الحَيَاءُ لا يَأتِي إلاَّ بخَيرٍ». متفقٌ عليه.

وفي روايةٍ لمسلم: «الحَيَاءُ خَيرٌ كُلُّهُ» أوْ قَالَ: «الحَيَاءُ كُلُّهُ خَيرٌ».

٦٨٣ - وعن أبي هُريرةَ رضيَ الله عنه، أنَّ رسولَ اللَّهِ ﷺ قال: «الإيمَانُ بِضْعٌ وَسَبعُونَ، أوْ بِضعٌ وَسِتُّونَ شُعْبَةً، فَأَفضَلُهَا قَولُ لا إله إلاَّ اللَّهُ، وَأَدْنَاهَا إمَاطَةُ الأذى عَنِ الطَّرِيقِ، وَالحَيَاءُ شُعْبَةٌ مِنَ الإيمَانِ». متفقٌ عليه.

«البِضعُ»: بكسرِ الباءِ، ويجوز فتحها، وَهوَ مِنَ الثَّلاثَةِ إلى العَشَرَةِ «وَالشُّعْبَةُ»: القِطعَةُ والخَصلَةُ. «وَالإمَاطَةُ»: الإزَالَةُ. «وَالأذى»: مَا يُؤذِي كَحَجرٍ وَشَوكٍ وَطِينٍ وَرَمَادٍ وَقَذَرٍ وَنَحوِ ذلكَ.

٦٨٤ - وعن أبي سعيدٍ الخُدرِيِّ رضي الله عنه، قال: كان رسولُ اللَّهِ ﷺ

II. BUCH DES BENEHMENS

Kapitel 1
Schamhaftigkeit und ihr Vorzug, sowie Ansporn, sie nachzuahmen

Hadith 681: Ibn Umar (r) berichtet, dass der Gesandte Allahs (s) an einem Mann der *Ansâr* vorbeikam, als dieser seinen Bruder ermahnte, schamhaft zu sein. Da sprach der Gesandte Allahs (s) zu ihm: "Lass ihn, denn Schamhaftigkeit gehören zum Glauben."
(Al-Bukhâri und Muslim)

Hadith 682: Imrân ibn Husain (r) berichtet, dass der Gesandte Allahs (s) sagte: "Schamhaftigkeit kann nur Gutes einbringen."
(Al-Bukhâri und Muslim).
Nach Muslim sagte er (s): "Schamhaftigkeit ist durch und durch gut.", oder er sagte: "Jegliche Schamhaftigkeit ist gut."

Hadith 683: Abu Huraira (r) berichtet, dass der Gesandte Allahs (s) sagte: "Der Glaube besteht aus dreiundsechzig bis achtzig Bestandteilen. Der Beste von ihnen ist, dass man ausspricht, dass es keinen Gott außer Allah gibt, und der geringste von ihnen ist, dass man etwas aus dem Weg räumt, das Schaden verursacht. Und Schamhaftigkeit ist ein Bestandteil des Glaubens."
(Al-Bukhâri und Muslim)

أَشَدُّ حَيَاءً مِنَ الْعَذْرَاءِ فِي خِدْرِهَا، فَإِذَا رَأَى شَيْئاً يَكْرَهُهُ عَرَفْنَاهُ فِي وَجْهِهِ. متفقٌ عليه.

قال العلماءُ: حَقِيقَةُ الحَيَاءِ خُلُقٌ يَبْعَثُ عَلَى تَرْكِ القَبِيحِ، ويَمْنَعُ مِنَ التَّقْصِيرِ فِي حَقِّ ذِي الْحَقِّ. وَرَوَيْنَا عَنْ أَبِي الْقَاسِمِ الْجُنَيْدِ رَحِمَهُ اللَّهُ قال: الْحَيَاءُ رُؤْيَةُ الآلاءِ ـ أيْ: النَّعَم ـ وَرُؤْيَةُ التَّقْصِيرِ، فَيَتَوَلَّدُ بَيْنَهُمَا حَالَةٌ تُسَمَّى حَيَاءً.

٢ - ٢ - باب حفظ السّر

قال الله تعالى: ﴿وَأَوْفُوا بِالْعَهْدِ إِنَّ الْعَهْدَ كَانَ مَسْؤُولاً﴾ [الإسراء: ٣٤].

٦٨٥ - عن أبي سعيدٍ الخُدريِّ رضي الله عنه قال: قال رسولُ اللَّهِ ﷺ: «إنَّ مِنْ أَشَرِّ النَّاسِ عِنْدَ اللَّهِ مَنْزِلَةً يَوْمَ الْقِيَامَةِ الرَّجُلَ يُفْضِي إلى المَرْأَةِ وَتُفْضِي إلَيْهِ ثُمَّ يَنْشُرُ سِرَّهَا». رواه مسلم.

٦٨٦ - وعن عبدِ اللَّهِ بن عمرَ رضي الله عنهما، أن عمرَ رضي الله عنه حينَ تَأَيَّمَتْ بِنْتُهُ حَفْصَةُ قال: لقيتُ عُثْمانَ بْنَ عَفَّانَ رضي الله عنه، فَعَرَضْتُ عَلَيْهِ حَفْصَةَ فقلتُ: إنْ شِئْتَ أَنْكَحْتُكَ حَفْصَةَ بِنْتَ عُمَرَ؟ قال: سَأَنْظُرُ فِي أَمْرِي. فَلَبِثْتُ لَيَالِيَ، ثُمَّ لَقِيَنِي، فقال: قَدْ بَدَا لِي أَنْ لَا أَتَزَوَّجَ يَوْمِي هذا. فَلَقِيتُ أبَا بَكْرٍ الصِّدِّيقَ رضي اللَّهُ عنه، فقلتُ: إنْ شِئْتَ أَنْكَحْتُكَ حَفْصَةَ بِنْتَ عُمَرَ، فَصَمَتَ أبُو بَكْرٍ رضي الله عنه، فَلَمْ يَرْجِعْ إلَيَّ شَيْئاً! فَكُنْتُ عَلَيْهِ أَوْجَدَ مِنِّي عَلَى عُثْمَانَ، فَلَبِثْتُ لَيَالِيَ، ثُمَّ خَطَبَهَا النَّبِيُّ ﷺ، فَأَنْكَحْتُهَا إيَّاهُ. فَلَقِيَنِي أبُو بَكْرٍ فقال: لَعَلَّكَ وَجَدْتَ عَلَيَّ حِينَ عَرَضْتَ عَلَيَّ حَفْصَةَ فَلَمْ أَرْجِعْ إلَيْكَ شَيْئاً؟ فقلتُ: نَعَمْ. قال: فَإنَّهُ لَمْ يَمْنَعْنِي أَنْ

2. Buch des Benehmens

Hadith 684: Abu Sa'îd al-Khudri (r) überliefert, dass der Gesandte Allahs (s) schamhafter war als eine schamhafte Jungfrau, so dass man an seinem Gesicht ablesen konnte, wenn er etwas sah, was ihm nicht gefiel."
(Al-Bukhâri und Muslim)

Nach Meinung der Gelehrten (*Ulamâ'*) ist wahre Schamhaftigkeit ein Benehmen, das den Menschen dazu bringt, das Böse zu lassen und ihn daran hindert, das Recht anderer zu beschneiden. Nach Abul-Qâsim al-Dschunaid (rA) ist Schamhaftigkeit die Fähigkeit, Wohlstand und Mangel zu erkennen, woraus sich ein Zustand der Schamhaftigkeit ergibt.

Kapitel 2
Bewahren von Geheimnissen

Qur'ân: Allah, der Erhabene, spricht:
"Und haltet das Versprechen ein. Wahrlich, für (die Einhaltung) des Versprechens wird Rechenschaft gefordert." (17:34)

Hadith 685: Abu Sa'îd al-Khudri (r) überliefert, dass der Gesandte Allahs (s) sagte: "Gewiss ist derjenige, der mit seiner Frau schläft und dann ihr Geheimnis erzählt, am Tage des Gerichts vor Allah in der schlechtesten Situation."
(Muslim)

Hadith 686: Abdullâh ibn Umar (r) berichtet, dass ihm (sein Vater) Umar ibn al-Khattâb (r), als seine Tochter Hafsa Witwe wurde, folgendes erzählte: Ich traf Uthmân ibn Affân (r) und bot ihm Hafsa mit folgenden Worten an: "Wenn du magst, gebe ich dir meine Tochter Hafsa zur Frau." Er antwortete: "Ich werde darüber nachdenken." Ich wartete einige Nächte, dann traf er mich, und sagte: "Ich habe über die Angelegenheit nachgedacht und entschieden, dass ich zur Zeit nicht heiraten sollte."
Dann traf ich Abu Bakr as-Siddîq und sagte: "Wenn du magst, gebe ich dir meine Tochter Hafsa zur Frau." Abu Bakr (r) schwieg. Diese Reaktion von Abu Bakr quälte mich noch mehr als die Antwort von Uthmân (r). Nur wenige Tage später bat mich der Prophet (s) um ihre Hand, und ich gab sie ihm zur Frau.

أَرْجِعَ إِلَيْكَ فِيمَا عَرَضْتَ عَلَيَّ إِلَّا أَنِّي كُنْتُ عَلِمْتُ أَنَّ النَّبِيَّ ﷺ ذَكَرَهَا، فَلَمْ أَكُنْ لِأُفْشِيَ سِرَّ رسولِ اللَّهِ ﷺ، وَلَوْ تَرَكَهَا النَّبِيُّ ﷺ لَقَبِلْتُهَا. رواه البخاري.

قوله: «تَأَيَّمَتْ» أي: صَارَتْ بِلَا زَوْجٍ، وَكَانَ زَوْجُهَا تُوُفِّيَ رضي الله عنه: «وَجَدتَ»: غَضِبْتَ.

٦٨٧ ـ وعن عائشة رضي الله عنها قالتْ: كُنَّ أزواجُ النَّبِيِّ ﷺ عِندَهُ، لم يُغَادِرْ مِنْهُنَّ وَاحِدَةً، فَأَقْبَلَتْ فَاطِمَةُ رضي الله عنها، تَمْشِي، مَا تخطىءُ مِشْيَتُهَا من مِشْيَةِ رسولِ الله ﷺ شيئاً، فَلَمَّا رَآهَا رَحَّبَ بِهَا، وقال: «مَرْحَباً بِابْنَتِي» ثُمَّ أَجْلَسَهَا عَنْ يَمِينِهِ أَوْ عَنْ شِمَالِهِ، ثُمَّ سَارَّهَا فَبَكَتْ بُكَاءً شَدِيداً، فَلَمَّا رَأَى جَزَعَهَا، سَارَّهَا الثَّانِيَةَ فَضَحِكَتْ، فَقلتُ لَهَا: خَصَّكِ رسولُ الله ﷺ مِنْ بَيْنِ نِسَائِهِ بِالسِّرَارِ، ثُمَّ أَنْتِ تَبْكِينَ! فَلَمَّا قَامَ رسولُ اللَّه ﷺ سَأَلْتُهَا: مَا قَالَ لكِ رسولُ اللَّهِ ﷺ؟ قالت: مَا كُنْتُ لِأُفْشِيَ عَلى رسولِ اللَّهِ ﷺ سِرَّهُ. فَلَمَّا تُوُفِّيَ رسولُ اللَّهِ ﷺ قلتُ: عَزَمْتُ عَلَيْكِ بِمَا لِي عَلَيْكِ مِنَ الحَقِّ، لَمَا حَدَّثْتِنِي مَا قَالَ لَكِ رسولُ اللَّهِ ﷺ؟ فقالت: أمَّا الآنَ فَنَعَمْ، أمَّا حِينَ سَارَّنِي فِي المَرَّةِ الأولى فَأَخْبَرَنِي «أَنَّ جِبْرِيلَ كَانَ يُعَارِضُهُ القُرْآنَ في كُلِّ سَنَةٍ مَرَّةً أَوْ مَرَّتَيْنِ، وَأَنَّهُ عَارَضَهُ الآنَ مَرَّتَيْنِ، وَإِنِّي لَا أَرَى الأَجَلَ إِلَّا قَدِ اقْتَرَبَ، فَاتَّقِي اللَّهَ وَاصْبِرِي، فَإِنَّهُ نِعْمَ السَّلَفُ أَنَا لَكِ» فَبَكَيْتُ بُكَائِي الَّذِي رَأَيْتِ. فَلَمَّا رَأَى جَزَعِي سَارَّنِي الثَّانِيَةَ، فقال: «يَا فَاطِمَةُ أَمَا تَرْضَيْنَ أَنْ تَكُونِي سَيِّدَةَ نِسَاءِ المُؤْمِنِينَ، أَوْ سَيِّدَةَ نِسَاءِ هَذِهِ الأُمَّةِ؟» فَضَحِكْتُ ضَحِكِي الَّذِي رَأَيْتِ. متفقٌ عليه. وهذا لفظ مسلم.

٦٨٨ ـ وعن ثابتٍ عن أنس، رضي الله عنه قال: أَتَى عَلَيَّ رسولُ اللَّهِ ﷺ وَأَنَا

2. Buch des Benehmens

Bald darauf traf mich Abu Bakr (r) und sagte: "Vielleicht warst du böse auf mich, als du mir Hafsa angeboten hast und ich keine Antwort gab." Ich sagte: "Ja." Er sagte: "Nichts hinderte mich, es anzunehmen, nur die Tatsache, dass der Prophet (s) die Absicht ausgedrückt hatte, sie zu heiraten, und ich wollte das Geheimnis des Gesandten Allahs nicht aufdecken. Wenn er sie nicht genommen hätte, hätte ich sie angenommen."
(Al-Bukhâri)

Hadith 687: Âischa (r) erzählte folgendes: Einmal, als alle Frauen des Propheten (s) bei ihm waren, kam seine Tochter Fâtima (r) dazu. Die Art wie sie ging war genau der Gang des Propheten (s). Als er sie sah, grüßte er sie herzlich und sagte: "Willkommen, meine Tochter.", und er forderte sie auf, sich zu seiner Rechten oder Linken zu setzen und flüsterte ihr etwas zu, worauf sie bitterlich weinte. Als der Prophet (s) ihren Kummer bemerkte, flüsterte er ihr erneut etwas zu, worauf sie lächelte. Ich sagte zu ihr: "Der Gesandte Allahs (s) hat dich vor seinen Frauen bevorzugt, indem er dir Geheimnisse anvertraut, wie kannst du da weinen?" Als der Prophet (s) die Versammlung verließ, fragte ich sie: "Was hat dir der Gesandte Allahs (s) gesagt?" Sie sagte: "Niemals würde ich das Geheimnis des Gesandten Allahs (s) verraten." Als der Prophet (s) gestorben war, fragte ich sie: "Ich bitte dich im Namen meines Anrechts auf dich, mir zu erzählen, was dir der Gesandte Allahs (s) gesagt hatte." Sie sagte: "Nun kann ich es dir erzählen: Beim erstenmal, als er mir etwas zuflüsterte, berichtete er mir, dass ihn der Engel Gabriel jedes Jahr ein- oder zweimal den Qur'ân lehrte, doch nun habe er dies bei einem Besuch zweimal getan. 'Ich sehe, dass die Zeit nahe ist. Fürchte Allah und habe Geduld, denn ich bin gewiss ein guter Vorgänger für dich.' Da weinte ich, wie du gesehen hast. Als er meinen Kummer gesehen hatte, flüsterte er mir erneut etwas zu und sagte: 'Oh Fâtima, freust du dich nicht, dass du die Herrin der Frauen aller Gläubigen oder die Herrin aller Frauen dieser Gemeinde (*Umma*) sein wirst?' Da lächelte ich, wie du sehen konntest."
(Al-Bukhâri und Muslim)
Die zitierte Fassung stammt von Muslim.

Hadith 688: Thâbit (r) überliefert, dass Anas ibn Mâlik (r) sagte: Als ich einmal mit meinen Spielkameraden spielte, kam der Gesandte Allahs (s) vorbei, begrüßte uns und beauftragte mich, etwas für ihn zu erledigen. Als

أَلْعَبُ مَعَ الغِلْمَانِ، فَسَلَّمَ عَلَيْنَا، فَبَعَثَنِي فِي حَاجَةٍ، فَأَبْطَأْتُ عَلَى أُمِّي. فَلَمَّا جِئْتُ قَالَتْ: مَا حَبَسَكَ؟ فَقُلْتُ: بَعَثَنِي رَسُولُ اللهِ ﷺ لِحَاجَةٍ، قَالَتْ: مَا حَاجَتُهُ؟ قُلْتُ: إِنَّهَا سِرٌّ. قَالَتْ: لَا تُخْبِرَنَّ بِسِرِّ رَسُولِ اللهِ ﷺ أَحَداً. قَالَ أَنَسٌ: وَاللهِ لَوْ حَدَّثْتُ بِهِ أَحَداً لَحَدَّثْتُكَ بِهِ يَا ثَابِتُ. رَوَاهُ مُسْلِمٌ، وَرَوَى الْبُخَارِيُّ بَعْضَهُ مُخْتَصَراً.

٢ - ٣ - باب الوفاء بالعهد وإنجاز الوعد

قَالَ اللهُ تَعَالَى: ﴿وَأَوْفُوا بِالْعَهْدِ إِنَّ الْعَهْدَ كَانَ مَسْؤُولاً﴾ [الإسراء: ٣٤]. وَقَالَ تَعَالَى: ﴿وَأَوْفُوا بِعَهْدِ اللَّهِ إِذَا عَاهَدتُّمْ﴾ [النحل: ٩١]. وَقَالَ تَعَالَى: ﴿يَا أَيُّهَا الَّذِينَ آمَنُوا أَوْفُوا بِالْعُقُودِ﴾ [المائدة: ١]. وَقَالَ تَعَالَى: ﴿يَا أَيُّهَا الَّذِينَ آمَنُوا لِمَ تَقُولُونَ مَا لَا تَفْعَلُونَ، كَبُرَ مَقْتاً عِندَ اللَّهِ أَن تَقُولُوا مَا لَا تَفْعَلُونَ﴾ [الصف: ٢، ٣].

٦٨٩ - عَنْ أَبِي هُرَيْرَةَ رَضِيَ اللهُ عَنْهُ، أَنَّ رَسُولَ اللهِ ﷺ قَالَ: «آيَةُ الْمُنَافِقِ ثَلَاثٌ: إِذَا حَدَّثَ كَذَبَ، وَإِذَا وَعَدَ أَخْلَفَ، وَإِذَا اؤْتُمِنَ خَانَ». مُتَّفَقٌ عَلَيْهِ.

زَادَ فِي رِوَايَةٍ لِمُسْلِمٍ: «وَإِنْ صَامَ وَصَلَّى وَزَعَمَ أَنَّهُ مُسْلِمٌ».

٦٩٠ - وَعَنْ عَبْدِ اللهِ بْنِ عَمْرِو بْنِ الْعَاصِ رَضِيَ اللهُ عَنْهُمَا، أَنَّ رَسُولَ اللهِ ﷺ قَالَ: «أَرْبَعٌ مَنْ كُنَّ فِيهِ كَانَ مُنَافِقاً خَالِصاً. وَمَنْ كَانَتْ فِيهِ خَصْلَةٌ مِنْهُنَّ كَانَتْ فِيهِ

ich zu spät zu meiner Mutter nach Hause kam, fragte sie mich: "Was hat dich aufgehalten?" Ich sagte: "Der Gesandte Allahs (s) hat mich beauftragt, etwas für ihn zu erledigen." Sie fragte: "Was war das?" Ich sagte: "Das ist ein Geheimnis." Da sagte sie: "Erzähle niemandem das Geheimnis des Gesandten Allahs (s)!"
Anas (r) sagte: Bei Allah, wenn ich es jemandem erzählen dürfe, würde ich es dir erzählen."
(Muslim)
Al-Bukhâri überliefert eine Zusammenfassung davon.

Kapitel 3
Halten von Versprechen

Qur'ân: Allah, der Erhabene, spricht:
"Und haltet das Versprechen ein. Wahrlich, für (die Einhaltung) des Versprechens wird Rechenschaft gefordert." (17:34)
"Und haltet den Bund Allahs, wenn ihr ihn eingegangen seid..." (16:91)
"Oh die ihr glaubt! Erfüllt (alle eure) Verpflichtungen!.." (5:1)
"Oh die ihr glaubt, warum sagt ihr, was ihr nicht tut? Höchst verabscheuenswert ist vor Allah, dass ihr sagt, was ihr nicht tut." (61:2-3)

Hadith 689 ist eine Wiederholung von Hadith Nr. 201.

Hadith 690: Abdullâh ibn Amru ibn al-Âs (r) berichtet, dass der Gesandte Allahs (s) sagte: "Es gibt vier Eigenschaften, die, wenn sie in einer Person zu finden sind, sie zu einem vollkommenen Heuchler machen. Wenn sich eines dieser Merkmale bei einer Person findet, besitzt sie ein Merkmal der Heuchelei, bis sie davon ablässt. Diese vier Eigenschaften eines Heuchlers sind:
1) Wenn ihm etwas anvertraut wird, verrät er es,
2) wenn er spricht, lügt er,
3) wenn er etwas verspricht, hält er es nicht, und
4) wenn er streitet, wird er ausfällig."
(Al-Bukhâri und Muslim)

خَصْلَةٌ مِنَ النِّفَاقِ حَتَّى يَدَعَهَا: إِذَا اؤْتُمِنَ خَانَ، وَإِذَا حَدَّثَ كَذَبَ، وَإِذَا عَاهَدَ غَدَرَ، وَإِذَا خَاصَمَ فَجَرَ». متفقٌ عليه.

٦٩١ - وعن جابرٍ رضي الله عنه قال: قال لِي النبيُّ ﷺ: «لَوْ قَدْ جَاءَ مَالُ البَحْرَيْنِ قَدْ أَعْطَيْتُكَ هَكَذَا وَهَكَذَا وَهَكَذَا» فَلَمْ يَجِيءْ مَالُ البَحْرَيْنِ حَتَّى قُبِضَ النَّبِيُّ ﷺ، فَلَمَّا جَاءَ مَالُ البَحْرَيْنِ أَمَرَ أَبُو بَكْرٍ رَضِيَ اللَّهُ عنه فَنَادَى: مَنْ كَانَ لَهُ عِنْدَ رسولِ اللَّهِ ﷺ عِدَةٌ أَوْ دَيْنٌ فَلْيَأْتِنَا. فَأَتَيْتُهُ وَقُلْتُ لَهُ: إِنَّ النبيَّ ﷺ قال لي كَذَا وَكَذَا، فَحَثَى لِي حَثْيَةً، فَعَدَدْتُهَا، فَإِذَا هِيَ خَمْسُمِائَةٍ، فقال لِي: خُذْ مِثْلَيْهَا. متفقٌ عليه.

٢ - ٤ - باب المحافظة على مَا اعتاده من الخير

قال اللَّهُ تعالى: ﴿أَنَّ اللَّهَ لَا يُغَيِّرُ مَا بِقَوْمٍ حَتَّى يُغَيِّرُوا مَا بِأَنْفُسِهِمْ﴾ [الرعد: ١١]. وقال تعالى: ﴿وَلَا تَكُونُوا كَالَّتِي نَقَضَتْ غَزْلَهَا مِنْ بَعْدِ قُوَّةٍ أَنْكَاثًا﴾ [النحل: ٩٢].

«وَالأَنْكَاثُ»: جَمْعُ نِكْثٍ، وَهُوَ الغَزْلُ المَنْقُوضُ.

وقال تعالى: ﴿وَلَا تَكُونُوا كَالَّذِينَ أُوتُوا الْكِتَابَ مِنْ قَبْلُ فَطَالَ عَلَيْهِمُ الْأَمَدُ فَقَسَتْ قُلُوبُهُمْ﴾ [الحديد: ١٦]. وقال تعالى: ﴿فَمَا رَعَوْهَا حَقَّ رِعَايَتِهَا﴾ [الحديد: ٢٧].

٦٩٢ - وعن عبدِ الله بن عمرو بن العاص رضي الله عنهما قال: قال لي رسولُ اللَّهِ ﷺ: «يَا عَبْدَ اللَّهِ، لَا تَكُنْ مِثْلَ فُلَانٍ، كَانَ يَقُومُ اللَّيْلَ فَتَرَكَ قِيَامَ اللَّيْلِ!». متفقٌ عليه.

2. Buch des Benehmens

Hadith 691: Dschâbir (r) berichtet, dass der Prophet (s) zu ihm sagte: "Wenn ich das Geld aus Bahrain bekomme, gebe ich dir soundso viel." (Nach der Version von Al-Bukhâri reichte der Prophet dabei beide Hände, als ob er damit schöpfen würde.)
Doch bevor ihn das Geld aus Bahrain erreichte, starb der Prophet (s). Als das Geld eintraf, verkündete (der Kalif) Abu Bakr (r), dass jeder, dem der Prophet (s) etwas zu zahlen versprochen hatte oder dem er etwas schulde, kommen solle. Also ging ich zu ihm und sagte, dass der Prophet mir das und das versprochen habe. Abu Bakr (r) nahm daraufhin mit beiden Hände von dem Geld und gab es mir. Als ich es zählte, waren es 500. Da sagte er mir: "Nimm noch zweimal so viel."
(Al-Bukhâri und Muslim)

Kapitel 4
Beibehaltung guter Gewohnheiten

Qur'ân: Allah, der Erhabene, spricht:
"Wahrlich, Allah ändert den Zustand, in dem sich ein Volk befindet, nicht, ehe sie sich selbst verändert haben." (13:11)
"Und seid nicht wie jene, die ihr Gesponnenes wieder aufdröselt, nachdem es zu einem festen Faden versponnen war, indem ihr eure Eide zum Mittel gegenseitigen Betrugs macht, (weil ihr meint), dass die eine Gemeinschaft der anderen überlegen sei an Zahl und Macht..." (16:92)
"Ist es nicht für die Gläubigen an der Zeit, dass sich ihre Herzen beim Gedenken Allahs und der Wahrheit, die (ihnen) offenbart wurde, demütigen, damit sie nicht wie jene werden, denen zuvor das Buch gegeben wurde. Doch die Zeit ging über sie hin und ihre Herzen wurden hart, und viele von ihnen sind Frevler." (57:16).
"... aber sie befolgten (Unser Gebot) nicht auf rechte Weise." (57:27)

Hadith 692 ist eine Wiederholung von Hadith Nr. 155.

2 - 5 - باب استحباب طيب الكلام وطلاقة الوَجه عند اللقاء

قال اللَّهُ تعالى: ﴿واخْفِضْ جَنَاحَكَ لِلْمُؤْمِنِينَ﴾ [الحجر: ٨٨]. وقال تعالى: ﴿وَلَوْ كُنْتَ فَظًّا غَلِيظَ القَلْبِ لانْفَضُّوا مِنْ حَوْلِكَ﴾. [آل عمران: ١٥٩].

٦٩٣ - عَنْ عَدِيِّ بنِ حَاتِم رضي الله عنه قال: قال رسول الله ﷺ: «اتَّقُوا النَّارَ وَلَوْ بِشِقِّ تَمْرَةٍ فَمَنْ لَمْ يَجِدْ فَبِكَلِمَةٍ طَيِّبَةٍ». متفقٌ عليه.

٦٩٤ - وعن أبي هريرة رضي الله عنه، أن النبيَّ ﷺ قال: «وَالكَلِمَةُ الطَّيِّبَةُ صَدَقَةٌ». متفقٌ عليه. وهو بعض حديث تقدم بطوله.

٦٩٥ - وعن أبي ذَرٍّ رضي الله عنه قال: قال لي رسول الله ﷺ: «لا تَحْقِرَنَّ مِنَ المَعْرُوفِ شَيْئاً، وَلَوْ أَنْ تَلْقَى أَخَاكَ بِوَجْهٍ طَلِيقٍ». رواه مسلم.

2 - 6 - باب استحباب بَيان الكلام وإيضاحه للمخاطب وتكريره ليفهم إذا لم يفهم إلا بذلك

٦٩٦ - عن أنس رضي الله عنه أن النبي ﷺ كانَ إذا تَكَلَّمَ بِكَلِمَةٍ أَعَادَها ثَلاثاً حَتَّى تُفْهَمَ عَنْهُ، وَإِذَا أَتَى عَلَى قَوْمٍ فَسَلَّمَ عَلَيْهِمْ سَلَّمَ عَلَيْهِمْ ثَلاثاً. رواه البخاري.

٦٩٧ - وعن عائشة رضي الله عنها قالت: كَانَ كَلامُ رسولِ اللَّهِ ﷺ كَلاماً فَصْلاً يَفْهَمُهُ كُلُّ مَنْ يَسْمَعُهُ. رواه أبو داود.

2. Buch des Benehmens

Kapitel 5
Verlangen, jemandem mit gutem Wort und freundlichem Gesicht zu begegnen

Qur'ân: Allah, der Erhabene, spricht:
"Und senke deinen Fittich (in Barmherzigkeit) auf die Gläubigen." (15:88)
"Und wenn du schroff und hartherzig gegen sie gewesen wärst, so hätten sie sich von dir abgewandt." (3:159)

Hadith 693: Adî ibn Hâtim (r) berichtet, dass der Gesandte Allahs (s) sagte: "Schützt euch vor dem Feuer der Hölle, auch wenn es nur mit einer halben Dattel (als Almosen) ist; und wer nicht einmal das findet, sollte wenigstens ein gutes Wort sprechen."
(Al-Bukhâri und Muslim)

Hadith 694: Abu Huraira (r) berichtet, dass der Prophet (s) sagte: "(Sogar) ein freundliches Wort ist *Sadaqa*."
(Al-Bukhâri und Muslim)
Dies ist ein Auszug aus einem längeren Hadith.[182]

Hadith 695 ist eine Wiederholung von Hadith Nr. 121.

Kapitel 6
Verlangen nach deutlicher Sprache und danach, dem Zuhörer das, was man sagen will, falls nötig, zu erklären, auseinanderzusetzen und zu wiederholen,

Hadith 696: Anas (r) berichtet, dass der Prophet (s) seine Worte dreimal zu wiederholen pflegte, damit sie voll verstanden wurden; und wenn er an Leuten vorbeikam und sie grüßte, wiederholte er seinen Gruß immer dreimal."
(Al-Bukhâri)

Hadith 697: Âischa (r) berichtet, dass der Gesandte Allahs (s) immer in deutlicher Sprache zu sprechen pflegte, so dass sie von jedem, der sie hörte, verstanden wurde."
(Abu Dâwûd)

---
[182] Siehe Hadith Nr. 122.

٢ - ٧ - باب إصغاء الجليس لحديث جليسه الَّذي ليس بحرام واستنصات العالم والواعظ حاضري مجلسه

٦٩٨ - عن جَرير بن عبدِ اللَّهِ رضي الله عنه قال: قال لي رسول الله ﷺ في حَجَّةِ الوَدَاع: «استَنصِتِ النَّاسَ» ثُمَّ قال: «لا تَرجِعُوا بَعدي كُفَّاراً يَضرِبُ بَعضُكُم رِقَابَ بَعضٍ». متفقٌ عليه.

٢ - ٨ - باب الوَعظ والاقتصاد فيه

قال الله تعالى: ﴿ادعُ إلى سَبيلِ رَبِّكَ بالحِكمةِ المَوعِظَةِ الحَسَنَةِ﴾ [النحل: ١٢٥].

٦٩٩ - عن أبي وَائِلٍ شَقيقِ بن سَلَمَةَ قال: كَانَ ابنُ مَسعُودٍ رضي اللَّهُ عنه يُذَكِّرُنَا في كُلِّ خَميسٍ، فَقَالَ لَهُ رَجُلٌ: يَا أَبَا عَبدِ الرَّحمٰنِ، لَوَدِدتُ أَنَّكَ ذَكَّرتَنَا كُلَّ يَومٍ، فقال: أَمَا إنَّهُ يَمنَعُني مِن ذٰلِكَ أَنِّي أَكرَهُ أَن أُمِلَّكُم وَإنِّي أَتَخَوَّلُكُم بِالمَوعِظَةِ كَمَا كَانَ رسولُ اللَّهِ ﷺ يَتَخَوَّلُنَا بِهَا مَخَافَةَ السَّآمَةِ عَلَينَا.

«يَتَخَوَّلُنَا»: يَتَعَهَّدُنَا.

٧٠٠ - وعن أبي اليَقظَانِ عَمَّارِ بن يَاسِرٍ رضي الله عنهما قال: سَمِعتُ رسولَ اللَّهِ ﷺ يقول: «إِنَّ طُولَ صَلاةِ الرَّجُلِ، وَقِصَرَ خُطبَتِهِ، مَئِنَّةٌ مِن فِقهِهِ، فَأَطِيلُوا الصَّلاةَ، وَاقصُرُوا الخُطبَةَ». رواه مسلم.

«مَئِنَّةٌ» بميم مفتوحة، ثم همزة مكسورة، ثم نون مشدّدة، أَي: عَلامَةٌ دَالَّةٌ عَلَى فِقهِهِ.

2. Buch des Benehmens

Kapitel 7
Dem Gesprächspartner zuzuhören, wenn es nichts Verbotenes ist, sowie Zuhören der Versammlungsteilnehmer, wenn ein Gelehrter oder Prediger redet

Hadith 698: Dscharîr ibn Abdullâh (r) berichtet, dass der Gesandte Allahs (s) auf der Abschiedspilgerfahrt zu ihm sagte: "Befiehl den Anwesenden mir gut zu zuhören!" Dann sagte er (s) zu den Anwesenden: "Wendet euch nach mir nicht Ungläubigen zu, indem ihr euch gegenseitig vernichtet."
(Al-Bukhâri und Muslim)

Kapitel 8
Maßhalten beim Predigen

Qur'ân: Allah, der Erhabene, spricht:
"Rufe zum Pfad deines Herrn mit Weisheit und schöner Ermahnung, und disputiere mit ihnen auf beste Art und Weise..." (16:125)

Hadith 699: Abu Wâil Schaqîq ibn Salama (r) berichtet: Ibn Mas'ûd (r) pflegte jeden Donnerstag zu uns zu sprechen. Einmal sagte ein Mann zu ihm: "Oh Abu Abdur-Rahmân! Ich wünschte, du könntest jeden Tag zu uns predigen." Er antwortete: "Was mich hindert, solches zu tun, ist die Furcht, ihr könntet es satt haben. Ich predige zu euch so, wie der Gesandte Allahs (s) zu uns zu predigen pflegte, damit wir es nicht satt haben würden."
(Al-Bukhâri und Muslim)

Hadith 700: Abul-Yaqzân Ammâr ibn Yâsir (r) berichtet, dass er den Gesandten Allahs (s) sagen hörte: "Das lange Gebet eines Mannes und die Kürze seiner Ansprachen sind gewiss Zeichen seiner Kenntnis. Lasst daher euer Gebet lang sein und eure Ansprachen kurz."
(Muslim)

٧٠١ - وعن مُعاويةَ بن الحَكَم السُّلَميِّ رضي الله عنه قال: بَيْنا أنا أصَلِّي مَعَ رسولِ اللَّهِ ﷺ، إذ عَطَسَ رَجُلٌ مِنَ القَوْمِ فَقُلْتُ: يَرْحَمُكَ الله، فَرَماني القَوْمُ بِأبْصارِهِمْ، فَقُلْتُ: واثُكْلَ أُمِّياهُ! ما شَأنُكُمْ تَنْظُرُونَ إلَيَّ؟ فَجَعَلُوا يَضْرِبُونَ بِأيديهِمْ عَلى أفْخاذِهِمْ! فَلَمَّا رَأيْتُهُمْ يُصَمِّتُونَنِي لَكِنِّي سَكَتُّ. فَلَمَّا صَلَّى رسولُ اللَّهِ ﷺ، فَبِأبي هُوَ وأُمِّي، ما رَأيْتُ مُعَلِّماً قَبْلَهُ وَلا بَعْدَهُ أحْسَنَ تَعْليماً مِنهُ، فَوَاللَّهِ ما كَهَرَني وَلا ضَرَبَني وَلا شَتَمَني، قال: «إنَّ هذه الصَّلاةَ لا يَصْلُحُ فيها شيءٌ مِنْ كَلامِ النَّاسِ، إنَّما هِيَ التَّسْبيحُ والتَّكْبِيرُ، وَقِراءَةُ القُرْآنِ» أو كَما قالَ رسولُ اللَّهِ ﷺ. قلتُ: يا رسولَ الله، إني حَدِيثُ عَهدٍ بجاهِلِيَّةٍ، وَقَدْ جاءَ اللَّهُ بالإسْلامِ، وَإنَّ مِنّا رِجالاً يَأتُونَ الكُهّانَ؟ قال: «فَلا تَأتِهِمْ»، قلتُ: ومنا رجالٌ يَتَطَيَّرُونَ؟ قال: «ذاكَ شيءٌ يَجِدُونَهُ في صُدُورِهِمْ، فَلا يَصُدَّنَّهُمْ». رواه مسلم.

«الثُّكْلُ» بضم الثاء المثلثة: المصيبةُ الفجيعةُ. «ما كَهَرَني» أي: ما نَهَرَني.

٧٠٢ - وعن العِرباضِ بن ساريةَ رضي الله عنه قال: وَعَظَنا رسولُ اللَّهِ ﷺ مَوْعِظَةً وَجِلَتْ مِنها القُلُوبُ، وَذَرَفَتْ مِنها العُيُونَ، وَذَكَرَ الحَدِيثَ، وَقَدْ سَبَقَ بكَمالِهِ في بابِ الأمرِ بالمُحافَظَةِ على السُّنَّةِ، وَذَكَرْنا أنَّ التِّرْمِذِيَّ قال: إنه حديث حسنٌ صحيحٌ.

٢ - ٩ - باب الوقار والسَّكينة

قال الله تعالى: ﴿وَعِبَادُ الرَّحْمَٰنِ الَّذِينَ يَمْشُونَ عَلَى الْأَرْضِ هَوْنًا وَإِذَا خَاطَبَهُمُ الْجَاهِلُونَ قَالُوا سَلَامًا﴾. [الفرقان: ٦٣].

٧٠٣ - عن عائشة رضي الله عنها قالتْ: ما رَأيْتُ رسولَ اللَّهِ ﷺ مُسْتَجْمِعاً قَطُّ ضاحِكاً، حَتَّى أرى مِنهُ لَهَواتِهِ، إنَّما كانَ يَتَبَسَّمُ. متفقٌ عليه.

«اللَّهَواتُ» جَمعُ لَهاةٍ: وَهيَ اللَّحْمَةُ التي في أقْصى سَقْفِ الفَمِ.

2. Buch des Benehmens

Hadith 701: Mu'âwiya ibn al-Hakam as-Sulami (r) erzählte: Als ich einmal mit dem Gesandten Allahs (s) betete, musste einer der Betenden niesen, woraufhin ich zu ihm "*Yarhamuk Allâh*"[183] sagte. Da warfen mir alle ärgerliche Blicke zu, und ich wusste nicht, was denn los sei. Also fragte ich: "Was schaut ihr mich denn so an?" Daraufhin begannen sie, mit den Händen gegen ihre Schenkel zu schlagen. Als ich bemerkte, dass sie mich zum Schweigen bringen wollten, wurde ich still. Als der Gesandte Allahs (s) das Gebet beendet hatte, kam dieser Vorfall zur Sprache. Mögen meine Eltern dem Propheten geopfert werden. Ich habe keinen besseren Lehrer vor ihm oder nach ihm gesehen, der besser gewesen wäre als er. Bei Allah, er hat mich weder zur Rede gestellt, noch geschlagen, noch geschimpft. Er sagte: "Beim Gebet sollte kein Gerede zu hören sein. Alles ist Lobpreis (durch die Worte *Subhân Allâh*) und Verherrlichung Allahs (durch die Worte *Allâhu akbar*) und Qur'ân-Rezitation." Ich sagte: "Oh Gesandter Allahs! Ich habe erst vor kurzem die Zeit der Unwissenheit (vor dem Islam) verlassen, und Allah hat uns den Islam geschickt, aber es gibt noch Leute unter uns, die Wahrsager besuchen." Er sagte: "Geh nicht zu ihnen!" Da sagte ich: "Einige von uns sind noch abergläubisch." Er sagte: "Das finden sie nur in ihren Herzen, doch es wird sie nicht hindern."
(Muslim)

Hadith 702 ist eine Wiederholung von Hadith Nr. 157.

Kapitel 9
Würde und Ruhe

Qur'ân: Allah, der Erhabene, spricht:
"Und die Diener des Allbarmherzigen sind jene, die sanftmütig auf Erden einhergehen, und wenn die Unwissenden sie ansprechen, sagen sie: 'Friede!'" (25:63)

Hadith 703: Âischa (r) berichtet: Niemals sah ich den Gesandten Allahs (s) übertrieben laut lachen, so dass man sein Gaumenzäpfchen sehen konnte. Er pflegte einfach nur zu lächeln.
(Al-Bukhâri und Muslim)

---
[183] Auf Deutsch bedeutet dies: "Allah habe Erbarmen mit dir!"

2 - 10 - باب الندب إلى إتيان الصّلاة والعِلم ونحوهما من العبادات بالسكينة والوقار

قال الله تعالى: ﴿وَمَن يُعَظِّمْ شَعَائِرَ اللَّهِ فَإِنَّهَا مِن تَقْوَى الْقُلُوبِ﴾ [الحج: ٣٢].

٧٠٤ - وعن أبي هريرة رضي الله عنه قال: سمعتُ رسولَ اللهِ ﷺ يقول: «إذا أُقِيمَتِ الصَّلاةُ، فَلا تَأْتُوها وَأَنْتُمْ تَسْعَوْنَ، وَأْتُوهَا وَأَنْتُمْ تَمْشُونَ، وَعَلَيْكُمُ السَّكِينَةَ، فَمَا أَدْرَكْتُمْ فَصَلُّوا، وَمَا فَاتَكُمْ فَأَتِمُّوا». متفق عليه.

زاد مسلم في روايةٍ له: «فَإِنَّ أَحَدَكُمْ إذا كانَ يَعْمِدُ إلى الصَّلاةِ فَهُوَ في صَلاةٍ».

٧٠٥ - وعن ابن عباس رضي اللَّه عنهما، أنَّهُ دَفَعَ مَعَ النَّبيِّ ﷺ يَوْمَ عَرَفَةَ فَسَمِعَ النَّبيُّ ﷺ وَرَاءَهُ زَجْراً شَدِيداً وَضَرْباً وَصَوْتاً للإبِلِ، فَأَشَارَ بِسَوْطِهِ إِلَيْهِمْ وقال: «أَيُّهَا النَّاسُ عَلَيْكُمْ بِالسَّكِينَةِ فَإِنَّ الْبِرَّ لَيْسَ بِالإيضَاعِ». رواه البخاري، وروى مسلم بعضه.

«البِرُّ»: الطَّاعَةُ. «وَالإيضَاعُ» بِضَادٍ معجمةٍ قبلها ياءٌ وهمزةٌ مكسورةٌ، وَهُوَ: الإسْرَاعُ.

2 - 11 - باب إكرام الضّيف

قال اللَّهُ تعالى: ﴿هَلْ أَتَاكَ حَدِيثُ ضَيْفِ إِبْرَاهِيمَ الْمُكْرَمِينَ، إِذْ دَخَلُوا عليه فَقَالُوا سَلاماً، قالَ قَوْمٌ مُنْكَرُونَ، فَرَاغَ إلى أَهْلِهِ فَجَاءَ بِعِجْلٍ سَمِينٍ، فَقَرَّبَهُ إليهم قَالَ: أَلا تَأْكُلُونَ﴾ [الذاريات: ٢٤ - ٢٧]. وقال تعالى: ﴿وَجَاءَهُ قَوْمُهُ يُهْرَعُونَ

2. Buch des Benehmens

Kapitel 10
Vorzug, mit Ruhe und Würde zu Gebet, Wissen oder anderen Arten des Gottesdienstes zu kommen

Qur'ân: Allah, der Erhabene, spricht:
"Und wer die heiligen Stätten und Riten Allahs in Ehren hält, so ist dies ein Zeichen von Frömmigkeit des Herzens." (22:32)

Hadith 704: Abu Huraira (r) berichtet, dass er den Gesandten Allahs (s) sagen hörte: "Wenn das Gebet begonnen hat, kommt nicht zum Gebet gerannt, sondern geht in Ruhe und betet, was ihr erreicht habt, und holt nach, was ihr versäumt habt."
(Al-Bukhâri und Muslim)
Muslim ergänzt in seiner Version: "Denn gewiss, wenn einer von euch die Absicht zum Gebet gefasst hat, befindet er sich im Gebet."

Hadith 705: Ibn Abbâs (r) berichtet: Am Tag von Arafat ging ich mit dem Propheten (s). Da hörte der Prophet (s) hinter sich viele Drohungen und Schläge und Stimmen von Kamelen. Da zeigte er mit seiner Peitsche auf sie und sagte: "Oh ihr Menschen! Ich empfehle euch Ruhe! Denn mit Eile gibt es gewiss keine Frömmigkeit!"
(Al-Bukhâri und Muslim)

Kapitel 11
Ehrung des Gastes

Qur'ân: Allah, der Erhabene, spricht:
"Ist dir (nicht) die Geschichte von Abrahams geehrten Gästen (zu Ohren) gekommen? Als sie bei ihm eintraten und sprachen: 'Frieden.' Er antwortete: '(Euch) Frieden", (und dachte bei sich:) 'Fremde Leute.' Dann eilte er unbemerkt zu seiner Familie, brachte ein gemästetes Kalb herbei und setzte es ihnen vor. Er sprach: 'Wollt ihr nicht essen?'" (51:24-27)

إِلَيْهِ، وَمِن قَبْلُ كَانُوا يَعْمَلُونَ السَّيِّئَاتِ قالَ: يَا قَوْمِ هَؤُلَاءِ بَنَاتِي هُنَّ أَطْهَرُ لَكُمْ، فَاتَّقُوا اللَّهَ وَلَا تُخْزُونِ فِي ضَيْفِي أَلَيْسَ مِنكُمْ رَجُلٌ رَشِيدٌ﴾ [هود: ٧٨].

٧٠٦ - عن أبي هريرة رضي الله عنه، أنَّ النبيَّ ﷺ قال: «مَنْ كَانَ يُؤْمِنُ بِاللَّهِ وَاليَوْمِ الآخِرِ فَلْيُكْرِمْ ضَيْفَهُ، وَمَنْ كَانَ يُؤْمِنُ بِاللَّهِ وَاليَوْمِ الآخِرِ فَلْيَصِلْ رَحِمَهُ، وَمَنْ كَانَ يُؤْمِنُ بِاللَّهِ وَاليَوْمِ الآخِرِ فَلْيَقُلْ خَيْراً أَوْ لِيَصْمُتَ». متفقٌ عليه.

٧٠٧ - وعن أبي شُرَيْحٍ خُوَيْلِدِ بن عمرو الخُزَاعِيِّ رضي الله عنه قال: سمعتُ رسولَ اللَّهِ ﷺ يقول: «مَنْ كَانَ يُؤْمِنُ بِاللَّهِ وَاليَوْمِ الآخِرِ فَلْيُكْرِمْ ضَيْفَهُ جَائِزَتَهُ» قالوا: وما جَائِزَتُهُ يا رسولَ اللَّهِ؟ قال: «يَوْمُهُ وَلَيْلَتُهُ. وَالضِّيَافَةُ ثَلَاثَةُ أَيَّامٍ، فما كان وَرَاءَ ذلِكَ فهو صَدَقَةٌ عليهِ». متفقٌ عليه.

وفي روايةٍ لمسلمٍ: «لَا يَحِلُّ لِمُسْلِمٍ أَنْ يُقِيمَ عِنْدَ أَخِيهِ حَتَّى يُؤْثِمَهُ» قالوا: يا رسولَ اللَّهِ ﷺ، وكَيْفَ يُؤْثِمُهُ؟ قال: «يُقِيمُ عِنْدَهُ وَلَا شَيْءَ لَهُ يَقْرِيهِ بِهِ».

٢ - ١٢ - باب استحباب التبشير والتهنئة بالخير

قال اللَّهُ تعالى: ﴿فَبَشِّرْ عِبَادِ الَّذِينَ يَسْتَمِعُونَ الْقَوْلَ فَيَتَّبِعُونَ أَحْسَنَهُ﴾ [الزمر: ١٧ - ١٨]. وقال تعالى: ﴿يُبَشِّرُهُمْ رَبُّهُم بِرَحْمَةٍ مِّنْهُ وَرِضْوَانٍ وَجَنَّاتٍ لَّهُمْ فِيهَا نَعِيمٌ مُّقِيمٌ﴾ [التوبة: ٢١] وقال تعالى: ﴿وَأَبْشِرُوا بِالْجَنَّةِ الَّتِي كُنتُمْ تُوعَدُونَ﴾ [فصلت: ٣٠]. وقال تعالى: ﴿فَبَشَّرْنَاهُ بِغُلَامٍ حَلِيمٍ﴾ [الصافات: ١٠١]. وقال تعالى:

2. Buch des Benehmens

"Und sein Volk kam eilends zu ihm. Und schon vordem pflegten sie Übles zu tun. Er sprach (zu ihnen): 'Oh mein Volk! Hier sind meine Töchter; sie sind doch viel reiner für euch! So fürchtet also Allah und bringt mich nicht in Verlegenheit hinsichtlich meiner Gästen! Gibt es denn keinen einzigen vernünftigen Mann unter euch?'" (11:78)

Hadith 706 ist eine Wiederholung von Hadith Nr. 313.

Hadith 707: Abu Schuraih Khuwailid ibn Amru al-Khuzâ'i (r) berichtet: Ich hörte den Gesandten Allahs (s) folgendes sagen: "Wer an Allah und den Jüngsten Tag glaubt, soll seinen Gast ehren, wie es ihm zusteht." Er wurde gefragt: "Oh Gesandter Allahs, was steht ihm zu?" Er sagte: "Sein Tag und seine Nacht (an denen er angekommen ist), und die Gastfreundschaft dauert drei Tage. Danach ist es *Sadaqa*."
(Al-Bukhâri und Muslim)

Und in einer anderen Version bei Muslim heißt es weiter: "Kein Muslim darf bei seinem Bruder so lange bleiben, bis er ihn in Sünde verwickelt." Er wurde gefragt: "Oh Gesandter Allahs, wie kann er ihn denn in Sünde verwickeln?" Er antwortete: "Wenn er so lange bei ihm bleibt, bis dieser nichts mehr findet, was er ihm anbieten könnte."

Kapitel 12
Verlangen, frohe Botschaft zu bringen und bei Gutem zu gratulieren

Qur'ân: Allah, der Erhabene, spricht:
"Verkünde also Meinen Dienern frohe Botschaft, die auf das Wort hören und dem Besten davon folgen." (39:17-18)
"Ihr Herr verheißt ihnen (eine besondere) Gnade von Ihm selbst und Wohlgefallen und Gärten, in denen immerwährende Gnadenfülle ist." (9:21)
"... und freut euch des Paradieses, das euch versprochen wurde." (41:30)
"Darauf gaben Wir ihm (Abraham) die frohe Kunde von einem sanftmütigen Sohn." (37:101)

﴿وَلَقَدْ جَاءَتْ رُسُلُنَا إِبْرَاهِيمَ بِالْبُشْرَى﴾ [هود: ٦٩]. وقال تعالى: ﴿وَامْرَأَتُهُ قَائِمَةٌ فَضَحِكَتْ فَبَشَّرْنَاهَا بِإِسْحَاقَ وَمِنْ وَرَاءِ إِسْحَاقَ يَعْقُوبَ﴾ [هود: ٧١]. وقال تعالى: ﴿فَنَادَتْهُ الْمَلَائِكَةُ وَهُوَ قَائِمٌ يُصَلِّي فِي الْمِحْرَابِ أَنَّ اللَّهَ يُبَشِّرُكَ بِيَحْيَى﴾ [آل عمران: ٣٩]. وقال تعالى: ﴿إِذْ قَالَتِ الْمَلَائِكَةُ يَا مَرْيَمُ إِنَّ اللَّهَ يُبَشِّرُكِ بِكَلِمَةٍ مِنْهُ اسْمُهُ الْمَسِيحُ﴾ [آل عمران: ٤٥] الآية، والآيات في الباب كثيرة معلومة.

وأما الأحاديث فكثيرة جداً، وهي مشهورة في الصحيح، منها:

٧٠٨ - عن أبي إبراهيمَ، ويُقالُ أبو محمد، ويقال أبو مُعَاوِيةَ، عَبدِ اللَّهِ بن أبي أوْفى رضي الله عنه، أنَّ رسولَ اللَّهِ ﷺ بَشَّرَ خديجَةَ، رضي الله عنها، بِبَيْتٍ في الجَنَّةِ مِنْ قَصَبٍ، لا صَخَبَ فيهِ ولا نَصَبَ. متفقٌ عليه.

«القَصَبُ» هُنَـا: اللُّــؤْلُــؤُ المُجَــوَّفُ. «والصَّخَبُ»: الصِّيَـاحُ واللَّغَـطُ. «والنَّصَبُ»: التَّعَبُ.

٧٠٩ - وعن أبي موسى الأشعريِّ رض الله عنه، أنَّهُ تَوَضَّأَ في بيْتِهِ، ثُمَّ خَرَجَ فقال: لأَلْزَمَنَّ رسولَ اللَّهِ ﷺ، وَلأَكُونَنَّ مَعَهُ يَومي هذا، فجاءَ المَسجِدَ، فَسَأَلَ عَنِ النَّبيِّ ﷺ، فَقَالوا: خَرَجَ وَوَجَّهَ ههُنا، قال: فَخَرَجْتُ عَلى أَثرهِ أَسْأَلُ عَنْهُ، حَتَّى دَخَلَ بِئْرَ أَرِيسٍ، فَجَلَسْتُ عِنْدَ البَابِ وبَابُهَا مِنْ جَرِيدٍ حَتَّى قَضى رسولُ اللَّهِ ﷺ حاجَتَهُ وتوضَّأَ، فَقُمْتُ إِلَيْهِ، فَإِذا هُوَ قَدْ جَلَسَ عَلى بِئْرِ أَريسٍ، وَتَوَسَّطَ قُفَّها، وَكَشَفَ عَنْ ساقَيهِ وَدَلَّاهُمَا في البِئرِ، فَسَلَّمْتُ عَلَيهِ ثُمَّ انصَرَفْتُ، فَجَلَسْتُ عِندَ البَابِ فقُلْتُ: لأَكُونَنَّ بَوَّابَ رَسُولِ اللَّهِ ﷺ اليَومَ، فجاءَ أَبُو بَكرٍ رضي اللَّهُ فَدَفَعَ البَابَ، فَقُلْتُ: مَنْ هذا؟ فَقَالَ: أَبُو بَكرٍ، فَقُلْتُ: عَلى رِسْلِكَ، ثُمَّ ذَهَبْتُ فَقُلْتُ:

2. Buch des Benehmens

"Und fürwahr, Unsere Gesandten kamen seinerzeit zu Abraham mit froher Botschaft..." (11:69)
"... Und seine Frau, die dabeistand, lachte. Darauf brachten Wir ihr die frohe Botschaft von Isaak, und über Isaak hinaus von Jakob." (11:71)
"Darauf riefen ihm die Engel, während er betend in der Kammer stand: 'Wahrlich, Allah verkündet dir die frohe Botschaft von Johannes...'" (3:39)
"Als die Engel sagten: 'Oh Maria, Allah verkündet dir wahrlich die Botschaft eines Wortes von Ihm. Sein Name soll sein Messias Jesus, Sohn der Maria, hochgeachtet in dieser Welt und im Jenseits und einer von jenen, die (Gott) nahe sind.'" (3:45)
Zu diesem Thema gibt es noch viele bekannte Qur'ânverse.

Die Hadithe zu diesem Thema sind sehr zahlreich und aus den *Sahîh*-Werken bekannt. Unter diesen sind folgende:

Hadith 708: Abdullâh ibn Abi Aufâ (r) berichtet, dass der Gesandte Allahs (s) Khadîdscha (r) die frohe Botschaft von einem Haus im Paradies brachte, das aus Perlen gebaut sei, und in welchem es weder Lärm noch Mühe gebe."
(Al-Bukhâri und Muslim)

Hadith 709: Abu Mûsâ al-Asch'ari (r) berichtet, dass er einmal, als er zu Hause seine Waschungen gemacht hatte, herauskam und beschloss, er wolle diesen Tag den Gesandten Allahs (s) begleiten und den Tag in seiner Gesellschaft verbringen. So kam er also zur Moschee und fragte nach dem Propheten (s), und man sagte ihm: "Er ist in diese Richtung gegangen."
Abu Mûsâ fährt fort: Ich folgte seiner Spur und fragte nach ihm, bis ich zum Brunnen Arîs, kam. Ich setzte mich an die Tür, bis der Gesandte Allahs (s) sein Geschäft verrichtet und seine Waschung vollendet hatte. Dann ging ich zu ihm, als er am Brunnens saß, seine Kleidung bis zu den Knien hochgezogen und seine Füße im Brunnen baumelnd. Ich begrüßte ihn und kehrte zur Tür zurück, setzte mich an die Tür und sagte: "Heute werde ich der Türwächter des Propheten (s) sein." Bald darauf kam Abu Bakr (r) und klopfte an die Tür. Ich fragte: "Wer ist da?" Er sagte: "Abu Bakr." Ich sagte: "Warte bitte." Dann ging ich zum Propheten (s) und sagte: "Oh Gesandter Allahs, Abu Bakr ist gekommen und bittet um Erlaubnis hereinzukommen." Er (s) sagte: "Lass ihn herein und übermittle ihm die frohe Botschaft vom Paradies." Ich ging zur Tür und sagte zu Abu

يا رَسولَ اللَّهِ، هذا أبُو بَكرٍ يَستأذِنُ؟ فَقالَ: «ائْذَنْ لهُ وَبَشِّرْهُ بالجَنَّةِ» فَأَقْبَلْتُ حتَّى قُلْتُ لأبي بَكرٍ: ادْخُلْ، ورَسولُ اللَّهِ يُبَشِّرُكَ بالجَنَّةِ، فَدَخَلَ أبُو بَكْرٍ فَجلَسَ عَنْ يَمِينِ النَّبيِّ ﷺ مَعَهُ في القُفِّ، وَدَلَّى رِجلَيهِ في البِئْرِ كَما صَنَعَ رَسولُ اللَّهِ ﷺ، وَكَشَفَ عَنْ ساقَيهِ، ثُمَّ رَجَعْتُ وَجَلَسْتُ، وقَد تَرَكْتُ أخي يَتوَضَّأُ وَيَلْحَقُني، فَقُلْتُ: إنْ يُرِدِ اللَّهَ بفُلانٍ يُرِيدُ أخاهُ خَيراً يَأتِ بهِ، فَإذا إنْسانٌ يُحَرِّكُ البابَ، فَقُلْتُ: مَن هذا؟ فَقَالَ: عُمَرُ بنُ الخَطَّابِ. فَقُلتُ: عَلى رِسْلِكَ، ثُمَّ جِئْتُ إلى رَسُولِ اللَّهِ ﷺ، فَسَلَّمْتُ عَلَيهِ وَقُلْتُ: هذا عُمَرُ يَسْتَأذِنُ؟ فَقالَ: «ائْذَنْ لَهُ وَبَشِّرْهُ بالجَنَّةِ» فَجِئْتُ عُمَرَ، فَقُلْتُ: أذِنَ ويُبَشِّرُكَ رَسولُ اللَّهِ ﷺ بالجَنَّةِ، فَدَخَلَ فَجَلَسَ مَعَ رَسولِ اللَّهِ ﷺ في القُفِّ عَنْ يَسارِهِ، وَدَلَّى رِجلَيهِ في البِئْرِ، ثُمَّ رَجَعْتُ فَجَلَسْتُ فَقُلْتُ: إنْ يُرِدِ اللهُ بفُلانٍ خَيراً - يَعْني أخاهُ - يَأْتِ بهِ، فَجاءَ إنْسانٌ فَحَرَّكَ البابَ. فَقُلْتُ: مَنْ هذا؟ فَقالَ: عُثْمانُ بنُ عَفَّانَ فَقُلْتُ: عَلى رِسْلِكَ، وجِئْتُ النَّبيَّ ﷺ، فَأخْبَرْتُهُ فَقالَ: «ائْذَنْ لَهُ وَبَشِّرْهُ بِالجَنَّةِ مَعَ بَلْوَى تُصِيبُهُ» فَجِئْتُ فَقُلْتُ: ادْخُلْ ويُبَشِّرُكَ رَسُولُ اللَّهِ ﷺ بالجَنَّةِ مَعَ بَلْوَى تُصِيبُكَ، فَدَخَلَ فَوَجَدَ القُفَّ قَدْ مُلِيءَ، فَجَلَسَ وُجاهَهُمْ مِنَ الشِّقِّ الآخَرِ. قالَ سَعِيدُ بنُ المَسَيِّبِ: فَأَوَّلْتُها قُبورَهُمْ. متفقٌ عليه.

وزادَ في روايةٍ: وأمَرَني رسولُ اللَّهِ ﷺ بحِفْظِ البابِ. وفيها: أنَّ عُثْمانَ حينَ بَشَّرَهُ حَمِدَ اللَّهَ تعالى، ثُمَّ قالَ: اللَّهُ المُسْتَعانُ.

قوله: «وَجَّهَ» بفتح الواو وتشديد الجيم، أيْ: تَوَجَّهَ. وقوله: «بِئْرِ أرِيسٍ»: هو بفتحِ الهمزةِ وكسرِ الراءِ، وبَعْدَها ياءٌ مثنَّاةٌ من تحتُ ساكِنَةٌ، ثُمَّ سِينٌ مهملَةٌ، وهو مصروفٌ، ومنهم مَنْ مَنَعَ صَرْفَهُ. «والقُفُّ» بضم القافِ وتشديد الفاءِ: هُوَ المَبْنِيُّ حَوْلَ البِئْرِ. قوله: «عَلَى رِسْلِكَ» بكسر الراءِ على المشهور، وقيل بفتحها، أيْ: ارْفُقْ.

2. Buch des Benehmens

Bakr: "Bitte, komm herein! Der Gesandte Allahs (s) übermittelt dir die frohe Botschaft vom Paradies." Darauf kam Abu Bakr (r) herein, setzte sich zur Rechten des Propheten (s) und ließ seine Füße in den Brunnen baumeln, wobei er seine Kleidung bis zu den Knien hochzog, genau so wie es der Gesandte Allahs (s) getan hatte. Ich kehrte um, und setzte mich wieder. Als ich dort saß, dachte ich an meinen Bruder, der zu Hause gerade seine Waschungen gemacht hatte und mir folgen wollte. Ich dachte: 'Wenn Allah Gutes für ihn will, wird Er ihn gerade jetzt herbringen.' Inzwischen klopfte jemand an die Tür, und ich fragte: "Wer ist da?" Er sagte: "Umar ibn al-Khattâb." Ich sagte: "Warte bitte." Ich ging zum Gesandten Allahs (s), und nachdem ich ihn gegrüßt hatte sagte ich: "Umar (r) ist an der Tür und bittet um Erlaubnis (hereinzukommen)." Er sagte: "Lass ihn herein und übermittle ihm die frohe Botschaft vom Paradies." Ich ging zu Umar (r) zurück und sagte ihm: "Bitte, komm herein! Der Gesandte Allahs (s) übermittelt dir die frohe Botschaft vom Paradies." Umar kam herein, setzte sich zur Linken des Propheten und ließ seine Füße in den Brunnen baumeln. Ich kehrte um, setzte mich wieder und sagte mir: 'Wenn Allah für Soundso (meinen Bruder) Gutes wünscht, wird Er ihn hierher bringen.' Erneut wurde an die Tür geklopft, und ich fragte: "Wer ist da?" Er sagte: "Uthmân ibn Affân." Ich sagte: "Warte bitte." Und ich ging zum Propheten (s) und sagte ihm Bescheid. Er sagte: "Lass ihn herein, und übermittle ihm die frohe Botschaft vom Paradies und ein Unglück, das ihn treffen wird!" Ich ging und sagte ihm (Uthmân): "Bitte, komm herein! Der Gesandte Allahs (s) übermittelt dir die frohe Botschaft vom Paradies und ein Unglück, das dich treffen wird." Er kam herein und fand, dass der Brunnen besetzt war, und setzte sich auf die gegenüberliegende Seite.
Sa'îd ibn al-Masayyib verglich die Sitzordnung (des Propheten und seiner Gefährten) mit (der Anordnung von) ihren späteren Gräbern in Medina.[184] (Al-Bukhârî und Muslim)

In einer anderen Version heißt es weiter: Der Prophet (s) wies mich an, die Tür zu bewachen. Und es heißt auch, dass Uthmân (r), als er von der frohen Botschaft benachrichtigt wurde, Allah lobpries und sagte: "Allah ist der Helfer."

---

[184] Die Gräber von Abu Bakr und Umar liegen rechts bzw. links vom Grab des Propheten. Das Grab von Uthmân liegt dagegen abseits davon.

٧١٠ - وعن أبي هريرة رضي اللَّه عنه قال: كُنَّا قُعوداً حَوْلَ رسولِ اللَّه ﷺ، ومَعَنَا أبو بكر وعُمَر - رضي اللَّه عنهما - في نَفَرٍ، فقامَ رَسُولُ اللَّه ﷺ مِنْ بينِ أظْهُرِنَا فَأَبْطَأَ عَلَيْنَا، وَخَشِينَا أَن يُقْتَطَعَ دُونَنَا وَفَزِعْنَا فَقُمْنَا، فَكُنْتُ أَوَّلَ مَنْ فَزِعَ، فَخَرَجْتُ أَبْتَغِي رسولَ اللَّهِ ﷺ، حَتَّى أَتَيْتُ حَائِطاً لِلأَنصارِ لِبَنِي النَّجَّارِ، فَدُرْتُ بِهِ هَلْ أَجِدُ لَهُ بَاباً، فَلَمْ أَجِد، فإذا رَبِيعٌ يَدْخُلُ في جَوْفِ حَائِطٍ مِنْ بِئْرٍ خَارِجِةٍ، والرَّبِيعُ: الجَدْوَلُ الصَّغِيرُ فَاحْتَفَزْتُ، فَدَخَلْتُ عَلى رَسُولِ اللَّه ﷺ فقال: «أَبُو هُرَيْرَةَ؟» فقلتُ: نَعَم يَا رَسولَ اللَّه، قال: «مَا شَأْنُكَ؟» قلتُ: كُنْتَ بَينَ ظَهْرَيْنَا نَقُمْتَ فَأَبْطَأْتَ عَلَيْنَا، فَخَشِينَا أَن تُقْتَطَعَ دُونَنا، فَفَزِعْنَا، فَكُنْتُ أَوَّلَ مَنْ فَزِعَ، فَأَتَيْتُ هَذَا الحَائِطَ، فَاحْتَفَزْتُ كَمَا يَحْتَفِزُ الثَّعْلَبُ، وهؤلاءِ النَّاسُ وَرَائِي. فقالَ: «يَا أَبَا هُرَيْرَةَ» وَأَعْطَانِي نَعْلَيْهِ فقالَ: «اذْهَبْ بِنَعْلَيَّ هَاتَيْنِ، فَمَنْ لَقِيتَ مِنْ وَرَاءِ هَذَا الحَائِطِ يَشْهَدُ أَنْ لَا إِلَهَ إِلَّا اللَّهُ مُسْتَيْقِناً بِهَا قَلْبُهُ، فَبَشِّرْهُ بِالجَنَّةِ» وَذَكَرَ الحَدِيثَ بِطُولِهِ، رواه مسلم.

«الرَّبِيعُ»: النَّهرُ الصَّغِيرُ، وَهُوَ الجَدْوَلُ - بفتح الجيم - كَمَا فَسَّرَهُ في الحديثِ. وقوله: «احْتَفَزْتُ» رُوِيَ بالرَّاءِ وبالزَّايِ، ومعناهُ بالزَّاي: تَضَامَمْتُ وتَصَاغَرْتُ حَتَّى أَمْكَنَنِي الدُّخُولُ.

٧١١ - وعن ابن شُمَاسَةَ قال: حَضَرْنَا عَمْرَو بنَ العاصِ رضيَ اللَّه عنه، وَهُوَ في سِياقَةِ المَوْتِ فَبَكَى طَوِيلاً، وَحَوَّلَ وَجْهَهُ إلى الجِدَارِ، فَجَعَلَ ابْنُهُ يَقُولُ: يَا أَبَتَاهُ، أَمَا بَشَّرَكَ رَسُولُ اللَّهِ ﷺ بِكَذَا؟ أَمَا بَشَّرَكَ رَسُولُ اللَّهِ ﷺ بِكَذَا؟ فَأَقْبَلَ بِوَجْهِهِ فَقَالَ: إِنَّ أَفْضَلَ مَا نُعِدُّ شَهَادَةُ أَنْ لَا إِلَهَ إِلَّا اللَّهُ، وَأَنَّ مُحَمَّداً رسولُ اللَّهِ، إنِّي قَدْ كُنْتُ عَلَى أَطْبَاقٍ ثَلَاثٍ: لَقَدْ رَأَيْتُنِي وَمَا أَحَدٌ أَشَدَّ بُغْضاً لِرَسُولِ اللَّهِ ﷺ

2. Buch des Benehmens

Hadith 710: Abu Huraira (r) berichtet: Einst saßen wir um den Propheten (s) herum, und Abu Bakr und Umar waren auch mit uns (dabei), als der Prophet (s) aufstand und hinausging. Es verstrich eine beträchtliche Zeit, ohne daß er zu uns zurückkehrte, und wir befürchteten, daß ihm etwas passiert sein könnte. Als wir dies bemerkten, machten wir uns große Sorgen. Ich war der erste, der das spürte und aufbrach, ihn zu suchen. Ich kam zu einem Garten des Naddschâr-Stammes. Auf der Suche nach einem Zugang ging ich um den Garten, doch konnte ich keine Tür finden. Ich bemerkte jedoch einen kleinen Wasserzulauf, der von einem Brunnen in den Garten führte; dieser führte durch die Wand in den Garten. Ich zwängte mich durch die Öffnung und traf auf den Propheten (s), der, als er mich sah, sagte: "Abu Huraira?" Ich antwortete: "Ja, Oh Gesandter Allahs." Er fragte: "Was hat dich hierher geführt?" Ich antwortete: "Du warst bei uns, dann standst du auf und hast dich verspätet und wir bekamen Angst um dich. Ich war der erste, der das spürte und aufbrach, dich zu suchen, kam zu dieser Mauer und zwängte mich wie ein Wolf durch (die Mauer). Die anderen sind mir gefolgt." Er (s) gab mir seine Schuhe und sagte: "Abu Huraira, nimm meine Schuhe und verkünde jedem, den du hinter dieser Mauer triffst, und der aufrichtig versichert, dass es keinen Gott außer Allah gibt, die frohe Botschaft vom Paradies." Danach berichtete er den Hadith vollständig.
(Muslim)

Hadith 711: Ibn Schumâsa (r) berichtet: Einige von uns gingen, um nach Amru ibn al-Âs zu sehen, als er im Sterben lag. Er weinte lange Zeit und drehte dann sein Gesicht zur Wand. Sein Sohn sagte: "Oh Vater, brachte der Prophet (s) dir nicht die und die frohe Botschaft?" Da schaute er zu uns herüber und sagte: "Das beste, was wir vorbereiten können, ist das Zeugnis, dass es keinen Gott gibt außer Allah und dass Muhammad der Gesandte Allahs ist. Ich bin tatsächlich durch drei Stadien gegangen.
Eines war das Stadium, als ich der ärgste Feind des Gesandten Allahs (s) war und mir nichts lieber war, als selbst die Macht zu haben. Ich hätte ihn getötet. Wenn ich in der Verfassung gestorben wäre, wäre ich einer der Bewohner der Hölle gewesen.

مِنِّي، ولا أَحَبَّ إليَّ مِن أن أكونَ قد استَمكَنْتُ مِنهُ فَقَتَلتُهُ، فلَو مُتُّ على تِلكَ الحالِ لَكنتُ مِن أهلِ النّارِ، فَلَمَّا جَعَلَ اللهُ الإسلامَ في قَلبي أَتيتُ النبيَّ ﷺ فَقُلتُ: ابسُطْ يَمينَكَ فَلأُبايِعْكَ، فَبَسَطَ يَمينَهُ، فَقَبَضتُ يَدي، فقالَ: «يا عَمرو؟» قلت: أردتُ أن أَشتَرِطَ قال: «تَشتَرِطُ ماذا؟» قُلتُ: أن يُغفَرَ لي، قالَ: «أمَا عَلِمتَ أنَّ الإسلامَ يَهدِمُ ما كانَ قَبلَهُ؟ وأنَّ الهِجرةَ تَهدِمُ ما كانَ قَبلَها؟ وأنَّ الحَجَّ يَهدِمُ ما كانَ قَبلَهُ؟» وما كان أحدٌ أحَبَّ إليَّ مِن رسولِ اللهِ ﷺ، ولا أَجَلَّ في عَيني مِنهُ، وما كُنتُ أُطيقُ أن أَملأَ عَيني مِنهُ إجلالاً له؛ ولو سُئِلتُ أن أَصِفَهُ ما أَطَقتُ؛ لأنِّي لَم أكُن أَملأُ عَيني مِنهُ، ولو مُتُّ على تِلكَ الحالِ لَرَجَوتُ أن أكونَ مِن أهلِ الجَنَّةِ، ثم وَلِينا أشياءَ ما أدري ما حَالي فيها؟ فإذا أنا مُتُّ فلا تَصحَبني نائحةٌ ولا نارٌ، فإذا دفَنتُموني، فَشُنُّوا عليَّ التُّرابَ شَنًّا، ثم أَقيموا حَولَ قَبري قَدَرَ ما تُنحَرُ جَزُورٌ، ويُقسَمُ لَحمُها، حتَّى أَستَأنِسَ بِكُم، وأَنظُرَ ماذا أُراجِعُ بِه رسُلَ ربي. رواه مسلم.

قوله: «شُنُّوا» رُوِيَ بالشينِ المعجمةِ وبالمهلةِ، أي: صُبّوهُ قَليلاً قَليلاً. والله سبحانه أعلم.

٢ - ١٣ - باب وَداع الصّاحب وَوَصيّته عند فراقه لسفر وغيره والدعاء له وطلب الدعاء منه

قالَ اللهُ تعالى: ﴿وَوَصَّى بِهَا إِبْرَاهِيمُ بَنِيهِ وَيَعْقُوبُ يَا بَنِيَّ إِنَّ اللَّهَ اصْطَفَى لَكُمُ الدِّينَ فَلَا تَمُوتُنَّ إِلَّا وَأَنتُم مُّسْلِمُونَ، أَمْ كُنتُمْ شُهَدَاءَ إِذْ حَضَرَ يَعْقُوبَ الْمَوْتُ إِذْ قَالَ

2. Buch des Benehmens

Als Allah den Gedanken an den Islam in mein Herz senkte, kam ich zum Propheten (s) und sagte: "Bitte strecke deine rechte Hand aus, so dass ich dir huldigen kann." Er streckte seine rechte Hand aus, aber ich hielt meine Hand zurück. Er fragte: "Was hast du, Amru?" Ich sagte: "Ich habe eine Bedingung." Er sagte: "Was ist deine Bedingung?" Ich antwortete: "Dass mir vergeben wird." Er sagte: "Wusstest du nicht, dass der Islam alles auslöscht, was vorher (an Sünden) begangen wurde, und dass die Auswanderung (*Hidschra*) alles auslöscht, was vorher (an Sünden) begangen wurde, und dass die Pilgerfahrt (*Haddsch*) alles auslöscht, was vorher (an Sünden) begangen wurde?"

Von da an war niemand lieber für mich als der Gesandte, und es war keiner erhabener in meinen Augen als er; aus Hochachtung vor dem Propheten (s) konnte ich ihm nicht voll ins Gesicht sehen. Aus diesem Grunde wäre ich nicht fähig, ihn zu beschreiben, wenn ich danach gefragt würde, weil ich ihn nie lang genug angeschaut hatte. Wenn ich in dieser Zeit gestorben wäre, hätte ich ersehnt, einer der Bewohner des Paradieses zu sein.

Dann wurden wir zu Sachwaltern ernannt, und ich wusste nicht, wie Allah meine Arbeit beurteilen wird. Wenn ich sterbe, soll keine Klage oder Feuer mein Begräbnis begleiten. Und wenn man mich begraben hat, werft Staub und Erde nach und nach über mein Grab und bleibt um mein Grab so lange wie nötig, um ein Kamel zu schlachten und sein Fleisch zu verteilen, so dass ich Erleichterung von eurer Gegenwart erlangen möge und ich mich den Antworten zuwenden kann, die ich den Abgesandten meines Herrn zu geben haben werde."
(Muslim)

Kapitel 13
Abschied von einem Gefährten und Zurücklassen von Empfehlungen, wenn man ihn wegen einer Reise oder Anderem verlässt, sowie Bittgebete für ihn zu sprechen und von ihm zu erbitten

Qur'ân: Allah, der Erhabene, spricht:
"Und Abraham trug dieses Bekenntnis seinen Söhnen auf und (ebenso) Jakob (indem sie sprachen): 'Meine Söhne, Allah hat für euch die (wahre) Religion auserwählt, deshalb sterbt nicht anders als (Ihm) ergeben.' Oder

لِبَنِيهِ: مَا تَعْبُدُونَ مِنْ بَعْدِي قَالُوا: نَعْبُدُ إِلٰهَكَ وَإِلٰهَ آبَائِكَ إِبْرَاهِيمَ وَإِسْمَاعِيلَ وَإِسْحَاقَ إِلٰهاً وَاحِداً وَنَحْنُ لَهُ مُسْلِمُونَ﴾ [البقرة: ١٣٢، ١٣٣].

وأما الأحاديث: .

٧١٢ ـ فمنها حديثُ زيدِ بن أرْقَمَ رضيَ الله عنه ، الذي سبق في باب إكرام أهْلِ بيتِ رسولِ اللهِ ﷺ ، قال: قام رسولُ اللهِ ﷺ فينا خطيباً، فَحَمِدَ اللَّهَ، وَأَثْنَى عَلَيْهِ، وَوَعَظَ وَذَكَّرَ، ثُمَّ قال: «أَمَّا بَعْدُ، أَلَا أَيُّهَا النَّاسُ إِنَّمَا أَنَا بَشَرٌ يُوشِكُ أَنْ يَأْتِيَ رَسُولُ رَبِّي فَأُجِيبَ، وَأَنَا تَارِكٌ فِيكُمْ ثَقَلَيْنِ: أَوَّلُهُمَا: كِتَابُ اللَّهِ، فِيهِ الهُدَى وَالنُّورُ، فَخُذُوا بِكِتَابِ الله، وَاسْتَمْسِكُوا بِهِ» فَحَثَّ عَلَى كِتَابِ اللَّهِ، وَرَغَّبَ فِيهِ، ثُمَّ قال: «وَأَهْلُ بَيْتِي، أُذَكِّرُكُمُ الله فِي أَهْلِ بَيْتِي». رواه مسلم. وقد سَبَقَ بِطُوله.

٧١٣ ـ وعن أبي سُلَيْمَانَ مَالِكِ بنِ الحُوَيْرِثِ رضي الله عنه قال: أَتَيْنَا رسولَ اللَّهِ ﷺ وَنَحْنُ شَبَبَةٌ مُتَقَارِبُونَ، فَأَقَمْنَا عِنْدَهُ عِشْرِينَ لَيْلَةً، وكانَ رسولُ اللَّهِ ﷺ رَحِيماً رَفِيقاً، فَظَنَّ أَنَّا قَدِ اشْتَقْنَا أَهْلَنَا، فَسَأَلَنَا عَمَّنْ تَرَكْنَا مِنْ أَهْلِنَا، فَأَخْبَرْنَاهُ، فقال: «ارْجِعُوا إِلَى أَهْلِيكُمْ، فَأَقِيمُوا فِيهِمْ، وَعَلِّمُوهُمْ وَمُرُوهُمْ، وَصَلُّوا صَلَاةَ كَذَا فِي حِينِ كَذَا، وَصَلُّوا كَذَا فِي حِينِ كَذَا، فَإِذَا حَضَرَتِ الصَّلَاةُ فَلْيُؤَذِّنْ لَكُمْ أَحَدُكُمْ، وَلْيَؤُمَّكُمْ أَكْبَرُكُمْ». متفقٌ عليه.

زاد البخاري في رواية له: «وَصَلُّوا كَمَا رَأَيْتُمُونِي أُصَلِّي».

قوله: «رَحِيماً رَفِيقاً» رُوِيَ بفاءٍ وقافٍ، ورُوِيَ بقافين.

٧١٤ ـ وعن عُمَرَ بنِ الخطَّابِ رضيَ اللَّهُ عنه قال: اسْتَأْذَنْتُ النبيَّ ﷺ في العُمْرَةِ، فَأَذِنَ، وقال: «لَا تَنْسَنَا يَا أُخَيَّ مِنْ دُعَائِكَ». فقالَ كَلِمَةً مَا يَسُرُّنِي أَنَّ لِي بِهَا الدُّنْيَا.

وفي رواية قال: «أَشْرِكْنَا يَا أُخَيَّ فِي دُعَائِكَ» رواه أبو داود، والترمذي وقال: حديث حسن صحيح.

2. Buch des Benehmens

wart ihr (etwa) Zeugen, als sich bei Jakob der Tod einstellte (und) als er zu seinen Söhnen sagte: 'Wem werdet ihr nach mir dienen?' Da antworteten sie: 'Wir werden deinem Gott dienen, dem Gott deiner Väter Abraham, Ismael und Isaak, Einem Einzigen Gott, und Ihm sind wir ergeben.'" (2:132-133)

Hadith 712 ist eine Wiederholung von Hadith Nr. 350.

Hadith 713: Abu Sulaimân Mâlik ibn al-Huwairith (r) berichtet: Einst kamen wir zum Gesandten Allahs (s), um bei ihm zu bleiben; wir waren eine Gruppe junger Männer von etwa gleichem Alter, und wir blieben bei ihm 20 Tage lang. Er war barmherzig und freundlich und dachte, dass wir unsere Familien vermissten. Deshalb befragte er uns über unsere Familien. Wir antworteten ihm, worauf er sagte: "Kehrt zu euren Familien zurück, und bleibt bei ihnen und lehrt sie (die Religion) und gebietet ihnen, sie zu achten und die Gebete zu den vorgeschriebenen Zeiten zu verrichten. Wenn die Zeit für ein Gebet kommt, soll einer von euch zum Gebet rufen, und der älteste von euch soll das Gebet anführen."
(Al-Bukhâri und Muslim)

Al-Bukhâri fügt in seiner Version hinzu: "... und betet, wie ihr mich beten gesehen habt."

Hadith 714 ist eine Wiederholung von Hadith Nr. 373.

٧١٥ - وعن سالم بن عَبْدِ الله بن عُمَرَ أَنَّ عبدَ اللَّهِ بن عُمَرَ، رضي اللَّهُ عنهما كانَ يقُولُ للرَّجلِ إِذا أَرادَ سَفَراً: ادْنُ مِنِّي حَتَّى أُوَدِّعَكَ كَما كانَ رسولُ اللَّه ﷺ يُوَدِّعُنا، فَيَقُولُ: «أَسْتَوْدِعُ اللَّهَ دِينَكَ، وأَمانَتَكَ، وَخَواتِيمَ عَمَلِكَ». رواه الترمذي، وقال: حديث حسن صحيح.

٧١٦ - وعن عبدِ اللَّه بن يَزيدَ الخَطمِيِّ الصَّحابيِّ رضي الله عنه قال: كان رسولُ اللَّهِ ﷺ إِذا أَرادَ أَنْ يُوَدِّعَ الجَيشَ قال: «أَسْتَوْدِعُ اللَّهَ دِينكُمْ، وأَمانتكُمْ، وَخَواتِيمَ أعمَالِكُمْ».

حديث صحيح، رواه أبو داود وغيره بإسناد صحيح.

٧١٧ - وعن أنس رضي الله عنه قال: جاءَ رجلٌ إلى النبيِّ ﷺ فقال: يا رَسُولَ اللَّهِ، إني أُريدُ سَفَراً، فَزَوِّدْني، فقَالَ: «زَوَّدَكَ اللَّهُ التَّقْوَى» قال: زِدْني، قال: «وَغَفَرَ ذَنْبَكَ»، قال: زِدْني، قال: «وَيَسَّرَ لَكَ الخَيْرَ حَيْثُما كُنْتَ». رواه الترمذي وقال: حديث حسن.

٢ - ١٤ - باب الاستِخارة والمشاورة

قال اللَّهُ تعالى: ﴿وَشَاوِرْهُمْ فِي الْأَمْرِ﴾ [آل عمران: ١٥٩]، وقال تعالى: ﴿وَأَمْرُهُمْ شُورَى بَيْنَهُمْ﴾ [الشورى: ٣٨]. أي: يَتَشَاوَرُونَ بَيْنَهُمْ فِيهِ.

٧١٨ - عن جابر رضي الله عنه قال: كانَ رسولُ اللَّه ﷺ يُعَلِّمُنَا الاسْتِخارَةَ في

2. Buch des Benehmens

Hadith 715: Sâlim ibn Abdullâh ibn Umar (r) erzählte, dass sein Vater Abdullâh ibn Umar (r) zu jedem, der auf eine Reise gehen wollte, sagte: "Komm näher zu mir, so dass ich dich verabschieden kann, wie sich der Gesandte Allahs (s) von uns zu verabschieden pflegte, indem er sprach: 'Allah vertraue ich deine Religion an, dein anvertrautes Gut und das Ende deiner Taten.'[185]"
(At-Tirmidhi)
Dies ist ein guter und gesunder Hadith (*hasan sahîh*).

Hadith 716: Abdullâh ibn Yazîd al-Khatmi (r), ein Gefährte des Propheten (s), erzählte: "Der Gesandte Allahs (s) pflegte sich von den von ihm abgeordneten Kompanien, mit folgenden Worten zu verabschieden: "Allah vertraue ich eure Religion an, euer anvertrautes Gut und das Ende eurer Taten."[186]
(Abu Dâwûd und andere)
Dies ist ein gesunder Hadith (*sahîh*).

Hadith 717: Anas (r) berichtet, dass ein Mann zum Propheten (s) kam und sagte: "Oh Gesandter Allahs! Ich beabsichtige, auf eine Reise zu gehen, und bitte dich, mir etwas mit auf den Weg zu geben." Er sagte: "Möge Allah dir Proviant an Frömmigkeit gewähren!" Er sagte: "Gib mir mehr!" Er sagte: "Und Er möge deine Sünden vergeben!" Er bat: "Gib mir noch mehr!" Er sagte: "Und Er möge dir das Gute erleichtern, wo du auch immer sein magst!"
(At-Tirmidhi)
Dies ist ein guter Hadith (*hasan*).

Kapitel 14
Gebet um Gottes Führung (Istikhâra) und Beratung untereinander

Qur'ân: Allah, der Erhabene, spricht:
"... und ziehe sie in (allen weltlichen) Angelegenheiten zu Rate." (3:159)
"... und ihre Angelegenheiten in gegenseitiger Beratung regeln..." (42:38)

Hadith 718: Dschâbir (r) berichtet: Der Gesandte Allahs (s) lehrte uns immer wieder, in jeder Angelegenheit, Gottes Führung (*Istikhâra*) zu erbitten, wie er uns immer wieder eine Sure aus dem Qur'ân lehrte. Er

---
[185] Auf Arabisch lautet dies: "*Astaudi'ullâha dînak, wa amânatak, wa khawâtîma amalik.*"
[186] Auf Arabisch lautet dies: "*Astaudi'ullâha dînakum, wa amânatakum, wa khawâtîma a'mâlikum.*"

الأمورِ كُلِّها كالسُّورةِ مِنَ القُرآنِ، يقولُ: «إذَا هَمَّ أَحَدُكُمْ بالأمرِ، فَلْيَرْكَعْ رَكْعَتَينِ مِنْ غَيرِ الفَريضَةِ، ثم لِيقُلْ: اللَّهُمَّ إنِّي أَسْتَخِيرُكَ بِعِلمِكَ، وأَسْتَقدِرُكَ بِقُدرَتِكَ، وأَسْأَلُكَ مِنْ فَضْلِكَ العَظِيمِ، فإنَّكَ تَقْدِرُ ولا أَقْدِرُ، وتَعْلَمُ ولا أَعْلَمُ، وأَنْتَ عَلَّامُ الغُيُوبِ. اللَّهُمَّ إنْ كُنتَ تَعْلَمُ أَنَّ هذا الأمرَ خَيرٌ لي في دِيني ومَعَاشي وعَاقِبةِ أَمْرِي» أَوْ قَالَ: «عَاجِلِ أَمْرِي وآجلهِ، فاقْدُرْهُ لي ويَسِّرْهُ لي، ثُمَّ بارِكْ لي فِيهِ، وإنْ كُنتَ تَعْلَمُ أَنَّ هذا الأمرَ شَرٌّ لي في دِيني وَمَعَاشي وعَاقِبةِ أَمْرِي» أَوْ قَالَ: «عَاجِلِ أَمْرِي وآجلهِ، فاصْرِفْهُ عَنِّي، وَاصْرِفْنِي عَنْهُ، واقْدُرْ ليَ الخَيرَ حَيْثُ كَانَ، ثمَّ أَرْضِنِي بِهِ» قالَ: «ويُسَمِّي حَاجَتَهُ». رواه البخاري.

2 - 15 - باب استِحباب الذَّهاب إلى العيد وَعيادة المريض والحج والغزو والجنازة ونحوها من طريق والرجوع من طريق آخر لتكثير مواضع العبادة

٧١٩ - عن جابِرٍ رضيَ اللَّهُ عنه قال: كانَ النبيُّ ﷺ إذا كَانَ يَوْمُ عِيدٍ خَالَفَ الطَّرِيقَ. رواه البخاري.

قوله: «خَالَفَ الطَّرِيقَ» يعني: ذَهَبَ في طَرِيقٍ: وَرَجَعَ في طَرِيقٍ آخَرَ.

٧٢٠ - وعن ابنِ عُمَرَ رضيَ اللَّهُ عنهما أن رسولَ اللَّهِ ﷺ كَانَ يَخْرُجُ مِنْ طَرِيقِ الشَّجَرَةِ، ويَدخُلُ مِنْ طَرِيقِ المُعَرَّسِ، وإذا دَخَلَ مَكَّةَ دَخَلَ مِنَ الثَّنِيَّةِ العُلْيَا ويَخْرُجُ مِنَ الثَّنِيَّةِ السُّفْلَى. متفقٌ عليه.

2. Buch des Benehmens

sagte: "Wenn jemand von euch beabsichtigt, etwas zu tun, so soll er zusätzlich zwei *Rak'a* verrichten und dann sprechen: 'Oh Allah! Ich bitte Dich um Deinen Rat aufgrund Deines Wissens; ich bitte Dich um Kraft aufgrund Deiner Kraft, und ich bitte Dich, mir von Deiner unermesslichen Güte (zu geben); denn Du allein hast die Macht und ich nicht. Du weißt alles und ich weiß nichts. Du allein weißt das Verborgene. Oh Allah! Wenn Du weißt, dass diese Sache gut für mich ist, für meine Religion, mein Leben auf Erden und für mein Leben im Jenseits, so bestimme sie mir, und erleichtere mir, sie zu erreichen! Dann segne dies (was Du mir gewährt hast). Weißt Du jedoch, dass diese Sache schlecht ist für mich, für meine Religion, für mein Leben auf Erden und für mein Leben im Jenseits, so wende sie von mir ab, und halte mich von ihr fern! Bestimme mir Gutes, wo immer es auch sei, und mache mich zufrieden damit.'[187]"
Er sagte: "Und er soll seine Sache nennen."
(Al-Bukhâri)

Kapitel 15
Verlangen, zum Festgebet (Îd), Krankenbesuch, auf die Pilgerfahrt (Haddsch), zu Streifzügen, bei Begräbnissen und Anderem einen anderen Rückweg zu nehmen, damit man die Orte des Gottesdienstes vermehre

Hadith 719: Dschâbir (r) erzählte, dass der Prophet (s) am Festtag den Weg zur Moschee zu wechseln pflegte (indem sich sein Hinweg immer vom Rückweg unterschied).
(Al-Bukhâri)

Hadith 720: Ibn Umar (r) berichtet, dass der Gesandte Allahs (s), wenn er hinausging, immer den Weg am Baum vorbei nahm, und den Weg der Mu'arris-Moschee zur Rückkehr nahm. Wenn er (s) nach Mekka ging, nahm er den Weg über den höheren Berghang, und wenn er Mekka verlassen wollte, ging er über den niederen Berghang.
(Al-Bukhâri und Muslim)

---

[187] Auf Arabisch lautet das *Istikhâra*-Gebet: "*Allahumma innî astakhîruka bi'ilmika, wa astaqdiruka biqudratika, wa as'aluka min fadlikal-azîm, fa innaka taqdiru wa lâ aqdir, wa ta'lamu wa lâ a'lam, wa anta allâmul-ghuyûb. Allahumma in kunta ta'lamu anna hadhâl-amra khairun lî fî dînî wa ma'âschî wa âqibati amrî.* (oder: "*âdschili amrî wa âdschilih") fa-qdurhu lî wa yassirhu lî, thumma bârik lî fîh. Wa in kunta ta'lamu anna hadhâl-amra scharrun lî fî dînî wa ma'âschî wa âqibati amrî* (oder: "*âdschili amrî wa âdschilih); fa asrifhu annî, wasrifnî anh, waqdur lîl-khaira haithu kân, thumma ardinî bih.*"

٢ - ١٦ - **باب** استحباب تقديم اليَمين في كلِّ ما هوَ من باب التكريم كالوضوءِ وَالغُسلِ والتَّيَمُّم، ولُبْس الثَّوب والنَّعل والخُفِّ والسَّراويل ودخول المسجدِ، والسِّواكِ، والاكْتِحَال، وتقليم الأظْفار، وَقصِّ الشَّارب ونَتْفِ الإبْطِ، وحلقِ الرَّأسِ، والسلام من الصلاةِ، والأكل والشرب، وَالمُصَافَحَة، واستِلام الحَجَرِ الأسودِ، والخروج من الخَلاءِ، والأخذِ والعَطاءِ، وغير ذلك مما هو في معناهُ. ويُسْتَحَبُّ تقديم اليسار في ضدِّ ذلك، كالامْتخاط والبُصَاقِ عن اليسارِ، ودُخولِ الخَلاءِ، والخروج من المسجدِ، وَخَلْعِ الخُفِّ والنَّعْلِ والسراويل والثوب، والاسْتِنْجَاءِ وفعلِ المُسْتَقْذَراتِ وأشباه ذلك.

قال اللَّهُ تعالى: ﴿فَأَمَّا مَنْ أُوتِيَ كِتَابَهُ بِيَمِينِهِ فَيَقُولُ: هَاؤُمُ اقْرَؤُوا كِتَابِيَهْ﴾ الآيات [الحاقة: ١٩]. وقال تعالى: ﴿فَأَصْحَابُ الْمَيْمَنَةِ مَا أَصْحَابُ الْمَيْمَنَةِ * وَأَصْحَابُ الْمَشْأَمَةِ مَا أَصْحَابُ الْمَشْأَمَةِ﴾ [الواقعة ٨، ٩].

٧٢١ - وعن عائشةَ رضيَ اللَّهُ عنها قالتْ: كان رسولُ اللَّهِ ﷺ يُعجبُهُ التَّيَمُّنُ في شأنِهِ كلِّهِ: في طُهورِهِ، وَتَرَجُّلِهِ، وتَنَعُّلِهِ. متفقٌ عليه.

٧٢٢ - وعنها قالتْ: كانتْ يدُ رسولِ اللَّهِ ﷺ، اليُمْنى لِطُهورِهِ وَطَعامِهِ، وكانَت يدُهُ اليُسْرَى لخَلائِهِ وَما كانَ مِنْ أذَىً. حديثٌ صحيحٌ، رواه أبو داود وغيره بإسنادٍ صحيحٍ.

٧٢٣ - وعن أُمِّ عَطِيَّةَ رضيَ اللَّهُ عنها، أن النَّبيَّ ﷺ، قال لَهُنَّ في غَسْلِ ابنَتِه زَينبَ رضيَ الله عنها: «ابْدَأْنَ بمَيَامِنِهَا وَمَوَاضِعِ الوُضوءِ مِنْهَا». متفقٌ عليه.

٧٢٤ - وعن أبي هُريرة رضيَ الله عنه، أن رسولَ اللَّهِ ﷺ قال: «إذا انْتَعَلَ

2. Buch des Benehmens

Kapitel 16
Verlangen, bei allem Guten die Rechte zu bevorzugen, wie bei der Waschung, der Ganzwaschung, der Staubwaschung, dem Anziehen von Kleidung, Schuhen, Lederstrümpfen und Hosen, beim Betreten der Moschee, beim Putzen der Zähne, beim Bestreichen der Augen mit Antimon[188], beim Schneiden der Nägel, dem Kürzen des Schnurrbarts, beim Entfernen der Haare unter den Achseln, beim Schneiden der Haare, beim Grüßen zum Ende des Gebets, beim Essen und Trinken, bei der Begrüßen, dem Berühren des Schwarzen Steins (in der Ka'ba), beim Verlassen der Toilette, dem Nehmen und Geben und ähnlichem. Und dass es besser ist, die Linke zu bevorzugen bei den entgegengesetzten Dingen, wie dem Säubern der Nase, dem Ausspucken, dem Betreten der Toilette, dem Verlassen der Moschee, dem Ausziehen von Lederstrümpfen, Schuhen, Hose und Kleidung, beim Säubern der Schamteile und ähnlichem

Qur'ân: Allah, der Erhabene, spricht:
"Dann wird derjenige, dem sein Buch in die rechte Hand gegeben wird, sagen: 'Da nehmt, lest mein Buch!'" (69:19)
"Und die Gefährten zur Rechten - was ist mit den Gefährten zur Rechten? Und die Linken - was ist mit den Gefährten zur Linken?" (56:8-9)

Hadith 721: Âischa (r) berichtet: Der Gesandte Allahs (s) pflegte stets das Rechte zu bevorzugen, wie z.B. bei der Reinigung und beim Eintreten, und beim Anziehen der Schuhe."
(Al-Bukhâri und Muslim)

Hadith 722: Âischa (r) überliefert auch, dass der Gesandte Allahs (s) seine rechte Hand für die sauberen Dinge, wie die rituelle Waschung und das Essen zu verwenden pflegte, und seine linke Hand für die Toilette und Schmutziges."
(Abu Dâwûd und andere)
Dies ist ein gesunder Hadith (*sahîh*).

Hadith 723: Umm Atîya (r) überliefert, dass der Prophet (s) den Frauen bei der Waschung der Leiche seiner Tochter Zainab (r) sagte: "Beginnt mit ihrer rechten (Seite) und den Gliedern, die bei der rituellen Waschung gewaschen werden."
(Al-Bukhâri und Muslim)

---

[188] Auf Arabisch: *Kohol*. Dieses wird gern als wohltuende Augenschminke verwendet

أَحَدُكُمْ فَلْيَبْدَأْ بِالْيُمْنَى، وَإِذَا نَزَعَ فَلْيَبْدَأْ بِالشِّمَالِ. لِتَكُنِ الْيُمْنَى أَوَّلَهُمَا تُنْعَلُ، وَآخِرَهُمَا تُنْزَعُ». متفقٌ عليه.

٧٢٥ ـ وعن حفصة رضي اللَّهُ عنها: أنَّ رسولَ اللَّهِ ﷺ، كان يَجْعَلُ يَمِينَهُ لِطَعَامِهِ وَشَرَابِهِ وَثِيَابِهِ، وَيَجْعَلُ يَسَارَهُ لِمَا سِوَى ذَلِكَ. رواه أبو داود والترمذي وغيره.

٧٢٦ ـ وعن أبي هريرة رضي الله عنه، أنَّ رسولَ اللَّهِ ﷺ قال: «إذا لَبِسْتُمْ وَإِذَا تَوَضَّأْتُمْ، فَابْدَؤُوا بِأَيَامِنِكُمْ». حديث صحيح، رواه أبو داود والترمذي بإسناد صحيح.

٧٢٧ ـ وعن أنس رضي الله عنه أن رسولَ اللَّهِ ﷺ أتى مِنًى، فَأَتَى الجَمْرَةَ فَرَمَاهَا، ثُمَّ أَتَى مَنْزِلَهُ بِمِنًى، وَنَحَرَ، ثُمَّ قَالَ لِلْحَلَّاقِ: «خُذْ» وَأَشَارَ إلى جَانِبِهِ الأَيْمَنِ، ثُمَّ الأَيْسَرِ، ثُمَّ جَعَلَ يُعْطِيهِ النَّاسَ. متفقٌ عليه.

وفي رواية: لَمَّا رَمَى الجَمْرَةَ، وَنَحَرَ نُسُكَهُ وَحَلَقَ: نَاوَلَ الحَلَّاقَ شِقَّهُ الأَيْمَنَ فَحَلَقَهُ، ثُمَّ دَعَا أَبَا طَلْحَةَ الأنصاريَّ رضي الله عنه، فَأَعْطَاهُ إيَّاهُ، ثُمَّ نَاوَلَهُ الشِّقَّ الأَيْسَرَ فقال: «احْلِقْ» فَحَلَقَهُ فَأَعْطَاهُ أَبَا طَلْحَةَ فقال: «اقْسِمْهُ بَيْنَ النَّاسِ».

2. Buch des Benehmens

Hadith 724: Abu Huraira (r) überliefert, dass der Gesandte Allahs (s) sagte: "Wenn jemand von euch seine Schuhe anzieht, soll er mit dem rechten (Schuh) beginnen; und wenn er sie auszieht, soll er mit dem linken beginnen. Der Rechte soll immer zuerst angezogen und als letzter ausgezogen werden."
(Al-Bukhâri und Muslim)

Hadith 725: Hafsa (r) (die Mutter der Gläubigen) berichtet, dass der Gesandte Allahs (s) gewohnt war, seine rechte Hand zum Essen, zum Trinken und zu Anziehen zu benutzen; seine linke Hand benutzte er für andere Zwecke als diese.
(Abu Dâwûd und andere)

Hadith 726: Abu Huraira (r) überliefert, dass der Gesandte Allahs (s) sagte: "Wenn ihr eure Kleidung anzieht oder eure rituellen Waschungen vornehmt, fangt mit der rechten Seite an."
(Abu Dâwûd und At-Tirmidhi)
Nach At-Tirmidhi ist dies ein gesunder Hadith (*sahîh*).

Hadith 727: Anas (r) berichtet, dass der Gesandte Allahs (s) (im Verlaufe der Pilgerfahrt) nach Minâ kam. Er kam zum Ritus des Steinewerfens und warf sie (die Steinchen); dann kehrte er zu seinem Lager in Minâ zurück und brachte sein Opfer dar. Danach sprach er zum Haarschneider: "Nimm!", und zeigte auf seine rechte Seite und dann auf die linke. Sodann gab er (die abgeschnittenen Haare) den Leuten.
(Al-Bukhâri und Muslim)

Eine andere Version besagt: Als er das Steinwurf-Zeremonie beendet hatte und das Opfer dargebracht hatte, ließ er seine Haare schneiden. Der Haarschneider schnitt zuerst seine rechte Seite. Dann rief er Abu Talha al-Ansâri und gab sie (seine Haare) ihm. Dann zeigte er auf die linke Seite und sagte (zum Haarschneider): "Rasiere!", dieser rasierte sie (die Haare) ab, und er gab sie Abu Talha und sprach: "Verteile sie unter die Leute."

٣ - كتاب أدب الطَّعام

٣ - ١ - باب التسمية في أوَّله والحمد في آخره

٧٢٨ - عن عُمَرَ بن أبي سَلَمَة رضي اللَّهُ عنهما قال: قال لي رسولُ اللَّهِ ﷺ: «سمِّ اللَّهَ وكُلْ بِيَمِينِكَ، وكُلْ مِمَّا يَلِيكَ». متفقٌ عليه.

٧٢٩ - وعن عَائشةَ رضيَ اللَّهُ عنها قالَتْ: قالَ رسولُ اللَّهِ ﷺ: «إذا أَكَلَ أَحَدُكُم فَلْيَذْكُرِ اسمَ اللَّهِ تعالى، فإنْ نَسِيَ أَنْ يَذْكُرَ اسمَ اللَّهِ تَعَالَى في أوَّلِهِ، فَلْيَقُلْ: بِسْمِ اللَّهِ أَوَّلَهُ وَآخِرَهُ».

رواه أبو داود، والترمذي، وقال: حديث حسن صحيح.

٧٣٠ - وعن جابرٍ، رضيَ الله عنه قال: سَمِعْتُ رسولَ اللَّهِ ﷺ يقولُ: «إذا دخل الرَّجُلُ بَيتَهُ، فَذَكَرَ اللَّهَ تعالى عِندَ دُخولِهِ وعِندَ طعامِهِ، قال الشَّيطَانُ لأصحابِهِ: لا مَبيتَ لَكُم ولا عَشَاءَ، وإذا دَخلَ، فَلَم يَذكُرِ اللَّهَ تَعَالى عِندَ دُخولِهِ، قال الشَّيطَانُ: أَدرَكتُمُ المَبيتَ، وإذا لَم يَذكُرِ اللَّهَ تَعَالى عِندَ طَعامِهِ قال: أَدرَكتُم المَبيتَ والعَشَاءَ». رواه مسلم.

٧٣١ - وعن حُذَيْفَةَ رضيَ اللَّهُ عنه قال: كُنَّا إذا حَضَرنَا مَعَ رسولِ اللَّهِ ﷺ طَعَاماً، لَم نَضَعْ أيدِيَنَا حَتَّى يَبدَأَ رسولُ اللَّهِ ﷺ فَيَضَعَ يَدَهُ. وإنَّا حَضَرنَا مَعَهُ مَرَّةً طَعَاماً، فَجَاءَت جاريةٌ كأنَّها تُدفَعُ، فَذَهَبَت لِتَضَعَ يَدَها في الطَّعامِ، فَأَخَذَ

III. BUCH DER ESSSITTEN

Kapitel 1
Das Sprechen des Namens von Allah zu Beginn des Essens und zum Ende des Essens Allah zu danken

Hadith 728 ist eine Wiederholung von Hadith Nr. 298.

Hadith 729: Âischa (r) überliefert, dass der Gesandte Allahs (s) sagte: "Wenn jemand von euch zu essen anfängt, sollte er den Namen Allahs, des Erhabenen sprechen (mit den Worten "*Bismillâhi ta'âlâ*"). Wenn er es zu Beginn vergisst (und sich später daran erinnert), sollte er sagen: "*Bismillâhi auwalahu wa âkhirah.*"[189]
(Abu Dâwûd und At-Tirmidhi)
Nach At-Tirmidhi ist dies ein guter und gesunder Hadith (*hasan sahîh*).

Hadith 730: Dschâbir (r) berichtet, dass er den Gesandten Allahs (s) sagen hörte: "Wenn jemand den Namen Allahs, des Erhabenen, anruft, wenn er sein Haus betritt und wenn er isst, sagt Satan seinen Gefährten: "Lasst uns gehen! Es gibt hier keinen Schlafplatz für euch und kein Essen." Wenn er sein Haus betritt, ohne Allah, den Erhabenen, anzurufen, sagt der Satan: "Wenigstens habt ihr eine Unterkunft erhalten." Dann, wenn er auch beim Essen nicht den Namen Allahs anruft, sagt er (der Satan): "Ihr habt beides erreicht, Unterkunft und Verpflegung."
(Muslim)

Hadith 731: Hudhaifa (r) berichtet: Immer wenn wir die Gelegenheit hatten, beim Propheten (s) während des Essens zu sein, fingen wir nie an, bis der Gesandte Allahs (s) angefangen hatte. Bei einer solchen Gelegenheit, als wir beim Propheten (s) waren, kam ein Mädchen angelaufen. Da sie sehr hungrig war, wollte sie gleich essen, aber der Prophet (s) hielt ihre Hand fest. Dann kam ein Araber vom Lande herein, und auch er stürzte sich auf das Essen, da er sehr hungrig war, doch er

---

[189] Auf Deutsch bedeutet dies: "Im Namen Allahs, am Anfang und am Ende (meiner Mahlzeit)."

رسولُ اللَّهِ ﷺ بيدِها، ثمَّ جاءَ أعرابيٌّ كأنَّما يُدفَعُ، فأخَذَ بيدِهِ، فقال رسولُ اللَّهِ ﷺ: «إنَّ الشَّيطانَ يَستحلُّ الطَّعامَ أنْ لا يُذكَرَ اسمُ اللَّهِ تعالى عليهِ، وإنَّهُ جاءَ بهذهِ الجاريةِ ليستحلَّ بها، فأخذتُ بيدِها، فجاءَ بهذا الأعرابيِّ ليستحلَّ بهِ، فأخذتُ بيدِهِ، والَّذي نَفسي بيدِهِ إنَّ يدَهُ في يدي مَعَ يدَيهِما». ثمَّ ذَكَرَ اسمَ اللَّهِ تعالى وأكلَ. رواه مسلم.

٧٣٢ - وعن أميَّةَ بنِ مُخشيِّ الصَّحابيِّ رضيَ اللَّه عنه قال: كانَ رسولُ اللَّهِ ﷺ جالساً، ورجلٌ يأكلُ، فلَم يُسَمِّ اللَّهَ حتَّى لَم يبقَ من طعامِهِ إلَّا لُقمةٌ، فلمَّا رفعَها إلى فيهِ، قال: بسمِ اللَّهِ أوَّلَهُ وآخِرَهُ، فضحكَ النَّبيُّ ﷺ، ثمَّ قال: «ما زالَ الشَّيطانُ يأكلُ معَهُ، فلمَّا ذكرَ اسمَ اللَّهِ استَقاءَ ما في بطنِهِ».

رواه أبو داود، والنَّسائي.

٧٣٣ - وعن عائشةَ رضيَ اللَّه عنها قالَت: كانَ رسولُ اللَّهِ ﷺ يأكلُ طعاماً في سِتَّةٍ مِن أصحابِهِ، فجاءَ أعرابيٌّ، فأكلَهُ بلُقمَتَينِ. فقال رسولُ اللَّهِ ﷺ: «أمَا إنَّهُ لَو سَمَّى لَكفاكُم».

رواه الترمذي، وقال: حديثٌ حسنٌ صحيحٌ.

٧٣٤ - وعن أبي أُمامةَ رضيَ اللَّهُ عنه: أنَّ النَّبيَّ ﷺ كانَ إذا رفعَ مائدتَهُ قال: «الحمدُ للَّهِ كثيراً طيِّباً مُباركاً فيهِ، غيرَ مَكفيٍّ ولا مُودَّعٍ، ولا مُستغنًى عنهُ ربَّنا».

رواه البخاري.

3. Buch der Esssitten

(der Prophet (s)) hielt auch seine Hand fest. Da sagte des Gesandte Allahs (s): "Gewiss mag der Satan die Nahrung, über welcher der Name Allahs nicht ausgesprochen wurde. Er brachte dieses Mädchen, um es (das Essen) für sich selbst genehm zu machen durch sie, doch ich packte ihre Hand (als sie gerade ohne *Bismillâh* zu sagen essen wollte). Dann brachte er diesen Araber vom Lande, um es (das Essen) für sich selbst genehm zu machen, doch ich packte auch seine Hand. Bei Allah, in Dessen Händen meine Seele ist, gewiss habe ich die Hand des Satans auch in meinem Griff, zusammen mit ihren Händen." Dann sprach er den Namen Allahs, des Erhabenen (sagte *Bismillâh*), und begann zu essen.
(Muslim)

Hadith 732: Umayya ibn Mukhschi (r), der Gefährte des Propheten, berichtet: Einmal saß der Gesandte Allahs (s) da, während ein Mann aß, ohne den Namen Allahs vor dem Essen zu sprechen. Bevor er jedoch den letzten Bissen in den Mund schob, sprach er: *"Bismillâhi auwalahu wa âkhirah."*[190] Da lachte der Prophet (s) und sagte: "Der Satan aß mit ihm (jeden Bissen), aber als er den Namen Allahs aussprach, da spie der Satan alles aus, was er in seinem Magen hatte!"
(Abu Dâwûd und An-Nasâi)
Dieser Hadith ist schwach belegt, da einer der Überlieferer nicht bekannt ist (*isnâd da'îf*).

Hadith 733: Âischa (r) berichtet, dass der Gesandte Allahs (s) mit sechs Gefährten zusammensaß und eine Mahlzeit aß. Da kam ein Araber vom Lande zu ihnen, und aß es (das Essen) in zwei Bissen. Da sprach der Gesandte Allahs (s): "Wenn er (mit den Worten "*Bismillâh*") den Namen Allahs erwähnt hätte, hätte das Essen für euch alle gereicht!"
(At-Tirmidhi)
Dies ist ein guter und gesunder Hadith (*hasan sahîh*).

Hadith 734: Abu Umâma (r) berichtet, dass der Prophet (s), wenn er sein Essen beendet hatte, zu sagen pflegte: "Gelobt sei Allah mit viel gutem und gesegnetem Lobpreis, ohne dass Ihm hiermit genüge getan wäre. Und Allah ist darauf in keiner Weise angewiesen."[191]
(Al-Bukhâri)

---

[190] Siehe Anmerkung Nr. 189.
[191] Auf Arabisch lautet dieses Bittgebet: *"Alhamdu lillâhi hamdan kathîran tayyiban mubârakan fîhi ghaira makfiyyin wa lâ mustaghnan anhu rabbanâ!"*

٧٣٥ - وعن مُعَاذِ بن أنس رضيَ اللَّهُ عنه قال: قال رسولُ اللَّهِ ﷺ: «مَنْ أَكَلَ طَعَاماً فَقَالَ: الحَمْدُ لِلَّهِ الَّذِي أَطْعَمَنِي هذا الطَّعَامَ، وَرَزَقَنِيهِ مِنْ غَيْرِ حَوْلٍ مِنِّي وَلا قُوَّةٍ، غُفِرَ لَهُ مَا تَقَدَّمَ مِنْ ذَنْبِهِ». رواه أبو داود، والترمذي، وقال: حديثٌ حسنٌ.

٣ - ٢ باب لا يَعِيبُ الطّعام واستِحباب مَدْحه

٧٣٦ - عن أبي هُريرة رضيَ اللَّهُ عنه قال: «مَا عَابَ رسولُ اللَّهِ ﷺ طَعَاماً قَطُّ، إنِ اشْتَهَاهُ أَكَلَهُ، وَإنْ كَرِهَهُ تَرَكَهُ». متفقٌ عليه.

٧٣٧ - وعن جابرٍ رضيَ اللَّهُ عنه أنَّ النَّبيَّ ﷺ سَأَلَ أَهْلَهُ الأُدْمَ فقالوا: ما عِندَنَا إلَّا خَلٌّ، فَدَعَا بِهِ، فَجَعَلَ يَأْكُلُ وَيقولُ: «نِعْمَ الأُدْمُ الخَلُّ، نِعْمَ الأُدْمُ الخَلُّ». رواه مسلم.

٣ - ٣ باب ما يقوله مَن حَضر الطّعام وهو صَائِم إذا لم يفطر

٧٣٨ - عن أبي هُريرة رضيَ اللَّهُ عنه قال: قال رسولُ اللَّهِ ﷺ: «إذا دُعِيَ

3. Buch der Esssitten

Hadith 735: Mu'âdh ibn Anas (r) überliefert, dass der Gesandte Allahs (s) sagte: "Wer immer eine Mahlzeit aß und Allah dankte, indem er sagte: 'Gelobt sei Allah, Der mir dies zu essen gab und mich ohne eigenes Zutun versorgt hat!'[192], dem werden seine vorher begangenen Sünden vergeben."
(Abu Dâwûd und At-Tirmidhi)
Nach At-Tirmidhi ist dies ein guter Hadith (*hasan*).

Kapitel 2
Am Essen nichts auszusetzen, sondern es zu loben

Hadith 736: Abu Huraira (r) berichtet, dass der Gesandte Allahs (s) niemals an irgendeinem Essen etwas auszusetzen hatte. Wenn er ein Essen mochte, aß er es, und wenn er es nicht mochte, ließ er es bleiben.
(Al-Bukhâri und Muslim)

Hadith 737: Dschâbir (r) berichtet, dass der Prophet (s) einmal seine Familie nach etwas Zukost zum Brot fragte. Sie erzählten ihm, dass es nichts außer Essig gab. Er ließ ihn sich bringen und begann, seine Mahlzeit zu sich zu nehmen und sagte: "Welch gute Zukost ist Essig! Welch gute Zukost ist Essig!"
(Muslim)

Kapitel 3
Was der Fastende sagt, wenn er zum Essen eingeladen ist

Hadith 738: Abu Huraira (r) berichtet, dass der Gesandte Allahs (s) sagte: "Wenn einer von euch eingeladen ist, soll er hingehen; wenn er aber fastet, dann soll er ein Bittgebet sprechen, und wenn er isst, soll er mitessen."
(Muslim)

---

[192] Auf Arabisch lautet dieses Bittgebet: "*Alhamdu lillâhil-ladhî at'amanî hâdhat-ta'âm, wa razaqanîhi min ghairi haulim-minnî wa lâ quwwa.*"

أَحَدَكُمْ، فَلْيُجِبْ، فَإِنْ كَانَ صَائِماً فَلْيُصَلِّ، وَإِنْ كَانَ مُفْطِراً فَلْيَطْعَمْ». رواه مسلم.

قال العُلَمَاءُ: مَعْنَى: «فَلْيُصَلِّ»: فَلْيَدْعُ، ومعنى «فَلْيَطْعَمْ»: فَلْيَأْكُلْ.

٣ - ٤ - باب ما يقوله من دُعي إلى طعام فتبعَه غيره

٧٣٩ - عن أبي مسعود البَدْرِيّ رضيَ اللهُ عنه قال: دَعَا رَجُلٌ النَّبِيَّ ﷺ لِطَعَامٍ صَنَعَهُ لَهُ خَامِسَ خَمْسَةٍ، فَتَبِعَهُمْ رَجُلٌ، فَلَمَّا بَلَغَ البَابَ، قال النبيُّ ﷺ: «إِنَّ هَذَا تَبِعَنَا، فَإِنْ شِئْتَ أَنْ تَأْذَنَ لَهُ، وَإِنْ شِئْتَ رَجَعَ» قال: بل آذَنُ لَهُ يا رسولَ اللَّهِ. متفقٌ عليه.

٣ - ٥ - باب الأكل ممَّا يليه وَوَعظه وتأديبه مَن يُسيءُ أكله

٧٤٠ - عن عمر بن أبي سَلَمَةَ رضي الله عنهما قال: كُنْتُ غُلاماً في حِجْرِ رسولِ اللهِ ﷺ، وَكَانَتْ يَدِي تَطِيشُ في الصَّحْفَةِ، فقال لي رسولُ اللهِ ﷺ: «يَا غُلامُ سَمِّ اللَّهَ تَعَالَى، وَكُلْ بِيَمِينِكَ، وَكُلْ مِمَّا يَلِيكَ». متفقٌ عليه.

قوله: «تَطِيشُ» بكسر الطاء وبعدها ياءٌ مثناة من تحت، معناه: تتحرَّكُ وتمتدّ إلى نواحي الصَّحْفَةِ.

٧٤١ - وعن سَلَمَةَ بنِ الأكوَعِ رضيَ اللهُ عنه: أنَّ رجُلاً أكلَ عندَ رسولِ اللهِ ﷺ بشماله، فقال: «كُلْ بِيَمِينِكَ» قال: لا أستطيعُ قالَ: «لا اسْتَطَعْتَ» ما مَنَعَهُ إلَّا الكِبْرُ! فَمَا رَفَعَهَا إلى فِيهِ. رواه مسلم.

3. Buch der Esssitten

Kapitel 4
Was man sagt, wenn man zum Essen eingeladen ist, und ein Anderer kommt mit

Hadith 739: Abu Mas'ûd al-Badri (r) berichtet: Einmal lud ein Mann den Propheten (s) und weitere vier Männer zum Essen ein, welches er für fünf zubereiten ließ, doch eine weitere (ungeladene) Person folgte ihnen. Als sie vor der Tür des Gastgebers standen, sagte der Prophet (s) zu dem Gastgeber: "Dieser Mann hat uns nun begleitet; wenn du willst, kannst du ihm erlauben (mitzuessen), wenn du willst, kehrt er um." Er antwortete: "Gewiss ist auch er von mir eingeladen, oh Gesandter Allahs!"
(Al-Bukhâri und Muslim)

Kapitel 5
Von dem zu essen, was vor einem steht, und denjenigen zu ermahnen, der die Esssitten nicht beachtet

Hadith 740 ist eine Wiederholung von Hadith Nr. 299.

Hadith 741 ist eine Wiederholung von Hadith Nr. 159.

٣ - ٦ - باب النّهي عن القران بَيْن تمرتين ونحوهما
إذا أكل جماعة إلا بإذن رفقته

٧٤٢ - عن جَبَلَةَ بن سُحَيْمٍ قال: أصَابَنَا عامَ سَنَةٍ مَعَ ابنِ الزُّبَيْرِ، فَرُزِقْنَا تَمْراً، وَكَانَ عَبْدُ اللَّهِ بنُ عمرَ رضي اللَّهُ عنهما يَمُرُّ بنا ونَحْنُ نَأْكُلُ، فيقولُ: لا تُقَارِنُوا، فإن النبيَّ ﷺ نهى عنِ الإقرانِ، ثم يقولُ: إلَّا أنْ يَسْتَأْذِنَ الرَّجُلُ أخاهُ. متفقٌ عليه.

٣ - ٧ - باب مَا يقوله ويَفعَله مَن يأكل ولا يشبع

٧٤٣ - عن وَحْشِيِّ بن حرب رضيَ الله عنه: أن أصحابَ رسولِ اللَّهِ ﷺ قالُوا: يا رسولَ اللَّهِ، إنَّا نَأْكُلُ ولا نَشْبَعُ قال: «فَلَعَلَّكُمْ تَفْتَرِقُونَ» قالُوا: نَعَمْ. قال: «فَاجْتَمِعُوا عَلَى طَعَامِكُمْ، واذْكُرُوا اسمَ اللَّهِ، يُبَارِكْ لَكُمْ فيه». رواه أبو داود.

٣ - ٨ - باب الأمر بالأكل من جانب القصْعَةِ
والنهي عن الأكل من وسطها

فيه: قوله ﷺ: «وَكُلْ مِمَّا يَلِيكَ». متفقٌ عليه كما سبق.

3. Buch der Esssitten

Kapitel 6
Verbot, beim Essen in einer Gruppe ohne die Erlaubnis der Gefährten zwei Datteln oder Anderes auf einmal zu essen

Hadith 742: Dschabala ibn Suhaim (r) erzählte: In einem Jahr der Hungersnot bekamen wir zusammen mit (Abdullâh) ibn az-Zubair (r) Datteln zu essen. Während wir aßen, kam Abdullâh ibn Umar (r) bei uns vorbei und sagte: "Esst nicht zwei Datteln auf einmal, denn der Prophet (s) warnte uns davor." Dann sagte er: "Nur wenn einer den anderen um Erlaubnis gefragt hat."
(Al-Bukhâri und Muslim)

Kapitel 7
Was man sagt oder tut, wenn man isst, ohne dass man satt wird

Hadith 743: Wahschi ibn Harb (r) erzählte, dass die Gefährten des Propheten (s) sagten: "Oh Gesandter Allahs! Wir essen, aber werden nicht satt." Er sagte: "Vielleicht esst ihr jeder für sich." Sie sagten: "Ja". Daraufhin sagte er: "Esst gemeinsam und sprecht den Namen Allahs (mit dem Wort *Bismillâh*). Er wird euch (das Essen) segnen."
(Abu Dâwûd)

Kapitel 8
Gebot, vom Rand der Schüssel zu essen, und Verbot, von der Mitte der Schüssel aus zu essen

Dazu sagte er (der Prophet (s)) nach einem Hadith bei Al-Bukhâri und Muslim, das bereits zuvor zitiert wurde (Nr. 299): "Iss von dem, was vor dir liegt."

٧٤٤ - وعن ابن عباس رضي اللَّهُ عنهما عن النبيِّ ﷺ قال: «البَرَكَةُ تَنْزِلُ وَسْطَ الطَّعَامِ، فَكُلُوا مِنْ حَافَتَيْهِ وَلَا تَأْكُلُوا مِنْ وَسْطِهِ». رواه أبو داود، والترمذي، وقال: حديث حسن صحيح.

٧٤٥ - وعن عبد الله بن بُسْرٍ رضيَ الله عنه قال: كان للنَّبيِّ ﷺ قَصْعَةٌ يُقَالُ لها: الغَرَّاءُ، يَحْمِلُهَا أَرْبَعَةُ رِجَالٍ، فَلَمَّا أَضْحَوْا وَسَجَدُوا الضُّحَى أُتِيَ بِتِلْكَ القَصْعَةِ - يعني: وقد ثُرِدَ فيها - فَالتَفُّوا عليها، فَلَمَّا كَثُرُوا جَثَا رسولُ اللَّهِ ﷺ. فقال أعرابيٌّ: ما هذه الجِلْسَةُ؟ قال رسولُ اللَّهِ ﷺ: «إنَّ اللَّهَ جَعَلَني عَبْداً كَرِيماً، ولمْ يَجْعَلْنِي جَبَّاراً عَنِيداً»، ثمَّ قالَ رسولُ اللَّهِ ﷺ: «كُلُوا مِنْ حَوَالَيْهَا، وَدَعُوا ذُرْوَتَها يُبَارَكْ فيه». رواه أبو داود بإسناد جيد.

«ذِرْوَتَهَا»: أَعْلَاهَا: بكسر الذال وضمها.

٣ - ٩ - باب كراهية الأكل متكئاً

٧٤٦ - عن أبي جُحَيْفَةَ وَهْبِ بنِ عبدِ الله رضي الله عنه قال: قال رسولُ اللَّهِ ﷺ: «لا آكُلُ مُتَّكِئاً». رواه البخاري.

قال الخطَّابيُّ: المُتَّكِىءُ هُنَا: هو الجالِسُ مُعْتَمِداً على وِطاءٍ تحته، قال: وأرادَ أنَّه لا يَقْعُدُ على الوِطَاءِ والوَسائدِ كفِعْلِ مَنْ يريدُ الإكثارَ مِنَ الطَّعَامِ، بل يَقْعُدُ مُسْتَوْفِزاً لا مُسْتَوْطِئاً، ويَأْكُلُ بُلغَةً. هذا كلامُ الخطَّابي، وأَشارَ غَيْرُهُ إلى أنَّ المُتَّكِىءَ هو المائلُ على جَنْبِهِ، والله أعلم.

٧٤٧ - وعن أنسٍ رضيَ اللَّهُ عنه قال: رَأَيْتُ رسولَ اللَّهِ ﷺ جالساً مُقعِياً يأكُلُ تَمْراً، رواه مسلم.

«المُقْعِي»: هو الذي يُلْصِقُ أَلْيَتَيْهِ بالأرضِ، ويَنْصِبُ سَاقَيْهِ.

3. Buch der Esssitten

Hadith 744: Ibn Abbâs (r) berichtet, dass der Prophet (s) sagte: "Der Segen kommt auf das Essen von seiner Mitte her (dann breitet er sich aus); esst also von der Seite her und beginnt nicht von der Mitte aus zu essen!"
(Abu Dâwûd und At-Tirmidhi)
Nach At-Tirmidhi ist dies ein guter und gesunder Hadith (*hasan sahîh*).

Hadith 745: Abdullâh ibn Busr (r) erzählte: Dem Propheten (s) gehörte eine Schüssel, namens *Ghurrâ*[193], die von vier Männern getragen wurde (wenn Essen darin war). Eines Vormittages, nach dem Verrichten des (freiwilligen) Vormittagsgebetes, wurde diese Schüssel mit *Tharîd*[194] gebracht, und man setzte sich. Als der Prophet (s) merkte, dass wir viele waren, setzte er sich nieder, seine Knie, Schienbeine und Zehen auf der Erde. Ein Araber vom Lande fragte: "Was ist das für eine Art zu sitzen?" Der Prophet (s) antwortete: "Allah schuf mich als großzügigen Diener und nicht als ungerechten Tyrannen!" Dann sprach er: "Esst vom Rand (der Schüssel) aus, und lasst das (den aufgehäuften Teil der Speise) in der Mitte bis zuletzt, dann wird das (ganze Essen) gesegnet."
(Abu Dâwûd)
Die Überlieferung dieses Hadithes ist sehr gut belegt (*isnâd dschayid*).

Kapitel 9
Abscheu zu essen, wenn man sich aufstützt

Hadith 746: Abu Dschuhaifa Wahb ibn Abdullâh (r) überliefert, dass der Gesandte Allahs (s) sagte: "Ich esse nicht zurückgelehnt."
(Al-Bukhâri)

Hadith 747: Anas (r) berichtet, dass er den Gesandten Allahs (s) mit angezogenen Knien auf dem Boden hocken sah, während er einige Datteln aß.
(Muslim)

---

[193] Sie hieß so, weil sie sehr weiß war.
[194] *Tharîd* ist Gericht aus eingeweichtem Brot, Fleisch und Brühe.

3 - 10 - باب استِحباب الأكل بثلاثِ أصابع واستحباب لعق الأصابع، وكراهة مسحها قبل لعقها واستحباب لعق القصعة وأخذ اللقمة التي تسقط منه وأكلها وَجَواز مسحها بعد اللعق بالساعد والقدم وغيرها

٧٤٨ - عنِ ابنِ عبّاسٍ رضيَ اللَّهُ عنهما قال: قالَ رسولُ اللَّهِ ﷺ: «إِذا أَكَلَ أَحَدُكُم طَعَاماً، فَلا يَمسَحْ أَصابِعَهُ حَتَّى يَلعَقَهَا أَو يُلعِقَهَا». متفقٌ عليه.

٧٤٩ - وعن كعبِ بنِ مالكٍ رضيَ اللَّهُ عنه قال: رَأَيتُ رسولَ اللَّهِ ﷺ يَأْكُلُ بِثلاثِ أَصابعَ، فإذا فَرَغَ لَعِقَها. رواه مسلم.

٧٥٠ - وعن جابرٍ رضيَ اللَّهُ عنه أَنَّ رسولَ اللَّهِ ﷺ أَمَرَ بِلَعقِ الأَصابعِ وَالصَّحفَةِ، وقال: «إِنَّكُم لا تَدرُونَ في أَيِّ طَعَامِكُم البَرَكَةُ». رواه مسلم.

٧٥١ - وعنه أن رسولَ اللَّهِ ﷺ قال: «إِذا وَقَعَت لُقمَةُ أَحَدِكُم، فَلْيَأْخُذْهَا فَلْيُمِطْ ما كان بها مِن أَذى ولْيَأكُلْهَا، ولا يَدَعْها لِلشَّيطَانِ، ولا يَمسَحْ يَدَه بالمِنديلِ حتَّى يَلعَقَ أَصابِعَهُ، فإنه لا يَدرِي في أَيِّ طعامِهِ البركةُ». رواه مسلم.

٧٥٢ - وعنه أن رسولَ اللَّهِ ﷺ قال: «إن الشَّيطَانَ يَحضُرُ أَحدَكم عِندَ كُلِّ شَيءٍ مِن شَأنِهِ، حتى يَحْضُرَهُ عِندَ طَعامِهِ؛ فإذا سَقَطَت لُقمَةُ أَحدكم فَلْيَأْخُذْها فَلْيُمِط ما كانَ بها مِن أَذى، ثُمَّ لِيَأْكُلْها ولا يَدَعْها لِلشَّيطَانِ، فإذا فَرَغَ فَلْيُمِطْ ما كانَ بِها مِن أَذى، ثُمَّ لِيَأْكُلْها ولا يَدَعْها لِلشَّيطَانِ، فإذا فَرَغَ فَلْيَلعَقْ أَصابِعَهُ، فإنه لا يَدرِي في أَيِّ طَعامِهِ تَكُونُ البَرَكَةُ» رواه مسلم.

٧٥٣ - وعن أنسٍ رضيَ اللَّهُ عنه قال: كان رسولُ اللَّهِ ﷺ إذا أَكَلَ طَعَاماً، لَعِقَ أَصابِعَهُ الثَّلاث، وقالَ: «إِذا سَقَطَت لُقمَةُ أَحَدِكُم فَلْيَأْخُذْهَا، وَلْيُمِطْ عنها الأَذى، ولِيَأْكُلْها، ولا يَدَعْها لِلشَّيطَانِ»، وَأَمَرَنَا أَن نَسلُتَ القَصعَةَ وقال: «إِنَّكُم لا تَدْرُونَ في أَيِّ طَعَامِكُم البَرَكَةُ». رواه مسلم.

3. Buch der Esssitten

Kapitel 10
Verlangen, mit drei Fingern zu essen, die Finger abzulecken und Abscheu, sie abzuwischen, bevor sie abgeleckt wurden, sowie das Auslecken der Schüssel und herabgefallene Bissen aufzuheben und sie zu essen, nachdem man sie mit der abgeleckten Hand abgewischt hat

Hadith 748: Ibn Abbâs (r) berichtet, dass der Gesandte Allahs (s) sagte: "Wenn jemand von euch gegessen hat, soll er seine Finger nicht abwischen, bis er sie abgeleckt hat.
(Al-Bukhâri und Muslim)

Hadith 749: Ka'b ibn Mâlik (r) berichtet: Ich habe den Gesandten Allahs (s) mit drei Fingern essen gesehen, und wenn er (mit dem Essen) fertig war, pflegte er sie abzulecken.
(Muslim)

Hadith 750 ist eine Wiederholung von Hadith Nr. 164.

Hadith 751 ist in Hadith Nr. 164 enthalten.

Hadith 752 ist in Hadith Nr. 164 enthalten.

Hadith 753: Anas (r) berichtet: Der Gesandte Allahs (s) pflegte beim Essen seine drei Finger abzulecken und zu sagen: "Wenn einem von euch ein Bissen (auf den Boden) fällt, soll er ihn aufheben, ihn von Staub etc. reinigen und ihn essen, und ihn nicht dem Satan lassen." Und er empfahl uns, die Schüssel abzulecken, und sagte: "Ihr wisst nicht, in welchem Teil der Speise Segen steckt."
(Muslim)

٧٥٤ - وعن سعيد بن الحارث أنه سأل جابراً رضيَ الله عنه عن الوضوءِ مِمَّا مَسَّتِ النَّارُ، فقال: لا، قد كُنَّا زَمَنَ النبي ﷺ لا نجدُ مِثلَ ذلكَ مِنَ الطعامِ إلاَّ قَليلاً، فإذا نحنُ وجَدناهُ، لَم يكُنْ لَنا مَنَاديلُ إلاَّ أكُفَّنا وسَواعِدَنا وأقدَامَنا، ثُمَّ نُصلِّي ولا نَتَوَضَّأ. رواه البخاري.

٣ - ١١ - باب تكثير الأيدي على الطَّعام

٧٥٥ - عن أبي هريرة رضيَ اللهُ عنه قال: قال رسولُ اللهِ ﷺ: «طَعامُ الاثنَينِ كافي الثَّلاثَةِ، وَطَعَامُ الثَّلاثَةِ كافي الأربَعَةِ». متفقٌ عليه.

٧٥٦ - وعن جابرٍ رضيَ الله عنه قال: سمعتُ رسولَ اللهِ ﷺ يَقُولُ: «طَعامُ الوَاحِدِ يَكْفِي الاثنَيْنِ، وطَعَامُ الاثنَيْنِ يَكْفِي الأربَعَةَ، وطعامُ الأربَعَةِ يَكْفِي الثَّمانِيَةَ». رواه مسلم.

٣ - ١٢ - باب أدب الشرب واستحباب التَّنفُّس ثلاثاً خارج الإناء وكراهة التنفس في الإناء واستحباب إدارة الإناء على الأيمن فالأيمن بعد المبتدىء

٧٥٧ - عن أنسٍ رضي الله عنه: أن رسول الله ﷺ كانَ يتنفَّسُ في الشَّرابِ ثَلاثاً. متفقٌ عليه.

يعني: يَتَنَفَّسُ خَارِجَ الإناءِ.

3. Buch der Esssitten

Hadith 754: Sa'îd ibn al-Hârith (r) befragte Dschâbir (r) über die rituelle Waschung (fürs Gebet), nachdem man Gekochtes zu sich genommen hat. Er antwortete: "Nein! Zu Lebzeiten des Propheten (s) bekamen wir selten solches Essen, und wenn wir etwas davon bekamen, hatten wir keine Tücher (um uns abzuwischen), außer unseren Händen, Unterarmen und Füßen (womit wir uns abwischten). Dann beteten wir, ohne extra eine Gebetswaschung vorzunehmen."
(Al-Bukhârî)

Kapitel 11
Zu Mehreren zu essen

Hadith 755 ist eine Wiederholung von Hadith Nr. 565.

Hadith 756 ist in Hadith Nr. 565 enthalten.

Kapitel 12
Trinksitten, und Verlangen, dreimal außerhalb des Gefäßes zu atmen und Abscheu, in das Trinkgefäß zu atmen, sowie Verlangen, das Getränk nach rechts weiterzureichen

Hadith 757: Anas (r) berichtet, dass der Gesandte Allahs (s), wenn er Wasser trank, dreimal zu atmen pflegte."
(Al-Bukhârî und Muslim)
Das heißt, er atmete außerhalb des Gefäßes.

٧٥٨ ـ وعن ابنِ عباس رضي الله عنهما قال: قال رسول الله ﷺ: «لَا تَشْرَبُوا وَاحِداً كَشُرْبِ البَعِيرِ، وَلَٰكِن اشْرَبُوا مَثْنَى وَثُلَاثَ، وَسَمُّوا إِذَا أَنْتُمْ شَرِبْتُمْ، وَاحْمَدُوا إِذَا أَنْتُمْ رَفَعْتُمْ». رواه الترمذي وقال: حديث حسن.

٧٥٩ ـ وعن أبي قَتَادَةَ رضي اللَّهُ عنه أن النبيَّ ﷺ نَهَى أن يُتَنَفَّسَ في الإِناءِ. متفقٌ عليه.

يعني: يُتَنَفَّسُ في نَفْسِ الإِناءِ.

٧٦٠ ـ وعن أنس رضي الله عنه: أن رسول الله ﷺ أُتِيَ بِلبَنٍ قد شِيبَ بمَاءٍ، وعَنْ يَمِينِهِ أعْرَابيٌّ، وعَنْ يَسَارِهِ أبو بكرٍ رضي الله عنه، فشَرِبَ، ثُمَّ أعْطَى الأَعْرَابِيَّ وقال: «الأَيْمَنُ فَالأَيْمَنُ». متفقٌ عليه.

قوله: «شِيبَ» أي: خُلِطَ.

٧٦١ ـ وعن سهل بن سعد رضي الله عنه: أن رسول اللَّه ﷺ أُتِيَ بِشرابٍ، فشَرِبَ مِنْهُ وعَنْ يَمِينِهِ غُلَامٌ، وعن يَسَارِهِ أشْيَاخٌ، فقال للغُلامِ: «أَتَأْذَنُ لي أَنْ أُعْطِيَ هؤُلَاءِ؟» فقال الغلامُ: لا والله، لا أُوثِرُ بنصيبي منكَ أحداً، فَتَلَّهُ رسولُ اللَّهِ ﷺ في يدِه. متفقٌ عليه.

قوله: «تَلَّهُ» أيْ: وَضَعَهُ، وهذا الغُلَامُ هو ابنُ عباس رضي الله عنهما.

٣ـ ١٣ ـ باب كراهة الشّرْب مِن فم القربة ونحوها
وبيان أنه كراهة تنزيه لا تحريم

٧٦٢ ـ عن أبي سعيدٍ الخدريِّ رضي الله عنه قال: نَهَى رسولُ اللَّهِ ﷺ عنِ اخْتِنَاثِ الأَسْقِيَةِ، يعني: أَنْ تُكْسَرَ أَفْوَاهُها، ويُشْرَبُ مِنها. متفقٌ عليه.

3. Buch der Esssitten

Hadith 758: Ibn Abbâs (r) überliefert, dass der Gesandte Allahs (s) sagte: "Trinkt nicht in einem Zug, wie ein Kamel, sondern trinkt indem ihr zwei oder drei(mal absetzt). Sprecht '*Bismillâh*', wenn ihr trinkt, und '*Alhamdu lillâh*', wenn ihr aufhört."
(At-Tirmidhi)
Dies ist ein guter Hadith (*hasan*).

Hadith 759: Abu Qatâda (r) berichtet, dass der Prophet (s) verbot, (während des Trinkens) in den Napf hineinzuatmen.
(Al-Bukhâri und Muslim)

Hadith 760: Anas (r) berichtet, dass man dem Gesandten Allahs (s) verdünnte Milch brachte, als gerade zu seiner Rechten ein Araber vom Lande saß und zu seiner Linken Abu Bakr (r). Er trank (etwas davon) und reichte sie dann dem Araber vom Lande weiter und sagte: "Die Rechte hat Vorrang."
(Al-Bukhâri und Muslim)

Hadith 761 ist eine Wiederholung von Hadith Nr. 569.

Kapitel 13
Abscheu, Wasser direkt aus einem Wassersack oder ähnlichem zu trinken und Erklärung, dass diese Abscheu nicht von einem Verbot herrührt, sondern von hygienischen Gründen

Hadith 762: Abu Sa'îd al-Khudri (r) berichtet, dass der Gesandte Allahs (s) verboten hat, Wasser direkt aus einem Wassersack zu trinken.
(Al-Bukhâri und Muslim)

٧٦٣ - وعن أبي هريرة رضي الله عنه قال: نَهَى رسولُ اللَّهِ ﷺ أن يُشْرَبَ مِنْ في السِّقاءِ أو القِرْبَةِ. متفقٌ عليه.

٧٦٤ - وعن أمِّ ثابتٍ كَبْشَةَ بِنْتِ ثابتٍ أُخْتِ حَسَّانَ بنِ ثابتٍ رضيَ الله عنه وعنها قالت: دخل عليَّ رسولُ اللَّهِ ﷺ، فَشَرِبَ مِنْ في قِرْبَةٍ مُعَلَّقَةٍ قائماً، فَقُمْتُ إلى فيها فَقَطَعْتُهُ. رواه الترمذي وقال: حديث حسن صحيح.

وَإِنَّمَا قَطَعَتْهَا، لِتَحْفَظَ مَوْضِعَ فَمِ رسولِ اللَّهِ ﷺ، وَتَتَبَرَّكَ بِهِ، وَتَصُونَهُ عَنِ الابْتِذَالِ. وهذا الحَدِيثُ مَحْمُولٌ عَلَى بَيَانِ الجَوَازِ، والحديثان السابقان لبيان الأفضل والأكمل والله أعلم.

٣ - ١٤ - باب كراهة النفخ في الشراب

٧٦٥ - عن أبي سعيدٍ الخدريِّ رضيَ اللَّهُ عنه أنَّ النبيَّ ﷺ نَهَى عَنِ النَّفْخِ في الشَّرابِ، فقال رَجُلٌ: القَذَاةُ أراها في الإناءِ؟ فقال: «أَهْرِقْهَا» قال: إنِّي لا أَرْوَى مِنْ نَفَسٍ وَاحِدٍ؟ قال: «فَأَبِنِ القَدَحَ إذاً عَنْ فِيكَ». رواه الترمذي وقال: حديث حسن صحيح.

٧٦٦ - وعن ابن عباس رضي الله عنهما أن النبي ﷺ نهى أن يُتَنَفَّسَ في الإناءِ، أو يُنْفَخَ فيهِ. رواه الترمذي وقال: حديث حسن صحيح.

3. Buch der Esssitten

Hadith 763: Abu Huraira (r) überliefert, dass der Prophet (s) verboten hat, Wasser direkt aus einem Wassersack oder Krug zu trinken.
(Al-Bukhâri und Muslim)

Hadith 764: Umm Thâbit Kabscha bint Thâbit (r), die Schwester Hassân ibn Thâbits (r), berichtet: Einmal betrat der Gesandte Allahs (s) mein Haus. Er trank aus einem hängenden Wasserschlauch (bei mir), im Stehen. Da stand ich auf und schnitt die Öffnung des Wasserschlauchs ab.
(At-Tirmidhi)
Dies ist ein gutes, gesundes Hadith (*hasan sahîh*).

Sie tat dies, um ein Andenken an den Propheten aufzubewahren.
Dieses Hadith beweist, dass es möglich ist, direkt aus einem Wasserbehälter zu trinken, wohingegen die beiden vorangehenden zeigen, dass es besser ist, darauf zu verzichten. Und Allah weiß es am besten.

Kapitel 14
Abscheu, ins Getränk zu blasen

Hadith 765: Abu Sa'îd al-Khudri (r) überliefert, dass der Prophet (s) verboten hat, ins Wasser zu blasen. Da fragte einer: "Auch wenn ich Schmutz im Gefäß sehe?" Er antwortete: "Gieß es aus!" Er sagte: "Mein Durst ist mit einem Schluck nicht gelöscht." Er antwortete: "Dann nimm dazu das Gefäß von deinem Mund."
(At-Tirmidhi)
Dies ist ein guter und gesunder Hadith (*hasan sahîh*).

Hadith 766: Ibn Abbâs (r) überliefert, dass der Prophet (s) verboten hat, dass man ins Trinkgefäß atmet oder hustet.
(At-Tirmidhi)
Dies ist ein guter und gesunder Hadith (*hasan sahîh*).

3 - 15 - باب بَيان جَوَاز الشّرْب قَائماً
وبيان أن الأكمل والأفضل الشرب قاعداً

فيه حديث كبشة السابق.

٧٦٧ - وعن ابن عباس رضي اللَّهُ عنهما قال: سَقَيْتُ النَّبيَّ ﷺ مِن زَمْزَمَ، فَشَرِبَ وَهُوَ قَائِمٌ. متفقٌ عليه.

٧٦٨ - وعن النَّزَّالِ بن سَبْرَةَ رَضِيَ اللَّهُ عنه قالَ: أتى عَليٌ رضيَ اللَّهُ عنه على بَاب الرَّحْبَةِ بِمَاءٍ فَشَرِبَ قَائماً، وقالَ: إنَّ ناساً يَكرَهُ أحدُهُم أن يَشْرَبَ وَهُوَ قَائِمٌ. وإنِّي رَأَيْتُ رَسُولَ اللَّهِ ﷺ فَعَلَ كَما رَأَيْتُمُونِي فَعَلْتُ. رواه البخاري.

٧٦٩ - وعن ابن عمر رضيَ اللَّهُ عنهما قال: كُنَّا نَأكُلُ عَلَى عَهْدِ رسُولِ اللَّهِ ﷺ وَنَحْنُ نَمْشي، ونَشْرَبُ ونَحْنُ قِيَامٌ. رواهُ الترمذي، وقال: حديثٌ حسن صحيح.

٧٧٠ - وعن عمرو بن شعيب عن أبيهِ عن جدِّه رضيَ اللَّهُ عنه قال: رَأَيْتُ رسُولَ اللَّهِ ﷺ يَشْرَبُ قَائماً وَقَاعِداً. رواه الترمذي وقال: حديث حسن صحيح.

٧٧١ - وعن أنَسٍ رضيَ اللَّهُ عنه، عن النبيِّ ﷺ: أنَّهُ نَهَى أنْ يَشْرَبَ الرَّجُلُ قَائماً. قال قتادة: فَقُلْنَا لأَنَسٍ: فالأكلُ؟ قالَ: ذلك أشَرُّ ـ أَوْ أَخْبَثُ ـ رواه مسلم.

وفي رواية له: أنَّ النبيَّ ﷺ زَجَرَ عنِ الشُّرْبِ قَائماً.

3. Buch der Esssitten

Kapitel 15
Erklärung für die Erlaubnis, im Stehen zu trinken, und dass es vorzuziehen ist, im Sitzen zu trinken

Siehe zu diesem Kapitel Hadith Nr. 764.

Hadith 767: Ibn Abbâs (r) berichtet, dass er einst dem Propheten (s) Wasser aus der Zamzam-Quelle reichte. Der Prophet (s) trank es im Stehen."
(Al-Bukhâri und Muslim)

Hadith 768: Al-Nazzâl ibn Sabra (r) berichtet, dass Alî (r) vor dem Rahaba-Tor (in Kûfa) im Stehen trank, und danach sagte: "So sah ich den Gesandten Allahs (s) tun, wie ihr mich jetzt tun seht."
(Al-Bukhâri)

Hadith 769: Ibn Umar (r) sagte: "Zur Zeit des Gesandten Allahs (s) kam es (oft) vor, dass wir im Gehen aßen und im Stehen tranken."
(At-Tirmidhi)
Dies ist ein guter und gesunder Hadith (*hasan sahîh*).

Hadith 770: Amru ibn Schu'aib überliefert, dass sein Vater ihm berichtete, dass sein Großvater (r) ihm sagte: "Ich sah den Propheten (s) sowohl im Stehen trinken, als auch im Sitzen."
(At-Tirmidhi)
Dies ist ein guter und gesunder Hadith (*hasan sahîh*).

Hadith 771: Anas (r) berichtet, dass der Prophet (s) verboten hat, im Stehen zu trinken. Da sagte Qatâda: Wir fragten Anas: "Und beim Essen?" Und er antwortete: "Dies ist noch schlimmer."
(Muslim)

Nach einer anderen Version bei Muslim hat der Prophet (s) gerügt, im Stehen zu trinken.

٧٧٢ - وعن أبي هريرة رضيَ اللهُ عنه قال: قال رسولُ اللهِ ﷺ: «لَا يَشْرَبَنَّ أَحَدٌ مِنْكُمْ قَائِماً، فَمَنْ نَسِيَ فَلْيَسْتَقِىءْ». رواه مسلم.

٣ - ١٦ - باب استحباب كون ساقي القوم آخرهم شرباً

٧٧٣ - عن أبي قتادة رضيَ اللهُ عنه عن النبيِّ ﷺ قال: «سَاقِي الْقَوْمِ آخِرُهُمْ شُرْباً».

رواه الترمذي وقال: حديث حسن صحيح.

٣ - ١٧ - باب جَواز الشّرب
من جميع الأواني الظاهرة غير الذهب والفضة
وجَواز الكَرع، وهو الشُّربُ بالفمِ مِنَ النَّهرِ وغَيرِه، بغيرِ إناءٍ وَلَا يَدٍ وَتَحْريمِ اسْتِعْمَالِ إِنَاءِ الذَّهَبِ والفِضَّةِ فِي الشُّرْبِ وَالأَكْلِ وَالطَّهَارَةِ وسَائِرِ وُجُوهِ الاسْتِعْمَالِ

٧٧٤ - عَن أنسٍ رضيَ اللهُ عنه قال: حَضَرَتِ الصَّلَاةُ، فَقَامَ مَنْ كَانَ قَرِيبَ الدَّارِ إلى أهْلِهِ، وَبَقِيَ قَوْمٌ فَأُتِيَ رَسُولُ اللهِ ﷺ بِمِخْضَبٍ مِنْ حِجَارَةٍ فِيهِ مَاءٌ، فَصَغُرَ المِخْضَبُ أَنْ يَبْسُطَ فِيهِ كَفَّهُ، فَتَوَضَّأَ القَوْمُ كُلُّهُمْ. قَالُوا: كَمْ كُنْتُمْ؟ قَالَ: ثَمَانِينَ وَزِيَادَةً. متفقٌ عليه. هذه رواية البخاري.

وفي روايةٍ له ولمسلم: أنَّ النبيَّ ﷺ دَعَا بِإنَاءٍ مِنْ مَاءٍ، فَأُتِيَ بِقَدَحٍ رَحْرَاحٍ فِيهِ شَيْءٌ مِنْ مَاءٍ، فَوَضَعَ أَصَابِعَهُ فِيهِ. قَالَ أَنَسٌ: فَجَعَلْتُ أَنْظُرُ إلى الماءِ يَنْبُعُ مِنْ بَيْنِ

3. Buch der Esssitten

Hadith 772: Abu Huraira (r) berichtet, dass der Gesandte Allahs (s) sagte: "Niemand von euch soll im Stehen trinken. Wenn jemand dies versehentlich getan hat, soll er versuchen, sich zu erbrechen."
(Muslim)

Kapitel 16
Verlangen, dass derjenige, der Getränk anbietet, als Letzter trinken soll

Hadith 773: Abu Qatâda (r) berichtet, dass der Prophet (s) sagte: "Wer den Leuten zu trinken gibt, soll als letzter trinken."
(At-Tirmidhi)
Dies ist ein guter und gesunder Hadith *(hasan sahîh)*.

Kapitel 17
Erlaubnis, aus allen Gefäßen zu trinken, außer aus goldenen oder silbernen, und die Erlaubnis, direkt mit dem Mund, also ohne Trinkgefäß oder der Hand, aus einem Fluss zu trinken, und Verbot, Gefäße aus Gold oder Silber zum Trinken, Essen oder zur Waschung und ähnlichem zu benutzen

Hadith 774: Anas (r) berichtet: Einmal (als wir bei dem Propheten (s) waren,) kam die Zeit zum Gebet, und diejenigen, deren Häuser in der Nähe waren, gingen dorthin (um sich für das Gebet zu reinigen), und andere blieben (bei dem Propheten (s)). Da ließ der Gesandte Allahs (s) eine (mit Wasser gefüllte) steinerne Schale bringen. Sie war so klein, dass sie von seiner Hand bedeckt werden konnte. Alle vollzogen (daran) ihre rituelle Waschung. Als er gefragt wurde, wie viele Personen so ihre Waschungen vollzogen, antwortete er, dass es achtzig oder mehr waren.
(Al-Bukhâri und Muslim)
Die zitierte Fassung stammt von Al-Bukhâri.

Nach einer anderen Version bei Al-Bukhâri und Muslim sandte der Prophet (s) nach einem Gefäß mit etwas Wasser. Es wurde ihm ein großes, aber flaches Gefäß mit etwas Wasser gebracht. Er tauchte seine Finger hinein. Anas sagte: Ich sah, wie das Wasser zwischen seinen Fingern

أَصَابِعِهِ، فَحَزَرْتُ مَنْ تَوَضَّأَ مِنْهُ مَا بَيْنَ السَّبْعِينَ إِلَى الثَّمَانِينَ.

٧٧٥ - وعن عبدِ اللَّهِ بنِ زيدٍ رضيَ اللَّهُ عنه قال: أَتَانَا النَّبِيُّ ﷺ، فَأَخْرَجْنَا لَهُ مَاءً في تَوْرٍ مِنْ صُفْرٍ فَتَوَضَّأ. رواه البُخاري.

«الصُّفْر» بضم الصاد، ويجوز كسرها، وهو النحاس، و«التَّوْر»: كالقدح، وهو بالتاء المثناة من فوق.

٧٧٦ - وعن جابرٍ رضيَ اللَّهُ عنه أَنَّ رَسُولَ اللَّهِ ﷺ دَخَلَ عَلَى رَجُلٍ مِنَ الأنْصارِ، ومَعَهُ صاحِبٌ لَهُ، فقالَ رسولُ اللَّهِ ﷺ: «إِنْ كَانَ عِنْدَكَ مَاءٌ بَاتَ هَذِهِ اللَّيْلَةَ في شَنَّةٍ وَإِلَّا كَرَعْنَا». رواهُ البخاري.

«الشَّنُّ»: القِرْبَة.

٧٧٧ - وعن حذيفة رضيَ اللَّهُ عنه قالَ: إِنَّ النبيَّ ﷺ نَهانَا عَنِ الحَرِيرِ والدِّيبَاجِ والشُّرْبِ في آنِيةِ الذَّهَبِ والفِضَّةِ، وقالَ: «هِيَ لَهُمْ في الدُّنْيَا، وهِيَ لَكُمْ في الآخِرَةِ». متفقٌ عليه.

٧٧٨ - وعن أُمِّ سلمة رضيَ اللَّهُ عنها أنَّ رسولَ اللَّهِ ﷺ قال: «الَّذِي يَشْرَبُ في آنِيَةِ الفِضَّةِ إِنَّمَا يُجَرْجِرُ في بَطْنِهِ نَارَ جَهَنَّمَ». متفقٌ عليه.

وفي روايةٍ لمسلم: «إِنَّ الَّذِي يَأْكُلُ أَوْ يَشْرَبُ في آنِيَةِ الفِضَّةِ والذَّهَبِ».

وفي روايةٍ له: «مَنْ شَرِبَ في إِنَاءٍ مِنْ ذَهَبٍ أَوْ فِضَّةٍ فَإِنَّمَا يُجَرْجِرُ في بَطْنِهِ نَارًا مِنْ جَهَنَّمَ».

3. Buch der Esssitten

hindurchrann. Ich schätze, dass etwa siebzig bis achtzig (Personen) ihre rituelle Waschung mit diesem Wasser durchführten.

Hadith 775: Abdullâh ibn Zaid (r) berichtet: Einst kam der Prophet (s) zu uns. Wir brachten ihm Wasser in einem Messinggefäß, mit dem er seine rituelle Waschung durchführte.
(Al-Bukhâri)

Hadith 776: Dschâbir (r) berichtet, dass der Gesandte Allahs (s) einst zu einem der *Ansâr* kam und ihn bat: "Wenn du noch etwas Wasser von der letzten Nacht im Wassersack übrig hast (gib uns zu trinken), sonst müssen wir direkt (aus dem Fluss) trinken."
(Al-Bukhâri)

Hadith 777: Hudhaifa (r) berichtet: Der Prophet (s) verbot uns, Seiden- oder Brokatkleidung zu tragen und aus Gold- oder Silbergefäßen zu trinken. Und er sagte zu uns: "In dieser Welt ist dies für die anderen, für euch ist es im Jenseits."
(Al-Bukhâri und Muslim)

Hadith 778: Umm Salama (r) berichtet, dass der Prophet (s) sagte: "Wer aus einem Silbergefäß trinkt, der füllt seinen Bauch mit Feuer der Hölle."
(Al-Bukhâri und Muslim)

In einer anderen Version bei Muslim heißt es: "Wer immer aus einem Silber- oder Goldgefäß isst oder trinkt...", und in einer weiteren Version: "Jeder, der von einem Gold- oder Silbergefäß trinkt..."

٤ - كتاب اللِّباس

٤ - ١ - باب استحباب الثوب الأبيض
وجواز الأحمر والأخضر والأصفر والأسود وجوازه من قطن وكتان وشعر
وصوف وغيرها إلا الحرير

قال اللَّهُ تعالى: ﴿يَا بَنِي آدَمَ قَدْ أَنزَلْنَا عَلَيْكُمْ لِبَاساً يُوَارِي سَوْآتِكُمْ وَرِيشاً، وَلِبَاسُ التَّقْوَىٰ ذَٰلِكَ خَيْرٌ﴾ [الأعراف: ٢٦]. وقال تعالى: ﴿وَجَعَلَ لَكُمْ سَرَابِيلَ تَقِيكُمُ الْحَرَّ، وَسَرَابِيلَ تَقِيكُم بَأْسَكُمْ﴾ [النحل: ٨١]

٧٧٩ - وعن ابن عبَّاس رضيَ اللَّهُ عنهما، أنَّ رسولَ اللَّهِ ﷺ قال: «الْبَسُوا مِنْ ثِيَابِكُمُ الْبَيَاضَ، فَإِنَّهَا مِنْ خَيْرِ ثِيَابِكُمْ، وَكَفِّنُوا فِيهَا مَوْتَاكُمْ». رواه أبو داود، والترمذي وقال: حديث حسن صحيح.

٧٨٠ - وعن سَمُرَةَ رضيَ اللَّهُ عنه قال: قال رسولُ اللَّهِ ﷺ: «الْبَسُوا مِنْ ثِيَابِكُمُ الْبَيَاضَ، فإنَّها أَطْهَرُ وَأَطْيَبُ، وكَفِّنُوا فِيهَا مَوْتَاكُمْ». رواه النسائي، والحاكم وقال: حديث صحيح.

٧٨١ - وعن البراءِ رضيَ اللَّهُ عنه قال: كانَ رَسُولُ اللَّهِ ﷺ مَرْبُوعاً وَلَقَدْ رَأَيْتُهُ في حُلَّةٍ حَمْرَاءَ ما رَأَيْتُ شَيْئاً قَطُّ أَحْسَنَ مِنْهُ. متفقٌ عليه.

IV. BUCH DER KLEIDUNG

Kapitel 1
Verlangen, weiße Kleidung zu tragen, und Erlaubnis, rote, grüne, gelbe und schwarze Kleidung aus Wolle, Baumwolle und anderem Material, außer Seide, zu tragen

Qur'ân: Allah, der Erhabene, spricht:
"Oh ihr Kinder Adams! Wahrlich, Wir gaben euch Kleidung, um eure Blöße zu bedecken und als Zierde. Doch das Gewand der Gottesfurcht, das ist das Beste..." (7:26)
"Und zu den Dingen, die Allah für euch erschaffen hat, gehört der Schatten, und Er gab euch in den Bergen Deckung, und Er gab euch Gewänder, die euch vor Hitze schützen, und Gewänder (aus Eisen), die euch bei kriegerischen Auseinandersetzungen schützen..." (16:81)

Hadith 779: Ibn Abbâs (r) berichtet, dass der Gesandte Allahs (s) sagte: "Tragt weiße Kleidung, denn sie ist von aller Kleidung die beste, und verhüllt eure Toten darin."
(Abu Dâwûd und At-Tirmidhi)
Nach At-Tirmidhi ist dies ein guter und gesunder Hadith (*hasan sahîh*).

Hadith 780: Samura (r) berichtet, dass der Gesandte Allahs (s) sagte: "Tragt Weiß, denn es ist rein und angenehm, und hüllt eure Toten (in weißes Tuch)."
(An-Nasâi und Al-Hâkim)
Nach Al-Hâkim ist dies ein gesunder Hadith (*sahîh*).

Hadith 781: Al-Barâ' (r) erzählte: Der Prophet (s) war von mittlerer Körpergröße, und ich sah ihn in roter Kleidung. Ich habe nie jemand Schöneres als ihn gesehen.
(Al-Bukhâri und Muslim)

٧٨٢ - وعن أبي جُحَيْفَةَ وهبِ بنِ عبدِ اللهِ رضيَ اللَّهُ عنهُ قال: رَأَيْتُ النَّبِيَّ ﷺ بمكَّةَ وَهُوَ بالأَبْطَحِ في قُبَّةٍ حَمْرَاءَ مِنْ أَدَمٍ، فَخَرَجَ بِلالٌ بِوَضُوئِهِ، فَمِنْ نَاضِحٍ ونَائِلٍ، فَخَرَجَ النبيُّ ﷺ وعَلَيْهِ حُلَّةٌ حَمْرَاءُ، كَأَنِّي أَنْظُرُ إلى بَياضِ سَاقَيْهِ، فَتَوَضَّأَ وَأَذَّنَ بِلالٌ، فَجَعَلْتُ أَتَتَبَّعُ فَاهُ هُهُنَا وهُهُنا، يقولُ يميناً وشِمالاً: حَيَّ عَلى الصَّلاةِ، حَيَّ عَلى الفَلاحِ، ثُمَّ رُكِزَتْ لَهُ عَنَزَةٌ، فَتَقَدَّمَ فَصلَّى الظُّهْرَ رَكْعَتَيْنِ يَمُرُّ بَيْنَ يَدَيْهِ الكَلْبُ والحِمَارُ لا يُمْنَعُ ثُمَّ صَلَّى العَصْرَ، ثُمَّ لَمْ يَزَلْ يُصَلِّي رَكْعَتَيْنِ حَتَّى رَجَعَ إلى المَدينَةِ. متفقٌ عليه.

«العَنَزَةُ» بفتحِ النونِ: نحوَ العُكَّازَةِ.

٧٨٣ - وعن أبي رِمْثَةَ رِفاعَةَ التَّيْمِيِّ رضيَ اللَّهُ عنه قال: رَأَيْتُ رسولَ اللَّهِ ﷺ وعليْهِ ثوبانِ أخضَرانِ. رواهُ أبو داود، والترمذي بإسنادٍ صحيحٍ.

٧٨٤ - وعن جابرٍ رضيَ اللَّهُ عنه، أنَّ رسولَ اللَّهِ ﷺ دَخَلَ يَوْمَ فَتْحِ مَكَّةَ وَعَلَيْهِ عِمَامَةٌ سَوْدَاءُ. رواهُ مسلم.

٧٨٥ - وعن أبي سعيدٍ عمرو بنِ حُرَيْثٍ رضيَ الله عنه قال: كأني أنظرُ إلى رسولِ اللَّهِ ﷺ على المِنْبَرِ وعَلَيْهِ عِمَامَةٌ سَوْدَاءُ، قَدْ أَرْخَى طَرَفَيْها بَيْنَ كَتِفَيْهِ. رواه مسلم.

وفي روايةٍ له: أن رسولَ الله ﷺ خطبَ النَّاسَ، وَعَلَيْهِ عِمَامَةٌ سَوْدَاءُ.

4. Buch der Kleidung

Hadith 782: Abu Dschuhaifa Wahb ibn Abdullâh (r) berichtet: Ich sah den Propheten (s) in Abtah, einem Ort bei Mekka. Er war in einem Zelt aus rotem Leder. Bilâl kam mit Wasser für die rituellen Waschungen des Propheten (s). Einige bekamen etwas Wasser ab, andere erhielten kein Wasser mehr. Da kam der Prophet (s) heraus, mit einem roten Mantel gekleidet. Ich erinnere mich noch an das Weiße seiner Beine. Er machte seine rituellen Waschungen, und Bilâl (r) rief zum Gebet. Und ich verfolgte die Bewegungen seines Mundes, wie er nach rechts und links sagte: "*Hayya alâs-salâh, hayya alâl-falâh.*"[195] Dann wurde ein kleiner Speer in den Boden gerammt, und er (der Prophet) ging vor (und leitete das Gebet), während vor ihm Hund und Esel vorbeiliefen, und sie wurden von niemandem daran gehindert."
(Al-Bukhâri und Muslim)

Hadith 783: Abu Rimtha Rifâ'a at-Taimi (r) berichtet: Ich habe den Gesandten Allahs (s) in zwei grünen Kleidungstücken gesehen.
(Abu Dâwûd und At-Tirmidhi)
Nach At-Tirmidhi ist dieser Hadith zuverlässig überliefert (*isnâd sahîh*).

Hadith 784: Dschâbir (r) berichtet, dass der Gesandte Allahs (s) am Tag des Sieges in Mekka mit einem schwarzen Turban hereinkam.
(Muslim)

Hadith 785: Abu Sa'îd Amru ibn Huraith (r) berichtet: Ich erinnere mich, dass der Gesandte Allahs (s) einen schwarzen Turban trug, dessen beide Enden über seine Schultern fielen.
(Muslim)

Nach einer anderen Version bei Muslim trug der Gesandte Allahs (s) einen schwarzen Turban während er predigte.

---

[195] Dies ist ein Teil des Gebetsrufs und bedeutet auf Deutsch: "Kommt zum Gebet, kommt zum Erfolg."

٧٨٦ - وعن عائشة رضي الله عنها قالت: كُفِّنَ رسولُ اللَّهِ ﷺ في ثلاثةِ أثوابٍ بِيضٍ سَحُولِيَّةٍ مِن كُرْسُفٍ، لَيسَ فيهَا قَمِيصٌ وَلا عِمَامَةٌ. متفقٌ عليه.

«السَّحُولِيَّةُ» بفتح السين وضمها وضم الحاءِ المهملتين: ثيابٌ تُنْسَبُ إلى سَحُولٍ: قَرْيَةٍ باليَمنِ. «وَالكُرْسُفُ»: القُطنُ.

٧٨٧ - وعنها قالت: خَرَجَ رسولُ اللَّهِ ﷺ ذاتَ غَدَاةٍ، وَعَلَيهِ مِرطٌ مُرَحَّلٌ مِن شَعرٍ أسْوَدَ. رواه مسلم.

«المِرْط» بكسر الميم: وهو كساءٌ «والمُرَحَّل» بالحاءِ المهملة: هُو الَّذي فيه صورةُ رِحَالِ الإبلِ، وهِيَ الأكْوَارُ.

٧٨٨ - وعن المُغيرَةِ بنِ شُعْبَةَ رضي الله عنه قال: كنتُ مع رسولِ اللَّهِ ﷺ ذاتَ لَيلَةٍ في مسيرٍ، فقال لي: «أَمَعَكَ مَاءٌ؟» قلت: نَعَم، فَنَزَلَ عن راحلتِهِ فَمَشَىٰ حتَّى تَوَارَىٰ في سَوادِ اللَّيلِ، ثمَّ جاءَ، فَأَفرَغْتُ عليهِ مِنَ الإداوَةِ، فَغَسَلَ وَجهَهُ وَعَلَيهِ جُبَّةٌ مِن صُوفٍ، فَلَم يَسْتَطِعْ أَنْ يُخرِجَ ذِرَاعَيهِ مِنها حتَّى أَخرَجَهُمَا مِن أَسْفَلِ الجُبَّةِ، فَغَسَلَ ذِرَاعَيهِ وَمَسَحَ بِرَأْسِهِ، ثُمَّ أَهوَيتُ لأَنزِعَ خُفَّيهِ فقالَ: «دَعْهُمَا فَإِنِّي أَدخَلْتُهُمَا طَاهِرَتَينِ». وَمَسَحَ عَلَيهِمَا. مُتَّفقٌ عليه.

وفي روايةٍ: وعَلَيهِ جُبَّةٌ شَامِيَّةٌ ضَيِّقَةُ الكُمَّينِ.

وفي روايةٍ: أَنَّ هٰذِهِ القَضِيَّةَ كانت في غَزوَةِ تَبُوكَ.

٤ - ٢ - باب استحباب القميص

٧٨٩ - عن أمِّ سَلمةَ رضي الله عنها قالت: كان أَحَبُّ الثِّيابِ إلى رسولِ اللَّهِ ﷺ القَمِيصُ. رواه أبو داود، والترمذي وقال: حديث حسن.

4. Buch der Kleidung

Hadith 786: Âischa (r) berichtet: Der Gesandte Allahs (s) wurde (zu seiner Beisetzung) in drei weiße Tücher aus jemenitischer Baumwolle gehüllt: Unter diesen trug er weder Hemd noch Turban.
(Al-Bukhâri und Muslim)

Hadith 787: Âischa (r) berichtet: Eines Tages verließ der Gesandte Allahs (s) das Haus, während er ein Gewand trug, auf dem aus schwarzem Haar Kamelsättel abgebildet waren.
(Muslim)

Hadith 788: Al-Mughîra ibn Schu'ba (r) berichtet: Eines Nachts begleitete ich den Gesandten Allahs (s) auf eine seiner Reisen. Er fragte mich, ob ich etwas Wasser bei mir habe. Ich sagte: "Ja." Da stieg er von seinem Kamel und ging in die Dunkelheit, bis er nicht mehr gesehen werden konnte. Als er zurückkam, goß ich (Wasser) aus dem Wasserbehälter, und er wusch sich das Gesicht. Zu dieser Zeit trug er ein weites Übergewand aus Wolle und konnte daher seine Arme nicht aus den Ärmeln ziehen. Daher streckte er sie von Innen aus dem Gewand und wusch seine Unterarme. Dann strich er mit den Händen über seinen Kopf (und vollzog die Waschung). Ich wollte ihm helfen, seine Ledersocken auszuziehen, doch er sagte: "Lass sie, ich habe sie über meine sauberen Füße gezogen." Und er wischte mit seinen Händen darüber.
(Al-Bukhâri und Muslim)

In einer anderen Version heißt es: Er trug ein langes Gewand aus *Schâm*[196] mit engen Ärmeln.

In einer weiteren Fassung wird berichtet, dass sich dies auf dem Weg zur Schlacht von Tabûk ereignete.

Kapitel 2
Verlangen, ein (langes) Hemd zu tragen

Hadith 789: Umm Salama (r) berichtet, dass sich der Gesandte Allahs (s) am liebsten mit einem (langen) Hemd kleidete.
(Abu Dâwûd und At-Tirmidhi)
Nach At-Tirmidhi ist dies ein guter Hadith (*hasan*).

---
[196] Siehe Anmerkung Nr. 27 auf Seite 16.

٤ – ٣ - باب صفة طول القميص والكمّ والإزار وطرف العمامة وتحريم إسبال شيء من ذلك على سبيل الخيلاء وكراهته من غير خيلاء

٧٩٠ - عن أسماءَ بنتِ يزيدَ الأنصاريَّةِ رضي الله عنها قالت: كان يَدُ كُمّ قميصِ رسولِ اللَّهِ ﷺ إلى الرُّسُغِ، رواه أبو داود، والترمذي وقال: حديث حسن.

٧٩١ - وعن ابن عمر رضي الله عنهما أنّ النبي ﷺ قال: «مَنْ جَرَّ ثَوْبَهُ خُيَلاءَ لَمْ يَنْظُرِ اللَّهُ إليه يَوْمَ القِيَامَةِ» فقال أبو بكر: يا رسولَ اللَّهِ ﷺ إنَّ أَحَدَ شِقَّيْ إزاري يَسْتَرْخي إلاَّ أَنْ أَتَعاهَدَهُ، فقال له رسولُ اللَّهِ ﷺ: «إنَّكَ لَسْتَ مِمَّنْ يَفْعَلُهُ خُيَلاءَ».

رواه البخاري، وروى مسلم بعضه.

٧٩٢ - وعن أبي هريرة رضي الله عنه أن رسول الله ﷺ قال: «لا يَنْظُرُ اللَّهُ يَوْمَ القِيَامَةِ إلى مَنْ جَرَّ إزارَهُ بَطَراً». متفقٌ عليه.

٧٩٣ - وعنه عن النبي ﷺ قال: «مَا أَسْفَلَ مِنَ الْكَعْبَيْنِ مِنَ الإزارِ فَفِي النَّارِ». رواه البخاري.

٧٩٤ - وعن أبي ذرٍّ رضي الله عنه عن النبي ﷺ قال: «ثلاثةٌ لا يُكَلِّمُهُمُ اللَّهُ يَوْمَ القِيامةِ، ولا يَنْظُرُ إلَيْهِمْ، ولا يُزَكِّيهِمْ، وَلَهُمْ عَذابٌ أَليمٌ» قال: فقرأَها رسولُ اللَّهِ ﷺ ثلاث مِرَارٍ. قال أبو ذرٍّ: خابوا وخَسِروا! مَنْ هُمْ يا رسولَ اللَّهِ؟ قال: «المُسْبِلُ، والمنَّانُ، والمُنَفِّقُ سِلْعَتَهُ بالحَلْفِ الكاذِبِ». رواه مسلم.

وفي روايةٍ له: «المُسْبِلُ إزارَهُ».

4. Buch der Kleidung

Kapitel 3
Länge eines Hemdes und der Ärmel, eines Gewandes und des Turbans, und Verbot, etwas von davon aus Hochmut herunterhängen zu lassen, und Abscheu, dies auch ohne Hochmut zu tun

Hadith 790: Asmâ' bint Yazîd al-Ansâri (r) berichtet, dass die Ärmel beim Hemd des Propheten (s) bis zum Handgelenk reichten.
(Abu Dâwûd und At-Tirmidhi)
Nach At-Tirmidhi ist dies ein guter Hadith (*hasan*).

Hadith 791: Ibn Umar (r) überliefert, dass der Prophet (s) sagte: "Wer den Saum seines Gewandes hochmütig hinter sich herzieht, den wird Allah, der Erhabene, am Tag des Gerichts nicht ansehen." Daraufhin sprach Abu Bakr (r): "Oh Gesandter Allahs! Mein Gewand rutscht oft nach unten, ohne dass ich es will." Der Gesandte Allahs (s) sagte: "Du bist keiner von denen, die es aus Hochmut tun."
(Al-Bukhâri)
Muslim berichtet einen Teil dieses Hadithes.

Hadith 792 ist eine Wiederholung von Hadith Nr. 616.

Hadith 793: Abu Huraira (r) überliefert, dass der Gesandte Allahs (s) sagte: "Was vom Gewand über die Knöchel reicht, ist für das Höllenfeuer bestimmt."[197]
(Al-Bukhâri)

Hadith 794: Abu Dharr (r) erzählte, dass der Prophet (s) sagte: "Drei werden von Allah am Tag des Gerichts nicht angesprochen, nicht angesehen und nicht gesegnet. Und sie werden schwere Strafe erhalten." Und er wiederholte dies dreimal.
Abu Dharr (r) sprach: "Sie sind hoffnungslos verloren. Wer sind sie, oh Gesandter Allahs?" Er sagte: "Wer sein Gewand hochmütig herabhängen lässt, wer anderen vorwirft, was er ihnen an Gutem getan hat, und wer seine (minderwertigen) Waren unter falschen Eiden verkauft."
(Muslim)

---

[197] Nach Al-Khattâbi ist damit nicht das Gewand, sondern die hochmütige Person gemeint, die ein solches Gewand trägt.

٧٩٥ - وعن ابن عمر رضي الله عنهما، عن النبي ﷺ قال: «الإِسْبَالُ في الإِزَارِ، وَالقَمِيصِ، وَالعِمَامَةِ، مِنْ جَرَّ مِنْهَا شَيْئاً خُيَلاءَ لَمْ يَنْظُرِ اللَّهُ إِلَيْهِ يَوْمَ القِيَامَةِ». رواه أبو داود، والنسائي بإسنادٍ صحيح.

٧٩٦ - وعن أبي جُرَيٍّ جَابِرِ بنِ سُلَيمٍ رضي الله عنه قال: رَأَيْتُ رَجُلاً يَصْدُرُ النَّاسُ عَنْ رَأْيِهِ، لا يَقُولُ شَيْئاً إِلاَّ صَدَرُوا عَنْهُ، قلتُ: مَنْ هذا؟ قالوا: رسولُ الله ﷺ. قلتُ: عَلَيكَ السَّلامُ يا رسولَ اللَّهِ، مَرَّتَيْنِ، قال: «لا تَقُلْ عَلَيْكَ السَّلامُ، فَإِنَّ عَلَيْكَ السَّلامُ تَحِيَّةُ المَوْتَى. قُلْ: السَّلامُ عَلَيْكَ» قال: قلتُ: أنتَ رسولُ اللَّهِ؟ قال: «أنَا رسولُ اللَّهِ الذي إذا أصابَكَ ضُرٌّ فَدَعَوْتَهُ كَشَفَهُ عَنْكَ، وَإذا أصَابَكَ عَامُ سَنَةٍ فَدَعَوْتَهُ أنْبَتَها لك، وإذا كنْتَ بأَرْضِ قَفْرٍ أو فَلاةٍ، فَضَلَّتْ راحِلَتُكَ، فَدَعَوْتَهُ، رَدَّهَا عَلَيْكَ» قال: قلتُ: اعْهَدْ إليَّ قال: «لا تَسُبَّنَّ أحَداً» قال: فَمَا سَبَبْتُ بَعْدَهُ حُرّاً، وَلا عَبْداً، وَلا بَعيراً، وَلا شَاةً قَالَ: «وَلا تَحْقِرَنَّ شَيْئاً مِنَ المَعْرُوفِ، وأنْ تُكَلِّمَ أخَاكَ وأنْتَ مُنْبَسِطٌ إليهِ وجهُكَ، إنَّ ذلِكَ مِنَ المَعْرُوفِ، وارْفَعْ إزَارَكَ إلى نِصْفِ السَّاقِ، فَإنْ أبَيْتَ فَإلى الكَعْبَيْنِ، وإيَّاكَ وإسْبَالَ الإزَارِ فَإنَّها مِنَ المَخِيلَةِ وإنَّ اللَّهَ لا يُحِبُّ المَخِيلَةَ، وإنِ امْرُؤٌ شَتَمَكَ وَعَيَّرَكَ بِمَا يَعْلَمُ فيكَ فلا تُعَيِّرْهُ بما تَعْلَمُ فيه، فَإنَّما وبَالُ ذلِكَ عليه». رواه أبو داود والترمذي بإسنادٍ صحيحٍ، وقال الترمذي: حديث حسن صحيح.

٧٩٧ - وعن أبي هريرة رضي الله عنه قال: بينما رجلٌ يُصَلِّي مُسْبِلاً إزَارَهُ، قال له رسولُ اللَّهِ ﷺ: «اذْهَبْ فَتَوَضَّأْ» فَذَهَبَ فَتَوَضَّأَ، ثُمَّ جاءَ، فقال: «اذْهَبْ فَتَوَضَّأْ» فقال له رجلٌ: يا رسولَ اللَّهِ، ما لكَ أمَرْتَهُ أنْ يَتَوَضَّأَ ثم سَكَتَّ عنه؟ قال:

4. Buch der Kleidung

Hadith 795: Ibn Umar (r) überliefert, dass der Prophet (s) sagte: "Das Herabhängenlassen bezieht sich auf das Gewand, das (lange) Hemd und den Turban. Wer etwas aus Hochmut herabhängen lässt, wird am Tag des Gerichts von Allah, dem Erhabenen, nicht beachtet."
(Abu Dâwûd und An-Nasâi)

Hadith 796: Abu Dschurai Dschâbir ibn Sulaim (r) berichtet: Ich betrachtete einen Mann, dessen Worte, Meinung und Taten von den Anwesenden unbestreitbar und glaubhaft angenommen wurden. Ich fragte: "Wer ist das?". Man sagte mir: "Das ist der Gesandte Allahs (s)." Ich sagte zu ihm: "*Alaikas-salâm*[198], oh Gesandter Allahs!", und wiederholte es nochmals. Er antwortete: "Sag nicht *Alaikas-salâm*, das ist der Gruß für die Toten. Sag: *As-salâmu alaikum!*" Ich fragte: "Bist du der Gesandte Allahs?" Er sagte: "Ich bin der Gesandte Allahs, Der, wenn dir etwas zustößt und du Ihn bittest, deinen Kummer beseitigt; Der, wenn du dich in einer Hungersnot befindest und Ihn bittest, für dich Nahrung wachsen lässt; und Der, wenn du dich in einem wüsten, menschenleeren Land befindest und dein Reitkamel verlierst und Ihn bittest, dich wieder zurückbringt." Ich sagte zu ihm: "Lehre mich!" Er sagte: "Beleidige niemanden."
Er sagte: Seither habe ich niemanden beleidigt, weder einen Freien noch einen Sklaven, noch ein Kamel oder eine Ziege.
Er (der Prophet) fuhr fort: "Verachte nichts Gutes, auch wenn es nur wenig ist; und wenn du mit deinem Bruder sprichst, rede mit freundlichem Gesicht, auch wenn dies nur eine gute Geste ist; und kürze dein Gewand bis zur Mitte der Waden, und wenn du das nicht willst, dann bis zu den Knöcheln; und hüte dich davor, das Gewand über die Knöchel hängen zu lassen, denn das ist ein Zeichen von Hochmut, und Allah mag gewiss keinen Hochmut. Und wenn dich jemand mit etwas beschimpft, das er von dir weiß, dann beschimpfe ihn nicht mit etwas, das du von ihm weißt, dann liegt der Schaden bei ihm."
(Abu Dâwûd und At-Tirmidhi)
Dieses Hadith ist zuverlässig überliefert (*isnâd sahîh*), und nach At-Tirmidhi gut und gesund (*hasan sahîh*).

Hadith 797: Abu Huraira (r) berichtet: Der Prophet (s) sagte zu einem Mann, der in einem Gewand betete, das bis zum Boden herunterhing: "Geh und wiederhole deine rituelle Waschung!" Der Mann ging, wusch sich und kam zurück. Der Prophet (s) sagte wieder: "Geh und wiederhole deine

---
[198] Auf Deutsch bedeutet dies: "Auf dir sei Friede."

«إنه كانَ يُصَلِّي وهو مُسبلٌ إزارَهُ، وإن الله لا يَقْبَلُ صَلاةَ رَجُلٍ مُسبِلٍ».

رواه أبو داود بإسنادٍ صحيحٍ على شرط مسلم.

٧٩٨ - وعن قَيسِ بنِ بِشرٍ التَّغلِبيِّ قال: أخبَرَني أبي - وكان جَليساً لأبي الدَّرداءِ - قال: كان بِدِمَشْقَ رَجُلٌ من أصحابِ النبي ﷺ يقال له سهل بن الحَنْظَلِيَّة، وكان رجلاً مُتَوحِّداً، قَلَّمَا يُجَالِسُ النَّاسَ، إنَّمَا هو صَلاةٌ، فإذا فَرَغَ، فإنَّمَا هو تَسبيحٌ وتكبيرٌ حتى يأتي أهلَهُ، فمَرَّ بنا ونحْنُ عِند أبي الدَّرداءِ، فقال له أبو الدَّرداءِ: كَلِمَةً تَنْفَعُنَا ولا تَضُرُّكَ. قال: بَعَث رسولُ اللَّهِ ﷺ سَريَّةً فقَدِمَتْ، فجاءَ رَجُلٌ منهم فَجلَسَ في المَجْلِسِ الذي يَجْلِسُ فيهِ رسولُ اللَّهِ ﷺ، فقال لرجلٍ إلى جَنبِهِ: لَو رَأيتَنَا حينَ التَقَيْنَا نحنُ والعَدُوّ، فحَمَلَ فلانٌ وطعَنَ، فقال: خُذْهَا مِنِّي، وأنَا الغُلامُ الغِفَارِيُّ، كَيفَ تَرى في قَوْلِهِ؟ قال: مَا أُرَاهُ إلاَّ قَد بَطَلَ أَجرُهُ. فَسَمِعَ بذلكَ آخَرُ، فقال: مَا أَرى بذلكَ بأساً، فَتَنَازَعَا حتى سَمِعَ رسولُ اللَّهِ ﷺ فقال: «سُبْحَانَ الله!! لا بَأْسَ أَن يُؤْجَرَ ويُحْمَدَ» فَرَأَيْتُ أَبَا الدَّرْدَاءِ سُرَّ بذلكَ، وَجَعَلَ يَرْفَعُ رَأْسَه إليْهِ وَيَقُولُ: أَنْتَ سَمِعْتَ ذلكَ مِن رسولِ اللَّهِ ﷺ؟! فيقول: نَعَمْ. فما زَالَ يُعيدُ عَلَيْهِ حتى إنِّي لأقولُ لَيَبرُكَنَّ على ركبَتَيْهِ.

قال: فَمَرَّ بِنَا يَوْماً آخَرَ، فقال له أبو الدَّرْدَاءِ: كَلِمَةً تَنْفَعُنَا وَلا تَضُرُّكَ، قال:

4. Buch der Kleidung

Waschung!" Ein Mann fragte den Propheten (s): "Warum befahlst du ihm, sich zu waschen ohne etwas dazu zu sagen?" Er antwortete: "Er betete in einem herabhängenden Gewand, und Allah erhört nicht das Gebet eines Menschen, der sein Gewand herabhängen lässt."
(Abu Dâwûd)
Dieses Hadith ist zuverlässig überliefert (*isnâd sahîh*).

Hadith 798: Qais ibn Bischr at-Taghlibi (r) berichtet: Mein Vater (ein Gefährte von Abud-Dardâ') sagte: In Damaskus lebte ein Gefährte des Propheten (s) namens Sahl ibn al-Hanzalîya. Er lebte sehr zurückgezogen und hatte wenig Kontakt zu den Leuten. Lieber verbrachte er die Zeit im Gebet, und nach dem Gebet pflegte er Allahs in Lobpreis zu gedenken, bis er nach Hause zurückkehrte. Eines Tages, als wir bei Abud-Dardâ saßen, kam er bei uns vorbei. Abud-Dardâ sagte zu ihm: "Sag uns etwas, das uns nützt und dir nicht schadet." Er erzählte:
Der Gesandte Allahs (s) sandte einst eine Abteilung aus, und als sie zurückkehrte, kam einer von ihnen und setzte sich zu uns, auf den Platz, auf dem der Gesandte Allahs gesessen hatte. Er sagte zu seinem Nebenmann: "Du hättest uns sehen sollen, als wir auf den Feind trafen, und soundso durchbohrte einen von ihnen und sprach: 'Nimm dies von mir, einem jungen Ghifâri!' Wie findest du, was er gesagt hat?" Er antwortete: "Ich denke, er verlor damit seine Belohnung." Eine andere Person, die dieses zufällig hörte, bemerkte: "Ich finde das nicht schlimm." Die beiden begannen zu streiten, bis der Gesandte Allahs (s) sie hörte und sagte: "*Subhân Allâh*,[199] es schadet nichts, wenn er belohnt und gelobt wird."
Und ich sah, wie Abud-Dardâ zufrieden seinen Kopf hob und fragte: "Hast du das wirklich den Gesandten Allahs (s) sagen hören?" Er sagte: "Ja.", und Abud-Dardâ wiederholte diese Frage mehrmals, bis ich dachte, er bedränge ihn bald.
Als er (al-Hanzalîya) ein anderes Mal bei uns vorbeikam, fragte ihn Abud-Dardâ wieder: "Sag uns etwas, das uns nützt und dir nicht schadet." Er erzählte:
Der Gesandte Allahs (s) sagte einmal zu uns: "Wer für ein Pferd (für den *Dschihâd*) sorgt, ist wie einer, der nie aufhört, *Sadaqa* zu geben."
Als er an einem anderen Tag bei uns vorbeikam, fragte ihn Abud-Dardâ erneut: "Sag uns etwas, das uns nützt und dir nicht schadet." Er erzählte:

---
[199] Auf Deutsch bedeutet dies: "Gepriesen sei Allah!"

قال لنَا رسولُ اللَّهِ ﷺ: «المُنْفِقُ عَلى الخَيْلِ كالبَاسِطِ يَدَه بالصَّدَقَةِ لا يَقْبِضُها».

ثمَّ مَرَّ بنا يوماً آخَرَ، فقال له أبُو الدَّرْدَاءِ: كَلِمَةً تَنْفَعُنَا ولَا تَضُرُّكَ، قال: قال رسولُ اللَّهِ ﷺ: «نِعْمَ الرَّجُلُ خُرَيْمٌ الأَسَدِيُّ! لَوْلَا طُولُ جُمَّتِهِ وإسْبَالُ إزَارِهِ!» فَبَلَغَ ذلِكَ خُرَيْماً، فَعَجَّلَ، فأَخَذَ شَفْرَةً فَقَطَعَ بها جُمَّتَهُ إلى أُذُنَيْهِ، ورَفَعَ إزَارَهُ إلى أَنْصَافِ ساقَيْهِ.

ثمَّ مَرَّ بنا يوْماً آخَرَ فَقَالَ لَهُ أبُو الدَّرْدَاءِ: كَلِمَةً تَنْفَعُنَا وَلَا تَضُرُّكَ، قَالَ: سَمِعْتُ رسولَ اللَّهِ ﷺ يقُولُ: «إِنَّكُمْ قَادِمُونَ عَلى إخوانِكُمْ، فَأَصْلِحُوا رِحَالَكُمْ، وأَصْلِحُوا لِبَاسَكُمْ حَتى تَكُونُوا كَأَنَّكُمْ شَامَةٌ في النَّاسِ. فَإِنَّ اللَّهَ لَا يُحِبُّ الفُحْشَ وَلَا التَّفَحُّشَ».

رواه أبو داود بإسنادٍ حسنٍ، إلَّا قَيْسَ بن بشر، فاخْتَلَفُوا في توْثيقِهِ وتَضْعِيفِهِ، وقد روى له مسلم.

٧٩٩ - وعن أبي سعيدٍ الخدريِّ رضيَ اللَّهُ عنه قال: قال رسولُ اللَّهِ ﷺ: «إزْرَةُ المُسْلِمِ إلى نِصْفِ السَّاقِ، ولَا حَرَجَ - أَوْ لَا جُنَاحَ - فِيمَا بَيْنَهُ وَبَيْنَ الكَعْبَيْنِ، فَما كَانَ أَسْفَلَ مِنَ الكَعْبَيْنِ فَهُوَ في النَّارِ، ومَنْ جَرَّ إزَارَهُ بَطَراً لَمْ يَنْظُرِ اللَّهُ إلَيْهِ».

رواه أبو داود بإسنادٍ صحيحٍ.

٨٠٠ - وعن ابن عمر رضيَ اللَّهُ عنهما قال: مَرَرْتُ عَلى رَسُولِ اللَّهِ ﷺ وَفي إزَاري اسْتِرْخَاءٌ، فَقَالَ: «يَا عَبْدَ اللَّهِ، ارْفَعْ إزَارَكَ» فَرَفَعْتُهُ ثُمَّ قَالَ: «زِدْ»، فَزِدْتُ،

4. Buch der Kleidung

Der Prophet (s) sagte: "Was für guter Mensch wäre Khuraim al-Asadi, wenn er seine Haar nicht so lang tragen, und sein Gewand nicht auf den Boden hängen ließe!" Dies kam Khuraim zu Ohren, und er nahm sofort ein Messer und schnitt sein Haar bis zu den Ohren und hob sein Gewand bis zur Mitte seiner Waden."
Als er (al-Hanzalîya) ein weiteres Mal bei uns vorbei, fragte ihn Abud-Dardâ (r) nochmals: "Sag uns etwas, das uns nützt und dir nicht schadet."
Er erzählte:
Ich habe den Gesandten Allahs (s) sagen hören: "Bald seht ihr eure Brüder, sorgt also für gepflegtes Aussehen und ordentliche Kleidung, damit ihr ausgezeichnet ausseht. Denn Allah mag gewiss weder Sittenlosigkeit noch Unsittlichkeit!"
(Abu Dâwûd)
Die Überlieferung dieses Hadithes ist gut belegt (*isnâd hasan*), bis auf Qais ibn Bischr, über den es unterschiedliche Meinungen bezüglich seiner Glaubwürdigkeit gibt.

Hadith 799: Abu Sa'îd al-Khudri (r) berichtet, dass der Gesandte Allahs (s) sagte: "Das Gewand eines Muslims sollte bis zur Mitte seiner Waden reichen, und es ist keine Sünde, wenn es zwischen Wade und Knöchel reicht. Und was unter die Knöchel reicht ist für das Höllenfeuer. Und wer sein Gewand hochmütig hinter sich herzieht, den wird Allah nicht ansehen."
(Abu Dâwûd)

Hadith 800: Ibn Umar (r) berichtet: Eines Tages kam ich bei dem Gesandten Allahs (s) vorbei, als mein Gewand hinabhing. Der Prophet (s) sagte zu mir: "Hebe dein Gewandt an, Abdullâh." Ich nahm es also ein wenig hoch. Er sagte: "Etwas mehr.", und ich zog es ein wenig höher. Seither habe ich es immer so hoch getragen.

فَمَا زِلْتُ أَتَحَرَّاهَا بَعْدُ. فَقَالَ بَعْضُ الْقَوْمِ: إلى أَيْنَ؟ فَقَالَ: إلى أَنْصَافِ السَّاقَيْنِ.

رواه مسلم.

٨٠١ ـ وعنه قال: قال رَسُولُ اللَّهِ ﷺ: «مَنْ جَرَّ ثَوْبَهُ خُيَلاءَ لَمْ يَنْظُرِ اللَّهُ إِلَيْهِ يَوْمَ الْقِيَامَةِ» فقالت أُمُّ سَلَمَةَ: فَكَيْفَ تَصْنَعُ النِّسَاءُ بِذُيُولِهِنَّ، قال: «يُرْخِينَ شِبْراً». قَالَتْ: إِذاً تَنْكَشِفَ أَقْدَامُهُنَّ. قال: «فَيُرْخِينَهُ ذِرَاعاً لَا يَزِدْنَ».

رواهُ أبو داود، والترمذي وقال: حديثٌ حسن صحيح.

٤ ـ ٤ باب استحباب ترك الترفع في اللباس تواضعاً
قَدْ سَبَقَ فِي بَابِ فَضْلِ الْجُوعِ وَخُشُونَةِ الْعَيْشِ جُمَلٌ تَتَعَلَّقُ بِهٰذَا الْبَابِ

٨٠٢ ـ وعن معاذِ بن أنسٍ رضيَ اللَّهُ عنه أنَّ رسولَ اللَّهِ ﷺ قال: «مَنْ تَرَكَ اللِّبَاسَ تَوَاضُعاً لِلَّهِ، وَهُوَ يَقْدِرُ عَلَيْهِ، دَعَاهُ اللَّهُ يَوْمَ الْقِيَامَةِ عَلَى رُؤُوسِ الْخَلائِقِ حَتَّى يُخَيِّرَهُ مِنْ أَيِّ حُلَلِ الإيمانِ شَاءَ يَلْبَسُهَا». رواه الترمذي وقال: حديث حسن.

٤ ـ ٥ ـ باب استِحباب التوسُّط في اللَّباس
ولا يقتصر على ما يزري به لغير حاجة ولا مقصود شرعي

٨٠٣ ـ عن عمرو بن شُعَيْبٍ عن أبيه عَنْ جَدِّهِ رضيَ اللَّهُ عنه قال قال رسولُ اللَّهِ ﷺ: «إِنَّ اللَّهَ يُحِبُّ أَنْ يُرَى أَثَرُ نِعْمَتِهِ عَلَى عَبْدِهِ». رواه الترمذي وقال: حديثٌ حسن.

4. Buch der Kleidung

Einer von den Leuten fragte: "Wie hoch?" Er sagte: "Bis zur Mitte der Waden."
(Muslim)

Hadith 801: Ibn Umar (r) überliefert, dass der Gesandte Allahs (s) sagte: "Am Tage des Gerichts wird Allah diejenigen nicht ansehen, die ihr Gewand hochmütig hinunterhängen lassen." Umm Salama (r) fragte: "Was sollten die Frauen mit ihren Kleidern machen?" Er sagte: "Sie sollen sie eine Spanne lang herablassen." Sie sagte: "Aber man wird ihre Füße sehen." Er sagte: "Dann sollen sie sie eine Elle lang herablassen, aber nicht mehr."
(Abu Dâwûd und At-Tirmidhi)
Nach At-Tirmidhi ist dies ein guter und gesunder Hadith (*hasan sahîh*).

Kapitel 4
Verlangen, aus Demut auf teure Kleidung zu verzichten

Hadith 802: Mu'âdh ibn Anas (r) überliefert, dass der Prophet (s) sagte: "Wer aus Demut Allah gegenüber keine anständige Kleidung trägt, obwohl er die Mittel dazu hätte, den wird Allah am Tage des Gerichts vor allen Menschen rufen, und er wird unter den schönsten Gewändern des Glaubens zu wählen dürfen."
(At-Tirmidhi)
Dies ist ein guter Hadith (*hasan*).

Kapitel 5
Verlangen, dezente Kleidung zu tragen und dass man nicht grundlos oder aus religiöser Absicht schäbige Kleidung tragen soll

Hadith 803: Amru ibn Schu'aib (r) berichtet, dass sein Vater (r) ihm von seinem Großvater (r) berichtete, dass der Gesandte Allahs (s) sagte: "Allah liebt es, die Wirkung Seiner Gaben an Seinem Diener zu sehen."
(At-Tirmidhi)
Dies ist ein guter Hadith (*hasan*).

٤ - ٦ - ١ باب تحريم لباس الحرير على الرِّجال وتحريم جلوسهم عليه واستنادهم إليه وجواز لبسه للنساء

٨٠٤ - عن عمر بن الخطاب رضي اللهُ عنه قال: قال رسولُ اللهِ ﷺ: «لا تَلْبَسُوا الحَرِيرَ، فَإِنَّ مَنْ لَبِسَهُ في الدُّنْيا لَمْ يَلْبَسْهُ في الآخِرَةِ». متفقٌ عليه.

٨٠٥ - وعنه قال: سمعتُ رسولَ اللهِ ﷺ يقولُ: «إِنَّما يَلْبَسُ الحَرِيرَ مَنْ لَا خَلَاقَ لَهُ». متفقٌ عليه.

وفي روايةٍ للبُخاري: «مَنْ لا خَلَاقَ لَهُ في الآخِرَةِ».

قولُهُ: «مَنْ لَا خَلَاقَ لَهُ»: أي: لَا نَصِيبَ لَهُ.

٨٠٦ - وعن أنسٍ رضيَ اللهُ عنه قال: قال رسولُ اللهِ ﷺ: «مَنْ لَبِسَ الحَرِيرَ في الدُّنْيا لَمْ يَلْبَسْهُ في الآخِرَةِ». متفقٌ عليه.

٨٠٧ - وعن عليٍّ رضيَ اللهُ عنه قال: رَأَيْتُ رسولَ اللهِ ﷺ أَخَذَ حَرِيراً، فَجَعَلَهُ في يَمِينِهِ، وَأَخَذَ ذَهَباً فَجَعَلَهُ في شِمَالِهِ، ثُمَّ قَالَ: «إِنَّ هذَيْنِ حَرامٌ على ذُكُورِ أُمَّتي».

رواهُ أبو داود بإسنادٍ حسن.

٨٠٨ - وعن أبي مُوسى الأشعَرِيِّ رضيَ اللهُ عنه أنَّ رَسُولَ اللهِ ﷺ قال: «حُرِّمَ لِبَاسُ الحَرِيرِ والذَّهَبِ عَلى ذُكُورِ أُمَّتي، وَأُحِلَّ لإناثِهِمْ». رواه الترمذي وقال حديثٌ حسنٌ صحيحٌ.

٨٠٩ - وعن حُذَيْفَةَ رضيَ اللهُ عنه قال: نَهَانَا النَّبيُّ ﷺ أَنْ نَشْرَبَ في آنِيَةِ الذَّهَبِ والفِضَّةِ، وَأَنْ نَأْكُلَ فيها، وعَنْ لُبْسِ الحَرِيرِ والدِّيبَاجِ، وأَنْ نَجْلِسَ عَلَيْهِ. رواه البخاري.

4. Buch der Kleidung

Kapitel 6a
Verbot für Männer, Seide zu tragen und darauf zu sitzen oder sich zu legen, und Erlaubnis für Frauen, Seide zu tragen

Hadith 804: Umar ibn al-Khattâb (r) überliefert, dass der Gesandte Allahs (s) sagte: "Tragt keine Seide, denn wer sie in dieser Welt trägt, wird sie nicht im Jenseits tragen."
(Al-Bukhâri und Muslim)

Hadith 805: Umar ibn al-Khattâb (r) überliefert, dass er den Gesandten Allahs (s) sagen hörte: "Gewiss hat derjenige, der Seide trägt, keinen Anteil (am Paradies)."
(Al-Bukhâri und Muslim)
In der Version von Al-Bukhâri heißt es: "... keinen Anteil am Jenseits."

Hadith 806: Anas (r) überliefert, dass der Gesandte Allahs (s) sagte: "Wer im Diesseits Seide trägt, trägt sie nicht im Jenseits."
(Al-Bukhâri und Muslim)

Hadith 807: Alî (r) berichtet, dass er den Gesandten Allahs (s) sah, als er (s) ein Stück Seide in seine rechte Hand nahm und ein Stück Gold in seine linke, und sagte: "Diese zwei Dinge sind für die Männer meiner Gemeinde (*Umma*) verboten."
(Abu Dâwûd)
Die Überlieferung dieses Hadithes ist gut belegt (*isnâd hasan*).

Hadith 808: Abu Mûsâ al-Asch'ari (r) überliefert, dass der Gesandte Allahs (s) sagte: "Das Tragen von Seide und Gold ist den Männern meiner Gemeinde (*Umma*) verboten; doch ist es den Frauen erlaubt."
(At-Tirmidhi)
Dies ist ein guter und gesunder Hadith (*hasan sahîh*).

Hadith 809: Hudhaifa (r) berichtet, dass der Prophet (s) verboten hat, dass wir aus Gefäßen trinken oder essen, die aus Gold oder Silber gemacht sind, und Kleidung aus Seide oder Seidenbrokat tragen oder darauf sitzen.
(Al-Bukhâri)

٤ - ٦ - ٢ - باب جواز لبس الحرير لمَنْ به حكّة

٨١٠ - عن أنسٍ رضيَ اللَّهُ عنه قال: رَخَّصَ رسُولُ اللَّهِ ﷺ، للزُّبَيْرِ وعَبْدِ الرَّحْمنِ بنِ عَوْفٍ رضيَ اللَّهُ عنهما في لُبْسِ الحَرِيرِ لِحكَّةٍ بهِمَا.

٤ - ٧ - باب النّهي عَن افتراشِ جُلود النمور والركوب عليها

٨١١ - عن مُعاويةَ رضيَ اللَّهُ عنه قالَ: قال رسُولُ اللَّهِ ﷺ: «لَا تَرْكَبوا الخَزَّ ولَا النَّمَارَ».

حديث حسن، رواهُ أبو داود وغيره بإسنادٍ حسنٍ.

٨١٢ - وعن أبي المَليحِ عن أبيهِ، رضيَ اللَّهُ عنه، أنَّ رسُولَ اللَّهِ ﷺ نَهَى عَنْ جُلُودِ السِّبَاعِ.

رواهُ أبو داود، والترمذيُّ، والنسائيُّ بأسَانيدَ صحاحٍ.

وفي روايةِ الترمذي: نهَى عَنْ جُلُودِ السِّبَاعِ أَنْ تُفْتَرَشَ.

٤ - ٨ - باب ما يقول إذا لَبِسَ ثوباً جَديداً

٨١٣ - عن أبي سعيد الخُدْرِيِّ رضيَ اللَّهُ عنه قال: كانَ رسُولُ اللَّهِ ﷺ إذَا استَجَدَّ ثَوْباً سَمَّاهُ باسْمِهِ - عِمَامَةً، أَوْ قَمِيصاً، أَوْ رِدَاءً - يَقُولُ: «اللَّهُمَّ لَكَ الحَمْدُ

4. Buch der Kleidung

Kapitel 6b
Erlaubnis, in Fällen von Juckreiz Seide zu tragen

Hadith 810: Anas (r) berichtet, dass der Gesandte Allahs (s) az-Zubair (r) und Abdur-Rahmân ibn Auf (r) erlaubte, Seide zu tragen, weil sie unter Juckreiz litten.
(Al-Bukhâri und Muslim)

Kapitel 7
Verbot, sich auf Raubtierfelle zu setzen oder darauf zu reiten

Hadith 811: Mu'âwiya (r) überliefert, dass der Gesandte Allahs (s) sagte: "Reitet nicht auf Sätteln, die aus Seide hergestellt sind oder aus Tiger- bzw. Leopardenfell!"
(Abu Dâwûd und andere)
Dies ist ein guter Hadith (*hasan*).

Hadith 812: Abul-Malîh (r) berichtet, dass sein Vater (r) ihm sagte, dass der Gesandte Allahs (s) Raubtierfelle verboten hat.
(Abu Dâwûd, At-Tirmidhi und An-Nasâi)
Dieses Hadith ist zuverlässig überliefert (*isnâd sahîh*).
Nach der Version von At-Tirmidhi hat der Prophet (s) das Sitzen auf Raubtierfellen verboten.

Kapitel 8
Was man beim Anziehen neuer Kleidung sagt

Hadith 813: Abu Sa'îd al-Khudri (r) berichtet: Der Gesandte Allahs (s) pflegte, wenn er etwas Neues tragen wollte, es bei seinem Namen zu nennen - "Turban", "Hemd" oder "Gewand" etc. - und zu sagen: "Oh Allah, Dir sei Lob, dass Du mir dies zu tragen gegeben hast, ich bitte Dich um

أَنْتَ كَسَوْتَنِيهِ، أَسْأَلُكَ خَيْرَهُ وَخَيْرَ مَا صُنِعَ لَهُ، وَأَعُوذُ بِكَ مِنْ شَرِّهِ وَشَرِّ مَا صُنِعَ لَهُ».

رواه أبو داود، والترمذي وقال: حديث حسن.

٤ - ٩ - باب استِحباب الابتداء باليَمين في اللِّباسِ

هذا الباب قد تقدم مقصوده وذكرنا الأحاديث الصحيحة فيه.

Gutes darin, und um das Gute, woraus es gemacht ist, und ich nehme Zuflucht bei Dir vor dem Schlechten darin, und dem Schlechten, woraus es gemacht ist."[200]
(Abu Dâwûd und At-Tirmidhi)
Nach At-Tirmidhi ist dies ein guter Hadith (*hasan*).

Kapitel 9
Verlangen, beim Anziehen mit der rechten Seite zu beginnen

Die gesunden Hadithe (*sahîh*) zu diesem Kapitel wurden bereits in den vorangegangenen Kapiteln genannt.

---

[200] Auf Arabisch lautet dieses Bittgebet: "*Allahumma lakal-hamdu anta kasautanîh, as'aluka khairahu wa khaira mâ suni'a lah, wa a'ûdhu bika min scharrihi wa scharri mâ suni'a lah.*"

٥ - كتاب آداب النَّوم

٥ - ١ - باب آداب النَّوم والاضطجاع والقعود والمجلس والجليس والرؤيا

٨١٤ - عن البَرَاءِ بن عَازِب رضي الله عنهما قال: كانَ رسولُ اللَّهِ ﷺ إذا أوَى إلى فِرَاشِهِ نَامَ على شِقِّهِ الأَيْمَنِ، ثُمَّ قَالَ: «اللَّهُمَّ أَسْلَمْتُ نَفْسِي إلَيْكَ، وَوَجَّهْتُ وَجْهِي إلَيْكَ، وَفَوَّضْتُ أَمْرِي إلَيْكَ، وَأَلْجَأْتُ ظَهْرِي إلَيْكَ، رَغْبَةً وَرَهْبَةً إلَيْكَ، لَا مَلْجَأَ وَلَا مَنْجَى مِنْكَ إلَّا إلَيْكَ. آمَنْتُ بِكِتَابِكَ الَّذِي أَنْزَلْتَ. وَنَبِيِّكَ الَّذِي أَرْسَلْتَ».

رواه البخاري بهذا اللفظ في كتاب الأدب من صحيحه.

٨١٥ - وعنه قال: قال لي رسولُ اللَّهِ ﷺ: «إذَا أَتَيْتَ مَضْجَعَكَ فَتَوَضَّأْ وُضُوءَكَ لِلصَّلَاةِ، ثُمَّ اضْطَجِعْ على شِقِّكَ الأَيْمَنِ، وَقُلْ...» وَذَكَرَ نَحْوَهُ، وَفِيه: «وَاجْعَلْهُنَّ آخِرَ مَا تَقُول». متفقٌ عليه.

٨١٦ - وعن عائشةَ رضيَ الله عنها قالت: كَانَ النَّبيُّ ﷺ يُصَلِّي مِن اللَّيْلِ إحْدَى عَشَرَ رَكْعَةً، فَإذَا طَلَعَ الفَجْرُ صَلَّى رَكْعَتَيْنِ خَفِيفَتَيْنِ، ثُمَّ اضْطَجَعَ على شِقِّهِ الأيمَنِ حَتَّى يَجيءَ المُؤَذِّنُ فَيُوْذِنَهُ. متفقٌ عليه.

٨١٧ - وعن حُذَيْفَةَ رضي الله عنه قال: كانَ النبي ﷺ إذا أخَذَ مَضْجَعهُ مِنَ اللَّيْلِ وَضَعَ يَدَهُ تَحْتَ خَدِّهِ، ثُمَّ يَقُولُ: «اللَّهُمَّ بِاسْمِكَ أَمُوتُ وَأَحْيَا» وَإذا اسْتَيْقَظَ

V. BUCH DER SCHLAFSITTEN

Kapitel 1
Sitten des Schlafens, Liegens und Sitzens, der Versammlung und des Versammlungsteilnehmers, sowie der Träume

Hadith 814 ist eine Wiederholung von Hadith Nr. 80.

Hadith 815 ist in Hadith Nr. 80 enthalten.

Hadith 816: Âischa (r) berichtet, dass der Prophet (s) nachts elf *Rak'a* (als freiwilliges Gebet) zu verrichten pflegte. Bei Morgendämmerung (vor dem Morgengebet) betete er zwei kurze *Rak'a* (als freiwilliges Gebet), dann legte er sich auf seine rechte Seite hin, bis der Gebetsrufer ihm Bescheid sagte (dass die Gemeinde zum Gebet versammelt sei).
(Al-Bukhâri und Muslim)

Hadith 817: Hudhaifa (r) berichtet: Der Prophet (s) pflegte, wenn er sich schlafen legte, seine (rechte) Hand unter seine Wange zu legen, und zu sagen: "Oh Allah! In Deinem Namen sterbe ich und komme zum Leben zurück."[201] Wenn er aufwachte, sagte er: "Gelobt sei Allah, der uns das

---
[201] Auf Arabisch lautet dieses Bittgebet: *"Allahumma bismika amûtu wa ahyâ."*

قَالَ: «الحَمْدُ لِلَّهِ الَّذِي أَحْيَانَا بَعْدَ مَا أَمَاتَنَا وَإِلَيْهِ النُّشُورُ». رواه البخاري.

٨١٨ - وعن يَعِيش بن طِخْفَةَ الغِفَارِيِّ رضي الله عنه قال: قال أبي: بَيْنَما أَنا مُضْطَجِعٌ في المَسْجِدِ مِنَ السَّحَرِ على بَطني إذا رَجُلٌ يُحَرِّكُني بِرِجْلِه فقال: «إنَّ هذِهِ ضِجْعَةٌ يُبغِضُها اللَّهُ» قال: فَنَظَرْتُ، فَإذا رسولُ اللَّهِ ﷺ. رواه أبو داود بإسنادٍ صحيحٍ.

٨١٩ - وعن أبي هريرة رضي الله عنه، عن رسولِ اللَّهِ ﷺ قال: «مَنْ قَعَدَ مَقْعَداً لَمْ يَذْكُرِ اللَّهَ، تعالى، فِيهِ، كَانَتْ عَلَيْهِ مِنَ اللَّهِ، تعالى، تِرَةٌ، وَمَنِ اضْطَجَعَ مَضْجَعاً لا يَذْكُرُ اللَّهَ، تعالى، فِيهِ، كَانَتْ عَلَيْهِ مِنَ اللَّهِ تِرَةٌ». رواه أبو داود بإسنادٍ حسن.

«التِّرَةُ» بكسر التاء المثناة من فوق، وهي؛ النَّقْصُ، وَقيلَ: التَّبِعَةُ.

٥ - ٢ - باب جَواز الاستلقاء على القفا
ووضع إحدى الرِّجلين على الأخرى إذا لم يَخف انكشاف العورة
وجواز القعود متربعاً ومحتبياً

٨٢٠ - عن عبدِ الله بن زيد رضي الله عنهما أنَّه رأى رسولَ اللَّهِ ﷺ مُسْتَلْقِياً في المَسْجِدِ، وَاضِعاً إحْدَى رِجْلَيْهِ عَلى الأخرى. متفقٌ عليه.

٨٢١ - وعن جَابر بن سَمُرة رضي الله عنه قال: كان النبيُّ ﷺ إذا صلَّى الفَجْرَ تربع في مَجلِسِهِ حتى تَطلع الشمس حَسْناءَ، حديث صحيح، رواه أبو داود وغيرُه بأسانيد صحيحة.

Leben wieder schenkte, nachdem Er uns sterben ließ, und zu Ihm kehren wir zurück."[202]
(Al-Bukhâri)

Hadith 818: Ya'îsch ibn Tikhfa al-Ghifâri (r) berichtet, dass sein Vater (r) ihm folgendes erzählte: "Als ich einmal in der Moschee auf meinem Bauch lag, kam ein Mann, bewegte mich mit seinem Fuß (damit ich aufwache) und sagte: "Diese Art, sich hinzulegen, verabscheut Allah!" Als ich zu ihm aufschaute, bemerkte ich, dass es der Gesandte Allahs (s) war."
(Abu Dâwûd)
Dieser Hadith ist zuverlässig überliefert (*isnâd sahîh*).

Hadith 819: Abu Huraira (r) überliefert, dass der Gesandte Allahs (s) sagte: "Wer sich hinsetzt (und ausruht) ohne Allahs, des Erhabenen, zu gedenken, dem wird vor Allah etwas fehlen, und wer sich niederlegt, ohne Allahs zu gedenken, dem wird vor Allah etwas fehlen."
(Abu Dâwûd)
Die Überlieferung dieses Hadithes ist gut belegt (*isnâd hasan*).

Kapitel 2
Erlaubnis, auf dem Rücken zu liegen und die Beine übereinanderzuschlagen, sofern man nicht befürchtet, dabei seine Blöße zu zeigen, und Erlaubnis, sich im Schneidersitz oder in Hockstellung zu setzen

Hadith 820: Abdullâh ibn Yazîd (r) berichtet, dass er den Gesandten Allahs (s) flach auf seinem Rücken in der Moschee liegen sah, einen Fuß über dem anderen."
(Al-Bukhâri und Muslim)

Hadith 821: Dschâbir ibn Samura (r) berichtet: Der Prophet (s) pflegte nach Verrichtung des Morgengebets (im Schneidersitz) an seinem Platz sitzen zu bleiben, bis die Sonne aufging."
(Abu Dâwûd und andere)
Dies ist ein gesunder Hadith (*sahîh*).

---
[202] Auf Arabisch lautet dieses Bittgebet: "*Alhamdu lillâhil-ladhî ahyânâ ba'damâ amâtanâ wa ilaihin-nuschûr.*"

٨٢٢ - وعن ابنِ عمر رضي الله عنهما قال رأيت رسول الله ﷺ بفِنَاء الكعبة مُحْتَبِياً بيديه هكذا. وَوَصَفَ بيدَيه الاحْتِبَاءَ وهو القُرفُصَاءُ، رواه البخاري.

٨٢٣ - وعن قَيْلَةَ بنتِ مَخْرَمَةَ رضي الله عنها قالت: رَأَيْتُ النبيَّ ﷺ وَهُوَ قَاعِدٌ القُرْفُصَاءَ، فَلَمَّا رَأَيْتُ رسولَ اللَّهِ ﷺ المُتَخَشِّعَ في الجِلْسَةِ أُرْعِدْتُ مِنَ الفَرَقِ. رواه أبو داود، والترمذي.

٨٢٤ - وعن الشَّريدِ بنِ سُوَيدٍ رضي الله عنه قال: مَرَّ بي رسولُ اللَّهِ ﷺ وَأنا جَالِسٌ هكذا، وَقَدْ وَضَعْتُ يَدي اليُسْرَى خَلْفَ ظَهْرِي، واتَّكَأْتُ عَلَى أَلْيَةِ يَدِي فقال: «أَتَقْعُدُ قِعْدَةَ المَغْضُوبِ عَلَيْهِمْ؟!». رواه أبو داود بإسنادٍ صحيحٍ.

٥ - ٣ - باب آداب المجلس والجَليس

٨٢٥ - عن ابن عُمَرَ رضي الله عنهما قال: قال رسولُ اللَّهِ ﷺ: «لَا يُقِيمَنَّ أَحَدُكُمُ الرَّجُلَ مِنْ مَجْلِسِهِ ثُمَّ يَجْلِسُ فِيهِ، وَلَكِنْ تَوَسَّعُوا وَتَفَسَّحُوا» وكان ابن عُمَر إذا قام له رَجُلٌ مِنْ مَجْلِسِهِ لَمْ يَجْلِسْ فِيهِ. متفقٌ عليه.

٨٢٦ - وعن أبي هُرَيرَةَ رضي اللَّهُ عنه، أنَّ رسولَ اللَّهِ ﷺ قال: «إذا قَامَ أَحَدُكُمْ مِنْ مَجْلِسٍ، ثُمَّ رَجَعَ إلَيْهِ، فَهُوَ أَحَقُّ بِهِ». رواه مسلم.

5. Buch der Schlafsitten

Hadith 822: Ibn Umar (r) berichtet, dass er den Gesandten Allahs (s) im Hofe der Ka'ba hocken sah. Ibn Umar demonstrierte die Hockstellung, wobei er die angewinkelten Beine mit den Armen umfasste und die Hände aufeinanderlegte.
(Al-Bukhâri)

Hadith 823: Qaila bint Makhrama (r) berichtet folgendes: "Einmal sah ich den Propheten (s) in Hockstellung sitzen. Als ich bemerkte, wie der Gesandte Allahs (s) so in dieser Stellung vertieft da saß, begann ich, furchtsam zu zittern."
(Abu Dâwûd und At-Tirmidhi)

Hadith 824: Asch-Scharîd ibn Suwaid (r) überliefert: Einmal kam der Gesandte Allahs (s) bei mir vorbei, als ich gerade da saß, mit meiner linken Hand auf dem Rücken und auf den rechten Handballen gestützt. Da sagte er: "Sitzt du wie die Leute, die den Zorn Allahs verdienen?"
(Abu Dâwûd)
Dieser Hadith ist zuverlässig überliefert (*isnâd sahîh*).

Kapitel 3
Sitten der Versammlung und des Versammlungsteilnehmers

Hadith 825: Ibn Umar (r) berichtet, dass der Gesandte Allahs (s) sagte: "Niemand von euch darf den anderen auffordern, ihm seinen Platz zu überlassen; rückt lieber etwas zusammen (damit jeder Platz findet)." Und Ibn Umar pflegte sich, wenn jemand für ihn aufstand, um ihm seinen Platz anzubieten, nie an dessen Platz zu setzen.
(Al-Bukhâri und Muslim)

Hadith 826: Abu Huraira (r) überliefert, dass der Gesandte Allahs (s) sagte: "Wer von seinem Platz aufsteht und nach einiger Zeit zurückkehrt, hat Anspruch auf diesen Platz."
(Muslim)

Hadith 827: Dschâbir ibn Samura (r) berichtet folgendes: Immer wenn wir zum Propheten (s) kamen, setzte sich der, der zuletzt kam, dorthin, wo er Platz fand."
(Abu Dâwûd und At-Tirmidhi)
Nach At-Tirmidhi ist dies ein guter Hadith (*hasan*).

٨٢٧ - وعن جَابرِ بنِ سَمُرَةَ رضيَ اللَّهُ عنهما قال: كُنَّا إذا أتَيْنَا النَّبيَّ ﷺ، جَلَسَ أحَدُنا حَيْثُ يَنْتَهي.

رواه أبو داود، والترمذي وقال: حديث حسن.

٨٢٨ - وعن أبي عبدِ الله سَلمَان الفارسيِّ رضي الله عنه قال: قال رسولُ اللَّهِ ﷺ: «لا يَغْتَسِلُ رَجُلٌ يَوْمَ الجُمُعَةِ، وَيَتَطَهَّرُ ما اسْتَطَاعَ مِنْ طُهْرٍ، وَيَدَّهِنُ مِنْ دُهْنِهِ، أَوْ يَمَسُّ مِنْ طيبِ بَيْتِهِ، ثُمَّ يَخْرُجُ فَلا يُفَرِّقُ بَيْنَ اثْنَيْنِ، ثُمَّ يُصَلِّي مَا كُتِبَ لَهُ، ثُمَّ يُنْصِتُ إذا تَكَلَّمَ الإمامُ، إلَّا غُفِرَ لَهُ مَا بَيْنَهُ وَبَيْنَ الجُمُعَةِ الأخْرى». رواه البخاري.

٨٢٩ - وعن عَمْرو بن شُعَيْبٍ عن أبيه عن جَدِّهِ رضي اللَّهُ عنه، أن رَسولَ اللَّهِ ﷺ قال: «لا يَحِلُّ لِرَجُلٍ أنْ يُفَرِّقَ بَيْنَ اثْنَيْنِ إلَّا بِإذْنِهِمَا». رواه أبو داود، والترمذي وقال: حديثٌ حسنٌ.

وفي روايةٍ لأبي داود: «لا يُجْلَسُ بَيْنَ رَجُلَيْنِ إلا بِإذْنِهِمَا».

٨٣٠ - وعن حُذَيْفَةَ بنِ اليَمَانِ رضي الله عنه، أن رسولَ اللَّهِ ﷺ لَعَنَ مَنْ جَلَسَ وَسْطَ الحَلْقَةِ. رواه أبو داود بإسنادٍ حسن.

وروى الترمذي عن أبي مِجْلَزٍ: أن رَجُلاً قَعَدَ وَسْطَ حَلْقَةٍ، فقال حُذَيْفَةُ: مَلْعُونٌ عَلى لِسَانِ مُحَمَّدٍ ﷺ، أوْ: لَعَنَ اللَّهُ عَلى لِسَانِ مُحَمَّدٍ ﷺ، مَنْ جَلَسَ وَسْطَ الحَلْقَةِ. قال الترمذي: حديث حسن صحيح.

٨٣١ - وعن أبي سعيدٍ الخُدْري رضي الله عنه قال: سَمِعْتُ رسولَ اللَّهِ ﷺ يقول: «خَيْرُ المَجَالِسِ أوْسَعُهَا».

رواه أبو داود بإسنادٍ صحيح على شرطِ البخاري.

٨٣٢ - وعن أبي هريرة رضي الله عنه قال: قال رسولُ اللَّهِ ﷺ: «مَنْ جَلَسَ

5. Buch der Schlafsitten

Hadith 828: Abu Abdullâh Salmân al-Fârisi (r) überliefert, dass der Gesandte Allahs (s) sagte: "Wer am Freitag (seinen ganzen Körper) reinigt, sich einölt und parfümiert, und dann zur Moschee geht und das vorgeschriebene Gebet betet, ohne sich zwischen zwei (sitzende) Personen zu drängen, und die Predigt des Vorbeters (still) anhört, dem wird vergeben, was er zwischen den beiden Freitagen begangen hat."
(Al-Bukhâri)

Hadith 829: Amru ibn Schu'aib (r) erzählte, dass sein Vater (r) ihm von seinem Großvater (r) berichtete, dass der Gesandte Allahs (s) sagte: "Niemand darf sich zwischen zwei Leute drängen, außer mit ihrer Erlaubnis."
(Abu Dâwûd und At-Tirmidhi)
Nach At-Tirmidhi ist dies ein guter Hadith (*hasan*).
In einer anderen Version bei Abu Dâwûd heißt es: "Niemand soll zwischen zwei Männern sitzen, außer mit ihrer Erlaubnis."

Hadith 830: Hudhaifa ibn al-Yamân (r) berichtet, dass der Gesandte Allahs (s) denjenigen, der sich in die Mitte der (Versammlungs-)Runde setzt, verflucht hat.
(Abu Dâwûd)
Die Überlieferung dieses Hadithes ist gut belegt (*isnâd hasan*).
At-Tirmidhi überliefert von Abu Midschlaz, dass sich ein Mann mitten in eine (Versammlungs-)Runde setzte, worauf Hudhaifa (r) sagte: "Wer sich in die Mitte eines Kreises setzt, wurde vom Propheten (s) oder von Allah durch (den Propheten) Muhammad (s) verflucht."
(At-Tirmidhi)
Dies ist ein guter und gesunder Hadith (*hasan sahîh*).

Hadith 831: Abu Sa'îd al-Khudri (r) überliefert, dass er den Gesandten Allahs (s) sagen hörte: "Die besten Versammlungen sind die größten (die am meisten Platz bieten)."
(Abu Dâwûd)
Dieser Hadith ist zuverlässig überliefert (*isnâd sahîh*).

Hadith 832: Abu Huraira (r) überliefert, dass der Gesandte Allahs (s) sagte: "Wer in einer Versammlung sitzt, in der viel unnützes geredet wird, und, bevor er aufsteht, spricht: 'Gepriesen bist Du, oh Allah, und Du bist gelobt, ich bezeuge, dass es keinen Gott gibt außer Dir, und ich bitte Dich um Vergebung und wende mich Dir reuevoll zu.'[203], dem wird vergeben, was in dieser Versammlung (an Schlechtem) geschah."

---
[203] Auf Arabisch lautet dieses Bittgebet: "*Subhânaka-llahumma wa bihamdik aschhadu an lâ ilâha illâ ant, astaghfiruka wa atûbu ilaik*".

في مَجلِسٍ، فكَثُرَ فيهِ لَغطُهُ فقالَ قَبْلَ أَنْ يقومَ مِنْ مَجلِسِهِ ذلكَ: سُبحَانَكَ اللَّهُمَّ وبِحَمدِكَ، أَشْهَدُ أَنْ لَا إِلَهَ إِلَّا أَنْتَ، أَسْتَغْفِرُكَ وأَتُوبُ إِلَيْكَ، إِلَّا غُفِرَ لَهُ مَا كَانَ في مَجلِسِهِ ذلكَ». رواه الترمذي وقال: حديث صحيح.

٨٣٣ - وعن أبي بَرزةَ رضي الله عنه قال: كانَ رسولُ اللهِ ﷺ يقولُ بأَخَرَةٍ إذا أَرادَ أَنْ يقومَ مِنَ المَجلِسِ: «سُبحَانَكَ اللَّهُمَّ وبِحَمدِكَ، أَشْهَدُ أَنْ لَا إِلَهَ إِلَّا أَنْتَ، أَسْتَغْفِرُكَ وأَتُوبُ إِلَيْكَ» فقالَ رجلٌ: يا رسولَ الله، إنَّكَ لَتَقولُ قَوْلاً مَا كُنْتَ تقولُهُ فِيمَا مَضَى؟ قال: «ذلكَ كَفَّارَةٌ لِمَا يَكُونُ في المَجلِسِ». رواه أبو داود.

ورواه الحاكم أبو عبد الله في «المستدرك» من رواية عائشة رضي الله عنها وقال: صحيح الإسناد.

٨٣٤ - وعن ابن عمر رضي الله عنهما قال: قلَّما كان رسولُ اللهِ ﷺ يقومُ مِن مَجلِسٍ حتى يَدعُوَ بهؤُلاءِ الدَّعَواتِ: «اللَّهُمَّ اقسِم لَنا مِن خَشْيَتِكَ ما تَحُولُ بِهِ بَيْنَنا وبَيْنَ مَعاصِيكَ، ومن طَاعَتِكَ ما تُبَلِّغُنا بِهِ جَنَّتَكَ، ومِنَ اليَقينِ ما تُهَوِّنُ عَلَينا مَصَائِبَ الدُّنيا. اللَّهُمَّ مَتِّعنا بأَسْمَاعِنَا، وأَبْصَارِنا، وقُوَّتِنا ما أَحْيَيْتَنَا، واجعلهُ الوَارِثَ مِنَّا، واجعَلْ ثَأرَنا على مَنْ ظَلَمَنا، وانصُرنا على مَنْ عَادَانَا، ولا تَجعَلْ مُصِيبَتَنا في دِينِنا، ولا تَجعَلِ الدُّنيا أكْبَرَ هَمِّنَا، ولا مَبْلَغَ عِلمِنا، ولا تُسَلِّطْ عَلَيْنا مَنْ لا يَرْحَمُنا»، رواه الترمذي وقال: حديث حسن.

٨٣٥ - وعن أبي هريرة رضي الله عنه قال: قال رسولُ اللهِ ﷺ: «مَا مِنْ قَوْمٍ يَقومُونَ مِنْ مَجلِسٍ لا يَذْكُرُونَ اللَّهَ، تعالى، فيهِ، إلا قَامُوا عَنْ مِثلِ جِيفَةِ حِمَارٍ، وكانَ لَهُم حَسرَةً».

رواه أبو داود بإسنادٍ صحيح.

٨٣٦ - وعنه عن النبي ﷺ قال: «مَا جَلَسَ قَومٌ مَجلِساً لم يَذْكُروا الله تعالى

5. Buch der Schlafsitten

(At-Tirmidhi)
Dies ist ein guter und gesunder Hadith (*hasan sahîh*).

Hadith 833: Abu Barza (r) berichtet Folgendes: Gegen Ende seines Lebens pflegte der Gesandte Allahs (s), wenn er eine Versammlung verließ, zu beten: "Gepriesen bist Du, oh Allah, und Du bist gelobt, ich bezeuge, dass es keinen Gott gibt außer Dir, und ich bitte Dich um Vergebung und wende mich Dir reuevoll zu." Ein Mann fragte ihn: "Oh Gesandter Allahs, du sagst etwas, das du niemals zuvor gesagt hast." Er sagte: "Diese Worte sind eine Sühne für das, was in einer Versammlung vor sich geht."
(Abu Dâwûd)
Imam Al-Hâkim Abu Abdullâh überlieferte diesen Hadith in seinem Buch *Al-Mustadrak* unter Berufung auf Âischa (r) und merkt an, er sei zuverlässig überliefert (*isnâd sahîh*).

Hadith 834: Ibn Umar (r) berichtet: Selten verließ der Gesandte Allahs (s) eine Versammlung, ohne folgendes Gebet ausgesprochen zu haben: "Oh Allah! Gewähre uns so viel Furcht (vor Dir), dass sie zwischen uns und unserem Ungehorsam Dir gegenüber, und dem Gehorsam Dir gegenüber, der uns zu Deinem Paradies führt, sei, und gewähre uns so viel Gewissheit, dass sie uns das Unheil des Diesseits erleichtern möge. Oh Allah! Lass uns unser Hören und Sehen nutzen, und unsere Kraft, solange Du uns Leben gewährst, und mach dies zu unserem Erbe; und sende unsere Rache denen, die uns Unrecht taten, und hilf uns gegen jene, die unsere Feinde sind; und verstricke uns nicht in Schwierigkeiten, die unsere Religion betreffen; und lass uns das Diesseits nicht zum Dreh- und Angelpunkt unseres Lebens, noch zum Ziel unseres Wissen werden; und schicke uns niemanden, der uns gegenüber keine Barmherzigkeit kennt!"[204]
(At-Tirmidhi)
Dies ist ein guter Hadith (*hasan*).

Hadith 835: Abu Huraira (r) überliefert, dass der Gesandte Allahs (s) sagte: "Wer eine Versammlung verlässt, ohne Allahs zu gedenken, ist wie einer, der die Ecke eines Esels verlässt, und es wird ihm Kummer und Jammern verursachen."
(Abu Dâwûd)
Dieser Hadith ist zuverlässig überliefert (*isnâd sahîh*).

---

[204] Auf Arabisch lautet dieses Bittgebet: "*Allahumma-qsim lanâ min khaschyatika mâ tahûlu bihi bainanâ wa baina ma'âsîk, wa min tâ'atika mâ tuballighunâ bihi dschannatak, wa minal-yaqîni mâ tuhauwinu 'alainâ masâ-ibad-dunyâ. Allahumma mattî'nâ bi asmâ'inâ, wa absârinâ, wa quwwatinâ mâ ahyaitanâ, wa-dsch'alhul-wâritha minnâ, wadsch'al tha'ranâ 'alâ man zalamanâ, wansurnâ 'alâ man 'âdânâ, wa lâ tadsch'al musîbatanâ fî dînina, wa lâ tadsch'alid-dunyâ akbara hamminâ, wa lâ mablagha 'ilminâ, wa lâ tusallit 'alainâ man lâ yarhamunâ.*"

فِيهِ، ولَمْ يُصَلُّوا على نَبِيِّهِم فِيهِ، إلَّا كانَ عليهِمْ تِرَةً، فَإن شَاءَ عَذَّبهُم، وإن شَاءَ غَفَرَ لَهُم». روا الترمذي وقال: حديث حسن.

٨٣٧ - وعنه، عن رسولِ الله ﷺ قال: «مَنْ قَعَدَ مَقْعَداً لم يذكرِ الله تعالى فِيهِ كانَت عليهِ مِنَ اللَّهِ تِرَةٌ، وَمَنِ اضْطَجَعَ مَضْجَعاً لا يَذْكُرُ اللَّهَ تعالى فِيهِ كانَتْ عَلَيْهِ مِنَ اللَّهِ تِرَةٌ». رواه أبو داود.

وقد سبق قريباً، وَشَرَحنا «التِّرَةَ» فيه.

٥ - ٤ - بابُ الرَّؤيا وَمَا يتعلَّقُ بهَا

قال اللَّهُ تعالى: ﴿وَمِنْ آيَاتِهِ مَنَامُكم بِاللَّيْلِ وَالنَّهَارِ﴾ [الروم: ٢٣].

٨٣٨ - وعن أبي هريرة رضي اللَّه عنه قال: سمعت رسولَ اللَّهِ ﷺ يقول: «لَمْ يَبْقَ مِنَ النُّبُوَّةِ إِلَّا المُبَشِّرَاتُ» قالوا: وَمَا المُبَشِّرَاتُ؟ قال: «الرُّؤْيَا الصَّالحَةُ». رواه البخاري.

٨٣٩ - وعنه أن النبيَّ ﷺ قال: «إذا اقتَرَبَ الزَّمَانُ لَمْ تَكَدْ رُؤْيَا المُؤمِنِ تَكذِبُ، وَرُؤْيَا المُؤمِنِ جُزْءٌ مِنْ سِتَّةٍ وَأَرْبَعِينَ جُزْءاً مِنَ النُّبُوَّةِ». متفقٌ عليه.

وفي روايةٍ: «أَصْدَقُكم رُؤْيا أَصْدَقُكم حَديثاً».

٨٤٠ - وعنه قال: قال رسولُ اللَّهِ ﷺ: «مَنْ رَآنِي في المَنَامِ فَسَيَرانِي في اليَقَظَةِ أَو لَكَأَنَّمَا رَآنِي في اليَقَظَةِ لا يَتَمَثَّلُ الشَّيْطَانُ بي». متفقٌ عليه.

5. Buch der Schlafsitten

Hadith 836: Abu Huraira (r) überliefert, dass der Prophet (s) sagte: "Wer in einer Versammlung sitzt, in der Allah, der Erhabene, nicht erwähnt wird, und auch keine von Segnungen über seinen Propheten (s), dem wird (am Jüngsten Tag) etwas fehlen. Und wenn Allah will, wird er ihn strafen, und wenn Er will, wird Er ihm vergeben."
(At-Tirmidhi)
Dies ist ein guter Hadith (*hasan*).

Hadith 837 ist eine Wiederholung von Hadith Nr. 819.

Kapitel 4
Träume und alles, was damit zu tun hat

Qur'ân: Allah, der Erhabene, spricht:
"Und zu Seinen Zeichen gehört euer Schlaf bei Nacht und bei Tag..." (30:23)

Hadith 838: Abu Huraira (r) überliefert, dass er den Gesandten Allahs (s) sagen hörte: "Vom Prophetentum ist nichts mehr übrig, außer frohen Botschaften." Er wurde gefragt: "Was sind frohe Botschaften?" Er antwortete: "Gute Träume."
(Al-Bukhâri)

Hadith 839: Abu Huraira (r) überliefert, dass der Prophet (s) sagte: "Wenn die Zeit (des Jüngsten Tages) naht, wird der Traum eines Gläubigen nicht falsch sein, und der Traum eines Gläubigen ist einer von sechsundvierzig Teilen von Prophetentum."
(Al-Bukhâri und Muslim)
Eine andere Version lautet: "Die wahrsten Träume wird derjenige von euch bekommen, der am ehrlichsten ist."

Hadith 840: Abu Huraira (r) überliefert, dass der Gesandte Allahs (s) sagte: "Wer mich in seinem Traum gesehen hat, wird mich bald wach sehen (oder: wird mich bald sehen, als ob er wach wäre), denn der Satan nimmt nicht meine Gestalt an."
(Al-Bukhâri und Muslim)

٨٤١ - وعن أبي سعيدٍ الخدري رضي الله عنه أنهُ سمعَ النبيَّ ﷺ، يقول: «إذَا رَأى أَحَدُكُمْ رُؤْيَا يُحِبُّهَا، فَإنَّمَا هِيَ مِنَ اللَّهِ تَعالى، فَلْيَحْمَدِ اللَّهَ عَلَيْهَا، وَليُحَدِّثْ بِهَا»، وفي روايةٍ: فَلَا يُحَدِّثْ بِهَا إلَّا مَنْ يُحِبُّ، وَإِذَا رَأى غَيْرَ ذَلِكَ مِمَّا يَكرَهُ، فإنَّمَا هِيَ مِنَ الشَّيْطَانِ، فَلْيَسْتَعِذْ مِنْ شَرِّهَا، وَلَا يَذكرْها لأَحَدٍ، فإنها لا تَضُرُّهُ». متفقٌ عليه.

٨٤٢ - وعن أبي قتادةَ رضي الله عنه قال: قال النبيُّ ﷺ: «الرُّؤْيَا الصَّالِحَة»، وفي روايةٍ: الرُّؤْيَا الحَسَنَةُ، مِنَ اللَّهِ، والحُلمُ مِنَ الشَّيْطَانِ، فَمَن رَأى شَيْئاً يَكرَهُ فَلْيَنْفُثْ عَن شِمَالِهِ ثَلاثاً، وليَتَعَوَّذ مِنَ الشَّيْطَانِ فإنَّها لا تَضُرُّهُ». متفقٌ عليه.

«النَّفثُ» نَفخٌ لطيفٌ لا ريقَ مَعَهُ.

٨٤٣ - وعن جابرٍ رضي الله عنه عن رسولِ اللَّهِ ﷺ قال: «إذَا رَأى أَحَدُكُمُ الرُّؤْيَا يَكرَهُهَا، فَلْيَبْصُقْ عَن يَسَارِهِ ثَلاثاً، وليَسْتَعِذْ بِاللَّهِ مِنَ الشَّيْطَانِ ثَلاثاً، وليَتَحَوَّلْ عَن جَنبِهِ الذي كان عليه». رواه مسلم.

٨٤٤ - وعن أبي الأسقَعِ واثِلَةَ بن الأسقَعِ رضي الله عنه قال: قال رسولُ اللَّهِ ﷺ: «إنَّ مِن أعظَمِ الفِرَى أن يَدَّعِيَ الرَّجُلُ إلى غَيرِ أبِيهِ، أو يُرِيَ عَينهُ ما لم تَرَ، أو يَقُولَ على رسولِ اللَّهِ ﷺ ما لم يَقُلْ». رواه البخاري.

5. Buch der Schlafsitten

Hadith 841: Abu Sa'îd al-Khudri (r) berichtet, dass er den Propheten (s) sagen hörte: "Wenn einer von euch einen angenehmen Traum hat, so kommt dieser von Allah, dem Erhabenen, und er soll Ihm dafür danken und davon weiter erzählen. (In einer anderen Fassung heiß es: ... er soll ihn denjenigen weiter erzählen, die er liebt.) Und wenn er etwas sieht, was ihm nicht gefällt, so ist es vom Satan. Er sollte bei Allahs Zuflucht suchen vor seinen bösen Auswirkungen und ihn niemandem erzählen, dann wird er ihm nichts anhaben."
(Al-Bukhâri und Muslim)

Hadith 842: Abu Qatâda (r) berichtet, dass der Prophet (s) sagte: "Ein guter Traum (und nach einer anderen Version: ein schöner Traum) ist von Allah, und ein anderer Traum ist vom Satan. Wenn also jemand von euch in einem Traum etwas sieht, was er nicht leiden mag, soll er dreimal auf die linke Seite (ohne Speichel!) spucken und den Satan verfluchen. Dann wird ihm nichts passieren."
(Al-Bukhâri und Muslim)

Hadith 843: Dschâbir (r) überliefert, dass der Gesandte Allahs (s) sagte: "Wenn jemand von euch einen Traum hat, den er nicht leiden mag, soll er dreimal auf seine linke Seite spucken (ohne Speichel!) und dreimal bei Allah Zuflucht suchen gegen den Satan, und er soll sich auf die andere Seite drehen"
(Muslim)

Hadith 844: Abdul-Asqa' Wâthila ibn al-Asqa' (r) überliefert, dass der Gesandte Allahs (s) sagte: "Die größte Lüge ist, dass jemand eine falsche Vaterschaft angibt, oder, dass jemand behauptet, mit eigenen Augen gesehen zu haben, was er nie sah, oder dass er über den Gesandten Allahs (s) etwas behauptet, was nicht dieser nicht gesagt hat."
(Al-Bukhâri)

٦ - كتاب السَّلام

٦ - ١ - باب فضل السَّلام والأمر بإفشائه

قال اللَّه تعالى: ﴿يَا أَيُّهَا الَّذِينَ آمَنُوا لَا تَدْخُلُوا بُيُوتًا غَيْرَ بُيُوتِكُمْ حَتَّى تَسْتَأْنِسُوا وَتُسَلِّمُوا عَلَى أَهْلِهَا﴾ [النور: ٢٧]. وقال تعالى: ﴿فَإِذَا دَخَلْتُمْ بُيُوتًا فَسَلِّمُوا عَلَى أَنفُسِكُمْ تَحِيَّةً مِنْ عِنْدِ اللَّهِ مُبَارَكَةً طَيِّبَةً﴾ [النور: ٦١]. وقال تعالى: ﴿وَإِذَا حُيِّيتُمْ بِتَحِيَّةٍ فَحَيُّوا بِأَحْسَنَ مِنْهَا أَوْ رُدُّوهَا﴾ [النساء: ٨٦]. وقال تعالى: ﴿هَلْ أَتَاكَ حَدِيثُ ضَيْفِ إِبْرَاهِيمَ الْمُكْرَمِينَ * إِذْ دَخَلُوا عَلَيْهِ فَقَالُوا سَلَامًا قَالَ سَلَامٌ﴾ [الذاريات: ٢٤، ٢٥].

٨٤٥ - وعن عبد الله بن عمرو بن العاص رضي الله عنهما أن رجلاً سأل رسولَ اللَّهِ ﷺ: أيُّ الإسلامِ خيرٌ؟ قال: «تُطْعِمُ الطَّعامَ، وتَقرَأُ السَّلامَ على مَنْ عَرَفْتَ ومَنْ لَمْ تَعْرِف». متفقٌ عليه.

٨٤٦ - وعن أبي هريرة رضي الله عنه عن النبي ﷺ قال: «لمَّا خَلَقَ اللهُ تعالى آدمَ ﷺ قال: اذهَبْ فَسَلِّمْ على أُولئِكَ - نَفَرٍ مِنَ المَلائِكَةِ جُلوسٍ - فاسْتَمِعْ ما يُحَيُّونَكَ، فإنَّها تَحِيَّتُكَ وتَحِيَّةُ ذُرِّيَّتِكَ. فقال: السَّلامُ عَلَيْكُمْ، فقالوا: السَّلامُ عَلَيْكَ ورَحْمَةُ اللَّهِ، فزادُوهُ: ورَحْمَةُ اللَّهِ». متفقٌ عليه.

VI. BUCH DES GRÜSSENS

Kapitel 1
Vorzug des Grüßens und Gebot zur Verbreitung (des Grußes)

Qur'ân: Allah, der Erhabene, spricht:
"Oh die ihr glaubt! Betretet nicht Häuser, die nicht die euren sind, ehe ihr um Erlaubnis gebeten und seine Bewohner begrüßt habt..." (24:27)
"Doch wenn ihr ein Haus betretet, dann begrüßt euch gegenseitig - mit einem Gruß gleichsam von Allah, voll Segen und Güte..." (24:61),
"Und wenn ihr mit einem Grußwort begrüßt werdet, dann grüßt mit einem noch schöneren zurück oder erwidert es (zumindest). (4:86)
Ist dir (nicht) die Geschichte von Abrahams geehrten Gästen (zu Ohren) gekommen? Als sie bei ihm eintraten und sprachen: 'Frieden!', Er antwortete: '(Euch) Frieden!'" (51:24-25)

Hadith 845 ist eine Wiederholung von Hadith Nr. 550.

Hadith 846: Abu Huraira (r) überliefert, dass der Prophet (s) sagte: "Als Allah Adam (as) schuf, sagte Er: 'Geh und begrüße diese (dort sitzenden Engel mit dem Friedensgruß), und höre sodann auf ihre Art, den Gruß zu erwidern. Dieser (Gruß) soll für dich und deine Nachfahren sein.' Er (Adam) sagte ihnen: '*As-salâmu 'alaikum!*'[205], und sie erwiderten: '*As-salâmu alaika wa rahmatu-llâh.*'[206] Damit fügten sie dem Gruß *wa rahmatu-llâh* hinzu."
(Al-Bukhâri und Muslim)

---

[205] Auf Deutsch bedeutet dies: "Friede sei mit euch!"
[206] Auf Deutsch bedeutet dies: "Friede sei mit dir und die Barmherzigkeit Allahs!"

٨٤٧ ـ وعن أبي عُمارةَ البَراءِ بن عازبٍ رضي الله عنهما قال: أمرنا رسولُ اللَّهِ ﷺ بِسَبْعٍ: بعِيادَةِ المَرِيضِ، واتِّبَاعِ الجَنَائِزِ، وتَشْمِيتِ العَاطِسِ، وَنَصْرِ الضَّعِيفِ، وَعَوْنِ المَظْلُومِ، وَإِفْشَاءِ السَّلامِ، وَإِبرارِ المُقْسِمِ. متفقٌ عليه، هذا لفظ إحدى روايات البخاري.

٨٤٨ ـ وعن أبي هريرة رضي الله عنه قال: قال رسولُ اللَّهِ ﷺ: «لَا تَدْخُلُوا الجَنَّةَ حَتَّى تُؤْمِنُوا، وَلَا تُؤْمِنُوا حَتَّى تَحَابُّوا، أَوَ لَا أَدُلُّكُمْ عَلَى شَيْءٍ إِذَا فَعَلْتُمُوهُ تَحَابَبْتُمْ؟ أَفْشُوا السَّلامَ بَيْنَكُمْ». رواه مسلم.

٨٤٩ ـ وعن أبي يوسف عبد الله بن سلام رضي الله عنه قال: سمعت رسولَ اللَّهِ ﷺ يقول: «يَاأَيُّهَا النَّاسُ أَفْشُوا السَّلَامَ، وَأَطْعِمُوا الطَّعَامَ، وَصِلُوا الأَرْحَامَ، وَصَلُّوا وَالنَّاسُ نِيَامٌ، تَدْخُلُوا الجَنَّةَ بِسَلَامٍ» رواه الترمذيُّ وقال: حديثٌ حسنٌ صحيحٌ.

٨٥٠ ـ وعن الطُّفَيْلِ بن أُبَيِّ بن كَعْبٍ: أَنَّهُ كان يَأتي عبدَ الله بن عُمَرَ، فَيَغْدُو مَعَهُ إلى السُّوقِ، قال: فإذا غَدَوْنَا إلى السُّوقِ، لَمْ يَمُرَّ عَبْدُ الله عَلَى سَقَّاطٍ وَلا صَاحِبِ بَيْعَةٍ، وَلا مِسْكِينٍ، وَلا أَحَدٍ إِلَّا سَلَّمَ عَلَيْهِ، قال الطُّفَيلُ: فَجِئْتُ عبد الله بن عُمَرَ يَوْماً، فَاسْتَتْبَعَنِي إلى السُّوقِ، فَقُلْتُ لهُ: وما تَصنَعُ بالسُّوقِ، وَأَنْتَ لَا تَقِفُ عَلَى البَيْعِ، وَلَا تَسأَلُ عَنِ السِّلَعِ، وَلَا تَسُومُ بِهَا، وَلَا تَجلِسُ في مَجَالِسِ السُّوقِ؟ وَأَقُولُ: اجْلِسْ بِنَا هَاهُنَا نَتَحَدَّثُ، فقال: يَا أَبَا بَطْنٍ ـ وَكَانَ الطُّفَيْلُ ذَا بَطْنٍ ـ إِنَّمَا نَغْدُو مِنْ أَجْلِ السَّلَامِ، فَنُسَلِّمُ عَلَى مَنْ لَقِينَاهُ.

رواه مالك في الموطأ بإسنادٍ صحيحٍ.

٦ - ٢ - باب كيفية السّلام

يُسْتَحَبُّ أَنْ يقولَ المُبتَدِىءُ بالسَّلامِ: «السَّلامُ عَلَيْكُمْ وَرَحْمَةُ الله وَبَرَكاتُهُ»

6. Buch des Grüßens

Hadith 847: Abu Umâra al-Barâ' ibn Âzib (r) überliefert folgendes: Der Gesandte Allahs (s) befahl uns die folgenden sieben Handlungen:
1) Die Kranken zu besuchen,
2) Begräbniszügen zu folgen,
3) jemandem, der niest, (mit den Worten "*Yarhamuk Allâh*") Allahs Erbarmen zu wünschen,
4) die Schwachen zu unterstützen,
5) den Unterdrückten zu helfen,
6) den Friedensgruß zu verbreiten, und
7) Gelübde zu erfüllen.
(Al-Bukhâri und Muslim)
Die zitierte Fassung stammt von Al-Bukhâri.

Hadith 848 ist eine Wiederholung von Hadith Nr. 379.

Hadith 849: Abu Yûsuf Abdullâh ibn Salâm (r) berichtet: Ich hörte den Gesandten Allahs (s) sagen: "Oh ihr Leute! Verbreitet den Friedensgruß, gebt (den Armen und Bedürftigen) zu essen, pflegt die Verwandtschaftsbande, und betet, wenn andere schlafen, dann werdet ihr das Paradies in Frieden betreten."
(At-Tirmidhi)
Dies ist ein guter und gesunder Hadith (*hasan sahîh*).

Hadith 850: At-Tufail ibn Ubai ibn Ka'b pflegte Abdullâh ibn Umar (r) zu besuchen und mit ihm auf den Markt zu gehen. Er erzählte: Wenn wir auf den Markt kamen, entbot Abdullâh den Friedensgruß jedem kleinen Ladenhalter, Händlern, Armen und jedem (anderen), den er auf dem Markt traf. Eines Tages, als ich (wie gewöhnlich) zu ihm kam, wollte er, dass ich ihn auf den Markt begleite. Ich sagte zu ihm: "Was willst du auf den Marktplatz tun? Du hältst dort nicht an, um etwas zu kaufen oder zu verkaufen, du erkundigst dich auch nicht nach Waren oder ihrem Preis, und du schließt dich auch nicht irgendeiner Markt-Versammlung an. Ich schlage vor, dass wir hier sitzen und reden." Er entgegnete: "Oh Abu Batn[207], eigentlich gehen wir morgens zum Markt, um jeden, den wir treffen, mit dem Friedensgruß zu grüßen."
Imam Mâlik hat diesen Hadith, der zuverlässig überliefert wurde, in seinem Buch *Al-Muwatta'* berichtet (*isnâd sahîh*).

---

[207] Auf Deutsch heißt dies wörtlich: "Mann mit dem Bauch". At-Tufail (r) war etwas beleibt.

فيَأتي بضَميرِ الجَمعِ، وإنْ كانَ المُسلَّمُ عليهِ واحداً، ويَقولُ المُجيبُ: «وَعَلَيْكُمُ السَّلامُ وَرَحْمَةُ اللهِ وبَرَكاتُهُ» فيَأتي بواوِ العَطفِ في قولِه: وَعَلَيْكُم.

٨٥١ ـ عن عِمرانَ بن الحُصَينِ رضي الله عنهما قال: جاءَ رَجُلٌ إلى النبيِّ ﷺ فقال: السَّلامُ عَلَيكُم، فَرَدَّ عَلَيهِ السَّلامَ ثم جَلَسَ، فقال النبيُّ ﷺ: «عَشْرٌ» ثم جاءَ آخرُ، فقال: السَّلامُ عَلَيكُم وَرَحمةُ اللهِ، فَرَدَّ عليه فَجَلَسَ، فقال: «عِشْرُونَ» ثم جاءَ آخرُ، فقال: السَّلامُ عَلَيكُم وَرَحمةُ اللهِ وَبَرَكاتُهُ، فَرَدَّ عَلَيهِ فَجَلَسَ، فقال: «ثَلاثُونَ». رواه أبو داود والترمذي وقال: حديث حسن.

٨٥٢ ـ وعن عائشة رضي الله عنها قالت: قال لي رسولُ اللهِ ﷺ: «هذا جبريلُ يَقرأُ عَلَيكَ السَّلامَ» قَالَتْ: قُلتُ: «وَعَلَيهِ السَّلامُ ورَحمَةُ اللهِ وَبَرَكاتُهُ». متفق عليه.

هكذا وقع في بعضِ رواياتِ الصحيحينِ: «وَبَرَكاتُهُ» وفي بَعْضِها بحَذفِها وزيادَةُ الثِّقَةِ مقبولةٌ.

٨٥٣ ـ وعن أنس رضي الله عنه أن النبيَّ ﷺ، كانَ إذا تكلم بكلمةٍ أعادَها ثلاثاً حَتَّى تُفهمَ عنه، وإذا أتى على قومٍ فَسَلَّمَ عَلَيهم سَلَّمَ عَلَيهم ثلاثاً. رواه البخاري.

وهذا محمولٌ على ما إذا كان الجَمعُ كَثيراً.

٨٥٤ ـ وعن المقدادِ رضي الله عنه في حديثِه الطويل قال: كُنَّا نَرفَعُ للنبيِّ ﷺ نَصيبُهُ مِنَ اللَّبنِ، فَيجيءُ مِنَ اللَّيلِ، فَيُسَلِّمُ تَسليماً لا يُوقِظُ نائماً، ويُسمِعُ اليَقظانَ، فَجاءَ النبيُّ ﷺ فَسَلَّمَ كما كانَ يُسَلِّمُ. رواه مسلم.

6. Buch des Grüßens

Kapitel 2
Art des Grüßens

Es ist besser, dass derjenige, der zuerst grüßt, sagt: "*As-salâmu alaikum wa rahmatu-llâhi wa barakâtuh*"[208], denn er soll in der Mehrzahl grüßen, auch wenn der Begrüßte allein ist, und die Antwort soll lauten: "*Wa alaikum as-salâm wa rahmatu-llâhi wa barakâtuh*"[209], das heißt, der fügt "*wa*" hinzu.

Hadith 851: Imrân ibn al-Husain (r) berichtet: Ein Mann kam zum Propheten (s) und sagte: "*As-salâmu alaikum*" Er beantwortete den Gruß, und der Mann setzte sich. Da sagte der Prophet (s): "(Das entspricht der Belohnung von) Zehn." Da kam noch ein Mann und sagte: "*As-salâmu alaikum wa rahmatu-llâh.*"[210] Er beantwortete den Gruß, und der Mann setzte sich. Da sprach der Prophet (s): "(Das entspricht der Belohnung von) Zwanzig." Dann kam ein weiterer (Mann) und sagte: "*As-salâmu alaikum wa rahmatu-llâhi wa barakâtuh.*" Er beantwortete den Gruß, und der Mann setzte sich. Der Prophet (s) sagte: "(Das entspricht der Belohnung von) Dreißig."
(Abu Dâwûd und At-Tirmidhi)
Nach At-Tirmidhi ist dies ein guter Hadith (*hasan*).

Hadith 852: Âischa (r) berichtet, dass der Gesandte Allah (s) zu ihr sagte: "Das war Gabriel, der dich mit dem Friedensgruß begrüßt." Daraufhin sagte ich: "*Wa alaihis-salâm wa rahmatu-llâhi wa barakâtuh.*"
(Al-Bukhâri und Muslim)

Hadith 853 ist eine Wiederholung von Hadith Nr. 696.

Hadith 854: Al-Miqdâd (r) sagte in einem längeren Hadith: "Wir pflegten für den Propheten (s) seinen Anteil Milch beiseite zu stellen. Er pflegte in der Nacht zu kommen und seinen Gruß so zu entbieten, dass niemand, der schlief, davon erwachte, und jeder, der noch wach war, ihn hörte. Der Prophet (s) kam wie gewöhnlich und grüßte uns wie gewohnt.
(Muslim)

---

[208] Auf Deutsch bedeutet dies: "Friede sei mit euch und die Barmherzigkeit Allahs und Sein Segen."
[209] Auf Deutsch bedeutet dies: "Und Friede sei mit euch und die Barmherzigkeit Allahs und Sein Segen."
[210] Auf Deutsch bedeutet dies: "Friede sei mit euch und die Barmherzigkeit Allahs."

٨٥٥ - وعن أَسْماءَ بنتِ يزيدَ رضي الله عنها أن رسولَ اللَّهِ ﷺ، مَرَّ في المَسْجِدِ يوماً، وعُصبةٌ مِنَ النِّساءِ قُعودٌ، فَألْوى بيَدِهِ بالتسْليمِ. رواه الترمذي وقال: حديث حسن.

وَهذا مَحْمولٌ على أنه ﷺ، جَمَعَ بَيْنَ اللَّفظِ والإشارَةِ، ويُؤَيِّدُهُ أن في روايةِ أبي داود: «فَسَلَّمَ عَلَيْنا».

٨٥٦ - وعن أبي جُرَيّ الهُجَيميِّ رضي الله عنه قال: أَتَيْتُ رسولَ اللَّهِ ﷺ، فَقُلْتُ: عَلَيْكَ السَّلامُ يا رسولَ اللَّهِ. قال: «لا تَقُل عَلَيْكَ السَّلامُ، فإنَّ عَلَيْكَ السَّلامُ تحيَّةُ المَوْتى».

رواه أبو داود، والترمذي وقال: حديث حسن صحيح. وقد سبق بطولِهِ.

٦ - ٣ - باب آداب السَّلام

٨٥٧ - عن أبي هريرة رضي الله عنه أن رسولَ اللَّهِ ﷺ قال: «يُسَلِّمُ الرَّاكِبُ على المَاشي، والمَاشي على القاعِدِ، والقَليلُ على الكَثيرِ». متفقٌ عليه.

وفي روايةٍ للبخاري: «والصَّغيرُ على الكبيرِ».

٨٥٨ - وعن أبي أُمَامَةَ صُدَيِّ بن عَجْلانَ الباهليِّ رضي اللَّهُ عنه قال: قال رسولُ اللَّهِ ﷺ: «إنَّ أَوْلى النَّاسِ باللَّهِ مَنْ بَدَأَهم بالسَّلامِ». رواه أبو داود بإسنادٍ جيدٍ.

ورواه الترمذي عن أبي أُمَامَةَ رضي الله عنه: قيلَ: يا رسولَ اللَّهِ، الرَّجُلانِ يَلْتَقِيانِ، أَيُّهُما يَبْدَأُ بالسَّلامِ؟ قال: «أَوْلاَهُمَا باللَّهِ تعالى». متفقٌ عليه.

قال الترمذي: هذا حديثٌ حسنٌ.

6. Buch des Grüßens

Hadith 855: Asmâ' bint Yazîd (r) berichtet, dass der Gesandte Allahs (s) einmal in die Moschee kam, während dort eine Gruppe von Frauen saß. Er grüßte sie, wobei er ein Zeichen mit der Hand gab.
(At-Tirmidhi)
Dies ist ein guter Hadith (*hasan*).

Dies zeigt, dass er (s) beim Sprechen auch Gesten verwendete. Dies wird in der Version bei Abu Dâwûd bestätigt, in der es heißt: ...und er begrüßte uns.

Hadith 856 ist in Hadith Nr. 796 enthalten.

Kapitel 3
Sitten des Grüßens

Hadith 857: Abu Huraira (r) überliefert, dass der Gesandte Allahs (s) sagte: "Der Reiter sollte den Fußgänger (zuerst) grüßen, der Fußgänger sollte den Sitzenden (zuerst) grüßen, und die kleinere Gruppe sollte die größere (zuerst) grüßen."
(Al-Bukhâri und Muslim)
In der Version von Al-Bukhâri heißt es weiter: "...der jüngere sollte den älteren (zuerst) grüßen."

Hadith 858: Abu Umâma (r) überliefert, dass der Gesandte Allahs (s) sagte: "Derjenige von den steht Menschen Allah am nächsten, der sie (die Menschen) immer zuerst begrüßt.
(Abu Dâwûd)
Die Überlieferung dieses Hadithes ist sehr gut belegt (*isnâd dschayid*).

In der Version bei At-Tirmidhi heißt es weiter, dass der Prophet (s) gefragt wurde: "Oh Gesandter Allahs (s)! Wenn sich zwei Personen treffen, wer sollte zuerst grüßen?" Er antwortete: "Derjenige, der Allah näher steht."
Dies ein guter Hadith (*hasan*).

٦ - ٤ - باب استحباب إعادة السّلام
على من تكرّر لقاؤه على قرب بأن دخل ثم خرج ثم دخل في الحال، أو حال بينهما شجرة ونحوها

٨٥٩ - عن أبي هُرَيْرَةَ رَضِيَ الله عَنْهُ في حَدِيثِ المُسِيءِ صَلاتَهُ ﷺ أنَّهُ جَاءَ فَصَلَّىٰ، ثُمَّ جَاءَ إلى النبيِّ ﷺ، فَسَلَّمَ عَلَيهِ، فَرَدَّ عَلَيْهِ السَّلامَ، فقال: «ارْجِعْ فَصَلِّ، فإِنَّكَ لَمْ تُصَلِّ» فَرَجَعَ فَصَلَّى، ثُمَّ جَاءَ فَسَلَّمَ على النَّبيِّ ﷺ، حتى فَعَلَ ذلِكَ ثَلاثَ مَرَّاتٍ. متفقٌ عليه.

٨٦٠ - وعنه، عَنْ رسولِ اللَّهِ ﷺ، قال:«إذا لَقِيَ أَحَدُكُم أخاه، فَلْيُسَلِّمْ عَلَيْهِ، فَإِنْ حَالَتْ بَيْنَهُمَا شَجَرَةٌ، أَوْ جِدَارٌ، أَوْ حَجَرٌ، ثُمَّ لَقِيَهُ، فَلْيُسَلِّمْ عَلَيْهِ». رواه أبو داود.

٦ - ٥ - باب استحباب السّلام إذا دَخل بيته

قال اللَّهُ تعالى: ﴿فَإِذَا دَخَلْتُمْ بُيُوتاً فَسَلِّمُوا عَلَى أَنْفُسِكُمْ تَحِيَّةً مِنْ عِنْدِ اللَّهِ مُبَارَكَةً طَيِّبَةً﴾ [النور: ٦١].

٨٦١ - وعن أنس رضيَ الله عنه قال: قالَ لي رسولُ اللَّه ﷺ: «يا بُنَيَّ، إذا دَخَلْتَ عَلى أهلِكَ، فَسَلِّمْ، يَكُنْ بَرَكَةً عَلَيْكَ، وَعَلَى أَهْلِ بَيْتِكَ». رواه الترمذي وقال: حديث حسن صحيح.

6. Buch des Grüßens

Kapitel 4
Verlangen, den Gruß zu erwidern, demjenigen, den man wiederholt trifft, beispielsweise nachdem er kurzzeitig den Raum verlassen hatte, oder wenn man durch einen Baum oder ähnliches getrennt wurde

Hadith 859: Abu Huraira (r) überliefert einen längeren Hadith, in dessen Verlauf von einem "Sünder" die Rede war. Als dieser kam und betete, ging er zum Propheten (s) und grüßte ihn. Er (s) erwiderte den Gruß, sagte aber dann zu ihm: "Geh und wiederhole dein Gebet, denn du hast nicht gebetet." Er ging zurück und betete. Dann ging er zum Propheten (s) und grüßte ihn erneut, was sich dreimal wiederholte.
(Al-Bukhâri und Muslim)

Hadith 860 Abu Huraira (r) überliefert, dass der Gesandte Allahs (s) sagte: "Wenn jemand von euch seinen Bruder trifft, soll er ihn grüßen. Auch wenn die beiden durch einen Baum, eine Mauer oder einen Felsen voneinander getrennt werden, und sie sich dahinter wieder treffen, so sollen sie sich erneut grüßen."
(Abu Dâwûd)

Kapitel 5
Verlangen zu Grüßen, wenn man sein Zuhause betritt

Qur'ân: Allah, der Erhabene, spricht:
"Doch wenn ihr ein Haus betretet, dann begrüßt euch gegenseitig - mit einem Gruß gleichsam von Allah, voll Segen und Güte..." (24:61)

Hadith 861: Anas (r) erzählte: Der Gesandte Allahs (s) sagte zu mir: "Mein Sohn, wenn du dein Zuhause betrittst, dann begrüße (deine Leute mit dem Friedensgruß). Dies ist ein Segen für dich und für die Mitglieder deiner Familie."
(At-Tirmidhi)
Dies ist ein guter und gesunder Hadith (*hasan sahîh*).

٦ - ٦ - باب السَّلام على الصِّبيان

٨٦٢ - عن أنسٍ رضي الله عنه أنَّهُ مرَّ على صِبيانٍ، فسلَّمَ عليهم، وقال: كانَ رسولُ اللَّهِ ﷺ يَفعَلُهُ. متفقٌ عليه.

٦ - ٧ - باب سَلام الرَّجل على زوجتِهِ والمرأة من محَارِمه وعلى أجنبية وأجنبيات لا يخاف الفتنة بهن وسلامهن بهذا الشرط

٨٦٣ - عن سَهْلِ بنِ سَعْدٍ رضيَ اللَّهُ عنهُ قالَ: كانتْ فينا امرأةٌ - وفي روايةٍ: كانتْ لنا عَجوزٌ - تأخذُ من أصولِ السِّلْقِ فتَطْرحُهُ في القِدْرِ، وتُكَرْكِرُ حبَّاتٍ من شَعيرٍ، فإذا صلَّيْنا الجُمعةَ، وانصرفْنا، نُسَلِّمُ عليها، فتُقَدِّمُهُ إلينا. رواه البخاري.

قوله: «تُكَرْكِرُ» أي: تطحَنُ.

٨٦٤ - وعن أُمِّ هانيءٍ فاختةَ بنتِ أبي طالبٍ رضيَ اللَّهُ عنها قالتْ: أتيتُ النبيَّ ﷺ يومَ الفتْحِ وهو يغتَسِلُ، وفاطمةُ تستُرُهُ بثوبٍ، فسلَّمْتُ، وذكرتِ الحديث. رواه مسلم.

٨٦٥ - وعن أسماءَ بنتِ يزيدَ رضي الله عنها قالت: مرَّ علَيْنا النبيُّ ﷺ في نِسْوةٍ فسلَّمَ علَيْنَا.

رواه أبو داود، والترمذي وقال: حديث حسنٌ، وهذا لفظ أبي داود، ولفظ الترمذي: أنَّ رسولَ اللَّهِ ﷺ مرَّ في المَسْجِدِ يوْماً، وعُصْبةٌ من النِّساءِ قُعودٌ، فألْوى بيَدِه بالتَّسْليمِ.

6. Buch des Grüßens

Kapitel 6

Begrüßung von Kindern

Hadith 862 ist eine Wiederholung von Hadith Nr. 604.

Kapitel 7
Begrüßung der Ehefrau durch den Ehemann oder der Frauen, die mit ihm eng verwandt sind, sowie fremder Frauen, vorausgesetzt, es ist keine Versuchung zu befürchten, und wie sie zu begrüßen sind

Hadith 863: Sahl ibn Sa'd (r) berichtet: Es gab bei uns eine Frau (in einer anderen Version heißt es: eine alte Frau), die rote Rüben zu kochen pflegte, wozu sie in den Topf einige Körner Gerste tat. Wenn wir nach Beendigung des Freitagsgebets (die Moschee) verließen, begrüßten wir sie, und sie bot uns immer etwas davon an."
(Al-Bukhâri)

Hadith 864: Umm Hânî' Fâkhita bint Abi Tâlib (r) berichtet: Ich kam zum Propheten (s) am Tag des Sieges (der Eroberung von Mekka), als er gerade die Ganzwaschung vollzog, wobei Fâtima (r) ihn mit einem Tuch verdeckte. Ich grüßte ihn.
Danach erzählte sie den Hadith zu Ende.[211]
(Muslim)

Hadith 865 ist eine Wiederholung von Hadith Nr. 855.

---

[211] Siehe auch Hadith Nr. 876.

٦ - ٨ - باب تحريم ابتداء الكافر بالسّلام وكيفية الردّ عليهم واستحباب السّلام على أهل مجلس فيهم مسلمون وكفار

٨٦٦ - عن أبي هُرَيْرَةَ رضي الله عنه أنّ رسولَ اللَّهِ ﷺ قال: «لا تَبْدَؤُوا اليَهُودَ ولا النَّصارَى بِالسَّلامِ، فإذا لقيتُم أحَدَهُم في طَريقٍ فاضطرُّوهُ إلى أضْيَقِهِ». رواه مسلم.

٨٦٧ - وعن أنس رضي الله عنه قال: قال رسولُ اللَّهِ ﷺ: «إذا سَلَّمَ عَلَيْكُمْ أَهْلُ الكِتَابِ فَقُولُوا: وَعَلَيْكُمْ». متفقٌ عليه.

٨٦٨ - وعن أُسامَةَ رضي الله عنه أنّ النبيَّ ﷺ مَرَّ على مَجلِسٍ فيهِ أخلاطٌ مِنَ المُسلِمِينَ والمُشرِكِينَ - عَبَدَةُ الأوْثانِ واليَهُودِ - فَسَلَّمَ عَلَيْهِم النبيُّ ﷺ. متفقٌ عليه.

٦ - ٩ - باب استحباب السّلام إذا قام من المجلس وفارق جلساءه أو جليسه

٨٦٩ - وعن أبي هُرَيْرَةَ رضي الله عنه قال: قال رسولُ اللَّهِ ﷺ: «إذا انْتَهَى أَحَدُكُم إلى المَجلِسِ فَلْيُسَلِّمْ، فإذا أرادَ أن يَقُومَ فَلْيُسَلِّمْ، فَلَيْسَتِ الأولى بأحَقَّ مِنَ الآخِرَةِ». رواه أبو داود، والترمذي وقال: حديث حسن.

6. Buch des Grüßens

Kapitel 8
Verbot, Ungläubige zuerst zu begrüßen, und wie man ihren Gruß erwidert, sowie Verlangen, eine Versammlung von Muslimen und Nicht-Muslimen zu begrüßen

Hadith 866: Abu Huraira (r) erzählte, dass der Gesandte Allahs (s) sagte: "Seid nicht die ersten, die den Juden und den Christen den Friedensgruß entbieten. Und wenn ihr einen von ihnen unterwegs trefft, weicht ihnen nicht aus."
(Muslim)

Hadith 867: Anas (r) erzählte, dass der Gesandte Allahs (s) sagte: Wenn einer der *Ahl-ul-Kitâb*[212] euch grüßt, sollt ihr antworten: "*Wa alaikum.*"[213]
(Al-Bukhâri und Muslim)

Hadith 868: Usâma ibn Zaid (r) berichtet, dass der Prophet (s) an einer Versammlung von Muslimen, Ungläubigen, Götzendienern und Juden vorbeikam. Der Prophet (s) grüßte sie alle.
(Al-Bukhâri und Muslim)

Kapitel 9
Verlangen des Grüßens beim Verlassen einer Versammlung

Hadith 869: Abu Huraira (r) überliefert, dass der Gesandte Allahs (s) sagte: "Wer von euch zu einer Versammlung stößt, soll sie grüßen; und wenn er sie verlässt, soll er sie grüßen, denn die erste Begrüßung ist nicht besser als die letzte."
(Abu Dâwûd und At-Tirmidhi)
Nach At-Tirmidhi ist dies ein guter Hadith (*hasan*).

---

[212] *Ahl-ul-Kitâb* sind die Angehörigen der anderen Schriftreligionen, also Juden und Christen.
[213] Auf Deutsch bedeutet dies: "Und mit euch!"

6 - 10 - باب الاستئذان وآدابه

قال اللَّهُ تعالى: ﴿يَا أَيُّهَا الَّذِينَ آمَنُوا لَا تَدْخُلُوا بُيُوتًا غَيْرَ بُيُوتِكُمْ حَتَّى تَسْتَأْنِسُوا وَتُسَلِّمُوا عَلَى أَهْلِهَا﴾ [النور: 27]. وقال تعالى: ﴿وَإِذَا بَلَغَ الْأَطْفَالُ مِنْكُمُ الْحُلُمَ فَلْيَسْتَأْذِنُوا كَمَا اسْتَأْذَنَ الَّذِينَ مِنْ قَبْلِهِمْ﴾ [النور: 59].

870 - وعن أبي موسى الأشعريِّ رضي الله عنه قال: قال رسولُ اللَّهِ ﷺ: «الِاسْتِئْذَانُ ثَلَاثٌ، فَإِنْ أُذِنَ لَكَ وَإِلَّا فَارْجِعْ». متفقٌ عليه.

871 - وعن سهل بن سعدٍ رضي الله عنه قال: قال رسولُ اللَّهِ ﷺ: «إِنَّمَا جُعِلَ الِاسْتِئْذَانُ مِنْ أَجْلِ الْبَصَرِ». متفقٌ عليه.

872 - وعن ربعيِّ بن حراشٍ قال: حَدَّثَنَا رَجُلٌ مِنْ بَنِي عَامِرٍ اسْتَأْذَنَ عَلَى النبيِّ ﷺ وَهُوَ فِي بَيْتٍ، فقال: أَأَلِجُ؟ فقال رسولُ اللَّهِ ﷺ لخادمِهِ: «اخْرُجْ إلى هذا فَعَلِّمْهُ الِاسْتِئْذَانَ، فَقُلْ لَهُ: قُلْ: السَّلَامُ عَلَيْكُمْ، أَأَدْخُلُ؟» فَسَمِعَهُ الرَّجُلُ فقال: السَّلَامُ عَلَيْكُمْ، أَأَدْخُلُ؟ فَأَذِنَ لهُ النَّبِيُّ ﷺ، فدخلَ.

رواه أبو داود بإسناد صحيح.

873 - عن كِلْدَةَ بن الحَنبل رضي الله عنه قال: أَتَيْتُ النَّبِيَّ ﷺ، فَدَخَلْتُ عَلَيْهِ ولم أُسَلِّمْ، فقال النبي ﷺ: «ارْجِعْ فقُلِ السَّلَامُ عَلَيْكُمْ أَأَدْخُلُ؟». رواه أبو داود، والترمذي وقال: حديث حسن.

6. Buch des Grüßens

Kapitel 10
Sitten der Bitte um Erlaubnis (einzutreten)

Qur'ân: Allah, der Erhabene, spricht:
"Oh die ihr glaubt! Betretet nicht Häuser, die nicht die euren sind, ehe ihr um Erlaubnis gebeten und seine Bewohner begrüßt habt..." (24:27)
Und wenn die Kinder unter euch die Geschlechtsreife erreicht haben, dann sollen sie um Einlass bitten, genauso, wie die vor ihnen um Erlaubnis gebeten haben..." (24:59)

Hadith 870: Abu Mûsâ al-Asch'ari (r) überliefert, dass der Gesandte Allahs (s) sagte: "Die Erlaubnis (einzutreten) soll dreimal erfragt werden. Entweder wird sie gewährt, oder du sollst zurückkehren."
(Al-Bukhâri und Muslim)

Hadith 871: Sahl ibn Sa'd (r) berichtet, dass der Gesandte Allahs (s) sagte: "Die Erlaubnis zu erfragen ist euch wegen des Blicks (in die Privatsphäre) vorgeschrieben."
(Al-Bukhâri und Muslim)

Hadith 872: Rib'i ibn Hirâsch (r) berichtet: Ein Mann aus dem Âmir-Stamm erzählte uns, dass er (einmal) den Propheten (s) um Erlaubnis bat (einzutreten), als dieser im Haus war, indem er fragte: "Darf ich eintreten?" Da sagte der Gesandte Allahs (s) zu seinem Diener: "Geh und lehre ihn, wie man um Erlaubnis bittet, und sag ihm, dass er sagen soll: '*As-salâmu alaikum*, darf ich hereinkommen?'" Der Mann hörte dies und sagte: "*As-salâmu alaikum*, darf ich hereinkommen?" Der Prophet (s) erlaubte ihm dann einzutreten, und er kam herein.
(Abu Dâwûd)
Dieser Hadith ist zuverlässig überliefert (*isnâd sahîh*).

Hadith 873: Kilda ibn al-Hanbal (r) berichtet: Eines Tages besuchte ich den Propheten (s), und betrat (seine Wohnung) ohne ihn zu grüßen. Daraufhin sagte der Prophet (s): "Geh zurück und sprich: '*As-salâmu alaikum*, darf ich eintreten.'"
(Abu Dâwûd und At-Tirmidhi)
Nach At-Tirmidhi ist dies ein guter Hadith (*hasan*).

6 - 11 - باب بَيان أنَّ السُّنة إذا قيل للمستأذن مَن أنت أن يقول: فلان فيسمي نفسه بما يُعرَف به من اسم أو كُنية وكراهة قوله «أنا» ونحوها

٨٧٤ - عن أنس رضي الله عنه في حديثه المشهور في الإسراء قال: قال رسولُ اللَّهِ ﷺ: «ثُمَّ صَعِدَ بي جِبْرِيلُ إلى السَّمَاءِ الدُّنْيا فَاسْتَفْتَحَ، فَقِيلَ: مَنْ هَذَا؟ قال: جِبْرِيلُ، قِيلَ: وَمَنْ مَعَكَ؟ قال: مُحَمَّدٌ. ثُمَّ صَعِدَ إلى السَّمَاءِ الثَّانِيَةِ والثَّالِثَةِ والرَّابِعَةِ وَسَائِرِهِنَّ، وَيُقَالُ في بَابِ كُلِّ سَمَاءٍ: مَنْ هَذَا؟ فَيَقُولُ: جِبْرِيلُ». متفقٌ عليه.

٨٧٥ - وعن أبي ذرٍّ رضي الله عنه قال: خَرَجْتُ لَيْلَةً مِنَ اللَّيَالِي، فَإِذَا رسولُ اللَّهِ ﷺ يَمْشِي وَحْدَهُ، فَجَعَلْتُ أَمْشِي في ظِلِّ القَمَرِ، فَالْتَفَتَ فَرَآنِي فقال: «مَن هَذَا؟» فقلتُ: أبو ذَرٍّ. متفقٌ عليه.

٨٧٦ - وعن أُمِّ هَانِئٍ رضي الله عنها قالتْ: أَتَيْتُ النبي ﷺ وَهُوَ يَغْتَسِلُ وَفَاطِمَةُ تَسْتُرُهُ، فقال: «مَنْ هَذِهِ؟» فقلتُ: أنَا أُمُّ هَانِئٍ. متفقٌ عليه.

٨٧٧ - وعن جابر رضي الله عنه قال: أَتَيْتُ النبيَّ ﷺ فَدَقَقْتُ البَابَ، فقال: «مَنْ ذَا؟» فقلتُ: أنَا، فقال: «أنَا أنَا؟!» كَأَنَّهُ كَرِهَهَا. متفقٌ عليه.

6. Buch des Grüßens

Kapitel 11
Erklärung, dass es Sunna ist, seinen Namen zu nennen, wenn man um Erlaubnis, eintreten zu dürfen, bittet, und gefragt wird, wer man sei, und Abscheu mit "ich" oder so etwas zu antworten

Hadith 874: Anas (r) berichtet in seinem bekannten Hadith über die Himmelfahrt des Propheten, dass der Gesandte Allahs (s) erzählte: "Dann stieg Gabriel mit mir hoch zum ersten Himmel, der der Erde am nächsten ist, und bat, dass die Tür geöffnet werde. Er wurde gefragt: 'Wer ist da?' Er sagte: 'Gabriel.' Er wurde weiter gefragt: 'Und wer ist bei dir?' Er antwortete: 'Muhammad.' Dann nahm er mich zum zweiten Himmel und bat, dass die Tür geöffnet werde. Er wurde erneut gefragt: 'Wer ist da?' Er sagte: 'Gabriel.' Dann wurde er gefragt: 'Und wer ist bei dir?' Er antwortete: 'Muhammad.' Ebenso verlief dies beim dritten, vierten und den anderen Himmeln. An der Tür eines jeden wurde er gefragt: 'Wer ist da?' Und er antwortete: 'Gabriel.'"
(Al-Bukhâri und Muslim)

Hadith 875: Abu Dharr (r) berichtet: Eines Nachts ging ich hinaus und sah den Gesandten Allahs (s) allein gehen. Ich begann, im Schatten des Mondes zu gehen. Da drehte er sich um, bemerkte mich und fragte: 'Wer ist da?' Ich antwortete: 'Abu Dharr!'"
(Al-Bukhâri und Muslim)

Hadith 876: Umm Hânî' (r) berichtet: Ich kam zum Propheten (s) als er gerade die Ganzwaschung vollzog, wobei Fâtima (r) ihn verdeckte. Er fragte: "Wer ist da?", und ich antwortete: "Ich, Umm Hânî'."
(Al-Bukhâri und Muslim)

Hadith 877: Dschâbir (r) berichtet: Ich kam zum Propheten (s) und klopfte an die Tür. Er fragte: "Wer ist da?" Ich antwortete: "Ich." Und er wiederholte: "Ich, ich?", als ob er es (diese Antwort) nicht leiden konnte.
(Al-Bukhâri und Muslim)

٦ - ١٢ - باب استِحباب تشميت العاطس إذا حَمد اللَّه تعالى وكراهة تشميته إذا لم يحمد الله تعالى وبيان آداب التشميت والعطاس والتثاؤب

٨٧٨ - عن أبي هُريرة رضيَ اللَّهُ عنهُ أن النبيَّ ﷺ قال: «إن اللَّهَ يُحبُّ العُطاسَ، ويَكرَهُ التَّثاؤبَ، فإذا عَطَسَ أحدُكم وَحمِدَ الله تعالى كان حَقًّا على كُلِّ مُسلمٍ سَمِعَهُ أن يقولَ له: يَرْحَمُكَ الله، وأَمَّا التَّثاؤبُ فإنَّما هُوَ مِنَ الشَّيطانِ، فإذا تَثاءَبَ أحَدُكُم فَلْيَرُدَّهُ ما استَطاعَ، فإنَّ أحدَكُم إذا تَثاءَبَ ضَحِكَ مِنْهُ الشَّيْطَانُ». رواه البخاري.

٨٧٩ - وعنه، عن النبيِّ ﷺ قال: «إذا عَطَسَ أحدُكُم فَلْيَقُلْ: الحَمْدُ لِلَّهِ، وَلْيَقُلْ لَهُ أخوهُ أو صَاحِبُهُ: يَرْحَمُكَ الله. فإذا قال لهُ: يَرْحَمُكَ الله، فَلْيَقُلْ: يَهديكُمُ اللَّهُ ويُصْلِحُ بَالَكُمْ». رواه البخاري.

٨٨٠ - وعن أبي موسى رضي الله عنه قال: سمعت رسولَ اللَّهِ ﷺ يقولُ: «إذا عَطَسَ أحدُكُم فَحَمِدَ اللَّهَ فَشَمِّتُوهُ، فإنْ لَمْ يَحْمَدِ اللَّهَ فَلا تُشَمِّتُوهُ». رواه مسلم.

٨٨١ - وعن أنس رضي الله عنه قال: عَطَسَ رَجُلانِ عِنْدَ النبيِّ ﷺ، فَشَمَّتَ أحَدَهُمَا ولَمْ يُشَمِّتِ الآخَرَ، فقال الَّذي لَمْ يُشَمِّتْهُ: عَطَسَ فلان فَشَمَّتَهُ، وَعَطَسْتُ فَلَمْ تُشَمِّتني؟ فقال: «هذا حَمِدَ اللَّهَ، وإنَّكَ لَمْ تَحْمَدِ الله». متفقٌ عليه.

6. Buch des Grüßens

Kapitel 12
Verlangen, dem Niesenden das Erbarmen Allahs, zu wünschen, wenn er Allah, den Erhabenen, lobte, und Abscheu, ihm das Erbarmen Allahs, zu wünschen, wenn er Allah, den Erhabenen, nicht lobte, sowie die Sitten des Erbarmenwünschens, Niesens und Gähnens

Hadith 878: Abu Huraira (r) überliefert, dass der Prophet (s) sagte: "Gewiss liebt Allah das Niesen und verabscheut das Gähnen. Wenn also einer von euch niest und *Alhamdu lillâh*[214] sagt, so wird es für jeden Muslim, der dies hört, verpflichtend, mit *Yarhamuk Allâh* zu antworten. Das Gähnen hingegen kommt vom Satan. Und wenn einer von euch gähnt, soll er versuchen, es zu unterdrücken, denn der Satan lacht, wenn einer von euch gähnt."
(Al-Bukhâri)

Hadith 879: Abu Huraira (r) überliefert, dass der Prophet (s) sagte: "Wenn einer von euch niest, soll er *Alhamdu lillâh* sagen, und sein Bruder oder Freund (der dies hört) soll mit *Yarhamuk Allâh* antworten; und wenn er *Yarhamuk Allâh* sagt, soll dieser sagen: *Yahdîkum Allâh wa yuslih bâlakum.*"[215]
(Al-Bukhâri)

Hadith 880: Abu Mûsâ (al-Asch'ari) (r) sagte: Ich hörte den Gesandten Allahs (s) sagen: "Wenn einer von euch niest und Allah lobt (indem er *Alhamdu lillâh* sagt), sollt ihr ihm *Yarhamuk Allâh* antworten; doch wenn er Allah nicht lobt (und *Alhamdu lillâh* sagt), braucht ihr nicht zu antworten."
(Muslim)

Hadith 881: Anas (r) überliefert, dass zwei Männer niesen mussten, als sie beim Propheten (s) waren. Er antwortete einem von ihnen mit '*Yarhamuk Allâh*' und dem anderen antwortete er nicht. Der letzterer sagte: "Dieser Mann nieste, und du hast ihm geantwortet, und als ich nieste, hast du nicht geantwortet." Er sagte: "Er hat Allah gelobt (indem er *Alhamdu lillâh* sagte), du aber nicht."
(Al-Bukhâri und Muslim)

---
[214] Auf Deutsch bedeutet dies: "Gelobt sei Allah."
[215] Auf Deutsch bedeutet dies: "Möge Allah euch rechtleiten und euer Herz reinigen."

٨٨٢ - وعن أبي هريرة رضي الله عنه قال: كان رسول الله ﷺ إذا عَطَسَ وَضَعَ يَدَهُ أَوْ ثَوْبَهُ عَلَى فِيهِ، وَخَفَضَ - أَوْ غَضَّ - بِهَا صَوْتَهُ. شَكَّ الراوي. رواه أبو داود، والترمذي وقال: حديث حسن صحيح.

٨٨٣ - وعن أبي موسى رضي الله عنه قال: كان اليَهُودُ يَتَعَاطَسُونَ عِنْدَ رسولِ اللَّهِ ﷺ، يَرْجُونَ أَنْ يَقُولَ لهم: يَرْحَمُكُمُ اللَّهُ، فيقولُ: «يَهْدِيكُمُ اللَّهُ وَيُصْلِحُ بَالكُمْ».

رواه أبو داود، والترمذي وقال: حديث حسن صحيح.

٨٨٤ - وعن أبي سعيدٍ الخُدْرِيِّ رضي الله عنه قال: قال رسولُ اللَّهِ ﷺ: «إذا تَثَاءَبَ أَحَدُكُمْ فَلْيُمْسِكْ بِيَدِهِ عَلَى فِيهِ، فَإِنَّ الشَّيْطَانَ يَدْخُلُ». رواه مسلم.

٦ - ١٣ - باب استِحباب المصافَحة عِند اللِّقاءِ وَبشاشةِ الوَجْهِ
وتقبيل يد الرجل الصالح وتقبيل ولده شفقة ومعانقة القادم من سفر وكراهية الانحناء

٨٨٥ - عن أبي الخَطَّابِ قَتَادَةَ قال: قلتُ لأَنَسٍ: أَكَانَتِ المُصَافَحَةُ في أَصْحَابِ رسولِ اللَّهِ، ﷺ؟ قال: نَعَمْ. رواه البخاري.

٨٨٦ - وعن أنسٍ رضي الله عنه قال: لمَّا جَاءَ أَهْلُ اليَمَنِ قال رسولُ اللَّهِ ﷺ: «قَدْ جَاءَكُمْ أَهْلُ اليَمَنِ، وَهُمْ أَوَّلُ مَنْ جَاءَ بالمُصَافَحَةِ». رواه أبو داود بإسناد صحيح.

٨٨٧ - وعن البَرَاءِ رضي الله عنه قال: قالَ رسولُ اللَّهِ ﷺ: «ما مِنْ مُسْلِمَيْنِ

6. Buch des Grüßens

Hadith 882: Abu Huraira (r) berichtet: Der Gesandte Allahs (s) pflegte beim Niesen seinen Mund mit der Hand oder einem Stück Stoff zu bedecken, um den Ton zu unterdrücken.
(Abu Dâwûd und At-Tirmidhi)
Nach At-Tirmidhi ist dies ein guter und gesunder Hadith (*hasan sahîh*).

Hadith 883: Abu Mûsâ (al-Asch'ari) (r) berichtet, dass Juden in der Gegenwart des Gesandten Allahs (s) das Niesen vortäuschen, damit er ihnen Allahs Erbarmen wünsche (indem er *Yarhamuk Allâh* sage). Er (s) aber antwortete ihnen: "*Yahdîkum Allâhu, wa yuslih bâlakum.*"[216]
(Abu Dâwûd und At-Tirmidhi)
Nach At-Tirmidhi ist dies ein guter und gesunder Hadith (*hasan sahîh*).

Hadith 884: Sa'îd al-Khudri (r) berichtet, dass der Gesandte Allahs (s) sagte: "Wenn einer von euch gähnt, soll er seine Hand vor den Mund halten, sonst geht der Satan hinein."
(Muslim)

Kapitel 13
Verlangen, sich beim Zusammentreffen zu begrüßen, ein freundliches Gesicht zu zeigen, die Hand eines frommen Mannes zu küssen, und seine Kinder aus Mitgefühl zu küssen, der von der Reise Zurückkehrenden zu umarmen, sowie Abscheu, sich jemandem gegenüber zu verbeugen

Hadith 885: Abul-Khattâb Qatâda (r) berichtet: Ich fragte Anas (r): "Haben sich die Gefährten des Gesandten Allahs (s) mit Handschlag begrüßt?" Er sagte: "Ja."
(Al-Bukhâri)

Hadith 886: Anas (r) berichtet, dass der Gesandte Allahs (s), als Leute aus dem Jemen kamen, sagte: "Leute aus dem Jemen sind zu euch gekommen, und sie sind die ersten, die sich mit Handschlag zu begrüßen pflegten."
(Abu Dâwûd)
Dieser Hadith ist zuverlässig überliefert (*isnâd sahîh*).

Hadith 887: Al-Barâ' (ibn Âzib) (r) überliefert, dass der Gesandte Allahs (s) sagte: "Wenn sich zwei Muslime treffen und sich die Hand geben,

---
[216] Siehe Anmerkung Nr. 215.

يَلْتَقِيَانِ فَيَتَصَافَحَانِ إلا غُفِرَ لَهُمَا قَبْلَ أَنْ يَفْتَرِقَا». رواه أبو داود.

٨٨٨ ـ وعن أنس رضي الله عنه قال: قال رَجُلٌ: يا رسولَ اللَّهِ، الرَّجُلُ مِنَّا يَلْقَى أَخَاهُ أَوْ صَدِيقَهُ، أَيَنْحَنِي لَهُ؟ قال: «لا» قال: أَفَيَلْتَزِمُهُ وَيُقَبِّلُهُ؟ قال: «لا» قال: فَيَأْخُذُ بِيَدِهِ وَيُصَافِحُهُ؟ قال: «نَعَم». رواه الترمذي وقال: حديث حسن.

٨٨٩ ـ وعن صَفْوَانَ بنِ عَسَّالٍ رضي الله عنه قال: قال يَهُودِيٌّ لِصَاحِبِهِ: اذْهَبْ بنَا إلى هذا النَّبِيِّ، فَأَتَيَا رسولَ اللَّهِ ﷺ، فَسَأَلاهُ عَنْ تِسْعِ آياتٍ بَيِّنَاتٍ، فَذَكَرَ الحَدِيثَ إلى قَوْلِهِ: فَقَبَّلا يَدَهُ وَرِجْلَهُ، وقالا: نَشْهَدُ أَنَّكَ نَبِيٌّ. رواه الترمذي وغيره بأسانيد صحيحةٍ.

٨٩٠ ـ وعن ابن عمر، رضي الله عنهما، قِصة قال فيها: فَدَنَوْنَا مِنَ النَّبِيِّ ﷺ فقَبَّلْنَا يَدَهُ. رواه أبو داود.

٨٩١ ـ وعن عائشة رضي الله عنها قالت: قَدِمَ زَيْدُ بنُ حَارِثَةَ المَدِينَةَ ورسولُ اللَّهِ ﷺ في بَيْتي، فَأَتَاهُ فَقَرَعَ البَابَ، فَقَامَ إلَيْهِ النَّبِيُّ ﷺ يَجُرُّ ثَوْبَهُ، فَاعْتَنَقَهُ وقَبَّلَهُ. رواه الترمذي وقال: حديث حسن.

٨٩٢ ـ وعن أبي ذَرٍّ، رضي الله عنه، قال: قال لي رسولُ اللَّهِ ﷺ: «لا تَحْقِرَنَّ مِنَ المَعْرُوفِ شَيْئاً، وَلَوْ أَنْ تَلْقَى أَخَاكَ بِوَجْهٍ طَلِقٍ». رواه مسلم.

٨٩٣ ـ وعن أبي هريرة رضي الله عنه قال: قَبَّلَ النبيُّ ﷺ، الحَسَنَ بنَ عَلِيٍّ، رضي الله عنهما، وَعِنْدَهُ الأَقْرَعُ بنُ حَابِسٍ التَّمِيمِيُّ جَالِساً فقال الأَقْرَعُ بنُ حَابِسٍ: إِنَّ لِي عَشَرَةً مِنَ الوَلَدِ مَا قَبَّلْتُ مِنْهُمْ أَحَداً. فقالَ رسولُ اللَّهِ ﷺ: «مَنْ لَا يَرْحَمْ لَا يُرْحَمْ!».

werden ihnen ihre Sünden vergeben, bevor sie sich (von einander) trennen."
(Abu Dâwûd)

Hadith 888: Anas (r) überliefert: Einst fragte ein Mann den Gesandten Allahs (s): "Oh Gesandter Allahs! Wenn einer von uns seinen Bruder oder Freund trifft, soll er sich dann verbeugen?" Er antwortete: "Nein." Der Mann fragte: "Sollte er ihn umarmen und küssen?" Er sagte: "Nein." Dann fragte der Mann: "Sollte er seine Hände nehmen und ihn begrüßen?" Er sagte: "Ja!"
(At-Tirmidhi)
Dies ist ein guter Hadith (*hasan*).

Hadith 889: Safwân ibn Assâl (r) berichtet, dass ein Jude zu einem seiner Freunde sagte: "Lass uns zu diesem Propheten gehen." Da gingen sie zum Propheten (s) und fragten ihn nach neun Versen (der Thora) (um herauszufinden, ob er ein wahrer oder falscher Prophet sei). Und er erzählte diesen Hadith weiter, bis sie ihm (dem Propheten) Hand und Fuß küssten, und sagten: "Wir bezeugen, dass du ein Prophet bist."
(At-Tirmidhi und andere)
Dieser Hadith ist zuverlässig überliefert (*isnâd sahîh*).

Hadith 890: Ibn Umar (r) berichtet, dass der Prophet (s) ein Gleichnis erzählte. Als er es beendete, gingen wir zu ihm und küssten seine Hand."
(Abu Dâwûd)

Hadith 891: Âischa (r) berichtet, dass Zaid ibn Hâritha (r) nach Medina kam, als der Gesandte Allahs (s) gerade bei mir war. Er kam zu ihm und klopfte an die Tür. Der Prophet (s) stand auf, und sein Gewand schleifte hinter ihm her. Dann umarmte er ihn und küsste ihn.
(At-Tirmidhi)
Dies ist ein guter Hadith (*hasan*).

Hadith 892 ist eine Wiederholung von Hadith Nr. 121.

Hadith 893 ist eine Wiederholung von Hadith Nr. 224.

INHALT

Geleitwort des Verlegers   Seite IV
Vorwort des Herausgebers   Seite V
Einführung   Seite VI

Kurze Übersicht über das Leben von Imam An-Nawawi Seite 1
Anmerkungen   Seite 7

I. BUCH DER GEBOTE

Kapitel 1   Seite 8
Aufrichtigkeit und gute Absicht (*Niyya*) in allen offenbaren und geheimen Taten und Äußerungen

Kapitel 2   Seite 13
Reue (*Tauba*)

Kapitel 3   Seite 25
Geduld (*Sabr*)

Kapitel 4   Seite 38
Aufrichtigkeit

Kapitel 5   Seite 40
Beaufsichtigung

Kapitel 6   Seite 45
Gottesfurcht (*Taqwâ*)

Kapitel 7   Seite 46
Gewissheit und das Gottvertrauen

Kapitel 8   Seite 52
Aufrichtigkeit

Kapitel 9   Seite 53
Nachsinnen über die Großartigkeit der Schöpfung Allahs, des Erhabenen, die Vergänglichkeit dieser Welt, die Schrecken des Jenseits und alles, was damit zusammenhängt, sowie Unzulänglichkeit eines selbst und eigene Charakterbildung durch Selbstverpflichtung zur Aufrichtigkeit

Kapitel 10   Seite 53
Initiative zu Wohltätigkeit und Ermutigung, diese eifrig und ohne zu zaudern in Angriff zu nehmen

Kapitel 11   Seite 56
Anstrengung (für Allah)

Kapitel 12   Seite 62
Ermutigung zu verstärkter Wohltätigkeit gegen Ende des Lebens

Kapitel 13   Seite 65
Aufzählung mehrerer Wege zu Wohltätigkeit

Kapitel 14   Seite 73
Maßhalten bei der Verehrung Allahs

Kapitel 15   Seite 79
Bewahrung tugendhafter Werke

Kapitel 16   Seite 81
Gebot zur Bewahrung der Sunna und ihrer Sitten

Kapitel 17   Seite 86
Pflicht, das Gesetz Allahs zu befolgen, und was derjenige, der dazu aufgerufen wurde, darauf und auf das Gebieten von Gutem und Verbieten von Schlechtem antworten soll

Kapitel 18   Seite 88
Verbot von Neuerungen (*Bid'a*) und Neuem

Kapitel 19   Seite 89
Einführer von guten oder schlechten Sitten

Kapitel 20 — Seite 91
Hinweisen auf Gutes und Aufruf zu Rechtleitung oder Irrtum

Kapitel 21 — Seite 93
Gegenseitige Hilfe in Frömmigkeit und Gottesfurcht

Kapitel 22 — Seite 94
Guter Ratschlag

Kapitel 23 — Seite 95
Gutes gebieten und Schlechtes verbieten

Kapitel 24 — Seite 101
Größere Strafe für denjenigen, der Gutes gebietet und Schlechtes verbietet, jedoch das Gegenteil von dem tut, was er sagt

Kapitel 25 — Seite 101
Gebot der Rückgabe des anvertrauten Guts (*Amâna*)

Kapitel 26 — Seite 106
Verbot von Unrecht und Gebot zur Verhinderung von Ungerechtigkeit

Kapitel 27 — Seite 112
Achtung der Unverletzlichkeit und Erklärung der Rechte der Muslime, sowie Mitgefühl und Barmherzigkeit mit ihnen

Kapitel 28 — Seite 117
Bedecken der Schwächen der Muslime und Verbot ihrer Verbreitung ohne zwingenden Grund

Kapitel 29 — Seite 118
Erledigung der Angelegenheiten der Muslime

Kapitel 30 — Seite 119
Fürsprache

Kapitel 31 — Seite 120
Frieden stiften unter den Menschen

Kapitel 32   **Seite 122**
Vorzug der Schwachen unter den Muslimen und der Unbedeutenden von den Armen

Kapitel 33   **Seite 126**
Freundlichkeit zu Waisen, Mädchen und anderen Schwachen, Armen und Hoffnungslosen, sowie Wohltat und Mitgefühl, Bescheidenheit und Demut ihnen gegenüber

Kapitel 34   **Seite 130**
Empfehlung in Bezug auf die Frauen

Kapitel 35   **Seite 133**
Das Recht des Ehemannes seiner Frau gegenüber

Kapitel 36   **Seite 135**
Unterhalt für die Familienmitglieder

Kapitel 37   **Seite 137**
Ausgeben des Liebsten und Besten

Kapitel 38   **Seite 138**
Pflicht, der Familie, den Kinder, sowie allen Familienmitgliedern zu gebieten, Allah, dem Erhabenen, zu gehorchen und ihnen zu verbieten, das Gegenteil zu tun, und sie am Tun von Verbotenem zu hindern

Kapitel 39   **Seite 139**
Recht des Nachbarn und Empfehlung in Bezug auf ihn

Kapitel 40   **Seite 142**
Gehorsam den Eltern gegenüber und Pflege der Verwandtschaftsbande

Kapitel 41   **Seite 150**
Verbot des Ungehorsams den Eltern gegenüber und des Abbruchs der Beziehung zu den Verwandten

Kapitel 42   **Seite 152**
Vorzug des Gehorsams den Freunden der Eltern, der Verwandten, der Ehefrau und anderen, die Respekt verdienen, gegenüber

Kapitel 43   **Seite 154**
Der Familie des Gesandten Allahs (s) Ehre zu erweisen und die Anerkennung ihrer Vortrefflichkeit

Kapitel 44   **Seite 156**
Verehrung der Gelehrten (*Ulamâ'*), der Alten und Wohltäter und Bevorzugung anderen gegenüber, sie zu respektieren und ihre Verdienste zu würdigen

Kapitel 45   **Seite 159**
Besuchen von Wohltätern, Umgang mit ihnen zu pflegen, sie zu lieben und ihre Fürbitte zu erstreben, und Aufsuchen von guten Orten.

Kapitel 46   **Seite 165**
Vorzug der Liebe um Allahs willen und Ansporn dazu, sowie demjenigen, den man gern hat, mitzuteilen, dass man ihn lieb hat, und was man demjenigen antworten soll, der einem dies mitteilt

Kapitel 47   **Seite 168**
Zeichen der Liebe Allahs, des Erhabenen, für Seinen Diener und Ansporn, sich dafür anzustrengen, derartige Zeichen zu erhalten

Kapitel 48   **Seite 170**
Warnung vor Belästigung der Frommen, der Schwachen und Armen

Kapitel 49   **Seite 170**
Menschen einzuschätzen, nach dem, was offensichtlich ist, und das, was sie verborgen halten, Allah, dem Erhabenen, anvertrauen

Kapitel 50   **Seite 173**
Gottesfurcht

Kapitel 51   **Seite 179**
Hoffnung (auf Allah)

Kapitel 52   **Seite 192**
Vorzug der Hoffnung (auf Allah)

Kapitel 53   **Seite 193**
Verknüpfung von Gottesfurcht und Hoffnung (auf Allah)

Kapitel 54
Seite 194
Vorzug des Weinens aus Gottesfurcht und Gottessehnsucht

Kapitel 55
Seite 197
Vorzug von Entsagung im Diesseits, Ansporn zur Mäßigung in dieser Entsagung und Vorzug der Armut

Kapitel 56
Seite 207
Vorzug des Hungers, spartanischen Lebens und Genügsamkeit in Essen, Trinken und Kleidung und anderen Gütern des Lebens, sowie Unterdrückung der Triebe

Kapitel 57
Seite 221
Genügsamkeit, Enthaltsamkeit und Sparsamkeit im Leben und im Spenden, sowie Missbilligung des Bettelns ohne Notwendigkeit

Kapitel 58
Seite 226
Erlaubnis, etwas anzunehmen, was man nicht erbettelt oder erwartet hat

Kapitel 59
Seite 226
Ansporn, lieber von der eigenen Hände Arbeit zu leben als zu betteln

Kapitel 60
Seite 228
Großzügigkeit und Spenden für wohltätige Zwecke im Vertrauen auf Allah

Kapitel 61
Seite 233
Verbot von Geizes (anderen und sich selbst gegenüber)

Kapitel 62
Seite 233
Altruismus und Tröstung

Kapitel 63
Seite 235
Wetteifern in Angelegenheiten des Jenseits und Vermehrung dessen, worin Segen steckt

Kapitel 64
Seite 236
Vorzug des dankbaren Reichen, der seinen Reichtum nur rechtmäßig erworben hat, und für Wohltätigkeit ausgibt

Kapitel 65   **Seite 238**
Des Todes gedenken und Beschränkung der Hoffnung

Kapitel 66   **Seite 241**
Vorliebe der Männer, Gräber zu besuchen, und was der Besucher sagen sollte

Kapitel 67   **Seite 242**
Abscheu, wegen irgendeines Unglücks den Tod zu wünschen, und dass es nichts ausmacht, wenn man dies wünscht aus Angst vor Versuchung im Glauben

Kapitel 68   **Seite 243**
Frömmigkeit und das Meiden zweifelhafter Dinge

Kapitel 69   **Seite 245**
Vorliebe, sich in Zeiten der Sittenverdorbenheit zurückzuziehen, oder aus Angst vor Versuchung in der Religion oder aus Furcht, etwas verbotenes zu tun

Kapitel 70   **Seite 247**
Vorzug für denjenigen, der Gutes gebieten und Schlechtes verbieten, sowie sich selbst vor Übel schützen kann und beim Erleiden von Unrecht geduldig ist, Umgang mit den Menschen zu pflegen, am Freitagsgebet und ihren Versammlungen teilzunehmen, sich an Wohltätigkeit zu beteiligen, in Gemeinschaft Allahs zu gedenken, die Kranken zu besuchen, sich Begräbnissen anzuschließen, Trost zu spenden, die Unwissenden aufzuklären, und sich an Anderem, was von allgemeinem Interesse ist, zu beteiligen

Kapitel 71   **Seite 247**
Bescheidenheit und Demut den Gläubigen gegenüber

Kapitel 72   **Seite 250**
Verbot von Hochmut und Selbstgefälligkeit

Kapitel 73   **Seite 252**
Gutes Benehmen

Kapitel 74   **Seite 255**
Sanftmut, Bescheidenheit und Güte

Kapitel 75 Seite 257
Verzeihung und sich von Unwissenden abzuwenden

Kapitel 76 Seite 259
Ertragen von Leid

Kapitel 77 Seite 260
Unwille über Missbrauch der Unverletzlichkeit religiöser Gesetze und Triumph der Religion Allahs

Kapitel 78 Seite 261
Pflicht der maßgeblichen Persönlichkeiten, gütig zu den Leuten, für die sie Verantwortung tragen, zu sein, sie um Rat zu fragen und Mitgefühl zu zeigen, sowie Verbot sie zu betrügen, hart zu ihnen zu sein, ihre Interessen zu vernachlässigen

Kapitel 79 Seite 263
Der gerechte Herrscher

Kapitel 80 Seite 264
Pflicht, den Herrschern zu gehorchen, sofern es sich nicht um Sünde handelt, und Verbot, ihnen bei Sünden zu gehorchen

Kapitel 81 Seite 267
Verbot, Herrschaft anzustreben, und freie Wahl, Herrschaft abzulehnen, soweit diese nicht zwingend notwendig ist

Kapitel 82 Seite 269
Ansporn für Machthaber, Richter und andere Herrscher, gute Berater zu nehmen, und sie vor schlechten Gefährten zu warnen, sowie davor, diesen Gehör zu schenken

Kapitel 83 Seite 269
Verbot, demjenigen, der danach fragt oder trachtet, einen Posten als Herrscher, Richter oder anderer Verantwortlicher zu geben

II. BUCH DES BENEHMENS

Kapitel 1 — Seite 271
Schamhaftigkeit und ihr Vorzug, sowie Ansporn, sie nachzuahmen

Kapitel 2 — Seite 272
Bewahren von Geheimnissen

Kapitel 3 — Seite 274
Halten von Versprechen

Kapitel 4 — Seite 275
Beibehaltung guter Gewohnheiten

Kapitel 5 — Seite 276
Verlangen, jemandem mit gutem Wort und freundlichem Gesicht zu begegnen

Kapitel 6 — Seite 276
Verlangen nach deutlicher Sprache und danach, dem Zuhörer das, was man sagen will, falls nötig, zu erklären, auseinanderzusetzen und zu wiederholen,

Kapitel 7 — Seite 277
Dem Gesprächspartner zuzuhören, wenn es nichts Verbotenes ist, sowie Zuhören der Versammlungsteilnehmer, wenn ein Gelehrter oder Prediger redet

Kapitel 8 — Seite 277
Maßhalten beim Predigen

Kapitel 9 — Seite 278
Würde und Ruhe

Kapitel 10 — Seite 279
Vorzug, mit Ruhe und Würde zu Gebet, Wissen oder anderen Arten des Gottesdienstes zu kommen

Kapitel 11 Seite 279
Ehrung des Gastes

Kapitel 12 Seite 280
Verlangen, frohe Botschaft zu bringen und bei Gutem zu gratulieren

Kapitel 13 Seite 284
Abschied von einem Gefährten und Zurücklassen von Empfehlungen, wenn man ihn wegen einer Reise oder Anderem verlässt, sowie Bittgebete für ihn zu sprechen und von ihm zu erbitten

Kapitel 14 Seite 286
Gebet um Gottes Führung (*Istikhâra*) und Beratung untereinander

Kapitel 15 Seite 287
Verlangen, zum Festgebet (*Îd*), Krankenbesuch, auf die Pilgerfahrt (*Haddsch*), zu Streifzügen, bei Begräbnissen und Anderem einen anderen Rückweg zu nehmen, damit man die Orte des Gottesdienstes vermehre

Kapitel 16 Seite 288
Verlangen, bei allem Guten die Rechte zu bevorzugen, wie bei der Waschung, der Ganzwaschung, der Staubwaschung, dem Anziehen von Kleidung, Schuhen, Lederstrümpfen und Hosen, beim Betreten der Moschee, beim Putzen der Zähne, beim Bestreichen der Augen mit Antimon, beim Schneiden der Nägel, dem Kürzen des Schnurrbarts, beim Entfernen der Haare unter den Achseln, beim Schneiden der Haare, beim Grüßen zum Ende des Gebets, beim Essen und Trinken, bei der Begrüßen, dem Berühren des Schwarzen Steins (in der Ka'ba), beim Verlassen der Toilette, dem Nehmen und Geben und ähnlichem. Und dass es besser ist, die Linke zu bevorzugen bei den entgegengesetzten Dingen, wie dem Säubern der Nase, dem Ausspucken, dem Betreten der Toilette, dem Verlassen der Moschee, dem Ausziehen von Lederstrümpfen, Schuhen, Hose und Kleidung, beim Säubern der Schamteile und ähnlichem

III. BUCH DER ESSSITTEN

Kapitel 1 — Seite 290
Das Sprechen des Namens von Allah zu Beginn des Essens und zum Ende des Essens Allah zu danken

Kapitel 2 — Seite 292
Am Essen nichts auszusetzen, sondern es zu loben

Kapitel 3 — Seite 292
Was der Fastende sagt, wenn er zum Essen eingeladen ist

Kapitel 4 — Seite 293
Was man sagt, wenn man zum Essen eingeladen ist, und ein Anderer kommt mit

Kapitel 5 — Seite 293
Von dem zu essen, was vor einem steht, und denjenigen zu ermahnen, der die Esssitten nicht beachtet

Kapitel 6 — Seite 294
Verbot, beim Essen in einer Gruppe ohne die Erlaubnis der Gefährten zwei Datteln oder Anderes auf einmal zu essen

Kapitel 7 — Seite 294
Was man sagt oder tut, wenn man isst, ohne dass man satt wird

Kapitel 8 — Seite 294
Gebot, vom Rand der Schüssel zu essen, und Verbot, von der Mitte der Schüssel aus zu essen

Kapitel 9 — Seite 295
Abscheu zu essen, wenn man sich aufstützt

Kapitel 10 — Seite 296
Verlangen, mit drei Fingern zu essen, die Finger abzulecken und Abscheu, sie abzuwischen, bevor sie abgeleckt wurden, sowie das Auslecken der Schüssel und herabgefallene Bissen aufzuheben und sie zu essen, nachdem man sie mit der abgeleckten Hand abgewischt hat

Kapitel 11
Zu Mehreren zu essen

Seite 297

Kapitel 12
Trinksitten, und Verlangen, dreimal außerhalb des Gefäßes zu atmen und Abscheu, in das Trinkgefäß zu atmen, sowie Verlangen, das Getränk nach rechts weiterzureichen

Seite 297

Kapitel 13
Abscheu, Wasser direkt aus einem Wassersack oder ähnlichem zu trinken und Erklärung, dass diese Abscheu nicht von einem Verbot herrührt, sondern von hygienischen Gründen

Seite 298

Kapitel 14
Abscheu, ins Getränk zu blasen

Seite 299

Kapitel 15
Erklärung für die Erlaubnis, im Stehen zu trinken, und dass es vorzuziehen ist, im Sitzen zu trinken

Seite 300

Kapitel 16
Verlangen, dass derjenige, der Getränk anbietet, als Letzter trinken soll

Seite 301

Kapitel 17
Erlaubnis, aus allen Gefäßen zu trinken, außer aus goldenen oder silbernen, und die Erlaubnis, direkt mit dem Mund, also ohne Trinkgefäß oder der Hand, aus einem Fluss zu trinken, und Verbot, Gefäße aus Gold oder Silber zum Trinken, Essen oder zur Waschung und ähnlichem zu benutzen

Seite 301

IV. BUCH DER KLEIDUNG

Kapitel 1
Verlangen, weiße Kleidung zu tragen, und Erlaubnis, rote, grüne, gelbe und schwarze Kleidung aus Wolle, Baumwolle und anderem Material, außer Seide, zu tragen

Seite 303

Kapitel 2
Verlangen, ein (langes) Hemd zu tragen

Seite 305

Kapitel 3 — Seite 306
Länge eines Hemdes und der Ärmel, eines Gewandes und des Turbans, und Verbot, etwas von davon aus Hochmut herunterhängen zu lassen, und Abscheu, dies auch ohne Hochmut zu tun

Kapitel 4 — Seite 310
Verlangen, aus Demut auf teure Kleidung zu verzichten

Kapitel 5 — Seite 310
Verlangen, dezente Kleidung zu tragen, und dass man nicht grundlos oder aus religiöser Absicht schäbige Kleidung tragen soll

Kapitel 6a — Seite 311
Verbot für Männer, Seide zu tragen und darauf zu sitzen oder sich zu legen, und Erlaubnis für Frauen, Seide zu tragen

Kapitel 6b — Seite 312
Erlaubnis, in Fällen von Juckreiz Seide zu tragen

Kapitel 7 — Seite 312
Verbot, sich auf Raubtierfelle zu setzen oder darauf zu reiten

Kapitel 8 — Seite 312
Was man beim Anziehen neuer Kleidung sagt

Kapitel 9 — Seite 313
Verlangen, beim Anziehen mit der rechten Seite zu beginnen

V. BUCH DER SCHLAFSITTEN

Kapitel 1 — Seite 314
Sitten des Schlafens, Liegens und Sitzens, der Versammlung und des Versammlungsteilnehmers, sowie der Träume

Kapitel 2 — Seite 315
Erlaubnis, auf dem Rücken zu liegen und die Beine übereinanderzuschlagen, sofern man nicht befürchtet, dabei seine Blöße zu zeigen, und Erlaubnis, sich im Schneidersitz oder in Hockstellung zu setzen

Kapitel 3   **Seite 316**
Sitten der Versammlung und des Versammlungsteilnehmers

Kapitel 4   **Seite 319**
Träume und alles, was damit zu tun hat

VI. BUCH DES GRÜSSENS

Kapitel 1   **Seite 321**
Vorzug des Grüßens und Gebot zur Verbreitung (des Grußes)

Kapitel 2   **Seite 323**
Art des Grüßens

Kapitel 3   **Seite 324**
Sitten des Grüßens

Kapitel 4   **Seite 325**
Verlangen, den Gruß zu erwidern, demjenigen, den man wiederholt trifft, beispielsweise nachdem er kurzzeitig den Raum verlassen hatte, oder wenn man durch einen Baum oder ähnliches getrennt wurde

Kapitel 5   **Seite 325**
Verlangen zu Grüßen, wenn man sein Zuhause betritt

Kapitel 6   **Seite 326**
Begrüßung von Kindern

Kapitel 7   **Seite 326**
Begrüßung der Ehefrau durch den Ehemann oder der Frauen, die mit ihm eng verwandt sind, sowie fremder Frauen, vorausgesetzt, es ist keine Versuchung zu befürchten, und wie sie zu begrüßen sind

Kapitel 8   **Seite 327**
Verbot, Ungläubige zuerst zu begrüßen, und wie man ihren Gruß erwidert, sowie Verlangen, eine Versammlung von Muslimen und Nicht-Muslimen zu begrüßen

Kapitel 9   **Seite 327**
Verlangen des Grüßens beim Verlassen einer Versammlung

Kapitel 10   **Seite 328**
Sitten der Bitte um Erlaubnis (einzutreten)

Kapitel 11   **Seite 329**
Erklärung, dass es Sunna ist, seinen Namen zu nennen, wenn man um Erlaubnis, eintreten zu dürfen, bittet, und gefragt wird, wer man sei, und Abscheu mit "ich" oder so etwas zu antworten

Kapitel 12   **Seite 330**
Verlangen, dem Niesenden das Erbarmen Allahs, zu wünschen, wenn er Allah, den Erhabenen, lobte, und Abscheu, ihm das Erbarmen Allahs, zu wünschen, wenn er Allah, den Erhabenen, nicht lobte, sowie die Sitten des Erbarmenwünschens, Niesens und Gähnens

Kapitel 13   **Seite 331**
Verlangen, sich beim Zusammentreffen zu begrüßen, ein freundliches Gesicht zu zeigen, die Hand eines frommen Mannes zu küssen, und seine Kinder aus Mitgefühl zu küssen, der von der Reise Zurückkehrenden zu umarmen, sowie Abscheu, sich jemandem gegenüber zu verbeugen